GUIDE PITTORESQUE

DU

VOYAGEUR EN FRANCE.

V.

Sommaire du Tome Cinquième.

ROUTE DE DUNKERQUE.

AISNE.

NORD.

ARDENNES.

ROUTE DE CHERBOURG.

Pour la description des départements qui précèdent celui de la Manche, voyez, T. I, ROUTES DE NANTES ET DE ROUEN

MANCHE.

CALVADOS.

ROUTE DE BREST.

Voyez, pour la description du département de Seine-et-Oise, T. I, ROUTE DE NANTES.

EURE-ET-LOIRE.

ORNE.

MAYENNE.

ILLE-ET-VILAINE.

CÔTES-DU-NORD.

FINISTÈRE.

SARTHE.

MORBIHAN.

DEUX-SÈVRES.

VENDÉE.

TYPOGRAPHIE DE FIRMIN DIDOT FRÈRES,
RUE JACOB, 56.

GUIDE PITTORESQUE

DU

VOYAGEUR

EN FRANCE,

Contenant la Statistique et la Description complète

DES 86 DÉPARTEMENTS,

ORNÉ DE 740 VIGNETTES ET PORTRAITS GRAVÉS SUR ACIER,

De 86 Cartes de Départements,

ET D'UNE GRANDE CARTE ROUTIÈRE DE LA FRANCE;

PAR UNE SOCIÉTÉ DE GENS DE LETTRES, DE GÉOGRAPHES ET D'ARTISTES.

TOME CINQUIÈME.

PARIS,

FIRMIN DIDOT FRÈRES, LIBRAIRES,

RUE JACOB, 56.

M DCCC XXXVIII.

Guide Pittoresque

DU

VOYAGEUR EN FRANCE.

ROUTE DE PARIS A DUNKERQUE,

TRAVERSANT LES DÉPARTEMENTS

DE L'AISNE, DU NORD, ET COMMUNIQUANT AVEC LES ARDENNES.

DÉPARTEMENT DE L'AISNE.

Itinéraire de Paris à Dunkerque.

PAR SOISSONS, LAON, SAINT-QUENTIN, DOUAI ET LILLE, 90 LIEUES.

	lieues.		lieues.
De Paris au Bourget	3	Landrecies	4
Mesnil-Amelot	4	Le Quesnoy	3
Dammartin	2	Jeulain	2
Nanteuil-le-Haudouin	3 1/2	Valenciennes	2
Levignen	3	Saint-Amand	3
Villers-Cotterets	4	Orchies	4
Verte-Feuille	3	Pont-à-Marcq	3
Soissons	3	Lille	3
Vaurains	4	Armentières	4
Laon	4 1/2	Bailleul	3
Marle	5	Cassel	5
Guise	5	Bergues	5
Étreux-Landernas	3	Dunkerque	2

Communication de Guise à Méjières, 22 l. 1/2.

	lieues.		lieues.
De Guise à Leschelle	3	Maubert-Fontaine	4
La Capelle	3	Louny	3
Hirson	3 1/2	Mézières	3
Bellevue	3		

ASPECT DU PAYS QUE PARCOURT LE VOYAGEUR

DE PARIS A ÉTREUX-LANDERNAS.

On sort de Paris par le faubourg Saint-Martin, en laissant, à droite, les carrières de Belleville et la route de Meaux. La route parcourt un pays riche et bien cultivé jusqu'au relais du Bourget; peu après on entre dans le département de Seine-et-Oise, et l'on jouit d'une fort belle vue. Après avoir traversé la route de Reims et de Versailles, on entre à Roissy, et une lieue plus loin, un peu avant le Ménil-Amelot, on passe du département de Seine-et-Oise dans celui de Seine-et-Marne, en laissant, à droite, l'avenue de Juilly, qui conduit au célèbre collège de ce nom. La route, quoique un peu montueuse, est agréable et diversifiée; un peu avant Dammartin, la vue plane sur une plaine de plus de quinze lieues d'étendue. En sortant de cette ville, on descend une pente rapide et l'on passe dans le département de l'Oise. On longe ensuite les avenues du château de Plessis-Belleville, en laissant, à gauche, la forêt et le village d'Ermenonville, célèbre par son parc enchanteur, que les admirateurs de J.-J. Rousseau ne doivent pas manquer de visiter. Il n'y a pas de relais à Ermenonville, mais le maître de poste de Dammartin y conduit en payant une poste et demie.

Dans le court trajet que l'on parcourt dans le département de l'Oise, on traverse les villages de Nanteuil-le-Haudouin, Lévignen, Vaucienne, et l'on entre dans le département de l'Aisne un peu avant Villers-Cotterets, petite ville située au milieu de la forêt de son nom, où l'on remarque une jolie place décorée d'une belle fontaine. Au sortir de cette ville, on côtoie la forêt et l'on passe devant la principale avenue du château construit par François Ier, et converti aujourd'hui en une maison de détention. La forêt de Villers-Cotterets offre de beaux sites et se termine par une demi-lune du côté du relais de Vertefeuille. Après ce relais, une descente presque continuelle conduit dans la belle vallée de Soissons, ville ancienne où l'on arrive par le faubourg Saint-Christophe, et d'où l'on sort par le faubourg de Saint-Vast, en traversant l'Aisne sur un pont de pierre. La route est assez unie jusqu'au village de Crouy, après lequel une côte longue et escarpée, bordée de rochers et de carrières de pierre, conduit sur le sommet d'un mont élevé d'où l'on aperçoit la ville de Laon, située à une distance de plus de six lieues; on y arrive par la belle plaine de Chivy, coupée d'une multitude de jardins où l'on cultive les beaux artichauts qui alimentent les marchés de Paris et de plusieurs autres grandes villes. La route que l'on parcourt ensuite offre peu d'intérêt de Laon à Marle. On sort de ce bourg par le faubourg Saint-Nicolas; on traverse la Serre et le Vilpion, on descend dans une belle vallée, puis on monte par une pente douce au village de Héry, où l'on jouit d'une fort jolie vue sur la plaine de Guise, ville forte située sur la rive gauche de l'Oise, où l'on arrive par le faubourg Chantereine et par la porte du même nom. On en sort par le faubourg de Saint-Germain pour gravir une montagne, d'où l'on descend dans une gorge où l'on voit une arche très-élevée, pour remonter ensuite une côte qui s'abaisse insensiblement jusqu'au bord d'une plaine au milieu de laquelle est bâti le village d'Étreux-Landernas.

DÉPARTEMENT DE L'AISNE.

APERÇU STATISTIQUE.

Le département de l'Aisne est formé du Soissonnais, du Laonnais, du Tardenais, du Vermandois et de la Thiériache, petits pays compris dans la Picardie méridionale; d'une petite partie du Valois appartenant à l'île de France, et de la Brie champenoise. Il tire son nom de l'Aisne qui le traverse de l'est à l'ouest et le divise en deux parties inégales. Ses bornes sont : au nord, la Belgique et le département du Nord; à l'est, les départements des Ardennes et de la Marne; au sud, celui de la Marne; et à l'ouest, celui de l'Oise et de la Somme.

La surface de ce département offre une suite continuelle de plaines ondulées, entrecoupées dans le nord de collines et de vallons. Les parties centrales et méridionales offrent des chaînes de collines auxquelles on donne le nom de montagnes à défaut de masses plus élevées. La nature semble avoir divisé ce département en deux parties distinctes : l'une septentrionale, offrant une plaine sans bornes, et qui paraît horizontale; l'autre méridionale, couverte d'une chaîne de collines ou montagnes qui affectent toutes sortes de sinuosités, et s'étendent de l'est à l'ouest. Cette chaîne a partout 100 mètres d'élévation au-dessus des plaines, et 200 mètres au-dessus du niveau de la mer. Elle est très-sinueuse et très-anguleuse, surtout au sud-est de Laon; elle se divise encore en une infinité d'embranchements, qui, eux-mêmes très-sinueux, prennent diverses directions.

La montagne de Laon est une des plus remarquables du département, par son isolement au milieu de la vaste plaine qui l'entoure; elle n'a que 100 mètres d'élévation au-dessus de cette plaine. — Les parties montagneuses du département ne s'étendent que sur les arrondissements de Château-Thierry, de Soissons, et une partie de celui de Laon. Vers l'extrémité nord de l'arrondissement de Vervins, il n'existe pas de chaînes de mon-

PETIT ATLAS NATIONAL DES DÉPARTEMENS DE LA FRANCE.

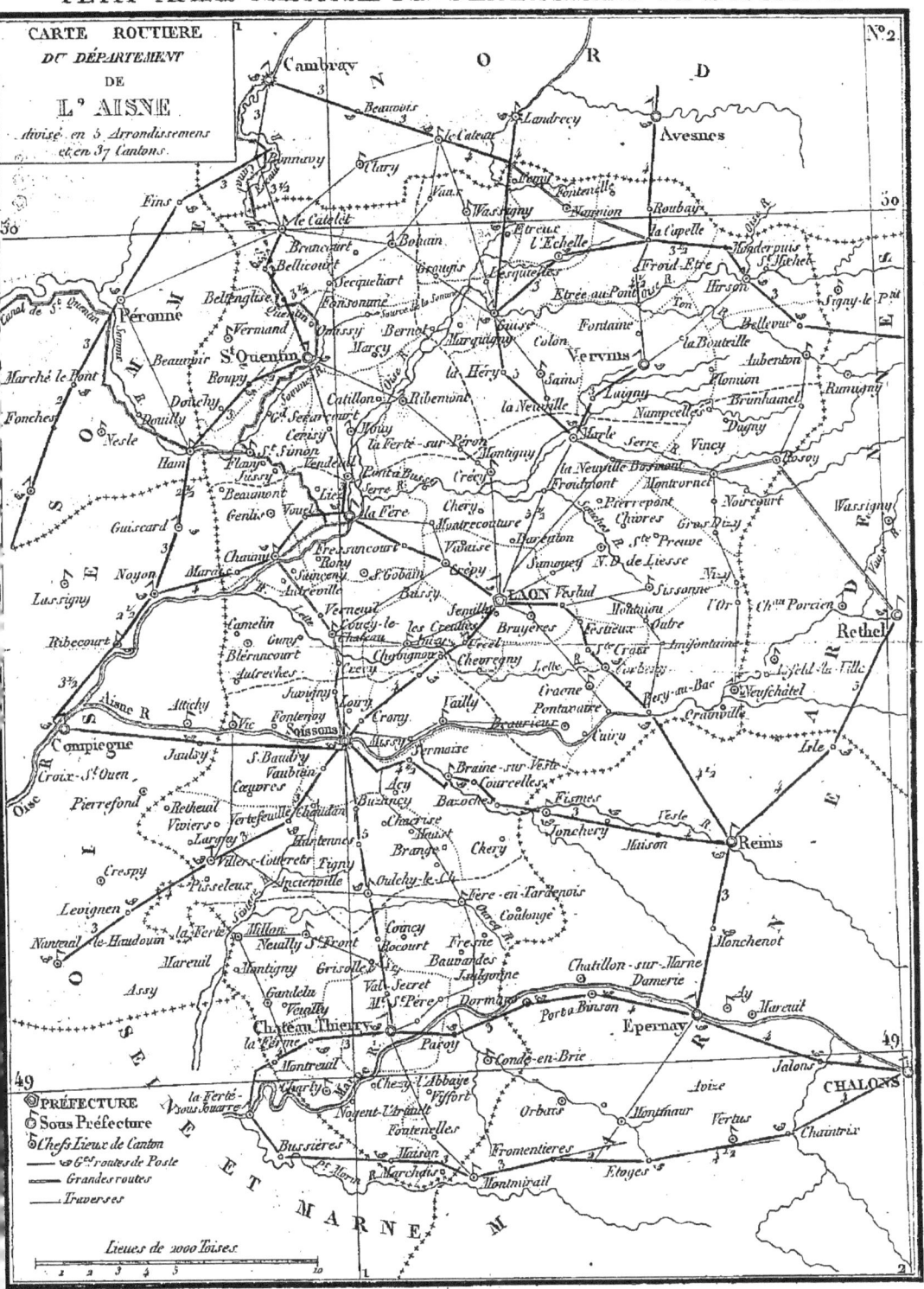

tagnes, mais le pays est montueux, déchiré par des vallées profondes et bordées d'escarpements qui paraissent être l'effet de bouleversements considérables.

Le territoire de l'arrondissement de Saint-Quentin présente un aspect très-varié. Depuis la fin du siècle dernier l'agriculture y a fait de grands progrès, quoiqu'elle soit encore susceptible d'amélioration. Il produit en abondance toutes sortes de grains, des fruits, et des lins d'une qualité très-estimée, qui sont le principal aliment de l'industrie de Saint-Quentin. Les prairies, quoique peu nombreuses, y sont abondantes et nourrissent quantité de bestiaux.—Les terres de la partie septentrionale de l'arrondissement de Vervins sont argileuses, aquatiques et froides; elles n'ont que peu de profondeur et ne sont susceptibles que de légers labours. Celles de la partie méridionale sont d'assez bonne qualité, mais des ravins considérables enlèvent beaucoup de terrain à l'agriculture. Les productions dominantes sont le froment, le seigle, l'épeautre, l'orge et l'avoine. Le long de la vallée de l'Oise, qui traverse une vallée renommée par sa richesse agricole, il y a des prairies où l'on élève des chevaux, des moutons et des bêtes à cornes. Une des principales productions est le bois : il y en a de propre à la marine, mais il n'est guère possible de l'y employer à cause du défaut de communications et de moyens de transport vers l'intérieur. Les forêts les plus considérables sont celles de Nouvion, d'Andigny, du Regnaval, d'Aubenton et de Saint-Michel.—Dans l'arrondissement de Laon les terres sont médiocres et ne produisent en général qu'un tiers en froment et deux tiers en seigle ; mais elles sont fertiles en légumes et surtout en artichauts excellents, dont il se fait un grand commerce. On compte, dans cet arrondissement, 76,000 hectares de prairies naturelles ; mais elles sont loin d'être également réparties : dans les contrées où elles manquent, on les remplace par des prairies artificielles assez productives, où l'on élève des chevaux et des bêtes à laine. Les forêts y occupent une étendue considérable, évaluée à 33,000 hectares. Les principales sont celles de Coucy, de Villequier et de Samoussy.—Les terres de l'arrondissement de Soissons sont en général bonnes, surtout dans les parties élevées dites de montagnes : elles produisent beaucoup de froment, du seigle et autres grains. Dans les environs de Soissons et de Braisne on cultive en grand les haricots, dont il se fait un commerce assez considérable. Le chanvre et la navette sont aussi des productions de cet arrondissement, et quelques essais ont fait connaître qu'on pourrait avec succès y cultiver le lin. Les foins y sont de médiocre qualité, et l'usage des prairies artificielles n'y est pas assez répandu. Les forêts y sont belles et d'une exploitation facile. La plus considérable est celle de Retz ou de Villers-Cotterets, dont la contenance est de 15,000 hectares. — Le sol de l'arrondissement de Château-Thierry est montueux et très-varié. Les coteaux situés sur les rives de la Marne sont en général plantés de vignes que l'on y cultive avec avantage. Les terres dominantes sont les argileuses et les sablonneuses ; elles produisent toutes sortes de grains, principalement du froment et de l'avoine ; les légumes et les plantes oléagineuses s'y cultivent avec succès. Les prairies naturelles sont belles et abondantes ; la culture des prairies artificielles y a fait de grands progrès depuis quelques années. On y trouve de belles forêts qui fournissent beaucoup de bois de corde et de charpente : les principales sont celles de la Fère, de Ris et de la Dole.

Le climat du département de l'Aisne est tempéré, et l'air en général y est vif et sain ; on n'y connaît point de maladies ou d'infirmités qui soient occasionées par la mauvaise qualité de l'air ou des eaux. Cependant il y a des parties marécageuses d'où il s'élève de fréquents brouillards, et dont le desséchement ne pourrait qu'ajouter encore à la salubrité de l'atmosphère. On y compte 94 étangs, qui occupent un espace de 2,900 hect.— Les vents les plus dominants sont ceux du sud, pendant janvier et février; du nord, en mars et avril; du nord-ouest, en mai; du nord et du sud, en juin; du nord-ouest et du sud-ouest, en juillet et août; du sud-ouest, en septembre; du nord-est et du sud-ouest, en octobre; du sud, en novembre; et enfin du sud-ouest, en décembre.

Le département de l'Aisne a pour chef-lieu Laon. Il est divisé en 5 arrondissements et en 37 cantons, renfermant 837 communes. — Superficie, 370 lieues carrées. — Population, 513,000 habitants.

MINÉRALOGIE. Ce département n'a point de mines de fer exploitées ; on a cependant trouvé quelques indices de minerai de fer dans l'arrondissement de Vervins, mais ce mine ai est trop peu abondant pour donner lieu à des exploitations utiles. A Aubenton et à Saint-Michel, dans l'arrondissement de Vervins; à Colligis, à Presles, à Veslud et à Poissy, dans l'arrondissement de Laon; à Vignolles, à Septmont, à Billy, à Soupir et à

Saint-Pierre-d'Aigle, dans l'arrondissement de Soissons; à Coulonges et aux environs de la Ferté-Milon, dans l'arrondissement de Château-Thierry, on trouve des carrières de pierres dures, propres à toutes espèces de constructions. Les pierres calcaires se rencontrent dans tous les arrondissements; on trouve quelques marbres dans le département, mais d'une qualité inférieure; on y trouve aussi de l'ardoise, mais en couches qui n'ont pas assez d'épaisseur et de régularité pour qu'on établisse avec avantage une exploitation suivie. Le plâtre ne se trouve que dans l'arrondissement de Château-Thierry. La pierre propre à faire de la chaux existe dans toute l'étendue du département. 110 fours à chaux sont en activité dans les arrondissements de Vervins, de Laon, de Saint-Quentin et de Soissons : la rareté du combustible s'oppose à ce qu'on en établisse dans celui de Château-Thierry. L'argile à briques et à tuiles est abondamment répandue dans tout le département. L'argile à potier se trouve aussi en abondance; elle est mise en œuvre avec succès dans plusieurs arrondissements. La tourbe existe dans les vallées de la Haute-Somme, de l'Omignon, de la Souche, de l'Elette et de la Pêcherie. Mines de lignites exploitées pour engrais.

PRODUCTIONS. Céréales de toutes espèces, dont il s'exporte annuellement 800,000 hect. en sus de la consommation des habitants; graines oléagineuses, sarrazin, légumes, haricots renommés, artichauts de Laon, houblon, lin, chanvre, fruits à cidre, prairies naturelles et artificielles. — 9,956 hectares de vignes, produisant annuellement 320,000 hectolitres de vin, dont 225,000 sont consommés sur les lieux et le surplus livré au commerce. — 114,398 hectares de forêts (arbres feuillus). — Chevaux, ânes, mulets, bêtes à cornes, porcs. Grand et menu gibier (cerf, daim, blaireau, sanglier, renard, loutre, cygne, outarde, bécasse, etc.).

INDUSTRIE. L'industrie manufacturière est active et très-variée dans plusieurs parties du département. L'arrondissement de Saint-Quentin possède des fabriques importantes de batistes, de linons, de toiles claires, de gaze-coton, de linge de table damassé, de tissus laine et soie, de châles façon cachemire, de tulle bobin, de calicots et de tissus de coton de toute espèce. On y trouve de nombreuses filatures hydrauliques de coton, de belles blanchisseries, des fabriques de savon vert et des huileries. — Dans l'arrondissement de Vervins, on trouve des fabriques de bonneterie au tricot, de fil retors pour dentelles, de calicots, de vannerie fine, des filatures de coton et des verreries. — L'arrondissement de Laon compte plusieurs manufactures de treillis, de toiles de chanvre et de lin, et des savonneries; c'est dans cet arrondissement que se trouve la superbe manufacture royale des glaces de Saint-Gobain et la belle verrerie de Follembray. — Des filatures de coton, des fabriques de moulins à cribler le grain, des tanneries et des corroieries sont établies dans l'arrondissement de Château-Thierry.—Dans l'arrondissement de Soissons, on trouve des fabriques de châles façon cachemire, et de peignes de corne; une manufacture de tapisseries et des huileries. — Enfin, dans plusieurs parties du département, il existe des fabriques de boissellerie, de raclerie, de vannerie fine, de fil à dentelle, des fenderies, des laminoirs, des clouteries, des papeteries, des verreries, 140 tuileries et briqueteries, des faïenceries, des manufactures d'acides minéraux et de produits chimiques, etc.; on y compte 175 brasseries, dont un tiers seulement est en activité dans les années où la récolte des vins et des cidres n'a point manqué.

COMMERCE de blés, farines, avoines, légumes secs, foins, vins, eaux-de-vie, fromages, huile de lin et de faîne, tourteaux, laines brutes, bonneterie en laine, toiles communes, treillis, lins écrus, batistes et linons, linge de table damassé, tissus de coton, planches de chêne, bois de marine, de construction et de chauffage, acide muriatique, potasse, cendres noires, ardoise, houille, fer en barres, fer-blanc, faux, sel raffiné, verre à bouteille, gobeleterie, verre à vitres, cloches de jardins, glaces, savon dur et mou, cuirs, bestiaux, chevaux de luxe, etc., etc.

VILLES, BOURGS, VILLAGES, CHATEAUX ET MONUMENTS REMARQUABLES;
CURIOSITÉS NATURELLES ET SITES PITTORESQUES.

ARRONDISSEMENT DE LAON.

AMIGNY-ROUY. Village situé à 6 l. 3/4 de Laon. Pop. 1,498 hab. — Manufacture de faïence blanche.

ANDELAIN. Village situé à 5 l. 3/4 de Laon. Pop. 250 hab. On remarque aux environs la digue dite de Henri IV, au moyen de laquelle ce monarque inonda la ville de la Fère et la força de se soumettre. — *Fabrique* de vitriol.

ANISY-LE-CHATEAU. Bourg situé sur la Lette, à 3 l. 3/4 de Laon. Pop. 1,001 h.
Anisy est un bourg très-ancien, que Clovis donna à saint Remy en 496. On y voit un château construit en 1540 par le cardinal de Bourbon, qui y reçut souvent François Ier.—Exploitation des terres pyriteuses employées pour engrais.

ATHIES. Village situé à 1 l. 1/4 de Laon. Pop. 800 hab. C'était autrefois un lieu considérable où Clotaire Ier avait fait bâtir un château. Les armées étrangères y mirent le feu en 1814 et détruisirent 140 maisons.

AULNOIS. Village situé à 1 l. 1/2 de Laon. Pop. 220 hab. C'était jadis une place forte qui fut rendue à Jean de Bruyères en 1434, et dont les ligueurs s'emparèrent en 1589.

BEAURIEUX. Bourg situé à 6 l. de Laon. Pop. 850 h.—*Commerce* de bestiaux.

BERRY-AU-BAC. Village situé sur la rive droite de l'Aisne, à 9 l. de Laon. Pop. 484 hab.

BLÉRANCOURT. Village situé à 9 l. 3/4 de Laon. Pop. 1,150 hab. On y remarquait jadis un des plus beaux châteaux de la province, dont il reste encore deux pavillons. C'est la patrie de Saint-Just, député à la Convention nationale. — *Fabriques* de toiles à voiles et de treillis. — Nombreuses filatures de coton. — *Commerce* de grains, chanvre, toiles, chevaux, etc. Marchés considérables pour la vente des chevaux et des bestiaux, le premier mercredi de chaque mois.

BOUCONVILLE. Village situé à 4 l. de Laon. Pop. 650 hab.

A peu de distance de ce village, on remarque le château de la Bove, qui, du temps de la Ligue, fut un des forts royalistes. Ce château a appartenu dans la suite à la duchesse de Narbonne; il fut visité plusieurs fois par les princesses, filles de Louis XV : c'est de ces fréquents voyages qu'a pris son nom le Chemin-des-Dames, qui, partant de l'Ange Gardien entre Soissons et Laon, vient aboutir à ce château. Le Chemin-des-Dames traverse dans toute sa longueur la montagne sur laquelle s'est donnée la bataille de Craonne.—*Fabrique* de poterie de terre commune vernissée.

BRUNHAMEL. Village situé à 13 l. 1/4 de Laon. Pop. 872 hab.—*Commerce* de lin et de toiles. Marché important pour les grains, le vendredi de chaque semaine.

BRUYÈRES. Petite ville située à 1 l. 1/4 de Laon. Pop. 1,150 hab.
L'origine de Bruyères remonte au-delà du Xe siècle. En 1130, Louis-le-Gros l'érigea en commune, ainsi que les villages de Cheret et de Valbon. Les Anglais la saccagèrent en 1358 et en 1373. Jean de Luxembourg, l'un des chefs du parti Bourguignon, s'en empara en 1433; mais il la rendit au roi l'année suivante, avec Aulnois, en échange de la ville de Ham. Les calvinistes s'en rendirent maîtres en 1567. Les ligueurs la prirent en 1589.
L'abbaye du VAL-CHRÉTIEN, de l'ordre des Prémontrés, fondée en 1334, dépendait de la commune de Bruyères. Cette abbaye fut brûlée par les Anglais en 1431.
Commerce de chanvre, toiles, chevaux et bestiaux.

CHAUNY. Petite ville située à 10 l. de Laon. Pop. 4,290 hab.
Chauny est une ville ancienne que l'on croit être le *Contragium* de l'Itinéraire d'Antonin. Philippe de Flandre lui donna une charte de commune en 1167, qui fut confirmée par Philippe-Auguste en 1213. Les Espagnols l'assiégèrent en 1552, et s'en emparèrent par capitulation après six jours de tranchée ouverte.

Cette ville est bâtie dans une belle plaine à l'embranchement du canal Saint-Quentin, sur la rive droite de l'Oise qui y est navigable, et qui forme en cet endroit une île dans laquelle se trouve comprise la moitié de la ville. — *Fabriques* de toiles de chanvre, treillis, chaussons de laine tricotés, acide sulfurique et muriatique. Filatures de coton. Machine à polir les glaces. Blanchisseries renommées de toiles. Tanneries. — *Commerce* de grains, cidre, huile, bois, bonneterie en laine, chevaux et bestiaux.

COUCY-LA-VILLE. Village fort ancien situé à 6 l. de Laon. Pop. 260 hab. On y remarque l'église paroissiale, dont le clocher en pierre de taille passe pour avoir été construit par les Anglais.

COUCY-LE-CHATEAU. Petite ville très-ancienne, située à 7 l. de Laon. ✉ ⚒ Pop. 859 hab.

Cette ville est agréablement située, au pied et sur le penchant d'une colline, près de la Forêt-Basse. Elle est divisée en deux parties qui ne se touchent point, qui sont même à quelque distance l'une de l'autre; la partie la plus considérable, qu'on appelle Coucy-le-Châtel, ou la ville haute, est située sur la partie élevée d'une colline, au pied de laquelle on voit la ville basse, nommée Coucy-la-Ville. La ville haute ou Coucy-le-Château, située au midi de la ville basse, qui n'est qu'un village, est entourée de hautes murailles flanquées d'une grande quantité de tours. De cette espèce de forteresse élevée, la vue plane sur une riche vallée, traversée par la rivière de la Lette, qui va se perdre dans l'Oise à 3 lieues de là, au-dessous de Chauny. La ville est percée de trois portes; la première appelée la porte de Laon; la seconde, au sud, nommée porte d'Étrelles, et anciennement porte Soissonne, et la troisième à l'ouest, appelée porte de Guimerou. Ces portes sont défendues par des tours, et la dernière, qui est commandée par la montagne, en a deux très-fortes; elle est en outre garantie par un fossé très-profond que l'on traverse sur un pont de pierre. Cette ville a deux places; sur l'une, dite Place-Haute, est l'hôtel-de-ville; sur la place Basse se tient le marché. — Le château, bâti en 1598 par Enguerrand de Coucy, est situé à l'extrémité occidentale de la ville. L'ensemble de cet édifice féodal formait un carré irrégulier, défendu par un large fossé, dont chaque angle présentait une tour. Il existe encore une des cinq portes qui formaient l'entrée, protégée de deux tours. On voit aussi les restes de cet ancien château, et au milieu de ces ruines se tient encore debout une grosse et volumineuse tour, qui offre un des plus solides et des plus étonnants monuments de la féodalité. Elle a 260 pieds de hauteur, 300 pieds de circonférence, et ses murs ont 32 pieds d'épaisseur. On y aperçoit trois larges fentes verticales, dont une règne dans toute la hauteur.

La ville de Coucy commence à figurer dans l'histoire dès le commencement de la troisième race. Elle fut du nombre de celles dont la reine Constance, veuve de Robert, voulut en vain conserver la possession, en 1031. Vers le milieu du XIe siècle, la seigneurie de Coucy passa aux mains des sires de Coucy, et resta dans la famille connue sous ce titre pendant plus de deux siècles, c'est-à-dire depuis le règne de Henri Ier jusqu'à celui de Philippe-le-Bel. Ces sires de Coucy se sont illustrés dans nos annales par leurs rapines, leurs violences et des crimes de toute espèce. Le premier de ces seigneurs dont on ait connaissance, est Dreux de Coucy, seigneur de Boves, vivant en 1035. Un fameux châtelain de Coucy est connu par ses amours avec Gabrielle de Vergy, dame de Fayel, dont la fin tragique, digne de ces temps de barbarie, a fourni le sujet du drame le plus effrayant de notre théâtre. On sait que ce châtelain, blessé mortellement au siège d'Acre en 1191, chargea son écuyer d'extraire son cœur, de le saler, et de le porter dans un petit coffre avec une lettre à sa chère Gabrielle. Le seigneur de Fayel, déjà prévenu sans doute, se trouva sur le passage de l'écuyer près d'entrer au château, lui enleva la lettre et le coffre, et ordonna à son cuisinier d'apprêter ce cœur, qu'il offrit à manger à Gabrielle. Cette viande est-elle bonne? lui dit-il. Délicieuse, répondit l'infortunée. Je le crois bien, ajouta Fayel en lui remettant la lettre, c'est le cœur du châtelain de Coucy. Gabrielle, après cet affreux repas, déclara qu'elle n'en ferait pas d'autre, et se laissa mourir de faim.

La ville de Coucy fut érigée en commune en 1197. Dans la guerre entre les Bourguignons et les Orléanais, Coucy fut assiégé et pris en 1411, par le duc de Bourgogne. Le traité d'Auxerre, qui suspendit pour un moment la guerre civile, procura la restitution de Coucy au duc d'Orléans; mais en 1410, la forteresse ayant été livrée aux Bourguignons, par la trahison de deux valets qui assassinèrent le gouverneur, Pierre Saintrailles Lahire ne put tenir dans la ville et fut forcé de l'évacuer, ce qu'il fit après avoir passé au fil de l'épée soixante prisonniers. L'année suivante, le duc de Bourgogne ayant été lui-même assassiné, Coucy fut enlevée à cette domination, sous laquelle elle retomba en 1428. A la mort de Jean de Luxembourg, arrivée en 1440, l'officier qui commandait pour lui à Coucy, rendit cette ville au duc d'Orléans, moyennant une somme d'argent. En 1487, le maréchal d'Esguerdes s'en rendit maître après huit jours de siège. L'avènement de Louis XII au trône, en 1498, fit de la baronnie de Coucy une propriété royale. Coucy tomba au pouvoir des calvinistes en 1567. Cette ville se déclara pour la ligue en 1591 : Lameth, qui y commandait, la rendit au roi le 1er mai 1594. A l'époque de la fronde, les mécontents s'emparèrent de Coucy, qui fut assiégé par les troupes royales, à cause du refus du commandant Hébert de remettre le château et la ville au maréchal d'Estrées, d'après les ordres du cardinal Mazarin, à qui ce commandant était devenu suspect. Les assiégeants, malgré la brèche que leur canon avait faite aux murailles de la ville, furent arrêtés pendant cinq jours sans pouvoir y pénétrer, et le château fut délivré par un corps de troupes lorraines, qui força les troupes royales à lever le siège. Cependant le château fut remis au roi sur la fin de cette même année 1652. Mazarin y envoya aussitôt un ingénieur pour faire sauter ce boulevard trop redoutable pour la puissance royale. Ce que la mine épargna ne résista point au tremblement de terre qui eut lieu en 1692. Le manoir des sires de Coucy ne fut plus qu'un monceau de ruines, et la grosse tour, qui resta seule debout, fut fendue du haut en bas.

CRAONNE. Petite ville, située à 5 l. de Laon. Pop. 1,058 hab. Cette ville a donné son nom à la bataille qui se donna dans ses environs les 6 et 7 mars 1814.—*Commerce* de bestiaux.

CRÉCY-SUR-SERRE. Bourg situé à 4 l. de Laon. Pop. 2,085 hab.

Le fameux Thomas, de Marle, avait à Crécy-sur-Serre un château fort, qui fut pris et rasé en 1115 par ordre de Louis-le-Gros. En 1180, une charte de commerce fut accordée par Philippe-Auguste au bourg de Crécy. En 1339, il fut presqu'entièrement ruiné par les Anglais, qui le saccagèrent de nouveau en 1358 et en 1373. La Fomandière le prit sur les ligueurs en 1589. Il fut pillé dans les guerres de la fronde en 1648, et brûlé par les Espagnols en 1662. — *Commerce* de chevaux et bestiaux.

CRÉPY. Petite ville, située dans un territoire fertile en vins de bonne qualité, à 2 l. 1/2 de Laon. Pop. 1,500 hab.

La ville de Crépy fut érigée en commune en 1184, sous le règne de Philippe-Auguste. C'était jadis une ville forte, que les Anglais saccagèrent en 1339, et dont ils tentèrent inutilement de s'emparer en 1359. Le duc de Lancastre la ruina en 1373. Les Bourguignons la prirent en 1418; mais Pothon et Saintrailles la reprirent en 1419. Le duc de Bourgogne l'assiégea en 1420. Les habitants, après une vigoureuse résistance, furent obligés de capituler. Au mépris de cette capitulation, la ville fut pillée et ses fortifications démantelées à la prière des Laonnais, pour les délivrer des excursions que les troupes du dauphin faisaient de Crépy jusqu'au pied de la montagne de Laon. En 1544, les ministres plénipotentiaires de François Ier et de l'empereur Charles-Quint y signèrent un traité de paix, connu sous le nom de Paix-de-Crépy. Le ligueur Balagny s'empara de cette ville en 1548, mais elle fut reprise le lendemain par le brave La Foucaudière, officier royaliste, qui en fit une place d'armes fort incommode pour Laon, qui tenait alors pour la ligue. Le duc de Mayenne l'assiégea en 1590. La Foucaudière, qui y commandait, la rendit par capitulation, après avoir employé tous les moyens de résistance qui étaient en son pouvoir. Au mépris de la capitulation, cette place fut saccagée et ses fortifications détruites une seconde fois. En 1649, Crépy fut pillé par les troupes étrangères au service de la France.—*Commerce* de chevaux et de bestiaux.

DIZY. Village situé à 3 l. 1/2 de Laon. Pop. 1,550 hab. En 1576, un parti calviniste, sorti de la Champagne, livra aux flammes le bourg de Dizy; l'église fut brûlée, ainsi que le curé et la plus grande partie des habitants, qui s'y étaient réfugiés.

ERME (SAINT-). Village situé à 4 l. 3/4 de Laon. Pop. 1,850 hab.

FÈRE (la). Ville forte, située à 6 l. de Laon. Place de guerre de quatrième classe. ✉ ⚜ Pop. 2,792 hab.

Dès le Xe siècle, la Fère était une place forte qui appartenait à l'évêque de Laon. Thibaut, comte de Blois, s'en empara en 958. Louis-le-Gros l'assiégea en 958. Cette ville fut érigée en commune en 1207. Le prince de Condé la prit par surprise en 1579.

Le maréchal de Matignon la reprit en 1580. Les ligueurs la surprirent et s'en emparèrent en 1589. Henri IV la prit par capitulation en 1595. Elle se rendit aux Prussiens en 1814.

Après la journée de Waterloo, les Prussiens, attirés par l'importance de l'arsenal de la Fère qui avait été réapprovisionné, se présentèrent devant cette place. Elle fut défendue avec la plus vive opiniâtreté, et dut sa conservation au chef d'escadron d'artillerie, Berthier, qui y commandait, et à la bravoure d'une faible garnison à laquelle s'était réunie la garde urbaine. Un blocus de près de cinq mois, les plus dures privations, rien ne put ébranler le courage et la constance des assiégés; on vit même les femmes, s'élevant au-dessus de leur sexe, s'associer au péril commun, et exprimer leur indignation à la seule idée de subir le joug de l'étranger.

La Fère est une ville agréablement située dans un vallon entouré de coteaux boisés, sur l'Oise, un peu au-dessous du confluent de la Serre. Ce n'est que depuis 1690 qu'elle a été fermée par un mur d'enceinte. L'école d'artillerie de la Fère, la plus ancienne de toutes celles qui existent en France, a été établie en 1719. Elle possède deux bâtiments très-considérables; l'un sert de logement au commandant, l'autre, le château de la Fère, a été réparé à neuf pour être affecté au service de l'école. Cette école possède un polygone pour les exercices du canon, situé à 850 toises environ de la place, sur la route de Laon. C'est un champ de 100 arpents, fermé d'un rang d'arbres élevés qui en dessinent l'enceinte. A l'une des extrémités de ce polygone sont placées les diverses batteries, derrière lesquelles sont les magasins, et à l'autre sont élevées deux grandes buttes de terre sur lesquelles le tir est dirigé. L'arsenal de construction est aussi le plus ancien établissement de ce genre. Il renferme de vastes terrains et bâtiments formant un tiers de la surface de la ville.—Les casernes se composent du quartier neuf, du quartier vieux, des pavillons d'officiers, destinés à recevoir 80 officiers, et 1,600 hommes, nombre auquel s'élève la garnison de la place; 160 chevaux peuvent être placés dans les écuries. En avant de ce corps de casernes, est une esplanade servant aux exercices et manœuvres des troupes à pied.

La Fère est le lieu de naissance du lieutenant général Abboville; du maréchal de camp Abboville; de Charles de Bourbon, fantôme de roi sous la ligue; des deux généraux d'artillerie d'Urtubie.—*Fabriques* de savon gras. Scieries de planches. Martinets. Moulins à poudre. — *Commerce* de grains, vins, laines, toiles, charbon de terre, chevaux, etc.

FOLLEMBRAY. Village situé à 7 l. 1/2 de Laon. Pop. 900 hab. Il y avait jadis un château remarquable qui fut souvent habité par François 1er et par Henri II, et où Henri IV signa la paix avec le duc de Mayenne.

Follembray possède une verrerie considérable dont l'établissement date de 1441. Deux cent soixante ouvriers y sont occupés continuellement, sans compter ceux qui servent aux transports des bois, des matières premières, etc. L'usine se compose de quatre fours renfermant chacun six creusets. Les produits de cette verrerie sont justement renommés par leur bonne et belle qualité; le débit en est assuré dans les départements limitrophes et particulièrement à Paris. On y fabrique annuellement plus de deux millions de bouteilles, destinées principalement pour la Champagne. On y fabrique aussi des bocaux à fruits en proportion, et environ 150,000 cloches de jardin.

FOURDRAIN. Village situé près de la forêt de Saint-Gobain, à 3 l. de Laon. Pop. 710 hab.

Le hameau de Saint-Lambert, situé près de l'étang de son nom, est une dépendance de la commune de Fourdrain. On y remarque la porte assez bien conservée et quelques vestiges d'un ancien château fort dont l'enceinte était flanquée d'énormes tours.

GOBAIN (SAINT-). Bourg situé à 5 l. de Laon. Pop. 2,338 hab. Il y avait jadis un château très-fort, ruiné par les Anglais, en 1339, et sur l'emplacement duquel existe aujourd'hui la plus belle manufacture de glaces que l'on connaisse.—L'usine de Saint-Gobain, regardée comme l'établissement le plus considérable qui existe en ce genre, est très-vaste; elle renferme cinq halles; les bâtiments en sont magnifiques. Les glaces qui sortent de cette manufacture sont non-seulement renommées par la beauté, la netteté et la solidité du verre, mais encore par leur grande dimension; il s'en fabrique de 10 pieds 2 pouces de haut, sur 4 à 5 p. de large. Cette manufacture a le dépôt de ses glaces à Chauny, où on les embarque sur l'Oise pour Paris.

LAON.

Patrie de Luce de Lancival, littérateur, né en 1764, mort en 1810.

LAON. Très-ancienne ville. Chef-lieu du département. Tribunal de première instance. Collége communal. ✉ ⚘ Pop. 8,400 hab.

L'origine de Laon remonte à une époque très-reculée ; ce n'était dans le principe qu'un château très-fort par sa situation, qui reçut des Gaulois le nom de *Laudunum*. Vers 407, une nuée de barbares qui avait brûlé Saint-Quentin, tentèrent sans succès de s'en emparer. Attila l'attaqua et ne put s'en rendre maître. Sous Clotaire, Laon, qui avait fait partie du royaume de Soissons, passa dans celui d'Austrasie ; la reine Brunehaut y fixa son séjour après la fin tragique de Sigebert. Gellimer, maire du palais de Neustrie, assiégea cette ville, la prit et la saccagea en 682. Pepin et Carloman s'en emparèrent en 742. Les Normands l'assiégèrent sans succès en 882. Après la déposition du lâche Charles-le-Gros, Eudes, comte de Paris, mit le siége devant Laon, et s'en empara sans coup férir en 892 ; mais Charles-le-Simple la reprit vers 895. Sous le règne de ce roi, Laon s'éleva au plus haut point de gloire qu'une ville puisse ambitionner : elle était la résidence des souverains, le chef-lieu de leur domaine, la capitale de leur empire. En 920, Charles-le-Simple ayant été déclaré incapable de régner, Robert de France s'empara de Laon, qu'il garda jusqu'en 923, époque de sa mort. Louis d'Outremer fut sacré dans cette ville en 936 et y fixa sa cour. En 940, le comte de Vermandois assiégea inutilement cette place, qui fut cédée à Hugues, duc de France, pour la rançon de Louis d'Outremer, fait prisonnier par les Normands, en 944. Ce monarque tenta sans succès de la reprendre en 947, et ne parvint à y rentrer qu'en 949. A la mort de Louis V, Charles, duc de Lorraine, s'empara de Laon où il fut bientôt assiégé par Hugues-Capet, qui entra dans la ville nuitamment, et le fit prisonnier. Après la domination de la race carlovingienne, Laon cessa d'être la résidence des rois, et perdit une partie de sa prééminence. Robert II s'y fit couronner en 996.

La ville de Laon fut érigée en commune au commencement du XIIe siècle ; mais en 1112 les ecclésiastiques et les nobles obtinrent, à prix d'argent, la suppression de la commune, ce qui provoqua une sédition qui éclata le 25 avril de la même année, dans laquelle l'évêque et plusieurs seigneurs perdirent la vie ; à la suite de cette sédition, la ville fut en partie détruite par un incendie.

En 1411, le duc de Bourgogne se rendit maître de Laon, après quelques jours de siége. Trois ans après, les troupes royales reprirent cette ville, dont les habitants chassèrent la garnison bourguignonne. En 1418, elle retomba au pouvoir du duc de Bourgogne. En 1419, Philippe-le-Bon, fils de Jean-sans-Peur, la livra aux Anglais, qui en furent chassés par les habitants en 1429. Les calvinistes tentèrent inutilement de s'emparer de cette ville, en 1567. — L'autorité de la ligue s'établit à Laon le 17 février 1589 : le cardinal de Bourbon y fut reconnu roi sous le nom de Charles X, et les ligueurs firent frapper dans cette ville, des monnaies à son effigie. C'est aussi à cette époque que commencèrent à Laon les processions dont les mémoires du temps font des tableaux si grotesques, et qui, par cela même qu'elles étaient des farces indécentes, n'en étaient que plus propres à enflammer l'imagination du peuple. Henri IV entreprit le siége de cette ville en 1594, et s'en empara le 2 août. Les conquêtes et les traités de Louis XIV ayant de beaucoup reculé les frontières, les fortifications de Laon devinrent inutiles et cessèrent d'être réparées. Le 9 et 10 mars 1814, Napoléon livra sous les murs de cette ville un combat mémorable, à la suite duquel Laon fut occupé par l'ennemi. En 1815, Laon, quoique presque démantelé, soutint un siége de quatorze jours contre les armées étrangères.

Laon est une ville située sur le sommet d'une montagne isolée, au milieu d'une plaine vaste et fertile. Le vent y souffle souvent avec force. Les brouillards y sont fréquents, l'air y est vif, mais sain, et l'expérience dément le préjugé qu'il est contraire aux poitrines faibles : car nulle part on ne meurt moins de la pulmonie. Il est peu de de lieux où le nombre des vieillards soit dans une proportion plus considérable avec le reste de la population. On y a compté souvent un octogénaire sur cinquante personnes. La salubrité de Laon confirme ce que dit Hippocrate, que la position la plus favorable est celle qui est battue par tous les vents.

L'enceinte actuelle de la ville a 7,750 pas de circuit. Sa longueur est de près d'une demi-lieue ; sa largeur, qui varie selon celle de la montagne, est fort resserrée au centre, et s'élargit aux extrémités. Laon est mal bâti, comme toutes les villes qui ont l'honneur d'être antiques et n'ont pas le bonheur d'être opulentes. Quelques édifices, cependant, sont dignes d'être remarqués. Les dehors sont charmants : une promenade agréable circule autour des murs, et, de tous ses points, l'œil se repose avec plaisir sur le tapis de verdure des vignes qui couvrent le penchant de la montagne, ou parcourt avec délices les scènes variées de la plaine.

Les caves de Laon présentent un phénomène remarquable pour la physique, la minéralogie et l'histoire naturelle. Elles ont, même dans les chaleurs de l'été, une température beaucoup plus basse non-seulement que l'air extérieur, mais que celle que conservent les caves de l'Observatoire de Paris. Elles sont à deux étages : les premières, appelées Celliers, ont environ quatre mètres de profondeur : elles sont taillées dans le banc de pierre calcaire ; les autres sont à 6 ou 7 mètres plus bas, et dans la partie inférieure du même banc, qu'on soutient par des massifs laissés en les creusant, ou par des piliers construits de distance en distance.

Les principaux édifices et établissements publics de Laon sont :

La Tour de Louis d'Outremer, bâtie par le prince dont elle porte le nom, et destinée à fortifier la ville du côté de la citadelle qui appartenait alors au comte de Vermandois. Philippe-Auguste, qui la fit réparer en 1207, l'entoura de fossés, de parapets et de tourelles. On entreprit, en 1794, de la détruire ; mais quand le couronnement a été démoli, les moyens ont manqué pour continuer l'ouvrage.

La Tour Penchée. Près de l'emplacement occupé autrefois par l'ancienne citadelle, les regards tombent avec surprise sur une tour penchée, dont l'inclinaison est d'environ dix degrés, à partir de la verticale, et qui est terrassée dans toute sa hauteur. Elle forme la pointe de l'angle d'une espèce de bastion, et offre un monument d'autant plus curieux qu'il est unique en France.

L'Église cathédrale. On ignore l'époque précise de la fondation de cette superbe basilique. On sait seulement qu'elle fut presqu'entièrement détruite, ou au moins fortement endommagée par un incendie, en 1112. Les revenus du chapitre étant insuffisants pour réparer ce dégât, il fut arrêté que les reliques qui avaient été sauvées du feu, seraient promenées religieusement dans le royaume, ce qui produisit d'abondantes aumônes, au moyen desquelles les travaux furent achevés dans le milieu de l'année 1114.

L'église cathédrale de Laon a 320 pieds de long, 75 de large, et 170 de hauteur. Elle est remarquable par ce mélange de hardiesse et d'élégance, de grandeur et de délicatesse, qui forme le caractère distinctif de la grande architecture gothique. Il y a dans l'église de Laon des choses qui excitent particulièrement l'attention des connaisseurs : les trois ordres de son architecture (les autres basiliques n'en ont ordinairement que deux) ; la lanterne, admirée pour sa hardiesse et la légèreté de sa galerie ; la belle perspective que forment ses deux lignes d'entrecolonnements, dont le nombre, plus grand peut-être que dans aucune autre église, est de vingt-trois : douze dans la nef et onze dans le chœur ; la forme ingénieuse des piliers qui en déguisent l'épaisseur ; les ornements des bases et des chapiteaux des colonnes, qui sont toutes d'une sculpture différente ; la fermeture des chapelles, qui n'est pas de la même construction que l'édifice ; leurs décorations, qui appartiennent au bel âge de la sculpture française, ce qui porterait à penser qu'elles sont dues à la munificence du cardinal de Bourbon ; la magnificence des rosaces ; le buffet d'orgues, dont le travail est magnifique ; le portail, construit en avant-corps et après coup, peut-être lors des réparations que l'incendie de 1112 a nécessitées ; les portes, dont la sculpture est digne de remarque.

On peut égaler, préférer même d'autres vaisseaux à celui de Laon : on ne trouvera nulle part un ornement comparable aux quatre tours qui couronnent les trois principales entrées. La légèreté, et, si on peut le dire, la transparence du travail est digne des plus grands éloges, non pas seulement parce qu'elle produit l'effet le plus agréable, mais aussi parce que l'action des vents, à laquelle elle donne peu de prise, n'aurait point tardé à détruire une masse plus solide. Ainsi le génie de l'architecte a su convertir en beauté réelle, le tour de force par lequel il a vaincu une grande difficulté. On ne peut douter, au reste, que les tours n'existassent avant l'incendie.

L'Église Saint-Martin. Élevée en 1124 sur l'emplacement d'une petite église fort ancienne, elle est grande et d'une architecture imposante, quoique lourde. Les deux tours carrées de derrière étaient autrefois surmontées de hautes flèches, qui existaient encore sous Louis XIII.

L'Hôtel de la préfecture. Il occupe les bâtiments d'une vaste abbaye fondée vers 645, sous le nom de Notre-Dame, et qui, par la suite, prit celui de Saint-Jean. Elle renfermait sept églises dans son enceinte. Sa règle prescrivait l'oraison perpétuelle. Les trois cents religieuses qu'elle comptait déjà du temps de Salaberge, étaient partagées en sept chœurs; et le service était célébré dans toutes les églises alternativement, jour et nuit. Cette maison éclipsa, dès sa naissance, les plus illustres communautés de femmes.

Les archives de la bibliothèque publique de la ville de Laon occupent aussi une partie des bâtiments de cette ancienne abbaye.

Hôtel-Dieu. Il est établi dans les superbes bâtiments de l'abbaye Saint-Martin, qui offraient, sous tous les rapports, les avantages que doit réunir un hospice bien distribué. Des salles vastes et bien aérées ont été construites en assez grand nombre pour que les maladies n'y fussent pas confondues; et on a pris sur les jardins très-étendus, des terrains suffisants pour procurer aux malades de belles promenades ; la cour d'entrée est très-spacieuse, et en grande partie plantée d'arbres disposés en allées. On y voit un bon tableau de Barthélemy, qui orne la chapelle, et un magnifique escalier, moins fameux cependant que celui de Prémontré.

Hôpital général. On peut regarder le cardinal d'Estrées comme le véritable fondateur de cet hôpital, où sont entretenus 90 vieillards des deux sexes, qui y occupent des bâtiments particuliers.

La Bibliothèque publique. Elle occupe une partie des bâtiments de l'ancienne abbaye de Saint-Jean, où est aujourd'hui établie la préfecture. Cette bibliothèque renferme 16 à 17,000 volumes, provenant en grande partie des abbayes de Saint-Jean, de Saint-Vincent, de Saint-Martin, etc. Parmi les ouvrages modernes, on remarque celui de la description de l'Égypte, donné par le gouvernement en 1821, au département, à la sollicitation de M. le baron de Talleyrand, alors préfet.

Dépôt de mendicité. Ce dépôt, situé à Laneuville-sous-Laon, occupe les bâtiments d'une ancienne abbaye de religieuses Bernardines. Il a été créé par décret du 16 mars 1809, et ouvert le 1er mai 1810, pour 500 mendiants des deux sexes : depuis, on y a admis des infirmes et des aliénés.

La population actuelle du dépôt est de 3 à 400 personnes, dont les enfants forment à peu près le cinquième.

On remarque encore à Laon l'hôtel-de-ville, le collége, une jolie salle de spectacle et les casernes.

Laon est la patrie de Lothaire, de saint Remi, du publiciste Bodin, du célèbre astronome Méchain, du maréchal Serrurier, etc.

Fabriques de clous et de chapellerie. Le dépôt de mendicité fabrique aussi des couvertures de laine, des draps communs, des bas et des chaussons de laine tricotés, des bas de fil et quelques autres articles.— *Commerce* de blé, vin et légumes d'excellente qualité. Les artichauts sont renommés comme les meilleurs de France.

Laon est à 11 l. 1/2 de Reims, 10 l. 1/2 de Saint-Quentin, 34 l. de Paris. — *Hôtels* de l'Écu, de la Hure.

LIESSE (NOTRE-DAME DE). Village situé à 4 l. de Laon. Pop. 1,242 hab.

Ce village est célèbre par l'église de son nom, où l'on voit une image, soi-disant miraculeuse, de la Vierge, fréquentée encore de nos jours par de nombreux pèlerins qui y arrivent de diverses contrées, dans les mois de mai, juin et juillet. La fondation de l'église de Liesse date de 1134 : plusieurs rois de France l'enrichirent de leurs libéralités. Louis XI y jura, en 1469, le traité que Charles-le-Téméraire l'avait contraint de signer à Péronne; François Ier la visita en 1538, et la duchesse de Berri en 1821. —Dans la chapelle, on voit un tableau où sont peints Louis XIII et son épouse en prière pour avoir un fils.

Patrie de J. F. Hénaut, respectable philanthrope, qui secourut les pauvres pendant sa vie, et qui disposa en leur faveur, par son testament, d'une somme de 120,000 f.

Fabriques d'orfévrerie, de crucifix, de croix et de bagues en argent et en cuivre, de bimbeloterie en tilleul, fleurs artificielles en papier coloré, etc.

MANICAMP. Village situé à 9 l. 1/2 de Laon. Pop. 1,100 hab. — Centre de la fabrique des toiles de ménage. Blanchisserie.

MARCHAIS. Village situé à 4 l. de Laon. Pop. 500 hab. On y voit un beau château qui a été visité plusieurs fois par François Ier et par plusieurs autres grands personnages.

MARLE. Bourg situé à 6 l. 1/4 de Laon. Pop. 1,433 hab.—*Commerce* de toiles de chanvre.

MONTAIGU. Village situé à 4 l. 1/2 de Laon. Pop. 850 hab. On y remarque les ruines d'un ancien château fort qui fut assiégé par Louis d'Outremer en 948, par Enguerrand en 1100, pris et ruiné par les

Anglais en 1373 et en 1423, et démoli par ordre de Charles VI en 1441.

MONTCORNET. Petite ville située à 9 l. 1/4 de Laon. ⊠ Pop. 1,535 h. C'était autrefois une place forte qui fut prise par les Espagnols en 1593 et en 1650, et presque entièrement détruite par un incendie vers la fin du XVIIIe siècle. — *Commerce* de toiles, lin, chanvre et bestiaux.

MONT-NOTRE-DAME. Village situé à 6 l. de Soissons. Pop. 600 hab.

Ce village est remarquable par les ruines d'une belle collégiale fondée sous le règne de Charles-le-Chauve. Dès le VIe siècle, il y avait une maison royale, qui servit dans la suite de maison de plaisance aux vicomtes du lieu et aux évêques de Soissons.

Un détachement de troupes anglaises pilla le village en 1395 ; les royalistes s'emparèrent du château en 1422, mais il fut repris la même année par les Bourguignons ; Charles VII le prit et le fit raser en 1427. Ce château ayant été ensuite rebâti, fut attaqué en 1567 par les calvinistes, attirés au Mont-Notre-Dame par l'espoir du pillage ; il était bien bâti, flanqué de quatre bonnes tours au milieu desquelles s'élevait un haut donjon, et aurait pu soutenir un long siège s'il eût été approvisionné et garni de troupes. Les calvinistes s'en emparèrent sans coup férir, brûlèrent les bâtiments et démantelèrent les tours. Après cet exploit, ils pillèrent l'église et y mirent le feu en plusieurs endroits ; la charpente des toits et tous les combles de ce vaste édifice furent consumés en peu de temps.

La grande église du Mont-Notre-Dame, dont on voit encore de beaux restes, fut bâtie au XIIIe siècle, vers le même temps et presque sur le même plan que la cathédrale de Soissons. C'était un vaste édifice orné de deux portiques collatéraux et d'un grand portail accompagné de deux tours fort élevées. De grandes réparations furent entreprises en 1594 : le chœur, qui menaçait ruine, fut supprimé en 1616, au moyen d'un mur de séparation entre cette partie et la nef, dont les trois arcades supérieures servirent de chœur et les quatre inférieures de nef : au moyen de cette réparation, l'édifice n'eût pas laissé que d'être un fort beau vaisseau, mais en 1617 un incendie, allumé par imprudence, détruisit une grande partie de ce qu'avait épargné celui de 1567. Les cinq voûtes de la nef principale s'écroulèrent en 1642. L'année suivante, on entreprit quelques réparations, qui se bornèrent à établir une charpente couverte en tuiles sur les voûtes du chœur et de la nef. A peine l'église avait-elle été mise en état d'y célébrer le service divin, qu'elle éprouva un désastre épouvantable : lorsqu'elle fut brûlée en 1567, les deux tours ne furent point endommagées ; comme elles étaient solidement bâties, les habitants du village s'y retirèrent et y renfermèrent leurs meubles et leurs effets, lors de l'approche des impériaux, en 1650. Ceux d'entre eux qui n'avaient pu y trouver place s'étaient enfuis, excepté la servante d'un chanoine, qui, ayant eu l'indiscrétion de se montrer, fut surprise par les soldats et mise à la torture, afin de savoir d'elle où les habitants avaient caché leurs meilleurs effets. Vaincue par la douleur, la servante avoua que ce que l'on cherchait était caché dans les deux tours de l'église. Les soldats s'y portèrent aussitôt et sommèrent les habitants de se rendre ; sur leur refus, les portes de l'église sont enfoncées ; les bancs, la chaire, les confessionnaux mis en pièces, et de leurs débris on forme une pile énorme de matières combustibles à laquelle on met le feu. L'excès de la chaleur calcina les voûtes et les fit tomber ; les meubles qu'on avait portés sur ces voûtes servirent d'aliment à l'incendie ; et les habitants, qui avaient cru trouver dans ces tours un asile assuré, n'ayant pu échapper par aucune issue, furent tous brûlés vifs. — L'église du Mont-Notre-Dame fut de nouveau réparée en 1659, par les soins de Pierre Robilliart ; mais à peine les travaux étaient-ils achevés, qu'un ouragan des plus furieux en renversa la couverture et en fracassa les vitres ; toutefois ce nouveau désastre n'y suspendit que pendant fort peu de temps l'exercice du service divin.

De cette vaste collégiale, trop fameuse par les désastres qu'elle a essuyés, il ne reste plus que la nef. Le sanctuaire et le chœur sont entièrement détruits. Ce qui autrefois n'était que la nef est aujourd'hui l'église de la paroisse, église encore admirée par ses richesses, par sa propreté, et par ce qui lui reste de son antique splendeur. Environ trente pieds de voûte, soutenus par quatre fortes colonnes gothiques, ont conservé leur régularité et leur beauté primitives. Cette partie si heureusement conservée forme le sanctuaire et le chœur actuels ; elle est séparée de ce qui sert maintenant de nef par un mur qui s'avance de chaque côté, et que de nouveaux ouragans, survenus depuis 1659, ont rendu nécessaire. A ce mur finit l'ancienne voûte que remplace un plancher

ÉGLISE DU MONT-NOTRE-DAME.

dans tout le reste de l'église; mais toutes les colonnes sont restées et forment les deux bas-côtés qui n'ont jamais changé : ils sont couronnés par une riche et magnifique galerie, dont une partie, celle qui se trouve dans le sanctuaire et le chœur actuels, se fait encore admirer; l'autre est masquée par le plancher fixé au-dessous, quoiqu'elle règne cependant de chaque côté aussi intacte que la première.

NEUFCHATEL. Bourg situé au confluent de l'Aisne et de la Retourne, à 10 l. de Laon. Pop. 608 hab. C'est un bourg très-ancien, qui fut pris et entièrement détruit par les Bourguignons en 1417.—Marché important pour les grains.

NEUVILLE. Village situé à 3 l. 3/4 de Laon. Pop. 150 hab. On y voit les restes d'un vieux château fort, pris, en 1593, par les ligueurs, qui firent pendre une partie de la garnison.

PONTAVERT. Village situé près de la rive droite de l'Aisne qui y forme un port commode, à 6 l. 1/4 de Laon. Pop. 583 h. — Brasserie.

PRÉMONTRÉ. Village situé à 4 l. 1/2 de Laon. Pop. 500 hab.

Il y avait autrefois, dans ce lieu, une célèbre abbaye, chef d'ordre des Prémontrés, fondée par saint Norbert, en 1120. Lors de la guerre civile qui éclata en 1567, cette abbaye fut saccagée par les calvinistes. Reconstruite vers le milieu du XVIIIe siècle, elle ressemblait plutôt à une maison royale qu'à un monastère : on y voyait un escalier admirable qui, par sa hardiesse, son élégance, la grace de ses proportions, faisait l'admiration des hommes de l'art. — Une portion de cette célèbre abbaye a été conservée, et, en 1802, l'on a tiré parti de l'autre, en y établissant une verrerie célèbre, qui a changé le monastère en un foyer d'industrie devenu très-productif pour les habitants de la contrée. On y fabrique des bouteilles pour les vins mousseux, des verres blancs pour la vitrerie, des cloches de jardin, des verres à bombages, des cylindres ovales ou ronds, des verres de couleur pour les vitraux d'églises, du flint-glass pour les lunettes et l'optique, et, depuis quelques années, des glaces de grandes dimensions.

QUESSY. Village situé à 7 l. 1/2 de Laon. Pop. 400 hab.—*Fabrique* importante d'alun et de vitriol.

QUIERZY. Village très-ancien, situé sur la rive gauche de l'Oise, à 10 l. de Laon. Pop. 700 hab. On y voit les ruines d'une maison de plaisance des rois de la deuxième race, dont les murs offrent des restes de peintures à fresque assez bien conservées.

ROSOY-SUR-SERRE. Village situé sur la rive gauche de la Serre, à 12 l. de Laon. ✉ Pop. 633 hab. — *Commerce* de lin

ROUCY. Bourg situé à 7 l. 1/2 de Laon. Pop. 700 hab. C'était autrefois une ville forte qui a soutenu plusieurs sièges; Charles-le-Chauve y tint un parlement en 851. —*Patrie* de Béthune Charost, digne descendant de Sully.

SAINCENY. Village situé à 7 l. 3/4 de Laon. Pop. 1,774 hab. — *Manufactures* de faïence d'excellente qualité.

SISSONNE. Bourg fort ancien, situé à 5 l. 3/4 de Laon. Pop. 1,313 hab. Il fut pris par les Anglais en 1359 et en 1373, et brûlé par les ligueurs en 1593.

URCEL. Village situé à 2 l. 3/4 de Laon. Pop. 625 hab.—*Fabriques* importantes de poteries de terre et de vitriol.

VAUCLERC. Village situé à 4 l. 1/4 de Laon. Pop. 120 hab. Il y avait autrefois une abbaye célèbre, fondée par saint Bernard en 1134, brûlée par les Anglais en 1359, pillée par les ligueurs en 1590 et en 1591.

VILLEQUIER-AUMONT. Bourg situé à 10 l. 3/4 de Laon. Pop. 1,000 hab.—*Fabrique* de sucre de betteraves, de sulfate de fer et d'alumine.

ARRONDISSEMENT DE CHATEAU-THIERRY.

BRUYÈRES. Bourg situé à 4 l. 3/4 de Château-Thierry. Pop. 300 hab. Aux environs, sur le bord de l'Ourcq, on remarque le château de Givray, construit sous le règne de François Ier, par Charles de Harlus. On y voit encore, dans un salon voûté, une grande cheminée en pierre, dont le manteau est orné de figures de salamandres, avec la devise *Nutrico et exstinguo*.

CHARLY. Bourg bâti dans une belle situation, près de la rive droite de la Marne, à 3 l. 3/4 de Château-Thierry. ✉ Pop. 1,603 hab. Il est environné de jolies promenades. — *Fabriques* de bonneterie, boutons, draps, serges croisées. Fonderie de cuivre.

CHARMEL. Village situé à 3 l. 3/4 de Château-Thierry. Pop. 350 hab. On y voit un château construit au commencement du XIIIe siècle, qui existe encore avec toutes ses formes primitives.

CHATEAU-THIERRY. Ville ancienne. Chef-lieu de sous-préfecture. Tribunal de première instance. Collége communal. ⊠ ⚭ Pop. 4,697 hab.

Une ancienne tradition fait remonter l'origine de cette ville à Thierry, l'un des rois de la première race, qui fit, dit-on, construire sur un rocher escarpé l'ancien château dont on voit encore aujourd'hui les ruines imposantes. Mais l'opinion la plus accréditée est que Chilpéric II, roi de France, étant mort en 720, Charles-Martel, maire du palais, chercha à réunir en sa personne le titre de roi et l'autorité qu'il avait déja. Le moment ne lui paraissant pas assez favorable, il se détermina à donner la couronne et le titre de roi à Thierry IV, enfant de 8 à 9 ans. L'ambitieux Charles, désirant apparemment retenir dans une espèce de prison agréable, le fantôme de roi qu'il avait couronné, imagina de lui faire construire un château dans la position la plus riante et la moins éloignée d'une belle métairie ou petit château que lui-même possédait aux Chesneaux, et où il résidait assez souvent. Il choisit, à cet effet, le bel emplacement qu'occupe Château-Thierry, où il fit élever un château de peu d'étendue, qu'il fit revêtir de fortifications, pour en faire un séjour à l'abri de toute attaque. L'achèvement de cette construction remonte à l'an 730 environ. Le château reçut le nom du jeune prince pour lequel il fut bâti ; il resta à la couronne jusqu'à ce que Hébert Ier, comte de Vermandois, se le fit donner par Louis-le-Bègue, vers 877. Les comtes de Vermandois le conservèrent jusqu'en 945, époque à laquelle il devint la propriété de Richard, comte de Troyes. Ce seigneur paraît l'avoir ou vendu, ou donné en fief à un nommé Thierry, qui répara et augmenta considérablement le château et les fortifications ; ce qui avait fait présumer jusqu'ici à beaucoup de personnes que ce Thierry en avait été le fondateur. — Comme place de guerre, Château-Thierry a eu à soutenir de nombreux assauts. Raoul, duc de Bourgogne, l'assiégea en 933, et s'en rendit maître après six semaines de siège. Le comte de Vermandois le reprit la même année. En 934, Château-Thierry fut assiégé de nouveau par Raoul et par Hugues, duc de France, qui le prirent après quatre mois de siège. Hébert rentra en possession de cette ville en 933, par la trahison du commandant. Les Anglais l'assiégèrent sans succès en 1371. Le sire de Châtillon, qui tenait pour le parti des Anglais, la prit par trahison en 1421 ; mais en 1425, les habitants firent rentrer cette ville sous l'obéissance du roi, après en avoir chassé la garnison anglaise. Charles-Quint attaqua, en 1544, Château-Thierry, où étaient enfermées des provisions en abondance, et parvint à s'en emparer.—Château-Thierry est l'un des endroits de la France où les fureurs de la ligue se firent sentir avec le plus de violence. Le duc de Mayenne s'en empara en 1591, et rien n'est comparable aux horreurs que les Espagnols exercèrent quand ils pillèrent cette ville malheureuse. Château-Thierry se soumit à Henri IV, en 1595, pendant qu'il faisait le siége de Laon. Lors de l'insurrection de 1615, cette ville se rendit au prince de Condé et au duc de Bouillon ; elle rentra sous l'obéissance du roi l'année suivante. Enfin, elle fut prise et pillée en 1652 pendant les guerres de la fronde.

En 1231, Château-Thierry obtint une charte commune du comte de Champagne. Philippe-le-Bel confirma, en 1301, les franchises et libertés de cette ville. — En 1303 eut lieu à Château-Thierry une assemblée des grands du royaume pour délibérer sur les affaires publiques avec le monarque.

Château-Thierry est bâti en amphithéâtre, sur le penchant d'une colline qui borde la rive droite de la Marne. Du sommet de cette colline, couronnée par les ruines majestueuses de l'ancien château, on jouit d'une fort belle vue sur la campagne environnante ; des coteaux riants, des vergers délicieux, une promenade agréable plantée le long de la rivière, forment un tableau agréable, animé par le mouvement des nombreux bateaux qui descendent sur la Marne pour l'approvisionnement de Paris. — Cette ville a un faubourg considérable, placé sur la rive gauche de la Marne, que l'on traverse sur un beau pont en pierre. Du côté opposé, sur la route de Soissons, est un autre faubourg, séparé de la ville par une ancienne porte dans laquelle on avait pratiqué des prisons. Au bas du château est l'hôtel-de-ville, édifice qui n'a rien de très-remarquable.

Château-Thierry a deux sources d'eaux minérales ferrugineuses, qui coulent dans deux maisons voisines l'une de l'autre ; celle

Gravé par Topinoss

J. Racine

Lafontaine

RUINES DE CHÂTEAU-THIERRY.

qui a le plus de réputation, et qui attire beaucoup de malades pendant la belle saison, est celle de la Fleur-de-Lis.

Château-Thierry est une des villes du département de l'Aisne qui ont eu le plus à souffrir des événements de la guerre, lors de l'invasion de 1814. Le 8 février, le maréchal duc de Tarente, se retirant devant les troupes étrangères, fit sauter le pont, qui fut ensuite alternativement reconstruit et détruit de nouveau, soit par les Français, soit par l'ennemi traversant et retraversant la ville, tantôt vainqueur, tantôt vaincu. Souvent la plus vive fusillade s'engagea d'une rive à l'autre. Les faubourgs et la ville furent trois fois livrés au pillage. C'est le 12 février qu'eut lieu, non loin de Château-Thierry, le combat auquel cette ville a donné son nom.

Patrie de La Fontaine, qui y est né le 8 juillet 1621. Une statue en marbre blanc, exécutée par M. Lethiers, ancien pensionnaire du roi à Rome, a été érigée à ce grand homme dans sa ville natale par la munificence du gouvernement. Une inscription simple indique la maison où est né ce célèbre écrivain.

Fabriques de toiles. Filature de coton. Teintureries, faïenceries, tanneries et corroieries. — *Commerce* de blé, vins, laines, moutons, chevaux, bestiaux, plâtres, meules de moulin, etc.

A 18 l. de Laon, 22 l. de Paris.—*Hôtels* du Lion d'or, du Croissant, de la Sirène, d'Angleterre, de l'Éléphant.

CHÉZY-SUR-MARNE. Village situé à 1 l. 3/4 de Château-Thierry. Pop. 1,314 h. — *Fabriques* de moulins à cribler le grain.

COINCY. Bourg situé à 3 l. 3/4 de Château-Thierry. Pop. 1,078 hab.

CONDÉ-EN-BRIE. Village situé au confluent de l'Huis et du Surmelin, à 5 l. de Château-Thierry. Pop. 700 hab.

FÈRE-EN-TARDENOIS. Petite ville bâtie dans une situation agréable, sur le canal de l'Ourcq, à 5 l. 1/2 de Château-Thierry. ✉ Pop. 2,313 hab.

Cette ville fut prise par les calvinistes en 1567, par les ligueurs en 1589, par les royalistes en 1590, et par les Espagnols en 1652. On y voit les restes imposants d'un ancien château fort, composé de huit tours d'environ 60 pieds d'élévation. Le pont-levis qui conduisait à la contrescarpe, a été remplacé, en 1539, d'après les ordres d'Anne de Montmorency, par une belle galerie de 180 pieds d'élévation, sur une longueur de 160. Les connaisseurs en admirent surtout l'entrée, dont les colonnes sont d'ordre ionique. L'élégance des demi-reliefs autorise à croire que cette architecture est l'ouvrage de Jean Goujon. Les arches à plein cintre, qui supportent cette galerie, sont au nombre de cinq, et ont environ 60 pieds de hauteur. — *Fabriques* de bonneterie en laine et de poterie de terre. — *Commerce* de grains, chanvre, laines, bois et bestiaux.

FERTÉ-MILLON (la). Petite ville située à 7 l. de Château-Thierry. ✉ Pop. 1,716 h.

Cette ville, bâtie en amphithéâtre sur un coteau peu élevé, est traversée par la rivière de l'Ourcq, dont les sinuosités gracieuses à travers de belles prairies offrent un coup d'œil charmant. Elle est ceinte de murailles et remarquable par les ruines d'un ancien château fort bâti dans le XIIe siècle : le frontispice qu'on voit encore, n'a de régulier que deux tours saillantes qui accompagnent la principale porte d'entrée. Henri IV assiégea ce château en 1594, et ne parvint à s'en rendre maître que par composition; et comme il avait l'expérience du danger qu'il y avait à laisser subsister cette forteresse, il la fit démanteler par les habitants de vingt-huit communes environnantes, qui furent employés pendant huit jours à cette démolition.

C'est à la Ferté-Milon que naquit Jean Racine, le 22 décembre 1639. Cette ville possède la statue en marbre du poète immortel dont elle se glorifie. L'exécution de ce monument, destiné à décorer la place de l'hôtel-de-ville, a été confiée aux soins de M. David, ancien pensionnaire du roi à Rome. La bibliothèque publique du chef-lieu du département, qui renferme 16 à 17,000 volumes, a déjà été gratifiée d'un très-beau buste de Racine, en marbre blanc, exécuté par M. Stabinesky.

Fabriques de cuirs.—*Commerce* de grains, farines, bois de chauffage et charbon pour l'approvisionnement de Paris. — *Hôtels* du Soleil d'or, du Sauvage, du Lion d'argent.

NEUILLY-SAINT-FRONT. Petite ville située à 5 l. de Château-Thierry. ✉ Pop. 1,748 hab. — *Fabriques* de bonneterie en laine. — *Commerce* de bestiaux.

NOGENT-L'ARTAUD. Village situé à 3 l. de Château-Thierry. Pop. 1,209 hab.

VIEIL-MAISONS. Bourg situé à 5 l. de Château-Thierry. ✉ ⚜ Pop. 884 hab.

ARRONDISSEMENT DE SAINT-QUENTIN.

BEAUREVOIR. Village situé à 4 l. 3/4 de Saint-Quentin. Pop. 1,400 hab. On y voit les restes de l'ancien château de Beaurevoir où fut conduite Jeanne d'Arc après avoir été trahie et faite prisonnière au siége de Compiègne.

BOHAIN. Petite ville située à 5 l. 1/2 de Compiègne, au milieu de bois qui en rendent le séjour très-agréable. Pop. 3,024 h. C'était autrefois une place forte dont Philippe-Auguste s'empara en 1181. Les Anglais la prirent en 1339. Ils y entrèrent encore en 1523, mais ils en furent chassés par la Trémouille. Les impériaux s'en rendirent maîtres en 1536, les ligueurs en 1588, les Espagnols en 1593 et en 1636; Turenne la reprit sur ces derniers en 1637.—*Fabrique* d'horloges d'Allemagne, accompagnées d'orgues, musique, etc.—Manufacture considérable de châles et de tissus façon cachemire.—*Commerce* de bestiaux.

CANAL-DE-SAINT-QUENTIN. Ce canal a pour objet d'établir une communication par eau entre l'Oise, la Somme et l'Escaut. Sa longueur totale est de 93,380 m. 70 cent.

Les travaux ont été commencés le 26 messidor an X (16 juillet 1802), et le canal a été livré à la navigation à la fin de 1810. Les dépenses faites se sont élevées à environ 11,000,000 de fr.

Le canal de Saint-Quentin se divise en deux parties. La première établit une communication entre Cambrai et Saint-Quentin, et la seconde entre cette dernière ville et Chauny. — La première partie est à point de partage; il commence au sas éclusé de Lesdin, et se termine à celui du Bosquet; il comprend deux canaux souterrains qui traversent le plateau aride qui sépare les sources de la Somme et de l'Escaut; celui du Tronquoy, qui a une longueur de 1,100 mètres, et celui de Riqueval, dont l'étendue est de 5,677 m., et la largeur de 8 m. La longueur du bief de partage est de 20,245 m.; celle du versant du côté de Saint-Quentin est de 6,600 m., et celle du versant du côté de Cambrai est de 24,984 m. 20 c. : ensemble 51,829 m. 20 c. La pente du premier de ces versants est de 10 m. 12 c., et est rachetée par cinq sas éclusés; celle du deuxième versant est de 37 m. 30 c., et est rachetée par 17 sas éclusés. La largeur des sas éclusés de cette première partie est de 5 m. 20 c., et leur longueur est de 38 m. 60 c. d'un chardonnet à l'autre. Le bief de partage de ce canal est alimenté par les eaux de l'Escaut, qui y entrent immédiatement au-dessus du sas éclusé du Bosquet; les eaux de la Somme servent aussi à alimenter ce canal.

Auprès du village de Bellicourt commence le Grand-Souterrain, un des ouvrages les plus remarquables du XIXe siècle. On y a construit des voûtes, sur 2,285 m. de longueur, dans les parties où le roc offrait peu de dureté, et principalement aux extrémités. Celles-ci sont fermées à volonté par des portes qui arrêtent les courants d'air nuisibles à la navigation et à la solidité des parties voûtées, surtout pendant la gelée. Les trottoirs de halage sont soutenus par des voûtes aux extrémités du souterrain. Les bateliers y naviguent au moyen de lumières qu'ils portent avec eux. Ils mettent huit à dix heures pour traverser le Grand-Souterrain, le halage, dans cette partie du canal, ne pouvant avoir lieu qu'à bras d'hommes. Les bateliers flamands, qui naviguèrent les premiers sur le canal de Saint-Quentin, n'avaient jusque-là parcouru que l'Escaut. Parvenus au point de l'entrée du Grand-Souterrain, vers Vendhuile, ils furent intimidés à l'aspect de ce passage, et on ne put les déterminer à le franchir qu'en promettant une exemption de droits pour le bateau qui le passerait le premier. Un décret du 13 décembre 1810 dispensa de tout droit de navigation sur le canal le bateau surnommé le *Grand-Souterrain*, qui fraya la route aux autres.

La deuxième partie du canal de Saint-Quentin, celle de Saint-Quentin à Chauny, forme le canal anciennement dit de Crozat : elle est de dérivation, et offre un développement de 41,551 m. 50 c. La pente, qui est de 31 m. 07 c., est rachetée par 13 sas éclusés.

CATELET (le). Petite ville située dans une contrée riante, à 5 l. de Saint-Quentin. ✉ Pop. 610 hab.

Le Catelet a pris son nom d'une forteresse que François Ier avait fait bâtir en cet endroit, en 1520. Cette place fut prise par les Espagnols, en 1557, et restituée à la France par le traité du Cateau-Cambresis.

HÔTEL DE VILLE DE ST QUENTIN.

Une armée espagnole la prit par capitulation, en 1595, après un siége de cinq semaines. Le traité de Vervins la rendit à la France en 1598. Les Espagnols s'en rendirent maîtres en 1636; mais les Français la prirent d'assaut sur ces derniers, le 14 septembre 1638. Le 14 mai 1650, cette place tomba de nouveau au pouvoir des Espagnols. Les Français la prirent d'assaut le 29 août 1655, et la garnison fut passée au fil de l'épée. Enfin ses fortifications furent détruites en 1674.—Filatures de lin et de chanvre.

CAULINCOURT. Village situé à 3 l. 1/2 de Saint-Quentin. Pop. 450 hab. C'est la patrie du général Caulincourt, mort au champ d'honneur à la bataille de la Moskowa, le 7 septembre 1812.

DALLON. Village situé sur le canal de Saint-Quentin, à 1 l. 1/4 de la ville de ce nom. Pop. 300 hab. On y voit une jolie église élevée en 1834 sur les dessins de M. Lemaire Dufour.

FRESNOY-LE-GRAND. Village situé à 4 l. de Saint-Quentin. Pop. 3,379 hab.— *Fabriques* de châles. Culture du houblon. Brasseries.

HÉROUEL. Village situé à 4 l. de Saint-Quentin. Pop. 220 hab. — Patrie de Fouquier-Tainville, accusateur public près le tribunal révolutionnaire, décapité à Paris le 7 mai 1795.

HOMBLIÈRES. Village situé à 1 l. 1/2 de Saint-Quentin. Pop. 928 hab. — *Fabriques* de tissus en coton et de mousseline de laine.

MONTBREHAIN. Village situé à 3 l. 1/2 de Saint-Quentin. Pop. 1,800 hab. — *Fabriques* de tulles, broderies, etc. Culture du houblon.

MOY. Bourg situé sur la rive droite de l'Oise, à 3 l. 1/4 de Saint-Quentin. Pop. 1,322 hab. On y remarque un ancien château bien conservé, dont la construction est antérieure au XIIe siècle. — *Fabriques* de toiles de lin, tapis, etc. — Centre du commerce du lin que l'on cultive dans les environs.

ORIGNY. Bourg situé à 4 l. de Saint-Quentin. ✉ ☞ Pop. 1,755 hab. On y remarquait autrefois une célèbre abbaye de bénédictines, fondé par la femme de Charles-le-Chauve en 854.

QUENTIN (SAINT-). Ancienne et jolie ville. Chef-lieu de sous-préfecture. Tribunaux de première instance et de commerce. Chambre consultative des manufactures. Conseil de prud'hommes. Société académique des sciences et des arts. Collége communal. École de commerce. ✉ ☞ Pop. 17,686 h.

Saint-Quentin est une ville fort ancienne, connue dès le temps des Romains sous le nom d'*Augusta Viromanduorum;* elle doit le nom qu'elle porte aujourd'hui à saint Quentin, qui y souffrit le martyre vers l'an 303, sous le règne de Dioclétien et de Maximien. Lors de la dissolution de l'empire romain, elle fut prise et brûlée par les Vandales, en 407, et à peine se relevait-elle de ses ruines, qu'en 451 elle fut saccagée par les Huns, sous la conduite d'Attila. Détruite par les Normands dans le VIIe siècle, le comte abbé Thierry la fit rebâtir et l'environna de murs qui la garantirent pendant quelque temps de nouveaux désastres, mais qui ne l'empêchèrent pas d'être une seconde fois en partie brûlée par ces mêmes Normands, en 883. Sous Charlemagne, Auguste de Vermandois était une cité importante que cet empereur affectionnait beaucoup, à cause de la réputation de sainteté de son église qu'il se plut à combler de richesses.

Hugues de France s'empara de Saint-Quentin, en 932, après un siége de deux mois. Herbert II y rentra par surprise en 933; mais peu de temps après cette ville retomba au pouvoir de Hugues. En 935, Saint-Quentin fut assiégé et pris par les Lorrains, venus au secours d'Herbert II, et ses fortifications furent détruites. Vers 1102, le comte de Vermandois, Raoul, octroya une charte de commune aux habitants de Saint-Quentin.

En 1317, cette charte de Saint-Quentin fut abolie par Philippe-le-Long, sans qu'on en connaisse les motifs. Philippe-le-Bel la rétablit en 1322, en considération des offres faites par les habitants de se charger des fortifications de la ville. — Sur la fin du règne de Louis-le-Jeune, la ville de Saint-Quentin fut prise en 1179 par le comte de Flandre. Philippe-Auguste la reprit en 1183. Le traité d'Arras de 1435 la céda au duc de Bourgogne; rendue à Louis XI en 1463, elle retourna de nouveau au duc de Bourgogne par les traités de Paris et de Conflans. Mais le 10 décembre 1470, les habitants, seuls et sans aucune assistance, brisèrent le joug de l'étranger, et cette ville redevint française. Le 2 août 1557, sous le règne de Henri II, Saint-Quentin fut investi par 60,000 Espagnols, Flamands, Allemands, Anglais, Écossais, sous les ordres de Philippe de Savoie, qui les commandait au nom du roi d'Espagne. La ville était dénuée de munitions, de vivres et presque de troupes. Le connétable de Montmorenci réussit à y introduire quelques hommes, et se retirait en toute hâte, lorsque atteint, le 10 août, par les impériaux et les Anglais qui s'étaient joints à eux, il fut forcé de livrer, sur le territoire de Montescours, Lizerolles et Essigny-le-Grand, la bataille dite de Saint-Quentin, où il perdit la liberté, et la France une florissante armée.

Après la perte de cette bataille désastreuse, la ville de Saint-Quentin, investie de toute part par une armée de 100,000 combattants, fut forcée de succomber après vingt-un jours de tranchée ouverte. La fuite et l'épée vidèrent tellement la ville, qu'il n'y resta pas un seul habitant; ceux qui survécurent à ce désastre se retirèrent dans l'intérieur de la France et gardèrent leur exil tant que la ville appartint à l'Espagne.

Rendue à la France par le traité du Cateau-Cambresis, et évacuée le 16 décembre 1559, peu à peu la ville se repeupla et ses ruines disparurent.

La ville de Saint-Quentin est située au sommet et sur le penchant d'une colline assez étendue, au bas de laquelle coule la Somme. Depuis 1732, le canal de Picardie l'environne, dans toute la partie de l'est, d'une demi-ceinture, plantée de beaux arbres, qui offre une promenade charmante. Elle est ouverte par trois faubourgs qui conduisent à Cambrai et au Cateau, à Guise et a la Fère, à Ham et à Péronne. Elle était, il y a quelques années, fermée par un très-beau rempart circulaire, de 1,500 toises de circonférence, et protégée par six bastions, ouvrages des règnes de Louis XIII et de Louis XIV, sous lesquels elle était encore frontière. De ses remparts et de ses bastions, il ne restait plus dans ces derniers temps, vers le nord et vers l'ouest, que quelques fragments, ébranlés par le temps et usés chaque jour par des larcins et par des outrages. La démolition s'en est emparée, et rien désormais ne peut faire obstacle à son déploiement. Depuis la perte de ses remparts, cette ville s'est enrichie de promenades nouvelles. Quatre-vingt-quinze rues et places publiques la traversent, et de nouveaux quartiers, tracés ou en construction, doivent encore augmenter son étendue. Les rues principales sont larges et bien ouvertes; quelques-unes sont assez bien bâties. Sa grande place, presque au centre, et à laquelle ses trois entrées aboutissent, peut passer pour un monument.

Hôtel-de-Ville. Au centre d'une des quatre façades de cette place, s'élève l'hôtel-de-ville; il est porté sur huit colonnes de grès formant arcades et galerie. Ce monument de style gothique est digne de fixer l'attention par l'originalité des ornements qui en décorent la façade : les frises, les chapiteaux, les nervures des ogives sont surchargés de figures bizarres qui rappellent la naïve gaîté de nos aïeux. L'édifice est surmonté d'une élégante lanterne circulaire à jour, renfermant un des meilleurs carillons qui existent, mais que, par un oubli bien condamnable, on n'entretient pas en bon état. En face et au milieu de la place, est un puits remarquable par sa vaste circonférence et par sa construction légère. (*Voy. la gravure.*)

L'Église cathédrale de Saint-Quentin, quoique privée des tours qui font le plus grand appareil des édifices religieux du moyen âge, n'en est pas moins un des plus majestueux et des plus remarquables. La structure de cette église a toute l'élégance et la délicatesse du beau gothique. Son ensemble est vaste, et l'harmonie de toutes ses parties est admirable. On peut en voir de plus grandes, non de plus hardies; son élévation est sans rivales. Placée sur le sommet de la colline qui porte toute la ville, elle domine étonnamment la contrée. Tout est petit à son aspect. — Depuis le portail de Fulrad jusqu'à la chapelle de la Vierge, qui est à l'opposite, derrière le chœur, elle développe une étendue de 390 pieds, non compris le parvis du grand portail, qui est encore d'une assez grande dimension. La hauteur, depuis le pavé jusqu'au haut de la voûte sous clef, est de 120 pieds. La nef, depuis la porte de l'église jusqu'à l'entrée du chœur, en a 199. Les grandes croisées du chœur et de la nef, au nombre de 110, ont 40 pieds de hauteur. On y compte 23 chapelles et 78 piliers.

Hôpitaux. Saint-Quentin possède plusieurs hôpitaux qui sont : l'Hôtel-Dieu, établissement affecté au traitement des pauvres de la ville et des faubourgs, et distribué en quatre salles, qui sont chauffées par un calorifère. — L'hospice des orphelins. Les orphelins issus de parents indigents sont admis dans cet hospice. Dès l'âge de cinq à six ans, on leur enseigne la lecture, l'écriture, le calcul, ainsi que les devoirs de la religion; on les occupe ensuite à des travaux analogues à leur âge et à leur sexe, jusqu'à quatorze ans, époque à laquelle on leur fait apprendre un métier. Les secours

fournis par cet hospice consistent en distribution de layettes aux femmes en couches, de draps pour trois semaines, au bout duquel temps ils sont renouvelés pour trois autres semaines, et rendus ensuite à la maison; de chemises renouvelées chaque semaine pendant le même temps; de bouillon et d'une petite portion de viande; de médicaments simples. Des soins sont donnés à domicile aux pauvres malades, et l'établissement se charge en outre de faire instruire cinquante petites filles pauvres.—L'établissement des filles à marier, institution fondée en 1666, qui a eu pour objet la dotation de quatre filles pauvres et vertueuses. L'administration des hospices fait ouvrir, au secrétariat de la mairie, un registre où l'on inscrit les jeunes filles, leurs nom, prénoms, ceux de leurs père et mère, en spécifiant leur profession, etc. D'après des informations prises, tant sur l'état d'indigence que sur la moralité de l'aspirante et de son prétendu, elle appelle au bénéfice de la fondation celles qui lui paraissent y avoir droit. Cette nomination a lieu en avril.
— Le Béguinage a pour objet d'offrir une retraite aux veuves et aux filles d'honnêtes citoyens de la ville qui ont éprouvé des malheurs. Elles doivent être âgées de 40 ans au moins; chaque béguine a une habitation composée d'une chambre et d'un grenier; elle reçoit un demi hectolitre de blé et trois francs par mois, 50 fagots et un sac de charbon de bois par an. — L'hospice des vieux hommes, lieu de retraite pour les vieux artisans.

On remarque encore à Saint-Quentin l'église Saint-Jacques; la bibliothèque publique, renfermant 14,000 volumes; le jardin de l'arquebuse; la salle de spectacle; le beffroi; le palais de justice, etc.

INDUSTRIE. Saint-Quentin met en œuvre le quarantième des cotons que la France reçoit annuellement, au moyen d'environ six mille ouvriers, un quart en hommes, la moitié en femmes, et l'autre quart en enfants. L'immense quantité de fil, produite par tous ces travailleurs, ne suffit pas aux fabriques; elle en tire une quantité considérable des filatures disséminées dans son arrondissement, dans celui de Vervins, des filatures de Lille, de Roubaix et de Paris. Les environs de Saint-Quentin présentent de grandes et belles blanchisseries qui font travailler près de 600 ouvriers, et qui partagent avec Cambrai le blanchiment des toiles fabriquées à Saint-Quentin. Cette dernière ville possède des ateliers pour les apprêts à donner aux étoffes de coton, qui occupent près de sept cents ouvriers.

COMMERCE de grains, cidre, fruits, lins, coton en laine, épiceries, suc de réglisse, calicots, linge de table, et articles de ses nombreuses manufactures.

Saint-Quentin est à 11 l. de Laon, 9 l. de Cambrai, 35 l. de Paris.—*Hôtels* d'Angleterre, de l'Ange, du Cygne, du Pot d'étain, du Cornet d'or.

REMIGNY. Village situé à 3 l. 3/4 de Saint-Quentin. Pop. 1,300 hab. —*Fabrique* d'alun et de couperose.

RIBEMONT. Bourg très-ancien, situé sur une hauteur au pied de laquelle coule l'Oise, à 3 l. 3/4 de Saint-Quentin. Pop. 2,720 hab.

Il y avait autrefois dans cet endroit un château très-fort dont il ne reste plus aucuns vestiges, où Philippe Ier tint un parlement en 1084. Raoul de Vermandois le prit en 1117. Les comtes de Flandre et de Hainaut le pillèrent en 1180 et en 1183. Une armée anglaise, commandée par le duc de Lancastre, et forte de 30,000 hommes, se présenta, en 1373, devant le château de Ribemont, et n'osa l'attaquer. Le comte de Saint-Pol le prit en 1441. Les Autrichiens le brûlèrent en 1571. L'abbaye de Saint-Nicolas-des-Prés, sous Ribemont, fondée au XIe siècle, dépendait aussi de cette commune. En 1339, cette abbaye, ainsi que le bourg, furent saccagés par les Anglais. Les calvinistes la pillèrent en 1568.

Jeanne Harvillers fut brûlée vive à Ribemont, comme sorcière et comme empoisonneuse, en 1578. Son jugement devint le sujet d'une controverse entre l'auteur du livre *De Prestigiis*, qui ne croit pas aux sorciers, et l'auteur de la *Démonomanie*, qui soutenait une opinion contraire.

Le ligueur Balagny s'empara de Ribemont en 1589. Les Espagnols le prirent et le pillèrent en 1636; Turenne le leur reprit en 1637. Sous la fronde, ce bourg tomba de nouveau, en 1650, au pouvoir des Espagnols. Le 27 juillet 1653, le prince de Condé attaqua, avec 30,000 hommes, le château de Ribemont, où cinquante hommes osèrent tenir 48 heures, afin de donner à Turenne le temps de couvrir Saint-Quentin : le château et la ville furent pris et livrés aux flammes.

Patrie de Blondel, célèbre architecte, qui fit élever la porte Saint-Denis, à Paris; de Condorcet, littérateur et géomètre, membre de l'Académie française, député de l'Aisne, à la Convention nationale, et l'un de ceux qui ont le plus illustré le XVIIIe siècle dans les hautes sciences; de L.-V. de Saint-Hilaire, général de division, et l'un des meilleurs officiers généraux que la révolution ait produits : mort glorieusement à la bataille d'Esling.

Fabriques de linons, batistes, toiles claires, calicots, etc.

ROUPY. Village situé à 2 l. 1/2 de Saint-Quentin. ✉ Pop. 669 hab. — *Fabrique* de sucre de betteraves. Filatures de coton.

SEBONCOURT. Village situé à 4 l. 1/2 de Saint-Quentin. Pop. 1,812 hab. — *Fabriques* de châles et étoffes façon cachemire.

SERINGES. Village situé à 6 l. 1/4 de Saint-Quentin. Pop. 320 hab. On remarque aux environs le château de Nesles, fortifié en 1226 par Robert III, comte de Dreux.

SIMON (SAINT-). Village situé sur le canal de Crozat, à 4 l. de Saint-Quentin. Pop. 540 hab. C'est la patrie de Saint-Simon, auteur de Mémoires historiques d'un grand intérêt.

VENDEUIL. Bourg situé à 4 l. de Saint-Quentin. Pop. 1,519 hab. — Filatures de coton.

VERMAND. Village fort ancien, situé à 3 l. de Saint-Quentin. Pop. 1,200 hab.

Vermand doit son origine à un camp romain dont on voit encore de beaux restes presque au centre du village, sur la petite rivière de l'Omignon. L'enceinte de ce camp, un des mieux conservés dans toutes ses parties, est une ellipse assez régulière, dont le grand diamètre est d'environ 500 mètres, et le petit 350. — Filatures de coton.

ARRONDISSEMENT DE SOISSONS.

BRAISNE-SUR-VEYLE. Petite ville, bâtie dans une belle situation, sur la rive droite de la Veyle, à 4 l. de Soissons. ✉ ✉ Pop. 1,352 hab.

Braisne est une ville ancienne, qui possédait au VIe siècle une maison royale où furent renfermés les trésors de Clotaire Ier, dont Chilpéric s'empara en 561. Pepin tint dans cette ville une diète en 754. Braisne était défendu par un château fort bâti par Hugues-le-Grand, en 931, et par une citadelle construite, au commencement du XIIIe siècle, par le comte de Dreux. Les murs de cette citadelle ont été conservés en grande partie : ils sont assis sur un rocher de quarante pieds de hauteur, entouré d'un fossé large et profond, taillé à vif dans le roc. Ces murs, flanqués de plusieurs tours, d'une hauteur et d'une épaisseur considérables, étaient défendus par une seconde enceinte garnie de tours et d'ouvrages extérieurs. La hauteur sur laquelle on voit encore les restes de cette espèce de forteresse est située à 300 toises au couchant de Braisne.

Il y avait dans cette ville une abbaye considérable de l'ordre des Prémontrés, fondée en 1130 sous le nom de Saint-Yves. L'église, bâtie par Robert Ier, fils de Louis-le-Gros, est un monument que les gens de l'art regardent comme un des chefs-d'œuvre d'architecture du XIIIe siècle.

On trouve à Braisne des sources d'eaux minérales ; une entre autres se rencontre près de la porte de Châtillon. La qualité des eaux de cette source approche de celle des eaux de Passy, près Paris.

CŒUVRES. Bourg situé à 3 l. 3/4 de Soissons. Pop. 550 hab. On y remarque les ruines du château de Cœuvres, où naquit Gabrielle d'Estrées.

OULCHY-LE-CHATEAU. Village situé à 6 l. 1/4 de Soissons. ✉ ✉ Pop. 684 h.

On y voit les restes d'un ancien château fort, qui a été pris et repris en 1421, 1422 et 1431.

PONTARCY. Village situé sur la rive gauche de l'Aisne, à 6 l. de Soissons. Pop. 200 hab. Pontarcy occupe l'emplacement d'une ancienne citadelle, dont il reste encore une tour antique sur le bord de l'Aisne. Il fut pris par les Normands en 923, par les calvinistes en 1568, et par les ligueurs en 1590.

SOISSONS. Ancienne et jolie ville. Chef-lieu de sous-préfecture. Tribunaux de première instance et de commerce. Collége communal. ✉ ✉ Pop. 8,149 hab.

Soissons est une ville très-ancienne, dont l'origine se perd dans la nuit des siècles. L'opinion la plus générale est qu'elle fut fondée par les Gaulois, qui en avaient fait une forteresse. Avant la domination romaine, elle portait le nom de NOVIODUNUM, et tenait un rang distingué parmi les premières villes de la Belgique. Il paraît même qu'elle était la capitale d'un royaume très-

CHÂTEAU DE MURET.

peuplé, dans lequel, outre la ville principale, on comptait encore onze autres villes; en sorte que le roi de Soissons passait pour un des plus puissants princes des Gaules. Défendue par des fortifications considérables, cette ville résista long-temps aux barbares, et fut la dernière place forte que les Romains conservèrent dans les Gaules. Après la victoire de Clovis sur Siagrius, en 486, Soissons devint la capitale des Francs, et jouit de cet avantage jusqu'au moment où le roi transporta le siége du gouvernement à Paris. Plus tard, un nouveau royaume fut créé pour Clotaire, et Soissons en fut la capitale. En 923, Charles-le-Simple fut battu sous ses murs par Robert, son vassal. En 1311, Soissons s'affranchit et se gouverna en commune. En 1413, les troupes du roi Charles VI et du dauphin prirent la place qui tenait pour les Bourguignons, et y commirent d'horribles excès: presque tous les habitants furent massacrés: reprise par les Bourguignons, puis par les Armagnacs, elle éprouva de nouveaux désastres. En 1567, les Huguenots la saccagèrent, puis s'y établirent; le duc de Mayenne la leur reprit et la fit entourer de fortifications. En 1814, Soissons fut de nouveau en proie à tous les maux de la guerre, et fut prise et reprise quatre fois par les étrangers et par les Français. Le dernier siége dura un mois: les troupes alliées bombardèrent la ville et la forcèrent à capituler.

La ville de Soissons est située dans un vallon agréable et fertile, sur la rive gauche de l'Aisne. Ses fortifications, réparées à la hâte lors de l'invasion de 1814, ne consistent qu'en une simple enceinte bastionnée. Ses établissements militaires se composent de deux casernes.

Les édifices et établissements les plus remarquables de Soissons sont:

L'ancien château, bâti à la place de celui où les rois de la première race faisaient leur résidence; il est flanqué de grosses tours rondes et massives.

L'église cathédrale. Les fondements en furent jetés au XIIe siècle, sur l'emplacement d'une ancienne église où se rassemblaient les premiers chrétiens. On travailla au portail et à la tour dans le XIIe siècle. Environ vers l'an 1212, on put célébrer l'office dans le chœur.

Dans le XIIIe siècle, on donna une grande activité aux travaux, et ce siècle, ainsi que le suivant, fut marqué par un grand nombre de dons qui enrichirent beaucoup le trésor de cette basilique. On remarque dans cette église un assez beau jubé, et deux statues en marbre blanc, représentant l'annonciation, qui servent d'accompagnement au maître-autel. On y voit également un tableau représentant l'adoration des bergers. C'est un présent que fit Rubens aux Cordeliers de la ville, en reconnaissance des soins que ces religieux lui avaient prodigués durant la maladie dont il fut atteint lors de son séjour à Soissons.

L'abbaye de Saint-Médard. Cette abbaye, dont on ne voit plus que quelques restes près de la rive droite de l'Aisne, fut fondée en 545. Au commencement du IXe siècle, elle prit de nouveaux accroissements. Charlemagne fit bâtir le cloître, l'un des plus beaux du royaume, et Louis-le-Débonnaire fit agrandir l'église, qui subsista jusqu'au XVIe siècle, époque où elle fut pillée et détruite de fond en comble par les calvinistes.

C'est dans l'abbaye de Saint-Médard que Louis-le-Débonnaire, détrôné par les enfants de son premier mariage, fut dégradé de la manière la plus humiliante. On montre encore, dans les ruines de cette abbaye, le lieu qui, suivant la tradition, servit deux fois de prison au fils de Charlemagne. C'est un véritable cachot, qui ne reçoit de jour que par un soupirail, et dont on fit plus tard un cellier; on lit sur les murs les lignes suivantes:

Hélas, que je suis pris de douleur!
Mourir mieux me vaudroit,
Que souffrir telles empreintes.

Saint-Jean-des-Vignes. Abbaye fondée vers le milieu du XIe siècle, dont il ne reste plus qu'un bâtiment, converti en une habitation particulière, et deux tours, qui ont été conservées comme monument d'art.

Le Collége. Ce bel établissement a compté au nombre de ses professeurs le président Hénault, de Foncemagne, la Bléterie, etc.

La bibliothèque publique, formée en grande partie de la bibliothèque de Prémontré, dont le choix des ouvrages avait été dirigé par le dernier général de cet ordre, connu par son goût éclairé pour les lettres.

L'Hôtel-Dieu, qui offre un asile à 80 vieillards indigents, et à autant d'enfants des deux sexes, indépendamment des enfants trouvés.

La Maison de correction. Cette maison reçoit les condamnés qui doivent y subir leurs peines, et ceux qui attendent leur translation à la maison centrale de détention, ou à Bicêtre, selon la nature des peines : on y traite également aux frais du département, les filles publiques attaquées du mal vénérien. La principale occupation des hommes est le tissage des étoffes de laine, ou de coton et laine, dites maroc, dauphines, impériales, flanelles, circassiennes, croisés, et d'autres articles qui se fabriquent à Reims; on emploie en outre les hommes à toutes les préparations que doit recevoir la laine, depuis le dégraissage en toison jusqu'à la teinture. Les femmes sont plus particulièrement occupées du filage de la laine pour la chaîne des étoffes, de l'éméchage, du bobinage, du dévidage; elles font des tricots et ouvrages d'aiguille pour l'habillement des détenus.

Soissons est la patrie de Caribert, roi de Paris; Chilpéric, roi de Soissons; Clotaire II, roi de France; Mayenne, chef de la ligue, mort à Soissons où il a son tombeau; N. M. Quinette, ministre de l'intérieur sous le directoire, et l'un des cinq membres du gouvernement provisoire des cent jours; Ronsin, général de l'armée révolutionnaire, décapité à Paris en 1794.

Fabriques de grosses toiles, treillis, bas, papiers peints, poterie de terre vernissée, brasseries, tanneries, corderies, blanchisseries de toiles. — *Commerce* considérable de grains, de farines, pois, haricots excellents, lin, chanvre, laine, bétail, charbon, bois de chauffage et de construction.

Soissons est à 8 l. 1/2 de Laon, 13 l. 1/2 de Reims, 25 l. 1/2 de Paris. — *Hôtels* du Lion rouge, de la Croix d'or, de la Couronne, du Soleil d'or, des Voyageurs.

VAILLY-SUR-AISNE. Petite ville située à 5 l. de Soissons. Pop. 1,473 hab.

Cette ville est agréablement située, dans une contrée fertile, sur la rive droite de l'Aisne qui y est navigable. Elle fut érigée en commune en 1185. Charles V l'échangea avec l'archevêque de Reims contre Mouzon et Beaumont en Argonne en 1379. Les calvinistes s'en emparèrent en 1567. — On trouve, à peu de distance de cette ville, une source d'eau minérale. — *Fabriques* de cuirs. Brasseries.

VIC-SUR-AISNE. Bourg situé sur la rive droite de l'Aisne qui y forme un port important, à 5 l. de Soissons. ✉ Pop. 634 h. C'était jadis une place forte que le comte Arnoul prit d'assaut en 898. Un comte Étienne s'en empara en 1025; les calvinistes s'en rendirent maîtres en 1567. Le château, qui avait reçu une garnison appartenant au parti de la ligue, fut emporté d'assaut par d'Humières en 1590, et la garnison passée au fil de l'épée. — *Commerce* de bestiaux et de bois.

VILLERS-COTTERETS. Petite ville située à 7 l. 1/2 de Soissons. ✉ ☞ Pop. 2,688 hab.

Cette ville est située au milieu de la forêt de Retz et traversée par la grande route de Paris à Soissons. On y remarque un ancien château, construit sous le règne de François Ier, où est établi le dépôt de mendicité du département de la Seine. Ce château, entouré d'un parc fermé de murs, fait partie des domaines de Mgr. le duc d'Orléans. — Sur la place du marché est une belle fontaine, dont la source se trouve dans la forêt, du côté de Compiègne; les eaux sont amenées à Villers-Cotterets par plusieurs canaux et aqueducs, d'une distance de plus de cinq lieues.

On voit, près de Villers-Cotterets, les ruines pittoresques de l'église de l'abbaye de Longpont, fondée au XIIe siècle.

Patrie de Demoustier; du général Dumas; de L.-G. Otto, diplomate.

Fabriques d'acier poli, bonneterie, châles, peignes de corne, boissellerie, pelles, attèles pour les chevaux, rouets à filer, dévidoirs, boîtes de hêtre pour eau de Cologne et autres, petits cadres ronds à l'usage des peintres en miniature, montures pour huiliers, jouets d'enfants, etc. Il s'expédie annuellement pour Paris, en objets de cette nature, pour la valeur de 3 à 400,000 fr. — Huileries. — *Commerce* considérable de grains et de bois pour l'approvisionnement de Paris.

ARRONDISSEMENT DE VERVINS.

AUBENTON. Petite ville située sur le Thon, un peu au-dessus du confluent de l'Aube, à 6 l. 1/4 de Vervins. Inspection des douanes. ✉ Pop. 1,623 hab.

Cette ville fut prise et saccagée par les Anglais en 1339; les impériaux s'en emparèrent en 1521, la brûlèrent et passèrent tous les habitants au fil de l'épée; elle n'a jamais pu se relever depuis. Joyeuse la rangea sous la domination de la ligue, en 1590 ais les royalistes la reprirent le 24 octobre 1591. Pendant les troubles de la fronde, e vidame d'Amiens, à la tête d'un régiment -uisse, obtint, en 1648, le passage par Autenton, sous la condition qu'il n'y serait fait aucun tort; au mépris de cette convention, la ville fut pillée et saccagée. Enfin, elle fut prise et pillée par les Espagnols, en 1650. —*Fabriques* de draps, tapis de pieds, vannerie fine. Filatures de laine. Brasserie.

BUIRONFOSSE. Bourg situé à 4 l. 1/4 de Vervins. Pop. 2,221 hab. — *Fabriques* considérables de sabots de bois blanc.

CAPELLE (la). Petite ville située dans une plaine fertile, à l'intersection de quatre grandes routes et à 4 l. de Vervins. ✉ ☞ Pop. 1,341 hab.

En 1533, la Capelle n'était qu'une chétive bourgade. François Ier la fit fortifier, et elle devint une place importante. Les Espagnols l'incendièrent en 1557. Mansfeld, général des ligueurs, la prit par capitulation le 25 avril 1594. Le traité de Vervins la rendit à la France en 1598. Les Espagnols la prirent par capitulation en 1636, le cardinal la Valette la leur reprit en 1637. Pendant les guerres de la fronde, cette ville fut prise, après neuf jours de siége, le 27 septembre 1756; l'année d'ensuite, ses fortifications furent rasées.—*Fabriques* de café-chicorée. Brasseries. — *Commerce* considérable de grains.

ESQUEHÉRIES. Village situé à 4 l. 1/2 de Vervins. Pop. 2,448 hab. — *Fabriques* de sabots.

ÉTRÉ-AU-PONT. Bourg situé au confluent de l'Oise et du Thon, à 2 l. 1/4 de Vervins. Pop. 1,400 hab. — *Fabriques* de vannerie.

ÉTREUX. Village situé à 7 l. de Vervins. ☞ Pop. 1,320 hab.

GROUGIS. Village situé à 8 l. 1/2 de Vervins. Pop. 888 hab. — *Fabriques* de châles.

GUISE. Petite ville forte située à 5 l. de Vervins. Place de guerre de 3e classe. ✉ ☞ Pop. 3,072 hab.

Guise est une ville fortifiée depuis un temps immémorial, dont il est fait une mention authentique pour la première fois en 1050. Jean de Luxembourg la prit sur les Anglais et les Bourguignons en 1425; les impériaux s'en emparèrent en 1536, et la rendirent peu de temps après. Les Espagnols l'attaquèrent en 1636; mais la bravoure des habitants les obligea d'en lever le siége. En 1650, les Espagnols vinrent de nouveau mettre le siége devant cette ville, qu'ils prirent le 27 juin et qu'ils abandonnèrent le 2 juillet, n'ayant pu se rendre maîtres du château. Les étrangers la prirent par capitulation en 1815.

La ville de Guise est dans une belle situation, sur la rive gauche de l'Oise, et traversée par un canal de dérivation de cette rivière. Les fortifications de cette place se réduisent à peu près à un simple mur d'enceinte. Le château, construit par Claude de Lorraine, en 1549, domine la ville d'environ 50 mètres (150 pieds), et s'élève de ce côté sur un escarpement à pic. Sa forme est à peu près triangulaire et ses fortifications très-irrégulières. Sa capacité intérieure est peu considérable; on y rencontre cependant une tour ronde très-élevée, un vaste magasin pour l'artillerie, et des casernes pour environ 250 hommes. Le château de Guise renferme de plus des souterrains assez beaux et un puits creusé dans le roc jusqu'au niveau de la rivière. — On trouve dans les environs de cette ville une fontaine d'eau minérale légèrement ferrugineuse; des carrières de grès à paver, et des terres vitrioliques.

Guise est la patrie de l'infâme Jean de Luxembourg, qui vendit Jeanne d'Arc aux Anglais; de l'historien Dormay, du bibliographe Marchand, de Camille Desmoulins, du général Dubois.

Fabriques de toiles. Filatures de coton. Tanneries et briqueteries. — *Hôtel* de la Couronne.

HIRSON. Bourg situé à 4 l. 1/2 de Vervins. ✉ ☞ Pop. 2,718 hab. C'était autrefois une ville forte où l'on voit encore les vestiges d'une tour carrée et d'un fort. Elle fut prise par Jean de Luxembourg en 1425, attaquée sans succès par les impériaux en 1530, prise par Henri IV en 1593, et reprise par le comte d'Isembourg en 1636. Ses fortifications ont été rasées en 1637.— *Fabriques* de poterie de terre. Nombreuses clouteries.—Aux environs, filatures de coton. Forges et fenderie.

IRON. Village situé à 6 l. 1/4 de Vervins. Pop. 768 hab. — *Fabriques* de châles.

IVIERS. Village situé à 5 l. de Vervins. Pop. 950 hab. — *Fabrique* de boissellerie.

LANDOUZY-LA-VILLE. Village situé à 3 l. 1/4 de Vervins. Pop. 1,537 hab. — *Fabrique* de vannerie fine.

LEMÉ. Village situé à 3 l. de Vervins. Pop. 1,365 hab. — *Fabrique* de mouchoirs et tissus de coton. Briqueteries.

MICHEL (SAINT-). Bourg situé à l'entrée de l'immense forêt de son nom, sur le Glaud, à 4 l. de Vervins. Pop. 3,162 hab. — *Fabrique* importante de tulles brodés. Belle filature de coton. Forges et martinets. Brasserie.

NOUVION (le). Bourg situé sur le Noirieu, près de la forêt de son nom, à 7 l. 1/2 de Vervins. Pop. 3,106 hab.—Filatures de coton. Verrerie. Préparation du fil retors qui sert à confectionner la dentelle.—*Hôtel* du Grand-Condé.

ORIGNY. Village situé sur la rive droite du Thon, à 1 l. 3/4 de Vervins. Pop. 2,001 hab. — Centre d'une fabrique considérable de vannerie fine et de vannerie commune, qui s'exporte en France et à l'étranger.

PLOMION. Bourg situé à 2 l. 1/2 de Vervins. Pop. 1,494 hab. — *Fabriques* de toiles de ménage.

ROCQUIGNY. Village situé à 6 l. de Vervins. Pop. 625 hab. — Forges et martinets.

SAINS. Bourg situé à 3 l. de Vervins. Pop. 2,215 h.—Forges et hauts fourneaux. Papeterie.

VERVINS. Ville ancienne. Chef-lieu de sous-préfecture. Tribunaux de première instance et de commerce. Collége communal. ✉ ⚖ Pop. 2,563 hab.

Vervins est une ville fort ancienne, dont Ptolémée fait mention sous le nom de Verbinum. Elle fut érigée en commune en 1238 par Thomas Ier, qui octroya aux habitants une charte rédigée en langue romane. Les Orléanais s'emparèrent, en 1412, de Vervins, qui fut prise par les Anglais en 1419. Louis XI et Charles de Bourgogne y conclurent, le 13 septembre 1475, le traité connu sous le nom de Trèves marchandes. Les Autrichiens brûlèrent cette ville en 1552, les Espagnols l'incendièrent de nouveau en 1557; le duc de Montpensier la prit en 1590. Le traité de paix entre la France et l'Espagne, connu sous le nom de paix de Vervins, y fut conclu le 2 mai 1598. Les Espagnols prirent cette ville en 1630 et en 1636, le marquis de Castelnau en 1651, les frondeurs en 1652.

Cette ville est située en amphithéâtre sur le penchant d'une colline au pied de laquelle coule le Vilpion. On y remarque un hospice fondé en 1570, près duquel est une chapelle qui renferme de beaux tableaux originaux de Jouvenet.

Fabriques importantes de tricots de laine, de toiles, batistes, poterie de terre. Blanchisseries de fil à dentelles. Brasseries. Papeterie. — *Commerce* considérable de toiles de lin et de chanvre. — A 10 l. de Laon, 42 l. de Paris. — *Hôtels* de l'Épée, du Dauphin.

VOULPAIX. Village situé à 1 l. 1/2 de Vervins. Pop. 1,206 hab. — *Fabriques* de sucre de betteraves. Filature de coton.

WASSIGNY. Bourg situé à 10 l. 3/4 de Vervins. Pop. 1,155 habitants.—Culture du houblon.

WASSIGNY. Village situé à 6 l. 1/4 de Vervins. Pop. 821 hab. — Forges et martinets.

WIGNY. Village situé à 3 l. 3/4 de Vervins. Pop. 700 hab.—*Fabrique* de vannerie. Verrerie (à Quincangrogne).

FIN DU DÉPARTEMENT DE L'AISNE.

Guide Pittoresque

DU

VOYAGEUR EN FRANCE.

ROUTE DE PARIS A DUNKERQUE,

TRAVERSANT LES DÉPARTEMENTS

DE L'AISNE, DU NORD, ET COMMUNIQUANT AVEC LES ARDENNES.

DÉPARTEMENT DU NORD.

Itinéraire de Paris à Dunkerque.

PAR SOISSONS, LAON, SAINT-QUENTIN, DOUAI ET LILLE, 90 LIEUES.

	lieues.		lieues.
De Paris au Bourget	3	Landrecies	4
Mesnil-Amelot	4	Le Quesnoy	3
Dammartin	2	Jeulain	2
Nanteuil-le-Haudouin	3 1/2	Valenciennes	2
Levignen	3	Saint-Amand	3
Villers-Cotterets	4	Orchies	4
Verte-Feuille	3	Pont-à-Marcq	3
Soissons	3	Lille	3
Vaurains	4	Armentières	4
Laon	4 1/2	Bailleul	3
Marle	5	Cassel	5
Guise	5	Bergues	6
Étreux-Landernas	3	Dunkerque	2

Communication de Guise à Mézières, 22 l. 1/2.

	lieues.		lieues.
De Guise à Leschelle	3	Maubert-Fontaine	4
La Capelle	3	Louny	3
Hirson	3 1/2	Mézières	3
Bellevue	3		

ASPECT DU PAYS QUE PARCOURT LE VOYAGEUR,

D'ÉTREUX-LANDERNAS A DUNKERQUE.

Une route fort agréable conduit à travers un pays entrecoupé de vallées, de ruisseaux et de bouquets de bois, du village d'Étreux-Landernas à Landrecies, ville forte située sur la Sambre, au milieu de belles prairies. On sort de cette ville par la porte du Quesnoy; on passe la Sambre, on traverse la ville basse, puis on se dirige par le village d'Englefontaine, situé à la pointe de la forêt de Mormal, et par celui de Louvignies, bâti au pied d'une montagne, vers une plaine vaste et fertile, terminée par une éminence sur laquelle est bâtie la forte ville du Quesnoy. On passe ensuite à Orsainval, à Jalain, à Curgies, à Saultain, à Aulnoy et à Marly, d'où l'on aperçoit l'importante ville forte de Valenciennes. A une demi-lieue de cette ville, on traverse le bourg industriel et populeux d'Anzin, dont on ne doit pas manquer de visiter les belles verreries, et surtout les riches et curieuses mines de houille qui occupent un grand nombre d'ouvriers (*voy.* Anzin). Une lieue plus loin est le village de Raismes, après lequel on entre dans une belle forêt qui conduit à Saint-Amand, ville ancienne, célèbre par ses eaux thermales ferrugineuses. Une continuité de plaines unies, fertiles, bien cultivées, entrecoupées de ruisseaux et de prairies, conduit de cette ville à Orchies, à Auchy, à Capelle, à Pont-à-Marcq et à Lille, place de guerre de première classe, où l'on entre par la porte des Malades.

En sortant de Lille, on passe devant le château de Frenel, on traverse la Deule et le canal de Douai, on suit une longue ligne de moulins à vent, puis l'on entre dans une plaine parsemée de hameaux qui se groupent agréablement autour de la charmante ville d'Armentières. Au-delà de cette ville, on passe la Lys, on longe le château de la Tourelle, et, en parcourant toujours une plaine d'une grande fertilité, on arrive à la jolie ville de Bailleul, dominée au nord-ouest par des collines surmontées de nombreux moulins à vent. On passe ensuite à Mettereu et à Flêtre, où commence une plaine immense couverte de villes et de villages, au milieu de laquelle s'élève sur une montagne isolée l'ancienne ville de Cassel.

Au sortir de cette ville, la route traverse une plaine boisée : on passe à Hardifort, à Wormhout, à Bischart, puis on entre dans une plaine marécageuse traversée par les canaux de Dunkerque et de la haute et basse Colme, qui se joignent à Bergues-Saint-Winoc, ville fortifiée d'après le système de Vauban. En sortant de Bergues, on traverse un quart de lieue de prairies, on passe les ponts du Grand et du Petit-Steedam sur le canal de Furnes, et l'on arrive à Dunkerque.

DÉPARTEMENT DU NORD.

APERÇU STATISTIQUE.

Le département du Nord est formé de la réunion des ci-devant provinces de la Flandre française, de la presque totalité du Hainaut français et du Cambrésis; il comprend en outre quelques communes de l'Artois et du Vermandois. Ce département tire son nom de sa position, qui est la plus septentrionale de la France. — Ses bornes sont : au nord-ouest, la Manche ; à l'est-nord-est, la Belgique ; au sud-est, les départements des Ardennes et de l'Aisne ; au sud-ouest, ceux de la Somme et du Pas-de-Calais.

Le département du Nord est généralement un pays de plaine. Dans l'arrondissement de Dunkerque, depuis la ville de ce nom jusqu'au pied de Cassel, le sol est très-bas, très-humide, et dans quelques endroits au-dessous du niveau des eaux de la mer, qui sont contenues par les dunes, éminences de sable où l'on découvre à peine quelques plantations éparses, et dont l'aspect sauvage et triste inspire des sensations mélancoliques. Il n'existe, dans cet arrondissement d'autre éminence que celle de Watten, coteau peu élevé, composé de sable et de gravier mêlés de terres glaiseuses. Si l'on en excepte les points qui touchent aux dunes, et les parties connues sous le nom de Moëres qui ne sont pas entièrement desséchées, le terroir est fertile, et offre partout des terres labourables, des prairies et de bons pâturages ; mais il a fallu toute l'industrie et l'activité des habitants pour soumettre à la culture des terrains qui, par leur situation, semblaient condamnés à une submersion continuelle. Des digues et des canaux de desséchement, multipliés à l'infini, resserrent les eaux dans des bornes étroites et en procurent l'écoulement dans les marées basses. Deux grands systèmes de desséchement sont établis dans cet arrondissement et y sont régis par des administrations particulières : l'un a pour objet les terres dites de Wateringues, qui se composent de toute la lisière maritime sur une surface de 38,881 hect. ; l'autre s'applique aux Moëres, vaste et profond marais de la contenance de 2,118 hectares, autrefois toujours en eau et aujourd'hui mis en état de culture. Le froment, le seigle

PETIT ATLAS NATIONAL DES DÉPARTEMENS DE LA FRANCE.

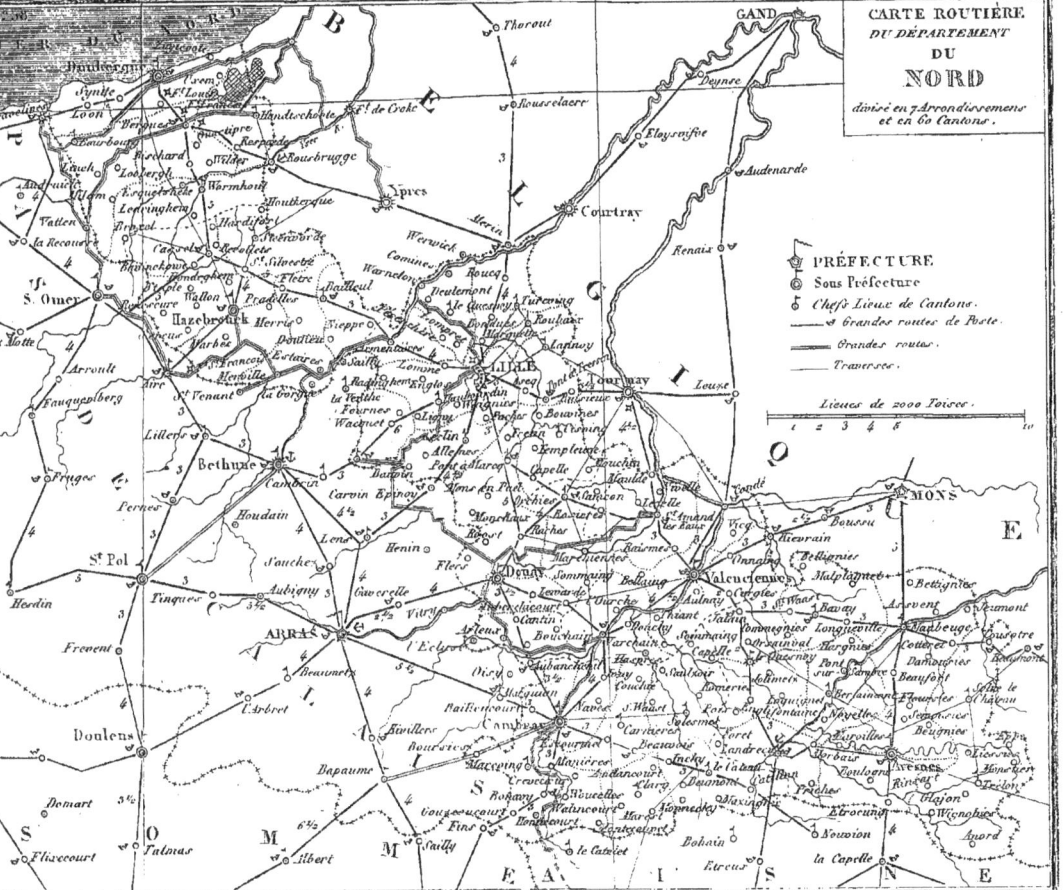

l'orge, l'avoine, les graines oléagineuses, le tabac, le houblon, les prairies artificielles et les légumes s'y cultivent avec succès; il y a peu de forêts, mais presque toutes les propriétés sont entourées d'arbres de la plus belle venue, et les routes et les chemins en sont bordés. On extrait de la tourbe sur plusieurs points; il existe beaucoup de terres à poterie et propres à faire de la brique, mais on ne trouve ni mines, ni carrières de marbre, de pierre, etc. — Le climat de cet arrondissement est plus rude que dans l'intérieur du département, à cause du voisinage de la mer et des vents boréaux qui y règnent une grande partie de l'année; l'air n'y est pas parfaitement sain, et le nombre des décès y est presque constamment égal ou supérieur à celui des naissances.

La surface de l'arrondissement d'Hazebrouck est généralement plane; cependant le sol s'y élève d'une manière assez remarquable, et dans la partie septentrionale il est parsemé de diverses éminences, dont la plus élevée est le Mont-Cassel, cité par la vue magnifique dont on jouit de sa sommité; les autres points élevés sont le mont des Récollets, le mont de Boeschèpe, le Mont-des-Chats, le Mont-Noir et le Mont-de-Lille. Le sol est généralement plat, humide et fertile; les terres y sont sablonneuses, marneuses et argilo-glaiseuses : ces dernières sont d'une humidité telle, que là où elles forment la nature du sol, les chemins sont en hiver absolument impraticables aux voitures, et le seraient même aux piétons si l'on n'avait eu la précaution de placer des blocs de grès espacés sur les côtés des routes, sur lesquels les gens du pays voyagent en sautant de pas en pas. On récolte dans cet arrondissement toute sorte de céréales, des graines oléagineuses, du tabac, du lin, du houblon, et quantité de légumes; on y trouve beaucoup de bons pâturages et de prairies naturelles où l'on élève un grand nombre de chevaux. La belle forêt de la Nieppe fait partie de cet arrondissement, où des plantations particulières bordent toutes les propriétés, les routes, les chemins, et donnent au pays l'aspect le plus agréable. Les seuls produits minéralogiques consistent en sables et terres à poterie et à briques.—Le climat participe de l'âpreté de celui de l'arrondissement de Dunkerque; l'air, à cause sans doute du voisinage de la mer, n'y est pas aussi sain que dans les parties plus méridionales du département.

L'arrondissement de Lille offre une surface plane, sur laquelle il n'existe que quelques petites éminences, dont les principales sont le Mons-en-Pévèle et le Mont-de-Werwick; la partie située vers le nord et l'ouest comprend, principalement aux environs de la Lys et de la Deule, de très-belles et très-vastes prairies; le terrain y est gras et de la plus grande fertilité. Le sol de la partie située au sud et à l'est n'est pas de la même nature; il est généralement sec et marneux, et marécageux sur quelques points, ce qui n'empêche pas que les récoltes y soient également belles et abondantes. Cet arrondissement est incontestablement le plus riche et l'un des plus fertiles du royaume, et l'agriculture y a atteint une grande perfection : on y récolte toutes les céréales, tous les légumes, toutes plantes à fourrages, textiles, oléagineuses et tinctoriales, et du tabac de la meilleure qualité; mais ce qui distingue surtout cet arrondissement, c'est la qualité et l'abondance des récoltes, dues autant à la bonté du sol qu'aux engrais qu'emploient les cultivateurs, et à l'excellence de leurs méthodes. Il y a quelques forêts, mais peu considérables; elles sont remplacées par les plantations particulières, qui, sans être aussi multipliées que dans les arrondissements de Dunkerque et d'Hazebrouck, sont assez importantes et très-soignées. On extrait de la tourbe sur plusieurs points, et il existe des carrières de pierres à bâtir et propres à faire de la chaux, des terres à briques et à poterie, et du sable. — Le climat est généralement sain, et moins froid que celui des deux arrondissements décrits précédemment.

Le sol de l'arrondissement de Douai est uni et plat, à l'exception de quelques coteaux qui s'élèvent au-dessus de la plaine entre Douai et Valenciennes; mais l'élévation de ces coteaux est peu considérable : quelques-unes de ses parties, notamment celles qui avoisinent la rivière de la Scarpe, sont très-humides. La partie de cet arrondissement qui avoisine celui de Lille, est d'une grande fertilité; le terrain y est souvent mêlé de sable et de marne; mais au sud et au sud-est, vers Cambrai et Valenciennes, la qualité du sol diminue sensiblement : l'on y récolte toutefois beaucoup de céréales, des graines oléagineuses, des légumes, etc. La culture du lin y est considérable et d'une qualité supérieure, surtout dans la vallée de la Scarpe, dont le terrain est regardé comme le meilleur du département pour ce genre de production. Des forêts considérables s'étendent depuis Marchiennes jusqu'à Condé, mais les plantations particulières y sont bien moins importantes que dans l'arrondissement de Lille; on regrette de les voir trop négligées, surtout dans les plaines immenses où la vue cherche une diversion à la monotonie des sites. Cet arrondissement renferme plusieurs belles carrières de grès, de la pierre propre à faire de la chaux, du sable à bâtir et à paver, de la tourbe, et d'importantes mines de charbon de terre.

Le sol de l'arrondissement de Valenciennes est moins favorable à la végétation que celui des arrondissements de Lille et de Douai, surtout dans les parties situées à l'est et au sud. On y recueille cependant, quoique en moindre quantité, les mêmes productions que dans ceux-ci, telles que céréales, graines oléagineuses, lins, légumes, etc. C'est dans cet arrondissement que se trouvent les importantes exploitations de houille d'Anzin, Fresnes et Vieux-Condé, ainsi que les eaux et boues minérales de Saint-Amand. Dans le nord, à droite de la Scarpe, sont plusieurs forêts; les plus importantes sont celles de Saint-Amand et de Raismes.

L'arrondissement de Cambrai est entrecoupé de coteaux peu élevés au-dessus de leur base, formés par les cours d'eau qui ont sillonné la plaine et creusé des vallées étroites: l'un d'eux, la hauteur de Bonavis, située à 145 mètres au-dessus du niveau de la mer, est le point le plus élevé du département. La pente de ces coteaux est peu sensible, et ils sont cultivés dans toutes leurs parties avec autant de facilité que dans la plaine. Le territoire, de nature argileuse, marneuse ou sablonneuse, est moins fertile que celui des cinq arrondissements précédemment décrits. On y récolte cependant beaucoup de céréales, des plantes fourragères, et quelques graines oléagineuses; les prairies naturelles sont assez rares, mais on supplée à leur insuffisance par les prairies artificielles; les forêts sont peu étendues; il n'existe point de plantations le long des routes et des chemins, et rarement autour des propriétés particulières. Cet arrondissement a des exploitations considérables de tourbe, de pierres à bâtir, de sable et de terre à poterie. — L'air y est généralement sain, excepté dans quelques communes dont le sol, bas et marécageux, produit des émanations délétères; les transitions atmosphériques y sont subites, et le nombre de jours de pluie y est communément plus considérable que le nombre de jours de sécheresse et de beau temps.

Le sol de l'arrondissement d'Avesnes est entrecoupé de coteaux peu élevés, et très-inférieur aux autres arrondissements sous le rapport de la fertilité; quelques parties même sont tout à fait stériles, notamment au sud-est de la Sambre, et à mesure que l'on s'éloigne de cette rivière; toutefois on y récolte du froment, du seigle, de l'orge, de l'avoine, du sarrazin, des graines oléagineuses, et du houblon dans quelques cantons. Les prairies naturelles et artificielles sont assez multipliées dans cet arrondissement, qui est en grande partie couvert par de vastes forêts. On y trouve aussi des traces de mines de fer, de nombreuses carrières de beaux marbres de diverses couleurs, de la pierre à bâtir et à chaux, des sables pour poterie et tuilerie, et des cendres fossiles propres à l'engrais des terres.

Le département du Nord a pour chef-lieu Lille. Il est divisé en 7 arrondissements et en 60 cantons, renfermant 659 communes.—Superficie, 305 lieues carrées.—Population, 989,938 habitants.

MOEURS ET USAGES. Les jeux les plus usités à la campagne parmi les jeunes gens et les hommes faits sont ceux de balle, de quilles et de ballon; le tir au blanc avec l'arc, l'arbalète et l'arme à feu; le tir à l'oiseau: les deux premiers sont les plus ordinaires au sud du département; l'arc et l'arbalète au nord. Dans beaucoup de communes, ces jeux reçoivent un grand appareil et une grande importance. Des concours et des luttes s'ouvrent de commune à commune durant la belle saison; divers objets en argent, des mouchoirs, quelques hectolitres de bière sont proposés pour prix; les jeunes gens des communes voisines viennent les disputer, et reçoivent, à leur tour, leurs rivaux un autre dimanche. Le roi de l'oiseau (c'est ainsi qu'on désigne celui qui a jeté à bas l'oiseau) est décoré par ses concurrents d'un oiseau d'argent suspendu à un ruban; un plumet est attaché à son chapeau; il est conduit au cabaret au son du tambour et du fifre. Là, d'abondantes libations et des danses célèbrent son triomphe. Lorsqu'il est de l'endroit, le tambour et le fifre vont chercher sa femme et ses parents; le reste de la journée se passe dans la joie. Souvent les champions reprennent l'arc pour aller tirer non plus à la perche, mais au but, et décider qui d'entre eux sera le roi du plaisir, seconde dignité créée pour ajouter à la fête, et les mêmes cérémonies le conduisent au cabaret. Avant la révolution, le prix du jeu de balle était, dans beaucoup de lieux, une balle d'argent. Souvent le vainqueur était conduit en triomphe au temple, où il suspendait le prix de son adresse comme un monument de sa piété. Il s'est trouvé beaucoup de ces balles parmi les argenteries des églises avant la révolution. — Il est un jeu commun aux deux sexes, dans les villes, et vers lequel toutes les classes des citoyens paraissent portées avec une sorte de passion : c'est le jeu de volant. Dès que les premiers froids ont cessé et que les jours commencent à grandir, on reprend la raquette. Pendant deux ou trois mois, aux jours de repos, ce divertissement est général; pas une seule rue dans les villes qui ne soit remplie de joueurs qui y déploient une grande adresse.

On a cité, il y a long-temps, les ducasses, les kermesses des Flamands; il n'est pas de commune dans le département du Nord qui n'ait la sienne. La plupart en ont deux, désignées sous le nom de grande et petite ducasse. Leur époque est ordinairement depuis le retour de la belle saison jusqu'à la fin de l'automne. On se porte à ces fêtes dans ce pays avec un empressement dont on ne trouve nulle part d'exemple aussi frappant. Elles durent trois, quatre, cinq jours, et quelquefois neuf et dix, mais jamais moins de trois; elles coïncident presque toujours avec l'anniversaire de la dédicace de l'église du lieu, et la petite est le jour de la fête du patron. Dans quelques communes, la ducasse se rencontre avec la célébration d'une neuvaine à la Vierge; ce sont celles qui durent le plus long-temps. Dans les villes, les ducasses sont ordinairement l'époque de la tenue de la foire principale, et l'ouverture s'en faisait à la révolution par une procession solennelle où le culte déployait toute sa pompe : d'où vient qu'on leur donne indifféremment le nom de ducasse ou de procession.

Ce jour-là, chaque particulier tâche de réunir ses parents, ses amis épars, pour se réjouir avec eux en famille. L'habitant le moins à l'aise fait un effort pour se bien nourrir. Le pot au feu de viande de boucherie, les pâtisseries plus ou moins fines, désignées sous le nom de tartes, gâteaux, pâtés, et le jambon, sont la nourriture extraordinaire que l'on s'y donne. Le jambon est surtout le mets privilégié de cette fête; il est en permanence sur la table presque toute la journée. On boit la bière à discrétion, même chez ceux qui, n'en ayant pas en cave, sont obligés d'aller la chercher au cabaret.

La danse est le divertissement le plus suivi pendant les trois, quatre et cinq jours que dure la fête. Une chose digne de remarque, c'est que, au grand scandale de la galanterie française, ce sont, dans beaucoup d'endroits, les danseuses qui paient les violons. Les jeunes gens s'y livrent aussi aux jeux et au tir de l'oiseau ou au blanc. Dans les grandes communes et dans les villes, des prix sont ordinairement faits par les municipalités, et l'annonce pompeuse de la fête, des jeux et des prix qui doivent couronner les vainqueurs, a lieu plusieurs semaines à l'avance par des placards imprimés et envoyés dans les communes et dans les villes voisines. Ces jeux ne sont pas, au reste, les seuls attraits qu'y trouve la foule. L'ouverture s'en faisait ordinairement par une procession solennelle. Tous les auteurs qui ont parlé de ces processions, ont dit que l'on ne manquait presque jamais d'y voir, à la suite du saint Sacrement, des représentations de géants, de grands poissons, de saints, de diables, du paradis, de l'enfer. Ce fait est vrai à la lettre : à l'époque de la révolution, les villes de Dunkerque, Lille, Douai, Cambrai, Valenciennes, avaient encore de pareilles processions que quelques-unes ont conservées. A Dunkerque on promenait un géant, sa femme et ses enfants. A Cambrai, c'étaient cinq chars de triomphe sur l'un desquels était une image de la Vierge, qui pouvait s'élever alternativement de plusieurs pieds en l'air par le moyen d'un ressort. Cette image était environnée de jeunes filles parées en blanc, qui chantaient des cantiques en l'honneur de la Vierge. A Valenciennes, c'étaient aussi des chars de triomphe, escortés d'une cavalerie bourgeoise composée des northiers de la ville (petits cultivateurs dont la principale industrie est d'entretenir des vaches laitières pour la consommation de la ville). Ces northiers étaient tous en uniforme écarlate, parements de velours noir, boutons et boutonnières brodés en or. La fête avait lieu en commémoration d'un miracle de la Vierge qui, en 1008, délivra la ville de la peste en la ceignant d'un filet ou cordon, qui fut conservé. L'honneur de figurer à cette fête avait été mérité par les northiers à cause de la bravoure avec laquelle ils avaient atteint et saisi un fameux chef de brigands nommé Anéen, par qui venait d'être volée la boite qui contenait le cordon miraculeux. En mémoire de cet événement, le lendemain de la procession, chaque année le mannequin empaillé représentant le brigand empalé, était placé sur l'esplanade, tenant d'une main un écusson d'où sortaient des bagues, et de l'autre un fouet; ce mannequin tournait facilement sur son pal qui lui servait d'axe : toutes les fois qu'un maladroit, courant la bague, donnait dans l'écusson, le mannequin, par l'effet du mouvement imprimé, se tournait brusquement vers le coureur et lui donnait un coup de fouet; ce qui faisait beaucoup rire les spectateurs.

À Douai, c'était et c'est encore le géant Gayant et toute sa famille. Dans la description de cette ville, nous nous étendrons sur les détails de cette procession, qui donnera une idée de toutes celles du même genre.

NAVIGATION. Les canaux et rivières navigables qui coulent sur le territoire du département du Nord, sont au nombre de vingt-cinq, et forment ensemble un développement de 47 myriamètres 9,803 mètres, ou 123 lieues un tiers de 2,000 toises. Tous sont compris dans le bassin de l'Escaut, à l'exception de la Sambre, qui fait partie du bassin de la Meuse.

Voici leur nomenclature et leur description : *Rivière de l'Aa*. La rivière de l'Aa, venant de Saint-Omer et débouchant dans le port de Gravelines, forme la limite des départements du Nord et du Pas-de-Calais, depuis Saint-Momelin jusqu'à la mer. Sa longueur, dans le département, est de 25,000 mètres. Sa largeur, y compris les digues, est de 32 mètres. — *Canal de la Colme*. Ce canal, formé par une dérivation de l'Aa, se sépare de celle-ci à Watten et se dirige sur Bergues, où il verse ses eaux dans le canal de Bergues à Dunkerque. Sa longueur est de 24,785 mètres. — *Canal de Bourbourg*. Ce canal, qui est une autre dérivation de l'Aa, commence à l'écluse du Guindal, au-dessous du village de Saint-Nicolas, et se dirige sur Bourbourg et sur Dunkerque, où il débouche par l'écluse de l'arrière-port et par le sas octogone. Sa longueur est de 21,462 mètres. — *Canal de Bergues à Furnes et becque d'Hondschoote*. Le canal de Bergues à Furnes, ou Basse-Colme, débouche dans le canal de Bergues à Dunkerque. Sa longueur, depuis la Belgique jusqu'au sas de Bergues, est de 13,860 mètres. — *Canal de Dunkerque à Furnes*. Ce canal est creusé parallèlement à la côte. Sa longueur, dans le département du Nord, depuis Houtem-Belgique jusqu'à l'écluse octogone, à Dunkerque, est de 13,303 mètres. — *Canal de Bergues à Dunkerque*. Ce canal reçoit dans Bergues les eaux de la Haute et Basse-Colme, ainsi que celles des seconde et troisième sections des Watteringues, et les déverse dans le port de Dunkerque. Sa longueur est de 8,701 mètres; sa largeur est de 20 mètres au niveau des eaux, et de 30 mètres de crête en crête. — *Canal des Moëres*. Il se divise en deux branches qui communiquent avec le canal de Bergues, l'une par l'écluse de Bernardsteet, l'autre par le sas octogone de Dunkerque. Sa longueur, depuis son origine, près du bassin des Moëres jusqu'au sas octogone de Dunkerque, et en y ajoutant l'embranchement de Bernardsteet, est de 10,326 mètres. Le canal des Moëres, comme canal navigable, n'a point d'issue; son principal objet est d'amener dans le canal de la Cunette, par le sas octogone, les eaux des Moëres et d'une partie de la quatrième section des Watteringues. — *Canal de la Cunette*. Le canal de la Cunette reçoit les eaux du canal des Moëres, traverse le canal de Furnes et une autre branche de communication de ce même canal avec ceux des Moëres et de Bergues, et débouche dans le chenal du port de Dunkerque. Sa longueur, depuis sa jonction avec le canal des Moëres jusqu'à l'écluse, à la mer, est de 2,303 mètres. Sa largeur, au fond, est de 12 mètres, et de crête en crête, de 44 mètres. — *Canal de Mardyck*. Ce canal n'est plus navigable, mais il reçoit les eaux des canaux de Bourbourg et de Bergues à Dunkerque, et sert de réservoir pour alimenter les chasses qui s'opèrent par l'écluse de l'arrière-port et par l'écluse de la Cunette. Sa longueur, depuis le sas du Mail jusqu'à l'ancienne écluse de Mardyck, est de 3,500 mètres. Sa largeur, au fond, est de 38 mètres, et de crête en crête, de 64 mètres. — *Canal de Saint-Omer aux Neufs-Fossés*. Ce canal forme en partie, vers le sud-ouest, la limite de l'arrondissement d'Hazebrouck et du département du Pas-de-Calais. Sa longueur totale, de la Lys à l'Aa, est de 16,288 mètres. — *Rivière de la Lys*. La longueur de cette rivière, dans le département du Nord, depuis Thiennes jusqu'à Wervick, est de 55,000 mètres. — *Canal de la Nieppe*. Ce canal, qui est une dérivation de la Lys, se dirige vers l'intérieur de l'arrondissement d'Hazebrouck et se joint au canal d'Hazebrouck, au sas de la Motte-au-Bois. Sa longueur est de 9,742 mètres. — *Canal d'Hazebrouck*. Il s'étend d'Hazebrouck à la Motte-au-Bois, où il se joint à celui de la Nieppe. Sa longueur est de 5,845 mètres. Ce canal n'a point d'écluse. —

DÉPARTEMENT DU NORD.

Canal de Préavin. Ce canal commence à la jonction de la Nieppe et du canal d'Hazebrouck, au sas de la Motte-au-Bois, et communique à la rivière de la Bourre, au-dessus de l'écluse du Grand-Dam. Sa longueur est de 1,948 mètres. — *Rivière de la Bourre.* La rivière de la Bourre naît au territoire de Borre, reçoit les eaux du canal de Préavin et a son confluent dans la Lys. Sa longueur, depuis l'écluse du Grand-Dam jusqu'à la Lys, est de 7,794 mètres. Les canaux de la Nieppe, d'Hazebrouck, de Préavin et de la Bourre, coupent l'intérieur de l'arrondissement d'Hazebrouck, se lient et forment un système de navigation secondaire et purement local, communiquant, par ses deux extrémités, avec la Lys. — *Rivière de la Lawe.* Cette rivière n'a qu'une très-petite partie de son cours dans le département du Nord, sur le territoire de La Gorgue, où elle débouche dans la Lys. Sa longueur, depuis la limite du département du Pas-de-Calais jusqu'à son confluent, est de 2,250 mètres. — *Canal de la Haute-Deûle.* Ce canal commence à l'écluse du fort de Scarpe, arrose successivement l'arrondissement de Douai, le département du Pas-de-Calais et l'arrondissement de Lille. Sa longueur, dans le département, est de 33,411 mètres. — *Canal de la Basse-Deûle.* Ce canal, qui fait suite à la Haute-Deûle, commence à l'écluse de Saint-André et débouche dans la Lys, à Deûlemont. Sa longueur est de 16,089 mètres. — *Canal de la Bassée.* Ce canal s'étend de celui de la Haute-Deûle à la petite ville de La Bassée, et a une longueur totale de 7,152 mètres. La navigation se fait sans écluse. — *Canal d'Aire à la Bassée.* Ce canal, construit en 1823, entre dans le département par La Bassée, où il se termine après un cours d'environ 40,000 mètres dans le département du Pas-de-Calais. Sa largeur moyenne est de 20 mètres. Il communique avec la Deûle par l'ancien canal de La Bassée, désigné à l'article qui précède. — *Canal de la Marque.* Le canal de la Marque, actuellement en construction, commence à la Basse-Deûle, au village de Marquette, près Lille, traverse le territoire de Roubaix et s'étend jusqu'à la limite de l'arrondissement de Lille et du royaume des Pays-Bas. — *Rivière de la Scarpe.* Cette rivière a sa source dans le département du Pas-de-Calais, entre dans le département du Nord à peu de distance de Douai, traverse cette ville, celles de Marchiennes et de Saint-Amand, et se jette dans l'Escaut, à Mortagne. Sa longueur, dans le département, est de 53,235 mètres. — *Rivière de l'Escaut.* L'Escaut, qui a sa source dans le département de l'Aisne, traverse les arrondissements de Cambrai et de Valenciennes, et sort du département du Nord, à Mortagne, pour se diriger sur Tournai. Sa longueur, dans le département, est de 68,483 mètres. — *Canal de Saint-Quentin.* Ce canal fait communiquer l'Escaut avec la Somme, la mer du Nord avec la Méditerranée et l'Océan. Sa longueur, de Cambrai à Saint-Quentin, est de 51,356 mètres. Sa longueur, dans le département du Nord, est de 21,520 mètres. — *Canal de la Sensée.* Ce canal, achevé depuis peu d'années, est tracé de niveau, du bassin rond, sur l'Escaut, au bassin de Brébières, sur la Scarpe. Il fait communiquer la Scarpe avec l'Escaut, et fait suite au canal de Saint-Quentin, dont il est le complément nécessaire. Sa longueur est de 24,000 mètres. La navigation est très-active sur ce canal. — *Canal de Mons à Condé.* La longueur totale de ce canal est de 24,288 mètres. Sa longueur, dans le département du Nord, est de 3,000 mètres. — *Rivière de la Sambre.* Cette rivière est la seule voie navigable dans l'arrondissement d'Avesnes. Sa longueur, depuis Landrecies jusqu'à la limite du département, est de 45,000 mètres. Les travaux de canalisation de la Sambre depuis Landrecies jusqu'à la frontière de la Belgique, commencés dans le courant de l'année 1834, touchent à leur fin. On a construit neuf écluses à sas, pour remplacer les anciens pertuis. Les ponts qui existaient sur la rivière et qui tombaient presque tous en ruine, tels que ceux de Jeumont, Marpent, Quarte, Berlaimont, ont été reconstruits entièrement à neuf. La rivière, si étroite dans la partie comprise entre Berlaimont et Landrecies, a été amenée à la largeur uniforme des canaux de grande navigation. Il en résultera de grands avantages pour la riche vallée et les fertiles prairies qu'elle arrose, qui autrefois voyaient presque régulièrement leurs productions couvertes par l'inondation après chaque orage.

DESSÉCHEMENT. Cinq grands systèmes de desséchement existent dans le département du Nord, savoir : celui des Moëres et celui de Watteringues, dans l'arrondissement de Dunkerque; celui de la vallée de la Scarpe, dans les arrondissements de Douai et de Valenciennes; celui de la vallée de la Hayne et de l'Escaut, et celui des marais de l'Epaix et de Bruai, dans l'arrondissement de Valenciennes. Ces cinq systèmes de desséchement sont régis par des administrations spéciales formées, sous l'autorité du préfet, entre les propriétaires riverains intéressés. Les surfaces soumises au desséchement présentent un total de 47,617 hectares.

Les deux lacs connus sous le nom de grande et petite Moëres, sont la partie la plus basse d'un vaste bassin situé près de la mer, dans l'arrondissement de Dunkerque et le district de Furnes, province belge de la Flandre orientale. Ce bassin, borné au nord par le canal de Bergues à Furnes, à l'ouest par celui de Bergues à Hondschoote et à Furnes, contient environ 11,000 hectares, dont les Moëres renferment, savoir : les Moëres belgiques, 1,192 hectares; les Moëres françaises, 1,910 hectares, et la petite Moëre française, 176 hectares; ensemble 3,278 hectares.

On désigne sous le nom de Watteringues les travaux destinés à soutenir le dessèchement et à maintenir les propriétés rurales dans leur état de culture et de production. Le pays Watteringues, dans le département du Nord, se compose de toute la lisière maritime de l'arrondissement de Dunkerque, dans une longueur d'environ 3 myriamètres sur 1 myriamètre 8 kilomètres de largeur. Sa surface est de 38,576 hectares.

MINÉRALOGIE. Exploitation de charbon de terre, la plus vaste et la plus riche qui existe en France. Tourbe, marbres de diverses couleurs, pierres de taille, grès à paver, argile à briques et à potier.

SOURCES MINÉRALES à Saint-Amand et à Féron.

PRODUCTIONS. Toutes les variétés de céréales cultivées en France ; légumes de toutes espèces ; quantité de graines oléagineuses ; toutes sortes de plantes fourragères et légumineuses ; très-belle variété de lin; beaucoup de chanvre; culture en grand du tabac, le meilleur de la France ; de la chicorée-café, du houblon, du pastel, des haricots et des asperges. Excellents pâturages.—Point de vignes : on supplée au vin par la bière, dont il se consomme 1,000,000 d'hect., et par l'eau-de-vie de grains, dont la consommation s'élève à 28,000 hect. — 56,817 hect. de forêts. — Menu gibier (lièvres, lapins, oiseaux aquatiques). — Poisson de mer et d'eau douce (truites saumonées). — Superbe espèce de chevaux ; bêtes à cornes, moutons mérinos, porcs.— Peu d'abeilles. — Nombreuses pépinières d'arbres fruitiers, forestiers et exotiques.

INDUSTRIE. Manufactures de toiles blanches et écrues, de linge de table, batistes, linons, camelots, molletons, dentelles. Fabriques de draps et étoffes de laine; de calicots, indiennes, mouchoirs, toiles à matelas, fil à coudre et à dentelle, sarraux, laine peignée, cardes à laine et à lin, café-chicorée; céruse, crayons à dessin, noir animal, savon noir, colle de peaux de lapin, bimbeloterie, boissellerie, ouvrages en marbre. Nombreuses distilleries d'eaux-de-vie de grains ; raffineries de sucre et de sel ; salaison de poisson ; brasseries considérables; belles blanchisseries de toiles ; teintureries ; huileries hydrauliques très-multipliées. Filature en grand du coton et du lin. Neuf machines à vapeur à moyenne pression, et trente à haute pression. Forges, hauts fourneaux, clouteries; belles verreries à vitres et à bouteilles; nombreuses papeteries, manufactures de faïence et de porcelaine; tuileries, briqueteries; scieries de marbre; corderies; tanneries et corroieries. — Construction de navires. — Manufacture royale des tabacs. — Raffinerie royale de salpêtre. — Fonderie royale de canons et manufacture d'armes.

COMMERCE de grains, graines grasses, vins, vinaigre, eaux-de-vie, genièvre, houblon, huile, fromages de Bergues et de Maroilles, beurre excellent, chicorée-café, chevaux, bestiaux, toiles, fils, dentelles, laines peignées, coton filé, charbon de terre et de bois, marbre, ardoises, bois de chauffage et de construction, merrain, sabots, boissellerie, drogueries et épiceries.—Armements pour la pêche de la baleine et de la morue; pêche du hareng et du poisson frais. Cabotage.

CHÂTEAU D'ANNAPPES
Habitation de Mr de Brigode

**VILLES, BOURGS, VILLAGES, CHATEAUX ET MONUMENTS REMARQUABLES;
CURIOSITÉS NATURELLES ET SITES PITTORESQUES.**

ARRONDISSEMENT DE LILLE.

ANNAPPES. Joli village, situé dans un territoire extrêmement fertile, à 1 l. 1/2 de Lille et à 1 l. 1/2 de la route de cette ville à Tournai. Pop. 1,588 hab.

Ce village est bien et régulièrement bâti en briques et pierres blanches. On y remarque un joli presbytère et une belle école construits depuis peu d'années, ainsi qu'une église nouvellement restaurée et dont la tour est surmontée d'une flèche élégante.

Annappes appartenait à saint Évrard, comte de Frioul, fondateur de l'abbaye de Cisoing, qui, par son testament de 837, donne une ferme, à Annappes, à son second fils Bérenger. La terre d'Annappes fut érigée en comté en faveur de Jean de Robbles, chevalier, baron de Billy, gouverneur de la Flandre française, mort en 1622, et en récompense de ses anciens et brillants services. Son fils aîné en hérita. Vers la fin du XVIIe siècle, elle passa, par alliance ou héritage, dans la famille des comtes de Lannoi, qui vendirent successivement ce qu'ils possédaient sur le territoire de cette commune. M. le baron de Brigode en est aujourd'hui propriétaire, et réunit à ces biens un ensemble de propriétés qui en a doublé l'importance et la valeur. Le château qu'il habite a été acheté par ses auteurs, en 1713. Une suite d'acquisitions et d'embellissements non interrompus depuis plus d'un siècle, la richesse du sol, un site riant, une végétation admirable, la distribution, le bon goût des plantations, la variété des promenades, ont fait de ce lieu une des habitations les plus agréables, et en même temps les plus considérables de la contrée (*voy. la gravure*).

ARMENTIÈRES. Jolie ville, agréablement située sur la rive droite de la Lys, à 4 l. de Lille. Collége communal. Conseil de prud'hommes. ✉ ☞ Pop. 6,338 hab.

La fondation de cette ville paraît remonter au commencement du IXe siècle. Il en est fait mention dans un diplôme de Charles-le-Chauve de l'année 867. Les Anglais, réunis aux Flamands, la prirent et l'incendièrent en 1339, après une vigoureuse résistance; les Français la pillèrent en 1382; de cruels incendies la ruinèrent en 1420, 1467, 1518 et 1589. L'empereur Charles-Quint avait fait agrandir et fortifier cette ville en 1509, et il paraît que jusqu'alors elle n'avait été entourée que d'un fossé et d'un faible rempart. Les calvinistes la détruisirent en 1566; les maréchaux de Gassion et de Rantzau la prirent en 1645; l'archiduc Léopold la reprit en 1647; enfin, les Français s'en rendirent maîtres de nouveau en 1667 et la démantelèrent : elle est demeurée à la France par le traité d'Aix-la-Chapelle.

Cette ville était autrefois renommée par ses fabriques d'étoffes. Charles-Quint, après l'avoir fait fortifier, lui donna plusieurs priviléges qui firent fleurir son commerce; mais la persécution exercée contre les calvinistes pendant la domination espagnole, porta un coup funeste à ses manufactures. Les conquêtes de Louis XIV, en rattachant la Flandre à la France, pouvaient raviver les sources précieuses que l'intolérance et le fanatisme avaient taries; il ne fallait pour cela que promettre aux exilés le repos sur leur terre natale, pour qu'ils vinssent de nouveau la féconder, l'enrichir de leurs travaux; mais le ministre Colbert, beaucoup trop vanté, fit décider par le conseil d'État que les nationaux qui professaient le calvinisme seraient exclus de tout commerce, fabriques ou manufactures; et l'on ferma ainsi pour toujours aux exilés le retour dans leur patrie. Cependant, malgré les lois fanatiques et leurs indignes ministres, le commerce et l'industrie ne restèrent pas long-temps éloignés d'Armentières. Aujourd'hui, cette ville est dans un état prospère; elle est assez bien bâtie, propre et bien percée; la Lys y forme un petit port où il se fait des chargements de briques provenant des fabriques environnantes.

Fabriques de toiles, linge de table, toiles à matelas, dentelles, filets à l'aiguille, indiennes, calicots; filatures de coton, blanchisseries de toiles; teintureries, savonneries, raffineries de sel; genièvreries, nombreuses briqueteries. Construction de bateaux. —

Commerce de grains, vins, eaux-de-vie, cervelas recherchés, tabac, savon noir, fer, clouterie, etc. — Marché aux grains très-renommé pour les blés de semence.— *Hôtels* du Lion d'or, du Comte d'Egmont.

ASCQ. Village situé à 2 l. de Lille. Pop. 1,487 hab. C'est la patrie de J. Capet, célèbre professeur de philosophie et auteur de plusieurs ouvrages de théologie.—*Fabrique* d'huile.

AVELIN. Village situé à 3 l. de Lille. Pop. 1,622 hab. — *Fabriques* de poterie, salpêtre. Moulins à huile. Tannerie et fours à chaux.

BASSÉE (la). Petite ville située sur le canal de son nom qui communique de la Deûle à Saint-Omer, Dunkerque et Calais, à 5 l. 3/4 de Lille. ✉ ⚒ Pop. 2,544 hab.
Cette ville a appartenu aux châtelains de Lille qui l'ont fortifiée et embellie. En 1054, Baudouin de Lille, craignant une attaque de la part de l'empereur Henri III, fit faire un vaste et large retranchement depuis la mer jusqu'à l'Escaut, qui existe encore en partie. Jean, châtelain de Lille, l'ayant fait agrandir, en forma, en 1271, le canal de la Bassée à la Deûle. Les Flamands la prirent en 1303 et en 1304; Maximilien, roi des Romains, tenta, sans succès, de s'en rendre maître en 1486 et en 1488; il s'en empara cependant quelque temps après et fit détruire les fortifications, qui furent relevées en 1594. Les Français la prirent en 1641 et la fortifièrent; les Espagnols la reprirent l'année suivante et la démantelèrent en 1667. Cette ville est restée à la France par le traité d'Aix-la-Chapelle de 1668.

Fabriques de bonneterie, amidon, savon noir, chandelles, poterie de terre. Filatures de laine et de coton. Moulins à huile. Tuileries. Tanneries et corroieries. Raffinerie de sel.—*Commerce* de grains, graines grasses, vins, huile, beurre, fruits, porcs, bêtes à cornes, charbon de terre, bois du Nord. Tourbe. — Marchés considérables pour les grains, les toiles, le lin en bottes et filé.

BOUSBECQUE. Village situé sur la Lys, à 3 l. de Lille. Pop. 1,997 hab.—Brasserie et moulins à huile.

BOUVINES. Village situé sur la Marque, à 2 l. 1/2 de Lille. Pop. 510 hab.
Bouvines est célèbre par la victoire qu'y remporta Philippe-Auguste, en 1214, sur l'empereur Othon, le comte de Flandre et leurs alliés. Le 27 août, au matin, le roi se dirigeait de Tournai sur Lille, lorsque le vicomte de Melun, et frère Garin, de l'hôpital de Saint-Jean, évêque élu de Senlis, qui s'étaient écartés pour reconnaître l'ennemi, avertirent Philippe qu'Othon s'était, de son côté, mis en mouvement de Mortain, et que, d'après l'ordre où marchaient ses troupes, ils jugeaient que l'empereur se préparait à leur livrer bataille. Othon avait compté attaquer les Français, après que la moitié de leur armée aurait passé le pont de Bouvines : ce pont traverse une petite rivière qui se jette dans la Lys. Lorsque ses coureurs atteignirent l'arrière-garde des Français, le roi, fatigué du poids de ses armes et de la longueur du chemin, se reposait à l'ombre d'un frêne, à côté d'une église consacrée à saint Pierre. « A cette nouvelle, le roi entra dans l'église, et ayant adressé une courte prière au Seigneur, il en ressortit, revêtit ses armes, et, d'un visage joyeux, comme s'il était appelé à des noces, il remonta sur son cheval; au travers du champ on entendit le cri : *Aux armes! aux armes!* Les trompettes retentissaient, les escadrons qui avaient déjà passé le pont, revenaient en arrière; on fit redemander aussi le drapeau de saint Denis, qui, dans les combats, doit précéder tous les autres; mais comme il tardait à revenir, on ne l'attendit pas. Le roi partit à cheval et se plaça à la première ligne, où une petite élévation le séparait des ennemis. Ceux-ci voyant, contre leur espérance, que le roi était de retour, frappés d'étonnement, tournèrent sur la droite et s'étendirent à l'occident, en occupant la partie la plus élevée de la plaine. Ils avaient le dos au nord, et dans les yeux le soleil, qui ce jour-là était plus ardent que de coutume. Le roi déploya son armée vis-à-vis d'eux, occupant une longue ligne au midi de la plaine, et ayant le soleil sur les épaules. Les deux armées demeurèrent ainsi quelque peu de temps, offrant deux lignes à peu près de même longueur, et n'étaient séparées que par un court espace.

« Autour du roi se trouvaient rangés les plus vaillants chevaliers de l'armée française, Guillaume des Barres, Barthélemy de Roye, le jeune Gaultier, Pierre de Mauvoisin, Gérard Scropha, Étienne de Longchamp, Guillaume de Mortemer, Jean de Rouvrai, Guillaume de Garlande et le jeune comte de Bar. Derrière Philippe se plaça Guillaume le Breton, son chapelain, à qui nous devons une relation très-curieuse de cette bataille; le Breton, de concert avec un autre clerc, ne cessa de chanter des psaumes pendant le combat, quoique sa voix, nous dit-il lui-même, fût souvent entrecoupée par les larmes et les sanglots.

« Les Français envoyèrent d'abord un corps de cent cinquante écuyers à cheval, pour escarmoucher avec les Flamands : ces écuyers furent bientôt presque tous démontés ; mais quand les chevaliers vinrent à heurter contre les chevaliers, les forces furent plus égales : des deux parts, il était presque impossible de blesser ou l'homme ou le cheval, au travers d'une armure impénétrable ; mais les lances se brisaient en éclats, et de grands coups de sabre, frappant sur les casques et les boucliers, en faisaient voler les étincelles. On entendait cependant, comme dans un tournoi, répéter de part et d'autre le cri : « Chevaliers, souvenez-vous de vos dames ! » Dans ce combat, on vit se distinguer par une brillante bravoure le comte Gaucher de Saint-Paul, dont les Français se défiaient, mais qui avait dit lui-même à l'élu de Senlis, « qu'il leur ferait voir qu'il était bon traître ; » le vicomte de Melun, qui, comme Saint-Paul, fit une trouée au milieu des ennemis, et revint par un autre endroit, après avoir traversé deux fois leur ligne ; le duc de Bourgogne, qui eut un cheval tué sous lui, et qui, ayant beaucoup d'embonpoint, aurait été fait prisonnier sans la prompte assistance des Bourguignons. Enfin, après trois heures du combat le plus acharné, tout le poids de la guerre se tourna contre le comte Ferrand. Ce prince, percé de beaucoup de blessures, et renversé par terre, fut fait prisonnier avec beaucoup de chevaliers. Il avait presque perdu le souffle par la longueur du combat, lorsqu'il se rendit à Hugues de Mareuil et à Jean son frère. Pendant ce temps les légions des communes, qui étaient déjà parvenues presque jusqu'à leur quartier, arrivèrent de retour sur le champ de bataille, avec l'étendard de saint Denis, et elles vinrent immédiatement se ranger près du corps de bataille du roi, où elles voyaient l'étendard royal des fleurs de lis, que portait ce jour-là Galon de Montigny, vaillant mais pauvre chevalier. Les milices de Corbie, Amiens, Beauvais, Compiègne et Arras, passèrent entre les escouades des chevaliers, et vinrent se mettre en bataille devant le roi. Mais la chevalerie d'Othon, composée d'hommes très-belliqueux et très-audacieux, les chargeant incontinent, les repoussa, les mit en désordre, et parvint presque jusqu'au roi. A cette vue, les chevaliers qui formaient le bataillon du roi, s'avancèrent pour le couvrir, et le laissant un peu derrière eux, ils arrêtèrent Othon et les siens, qui, avec leur fureur teutonique, n'en voulaient qu'au roi seul. Mais tandis qu'ils se portaient en avant, et qu'avec une vertu admirable ils arrêtaient les Allemands, les fantassins ennemis entourèrent le roi, et avec leurs petites lances et leurs crochets, ils l'entraînèrent à bas de son cheval, et ils l'y auraient tué, si la main divine et l'excellence de son armure ne l'avaient protégé. Un petit nombre de chevaliers qui étaient restés avec lui, et surtout Galon de Montigny, qui, en agitant son drapeau, appelait du secours, et Pierre Tristan, qui, se jetant à bas de son cheval, s'exposait aux coups pour le roi, repoussèrent ces fantassins ennemis, les tuèrent ou les mirent en fuite ; tandis que le roi, se relevant de terre plutôt qu'on ne s'y attendait, remonta sur son cheval avec une légèreté qu'on ne lui croyait point [1]. »

Si dans ce moment Philippe-Auguste courut un grand danger, l'empereur Othon ne tarda pas à se voir exposer à un péril non moins grave. En effet, les chevaliers français parvinrent jusqu'à lui. « Pierre de Mauvoisin saisit même la bride de son cheval ; comme il ne pouvait l'arracher à la foule qui l'entourait, Gérard Scropha le frappa à la poitrine du couteau qu'il tenait nu à la main ; il ne traversa point l'armure presque impénétrable dont les chevaliers de nos jours sont couverts ; et comme il voulait redoubler, le cheval d'Othon, en se cabrant, reçut le coup dans la tête ; blessé mortellement à l'œil, il tourna sur lui-même, et prit sa course du côté par où il était venu. L'empereur nous montrant ainsi le dos, et nous laissant en proie son aigle et le char qui le portait, le roi dit aux siens : « Vous ne verrez plus sa face d'aujourd'hui. » Cependant son cheval avait fait bien peu de chemin lorsqu'il tomba mort ; mais on lui en présenta aussitôt un autre avec lequel il recommença à fuir. Il ne pouvait plus résister à la valeur de nos chevaliers ; en effet, Guillaume des Barres l'avait déjà deux fois tenu par le cou ; mais il se déroba à lui par la rapidité de son cheval et par l'épaisseur des rangs de ses soldats [2]. »

La bataille ne finit point par la fuite d'Othon ; le comte de Teklembourg, le comte de Dortmund et plusieurs vaillants chevaliers de l'empereur firent encore une fois reculer les Français ; mais ceux-ci, revenant sur eux en plus grand nombre, les firent prisonniers ;

---

1. Guillelmus Armoricus, p. 97.
2. Idem, pag. 98.

« alors on commença à voir fuir le duc de Louvain, le duc de Limbourg, Hugues de Boves et leurs chevaliers, par cinquante ou cent à la fois. Renaud, comte de Boulogne, s'obstinait seul au combat. Il avait disposé en cercle un certain nombre de sergents d'armes à lui ; c'était comme une forteresse hérissée de piques, d'où il faisait des sorties brillantes, et où il se retirait quand l'haleine lui manquait pour se battre. Enfin, il fut renversé de son cheval, blessé, et il allait être tué, lorsqu'il se rendit à l'évêque élu de Senlis. Sept cents fantassins brabançons, qu'Othon avait placés au milieu de son front de bataille, y demeurèrent les derniers ; après que tout avait fui autour d'eux, ils opposaient encore aux Français comme un mur inébranlable. Philippe les fit charger par Thomas de Saint-Valery, avec cinquante chevaliers et deux mille fantassins ; ils furent presque tous tués sans avoir abandonné la place. La nuit approchait ; Philippe, qui craignait surtout de perdre quelqu'un de ses importants prisonniers, fit sonner le rappel aux trompettes ; les Français qu'il rassemblait ainsi, avaient à peine poursuivi leurs ennemis pendant l'espace d'un mille [1]. »

La victoire de Bouvines, l'une des plus brillantes qui eussent été remportées par les Français, était décisive. Parmi les prisonniers se trouvaient cinq comtes : Ferrand de Flandre, Renaud de Boulogne, Guillaume de Salisbury, Othon de Teklembourg, et Conrad de Dortmund, avec vingt-cinq chevaliers bannerets et un grand nombre d'autres d'une dignité inférieure. Le roi abandonna plusieurs de ces captifs aux communes, pour que chacune pût s'enorgueillir de la part qu'elle avait eue à la victoire.

Les habitants de Bouvines virent une seconde fois la défaite des troupes étrangères. Au mois d'août 1340, Philippe de Valois, qui venait secourir Tournai assiégé par les Anglais et par les Flamands, campa sur le territoire de Bouvines, où il fut attaqué par dix mille Anglais qu'il défit complétement.

COMINES. Jolie petite ville, située à l'extrême frontière, sur la Lys qui la divise en deux parties, à 4 l. 1/4 de Lille. Bureau de douanes. Pop. 5,316 hab.

Cette ville existait en l'année 303 et fut détruite par les Normands vers l'an 880. Les Français la prirent pendant le siége de Lille en 1197. Le fameux La Noue, dit Bras-de-Fer, la fortifia, ainsi que l'église, et y mit une garnison de 3,000 hommes pour ôter toute communication aux troupes retirées dans le château, qui était grand, très-fort et entouré par la Lys. Les Français s'emparèrent de ce château en 1645 et furent forcés de le rendre aux Impériaux deux ans après ; le maréchal d'Humières le fit sauter en 1674. La partie de Comines située sur la rive droite de la Lys fut cédée à la France en 1713, par la paix d'Utrecht.

Patrie de Philippe de Comines, véridique historien et habile négociateur.

Fabriques de rubans de fil, cotonnettes, fils retors. Brasseries. Distillerie. Moulins à huile et à blé. Tanneries. — *Hôtels* du Damier, des Trois-Rois.

CROIX. Village situé à 2 l. de Lille. Pop. 1,284 hab. — Teintureries.

CYSOING. Bourg situé à 3 l. 3/4 de Lille. Pop. 2,465 hab.

Ce bourg était autrefois protégé par un château habité par des seigneurs puissants et décoré d'une riche abbaye. Il essuya de grands dommages à l'époque de la bataille de Bouvines, et sous Philippe de Valois, lors du siége de Tournai par les Anglais. Louis XV était campé à Cysoing et avait son quartier-général dans l'abbaye, lorsqu'il partit pour aller à la bataille de Fontenoy, gagnée par les Français le 11 mai 1745. En mémoire de cet événement, les chanoines de Cysoing élevèrent une pyramide qui existe encore dans les beaux jardins de M. Charvet, propriétaire de l'emplacement de l'abbaye. Cette pyramide est en pierres bleues du pays et s'élève à la hauteur de 50 pieds ; elle est ornée de sculptures et d'inscriptions.

—*Fabriques* de calicots. Filatures de coton. Salpêtrière. Tannerie. Moulins à huile.

ERQUINGHEM-LYS. Village situé sur la rive droite de la Lys, à 4 l. 3/4 de Lille. Pop. 2,116 hab. Il était autrefois défendu par un château fort qui fut démantelé par Philippe-le-Bel. — Blanchisserie de toiles. Teinturerie.

ESQUERMES. Village situé à 1 l. 1/2 de Lille. Pop. 1,642 hab. — *Fabrique* de charbon animal. Belles blanchisseries de toiles et de fil. Filature de coton. Papeterie. Nombreux moulins à huile.

FIVES. Village situé à une demi-lieue de Lille. Pop. 1,520 hab. C'est dans ce village, dont une partie a été renfermée dans le dernier agrandissement de Lille, que Louis XIV signa, en 1667, la capitulation de cette ville ; une inscription conservée sur les murs d'une

---

1. Guillelmus Armoricus, pag. 99.

Rauch del. Ransonnette sc.

LILLE.

ferme de Fives consacre la mémoire de cet événement. — *Fabrique* de produits chimiques, colle forte, gélatine, sucre de betteraves. Nombreux moulins à huile.

FLERS. Village situé à 1 l. 1/2 de Lille. Pop. 1,658 hab. — *Fabrique* de briques. Teinturerie.

FRETIN. Village situé à 2 l. 1/2 de Lille. Pop. 1,878 hab. — Moulins à huile.

GONDECOURT. Village situé à 3 l. 1/2 de Lille. Pop. 1,601 hab.—Atelier de forage de puits artésiens. Brasserie et moulins à huile.

HALLENNES. Village situé à 4 l. 1/4 de Lille. Pop. 450 hab.—*Fabrique* de sucre de betteraves. Filature de coton. Moulins à huile.

HALLUIN. Village situé sur la rive droite de la Lys. Pop. 3,730 hab. C'était jadis une petite ville renommée par ses fabriques de draps; elle fut brûlée, ainsi que l'église et le château, dans les guerres civiles de la Flandre, et eut beaucoup à souffrir lors des sièges de Menin en 1658, 1667, 1706, 1744, et surtout dans les campagnes de 1793 et 1794. — *Fabriques* de calicots, linge de table, toiles à matelas. Blanchisserie de toiles, brasserie, briqueterie et moulins à huile.

HAUBOURDIN. Joli bourg, situé au milieu des marais, sur la Deûle, à 1 l. 3/4 de Lille. Pop. 2,151 hab.

Ce bourg est généralement bien bâti, propre et assez bien percé ; l'église est grande et belle, et le cimetière bien tenu. Il a dû ses principaux accroissements à la faveur que lui fit Jean, châtelain de Lille, de rendre la Deûle navigable; à la chaussée de Lille à Calais; au droit de ne pouvoir être jugé que par ses concitoyens, et à l'exemption de tous droits sur les consommations. — *Fabriques* de blanc de céruse, de dentelles. Filature de coton. Blanchisseries de toiles. Tanneries, moulins à huile.

On doit visiter, à un quart de lieue d'Haubourdin, sur la Deûle, l'importante maison de détention de Loos (voy. ce mot).

HEM. Village situé à 2 l. 1/2 de Lille. Pop. 1,986 hab.—Brasseries, briqueteries. Moulins à huile.

HERRIN. Village situé à 4 l. de Lille. Pop. 400 hab. — Blanchisserie de toiles.

HOUPLINES. Village situé sur la rive droite de la Lys, à 4 l. 1/4 de Lille. Pop. 1,985 hab. — *Fabriques* de lacets, coton à coudre et à broder. Belle filature de coton. Brasseries. Tanneries. Moulins à huile et à foulon.

LANNOY. Petite ville située à 3 l. de Lille. Pop. 1,335 hab.

Lannoy était une ville très-florissante dans les XIIe, XIIIe et XIVe siècles, par ses fabriques de pannes, de serges, de camelots, et d'une étoffe nommée tripp ; mais les terreurs, les cachots, les bûchers dont Philippe II couvrit la Flandre pendant qu'il y exerça sa puissance sanguinaire, dépeuplèrent cette ville, habitée en grande partie par des réformés. Jean de Lannoy la fit entourer de murailles et de fossés, et y fit construire une église et un château vers la fin du XVe siècle. Il ne reste que des décombres du château, et les murailles, qui tombaient en ruine, furent détruites dans la campagne de 1792.

Fabriques de raz, basin, couvertures de coton. Culture de la tulipe. Filatures de coton. Brasserie. Moulins à huile.

LEERS. Village situé à 3 l. de Lille. Pop. 1,600 hab. On remarque aux environs les ruines d'un vieux château appelé la Royère, célèbre dans les guerres des Flamands contre Philippe-le-Bel.

LESMOULINS. Village situé à 1 l. 1/2 de Lille. Pop. 2,679 hab. — *Fabriques* de blanc de céruse, fil de lin, pipes de terre, toiles cirées. Filatures de coton. Nombreux moulins à huile.

LESQUIN. Village situé à 2 l. 1/2 de Lille. Pop. 1,118 hab.—*Fabriques* de sucre de betteraves, moulins à huile.

LILLE. Grande, belle, riche et très-forte ville. Chef-lieu du département et de cinq cantons. Tribunal de première instance et de commerce. Conseil des prud'hommes. Société des sciences et des arts. Académie royale de musique ; collège communal ; académie de dessin plastique, architecture et botanique. Cours pratique de médecine, chirurgie et pharmacie ; cours de chimie appliquée aux arts. Chef-lieu de la 16e division militaire ; 3e conservation des forêts; hôtel des monnaies (lettre W); loterie royale. ✉ ☞ Pop. 69,824 hab.

La ville de Lille a pris son nom d'un village entouré d'eau, qui devait lui-même son origine à un château bâti dans les derniers siècles de l'empire des Romains dans la Belgique, et autour duquel quelques habitants, attirés par la sûreté qu'il procurait, vinrent s'établir. Les chroniques du temps ne font plus mention de Lille jusqu'à Baudouin Ier, dit Bras-de-fer, qui, en 863, fit pendre plusieurs de ses ennemis aux murailles du château de Lille. Les courses des

Normands pendant le IX.e siècle et pendant une partie du X.e durent nécessairement nuire au progrès de Lille, et il faut arriver à Baudouin IV, qui fit bâtir en 1007 un grand nombre de maisons, et donna une forme positive à la ville. Baudouin IV l'entoura de murs et de fossés en 1030, et sa population s'accrut si promptement que Baudouin V se vit obligé de l'agrandir. Ses fortifications nouvellement construites ne l'empêchèrent pas de tomber, en 1054, au pouvoir de l'empereur Henri III, qui venait de ravager la Flandre; mais elle fut bientôt reprise et réparée par les bienfaits de Baudouin, qui la rétablit et releva ses murs abattus; l'année suivante, ce prince érigea l'église collégiale de Saint-Pierre, qu'il dota richement en 1066. A cette époque, Lille était divisée en deux parties: la plus ancienne comprenait l'église Saint-Étienne; la seconde, qui seule était entourée de murailles, ne comprenait que la paroisse Saint-Pierre. En 1147, la ville avait une enceinte que déterminent encore actuellement les canaux de Poissonceaux, des Ponts-de-Comines et des Sœurs-Noires. — La ville fut prise trois fois dans l'année 1213; d'abord par Philippe-Auguste, après un siége de trois jours, puis par le comte de Flandre Ferrand, en faveur duquel elle se révolta, et ensuite par le même Philippe qui, irrité de sa rébellion, la réduisit totalement en cendres. Lorsque après ce désastre on la reconstruisit, elle fut augmentée presque du double de sa grandeur, et l'on y entrait par six portes. Philippe-le-Bel l'attaqua et la prit par capitulation après onze semaines de siége, au commencement de septembre 1297; mais les habitants ouvrirent leurs portes, en 1302, à Jean de Namur, comte de Flandre, qui venait de gagner sur les Français la bataille de Courtrai. En 1303, après la bataille de Mons-en-Pévèle, Philippe-le-Bel attaqua Lille, qu'un traité de paix lui abandonna, ainsi que Douai et Orchies. En 1304, la ville fut entourée de murailles et de fossés par le comte de Guy. Robert de Béthune, comte de Flandre, tenta sans succès de s'en rendre maître en 1314. Un incendie la consuma presque entièrement en 1382. La ville de Lille fut rendue à la Flandre par Philippe-le-Hardi. En 1476, elle passa à la maison d'Autriche. Vingt ans après, les Pays-Bas ayant été réunis à la couronne d'Espagne, Lille fut soumise à la domination de cette puissance, qui la conserva en son pouvoir pendant deux siècles. En 1667, Louis XIV l'assiégea à la tête d'une puissante armée, et la prit le 27 août, après neuf jours de tranchée ouverte. Ce monarque agrandit son enceinte et y fit construire, par Vauban, de nouvelles fortifications et une citadelle qui passe pour l'une des plus belles de l'Europe. Lors de la guerre de la succession d'Espagne, la ville fut reprise par les alliés, le 23 octobre 1708, après un siége de quatre mois. Elle fut enfin cédée à la France par le traité d'Utrecht, en 1713. Lille s'est agrandie en 1786 de tout le beau quartier qui s'étend depuis la porte de la Barre jusqu'à celle de la Madeleine.

Le siége le plus mémorable que cette ville ait eu à soutenir, celui dans lequel les habitants montrèrent un courage égal à celui de nos guerriers les plus intrépides, est sans contredit celui de 1792. Tandis que les Autrichiens et les Prussiens occupaient la Champagne, le duc de Saxe-Teschen semblait se préparer à quelque grande tentative sur la Flandre française: les ingénieurs autrichiens qui se trouvaient répandus dans les différentes places, avaient reçu ordre de se réunir à l'armée active. Des canons, des munitions de guerre et des mortiers les mirent en mesure, sur divers points, d'attaquer une ou plusieurs places françaises, et découvrirent leur intention de faire une diversion avantageuse, au moment où la France portait toutes ses forces dans la Champagne, sur Châlons et Sainte-Menehould. Aussitôt les Autrichiens partagèrent en trois colonnes les divisions qu'ils avaient cantonnées aux environs de Mons, et les firent marcher, la première commandée par le général Beaulieu, sur Bosne, par les routes de Quiévrain et de Valenciennes; la seconde, aux ordres du général Lisien, sur Maubeuge; et la troisième, dirigée par le général Starray, sur Philippeville. Le général Latour paraissait également menacer par sa position Lill et Douai.

Dès le 10 septembre, le général Buault, commandant à Lille, se prépara à repousser les efforts des Autrichiens, qui semblaien devoir se porter principalement sur cett ville. Il distribua les dix mille hommes qu formaient sa garnison, sur les diverses po sitions de la Haute-Deûle, telles que le Haut Bourdin et l'abbaye de Loos; et de la Basse Deûle, telles que Vambrechies et le Quesnoy mais la discipline était en ce moment très relâchée parmi les troupes, et les générau français avaient de la peine à s'en fair obéir. — Le 17 septembre, le duc de Sax Teschen transporta son quartier-général

PORTE DE LA MADELEINE.

L'ERMITAGE
Habitation du Prince de Croï.

CHATEAU DE COURTRAY

Rauch del. Ransonnette sc.

PORTE NOTRE DAME A CAMBRAI.

Tournai, où se replièrent aussi les colonnes qui menaçaient auparavant Valenciennes, Maubeuge et Philippeville. Les Autrichiens, au nombre de vingt-quatre à vingt-cinq mille hommes, vinrent établir leur camp le 24, à Helemmes, à la vue de Lille, qui fut bloquée le lendemain, depuis la Madeléine, sur la Basse-Deûle, jusqu'à la hauteur du Haut-Bourdin, sur la Haute-Deûle; n'ayant pas assez de monde pour compléter le blocus, ils furent forcés de laisser libre le côté de la porte d'Armentières, qui ménageait à la place une communication avec Dunkerque. Le duc fit répandre le même jour une proclamation; il s'était flatté qu'en faisant éclater sur la ville une forte pluie de boulets rouges et de bombes, il en serait bientôt le maître. Mais les Français commencèrent par brûler les faubourgs de Fives et de Saint-Maurice, qui pouvaient favoriser les Autrichiens pour s'approcher de la place. Le général Labourdonnaye eut ordre du ministre de la guerre de ramasser des troupes dans les plaines de Lens, afin de tourmenter les Autrichiens sur leurs communications. Les ennemis avaient reçu d'Ath une nombreuse artillerie et un amas prodigieux de poudre, de bombes et de boulets; ils commencèrent donc leurs travaux dans la nuit du 25 au 26, du côté des portes de Fives et des Malades; mais ils en furent délogés par les assiégés qui firent une sortie dès l'après-midi, se jetèrent sur la tête de leurs ouvrages, et les obligèrent de les abandonner. Les deux jours suivants, les Autrichiens s'étendirent sur la gauche et sur la droite, à l'abri des masures du faubourg de Fives, et y placèrent de formidables batteries avec des grils pour rougir les boulets. Après avoir achevé leurs travaux et reculé à Aspes leur quartier-général, ils envoyèrent au commandant et à la municipalité le major autrichien d'Aspes, précédé d'un trompette, avec deux sommations : on y flattait les habitants d'être traités avec la plus grande modération s'ils voulaient oublier la cause qu'ils avaient servie jusqu'à ce jour, et se livrer à leur souverain; et on les menaçait en même temps de tous les fléaux de la guerre s'ils opposaient quelque résistance. Le parlementaire est renvoyé sans avoir rien obtenu. Les Lillois avaient juré de s'ensevelir sous leurs murailles plutôt que d'ouvrir leurs portes à l'ennemi, et les premières bombes lancées sur la ville ne font que ranimer ce noble dévouement. Vingt-quatre pièces de canon de gros calibre, chargées à boulets rouges, tirent sur la ville avec une extrême violence. Les Lillois oublient leurs propres intérêts pour ne songer qu'à se défendre, et à veiller à l'intérêt général : ils agissent dans le plus grand ordre. Des veilleurs étaient postés dans tous les quartiers pour arrêter les ravages des bombes, aux lieux où elles tombaient; des vases pleins d'eau étaient prêts à toutes les portes. Un canonnier bourgeois servait une pièce sur les remparts; on accourt l'avertir qu'un boulet rouge a incendié sa maison; il se retourne, voit les flammes qui la dévoraient, et continue sa charge en disant : « *Je suis ici à mon poste; rendons-leur feu pour feu.* » Quand une maison ne pouvait plus être habitée, on s'empressait d'offrir un asile aux malheureux qui en avaient été possesseurs; et dès lors tout leur était commun. *Buvez, mangez,* leur disait-on, *tant que ma provision durera; la Providence pourvoira à l'avenir.*

La fureur de ce siége était encore excitée par l'archiduchesse Christine, gouvernante des Pays-Bas, qui le dirigeait elle-même, en plaisantant sur les calamités des malheureux Lillois. Ceux-ci répondaient vivement de leurs remparts au feu terrible de l'ennemi; mais ce n'était qu'un faible secours pour la ville. L'incendie avait consumé l'église Saint-Étienne et plusieurs maisons voisines; le quartier de la paroisse Saint-Sauveur était encore plus endommagé.—Le 1er octobre, l'ennemi continua un feu très-vif; des incendies partiels se manifestèrent à l'hôpital militaire et à l'hôtel-de-ville. Le même jour, le général Lamorlière entra dans la place avec huit bataillons. Le feu, qui avait paru se ralentir dans la journée du 2, reprit le lendemain avec une telle violence, que les pompes de la ville ne furent pas suffisantes, et que ce fut avec la plus grande reconnaissance qu'on vit arriver celles de Béthune, d'Aire, de Saint-Omer et de Dunkerque. Le bombardement et la canonnade duraient depuis cent quarante-quatre heures sans interruption, et les ennemis semblaient moins acharnés contre les remparts et les troupes que sur les demeures des malheureux habitants. Six mille bombes et trente mille boulets étaient déjà tombés dans la ville, dont la garnison se vit augmentée de deux nouveaux bataillons de volontaires et d'un bataillon de troupes de ligne. Le feu des Autrichiens diminua dès lors sensiblement jusqu'au 6 octobre, où il cessa tout à fait dans l'après-midi. Des traits d'une rare fermeté se multiplièrent durant ce mémorable siége. Un boulet, tombé dans le lieu des séances du conseil de guerre, y fut déclaré en permanence comme l'assemblée; d'un autre côté, un barbier ramasse un éclat de bombe, et, avec cette gaieté naturelle aux Français, même au fort des plus grands dangers, il s'en sert de bassin pour raser quatorze citoyens. Fatigué de la résistance des Lillois, averti d'ailleurs des avantages des Français en Champagne, et de l'obligation où ils avaient mis les alliés de battre en retraite, le duc de Saxe-Teschen songea lui-même à se retirer.

L'armée du camp de Lens augmentait de jour en jour; Dumouriez était près de s'y réunir. Le duc courait donc les risques, en demeurant quelques jours de plus devant Lille, de se trouver entre deux armées, l'une sortie des murs de la place, l'autre venant de Champagne vers Valenciennes, et se portant entre Tournai et ses derrières pour le couper, avant qu'il eût le temps d'être secouru par le général Clairfait. Il fut forcé en conséquence d'abandonner une place dont il avait tenté vainement de faire la conquête, et qu'il avait cruellement incendiée par un bombardement inutile, puisque, loin de pouvoir entreprendre un siége en règle, il n'avait pas même assez de troupes pour la cerner. On apprit, pendant la nuit, la retraite des Autrichiens, à la droite de la rivière de Marque, à Pont-à-Tressin. On se mit sur le champ à détruire les travaux de l'ennemi, qui perdit dans cette tentative un grand nombre d'affûts et d'attirails d'artillerie, et environ deux mille hommes, tués ou blessés; les Français eurent à regretter à peu près autant de leurs camarades, outre le dommage immense qu'éprouva cette ville célèbre.

La ville de Lille est située dans une contrée extrêmement fertile, sur le canal qui communique de la Sensée à la mer, et sur la moyenne Deûle, qui la traverse et y est navigable. Elle est entourée de fortifications immenses, et défendue par une bonne citadelle. Les rues y sont en général larges, propres et bien percées. Les maisons, solidement bâties, presque toutes d'un goût moderne, ont, pour la plupart, des caves dans lesquelles loge la plus grande partie de la classe ouvrière et indigente, ce qui altère sa santé et enfante une foule de maladies chroniques. On n'y compte qu'un petit nombre de monuments et d'établissements publics; les plus remarquables sont:

L'Église Saint-Maurice, dont la construction remonte à 1022. Elle est encore assez belle, malgré la démolition de sa tour, et est ornée des statues de saint Pierre et de saint Paul, sculptées par Bra.

L'Église Saint-Paul est aussi une fort belle église, dont la tour était surmontée d'une flèche qui a été incendiée pendant le siége de 1792.

Le Palais de Rihour, construit par Jean-sans-Peur, en 1430. Ce palais fut ensuite habité par Charles-Quint, et prit le nom de Cour-de-l'Empereur. Philippe IV, roi d'Espagne, le céda aux magistrats de Lille, en 1660, et il sert depuis ce temps d'hôtel-de-ville. L'aile gauche, par ses tours à créneaux et ses croisées gothiques, montre suffisamment qu'elle date de l'époque de la construction du palais de Jean-sans-Peur; mais l'aile droite est d'un style moderne: un incendie consuma toute cette partie droite, qui fut rétablie dans le siècle dernier. Dans cette aile de bâtiment, siége, avec l'administration municipale, le tribunal de première instance. L'escalier à droite, reste de l'ancien palais, conduit au cabinet d'histoire naturelle et aux salons de la Société des arts, des sciences et de l'agriculture.

Le Mont-de-Piété. Très-bel établissement philanthropique, fondé en 1610, par Bartholomé Masurel, qui lui fit don de cent mille francs, à charge de prêter sans intérêt.

La Porte de Paris. Bel arc triomphal, élevé en 1682, à la gloire de Louis XIV. Ce monument, d'ordre dorique, est surmonté de plusieurs trophées: celui du milieu représente la Victoire assise, couronnant le buste du monarque; aux deux côtés, entre les colonnes, sont deux belles statues colossales, représentant Minerve et Hercule, qui ont vu passer successivement Louis XIV, Louis XV, Napoléon, Louis XVIII, Charles X, Louis-Philippe, tous grands personnages qui tour à tour ont reçu les flagorneries que tous les magistrats sont dans l'habitude d'adresser aux souverains dans de semblables circonstances.

L'Hôpital général. Édifice d'une architecture noble, fondé en 1739, pour y recevoir des vieillards et des enfants des deux sexes.

La Salle de spectacle. Bel édifice, offrant la figure d'un parallélogramme régulier. On y pénètre par un beau péristyle élevé de sept marches, dont l'entablement et le balcon sont soutenus par six colonnes d'ordre dorique, ordre qui règne sur les quatre faces de l'édifice. L'intérieur était

INTÉRIEUR DE LA BOURSE de Lille.

BEFROI ET ANCIEN HÔTEL DE VILLE
à Lille

PONT NAPOLÉON
à Lille.

Reuch del. Schroeder sc.

BEFFROI DE LILLE.

PALAIS DU RIHOUR
à Lille.

autrefois parfaitement distribué; mais l'administration municipale, en voulant réparer, a gâté une des plus belles salles de spectacle de France, en employant des architectes totalement étrangers aux principes de l'acoustique et de la perspective.

Le Musée, établi dans un ancien couvent de récollets. La façade est digne d'attention: au premier, est la bibliothèque de la ville, riche d'environ 21,000 volumes, parmi lesquels on trouve des ouvrages précieux et quelques éditions du XVe siècle; elle est ouverte tous les jours, les dimanches et vendredis exceptés, depuis dix heures du matin jusqu'à trois heures. L'étage au-dessus offre une belle galerie de peinture où l'on voit plusieurs tableaux de Rubens, Van Dyck, Arnould de Vuez, Van-Ost, Jordain, Grayer, Ruisch, Raphaël, Jules Romain, Guido, Bassano, André del Sarte, P. Véronèze, Salvator Rosa, Piazetta, Sassenio, Maratti, Romanelli, Philippe de Champagne, J. Vernet, Mignard, Abel de Pujol.

Le Pont Napoléon. Ce pont, de construction légère et fort élégante, réunit la partie de l'esplanade qui se trouve entre le canal et la citadelle, avec celle qui sert de promenade.

On remarque encore à Lille l'hôtel de la préfecture, autrefois l'intendance, la salle de concert, les prisons, l'abattoir, la place d'armes, les marchés, le jardin de botanique, etc., etc.

La ville de Lille a donné le jour à plusieurs hommes de mérite, parmi lesquels nous citerons: Gauthier de Châtillon, poète latin, qui florissait dans la dernière moitié du XIIe siècle; P. Oudeghertst, auteur des Chroniques et Annales de Flandre; les poètes Feutry et Fourmantel, etc., etc.

Manufactures de toiles écrues, de toiles blanches et à carreaux, coutils, calicots, linge de table, mouchoirs et indiennes. — *Fabriques* de fil à coudre et à dentelle, de draps, camelot, sarraux, laine peignée, dentelles, lacets, céruse, bleu d'azur, savon, cordes. Nombreuses distilleries d'eaux-de-vie de grains; raffineries de sel et de sucre; filatures de coton considérables; épuration d'huiles; belles blanchisseries de toiles; amidonneries; papeteries; verreries; faïenceries; tanneries et corroieries. — Raffinerie royale de salpêtre. — Aux environs, plus de 200 moulins à vent sont occupés à la préparation des huiles.

Commerce considérable de toiles, fils, lins, dentelles, coton filé, laines peignées, graines grasses, tabac, garance, chicorée, café,

denrées coloniales, épiceries, vins, eaux-de-vie, geniévre, huile, etc. Le commerce a adopté à Lille, pour la conservation des huiles, de vastes citernes en cendrée de Tournai, à l'instar des fosses destinées, sous le nom de piles, au commerce d'huile d'olives, dans les provinces méridionales.

A 11 l. d'Arras, 56 l. de Paris, 25 l. de Bruxelles. — *Hôtels* Bellevue, du Brabant, du Sauvage, de la Cloche, du Commerce, de l'Europe, de Flandre, de France, du Lion d'argent, du Grand Rafin, du Nouveau-Monde, etc.

LOOS. Joli village, situé sur la Haute-Deûle, à 1 l. 1/4 de Lille. Pop. 1,564 hab. On remarquait sur son territoire une très-belle abbaye, fondée en 1147, dont les vastes bâtiments ont été convertis en une maison centrale de détention qui peut contenir 1,550 individus. — *Fabriques* d'indiennes, blanc de céruse. Raffinerie d'acide sulfurique et de soude. — A la maison de détention, fabriques de linge de table, toiles de lin, calicots, sarraux, cordes, souliers pour Paris. Filatures de coton et de lin.

MARCQ-EN-BARŒUL. Village situé sur la rivière de Marcq, à 1 l. de Lille. Pop. 3,132 hab. — Filature importante de laine peignée où sont employés plus de 200 ouvriers. Filatures de coton. Raffinerie de sucre de betteraves. Brasseries. Genièvrerie. Culture de légumes potagers pour la consommation de Lille.

MARQUETTE. Village situé sur la rive gauche de la Basse-Deûle, à 1 l. 1/4 de Lille. Pop. 1,316 hab. Il y avait autrefois une riche abbaye de filles de l'ordre de Cîteaux, dont les bâtiments ont été démolis; il n'en reste plus que le portique et la superbe avenue qui le précède. Blanchisseries de toiles. Teintureries.

MOUCHIN. Village situé à 6 l. de Lille, Pop. 1,221 hab. — *Fabriques* d'instruments aratoires. Distillerie.

MOUVEAUX. Village situé à 2 l. de Lille. Pop. 1,919 hab. — *Fabriques* de calicots, satin, calmande, prunelle, etc.

PHALEMPIN. Village situé à 3 l. 3/4 de Lille. Pop. 1,311 hab. — *Fabriques* de sucre de betteraves. Atelier de forage de puits artésiens.

PONT-A-MARCQ. Village situé à 3 l. 1/2 de Lille. Bureau de douanes. Popul. 720 hab.

QUESNOY-SUR-DEULE. Gros bourg, situé sur la Basse-Deûle, à 2 l. 3/4 de Lille.

Pop. 4,209 hab. Il était autrefois défendu par un château fort dont le parti des Malcontents s'empara en 1579 ; Charles de Mansfeld le prit après une vive résistance, et fit pendre la garnison : le château, l'église et le bourg entier furent en cette occasion la proie des flammes. — *Fabriques* de laine peignée, sarraux, amidon. Manufacture importante de clous, enclumes, chaînes, creusets en fer, etc., qui occupe 360 ouvriers. Blanchisseries de toiles. Moulins à huile. Brasseries.—*Commerce* de lin.

ROUBAIX. Jolie petite ville, située à 2 l. 3/4 de Lille. Chambre des manufactures. Conseil des prud'hommes. ✉ Popul. 18,187 hab.

Roubaix n'était au XVe siècle qu'un faible village où Pierre de Roubaix fit bâtir un château, construire des maisons et entourer le tout de fossés. Avant la révolution de 1789, ce n'était encore qu'un bourg assez considérable par son commerce et ses manufactures d'étoffes en tout genre.

Aujourd'hui Roubaix est une ville essentiellement manufacturière, qui a acquis surtout un accroissement considérable depuis quelques années ; le nombre des maisons y a plus que doublé, et sa fabrication a reçu un développement immense. En l'an XI, sa population était de 8,703 habitants ; en 1830, elle s'élevait à 13,132 individus ; aujourd'hui elle dépasse 18,000, non compris les ouvriers étrangers qui, lorsque le commerce est florissant et que les fabriques sont en pleine activité, sont au moins au nombre de quatre à cinq mille.

Cette ville est généralement bien bâtie, propre, bien percée, et traversée par le nouveau canal de la Marcq. Elle possède un hospice fondé par Isabelle de Luxembourg, en 1494, où l'on entretient 120 vieillards des deux sexes.

Fabriques importantes de belles étoffes de laine, de pritannières, toiles, mouchoirs, molletons, basins, nankinets, sarraux, étoffes pour gilets, etc. Nombreuses et belles filatures de laine et de coton ; teintureries importantes ; tanneries ; genièvreries. Les articles de Roubaix attirent, au renouvellement de chaque saison, un nombre considérable d'acheteurs de toutes les parties de la France.— *Commerce* de grains, vins, denrées coloniales, toiles, mouchoirs et articles de la fabrique du pays.

ROUCQ. Village situé à 3 l. 3/4 de Lille. Pop. 2,953 hab.—*Fabriques* de sucre de betteraves.

SÉCLIN. Jolie petite ville, située à 2 l. 1/2 de Lille. Pop. 2,829 hab.

L'origine de cette ville est incertaine quelques écrivains font remonter sa fondation aux premières années de la chrétienté ils disent que saint Piat, patron de la ville y fut enterré en 299 ; qu'ayant souffert l martyre à Tournai, sa tête fut séparée d corps ; que le saint l'ayant remise sur se épaules, vint ensuite jusqu'à Séclin, où s tête tomba. Dagobert fonda à Séclin un cha pitre de chanoines, et Marguerite de Dam pierre, comtesse de Flandre, y établit, ce qu valait mieux, un hôpital pour les infirmes e les passants : entre les donations qu'elle lui fit elle lui assura quinze mille harengs à pren dre à Mardyck. Les chanoines ont disparu mais heureusement la maison de charit existe encore. Cet établissement possèd un revenu de 22,000 fr., qui permet d' entretenir 45 malades des deux sexes.

Séclin fut brûlé par l'armée de Philippe Auguste, lors de la bataille de Bouvines et pillé par les troupes de Philippe-le-Bel en 1297. Charles V y rassembla son armé en 1342, et Philippe-le-Bon y ouvrit de conférences avec les Gantois, qui n'euren aucun résultat. En 1566, les Séclinois re poussèrent vaillamment les Gueux, qui étaien venus pour piller leur église. En 1794, il défendirent avec un courage héroïque leu ville contre les Autrichiens, qu'ils forcèren à la retraite par leur noble contenance.

Fabriques d'huile. Filatures de coton e de lin. Raffineries de sel et de salpêtre Brasseries. Préparation de lin sans rouissage

THUMERIES. Village situé à 5 l. 1/ de Lille. Pop. 746 hab.—*Fabriques* de su cre de betteraves. Belle pépinière.

TURCOING. Jolie ville, située dans u fertile territoire, à 3 l. 1/4 de Lille. Collég communal. Chambre des manufactures. Con seil des prud'hommes. ✉ Pop. 17,973 hab.

Le premier titre où il est fait mentio de Turcoing est un diplôme de l'an 1146. Cette ville, aujourd'hui si belle, si riche, si industrieuse, essuya de nombreux mal heurs, dont elle se releva toujours, grâc au courage et à la persévérance de ses ha bitants. Pendant la guerre de Louis XI con tre Marie de Bourgogne, Turcoing avait été fortifié par les Flamands qui y entrete naient garnison. Les Français s'emparèrent de cette ville en 1477, la pillèrent et la dé vastèrent de fond en comble. Les guerres de religion lui furent aussi très-funestes, e elle fut encore brûlée et pillée en 1566.

Deux incendies la ruinèrent de nouveau en 1607 et 1710. Enfin, pendant les premières campagnes de la révolution française, Turcoing eut encore beaucoup à souffrir des armées françaises et autrichiennes.

Si l'on en croit l'auteur de la Statistique médicale de l'arrondissement de Lille, les Tourquennois, hommes actifs, prudents et habiles commerçants, passent pour les Béotiens du département du Nord. Un troubadour de marché et de foire, surnommé Brûle-Maison, les prit, dans le siècle dernier, pour sujet de ses chansons patoises, et leur donna une grande célébrité de ridicule qui n'est pas encore effacée.

Fabriques importantes de linge de table, molletons, camelots, lastings, printannières et autres étoffes. Manufacture de tapis, moquettes veloutées, etc. Filatures de coton, de laine et de poil de chèvre pour les fabriques de Reims et de Lyon. Raffineries de sucre. Savonneries. Teintureries. Distilleries d'eau-de-vie de grains, etc. — *Hôtels* de l'Ange, de Saint-Blaise, du Cygne.

WAMBRECHIES. Gros village, situé à 1 l. 1/2 de Lille. Pop. 3,322 hab. —*Fabriques* de bleu de Prusse, vinaigre, fécule. Tanneries et moulins à huile.

WATTRELOS. Village situé à 3 l. 1/2 de Lille. Pop. 6,791 hab.—Il possède un hospice fondé par M. Duchâtel, dans lequel on entretient vingt vieillards. — *Fabriques* d'étoffes. Filatures de coton. Brasseries. Moulins à huile.

WAVRIN. Village situé sur la rive gauche de la Deûle, à 3 l. 1/2 de Lille. Pop. 2,622 hab.

WAZEMMES. Bourg considérable, formé des trois principaux faubourgs de Lille. Pop. 5,492 hab.—*Fabriques* d'amidon, colle-forte, vinaigre, blanc de céruse, charbon animal, tulles, toiles cirées, linge de table, indiennes, pipes. Filatures de coton et de lin. Blanchisseries de toiles. Brasseries. Briqueteries. Fours à chaux. Nombreux moulins à huile. Teintureries, etc.

WERVICK. Petite ville, située sur la Lys qui la divise en deux parties, à 5 l. de Lille. Pop. 1,600 hab. La partie située sur la rive droite de la Lys appartient à la France, et celle de la rive gauche fait partie de la Belgique.

Wervick remonte à une haute antiquité; il en est fait mention dans l'Itinéraire d'Antonin. Ce fut long-temps l'une des villes les plus industrieuses et les plus commerçantes de la Flandre, que les horreurs de la guerre ont fini par ruiner entièrement : deux mille maisons furent réduites en cendres en 1116; deux mille deux cent soixante fabriques eurent le même sort en 1282, et deux mille maisons furent de nouveau la proie des flammes en 1460. Depuis cette époque, cette ville n'a pu réparer ses pertes ni se relever. —*Fabriques* de fil retors. Blanchisseries de toiles. Brasseries. Moulins à huile.

ARRONDISSEMENT D'AVESNES.

ANOR. Village situé au milieu des bois, près de l'extrême frontière, à 3 l. 3/4 d'Avesnes. Pop. 2,552 hab.—*Fabriques* de toiles de lin. Carrières de marbre exploitées. Briqueteries.

AVESNELLES. Village situé à 1/2 l. d'Avesnes. Pop. 671 hab. — *Fabriques* de toiles de lin, clous, briques, carreaux, etc.

AVESNES. Petite ville forte. Chef-lieu de sous-préfecture et de deux cantons. Place de guerre de 4ᵉ classe. Tribunal de première instance. Société d'agriculture. Collége communal. ✉ ☞ Pop. 3,166 hab.

Cette ville est située dans une contrée fertile, sur l'Helpe majeure, à 3 lieues de son embouchure dans la Sambre. Elle est généralement bien bâtie, et fortifiée d'après le système du célèbre Vauban.

Avesnes, bâtie dans le XIᵉ siècle, appartenait aux comtes de Hainaut, de Hollande et de Zélande. Louis XI la prit et fit passer tous les habitants au fil de l'épée, à l'exception des notables au nombre de 17; en 1559, les Espagnols s'en rendirent maîtres. Elle fut cédée à la France en 1659, par le traité des Pyrénées. Les Russes s'en emparèrent en 1814, et les Prussiens, le 24 juillet 1815, après deux jours de siége et par suite de l'explosion d'une poudrière qui détruisit presque toute la ville. Elle a été rebâtie en moins d'un an. On y remarque la cathédrale, surmontée d'une tour de 300 pieds de hauteur, qui renferme un beau carillon.

Avesnes a fourni à la grande armée, sous l'Empire, plusieurs guerriers distingués, entre autres le général vicomte de Saint-Mars, l'un des grands officiers de la Légion d'honneur.

Fabriques de bonneterie de laine, de genièvre et de savon noir. Nombreuses brasseries; raffineries de sel; tanneries; briqueteries; scieries de marbre.—Aux environs, mines de fer, forges, hauts fourneaux, clouteries et verreries.

Commerce de grains, fruits, houblon, bestiaux, fromages dits de Marolles, quincaillerie, fil de fer, clous, toiles, cuirs, ardoises, charbon de terre, bois de charpente, cendres fossiles, etc.

BAVAY. Petite ville très-ancienne, située dans une contrée fertile, à 6 l. 1/4 d'Avesnes. ✉ ☞ Pop. 1,635 hab.

Bavay (*Bagacum*) n'était au temps de César qu'un rassemblement de cabanes entourées d'un fossé et de palissades ou d'un mur en terre. Auguste en fit une place importante, où Tibère fit une entrée solennelle lorsqu'il commandait dans les Gaules. Des restes d'aqueducs, de bains et d'autres édifices publics; des voies militaires; des inscriptions, des statues et des médailles, qu'on y a découverts, prouvent que Bavay fut une ville très-considérable : elle fut détruite par les Huns, ainsi que Tongres et Metz, en 355.

Cette ville, qui n'a plus aujourd'hui qu'une faible population, renferme des traces visibles du long séjour de ses fondateurs. On y voit les ruines d'un cirque très-bien tracé; celles d'un aqueduc qui y amenait, en passant sous la Sambre, les eaux de la fontaine de Floursies, éloignée de quatre lieues. Les dernières fouilles faites dans son enceinte par une société d'amateurs y ont fait découvrir un grand nombre d'objets curieux, et ont jeté un grand jour sur la manière dont les Romains consolidaient leur maçonnerie. Toutes ces découvertes ont été décrites par M. Niveleau, dans un manuscrit en 2 vol. in-4°, qui a valu à son auteur une médaille d'or que lui a décernée l'Académie des inscriptions et belles-lettres.

On remarque au milieu de la place publique de Bavay une colonne septangulaire qui indique sur chacune de ses faces les sept voies romaines, dites chaussées Brunehaut, qui se réunissaient en ce point, et conduisaient 1° à Maestricht et à Cologne, par Tongres; 2° à Reims; 3° à Soissons; 4° à Amiens; 5° à Mardyck, par Valenciennes et Tournai; 6° à Utrecht; 7° à Gand. Cette colonne n'est point antique; elle a remplacé celle des Romains, qui existait encore, dit-on, au XVIIe siècle.

Fabriques d'instruments aratoires et de ferronnerie, platines de fer, pelles, poêles à frire, clous, chaînes, bonneterie, fil, poterie de belle qualité. Cinq tanneries. Fonderies de fer et de cuivre.— *Commerce* de grains, eaux-de-vie et bestiaux.

BERLAIMONT. Bourg situé sur la rive gauche de la Sambre, à 3 l. 1/2 d'Avesnes. Pop. 2,068 hab.—*Fabriques* de clous, boissellerie, chicorée-café. Manufacture importante de poterie de terre. — *Commerce* de bestiaux.

BETTRECHIES. Village situé à 7 l. 1/4 d'Avesnes. Pop. 304 hab. — Forges et platinerie.

BEUGNIES. Village situé à 2 l. d'Avesnes. Pop. 478 hab. — *Fabrique* de tôle.

BOUSIGNIES. Village situé à 6 l. d'Avesnes. Pop. 624 hab. — Belle scierie de marbre.

CARTIGNIES. Village situé à 1 l. 3/4 d'Avesnes. Pop. 1,701 hab. — *Fabrique* de boissellerie.

COUSOLRE. Village situé à 5 l. 1/4 d'Avesnes. ☞ Pop. 1,220 hab. — Exploitation et scierie hydraulique de marbre de Sainte-Anne de France. Nombreux ateliers de marbrerie. Fenderie de fer.

DOMPIERRE. Village situé à 1 l. 1/4 d'Avesnes. Pop. 1,020 hab. —Exploitation de carrières de marbre biche, fond rose, parsemé de brun, et de carrières de pierres de taille.

DOULERS. Village situé à 1 l. 3/4 d'Avesnes. Pop. 738 hab.—*Fabriques* de serge, clous, chaînes. Exploitation des carrières de marbre de différentes couleurs.

DOUZIES. Village situé à 4 l. 1/2 d'Avesnes, et près de Maubeuge. Pop. 300 h. — Scierie de marbre.

ENGLEFONTAINE. Village situé à 6 l. 3/4 d'Avesnes. Pop. 1,572 hab.—*Fabrique* considérable de poterie de terre.

ETROEUNGT. Village situé à 1 l. 1/2 d'Avesnes. Pop. 1,987 hab. — Exploitation des carrières de pierre. Tanneries. — *Commerce* de boissellerie, bestiaux, arbres fruitiers, etc.

FELLERIES. Village situé à 1 l. 3/4 d'Avesnes. Pop. 1,650 hab.—*Commerce* de boissellerie.

FERON. Village situé à 2 l. 1/2 d'Avesnes. Pop. 589 hab. On y trouve une source d'eau minérale ferrugineuse.—Exploitation de minerai de fer et des carrières de marbre

FERRIÈRE-LA-GRANDE. Village situé

à 4 l. 1/2 d'Avesnes. Pop. 1,021 hab. — Exploitation des carrières de marbre et de pierres de taille.

FERRIÈRE-LA-PETITE. Village situé à 4 l. 1/2 d'Avesnes. Pop. 700 hab. — Manufacture de faïence. Nombreuses fabriques de poterie. Exploitation des carrières de marbre.

FOREST. Village situé à 7 l. 1/4 d'Avesnes. Pop. 1,365 hab. — Genièvrerie.

FOURMIES. Village situé à 3 l. 1/2 d'Avesnes. Pop. 2,247 hab. — *Fabriques* de fil à dentelle. Filatures de coton et de laine. Blanchisseries de fil à dentelle et à coudre. Haut fourneau. Verrerie pour gobeleterie.

GLAGEON. Village situé à 3 l. d'Avesnes. Pop. 1,128 hab. — *Fabrique* considérable de broderies sur tulle. Fours à chaux. Scieries de marbre et de pierres de taille. Forges (au Pont-de-Sains). — *Commerce* de bois de sciage.

GOMMEGNIES. Village situé à 9 l. 1/2 d'Avesnes. Pop. 2,950 hab. — *Fabriques* de toiles, fil fin pour batiste. Brasserie. — *Commerce* de bois et saboterie.

HAUTMONT. Village situé à 4 l. d'Avesnes. Pop. 777 hab. — Scieries et atelier de marbre. Verrerie considérable pour vins de Champagne.

HESTRUD. Village situé à 4 l. 1/2 d'Avesnes. Pop. 369 hab. — Ateliers de marbrerie.

HONHERGIES. Village situé à 7 l. 1/4 d'Avesnes. Pop. 1,030 hab. — Exploitation et scieries de marbre. Carrières de pierres de taille.

HOUDAIN. Village situé à 6 l. 3/4 d'Avesnes. Pop. 845 hab. — Blanchisserie de toiles. Scieries de marbre.

JEUMONT. Village situé à 7 l. d'Avesnes. Pop. 764 hab. — Fonderie de fer. Scierie de marbre.

LANDRECIES. Petite et très-forte ville, située au milieu de belles prairies, sur la Sambre qui y est navigable, à 4 l. 1/4 d'Avesnes. ✉ ⚘ Pop. 3,726 hab.

On ne croit pas que cette ville soit bien ancienne. Elle fut prise en 1655 par Louis XIV, et réunie à la France par le traité des Pyrénées. Le prince Eugène l'assiégea en 1712, et fut obligé de se retirer après la victoire remportée à Denain par le maréchal de Villars. Les Autrichiens la bloquèrent en 1794 : une compagnie de canonniers, formée dans ses murs, postée au Bas-Moulin, qu'elle était chargée de défendre, fut en grande partie engloutie par l'explosion d'un moulin à poudre. Les ennemis, repoussés dans une sortie de la garnison, commencèrent le bombardement, qui fut terrible : presque tous les édifices publics et particuliers furent renversés. Les habitants, secondés par leurs femmes, déployèrent dans ce siège le plus grand courage ; mais la place n'ayant pas été secourue à temps, se rendit le 30 avril. Huit jours après la bataille de Fleurus, quinze mille républicains entreprirent le siège de cette ville, que les Autrichiens rendirent à discrétion le 17 juillet 1794. L'église paroissiale et les casernes sont les seuls édifices remarquables.

Commerce de grains, houblon, lin de gros et de fin, fromages dits de Marolles, bois, charbon, ardoises, bestiaux, etc. Verrerie à bouteilles. — *Hôtels* de France, de la Tête d'or.

LIESSIES. Village situé à 2 l. 1/2 d'Avesnes. Pop. 1,015 hab. — Forges.

MAROILLES. Village situé à 3 l. d'Avesnes. Pop. 2,219 hab.

Maroilles est le centre d'une fabrique considérable de fromages qui se confectionnent dans trente communes environnantes, et s'exportent dans plusieurs départements sous le nom de fromages de Marolles. Ces fromages se fabriquent ordinairement en petits pains ou briquettes quadrangulaires et aplaties, du poids d'une livre ou d'une demi-livre. Il sort aussi de la fabrique de Maroilles des fromages d'une qualité supérieure à celle de ces derniers, et d'un prix double et quelquefois triple : ceux-ci sont appelés Dauphins, et ils sont moulés en croissant.

MAUBEUGE. Ville forte, située à 4 l. 1/2 d'Avesnes. Place de guerre de 3ᵉ classe. ✉ ⚘ Pop. 6,240 hab.

Cette ville est dans une forte situation, sur la Sambre qui y est navigable et favorise l'exportation de la houille, du marbre et de l'ardoise, qui se trouvent en abondance dans les environs. Elle est bien bâtie, propre et bien percée.

Maubeuge fut pris par Louis XIV, qui fit réparer ses fortifications par le maréchal de Vauban. En 1793, par suite de la victoire remportée par les Français à Watignies sur les Autrichiens, ces derniers furent contraints de lever le siège de Maubeuge, après avoir perdu devant cette ville plus de 6,000 hommes.

Fabriques d'ouvrages en fer battu et coulé;

de ferblanterie, clouterie, savon. Scieries de marbre. Raffinerie de sel. Tanneries.—Manufacture royale d'armes à feu.—*Commerce* de vins, eaux-de-vie, épicerie, fer, ardoises, houille, marbre, etc. — *Hôtels* de la Poste, du Nord, de la Couronne.

ORSINVAL. Village situé à 9 l. 1/4 d'Avesnes. Pop. 478 hab.—*Commerce* de pierres à fusil, pierres de touche, meules à aiguiser.

QUESNOY (le). Ville forte, située à 8 l. 1/2 d'Avesnes. Place de guerre de 4e classe. ✉ ☞ Pop. 3,191 hab.

Cette ville est dans une situation très-agréable, sur une éminence qui domine une plaine vaste et fertile, bornée par la forêt de Mormal. Elle est assez bien bâtie en briques, et possède un bel hôtel-de-ville, un arsenal et une église paroissiale remarquable. Sa fondation remonte au-delà du XIe siècle. En 1150, Baudouin V, comte du Hainaut, la fit entourer de murailles; Louis XI la prit en 1447; Maximilien, fils de l'empereur Frédéric III, la reprit en 1477; Henri II, roi de France, s'en empara en 1552; les Espagnols la reprirent en 1568; Turenne l'enleva en 1654; le prince Eugène la prit en 1712, mais le maréchal de Villars la reprit deux mois après. Depuis ce temps, elle a continué d'appartenir à la France.— 15 août 1794. Vers le commencement du mois d'août 1793, les Autrichiens, maîtres de Condé et de Valenciennes, après avoir bloqué le Quesnoy, l'assiégèrent en forme, et y entrèrent le 9 septembre suivant. En 1794, les armées françaises ayant obtenu des succès dans le nord, le général Schérer reçut ordre d'assiéger cette place, et la direction des travaux du génie fut confiée au chef de brigade Marescot. La Convention venait de décréter que les garnisons des quatre places occupées dans la Flandre par l'ennemi seraient passées au fil de l'épée, si elles ne se rendaient vingt-quatre heures après la première sommation. Ce décret ayant été signifié au gouverneur du Quesnoy, le commandant de la place se contenta de répondre : « Une nation n'a pas le droit de décréter le déshonneur d'une autre : » et il se prépara à faire une vigoureuse résistance. Les Autrichiens s'attendaient à être attaqués par le point le plus faible de la place, du côté de la porte de Valenciennes, par où ils étaient eux-mêmes entrés. Marescot, pour leur faire prendre le change, ouvrit une tranchée vers l'endroit opposé. L'ennemi y porta aussitôt toutes ses forces, et abandonna le côté de Valenciennes. Marescot s'y

reporta, et n'y trouvant plus d'obstacles, il y ouvrit, trois jours après, une véritable tranchée. Les assiégeants éprouvèrent beaucoup de difficultés pendant vingt jours que dura le siège. La faiblesse des Français, la vigoureuse résistance de la garnison, et les pluies continuelles, qui forçaient souvent de suspendre le feu des tranchées et de la place, le firent traîner en longueur. Marescot, pour se mettre à l'abri des sorties des assiégés, avait fait placer des pièces de campagne sur de petites plates-formes, d'où elles tiraient à barbette et faisaient beaucoup de mal. Toutes ces mesures contrarièrent beaucoup les assiégés et mirent bientôt la ville hors de défense. Le commandant, voyant qu'il n'y avait plus de ressources, et ne voulant pas démentir la fermeté de la réponse qu'il avait faite à la première sommation, déclara que la garnison n'avait eu aucune connaissance du décret de la Convention, ni de la signification qui lui en avait été faite, et que par conséquent elle n'était nullement coupable de sa résistance. « Si c'est un crime, dit-il, alors je dois être le seul puni, la faute m'est personnelle, et je me trouverais heureux de sacrifier ma vie, en sauvant celle de tant de braves qui en sont innocents. »

Fabriques de clous, chicorée-café. Filatures de coton. Tanneries. Brasseries.— *Commerce* de grains, lin, fer, chanvre, chevaux et bestiaux.—*Hôtels* de la Cour de France, du Grand-Paris.

RAMOUSIES. Village situé à 2 l. d'Avesnes. Pop. 564 hab. — Scierie et ateliers de marbre.

SAINS. Village situé à 1 l. 3/4 d'Avesnes. Pop. 1,212 hab.—*Fabriques* de bas de laine. Brasserie. Blanchisserie de laine. Forges (au Pont-de-Sains).

SARS-POTERIES. Village situé à 2 l. 1/4 d'Avesnes. Pop. 866 hab. — *Fabriques* importantes de poterie de grès. Verrerie pour gobeleterie. Exploitation de cendres fossiles pour engrais.

SOLRE-LE-CHATEAU. Bourg situé sur le ruisseau de Solre, à 3 l. 1/4 d'Avesnes. ✉ ☞ Pop. 1,477 hab.—*Fabriques* de dentelles, beiges, serges, couvertures de laine. Filatures de laine. Moulins à foulon. Ateliers de marbrerie. Tanneries. Clouteries. Verrerie.— *Commerce* de bois, lin, laines, etc.

TAISNIÈRES-SUR-HON. Village situé à 7 l. 1/4 d'Avesnes. Pop. 1,296 hab. — Genièvrerie.

TRÉLON. Village situé au milieu des bois, à 3 l. 1/2 d'Avesnes. ☞ Pop. 1,674 hab. — *Fabriques* de bonneterie. Produits chimiques. Ateliers de marbrerie. Fours à chaux. Forges et haut fourneau.

VILLERS-POL. Village situé à 9 l. 3/4 d'Avesnes. Pop. 1,421 hab.—*Fabriques* de sucre de betteraves. Brasserie et genièvrerie.

VILLERS-SUR-NICOLE. Village situé à 6 l. 1/2 d'Avesnes. Pop. 1,313 hab. — Scieries de marbre. Forges. Moulins à huile. — *Commerce* de lin et de houblon.

WIGNEHIES. Village situé à 3 l. 1/4 d'Avesnes. Pop. 2,106 hab.—Blanchisseries de toiles.

ARRONDISSEMENT DE CAMBRAI.

BEAUVOIS. Village bâti dans une situation agréable, à 2 l. de Cambrai. Pop. 920 hab. On prétend que ce village doit son origine et son nom à un établissement romain, dont les vestiges existent, dit-on, dans un enclos environnant l'église. — *Fabriques* de tulles et de tissus de laine.

BUSSIGNY. Village situé au pied de monts couverts de bois, sur le ruisseau de Riot, à 6 l. 1/2 de Cambrai. Pop. 2,275 h. C'était autrefois une place importante, défendue par un château et par plusieurs tours. —*Fabriques* de tissus mérinos et de châles cachemires.

CAGNONCLE. Village situé à 1 l. 1/2 de Cambrai. Pop. 800 hab. On remarque aux environs les débris d'un édifice dont on attribue la construction aux Romains.

CAMBRAI. Ancienne, grande, belle et très-forte ville. Chef-lieu de sous-préfecture. Place de guerre de 2e classe. Tribunaux de première instance et de commerce. Conseil de prud'hommes. Société d'émulation. Collège communal. Évêché. Séminaire diocésain. ⊠ ⚘ Pop. 17,646 hab.

Cambrai (*Cameracum*) est nommé pour la première fois et sans qualification dans l'Itinéraire d'Antonin. Plusieurs historiens croient qu'il existait déjà lorsque les Romains firent la conquête de ce pays. Il devint une de leurs places fortes après la destruction de Bavay, et était si important que Clodion, après s'en être emparé, prit le titre de roi de Cambrai. Il ne paraît pas cependant que les Romains y aient érigé aucun monument considérable. Après la mort de Clodion, Cambrai échut à Regnacaire, à la mort duquel cette ville entra dans le domaine de Clovis et passa à ses descendants. Le roi Chilpéric, l'un d'eux, s'y retira en 584 avec ses trésors et ses effets les plus précieux. Lors du partage du royaume de Lothaire, elle échut à Charles-le-Chauve. En 870, le 28 décembre, les Normands s'en rendirent maîtres, massacrèrent tout ce qu'ils y trouvèrent, et emportèrent un butin immense. Dans la suite, cette ville passa à Charles-le-Simple, qui la céda, en 922, à l'empereur Henri Ier. En 953, les Huns vinrent camper sous ses murs et y demeurèrent pendant trois jours sans avoir pu la prendre, malgré tous leurs efforts.

La commune de Cambrai s'établit par insurrection en l'année 1076. Les évêques de cette ville avaient acquis une si grande considération, que dès le IXe siècle les empereurs d'Allemagne leur avaient concédé les droits de souveraineté sur Cambrai; mais les bourgeois ne supportaient qu'impatiemment leur domination, et étaient depuis plus de cent ans en guerre ouverte avec l'autorité épiscopale. En l'année 957, ils profitèrent de l'absence de leur évêque, qui s'était rendu à la cour de l'empereur, pour former une ligue contre lui, et se jurer les uns aux autres de ne pas le laisser entrer dans la ville. L'évêque, s'étant remis en route vers Cambrai, ne tarda pas à apprendre par le bruit public que l'entrée de la ville lui était défendue, qu'il en trouverait les portes closes et les murailles bien gardées. Il rebroussa chemin et alla demander à l'empereur du secours contre les Cambrésiens : on lui donna une armée d'Allemands et de Flamands, assez forte pour réduire la ville. A l'approche des troupes, les habitants eurent peur, et, ajournant leur projet de liberté, reçurent l'évêque sans opposition. Celui-ci, qui regardait comme une injure intolérable ce qu'ils avaient osé faire contre lui, attendit, pour se venger, que leur association fût entièrement dissoute, et alors, faisant revenir ses soldats auxiliaires, il attaqua les bourgeois à l'improviste dans les places et dans les rues. Les soldats les poursuivaient jusque dans les églises, tuaient tout ce qui leur résistait, et quand ils avaient un prisonnier, ils lui coupaient les pieds ou les mains, lui crevaient les yeux ou le menaient au bourreau, qui lui marquait le front d'un fer rouge. Cette exécution militaire laissa de profonds ressentiments dans le cœur des bourgeois de

Cambrai, et accrut le désir qu'ils avaient d'élever une barrière entre eux et la puissance seigneuriale. Tout le clergé métropolitain, défenseur né de cette puissance, fut enveloppé dans la haine que les citoyens lui portaient. En l'année 1024, il se fit une nouvelle conjuration, à la faveur de laquelle les bourgeois, un moment maîtres de la ville, expulsèrent les chanoines et tous les clercs de l'église, démolirent leurs maisons et empoisonnèrent ceux dont ils avaient le plus à se plaindre. Cette révolution fut de peu de durée, et une armée impériale rétablit à Cambrai la seigneurie ecclésiastique. Mais la révolution se réveilla, pour ainsi dire, en 1064 : les bourgeois, ayant pris les armes, firent prisonnier leur évêque nommé Liébert, et pour les réduire, il fallut trois armées envoyées contre eux par l'empereur, le comte de Flandre et la comtesse de Hainaut. Malgré cette nouvelle défaite, les Cambrésiens ne se découragèrent point, et, douze ans après, sous le pontificat de Gérard, neveu de Liébert, ils s'insurgèrent de nouveau et se constituèrent en association permanente sous le nom de commune. Voici le détail de cet événement tel qu'on le trouve dans une chronique rédigée en vieux français :

« Comme le clergé et tout le peuple étoient en grande paix, s'en alla l'évêque Gérard à l'empereur. Mais ne fut pas très-éloigné, quand les bourgeois de Cambrai, par mauvais conseil, jurèrent une commune et firent ensemble une conspiration que de longtemps avoient murmurée, et s'allièrent ensemble par serment, que si l'évêque n'octroyoit cette commune, ils lui défendroient l'entrée en la cité. Cependant l'évêque étoit à Lobbes, et lui fut dit le mal que le peuple avoit fait, et aussitôt il quitta sa route, et pour ce qu'il n'avoit gens pour le venger de ces bourgeois, il prit avec lui son bon ami Baudouin, le comte de Mons, et ainsi vinrent à la cité avec grande cavalerie. Lors eurent les bourgeois leurs portes closes et mandèrent à l'évêque qu'ils ne laisseroient entrer que lui et sa maison, et l'évêque répondit qu'il n'entreroit pas sans le comte et sa chevalerie, et les bourgeois le refusèrent. Quand l'évêque vit la folie de ses sujets, il lui prit grande pitié et il désiroit plus faire miséricorde que justice. Alors leur manda qu'il traiteroit des choses devant dies, en sa cour, en bonne manière, et ainsi les apaisa. Alors l'évêque fut laissé entrer, et les bourgeois rentrèrent en leurs maisons, à grande joie, et tout fut oublié de ce qui avoit été fait.

Mais il advint, après un peu de temps, par aventure, sans le su et le consentement de l'évêque et contre sa volonté, que grand nombre de chevaliers les assaillirent en leurs hôtels, en occirent aucuns et plusieurs blessèrent. Dont furent les bourgeois très-ébahis et fuirent à l'église Saint-Géry ; enfin furent pris et menés devant l'évêque. Ainsi fut cette conjuration et la commune défaite, et jurèrent désormais féauté à l'évêque. »

Les troubles qui survinrent presque aussitôt dans l'Empire, par suite de l'excommunication de Henri IV, fournirent aux habitants de Cambrai une occasion pour tenter un nouveau mouvement et rétablir leur commune. Ils furent aidés par le comte de Flandre qui fit alliance avec eux pour s'agrandir aux dépens de la puissance impériale. En vertu de cette alliance, ils installèrent comme évêque un ami du comte, appelé Eudes, et refusèrent de recevoir l'évêque Gaucher, désigné par l'empereur. Après l'avènement de Henri V, lorsque la paix eut rendu toute sa force à l'autorité impériale, « messire Gaucher, dit la chronique de Cambrai, alla vers l'empereur et fit sa complainte du comte Robert de Flandre, comment il avoit troublé son empire, saisi Cambrai et mis dedans l'élu Eudes, dont fut l'empereur fortement irrité. Lors il s'appréta pour venir en Flandre, et y vint avec très-grande armée, et assiégea le château de Douai, qui étoit très-fort de murs et de fossés, dont fut celui de Flandre très-épouvanté, et les soldats que le comte avoit mis pour garder Cambrai, eurent peur, laissèrent la cité et s'enfuirent. Lors entra le comte dedans Douai, et en garnit toutes les forteresses. Au troisième jour après, l'empereur fit un très-grand assaut, et le comte merveilleusement bien se défendit, si qu'il y eut plusieurs chevaliers occis du côté de l'empereur, et ainsi laissèrent l'assaut. Dont eurent conseil tous les grands princes de l'empereur ensemble ; car ils voyoient que rien ne profitoit et ne prendroient le château, et lui dirent qu'il reçût à amour le comte de Flandre. Lors reçut l'empereur le comte de Flandre à homme, et furent bons amis ensemble.

« Après ce, l'empereur vint à Cambrai très-terriblement ; mais devant sa venue s'enfuit l'élu Eudes et grande partie du clergé et du peuple qui se sentoit coupable. Dont s'enfuirent plusieurs femmes avec leurs enfants dans les églises et les tours, et les pucelles s'effrayoient quand elles virent tant de chevaliers allemands, esclavons, lorrains, saxons. Alors fit l'empereur crier que tous les habitants et les bourgeois vinssent en sa présence; et ils y vinrent très-émus; car ils craignoient de perdre la vie ou leurs membres, et ne pouvoient contredire, ni ne l'osoient. Lors parla l'empereur très-durement à eux, et fortement les blâma, et dit comment ils étoient si osés qu'ils avoient fait tant de choses contre les droits de l'Empire, conjuration, commune, nouvelles lois, et qui plus est, qu'ils avoient reçu nouvel évêque dedans la cité, contre Dieu et contre la seigneurie de l'Empire. Quand ils ouïrent l'empereur ainsi parler, ils furent trop épouvantés et ne savoient qu'ils pussent répondre; et pour ce qu'ils se sentoient coupables, ils s'humilièrent durement et prièrent à l'empereur merci. Dont se prit le bon évêque Gaucher très-bénignement à prier pour ses sujets et tomba aux pieds du roi et disoit : Très-doux empereur, ne détruisez pas nos bourgeois si cruellement et en si grande sévérité, car bien les pouvez corriger avec plus grande douceur. Dont prièrent aussi les princes de l'armée avec l'évêque et disoient qu'il eût pitié de tant de larmes. Quand ce entendit l'empereur, se relâcha un peu de sa colère, et crut le conseil de l'évêque et des princes, et ne les punit pas ainsi qu'il se proposoit par rigueur de justice. Cependant ne les épargna pas du tout; car il commanda qu'ils apportassent en sa présence la charte de la commune qu'ils avoient faite, et eux ainsi firent; et l'empereur tantôt la défit et leur fit jurer devant tous les princes que jamais autre ne feroient. Ainsi fut défaite cette commune et leur fit l'empereur jurer féauté à lui par foi et par serment [1]. »

Cette seconde destruction de la commune de Cambrai eut lieu en l'année 1107, et, moins de vingt ans après, la commune était rétablie. On la citait au loin comme un modèle d'organisation politique : « Que dirai-je de la liberté de cette ville ? dit un ancien écrivain : ni l'évêque ni l'empereur ne peuvent y avoir de taxe; aucun tribut n'y est exigé; on ne peut faire sortir la milice, si ce n'est pour la défense de la ville, et encore à cette condition, que les bourgeois puissent le jour même être de retour dans leurs maisons. » La commune était gouvernée par un corps de magistrature élective dont les membres avaient le titre de jurés et s'assemblaient tous les jours dans l'hôtel-de-ville, qu'on nommait la Maison de jugement. Les jurés, au nombre de quatre-vingts, se partageaient l'administration civile et les fonctions judiciaires. Tous étaient obligés d'entretenir un valet et un cheval toujours sellé, afin d'être prêts à se rendre, sans aucun retard, partout où les appelaient les devoirs de leurs charges. Ces devoirs n'étaient pas aussi aisés à remplir que ceux des maires et échevins de nos villes modernes; il ne s'agissait pas, en temps ordinaire, de veiller à la police des rues, et, dans les grandes circonstances, de régler le cérémonial d'une procession ou d'une entrée, mais de défendre, à force de courage, des droits chaque jour envahis. Il fallait vêtir la cotte de mailles, lever la bannière de la ville contre des comtes et des chevaliers, et, après la victoire, ne point se laisser abattre par les sentences d'excommunication dont s'armait le pouvoir épiscopal. Grace à la constance inébranlable de ses magistrats électifs, la commune de Cambrai, abolie encore à deux reprises différentes, se releva et continua de prospérer et de se faire craindre. Elle soutint jusqu'au milieu du XIVe siècle une guerre à outrance contre les évêques et contre leur clergé, qu'elle contraignit plusieurs fois de sortir en masse de la ville et de se réfugier à Valenciennes.

Au temps des guerres entre Philippe de Valois et le roi d'Angleterre, Cambrai, qui avait été dévolu au roi de France par un traité récent, fut inutilement assiégé par les Anglais, qui avaient réuni sous ses murs une armée de 80,000 hommes. En récompense de cette courageuse défense, Philippe de Valois accorda à cette ville de grands privilèges. Après la mort de Charles-le-Hardi, duc de Bourgogne, Cambrai fut livré aux troupes de Louis XI; mais ce prince les en retira, d'après une convention de 1478. Charles-Quint s'empara de Cambrai et y bâtit une des plus fortes citadelles de l'Europe, sur l'emplacement de l'église collégiale de Saint-Géry : plus de huit cents maisons, une partie de la ville de Crèvecœur, ainsi que les châteaux de Cuvillers, d'Escaudœuvres, de Rumilly, de Fontaine, de Saint-Aubert et de Cauroy, furent démolis pour fournir les matériaux nécessaires à cette construction, dont, dans certaines parties, les remparts s'élèvent de cent cinquante à deux cents pieds au-dessus des fossés. — La ville de Cambrai fut assiégée inutilement par Henri II en 1553. Elle fut livrée à la France par Baudouin de Grave, en 1580.

---

[1]. Script. rer. franc., tom. XIII, pag. 476 et suiv.

Le duc de Parme l'assiégea sans succès l'année suivante. Balagni, évêque de Valence, en usurpa la souveraineté, qu'il tint sous la protection de la France, et en fut chassé par les Espagnols, en 1595. Turenne tenta inutilement de s'en emparer, en 1657. Louis XIV la prit après neuf jours de tranchée ouverte, le 5 avril 1677; douze jours après, la citadelle capitula. Elle est restée à la France par l'article 11 du traité de Nimègue de 1678. Les Autrichiens l'assiégèrent en 1793 et ne purent s'en rendre maître.

Il s'est tenu à Cambrai deux conciles dans le XIVe siècle, l'un en 1303 et l'autre en 1383. La fameuse ligue de Cambrai fut conclue dans ses murs entre le pape Jean II, l'empereur Maximilien et le roi de France Louis XIII, contre les Vénitiens.

La ville de Cambrai est située dans une contrée fertile en lin et abondante en pâturages, près de la source et sur la rive droite de l'Escaut, dont une des branches traverse la ville. Elle est généralement bien bâtie, assez bien percée, entourée de fortifications considérables, flanquées de tours rondes antiques, et défendue par une bonne citadelle. La place d'armes, au bout de laquelle on voit l'hôtel-de-ville, est remarquable par son étendue; toute la garnison peut s'y ranger en bataille. L'esplanade est une des plus belles et des plus vastes de la ci-devant province de Flandre. Cette ville renferme quelques beaux édifices et un grand nombre d'établissements publics, parmi lesquels on remarque la cathédrale; l'hôtel-de-ville; le monument élevé à la mémoire de Fénélon; l'hôpital militaire; la bibliothèque publique, renfermant 30,000 volumes imprimés et de précieux manuscrits, dont M. le docteur Le Glay, bibliothécaire actuel, a donné un curieux catalogue; le mont-de-piété; le collége; la salle de spectacle, etc., etc. Depuis quelques années, l'administration municipale a fait de grands efforts et de grandes dépenses pour embellir et assainir la ville.

Cambrai est le lieu de naissance de l'historien Enguerrand de Monstrelet et du général Dumouriez.

Fabriques de batistes, toiles fines, linons, fils retors, dentelles, bonneterie, percales, savon noir, amidon, bougies, fécule de pommes de terre, sucre de betteraves. Filatures de coton et de fil. Belles blanchisseries de toiles. Nombreuses brasseries. Distilleries. Teintureries. Ateliers pour apprêt d'étoffes de coton et de lin. Raffinerie de sel et de salpêtre. Tanneries, etc. — *Commerce* considérable de batistes et de toiles de lin, de grains, graines grasses, vin, eau-de-vie, épicerie, houblon, laine, fers, chevaux et bestiaux. Entrepôt de houille.

A 14 l. de Lille, 9 l. d'Arras, 45 l. de Paris.—*Hôtels* de l'Europe, des Diligences, de Hollande, du Mouton noir, de la Hure, du Nord, Saint-Martin, etc.

CARNIÈRES. Village situé à 2 l. de Cambrai. Pop. 2,275 hab. — *Fabrique* de sucre de betteraves. Genièvrerie.

CATEAU-CAMBRESIS (le). Jolie ville, située sur la rive droite de la Selle, à 6 l. 1/4 de Cambrai. Collège communal. ✉ ☞ Pop. 5,946 hab.

Le Cateau s'est formé de la réunion des deux villages de Péronne et de Vendelgies, où l'évêque Halluis fit bâtir un château pour protéger les habitants. L'évêque Gérard Ier y fonda une abbaye, en 1020. Un seigneur, nommé Maufilatre, prit cette ville d'assaut et y mit le feu en 1133, et la rendit en 1136. Au commencement du XVe siècle, le Cateau tomba au pouvoir des Anglais, qui y furent assiégés par Dunois, et contraints de se rendre à discrétion. Louis XI s'empara de cette ville en 1477. Les Français occupèrent cette ville en 1481. Un capitaine huguenot s'en rendit maître en 1491. Les Français la brûlèrent en 1554, après la levée du siège de Cambrai. Les Autrichiens la prirent en 1793, et l'occupèrent pendant quelque temps. C'est au Cateau que fut signé en 1595, entre Henri II et Philippe II, le traité si funeste à la France, connu sous le nom de traité de Cateau-Cambrésis.

Le Cateau est la patrie d'un des plus illustres guerriers de la révolution, du maréchal Mortier, duc de Trévise. Parti avec un des premiers bataillons du Nord, il gagna tous ses grades sur le champ de bataille, et se distingua particulièrement aux batailles de Jéna, d'Eylau, de Friedland, d'Occana, de Lutzen, de Bautzen, de Dresde, de Hanau, etc., etc. Le plus grand sang-froid uni à la plus grande valeur étaient les qualités distinctives de ce guerrier, que le plomb meurtrier d'un abominable assassin atteignit sur les boulevards de Paris le 28 juillet 1835, lors de l'explosion de la machine infernale destinée à donner la mort au roi Louis-Philippe. Une souscription a été ouverte dans sa ville natale pour lui élever un monument.

Fabriques de châles, de tissus mérinos, batistes, calicots, chaussons, amidon, savon noir. Filatures hydrauliques de coton. Raffineries de sel. Fonderies de cuivre et de fonte. Nombreuses brasseries et genièvreries. Tanneries, chamoiseries et moulins à tan.—*Commerce* de grains, graines grasses, cuirs, tissus mérinos, toiles et autres articles de ses manufactures.

CATILLON-SUR-SAMBRE. Village situé au bord de la Sambre, à 8 l. 1/2 de Cambrai. Pop. 3,151 hab. Dix-neuf hameaux plus ou moins considérables dépendent de cette commune, qui porta pendant quelque temps le nom d'Égalité-sur-Sambre.—*Commerce* de mulquinerie en fils les plus fins, et de bois de construction.

CAUDRY. Village situé à 3 l. 1/2 de Cambrai. Pop. 1,343 hab. — *Fabriques* de tulles et de métiers à tulle.

CLARY. Village situé à 4 l. 1/4 de Cambrai. Pop. 2,036 hab. C'était autrefois une place assez importante, défendue par un château fort. — *Fabriques* de gazes, linons, jaconas, tulles, dentelles, fil de dentelles, poterie de terre. Brasseries et tanneries.

CRÈVECŒUR. Bourg situé près de la rive droite de l'Escaut, à 3 l. de Cambrai. Pop. 2,001 hab. Crèvecœur est célèbre par la bataille où Chilpéric II fut défait par Charles-Martel, le 21 mars 717. Il y avait autrefois un château qui, si on en juge par ses ruines, a dû être une des plus importantes forteresses du temps. Le comte d'Anjou, frère de saint Louis, le prit en 1253. Louis XI s'en empara et le céda au comte de Charolais par le traité de Conflans du 5 octobre 1465. Crèvecœur fut cédé à la France par la paix de Cateau-Cambresis de l'an 1559. Le général Delmas s'en empara le 29 septembre 1793, après un combat glorieux pour les armes françaises. — *Fabrique* de sucre de betteraves. Briqueteries et fours à chaux.— Manufacture de glaces coulées (à VAUCELLES).

ESCAUDŒUVRES. Village situé près de la rive droite de l'Escaut, à 1 l. de Cambrai. Pop. 1,300 hab. Il était autrefois défendu par un château fort, qui fut pris et rasé par les Français en 1339. Dans la suite ce château fut rebâti, et pris par Jean de Luxembourg en 1427. L'empereur Charles-Quint employa une partie des matériaux de cette forteresse pour bâtir la citadelle de Cambrai, en 1543.

ESNES. Village situé à 2 l. de Cambrai. Pop. 1,350 hab. Les seigneurs de ce lieu y possédaient un château fort, dont il existe encore deux tours, une partie des bâtiments et la porte d'entrée; les Français s'emparèrent de ce château et furent obligés de le rendre à l'archiduc Maximilien. Près de l'église paroissiale, on voit un tumulus qui domine toute la commune. — *Commerce* de bois.

HAUSSY. Village situé à 5 l. de Cambrai. Pop. 2,750 hab. Il était jadis défendu par un château fort, qui fut pris et repris plusieurs fois. — Exploitation des carrières de grès. Briqueterie et four à chaux.

HONNECOURT. Village situé sur la rive gauche de l'Escaut, à 3 l. 1/2 de Cambrai. Pop. 1,450 hab. On y remarquait, avant la suppression des ordres monastiques, une belle abbaye de bénédictines, fondée en 682.

INCHY. Village situé à 4 l. 1/2 de Cambrai. Pop. 1,419 hab.—*Fabriques* de tulles, tissus de coton et articles de Saint-Quentin. Construction de machines et de métiers à tulle.

IWUY. Village situé à 2 l. 1/4 de Cambrai. Pop. 3,458 hab.—*Fabriques* de bonneterie en laine et en coton, de coutellerie commune. Clouteries. Brasseries. Préparation et commerce en grand du lin de lin.

MARCOING. Village situé à 2 l. de Cambrai. Pop. 1,508 hab. — Brasseries.

MASNIÈRES. Village situé près du canal de Saint-Quentin, à 1 l. 3/4 de Cambrai. Pop. 1,397 hab. — Verrerie à vitres et à bouteilles.

PYTHON (SAINT-). Village situé à 4 l. 3/4 de Cambrai. Pop. 1,617 h.—*Fabriques* de batistes. Filatures de lin. Papeterie.

QUIÉVY. Village situé à 4 l. 1/2 de Cambrai. Pop. 2,516 hab. — Nombreuses fabriques de batistes, linons, tulles, tissus de coton. Brasseries.

SAULZOIR. Village situé sur la Selle, à 5 l. de Cambrai. Pop. 2,159 hab. Un combat sanglant eut lieu sur le territoire de ce village, le 12 septembre 1793.—*Fabriques* de café-chicorée, tissus de coton. Filature de lin. Moulins à huile. Brasseries.

SOLESME. Bourg considérable, situé sur la rive droite de la Selle, à 5 l. 1/4 de Cambrai. Pop. 4,995 hab. On voyait jadis sur son territoire une célèbre abbaye d'hommes, fondée en 705, et qui depuis fut habitée par les templiers. Les bâtiments de ce monastère furent plus tard convertis en ferme, et sont aujourd'hui occupés par un pensionnat : on y voit encore les restes des fenêtres gothiques de l'ancien cloître. Non loin de là se trouve une des plus belles fontaines du pays. L'église paroissiale, bâtie en 1780, est grande, fort belle, et surmontée d'une flèche de 200 pieds d'élévation. — *Fabriques* de batistes, linons, mouchoirs unis et imprimés, gazes, tissus de coton et mérinos. Filatures de coton et de lin. Nombreuses brasseries. Tanneries. Savonneries.

THUN-L'ÉVÊQUE. Village situé à 1 l. 1/2 de Cambrai. Pop. 750 h. Il paraît certain que c'est près de ce village que le roi Louis de Germanie défit les Normands en 879. Thun était autrefois défendu par un château fort, qui a été pris, détruit et reconstruit à différentes époques.

TROIS-VILLES. Village situé à 5 l. de Cambrai. Pop. 1,621 hab.—*Fabriques* d'étoffes de soie, tissus pour meubles et tentures, tissus cachemires, gazes, tulles, etc.

VAAST (SAINT-). Village situé à 3 l. 3/4 de Cambrai. Pop. 1,438 hab. Le cimetière de ce village était anciennement entouré de murs garnis de tours élevées, et servait, en temps de guerre, de forteresse aux habitants, qui s'y réfugiaient avec leurs familles et s'y mettaient à l'abri des attaques de l'ennemi.—*Fabriques* de batistes.

VAUCELLES. *Voy.* CRÈVECOEUR.

VIESLY. Village situé à 4 l. de Cambrai. Pop. 2,400 hab. Il possède une tour antique qui a servi autrefois de prison, et qui est aujourd'hui occupée par la mairie de la commune. Le clocher de l'église paroissiale se fait remarquer par son élévation.

VILLERS-GUISLAIN. Village situé à 3 l. 1/2 de Cambrai. Pop. 2,000 hab. On y remarque un souterrain composé de plusieurs rues et d'une place commune, où les habitants se retiraient à l'approche de l'ennemi : l'entrée est au milieu du village ; elle conduit à un corridor taillé dans le roc, à droite et à gauche duquel se trouvent quarante-quatre grandes chambres et cinquante-deux plus petites.

WALLINCOURT. Village situé à 4 l. 1/4 de Cambrai. Pop. 1,928 hab. — *Fabriques* de rouenneries et d'étoffes de soie.

ARRONDISSEMENT DE DOUAI.

ANICHE. Bourg situé dans un territoire abondant en charbon de terre, à 3 l. 1/4 de Douai. Pop. 1,926 hab. La concession des mines de houille d'Aniche comprend les territoires d'Aniche, Auberchicourt, Villers-Campeau, Bruille, Pecquencourt, Écaillon, Erchin, Lewarde, Montigny, Roncourt, Guesnain, Lallaing, Dechy, Sin, Waziers, Raches, Corbehem (Pas-de-Calais), Courchelettes et Lambres. Sa surface est de 118 kilomètres, 508 mètres carrés.—Cette mine appartient à une compagnie d'actionnaires. Il y existe cinq puits d'extraction, deux machines à vapeur pour l'épuisement des eaux, et une de rotation à deux chevaux. On y emploie environ 500 ouvriers. — *Fabriques* de sucre de betteraves. Verrerie à vitres et à bouteilles.

ARLEUX. Bourg situé sur la rive gauche de la Sensée, près du canal de ce nom, à 2 l. 3/4 de Douai. Pop. 1,744 hab.

Arleux possédait un château très-fort, qui servit souvent de prison d'état, et où Charles II, dit le Mauvais, fut détenu deux ans. Les Français s'emparèrent de ce château en 1645. Le maréchal de Villars le prit et le fit démanteler en 1711.

Arleux est la patrie du célèbre jurisconsulte Merlin, connu sous le nom de Merlin de Douai. C'est aussi le lieu de naissance du savant docteur Le Glay, conservateur de la bibliothèque de Cambrai.

AUBIGNY-AU-BAC. Village situé à 3 l. 1/2 de Douai. Pop. 1,214 hab.—*Fabriques* importantes de lin prêt à être filé. Corderies.

BOUVIGNIES. Village situé à 3 l. 3/4 de Douai. Pop. 1,836 hab. — *Fabriques* de noir animal. Filature de lin de fin pour les batistes et les dentelles.

COURCHELETTES. Village situé sur la Scarpe, à 3/4 de l. de Douai. Pop. 180 h. On y voit de belles écluses et une chaussée communiquant avec les routes de Valenciennes et de Cambrai à Arras. — Moulin à huile et à farine.

CUINCY. Village situé sur l'Escrebieux, à 1/2 l. de Douai. Pop. 825 hab. C'est à Cuincy qu'Antoine Blondel, seigneur de ce lieu, avait fondé au XVIe siècle, une société littéraire connue sous le nom de Banc des Muses de Cuincy. Cette société de savants avait coutume de s'assembler au château de Cuincy, sous un plantis de charmes qui existait encore vers la fin du siècle dernier.

DOUAI. Grande, belle et très-forte ville. Chef-lieu de sous-préfecture. Cour royale, d'où ressortissent les départements du Nord et du Pas-de-Calais. Tribunal de première

FONTAINE DE DOUAI.

instance. Société d'agriculture, sciences et arts. Académie universitaire. Collége royal. École royale d'artillerie et arsenal de construction. Bourse de commerce. ✉ ☞ Pop. 18,793 hab.

L'origine de Douai se perd dans la nuit des siècles. Sous Jules César, cette ville faisait partie de la Gaule belgique, et était habitée par les *Caluaci*. Dans le IXe siècle, c'était une place importante, entourée de murs, de fossés, et défendue par un bon château. Elle était tellement fortifiée en 870, que les bénédictins de Broile ne trouvèrent pas d'endroit plus sûr pour se mettre, eux et le corps de saint Amé, leur patron, à l'abri des insultes des Normands, dont cette ville soutint en effet les attaques, et rendit les efforts inutiles. Hugues le Grand, comte de Paris, prit Douai en 932, et le donna au comte Roger, qui le céda à Louis d'Outremer pour en obtenir sa liberté. Lothaire assiégea Douai et s'en rendit maître en 965. Les comtes de Flandre s'en remirent en possession en 988. Robert le Frison prit cette ville en 1072, et ses successeurs la conservèrent jusqu'en 1102, époque où Robert le Jeune s'en empara. L'empereur Henri V l'assiégea sans succès en 1107. Philippe-Auguste la prit après quatre jours de siège, en 1212. Les Français gardèrent cette ville jusqu'en 1302 que les Flamands, vainqueurs à Courtrai, la reprirent. En 1304, Philippe-le-Bel se présenta devant Douai et l'attaqua avec une extrême vivacité ; mais les habitants se défendirent avec courage et forcèrent le monarque à se retirer, après lui avoir tué beaucoup de monde. En 1479, Louis XI voulut surprendre Douai et ne put y parvenir ; l'amiral de Coligny essaya, sans plus de succès, de s'en rendre maître en 1557. Louis XIV prit cette ville par capitulation après quatre jours de tranchée ouverte, le 7 juillet 1667. Les puissances coalisées la reprirent le 29 juin 1710, mais elles ne jouirent pas long-temps de leur conquête : le maréchal de Villars la leur enleva le 10 septembre 1712, après la victoire de Denain.

Douai est célèbre dans toute la Flandre par sa procession du géant Gayant et de toute sa famille, qui a lieu ordinairement dans les premiers jours du mois de juillet. Gayant est un énorme mannequin dont le corps est d'osier et la tête de bois ; il est haut de 25 à 30 pieds, et couvert d'une riche armure à la manière des guerriers du XIIe et du XIIIe siècle ; une cotte de mailles, qu'il porte sous cette armure, descend jusqu'à terre : par ce moyen on n'aperçoit pas les hommes, au nombre de huit à dix, qui le font mouvoir ; il est armé d'une épée à la chevalière, son bras est chargé d'une lance et d'un écu aux armes de Douai. Derrière lui est sa dame, élégamment vêtue et selon la mode du temps ; elle a environ 20 pieds de taille ; suivent leurs trois enfants, de grandeurs relatives et également portés par des hommes que les vêtements des mannequins dérobent à la vue du public. Autour de ces enfants, qui ont nom Jaco, Fillion, et Binbin ou Tiot-Tourni, caracole un petit centaure tout grotesque, nommé, on ne sait pourquoi, le Sot des canonniers. La roue de fortune les suit, et c'est la seule partie du cortége qui ne soit pas ridicule, et dont on puisse saisir le sens allégorique. Sur un train de char se trouve une plate-forme mobile et inclinée, portant les mannequins costumés de divers personnages. La déesse de la Fortune, bien sculptée et vêtue avec goût, est fixée au centre de la plate-forme. Autour d'elle dansent à la ronde, se tenant par la main, les mannequins représentant un financier, un paysan avec une poule, un procureur, un Espagnol, une fille de joie et un militaire. Le mouvement de rotation imprimé à la machine par le cheval qui la tire, communique un second mouvement à la plate-forme qui, étant obliquement posée, présente les personnages tantôt en haut, tantôt en bas, pour indiquer l'inconstance et la mobilité des caprices de la déesse. Qu'on se rappelle l'état de la France et des états qui en dépendaient au XVe et au XVIe siècle, on trouvera facilement le sens allégorique de cette machine, ingénieuse pour le temps où elle fut créée. Les querelles, le faste désordonné, le désordre des princes, les guerres inutiles et malheureuses, le schisme de l'église catholique, donnaient lieu à des levées continuelles d'impôts, de tailles et de subsides, qui servaient presque toujours à enrichir les gens du fisc, les favoris ou les concubines. L'homme du peuple, dépouillé, pressuré, réclamait la justice contre tant d'exactions, et bientôt le procureur achevait sa ruine.

Le cortége de Gayant se promène ainsi pendant trois jours dans tous les quartiers de la ville, toujours escorté d'une grande foule ; il s'arrête à la porte des magistrats et des principaux habitants, et forme des danses de famille, ce qui procure une rétribution aux porteurs, ou au moins quelques rafraîchissements. Gayant et sa famille honorent aussi les cabarets de leurs visites ; ils s'arrêtent au milieu de la rue, aux acclamations des buveurs habitués; les porteurs font d'amples libations à la santé de monsieur et de madame Gayant; ils boivent à celle de leurs enfants; et comme ces visites sont très-nombreuses et les libations très-répétées, il arrive souvent que vers le soir la famille dispersée a bien de la peine à regagner son gîte, et qu'alors l'autorité est obligée d'envoyer à la recherche de madame Gayant et de sa fille, restées dans quelque rue écartée, au grand scandale de MM. les commissaires de la fête communale.

Voici l'origine de cette singulière procession et les causes qui excitent cette sorte d'enthousiasme parmi la population de cette ville : La veille des Rois de 1556, dit Buzelin, Gaspard de Coligny voulut surprendre la ville de Douai, sachant que, comme de coutume, les habitants étaient cette nuit profondément ensevelis dans d'épaisses fumées de bière et de vin. Saint Maurand, patron de la ville, qui tremblait pour ses fidèles, alla trouver le sonneur de l'ancienne collégiale de Saint-Amé, à qui il ordonna, par trois fois, de sonner les matines. Le sonneur, qui n'était point remis de l'ivresse de la veille, et qui sentait d'ailleurs le danger d'arracher les voluptueux chanoines à leur édredon avant qu'ils eussent réparé leurs forces épuisées, refusa d'obéir. Après un long débat, il se lève cependant et va sonner les matines; mais pour faciliter un miracle de la grace, au lieu de sonner le branle, il sonne le tocsin et l'alarme. Ce bruit effrayant éveille le peuple; on court aux remparts et l'on trouve saint Maurand, vêtu d'un habit de bénédictin, qui défendait la porte de la ville : Douai fut sauvé, et, en commémoration de cet événement, on établit une procession solennelle. Une pièce authentique, existant dans les archives de la ville de Douai, fait remonter cette procession à 1480, et porte « qu'elle a été instituée en l'honneur de Dieu, de toute la cour céleste et de monseigneur saint Maurand, pour rendre grace que, par tel jour, 16 juin, cette ville fut gardée et conservée de l'emprinse que y feroient les Franchais pour le cuider s'en prendre. » Quoi qu'il en soit, la procession était instituée depuis cinquante ou soixante ans, lorsque Charles-Quint, né Flamand, qui connaissait parfaitement le caractère des peuples de ces contrées, et qui cherchait tous les moyens de neutraliser l'humeur inquiète et l'amour de la liberté qui leur étaient propres, par les fêtes et par les plaisirs, fonda la plupart des représentations gigantesques qui ont existé en Flandre jusqu'à l'époque de la révolution. Il fit adjoindre à la procession de Douai, jusque-là toute religieuse, les figures colossales de Gayant et de sa famille; et comme cette procession avait pour principe la conservation de la place contre un ennemi, on inventa une fable sur Gayant. On en fit un chevalier, seigneur de Cantin, village situé à une lieue de Douai, sur la route de Paris, d'un courage à toute épreuve, d'une force herculéenne, d'une taille gigantesque; ce brave guerrier, dont le nom s'était corrompu avec le temps, s'appelait Jéhan Gélon. Il avait sauvé la ville des entreprises des Sarrasins. On couvrit cette fable de détails merveilleux propres à toucher l'imagination du peuple, et bientôt Gayant devint l'objet d'un véritable culte, un objet d'amour et de vénération.

Douai est dans une situation très-avantageuse pour le commerce, sur la Scarpe, qui communique à l'Escaut, par le canal de la Sensée, avec Valenciennes, Tournai, toute la Belgique et la Hollande, et par divers canaux, avec Cambrai, Lille, Saint-Omer, Dunkerque et la mer du Nord. Cette ville est entourée de vieilles murailles irrégulières, flanquées de tours rondes, et généralement bien bâtie; ses rues sont bien percées; sa place publique est vaste et belle. Ses remparts offrent des promenades agréables. On y remarque la bibliothèque publique, renfermant 30,000 volumes imprimés et près de 600 manuscrits; le jardin de botanique; les cabinets de physique et d'histoire naturelle; le musée de tableaux et d'antiquités; l'arsenal et la fonderie de canons; l'hôtel-de-ville; la salle de spectacle; les promenades, etc., etc. C'est une ville où l'industrie et les arts sont encouragés; une exposition publique de leurs produits y a lieu tous les deux ans.

Patrie de Jean de Boulogne, célèbre sculpteur, élève de Michel-Ange; de l'ex-ministre Calonne; de Dulaurens, homme de lettres, auteur du Compère Mathieu.

Fabriques de tapisseries de hautelice, de fil à coudre, fil à dentelles, broderies, dentelles, savon noir, pipes de terre, grès façon anglais. Filatures de coton. Amidonneries, brasseries; genièvreries; tanneries et maroquineries; faïenceries et poteries; verrerie à bouteilles; papeterie; huileries; salpêtreries; raffineries de sucre et de sel; blanchisseries de toiles. — Fonderie royale de canons.

Commerce de grains, graines grasses, houblon, vins, eaux-de-vie, huiles, chicorée-café, dentelles, laines, fil, etc. — Entrepôt

HÔTEL DE VILLE DE DOUAI.

du commerce de lin avec les autres départements du royaume.

A 8 l. de Lille, 51 l. 1/2 de Paris.—*Hôtels* du Commerce, du Nouveau-Monde, de l'Europe, du Nord, de Versailles, de Flandre.

FENAIN. Village situé à 4 l. 1/2 de Douai. Pop. 1,914 hab. — *Fabriques* de fil à dentelles. Brasseries et teintureries.

FLINES. Village situé près de la rive gauche de la Scarpe, à 1 l. 1/2 de Douai. Pop. 3,000 hab.
On remarquait autrefois sur son territoire une riche abbaye de femmes, fondée en 1234 par Marguerite de Flandre. — *Fabriques* de toiles. Filatures de lin. — *Commerce* de moutons.

LALLAING. Village situé à 1 l. 1/2 de Douai. Pop. 1,500 hab. Il était autrefois défendu par un château fort qui renfermait l'église et une partie du village. Louis XIV, qui y entretenait une forte garnison, fit sauter ce château le 31 mai 1674.
L'église paroissiale, sous l'invocation de sainte Aldegonde, renfermait les tombeaux des anciens seigneurs. Celui du comte Charles II de Lallaing, en marbre blanc, représentait un homme nu qui vient de mourir, et passait pour un chef-d'œuvre.—*Carrières* de grès exploitées pour le pavage des routes.

LAUDAS. Village situé à 5 l. 1/2 de Douai. Pop. 2,368 hab. — Tuileries.

LAUWIN-PLANQUE. Village situé à une demi-lieue de Douai. Pop. 450 hab. Il était autrefois célèbre par un ermitage qui était le but d'un pèlerinage très-fréquenté.

LÉCLUSE. Village situé sur la Sensée, à 2 l. 3/4 de Douai. Pop. 1,708 hab. C'était autrefois une place forte défendue par un château fort dont l'empereur Henri IV s'empara en 1102. Les Français s'en rendirent maîtres et furent obligés de la rendre à Hellin de Dèze, mais ils la prirent de nouveau en 1486 et y mirent le feu. Cette forteresse fut rétablie, et les Français s'en emparèrent encore en 1581, et furent obligés de la rendre aux Espagnols au mois d'octobre de l'année suivante. Les fortifications ont été démolies vers 1654, et les matériaux employés à bâtir la citadelle d'Arras.—*Exploitation* de tourbe. Brasseries.

MARCHIENNES. Petite ville située dans une contrée marécageuse, sur la Scarpe et sur le canal de Décours, à 4 l. 1/2 de Douai. ✉ Pop. 2,505 hab.
Cette ville possédait, avant la révolution de 1789, une riche et célèbre abbaye, fondée vers 643 ; elle fut prise par les Normands en 851 et en 879. Les Anglais s'en emparèrent et y mirent le feu en 1340 ; les Français la prirent et la brûlèrent en 1477. Enfin, en 1566, les religionnaires détruisirent tout l'intérieur de l'abbaye. Marchiennes fut pris sur les Espagnols par les maréchaux de Gassion et de Rantzau, en 1645. Les alliés le fortifièrent en 1712 et y renfermèrent leurs munitions ; mais dans la même année, le maréchal de Villars s'en empara, ainsi que de tous les magasins, après un siège de trois jours. En 1793, les Autrichiens surprirent cette place, qu'ils conservèrent jusqu'au 24 juin 1794.

Marchiennes est une ville en général fort mal bâtie et mal percée. On y voyait encore, il y a peu d'années, une partie de la tour de l'ancienne abbaye, regardée comme un beau morceau d'architecture gothique. Ce fragment a été démoli en 1817.—*Fabriques* de tulles brodés. Filatures de lin. Tannerie. — *Commerce* étendu d'arbres fruitiers, de lin de gros, d'asperges et de greffes d'asperges.

MONTIGNY. Village situé sur une hauteur, à 1 l. 1/2 de Douai. Pop. 900 hab.
Ce village possédait autrefois un château fort, aujourd'hui converti en ferme, dont il reste encore une tour où l'on voit un cachot et un instrument de supplice, dignes de la barbarie du règne féodal. Cet instrument consiste en trois madriers de bois de chêne, de la longueur de dix pieds sur huit pouces d'équarrissage, fixés et jouant entre deux montants du même bois, lesquels tiennent solidement dans une semelle, sur laquelle repose tout l'instrument. A la rencontre du premier et du second madrier sont pratiqués huit trous : deux à chaque extrémité qui les traversent, de la capacité du bras d'un homme ; quatre au milieu, de la capacité du poignet à l'entrée, et évasés en dedans pour y loger le poing fermé. A la rencontre du madrier du milieu et de celui du dessous, sont huit trous du diamètre de la jambe d'un homme. A l'extrémité droite, les madriers sont fixés par une charnière en fer qui tient à deux barres de fer longues et épaisses que l'on remarque dans toute la longueur du madrier supérieur et de l'inférieur jusqu'à l'extrémité opposée, de manière à pouvoir être réunies et liées par un cadenas. Les orifices des trous sont également garnis en fer. Pour se servir de cette horrible machine, on levait les madriers par l'extrémité où était le cadenas : un seul était la charge d'un homme. Le malheureux

mettait ses jambes et ses poings dans les trous, et l'on rejoignait ensuite les madriers. Dans cette situation, le détenu restait cloué à cette masse de bois. Ceux qui y étaient fixés par les poings et par les jambes devaient cruellement souffrir de leur posture forcée.

Dans l'angle de la chambre voûtée où se trouve cet instrument, est une ouverture étroite où on ne peut entrer qu'en se baissant et en travers. Elle mène à un réduit de deux pieds de large, où il existe un trou comme l'ouverture d'un puits, construit en pierre de grès, de deux pieds de diamètre. C'est l'entrée d'un fond de fosse, de la profondeur et de la longueur de 20 à 25 pieds, mais n'ayant que deux pieds de largeur dans toute sa longueur. Les malheureux que l'on y descendait étaient, dans la force du terme, entre deux murs, n'ayant que la liberté de s'y retourner. Une simple ouverture d'un pouce de large sur un pied de haut éclairait cet affreux cachot, dont le fond était au niveau des eaux des fossés presque contigus qui environnent le château.

NOMAIN. Village situé à 4 l. 1/2 de Douai. Pop. 2,200 hab. L'église paroissiale, composée de trois nefs, est remarquable par son ancienneté. — *Fabriques* de sarraux. Brasseries.

ORCHIES. Petite et ancienne ville, située dans une plaine, à 4 l. 1/2 de Douai. ✉ ☞ Pop. 3,425 hab.

Cette ville passe pour être ancienne, et l'on assure qu'elle avait autrefois beaucoup plus d'étendue ; cependant on n'y trouve aucun monument d'une haute antiquité. Elle est généralement bien bâtie, bien percée, fermée d'une simple muraille défendue par un fossé sans fortifications. Les Autrichiens s'en emparèrent et la fortifièrent en 1794, mais ils l'abandonnèrent après la reddition de Valenciennes. — *Fabriques* d'huile, savon, poterie de terre. Filatures de lin. Brasseries. Geniévreries. Tanneries. — *Commerce* de grains et de bestiaux.

PECQUENCOURT. Village situé près de la rive droite de la Scarpe, à 2 l. 1/2 de Douai. Pop. 1,350 hab. C'est sur son territoire que se donna, en 1096, le célèbre tournoi d'Anchin, où se trouvèrent environ trois cents chevaliers. — Brasseries.

RACHES. Village situé sur la rive gauche de la Scarpe, à 1 l. 1/2 de Douai. Pop. 1,000 hab. Il était autrefois défendu par un château fort environné de tours et de fossés, que Louis XIV fit démanteler en 1674. — Raffinerie de sel. Tuilerie.

SIN. Village situé à 3/4 de l. de Douai. Pop. 2,650 hab.

SOMAIN. Village situé à 4 l. 1/4 de Douai. Pop. 2,432 hab. — Filatures de lin pour batistes et dentelles.

ARRONDISSEMENT DE DUNKERQUE.

BERGUES ou **BERGUES-SAINT-WINOC.** Jolie et forte ville, située à 2 l. 1/2 de Dunkerque. Place de guerre de 1re classe. Collége communal. ✉ ☞ Pop. 5,962 hab.

Cette ville doit son origine au château de Berg, où se retira saint Winoc en 902. Le culte de ce saint devint bientôt si célèbre, qu'une ville ne tarda point à se former dans ce lieu. Baudouin II, comte de Flandre, la fit entourer de murailles, de fossés et de fortifications, que son successeur augmenta considérablement. Baudouin IV y fit construire un magnifique monastère en l'honneur de saint Winoc. En 1083, un terrible incendie consuma la ville de Bergues et l'abbaye de Saint-Winoc. En 1206, Bergues, qui était une ville florissante par ses manufactures de toiles et de draps, fut assiégée sans succès par des brigands nommés Bleumontins. Vers 1280, Gui, comte de Flandre, augmenta les fortifications de la ville et agrandit son enceinte. Robert II, comte d'Artois, s'empara de cette place en 1297. Les Flamands la prirent au commencement du XIVe siècle. Le 7 septembre 1383, l'armée française arriva devant Bergues, et commença l'attaque de cette place : un grand nombre des habitants du pays environnant s'y étaient réfugiés avec leurs effets les plus précieux, pour s'y mettre sous la protection de sir Hugues de Calverley ; car, depuis que les Français, et surtout les Bretons, étaient entrés dans le pays, ils commençaient à trouver les Anglais des ennemis moins redoutables. A une rapacité insatiable, les Bretons joignaient la soif du sang et la lubricité. Dans aucun temps, dans aucune circonstance, on ne voyait leur férocité se ralentir. Après avoir soutenu le premier jour l'attaque des Français, Calverley reconnut l'impossibilité de se défendre dans une si mauvaise place ; il l'évacua pendant la nuit,

BEFROY DE BERGUES S.^T VENOX.

par la porte qui mène à Dunkerque, où il n'y avait point encore d'assaillants, et il emmena avec lui une partie des réfugiés de la Flandre. Les autres habitants de Bergues, qui avaient donné des preuves de leur attachement au comte, et que les Anglais avaient traités en ennemis, envoyèrent, le 8 septembre au matin, jour de la nativité de la Vierge, l'abbé de Saint-Winoc à Charles VI, pour lui annoncer que les portes étaient ouvertes, et qu'ils l'attendaient comme un libérateur. L'abbé fut repoussé ; la vengeance du roi fut annoncée aux habitants de Bergues, qui passèrent le reste de la journée dans les transes de la terreur et du désespoir. Au milieu de la nuit, l'assaut fut livré par l'armée française à ses portes ouvertes, à ses murailles que personne ne défendait : tous les crimes les plus effroyables furent commis dans cette ville malheureuse ; puis, le matin suivant, tous les habitants furent massacrés, à la réserve de quelques religieuses qui furent envoyées à Saint-Omer [1]. L'abbaye de Saint-Winoc, entourée de murailles et éloignée du centre de la cité, l'église de Saint-Pierre et le couvent des dominicains furent les seuls monuments qui restèrent debout après cet horrible embrasement. Philippe le Hardi releva cette ville de ses ruines, et vers la fin du XIVe siècle elle était devenue plus forte qu'avant son désastre. De notables agrandissements y furent faits en 1420 ; un incendie la détruisit en partie en 1494. Le maréchal de Termes l'assiégea et la prit d'assaut en 1558 ; la population fut massacrée sans distinction d'âge ni de sexe ; la ville et l'abbaye de Saint-Winoc furent réduites en cendres, à l'exception de dix-sept maisons. Philippe II, roi d'Espagne, releva les fortifications de cette place, qui bientôt, par le zèle que les habitants mirent à reconstruire leurs maisons, devint une des plus belles villes de la Flandre. Les Espagnols la prirent en 1650, après une vigoureuse résistance. Les Français la reprirent en 1658, et la rendirent au roi d'Espagne en 1660 par le traité des Pyrénées. Louis XIV la prit par capitulation, après un assaut général, livré le 6 juin 1667, et la fit fortifier par Vauban, qui l'a rendue une place susceptible d'une longue défense. Elle est demeurée à la France par le traité d'Aix-la-Chapelle.

Lors de la division de la France en départements, Bergues devint le chef-lieu du premier arrondissement du département du Nord, qui fut transféré à Dunkerque en 1804.

La ville de Bergues est située dans une contrée marécageuse, au pied d'une montagne, à la jonction des canaux de Dunkerque et de la haute et basse Colme, qui en font le centre d'un commerce très-étendu. Elle est généralement bien bâtie en briques, et possède un port commode sur le canal de son nom, qui conduit directement à la mer et peut recevoir des navires chargés de 300 tonneaux, au moyen d'une grande écluse placée à l'embouchure du port de Dunkerque.

L'édifice le plus remarquable de cette ville est l'hôtel-de-ville, dont la construction date de 1664 ; son architecture est extrêmement gracieuse, et l'on ne trouverait peut-être pas dans le département de salon plus vaste et plus majestueux que celui réservé aux séances du conseil d'administration ; avec quelques réparations, cet hôtel-de-ville ressemblerait assez à un joli palais des anciens gouverneurs des Pays-Bas.—Le beffroi est, sans contredit, l'édifice le plus curieux de Bergues. Sa construction est excessivement hardie, et sa forme d'une élégance recherchée ; son origine est espagnole, mais la date de sa construction est restée inconnue ; sa hauteur est de 150 pieds (*Voy. la gravure.*)

On remarque encore à Bergues les deux tours de l'abbaye de Saint-Winoc, qui ont été conservées pour servir de point de vue aux navigateurs et faciliter l'entrée du port de Dunkerque ; les bâtiments du mont-de-piété ; la bibliothèque publique, renfermant environ 5,000 volumes, et quelques manuscrits, parmi lesquels on distingue un superbe psautier du XVe siècle, orné de charmantes miniatures ; un commencement de musée de tableaux, où l'on voit quelques ouvrages de Rubens, Van Dyck, Brouwer, Segers, etc., etc. ; la promenade Saint-Pierre, qui offre un coup d'œil très-agréable, et un Champ-de-Mars commode pour les exercices

Fabriques d'amidon, savon noir, poterie de terre, bonneterie. Filatures de coton. Raffineries de sel et de sucre. Distilleries. Tanneries. Construction de bateaux. Centre de la fabrique de dentelles des environs.— *Commerce* considérable de grains, fromages façon de Hollande, qui se fabriquent aux environs, beurre, vins, eaux-de-vie, bestiaux, etc.— Chaque semaine, marché aux grains et aux bestiaux, le plus considérable du pays. — *Hôtels* de la Tête d'or, de l'Ange, de l'Hôtel-de-Ville.

---

[1]. Meyer, l. XIII, f. 197.—Froissart, c. 211, p. 444.—Anonyme de Saint-Denis, l. III, c. 3, pag. 78.

BIERNE. Village situé à 2 l. 1/4 de Dunkerque. Pop. 520 hab. — *Commerce* considérable de beurre et de fromages.

BOLLEZEELE. Village situé à 6 l. de Dunkerque. Pop. 1,700 hab. L'église paroissiale possédait autrefois une statue de la Vierge qui jouissait d'une grande réputation et attirait annuellement plus de dix mille personnes, qui s'y rendaient en pèlerinage à la fête de la Visitation.

BOURBOURG. Petite ville, située dans une contrée marécageuse sur le canal de son nom, à 5 l. de Dunkerque. ⊠ Popul. 2,378 hab.

L'origine de cette ville remonte à une époque reculée. Baudouin le Chauve la fit entourer de murs et de fossés au commencement du Xe siècle. Clémence de Bourgogne y fonda une abbaye de religieuses de saint Benoît en 1102. Les Anglais se rendirent maîtres de cette ville en 1383; mais elle fut presque immédiatement reprise par les Français, qui la saccagèrent et la livrèrent aux flammes. Desquerdes la prit en 1487, et le roi des Romains en 1489. Gaston d'Orléans s'en empara en 1645; les Français l'abandonnèrent en 1647; Turenne la reprit en 1657. Enfin, elle resta définitivement à la France par le traité des Pyrénées, mais ses fortifications furent détruites.

Fabriques de dentelles. Raffinerie de sel. Brasseries. Moulins à huile.

DUNKERQUE. Grande, belle et forte ville maritime. Chef-lieu de sous-préfecture et de deux cantons. Place de guerre de 2e classe. Tribunaux de première instance et de commerce. Chambre et bourse de commerce. Direction des douanes. Société d'agriculture. Collége communal. École d'hydrographie de 3e classe. Syndicat maritime. Consulats étrangers. ⊠ ☞ Pop. 24,037 h. — Établissement de la marée du port, 11 heures 48 minutes.

Dunkerque n'était au VIIe siècle qu'un hameau, auquel une chapelle, qu'y fit bâtir saint Éloi, donna le nom de Dunkerque, qui, dans l'idiome flamand, signifie église des dunes. Un havre naturel y attira des pêcheurs, et ce lieu devint bientôt assez important pour être entouré d'une muraille en 964 par Baudouin III. En 1299, Philippe-le-Bel s'empara de Dunkerque; mais quatre ans après les habitants secouèrent le joug des Français, qui l'assiégèrent sans succès une seconde fois en 1448. Le maréchal de Termes se rendit maître de cette place en 1558, et ses soldats s'y livrèrent au pillage et aux cruautés les plus révoltantes. Le Flamands s'emparèrent à leur tour de cette place et exercèrent sur les assiégés de terribles représailles. En 1583, les Français s'emparèrent encore de Dunkerque, qui fu repris la même année par les Espagnols, lesquels agrandirent la ville en 1640. Le prince de Condé la reprit en 1646, et les Français durent l'abandonner en 1652. Turenne le prit en 1658, et la remit immédiatement aux Anglais, qui la fortifièrent et y construisirent une citadelle. Ceux-ci la vendirent pour la somme de cinq millions, à Louis XIV, qui y entra en 1662, fit creuser le port et augmenter les fortifications par le maréchal de Vauban. Les Anglais en furent remis en possession par la paix d'Utrecht, détruisirent le port, les écluses, les remparts, les forts, et fermèrent le chenal par un batardeau de sable. Le port et les fortifications furent restaurés en 1740; mais les traités de paix d'Aix-la-Chapelle et de Paris de 1748 et 1763 stipulèrent la destruction d'un port dont l'Angleterre redoutait le voisinage. Les succès des armes de la France pendant la guerre d'Amérique sauvèrent Dunkerque d'une nouvelle destruction, et son port prit une importance commerciale progressive jusqu'à l'époque de la révolution. Le duc d'York assiégea inutilement cette ville en 1793. — Les armateurs et les corsaires de Dunkerque firent beaucoup de mal à l'ennemi, dans les guerres de Louis XV et de Louis XVI. En 1756, ils prirent six cent trente-et-un bâtiments anglais. De 1778 à 1784, ils armèrent en course cent quarante-six bâtiments qui, ayant à bord neuf mille hommes d'équipage, firent douze cents prises, évaluées à vingt-quatre millions, indépendamment de mille prisonniers qu'ils débarquèrent, et dont la moitié paya de fortes rançons. Dans la guerre de la révolution, ils se sont signalés par mer et par terre, ont armé plus de cent cinquante corsaires qui, portant près de huit cents canons et pierriers, et montés par quatre à cinq mille hommes, ont fait cinq à six mille prisonniers et enlevé un nombre considérable de bâtiments, vendus en Hollande et en Norwège.

Cette ville est dans une situation très-avantageuse pour le commerce, sur le bord de la mer, à la jonction des canaux de Bergues, de Bourbourg et de Furnes. Elle est grande, bien bâtie, propre, bien pavée, avec des trottoirs en dalles, et l'une des plus jolies villes de France. Les places publiques sont belles, vastes et régulières; mais elle n'a d'autre eau potable que celle des citernes.

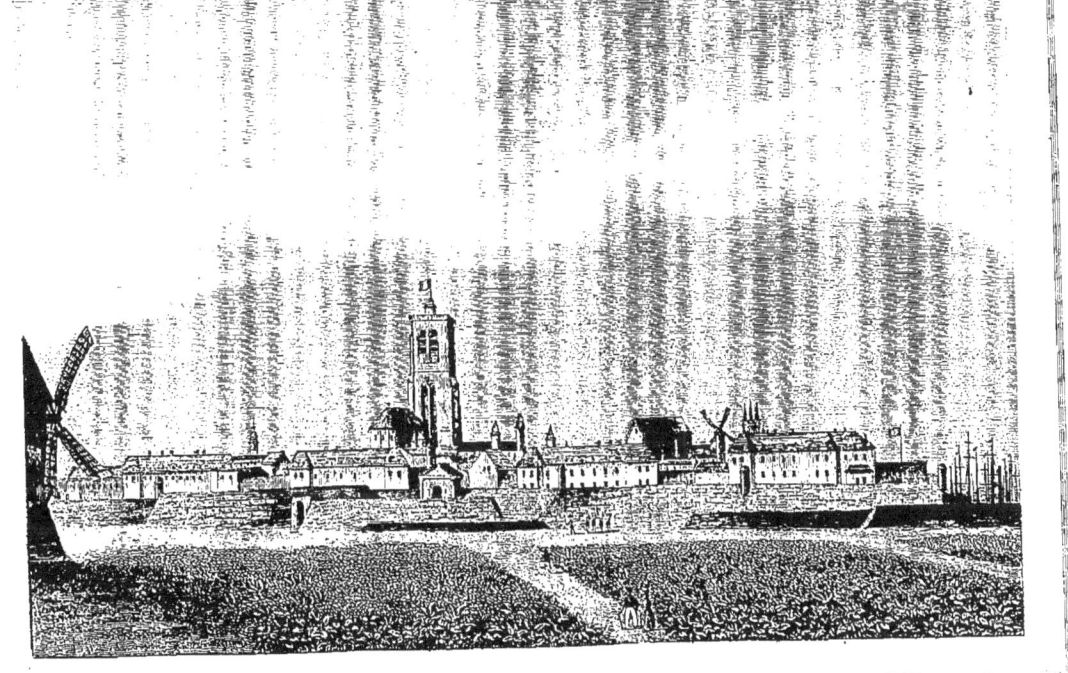

DUNKERQUE.

Son port est grand, commode, très-fréquenté; il est précédé d'une rade très-sûre, regardée comme une des plus belles de l'Europe.

On y remarque l'hôtel-de-ville, construit en 1644; la tour du port, sur laquelle est construit un phare qui sert de guide aux vaisseaux; le Champ-de-Mars; la place Jean Bart, plantée d'arbres et décorée du buste de ce héros, inauguré en 1806; le collège, élevé en 1806 sur l'emplacement de l'antique église des jésuites; le bassin de la marine, restauré en 1794, où le gouvernement fit construire des frégates jusqu'en 1818; le bassin et l'écluse de chasse, achevés en 1826; la bibliothèque publique, renfermant 18.000 volumes; les salles de spectacle et du concert; le péristyle de l'église Saint-Éloi, etc.

Dunkerque est la patrie de Jean Bart; du général Guilleminot; de l'amiral Roussin, etc., etc.

Fabriques de poterie. Raffineries de sucre, brasseries, distilleries de genièvre, amidonneries, tanneries, savonneries, salineries, corderies, fonderies. Pêche de la morue d'Islande, de Terre-Neuve et du Droguebanc, dite pêche du Nord. Il se fait une vente publique du produit de cette pêche, toutes les semaines, depuis le mois d'avril jusqu'au mois d'octobre. A la même époque, vente publique de la pêche du hareng. — *Commerce* de grains, vins, eaux-de-vie, poisson, charbon de terre, etc. — Entrepôt général. — Parc de homards et d'huîtres à l'instar d'Ostende.

A 19 l. de Lille, 10 l. de Calais, 81 l. de Paris. — *Hôtels* de la Poste, de Flandre, du Sauvage, du Chapeau rouge. Des bateaux à vapeur partent toutes les semaines pour Rotterdam, pour Ramsgatte et Londres.

ERINGHEM. Village situé à 5 l. de Dunkerque. Pop. 660 hab. On y remarque un tilleul d'une grande dimension, situé à l'intersection de trois communes.

ESQUELBECQ. Village situé sur l'Yser, à 3/4 de l. de Dunkerque. Pop. 1,820 hab.

Cette commune possède un château flanqué de neuf tours, portant le millésime de 1610 et offrant, dans sa partie la plus ancienne, des vestiges d'architecture espagnole. Il est surmonté d'un donjon élevé de 135 pieds au-dessus du sol, dont le sommet est couronné par une plateforme en plomb entourée d'une galerie, du haut de laquelle la vue plonge sur une riante vallée. Les tourelles de ce château, où l'on remarque encore des traces de créneaux, les fossés profonds et remplis d'eau qui l'entourent, le pont-levis, la herse, annoncent qu'il fut autrefois un château fort. — Élève en grand des bestiaux. — *Commerce* de bois.

GRAVELINES. Jolie et très-forte ville maritime, située près de la Manche, à l'embouchure de l'Aa et à 5 l. de Dunkerque. Syndicat maritime. ⊠ ✍ Pop. 4,193 hab. — Établissement de la marée du port, 11 heures 45 minutes.

Avant le XIIe siècle, Gravelines n'était qu'un chétif village, nommé Saint-Willebrod, que le comte Thierry fit fortifier pour arrêter les courses des Anglais. Ce prince y attira, en 1160, de nombreux étrangers par la douceur de son gouvernement, et y fit son séjour ordinaire. Son fils Philippe, comte de Flandre, fit achever les fortifications et percer un canal entre la mer et la ville, par où la rivière d'Aa prit aussitôt son cours et forma un port qui y attira en peu de temps un commerce considérable. En 1302, Oudart de Maubuisson s'empara de cette ville et y mit le feu. Le traité de Brétigny la céda aux Anglais, sur lesquels Philippe le-Hardi, duc de Bourgogne, la prit en 1377. L'évêque de Norwich la pilla et la saccagea en 1382. Les Anglais s'en rendirent maîtres en 1405, mais Philippe-le-Hardi la reprit peu de temps après et en fit augmenter les fortifications. En 1528, Charles-Quint y fit construire un château, ainsi que plusieurs bastions, et y eut une entrevue avec Henri VIII. Le 13 juillet 1558, se donna sous les murs de cette ville la bataille de Gravelines, que les annalistes signalent comme un des principaux événements de l'histoire de Flandre. En 1638, Philippe IV fit construire à Gravelines une grande écluse dont le passage avait 45 pieds de largeur, et qui formait un vaste bassin où les bâtiments, toujours à flot, étaient à l'abri du canon de l'ennemi; ces travaux furent détruits en 1644 par Gaston d'Orléans, qui prit la ville par capitulation le 28 juillet. — L'archiduc Léopold s'empara de Gravelines en 1652; mais le maréchal de la Ferté la reprit en 1658, après un siège de vingt-trois jours. Le 28 mai 1654, le feu prit aux poudres renfermées dans le château, qui sauta, ainsi qu'une partie des fortifications. Depuis le traité des Pyrénées, Gravelines est toujours resté au pouvoir des Français; le chevalier de Ville et le maréchal de Vauban y ont fait ajouter de nouveaux ouvrages qui ont perfectionné le système de défense de cette place, qui est inaccessible du côté de la mer, et dont le terrain environnant peut être inondé à volonté.

Cette ville est située dans une contrée marécageuse, à l'embouchure de l'Aa, qui y forme un port commode et très-fréquenté, qui offre un asile assuré aux navires battus par la tempête. Elle est généralement bien bâtie; les rues sont belles et bien percées; les places publiques fort agréables. On n'y remarque d'autre monument que le mausolée de M. de Metz, ouvrage du célèbre Girardon, placé, il y a quelques années, dans l'église paroissiale. L'arsenal peut contenir 8,000 fusils; les casemates sont presque neuves et d'une bonne distribution.

Commerce de vins, eaux-de-vie, genièvre, sel, bois et productions du Nord. — Ateliers de salaison de poissons. Raffineries de sel. Brasseries. Genièvreries. Armements pour la pêche de la morue, du hareng et du maquereau. Cabotage.

HONDSCHOOTE. Petite ville située sur un embranchement du canal de la Basse-Colme, à 7 l. 1/2 de Dunkerque. Population, 3,833 hab.

Hondschoote, ville autrefois célèbre par ses manufactures, parait avoir été fondée vers le X⁰ siècle. Elle fut incendiée en 1383, lorsque Charles VI chassa les Anglais de cette contrée. Les Français la dévastèrent en 1558, et elle était à peine rétablie de ce désastre, que deux nouveaux incendies la détruisirent presque entièrement en 1576 et en 1582. Les Hollandais la brûlèrent en 1708 et y commirent des actes de cruauté inouïs. Le nom de cette ville passera à la postérité pour y perpétuer le souvenir de la bataille mémorable qui se livra sous ses murs le 8 septembre 1793 : les Français, commandés par le général Houchard, y battirent complètement l'armée anglaise, forte de dix-huit mille combattants, dont plus de six mille restèrent sur le champ de bataille. — *Fabriques* de chicorée-café. Blanchisseries de toiles. Brasseries. Tanneries. Moulins à huile.

MARDICK. Village situé sur le canal de son nom, à 2 l. 1/2 de Dunkerque. Pop. 350 hab.

Mardick, qui n'est aujourd'hui qu'un simple village, était autrefois une ville célèbre, qui passe pour avoir été un lieu de garnison romaine important. En 943, les Normands s'en emparèrent et la réduisirent en cendres. L'évêque de Norwich la prit et la saccagea en 1383. Les troupes du maréchal de Termes la dévastèrent en 1558. Les Espagnols, qui s'en étaient rendus maîtres, y firent construire un fort en 1622. Les Français prirent cette place par capitulation en 1645 et la conservèrent jusqu'en 1652, époque où elle retomba de nouveau au pouvoir d Espagnols. Turenne la reprit en 1657 et l remit aux Anglais, qui en firent réparer le fortifications. Mardick fut définitivement cé dé à la France par le traité des Pyrénées mais l'augmentation des fortifications d Dunkerque et de Gravelines ayant rendu cette forteresse sans utilité, elle fut démoli vers 1664. Louis XIV, obligé en 1713 d livrer la ville de Dunkerque aux Anglais, fit construire un nouveau port à Mardick, dont les travaux furent détruits en vert du traité de la triple alliance du 4 janvier 1717. Alors Mardick, illustré par l séjour des Romains et théâtre de tant d combats, Mardick, qui avait été destiné devenir une cité importante, perdit peu peu tous ses avantages, et sa population fu réduite, en 1766, à 120 habitants.

MILLAM. Village situé sur la Colme, à 8 l. 1/2 de Dunkerque. Pop. 820 hab. Aux environs, près de la forêt de Merckeghem, on remarque une grande et ancienne chapelle dédiée à sainte Mildérède, à la puissance de laquelle les habitants attribuent plusieurs miracles : aussi est-elle l'objet d'un pèlerinage très-fréquenté par ceux qui pensent y trouver la guérison de diverses maladies.

MOËRES (les). Village situé à gauche du canal de Bergues à Furnes, à 3 l. 1/2 de Dunkerque. Pop. 680 hab.

Ce village est de création toute moderne. Les terres qui le composent étaient encore, au XVII⁰ siècle, un vaste marais dont l'inondation était incessamment entretenue par l'écoulement des eaux des terres environnantes. La nature n'avait fait des moëres qu'un immense égout destiné à recevoir les eaux qui tombent sur toutes les terres environnantes, et qui sont de huit pieds plus élevées que le sol des moëres. Il en résulte que le desséchement de ces deux lacs ne pouvait s'opérer qu'au moyen de machines hydrauliques qui en élevassent les eaux à une hauteur suffisante pour les verser dans les canaux par lesquels elles sont portées à la mer.

Jusqu'au XVII⁰ siècle, les moëres restèrent dans l'état de marais; au temps des plus grandes sécheresses, elles avaient encore cinq pieds six pouces de profondeur : la stagnation des eaux dont elles étaient couvertes infectait l'air des contrées voisines, et de là les épidémies fréquentes qui moissonnaient la population, particulièrement dans la ville de Bergues.

En l'année 1619, le baron Wenceslas de Cœbergher, célèbre ingénieur belge, qui avait médité sur le système d'écoulement des eaux du pays, fit avec les souverains un traité par lequel il s'engageait à dessécher les moëres dans un délai fixé. Il entoura d'abord ces lacs d'une digue, puis d'un canal d'enceinte; il fit, en outre, construire un grand nombre de moulins, qui épuisèrent les eaux du fond des moëres, les élevèrent dans le canal; de là elles furent portées à la mer par le canal de Bergues. Cet écoulement unique n'étant pas suffisant, on permit à Cœbergher de pratiquer un écoulement direct à la mer, par le moyen d'une écluse qu'il fit construire à ses frais au fond de l'arrière-port de Dunkerque, et à laquelle il donna son nom.

Le plus heureux succès couronna les travaux de cet ingénieur; le desséchement fut général et complet, et dès l'an 1632, on comptait cent quarante fermes, formant le village des Moëres; une belle église, dont les fondements existent encore, était le centre de cette nouvelle paroisse. Quelques heures suffirent pour détruire les travaux de vingt-sept années. Les Espagnols, assiégés dans Dunkerque en 1646, tendirent les inondations, et les moëres rentrèrent sous les eaux. Cœbergher en mourut de chagrin.

Les moëres devaient rester entièrement submergées pendant un siècle; en vain, par lettres-patentes de 1669, Louis XIV en fit la concession à ses ministres Louvois et Colbert, à la charge d'en opérer le desséchement; ils ne s'en occupèrent point, non plus que le marquis de Canillac et la marquise de Maisons, à qui le régent fit une semblable concession par autres lettres-patentes du 23 février 1716. Le comte d'Hérouville, qui obtint la même concession en 1746, se fit un devoir de remplir les conditions auxquelles cette faveur était attachée. Le gouvernement, pour favoriser son entreprise, fit, en 1752, construire une nouvelle écluse, dite de la Cunette, qui allait, par un fossé large et profond, pratiqué sous le canal même de Furnes, décharger les eaux des moëres et des terres adjacentes dans le port de Dunkerque. Dès 1762, le desséchement de la petite moëre était entièrement fini. Les suites du traité de Versailles, en 1763, détruisirent en partie ces heureux résultats; il fallut combler le port de Dunkerque, et démolir l'écluse de la Cunette, où débouchaient les eaux des moëres: heureusement le comte d'Hérouville avait eu la précaution de faire approfondir de huit pieds une partie du Kromnwart, jusqu'à Bernardsteet, et de rabaisser le radier de celui-ci à la même profondeur. Il en résulta que la moindre partie des moëres resta en culture, mais il devint impossible de dessécher le reste. En 1779, la compagnie hollandaise, connue sous le nom de Vandermey et compagnie, entreprit de nouveau le desséchement; mais les mesures militaires prises en 1793 détruisirent les résultats incomplets qu'elle avait obtenus.

En 1795, MM. Herwyn frères, qui avaient antérieurement exploité les moëres belgiques, reprirent les travaux dans cette partie. Les moëres françaises restèrent dans un état d'abandon jusqu'en 1802, époque à laquelle les propriétaires nommèrent M. de Buyser directeur du desséchement de ces moëres; en peu d'années, cet administrateur fut assez heureux pour réparer, autant que possible, le désastre que ce pays avait éprouvé.

Lors des événements militaires de 1814 et 1815, le gouvernement fit tendre les inondations des places fortes de Dunkerque, Bergues, et de leurs forts; ces inondations dominèrent le fond des moëres de dix pieds, et les auraient infailliblement englouties, si le directeur des moëres françaises, M. de Buyser, n'avait eu la précaution de faire pratiquer des barrages sur les canaux des moëres, et sur ceux d'Hondschoote qui communiquent directement avec les moëres: la même précaution fut prise par MM. Herwyn, exploitant les moëres belgiques du côté de Furnes, pour arrêter les inondations que le commandant de Nieuport avait tendues par la rivière de Dyser; ainsi les moëres furent préservées d'une perte totale, mais elles souffrirent beaucoup par la filtration et le défaut d'écoulement. Si les mêmes mesures avaient été prises en 1793, on aurait épargné de grands malheurs à cette intéressante contrée.

Graces à l'activité et à la persévérance de M. de Buyser, le desséchement complet des terrains de la commune des Moëres a été achevé en 1826; ils ne demandent plus que des travaux d'entretien, et ces lieux qui, peuplés de reptiles et d'animaux aquatiques, étaient pour l'homme un séjour de mort et de désolation, se couvrent de riches moissons, et offrent à leurs industrieux colons une habitation saine et agréable.

PITGAM. Village situé à droite de la Colme, à 5 l. de Dunkerque. Pop. 1,720 hab. On y remarque une ancienne chapelle, près de laquelle se trouve un puits dont l'eau passe, dit-on, pour avoir la vertu de guérir la fièvre; cette chapelle est très-fréquentée par ceux des habitants qui ont l'avantage d'être doués d'une forte dose de crédulité.

QUAEDYPRE. Village situé à 3 l. 3/4 de Dunkerque. Pop. 1,964 hab. —Éducation des chevaux et des bêtes à cornes. Culture de houblon.

SOCX. Village situé à 3 l. 1/2 de Dunkerque. Pop. 780 hab. L'église paroissiale de ce village est remarquable par la beauté de son clocher, surmonté d'une flèche très-élevée qui, quoique éloignée de deux lieues et demie de la côte, s'aperçoit à une certaine distance en mer.

SYNTHE (PETITE-). Village situé à 1 l. de Dunkerque. Pop. 1,402 hab. —*Fabriques* de noir animal. Distilleries de genièvre. Briqueterie.

TETEGHEM. Village situé sur le canal de Furnes à Dunkerque, à 1 l. 1/4 de cette dernière ville. Pop. 580 hab. On y remarque les restes d'une belle et ancienne église, dont il n'existe plus qu'une partie de la nef du milieu, avec le clocher, moitié de la nef droite, et une partie des murs de celle de gauche.

Le hameau de ROZENDAL fait partie de cette commune; c'est à la fois le lieu le plus agréable des environs de Dunkerque, et l'une des promenades les plus fréquentées.

WATTEN. Bourg situé au pied d'une petite montagne, sur l'Aa, à 8 l. 1/2 de Dunkerque. Pop. 1,106 hab.

Watten est un lieu très-ancien, où les Romains avaient construit une forteresse. Vers la fin du XIe siècle, quelques anachorètes se fixèrent sur le mont Watten et y bâtirent un ermitage qui fut doté par la suite de grands biens et devint une riche abbaye, au-dessous de laquelle se forma le bourg existant aujourd'hui. Ce bourg fut ruiné pendant les guerres du XVIe et du XVIIe siècle. En 1638, les comtes de Nassau et d'Isembourg s'emparèrent du mont Watten: le maréchal de Gassion le reprit et y fit faire quelques ouvrages de défense en 1643; les Espagnols s'emparèrent de cette position en 1647; Turenne la reprit en 1657, et sa possession a été assurée à la France par le traité des Pyrénées.

L'abbaye de Watten fut brûlée par les protestants au commencement du XVIIe siècle, et donnée ensuite aux jésuites anglais qui la réédifièrent et la conservèrent jusqu'en 1762, époque où elle fut supprimée, et ses biens donnés à l'évêque de Saint-Omer; celui-ci en fit démolir les bâtiments, à l'exception de la tour de l'église, que l'on a conservée pour servir de guide aux navigateurs.—*Fabriques* de poteries de terre. Tuileries et briqueteries.

WEST-CAPPEL. Village situé à 4 l. 3/4 de Dunkerque. Pop. 950 hab. On y remarque un ancien château dont les tourelles ont été démolies vers la fin du siècle dernier.

WORMHOUDT. Joli bourg, situé sur l'Yser, à 5 l. de Dunkerque. ⊠ Population 4,020 hab.

Ce bourg doit sa formation à un monastère fondé vers la fin du VIIe siècle, détruit par les Normands en 881, relevé et doté de grands biens par les comtes de Flandre.

Wormhoudt est un des plus jolis bourgs de la Flandre; les maisons y sont bien bâties, et tenues avec une propreté remarquable. Il est traversé par l'Yser, dont les bords sont réellement enchanteurs.—Blanchisseries de toiles. Brasseries. Tanneries. Briqueteries. Moulins à huile.

ZEGGERS-CAPPEL. Village situé à 5 l. de Dunkerque. Pop. 1,800 hab. On y remarque une chapelle très-ancienne, qui est l'objet d'un pèlerinage très-fréquenté.

ZUYDTCOOTE. Village situé près des dunes, à 2 l. 1/2 de Dunkerque. Pop. 340 hab. En 1777, une partie des maisons de ce village furent ensevelies sous les sables, qui recouvrirent aussi l'église, dont on n'aperçoit plus que la tour.

ARRONDISSEMENT D'HAZEBROUCK.

ARNÊKE. Village situé à 5 l. d'Hazebrouck. Pop. 1,500 hab. Il est fort anciennement connu par ses pèlerinages en l'honneur de saint Godard, qui passe dans ce pays pour guérir les goutteux.

BAILLEUL. Ancienne et jolie ville, située à 4 l. 3/4 d'Hazebrouck. Collège communal. ⊠ ☞ Pop. 9,823 hab.

Bailleul est une ville fort ancienne, dont quelques chroniques attribuent la fondation à une colonie sortie de Bavai, lorsque Jules-César se disposait à en faire le siège. Son château fut démoli par les Normands, en 882. Baudouin le Jeune, comte de Flandre, fit entourer la ville de fortifications, que Robert le Frison augmenta considérablement

CASSEL.

en 1072. Cette ville fut saccagée ou brûlée en 1213, 1263, 1383, 1436, 1478, et en 1503; un accident la réduisit totalement en cendres en 1582; les Français la brûlèrent en 1653, et un incendie qui éclata dans une brasserie, la consuma entièrement, ainsi que tous les édifices publics, en 1681.

Cette ville est située sur une éminence, et généralement bien bâtie. Ses rues sont bien percées et ses maisons construites avec goût. Toutefois, les constructions y sont plus germaniques que françaises : le dessus des portes des maisons les plus élégantes est décoré d'une manière bizarre, et propre à donner une idée de l'esprit religieux des Flamands : ce sont des faits de l'histoire sainte sculptés, entre lesquels se trouvent des morceaux de glaces qui laissent pénétrer le jour dans le vestibule. Ainsi, l'on voit sur la porte d'une maison Adam et Ève auprès de l'arbre de vie; sur d'autres, le ravissement de saint Paul, le chasseur Nemrod, la Nativité, les rois Mages, etc.

On remarque à Bailleul l'ancienne église de Saint-Vaast et celle du ci-devant collége des Jésuites. Cette ville est entourée d'excellentes prairies où l'on élève une grande quantité de bestiaux. Aux environs, sur le mont de Lille, on voit un champ, en partie couvert de débris, où l'on présume que les Romains avaient bâti un grand édifice.

Fabriques de ratines, fils retors, dentelles, toiles de lin, toiles à matelas, linge de table, tissus de coton, faïence, poterie, savon noir, sucre de betteraves. Blanchisseries de fil. Raffineries de sel. Nombreuses brasseries. Moulins à huile. Briqueteries. Tanneries. Moulins à blé et à tan. — *Commerce* de grains, fèves, fromages dits de Bailleul, volailles, bestiaux, etc.

CAESTRE. Village situé à 2 l. d'Hazebrouck. Pop. 1,660 hab. On y remarque l'antique chapelle dite des Trois-Vierges, dont la fondation remonte au IXe siècle.

CASSEL. Ville ancienne, située sur la montagne de son nom, à 3 l. 1/2 d'Hazebrouck. Collége communal. ✉ ☞ Popul. 4,234 hab.

Il n'est guère possible d'assigner l'époque précise de la fondation de Cassel. Tous les historiens assurent qu'elle était la capitale de la Morinie quand Jules-César conquit ce pays. Cette ville devint bientôt célèbre par le nombre d'habitants qui vinrent s'y établir. Vers l'an 396, des brigands qui avaient leur retraite dans les marais environnants la ravagèrent. Sifride, roi de Danemark, la saccagea et détruisit ses fortifications en 928; peu de temps après, Arnould-le-Grand, comte de Flandre, en releva les fortifications. En 1071, Cassel était entouré d'épaisses murailles, de bastions, et cinq portes en fermaient l'enceinte, lorsque Philippe Ier, roi de France, se présenta avec son armée devant cette ville pour y combattre Robert le Frison, qui prit poste au pied du mont Cassel, et suppléant au nombre par l'avantage du lieu, remporta une victoire signalée sur Philippe, qui fut forcé de battre en retraite. — La ville de Cassel fut consumée par les flammes en 1311. Philippe-Auguste la prit en 1213. Philippe-le-Bel l'assiégea en 1328, et courut le danger de perdre la vie sous ses murs. Les assiégés avaient pris position sur une montagne en dehors de la ville. En dérision des Français, ils firent peindre un coq sur leurs étendards, avec cette inscription :

Quand ce coq chanté aura
Le roi Cassel conquetera.

Les Français, quoique provoqués, n'osèrent point attaquer une position qu'ils jugèrent trop forte : ils se contentèrent de dévaster les campagnes. Des hauteurs de Cassel, les Flamands voyaient, dans la nuit, leurs villages en feu, aussi loin que leur vue pouvait s'étendre. La patience des Flamands fut la première à se lasser, après que les deux armées furent restées près d'un mois en présence. Zoumekin de Bruges comprit que ses compatriotes ne pouvaient abandonner plus long-temps leurs affaires; il essaya donc de surprendre le camp français; déguisé en marchand de poisson, il s'y introduisit pour en connaître la disposition, et il en parcourut les divers quartiers. Le lendemain, 23 août 1388, il partagea en trois corps les seize mille hommes qu'il avait sous les armes; il les fit sortir en silence de son camp retranché; le soir, à l'heure où il savait que les ennemis avaient coutume de souper, il en conduisit un au quartier de Philippe, tandis que les deux autres se dirigeaient sur les tentes du roi de Bohème et de Navarre. Il parvint sans obstacle jusqu'au pavillon du roi de France, qu'il surprit à souper avec toute sa gendarmerie. Les chevaliers eurent grand peine à retenir l'ennemi, tandis que Philippe s'échappait par derrière, sautait sur un cheval et s'enfuyait au galop. Un grand nombre de ceux qui s'étaient exposés pour lui, tombèrent sous les coups des Flamands; les Français, sortant de leurs tentes, accouraient pour prendre part au combat, mais en désordre, étonnés par les cris et la présence de l'ennemi au milieu de leur camp. Les deux autres corps de Flamands avaient aussi pénétré jusqu'au lieu qui leur avait été assigné; toutefois les comtes de Hainaut et de Bar, qui étaient plus éloignés des quartiers attaqués, et qui n'avaient point déposé la cuirasse comme les Français, accoururent au bruit avec leur gendarmerie en bon ordre; ils tombèrent sur les Flamands déja fatigués d'un premier combat, de leur course et du poids de leur armure; la plupart, en effet, avaient endossé la cuirasse comme des cavaliers, et sans avoir été blessés, ils succombaient à l'épuisement. Les Français, dispersés par la première attaque, eurent alors le loisir de s'armer et de revenir à la charge. Les Flamands, entourés de toutes parts, accablés par le nombre, sentirent que leur heure était venue : déja Zonnekin avait été tué; les autres ne se démentirent pas, aucun ne chercha son salut dans la fuite, on ne se sépara pas de ses compagnons. Trois corps d'armée avaient pénétré dans le camp français; trois monceaux de morts marquèrent leur place; les gentilshommes n'accordèrent de quartier à personne : treize mille morts furent comptés sur le champ de bataille; en sortant de Cassel, les Flamands n'avaient que seize mille combattants. — Après leur victoire, les Français entrèrent à Cassel, qu'ils pillèrent, et où ils exercèrent d'horribles cruautés.

Sous le règne de Charles VI, les Anglais se rendirent maîtres de cette ville, d'où ils furent chassés par Clisson, qui l'abandonna au pillage des Français. En 1477, Louis XI, irrité contre les Flamands de ce qu'ils avaient fait pendre ses espions à Bruges, se jeta sur Cassel, pilla cette ville, et fit mettre le feu à tous les édifices : les habitants qui n'eurent pas la force de fuir furent passés au fil de l'épée. Cassel fut encore pris par les Français, en 1658. Le 13 avril 1677, le duc d'Orléans défit sous ses murs une armée de 30,000 Espagnols et Hollandais, commandés par le prince d'Orange. Sa possession fut assurée à la France en 1678, par le traité de Nimègue.

La ville de Cassel est bâtie au sommet d'une montagne conique, isolée, au milieu d'une vaste et riche plaine. De nos jours, ouverte et démantelée, cette ville est bâtie en longueur du sud-est au nord-ouest, et protégée contre les vents du nord par la terrasse de son ancien château. La place ou grand marché est au centre; les rues sont peu nombreuses, propres, assez bien entretenues, et pourvues chacune d'une fontaine abondante. Les maisons sont solidement bâties en briques, la plupart à un seul étage, surmontées de greniers spacieux, tenues avec une propreté remarquable, et pourvues chacune d'un jardin bien soigné : on en voit encore quelques-unes de construction espagnole.

Parmi les édifices publics, on remarque l'église paroissiale, bâtie en 1290 : le maître-autel est en marbre et décoré d'une statue de la Vierge, qui est réputée miraculeuse dans tout le pays ; dans la tour, ont été placés l'horloge de l'ancienne cathédrale de Térouane et un beau carillon. — Derrière cette église, se voient encore les restes du couvent et du collège des Jésuites.—Sur la grande place, est un bâtiment spacieux ou s'assemblaient les administrateurs de la Flandre maritime; maintenant, il sert de dépôt aux anciennes archives de la châtellenie, et la mairie en occupe une grande partie. Vis-à-vis de ce bâtiment existe une belle fontaine. On voit encore sur la même place un bâtiment de construction espagnole, qui servait anciennement de maison de ville.—Des six portes fortifiées qui servaient d'entrée à Cassel, il en existe encore trois dont la maçonnerie est très-bien conservée : ce sont celles d'Ypres, d'Aire et de Bergues; ces deux dernières passent pour être l'ouvrage des Romains. Quant à la muraille garnie de bastions qui entourait la ville, on en voit encore quelques fragments le long de la promenade des remparts. On voit aussi, sur la terrasse de l'ancien Castellum, les restes d'une voûte de chemin souterrain, avec un puits très-profond de construction romaine.

A l'occident de la ville, se trouvent le château et le beau jardin paysager du général Vandamme, que les étrangers ne doivent pas manquer de visiter : les montées et les descentes rapides qui se rencontrent dans le parc sont naturelles à la montagne, et ajoutent au charme de ce lieu pittoresque. On y remarque, entre autres morceaux curieux, de belles statues en marbre, des colonnes de divers marbres rares, de beaux kiosques. Des bassins de forme élégante, dont les eaux sont recueillies, contenues et conservées avec beaucoup d'art, se montrent au milieu des pelouses émaillées. Des fenêtres du château, qui présente le front au nord, on jouit d'une vaste perspective qui s'étend jusqu'à la mer.

« Cassel, placé sur le point le plus élevé

de la Flandre, offre une des vues les plus étendues que l'on connaisse, et que l'on peut dire unique en Europe. C'est un immense jardin, percé d'avenues qui se dirigent en tous sens, planté de plusieurs milliers d'arbres forestiers et fruitiers, dont le vert foncé nuance de la manière la plus pittoresque avec le vert tendre des gras pâturages et la teinte dorée des moissons. Mais l'œil y chercherait en vain des aspects grandement variés : à l'exception du mont des Récollets, et des monts des Cattes, qui frappent les regards dirigés vers l'orient, tout est plane, uniforme, et l'on serait attristé de la monotonie de ce territoire, si les riches moissons, si les gras pâturages et les nombreux bâtiments qui les couvrent n'attestaient l'aisance et le bonheur des habitants. Là, une vigueur de végétation et une variété de culture qu'on ne trouve point ailleurs ; des prés au milieu des champs, et des vergers entourés de prairies, divisés en une foule de propriétés dont les compartiments réguliers et irréguliers offrent toute sorte de figures. Mais ce qu'il y a de plus remarquable dans cette immense vue, ce sont les villes qui, même à plus de quinze lieues d'éloignement dans toutes les directions, peuvent être aperçues aisément ; ce qui fait que Cassel, placé au centre de plusieurs grandes routes, possède journellement beaucoup de voyageurs, curieux de jouir d'un coup d'œil si ravissant. C'est surtout lorsqu'on se place à l'endroit où était le vieux castel des Morins, bien plus élevé que le sol de la ville, que l'on découvre aisément par un temps serein les côtes de la mer du Nord, avec les vaisseaux de la rade de Dunkerque, Gravelines et Calais. Avec le secours de lunettes d'approche, et même à l'œil nu, on voit trente-deux villes fortes plus ou moins considérables ; ce sont celles d'Aire, Armentières, Arras, Bailleul, Bergues, Béthune, Boulogne, Bourbourg, Burges, Calais, Dixmude, Douai, Douvres (en Angleterre), Dunkerque, Estaires, Furnes, Gravelines, Hazebrouck, Hondtschoote, la Bassée, Lagorgue, Laventhie, Lens, Lillers, Loo, Merville, Nieuport, Saint-Omer, Ostende, Poperingue, Rousbrugghe, Steenvoorde, Térouane, Saint-Venant et Watten. On découvre aussi près de cent bourgs, dont les tours et les cimes des clochers s'élèvent au-dessus des bouquets d'arbres qui les entourent et couvrent au loin la plaine. Au nord, un spectacle ravissant, mais que les brumes rendent fort rare, est celui de la mer, que l'on aperçoit dans une étendue de cinq à six lieues ; les lunettes permettent de découvrir les vaisseaux dans la rade de Douvres, et le soir, par un temps calme, le phare de cette ville s'offre parfois à la vue de l'observateur attentif. Quand les premières clartés du jour viennent frapper la vue, le coup d'œil prend une face nouvelle ; en cet instant, le spectacle est vraiment magnifique. L'horizon tout en feu laisse sans obstacle contempler le lever du soleil : « On le voit, dit Jean-Jacques, « s'annoncer de loin par les traits de feu « qu'il lance au-devant de lui : l'incendie « augmente, l'orient paraît tout en flammes; « à leur éclat, on attend l'astre long-temps « avant qu'il se montre : à chaque instant « on croit le voir paraître ; on le voit enfin. « Un point brillant part comme un éclair, « et remplit aussitôt tout l'espace : le voile « des ténèbres s'efface et tombe. L'homme « reconnaît son séjour et le trouve embelli. « La verdure a pris, pendant la nuit, une « vigueur nouvelle ; le jour naissant qui l'é-« claire, les premiers rayons qui la dorent, « la montrent couverte d'un brillant réseau « de rosée qui réfléchit à l'œil la lumière et « les couleurs. » Le soleil frappant les édifices des villes environnantes du côté occidental, laisse voir entre autres Saint-Omer, qui paraît n'être qu'à une lieue d'éloignement : on distingue jusqu'aux vitraux de ses églises : des villages et des chaumières, éclairés alors de même par leur face orientale, augmentent encore la beauté de cette perspective[1]. »

Cassel est la patrie du lieutenant-général Vandamme.

Fabriques de dentelles, toiles, chapeaux, bas de laine et de fil, savon, poterie de terre. Nombreux moulins à huile. Blanchisseries de toile et de fil. Raffineries de sel. Brasseries. Tanneries et corroieries. — *Commerce* de grains, légumes secs, beurre, volailles, bestiaux, etc.

EECKE. Village situé au milieu de bons pâturages, à 2 l. d'Hazebrouck. Pop. 1,144 hab. — *Fabriques* de saboterie.

ESTAIRES. Ancienne ville, située sur la rive gauche de la Lys qui y est navigable, à 4 l. 3/4 d'Hazebrouck. Collège communal. ✉ Pop. 6,504 hab.

L'origine de cette ville est inconnue : le pont d'Estaires est le *Minariacum* dont il

---

1. Topographie historique, physique, statistique et médicale de la ville et des environs de Cassel, par le docteur de Smytère. 2ᵉ édition, in-8°; 1833.

est parlé dans l'itinéraire d'Antonin. Vers la fin du XIe siècle, la paroisse d'Estaires était si considérable qu'elle fut divisée en deux parties, séparées par la Lys. Cette ville fut réduite en cendres par les Flamands en 1347, et essuya le même malheur en 1474 et 1577. Elle fut prise par les Espagnols en 1548, et reprise par M. de Villequier après la bataille de Lens. C'est aujourd'hui une ville ouverte, dont la position, au centre d'une forte population rurale, rend les marchés du jeudi de chaque semaine très-fréquentés dans toutes les saisons de l'année. — *Fabriques* considérables de toiles et de linge de table. Filature et préparation du lin. Blanchisseries de toiles. Amidonnerie. Clouteries. Construction de bateaux. — Marché aux toiles tous les mercredis.

FLÊTRE. Village situé à 3 l. d'Hazebrouck. Pop. 1,190 hab. On remarque dans cette commune la tour d'un ancien château dont la construction remonte à une époque fort reculée; les murs ont quatorze pieds d'épaisseur, et leur ciment est tellement dur qu'il est difficile de les démolir. Dans l'église paroissiale existe un caveau fermé, contenant les tombeaux de plusieurs anciens seigneurs du lieu. Flêtre est la patrie de J. Meyer, surnommé le père de l'histoire de Flandre.

GODEWAESVELDE. Village situé à 3 l. d'Hazebrouck. Pop. 1,821 hab. On voit un établissement agricole de trappistes, qui ont défriché aux environs une grande étendue de terres incultes, et fait bâtir dans ce lieu une grande et belle église.—*Fabriques* de toiles d'emballage. Brasseries.

GORGUE (la). Petite ville, située sur la rive droite de la Lys qui y est navigable, à 4 l. 1/2 d'Hazebrouck. Pop. 3,225 hab. Elle fut brûlée par les Flamands en 1340, et par les Français en 1347. — *Fabriques* de toiles et de linge de table. Raffinerie de sel. Blanchisseries de toiles. Moulins à huile.

HAVERSKERQUE. Village situé à 2 l. 3/4 d'Hazebrouck. Pop. 1,864 hab.

HAZEBROUCK. Jolie ville. Chef-lieu de sous-préfecture. Tribunal de première instance. Collége communal. Société d'agriculture. ✉ ⚘ Pop. 7,522 hab.

Cette ville est située dans un territoire extrêmement fertile, sur le ruisseau de la Bourre, qui communique à la Lys. Elle est assez bien bâtie et offre plusieurs édifices publics remarquables.—L'église paroissiale est vaste, bien ornée, et sa tour est digne de fixer l'attention; elle est surmontée d'une flèche à jour, construite de 1490 à 1520, qui est la plus belle en ce genre que possède le département — L'hôtel-de-ville, où siège le tribunal de première instance, est un édifice des plus remarquables, construit de 1807 à 1820 : la façade offre douze colonnes de 24 pieds de hauteur, surmontées d'un entablement et d'un attique, ayant pour soubassement un portique de onze ouvertures.—L'hôtel de la sous-préfecture est aussi un bâtiment moderne, construit entre cour et jardin, avec deux ailes dans lesquelles sont établis les bureaux. — Le collége, l'hospice, le magasin à tabacs, la halle et l'école primaire occupent les bâtiments d'un ancien couvent d'Augustins, dont la façade est remarquable par le genre de son architecture, par la singularité des détails qui lui servent d'ornements, par son étendue et par son élévation; on pense que la construction de cet édifice date du XIVe siècle.—Bibliothèque publique renfermant 3,500 volumes.

Fabriques de toiles, fils retors, amidon, savon, cuirs. Raffineries de sel. Brasseries. Moulins à huile. Fours à chaux. Teintureries de toiles et de fil. Marché considérable pour les toiles, tous les samedis, dans un vaste local destiné à cet usage.

MERVILLE. Petite ville, située sur la rive gauche de la Lys, à la jonction du canal de la Bourre, à 3 l. 1/2 d'Hazebrouck. ✉ Pop. 5,864 hab.

Cette ville doit son origine à un monastère de bénédictins fondé en 674, autour duquel se forma un bourg de quelque importance, qui fut détruit, ainsi que l'abbaye, par les Normands dans le cours du IXe siècle. Quelque temps après cet événement, Merville se rétablit, et devint dans la suite une ville renommée par ses fabriques de toiles : elle fut brûlée par les Français en 1347, et saccagée par les calvinistes en 1581. — *Fabriques* importantes de linge de table, de toiles de fil et de lin. Raffineries de sel. Construction de bateaux. Brasseries. Briqueteries, etc. — *Hôtel* des Trois-Chevaux.

METEREN. Village situé à 3 l. 3/4 d'Hazebrouck. Pop. 2,362 hab. — *Fabriques* de dentelles, toiles, fil. Blanchisserie de toiles. Brasseries. Tanneries.

MORBECQUE. Bourg situé à 1 l. d'Hazebrouck. Pop. 3,979 hab. Aux environs, dans la forêt de Nieppe, on remarque les ruines de l'ancien château fort de la Motte-aux-Bois.

NIEPPE. Bourg situé à 6 l. 3/4 d'Hazebrouck. Pop. 3,221 h.—Nombreuses blanchisseries de toiles. Brasseries. Tannerie. Fours à chaux.

NOORDPEENE. Village situé sur la rivière de Peene, à 1 l. 3/4 d'Hazebrouck. Pop. 1,450 hab. C'est sur son territoire que se donna, en 1677, la bataille de Peene, gagnée par le duc d'Orléans sur les Hollandais et les Espagnols, commandés par le prince d'Orange.

RUBROUCK. Village situé sur l'Yser, à 5 l. 3/4 d'Hazebrouck. Pop. 1,430 hab. On y remarque l'église paroissiale, surmontée d'une tour construite avec élégance avec les matériaux provenant des débris de la ville de Térouane.

STEENVOORDE. Bourg situé sur la Beeque du même nom, à 2 l. 3/4 d'Hazebrouck. Pop. 4,028 hab. Il fut pris et brûlé par les Français en 1214, lors de la guerre que Philippe Auguste fit au comte de Flandre Ferraud. Ce dernier, ayant refusé foi et hommage à son souverain, fut emmené prisonnier à Paris, où il demeura pendant douze ans et demi renfermé dans la tour du Louvre. — *Fabriques* d'étoffes de laine, poterie de terre, d'huile. Blanchisseries de toiles. Brasseries. Tanneries. Culture en grand du houblon.

STEENWERCK. Grand village, situé sur la Lys, à 6 l. d'Hazebrouck. Pop. 4,747 hab.—*Fabriques* d'huile. Nombreuses blanchisseries de toiles. Moulin à farine.

VIEUX-BERQUIN. Village situé sur la Bourre, à 2 l. 1/4 d'Hazebrouck. Pop. 3,517 hab. — *Fabriques* d'huile. Brasseries.

WINNZEELE. Village situé à 3 l. 3/4 d'Hazebronck. Pop. 1,457 hab. On remarque dans le cimetière de ce village un magnifique tilleul de 43 pieds de circonférence; la tige, dont la hauteur est seulement de 18 pieds, est surmontée d'une couronne, composée de cinq fortes branches. Ce bel arbre passe pour avoir été planté vers le milieu du XVe siècle.

ARRONDISSEMENT DE VALENCIENNES.

AMAND-LES-EAUX (SAINT-). Ville ancienne, située dans une riche et fertile plaine, sur la rive gauche de la Scarpe, à 3 l. 1/4 de Valenciennes. Collége communal. ✉ ☞ Pop. 8,754 hab.

Au VIIe siècle, Saint-Amand n'était qu'un village, connu sous le nom d'Elnon, que le roi Dagobert donna en 634 à saint Amand, qui y fonda une abbaye et lui donna son nom. Ce monastère fut brûlé par les Normands en 880. Le comte de Hainaut s'empara de l'abbaye, ainsi que de la ville, en 1340, y mit le feu et en massacra tous les habitants pour se venger de la garnison et des bourgeois qui avaient dévasté Hasnon. En 1477, les troupes de la duchesse de Bourgogne lui firent éprouver les mêmes malheurs. Le prince de Ligne la prit en 1521; les Français s'en rendirent maîtres en 1667 et la dévastèrent. On voit encore dans cette ville le clocher de l'ancienne abbaye, bâti de 1633 à 1636; c'est tout ce qui reste du plus beau monument gothique de la contrée. Il est construit en grès et pierres blanches, sculptées de la base au sommet; la hauteur de cette tour, qui sert aujourd'hui d'horloge publique et de beffroi, est de 300 pieds : on arrive au sommet par un escalier de 450 marches.

Fabriques de fil à dentelle et de mulquinerie, de dentelles, bas de laine, couvertures de coton, chicorée-café, savon noir, huiles, pipes de terre, clous. Construction de bateaux. Filatures de coton. Manufacture de porcelaine. Raffineries de sel. Distilleries d'eaux-de-vie de grains. Tanneries et faïenceries. — *Commerce* de grains, vins, eaux-de-vie, huile, savon, chanvre, lin, etc.

EAUX ET BOUES THERMALES DE SAINT-AMAND [1].

A une lieue est de Saint-Amand, on trouve un bel établissement d'eaux et de boues minérales qui jouissent, à juste titre, d'une grande réputation. Il est difficile de fixer l'époque précise de la découverte de ces eaux : on sait seulement qu'elles furent fréquentées par les Romains, qui ont occupé le pays pendant près de cinq siècles, et qui avaient placé le chef-lieu de leur colonie à Bavay, distant de quatre lieues de ces sour-

---

[1]. Nous devons cet article à l'obligeance de M. C. A. Delaunay, ancien médecin de la grande armée, chevalier de la légion-d'honneur, médecin-inspecteur des eaux minérales de Saint-Amand, résidant à Valenciennes.

ces. Lors des fouilles qui ont été faites dans le voisinage de la principale fontaine, on a découvert des médailles des empereurs Vespasien et Trajan, et un petit autel de bronze avec les principaux traits de Remus et de Romulus en relief.

Ces eaux étaient déjà célèbres long-temps avant 1648, époque où l'archiduc Léopold, gouverneur des Pays-Bas, y fut amené par son médecin après la bataille de Lens, et fut guéri par leur usage de coliques néphrétiques causées par la présence de graviers dans les reins.

Les eaux minérales de Saint-Amand proviennent de trois sources très-abondantes, dont la première porte le nom de Fontaine Bouillon, parce qu'en fixant les bords du réservoir, on voit continuellement des bouillons partir de dessous le sable qu'ils semblent percer, s'élever à une certaine hauteur en petits tourbillons, et venir former à la superficie de grosses bulles qui se dissipent en faisant un petit bruit. La deuxième se nomme Source du Pavillon ruiné, parce que c'est dans son abîme que les Romains jetèrent leurs meubles, effets, voire même leurs dieux en bronze, à leur départ précipité. La troisième se nomme Fontaine de l'archevêque d'Arras, ou Fontaine de Vérité, parce que ce prélat ayant fait usage de son eau, reconnut aux symptômes qu'elle fit manifester, la maladie cachée qui le tourmentait depuis long-temps.

Entre les sources de la fontaine du Bouillon et d'Arras, se trouvent des boues minérales, retenues dans un bassin découvert, d'où l'eau s'échappe par une rigole circulaire. Elles sont réparties en quatre-vingts loges ou cases, dont chaque numéro appartient pour la saison à la personne malade qui en prend possession d'après l'indication du médecin-inspecteur. Ces boues se renouvellent chaque année par celles que l'on retire des sources.

Le terrain environnant les sources minérales se compose de trois lits de matière différente; le premier et le plus superficiel est une terre noire; le second, une espèce de marne; le troisième, un sable fin qui est très-mouvant dans le voisinage des eaux.

La température des eaux de Saint-Amand est de 20 degrés du thermomètre de Réaumur. Les boues sont constamment au même degré que les eaux, quelle que soit la variation de l'air atmosphérique.

Le bâtiment des eaux thermales offre la figure d'un parallélogramme, d'une longueur de 80 toises, ayant en face, à l'ouest, la façade de l'établissement des boues, et au midi le bâtiment qui les fixe. Les chambres des baigneurs sont au nombre de vingt-quatre; le nombre des douches est de six.

Les boues et sources minérales de Saint-Amand appartenaient autrefois à l'abbaye de ce nom ; à l'époque de la révolution, elles devinrent la propriété du gouvernement, qui les a concédées au département. Les fonds qui en proviennent sont versés à la caisse centrale des hospices.

L'établissement de Saint-Amand offre de belles promenades boisées, et toutes les ressources nécessaires à la vie. La proximité de Saint-Amand et de Condé, jolie ville située à l'extrême frontière de la France et des Pays-Bas, le voisinage de l'ermitage de Bon-Secours, où affluent, dans la belle saison, une multitude d'habitants aisés des contrées environnantes, en rendent le séjour très-agréable. On y trouve en outre un salon de danse et des salles de jeu.

SAISON DES EAUX. La saison des eaux commence du 10 au 15 juin, selon la chaleur de l'époque, et se prolonge jusqu'à la fin d'août. On prend ordinairement les eaux pendant 15 à 20 jours.

PRIX DU LOGEMENT ET DE LA DÉPENSE JOURNALIÈRE. Le prix du logement varie de un à deux et trois francs par jour. La nourriture est bonne, abondante et recherchée ; elle se paie par jour 3 fr. 50 c. pour le déjeuner et le dîner.

On compte annuellement cent personnes qui fréquentent les eaux pendant les deux saisons. Sur ce nombre on compte environ cinquante baigneurs.

TARIF DU PRIX DES EAUX, BAINS ET BOUES. Les trois genres de remèdes se paient de même :

Bain . . . . . . 1 fr. 50 c.
Douche 1   50
Boue 1   50

Plus, 3 francs pour l'eau prise en boisson pendant le séjour du malade.

ANALYSE DES DIVERSES SOURCES. Les eaux de Saint-Amand ont été analysées, en 1685, par M. . . . . , médecin de Tournai; en 1698, par Brassard, médecin de la même ville ; par M. . . . . , en 1699; par M. Mignot, médecin de Mons, en 1700; par M. Pithois, médecin à Valenciennes, en 1701; par M. Brassard, médecin à Lille, en 1714; par M. Morand père, en 1743; par M. Gosse, médecin à Saint-Amand, en 1750; par M. . . . . , médecin à Saint-Amand, en 1750; par M. Desmilleville, médecin à Lille, en 1771; par M. Trecourt, médecin à Cambrai, en 1775; par M. Drapier, chimiste de Lille, le 12 thermidor an XIII; par M..........., médecin à Valenciennes, en 1809. Elles ont été aussi analysées en 1829, par M. Delaunay, médecin-inspecteur actuel de l'établissement.

Les deux premières sources ont constamment offert, dans leur analyse, les proportions suivantes pour quatre kilogr. d'eau :

	Gram.
Air atmosphérique	0,0000
Acide carbonique gazeux .	0,6812
Sulfate de magnésie. . . .	2,9200
— de chaux	0,2400
Muriate de chaux.	0,2200
— de soude	1,7000
— de magnésie . . .	0,3200
Carbonate de chaux. . . .	1,5600
— de silice	0,1000
— de fer.	0,8000

Les boues se composent de trois couches de terre de différente nature : la première est une tourbe argileuse; la seconde est tout argileuse; la troisième est formée d'un quartz arénacé très-fin, uni à du carbonate calcaire sous la même forme, auquel on peut donner 2 mètres 5 décimètres de profondeur. C'est à travers cette troisième couche, dans un espace de 27 mètres (84 pieds, en carré long), que sourdent un nombre considérable de petites sources, dont les eaux, de même nature que celles des fontaines, détrempent l'argile pure et la tourbe argileuse pour en former une espèce de bourbier.

Propriétés physiques. Les eaux de Saint-Amand sont assez claires, très-potables, quoique prises aux sources; elles ont une saveur assez dominante de gaz hydrogène sulfuré, qu'elles perdent bientôt si on les expose à l'air libre. Elles ternissent les métaux, ainsi que le font toutes les eaux sulfureuses.

Propriétés chimiques. L'huile de térébenthine versée sur cette eau donne à sa superficie les couleurs de l'arc-en-ciel; une pièce d'argent posée sur l'orifice d'une bouteille remplie de cette eau prend en douze minutes la couleur d'or, puis en trente la pièce devient noire.

L'eau de Saint-Amand rougit la teinture bleue des végétaux. L'écorce de grenade lui communique une couleur orangée, et la noix de galle une couleur citrine; elle dissout mal le savon. Le sel de tartre la blanchit et y dépose pour résidu un sédiment blanchâtre. Le sublimé-corrosif dissous dans cette eau la rend blanche; elle s'éclaircit par le dépôt de son résidu, qui est un précipité blanc de mercure.

Six livres d'eau de ces sources, évaporées jusqu'à siccité, ont laissé pour résidu 24 grains de sel neutre. Bref, une infinité d'expériences bien faites, et par conséquent très-concluantes, pourraient être relatées, mais comme elles deviendraient prolixes, nous renvoyons à la notice publiée sur l'analyse de ces eaux.

Propriétés médicinales. Des cures extraordinaires y sont remarquées annuellement pour les maladies suivantes : paralysie, paraplégie, hémiplégie, ankiloses, rhumatismes goutteux, articulaires, musculaires, maladies de nerfs, de peau, des reins, de la vessie, de l'urètre, atonie par suite de ces maladies, gravelle, catarrhe de vessie, obstructions abdominale, hépatique et ovoïde, diarrhée opiniâtre, faim canine, acrimonie du sang et de la lymphe, suppression des menstrues, leucorrhée, ophthalmie chronique, migraine rebelle, maladies hystériques, hydropisie ascite, hydrothorax, érysipèles périodiques, etc.

Les bains de boues sont d'une efficacité très-reconnue dans les paralysies, les roideurs des articulations, l'ankilose incomplète, les vieux ulcères, et dans l'atrophie des extrémités. Une multitude de malades y recouvrent annuellement la santé.

Mode d'administration. Les eaux se donnent en boissons, bains et douches ascendantes, descendantes et latérales. En boissons on en use le matin, depuis la dose de trois ou quatre verres jusqu'à douze.

Les bains de boues se prennent dans les loges ou cases séparées, désignées par un numéro; chaque baigneur a la possession de sa loge pour une ou deux saisons.

ANZIN. Bourg situé à une demi-lieue de Valenciennes. Pop. 4,254 hab.

Ce bourg est le centre de l'exploitation la plus importante des mines de houille de la France. Les mines d'Anzin sont exploitées par une compagnie qui réunit cinq concessions différentes : la concession d'Anzin, la concession de Raismes, la concession de Fresnes, la concession de Vieux-Condé, la concession de Saint-Saulve. Cet important établissement possédait, en 1830, vingt-sept puits d'extraction, huit puits en souffrance, trois avaleresses, cinq puits d'aérage, douze machines pour l'épuisement, trente-quatre machines d'extraction; elle occupait 174 employés, 4,446 ouvriers et 396 chevaux : elle a produit 3,594,500 hectolitres de charbon.

La concession d'Anzin comprend le territoire d'Anzin, Aubry, Trith-Saint-Léger, Herrin, Oisy, Wavrechain, Denain, Haveluy, Bellaing, Escaudain, Ellesmes, Wallers, Abscon, Somain, Hornaing, Fenain et Wandignies-Hamage. Son étendue est de 118 kilomètres 518 mètres carrés. Cette concession possède onze puits d'extraction, quatre en souffrance, trois avaleresses, six machines d'épuisement, seize machines d'extraction : elle occupe 80 employés, 500 ouvriers au jour, 1,400 ouvriers du fond et 209 chevaux ; la quantité de charbon extraite est de 1,536,914 hectolitres. — La profondeur des fosses est extrêmement variable : à Anzin on ne trouve le charbon qu'à environ 204 pieds de profondeur; à Fresnes et à Vieux-Condé on touche la tête des veines à 130 pieds de profondeur, mais par leur inclinaison les fosses s'enfoncent très-loin, et si l'on veut les exploiter en totalité, il faut les approfondir quelquefois de 1,200 pieds : il y en a quelques-unes à Anzin qui ont maintenant 950 pieds de profondeur.

Fabriques de clous, chicorée-café. Haut fourneau. Forges à l'anglaise. Laminoirs pour les tôles. Verrerie à vitres et à bouteilles. Raffineries de sel. Brasseries. Distilleries.

AULNOY. Village situé à 2 l. de Valenciennes. Pop. 1,143 hab. — *Fabriques* de sucre de betteraves.

BOUCHAIN. Ville forte, située à 4 l. 1/2 de Valenciennes. Place de guerre de 2ᵉ classe. ⊠ ⚐ Pop. 1,183 hab.

Le plus ancien titre qui fasse mention de cette ville est un diplôme de Charles-le-Simple, de l'an 899. L'empereur Henri IV la prit et la brûla en 1102 ; Baudouin IV, comte de Hainaut, la fit entourer de murs et y construisit un château en 1160. Louis XI l'assiégea et la prit en 1477, après avoir couru le danger d'y être tué d'un coup de fauconneau ; il la rendit l'année suivante, en vertu d'une convention faite avec l'archiduc Maximilien. Les Français s'en emparèrent, la pillèrent et y mirent le feu en 1521. Le comte de Mansfeld s'en rendit maître par capitulation en 1580 ; peu de jours après, cette ville fut réduite en cendres, malheur qu'elle éprouva encore en 1642 et en 1655. Louis XIV la prit après cinq jours de tranchée ouverte, en 1676. Les alliés la reprirent en 1711, mais le maréchal de Villars la reprit l'année suivante.

Cette ville est bâtie dans une forte position, sur l'Escaut, et a l'avantage, au moyen de plusieurs écluses, de pouvoir inonder tous les environs à une grande distance. On y remarque la tour d'Ostrevent, reste de l'ancien château, qui sert maintenant de bâtiment militaire à l'artillerie et au génie.

Fabriques de sucre de betteraves. Blanchisseries de toiles. Raffineries de sel. Brasseries. — *Commerce* de bestiaux.

BRUAY. Village situé à 1 l. 1/4 de Valenciennes. Pop. 1,907 hab. — Verrerie de verre blanc pour gobeleterie.

BEUILLE-SAINT-AMAND. Village situé près de la rive gauche de l'Escaut, à 4 l. 1/2 de Valenciennes. Pop. 1,919 hab. — Blanchisseries de toiles. Briqueteries.

CONDÉ. Ville forte, située à 3 l. 3/4 de Valenciennes. Place de guerre de 4ᵉ classe. ⊠ ⚐ Pop. 5,350 hab.

Condé est une ville fort ancienne, dont les Normands s'emparèrent en 882. Philippe d'Alsace la ruina, ainsi que le château, en 1174. Toutefois la ville et le château furent rebâtis, et choisis, en 1326, pour y tenir un tournoi célèbre. Louis XI assiégea cette place sans succès en 1477 ; il la prit cependant l'année suivante, après une vigoureuse résistance d'une garnison composée de 300 hommes seulement. Louis XI ne resta pas long-temps maître de Condé, car l'archiduc Maximilien, ayant rassemblé une armée à Mons, et les Français craignant d'être forcés, pillèrent la ville et l'abandonnèrent, après y avoir mis le feu : tout fut brûlé, à l'exception de quatorze maisons et de l'église, où ils avaient enfermé le peuple. En 1649, le comte d'Harcourt prit cette ville sur les Espagnols, et l'abandonna quelque temps après. Turenne s'en rendit maître en 1655, après trois jours de tranchée ouverte. Le prince de Condé, général de l'armée espagnole, la reprit en 1656. Louis XIV l'assiégea et la prit le 16 avril 1696, après cinq jours de tranchée ouverte. La possession de cette ville fut assurée à la France par le traité de Nimègue.

La ville de Condé fut bloquée par les Autrichiens le 9 avril 1793, après la défection de Dumouriez. Le général Chancel, avec quatre mille hommes qu'il commandait, y défendit courageusement les avant-postes ; mais, malgré ses efforts, il fut forcé de se replier dans toutes les sorties vigoureuses qu'il tenta. Le général Dampierre, cherchant à secourir Condé, livra des combats sans nombre aux environs de l'abbaye de Vievigne et dans les bois de Raismes ; mais il

CHAPELLE DES ARDENS.

ne fut pas plus heureux, et succomba. La garnison de la place donna des preuves d'un dévouement qui n'a guère d'exemple, en supportant, pendant près de trois mois, les plus dures privations. De graves maladies se joignirent à ces fatigues continuelles. Depuis six semaines les soldats, qui ne recevaient aucune solde, étaient réduits à une ration journalière de once onces de pain, deux onces de cheval, une once de riz et un tiers d'once de suif; cependant, recueillant toutes leurs forces, continuellement ils tiraient sur l'ennemi, repoussaient ses entreprises, et faisaient des sorties extrêmement pénibles. Enfin, le 12 juillet 1794, cédant à la nécessité (il restait à peine pour deux jours de vivres), la garnison rendit la place pour ne pas mourir de faim dans ses murs. — Après les victoires d'Hondscoote et de Fleurus, le général autrichien qui commandait Condé, ayant perdu tout espoir d'être secouru, se rendit à discrétion. Les Français trouvèrent dans cette place cent soixante-une bouches à feu, six mille fusils, cent mille boulets, quinze mille cartouches, trois cents milliers de poudre, six cents milliers de plomb, des vivres pour six mois, et, dans les canaux voisins, cent soixante-une barques, en grande partie très-richement chargées. — Après la désastreuse campagne de Russie, l'immortel Daumesnil défendit vaillamment Condé. En 1815, cette ville fut de nouveau assiégée et se rendit avec les honneurs de la guerre. Ce fut pendant ce siège que se passa un fait qui mérite d'être cité. Le colonel Gourgon, l'un de ceux qui trahirent Napoléon, se présenta pour demander la reddition de la place au nom de Louis XVIII, proposition qui fut rejetée par le général Bonnaire, alors commandant de la place. Son aide-de-camp ayant reconnu dans Gourgon un ennemi de la patrie, le fit fusiller dans les retranchements. Peu après la ville se rendit : le général et son aide-de-camp furent pris et conduits à Paris, où ils furent jugés par un conseil de guerre, et condamnés, le général à la dégradation et à la déportation; l'aide-de-camp à la peine de mort, qu'il subit avec un courage héroïque.

La ville de Condé est dans une forte situation, au confluent de la Hayne et de l'Escaut, d'où part un canal qui communique directement avec Mons. Elle est généralement bien bâtie, assez bien percée, et possède un bel hôtel-de-ville, un superbe arsenal, une écluse qui sert à la défense de la place, et de jolies fortifications construites par Vauban. Aux environs, on doit visiter le beau château de l'Ermitage, propriété du duc de Croï (*voy. la gravure*).

Patrie de Mlle Clairon, célèbre actrice, décédée le 11 pluviose an XI.

Fabriques d'amidon, de chicorée-café. Raffineries d'huile et de sel. Blanchisserie de toiles. Clouteries. Corderies. Tanneries. Teintureries. Construction de bateaux. — *Commerce* de houille, cordages, bestiaux, etc.

DENAIN. Village situé sur la rive gauche de l'Escaut, à 2 l. de Valenciennes. Pop. 1,601 hab.

Denain doit son origine à une ancienne abbaye, fondée en 764, et sa célébrité à deux batailles mémorables qui se donnèrent sur son territoire : la première entre Baudouin VII, comte de Hainaut, et Rodert le Frison, comte de Flandre, qui y fut défait en 1079; la seconde en 1712. A cette dernière époque, les alliés, après avoir pris le Quesnoy et bloqué Landrecies, avaient fait de très-grands retranchements à Denain, où ils tenaient douze ou quatorze mille hommes, commandés par milord Albermarle. Le 19 juillet, le maréchal de Villars, commandant l'armée française, passa l'Escaut au-dessous de Cambrai, comme s'il eût eu l'intention d'attaquer l'ennemi dans ses lignes, mais ayant un tout autre projet; il partit dans la nuit du 23, arriva au point du jour à Neuville, y jeta quatre ponts, passa l'Escaut, et à une heure après midi attaqua les retranchements d'Albermarle qu'il emporta après une vive résistance. Lord Albermarle y fut fait prisonnier, ainsi que trois généraux, seize officiers supérieurs, quarante-quatre officiers et deux mille trois cents soldats. Cette victoire, qui sauva la France, fit perdre aux ennemis tous les avantages qu'ils avaient précédemment remportés. Un obélisque, composé d'une seule pierre de 37 pieds de hauteur, placé à l'angle formé par la grande route et par le chemin qui conduit à Denain, rappelle le souvenir de cette victoire. On lit sur la frise du piédestal :

DENAIN, 1712.

Et au-dessus ces deux vers de Voltaire :

Regardez dans Denain l'audacieux Villars
Disputant le tonnerre à l'aigle des Césars.

La compagnie des mines d'Anzin possède à Denain cinq fosses a charbon, dont trois sont en exploitation. Un chemin de fer a été établi récemment pour conduire le produit de ces mines à l'Escaut.

DOUCHY. Village situé sur la Selle, à 3 l. de Valenciennes. Pop. 1,420 hab. — Exploitation de houille. La concession de Douchy comprend 34 kilomètres 19 hect. situés sur Mastaing, Rœulx, Bouchain, Neuville, Escaudain, Lourches, Douchy et Houlchain ; elle a été accordée à la compagnie Dumas en 1832.

FAMARS. Village situé à 1 l. 1/4 de Valenciennes. Pop. 457 hab.

Ce village tire son nom d'un temple élevé dans ce lieu au dieu Mars par les Romains, au temps où la ville de Bavai était dans sa splendeur. Lorsque cette ville fut détruite, le temple de Mars devint une forteresse où les Romains entretenaient une garnison, où résidait le préfet des Lètes Nerviens de la seconde Belgique, qui en fut chassé par Clodion en 445. Famars fut brûlé par les Français en 1340. En 1793, les républicains avaient formé à Famars un camp qui fut levé avec précipitation dans la nuit du 23 au 24 mai. Le général Dampierre, tué dans une affaire contre les Autrichiens, le 7 du même mois, y fut enterré ; les habitants montrent encore aujourd'hui, au milieu d'un champ cultivé, l'endroit où les restes du général ont été déposés. Il est à regretter qu'aucun monument n'indique l'endroit où repose cet illustre guerrier.

Famars est une petite commune qui ne contient que trente ou trente-cinq habitations, y compris l'ancien château, consistant en un bâtiment de construction moderne, élevé sur l'emplacement de l'ancienne forteresse.

Il est prouvé aujourd'hui qu'il existait dans cette forteresse un palais élevé avec magnificence. Dans les fouilles pratiquées dans son intérieur en 1823, 1824 et 1825, sous la direction de M. Aubert Parent, on découvrit beaucoup de fragments de sa riche décoration.

Parmi les fondements mis à découvert, M. Aubert Parent a levé les plans de plusieurs salles spacieuses dont les pavés en marbre étaient établis sur un hypocauste qui les soutenait et y entretenait une chaleur uniforme ; une salle de bains souterraine, les foyers, les aqueducs, etc. — Il est plus que certain aussi qu'il y existait un temple consacré au dieu Mars. On n'est pas encore tombé sur ses fondements, mais on a trouvé plusieurs statuettes de cette divinité, et Deguise rapporte qu'en l'an 56 de notre ère, après la révolte des villes de Tournai, Arras, Téronane, ces trois cités furent punies, et que l'on épargna Famars, par respect pour le temple de Mars, qui était très-fréquenté. On trouve ailleurs que, sous le règne d'Octave-Auguste, la statue de Mars, qui avait été transportée à Reims, fut rapportée à Famars : elle était d'or, mais on en ignore le poids. A cette époque, les voies romaines, connues sous le nom de chaussées Brunehaut, qui se réunissaient à Bavai, traversaient Famars, se rendant à Arras et Amiens : aussi trouve-t-on dans leurs environs des médailles sur lesquelles on lit : M. AGRIPA. III. COS., qui était chargé de la direction de ces voies militaires et publiques.

Famars fut assiégé plusieurs fois, notamment par les Germains en 186. Il fut ensuite plus d'une fois saccagé. Il paraît qu'en 306, les habitants de Famars et des environs furent forcés de cacher leurs trésors, ou de les transporter à Trèves, et que ce fut sous le règne de Constantin : ce qui le prouverait, c'est que dans les trois dépôts de médailles d'argent, dont nous parlerons ci-après, montant à près de trente mille, découvertes dans les fouilles pratiquées en 1823 et suivantes, le plus grand nombre étaient à l'effigie de cet empereur, et semblaient avoir été frappées récemment.

Tout porte à croire que ce fut Valentinien fils qui détruisit à Famars le temple de Mars, et qui, comme empereur chrétien, en bannit les idoles : une médaille d'or, trouvée dans les dernières années, semble le prouver. —En 385, Bavai et Famars furent dévastés par les Huns ; les Vandales la pillèrent en 407. Clodion, roi de France, détruisit les restes de la forteresse en 445. Attila la détruisit entièrement en 450, et depuis cette époque il ne fut plus question de Famars.

Les ruines de Famars avaient souvent été indiquées, mais n'avaient jamais été fouillées régulièrement ; une souscription fut ouverte à cet effet en 1823, et produisit en peu de temps une somme de 1,780 francs, qui s'éleva plus tard à 8,010 francs. Les fouilles furent commencées le 11 août 1824, et les résultats ont été avantageux sous plusieurs rapports. Elles ont fait découvrir des plans géométraux d'une partie des édifices qui étaient érigés dans la forteresse ; des fragments considérables d'architecture et de sculpture ; différents bas-reliefs et figures en pierre ; diverses sortes d'instruments en bronze et autres matières ; des styles en ivoire ; plus de 30,000 médailles en argent, et quantité de médailles grand, moyen et petit bronze ; des amphores bien conservées ; des meules à moudre, provenant de moulins à bras ; des balances, des poids, etc., etc., etc. Tous ces objets se voient en partie au musée de Valenciennes, ainsi qu'une statuette de Ganimède et un buste de Bacchus, en bronze, trouvés également dans les fouilles.

FRESNES. Village situé sur l'Escaut, à 2 l. 1/2 de Valenciennes. Pop. 3,868 hab.

C'est à Fresnes que la houille qui s'exploite dans le nord a été découverte il y a plus d'un siècle, et c'est encore à Fresnes qu'a été établie la première machine à vapeur construite en France.— La concession de Fresnes comprend les territoires de Fresnes, Odomez et Escaupont; son étendue superficielle est de 20 kilom. 147 m. carrés. Il existe sur cette concession 4 puits d'extraction, 2 puits d'aérage, 2 machines d'épuisement, 4 machines d'extraction ; elle occupe 15 employés, 50 ouvriers du jour, 480 ouvriers du fond, et 46 chevaux. Les produits s'élèvent annuellement à 344,703 hectolitres de houille.

Fabriques de clous. Blanchisseries de toiles. Verreries à vitres et à bouteilles. Construction de bateaux. Distilleries d'eau-de-vie. Brasseries. Nombreux moulins à farine, dont un est mû par la vapeur.

HASNON. Village situé sur la rive gauche de la Scarpe, à 2 l. 3/4 de Valenciennes. Pop. 2,685 hab. Il était autrefois remarquable par une abbaye de bénédictins, fondée dans le VIIe siècle. — *Fabriques* de fil de mulquinerie. Préparation et commerce du chanvre et du lin.

LECELLES. Village situé à 3 l. 1/2 de Valenciennes. Pop. 2,132 hab.

Ce village fut le berceau de la réforme dans cette contrée. Les habitants d'une rue qui borde la frontière professent la religion protestante; la partie du village de Rongy (appartenant à la Belgique), qui touche à cette rue, suit le même culte. Le pasteur réside à Rongy, mais le temple est sur le territoire français. — *Fabriques* de savon, clous, instruments aratoires. Blanchisserie de toiles.

MAING. Village situé à 1 l. 1/2 de Valenciennes. Pop. 1,500 hab. On y remarque un édifice très-ancien, nommé le Châtel-des-Pretz.

MARLY. Village situé sur la Rhonelle, qui sert de faubourg à la ville de Valenciennes, dont il n'est qu'à une demi-lieue. Pop. 1,006 hab. Sa situation agréable en fait, pendant la belle saison, un lieu de réunion et de promenade pour toutes les classes de la société.—*Fabriques* importantes de chicorée-café, de sucre de betteraves, produits chimiques, colle-forte, gélatine. Nombreuses clouteries. Briqueteries et moulin à huile.

MORTAGNE. Joli bourg, situé sur la rive droite de l'Escaut, un peu au-dessus de son confluent avec la Scarpe, à 4 l. 3/4 de Valenciennes. Pop. 1,318 hab.

Ce bourg doit son origine au château du même nom, bâti vers le IXe siècle sur la pointe de terre formée par le confluent de la Scarpe et de l'Escaut. Herbert, comte de Vermandois, s'empara de ce château et le détruisit en 928; il fut rebâti presque aussitôt, et repris, en 932, par Arnufle, fils de Baudouin, comte de Flandre. En 1338, les Anglais surprirent Mortagne, brûlèrent 50 maisons de ce bourg et se retirèrent sans attaquer le château. Le comte de Mansfield s'empara de cette place par capitulation en 1579. En 1709, le château de Mortagne fut assiégé, pris et repris trois fois dans la même semaine par les Français et par les Autrichiens, qui le prirent et reprirent tour à tour en 1794, pendant la guerre de la révolution.

Mortagne, autrefois bien fortifié, n'est plus qu'un lieu ouvert; le château a été détruit, à l'exception d'une aile qui sert d'habitation au propriétaire. L'hôtel-de-ville date de 1760, et est d'une agréable construction. L'église paroissiale, bâtie en 1824, et plusieurs édifices modernes, donnent à ce bourg un aspect agréable. — *Fabriques* de bonneterie, de bas de laine au tricot. Construction de bateaux. Brasseries.

ONNAING. Village situé sur l'Escaut, à 1 l. 1/2 de Valenciennes. Pop. 2,712 hab. —Culture en grand de la chicorée et fabrique de chicorée-café. *Fabriques* de pipes de terre. Filature de lin. Clouteries. Brasseries. Briqueteries. Élève de chevaux.

RAISMES. Village situé à 1 l. 1/4 de Valenciennes. Pop. 2,375 hab. C'est dans ce village que le général Dampierre fut blessé mortellement le 8 mai 1793.

Raismes est le centre d'une concession de houille qui comprend 9 puits d'extraction, un puits d'aérage, un puits en souffrance, 2 machines d'épuisement, 8 machines d'extraction, et occupe 54 employés, 200 ouvriers du jour, 1,100 ouvriers du fond, 96 chevaux. Le produit annuel de cette concession est d'environ 1,142,086 hectolitres ; son étendue est de 48 kilomètres 197 m. carrés, répartis dans les communes d'Anzin,

Raismes, Valenciennes, Beuvrages et Bruay.
Fabriques de fer battu, clous, chaînes de fer. Forges. Fonderies, fours à réverbère pour l'affinage de la fonte, laminoirs, cylindres, etc. Brasseries. Briqueteries.

ROSULT. Village situé à 4 l. 1/2 de Valenciennes. Pop. 1,443 hab.—*Fabriques* d'amidon. Filature de lin pour batistes et dentelles. Fours à chaux.

RUMEGIES. Village situé à 5 l. de Valenciennes. Pop. 414 hab.—*Fabriques* d'instruments aratoires, de sucre de betteraves, de chicorée-café. Brasseries.

SAULVE (SAINT-). Village situé sur la rive droite de l'Escaut, à une demi-lieue de Valenciennes. Pop. 1,147 hab.—*Fabriques* de sucre de betteraves, de chicorée-café. Verrerie à vitres et à bouteilles.

SEBOURG. Village situé sur la rive gauche de l'Hogniau, à 2 l. 1/4 de Valenciennes. Pop. 1,441 hab. On y remarque un château moderne entouré de jardins pittoresques, qui occupe l'emplacement d'un vaste château fort où résidaient autrefois les comtes de Flandre et de Hainaut. L'église paroissiale, construite en 1186, est un vaste bâtiment gothique dont la tour s'aperçoit de très-loin : au centre est le tombeau de saint Druon, qui mourut à Sebourg dans le Xe siècle.—*Fabriques* de bonneterie, toiles, fil de mulquinerie, chicorée-café.

TRITH-SAINT-LEGER. Village situé sur l'Escaut, à 1 l. 1/4 de Valenciennes. Pop. 1,661 hab. — Forges considérables et laminoirs à l'anglaise, fours à réverbère, affinerie. Fonderie importante en cuivre et en fonte, fenderie, etc. Exploitation de houille.

VALENCIENNES. Grande, riche et forte ville, autrefois capitale du Hainaut. Chef-lieu de sous-préfecture et de trois cantons. Place de guerre de 2e classe. Tribunaux de première instance et de commerce. Chambre consultative des manufactures. Collège communal. Direction des douanes. ◻ ⚜ Pop. 18,953 hab.

L'origine de cette ville est peu connue. Quelques historiens ont avancé sans aucun fondement qu'elle fut bâtie en 367 par Valentinien Ier sur l'emplacement d'un ancien château ; mais il est à croire qu'elle doit sa fondation aux Trévériens et aux Nerviens, et qu'elle ne fut d'abord, comme presque toutes les villes de la Flandre, qu'un simple village, protégé ensuite par un château dont les Francs, sous la conduite de Clodion, s'emparèrent vers l'an 445. Clovis III occupait son château, où il tint un plaid général en 693. Charlemagne y tint aussi une assemblée en 771. L'empereur Lothaire et Charles le Chauve y firent des capitulaires. Les Normands assiégèrent cette ville sans succès en 881. Baudouin à la hallebarde, comte de Flandre, s'en empara en 1003, mais l'empereur Henri V la reprit en 1007. Les Espagnols l'assiégèrent vers la fin de l'année 1566 ; les bourgeois, après s'être défendus pendant plus de quatre mois avec grand courage, furent obligés de se rendre sans condition, le 23 mars 1567. Louis XIV en fit le siége en personne, et la prit le 1er mars 1697, après dix jours de tranchée ouverte. Le traité de Nimègue en assura la possession à la France, dont cette ville est aujourd'hui un des boulevards les plus importants.

Après la défection du général Dumouriez l'armée des rois coalisés contre la république française vint mettre le siége devant Valenciennes, qu'elle investit le 5 mai 1793. Cette place, commandée par le brave général Ferrand, n'avait pour toute garnison que 9,500 hommes de toutes armes. La plaine d'Hérin, en avant de la ville, fut choisie par l'ennemi pour y recevoir trente-cinq mille hommes en observation ; quarante mille autres furent campés de l'autre côté de Valenciennes, et un troisième corps d'armée campait entre Lille et Tournai. Le faubourgs furent attaqués en même temps que la ville fut investie. Le 24 mai, le faubourg de Marly reçut un feu si continu et si bien nourri, qu'il fut embrasé, et enlevé le jour suivant ; l'attaque fut ensuite ouverte très-près de la place par les alliés. Le 14 juin, il fut envoyé une première sommation par le duc d'York ; voici la réponse du général Ferrand : « Avant de rendre la « ville, la garnison et moi, nous nous ense-« velirons sous ses ruines. » L'ennemi paraissait avoir fait un préparatif si prodigieux qu'on eût dit qu'il voulait plutôt détruire la place que s'en rendre maître. Il commença le bombardement et l'incendie sur le front de la place : le côté de Tournai fut réduit en cendres ; après, tournant les bouches à feu vers le sud-ouest, l'embrasement devint général. Le feu lancé par l'ennemi était si épouvantable, qu'il semblait non-seulement conduit par la rage de la guerre, mais par l'intention d'une destruction totale de la place et de ceux qui y étaient enfermés ; les habitants et la garnison résistèrent avec un courage héroïque

PORTE DE LILLE A VALENCIENNES.

pendant quatre-vingt-quatre jours, aux forces redoutables des assiégeants, et ne capitulèrent qu'après avoir repoussé quatre assauts, ayant déjà trois brèches praticables depuis huit jours au corps de la place, et lorsque tout espoir d'être délivrés fut perdu. Cette défense passe avec raison pour un des plus beaux faits d'armes de la guerre de la révolution.

Valenciennes fut repris par capitulation le 27 août 1794, par le général Schérer, commandant l'armée de Sambre-et-Meuse. Les Français y trouvèrent des magasins immenses, renfermant des vivres et des munitions de toute espèce. Après la bataille de Waterloo, les troupes étrangères assiégèrent cette place, qui résista jusqu'à la rentrée de Louis XVIII.

La ville de Valenciennes est située au confluent de l'Escaut et de la Rhonelle, entourée de bonnes fortifications, et défendue par une citadelle construite par le célèbre Vauban. Elle est assez bien bâtie, mais généralement très-mal percée; les rues sont tortueuses, et plusieurs n'ont pas une largeur suffisante. L'Escaut traverse la ville du sud au nord, et la coupe en deux parties inégales. Cette ville possède plusieurs édifices et établissements remarquables, parmi lesquels nous citerons :

L'Hôtel-de-ville, bâti en 1612. Cet édifice, riche de décoration, et où se confondent le style gothique et plusieurs ordres d'architecture, vient d'être restauré; il présente une belle façade uniforme prolongée, surmontée d'un attique orné de cariatides, parmi lesquelles on remarque les quatre saisons. L'intérieur est bien distribué, et offre de vastes salles, de beaux salons, de nombreux bureaux; le second étage est occupé par la galerie de peinture, où l'on remarque trois tableaux de Rubens, provenant de l'ancienne abbaye de Saint-Amand.

Le Beffroi, bâti en 1237. C'est aujourd'hui la seule tour ou clocher qui annonce aux approches de Valenciennes l'existence d'une ville; il a 170 pieds de hauteur et est un des principaux ornements de l'hôtel-de-ville, sur lequel il s'élève d'une manière pittoresque.

La salle de spectacle, exécutée sur les dessins de M. de Pujol, alors prévôt de la ville, et amateur éclairé des beaux-arts. Elle est de forme semi elliptique, à trois rangs de loges, et offre des ornements de fort bon goût. Le rez-de-chaussée de cet édifice sert de halle au blé.

L'Hôpital général, fondé en 1751. C'est un des plus vastes établissements qu'il existe en ce genre. La chapelle est digne d'attention pour sa construction et la coupe des pierres de ses arcades.

L'église de Saint-Géry, dont la première pierre fut posée en 1225, par la comtesse Jeanne, fille de Baudouin, empereur de Constantinople. La longueur totale de l'édifice est de 50 mèt. 50 cent., dont 27 pour le chœur; sa largeur est de 20 m. Un beau christ en bronze décore le maître-autel.

La bibliothèque publique, renfermant 18,000 volumes imprimés et de précieux manuscrits. Le muséum d'histoire naturelle y est contigu, et sa galerie contient une précieuse collection de minéraux, de coquillages rares et quantité d'oiseaux étrangers. On y voit aussi de belles armures anciennes et plusieurs portraits des hommes qui ont illustré Valenciennes.

L'Académie de peinture, sculpture et architecture, fondée en 1782, par le baron de Pujol, alors prévôt de Valenciennes. Les places de professeurs, nommés au concours, sont remplies, pour la peinture, par M. Potier; pour la sculpture, par M. Léonce; pour l'architecture, par M. Aubert Parent. Le nombre des élèves pour les trois classes dépasse 200. Depuis peu d'années, cette académie a produit, entre autres artistes distingués, M. Abel de Pujol, membre de l'Institut, et M. Lemaire, auteur du fronton de la Madeleine de Paris.

On remarque encore à Valenciennes : le collège et sa chapelle, les églises Notre-Dame et de Saint-Nicolas; les hospices de l'Hôtellerie et des Orphelins, le magasin des vivres, l'arsenal, les casernes, la place d'armes, etc.

Il existe depuis 7 à 8 ans à Valenciennes une société dite des Incas, composée de plus de 600 individus, en costume de l'ancien peuple du Pérou, représentant tous les ordres de cette nation avant l'invasion des Espagnols, leurs cérémonies, leur culte, à la tête duquel préside le grand lama, ses vestales et sa suite. Les jeunes gens rivalisent entre eux à qui sera le mieux costumé; plusieurs chars de triomphe en font partie et représentent quelques traits de la religion des Incas. Cette intéressante société s'assemble tous les ans, à la fin du carnaval, le jour des cendres; elle parcourt toute la ville avec un grand nombre de troncs, et fait une quête au profit des pauvres. La fête des Incas attire à Valenciennes un concours immense d'étrangers qui y viennent de la Belgique et d'ailleurs pour admirer la marche de la cérémonie qui, par un stratagème allégorique, se termine par l'enterrement du carnaval, qu'un simulacre de Pança représente. Comme elle finit aux flambeaux, le coup d'œil est admirable; elle se termine par un beau feu d'artifice représentant le culte du soleil. La quête qui en est l'objet s'élève, année commune, à 1,500 fr., qui servent au soulagement des pauvres et surtout des prisonniers. — Un beau tableau, de grande dimension, représentant cette marche triomphale aux flambeaux, le moment où elle se trouve sur la grande place, est exposé dans la galerie des tableaux qui se forme à l'hôtel-de-ville. Ce tableau, d'une riche composition, est du pinceau de feu M. Antoine Dangreaux, élève de l'académie de Valenciennes, et par suite de M. Lethiers à Paris.

Valenciennes est la patrie de Froissard, historien du XIVe siècle; de Louis Delafontaine, de Louis d'Oultremont et de Simon le Boucq, historiens; des peintres Watteau, Gérin, Abel de Pujol; et de Mlle Duchesnois, célèbre actrice du théâtre Français.

Fabriques considérables de batistes et de dentelles qui jouissent d'une réputation justement méritée; de toiles fines, bonneterie, couvertures, toiles métalliques de toutes largeurs, finesses et grosseurs, clous à froid et à chaud de toute dimension, en fer et cuivre, amidon, salpêtre, huile de colza et de lin, chicorée-café, bleu d'azur, crayons, faïence et poterie fine à l'instar de celles de Rouen, pipes. Imprimeries d'indiennes, batistes, gazes, foulards, etc. Manufacture de jouets d'enfants. Huileries. Nombreuses raffineries de sucre de betteraves. Teintureries. Blanchisseries de toiles; tanneries; filatures de lin à la mécanique; raffineries de sel; savonneries; tanneries; distilleries d'eaux-de-vie de grains.—*Commerce* de vins, eaux-de-vie, huiles, savon, charbon de terre, bois de chauffage et de construction, batistes, linons, dentelles et articles de ses nombreuses manufactures. — Foires importantes pour la vente des bestiaux, les 10, 20 et 30 de chaque mois.—Mont-de-Piété.

A 9 l. 1/2 de Douai, 8 l. 1/2 de Mons, 52 l. de Paris.—*Hôtels* du Canard, de la Biche, du grand Cygne, du Commerce, de la Porte, du Pot d'étain, du Petit-Ours.

VIEUX-CONDÉ. Village situé sur l'Escaut, à 3 l. 1/2 de Valenciennes. Pop. 3,976 hab. On y remarque les pépinières du duc de Croï et le château de l'Ermitage, lieu de plaisance charmant, situé au milieu de la forêt, appartenant au même propriétaire. Non loin de là est la chapelle de Bon-Secours, très-fréquentée dans la belle saison.

C'est à Vieux-Condé qu'eut lieu en 1741 la découverte de la houille sur ce territoire. La concession s'étend sur 39 kil. 626 m., et comprend les communes de Vieux-Condé, Condé et Herguies. On y compte trois puits d'extraction, trois puits en souffrance, deux puits d'aérage, deux machines d'épuisement, six machines d'extraction. Cette concession occupe 25 employés, 156 ouvriers du jour, 560 ouvriers du fond, et 45 chevaux. Les produits annuels s'élèvent à 570,797 hect.

WAVRECHAIN-SOUS-FAULX. Village situé à 5 l. 1/4 de Valenciennes. Pop. 539 hab.—*Fabriques* de sucre de betteraves.

FIN DU DÉPARTEMENT DU NORD.

IMPRIMERIE DE FIRMIN DIDOT FRÈRES,
RUE JACOB, N° 24.

Guide Pittoresque

DU

VOYAGEUR EN FRANCE.

ROUTE DE PARIS A DUNKERQUE,

TRAVERSANT LES DÉPARTEMENTS

DE L'AISNE, DU NORD, ET COMMUNIQUANT AVEC LES ARDENNES.

DÉPARTEMENT DES ARDENNES.

Itinéraire de Paris à Dunkerque.

PAR SOISSONS, LAON, SAINT-QUENTIN, DOUAI ET LILLE, 90 LIEUES.

	lieues.		lieues.
De Paris au Bourget	3	Landrecies	4
Mesnil-Amelot	4	Le Quesnoy	3
Dammartin	2	Jeulain	2
Nanteuil-le-Haudouin	3 1/2	Valenciennes	2
Levignen	3	Saint-Amand	3
Villers-Cotterets	4	Orchies	4
Verte-Feuille	3	Pont-à-Marcq	3
Soissons	3	Lille	3
Vaurains	4	Armentières	4
Laon	4 1/2	Bailleul	3
Marle	5	Cassel	5
Guise	5	Bergues	5
Étreux-Landernas	3	Dunkerque	2

Communication de Guise à Mézières, 22 l. 1/2.

	lieues.		lieues.
De Guise à Leschelle	3	Maubert-Fontaine	4
La Capelle	3	Louny	3
Hirson	3 1/2	Mézières	3
Bellevue	3		

ASPECT DU PAYS QUE PARCOURT LE VOYAGEUR

DE GUISE A MÉZIÈRES.

On passe l'Oise en sortant de Guise, et l'on traverse le faubourg Saint-Médard en laissant, à gauche, la route de Valenciennes. Après avoir gravi une côte peu rapide, dont le sommet est occupé par le village de Villers-lez-Guise, on longe les bois de Leschelle, dans lesquels on entre un peu avant d'arriver au relais de ce nom. On traverse ensuite Buironfosse, presque entièrement peuplé de sabotiers, et l'on côtoie la forêt de Nouvion jusqu'aux environs de la petite ville de la Capelle. En sortant de cette ville, on entre dans une longue plaine entrecoupée de bouquets de bois et peuplée d'un grand nombre de hameaux. La route offre quelques montées et descentes un peu avant d'arriver au bourg d'Hirson; à la sortie de ce bourg, on entre dans une belle vallée qui conduit au relais de Bellevue, peu après lequel on passe du département de l'Aisne dans le département des Ardennes. On traverse ensuite La Neuville-aux-Tourneurs, Auvillers-les-Forges et Maubert-Fontaine, où l'on passe la rivière de la Sormonne. Deux lieues plus loin, on trouve le bourg de Rimogne, puis Harcy, Lonny, Clairon et Tourne, d'où l'on descend à Charleville, jolie ville située à un quart de lieue de Mézières, dont elle n'est séparée que par un pont et une chaussée.

DÉPARTEMENT DES ARDENNES.

APERÇU STATISTIQUE.

Le département des Ardennes est formé de la Haute-Champagne, de la Thiériache et du Hainaut Français. Il tire son nom de la vaste et ancienne forêt des Ardennes dont les restes couvrent sa partie septentrionale. Ses bornes sont : au nord, la Belgique; à l'est, le département de la Meuse; au sud, celui de la Marne, et à l'ouest, celui de l'Aisne.

Le climat du département est sujet à de brusques variations et généralement froid. L'hiver y est souvent pluvieux, et se prolonge assez ordinairement depuis les premiers jours de novembre jusqu'à la fin de mai. Les chaleurs qui succèdent presque toujours à ces temps humides, ont une grande intensité, mais au milieu du jour seulement; les nuits sont généralement froides, et la température varie d'une manière tellement sensible du matin au soir, que le thermomètre monte et baisse dans un même jour de 7 à 8° R. Les mois de septembre et d'octobre sont presque constamment beaux et forment dans cette contrée la plus belle saison de l'année. — Les vents du nord, du nord-est et du nord-ouest sont ceux qui soufflent le plus généralement.

Le territoire de ce département n'est pas également fertile partout; quelques cantons de la partie sud-ouest n'offrent que des plaines nues et arides, où les arbres mêmes ne peuvent prendre d'accroissement. Toute la partie située au nord est entrecoupée de montagnes couvertes de bois et de bruyères incultes, dont on est réduit à brûler les herbes pour engraisser ces terres froides. Dans celle qui avoisine le département de l'Aisne, la terre est plus fertile et la culture plus en vigueur; on y récolte différentes sortes de grain, et du chanvre. Enfin, vers le centre on voit différentes espèces d'arbres fruitiers et de vignes en assez grande quantité.

Les richesses végétales du département sont plutôt dues aux forêts et aux prairies qu'aux terres labourables. Cependant on récolte beaucoup de grains dans les larges vallées de la partie centrale, telle est celle de l'Aisne, qui est un des plus riches pays de la France pour les blés. On recueille aussi du vin passable dans la partie méridionale. Les pâturages où dominent des herbes aromatiques sont généralement bons. Mais les forêts y sont en grande quantité et occupent environ le cinquième de la superficie territoriale.

Le vaste plateau que forment les montagnes du département, est une des ramifications des monts Faucilles qui se rattache à la chaîne des Vosges; il occupe l'espace compris entre la Meuse et l'Aisne, prend ensuite la dénomination de plateau d'Argonne, qu'il conserve jusqu'à Mézières, et se lie plus loin avec le plateau élevé de Rocroi. La chaîne principale de l'Argonne, qui détermine les versants de la Meuse, de l'Aisne et de l'Oise, s'étend du sud-est au nord-ouest depuis Buzancy jusqu'au-delà de Launoi, et remonte ensuite vers le nord jusqu'à Rocroi.

Si l'on étudie la configuration du sol sous le rapport des directions des cours d'eau qui le sillonnent en différents sens, on est conduit à le diviser en deux parties, dont l'une appartient au bassin de la Meuse, et l'autre au bassin de la Seine. La ligne de partage des eaux, vue dans son ensemble, se dirige à très-peu près du nord-ouest au sud-est.

Les points culminants de cette ligne de partage ne s'élèvent pas (dans le département des Ardennes) à plus de 310 mètres au-dessus du niveau de l'Océan. La carte de France du dépôt de la guerre fournit les cotes suivantes :

Hauteur entre Villers-le-Tourneur et Montigny......	278 mètres.
Crête de Poix.................................	303
Crête-Mouton.................................	290
Moulins de Bouvellemont......................	263

En quelques points de la ligne de partage, des eaux sourdent si près de la limite commune des deux bassins, qu'elles peuvent être dirigées à volonté sur l'un ou l'autre des ver-

PETIT ATLAS NATIONAL DES DÉPARTEMENS DE LA FRANCE.

sants. C'est ainsi que les anciennes sources de la rivière de Bar ont été détournées au profit de quelques usines de la vallée de l'Agron, et viennent aujourd'hui verser leurs eaux dans l'Aisne, dans la Seine et de là dans l'Océan, à plus de cent lieues du point où leur cours naturel, par la Bar et la Meuse, les amenait à la mer.—Sur le versant méridional, toutes ces eaux recueillies dans les vallées du troisième ordre (à l'exception de celles des vallées de la Serre et du ruisseau de Marauvé) viennent se réunir dans les vallées secondaires (sensiblement parallèles à la ligne de partage) de l'Aire, de la Retourne et de l'Aisne, et pénètrent ensemble dans le département de l'Aisne, près du bourg de Neufchâtel. — Sur le versant septentrional, la vallée principale, qui est celle de la Meuse, n'est parallèle à la direction qui a été indiquée pour la ligne de partage, que jusqu'à Mézières. Aux environs de cette ville et de Sedan, le sol hydraulique forme un entonnoir où viennent affluer les eaux qui sont amenées du nord-ouest par la vallée secondaire de la Sormonne, et par les vallées du troisième ordre qui en dépendent; du sud, par les vallées du troisième ordre de la Bar, de la Veuxe, etc.; du sud-est, de l'est et du nord-est, par la vallée principale de la Meuse, la vallée secondaire de la Chici, et les vallées du troisième ordre de la Gironne, de la Vrigne, etc. A partir de la dépression, où toutes ces eaux se réunissent, elles s'écoulent vers le nord, dans une direction qui n'a plus aucun rapport avec le relief du sol, et comme à travers une fracture profonde qu'une violente commotion aurait produite : l'aspect des deux rives de la Meuse, à partir de Charleville, justifie pleinement cette comparaison que l'étude géologique du terrain élève au rang des conjectures les mieux fondées.

Ce qui vient d'être dit pour le cours de la Meuse à travers des escarpements abrupts et élevés, établit déjà combien il serait inexact de juger de la pente générale du sol du département d'après la direction des cours d'eau qui l'arrosent. On trouve une nouvelle preuve de cette assertion dans un fait remarquable signalé par M. Rozet, officier d'état-major. Entre les vallées de l'Aisne et de la Meuse, les points les plus élevés du sol, au lieu de se trouver sur la ligne de partage des eaux, sont tous au nord de cette ligne, et par conséquent entre elle et la vallée de la Meuse. On peut citer particulièrement les points suivants, dont les hauteurs sont données par la carte du dépôt de la guerre :

Les bois de Froidemont (commune de Neuville et Thys).....	322 mètres.
La croix de Gruyères............................	315
Le sommet de la forêt d'Enelle (commune de Balaire-et-Butz)	332
Le sommet entre Butz et Singly.....................	311
— entre Chevenge et Noyers....................	346
— entre Raucourt et Pouron....................	328
— près de Stonne............................	338

Les points les plus élevés de tout le département se trouvent dans l'arrondissement de Rocroi : ce sont des sommets qui appartiennent à la chaîne des Ardennes, et qui s'élèvent à près de cinq cents mètres au-dessus du niveau de la mer. Le point le moins élevé est celui où la rivière d'Aisne quitte le département : sa hauteur au-dessus de l'Océan est de 70 à 80 mètres environ; en sorte que la différence de niveau des points les plus élevés et les moins élevés du département est de plus de 400 mètres.

Le département des Ardennes a pour chef-lieu Mézières. Il est divisé en 5 arrondissements et en 31 cantons, renfermant 478 communes. — Superficie, 278 lieues carrées. Population, 290,622 habitants.

MINÉRALOGIE. Les lignes de séparation des différentes formations géologiques qui constituent le sol du département des Ardennes, sont sensiblement parallèles à la ligne de partage des eaux dont il a été parlé plus haut. La partie moyenne du département est occupée par une bande de terrain jurassique, qui se dirige du nord-ouest au sud-est, en prenant de plus en plus de développement : c'est l'une des extrémités de la grande ceinture jurassique qui entoure le bassin tertiaire de Paris. Au nord, la bande jurassique repose sur le terrain de transition; au sud, elle est recouverte par le terrain de grès vert qui supporte lui-même le terrain crétacé de la Champagne.

Le terrain de transition présente les deux étages désignés par M. Omalius d'Halloy sous le nom de terrain ardoisier et de terrain anthraxifère. Le premier occupe un espace angulaire dont le sommet est près d'Hirson (Aisne) : l'un des côtés de cet angle passe au nord de Fumay; l'autre court au nord et à peu de distance du lit de la Sormonne, traverse Charleville et se prolonge à peu près en ligne droite au-delà de ce point. Ce terrain est principalement composé : 1° de roches schisteuses, soit grauwacke schisteuse, soit schiste argileux ou phyllade ; ce dernier se présente le plus souvent à l'état de schiste ardoisier proprement dit, et il est l'objet de plusieurs exploitations importantes ; 2° de roches quartzeuses ; ce sont généralement des grès quartzeux à grains fins non visibles à l'œil nu, et à texture aussi compacte que s'ils avaient éprouvé l'action du feu. On trouve aussi quelques poudingues.

Ce terrain présente beaucoup de filons de quartz blanc, des pyrites cubiques engagées dans le schiste, et des roches subordonnées, dont les unes sont amphiboliques, et d'autres feldspathiques ; la chaux carbonatée y est peu abondante : on en rencontre cependant quelques veinules dans les ardoisières de Rimogne et de Fumay ; dans cette dernière localité elle a été trouvée associée avec de la serpentine. — Le terrain anthraxifère longe le terrain précédent au nord ; il vient ainsi former la pointe de l'arrondissement de Rocroi où se trouvent Givet et Charlemont. Il est principalement composé de calcaire bleu et de schiste argileux : ce dernier paraît distinct de celui du terrain ardoisier, en ce que sa texture n'est schisteuse qu'en masse, mais qu'en petit elle est compacte. A la limite méridionale du terrain ardoisier, le terrain anthraxifère n'a encore été observé qu'en un seul point situé aux environs de Charleville ; le calcaire marbre qui se montre en cet endroit (à Montey) a été l'objet d'une exploitation sur laquelle on trouve des détails dans les notices qui seront citées plus bas.

Au sud du terrain ardoisier et du lambeau de terrain anthraxifère dont on vient de parler, se présente le terrain jurassique qui repose sur eux à stratification discordante. Les couches qui le composent sont horizontales à l'œil, mais elles ont une inclinaison assez sensible vers le sud-ouest, de sorte qu'en marchant dans cette direction, on s'élève assez rapidement sur l'échelle géologique. Elles se rapportent au terrain de lias et aux trois étages du terrain oolitique.—Le lias, cette formation si puissante dans d'autres parties de la France, ne se présente ici que comme une bande étroite et discontinue : on n'y trouve pas le grès inférieur du lias qui se montre plus loin dans le pays de Luxembourg, mais seulement des calcaires et des marnes à gryphites. Le calcaire est exploité comme pierre à chaux hydraulique près de Mézières. Un sondage, entrepris en 1826, dans le lias, à la recherche de la houille, a fait trouver à 420 pieds de profondeur le terrain salifère.

L'oolithe inférieur est la partie de la formation jurassique la mieux développée dans le département. On y trouve, en effet, une série de couches calcaires et argileuses qui paraissent très-bien correspondre aux sous-divisions de l'oolithe inférieur de l'Angleterre. Le minerai de fer y est abondant et approvisionne un grand nombre d'usines métallurgiques. C'est au milieu des couches calcaires, équivalents géologiques du *great oolithe* des Anglais, que se trouve déposée, en amas puissants, la seule mine de fer fort qui soit reconnue dans les Ardennes. Cette mine s'exploite par travaux souterrains dans la forêt d'Eneile, commune de Balaire-et-Butz, et fournit les approvisionnements des hauts-fourneaux de Boutancourt et de Vrigne-aux-Bois. — L'oolithe moyen se compose d'une formation assez épaisse de calcaire marneux qui parait devoir être rapporté à l'*Oxford-clay*, et de plusieurs couches de calcaires coralliens.

Le calcaire marneux constitue la ligne de montagnes qui traverse le département dans la direction du nord-ouest au sud-est, et dont les points culminants forment la ligne de partage des eaux des bassins de la Meuse et de la Seine. Les calcaires coralliens sont remarquables par le grand nombre de fossiles qui s'y rencontrent. On doit particulièrement citer ici, sous ce rapport, les environs de Chesne-le-Populeux comme une localité intéressante à visiter par les géologues.— L'oolithe supérieur ne commence à se montrer qu'à l'extrémité sud-ouest de l'arrondissement de Vouziers, et ne se présente avec quelque développement que dans le département de la Meuse, notamment dans l'arrondissement de Bar-le-Duc. Dans cette dernière localité, on trouve au haut de cette formation une série de couches calcaires qui paraissent correspondre au *Portlands-stone ;* mais ces calcaires ne se montrent pas dans les Ardennes, où l'on ne trouve que la partie inférieure de la formation : c'est une argile grisâtre qui alterne avec des couches de calcaire marneux, et que le grand nombre de gryphées virgules qu'on y observe, fait rapporter au *Himmeridge-clay*. — Le terrain de grès vert se compose principalement d'une alternance d'argile et sables souvent ferrugineux. Les sables sont quelquefois réunis par un ciment, et forment un grès solide, employé pour les constructions : dans les environs d'Apremont, et près de là, à Montolainville (Meuse), il y a dans ce grès des carrières d'où l'on tire des matériaux pour la construction des hauts fourneaux. Les géologues visiteront avec plaisir ces exploitations, et y trouveront, avec quelque patience, plusieurs fossiles du grès vert, notamment des bélemnites, des hamites, des scophites, etc. — Le terrain de craie qui forme la base de la partie sud-ouest du département ne présente aucune particularité qui mérite d'être signalée.

Mines de fer abondantes et de bonne qualité. Carrières d'ardoises qui passent, à juste titre, pour les meilleures de France. Indice de mine de plomb, calamine, houille. Carrières de marbre de toutes couleurs, argile à creusets, sable pour verrerie, etc.

Sources minérales à Laifour, à Sedan.

Productions. Céréales en quantité presque suffisante pour la consommation des habitants, beaucoup de pommes de terre, fruits à cidre donnant annuellement environ 55,000 hectolitres de cidre; chanvres, bons pâturages.—1,828 hectares de vigne, cultivée seulement dans les arrondissements de Réthel, Sedan et Vouziers, et produisant annuellement 80,000 hectolitres de vins communs que l'on consomme dans le pays.— 141,843 hectares de forêts. — Élève de chevaux propres à la cavalerie et à l'agriculture, bêtes à cornes, moutons ardennais, mérinos, chèvres du Thibet. — Gibier abondant (chevreuils, sangliers, renards, loups, lièvres, lapins). — Bon poisson de rivière.

Industrie. Manufactures royales d'armes à feu. — Manufactures de draps fins. Fabriques de casimir, castorines, châles laine façon cachemires, bonneterie, sulfure de fer, fil de laiton, cardes, clous, ustensiles de cuisine et de ménage, ferronnerie et quincaillerie, poudre de guerre et de chasse. Filatures considérables de laine et de coton. Moulins à foulon. Nombreuses forges et hauts fourneaux. Fonderies, batteries et tréfileries de cuivre. Ateliers de construction de machines. Fonderie de fonte et de projectiles de guerre. Verreries. Tanneries. Teintureries. Faïenceries. Brasseries.

Commerce de grains, chevaux, moutons, laines, draperies et étoffes de laine, fer de toute nature, quincailleries, sableries, cuivre, laiton. Commerce de transit et de commission.—La Meuse, qui traverse le département dans toute sa longueur du sud-est au nord-est, et qui est navigable dans toute cette étendue, facilite les approvisionnements en combustibles des usines métallurgiques et des machines à vapeur de Sedan, où le transport des houilles de Liége et de Charleroi s'effectue à peu de frais. Le canal des Ardennes qui lie la Meuse à l'Aisne, favorise les exportations des ardoises, bois de construction, etc.

VILLES, BOURGS, VILLAGES, CHATEAUX ET MONUMENTS REMARQUABLES;
CURIOSITÉS NATURELLES ET SITES PITTORESQUES.

ARRONDISSEMENT DE MÉZIÈRES.

BOULZICOURT. Village situé à 1 l. 1/2 de Mézières. Pop. 709 hab. On voit sur son territoire, au lieu dit Châtillon, les fondations d'un ancien château qui paraît avoir été considérable, et que l'on dit avoir été détruit du temps de la ligue. — Filature hydraulique de laine.

BOUTANCOURT. Village situé à 2 l. 1/2 de Mézières. Pop. 291 hab. Hauts fourneaux. Forges, platinerie, fonderie à l'anglaise, et fabrique de projectiles de guerre.

CASSINE (la). Village situé 5 l. de Mézières. Pop. 250 hab. On y voit un ancien château bâti vers l'an 1573 par Louis de Gonzagues, lequel servait de maison de plaisance aux comtes de Rethel. Cette maison, dont il ne reste plus qu'une partie des bâtiments, était construite à l'italienne, au milieu de plusieurs jardins qui répondaient à sa magnificence. Elle fut encendiée en 1697.

CHARLEVILLE. Jolie ville, agréablement située, sur la rive gauche de la Meuse, à un quart de lieue de Mézières, dont elle n'est séparée que par un pont et une belle chaussée bordée d'arbres. Tribunaux de première instance et de commerce. Chambre consultative des manufactures. Collége communal. ✉ Pop. 7,773 hab.

Cette ville doit son origine à Charles de Gonzagues, duc de Nevers et de Mantoue, qui la fit bâtir en 1606 et lui donna son nom. Elle fut régulièrement construite et fortifiée, plutôt, disent les auteurs du temps, pour l'ornement que pour en faire une place de défense. Les ducs de Nevers et de Mantoue y exerçaient tous les droits de souveraineté. Pour tenir cette ville en respect, Louis XIII fit élever, en 1639, un château fort sur le mont Olympe, qui la domine au nord et dont elle n'est séparée que par la Meuse. Ces fortifications ayant été jugées inutiles par Louis XIV, furent détruites en 1686 et 1687, et cette destruction fut pour Charleville la cause d'un grand accroissement et d'une grande prospérité.

Cette ville est régulièrement bâtie; les rues sont propres, larges et tirées au cordeau; les maisons, construites uniformément, d'égale hauteur et couvertes en ardoises, offrent un coup d'œil magnifique. Au centre de la ville est une belle place publique entourée d'arcades et décorée d'une superbe fontaine, où viennent aboutir les quatre rues principales. Les environs offrent de charmantes promenades, notamment celles des Allées, de la route de Flandre et du Petit-Bois. La Meuse, que l'on passe sur un beau pont suspendu, assez solide pour supporter les plus fortes charges, même les trains d'artillerie, y forme un port commode.

Charleville possède un hôpital, un collége, une salle de spectacle, une bibliothèque publique, renfermant 22,000 volumes, un cabinet d'histoire naturelle et d'antiquités.

Patrie de l'abbé Longuerue, de P. Carpentier, continuateur de Ducange, du jésuite Courtois, etc.

Manufacture royale d'armes à feu. — *Fabriques* d'armes de luxe, de savon gras, de clouterie et de ferronnerie. Fonderie de cuivre; brasserie; tanneries et corroieries.

Commerce de grains, vins, eaux-de-vie, charbon de terre, fer, marbre, ardoises, etc. — Commerce considérable de clouterie et de ferronnerie.

A 6 l. de Sedan, 59 l. de Paris. — *Hôtels* du Commerce, de la Croix d'argent.

CHATEAU-REGNAULT. Petite ville située à 3 l. de Mézières. Pop. 500 hab. C'était autrefois une principauté souveraine, dont 27 villages dépendaient. Hugues, comte de Réthel, fit construire en 1227, sur une montagne nommée *Châtellier*, un château que Louis XIII fit démolir. Sur la montagne, près de l'emplacement du château, on voit une grande pierre carrée que l'on regarde comme un monument des Druides.

DOM-LE-MÉNIL. Village situé à 3 l. de Mézières. Pop. 559 hab. — *Fabriques* de draps. Filature de laine.

ELAU. Village situé à 2 l. 1/2 de Mézières. Pop. 180 hab. Il y avait à Élau une abbaye d'hommes de l'ordre de Cîteaux, fondée en 1148 par Witter, comte de Réthel. Cet édifice, aujourd'hui détruit, était remarquable par la beauté de ses décors, par les bas-reliefs dont le chœur et les chapelles étaient ornés, ainsi que par les tableaux qu'ils renfermaient. L'église de cette maison religieuse était le lieu de sépulture des comtes de Réthel. Tout ce que l'on a pu conserver des tableaux et d'autres ornements a été replacé dans la nouvelle église qui vient d'être reconstruite.

ETRÉPIGNY. Village situé à 2 l. 1/4 de Mézières. Pop. 230 hab. Le fameux Jean Meslier, si connu par son soi-disant testament, était curé de cette paroisse dans le siècle dernier. Il est aujourd'hui reconnu que l'ouvrage publié sous le titre de *Testament de J. Meslier* est dû à Voltaire; il figure dans l'édition des œuvres de ce grand écrivain, publiée par M. Beuchot.

FAGNON. Village situé à 1 l. 1/2 de Mézières. Pop. 280 hab. On y remarque les bâtiments de l'ancienne abbaye des Sept-Fontaines, fondée en 1129, et aujourd'hui convertie en ferme.

FLIZE. Village situé à 2 l. 1/2 de Mézières. Pop. 136 hab. On y remarque un beau château qui a été converti en une belle manufacture de draps. — Forges.

GRUYÈRES. Village situé à 3 l. de Mézières. Pop. 120 hab. C'est une commune fort ancienne, où l'on a découvert en 1821 des tombes renfermant des ossements humains et des objets d'antiquité, dont une partie a été déposée à la préfecture du département. Ces sépultures, qui ont été et seront encore explorées avec soin, sont placées près de l'ancienne chaussée romaine de Reims à Trèves; ce qui donne lieu de penser que ce lieu servit de cimetière aux soldats des légions romaines lors de la conquête des Gaules par César.

GUESPUNSART. Village situé à 3 l. de Mézières. Pop. 1618 hab. Il était autrefois défendu par un fort qui a soutenu un siège lors des guerres de Charles-Quint et pendant les troubles de la ligue. — Brasserie.

GUIGNICOURT. Village situé à 2 l. de Mézières. Pop. 1618 hab. — Brasseries.

HAUTES-RIVIÈRES. Village situé à

5 l. de Mézières. Pop. 1300 hab. — Haut fourneau, forges et fonderies (à *Linchamps*).

JANDUN. Village situé à 4 l. 1/2 de Mézières. Pop. 750 hab. On y remarque un château construit vers 1550.

LAIFOUR. Village situé à 4 l. 1/2 de Mézières. Pop. 190 hab. Il existe sur le territoire de cette commune une source d'eau minérale, assez estimée dans le pays, qui a été analysée en 1815 par M. Amstein, pharmacien à Sedan. Il résulte de cette analyse que chaque litre d'eau minérale contient :

Acide carbonique, 17 centimètres cubes.
Carbonate de chaux . . . . | 0,0031 grammes.
 » de magnésie. |
 » de fer. . . . . . . 0,0400 »
Hydrochlorate de soude
 (sel marin). . . . . 0,0037 »
 » de chaux. . . . | 0,0014 »
 » de magnésie. |
Sulfate de chaux . . . . . . 0,0365 »
 » de magnésie. . . . 0,0291 »
Silice. . . . . 0,0045 »
        Total   0,1183 grammes.
Perte (dans l'analyse) 0,0077 »

Résidu total pour un litre 0,1260 grammes.

L'auteur du mémoire tire de son analyse les conséquences suivantes :

1° L'eau de Laifour est une eau minérale froide;

2° Elle contient de l'acide carbonique libre et du fer, et, par cette raison, doit être rangée avec les eaux de Pougues, de Forges, de Vichy, etc., dans la quatrième classe, qui comprend les eaux minérales acidules, ferrugineuses;

3° Le fer, à la présence duquel elle doit ses vertus toniques qu'on a reconnues depuis long-temps, y existe à l'état de carbonate dissous à la faveur d'un excès d'acide carbonique;

4° Ce sel, au minimum d'oxidation, est continuellement soumis à l'influence de deux causes qui concourent à le précipiter de sa dissolution; ces causes sont, d'une part, la perte du gaz qui lui sert de dissolvant, et, de l'autre, sa propre tendance à passer à un état d'oxidation plus avancé, état sous lequel il cesse d'être soluble, même dans une eau saturée d'acide carbonique : de là, la facile altération de celle de Laifour, lorsqu'elle n'est point abritée du contact de l'air atmosphérique.

5° Enfin ce produit est le seul dont il importait de constater l'existence; quant aux autres, l'auteur pense qu'ils s'y trouvent dans une proportion tellement petite, que leur action sur l'économie animale doit être à peu près nulle. — D'après cette conclusion, il est inutile de faire remarquer que le mémoire est antérieur aux progrès que les doctrines homœopathiques ont fait faire, dit-on, aux sciences médicales.

LAUNOIS. Bourg situé à 5 l. de Mézières. ✉ ☞ Pop. 1,009 hab.

LINCHAMPS. *Voy.* HAUTES-RIVIÈRES.

LUMES. Village situé à 1 l. 1/2 de Mézières. Pop. 400 hab. On y remarque les ruines d'un ancien château que le seigneur de Buzancy, de la maison d'Apremont, avait fortifié et livré aux Impériaux qui en profitèrent pour faire des courses. Ce château fut attaqué en 1551, et le comte d'Apremont qui le défendait fut blessé à mort. Cependant, comme le siége traînait en longueur, le capitaine Villefranche, qui le commandait, voulant à tout prix s'emparer de ce château, se servit à cet effet d'un stratagème : il plaça vers le soir des simulacres d'hommes armés vis-à-vis des sentinelles, et pénétra de l'autre côté dans le château, qu'il rasa, et où il trouva de grandes richesses.

MAZURES (les). Village situé à 4 l. de Mézières. Pop. 1,171 hab. — Hauts fourneaux.

MÉZIÈRES. Petite ville forte, chef-lieu du département, dont le tribunal de 1re instance est à Charleville. Société d'agriculture, sciences, arts et commerce. Place de guerre de 2me classe. ✉ ☞ Pop. 3,759 hab.

L'origine de Mézières remonte à l'année 847, époque où le feu du ciel ayant réduit en cendres la ville et le château de Castrice, qui étaient situés sur une montagne nommée Bazanval, Erlebade, fils de Garlache, comte de Castrice, fit construire près des ruines de son ancien château, celui de Mézières, et le plaça sur une éminence appelée encore aujourd'hui le château. En 930, les sujets de Marc, comte de Dormois, trop maltraités par leur seigneur, vinrent se réfugier auprès de Guazin, fils d'Erlebade, qui leur accorda la permission de bâtir quelques habitations sous son château, et c'est d'eux que vient la première origine de la ville de Mézières. Mais ce ne fut qu'en 1214, après la bataille de Bouvines, qu'elle prit forme de ville. Quelque temps après, elle reçut un grand accroissement par l'arrivée d'un grand nombre de Liégeois que Charles le Téméraire força de venir se réfugier à Mézières, pour se soustraire à sa cruauté. En 940, Balthazar, comte de Réthel, assiégea Mézières et s'en empara. L'archevêque de Reims la prit en 977. Assiégée par l'armée de Charles-Quint, en 1521, cette ville fut vaillamment défendue par Bayard, qui mit dans cette circonstance le courage et la constance des habitants à une rude épreuve. François 1er, à la suite d'un conseil de guerre tenu à Reims, allait donner l'ordre de ravager le pays pour l'affamer, et de brûler Mézières, qu'il considérait comme une place trop faible pour soutenir un siége : on espérait ainsi arrêter la marche de l'armée impériale, qui venait de s'emparer de Mouzon et de ravager le Luxembourg ; Bayard s'opposa à l'incendie de Mézières, et offrit de défendre la ville, en disant au roi : « Il n'y a pas de places « faibles, quand il y a des gens de bien pour « les défendre. » Le roi accepta ; Bayard se jeta dans Mézières avec 2,000 hommes seulement ; la ville fut aussitôt cernée sur les deux côtés de la Meuse, par 40,000 Autrichiens aux ordres du comte de Nassau et du général de Sickenghem, et le siége commença. Ce fut alors que furent tirées les premières bombes dont l'histoire militaire fasse mention. Pendant les six semaines que dura le siége, on en jeta plus de 3,000 dans la place. Ce feu terrible et le genre nouveau des projectiles n'abattirent point la résolution de la garnison qui, dans sa défense, fut bravement soutenue par les bourgeois. — Les habitants de Mézières vénèrent encore la mémoire du chevalier sans peur et sans reproche ; son étendard, sur lequel on voit empreinte son effigie, est depuis trois siècles déposé à l'hôtel-de-ville, et chaque année, le 27 septembre, jour anniversaire de la levée du siége, une procession solennelle, portant ce glorieux drapeau, parcourt la ville, suivie par les autorités locales et escortée par la garde nationale.

Trois siècles environ après l'héroïque défense de Mézières par Bayard, cette ville eut à soutenir un nouveau siége. En 1815, après la bataille de Waterloo, les Prussiens, les Hessois et les Wurtembergeois réunis, cernèrent la place le 29 juin, et la sommèrent de se rendre ; sur le refus des habitants et de la garnison, les préparatifs de siége commencèrent ; l'artillerie, servie par les canonniers bourgeois, aidés de quelques artilleurs de l'armée, détruisit long-temps les batteries ennemies à mesure qu'on les établissait. Les alliés bombardèrent la ville. L'attaque et la défense, soutenues de part et d'autre avec opiniâtreté, durèrent 42 jours, et se terminèrent par une convention honorable pour la garnison. L'ennemi avait perdu environ 5,000 hommes pendant ce siége.

Mézières est une ville entourée de fortifications considérables, et défendue par une citadelle, située au pied et sur le penchant d'une colline, sur la rive droite de la Meuse, qui la sépare de Charleville. Elle est peu spacieuse et généralement mal bâtie. Les seuls édifices publics qu'on y remarque sont l'hôtel-de-ville, la préfecture, l'hôtel-dieu, dont l'établissement remonte à 1412 ; l'église paroissiale, remarquable par l'élévation des voûtes intérieures et par un beau portail : elle a été commencée en 1499 et achevée en 1626 ; le mariage de Charles IX y fut célébré en 1570. On y trouve une petite bibliothèque publique, renfermant 4,000 vol.

Fabriques de ferronnerie. Tanneries renommées. Brasseries. Taillanderie. Centre d'une industrie active répandue dans le voisinage. — *Commerce* de cuirs forts, serges, bonneterie, toiles de lin, etc.

A 5 l. 1/2 de Sedan, 20 l. de Reims, 59 l. 1/2 de Paris. — *Hôtels* des Postes, du Palais royal.

MOHON. Village situé à 1 l. de Mézières. Pop. 407 hab. — *Fabriques* de canons de fusils et de baïonnettes.

MONTCORNET. Village situé à 2 l. 1/2 de Mézières. Pop. 350 hab. C'était le chef-lieu d'un marquisat de ce nom, lequel passa par succession au duc d'Aiguillon qui en fit démolir le château, édifice célèbre par son antiquité, ses vastes souterrains et la solidité de sa construction. On en voit encore les ruines qui ont un aspect très-imposant, et qui sont dignes de fixer la curiosité du voyageur.

MONTCY-NOTRE-DAME. Village situé à 1 l. 1/2 de Mézières. Pop. 675 hab. — Exploitation de marbre.

MONTCY SAINT-PIERRE. Village situé à 1/2 l. de Mézières. Pop. 300 hab. Sur le territoire de cette commune existe la montagne dite le Mont-Olympe, où l'on voit les ruines d'un château bâti en 1611 par Charles de Gonzagues, et démoli en 1686.

MONTHERMÉ. Bourg très-agréablement situé sur la rive gauche de la Meuse, à 3 l. 3/4 de Mézières. Pop. 1660 hab. Il y avait dans cette commune, avant la révolution, une abbaye dite de Val-Dieu, de l'ordre des Prémontrés, fondée en 1128 par Witter, comte de Réthel. On ne doit pas manquer de parcourir les bords riants de la Meuse, qui, de Monthermé à Revin, offrent les plus riches points de vue et les paysages les plus variés.

Patrie de Hubert Gobert, grand théologien et savant jurisconsulte, connu sous le nom de Hubert Monthermé.

Fabriques de poterie de terre. Belle verrerie où l'on fabrique des verres blancs en tables, dits de Bohême, de toutes couleurs, des verres à vitres ordinaires, cylindres, etc. Ardoisière (à Saint-Barnave).

MOUZON. Village situé à 2 l. de Mézières. Pop. 1803 hab. Il y a dans cette commune des établissements importants qui dépendent de la manufacture d'armes de Charleville. Les bâtiments, entourés de murs crénelés et fortifiés de tours carrées, ont été construits en 1688.

Fabriques de ferronnerie, fers à repasser, pelles, pincettes. Martinets.

NEUFMAISON. Village situé à 4 l. de Mézières. Pop. 200 hab. On y voit les fossés d'un ancien château qui a dû être considérable, et aux environs le château de Valcontent, qui fut autrefois fortifié.

OMONT. Village situé à 5 l. de Mézières. Pop. 581 hab. Il y avait à Omont un ancien château, bâti en 884 par Foulques, archevêque de Reims, pour arrêter les courses d'un certain Garlache, homme cruel et barbare, mais capitaine expérimenté, qui s'était emparé par force de la ville et du comté de Castrice, et qui exerçait ses ravages dans le diocèse de Reims. Ce château, qui dominait tout le pays, était extrêmement fort et a souvent résisté aux attaques des troupes qui en faisaient le siège. En 1591, durant le séjour de Henri IV à Sedan, ce monarque, après s'être emparé de plusieurs places du pays, se rendit au siège d'Omont. A son arrivée, les assiégeants se disposaient à donner l'assaut, lorsque le roi voulut tirer lui-même un coup de canon sur cette forteresse. Il pointa si juste, que du même coup il tua le capitaine commandant la place, son lieutenant et un enseigne : la garnison, déconcertée par la mort de ces trois officiers, capitula, et la place fut remise au roi. Cependant, après son départ, les ligueurs firent sortir de Mézières 8 pièces d'artillerie pour reprendre Omont. La milice bourgeoise de Mézières prit part à ce siège : elle monta à l'assaut et emporta le château de vive force. Cette forteresse est entièrement détruite. A peine en voit-on encore aujourd'hui quelques vestiges. — Tuileries et briqueteries. Fours à chaux.

RENWEZ. Bourg situé à 3 l. de Mézières. Pop. 1532 hab. *Fabrique* considérable de bonneterie commune et de bas de laine à l'aiguille, qui emploie un grand nombre d'individus; ce genre d'industrie date de plus de trois siècles. Fabriques de brosses de bruyères.

SIGNY-L'ABBAYE. Bourg situé à 5 l. de Mézières. Pop. 2547 hab. On y remarquait autrefois une abbaye de l'ordre de Citeaux, fondée en 1134 par saint Bernard. Ce monastère, qui avait été reconstruit peu de temps avant la révolution, était admirable, ainsi que l'église; une partie des bâtiments a été détruite, et le reste converti en établissements industriels. — *Fabriques* de châles renommés par la beauté et la finesse de leurs tissus. Haut fourneau, forges et émourerie.

THIN-LE-MOUTIER. Village situé à 4 l. de Mézières. Pop. 1337 hab.

Cette commune existait long-temps avant l'établissement de la monarchie. Sa situation est remarquable à cause de la vallée connue sous le nom de Val-de-Thin Lorsque César fit la conquête des Gaules, il jugea que cette position était importante à garder, et il en fit un poste militaire moyennant quelques dispositions que son génie improvisa. Les Romains y avaient établi une fabrique d'armes de guerre, dont on voit encore sur le territoire quelques vestiges. Il existe aussi dans ce village un pavillon de construction fort ancienne, qui a été habité par Clovis.

TOURNES. Village situé à 2 l. de Mézières. Pop. 450 hab. C'était autrefois un poste important, défendu par un château fort dont on voit encore une porte et les restes d'enceinte de muraille.

VENDRESSE. Village situé à 5 l. de Mézières. Pop. 1,118 hab.

Vendresse faisait autrefois partie du domaine de la maison de Nevers et était réputé ville. Il était entouré de fossés dont il ne reste plus que quelques traces sur les parties de terrain qui avoisinent ce bourg. C'est la patrie de l'abbé Poncard, historien; de Nicolas Diore, évêque constitutionnel du département de la Marne en l'année 1790. — Haut fourneau et fabrique de projectiles de guerre.

VILLERS DEVANT MÉZIÈRES. Village situé à 1 l. de Mézières. Pop. 230 hab. On voit dans cette commune un château fort, sur l'origine duquel on ne sait rien de positif; il appartient actuellement au département, qui l'a acquis pour y placer un dépôt d'étalons; mais il n'a pu recevoir cette destination à cause de la proximité des frontières.

WARCQ. Village situé à 1 l. de Mézières. Pop. 550 hab.

Warcq a une origine fort ancienne, qu'on ne peut toutefois rattacher à une époque précise. Cette commune eut successivement les titres de ville, comté, châtellenie et prévôté; on présume qu'elle existait du temps des Romains, auxquels on attribue l'érection d'un tumulus que l'on voit au nord du village, et de la chaussée qui forme un embranchement de Reims à Trèves.

La chronique de Signy fait mention de cette commune, sans cependant rappeler aucun de ces faits. On y voit seulement qu'en 900, Erlebade, comte de Castrice, qui fit construire le château de Mézières, battit près de Warcq Frédéric, comte de Porcien. En 921, Hercvey, archevêque de Reims, vint camper auprès de Warcq et mit le siége devant le château de Mézières, dont il s'empara. En 940, Balthazar, comte de Réthel, fut battu près de Warcq par Guarinus, seigneur de Mézières. En 970, Adalberon, archevêque de Reims, prit et brûla le château de Warcq. Ce qui prouve encore l'importance ancienne de cette commune, c'est qu'autrefois il y avait un bureau de talonnage des mesures, où, dès 1584, on venait des Pays-Bas. La chapelle Saint-Hilaire sur le territoire de Warcq, occupe l'emplacement d'une ancienne et vaste église qui servait de paroisse au village.

ARRONDISSEMENT DE RÉTHEL.

ASFELD. Bourg situé à 4 l. de Réthel. Pop. 1,248 hab.

Cette commune, appelée autrefois ÉCRY, renfermait un château très-remarquable par sa beauté et par ses avenues, qui a été démoli. C'est à Écry que furent défaits les Normands, en 883. — *Patrie* de François-Claude Bidal, maréchal de France.

BERGNICOURT. Village situé à 2 l. 1/2 de Réthel. Pop. 270 hab. Filatures de laine.

CHATEAU-PORCIEN. Petite ville, située à 2 l. 1/2 de Réthel. Pop. 2,267 hab. Saint Remy, archevêque de Reims, fit mention de Porcien dans son testament, ce qui est une preuve que Château-Porcien existait au Ve siècle. Tout porte à croire même qu'il existait bien antérieurement, puisqu'on a découvert sur la montagne, au nord-est de ce bourg, d'anciennes fondations de murs, des puits, des pavés et des médailles romaines.

Château-Porcien est situé sur la rive droite de l'Aisne, qui forme en cet endroit une île dans laquelle est comprise une partie de la ville. Elle est dominée par un rocher escarpé, couronné jadis par un château fort, bâti dans le XVe siècle, dont il ne reste plus que le donjon et quelques pans de murs.

Château-Porcien avait ses comtes particuliers. Charles IX l'érigea en une principauté dont la maison de Mazarin était en possession depuis 1666. La ville a soutenu plusieurs siéges : les Espagnols s'en rendirent maîtres en 1650, mais ils furent obligés de la rendre aux Français dans la même année. Réoccupée par les Espagnols en 1652, les Français la leur enlevèrent l'année suivante. — *Fabriques* de serges, flanelles, mérinos, casimirs. Filatures de laine. Huilerie. Tanneries. — *Hôtel* de la Tête-d'or.

CHAUMONT-PORCIEN. Village situé à 5 l. 1/2 de Réthel. Pop. 1,091 hab.

Il y avait à Chaumont un château très-ancien, bâti sur le sommet d'une montagne qui domine la contrée. Ce château, qui appartenait en dernier lieu à la famille Boisgelin, a été entièrement détruit lors de la première révolution.

HAUTEVILLE. Village situé à 2 l. de Réthel. Pop. 350 hab. On remarque aux environs, près de la rivière de Vaux, les ruines d'un ancien château fort.

JUNIVILLE. Village situé sur la Retourne, à 4 l. 1/2 de Réthel. Pop. 1,475 h. —*Fabriques* d'étamines.

JUZANCOURT. Village situé à 4 l. de Réthel. Pop. 300 hab. On y remarque un ancien château fort entouré de fossés.

NEUFLIZE. Village situé à 3 l. 3/4 de Réthel. Pop. 830 hab. Au rapport de Bergier, on a découvert, en 1712, sur un monticule, près de ce village, des tombes en marbre et en terre cuite. Chaque tombe renfermait les ossements d'un homme et son épée. Auprès de l'épaule gauche, se trouvait un vase de terre, plein d'une liqueur huileuse. — Filature de laine peignée et cardée.

NOVION-PORCIEN. Bourg situé à 3 l. de Réthel. Pop. 1,273 hab.

NOVY. Village situé à 1 l. 1/2 de Réthel. Il y avait à Novy un prieuré conven-

CHÂTEAU DE TUGNY.

tuel, fondé en 1079; il n'en existe plus que l'église qui est fort belle et sert de paroisse aux habitants.

PUISEUX. Village situé à 3 l. 1/2 de Réthel. Pop. 150 hab. Il y a dans ce village un vieux château fort, dont la construction est d'une grande solidité.

RÉTHEL. Ville ancienne. Chef-lieu de sous-préfecture. Tribunal de première instance. Chambre consultative des manufactures. Société d'agriculture. Collége communal. ✉ ☏ Pop. 6,585 hab.

L'origine de cette ville remonte à une époque fort éloignée; on assure qu'elle n'était, lorsque César fit la conquête des Gaules, qu'un simple fort ou Castrum, bâti sur l'Aisne, pour en protéger et défendre le passage. Il reste encore de ce fort une grosse tour octogone que l'on remarque à l'est de la ville.

Réthel a eu jusqu'en 1790, une suite non interrompue de comtes et de ducs, depuis Balthazar, qui vivait en 940. Ce comté, après avoir passé successivement par alliances, dans les maisons de Flandre, de Bourgogne, de Clèves, d'Albret et de Nevers, fut vendu en 1663 à la maison de Mazarin, qui l'a possédé à titre de duché jusqu'à l'époque de la révolution.

Cette ville est située sur une montagne, près de la rive droite de l'Aisne qui y est navigable. C'était autrefois une place forte qui fut prise et reprise plusieurs fois : les Espagnols s'en emparèrent en 1650, mais elle fut reprise par les Français la même année. Les Espagnols s'en rendirent maîtres de nouveau en 1654, mais peu de mois après Turenne, aidé du maréchal La Ferté, la leur reprit après quatre jours de siège.

Fabriques de draps, casimirs, bonneterie, châles façon cachemires; filature de laine peignée et cardée, et de duvet cachemire; brasserie ; chamoiserie ; tanneries renommées.—*Commerce* d'étoffes de laine, fer, clouterie, fer-blanc, grains, vins, eaux-de-vie, épicerie, etc.

A 11 l. de Mézières, 48 l. 1/2 de Paris. — *Hôtels* de la ville de Reims, du Commerce, du Cœur d'or, du Lion d'or.

SAULT-SAINT-REMY. Village situé à 3 l. 1/2 de Réthel. Pop. 300 hab. L'origine de ce village est fort ancienne; il est entouré de fossés qui furent autrefois larges et profonds, et fut qualifié de cité : tout porte à croire qu'il existait à l'époque de la conquête des Gaules par Jules César; restauré ensuite, il a conservé son importance jusqu'au IXe siècle, époque où les Normands le saccagèrent.

SORBON. Village situé à 1/2 l. de Réthel. Pop. 400 hab. — *Patrie* de Robert Sorbon, savant théologien du XIIIe siècle. Il y avait dans cette commune un château entouré de fossés, où l'on prétend que naquit le pieux fondateur de la Sorbonne.

TAGNON. Village situé à 2 l. de Réthel. ✉ Pop. 1,200 hab.

Ce village a beaucoup souffert durant les guerres civiles. Il est entouré de fossés, et son église, qui a une forme gothique, parait avoir servi autrefois de maison forte.

On remarque sur le côté du rempart, à l'est du village, une tombelle qui parait n'avoir jamais été fouillée.

THOUR (le). Village situé à 4 l. 1/2 de Réthel. Pop. 600 hab.

Le Thour était antérieurement une maison royale qui fut habitée par Charles-le-Simple. Il y avait un château fort, démoli depuis de longues années.

THUGNY. Village situé à 1 l. 1/4 de Réthel. Pop. 450 hab.

Il y a à Thugny un fort beau château, entouré de fossés remplis d'eau, avec de superbes dépendances. Ce château appartient aujourd'hui à M. le marquis de Latour-Dupin. En 1683, Turenne a campé à Thugny ; il occupait le château. Il existe au sud de ce village, un tertre, formé de mains d'hommes, entouré de plusieurs arbres. On croit que ce lieu fut consacré à la sépulture de quelques guerriers romains.

WASIGNY. Village situé à 3 l. de Réthel. Pop. 952 hab. Les miracles attribués à saint Gibrien, dans le manuscrit de saint Remy, prouvent que cette commune existait dans le Ve siècle. — *Fabriques* d'étoffes de laine. Filature de laine peignée.

ARRONDISSEMENT DE ROCROI.

ANTHENY. Village situé à 4 l. de Rocroi. Pop. 311 hab. Ce village, où l'on remarque les traces d'un ancien château, parait avoir été autrefois considérable. Il fut brûlé par les Espagnols en 1638, et ravagé de nouveau par eux, en 1643.

On a trouvé sur une éminence, dans le hameau de FONTENELLE, dépendant d'Antheny, des squelettes humains, ainsi que des urnes funéraires qui attestent le séjour des Romains en ce lieu. Il y a au hameau de Fontenelle un château moderne.

AOUSTES. Village situé à 6 l. de Rocroi. Pop. 684 hab. On y remarque les vestiges d'un ancien château fort qui fut saccagé par les Allemands en 1521, et détruit par les Espagnols en 1643. On trouve, sur le territoire d'Aoustes, une source d'eau minérale appelée la Fontaine-Rouge, et un ruisseau qui se perd pour reparaître à une demi-lieue au-dessous.

AUVILLERS-LES-FORGES. Village situé à 3 l. 3/4 de Rocroi. Pop. 661 hab. Il y existait un château très-ancien, qui fut incendié durant les guerres que François Ier eut à soutenir contre Charles-Quint. En 1654, ce château fut entièrement détruit par l'armée de Turenne. — Foires et marchés considérables. Mines de fer. Brasserie.

BOSSUS-LES-RUMIGNY. Village situé à 5 l. de Rocroi. Pop. 251 hab. On a trouvé sur son territoire des monnaies romaines, des urnes sépulcrales, des tombeaux, ainsi que deux statues de lions en pierre, celle d'une divinité, et beaucoup d'emblèmes du paganisme. C'est à Bossus que campa Condé, deux jours avant la bataille de Rocroi. — Papeteries. Carrières de pierre calcaire recherchée pour les constructions.

BROGNON. Village situé à 4 l. de Rocroi. Pop. 609 hab. On y remarque une espèce de petit fort dont les fossés existent encore, et autour desquels se trouvaient huit affûts de canon : on croit que cet ouvrage fut établi par les Espagnols, lors de la bataille de Rocroi.

CHARLEMONT. *Voy.* Givet.

FOISCHES. Village situé à 9 l. de Rocroi. Pop. 161 hab. — Mines de fer, carrières de marbre dont l'exploitation est suspendue.

FROMELENNES. Village situé sur la rivière de Houille, à 10 l. 1/2 de Rocroi. —Beaux établissements pour la fabrication du cuivre et du zinc, composés de batteries, laminoirs et tréfilerie.

On trouve dans une montagne boisée, proche de ce village, une grotte très-profonde, qui ne paraît pas avoir été explorée. On y descend difficilement par une étroite ouverture; autrefois on pouvait y pénétrer de plain-pied par une large entrée qui fut murée sous le règne de Louis XIV; on rapporte qu'à cette époque, un individu condamné à mort s'y était caché, et que son frère l'y nourrit pendant certain temps, mais que celui-ci, fatigué et craignant pour sa sûreté personnelle, le tua; à quelque temps de là, des curieux s'étant enfoncés dans la grotte, y trouvèrent le cadavre en putréfaction. C'est cet événement qui fit donner l'ordre d'en boucher l'entrée principale. Pendant l'occupation des armées étrangères, les officiers russes de la garnison de Givet firent illuminer cette grotte et y donnèrent un banquet.

FUMAY. Petite ville, bâtie dans l'un des sites les plus beaux et les plus pittoresques que présente l'arrondissement, à 4 l. 1/4 de Rocroi. ✉ ⚐ Pop. 2,420 hab. De la route royale qui côtoie une montagne rapide, on aperçoit la ville, bâtie sur la rive gauche de la Meuse, entre des montagnes presqu'à pic, couvertes de forêts, et hérissées en plusieurs endroits de rochers escarpés; la rivière coule paisiblement au-dessous, dans un vallon resserré, au milieu d'une prairie bordée de peupliers; du côté du nord, le paysage est animé par une foule d'ouvriers employés à l'exploitation des ardoisières; d'énormes monceaux de débris qui forment eux-mêmes de hauts monticules, ajoutent encore à l'aspect pittoresque de la nature.

Fumay n'était en 762 qu'une ferme du prieuré de Revin. On présume que l'établissement religieux de Divers-Monts, dont l'existence remonte à une époque très-reculée, a beaucoup contribué à son accroissement. L'exploitation considérable des ardoisières, dont les premières furent découvertes par des moines, en 1100, dut aussi amener une augmentation de population en appelant un grand nombre d'ouvriers. — En 1740, on découvrit, en fouillant les ruines d'un ancien château, une tour qui contenait une grande quantité de blé parfaitement conservé. Il existe à Fumay, outre les ardoisières dont les produits sont d'excellente qualité, une verrerie et une fabrique de blanc de céruse.

GIVET. Jolie et forte ville, située à 10 l. de Rocroi, séparée par la Meuse, et défendue par Charlemont, l'une des forteresses les plus importantes du royaume. Chambre consultative des manufactures. ✉ ⚐ Pop. 4,220 hab.

Cette ville ne consistait autrefois qu'en deux villages séparés par la Meuse, qui faisaient partie du comté d'Agimont, et dépendaient de la principauté de Liége. Vers l'an 1540, Charles-Quint ayant acheté de Philippe, comte de Kœnigstein, le comté d'Agimont, fit bâtir en 1555 la forteresse de Charlemont, à laquelle il donna son nom, et l'annexa ainsi que ce comté au duché de Luxembourg. Ce même comté a continué d'appartenir à l'Espagne jusqu'en 1679, que Charles II, souverain de ce royaume, céda à Louis XIV la forteresse de Charlemont et ses dépendances; la France en prit possession le 22 avril 1679, ainsi que d'une partie du comté d'Agimont. Sur la rive droite de la Meuse, il existe un autre fort abandonné, appelé le mont d'Hano.

On communique des deux Givets par un beau pont en pierre, dont la construction décrétée par l'empereur en 1810, fut achevée en 1816. Voici à quelle occasion Napoléon ordonna cette construction : l'empereur revenant de la Belgique, arriva à Givet par un temps affreux; la Meuse, grossie par de longues pluies, avait rompu et emporté le pont de bois qui existait depuis long-temps, et tombait de vétusté. Ce contre-temps contraria beaucoup l'empereur qui avait hâte d'arriver à Paris; le passage par bateau était extrêmement dangereux, aucun batelier ne voulut le tenter; cependant l'empereur se souvint qu'il y avait à Givet un dépôt de prisonniers anglais; il ordonna qu'on en fît venir quelques-uns devant lui, et auxquels il demanda leur avis sur la possibilité de passer la rivière; un grand nombre de ces marins assurèrent que la traversée, quoique présentant quelques dangers, était cependant possible, et offrirent leurs services. L'empereur en choisit vingt, et, plein de confiance en leur habileté, parvint heureusement à l'autre rive. Les vingt Anglais reçurent, avec la liberté, un habillement complet et une récompense pécuniaire. A son retour à Paris, Napoléon ordonna la construction du beau pont qui lie aujourd'hui les deux parties de la ville.

En 1815, les Prussiens firent le siège de Givet, où ils entrèrent après une courte résistance; mais ils essayèrent vainement de s'emparer de Charlemont : cette place fut vaillamment défendue par le comte Bourk, aujourd'hui pair de France, et n'ouvrit ses portes que quand l'arrivée de Louis XVIII à Paris fut connue.

Les approches de Givet offrent un assez beau coup d'œil : de la rive droite de la Meuse, on aperçoit les deux parties de la ville, liées par un superbe pont en pierre; à gauche, Charlemont sur un rocher à pic, à une hauteur prodigieuse, avec ses murailles inexpugnables, entées sur d'autres murailles, ouvrage de la nature; au pied de la forteresse, on remarque une caserne magnifique, pouvant contenir 6,000 hommes; un peu en deçà, et toujours sur la même ligne, se font voir d'abondantes carrières d'excellente pierre de taille bleue, animées par l'activité des ouvriers qui les exploitent; sur la rive droite, on distingue les ruines de la forteresse du mont d'Hano.

Givet est la patrie de Méhul, célèbre compositeur de musique, mort à Paris, le 2 octobre 1817; le conseil municipal vient tout récemment de lui voter l'érection d'un monument.

Fabriques de blanc de céruse, pipes façon Hollande, crayons, cire à cacheter, colle forte. Ateliers de polissage de marbre. Tanneries considérables. Exploitation d'excellente pierre calcaire bleue.

HARGNIES. Village situé au milieu des forêts, à 6 l. de Rocroi. Pop. 1,355 hab.

HAYBES. Village bâti en amphithéâtre, sur la rive droite de la Meuse, à 5 l. de Rocroi. Pop. 1,000 hab. Carrières de très-bonne ardoise.

HIERGES. Village situé dans une gorge, à 7 l. de Rocroi. Pop. 180 hab. C'était autrefois le chef-lieu d'une baronnie appartenant au duc d'Aremberg qui y avait un château fort, incendié en 1793; les murs de cet édifice, construits sur la pente d'une colline boisée, et dominant le village et les environs, sont encore debout, et contribuent à donner à la localité un aspect remarquable.

LANDRICHAMP. Village situé sur la rivière de Houille, à 10 l. 1/2 de Rocroi. Pop. 146 hab. Laminoir, batterie et tréfilerie pour la fabrication du cuivre et du zinc.

MAUBERT-FONTAINE. Bourg situé à 10 l. de Rocroi. ✉ ☞ Pop. 1,312 hab. Ce bourg, qui a été beaucoup plus considérable qu'il ne l'est aujourd'hui, fut bâti en 1216 par le chapitre de Reims; il était entouré de fossés remplis d'eau qui ont été en partie comblés sous Louis XIII.—Brasserie.

MONTIGNY-SUR-MEUSE. Village situé sur la rive gauche de la Meuse, à 6 l. de Rocroi. Pop. 170 hab. C'est la patrie de M. Gaspard Lavocat, député des Ardennes, deux fois condamné à mort sous la Restauration, et qui fut chargé, après les événements de 1830, de la conduite des ministres de Charles X au fort de Ham.

NEUVILLE-AUX-JOUTES (la). Bourg situé à 6 l. 1/4 de Rocroi. Pop. 1,465 hab. C'est un bourg très-ancien, où il existait, dit-on, un collége de druides, et à une petite distance, un temple de Jupiter : on a trouvé sur son territoire des urnes funéraires, des tombeaux, des souterrains et des monnaies romaines. — Forges et fonderie.

NEUVILLE-AUX-TOURNEURS. Village situé à 4 l. 1/4 de Rocroi. Pop. 665 h. Il fut brûlé par les Espagnols lors de la bataille de Rocroi, en 1643. — Hauts fourneaux.

REVIN. Petite ville, bâtie en amphithéâtre, sur la rive droite de la Meuse, dans un site des plus pittoresques. De la rive gauche de la rivière, on aperçoit ses maisons agglomérées, ses quais encombrés de monceaux de bois de chauffage et de construction, d'écorces pour les tanneries et d'autres denrées ; d'actifs bateliers chargent les bateaux qui couvrent la Meuse au-dessous de la ville ; de quelque côté que se portent les regards, l'horizon est borné par de hautes montagnes couvertes de forêts et présentant en quelques endroits des rochers escarpés.

Il existait anciennement à Revin un prieuré dont on ignore l'origine. En 1649, Philippe d'Aremberg, prince de Chimay, y fonda, pour l'instruction des jeunes gens, un couvent de Dominicains qui fut supprimé à la révolution. C'est la patrie de Charles René Billuart, savant théologien.

Commerce de bois. Forge où l'on fabrique toute sorte d'objets en fonte.

RIMOGNE. Village situé à 3 l. de Rocroi. Pop. 1,147 hab. Importantes carrières d'ardoises, exploitées dès 1230.

ROCROI. Ville forte. Chef-lieu de sous-préfecture. Place de guerre de quatrième classe. Tribunal de première instance. Société d'agriculture. Collége communal. Bureau principal de douanes. ✉ ⚘ Pop. 3,623 hab.

Rocroi n'était encore qu'un village en 1449, époque à laquelle Charles VII lui accorda plusieurs priviléges. Ce fut François Ier qui commença à la fortifier ; mais elle n'eut le titre de ville que sous Henri II, et alors ses moyens de défense furent beaucoup augmentés. En 1614, le 20 décembre, Louis XIII acheta la terre de Rocroi et fortifia la ville à peu près telle qu'elle est aujourd'hui. Les fortifications n'en étaient point encore achevées en 1555, lorsque l'ennemi chercha à s'emparer de cette place qui fut vaillamment défendue par le courage de ses habitants. En 1586, les calvinistes, contre lesquels on voulait exécuter l'édit de Nevers, se soulevèrent, ayant à leur tête Boucher et Launois qui résistèrent à l'autorité de Henri III. Les coalisés partis de Sedan se portèrent sur Rocroi qu'ils prirent et pillèrent le 24 décembre ; mais ils furent bientôt défaits à leur tour par le duc de Guise qui remit la place sous la domination du roi.

Rocroi n'éprouva aucune tentative de la part de l'ennemi jusqu'à celle que firent les Espagnols en 1643. Louis XIII venait d'expirer ; Louis XIV, enfant, montait sur le trône ; la faiblesse d'une minorité relevait les espérances des Espagnols ; leur armée, sous la conduite d'un vieux général expérimenté, Francisco de Mello, vint mettre le siège devant Rocroi ; le duc d'Enghien, qui fut depuis le grand Condé, était à Amiens lorsqu'il apprit que, le 13 mai, l'ennemi avait ouvert la tranchée pour s'emparer de la place. Ce prince, âgé seulement de 22 ans, partit et fit diligence, réunit en chemin quelques troupes, et se trouva avec 22,000 hommes devant l'ennemi qui en comptait 26,000. Tout se passa en escarmouches jusqu'au 19 que se livra la bataille : elle fut meurtrière, deux fois le prince chargea et fut repoussé ; une troisième charge fut plus heureuse, les bataillons ennemis sont enfoncés : alors le carnage est horrible ; le Français, qu'avait irrité une longue résistance, ne fait aucun quartier ; on se bat corps à corps avec une fureur sans égale ; mais il faut céder à la valeur française : ce qui ne peut prendre la fuite dépose les armes ; cette belle armée, formée avec tant de soins par Mello, n'existe plus. Les Français n'eurent à regretter que 3,000 morts ; l'ennemi laissa sur le terrain 8,000 hommes, et perdit 7,000 prisonniers : le reste se réfugia à Philippeville.

Le vieux général espagnol, comte de Fuentes, fut trouvé parmi les morts. On a conservé long-temps à Rocroi la chaise dans laquelle il se faisait porter au combat : elle a été transportée à Paris.

Rocroi, qui venait d'être sauvé de la domination espagnole par les armes victorieuses du duc d'Enghien, devait plus tard tomber sous la domination de ces mêmes Espagnols, conduits par celui même qui les avait vaincus. Le duc d'Enghien, devenu prince de Condé, s'étant brouillé avec Louis XIV, s'en empara le 3 septembre 1653, et le garda jusqu'à la paix des Pyrénées.

En 1815, cette ville, qui n'avait pour toute garnison que quelques centaines de gardes nationaux mobilisés, fut assiégée par 10,000 Prussiens, et capitula après un mois de blocus et un bombardement qui ne dura que deux heures.

C'est la patrie de Fiacre Bouillon, auteur d'un poème sur la bataille de Rocroi ; de

Noël de Champagne, qui se distingua aux siéges de cette ville en 1643 et 1653, et de René Moreau, général de la république française, qui commanda en chef l'armée de la Moselle.

Rocroi est situé dans une belle et vaste plaine, entourée de tous côtés par la forêt des Ardennes. Le commerce est nul depuis la rétrocession qui a été faite à la Belgique par le traité de 1815, de sept cantons qui faisaient partie de son arrondissement. Il y existe une forge, un fourneau et une fonderie où l'on coule des projectiles pour les arsenaux de l'État. Le sol y est froid à cause de son élévation, et les productions tardives. On élève une grande quantité de bestiaux qui pâturent toute l'année dans une vaste plaine où s'est livrée la bataille de 1643, où les Russes campèrent au nombre de 20,000, au moment de quitter la France, et où fut également établi un camp d'instruction en 1833. 80,000 hommes pourraient y manœuvrer aisément.

On augmente, dans ce moment, les fortifications de la place ; cinq demi-lunes sont projetées, deux sont en cours d'exécution.

RUMIGNY. Bourg situé sur l'Aube, à 5 l. de Rocroi. Pop. 783 hab.

Ce bourg existait déjà au Ve siècle ; il avait le titre de baronnie, et était défendu par un château fort bâti dans le IXe siècle, dont il ne reste plus que des traces ; l'armée de Charles-Quint le brûla, et il fut encore saccagé et pillé par les Espagnols en 1643, lors de la bataille de Rocroi. Le château fut vendu au moment de la révolution comme propriété nationale ; l'acquéreur, en y faisant faire des fouilles, y trouva des sommes considérables, fruit des conquêtes des anciens seigneurs.

Patrie de l'abbé Lacaille, astronome célèbre de l'académie des sciences ; de Gérard, évêque de Cambrai ; de Tissier, docteur en Sorbonne ; de Collet, traducteur d'Amadis des Gaules.

SIGNY-LE-PETIT. Bourg situé à 5 l. de Rocroi. Pop. 1,949 hab. Il doit son origine à Nicolas de Rumigny, qui y fit construire en 1222 une maison forte et un hôpital. Ce lieu fut brûlé presqu'en entier par les Anglais, en 1340 ; en 1612, il fut encore saccagé par suite des guerres de la ligue ; enfin, en 1636, les habitants de la terre de Chimay, joints aux Espagnols, vinrent aussi y mettre tout à feu et à sang ; la maison forte fut détruite, et il n'en reste plus qu'une partie de la tour. Le château, tel qu'on le voit aujourd'hui, fut bâti par la famille de la Houssaie. — Forges et haut fourneau. Mines de fer. Carrière d'ardoises.

ARRONDISSEMENT DE SEDAN.

ANGECOURT. Village situé à 2 l. de Sedan. Pop. 481 hab. — Filature de laine.

AUTRECOURT. Village situé à 3 l. 1/4 de Sedan. Pop. 907 hab. — Filature hydraulique de laine.

BAIRON et le **MONT-DIEU.** Village situé à 5 l. de Sedan. Pop. 230 hab. Il existe au Mont-Dieu un couvent de Chartreux qui était très-considérable, entouré de larges fossés revêtus en pierre de taille et fermé de portes garnies de ponts-levis. Le corps du comte de Soissons, tué à la bataille de Marfée, a été inhumé dans l'église du couvent, dont les bâtiments ont servi de prison révolutionnaire pendant le règne de la terreur : ils étaient d'une grande étendue et ont été détruits en majeure partie.

BALAN. Village situé à 1/2 l. de Sedan. Pop. 1068 hab. — *Fabriques* de couvertures de laine, enclumes, étaux, poêles à frire. Filature de laine. Construction de machines à vapeur, etc.

BAZEILLES. Village situé à 1 l. 1/4 de Sedan. Pop. 1380 hab. Cette commune faisait autrefois partie de la souveraineté de Sedan. Elle fut en 1641 entourée de fossés, afin de résister plus facilement aux troupes de l'empereur d'Autriche, qui avait déclaré la guerre à la France. — *Fabriques* de forces à tondre les draps. Martinets.

BEAUMONT. Village situé à 6 l. 1/2 de Sedan. Pop. 1250 hab. Beaumont avait autrefois le titre de ville ; il fut fortifié en 1182 par Guillaume aux blanches mains, archevêque de Reims, et attaqué sans succès par les Lorrains en 1592 et en 1651. Beaumont était aussi connu par ses mesures, qui étaient plus grandes que toutes celles de la province de Champagne.

BREVILLY. Village situé à 2 l. 1/2 de Sedan. Pop. 351 hab. Le pape Calixte II y eut une entrevue avec Henri V, empereur d'Allemagne, en 1119. — Forges à l'anglaise, martinets et fenderie.

CARIGNAN. Petite ville située à 5 l. de Sedan. ⊠ ⚜. Pop. 1382 hab.

Cette ville portait autrefois le nom d'Ivoi (*Epodium*); elle existait du temps des Romains qui y tenaient garnison, et était traversée par la route romaine de Reims à Trèves. Après avoir appartenu successivement aux comtes de Chiny, aux ducs de Luxembourg, aux maisons de Bourgogne et d'Autriche, elle fut cédée à la France en 1659. Louis XIV en disposa ensuite en faveur du comte de Soissons, érigeant sa prévôté en duché de Carignan, dont Ivoi prit le nom. En 1752, le duc de Penthièvre acheta ce duché et le donna à la duchesse de Chartres, sa fille, mère du roi Louis-Philippe Ier. Cette ville fut prise par le maréchal de Chatillon en 1639, et ses fortifications furent rasées; elle est presque entièrement composée d'une seule rue assez large et extrêmement longue, bordée de belles constructions. — *Fabriques* de fer-blanc. Filature de laine. Moulins à foulon. Scieries hydrauliques. Laminoirs. Tanneries. Brasseries, etc.

CHÉHERY. Village situé à 2 l. 1/2 de Sedan. On remarque sur le territoire de cette commune un château fort, appelé château de Rocan; il fut bâti sur un roc en 1556 par Raoul de Coucy.

DAIGNY. Village situé à 1 l. 1/4 de Sedan. Pop. 429 hab. — Filature hydraulique de laine. Forges.

DONCHERY. Jolie petite ville, ceinte de murailles et généralement bien bâtie sur la rive droite de la Meuse, à 1 l. de Sedan. Pop. 1537 hab.

Cette ville, dont l'origine est très-ancienne, faisait autrefois partie du comté de Castrice; elle fut fortifiée en 1358, durant les troubles de la Jacquerie. On y voit encore l'appartement d'où Henri IV écrivit à Gabrielle d'Estrées, après la reddition de Sedan en 1606, qu'il était plus heureux que César, puisqu'il avait vaincu avant d'avoir vu. Louis XIV en fit démolir les fortifications. — *Fabriques* de ferronnerie, enclumes, étaux, fers laminés. Brasserie et teinturerie.

DOUZY. Bourg situé à 2 l. 1/2 de Sedan. Pop. 923 hab. Les rois de la première et de la seconde race avaient un palais dans ce village, qui à cette époque avait le titre de ville. Clovis et Charlemagne y ont séjourné. Il y a été tenu deux conciles, en 871 et en 874. La chaussée appelée Via-Regia, pour la distinguer de la chaussée romaine, servait alors de communication entre Douzy et Attigny, autre résidence royale. — *Fabriques* de draps. Forges où l'on fabrique des fers de tout genre, des instruments aratoires et des ustensiles de guerre.

FRANCHEVAL. Village situé à 2 l. 1/2 de Sedan. Pop. 923 hab. Cette commune avait autrefois le titre de bourg, et c'était un lieu assez important : il y a été tenu un congrès en 1259, pour régler les différends qui existaient entre l'archevêque de Reims et l'évêque de Liége. — *Fabriques* de draps et de casimirs. Platinerie. Moulin à foulon.

GIVONNE. Village situé à 5 l. de Sedan. Pop. 1174 hab. — Établissement hydraulique pour la fabrique des draps.—*Fabriques* de balanciers, forces à tondre les draps, enclumes, étaux, poêles à frire, outils aratoires, mors de brides. Forges, laminoir, platineries. Filature de laine. Moulin à foulon.

HARAUCOURT. Village situé à 3 l. 1/4 de Sedan. Pop. 703 hab.

IGES. Village situé à 1 l. de Sedan. Pop. 170 hab. Suivant la tradition, cette commune aurait été une ville gauloise; les Romains y auraient eu une cohorte, et l'on y voit encore des bases de tours romaines.

LAMONCELLE. Village situé à 1 l. 1/4 de Sedan. Pop. 273 hab. — *Fabriques* d'outils aratoires, poêles à frire, ustensiles de guerre, etc.

LOMBUT. Village situé à 3 l. 1/4 de Sedan. Pop. 120 hab. Le château de cette commune de Lombut était autrefois l'une des quatre filles d'Ivoy-Carignan. Il fut assiégé en 1443, et pris par les troupes de Philippe-le-Bon, duc de Bourgogne. Il a été rétabli depuis, et formait un gros pavillon flanqué de quatre tours.

MALANDRY. Village situé à 7 l. de Sedan. Pop. 250 hab. C'était une seigneurie de haute, moyenne et basse justice; il y avait un château qui était l'une des quatre filles d'Ivoy-Carignan, titre équivalant à ce que l'on appelait ailleurs premières baronnies, pairies et anciennes chevaleries.

MARGNY. Village situé à 8 l. 3/4 de Sedan. Pop. 430 hab. Il y avait autrefois dans cette commune un château considérable appelé le fort de Margny, qui a soutenu plusieurs siéges et a été détruit dans les temps qu'Ivoy et Montmédy ont été attaqués.

MATHON-CLÉMENCY. Village situé à 5 l. de Sedan. Pop. 859 hab. — Forges. Platinerie.

MENGES (SAINT-). Village situé à 1 l. de Sedan. Pop. 1,406 hab. — *Fabriques* de draps.

MESSINCOURT. Village situé à 5 l. de

Sedan. Pop. 600 hab. L'ancien château de Messincourt était la première des quatre filles d'Ivoy-Carignan ; il appartenait autrefois au comte de la Marck, qui envoya un défi à Charles-Quint. Cet empereur, pour l'en punir, mit le siége devant le château de Messincourt, qui fut pris par trahison. Le comte de Nassau, commandant les assiégeants, fit pendre vingt soldats de la garnison, et en eût fait autant du comte de la Marck, s'il n'en eût été détourné par ses officiers. Il fit raser le château dont on ne voit plus actuellement que les ruines.

MOUZON. Petite et ancienne ville, située au milieu de belles prairies, sur la Meuse, à 3 l. de Sedan. ✉ ⌑ Pop. 2,320 hab.

L'origine de Mouzon remonte à une haute antiquité : il paraîtrait, d'après de Lelong, que cette ville existait déjà lorsque César fit la conquête des Gaules. Ce qu'il y a de positif, c'est que Mouzon était considérable du temps de Clovis, qui le donna à saint Remy. Il y avait un château dans lequel était une abbaye de filles. En 882, les Normands brûlèrent cette maison avec le château. L'archevêque Hervé la fit reconstruire et la donna à des chanoines, auxquels on substitua dans la suite des Bénédictins tirés de Thim-le-Moutier.

L'église de cette abbaye, que l'on peut regarder comme un chef-d'œuvre d'architecture, sert aujourd'hui de paroisse ; mais ce bel édifice a besoin de grandes réparations, que les ressources locales ne permettent pas de faire.

En 1650, la ville de Mouzon fut assiégée durant sept semaines par le maréchal de Turenne, et contrainte de se rendre aux troupes qu'il commandait. Cette ville était autrefois plus considérable qu'elle ne l'est aujourd'hui, puisqu'en 1197 il fut question de l'ériger en évêché. Il s'y est tenu trois conciles : en 948, 995 et 1187.—*Fabriques* de draps, bonneterie en coton. Filatures de laine. Moulins à foulon. Distilleries d'eau-de-vie. Éducation des abeilles. Tanneries.— Hôtels de la Poste, de la Cloche d'or.

ONES. Village situé à 5 l. de Sedan. Pop. 200 hab. — Forges et laminoirs.

POURU-AUX-BOIS. Village situé à 2 l. 1/2 de Sedan. Pop. 610 hab. Il a existé à Pouru-aux-Bois une ancienne forteresse détruite dans les guerres de la religion, et remplacée par un château qui a de belles et vastes dépendances.

POURU-SAINT-REMY. Village situé à 3 l. 1/4 de Sedan. Pop. 692 hab.—Filature de laine. Forges. Moulin à farine.

PURE. Village situé à 5 l. de Sedan. Pop. 417 hab.—Forges et fonderie.

RAUCOURT. Bourg situé à 3 l. 3/4 de Sedan. Pop. 1,453 hab. C'était, en 996, un chef-lieu d'une souveraineté qui a été réunie à celle de Sedan en 1449. — *Fabrique* de dés à coudre, fourchettes d'acier, mors de brides, ouvrages polis en fer et en acier dont la beauté égale et surpasse même les productions en ce genre tirées de l'Angleterre. — Brasserie.

REMILLY ET AILLICOURT. Village situé sur la Demaune, à 2 l. de Sedan. Pop. 1,228 hab.—*Fabriques* de broches pour les filatures. Tonderie, moulins à foulon. Filatures de laine.

SEDAN. Ville forte. Chef-lieu de sous-préfecture. Place de guerre de 3e classe. Tribunaux de première instance et de commerce. Chambre consultative des manufactures. Société d'agriculture. Collége communal. ✉ ⌑ Pop. 13,661 hab.

Si l'on consulte les annales de l'abbé Trithème, qui écrivait au XVe siècle, on voit que le pays de Sedan a été habité par les Sicambres, connus depuis sous le nom de Francs. Cette ville aurait alors tiré son nom de *Sedanus*, fils de Bazan, roi de ces peuples, lequel vivait plus de 300 ans avant Jésus-Christ. Quoi qu'il en soit de cette origine vraie ou supposée, Sedan n'était anciennement qu'un village dépendant de la châtellenie de Mouzon ; ce fut seulement en 1446 qu'Évrard de la Marck, seigneur de Sedan, surnommé le Grand-Sanglier des Ardennes, construisit le château, et treize ans après son fils Jean Ier, qui lui succéda, fit entourer le village de murs, y fixa sa résidence et prit le titre de prince souverain. Un de ses descendants, Robert de la Marck, institua pour son héritière sa sœur unique, Charlotte, à laquelle Henri IV fit épouser Henri de La Tour d'Auvergne, vicomte de Turenne : le mariage eut lieu en 1591 ; Henri IV se rendit à Sedan pour y assister. Le fils de Charlotte, Frédéric-Maurice de La Tour d'Auvergne, duc de Bouillon, frère aîné du célèbre maréchal de Turenne, échangea avec Louis XIV la principauté de Sedan et le duché de Bouillon pour les comtés-pairies d'Albret et de Château-Thierry, les comtés d'Auvergne et d'Évreux, etc.

Sedan était, en 1789, la capitale de l'ancienne principauté de Sedan ; elle est regardée aujourd'hui comme une des places importantes de la frontière septentrionale de la France. C'est une ville très-irrégulière, bâtie sur un terrain inégal, et divisée par cela même en plusieurs parties. Elle est environnée de prairies et de cultures, entourée de fortifications et de fossés dont une partie est baignée par les eaux de la Meuse. — Le château fort, placé au sud-est de la ville, se distingue par sa position élevée. Au centre se trouvait le pavillon où Turenne est né, et qui a été démoli pendant la révolution. Une pierre noire adossée à une tour porte cette inscription : *Ici naquit Turenne, le 11 septembre 1611*.—On voit sur la place de Turenne, à Sedan, une belle statue en bronze de cet illustre guerrier, par le sculpteur Edme Gois. On montre encore au village de Bazeilles, près de Sedan, dans le château dit de Turenne, la chambre où ce guerrier fut allaité. A droite du château est une allée d'arbres que ce grand capitaine a, dit-on, lui-même plantés. — Sedan est une ville bien bâtie, ses rues sont généralement larges et propres, ses maisons construites en pierres, et couvertes en ardoises ; elle possède plusieurs places publiques, quelques beaux édifices, une jolie salle de spectacle, une bibliothèque, plusieurs promenades agréables, et de belles fontaines ; malheureusement les eaux de ces fontaines sont froides, pesantes et de mauvaise qualité ; elles contribuent beaucoup aux maladies goîtreuses qui affectent une partie des habitants.

Les établissements militaires de Sedan sont nombreux et importants. On y compte trois casernes, dont deux sont situées aux deux extrémités de la ville, et l'autre au château fort : la plus belle et la plus spacieuse est la caserne de cavalerie, placée au nord-ouest de la ville, sur la rive gauche de la Meuse et sur le canal de la navigation.— Au pied du château fort sont situés de vastes édifices où se trouvent les magasins, les écuries, le logement du commandant de la place, ceux des officiers du génie et des employés de la place.—Au nord de la ville, et non loin de l'hôpital militaire, est placée la manutention, où l'on fabrique le pain nécessaire à la garnison. L'hôpital militaire, bâti sur des remparts élevés d'environ 125 pieds au-dessus du niveau de la Meuse, domine la ville de toutes parts. Ce point, très bien fortifié, est le plus important de la place. On y arrive par un chemin tournant, d'une pente assez rapide. L'hôpital possède d'assez vastes jardins, et peut contenir cinq cents malades. — L'arsenal de Sedan renfermait autrefois une magnifique galerie d'armures antiques, parmi lesquelles on remarquait celle de Godefroy de Bouillon, premier roi de Jérusalem. La plupart de ces armures se trouvent aujourd'hui à Paris, au Musée d'artillerie, dont elles sont un des principaux ornements.

Sedan est la patrie du maréchal de Turenne ; de M. Ternaux, célèbre manufacturier, ancien membre de la Chambre des députés, et de plusieurs savants distingués.

Le maréchal de Fabert, qui en fit faire les fortifications qu'on y voit aujourd'hui, y est mort le 17 mai 1662.

Manufacture célèbre de draps fins, casimirs, castorines et autres lainages. Fabriques de bonneterie, armureries, fusils de chasse, forces à tondre les draps ; fer-blanc, batterie de cuisine, quincaillerie. Nombreuses teintureries. Belles filatures de laine. Tanneries renommées.

Commerce de grains, bestiaux, chanvre, lin, plantes médicinales de toutes espèces ; de draps et autres objets de ses nombreuses manufactures.

A 5 l. 1/2 de Mézières, 60 l. de Paris.
—*Hôtels* de Turenne, de la Croix d'or, du Commerce.

STONNE. Village situé à 5 l. de Sedan. Pop. 260 hab.

Le village de Stonne, l'un des points les plus élevés du département, a une origine fort ancienne. Il y avait autrefois un château fort construit et démoli à des époques inconnues. C'est un lieu important à explorer, où l'on a découvert des tombes et différents objets d'antiquité : c'est aussi le point nord le plus remarquable de la ligne militaire des montagnes et forêts d'Argonne.

VILLERS-DEVANT-MOUZON. Village situé à 2 l. 1/2 de Sedan. Pop. 1,406 hab. Il existait autrefois dans cette commune un château fort qui fut démoli en 1436. — *Fabriques* de draps. Filatures de laine.

VRIGNES-AUX-BOIS. Village situé à 2 l. 1/2 de Sedan. Pop. 1,115 hab. Ce village eut, sous Henri III, une garnison de cent hommes d'armes. En 1680, lors du voyage de Louis XIV à Sedan, ce prince coucha à Vrignes-aux-Bois. — *Fabriques* de ferronnerie, quincaillerie, serges, haches, pics, pioches, fers à repasser. Grosses forges à l'anglaise, platinerie, émoulerie, fonderie, etc.

Turenne

ARRONDISSEMENT DE VOUZIERS.

ALLAUD'HUY. Village situé à 4 l. 1/2 de Vouziers. Pop. 500 hab. — Patrie de l'abbé Lebatteux, traducteur d'Horace et d'autres ouvrages estimés.

ATTIGNY. Petite ville située sur la rive gauche de l'Aisne, qui y forme un petit port, et sur le canal des Ardennes, à 3 l. 3/4 de Vouziers. ⌧ Pop. 1,162 hab.

Attigny doit son origine à un palais que Clovis II y fit bâtir en 647, et son histoire se rattache principalement à celle des derniers rois de la première et de la seconde race. Chilpéric (Daniel) y mourut en 727. Pepin, maire du palais, y tint, sous le règne de Childeric III, en 750, une cour plénière, où s'agitèrent de grands intérêts. Quand, par la suite, il fut devenu roi et chef de la seconde dynastie, avant d'aller faire la guerre à Gaifre, duc d'Aquitaine, il convoqua à Attigny, en 765, une assemblée générale de la nation. A cette assemblée, qui fut continuée par un concile synodal, se trouvaient vingt-sept évêques et dix-sept abbés, parmi lesquels on remarquait saint Remy et saint Chrodegand, neveu du roi. — Carloman, qui régna concurremment avec Charlemagne, habita pendant plusieurs années le palais d'Attigny. — C'est à Attigny qu'en 786 le chef des farouches Saxons, Witikind, reçut le baptême en présence de Charlemagne, son vainqueur et son parrain. — Dans le même lieu, à l'assemblée générale des Francs de 822, Louis-le-Débonnaire se soumit à la pénitence publique que les prêtres lui imposèrent. D'autres conciles et de nouvelles assemblées eurent lieu à Attigny. — Charles-le-Chauve y reçut la députation des grands du royaume de Lorraine, chargés de le prier, après la mort de Lothaire son neveu, de ne pas s'emparer de son royaume sans en avoir conféré avec Louis, roi de Germanie, alors en Bohême. Ce fut à Attigny, en 870, que le partage des états de Lothaire fut arrêté entre Charles-le-Chauve et les envoyés de son frère Louis-le-Germanique. Le fameux concile de 870 y fut convoqué pour s'occuper principalement des différends qui existaient entre l'évêque de Laon, Hincmar, et Carloman, simple diacre et abbé, mais fils du roi Charles-le-Chauve. — Attigny fut souvent le séjour des rois de la seconde race : Charles-le-Simple paraît s'y être beaucoup plu. Le lieu était en effet agréable; la Meuse y coule dans de belles prairies, et les coteaux voisins étaient alors couverts de forêts abondantes en gibier et dignes d'être le théâtre de grandes chasses royales. Charles-le-Simple y bâtit une église sous l'invocation de sainte Walburge. — Le palais d'Attigny, situé près d'une ancienne voie romaine, dont les vestiges étaient visibles il y a quelques années, était vaste et magnifique; il avait pour dépendances une forteresse, un parc, des jardins, un vivier, des bains et plusieurs maisons de plaisance. Le vivier, dont on retrouve des traces faciles à reconnaître, était alimenté par le petit ruisseau de Sainte-Walburge et entourait les murailles de la forteresse. Il reste encore quelques débris de ce palais qui sont voisins de l'église et du cimetière actuel. « Avant la révolution, ces édifices, dit M. Hulot, ancien curé et historien d'Attigny, conservaient au dehors des vestiges de la grandeur de leurs anciens hôtes. Ils étaient chargés d'armoiries; les appartements intérieurs étaient très-vastes, et soutenus par des poutres d'énorme grandeur. Il n'y a pas plus de vingt-six ans qu'ils étaient ornés, selon le goût gothique, d'une multitude de figures d'empereurs, de rois et de reines. Quelques-uns existent encore. Les gros murs, qui n'ont pas été détruits, sont d'une épaisseur étonnante. Il régnait à l'entour un cordon de pierre, dont la sculpture, du meilleur goût, représentait des enfants tout éclatants d'une riche dorure, levant les deux bras pour soutenir, de distance en distance, des pampres et des festons. Le dôme, qui couronne encore aujourd'hui le milieu de la façade des bâtiments, était autrefois couvert d'armoiries maintenant défigurées; il est soutenu par une voûte, au frontispice de laquelle se présentent de chaque côté cinq colonnes. — Sous la voûte, à droite et à gauche, se trouvent divers enfoncements ou niches, surmontées d'un couronnement très-élégant et enjolivées de fleurs et autres ornements du temps, qui renfermaient probablement différentes statues depuis longtemps abattues. A son extrémité est pratiqué, à droite, en allant vers l'église, un escalier dérobé qui monte dans les appartements placés au-dessus, et par où peut-être les anciens habitants du palais descendaient pour se rendre à l'église de Notre-Dame.

Cette église ne faisait jadis qu'un même corps avec l'habitation des rois et des empereurs, et s'y trouvait enclavée. L'entrée du dôme était peut-être le porche d'un ancien cloître, qui, comme dans la plupart des basiliques du moyen âge, se serait prolongé jusqu'à l'ancien portique de l'église d'Attigny, lui-même aussi appelé dôme. » Cette église est un monument où l'architecture romaine se trouve réunie à l'architecture gothique. Une des chapelles latérales, dédiée à saint Martin, était autrefois décorée d'une statue colossale de Charlemagne. — On voit dans le sanctuaire de l'église une croisée ornée de sculptures très-délicates et dont les vitraux représentent la fleur de lis des rois de France, flanquée de deux aigles impériales.

Le palais d'Attigny cessa de jouer un rôle politique après la destruction de la seconde race. Les archevêques de Reims en devinrent seigneurs, et le palais fut une de leurs maisons de campagne. Attigny fut pillé en 1359, et presque entièrement détruit par les Anglais. Dans le XVIe siècle, à l'époque du siège de Mézières, il servit de dépôt pour les magasins de l'armée française, et ses environs furent le théâtre d'un combat, où les troupes de Charles-Quint furent vaincues. Le commencement du XVIIe siècle fut encore fatal à cette ville; les protestants, et surtout les troupes allemandes qui leur étaient alliées, y commirent de grands excès : on rapporte à cette époque l'entière destruction de ce qui restait de l'ancien palais et de la forteresse. La ville eut également à souffrir beaucoup pendant la guerre de la Fronde : elle a toujours été en décroissant, et ce n'est que depuis peu d'années que l'ouverture de la communication navigable entre l'Aisne et la Meuse lui a donné quelque importance.

Fabriques de souliers, biscuits dits de Reims. Filatures de laine. Brasseries. Tanneries.—*Commerce* d'ardoises, houille, bois, etc.—*Hôtels* du Lion d'or, du Cheval blanc, de la Cloche d'or.

BELVAL-BOIS-DES-DAMES. Village situé à 6 l. 3/4 de Vouziers. Pop. 258 hab. — Forges et haut fourneau.

BOURCQ. Village situé sur une montagne qui domine au loin les environs, à 1 l. 1/4 de Vouziers. Pop. 275 hab. C'était une ancienne châtellenie qui appartenait à Baudouin du Bourcq, second fils de Hugues Ier, comte de Réthel, qui fut troisième roi de Jérusalem sous le nom de Baudouin II. On voit dans cette commune les ruines d'un ancien château qui aurait été incendié à une époque que l'on ne peut préciser. On a trouvé dans les ruines des pièces de monnaies romaines, des fers de flèches et d'autres ferrements en usage dans les anciennes guerres. Des personnes encore existantes ont découvert dans ses souterrains une quantité assez considérable de grain brûlé, de l'étain fondu, du cuivre, etc.

BOUX-AUX-BOIS. Village situé à 2 l. 1/2 de Vouziers. Pop. 550 hab. Il y avait autrefois dans ce village une commanderie de Malte, dont il reste encore une partie des bâtiments.

BUZANCY. Joli bourg, situé dans un vallon agréable, entouré de vastes prairies constamment arrosées par plusieurs ruisseaux. A 5 l. de Vouziers. ⊠ Popul. 923 hab.

Ce bourg, autrefois fortifié, avait titre de baronnie dans le VIIIe siècle : on y voit encore les débris de la principale porte d'entrée, dite porte de Saint-Germain. Il était entouré de belles promenades qui ont été détruites au commencement de la révolution, et devint, en 1798, le siège du tribunal de première instance, qui cinq ans après fut transféré à Vouziers.

A l'extrémité orientale de Buzancy, sur l'emplacement de la citadelle, on remarque le CHATEAU DE LA COUR, ancienne habitation de saint Remy, archevêque de Reims, et de plusieurs de ses successeurs; des retraites pratiquées dans l'épaisseur des gros murs prouvent qu'il a subi des changements à diverses époques. Le château de la Cour et ses dépendances appartiennent aujourd'hui à M. le baron Nottret de Saint-Lys, par suite de l'acquisition qu'en firent ses auteurs d'Anne de Saint-Remy, dernière héritière de ce nom, morte sans postérité. Les deux lions de grande proportion que l'on voit sur des piédestaux massifs, aux deux côtés de la principale porte d'entrée, sont l'ouvrage des premiers sculpteurs du siècle de Louis XV : ce monarque en fit don à Stanislas, roi de Pologne, dont ils ornaient l'entrée du palais à Lunéville; leur poids est de chacun 7,500; leur attitude menaçante, l'expression, les formes, la beauté du fini, sont extrêmement remarquables.

Au nord et sur la partie haute du bourg, existe une mosquée, connue sous le nom de MAHOMET, bâtie par Pierre d'Angluré, comte de Bourlemont, à son retour des croisades. Cet édifice, construit en grosses pierres de taille, est de forme carrée; il est maintenu par de larges éperons peu sail-

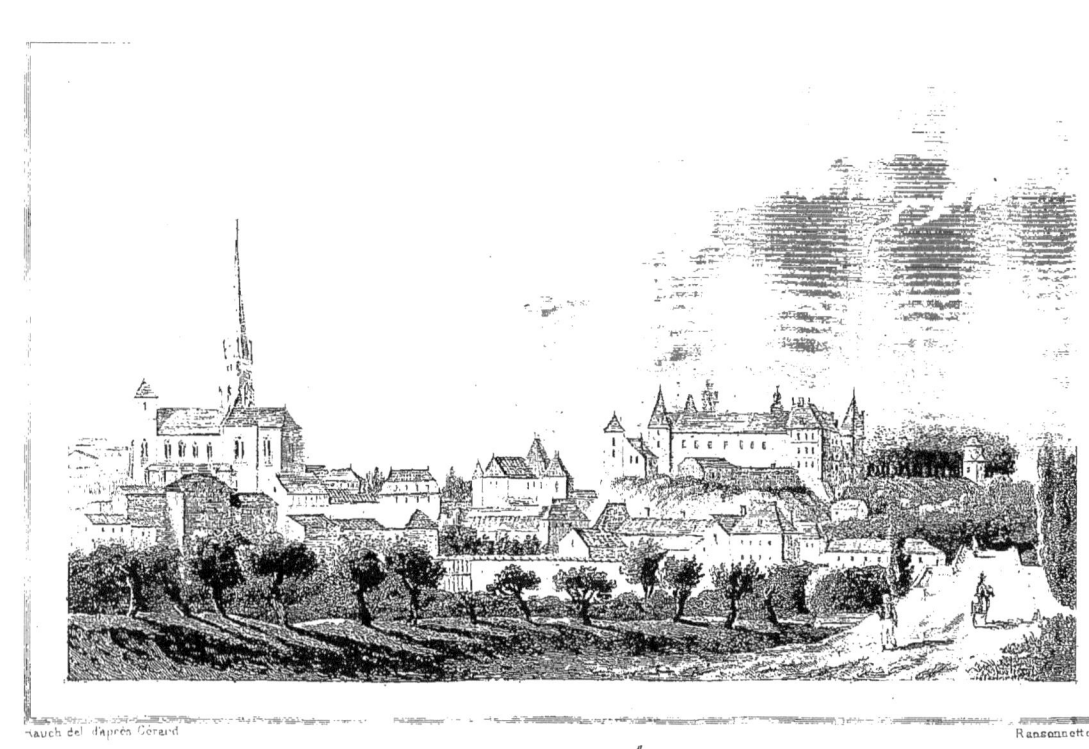

GRAND PRÉ.

LE MAHOMET.

BUZANCY.

lants, et l'on y voit encore, sous le cordon de l'entablement, un grand nombre de figures antiques, ainsi que plusieurs caractères symboliques. Il n'avait primitivement pour entrée que la porte percée en regard de l'orient ; aujourd'hui il prend jour par trois fenêtres d'ouvertures irrégulières, pratiquées sur chaque face dans les deux tiers de la hauteur.

On rapporte que Pierre d'Anglure, qui avait suivi saint Louis en Palestine, y fut fait prisonnier par les Sarrasins, et qu'après une longue captivité, il n'obtint sa liberté que sur sa parole de gentilhomme, qu'il rapporterait lui-même, en personne, sa rançon. Le comte fut à peine rentré dans ses foyers, qu'il vendit une partie de ses domaines au comptant, et, le mois suivant, il s'achemina vers Constantinople, suivi de son écuyer et de deux mulets qui portaient l'argent de son rachat. Il y arriva, mais après avoir essuyé plusieurs accidents funestes dont l'un le priva de l'œil gauche. Le sultan étonné ne put s'empêcher d'admirer la loyauté de ce vieux guerrier ; il lui fit grand accueil, refusa sa rançon et le combla de présents, n'exigeant de lui que la simple promesse que dès qu'il serait de retour dans sa patrie, il y ferait bâtir sur ses terres un temple en l'honneur de Mahomet ; ce qui fut religieusement exécuté. De là, l'origine de cette mosquée qui, depuis cette époque, fut entretenue et non fréquentée : l'autorité locale vient d'obtenir du ministère l'autorisation d'y faire les changements convenables pour y établir deux écoles à l'usage des enfants de l'un et l'autre sexe.

Non loin de Buzancy, vers le nord-est, existe une chapelle connue sous le nom de MAME. *Voy.* FOSSÉ.

CANAL DES ARDENNES (en construction). Il joint la Meuse à l'Aisne, et communique d'une part à la Meuse par l'embouchure de la Bar au-dessous de Donchery, et de l'autre à l'Aisne à Château-Porcien.

CHAMPIGNEUL. Village situé à 5 l. de Vouziers. Pop. 312 hab. C'est la patrie de F. Desportes, peintre célèbre du siècle de Louis XIV. — Forges et haut fourneau.

CHÉHÉRY. Village situé à 6 l. 3/4 de Vouziers. Pop. 190 hab. Il y avait une abbaye d'hommes de l'ordre de Citeaux, fondée en 1147, dont les bâtiments subsistent encore. — Haut fourneau. Forges et martinets.

CHESNE (le). Village situé à 3 l. 3/4 de Vouziers. ✉ Pop. 1,308 hab. Ce bourg, traversé par trois grandes routes, est le principal port du canal des Ardennes. Pendant les guerres civiles, il avait pour défense l'église, une enceinte formée de murs, un pont-levis et des fossés. Les habitants étaient en possession d'accompagner la sainte ampoule au sacre de nos rois, depuis l'église de Saint-Remy de Reims jusqu'à la métropole de cette ville. — *Fabriques* d'acier poli. Forges et haut fourneau.

CONDÉ-LEZ-AUTRY. Village situé à 3 l. 3/4 de Vouziers. Pop. 350 hab. On voit sur son territoire une grotte profonde et très-spacieuse, dans laquelle on n'a point encore osé pénétrer.

FOSSÉ. Village situé sur une montagne, à 6 l. 1/4 de Vouziers. Pop. 290 hab.

A un quart de lieue sud-ouest de ce village, sur le penchant d'un coteau fort élevé, se trouve la CHAPELLE DE MAME, qui remplace une vaste église bâtie par Charlemagne en mémoire d'une bataille mémorable qu'il gagna en ce lieu contre les Saxo-Allemands. On dit qu'au moment de l'action, il s'est opéré en cet endroit en faveur du roi de France, dont l'armée était bien inférieure en nombre, un miracle qui lui a procuré la victoire... ! Ce qu'il y a de certain, c'est que de temps immémorial cette pieuse fondation est en grande vénération : on rencontre journellement des pèlerins qui s'y rendent avec dévotion de tous les départements du royaume, et même des pays étrangers circonvoisins. — La petite source que l'on voit encore au-dessus des bâtiments ruraux, a seule suffi aux besoins de l'armée de Charlemagne durant vingt-un jours ; elle ne tarit jamais, et ses eaux sont aussi légères que limpides ; les pèlerins pensent se sanctifier en buvant de cet eau à jeun.. !— Aujourd'hui que, par suite de la révolution, les biens qui se rattachaient à cette chapelle ont été vendus, tous les bâtiments d'exploitation tombent en ruine ; l'édifice n'est entretenu qu'avec le produit des aumônes des pèlerins.

Non loin de la chapelle de Mame, au milieu du bois, existent les ruines d'un couvent de femmes très-spacieux, détruit dans les guerres qui ont désolé cette contrée de 1630 à 1650.

GRANDPRÉ. Petite ville située à 3 l. 3/4 de Vouziers. Pop. 1,215 hab.

Grandpré avait, dès le IXe siècle, le titre de comté. C'était une des sept comtés-pairies de Champagne dont la maison de Joyeuse a été en possession depuis 1488 jusqu'en 1741, époque à laquelle elle a passé au marquis d'Hecquevilly, par suite de son mariage avec Honorée de Joyeuse.

Cette ville est dans une situation agréable, sur la rivière d'Air, au pied d'un monticule sur lequel s'élève un fort beau château, qui aujourd'hui est la propriété de M. le marquis de Semonville, grand-référendaire de la Chambre des pairs. — Ce château a été très-endommagé par un incendie en 1834.

MACHAULT. Village situé à 3 l. 3/4 de Vouziers. Pop. 682 hab. Ce village, qui fut horriblement maltraité durant les guerres de la Fronde, est encore entouré de larges fossés qui servaient alors à sa défense.

MONTHOIS. Village situé à 2 l. 1/2 de Vouziers. Pop. 673 hab.

NOUART. Village situé à 7 l. 1/2 de Vouziers. Pop. 816 hab. — Forges et haut fourneau (à MAUCOURT).

PIERREMONT (SAINT-). Village situé à 5 l. de Vouziers. Pop. 560 hab. — Patrie de D. Jean Mabillon, Bénédictin, savant polygraphe, historien, etc., etc., né en 1632, et mort à l'abbaye de Saint-Germain-des-Prés en 1707.

RILLY-AUX-OIES. Village situé à 3 l. de Vouziers. Pop. 280 hab. — Il existait autrefois pour cette commune un usage assez singulier : les habitants de Rilly, pour avoir reçu avec distinction le seigneur d'Attigny, y jouissaient de l'exemption de tous droits : mais aussi cette faveur avait pour condition qu'une société composée d'une personne de chaque ménage, irait tous les ans, le premier jour du marché après la fête de Saint-Jean-Baptiste, danser autour de la halle et prendre un déjeûner.

SENUC. Village situé à 4 l. 1/4 de Vouziers. Pop. 706 hab. — Forges.

SUZANNE. Village situé à 4 l. de Vouziers. Pop. 400 hab. — On y remarque un château dont on fait remonter l'existence jusqu'au IXe siècle ; il fut construit très-solidement et dans une forme régulière. Ce château était autrefois flanqué de six tours rondes qui n'existent plus.

TAILLY. Village situé à 7 l. 1/2 de Vouziers. Pop. 641 hab. On y voit un château construit sur l'emplacement et avec une partie des murs d'un vieux château fort, lequel est entouré de fossés. Il y a aussi auprès de l'église les restes d'un autre château très-ancien et d'une construction aussi remarquable par la nature des matériaux que par sa forme extraordinaire. — Haut fourneau et four à chaux.

TOURTERON. Bourg situé à 3 l. 3/4 de Vouziers. Pop. 659 hab. C'est la patrie de l'abbé Blanchard, auteur de plusieurs ouvrages estimés.

VAUBOURG (SAINTE-). Village situé à 4 l. de Vouziers. Pop. 250 hab. Ce village n'était autrefois qu'une ferme enclavée dans l'enceinte du palais d'Attigny, dont elle formait une dépendance connue sous le nom de Dionne. On y voit encore aujourd'hui sa chapelle dite de Sainte-Valburge, bâtie au commencement du Xe siècle par Charles-le-Simple.

VAUX-EN-DIEULET. Village situé à 6 l. 1/4 de Vouziers. Pop. 370 hab. Il a eu pour prieur François Le Fort, de l'ordre de Prémontré, qui écrivit la Vie de sainte Gertrude, et fit restaurer dans cette paroisse le bassin d'une fontaine où l'on vient en pèlerinage invoquer cette sainte depuis un temps immémorial.

VERPEL. Village situé à 4 l. de Vouziers. Pop. 490 hab. Ce village paraît avoir eu autrefois le titre de ville. On y a trouvé des médailles, des vases antiques, des tombes et autres objets qui attestent son ancienneté. — On voit même encore aujourd'hui sur le portail de l'église, qui fut fortifiée et garnie de meurtrières et coups-mortels, un grand nombre d'attributs des divinités du paganisme.

VOUZIERS. Petite ville. Chef-lieu de sous-préfecture. Tribunal de première instance. Société d'agriculture. ✉ ☞ Pop. 2,003 hab.

Vouziers n'était autrefois qu'un simple village nommé Vourq, avec titre de vicomté. Ce village fut construit dans le XIVe siècle, autour des deux fermes appelées, dit-on, les Vouziers, et, en 1516, on y établit, par lettres de François Ier, un marché aux grains, qui devint très-considérable et qui contribua à augmenter la population de ce lieu.

Cette ville est située dans une contrée fertile, sur la rive gauche de l'Aisne. Elle est propre, assez bien bâtie, et, comme Mézières, Réthel, Attigny, éclairée par les réverbères à réflecteurs de Bordier-Marcet.

En 1792, lors de l'invasion des Prussiens, il s'est livré dans les environs de Vouziers un combat où fut tué le prince de Ligne.

Fabriques de vannerie fine, biscuits, huile à brûler. — *Commerce* de grains, vins, huile et bestiaux.

A 14 l. de Mézières, 52 l. de Paris. — *Hôtels* du Lion d'or, du Cheval rouge.

IMPRIMERIE DE FIRMIN DIDOT FRÈRES,
RUE JACOB, N° 24.

CHATEAU DE GRANDPRÉ

Habitation de M. de Simonville.

Guide Pittoresque

DU

VOYAGEUR EN FRANCE.

ROUTE DE PARIS A CHERBOURG,

TRAVERSANT LES DÉPARTEMENTS

DE SEINE-ET-OISE, DE L'EURE, DU CALVADOS ET DE LA MANCHE.

DÉPARTEMENT DE LA MANCHE.

Itinéraire de Paris à Cherbourg,

PAR ÉVREUX ET CAEN, 89 LIEUES.

	lieues.		lieues.
De Paris à Courbevoie.......	2	Lizieux........................	3 1/2
Saint-Germain en Laye......	3 1/2	Estréez.......................	4
Poissy........................	1	Moult.........................	3 1/2
Triel..........................	2	Vimont........................	1
Meulan.......................	2	Caen..........................	3
Mantes.......................	4	Bretteville....................	3
Rosny........................	1 1/2	Bayeux.......................	4
Bonnières....................	1 1/2	Vaubadon.....................	3
Pacy-sur-Eure................	4	Saint-Lô......................	5
Évreux.......................	4	Saint-Jean de Daye..........	3 1/2
La Commanderie.............	4 1/2	Carentan.....................	3
La Rivière Thibouville.......	4	Sainte-Mère-Église...........	3
Le Marché-Neuf..............	3	Valognes.....................	4
L'Hôtellerie..................	3 1/2	Cherbourg....................	5

ASPECT DU PAYS QUE PARCOURT LE VOYAGEUR

DE VAUBADON A CHERBOURG.

A peine est-on sorti de la forêt de Cerisy, que l'on entre dans la Manche en descendant une longue côte à laquelle en répond une autre non moins rapide, et que l'on nomme, du nom de la commune, *Côte de Bérigny*. On est toujours dans la partie nord de l'ancien *Bocage*, qui se prolonge au sud jusqu'au delà de Tinchebray. A droite et à gauche de la grande route, les champs que l'on aperçoit ont peu d'étendue, et sont tous enclos de haies épaisses, garnies de grands arbres, parmi lesquels on remarque surtout les chênes. On laisse à gauche la croix des Douze Chênes; à droite, la ferme de la Monnaie; puis on aperçoit les deux clochers de Notre-Dame de Saint-Lô, admirablement encadrés à l'horizon. Après une demi-lieue de pente douce, on entre dans Saint-Lô. A droite, s'offre la caserne et les écuries des remontes; l'église de Sainte-Croix, monument du IXe siècle; le dépôt d'étalons et la belle place du *Champ de Mars*. Les rues sont irrégulières. Descendu jusqu'au ruisseau de Dollée, une côte de plus d'un quart de lieue se présente pour sortir du chef-lieu. En montant lentement cette côte, on admire à gauche les jolis accidents du vallon que parcourt la rivière de Vire, et, en se retournant, on voit un des côtés les plus pittoresques de l'une des villes les plus pittoresques de Normandie.

Pour arriver à Saint-Lô, on venait de l'est à l'ouest. De Saint-Lô à Cherbourg, on va presque constamment du sud au nord. Au bourg du Pont-Hébert, on passe la Vire, et l'on gravit une côte escarpée, à l'adoucissement de laquelle on travaille depuis plusieurs mois. Laissant à gauche le château de Cavigny, à droite l'abbaye de la Perrine, on traverse le petit bourg de Saint-Jean de Daye, à l'extrémité duquel est, dans une magnifique position, la grande habitation de *la Comté*. A droite, dans les marais de Saint-Fromond, s'offre le château de la Rivière, qui semble de loin un vaisseau de pierre sur une mer de verdure. Après la côte de Saint-Pellerin, en arrivant à *la Fourchette*, on laisse à droite la route d'Isigny et l'on prend à gauche celle de Carentan. A l'entrée de cette ville, on traverse la Taute, où la mer remonte et apporte ce sable précieux comme engrais nommé *tangue*. On donne, en traversant Carentan, un coup d'œil aux fortifications et au svelte clocher de l'église; puis on tourne à droite, et l'on traverse sur la route de Valognes les deux branches de l'Ouve ou de la Douve. Là fut longtemps une forteresse, dite *des Ponts d'Ouve*, qui défendait le sud de la presqu'île. De Carentan à la côte de Saint-Côme du Mont, la route est droite et douce, et la vue se repose, des deux côtés, sur les riches herbages du Cotentin, couverts tout l'été d'innombrables bestiaux. Après la côte et le village de Blosville, on ne tarde pas à traverser le bourg de Sainte-Mère-Église. Au sortir de ce chef-lieu de canton, Montebourg s'aperçoit au bout d'une route en ligne extrêmement directe; on croit ce bourg à une lieue, et il en faut faire deux grandes pour l'atteindre. La déception du voyageur et l'uniformité de la route causent quelque ennui. Montebourg est pavé; on le traverse en montant, car il s'allonge sur une pente du sud-est au nord-ouest, direction que la route continue jusqu'à Valognes. Cette ville est bien bâtie, mais triste et dans un complet marasme commercial. On passe près de sa principale église, et l'on traverse la place où fut son ancien château. Au sortir de Valognes, les petits champs pullulent comme dans le Bocage; seulement les haies n'ont plus qu'une chétive apparence; on voit que le sol ne seconde qu'à regret la végétation de certaines espèces de bois. A trois quarts de lieue, on rencontre, sur la gauche, la filature de coton du Pont à la Vieille. Après la côte du Mont à la Kaine, on arrive à Délasse, village à égale distance environ de Valognes et de Cherbourg. Rien jusque-là d'attrayant; mais, à mesure que vous approchez de cette dernière ville, l'air frais de la mer vient révéler de prochaines sensations. Vous descendez une longue côte; c'est la *côte du Roule*. Devant vous l'Océan; à gauche le beau jardin de M. Despréaux; à droite, le Champ de Mars et la grève; partout des mâts, du goudron, de l'activité : vous êtes à Cherbourg.

DÉPARTEMENT DE LA MANCHE [1].

APERÇU STATISTIQUE.

Le département de la Manche est formé de l'Avranchin et du Cotentin, qui dépendaient de la ci-devant basse Normandie, et tire son nom de sa position avancée dans la partie de l'Océan que l'on nomme la Manche. Ses bornes sont : au nord et à l'ouest, la Manche; à l'est, la Manche, le département du Calvados et celui de l'Orne; au sud, ceux de la Mayenne et d'Ille-et-Vilaine.

Le territoire de ce département est généralement uni et sablonneux. Il n'est remarquable ni par de hautes montagnes ni par de profonds précipices; mais les inégalités du sol le rendent si pittoresque dans certaines parties, qu'à chaque instant le voyageur découvre

---

[1]. Les documents statistiques, les notices historiques et la description des principales localités du département de la Manche ont été puisés dans les Annuaires de la Manche, ou fournis par leur rédacteur, M. Travers, principal du collège de Falaise, qui a fait d'importants emprunts aux divers ouvrages publiés sur ce département, notamment aux Mémoires de M. de Gerville, l'un de ses collègues, à la Société des Antiquaires de Normandie.

PETIT ATLAS NATIONAL DES DÉPARTEMENS DE LA FRANCE.

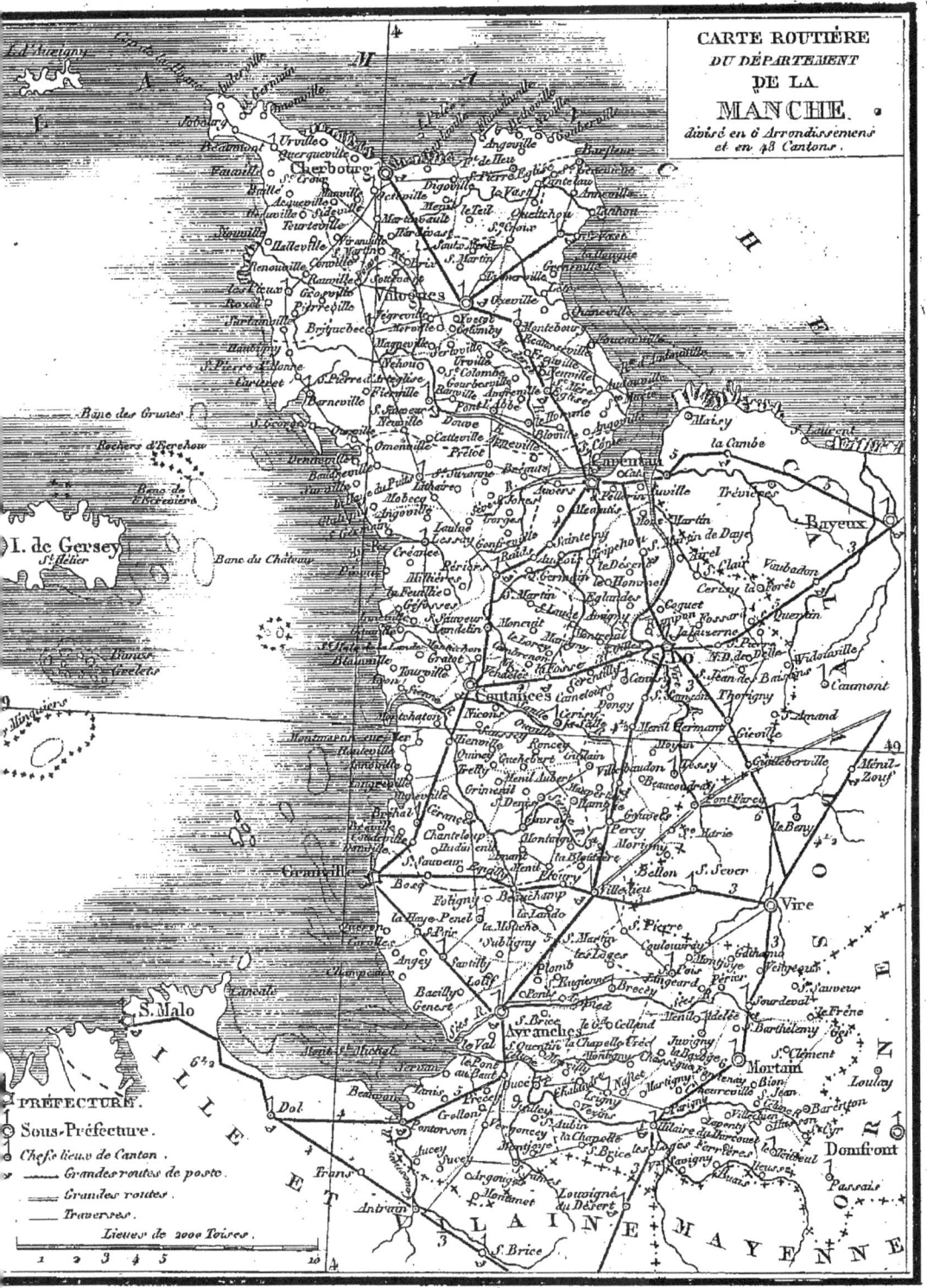

un nouveau paysage, une variété de sites admirables présentant un délicieux mélange de prés toujours verts et bien arrosés, de coteaux doucement inclinés, et de campagnes où ne s'élèvent guère que des fermes modestes, mais où mûrissent le fruit du pommier et d'abondantes céréales. Les routes sont magnifiques et bien entretenues. — La partie labourable est en général bien cultivée, cependant elle ne doit sa fertilité qu'à la division des propriétés, au grand nombre des habitants, et à leur infatigable industrie. Sur la côte occidentale, depuis Grandville jusqu'à Regnéville, et surtout dans la commune de Lingreville, on récolte à peine assez de grains pour la nourriture des habitants; mais la terre y est couverte de choux, d'oignons, de légumes de toute espèce, d'asperges, de melons; c'est un immense potager. — Les prairies, baignées par les rivières et les ruisseaux qui arrosent le département, donnent en général de très-bons foins. Les excellents pâturages du Cotentin et de quelques communes adjacentes donnent un revenu considérable par la vente du beurre et des bestiaux; d'autres moins renommés se trouvent sur les rives de la Sée et de la Selune, et près d'Avranches, sur les bords de la mer.

Les côtes du département, généralement composées, ici de falaises très-élevées, là de vastes grèves que la mer couvre et découvre à toutes les marées, ont un grand développement, puisqu'elles bornent le département à l'est, au nord et à l'ouest : elles offrent plusieurs rades sûres, et les ports de Cherbourg, Barfleur, Saint-Vaast la Hogue, Portbail, Carteret, Regnéville, Granville, etc. De ce littoral étendu dépendent plusieurs îles; les principales sont : le Mont-Saint-Michel; Tombelaine; l'archipel des îles Chausey, au nombre de plus de cinquante, groupées sur une étendue d'environ trois lieues : c'est un lieu de rendez-vous pour les fraudeurs de Jersey; on y ramasse une grande quantité de varech dont on fabrique de la soude, et on y exploite de belles carrières de granit; l'île Pelée au nord-est de Cherbourg, à 1,500 toises de la côte. A l'ouest de cette roche nue est bâti le fort Royal. — L'île Tatihou, à l'est de Saint-Vaast : cet îlot est entièrement occupé par un lazaret. — Les deux îles Saint-Marcouf, à l'est de la commune de ce nom. C'est un point intermédiaire entre le Havre et Cherbourg, qui offre une protection sûre aux vaisseaux de l'État qui communiquent d'un point à l'autre. Ces îles sont fortifiées et ont constamment une garnison. Avant qu'elles fussent un poste militaire, il existait un ermitage dans l'île d'Amont ou du Large. La tradition dit qu'elles touchaient jadis au continent. Les envahissements de la mer sur ces côtes donnent quelque vraisemblance à cette tradition.

On compte dans le département sept rivières navigables : la Vire, la Taute, l'Ouve, la Sève, la Madeleine, la Sée et la Selune. La canalisation de la Vire, de la mer à Saint-Lô, est commencée par ordonnance royale du 1er juillet 1835; la concession des canaux de Vire et Taute, en faveur de MM. Seguin frères et Colin, a été approuvée. Malheureusement le sol des marais a présenté des obstacles inattendus, de sorte que les entrepreneurs, après avoir commencé les travaux avec activité, les ont suspendus depuis quelques mois. — On n'en étudie pas moins la prolongation de ces canaux jusqu'à Vire.

Le climat est doux et tempéré, mais généralement humide. La température est sujette à de grandes variations : le froid moyen est de — 6° R., et la chaleur moyenne de l'été de + 16°. Les vents dominants sont ceux du sud, du sud-ouest et du nord.

Le département de la Manche a pour chef-lieu Saint-Lô. Il est divisé en 6 arrondissements et en 48 cantons, renfermant 646 communes. Superficie, 300 lieues carrées. — Population, 594,382 habitants [1].

Minéralogie. Charbon de terre, dans presque tous les arrondissements; une seule mine est exploitée, celle du Plessis dans l'arrondissement de Coutances. Mines de fer, de

---

[1]. Trompé par les *Documents statistiques sur la France*, publiés par M. le ministre du commerce en 1835, nous avons avancé dans notre *Aperçu statistique de la France*, p. 31, avant-dernière ligne, que la Manche a 49 cantons. Ce département n'en a que 48. De récentes réunions de communes l'ont réduit à 644 communes au lieu de 646 qu'il avait encore, il y a quelques mois. Enfin, le chiffre total de 594,382 habitants est celui du recensement de 1836. Dans ce total, l'arrondissement d'Avranches entre pour 110,821 habitants; celui de Cherbourg, pour 76,673; celui de Coutances, pour 135,980, celui de Mortain, pour 24,241; celui de Saint-Lô, pour 100,717; celui de Valognes, pour 95,950. La population des villes, bourgs et villages, d'après le dernier recensement, n'étant pas encore connue, nous la donnons d'après le recensement de 1831.

plomb, de cinabre, de cuivre, de calcédoine. Carrières de granit exploitées dans beaucoup de communes. Pierres calcaires. Quartz, grès, schiste. Sulfate de baryte. Sablonnières. Tangues salines. Dents de crocodiles et graines fossiles, etc.

Sources minérales. Il en existe dans tous les arrondissements. Il en est de gazeuses; telle est celle de Biville dont la fontaine est toujours bouillonnante. Celle de la Taille, dans la commune de la Haye d'Ectot, est en vogue; celles de Dragey, dans l'arrondissement d'Avranches, de Saint-Lô, de Coutances, de Saint-Hilaire du Harcouet, ont aussi de la réputation. Celle de Hébécrévon, à 1 lieue 1/2 de Saint-Lô, était fort renommée il y a deux siècles.

Productions. Froment, orge, avoine, bons légumes, quantité de chanvre et de lin. — Point de vignes. Le cidre est la boisson du pays, qui en fournit annuellement environ 1,007,000 hectolitres. — 15,985 hectares de forêts (arbres verts et feuillus). — Chevaux estimés: les chevaux normands eurent longtemps une réputation européenne; ils joignaient à la vigueur et à la beauté la qualité précieuse de résister beaucoup mieux à la fatigue que les chevaux des autres parties de la France et des pays étrangers. Pendant la révolution, les réquisitions en ont considérablement réduit le nombre, et les propriétaires n'ont rien fait depuis pour ranimer cette branche importante de l'industrie française. Aujourd'hui que le gouvernement fixe son attention sur cet objet, il y a lieu d'espérer que de nombreux éleveurs s'empresseront de répondre à ses vues, et qu'on verra bientôt se ranimer cette branche précieuse de la richesse nationale. Déjà l'établissement d'un dépôt de remontes au chef-lieu a provoqué de notables améliorations. Des courses de chevaux à Cherbourg, fondées par souscription, et qui ont eu lieu pour la première fois en septembre 1836, promettent des résultats encore plus favorables. — Bœufs, moutons, porcs, volailles. Très-bon gibier (oiseaux aquatiques de toute espèce). — Bons poissons de mer et de rivière, coquillages de toute espèce.

Industrie. Manufactures de glaces. Fabriques de serges, basins, calicots, droguets, coutils, étoffes de laine, dentelles, rubans de fil, tissus de crin, porcelaine, huile, bougie; chaudronneries, poêleries, quincailleries, coutellerie. Blanchisseries de cire; nombreuses papeteries; filatures de coton; tanneries et parcheminerics; forges et hauts fourneaux; raffineries de soude. Il se fait annuellement de 11 à 12,000 tonneaux de soude, de 1000 kil. chacun, sur les côtes de l'arrondissement de Cherbourg. Presque tous les habitants des villages qui avoisinent la mer, se livrent à ce genre d'industrie. La récolte du varech a lieu chaque jour que la mer en apporte sur les côtes, depuis le mois de juin jusqu'à la fin d'octobre. Chaque tonneau de soude rapporte environ 60 fr.; mais la récolte du varech, et le soin qu'il faut prendre pour le faire sécher, avant de le brûler, exigent un travail considérable. Le résidu de la soude raffinée sert d'engrais aux terres et se vend 60 c. le demi-hectolitre. — Construction de navires.

Commerce de grains, vins de Bordeaux, eau-de-vie, cidre, miel, cire, beurre salé, volaille, plumes d'oie, chevaux, bestiaux, sel blanc, salaisons, fil, toiles de crin, fers. Entrepôts réels et fictifs. Cabotage.

VILLES, BOURGS, VILLAGES, CHATEAUX ET MONUMENTS REMARQUABLES;

CURIOSITÉS NATURELLES ET SITES PITTORESQUES.

ARRONDISSEMENT DE SAINT-LO.

AIREL. Bourg situé à 3 l. 1/4 de Saint-Lô; il possède une grande place appelée *le Bourguais*, où se tient un marché le samedi de chaque semaine. Pop. 629 hab.

ANDRÉ DE BOHON (SAINT-). Village situé à 7 l. 1/2 de Saint-Lô. Pop. 663 hab. De cette commune sont partis les Bohon qui se distinguèrent à la conquête de l'Angleterre. L'emplacement du château est au bord d'un vaste marais. C'est un tertre artificiel assez remarquable, connu sous le nom de Castel. Il est entouré d'un fossé, presque comblé, qu'on remplissait d'eau à volonté.

BEAUCOUDRAY. Village situé à 5 l. 1/2 de Saint-Lô. Pop. 325 hab.

BÉRIGNY. Village situé à 3 l. 1/4 de Saint-Lô. Pop. 722 hab. — Papeterie.

CANISY. Petit bourg, situé à 2 l. 1/2 de Saint-Lô. Pop. 909 hab. — Fort marché le vendredi. Il s'y fait un commerce considérable de coutils, qui s'exportent dans les autres départements et à l'étranger. Ce commerce est en décadence. Cependant, 8,000 ouvriers environ y sont encore employés dans diverses communes des arrondissements de Coutances et de Saint-Lô. Ils fabriquent plus de 7,000 pièces de 80 aunes.

Canisy a un assez bon château, appartenant à M. de Kergorlay.

CARENTAN. Petite ville, située au milieu de marais malsains qui en rendent l'air insalubre, à 6 l. 3/4 de Saint-Lô.

Le château de Carentan ne fut jamais une propriété particulière. Après avoir fait partie du domaine ducal, il fut réuni par Philippe-Auguste à celui de la couronne, auquel il a constamment appartenu jusqu'à la révolution, excepté pendant l'occupation des Anglais, le temps du roi de Navarre, et quelque peu durant les guerres de religion. En 1106, à la fin du carême, Henri vint débarquer à Barfleur avec une armée. Il arriva à Carentan le samedi saint. Serlon, évêque de Séez, vint le trouver, lui rendit hommage, et y célébra la pâque avec ce roi. L'église était pleine de meubles et d'instruments aratoires, que la crainte du pillage y avait fait apporter de tout le voisinage. Le prélat tira parti de cette circonstance pour peindre les malheurs d'un pays mal gouverné; il commença par exhorter Henri à s'emparer du gouvernement des États de son frère. Au milieu des graves réflexions que peut faire naître la politique de Serlon, il se trouve une tirade curieuse contre les longs cheveux, les barbes courtes et les souliers dont la pointe imitait la queue des scorpions. Ce morceau est précieux pour faire connaître les costumes adoptés alors en Angleterre et en Normandie.

Quand les Anglais descendirent à la Hogue en 1346, les fortifications du château de Carentan pouvaient résister même à l'armée d'Édouard III. Il y avait une garnison de soldats génois qui étaient disposés à se défendre, mais les bourgeois rendirent la ville à la première sommation, et la garnison, forcée à se retirer dans le château, ne put y faire une longue résistance. Elle y obtint pourtant une capitulation honorable, tandis que les bourgeois furent emmenés en Angleterre. Les fortifications furent démolies. Michel de Northbury, clerc du roi Édouard, qu'il suivit à cette expédition, dit que Carentan était alors aussi peuplé que Leycester.

Charles le Mauvais fit rebâtir les fortifications de Carentan. Depuis lors, cette ville joua un rôle militaire assez marqué dans la guerre des Anglais contre la France, et dans celles des protestants. — Une grande partie du château de Carentan existe encore, mais il ne pourrait tenir contre une attaque sérieuse. On peut y étudier l'architecture militaire, dont il y a des modèles depuis le XIIe siècle jusqu'à la fin du XVIe. L'église de Carentan est remarquable. Les rues de la ville sont droites, mais les maisons ne sont point belles.

Carentan a des foires très-importantes; celle du premier lundi avant Noël, rend le marché ordinaire très-considérable par les bestiaux gras qu'on y vend en grande quantité. Cinq autres foires, fixées au lundi, sont de très-forts marchés où se vendent des bestiaux gras et maigres, des porcs, des grains, etc., mais point de chevaux. A la foire du vendredi saint, on vend beaucoup de veaux. La foire du 18 juillet et surtout celle du 7 novembre sont très-considérables. A la première, outre la vente des productions du pays, il y a *louerie* de domestiques; la seconde abonde en bœufs maigres. Beaucoup de marchands forains, merciers, bijoutiers, etc., y viennent étaler. Outre ses foires, Carentan a un très-fort marché tous les lundis.

Carentan est la patrie de Paul Angier, poète du XVIe siècle; d'Élie de Beaumont, défenseur des Calas; de Jacques Godefroy, commentateur de la coutume de Normandie; de Léonor Langevin, auteur ascétique; de Jean Loret, poète burlesque; de Robert le Rocquez, poète du XVIe siècle, etc.

CERISY LA FORÊT. Petit bourg, situé près de la forêt de Cerisy, à 4 l. 1/2 de Saint-Lô. Pop. 2,164 hab.

L'église paroissiale est celle de l'ancienne et célèbre abbaye de Cerisy, fondée vers 1030 par Robert, duc de Normandie. Cette église, bâtie en belle pierre de Caen, offre un grand et beau morceau d'architecture du XIe siècle. L'abbaye de Cerisy était la plus riche du diocèse de Coutances.

CHAPELLE EN JUGER (la). Village situé à 2 l. 1/2 de Saint-Lô. Pop. 1,004 hab. Il existe dans cette commune une mine de mercure, exploitée à différentes époques. La seconde fois, vers 1730, l'exploitation dura douze ans. Les derniers travaux ne remontent pas à quarante ans; ils furent mal conduits, produisirent peu, et on les abandonna. En 1829, MM. Maurice Habert et Comp., banquiers à Paris, ayant acheté la mine du Plessis, se proposèrent d'exploiter simultanément la mine de mercure de la Chapelle en Juger. A cet effet ils présentèrent, le 14 février de cette année, une pétition pour obtenir la concession de cette dernière mine. L'étendue de cette concession fut de 15 kilomètres carrés et 4 hectares. Le 1er juillet suivant, les affiches voulues furent apposées. L'exploitation fut préparée. Malheureusement la révolution de juillet vint ralentir le zèle des banquiers parisiens. On pense qu'il ne tardera pas à se ranimer.

La Chapelle en Juger, est la patrie du général Dagobert, que la plupart des biographes font naître à Saint-Lô.

CLAIR (SAINT-). Petit bourg situé à 2 l. 3/4 de Saint-Lô. Pop. 722 hab.

COLOMBE (la). Village situé à 7 l. 3/4 de Saint-Lô. Pop. 1,053 hab.

Une des plus puissantes familles de la province a donné son nom au château de la Roche-Tesson, situé dans cette commune, sur une hauteur, au bord de la rivière de Sienne. Les Tesson étaient illustres longtemps avant la conquête de l'Angleterre. Leur baronnie remontait au duc Rol. Le château fut démoli en 1427 par le duc de Glocester. On voit encore l'emplacement de son enceinte et les ruines de plusieurs tours. Il était environné de fossés profonds, au delà desquels il y a un glacis très-escarpé.

Un hameau presque contigu au château fut autrefois, dit-on, le premier établissement des ouvriers en airain qui, dans la suite, passèrent à Villedieu. On y a souvent trouvé des instruments de leur métier, et plus souvent encore des fragments de poterie qui pourraient remonter à une plus haute antiquité.

COME DU MONT (SAINT-). Village situé à 7 l. 3/4 de Saint-Lô. Pop. 733 hab. Il a une foire considérable, le 27 septembre, où les marchands de chevaux du pays de Caux et de la Picardie viennent en grand nombre acheter des poulains du Cotentin.

CONDÉ-SUR-VIRE. Village situé à 2 l. 3/4 de Saint-Lô. Pop. 2,164 hab. Dans cette commune était le château de Brébeuf dans le lieu nommé les Parcs. C'est là que naquit le traducteur de la Pharsale, que l'on fait naître ordinairement à Torigni qui en est à 1 l. 1/2.

CROIX (SAINTE-). Village dont l'église est dans l'un des faubourgs de Saint-Lô. Pop. 752 hab.—Filature de coton.

ÉBREMONT DE BON FOSSÉ (St.-). Village situé à 1 l. 3/4 de Saint-Lô. Pop. 892 hab. A l'extrémité des communes de Saint-Ébremont et de Saint-Sauveur de Bon Fossé, était jadis une forteresse appartenant aux évêques de Coutances. Beaucoup de ces évêques y firent leur résidence. En 1056, Guillaume leur en confirma la possession. Les eaux qui entouraient ce château en faisaient la principale force.

ESGLANDES. Village situé à 2 l. 3/4 de Saint-Lô. *Voy.* PONT-HÉBERT auquel cette commune a été réunie en 1836.

Il est fait mention d'Esglandes dans un acte de 1026, parmi les terres que le duc Richard III donna en dot à Adèle, fille du roi Robert, qui devint ensuite belle-mère de Guillaume le Conquérant. Dans le XIIIe siècle, l'église de cette petite paroisse avait deux cures, dont une était à la présentation de la famille de Thère, famille très-ancienne qui a possédé le château d'Esglandes jusque dans la seconde moitié du XVIIIe siècle, époque où il passa par mariage dans celle de M. d'Ambray, chancelier de France. On voit près du château actuel d'Esglandes l'emplacement de l'ancien château de Thère, indiqué évidemment par des restes de terrassement et d'enceinte d'une forteresse.

FROMONT (SAINT-). Petit bourg situé à 3 l. 3/4 de Saint-Lô. Pop. 891 hab. En allant de Saint-Lô à Carentan, à la hauteur de Saint-Jean de Daye, à un quart de lieue de la grande route, on aperçoit, isolés au milieu des marais de Saint-Fromont, les restes très-apparents du château de la Rivière.

GEORGES DE BOHON (SAINT-). Village situé à 7 l. 1/2 de Saint-Lô. Pop. 740 hab. Un prieuré de bénédictins, fondé par les seigneurs anglo-normands de la famille de Bohon, existait dans cette commune. L'église paroissiale fut autrefois celle du prieuré qui, dès le XIIe siècle, fut réuni à l'abbaye de Marmoutier près de Tours.

GILLES (SAINT-). Petit bourg situé à 1 l. 3/4 de Saint-Lô. Pop. 606 hab. En face du château de Canisy, au bord de la vallée qu'arrose la petite rivière d'Aure, entre le bois et le moulin de Saint-Gilles, on montre l'emplacement de l'ancien château de Saint-Gilles; on y voit quelques restes de fondations. La vallée contiguë fut jadis barrée par une écluse dont la trace est apparente, et qui servit sans doute à la défense du château.

Le petit bourg de Saint-Gilles, traversé par la grande route de Saint-Lô à Coutances, a une église fort ancienne, que les amateurs d'architecture du moyen âge ont souvent dessinée.

GRAIGNES. Village situé à 5 l. de Saint-Lô. Pop. 1,187 hab. Cette commune, qui eut jadis un château fort, a de vastes marais dans lesquels on pêche beaucoup de sangsues qui s'exportent à Saint-Lô et à Caen. L'hiver, un bon nombre d'habitants de Graignes vont dans de petites barques à la chasse des canards sauvages et autres oiseaux qui viennent en foule dans les marais.

GUISLAIN (le). Village situé à 5 l. de Saint-Lô. Pop. 529 hab. — Commerce de chevaux de trait et de bestiaux, etc.

HOMMET (le). Village situé à 3 l. 1/4 de Saint-Lô. Pop. 42 hab. La famille du Hommet fut une des plus considérables de la province sous les ducs de Normandie; sous les Plantagenet, elle fournit une longue suite de connétables de Normandie. Son berceau se confond avec celui des anciens rois de France. Elle a fondé de nombreux monastères. Le château dont elle portait le nom est historique; il a soutenu des sièges; il y avait encore garnison sous Louis XIV. Aujourd'hui il n'en reste plus une seule pierre; les habitants peuvent à peine indiquer son emplacement. Il ne reste même plus aucune trace de l'église, quoiqu'elle ait subsisté jusqu'à la révolution. Au lieu d'un bourg, où se tenait un marché, on ne trouve plus qu'un misérable hameau dont toutes les maisons, excepté une, sont entièrement construites en torchis.

JEAN DE DAYE (SAINT-). Petit bourg traversé par la route royale de Saint-Lô à Carentan, à 3 l. 3/4 de Saint-Lô. Pop. 302 hab. — Commerce de bestiaux et de mercerie.

LO (SAINT-). Ville ancienne, chef-lieu du département. Tribunaux de première instance et de commerce. Chambre consultative des manufactures, arts et métiers. Collège communal. École normale primaire. Cours de mathématiques et de dessin pour les ouvriers. Société philharmonique. Dépôt royal d'étalons. Pop. 8,421 hab.

Saint-Lô n'existait pas au temps des Romains. La route de Bayeux à Coutances en était éloignée d'une lieue. Son ancien nom de *Briovère* ne signifie pas, comme on l'a dit, *pont sur Vire*, mais *pointe de terre*, ou *élévation sur une rivière*. Ce nom fut changé après la mort de saint Lô, évêque de Coutances, qui en était seigneur. Charlemagne y fit construire une forteresse quand il visita les côtes septentrionales de la France, et fortifia les embouchures des rivières pour garantir le pays contre les incursions des Normands. A la fin du IXe siècle, les Normands firent le siége de Saint-Lô. Les retranchements élevés par Charlemagne leur opposèrent une résistance invincible; mais Rollon, chef des Normands, fit couper un aqueduc qui portait l'eau dans la forteresse, et dans peu de jours la soif fit ce que la force n'avait pu faire; la garnison capitula, et les ennemis, maîtres de la place, violèrent la capitulation; ils égorgèrent ceux auxquels ils avaient promis la vie. Les fortifications furent démolies, *castrum solo coæquatum est*. (Duch.) Pendant deux siècles après ce désastre, l'histoire ne parle plus de Saint-Lô. Son château est cité parmi ceux que Henri, comte du Cotentin, fils de Guillaume le Conquérant, fit fortifier en 1090. Geoffroy Plantagenet, comte d'Anjou, l'enleva, en 1141, aux partisans d'Étienne de Blois. En 1203, Philippe-Auguste s'en empara. En 1346, Saint-Lô fut pris par le roi Édouard III. Froissart parle beaucoup de la richesse de la ville à cette époque. Il y avait huit à neuf mille habitants que le commerce avait beaucoup enrichis, et que les Anglais ruinèrent en un instant. — En 1377 et les années suivantes, il se fit dans le Cotentin un grand rassemblement de troupes françaises destinées à réduire les forteresses que le roi de Navarre occupait dans ce pays. Saint-Lô fut le rendez-vous de ces troupes, et le quartier général de sir Bureau de la Rivière, premier chambellan de Charles V. Le 28 mars 1417, Jean Tesson et Guillaume Carbonnel, capitaine de Saint-Lô, rendirent le château au duc de Glocester. Les Anglais conservèrent cette place jusqu'en 1449; elle leur fut reprise au mois de septembre par les troupes du connétable de Richemont.

Saint-Lô jouit alors de la tranquillité; mais en 1550, les calvinistes y ramenèrent tous les malheurs de la guerre. En 1562, ils s'en emparèrent; et, après avoir pillé et brûlé les églises, les établissements publics et les maisons des particuliers, ils en firent le boulevard de leur parti dans le Cotentin, et commencèrent à en rétablir les fortifications. Les Bretons, sous les ordres du comte d'Étampes, les en chassèrent à la fin de 1562; mais, sous prétexte de représailles contre les huguenots, ils firent aussi beaucoup de mal à la ville. Le comte de Montmorency les força à l'abandonner l'année suivante. Peu de temps après, elle fut rendue au roi en conséquence d'un édit de pacification, mais reprise et rendue de nouveau en 1570. Le comte de Montgommery, échappé au massacre de la Saint-Barthélemi, alla en Angleterre solliciter des secours pour les protestants, tandis que le seigneur de Colombières préparait son parti en Normandie. Au commencement de 1574, Montgommery vint descendre dans la presqu'île de Cotentin avec une petite armée à laquelle se joignirent les protestants du pays. Il se saisit de Saint-Lô et de Carentan, dont il fit rétablir les fortifications avec beaucoup d'activité et de travail. Le comte de Matignon, chef des catholiques de la basse Normandie, vint investir Saint-Lô; Montgommery en sortit furtivement, et laissa le commandement à Colombières, qui mourut héroïquement sur la brèche. La ville fut prise d'assaut le 10 juin 1574, après un siège de six semaines. Le maréchal de Matignon, peu d'années après, acheta de l'évêque de Coutances la baronnie de Saint-Lô, qui avait toujours fait partie du revenu de l'évêché. C'est lui qui fit par prévoyance augmenter les fortifications de la ville: la tour que l'on voit dans le jardin de la préfecture, et où sont les archives du département, est le dernier reste des constructions du maréchal.

Les monuments antiques ne sont pas nombreux à Saint-Lô; plusieurs cependant sont dignes d'attirer l'attention des voyageurs. L'église Notre-Dame est une basilique remarquable, surmontée de deux tours d'une grande hauteur. L'église de Sainte-Croix est une des plus anciennes du royaume; elle est de 805, et fort curieuse par les accessoires en sculpture ou en bas-reliefs. Pendant longtemps elle a servi en commun à l'usage de la paroisse et à celui de l'abbaye qui était contiguë. Cette abbaye de Saint-Lô eut, au commencement du XIIIe siècle, une église qui a été détruite pendant notre première révolution.

Un dernier monument à signaler à St-Lô, c'est le marbre de Torigni. (*Voy.* Torigni).

La partie centrale de la ville est bâtie sur un roc qui domine la rivière de Vire, et jette sept ou huit rues en tous sens, comme les longues pattes d'une araignée faucheuse. Ces rues n'ont rien de régulier, et presque toutes ont une pente plus ou moins rapide. Peu de maisons sont bien bâties. Celles que l'on construit depuis quelques années ne manquent pas d'élégance. La place du Champ de Mars est belle et bien plantée. Les environs de la ville sont très-pittoresques, et offrent de délicieuses promenades.

Avant la révolution, on faisait à Saint-Lô beaucoup de gros draps pour les congrégations religieuses. On n'a conservé que la fabrique des droguets, sorte d'étoffe de fil et de laine dont s'habillent les paysans et le bas peuple. 2,400 ouvriers s'en occupent à Saint-Lô et dans les campagnes. Quelques mécaniques filent de la laine. Les droguets s'exportent en partie à la foire de Guibray. —*Fabriques* de rubans de fil, occupant une soixantaine d'ouvriers. Une quarantaine d'ouvrières font de la dentelle. Trois blanchisseries, où l'on blanchit sur le pré. Quatre imprimeries, employées en grande partie par l'administration, et faisant peu de labeurs. Feuille d'annonces, qui se tire à douze ou quinze exemplaires seulement pour remplir les formalités de la justice. Journal hebdomadaire sous le titre de *Courrier de la Manche*, dont le premier numéro a paru le 12 mars 1836. Coutellerie estimée. Cinquante à soixante établissements dans l'arrondissement pour la préparation des cuirs. Teintureries.

Parmi les hommes distingués, nés à Saint-Lô, on compte Davy du Perron, cardinal, que la *Biographie universelle* fait naître dans le canton de Berne; Boucard, évêque d'Avranches; le général Houel, Michel Gonfrey, l'abbé de Saint-Martin, Legrand, etc.

Commerce de chevaux propres à la remonte de la cavalerie, dont il y a un dépôt depuis quelques années dans le chef-lieu; de bestiaux de toute espèce, grains, mercerie, taillanderie, draps, toiles, arbres, etc. Marché le mardi, le jeudi et le samedi.

MARIGNY. Bourg assez considérable, situé à trois l. de Saint-Lô. Pop. 1,506 hab. Marigny était autrefois une baronnie qui donnait droit de séance à l'échiquier de Normandie parmi les barons du Cotentin. En sortant du bourg pour aller à la grande route de Coutances à Saint-Lô, on voit vers le midi la grande motte de l'ancien château fort. Cette élévation factice, nommée encore

Butte du Castel, est escarpée, quoique peu élevée. Elle était en grande partie défendue par les eaux du vivier qu'on y faisait refluer à volonté. Marigny a quatre petites foires, et, chaque mercredi, un fort marché.

MÉAUTIS. Village situé à 8 l. de Saint-Lô. Pop. 1,233 hab. Sous Philippe-Auguste, c'était le chef-lieu d'une baronnie assez considérable. Le château fort était tout près de la maison de la ferme appelée la Cour de Méautis; il en reste peu de traces.

MONTBRAY. Petit bourg situé à 7 l. de Saint-Lô. Pop. 1,255 hab. Les barons de Montbray sont antérieurs à Guillaume le Conquérant. Geoffroy de Montbray, évêque de Coutances, joua un rôle comme guerrier et comme prélat à la bataille d'Hastings. Le château des seigneurs de Montbray est au bas du bourg, sur un rocher peu élevé, au bord d'un ruisseau qui sépare la Manche du Calvados. La motte et l'emplacement sont aisés à reconnaître, bien qu'il reste peu de traces des anciennes fortifications. L'enceinte paraît avoir été considérable. Le centre de cette enceinte est occupé par une habitation moderne.

Foires le premier et le troisième jeudi de chaque mois. On y vend des bestiaux, des chevaux de trait, de la mercerie, etc.

MOYON. Village situé à 3 l. 3/4 de Saint-Lô. Pop. 1,469 hab. Guillaume de Moyon était à la conquête de l'Angleterre. Les possesseurs de cette baronnie siégeaient à l'échiquier de Normandie, entre ceux de la Luthumière et de Marcey. Il y avait autrefois à Moyon une haute justice et un marché. On les transféra à Tessy, bourg voisin, qui en était jadis une dépendance. Non loin de l'église, vers le couchant, on voit, sur un emplacement assez étendu, mais peu élevé, quelques traces de l'ancien château. Il subsiste encore des débris d'anciennes murailles que la dureté seule du ciment a garanties d'une destruction totale. L'emplacement de ce château est sur la partie la plus élevée de cette grande paroisse. De là on découvre les hauteurs de Percy, de Montabot et de Saint-Vigor.

PERCY. Bourg situé à 6 l. 1/2 de Saint-Lô. Pop. 3,182 hab. Cette commune, l'une des plus étendues du département, a donné son nom à l'une des premières familles de l'Angleterre. Deux seigneurs de Percy étaient à la conquête. On n'a que des conjectures sur l'emplacement de leur château. L'église actuelle de Percy est loin de l'emplacement de celle qui existait au temps de la conquête. Le bourg qui l'entoure n'est pas ancien. Il est traversé par la grande route de Saint-Lô à Villedieu, et a un marché le lundi.

Percy est la patrie du lieutenant général Allix, traducteur de *la Tyrannie*, par Alfieri.

PIERRE DE SEMILLY (SAINT-). Village situé à 1 l. 3/4 de Saint-Lô. Pop. 466 hab. La tradition, d'accord avec les vestiges d'antiquités qu'on voit dans cette commune, prouve qu'il y avait, sinon une ville, comme l'ont prétendu quelques savants, au moins une habitation considérable. Des blocs de murailles d'une grande épaisseur sont les restes d'une des forteresses du moyen âge. Deux vastes étangs sont au-dessous du château, et entre ces étangs une chaussée par où l'on allait à Torigni. Les maisons autour du château s'appelaient le bourg. Les terres plus voisines avaient le privilége de franche bourgeoisie. Il y avait anciennement à Semilly un hôpital où l'on recevait les pauvres et les passants. A l'est du bourg était le gibet. Les voûtes, et une galerie pratiquée dans l'épaisseur d'un des remparts, sont cintrées. Tout près du château, vers l'ouest, il y a une deuxième enceinte qui se continue le long du fossé vers le nord, et forme une figure à peu près ovale ayant environ cinquante-quatre toises de longueur sur quarante-sept de largeur. Elle était défendue par un fossé large et profond, et avait été entourée de murs de neuf pieds d'épaisseur. — On a souvent trouvé des médailles romaines du haut-empire près du château de Semilly. Une voie romaine passait près du presbytère et du château moderne. — Depuis Henri II jusqu'au retour de la Normandie sous la domination française, le château fort de Semilly fut occupé par des rois d'Angleterre et par Ranulf, comte de Chester, le plus puissant des barons de ce temps-là. Richard Cœur de Lion a daté plusieurs chartres du château de Semilly. L'état dans lequel sont les ruines de cette forteresse prouve qu'elle a été démolie.

Foire très-forte le 16 mai. On y vend beaucoup de chevaux de trait, des bestiaux de toute espèce, de la mercerie, etc. Comme cette foire arrive dans la belle saison, c'est un but de promenade pour tous les oisifs du chef-lieu, qui profitent de cette circonstance pour visiter les ruines de l'ancien château fort, les bosquets au milieu desquels elles se trouvent, et les étangs qui sont au-dessous.

PONT-HÉBERT (le). Petit bourg traversé en un sens par la Vire, et en un autre par la route royale de Saint-Lô à Carentan. Il est situé sur les limites des anciennes communes de Mesnil-Durand, d'Esglandes, de Rahais et de la Meauffe. Cette dernière existe encore; mais au commencement de 1836, les trois premières ont été réunies en une seule, sous le nom de Pont-Hébert. Cette nouvelle commune a 1,215 habitants. Le Pont-Hébert est commerçant. Depuis quelques années il y a une église et un prêtre, dus à la munificence d'un pêcheur converti.

TESSY. Bourg situé sur la Vire, à 4 l. 1/2 de Saint-Lô. Pop. 1,636 hab. Foire le 30 juin, marché considérable le mercredi.

TORIGNI. Petite ville assez bien bâtie et fort agréablement située, à 3 lieues de Saint-Lô. Pop. 2,184 hab. Une histoire manuscrite de Torigni en fait une ville ancienne et puissante quelques centaines d'années avant J. C. Rien ne confirme l'opinion de l'auteur. Ce qu'il y a de certain, c'est que la baronnie de Torigni est aussi ancienne que la division des fiefs du duché de Normandie, et qu'elle fut toujours possédée par des rois ou par des seigneurs très-puissants. Après Hamon le Hardi, qui était à la bataille d'Hastings, on distingue parmi les possesseurs de Torigni, Robert, comte de Glocester, qui fut un des plus grands hommes de son siècle; Jean de Vienne, à qui Philippe le Bel avait donné cette châtellenie, et qui la vendit, en 1370, à Hervé de Mauny, cousin germain de du Guesclin et son compagnon d'armes dans la plupart de ses campagnes. Après les Anglais, qui l'occupèrent de 1418 jusqu'à leur expulsion de France, elle fut constamment possédée par les descendants de Jean Gouïon, issu d'une ancienne famille de Bretagne. Un des petits-fils de Jean Gouïon a une place remarquable dans l'histoire de son siècle : Jacques de Matignon, maréchal de France, et premier comte de Torigni. C'est à lui que l'on doit la majeure partie des constructions qui faisaient de son château, avant la révolution, la plus belle et la plus royale habitation de la Manche. A la fin du règne de Louis XIV, un Matignon épousa Louise Grimaldi, fille unique du prince de Monaco, duc de Valentinois, et il prit son nom, ses armes et ses titres. Depuis lors, les possesseurs du château de Torigni, bien que de la famille de Matignon, ont porté le nom de Grimaldi, avec le titre de princes de Monaco. Le grand domaine de Torigni a été morcelé et vendu en petites parties.

En 1793, le château fut converti en maison d'arrêt.

Torigni avait une abbaye de l'ordre des Bernardins de Cîteaux ; les bâtiments en furent vendus 26,000 livres, et l'acquéreur fit construire à la place de l'église la maison qu'occupe maintenant, à l'entrée de Torigni, M. Havin, député de l'arrondissement de Saint-Lô.

L'Hôtel-Dieu est le plus ancien établissement ; il fut fondé en 1221. Philippe le Bel lui fit quelques donations par une charte de 1300.

Torigni a possédé pendant près de trois siècles un marbre antique, trouvé, en 1580, enseveli dans les ruines de Vieux, près de Caen. Ce monument, l'un des plus anciens de l'ancienne Gaule que les ravages des siècles aient épargnés, est connu des savants sous le nom de *marbre de Torigni :* c'est un stylobate ou piédestal en marbre rougeâtre, d'une nature absolument semblable au marbre d'autres carrières du pays encore existantes, et dont l'église de Caen conserve quelques monuments ; il a dû servir à supporter une statue élevée dans le IIIe siècle de l'ère vulgaire à *Titus Sennius Sollemnis*, prêtre originaire de la cité des Viducassiens. Sa face antérieure, qui porte deux pieds deux pouces de largeur, et ses deux faces latérales d'environ vingt pouces sur une hauteur de près de cinq pieds, sont toutes trois chargées d'inscriptions.

Transporté de Vieux au château de Torigni, en 1580, par les ordres du maréchal de Matignon, le stylobate de *Sollemnis* fut indignement négligé par ses descendants. Jeté d'abord dans les décombres d'un bâtiment qui tombait en ruine, on le retrouva dans les masures qu'on achevait de démolir pour creuser les fondations d'un édifice construit en 1670. C'est dans cette position que M. Petite le vit pour la première fois : la face principale en était dès lors très-défigurée. Il resta longtemps sur la place, exposé aux injures du temps : cependant le comte de Matignon le fit transporter dans l'orangerie ; mais elle fut brûlée en 1712, et n'ayant point été rebâtie, le marbre fut de nouveau exposé aux injures de l'air. Ainsi abandonné, des couvreurs s'en servirent comme d'un bloc pour tailler leurs ardoises. Les coups de marteau des ouvriers firent disparaître près de la moitié de l'inscription principale.

En 1726, le duc de Valentinois le fit placer dans le vestibule du château, d'où il fut transféré dans le salon du parterre. Il y resta oublié pendant la révolution. Enfin, au commencement de 1814, il fut donné à M. Clément, secrétaire général de la préfecture de la Manche, par M. le Cocq, nouveau propriétaire du château de Torigni, au moment où il faisait des ventes des matériaux et des dépendances de ce château. M. Clément, devenu depuis maire de la ville de Saint-Lô, le fit transporter très-soigneusement de Torigni à Saint-Lô, et déposer dans un appartement de sa maison, d'où ensuite on l'a provisoirement transféré dans la maisonnette d'un jardin qui lui appartient, et qui est situé tout près de l'hôtel de l'école mutuelle. C'est au soin éclairé et au zèle de ce digne magistrat que l'on doit la conservation de ce monument, qu'il a recueilli avec l'intention d'en faire hommage au chef-lieu du département et de le placer dans l'hôtel de ville de Saint-Lô, aussitôt que la construction en serait terminée.

La face principale contient les traces de trente et une lignes d'écriture, au moins, dont vingt-huit sont encore apparentes; nous disons les traces, car vers le milieu il existe une partie qui ne contient plus un seul caractère.

L'inscription qui nous occupe présente des lettres de quatre grandeurs différentes. La première ligne où se trouve le nom de *Sollemnis* a 0,32 mill. (1 pouce 2 lignes) de hauteur; les lignes suivantes, qui composent le corps de l'inscription, n'ont que 0,24 mill. (10 lignes 1/2); l'indication des trois provinces des Gaules a 0,70 mill. (2 p. 7 lig.); enfin les deux dernières lignes, où on lit les noms des consuls, ont 0,45 mill. (1 pouce 8 lig.).

Nous donnons avec le texte des inscriptions les restitutions déjà connues, ainsi que celles proposées par M. Édouard Lambert [1].

T. SENNIO SOLLEMNI SOLLEM
NINI FILIO, non SINE SoliDOMARmO
RE statuæ honorem deferRE CVPI
MVS, hæredibusque mandamvs, NAM
erat Mercurii, Martis atque Dianæ SacerDOS;
cujus curâ omne genus spec
TACVIorVM atque tauriNICIADIANæ
data, recepta M (*millia*) N (*nummorum*)
XtvII, EXQVIBVS PERQVA
triduum sine intermissIONE CDIDERVnt;

---

[1]. Les majuscules romaines indiquent les parties conservées, et les minuscules les restitutions qui peuvent être admises.

etenim gravitate suâ et moribvs honestis
prudentiâque singulari
FVIT commendabiliS militiæ
consummatæ........ MANE
nti (*forte*). PRIMVS sacerdos iste SOLLEMNIS
AMICVS B m (*benè merentis*) CLAVD. PAVL.
leg. aug. PR.PR PRO
VINC. LVGD. ET ClIENS FVIT; CVI POSTEA
LEG. AVG. PRIN. cum AD LEGIONEM SEXtam
ADSEDIT CVIQVE salariVM MILITIAE
iN AVRO ALIAQVE MVNERA LONGE PLVRIS MISSO;
FVIT CLIENS PROBATISSIMVS AEDINI JVLIANI
leg. AVG. PROV. LGD. QVI postea PRAEfectus præt.
FVIT SICVT EPISTVLA QVAE AD LATVS SCRIPTA Est
DECLARATVR; ADSEDIT ETIAM IN PROVINCIA
PNM
lvGDNSEM VALERIO FLORO TRIB. miL LEG. IIX.
AVG.
IVDICI ARCAE FERRAR (*ferrariorum*).

TRES CROVGAL

PRIMO V MONVM IN SVA CIVITATE POSVERVNT
LOCVM ORDO CIVITATIS VDCSS (*viducassium*)
LBER (*libenter*) DED (*dedit*)

P7 XVIIII AN PIO FI PROCVL
COS

A Titus Sennius Sollemnis, fils de Sollemninus; nous désirons lui accorder l'honneur d'une statue de marbre, et faire connaître à la postérité, que non-seulement il était grand prêtre de Mercure, de Mars et de Diane, que pendant quatre jours de suite il prit soin de donner des spectacles et des fêtes en l'honneur de Diane, au moyen de 25,000 sesterces qu'il avait reçus, mais encore qu'il était recommandable par sa gravité religieuse, par l'honnêteté de ses mœurs et par sa rare prudence . . . .
. . . .
Ce premier pontife Sollemnis fut le sincère ami de Claudius Paulinus, lieutenant de l'empereur, propréteur de la province Lyonnaise, et devint ensuite son client, lorsque celui-ci, lieutenant de l'empereur auprès de la 6e légion, lui fit donner, en or, le salaire de la milice et d'autres présents d'un bien plus grand prix; il fut le très-honnête client d'Ædinius Julianus, lieutenant de l'empereur dans la province Lyonnaise, qui devint ensuite préfet du prétoire, ainsi que la lettre transcrite ci-contre le fait connaître; il fût aussi collègue, dans la province Lyonnaise, de Marcus Valerius Florus, tribun militaire de la 3e légion augustale, juge de la caisse des armuriers.

LES TROIS PROVINCES DES GAULES

lui ont décerné, par un vœu unanime, un monument dans sa cité.

L'ordre des municipaux de la cité des Viducassiens a libéralement donné un emplacement de 19 pieds, sous le consulat d'Annius Pius et de Proculus.

Ainsi cette inscription nous apprend qu'un monument fut érigé à Titus Sennius Sollemnis, fils de Sollemninus, après sa mort, dans la ville des Viducassiens, sa patrie, en vertu d'un décret de l'assemblée générale des trois provinces des Gaules (la Lyonnaise, l'Aquitanique et la Belgique), sous le consulat d'Annius Pius et de Proculus.

L'époque indiquée par le consulat de Pius et de Proculus concourt avec l'an de Rome 991, de l'ère vulgaire 238, l'année même où fut tué l'empereur Maximin Ier, devant la ville d'Aquilée.

Les spectacles que donna *Sennius*, et qui durèrent quatre jours, furent des jeux célébrés en l'honneur de Diane, *Taurinicia* ou *Epinicia*, car les cinq dernières lettres qui restent peuvent autoriser à conjecturer l'un ou l'autre.

Les inscriptions latérales peuvent être considérées comme les pièces justificatives. Voici ce que contient celle de la face latérale droite :

eXEMPlVM < EPISTVLAE CL ' p-
AVLINI < LEG < AVG < PR' PR' PROV
bRITANNIAE < AD < SENNIVM < SOLLc
NEM < ATAMPO.
LICET < PLVRA < MERENTI TIBI <
AME < PAVCA < TAMEN < QVONIAm
HONORIS < CAVSA < OFFERVNTur
VELIM < ACCIPIAS < LIBENTEr
CHLAMIDEM CANVSINAM.
DALMATICAM < LAODICIEM fibulAM
AVREAM < CVM GEMMIS < RACENAS
DVAS < TOSSIAM < BRIT < PELLEM < VIT.
MARINI < SEMESTRIS < AVTEM EPISTVLAM
VBI < PROPE < DIEM < VACARE C^{o}EPERIS
MITTAM < CVIVS MILITIAE < SALARIM .
DE ST IS < XXVN. IN < AVRO < SVSCIque
DIS < FAVENTIBVS < ET < MAIESTATE' SANCT.
iMP < DEINCEPS < PROMERITIS <
aDFECTIONIS < MAGIS < DIGNA
CONSECVTVRVS < CONCORDIa.

Copie de la lettre de Claudius Paulinus, lieutenant de l'empereur, propréteur de la province de Bretagne, à Sennius Sollemnis.

Quoique je vous offre en signe d'honneur plusieurs choses que je regarde bien au-dessous de vos mérites, veuillez cependant accepter une *chlamyde de Canusium*, une *dalmatique de Laodicée*, une *agrafe d'or ornée de pierreries*, une *fourrure de la Bretagne*, une *peau de veau marin de six mois*, ainsi qu'une lettre dans laquelle je vous fais connaître qu'au premier jour j'enverrai le salaire de la milice, sur lequel vous prendrez vingt-cinq mille sesterces en pièces d'or. Les dieux étant favorables, vous obtiendrez par la suite, à cause de vos mérites, une récompense plus digne de la majesté de l'empereur et de votre attachement.

TROISIÈME INSCRIPTION. — *Face latérale gauche.*

EXEMPlVM < EPISTVLAE DIbI
Juliani PRAEFECTI PRAETORII
AD Badium COMNIANVM^{A}Propr-
O. . . . . . . VICE PRAESIDIS' AGENDi.
AEDINIVS IVLIANVS' BA DIO
COMNIANO < SAL < IN PROVINCIA
LVGDVNESS' QVINQVE FASCALI. . (sic) (*lege fiscalia*)
cuM AGEREM < PLEROSQ' BONOS
VIROS PERSPEXI < INTER < QVOS
SOLLEMNEM ISTVM < ORIVNDVM
EX CIVITATE' VIDVC < SACERDOTEm
QVEM PROPTER < SECTAM < GRAVITATEm
ET HONESTOS < MORES < AMARE COEPi
HIS ACCEDIT QVOD CVM < CL PAVLNO
DECESSORI < MEO < IN CONCILIO
GALLIARVM < INSTINCTV < QVORVM
QVI AB EO < PROPTER < MERITA < SVA < LAEDi
VIDEBANTVR < QVASI < EX C^{o}NSENSV < PROVIN
(sic) ACCVSSATIONEM < INSTITVERE TENTARUnt
SOLLEMNIS < ISTE < MEVS < PROPOSITO < EORum
RESTITIT PROV^{o}CATIO^{n}E < SCILICET < INTER
iecTAQVOD PATRIA EIVS CvMINTER C cl. (ceteros)
LEGATVM < EVM CREASSET < NIHIL < DEACCVS
atIONEMANDASSENT^{A}IMMO CONTRAalaVI. (laudassent)
QVA RATIONE < EFECT$_v$M < EST < VT < Omnes
AB ACCVSSATIONE < DESISTERENT < QVEm
MAGIS < MAGISQVE AMARE ET COMProbare
COEPI^{A}IS < CERT^{V}S HONORIS < MEI ERGa cum
AD VIDENDVM ME < IN VRBEM < VENIT
PROFICISCENS PET^{I}T < VT EVM T$_I$BI
COMMEN DAREM < RECTE < ITAQVE FECER S
desiderIO < ILL^{I}VS < ADNVERIS < ET < R.

Copie de la lettre d'Ædinius Julianus, préfet du prétoire, à Badius Comnianus, propréteur... vice-président d'Agen.

Ædinius Julianus à Badius Comnianus, salut. Lorsque j'exerçais, dans la province Lyonnaise, les fonctions de *quinque fiscalis*, j'ai remarqué plusieurs hommes recommandables, du nombre desquels est ce Sollemnis, originaire de la cité des Viducassiens, prêtre, que j'ai d'abord aimé à cause de son caractère religieux, de sa gravité et de l'honnêteté de ses mœurs; ajoutez de plus que, lorsque dans l'assemblée générale des Gaules, et comme du consentement des provinces, on eut tenté de porter une accusation contre Claudius Paulinus, mon prédécesseur, par l'impulsion de quelques-uns qui paraissaient avoir été blessés de ses mérites, ce cher Sollemnis arrêta l'effet de leur provocation, en déclarant que lorsque ses concitoyens l'avaient créé député, ils ne lui avaient pas donné mandat de l'accuser, et qu'au contraire ils l'avaient recommandé à sa bienveillance. Il arriva alors que tous se désistèrent de leur accusation Depuis ce moment mon estime et mon amitié n'ont fait qu'augmenter de plus en plus, et, certain de la manière dont je le recevrais, il est venu à Rome pour me voir. Sur le point de partir, il me demande une recommandation auprès de vous : vous ne pourrez mieux faire que d'accéder à ses désirs.

Cette troisième inscription, parfaitement conservée, est aussi la plus importante. Elle nous fait connaître une circonstance d'autant plus remarquable qu'il n'en reste presque aucune trace dans les historiens. Nous voyons, 1° que des assemblées représentatives avaient lieu dans les Gaules, qu'elles s'occupaient des intérêts publics jusqu'à y dénoncer le délégué suprême de l'empereur; 2° que les villes choisissaient et envoyaient des députés chargés de défendre leurs intérêts; 3° qu'elles donnaient les instructions pour régler la conduite et les opinions de ces députés; 4° qu'il existait une sorte de *veto*, puisque la déclaration d'un seul député, qui annonce n'avoir point de mandat sur un point essentiel, arrête la délibération. Ainsi, le monument célèbre dont nous venons de nous occuper est, d'après l'opinion d'un des membres les plus distingués de l'Institut, l'une des preuves qui constatent irrécusablement l'antique organisation des assemblées représentatives des Gaules.

Du magnifique château de Torigni il ne reste guère qu'une aile, achetée par la ville, et où se tiennent les séances du conseil municipal. Il y existe encore une galerie de tableaux, la plupart historiques et rappelant les faits d'armes des Matignon. On trouve aussi dans une pièce, des tentures anciennes des Gobelins.

De belles avenues dominent encore un côté du grand étang qui est près du château : c'est une promenade publique qui donne de l'agrément à la ville.

On fabriquait autrefois à Torigni beaucoup de draps; mais le pillage des Anglais, et plus tard celui des protestants, ont ruiné cette industrie. Les fouleries et les moulins disparurent. — *Commerce* de chevaux propres à la remonte, de moutons, porcs, grains, etc. Marché considérable le lundi, où il se vend, terme moyen, pour 10,000 francs de volailles qui s'exportent presque toutes à Paris.

Parmi les hommes remarquables nés à Torigni, on cite Robert du Mont, historien; François de Callières; Brébeuf, que nous croyons né au château de Brébeuf, dans le canton de Torigni; Joachim Legrand, etc.

TROISGOTS. Village situé à 3 l. 1/4 de Saint-Lô. Pop. 599 hab.

Au bord de la Vire, à l'angle formé par la jonction du ruisseau de Manqueran avec cette rivière, à la limite des communes de Fervaches et de Troisgots, on voit l'emplacement d'un château qui fut le berceau d'une famille anglo-normande dont le chef eut part à la gloire et aux avantages de la conquête de l'Angleterre. La position de ce château fort, à l'extrémité d'une langue de terre entourée d'eau, était bien calculée pour sa défense. — En 1197, Robert de Troisgots ou Tregoz fonda, au bord de la rivière, près de son château, un prieuré pour trois religieux chargés de desservir les deux paroisses de Troisgots et de Hambye.

ARRONDISSEMENT D'AVRANCHES.

ARDEVON. Village situé à 3 l. 3/4 d'Avranches. Pop. 480 hab.

Dans les histoires du Mont-Saint-Michel, on trouve quelques détails sur les bastilles que les Anglais firent dans cette commune pendant le mémorable siège de 1423. Elles n'ont depuis été d'aucun usage; mais elles peuvent servir à étudier la manière dont on élevait ces sortes de retranchements au commencement du XVe siècle.

ARGOUGES. Village situé à 5 l. 1/2 d'Avranches. Pop. 1,542 hab. *Fabriques* de toiles dites de Saint-Georges.

Les restes d'un château de la Jantée se

voient encore dans cette commune. Ce château fut bâti en 1170. Ce fut, en 1581, la retraite, pendant cinq jours, du grand Condé, chef des protestants, qui en partit pour passer en Angleterre avec trois de ses compagnons.

AVRANCHES. Ville ancienne, chef-lieu de sous-préfecture. Tribunal de première instance, collége communal. ✉ ☞ Pop. 7,269 hab.

Avranches est d'une haute antiquité. Ses peuples ont, dans les auteurs anciens, les noms d'*Ambialites*, *Ambiani*, *Ambibarii*, *Abrincatui* ou *Abrincates*. Ils étaient sous la domination des druides dont ils abandonnèrent le culte pour celui des Romains. Sous le haut-empire, Avranches fut une station militaire assez considérable, puisque c'était la résidence du commandant des auxiliaires Dalmates : *Præfectus militum Dalmatarum Abrincatis*. (PLINE, livre 4.) On dit que le roi Childéric y fit bâtir un château vers l'an 460. Cette ville devint le chef-lieu du premier des trois cantons dont se composait le territoire sous Charlemagne. Comprise dans le partage que fit Rollon à ses Normands, elle devint, après la mort de Guillaume le Bâtard, l'apanage de Henri 1er, le troisième de ses fils.

En 1141, Geoffroy Plantagenet s'empara d'Avranches sans coup férir. Guy de Thouars prit cette ville, après avoir brûlé le Mont-Saint-Michel, en 1203, et en rasa les fortifications. L'incursion des Anglais en 1229, démontra la nécessité de rétablir ces fortifications. On y travailla peu de temps après la retraite de ceux-ci et des Bretons. Au mois de novembre 1230, le roi de France accorda à Guillaume Burel, évêque d'Avranches, *douze livres tournois* de revenu, pour le dédommager de la perte qu'il avait essuyée dans son jardin quand on creusa les fossés du château. Ce prince y fit une double enceinte avec douves et fossés.

En 1346, les Anglais, commandés par Renaud de Gobehen, brûlèrent les faubourgs d'Avranches. Ils ruinèrent ensuite le manoir et le bourg de Ducey. Quelque temps après, Avranches et le Cotentin furent cédés à Charles le Mauvais, roi de Navarre. Ce pays ne fut rendu à la France qu'en 1404 par Charles III, roi de Navarre. En 1418, les Anglais s'emparèrent d'Avranches; mais le voisinage du Mont-Saint-Michel, qu'ils ne purent prendre, leur rendit la possession de cette ville bien plus précaire que celle des autres places fortes de la province. Jean de la Pole, qui en était gouverneur pour le roi d'Angleterre, fut pris à Gergeau avec son frère Guillaume, comte de Suffolk. Environ 10 ans plus tard, le connétable de Richemont assiégea Avranches. Le général anglais Talbot vint tout à coup surprendre son armée, s'empara du bagage et des munitions, et força le connétable à lever le siège. Le connétable y revint 10 ans plus tard, et reprit sans beaucoup de peine cette place et la plupart de celles du Cotentin. Avranches étant plus rapprochée de la Bretagne, fut une des premières à ouvrir ses portes.

Durant les 30 ans de la domination anglaise, Avranches avait eu plus qu'aucune autre partie de la Normandie, à subir les malheurs de la guerre ; mais cette ville put jouir, pendant plus d'un siècle après sa délivrance, de la paix et de la tranquillité. Les guerres de religion, comprimées par la fermeté de François Ier et de Henri II, éclatèrent tout à coup pendant la minorité de leurs faibles enfants. En 1662, la ville d'Avranches fut livrée aux calvinistes. Ils s'y rendirent coupables de beaucoup d'excès. La haine qu'inspirèrent leurs dévastations ; la juste crainte causée par le voisinage du château d'une famille protestante, puissante et guerrière ; l'influence d'un évêque, ligueur déterminé, entraînèrent les habitants d'Avranches dans le parti qui refusa de reconnaître Henri IV, sous prétexte que, n'étant pas catholique, il favoriserait les novateurs. Les troupes royales vinrent assiéger Avranches en 1591. La place ne se rendit qu'après une résistance longue et opiniâtre.

Sur les ruines du château d'Avranches, s'élève aujourd'hui un des télégraphes de la ligne de Paris à Saint-Malo.

Avranches posséda un évêché, établi vers l'an 511, et dont 67 prélats occupèrent le siège jusqu'en 1791, qu'il fut réuni à celui de Coutances. Le célèbre Huet fut un de ces prélats. La cathédrale se ressentit des guerres qui désolèrent souvent la Normandie. Elle fut pillée et dévastée plusieurs fois, notamment en 1562, par les calvinistes qui brisèrent les tombeaux, brûlèrent les chartes, et enlevèrent tous les objets d'or et d'argent qui l'ornaient. Dégradée dans les premiers temps de la révolution, et non réparée, elle finit par s'écrouler. Il n'en reste plus, comme pour mémoire, qu'un des piliers, et la pierre sur laquelle s'agenouilla Henri II, roi d'Angleterre et duc de Normandie, lorsqu'en 1172 il fit amende honorable, en présence de deux légats du pape, à l'occasion du meurtre de Thomas

Skelton fils del et sc

VUE PRISE DU JARDIN DES PLANTES
à Avranches.

Becquet, archevêque de Cantorbéry, tué dans son église par quatre gentilshommes de la suite du roi.

La ville d'Avranches est située à l'extrémité d'un coteau qui domine les alentours, dans une position aussi salubre qu'agréable, et entourée de sites variés et pittoresques. Elle jouit, ainsi que plusieurs des communes qui l'environnent, d'une réputation méritée pour la culture des arbres fruitiers. Ses cidres passent pour les meilleurs du département. Son commerce consiste en produits agricoles de toute espèce, en tannerie, fabrique de dentelles, toile, fil, teinturerie, chapellerie, filature de laine, bonneterie. Ces diverses branches n'y ont pas beaucoup d'importance.

Avranches, grâce à sa situation, est une véritable ville de plaisance. Les Anglais y abondent. Ils y sont en si grand nombre depuis quinze ans, que la ville s'est accrue de plus d'un quart. Parmi les promenades publiques, on distingue le jardin des plantes et le jardin de l'évêché. Le premier a de 1,500 à 2,000 plantes, arbres ou arbustes, la plupart exotiques ; c'est une promenade délicieuse, d'où la vue s'étend sur toute la baie du Mont-Saint-Michel. Le second a, depuis le 25 juillet 1832, une statue du général Valhubert, né à Avranches, et mort sur le champ de bataille d'Austerlitz. Cette statue est en marbre blanc, sa hauteur est de 13 pieds 6 pouces. L'artiste a voulu reproduire le héros au moment qui précéda sa mort. Il est habillé, en armes, et marche d'un pas ferme et tranquille. La tête peut être citée comme un véritable chef-d'œuvre de sculpture. Cette statue est une des meilleures compositions de Cartelier. Elle a été érigée sur un piédestal de 12 pieds d'élévation, construit en granit, taillé avec beaucoup de soin. L'ensemble du moment serait remarquable, même dans la capitale.

La bibliothèque d'Avranches compte environ 10,000 volumes. C'est dans ses manuscrits qu'on a retrouvé le *Sic et Non* d'Abailard, imprimé en 1836 par les soins de M. Cousin.

Parmi les hommes remarquables nés à Avranches, outre le général Valhubert précédemment cité, on compte Parrain des Coutures; Aubin Gautier; Vitel, poète du XVIe siècle ; François et Adrien Richer ; Louis Blondel, etc.

BEAUCHAMPS. Village situé à 5 l. d'Avranches. Pop. 728 hab.

Cette commune est le berceau de l'une des familles les plus distinguées et les plus historiques de l'Angleterre. Un seigneur de Beauchamps était à la conquête; il s'appelait Hugues. Parmi les Beauchamps, comtes de Warwick, on remarque William, qui joua un rôle très-important dans les guerres d'Écosse et du pays de Galles, sous le règne d'Édouard Ier. Thomas se distingua plus particulièrement encore dans les guerres d'Édouard III, et surtout aux batailles de Crécy et de Poitiers. L'histoire de Froissard est remplie des prouesses de ce vaillant capitaine. Dans le XIVe siècle, Clémence du Guesclin, la plus jeune des sœurs du connétable, épousa en premières noces Raoul, seigneur de Beauchamps. Le château de Beauchamps était au haut d'un coteau au pied duquel coule la rivière d'Airou, à la limite des cantons de Villedieu, la Haie-Pesnel, et Gavray.

BLOUTIÈRE (la). Village situé à 7 l. d'Avranches. Pop. 702 hab. — *Fabriques* de casseroles en cuivre. Papeteries.

On voit dans cette commune les restes d'un ancien château fort, nommé château de la Roche, au bord de la rivière de Sienne, en face du château de la Roche-Tesson. En 1199, un prieuré considérable fut fondé près du château de la Bloutière.

BRECEY. Petit bourg, situé à 4 l. d'Avranches. Popul. 2,201 hab. — *Fabriques* d'eaux-de-vie, de kirschenwasser, etc. — *Commerce* de filasse, chanvre, fils, toiles. Marché le vendredi.

On voit à Brecey le plus grand et le plus beau château du pays ; mais les plantations qui l'environnaient sont abattues ; lui-même est en état de démolition. Il avait été bâti par les Vassy, qui le possédaient au temps de la recherche de Chamillard.

Brecey est la patrie de le Berriays, auteur du Nouveau Laquintinie.

CARNET. Village situé à 5 l. 1/4 d'Avranches. Pop. 1,219 hab. — *Fabriques* de toiles dites de Saint-Georges.

CAROLES. Village situé à 4 l. 3/4 d'Avranches. Pop. 528 habitants, qui presque tous se livrent à la grande et à la petite pêche.

CEAUX. Village situé à 2 l. 1/2 d'Avranches. Pop. 815 hab. Il y a 35 salines.

CÉCILE (SAINTE-). Village situé à 6 l. 1/4 d'Avranches. Pop. 824 hab. — *Fabriques* de poêles et d'objets en cuivre.

CHAMPEAUX. Village situé à 4 l. 1/4

d'Avranches. Pop. 547 hab. Il avait un château fort au XIVᵉ siècle.

CHAMPREPUS. Village situé à 5 l. 1/4 d'Avranches. Pop. 916 hab. — *Fabriques de papiers.*

COURTILS. Village situé à 3 l. d'Avranches. Pop. 723 hab. Il y a 40 salines.

CUVES. Village situé à 5 l. 1/4 d'Avranches. Pop. 901 hab.

DUCEY. Gros bourg situé à 2 l. 1/4 d'Avranches. Pop. 1,736 hab. Près du bourg on voit le château que fit bâtir Gabriel de Lorge, comte de Montgommery, le même qui dans un tournoi blessa mortellement le roi de France Henri II, fut assiégé et pris dans Domfront par le maréchal de Matignon, et décapité à Paris le 26 juin 1574.

FOLLIGNY. Village situé à 4 l. 3/4 d'Avranches. Pop. 531 hab. Foire le 12 juin, où il se vend une grande quantité de chevaux et de bestiaux de toute espèce. C'est la foire la plus considérable de l'arrondissement; il y vient beaucoup de marchands de la vallée d'Auge : elle est renommée pour les beaux bœufs qui s'y vendent.

GENEST. Village situé à 2 l. 1/2 d'Avranches. Pop. 1,010 hab. Il y a 28 salines.

Le village de Genest, en face de Tombelaine et du Mont-Saint-Michel, a été signalé comme l'emplacement d'une station romaine, appelée *Ingena*. En 1090, quand le roi Guillaume et le duc Robert assiégèrent le Mont-Saint-Michel, le quartier général du second était à Genest. Le roi Henri II y coucha plusieurs fois en allant au Mont-Saint-Michel. L'église fut dédiée en 1120.

GRANVILLE. Ville maritime ; tribunal de commerce ; vice-consulats étrangers. École d'hydrographie de troisième classe. Comité supérieur d'instruction primaire; chef-lieu du deuxième arrondissement maritime; inspection des douanes. ✉ ☞ Pop. 7,350 hab. —*Établissement de la marée du port,* 6 *heures* 30 *minutes.*

Cette ville est située à l'embouchure de la Boscq, sur un rocher qui s'avance dans l'Océan, où elle a un port sûr et commode, qui peut contenir 60 navires, mais qui a peu de profondeur et assèche à toutes les marées. Elle est entourée de fortes murailles et formée de rues étroites et escarpées. On y remarque l'église paroissiale, édifice gothique, dont les sculptures sont pour la plupart en granit.

D'anciens titres établissent qu'en 1252 Thomas de Granville, chevalier, était seigneur de l'emplacement où l'on bâtit, deux siècles plus tard, la forteresse de Granville. Les Anglais étaient depuis plus de 20 ans maîtres de la Normandie, lorsque Thomas lord Scales, sénéchal de cette province pour le roi d'Angleterre, entreprit de construire à Granville une forteresse qui pût protéger un havre commode et tenir en respect la garnison du Mont-Saint-Michel, la seule place forte de cette province que les Anglais n'eussent pu réduire. Il acheta de Jean d'Argouges, seigneur de Gratot et de Granville, tous les droits qu'il pouvait avoir sur le roc et montagne de Granville, *pour un chapel de roses vermeilles,* au jour de Saint-Jean-Baptiste. La ville était alors à la pointe Gautier et avait son port à la Houle ; mais le général anglais trouvant que la situation actuelle sur le rocher rendrait cette place plus difficile à prendre lorsqu'elle serait entourée des fortifications qu'il projetait, força les habitants de l'ancienne ville à s'y transporter, à détruire leurs maisons, et à se servir des matériaux pour en bâtir de nouvelles sur le terrain qu'il leur désigna.

La première pierre de la nouvelle ville fut posée en 1440. Lord Scales pressa beaucoup l'ouvrage pour mettre Granville en état de défense ; mais dès l'année suivante Louis d'Estouteville, à la tête de la garnison du Mont-Saint-Michel, vint surprendre la place et s'en empara. Les Anglais ne purent jamais la reprendre, quoiqu'ils soient restés encore plusieurs années maîtres de la Normandie. Le roi Charles VII fit achever les fortifications, dont l'enceinte fut doublée depuis ce temps. Granville devint une des plus fortes places de la province jusqu'en 1689, que Louis XIV en fit en grande partie démolir les murailles.

Si Granville a perdu de son importance militaire, son port s'est fort accru, et son commerce est encore en progrès. Déjà bien avant la révolution de 1789, cette ville envoyait ses marins à la pêche de Terre-Neuve, et formait à l'État des hommes du premier mérite. Cette pêche, en effet, exigeant un grand nombre de bras et un travail presque continuel, est la meilleure école des marins. Obligés de naviguer pendant l'hiver et de rester longtemps dans des parages orageux, ils s'endurcissent aux fatigues, s'accoutument à braver les dangers, et apprennent à déployer toutes les ressources que réclame l'art du nautonier.

En 1786, on comptait à Granville, outre

GRANVILLE.

32 bâtiments de cabotage et les bateaux pêcheurs, 110 navires, dont 5 seulement n'étaient pas destinés à la pêche de la morue. A cette époque, plus de 6,000 matelots étaient classés à Granville. L'importance de ce port est loin d'avoir diminué, et les travaux récemment exécutés et projetés devront singulièrement l'accroître. La pêche de la morue, de la baleine, du hareng, des huîtres, etc., emploie un grand nombre d'hommes. Trente caboteurs exportent les productions du pays, telles que grains, farine, beurre, cidre, bestiaux, volaille, soude, granit, etc. Ils rapportent des vins, eaux-de-vie, épiceries, drogueries, sels, résine, chanvre, filasses, savons, denrées coloniales, etc. Des bâtiments suédois importent une grande quantité de madriers, de planches de sapin, de fers, etc.—Quelques navires de Granville vont annuellement aux Antilles. — La première pierre du prolongement de la jetée fut posée le 11 août 1828 ; l'adjudication fut passée pour 1,105,733 fr.

On cite parmi les grands hommes nés à Granville, Pléville le Pelley, dont on voit à la mairie un portrait très-ressemblant; le prédicateur la Neuville ; le conventionnel le Tourneur; M. le vice-amiral Hugon, etc.

Les îles de Chausey font partie de la commune de Granville.

HAIE-PESNEL (la). Bourg situé à 3 l. 3/4 d'Avranches. Pop. 963 hab.

Dans un bois au nord de ce bourg, on voit sur un terrain élevé les ruines encore remarquables d'un château fort, qui fut livré aux Bretons et aux Anglais pendant la minorité de saint Louis, par la trahison de Pesnel : aussi portait-il le nom réprobateur de *château Ganne* ou *du Ganne*, mot qui signifie trahison, perfidie, déloyauté. — *Commerce* de denrées du canton et de bœufs estimés, qui sont ensuite engraissés dans les herbages du pays d'Auge. — Marché le mercredi.

HAMELIN. Village situé à 5 l. 1/4 d'Avranches. Pop. 242 hab. — *Commerce* de fil et de sabots.

JAMES (SAINT-). Petite ville, située à 4 l. 1/2 d'Avranches. Pop. 3,104 hab. — Moulins à huile, à foulon, à tan et à grains.

Guillaume le Conquérant construisit à Saint-James une des forteresses les plus considérables du pays, afin de défendre les limites de ses possessions contre les agressions de la Bretagne. Les Anglais furent longtemps en possession du château de Saint-James, qui fut repris en 1448 par le maréchal de Lohéac. Depuis lors il est resté à la France, et l'histoire n'en fait plus mention. On ne voit plus à Saint-James aucune trace de fortifications ; elles ont été aplanies dans le XVIIe et le XVIIIe siècle. Du côté où le Beuvron coule près de l'enceinte de la ville, on aperçoit le château de la Paluelle, qui offre un très-beau point de vue. — Saint-James est la patrie de Silvestre de la Cervelle, évêque de Coutances depuis 1371 jusqu'en 1386. C'est à lui que cette dernière ville doit la restauration et la conservation de sa cathédrale. — *Commerce* de bestiaux, blés, beaucoup de lin, de chanvre et de fil, etc. — Marché le lundi.

JEAN DU CORAIL (SAINT-). Village situé à 4 l. 1/2 d'Avranches. Pop. 170 hab. — Un moulin à blé, un à huile, et à cuivre.

JEAN LE THOMAS (SAINT-). Village situé à 4 l. d'Avranches. Pop. 269 hab. — *Commerce* de fruits à noyau fort estimés.

Il y eut dans cette commune un château fort que Philippe-Auguste fit détruire au commencement du XIIIe siècle.

LANDE D'AIROU (la). Village situé à 5 l. d'Avranches. Pop. 1,070 hab.

La Lande d'Airou était autrefois un bourg étendu et très-peuplé; aujourd'hui ce n'est plus qu'un village. Il y existait un château fort, probablement antérieur aux croisades. Avant la révolution, on en voyait un dont la construction était du XVIe siècle; il avait été bâti par un Grimouville.

Il y avait jadis dans cette paroisse, près du bourg, un petit couvent de religieux. Ce monastère portait le nom de Saint-Léonard des Bois, parce qu'il était situé à l'extrémité de la profonde forêt qui couvrait les environs et s'étendait jusqu'à la mer.

La Lande d'Airou est la patrie de François des Rues, auteur d'une *Description de la France*, publiée à Rouen, format in-12, sous le règne de Henri IV.

LUOT (le). Village situé à 2 l. 1/2 d'Avranches. Pop. 550 hab. — Exploitation des carrières de granit.

LUZERNE (la). Village situé à 4 l. d'Avranches. Pop. 849 hab. — Filature de coton.

Cette commune eut une assez remarquable abbaye, fondée dans le XIIe siècle. L'église fut consacrée en 1178. Quoiqu'elle appartienne entièrement au règne de Henri

II, on est surpris d'y trouver beaucoup de traces d'architecture romane. Les bâtiments de cette abbaye sont assez bien conservés. Située dans une vallée humide, au bord du Thar, elle est environnée de coteaux couverts de bois, qui, au premier aspect, et surtout en arrivant de Granville par Saint-Léger, offrent une charmante perspective. La vue plonge sur les bâtiments du monastère, qui semblent adossés à de riantes collines. C'est dans ces bâtiments qu'on a établi une filature de coton. L'abbatiale, maison tout à fait moderne, sert de résidence au propriétaire. Il a fait disposer les jardins avec goût. Dans la belle saison, c'est une habitation agréable, mais l'humidité la rend souvent incommode, surtout dans l'hiver et durant les débordements du Thar.

MARCILLY. Village à 3 l. 1/2 d'Avranches. Pop. 989 hab. — Teinturerie, mégisserie.

MONTANEL. Village situé à 5 l. 1/2 d'Avranches. Pop. 1,162 hab.

On voit à 1/4 de l. de ce village les ruines du château de Montaigu, bâti au sommet d'une colline, à l'entrée des gorges septentrionales de la forêt de Blanche-Lande. On croit que sa construction est de l'an 1130.

MONT-SAINT-MICHEL. Bourgade forte, située à 4 l. d'Avranches. Pop. 390 hab.

Le Mont-Saint-Michel est un des lieux les plus célèbres de la Normandie. On croit qu'avant l'arrivée des Romains, les Celtes y avaient un collége de druidesses. Les premiers apôtres du christianisme y placèrent quelques ermites, qui y bâtirent un monastère désigné dans les anciens titres de l'abbaye sous le nom de *monasterium ad duas tumbas*, par rapport au voisinage du mont Tombelaine. — En 708, Aubert, évêque d'Avranches, fit bâtir une petite église et dédia le mont à saint Michel. Des reliques y furent apportées, et ce lieu fut visité par des pèlerins couronnés, qui l'enrichirent et l'accrurent à plusieurs époques. Ils le fortifièrent et en firent un des boulevards du royaume.

Le premier siége du Mont-Saint-Michel remonte à l'an 1090. Guillaume le Roux, roi d'Angleterre, et Robert, duc de Normandie, avaient réuni des troupes nombreuses, pour y forcer leur frère Henri. Le défaut de vivres détermina ce dernier à rendre la place et à se retirer en Bretagne. — En 1138, des habitants d'Avranches mirent le feu au Mont-Saint-Michel, et y firent beaucoup de mal. Un autre incendie eut lieu en 1203, dans une attaque bien plus sérieuse faite par Guy de Thouars. Toutefois les ennemis ne purent y entrer. — Plus de 200 ans s'étaient écoulés depuis que les malheurs de cette dernière expédition étaient réparés, et durant ce temps la forteresse n'avait essuyé aucune attaque. Cependant, vers 1417, les Anglais vinrent pour s'en emparer, et furent repoussés avec perte. Ils y revinrent avec des forces considérables et avec une artillerie formidable, en 1423. Leurs attaques furent toutes repoussées par la garnison héroïque et dévouée de la forteresse. Ils finirent par tourner le siége en blocus. Maîtres de toutes les places voisines, ils empêchaient avec leur flotte l'arrivée des secours du côté de la mer. En peu de temps, la garnison fut pressée par le besoin, et tout espoir paraissait fort éloigné pour elle, lorsque, par la résolution la plus inattendue, Guillaume de Montfort, évêque de Saint-Malo, assembla secrètement les sires de Beaufort, de Montauban, de Coetqueen, etc., arma tout ce qu'il y avait de vaisseaux dans le port de Saint-Malo, les remplit de vivres et de combattants intrépides. Bryent de Châteaubriand, duc de Beaufort, fut déclaré commandant de cette flotte, et répondit parfaitement à l'idée qu'on avait de sa valeur. Le combat fut vif et long, parce que les vaisseaux anglais étaient plus élevés et plus forts; mais enfin la victoire resta aux Bretons et ouvrit la mer aux assiégés. Ceux qui attaquaient du côté de la terre, construisirent à Ardevon une bastille d'où ils sortaient tous les jours pour escarmoucher sur les grèves; le baron de Coulonces finit par les chasser de ce poste après leur avoir pris ou tué 200 hommes. Outre les deux énormes canons qu'on voit encore près de la porte du Mont-Saint-Michel, les Anglais en laissèrent beaucoup d'autres de différents calibres aux capitaines de la place, qui en vendirent une partie dans le XVIe siècle.

Durant les guerres des catholiques et des huguenots, cette forteresse tomba, par surprise, au pouvoir de ces derniers. Elle n'y resta que peu de jours. Depuis la Ligue, sa tranquillité n'a pas été troublée.

Le Mont-Saint-Michel a été l'un des lieux les plus renommés pour les pèlerinages. De toutes les provinces de la France et des autres pays de l'Europe, on voyait arriver des caravanes de 2 à 300 personnes à cheval, avec des drapeaux et leur aumônier à leur tête. Les vœux accomplis, les pèlerins, avant de partir, nommaient entre eux di-

MONT SAINT MICHEL.

VUE INTÉRIEURE DU MONT ST MICHEL.

vers officiers dont le premier avait le titre de roi ; on lui attachait une légère couronne de plomb doré sur son chapeau; tout le cortége, décoré de plumets, de cocardes, d'écharpes garnies de coquilles et de médailles de saint Michel, faisait son entrée, drapeaux flottants, dans les villes sur son passage, et visitait dévotement les églises principales.

Nous ne citerons pas les nombreux ducs et rois qui vinrent en pèlerinage au Mont-Saint-Michel. Il en est un pourtant qu'on ne peut omettre. Louis XI s'y rendit avec une nombreuse suite; il voulut se recommander à la puissante protection de l'archange, et il lui offrit 600 écus d'or, somme considérable alors. Le 1er août 1469, il institua l'*ordre de Saint-Michel.*

Après la dispersion des moines, au commencement de la première révolution, le Mont-Saint-Michel devint une prison d'État où l'on entassa nobles et prêtres. Cette forteresse a conservé cette destination. C'est depuis longtemps une maison centrale. Le conventionnel Lecarpentier, jugé aux assises de la Manche en 1820, pour être rentré en France, y fut enfermé jusqu'à sa mort, en 1829.

Cette maison est parfaitement tenue. Des ateliers y sont établis dans les anciens bâtiments appropriés à des usages industriels. Il y a communément environ 700 ouvriers parmi les détenus.

On sait que depuis 1830, des détenus politiques, carlistes et républicains, y ont été enfermés. Un incendie qui éclata au Mont-Saint-Michel dans la nuit du 22 au 23 octobre 1834, leur donna l'occasion de signaler leur courage. Ils contribuèrent à sauver le monument, et ne firent aucune tentative d'évasion.

En 1775, des géomètres dressèrent des plans du Mont-Saint-Michel et de tous les appartements du château et de l'abbaye. Ils trouvèrent à la base du rocher 450 toises de circonférence, et 180 pieds d'élévation, à partir du niveau de la grève jusqu'au niveau du rocher, qui a été aplani pour y poser les fondations du château et des bâtiments de l'abbaye, qui environnent l'église. La lanterne du clocher a 400 pieds d'élévation au-dessus de la grève.

Le Mont-Saint-Michel est presque partout entouré de hautes et épaisses murailles, flanquées de tours et de bastions. Le couchant et le nord ne présentent que des pointes de noirs rochers. La pente la plus inclinée au levant et au midi est seule habitée : on y voit une petite église paroissiale antique et obscure, un groupe de maisons avec quelques petits jardins formés de terres apportées sur le roc. La vigne, le figuier, l'amandier y donnent de bons fruits et un utile ombrage.

La plupart des habitants sont adonnés à la pêche. Outre les saumons, les turbots et autres poissons, ils pêchent de petits coquillages qu'on nomme *coques.* Les femmes, les enfants s'en occupent. Ils y vont nu-jambes et traversent les rivières dans presque toutes les saisons de l'année; ils ne craignent ni les vents, ni la pluie, ni le froid. Cependant ils ne laissent pas de courir des dangers, surtout quand d'épais brouillards les surprennent écartés les uns des autres, et occupés à leur pêche; alors ils ne pourraient retrouver leur chemin, si l'on n'avait soin de sonner les cloches pour les diriger.

La mer couvre les grèves immenses qui entourent le rocher, et le transforme en une île. Ces grèves, que chaque marée couvre et découvre, ont plusieurs lieues carrées de superficie, et sont composées, en certaines parties, de sables mouvants redoutés, et qui ont englouti plus d'un voyageur imprudent. Elles sont entrecoupées de plusieurs bras de rivières dont les principales sont la Sée, le Sélune et le Couësnon. Le passage de ces rivières, les sables mouvants de leur lit, la vélocité de la marée montante, les brouillards épais, fréquents dans ces parages, augmentent les dangers des grèves.

La route la plus sûre pour se rendre au Mont-Saint-Michel, est de partir d'Ardevon : là on trouve des guides qui connaissent l'heure où la mer monte, et qui, lorsqu'elle s'est retirée, conduisent les voyageurs qui sont à cheval ou en voiture sur un terrain solide où ils ne courent aucun danger.

L'abbaye du Mont-Saint-Michel est aussi extraordinaire par son style que par son site, et également curieuse comme monument historique. — On y remarque la porte d'entrée, flanquée de deux hautes tours semblables à deux immenses pièces de canon plantées sur leur culasse. Au nord, se trouve un vaste édifice très-bien conservé, remarquable par son élévation et sa hardiesse, et désigné sous le nom de la Merveille. Il comprend, au rez-de-chaussée, des salles immenses, connues sous le nom de salles de Montgommery. Au premier étage se trouve, à l'est, une pièce d'environ 29 mètres de longueur, servant autrefois de réfectoire aux moines; c'est un des plus beaux vaisseaux gothiques qui existent en France ; à l'ouest est la superbe salle des chevaliers, admirable morceau d'architecture du XIe siècle. C'est dans cette pièce que Louis XI institua, en 1469, l'ordre de Saint-Michel. La voûte de cette salle est soutenue par trois rangs de colonnes en granit d'une grande légèreté et d'un travail parfait : elle a 28 mètres de longueur. — A l'étage supérieur se trouvent encore, à l'est, des appartements de la même dimension que le réfectoire des moines ; ils étaient autrefois partagés en cellules, servant de dortoirs, et avaient évidemment été construits pour cette destination. Sur le même niveau, du côté de l'ouest, on remarque l'aire de plomb couvrant la salle des chevaliers, et, autour de cette aire, la charmante galerie appelée le Cloître, soutenue par un triple rang de colonnettes à voûtes en ogives et à nervures d'une délicatesse admirable. La cour du cloître est pavée en plomb et reçoit les eaux pluviales, qui se rendent dans une citerne où elles sont conservées pour l'approvisionnement de la maison. Au-dessus sont les toits. Ces différents étages sont élevés au-dessus les uns des autres, au moyen de voûtes en pierre d'une grande solidité.

Entre l'est et le midi est un bâtiment à un seul étage, ayant une jolie façade en granit ; il est désigné sous le nom de Salle du Gouvernement.

Au midi, on voit des constructions presque toutes établies les unes sur les autres, au moyen de voûtes bâties sans plan et sans goût, divisées en une foule de petits appartements servant autrefois de prison, et désignés encore aujourd'hui sous ce nom.

Au milieu de tous ces bâtiments, s'élève l'église, dont la nef vient d'être dévorée par les flammes et dont le magnifique chœur, d'architecture gothique est parfaitement conservé ; près de là sont quelques autres petits appartements à un seul étage, parmi lesquels se trouve la pièce où les moines avaient placé leur bibliothèque. L'église, qui n'a pas moins de 50 mètres de longueur, est élevée, ainsi que les chapelles qui environnent le chœur et la plate-forme qui suit la nef vers le sud-est, sur un plateau créé à l'aide de voûtes dont quelques parties, celles qui correspondent au chœur, sont remarquables par le fini du travail. Sous l'édifice règne le souterrain dit des gros piliers, où l'on voit un groupe central d'énormes piliers de granit qui supporte la masse de l'église : de ce souterrain on monte au sommet du clocher, et l'on arrive à une corniche extérieure en pierre, d'un mètre de large, bordée d'un parapet, qu'on appelle le petit tour des fous ; une autre saillie plus étroite, et de 10 mètres plus élevée, se nomme le grand tour des fous ; la vanité excite quelques curieux à faire ces deux tours si bien nommés. Les souterrains sont nombreux et profonds ; on y remarque le caveau où étaient placées la célèbre cage de fer (ainsi nommée, bien qu'elle fût en bois) et les oubliettes.

Tous ces locaux servent de magasins et même d'ateliers. Au sud-ouest, se trouve un petit bâtiment construit en 1833, qui sert d'infirmerie. Au bas du rocher, également au sud-ouest, est une caserne, achevée en 1829, pouvant loger environ 200 hommes : elle a coûté 60 à 70 mille francs.

PAIR (SAINT-). Village situé à 5 l. 3/4 d'Avranches. Pop. 1,498 hab.

Avant les travaux faits à Granville dans le XVe siècle, Saint-Pair avait de l'importance. On voit par une requête du cardinal d'Estouteville, abbé du Mont-Saint-Michel, que, pour favoriser la ville naissante, les Anglais dépouillèrent Saint-Pair de son commerce, de sa halle, de son marché, et même de ses habitations qu'ils tranférèrent à leur nouvelle forteresse. Depuis ce temps le bourg de Saint-Pair a presque entièrement disparu. — La baronnie de Saint-Pair était une de celles du Cotentin qui donnaient droit de séance à l'échiquier de Normandie.

PIENCE (SAINT-). Village situé à 3 l. d'Avranches. Pop. 559 hab. — Exploitation de carrières de granit au hameau du *Parc*.

PIERRE DU TRONCHET (SAINT-) Village situé à 5 l. 1/2 d'Avranches. Pop. 440 hab. — Batterie de cuivre.

PIERRE-LANGERS (SAINT-). Village situé à 4 l. d'Avranches. Pop. 964 hab.

Il y eut dans cette commune un château fort, détruit par les Anglais vers 1440. Saint-Pierre-Langers est la patrie de Philippe Badin, abbé de la Luzerne, qui posa la première pierre de Granville. Le château actuel est du XVIIe siècle.

PLOMB. Village situé à 1 l. 3/4 d'Avranches. Pop. 588 hab. — Exploitation de carrières de très-beau granit.

POILLEY. Village situé à 2 l. 1/2 d'Avranches. Pop. 1,212 hab. — Tanneries et teinturerie.

C'est à l'extrémité de la commune de

Poilley qu'était l'abbaye de Montmorel, construite vers le commencement du XVIe siècle. Elle fut donnée, en 1721, à l'héroïque évêque qui s'était immortalisé pendant la peste de Marseille.

PONTORSON. Petite ville située à 5 l. 1/4 d'Avranches. ✉ ☞ Pop. 1,661 hab.

Cette ville est bâtie presque à l'embouchure du Couësnon, dans l'anse la plus reculée de la baie du Mont-Saint-Michel, et à l'entrée des vastes marais de Cangé et de Soujeal, que le Couësnon submerge pendant l'hiver, faute d'un canal d'écoulement de cette rivière à la mer.

Le duc Robert, père de Guillaume le Conquérant, fonda le château et l'église de Pontorson. Il est beaucoup parlé de cette place forte, depuis les guerres entre Édouard III et la France, jusqu'à la fin des guerres de religion.

En 1361, du Guesclin passa au service du roi de France, qui lui confia la garde du château de Pontorson. Les Anglais, malgré la paix, ravageaient le pays d'alentour ; du Guesclin eut ordre de les attaquer. Il battit d'abord un corps de mille chevaux. Les deux chefs anglais y furent pris et leur troupe détruite. Peu après, il battit un autre corps d'Anglais, commandé par Felton, qu'il fit aussi prisonnier, et qu'il retint jusqu'à ce qu'il eût payé sa rançon. Pendant que du Guesclin était sorti du château pour une autre expédition, son prisonnier chercha à s'emparer de la forteresse au moyen d'une intelligence qu'il entretenait avec des femmes de la dame du Guesclin. Une escalade fut tentée par Felton ; mais elle échoua, grâce au courage de Julienne du Guesclin, religieuse, sœur du connétable, qui renversa les échelles et repoussa l'attaque. Les perfides chambrières de la dame du Guesclin furent cousues dans des sacs et jetées dans le Couësnon.

C'est en conséquence d'un ordre de Louis XIII, que les fortifications de Pontorson furent démolies depuis le 3 octobre 1623 jusqu'au mois de juillet 1624.

Le château était à l'extrémité la plus basse de la ville, tout à fait au bord de la rivière de Couësnon, à l'ancienne limite de la Bretagne et de la Normandie. La ville a été entièrement rebâtie depuis la démolition du château ; l'église est le seul édifice ancien qui existe encore. On y reconnaît plusieurs parties qui remontent à l'époque de sa fondation.

Louis Godefroy de Pontion, aide de camp de Turenne, puis gentilhomme de la chambre du roi, et plus tard capitaine général d'une partie des côtes maritimes de la Normandie, naquit à Pontorson. C'est aussi la patrie de Verdun de la Crenne.

Pontorson n'est plus aujourd'hui qu'une place ouverte, une petite ville champêtre. On a établi dans l'hôpital une manufacture de dentelles qui prospère. — *Commerce* de bestiaux et de denrées de toute espèce. — Marché le mercredi.

ROCHELLE (LA). Village situé à 3 l. d'Avranches. Pop. 789 hab. — *Commerce* des produits du sol, à l'usage des bâtiments et de la navigation : cordages, etc.

SACEY. Bourg situé à 2 l. 3/4 de Pontorson. Pop. 1,364 hab.

Le château de Chéruel fut bâti dans cette commune, vers 1029, par Robert le Magnifique, pour protéger la Normandie contre les Bretons. Les ruines de cette forteresse se voient sur la croupe méridionale d'une colline, à 1/4 de lieue du bourg de Sacey. — *Commerce* de chevaux, bœufs, vaches, moutons, volailles, et surtout de porcs.

SARTILLY. Petit bourg, situé à 2 l. 3/4 d'Avranches, sur la route de cette ville à Granville. Pop. 1,123 hab. — *Commerce* de bestiaux de toutes espèces.

SAULTCHEVREUIL. Village situé à 5 l. 1/4 d'Avranches. Pop. 840 hab. — Moulins à cuivre, à grains, à tan, à foulon. — *Fabriques* d'objets en cuivre, de parchemin et d'huile. Tannerie, foulerie et grosse draperie.

Enguerrand et Laurence, membres de la Constituante, étaient nés à Saultchevreuil.

SENIER DE BEUVRON (SAINT-). Village situé à 3 l. 3/4 d'Avranches. Pop. 870 hab. — Papeterie.

SUBLIGNY. Village situé à 2 l. d'Avranches. Pop. 602 hab. C'est le berceau des Subligny qui fondèrent les abbayes de la Luzerne et de Montmorel.

TIREPIED. Village situé à 2 l. 1/4 d'Avranches. Pop. 1,313 hab. On voit dans cette commune les traces d'un ancien château fort qui fut démoli par Louis XI.

VAINS. Village situé à 1 l. 1/4 d'Avranches. Pop. 1,266 hab. On y compte cent quarante-quatre salines.

VAL-SAINT-PAIR (le). Commune à 1 l. d'Avranches. Pop. 1,045 hab. Il possède cinquante-neuf salines.

VILLEDIEU. Petite ville située à 5 l.

1/2 d'Avranches. ✉ ⚒ Pop. 3,095 hab.

Une commanderie de Malte attira près des chevaliers protecteurs des ouvriers très-adroits, qui enrichirent les églises de meubles en cuivre d'une grande perfection. Telle fut l'origine de Villedieu au moyen âge. — C'est encore aujourd'hui une réunion d'habiles fabricants d'objets de dinanderie et de quincaillerie. Ils travaillent le cuivre en casseroles, marmites, poêlons, chaudières et autres vases pour la distillation; ils fondent le vieux cuivre, et ils ont des moulins à eau pour le laminer; ils en font de beaux ouvrages : lutrins, croix, lampes, encensoirs, candélabres et balustrades pour les églises. Ils comptent enfin parmi eux d'habiles graveurs, ciseleurs, argenteurs. Les femmes y font beaucoup de dentelles. La tannerie et la mégisserie y forment une troisième branche de commerce assez importante.—On trouve aussi à Villedieu des fabriques de toile de crin et de cribles.

Au nombre des singularités à citer parmi les anciennes mœurs et coutumes du département de la Manche, il faut mettre la Fête-Dieu dans cette petite ville. Les reposoirs étaient d'une grande magnificence. Une troupe de jeunes gens représentaient des personnages de la Bible. Beaucoup de paroisses voisines venaient ajouter au luxe de la procession, qui attirait les curieux de fort loin.

Commerce de chevaux, bœufs, vaches, porcs, moutons, volaille, taillanderie, etc. Marché le mardi et le vendredi.

ARRONDISSEMENT DE CHERBOURG.

BEAUMONT. Bourg très-ancien, situé à 4 l. 1/4 de Cherbourg. Pop. 884 hab. C'est près de la baie située dans cette commune, que s'élève le fameux retranchement appelé Hague-Dick, qui se termine au Val Serrant en Gréville ; il a environ une lieue de longueur. On peut aisément suivre ce retranchement, qui, dans la direction de l'ouest à l'est, s'élève très-haut en plusieurs endroits. Par cette fortification et la vallée, qui se termine assez près du fort d'Omonville à l'anse d'Éculleville, le passage entre les deux mers se trouvait en état de défense. Ce retranchement, élevé à une époque dont on n'a pu encore trouver l'origine, devait défendre une partie de la Hague contre l'autre.

BIVILLE. Village situé à 4 l. 1/4 de Cherbourg. Pop. 448 hab. Biville et Vauville présentent le spectacle curieux de montagnes de sable et de mielles si variées par leurs monticules et leurs petites plaines. On y a trouvé des objets qui prouvent que ces lieux furent autrefois habités. Des restes de murs et de briques anciennes, des terres végétales à peu de profondeur, démontrent que les sables n'ont pas toujours couvert ces régions autrefois fertiles.

Sur une hauteur de cette commune on remarque des restes de monuments antiques. Un tumulus, situé entre Biville et Vauville, fut ouvert il y a quelques années par des membres de la société des antiquaires de Normandie. On trouva des marques certaines de cadavres brûlés, et, tout près de là, des coins en cuivre. Un endroit nommé *la Maladrerie*, dans les mielles de Biville, fait présumer qu'il y eut là autrefois un lazaret.

Dans le XIIIe siècle vivait à Biville un thaumaturge, appelé le bienheureux Thomas, dont la mémoire est encore en vénération. Un grand nombre de pèlerins et d'infirmes viennent chaque année visiter son tombeau et puiser de l'eau à la fontaine qui porte son nom. On montre un ornement qui fut donné par Louis XI à ce saint personnage. La vie du bienheureux Thomas est imprimée, et se vend à Cherbourg.

BRETTEVILLE. Village situé à 2 l. de Cherbourg. Pop. 683 hab.

Cette commune est traversée par la route de Barfleur à Cherbourg. A peu de distance de la mer, on remarque un ancien château très-bien bâti, d'après le plan des constructions romaines, au pied d'une colline qui fixe l'attention des voyageurs, et près d'un pont de difficile passage. Ce château fut le siège d'une seigneurie possédée par des seigneurs du nom de Picot, et qui fut portée, dès le XIVe siècle, par alliance de Cécile Picot, à Jean de Bricqueville, un des aïeux de l'honorable colonel Armand de Bricqueville, député de l'arrondissement de Cherbourg.—Moulins à grains et à huile.

CHERBOURG. Ville forte et maritime. Place de guerre de première classe. Chef lieu de préfecture maritime. Chef-lieu de sous-préfecture. Tribunaux de première instance, de commerce et de la marine. Direction des douanes. Consulats étrangers. École d'hydrographie de deuxième classe. Société royale académique. Collége communal. ✉ ☞ Pop. 13,443 hab. *Établissement de la marée du port*, 7 heures 45 minutes. La marée y monte de 18 pieds.

Cette ville est située à l'extrémité de la presqu'île du Cotentin, à l'embouchure de la Divette, au fond de la baie comprise entre le cap Levi à l'est et le cap de la Hague à l'ouest.

Cherbourg est une ville fort ancienne. Son nom latin de *Cæsaris Burgus* ne prouve point qu'elle ait été bâtie par César, puisqu'on ne le trouve dans aucun écrivain antérieur au XIIe siècle. Cherbourg est le *Coriallum* de l'itinéraire d'Antonin. On l'appelait *Castellum Carusbur* sous les premiers ducs de Normandie. On croit que son château est d'origine romaine : en le faisant démolir, en 1688, Vauban crut y reconnaître des restes de maçonnerie antique. Il est prouvé d'ailleurs que Cherbourg est bâti sur l'emplacement d'une station romaine. Aigrold, roi de Danemark, y séjourna vers 945. Un acte de 1026 parle de son château. Guillaume le Conquérant fonda un hôpital à Cherbourg; il fit bâtir l'église du château en conséquence d'un vœu qu'il avait fait à Cherbourg même durant une très-grave maladie, plusieurs années avant de partir pour l'Angleterre. Le règne de Henri II fut pour le château de Cherbourg un temps de paix et de splendeur. Ce prince y séjourna fréquemment; il y passa souvent les grandes solennités de l'année avec la reine Éléonore et une cour nombreuse et brillante. Le château de Cherbourg fut une des places fortes de Normandie qui passèrent sans résistance sous la domination de Philippe Auguste. Vers 1295, la flotte d'Yarmouth fit une descente à Cherbourg, et les Anglais pillèrent l'abbaye et la ville; le château échappa aux ravages d'une troupe qui n'avait ni le temps ni les moyens de l'assiéger. Par la cession définitive du Cotentin, faite en 1355, à Charles le Mauvais, roi de Navarre, Cherbourg devint la principale forteresse de la domination de ce prince, qui fit tant de mal à la France. Son alliance avec l'Angleterre lui apprit bientôt à connaître toute l'importance de cette place. Durant le reste du XIVe siècle, ce fut là que débarquèrent presque toujours les troupes anglaises et navarroises qui ravageaient la Normandie, quand elles étaient les plus fortes, et qui s'y retiraient en sûreté, dès qu'elles ne pouvaient plus tenir la campagne.—Le château de Cherbourg soutint trois sièges mémorables, l'un en 1378, l'autre en 1418, le troisième en 1450.

Durant les guerres de la Fronde, cette place suivit le parti opposé à celui du gouvernement. Ce fut de là que le comte de Matignon fit venir du canon, en 1649, pour attaquer le château de Valognes qui tenait pour le roi.

Vers 1687, Louis XIV entreprit de faire faire à Cherbourg un port considérable, et de le fortifier d'après un projet très-étendu et approprié aux progrès qu'avait faits la défense des places. Le fameux Vauban y fut envoyé : il reste des copies du plan qu'il donna, où y remarque tous les détails topographiques de l'ancien château. Quelques travaux furent commencés en 1688; bientôt ils furent suspendus, et enfin totalement abandonnés; en 1689, par ordre de la cour, on détruisit et ces nouveaux ouvrages et les anciennes fortifications. On ne tarda pas à sentir la faute qu'on avait faite, on voulut la réparer. Au commencement du XVIIIe siècle, quelques travaux furent entrepris et faits à la hâte; mais l'épuisement des finances les fit laisser dans un état insuffisant pour garantir la ville d'un coup de main.

En 1758, quoique la garnison fût considérable et la presqu'île pleine de troupes, les Anglais prirent la ville sans opposition. Ils en restèrent tranquilles possesseurs durant huit jours, démolirent les fortifications, emportèrent l'artillerie et même les cloches, et ne se retirèrent qu'après avoir fait payer une forte rançon aux habitants.

Le détail des travaux faits à Cherbourg depuis cette époque serait trop long. Nous nous bornerons à de simples indications des principales curiosités qu'offre cette ville. — Le port du commerce consiste dans un avant-port et un bassin, l'un de 240 mètres environ de longueur et 200 mètres dans sa plus grande largeur, l'autre de 408 mètres de longueur sur 127 de largeur. Entre l'avant-port et le bassin est une écluse de 40 pieds de largeur avec portes de flot, au moyen desquelles on retient dans le bassin, au moment de la marée montante, la quantité d'eau nécessaire pour que les bâtiments puissent toujours flotter. Au-dessus de l'écluse est un pont qui s'ouvre pour laisser passer les navires. L'avant-port communique avec la mer par un canal ou *chenal*, dirigé du nord au sud, et dans lequel on trouve au moins 18 pieds d'eau. Ce chenal a 600 mètres de longueur et 50 de largeur. La jetée s'étend le long du chenal : elle est en granit, bordée de parapets, et terminée au nord par un musoir.

A l'est de l'avant-port du commerce on voit le vieil arsenal de la marine, qui occupe un emplacement de 288 mètres environ de longueur sur 100 mètres de largeur. Il est divisé en quatre grandes cours entourées de bureaux, d'ateliers et de magasins.

A l'est de la jetée du port du commerce, sur la grève, on voit inachevé l'établissement des bains de mer, de 64 mètres de longueur sur 15 de large.

Le port militaire ou le grand port, à un quart de lieue environ vers le nord-ouest, a été construit sur une côte de rochers schisteux, au fond d'une baie de 7,000 mètres d'ouverture et de 3,000 mètres de profondeur. Il est enveloppé par une enceinte bastionnée, ayant la forme d'un triangle rectangle, dont le fort d'Artois occuperait le sommet. Sa rade est couverte, à marée basse, d'une hauteur d'eau suffisante pour que les plus gros vaisseaux puissent toujours flotter. Elle possède un fonds d'une excellente tenue. L'avant-port a 300 mètres de longueur sur 230 de largeur, et peut contenir 15 vaisseaux de ligne. Il a été creusé dans le roc, à 50 pieds de profondeur au-dessous du niveau des hautes mers. Sur le bord du quai de l'avant-port est une superbe grue, avec laquelle on peut lever les plus lourds fardeaux. Près d'elle est un hydromètre construit sur le modèle du fameux nilomètre d'Égypte. On descend dans l'avant-port au moyen d'escaliers de granit. C'est au bas de celui du côté ouest qu'ont débarqué le duc de Berri le 13 avril 1814, et don Pedro le 10 juin 1831. Charles X et sa famille se sont embarqués, le 16 août 1830, dans l'angle nord-ouest de l'avant-port. A gauche, parallèlement au quai, sont les bureaux des différentes administrations. Derrière on trouve cinq hangars pour abriter les bois. Le bassin, large de 210 mètres environ, a la même largeur que l'avant-port ; il communique avec lui par une écluse de 20 mètres de largeur, garnie de portes de flot, et sur laquelle est un pont tournant. Au nord du bassin se trouve une excavation qui doit faire plus tard la gare de la mâture. Elle communiquera avec le bassin par une écluse, et avec la mer par une autre écluse aboutissant dans le fossé du fort d'Artois. Au moyen de cette dernière, ce bassin recevra directement les petits bâtiments chargés de munitions. Dans le plan général du port militaire, il entre encore un troisième bassin. Il sera parallèle et contigu aux deux autres, et devra contenir 30 vaisseaux de ligne. On peut déjà remarquer, au milieu du côté ouest de l'avant-port et du bassin, le commencement des écluses de communication. A l'ouest du bassin se trouve le chantier des travaux hydrauliques. Plus loin, dans un vaste enclos fermé par une grille de fer, est le parc de l'artillerie de marine.

A la pointe, au nord du port militaire, est le fort d'Artois ou du Hommet, construit sur le roc du Hommet, en 1784. Il est à triple batterie, et défend la passe de l'ouest, c'est-à-dire, le passage laissé pour les vaisseaux à l'ouest de la digue.

Au sud de l'avant-port militaire, sont quatre calles couvertes pour la construction des vaisseaux. Elles ont plus de 80 pieds de hauteur, et leurs murs sont en granit : chacune a coûté 300,000 francs. Au milieu des calles est un bassin pour radouber les vaisseaux.

L'enceinte des calles Chantereyne mérite aussi l'attention. Elle renferme différents ateliers, deux calles pour la construction des grandes frégates, les remises des canots royaux, et un magnifique hangar de 900 pieds, qui sert à mettre à l'abri les bois destinés aux constructions navales. La curiosité est encore excitée par le chantier Chantereyne ou parc au bois, les casernes de la marine, etc.

La rade de Cherbourg, une des meilleures de la Manche, peut contenir jusqu'à 400 vaisseaux. Elle s'étend, en forme de croissant, dans une largeur d'environ dix lieues, précisément en face de l'île de Wight, position que Vauban appelait *audacieuse* en la considérant relativement à l'Angleterre. Elle est protégée par trois forts qui croisent leurs feux, et fermée par une digue dans la direction de l'est à l'ouest, qui la défend des vents du nord et du nord-ouest, les seuls qu'elle ait à redouter.

La ville est assez bien bâtie; les fontaines sont sagement distribuées; la température, terme moyen, est plus douce qu'à Paris.

L'arrondissement du port de Cherbourg s'étend sur toutes les côtes du département de la Manche, ainsi que sur les cantons maritimes de l'arrondissement de Bayeux. Toutes ces côtes forment un développement de plus de 80 lieues ; elles sont divisées en trois quartiers, savoir : de Cherbourg, de Granville, de la Hougue. Les cinq syndicats du quartier de Cherbourg sont : Cherbourg, Carteret, Fermanville, Omonville et les Pieux.

Le *Fort Royal*, terminé en 1784, est situé à l'extrémité occidentale d'une roche nue, appelée l'île Pelée, à 2,922 mètres de la côte. Il est à triple batterie. Sa destination est de défendre la passe de l'ouest, ou le passage laissé pour les vaisseaux à l'est de la digue. Il peut être armé de 84 bouches à feu tirant à boulets rouges, et de 14 mortiers.

La digue a été établie à 2,000 toises environ de l'entrée du port du commerce et à 600 toises du Fort Royal, en un point où les plus basses eaux s'élèvent à 40 pieds au-dessus de la grève, et les plus hautes à 60 pieds. Sa longueur est de 3,768 mètres. Elle a 15 toises de largeur au sommet et 40 à sa base. La passe de l'est a 500 toises d'ouverture, celle de l'ouest 1,200. Son objet est de rompre l'effort des vagues et des courants pour procurer du calme dans l'intérieur, et de défendre la partie de la rade qui se trouve hors de la portée de l'artillerie des forts.

Parmi les choses dignes d'attirer l'attention des amateurs à Cherbourg, nous nous garderons d'omettre le musée Henri. Ce musée est dû à la générosité d'un fils de Cherbourg, de M. Henri, commissaire des musées royaux. Cet habile connaisseur, dont la fortune n'est pas fort considérable, a fait depuis plusieurs années, sous le voile de l'anonyme, des envois successifs de tableaux à sa ville natale. Ces envois sont devenus si considérables qu'il a fallu construire tout exprès une galerie pour les recevoir. Cette galerie, qui a été inaugurée le 29 juillet 1835, doit contenir trente-deux tableaux de l'école italienne, sept de l'école espagnole, cinquante et un des écoles flamande et hollandaise, un de l'école anglaise; total cent cinquante-trois. Honneur à M. Henri [1] !

La ville de Cherbourg a depuis quelques années une bibliothèque publique et un cabinet d'antiques et d'histoire naturelle. La bibliothèque compte environ 3,000 volumes. Dans le cabinet on voit un moule en bronze pour fondre des coins gaulois, objet que l'on regarde comme unique.—Il y a encore une bibliothèque de la marine, qui renferme quelques ouvrages précieux, donnés pour la plupart par le gouvernement.

Parmi les bibliothèques particulières, on connaît à Cherbourg celle de M. Couppey, juge au tribunal civil, composée de cinq mille volumes; celle de M. Asselin, qui est surtout remarquable par des raretés et des manuscrits. M. Asselin possède, en outre, beaucoup d'objets d'art et d'antiquités, et une collection de plus de six mille médailles. C'est une des plus curieuses de la Normandie.

Cherbourg est la patrie des frères Parmentier, qui, en 1550, découvrirent l'île de Fernambouc; de le Hédois, vice-amiral du Brésil, après avoir débuté comme matelot; de Jacques de Callières, historien; de son fils, François de Callières, plénipotentiaire au congrès de Riswick, membre de l'Académie française; de Joseph Grivel, auteur ascétique du XVIIIe siècle; de Jean Hamon, médecin, auteur de plusieurs ouvrages, né en 1618; de Jean Groult, chirurgien des rois Louis XIII et Louis XIV; de Ch. Bataille, baron d'Oxford; de Desroches-Oranges, qui, de simple soldat, s'éleva par sa valeur au grade de lieutenant général des armées du roi et de gouverneur des Invalides; de Beauvais, évêque de Senez, orateur chrétien; du contre-amiral Troude, mort en 1820; de Louis Vastel, avocat distingué du parlement de Rouen; de Duchevreuil, savant antiquaire, etc.

Le commerce de Cherbourg ne peut être mis en parallèle avec celui du Havre. Toutefois il n'est pas sans importance. On y embarque beaucoup d'œufs pour l'Angleterre, et de mulets pour Bourbon et les Antilles. Les salaisons y sont considérables. Le commerce de cette ville consiste encore en soude de varech brute et raffinée, en fabriques de produits chimiques, raffineries de sucre et de sel, fabriques de bas, teintureries, tanneries (300,000 francs d'affaires), constructions et armements maritimes, exportation de toiles, de beurre dit de la Hague. Importation considérable de bois de sapin, de chanvres et de lins du Nord, épiceries, vins, fers, etc. Manufacture de dentelles, dirigée par quatre religieuses. Trois cent cinquante ouvrières, dont cent cinquante toutes jeunes, y reçoivent en même temps l'instruction. On y fait plus de blondes que de dentelles. Cette manufacture, créée en 1813, emploie du fil de cinq cents francs la livre.

A. 18 l. 1/2 de Saint-Lô, 89 l. de Paris.
—*Hôtels* de France, de Londres, du Commerce.

FERMANVILLE. Village situé à 3 l. 3/4 de Cherbourg. Pop. 1,967 hab. Exploitation de granit qui réunit la beauté à une grande solidité.—C'est de Fermanville qu'on a extrait le beau granit qui a servi aux constructions du port de Cherbourg. Les pêcheurs de la côte sont d'habiles marins.

---

1. Cet excellent citoyen vient de mourir.

FLAMANVILLE. Village situé à 5 l. 3/4 de Cherbourg. Pop. 1,204 hab.

Cette commune renferme plusieurs curiosités dignes de l'attention du voyageur. M. le comte Donatien de Sesmaisons, propriétaire de château, a établi sur ses propriétés une ferme modèle où l'on trouve les instruments aratoires les plus perfectionnés. Une douzaine de domestiques y sont annuellement employés. Cette ferme modèle fait un grand bien dans le pays.

La côte de Flamanville est bordée de rochers, parmi lesquels il en est de fort singuliers. De nombreuses fissures dans les roches granitiques, exploitées pour les monuments de Cherbourg et pour les trottoirs de Paris, forment des grottes parmi lesquelles on remarque le *trou Baligan*. La fissure a dans sa hauteur d'ouverture plus de soixante pieds sur trois de large. Chaque jour la mer entre par cette fissure, et la creuse depuis des siècles. Le granit est déjà foré par les vagues à plus de soixante pieds de profondeur. Il ne faut pas demander si l'on a fait des contes sur le trou Baligan. Devant cette mer immense, au milieu de ces rochers sublimes, l'imagination ne s'est jamais reposée. Un journal de Normandie a donné récemment quelques traditions sur le trou Baligan : ces traditions ont une couleur bien autrement pittoresque, racontées par les paysans de la côte.

GATTEVILLE. Village situé à 6 l. 1/2 de Cherbourg. Pop. 1,308 hab.

C'est sur une pointe, au nord de cette commune, que s'élève le *phare de Barfleur*, ainsi nommé du voisinage de ce port. Le cap de Gatteville termine à l'ouest la vaste baie demi-circulaire dans laquelle vient se jeter la Seine; il forme, en outre, par son rapprochement de l'île de Wight, le rétrécissement le plus considérable de la Manche, de sorte que les navigateurs omettent rarement de le reconnaître, soit pour entrer dans le détroit, soit pour en sortir. Un point aussi remarquable par lui-même, et, de plus, entouré d'écueils entre lesquels règnent de violents courants, exigeait impérieusement la construction d'un phare. Dès l'année 1774, la chambre de commerce de Rouen y en fit établir un ; mais le peu d'élévation de la tour qui supportait les feux, circonscrivait tellement leur portée, qu'ils ne pouvaient entrer dans le système général adopté pour l'éclairage des côtes de France, système dans lequel deux phares consécutifs doivent embrasser dans leur champ tout l'espace qui les sépare.

Le nouveau phare de Barfleur est assis sur un roc de granit. Onze mille blocs de granit, pesant ensemble sept millions quatre cent mille kil., ont été répartis, pour sa construction, en cent dix-huit assises, pour former une des plus hautes colonnes en ce genre. Elle s'élève, en effet, à soixante-dix mètres au-dessus du rocher qui lui sert de base. Les bâtiments accessoires ont exigé l'emploi de quatre mille neuf cents pierres de taille. L'adjudication avait été passée, le 18 juillet 1828, pour la somme de 332,213 fr. 91 c. Tous les matériaux ont été mis en place pendant les campagnes de 1829 à 1833. Si le service des fonds n'eût pas retardé la marche des travaux, M. l'ingénieur de la Rue, qui les a dirigés avec un talent et un zèle au-dessus de tous les éloges, eût fait terminer le monument en quatre années.

On reconstruit en ce moment l'ancien phare de Gatteville, qui n'a que vingt-sept mètres de hauteur, sur une des pointes de la Hague.

GERMAIN LE GAILLARD (SAINT-). Village situé à 5 l. 1/2 de Cherbourg. Pop. 1,103 hab.

Cette commune est de la même élévation que celle de Pierreville. — Un Adam de Langetot donnait, en 1213, le fief principal et le patronage de la paroisse à l'abbaye de Blanchelande. — Il y existait autrefois, auprès et à l'ouest de l'ancien presbytère, un fort nommé le *Château Gaillard*, qui fut assiégé par les Anglais, auxquels il ne se rendit que par le manque d'eau. — Carrières de pierres à chaux.

GONNEVILLE. Village situé à 2 l. 3/4 de Cherbourg. Pop. 1,338 hab.

Gonneville, à l'entrée du val de Saire, est une des communes les plus élevées du département, puisque d'une de ses hauteurs on découvre depuis les Veys jusqu'aux montagnes de la Hague. Le château, qui ne paraît pas avoir été achevé avant le XVIe siècle, est bâti dans un vallon, près de l'église. L'enceinte, flanquée de tours, était entourée de fossés larges et profonds, et avait donjon et pont-levis. Cette forteresse fut dans son plus bel état de défense durant les guerres des protestants et de la Ligue. La seigneurie de Gonneville, qui portait le titre de marquisat, avait des dépendances très-étendues dans les paroisses voisines; ses vassaux devaient *guet* et *garde* au château.

Cette commune est le berceau du lieutenant général d'Aboville, et de François Jouenne, auteur des *Étrennes mignonnes*, qu'il publia pour la première fois en 1724. — Filature de coton à moteur hydraulique: on y emploie de cent à cent cinquante ouvriers. Trois mille sept cent quatre-vingt-deux broches y filaient, en 1828, plus de cinquante mille kilogrammes de coton. Les produits s'exportent à Rouen.

GROSVILLE. Village situé à 4 l. 3/4 de Cherbourg. Pop. 1,015 hab.

Cette commune, qui relevait autrefois du bailliage de Saint-Sauveur le Vicomte, a des ruines et une chapelle où l'on remarque une longue inscription gothique, de petites tours et de vieux pans de murailles. Les rivières de Dielette, de Bus, de Scie et de Pommeret, prennent leur source à Grosville, qui est la patrie de Rosette de Brucourt, mort en 1775.

JOBOURG. Village situé à 5 l. 3/4 de Cherbourg. Pop. 924 hab. Quelques étymologistes font venir Jobourg de *Jovis Burgus*. La tradition indique la position d'un temple consacré à Jupiter en un lieu où les druides offraient des sacrifices à leurs divinités. — On admire dans cette commune la hauteur de ses falaises, ainsi qu'une caverne assez vaste, à laquelle les habitants donnent le nom de *Trou aux Sorciers*, et qui n'est habitée que par des chauves-souris et des oiseaux de mer.

MARTINVAST. Village situé à 1 l. 1/2 de Cherbourg. Pop. 753 hab.

M. le comte du Moncel, ancien membre de la chambre des députés, exploite depuis quinze ans, dans cette commune, ses propriétés, dont l'étendue est de quatre cent trente hectares ou deux mille cent vergées, dont cent quatre-vingt-dix hectares en herbages et labour, et deux cent quarante en bois taillis ou futaie; le reste, consistant en terres de labour et moulins, est loué à divers fermiers. L'exploitation de M. du Moncel est une véritable ferme modèle, dans laquelle il a introduit des instruments perfectionnés et établi des usines agricoles. Cet établissement est fort utile dans l'arrondissement.

Près du château actuel de Martinvast, était jadis un château fort dont on voit quelques restes. Le seigneur de Martinvast faisait, au milieu du XIIe siècle, avec la communauté de Cherbourg, le service dû à Henri, duc de Normandie et roi d'Angleterre. L'église, qui n'est pas éloignée de l'emplacement du château, est antérieure au règne de Henri II; elle remonte au moins au temps de la grande ardeur des seigneurs normands pour les constructions ecclésiastiques.

MAUPERTUIS. Village situé à 2 l. 3/4 de Cherbourg. Pop. 381 hab. En allant de Saint-Pierre-Église à Cherbourg, on trouve sur une hauteur, à peu près à mi-chemin et tout près de la mer, le *grand castel de Maupertuis*, ou plutôt le lieu où il fut autrefois. On y trouva, il y a plus d'un demi-siècle, un nombre considérable de médailles romaines du haut-empire.

OCTEVILLE. Bourg situé à 5 l. de Cherbourg. Pop. 1,309 hab. — Moulin à foulon.

OMONVILLE LA ROGUE. Village situé à 4 l. 3/4 de Cherbourg. Pop. 569 hab.

Cette commune a un petit port qui dut avoir de l'importance dans le temps où les Anglais étaient maîtres du pays. Il y existe des restes de fortifications anciennes, des noms d'origine anglaise, etc. D'abord on trouve sur la montagne, du côté de la rade de Cherbourg, et où a toujours été la place des signaux, les restes d'un fort, probablement celui dont parle le maréchal de Matignon, dans un mémoire de 1562. Le maréchal regardait comme très-ancien ce fort, qui était si ruiné qu'on fut contraint de l'abandonner. Du reste, on ne le croit pas antérieur à l'expulsion des Anglais en 1450. Sur une hauteur au pied de laquelle est bâtie l'église d'Omonville, on remarque une fortification circulaire de 21 toises de diamètre. L'entrée paraît à l'est, et au nord-ouest se trouve un petit ouvrage avancé, de forme semi-circulaire. Cette hauteur s'appelle le *Hutcheux* ou *Castelet de Hutcheux*. Auprès de l'ancien fort, au-dessous du retranchement, du côté de l'église et dans la direction à peu-près nord et sud, on voit les restes d'un bâtiment de 21 toises 3 pieds de largeur. On y remarque cinq divisions égales; c'était peut-être un bâtiment servant de lazaret. Ce qui porterait à le croire, c'est qu'une fontaine voisine s'appelait autrefois *la Fontaine de la Maladrerie*.

PIERREVILLE. Village situé à 3 l. 3/4 de Cherbourg. Pop. 742 hab.

Pierreville et Surtainville renferment une mine de plomb sulfuré argentifère, concédée à une compagnie par une ordonnance royale du 11 avril 1826, sur une étendue superficielle de 4 kilomètres 7 hectares. On l'exploite peu activement. Une fosse est à Surtainville et une à Pierreville.

PIERRE-ÉGLISE (SAINT-). Gros bourg

situé à 4 l. 1/4 de Cherbourg. Pop. 2,211 hab.

Il y avait jadis dans ce bourg un château fort, qui fut détruit au temps de la Ligue. Près du lieu où il existait, un des membres de la famille du célèbre abbé de Saint-Pierre, né à Saint-Pierre-Église en 1658, fit bâtir, vers le milieu du siècle dernier, un des plus beaux châteaux modernes du département.

A un quart de lieue au nord du bourg, on trouve deux *menhirs*, dont l'un est près de la roche appelée la Chambre aux fées.

Saint-Pierre-Église est très-commerçant en lin, filasse, fil, bœufs, vaches maigres, et diverses denrées. — Marché le mercredi.

PIEUX (les). Bourg situé à 5 l. de Cherbourg. Pop. 1,594 hab.

Ce bourg est bâti sur une hauteur d'où l'on découvre une vingtaine d'églises des communes voisines, ainsi que les îles de Jersey et de Guernesey. L'église est ancienne et petite; son clocher a plusieurs fois été frappé par la foudre. — Marché important tous les vendredis.

QUERQUÉVILLE. Village situé à 1 l. 1/2 de Cherbourg. Pop. 924 hab.

L'église de Querqueville est bâtie sur un temple antique. Quelques parties des murs sont antérieures au Xe siècle. — Sur le bord de la mer est un fort qui porte le nom de la commune. Ce fort est à triple batterie, et éloigné du Fort Royal de 3,600 toises; il défend la passe de l'ouest, et peut contenir 90 bouches à feu tirant à boulets rouges.

SIOUVILLE. Village situé à 5 l. de Cherbourg. Pop. 818 hab. La paroisse de Siouville date du XIe siècle. Elle est située sur une hauteur de différents sols. Malgré la difficulté et l'ingratitude du fonds, la culture y est soignée et raisonnée. Les habitants, forts, robustes, mais sobres et paisibles, y sont laborieux; ils fabriquent de la soude de varech qui produit chaque année, terme moyen, 25 à 30 tonneaux de la pesanteur de 1000 kil. chacun, et qui se vend 40 à 50 fr. le tonneau. — La commune de Siouville est bordée, du côté de la mer, de hautes et effrayantes falaises.

SURTAINVILLE. Village situé à 5 l. 1/4 de Cherbourg. Pop. 1,227 hab. — Culture de toutes sortes de légumes, dont les habitants approvisionnent les marchés de Cherbourg, Bricquebec, Valognes et les Pieux: les sites environnants sont très-variés. Carrières de pierres calcaires; mine de plomb argentifère dont l'exploitation est abandonnée.

A 200 mètres de l'église est la chapelle Saint-Argonèfle, où accouraient autrefois en foule les pèlerins affectés de maux de tête, dont ils venaient chercher la guérison. D'autres imploraient contre les douleurs de reins, saint Léonard, dont la statue est placée dans la même chapelle. Les caractères hiéroglyphiques que l'on voit dans cette église attestent sa haute antiquité.

Le 9 mai 1795, un combat naval eut lieu entre les Français et les Anglais sous le fort de cette commune.

TOURLAVILLE. Bourg situé à 1 l. de Cherbourg. Pop. 3,624 hab.

La commune de Tourlaville renferme plusieurs monuments druidiques. Le château est fameux par l'histoire tragique de ses derniers seigneurs, les Ravallet: Julien Ravallet et sa sœur, accusés et convaincus d'inceste, furent décapités en place de Grève, le 2 décembre 1603.

On remarquait naguère au village de la Glacerie, une belle manufacture de glace; fondée par Colbert, et devenue une succursale de celle de Saint-Gobain. Elle a fini par tomber, et sa chute a ruiné les ouvriers qui y étaient employés. — Une fabrique de bouteilles de verre, plus rapprochée de la ville, existait aussi dans cette commune, il y a quelques années.

Près de Tourlaville, environ à 1 l. 1/2 de Cherbourg, on trouve le petit port du Béquet, situé entre deux pointes saillantes des rochers de ce nom. La longueur de ce port est d'environ 300 mètres sur 40 de largeur. Il y monte à peu près la même hauteur d'eau que dans le port de Cherbourg.

TRÉAUVILLE. Village maritime, situé sur l'Océan, à 5 l. de Cherbourg. Pop. 960 hab.

C'est dans cette commune qu'est le petit port de Diélette, délicieuse marine en miniature. — L'ancien seigneur de Flamanville avait fait construire à ses frais, à l'embouchure de la rivière de Diélette, quelques années avant la révolution, le port dont il s'agit, et il en tirait un assez bon revenu, quoiqu'il n'y entrât point de gros vaisseaux. Ce port fut très-utile, pendant les guerres de l'empire, aux convois maritimes, ainsi qu'aux bâtiments qui les escortaient; c'était un lieu de refuge.

VAST (le). Bourg situé à 5 l. de Cherbourg. Pop. 1,706 hab.

Il existe au Vast une filature de coton,

qui occupe plus de 600 ouvriers. Cette filature appartient à M. Fontenillat, qui a une maison à Rouen où se vendent les produits du Vast. Cet établissement, créé en 1807, n'a point suspendu ses travaux depuis cette époque. Le moteur hydraulique est un des plus puissants que l'on connaisse; on lui croit la force de cent chevaux. — Parmi les ateliers de construction, il y a des fabriques pour la confection et la réparation de toutes les machines. — Le propriétaire dirige un autre établissement au Vast : c'est un moulin à blé d'après le système anglais. Il a été construit en 1820, et il se compose de 4 paires de meules : chacune donne 120 kil. de farine par heure. Les blés se tirent du département de la Manche et de la Bretagne; les farines se vendent à Cherbourg, au Havre et à Rouen. Papeterie.

VAUVILLE. Village situé à 4 l. 1/2 de Cherbourg. Pop. 680 hab.

Un seigneur de Vauville était à la conquête de l'Angleterre. C'est dans le château de Vauville, en 1250, que mourut le bienheureux Thomas Hélie, de Biville. Vers la fin du XVIIe siècle, Jeanne, fille et héritière du seigneur de Vauville, épousa César de Costentin, frère aîné du maréchal de Tourville : ce fut lui qui bâtit le château actuel, qui appartient à M. le Marois. Ce château occupe la place de l'ancien, dont on voyait encore quelques tours il y a une centaine d'années.

ARRONDISSEMENT DE COUTANCES.

AGON. Bourg maritime, situé à 2 l. 3/4 de Coutances. Pop. 1,506 hab.

Cette commune, 40 ans avant l'expédition d'Angleterre, appartenait au duc Richard III. Sous le règne de Jean sans Terre, ce prince voulant récompenser Guillaume des Roches, qui lui avait cédé la charge de sénéchal d'Anjou, lui accorda le droit d'avoir, dans sa seigneurie d'Agon, deux foires franches, l'une à la Pentecôte, l'autre à la N.-D. de septembre; chacune de ces foires devait durer 8 jours : l'une d'elles fut transférée à Montmartin, l'autre à Coutances.

Agon était autrefois un port de mer assez considérable; il n'y aborde maintenant que de petits navires chargés d'ardoises et de bois de construction.

Entre Agon et Regnéville s'étend une grève d'une demi-lieue de largeur, au milieu de laquelle coule la rivière de Sienne. Cette grève, que la mer couvre de ses flots quelque temps avant et après les nouvelles et les pleines lunes, a des sables mouvants au milieu desquels des voyageurs imprudents ont failli perdre la vie. — Au bord de la mielle, à peu de distance de la mer, on trouve une grande mare d'eau douce, où l'on pêche une quantité de carpes et d'anguilles fort grasses. Cette mare est connue sous le nom de *Mare de Lessay*. Les habitants prétendent qu'on y a trouvé des toits de maisons et la flèche d'une église.

On voit encore dans cette commune le château des anciens seigneurs.

ANNOVILLE. Village situé à 3 l. 1/4 de Coutances. Pop. 1,030 hab. — *Commerce* considérable de légumes exportés dans les villes voisines.

BELVAL. Village situé à 1 l. 1/2 de Coutances. Pop. 535 hab. C'est la patrie de François Delalande, auteur ascétique, mort en 1772.

BOLLEVILLE. Village situé à 8 l. 1/4 de Coutances. Pop. 570 hab.

Ce fut le berceau d'un des compagnons de Guillaume le Conquérant. Il y avait autrefois dans cette commune une maison de lépreux, fondée par les seigneurs de la Haie du Puits. Cette léproserie a été réunie à l'abbaye de Lessay.

BRÉHAL. Bourg situé sur la route de Granville à Coutances, à 4 l. 3/4 de cette dernière ville. Pop. 1,732 hab.

Bréhal était anciennement une baronnie. Ce bourg est très-commerçant. Il s'est promptement relevé après l'incendie qui dévora la majeure partie de ses maisons en 1823.

BRICQUEVILLE - SUR - MER. Village situé à 4 l. 1/2 de Coutances. Pop. 1,859 h.

Un château que l'on fait remonter jusqu'au IXe siècle, était dans cette commune, au milieu d'une soixantaine de salines. L'enceinte était flanquée de quatre tours circulaires aux quatre angles. Il faut avoir été sur l'emplacement de ce château, pour se faire une idée du mouvement et de l'activité des innombrables voitures qui fourmillent dans ce havre et dans ceux de Lessay, de Portbail, du Pont de la Roque et du

Mont-Saint-Michel, dans un beau jour d'été. Ces havres sont les principales sources de la richesse agricole du pays.

CAMBERNON. Village situé à 1 l. 1/2 de Coutances. Pop. 1,446 hab.

L'emplacement du château primitif de Cambernon, situé près de l'église dans un lieu nommé la Motte, fut donné à l'église de la paroisse par M. de Martinvast, un des derniers seigneurs. Le château actuel est du règne de Louis XIII.

CAMPROND. Village situé à 2 l. 1/4 de Coutances. Pop. 786 hab.

On trouve à Camprond un ancien retranchement sur la hauteur appelée le Hutrel. Une famille très-ancienne en Normandie et en Angleterre tire son nom de cette commune.

CANVILLE. Village situé à 9 l. 3/4 de Coutances. Pop. 1,082 hab.

Dans cette commune, on trouve les restes du château d'Ollonde, dont l'origine semble remonter au temps de la conquête. L'emplacement de la forteresse existe sur une élévation, à l'angle formé par la réunion d'un ruisseau à la petite rivière du Gris.

CÉRENCES. Gros bourg situé à 4 l. de Coutances. Pop. 2,064 hab.

Cérences était autrefois siége de bailliage et de vicomté. Au commencement du XIe siècle, il faisait partie du domaine ducal de Normandie. Le château a complétement disparu. — *Commerce* de bestiaux de toute espèce. Tanneries.

CERISY LA SALLE. Bourg situé à 3 l. 1/4 de Coutances. Pop. 2,468 hab.

Ce bourg est très-élevé et dans une situation agréable. Il est sur un fond de granit que l'on exploite pour les constructions. L'église est jolie. On y a bâti récemment une très-belle halle. — *Commerce* de produits agricoles : lins, fils, chanvres, moutons, bestiaux, etc. — *Fabriques* de mousselines, calicots, coutils, toiles et droguets.

CHANTELOUP. Village situé à 4 l. 3/4 de Coutances. Pop. 506 hab.

Un des seigneurs de Chanteloup était à la conquête de l'Angleterre. Le château de Chanteloup est compté parmi ceux que reprirent aux Anglais, en 1449, les troupes du connétable de Richemond. En 1594, il soutint contre les ligueurs un siége de plusieurs mois. Ce château n'a pas cessé d'être habité ; il offre la réunion d'une habitation moderne et d'une ancienne forteresse.

COUDEVILLE. Village situé à 5 l. 3/4 de Coutances. Pop. 1,002 hab. C'est une des plus anciennes communes de la basse Normandie. On y remarque plusieurs monuments druidiques, et le château de la Chesnaye. — Cette commune fournit d'excellents marins.

COUTANCES. Ville ancienne, chef-lieu de sous-préfecture. Évêché, grand et petit séminaire, collége communal, tribunal de première instance, tribunal de commerce, cour d'assises, académie Constantine. ✉ ⚒ Pop. 7,957 hab.

Coutances est une ville fort ancienne. On croit que Constance Chlore la fit fortifier et lui donna son nom. Il y établit une garnison, et c'est probablement de son époque qu'est l'aqueduc dont on voit encore quelques arches, connues sous le nom des *Piliers*. Quelques antiquaires pensent que Coutances fut le chef-lieu de la *première Flavienne*. Cette ville fut certainement le centre d'un pays riche et puissant, connu encore aujourd'hui sous le nom de Cotentin.

Saint Éreptiole y fonda en 430 le siége épiscopal, et fut le premier évêque de Coutances. Cette ville fut saccagée, et les habitants passèrent par les armes en 866. Charles le Chauve la céda aux Bretons en 869. Elle fut de nouveau ruinée en 886, et le siége épiscopal transféré d'abord à Saint-Lô, et ensuite à Rouen vers l'an 888.

Coutances fut le chef-lieu du second canton dans la division du territoire sous Charlemagne. En 943, Hérold, roi de Danemark, chassé de son royaume par son fils Suénon, vint demander un asile à Guillaume, second duc de Normandie. Celui-ci le reçut avec de grands honneurs, et le mit en possession du Cotentin jusqu'à ce qu'il pût reconquérir son royaume. Hérold fixa momentanément sa résidence à Coutances. Cette ville, qui avait pris le parti des Anglais, fut ruinée par les armes de Charles V, en 1378. Reprise en 1431, et pillée par les Anglais, elle fut reconquise en 1449, par l'armée française sous les ordres du duc de Bretagne. En 1465, elle se soumit au duc de Berri, en révolte contre le roi, qui depuis lui confirma le titre de duc de Normandie. Le 31 octobre 1487, Charles VIII passa par Coutances, en revenant de faire ses dévotions au Mont-Saint-Michel. Les protestants s'en emparèrent en 1562, et en furent chassés en 1575. Le présidial du Cotentin y fut établi en 1580. Il ne reste que quelques ruines des anciennes fortifications; mais les environs de la ville offrent un aqueduc romain bien conservé.

COUTANCES.

COUTANCES.

L'antique cathédrale de Coutances est un curieux monument d'architecture gothique; le portail, orné de sculptures, est surmonté de deux hauts clochers. Le centre de la croix, formé par les bras de l'église, porte une tour carrée. Cette tour et ces clochers dominent la ville et la campagne, et peuvent être vus de très-loin en mer : ils servent de point de reconnaissance aux marins. Cette cathédrale, consacrée en 1056, est une des plus belles basiliques du royaume. Le revenu de l'évêché était autrefois de 44,000 livres; il est suffragant de l'archevêché de Rouen.

Coutances possède une petite salle de spectacle, et une bibliothèque de 5,000 volumes.

Une abbaye des bénédictins avait été fondée à Coutances en 1633. La majeure partie du couvent fut convertie en tribunal de première instance de l'arrondissement de Coutances.

Parmi les auteurs de Coutances et de l'arrondissement, on cite : Ch. Bisson, Jean Brohon, Bonté, le prince le Brun, des Essarts, Feuardent, Fontaine-Malherbe, Garaby de la Luzerne, Gentil de la Galaisière, Jean de Hauville, de Hauteville, Louis le Roi, Pierre Polinière, Yvon, Dinot, Saint-Évremond, Fremin de Beaumont, Clouet, etc.

L'intérieur de Coutances n'a rien d'agréable. Les rues sont étroites, tortueuses et mal pavées. La ville est bâtie sur la pente d'une colline à 2 l. 1/2 de la mer, avec laquelle elle communique par la petite rivière de la Soulle.

Fabriques de coutils, droguets, parcheminerie, mégisserie, tannerie; ateliers de marbrerie qui approvisionnent en partie le département. Le marbre gris et noir qu'on y travaille, s'extrait des carrières de Montmartin, Regnéville et Montchaton.—*Commerce* considérable de grains, beurre, volaille, lin, chanvre, chevaux, etc.

A 7 l. de Saint-Lô, 18 l. de Cherbourg, 77 l. 1/2 de Paris. — *Hôtels* de France, d'Angleterre.

DENIS LE GAST (SAINT-). Bourg situé à 4 l. de Coutances. Pop. 1,859 hab.

On voit, non loin de l'église, les ruines du château, qui, jusque dans le XVIIIe siècle, fut habité par ses possesseurs. Un seigneur de Saint-Denis était à la conquête, un autre à la croisade de Courte-Heuse. En 1430, ce château était une forteresse dont les troupes du roi de France se saisirent. En 1437, elles y furent attaquées par le sir Thomas Scale. Il y eut plusieurs combats à Saint-Denis et aux environs. En 1440, on démolit les fortifications qu'on ne pouvait garder.—Saint Évremond naquit à Saint-Denis le Gast.—*Commerce* de bestiaux, fil, filasse, etc.—Papeteries, moulins à grains, à huile et à foulon.

GAVRAY. Gros bourg, situé à 4 l. 3/4 de Coutances. Pop. 1,838 hab.

Le château de Gavray était jadis du domaine de la couronne. Peu après la mort de Guillaume le Conquérant, le plus jeune de ses fils fortifia vainement ce château, qu'il perdit avec tout le Cotentin. Cette place conserva longtemps son importance. En 1322, Philippe le Bel y fit enfermer Blanche, épouse du prince Charles, son fils, convaincue d'adultère. En 1328, Gavray fut cédé à Jeanne de Navarre, mère de Charles le Mauvais, à titre d'indemnité. Vers le milieu du XIVe siècle, le roi de Navarre en fit augmenter les fortifications, et cette place devint une des plus fortes de la Normandie.

Gavray fit une longue résistance à du Guesclin. Le commandant d'Évreux s'y était renfermé, bien résolu de s'y défendre jusqu'à la dernière extrémité. Le siège trainait en longueur, lorsque le gouverneur étant allé imprudemment avec une chandelle allumée dans une tour où étaient les poudres, le feu y prit et le tua avec ceux qui l'accompagnaient. Cet accident jeta la consternation dans la place et accéléra la reddition. Les trésors du roi de Navarre y étaient déposés. Il y avait, en outre, trois couronnes fort riches et quantité de pierreries qui avaient appartenu aux rois de France. On remit ces trésors au sire Bureau de la Rivière, et le château fut démantelé. Depuis lors, il a été si complétement démoli, qu'il en reste à peine quelques traces.

Commerce considérable de toiles de crin. Les communes voisines en fabriquent annuellement plus de 50,000 douzaines. Elles sont ordinairement tissées par des femmes. L'exportation s'en fait jusqu'à l'étranger.

HAMBYE. Ancien bourg, situé à 4 l. 3/4 de Coutances. Pop. 3,684 hab.

La commune de Hambye, une des plus étendues du département, a deux châteaux forts, dont le principal, celui qui porte le nom de la commune, a toujours été possédé par des seigneurs très-puissants. Celui qui le possédait à l'époque de la conquête joua un rôle important à cette expédition. La baronnie de Hambye fut donnée au comte de Suffolk par Henri V, roi d'Angleterre; elle fut rendue à ses anciens possesseurs ou à leur famille en 1450. Le donjon était un des plus grands, des plus beaux et des mieux situés du département. Sa position domine majestueusement le bourg de Hambye. De tous les côtés, ses ruines sont très-pittoresques. Il est carré, a cent pieds de hauteur, est flanqué de tourelles dont la plus considérable est celle qui soutient l'escalier sous le premier palier, d'où l'on voit une chambre qui a servi probablement de citerne. Une plateforme assez spacieuse est au sommet; des guérites sont aux quatre angles de ces plates-formes; elles font saillie et sont soutenues par des consoles.

A 1/2 lieue du bourg et du château de Hambye, au pied d'un coteau couvert de bois, dans la vallée de la rivière de Sienne, on trouve les ruines de l'abbaye de Hambye fondée en 1145 par Guillaume Pesnel. Un peu au-dessous de l'abbaye, on trouve l'emplacement du château de Mauny, dont la famille vint, dans le XIVe siècle, à la suite du connétable du Guesclin. — *Commerce* de bestiaux, de fil et de filasse.

HAUTEVILLE LE GUICHARD. Village situé à 3 l. 3/4 de Coutances. Pop. 1,333 hab. C'est le berceau des enfants de Tancrède, qui conquirent les royaumes de Naples et de Sicile, et s'établirent dans la Pouille au XIe siècle.

HAYE DU PUITS (la). Bourg situé à 7 l. 3/4 de Coutances. Pop. 1,082 hab.

C'était une ancienne baronnie dont la juridiction s'étendait en 1399 à plus de vingt paroisses. Ses anciens seigneurs avaient la sixième place à l'échiquier de Normandie parmi les barons du Cotentin. On voit encore les ruines du château, qui couronne un tertre assez élevé à l'entrée du bourg, sur la route de Saint-Sauveur le Vicomte.

LAULNE. Village situé à 6 l. 1/4 de Coutances. Pop. 714 hab.

C'est dans le château de Laulne que se trouve une tapisserie curieuse, à laquelle Molière (dans *l'Avare*, act. II, sc. 1e.) a donné une espèce de célébrité. Cette tapisserie, dans un état parfait de conservation, est suffisante pour la tenture du salon et d'une grande salle. En l'étudiant, on peut se faire une juste idée des costumes de la fin du XVe siècle. Chaque sujet y est expliqué par des quatrains parfois un peu libres. Beaucoup de curieux sont venus la visiter.

LESSAY. Bourg bien bâti, situé à 5 l. 3/4 de Coutances. Pop. 1,696 hab. C'était autrefois la paroisse de Sainte-Opportune, fondée vers le Ve siècle. En 1040 environ, une abbaye fut fondée dans cette localité. Les gens de service et les vassaux de cette abbaye, pour se loger dans le voisinage, bâtirent de petites maisons qui formèrent une bourgade à laquelle ils donnèrent le nom de Lessay.

Lessay est à l'extrémité d'une grande lande. Une belle halle est au milieu de la place du marché, qu'entourent de jolies maisons. L'église, qui est celle de l'ancienne abbaye, date du XIe siècle : c'est une des plus belles du département — *Commerce* de plumes d'oie. Très-forte foire en septembre : on y vend beaucoup de mulets.

LINGREVILLE. Village situé à 3 l. 1/2 de Coutances. Pop. 1,623 hab. Cette commune est présumée fondée dans le IXe siècle, comme semble l'indiquer une inscription que l'on voit sur la tour de l'église. Le sol est léger, et les habitants le consacrent à la culture des légumes, qu'ils portent aux marchés de cinq à six villes de la Manche et du Calvados. — Lingreville a une place publique sur laquelle il y a chaque dimanche un marché de comestibles, et spécialement, le premier dimanche de juillet, une *louerie* pour les ouvriers et les domestiques.

LITHAIRE. Village situé à 7 l. 1/4 de Coutances. Pop. 103 hab.

Cette commune est remarquable par les ruines de son château placé à la pointe d'une montagne, d'où la vue s'étend de tous côtés, et que l'on aperçoit des côtes de Jersey, qui en sont à dix lieues. Le carré long, qui forme l'enceinte de ce château, semble être un *exploratorium* romain; c'est la tradition du pays. — Sur la même montagne est une pierre druidique, de l'espèce nommée *logan*.

MALO DE LA LANDE (SAINT-). Village situé à 2 l. 1/4 de Coutances. Pop. 424 hab. Un seigneur de Saint-Malo était à la conquête. On ne connaît point l'emplacement de son château.

MARTIN D'AUBIGNY (SAINT-). Village situé à 4 l. de Coutances. Pop. 1,069 hab.

Cette commune est le berceau d'une famille très-puissante en Angleterre et en Normandie, dont le duc de Norfolk descend. Un Guillaume d'Aubigny fit des prodiges de valeur à la bataille de Tinchebray. En

1216, Philippe d'Aubigny ayant quitté le parti de la France pour celui de Henri III, fils de Jean sans Terre, Louis VIII réunit au domaine de la couronne la seigneurie d'Aubigny, en Cotentin. A cette époque, un marché, qui se tenait à Aubigny, fut transféré à Périers.

MESNIL-GARNIER (le). Village situé à 6 l. 1/4 de Coutances. Pop. 840 hab. Il possédait jadis un château fort qui a fait place, dans le XVIIe siècle, à une belle habitation, aujourd'hui détruite — Un couvent de dominicains et un hospice d'aliénés furent fondés dans cette commune par des seigneurs de Mesnil-Garnier. Cet hospice existe encore.

MEURDRAQUIÈRE (la). Village situé à 6 l. de Coutances. Pop. 663 hab. C'est le berceau de la famille Meurdrac, puissante au moyen âge en Angleterre et en Normandie. Henri Meurdrac, disciple et compagnon de saint Bernard, fut nommé archevêque d'York en 1143, et mourut avec cette dignité en 1153. Godwin, auteur protestant, dit qu'il fut mis au nombre des saints, et qu'il se fit des miracles à son tombeau.

MONTAIGU LES BOIS. Village situé à 6 l. de Coutances. Pop. 705 hab. C'est le berceau de la famille Montaigu, très-puissante en Angleterre, et dont se fait honneur d'être descendu le duc de Manchester. Droguon de Montaigu, l'un de ses ancêtres, était à la conquête. — Papeterie.

MONTCHATON. Village situé à 2 l. 1/2 de Coutances, Pop. 816 hab.

Le nom de cette commune (*Mons Catonis*) remonte à la conquête des Gaules, environ cinquante ans avant J. C. Au nord, sur une élévation très-escarpée, était le château de Montchaton, qui fut détruit en 1360, sur la demande des habitants et dans la crainte que le roi de Navarre ne s'en saisît. Les matériaux furent employés à fortifier le château de Regnéville. Avant cette démolition, il y avait près du château de la Roque un bourg de plus de quatre cents maisons.

MONTMARTIN-SUR-MER. Bourg situé sur une hauteur, à peu de distance de la mer, et environné de landes immenses, à 2 l. 1/2 de Coutances. Pop. 1,470 hab. Ce bourg a une foire ancienne, où venaient par mer, au moyen âge, des marchands de plusieurs contrées de l'Europe, et où il se vend encore une assez grande quantité de bestiaux, surtout de porcs et de moutons. On y vend aussi beaucoup de lin.

MONTPINCHON. Village situé à 2 l. 3/4 de Coutances. Pop. 1,936 hab. — *Commerce* de bestiaux de toute espèce, et de cire du pays.

MUNEVILLE LE BINGARD. Village situé à 2 l. 1/2 de Coutances. Pop. 1,502 hab. Dans la première moitié du XVIe siècle, la prébende de Muneville appartenant à la cathédrale de Coutances était occupée par le fameux Buchanan, moins connu par ses ouvrages que par son ingratitude envers Marie Stuart.

ORVAL. Village situé à 1 l. 1/4 de Coutances. Pop. 1,290 hab. — L'église paroissiale de ce village date de la même époque que l'abbaye de Lessay; il y a sous le chœur une crypte ou chapelle souterraine fort remarquable.

PÉRIERS. Gros bourg situé sur la grande route de Coutances à Carentan, à 4 l. 1/2 de la première de ces villes. Pop. 2,605 hab. —*Commerce* de bestiaux, de grains, et de beurre que les marchands d'Isigny envoient à Paris. Foire très-forte en janvier.

PIROU. Village situé à 5 l. de Coutances. Pop. 1,738 hab.

Le château de Pirou avait trois enceintes de murailles entourées de fossés pleins d'eau; il était très-difficile à prendre. Son origine remontait aux premiers ducs de Normandie. Il fut pris, en 1370, par les troupes anglo-navarroises. Les anciens titres de la châtellenie font mention des grands bois qui entouraient jadis ce château. Le voyageur qui le voit maintenant au milieu d'une plaine nue, aride, et très-exposée aux vents de la mer, ne se doute pas qu'il y ait jamais eu une futaie étendue aux environs; cependant c'est un fait incontestable.

PLESSIS (le). Village situé à 7 l. 1/4 de Coutances. Pop. 726 hab.

Cette commune est d'une origine antérieure à la conquête. Au commencement du règne de Guillaume le Conquérant, le château du Plessis, dont l'emplacement est considérable et très-pittoresque, était situé un peu au-dessus du moulin, près de la route de Coutances, et appartenait à Grimoult du Plessis, qui, en 1046, fut dans le Cotentin le principal agent de la conspiration ourdie pour ôter au jeune duc la couronne et la vie. En 1195, Philippe-Auguste donna la châtellenie du Plessis à Richard de Vernon,

84e *et* 85e *Livraisons.* (MANCHE.)

en échange du château de Vernon. Depuis ce temps, cette seigneurie avait perdu beaucoup de son importance quand elle fut concédée par Louis XIV aux ancêtres du duc de Coigny.

Une mine précieuse de houille est dans cette commune. Son exploitation est antérieure à 1789; elle occupa longtemps de soixante-dix à quatre-vingts ouvriers. L'an II et l'an 1806 sont les époques où elle a le plus produit. Sa prospérité était due à la bonne administration des directeurs, parmi lesquels se glissa plus tard une mésintelligence qui finit par faire cesser l'exploitation en juillet 1811. Elle a été reprise, par suite d'une concession faite au général Montmarie, sous la restauration. Le général a vendu la mine du Plessis à MM. Maurice Habert et comp., qui se proposaient d'exploiter simultanément la mine de mercure de la Chapelle en Juger, arrondissement de Saint-Lô, lorsque la révolution de juillet est venue arrêter leurs projets.

QUETTREVILLE. Village situé à 2 l. 1/2 de Coutances. Pop. 1,846 hab.—*Commerce* de bestiaux de toute espèce, de poulains, etc.

REGNÉVILLE. Village situé sur la Manche, où il a un beau port, à 2 l. 1/2 de Coutances. Pop. 1,825 hab. On remarque dans ce village les ruines pittoresques d'un ancien château dont l'origine remonte à l'alliance de Charles le Mauvais avec les Anglais; il est dû à la nécessité de leur assurer sur nos côtes un lieu de débarquement. Le port de Regnéville avait alors de l'importance. Depuis lors la mer a successivement envahi les habitations du village, et enlevé pièce à pièce les fortifications du château. C'est particulièrement à une marée extraordinaire de 1630 qu'on rapporte les plus grands ravages de la mer dans ces parages.

TOURVILLE. Village situé à 2 l. 1/4 de Coutances. P. 1,026 hab. C'est le berceau du maréchal de Tourville, le plus grand homme de mer du siècle de Louis XIV.

VER. Village situé à 4 l. 3/4 de Coutances. Pop 1,188 hab. Quarante ans avant la conquête de l'Angleterre, Ver faisait partie du domaine ducal; il est nommé parmi les terres que Richard III donna en dot à la fille du roi Robert.—L'église paroissiale date du XIIe siècle.

VINDEFONTAINE. Village situé à 9 l. de Coutances. Pop. 1,050 hab.—Nombreuses fabriques de poterie commune vernissée, dont les produits se vendent dans le département.

ARRONDISSEMENT DE MORTAIN.

BARENTON. Petite ville située à 3 l. de Mortain. Pop. 4,106 hab.

Barenton est une petite ville assez ancienne. La famille anglaise de lord Barrington prétend tirer son nom de cette commune, où naquit, en 1510, le fameux Guillaume Postel.—*Commerce* de chevaux, bœufs, vaches, moutons, porcs, grains, toiles et bestiaux.—Marché le lundi.

BARTHÉLEMI (SAINT-). Village situé à 1 l. de Mortain. Pop. 604 hab. — Papeteries.

BEAUFICEL. Village situé à 3 l. 1/2 de Mortain. Pop. 579 hab. — Exploitation de granit vert-bleu. Huit papeteries.

BELLEFONTAINE. Village situé à 1 l. 1/2 de Mortain. Pop. 468 hab.—Papeteries.

On trouve tant de vestiges d'anciennes habitations dans cette commune, que plusieurs antiquaires ont prétendu que c'était l'emplacement des *Ambibarii* de César. Avenel, seigneur des Biards suivit Guillaume à la conquête d'Angleterre. En 1690, Louis XIV érigea cette baronnie en marquisat. Dans le courant du XVIIIe siècle, ce marquisat passa de la famille de Pierrepont dans celle d'Oillamson qui possède encore, près de l'ancien château, une petite habitation et quelques faibles débris d'un domaine jadis considérable. L'ancienne forteresse des Biards, détruite depuis plusieurs siècles, était à l'extrémité de la paroisse, au bord de la Sélune. On voit encore les traces des retranchements et de l'enceinte du château. Il était au sommet d'un coteau escarpé, presque inaccessible du côté de la rivière. La partie orientale de l'enceinte s'appelle toujours le *château*. On y montre la place bien marquée d'une chapelle Saint-Nicolas, et on y tient tous les ans une assemblée le jour de la translation de Saint-Nicolas.

BIARDS (les). Village situé à 5 l. 1/2 de Mortain. Pop. 1,164 hab.

BION. Village situé à 1 l. de Mortain,

Ste MARIE DU MONT.

Manche.

CHÂTEAU DE LA HAYE DU PUITS.

Ste MARIE DU MONT.

CHÂTEAU DE RÉGNÉVILLE.

Pop. 779 hab.—Usine de Bourberouge, où l'on fond des marmites, des chaudrons, des boulets, etc.; plus de cent ouvriers y sont employés. Mine de fer.

BRICE DE LANDELLE (SAINT-). Village situé à 6 l. de Mortain. Pop. 1,147 hab. — Papeterie.

BROUAINS. Village situé à 2 l. 1/2 de Mortain. Pop. 613 hab.—Belles papeteries produisant annuellement environ trente mille rames de papier.

CHAPELLE-CECELIN (la). Village situé à 4 l. 3/4 de Mortain. Pop. 429 hab. Cette commune a donné naissance à Jean Duverger, docteur en droit, président de la cour des aides de Normandie, lors de la création de cette cour, et l'un des plus grands magistrats de son temps.

CHÉRENCÉ LE ROUXEL. Village situé à 2 l. 3/4 de Mortain. Pop. 953 hab. Cette commune a une douzaine de papeteries qui occupent une centaine d'ouvriers, et produisent de vingt-quatre à vingt-cinq mille rames; mais là, comme dans les autres communes de l'arrondissement, la fabrique va en déclinant. A Chérencé le Rouxel, il y avait encore, en 1828, vingt et une papeteries qui produisaient quarante-quatre mille rames. Cette décadence tient à la routine et à l'état stationnaire des procédés de fabrication.

COULOUVRAY. Village situé à 3 l. 1/4 de Mortain. Pop. 1,275 hab. — Commerce de toiles et de pierre à bâtir (espèce de granit).

FRESNE-PORET (le). Village situé à 3 l. de Mortain. Pop. 1,006 hab.—Fabriques de fourchettes en fer, de ciseaux, couteaux, outils de taillanderie, etc., et de quincaillerie de toute espèce.

GATHEMO. Village situé à 4 l. 1/2 de Mortain. Pop. 876 hab.—Exploitation des carrières de granit de deux couleurs, l'un gris, l'autre vert-bleu et d'une qualité supérieure.

GER. Village situé à 3 l. 3/4 de Mortain. Pop. 2,612 hab.—Nombreuses fabriques de poterie, occupant cent cinquante ouvriers qui y font annuellement onze mille sommes de pots, dont la plus grande partie s'exporte dans les départements voisins. Papeterie.

HILAIRE DU HARCOUET (SAINT-). Gros bourg situé à 3 l. 1/2 de Mortain, entre les deux rivières la Sélune et l'Airon, sur lesquelles sont construits deux beaux ponts modernes, chacun d'une seule arche. Collége communal, très-belle fontaine publique construite depuis 15 ans. ✉ ☞ Pop. 2,759 hab.

Le château de Saint-Hilaire semble avoir été l'extrémité de la chaîne de forteresses destinée à protéger la limite méridionale du Cotentin contre les incursions des Bretons. Il soutint un siége en 1137. On le considéra longtemps comme imprenable. On reconnaît encore ses anciens fossés. En 1661, il fut acheté par les ancêtres de M. le comte du Bourblanc. Celui-ci, quelques années avant la révolution, fit bâtir une habitation dans le goût moderne, qui n'a pas été terminée. —Grâce à sa position, Saint-Hilaire est extrêmement commerçant; c'est une sorte d'entrepôt entre la Bretagne, le Maine et la Normandie. Dans ses marchés du mercredi, pendant l'été, se vendent beaucoup de bestiaux, de fil, de toile, de grains, de cire, de miel, etc. Quelques marchands y font un grand commerce de cheveux. Ils apportent de petits mouchoirs de 1 fr. à 2 fr. 50 c., et les échangent contre les belles et riches chevelures des paysannes. Il y a pour ces dernières quelque chose de dégradant dans la manière dont se marchande cette parure de leur tête: le marchand passe avec mépris ses doigts appréciateurs dans toutes les parties de la chevelure; il l'accuse de pauvreté; il y revient à plusieurs reprises, et, quand le marché est conclu, il la fait tomber sous ses longs ciseaux et l'empile, avec celles qu'il a coupées précédemment, dans un long sac de grosse toile. Ce qui paraît étrange dans ce commerce, c'est qu'il se fait en plein marché, aux regards de tous les passants, de dix heures à midi. De jolies paysannes spéculent pour leur toilette sur l'époque où leurs cheveux auront repoussé. Souvent elles se sont trop hâtées pour une nouvelle tonte; l'acheteur leur fait remarquer avec arrogance que leur chevelure n'est pas assez longue, et renvoie à l'année suivante. Ces pauvres jeunes filles s'en retournent rouges de dépit et de regret. Ce genre de commerce est très-lucratif.

Le canton de Saint-Hilaire du Harcourt renferme des tanneries, des mégisseries, des fabriques d'eaux-de-vie, de pelleteries, etc. Saint-Hilaire est la patrie du fameux casuiste Jean Pontas.

ISIGNY. Village situé à 5 l. de Mortain. Pop. 372 hab.—*Commerce* de grains, chevaux et bestiaux.

JUVIGNY. Petit bourg situé à 2 l. 1/2 de Mortain. Pop. 802 hab.

LAURENT DE CUVES (SAINT-). Village situé à 5 l. 1/2 de Mortain. Pop. 1,436 hab. — Papeteries.

LINGEARD. Village situé à 3 l. 3/4 de Mortain. Pop. 306 hab.—Carrières de granit en exploitation.

LOGES MARCHIS (les). Village situé à 5 l. 1/4 de Mortain. Pop. 1,496 hab. — Exportation de châtaignes pour la Bretagne.

MAUR DES BOIS (SAINT-). Village situé à 7 l. 3/4 de Mortain. Pop. 346 hab. — Papeterie.

Il existait un seigneur de cette paroisse à la conquête de l'Angleterre; c'était un des officiers de la milice du Val de Sienne. Ses descendants ont été célèbres en Angleterre. Leur grande élévation est due surtout au mariage de Henri VIII avec Jeanne Seymour. Cette famille a compté successivement onze ducs, depuis le règne d'Édouard VI. Le château du moyen âge existait encore en 1501, tout près de la rivière de Sienne.

MORTAIN. Petite ville. Chef-lieu de sous-préfecture. Tribunal de première instance. Collége communal. Pop 2,511 hab.

La dernière moitié du XIe siècle fut pour Mortain l'époque la plus remarquable. Néel de Saint-Sauveur venait d'être disgracié quand le duc Guillaume donna le comté à son frère Robert, avec un pouvoir beaucoup plus étendu que celui de ses prédécesseurs. A l'assemblée de Lillebonne, Robert joua un rôle très-distingué; à l'expédition d'Angleterre, il avait un des principaux commandements; tout le Cotentin avait suivi sa bannière; personne ne fut plus largement récompensé que lui dans le pays conquis. Jamais le château de Mortain ne fut aussi brillant que de son temps et dans les premières années de son fils Guillaume; mais après la journée de Tinchebray, ce château fut en partie démoli et ne se releva point. Quoique deux de ses possesseurs soient devenus rois d'Angleterre, il avait perdu sa gloire et son importance : les comtes de Mortain l'habitaient rarement. Sous la domination française, il appartint à des comtes titulaires dont la plupart n'y résidèrent point. Nos rois le donnèrent quelquefois à titre de récompense. François Ier l'échangea, en 1529, avec Louis de Bourbon, comte de Montpensier, pour des terres situées dans les Pays-Bas et promises par le roi Charles-Quint. Le comté et le château de Mortain restèrent dans la famille de Montpensier jusqu'à la mort de Henri, arrivée en 1608. Celui-ci laissa une immense fortune à sa fille unique, qui épousa Gaston de France, duc d'Orléans, frère de Louis XIII. De ce mariage naquit Louise d'Orléans, duchesse de Montpensier, plus connue dans l'histoire du siècle de Louis XIV sous le nom de *Mademoiselle*. Elle posséda le comté de Mortain jusqu'à sa mort, en 1697. Philippe d'Orléans, frère de Louis XIV, lui succéda en qualité de légataire universel. Il laissa à son fils, régent du royaume durant la minorité de Louis XV, le comté de Mortain, qui appartenait encore à la maison d'Orléans à l'époque de la révolution.

Dans son état actuel, le château de Mortain, placé au-dessous de la ville, à peu de distance vers le couchant, offre des ruines, sinon bien caractérisées, du moins très-pittoresques. Le centre en est occupé par une habitation moderne. L'ancienne enceinte était garantie d'un côté par un vallon étroit, et des autres côtés par des fossés profonds, dont la partie intérieure, à moitié comblée, présente des revêtements en maçonnerie. Il y avait au moins quatre tours, sans compter le donjon qui était au midi de l'enceinte. C'était une tour considérable, solidement établie sur un rocher fort escarpé. Il n'y a pas longtemps que ce donjon a été démoli : plusieurs habitants de Mortain se souviennent de l'avoir vu entier. La seule tour qui existe maintenant se trouve sur la porte principale. Elle est d'une assez grande dimension, mais défigurée par un revêtement et une toiture moderne qui lui donnent l'apparence d'un colombier. Il ne reste plus du côté de la ville aucune trace d'ouvrages avancés, et l'accès a été si bien aplani qu'on arrive facilement au château en voiture.

A peu de distance vers le nord on trouve un rocher qui forme une pyramide étroite, élevée et pittoresque, et quelques pas plus loin une très-belle cascade. C'est un des sites les plus remarquables de la Normandie, une véritable vue de Suisse, dont tous les voyageurs sont émerveillés.

Outre le château et la cascade, il faut visiter l'église de Mortain. C'est un des monuments les plus curieux pour l'antiquaire. Cette église, fondée en 1082, offre le modèle le mieux conservé de l'architecture de transition. La lutte entre l'architecture romane et l'ogive y est évidente. Des arches en ogive soutiennent tout l'intérieur. Le

RUINES DU CHÂTEAU DE MORTAIN.

long de la nef et au bas du chœur, ces ogives sont obtuses ; au haut du chœur et autour du sanctuaire, elles sont de moitié plus étroites. De grosses colonnes courtes, simples, cylindriques, constamment uniformes, soutiennent toutes les arches, qui sont d'un bout à l'autre surmontées par des fenêtres équivoques entre l'ogive et le roman, comme on en remarque aux clochers de la cathédrale de Bayeux.— A l'intérieur, le mélange des deux architectures est frappant : la porte au bas de la nef, vers le midi, est un morceau curieux d'architecture romane, avec des ornements analogues en zigzags, losanges, dents de scie, etc. Le clocher offre des lancettes très-longues et très-caractérisées.

Mortain a vu naître Benoit, fameux graveur ; un autre Benoît, historien ; Delabarre, jurisconsulte ; Roupnel de Chenilly, commentateur de la Coutume, etc.

Commerce à peu près nul. Papeterie.

A 14 l. de Saint-Lô, 69 l. de Paris.

NEUFBOURG (le). Village situé à un quart de lieue de Mortain. Pop. 452 hab. — Filature de coton occupant plus de cent ouvriers : exportation à Rouen.

C'est dans la commune du Neufbourg qu'est l'*abbaye Blanche*, fondée en 1105, par Guillaume, comte de Mortain, neveu de Guillaume le Conquérant. Les bâtiments de cette abbaye sont occupés aujourd'hui par un petit séminaire.

NOTRE-DAME DU TOUCHET. Village situé à 2 l. 1/2 de Mortain. Pop. 1,573 hab. Dès le XIe siècle, il y avait dans cette commune un seigneur assez puissant, dont les descendants ont été fort distingués en Angleterre. L'emplacement du château existe près de l'église vers le levant.

PERRIERS. Village situé à 3 l. 1/4 de Mortain. Pop. 888 hab. — Papeterie.

A 15 ou 1600 mètres au nord-ouest de l'église, était un château très-considérable. Son surnom de *Ganne* indique une trahison qui remonte à une époque reculée. On croit qu'il fut démoli sous Louis XI.

POIS (SAINT-). Village situé à 4 l. 1/2 de Mortain. Pop. 800 hab.

ROMAGNY. Village situé à trois quarts de lieue de Mortain. Pop. 1,561 hab.

Foire de deux jours, le second lundi d'octobre ; c'est la plus considérable de l'arrondissement. On y vend bestiaux de toute espèce, grains, mercerie, quincaillerie, etc.

SAVIGNY LE VIEUX. Village situé à 4 l. 1/4 de Mortain. Pop. 1,325 hab.

Une des plus belles abbayes de la province existait à Savigny. C'était dans la hiérarchie monastique la plus belle des diocèses d'Avranches et de Coutances. Sa fondation remonte aux premières années du XIIe siècle. Devenue mère de plus de quarante maisons de l'ordre de Citeaux, l'abbaye de Savigny voyait assister à son chapitre général les nombreux députés de tous les monastères de sa dépendance, dont plusieurs venaient des extrémités de l'Angleterre et de l'Irlande. L'abbaye de Savigny avait une basilique de 247 pieds de longueur et de 80 de largeur (*intrà parietes*). La hauteur de la voûte sous clef était de plus de 70 pieds. La croisée avait environ 130 pieds de longueur intérieure. Au centre de cette croisée, entre chœur et nef, se trouvait le clocher surmonté par une flèche en charpente, et qui s'élevait à 200 pieds. — Le monastère présentait un groupe imposant de bâtiments dans une vallée à l'entrée d'un bois étendu, aux anciens confins de la Normandie, du Maine et de la Bretagne. Nous avons vu, en 1820, les restes de cette abbaye, dont les pierres n'attendaient que des acheteurs. Les murs de l'église et une partie de la voûte existaient encore. Le marteau des démolisseurs a tout détruit. La forêt elle-même a été vendue par l'État depuis la révolution de juillet, et l'acquéreur, à ce qu'on nous rapporte, a tout abattu. — Savigny a une papeterie.

SOURDEVAL. Très-joli bourg, situé sur la route de Vire à Mortain, à 2 l. 1/2 de cette dernière ville. ✉ ⚒ Pop. 4,280 hab.

Ce bourg, sur la rivière de Sée qui le traverse du sud à l'ouest, fut autrefois un comté et posséda un château qui fut brûlé par les Anglais et rebâti par Gabriel le Neuf. On y voit une fontaine publique en granit, qui est l'une des plus belles du pays.

Fabriques de grosse coutellerie et de quincaillerie. Sept papeteries. Entrepôt des nombreuses papeteries des environs.

TEILLEUL (le). Gros bourg situé à 3 l. 3/4 de Mortain. Pop. 2,511 hab.

Le Teilleul, autrefois ville fortifiée, a joué un certain rôle dans l'histoire de Normandie. Onfroy du Teilleul était à la conquête de l'Angleterre ; Guillaume le nomma commandant du château d'Hastings. Dans le XIIe siècle, le château fort du Teilleul fut un des quatre que prit Geoffroy, comte d'Anjou. Il soutint plusieurs sièges et fut brûlé, environ l'an 1173, par les troupes de Henri II, qui en chassèrent les insurgés sous les ordres de Robert de Fougères. Ce dernier incendia le Teilleul, qui fut de nouveau la proie des flammes en 1795.

Le Teilleul est la patrie du fameux imprimeur Guillaume Morel et de l'historien Jean Bigot. — *Commerce* de bestiaux, de grains, etc.

VENGEONS. Village situé à 3 l. 3/4 de Mortain. Pop. 1,781 hab. — *Commerce* de petite quincaillerie, de cheveux, de lin, de fil et de chaudronnerie. Papeterie.

ARRONDISSEMENT DE VALOGNES.

ALLEAUME. Village situé aux portes de Valognes, et traversé par la rivière de Merderet qui y fait mouvoir trois moulins à grains. Pop. 604 hab.

Alleaume est l'ancienne ville d'*Alauna*, dont les ruines prouvent l'importance. Les fouilles que M. Foucault, intendant de Caen, y fit en 1695, découvrirent d'anciens bains ou étuves qui durent avoir 270 pieds romains de longueur et à peu près 135 de largeur. On y voyait un bassin circulaire, profond de deux pieds, et large de trente, fait d'une espèce de mastic rouge, qui s'était conservé entier, et uni comme une glace. Ce bassin avait quatre gueules de fourneaux de briques, de deux pieds d'ouverture. Le long d'un mur, dont une partie existe encore, on trouva 13 petits fourneaux carrés, égaux en hauteur, mais inégaux en diamètre, rangés parallèlement l'un près de l'autre, et se communiquant par le bas, au moyen d'un petit conduit : le tout en terre rouge bien conservée. Près de là était un bel aqueduc, dans lequel il existait encore un cours d'eau, qui sortait de terre à cent toises au-dessous, et assez près d'un lieu où M. Foucault découvrit, à force de travail, un amphithéâtre qui avait 5 galeries. On trouva aussi trois loges ou cachots, pratiqués par-dessous, pour enfermer les bêtes destinées au spectacle. 10,000 personnes au moins pouvaient être assises dans l'enceinte de ce théâtre. Dans les fouilles on trouva plusieurs médailles d'or, d'argent et de bronze du haut-empire, ce qui fit juger que cette ville fut ruinée après Sévère, et dans le IIIe siècle.

AMFREVILLE. Village situé à 4 l. de Valognes. Pop. 820 hab. On y voit un château ancien et considérable qui avait titre de marquisat.

ANNEVILLE EN SAIRE. Village situé à 4 l. 3/4 de Valognes. Pop. 774 hab. Il est sur la rivière de Saire, qui traverse le charmant val de Saire, un des plus beaux qui soient en France. Anneville a donné son nom à l'un des seigneurs contemporains de la conquête de l'Angleterre. L'ancien château a totalement disparu.

BARFLEUR. Bourg maritime situé à 6 l. de Valognes. ☒ Pop. 2,675 hab. — *Établissement de la marée du port*, 10 *heures* 30 *minutes*. Ce bourg est à l'extrémité nord-est de la presqu'île du Cotentin, sur le bord de la Manche, où il a un port qui ne peut recevoir que de petits bâtiments. Quoique au milieu des rochers et près d'un courant dangereux, Barfleur fut, dans le moyen âge, un des ports les plus fréquentés de la Normandie. Au commencement du XIe siècle, la flotte d'Ethelred, qui portait une armée, descendit à Barfleur. C'est de son port qu'Édouard le Confesseur partit avec quarante navires pour faire valoir ses droits à la couronne d'Angleterre. Guillaume le Roux, successeur du Conquérant, vint débarquer à Barfleur, en allant secourir le Mans. Henri Ier débarqua au même lieu avec une flotte, en 1105. Le naufrage arrivé à Barfleur en 1120, est un des événements les plus désastreux de l'histoire de Normandie. Maître de cette province, Henri, après avoir défait, pris ou soumis ses ennemis, retournait triomphant dans son royaume; il avait fait préparer, à Barfleur, une flotte considérable. Il arriva en Angleterre. Un seul vaisseau reste derrière; mais ce vaisseau contenait la fleur de sa cour, la famille royale, dix-huit femmes de distinction, parmi lesquelles plusieurs des parentes du roi, ses nièces, ses filles. Ce vaisseau, nommé *la Blanche-Nef*, se brise contre un rocher en sortant du port; tous périssent, hormis un malheureux boucher de Rouen. En 1194, Richard, venu d'Angleterre avec cent gros vaisseaux et une armée, débarqua à Barfleur. A partir du XIIIe siècle, ce port perdit de son importance à proportion des accroissements que prit celui de Cherbourg. Froissard parle encore de Barfleur comme d'une *forte place* au XIVe siècle. En 1533, les moines d'un couvent fondé à Barfleur en 1286, dans une requête adressée à François Ier, déclarent que leur ville, réduite à trente feux, en avait eu autrefois mille huit cents. Les fortifications de Barfleur furent démolies à la fin du XV⁰ siècle par ordre de Henri IV.

Pour le *phare* dit *de Barfleur*, voir GATTEVILLE dans l'arrondissement de Cherbourg.

BARNEVILLE. Gros bourg, situé à 6 l. 1/2 de Valognes. Pop. 1,083 hab. — Exploitation de carrières de pierres calcaires, veinées de gris-blanc. Source d'eaux minérales fréquentées.

Il ne reste rien de l'ancien château de Barneville, qui fut la résidence d'une des familles anglo-normandes les plus distinguées du XI⁰ au XIII⁰ siècle; d'une famille qui fournit à la conquête d'Angleterre un de ses capitaines, et à la croisade qu'a chantée le Tasse, un des héros de cette expédition. Ce dernier, nommé Roger, après s'être distingué au siége de Nicée, fut un des braves qui prirent par escalade la ville d'Antioche. L'armée chrétienne fut assiégée dans cette ville par une nombreuse armée de Sarrasins. Roger de Barneville, emporté par son courage à la poursuite d'une troupe de cavaliers ennemis, tomba dans une embuscade et fut tué. Tous les historiens de la croisade donnent des détails circonstanciés sur ses funérailles et sur les grands regrets que sa perte excita parmi les chrétiens. Le Tasse qui, dans son poëme, le fait vivre longtemps après la prise d'Antioche, le cite parmi les plus fameux guerriers normands. — *Commerce* important de denrées agricoles avec les îles de Jersey, de Guernesey et d'Aurigny.

BEUZEVILLE LA BASTILLE. Village situé sur les bords de l'Ouve, à 5 l. 3/4 de Valognes. Pop. 352 hab.

Cette commune s'appelait autrefois Beuzeville la Chaussée. Son surnom actuel lui vient d'une bastille bâtie au XIV⁰ siècle près d'un gué qui en motiva la construction. Les ruines de cete bastille consistent en un reste de tour carrée, penchée au bord de l'Ouve, d'une manière assez pittoresque; on y voit des fondations d'ouvrages accessoires. Le castel est un peu plus bas, au midi de la rivière, à l'entrée du marais de Beuzeville; une partie de son enceinte existe encore. Au commencement de la révolution, la bastille était presque entière : on y a monté la garde en 1792. Dans un appartement au midi, on remarque les rainures qui servaient à passer les chaines du pont-levis; à l'extérieur, du même côté, on voit les restes de la maçonnerie d'une pile de pont : une partie de la rivière passait de ce côté, de manière que la bastille était dans une île.

BRICQUEBEC. Gros bourg situé à 3 l. 1/4 de Valognes, presque au milieu de la forêt de son nom. Pop. 4,255 hab.

Le nom de Bricquebec dérive du celtique et signifie *bois près d'un ruisseau*. Le vieux château fort, quoique en grande partie démoli, présente encore des ruines imposantes et d'un effet très-pittoresque. Il est situé au milieu du bourg, au bas de la place des Buttes, dans un lieu peu élevé, et près d'un ruisseau dont les eaux remplissaient les fossés qui entouraient cette forteresse. Son enceinte était à peu près circulaire. La partie la plus remarquable était un donjon de plus de 80 pieds de hauteur, et d'une grande largeur, terminé par une plate-forme qu'une voûte soutient et d'où l'on découvre tout le pays. Ce donjon, de la figure d'un hendécagone, et dont les murs sont d'une grande épaisseur, communiquait par un rempart élevé à une tour carrée, où est placée l'horloge, et sous laquelle est la porte d'entrée du château; devant, furent jadis un pont-levis et un fort. L'enceinte était encore défendue par six tours d'une grande solidité. La majeure partie des bâtiments de ce château date du XIV⁰ à la fin du XVI⁰ siècle : on remarque dans la cour des colonnes du XI⁰ siècle. — Le premier seigneur de Bricquebec fut un parent de Rollon, nommé Anslech, dont les descendants prirent le nom de Bertrand; ils possédèrent cette baronnie jusqu'au milieu du XIV⁰ siècle, époque où elle passa dans la maison de Paisnel, baron de Hambye; puis de celle-ci dans celle d'Estouteville. Pendant son occupation par les Anglais, la baronnie de Bricquebec appartint au comte de Suffolk, puis au sire Berty-Entwizle; mais, après la bataille de Formigny, elle revint aux d'Estouteville, passa dans la famille de Bourbon Saint-Paul et d'Orléans Longueville, enfin dans celle de Matignon, qui en fut dépossédée en 1792.

La forêt de Bricquebec renferme un assez grand nombre de pierres druidiques. Des médailles et d'autres objets trouvés, à différentes époques, dans cette commune, attestent le séjour des Romains. Comme monument du moyen âge, on remarque, à l'extrémité est du bourg, l'église bâtie vers 1040. A peu de distance est un couvent de trappistes.

Près de Bricquebec sourdent plusieurs

sources d'eaux minérales froides, qui ont été analysées par MM. Piat et Cadet.

Fabriques de dentelles, de sabots et d'ustensiles en bois. — *Commerce* de grains, bestiaux, jambons renommés, etc.

BRIX. Village situé à 2 l. 1/4 de Valognes. Pop. 3,088 hab.

L'église paroissiale de ce village est placée sur un point très-élevé, dont le fonds est de granite et de schiste; on y soupçonne une mine de fer dont la présence semble confirmée par une source minérale ferrugineuse.

Il a existé dans Brix deux anciens châteaux de barons, le château d'Adam et celui de la Luthumière. Le premier fut bâti sous les ducs de Normandie, rois d'Angleterre, par un seigneur Adam de Brix. C'est la tige des rois d'Écosse, et notamment de ce fameux Robert Bruce, dont la mémoire est encore en vénération parmi les Écossais. En suivant les traces de la maçonnerie de cette forteresse, on voit qu'elle était une des plus étendues du pays. Il ne reste plus que des fondements et quelques souterrains voûtés. Les barons de Brix avaient droit de séance à l'échiquier de Normandie.

Quant au château de la Luthumière, il fut bâti sur les biens concédés par les de Brix. Plusieurs des possesseurs de cette seconde baronnie eurent le titre de connétables.

CARTERET. Village maritime situé sur la Manche où il a un petit port, à 7 l. 1/4 de Valognes. Pop. 513 hab. — *Commerce* avec Jersey et Guernesey, de porcs, moutons, volailles, œufs, beurre, grains, vins, légumes, houille, etc.

Carteret eut, en 1066, un seigneur à la conquête de l'Angleterre. La place du château est dans un champ au milieu duquel est l'église. La famille la plus ancienne et la plus distinguée de Jersey porte le nom de Carteret, et fait remonter son origine jusqu'à ceux qui, sous la régence de Philippe-Auguste, quittèrent la Normandie. Depuis 1784, un autre descendant des anciens seigneurs de Carteret a été créé baron d'Angleterre, sous le titre de *lord Carteret*.

Les dunes de Carteret sont les plus curieuses de la côte.

CYR (SAINT-). Village situé à 1 l. de Valognes. Pop. 381 hab. C'est la patrie de Gardin-Dumesnil, auteur des synonymes latins. Sur une élévation appelée le *Mont-Castre*, on trouve l'emplacement d'un camp romain dont le pourtour est bien conservé.

FLOXEL (SAINT-). Village situé à 2 l. de Valognes. Pop. 554 hab. — Foire de deux jours, commençant le 17 septembre; c'est une des plus importantes du département, surtout pour l'agriculture: il s'y fait depuis longtemps des distributions de primes pour l'éducation des chevaux de race normande que produit le Cotentin, et qui se vendent avantageusement à cette foire.

HAIE D'ECTOT (la). Village situé à 6 l. 1/4 de Valognes. Pop. 486 hab. On trouve sur le territoire de cette commune, du minerai de fer, et, au hameau de *la Taille*, une fontaine minérale, où l'on vient de plusieurs lieues, et que l'on dit propre à guérir les obstructions.

LESTRE. Village situé à 3 l. de Valognes. Pop. 730 hab. — *Commerce* de bestiaux, laines, etc.; nombreux moulins à grains sur la rivière de Sinope.

Il y eut autrefois un château fort sur une élévation nommée la Roque, à l'extrémité d'un village connu sous le nom de bourg de Lestre.

MAGNEVILLE. Village situé à 2 l. 1/4 de Valognes. Pop. 803 hab.

Le château actuel de Magneville est probablement dans le même emplacement que l'ancien château fort des seigneurs de Magneville, dont l'un, Geoffroy, se trouvait à la bataille d'Hastings et devint comte d'Essex et connétable de la tour de Londres.

MARIE DU MONT (SAINTE-). Village situé à 6 l. 1/4 de Valognes. Pop. 1,398 h.

Cette grande et riche commune, qui n'est séparée du Calvados que par le bras de mer appelé le Grand Vey, fut jadis le siège d'une cour de justice dépendant du bailliage de Saint-Sauveur le Vicomte. Elle possède une belle église paroissiale.

MÈRE-ÉGLISE (SAINTE-). Petit bourg situé sur la route royale de Paris à Cherbourg, à 4 l. 1/4 de Valognes. Pop. 1,740 hab. — Marché le jeudi. Il y avait dans cette commune, au lieu appelé *la Fière*, une forteresse pour empêcher qu'on ne passât le gué.

MOITIERS D'ALLONNE (les). Village situé à 6 l. 1/4 de Valognes. Pop. 1,061 hab. — *Fabrique* de briques et de poterie: on y fait surtout de grands pots à beurre pour Isigny.

MONTEBOURG. Gros bourg, situé à 1 l. 3/4 de Valognes et traversé par la route royale de Paris à Cherbourg. Pop. 2,523 hab. — *Commerce* de bestiaux, volailles, œufs, laines, toiles, coutils, etc. Marché

RUINES DE L'ABBAYE DE MONTEBOURG.

considérable tous les samedis. Les moutons de Montebourg sont fort estimés.

Il y avait autrefois une riche abbaye de bénédictins, fondée en 1090. L'église du monastère, qui était la plus vaste et la plus remarquable du Cotentin, offre des ruines fort pittoresques ; elle fut consacrée en 1152. Ainsi que plusieurs églises de cette époque, elle présente le mélange de l'architecture romane et de l'ogive.

Dans le XIVe siècle, Montebourg était fortifié ; il fut pris et brûlé par les Anglais en 1346.

MORVILLE. Village situé à 1 l. 3/4 de Valognes. Pop. 491 hab. Un seigneur de Morville se trouva à la conquête de l'Angleterre : ses descendants figurèrent longtemps parmi les barons d'Angleterre, d'Ecosse et de Normandie. Un Hugues de Morville fut un des meurtriers de saint Thomas de Cantorbéry.

NÉGRÉVILLE. Village situé à 1 l. 3/4 de Valognes. Pop. 1,217 hab. Au village de la Croix des Mares, une filature dite *de la Coudre* a 16 métiers continus de 112 broches ; elle occupe de 70 à 80 ouvriers. Le territoire de cette commune offre une carrière de sulfate de baryte peu abondante, qui donne de beaux cristaux.

NÉHOU. Bourg situé à 3 l. 1/4 de Valognes. Pop. 2,626 hab. — *Commerce* de poterie.

Le nom de Néhou vient de *Neelhou* qui signifiait *habitation de Néel*. Ce Néel, fils de Richard, l'un des compagnons de Rollon, fit construire des habitations dans Néhou dès 920. Il jeta, sur les bords de l'Ouve, les fondements d'un château fort dont on voit encore les ruines. Le terrain contigu est marécageux, et l'on pouvait facilement en inonder les approches, excepté vers l'église de Néhou, où l'on voit encore des retranchements avancés et des fossés, qui servaient à en défendre l'accès. Les Anglais, que Geoffroy d'Harcourt, seigneur châtelain de Saint-Sauveur le Vicomte, avait amenés dans le Cotentin, s'emparèrent du château de Néhou, vers l'an 1370. Il fut rendu à la France en 1375. Les Anglais s'en emparèrent de nouveau en 1418, et le gardèrent jusqu'à leur expulsion de la Normandie en 1450 — Une partie du donjon existait encore dans le dernier siècle. C'était une grosse tour carrée, qui s'élevait à une grande hauteur. Minée peu à peu par le pied à force d'en extraire la pierre de taille dont elle était construite, elle s'écroula tout à coup, pendant une tempête, le lundi gras de l'année 1771.

Il y eut, au moyen âge, un bourg de Néhou dont il ne reste que quelques pans de murailles et quelques vestiges de fondements, depuis le pont du Boëlle jusqu'à l'église de Sainte-Colombe, et dans les prairies adjacentes, à droite et à gauche de la route.

Il y eut aussi, après les croisades, une léproserie près de la chapelle de Monroc. L'emplacement où se trouve la chapelle, ne pouvait pas être mieux choisi. C'est un terrain uni en apparence, mais cependant très-élevé. De là la vue s'étend à une si grande distance, que, dans un temps serein, on y découvre les clochers de 17 églises. Le gouvernement vient de placer auprès, un télégraphe pour les dépêches de Paris à Cherbourg.

PERNELLE (la). Village situé à 4 l. 1/2 de Valognes. Pop. 580 hab. — *Commerce* de bestiaux, filasse, fil, etc.

Des hauteurs de cette commune, on jouit de l'une des plus belles vues de Normandie.

PERQUES (les). Village situé à 3 l. 3/4 de Valognes. Pop. 341 hab. On trouve dans cette commune l'emplacement d'un ancien château, où l'on remarque une crypte ou caveau funéraire sous l'emplacement de l'ancienne chapelle.

PICAUVILLE. Village situé à 4 l. de Valognes. Pop. 2,137 hab.

PORTBAIL. Village maritime, situé à 7 l. de Valognes. Pop. 1,901 hab.

Portbail a un petit port de cabotage, fréquenté par les habitants de Jersey et de Guernesey, qui viennent s'y approvisionner des denrées du pays. — *Fabrique* de sel blanc. — *Commerce* de bestiaux.

QUETTEHOU. Bourg situé à 3 l. 3/4 de Valognes. Pop. 1,812 hab. — *Commerce* de bestiaux.

QUINÉVILLE. Village situé à 3 l. 3/4 de Valognes. Pop. 364 hab.

On voit dans cette commune un monument qui a fort embarrassé les antiquaires. C'est une colonne de 25 pieds de hauteur, à partir du sol, dont le fût est un tuyau creusé dans toute sa longueur ; elle est terminée au haut par des pilastres qui, étant espacés moitié plein et moitié vide, forment autant d'ouvertures par où l'air et le jour communiquent. Cette rangée circulaire de pilastres est couverte d'une espèce de toit, qui termine la colonne, au lieu d'un chapiteau. Ce monument est isolé, et rien n'annonce qu'il ait fait partie d'un autre bâtiment. M. Asselin pense que ce monument fut un phare dont la construction remonte au premier siècle de l'ère chrétienne.

RAUVILLE LA PLACE. Village situé à 3 l. 3/4 de Valognes. Pop, 952 hab. — *Commerce* de bestiaux.

C'est dans cette commune qu'était le château fort de Garnetot.

SAUSSEMESNIL. Village situé à 1 l. 3/4 de Valognes. Pop. 2,011 hab.—*Fabriques* de poterie commune.—Il y a peu d'années, on découvrit dans cette commune environ cinq mille médailles romaines.

SAUVEUR LE VICOMTE (SAINT-). Petite ville bien bâtie, située à 3 l. 3/4 de Valognes, dans une agréable position sur la côte orientale du plateau qui domine les marais où coule la rivière d'Ouve. Pop. 2,836 hab.

A la sortie de Saint-Sauveur, sur la route de la Haie du Puits, on voit les ruines pittoresques de l'abbaye de l'ordre de Saint-Benoît, fondée vers 1049 par Néel de Saint-Sauveur, vicomte du Cotentin.

Saint-Sauveur possède encore les ruines d'un château fort dont la fondation remonte à l'an 912, et qui fut, jusqu'au milieu du XIe siècle, la résidence du chef héréditaire de tout le pays qui comprend aujourd'hui le département de la Manche. La révolte d'un de ses seigneurs le fit descendre au second rang. En 1047, le duc Guillaume, vainqueur à la bataille du Val des Dunes, força Néel à s'expatrier, et donna la place qu'il occupait à Robert, comte de Mortain, qui commanda les troupes du Cotentin, destinées à suivre le Conquérant en Angleterre. A son retour en Normandie, Néel fut trop heureux d'y retrouver une partie de ses anciens domaines, le château de Saint-Sauveur, qui subsista longtemps après la démolition du château de Mortain, et devint une des plus importantes forteresses de Normandie.

Saint-Sauveur fut réuni au domaine par Henri IV, qui y établit un haras. En 1591, le château fut abandonné à l'hôpital fondé, en 1583, par le père Chaudran, aidé de la piété des habitants. En 1598, Henri IV engagea ce qui restait de cette terre au comte de Toulouse, en s'en réservant la forêt. En 1711, le haras fut transféré près d'Argentan, et l'emplacement de celui de Saint-Sauveur fut aliéné à Louis Blouin, valet de chambre du roi. En 1737, le reste du domaine de Saint-Sauveur passa au duc de Penthièvre, et en 1769 au duc de Chartres, fils du duc d'Orléans, qui l'a possédé jusqu'à la révolution.

TAMERVILLE. Village situé à 1 l. de Valognes. Pop. 1,363 hab.

On trouve dans cette commune le château de Chiffrevast que Henri d'Anneville fit bâtir, au commencement du XVIIe siècle, près de l'emplacement d'un château fort, dont un des seigneurs était à la croisade où se trouva le duc Robert. La famille de Chiffrevast ou Siffrevast tint un rang distingué dans le Cotentin, du XIe au XVe siècle.

VAAST LA HOGUE (SAINT-) ou LA HOUGUE. Petite ville maritime, située sur la Manche, à 4 l. 1/4 de Valognes. Pop. 3,502 hab.

Le surnom de *la Hogue* vient du fort de ce nom qui défend le port de Saint-Vaast. Ce port est dans une des plus belles positions de la Manche. Au sud, une jetée conduit à la tour de la Hougue. A l'est, l'île Tatihou renferme un très-beau lazaret, protégé par plusieurs redoutes de l'effet le plus pittoresque. Entre le port et l'île Tatihou, au nord, est un excellent parc pour les huîtres que les caboteurs vont chercher à Cancale, d'où ils les transportent à Courseulles, à Paris, etc. Le principal commerce de Saint-Vaast consiste dans les produits de la pêche du hareng et du maquereau. On y importe, par cabotage, planches, mâts, houille, fruits secs, indigo, sucre, zinc, ciment, étain, argent en lingots, goudron, cochenille, etc. Quelques bâtiments vont à Terre-Neuve. Ce port a été, depuis quelques années, l'objet de l'attention du gouvernement. La pose de la première pierre de la jetée eut lieu le 26 juin 1828. Cette jetée a trois cents mètres de longueur sur six mètres de largeur.

La Hogue figure dans les annales de l'histoire. Il suffit de voir sa grande baie pour se convaincre de la facilité d'y opérer, sur presque tous les points, un débarquement; de là la nécessité d'y construire des forteresses pour garantir le pays. L'histoire a prouvé que les moyens de s'opposer aux ennemis maritimes y ont toujours été insuffisants. Du reste, son importance a été grande au moyen âge. Le roi Étienne y vint descendre, en 1137, avec une suite nombreuse. —Quelques années avant la descente d'É-

RUINES DE L'ABBAYE DE ST SAUVEUR LE VICOMTE.

douard III, ce port avait fourni *dix* vaisseaux pour sa part de la flotte qui fut battue à l'Écluse, en 1340, tandis que Barfleur n'en fournit que *neuf*, et Cherbourg *quatre*. Les Anglais descendirent de nouveau à la Hogue, en 1405 et 1412. Le comte de Montgommery y descendit encore, en 1574, avec une armée de cinq mille protestants français et anglais, que la reine Élisabeth envoyait en Normandie pour y rétablir les affaires de ce parti, qu'anéantit le maréchal de Matignon. — Environ un siècle auparavant, l'amiral de Bourbon, seigneur de la Hogue, y avait fait faire des travaux, et avait présenté au gouvernement un projet pour fortifier davantage cette place et pour y établir un port très-considérable. On a regretté depuis l'inexécution de ces projets. L'insuffisance des fortifications se fit particulièrement sentir, en 1692, lorsque, après la bataille de la Hogue, perdue par Tourville, les ennemis détruisirent le vaisseau principal de la flotte française jusque sous le canon des forts [1]. En 1694, la belle tour de la Hogue fut construite par M. de Combe, d'après le plan du célèbre Vauban; celle de Tatihou date de la même époque. — Marché le vendredi.

VALCANVILLE. Village situé à 2 l. 1/2 de Valognes. pop. 1,176 hab. Ce village possède deux usines de zinc, dites *du Houx*; dans la première, on prépare les matériaux que l'on emploie dans la seconde usine. La matière première est tirée de la Belgique. Les produits sont exportés en Angleterre et en Hollande. L'usine du Houx occupe de quatre-vingts à cent ouvriers. — *Commerce* de bestiaux, lin, chanvre, fil, laine, etc.

VALOGNES Jolie ville. Chef-lieu de sous-préfecture. Tribunal de première instance. Collège communal. ⊠ ☞ pop. 6,940 hab.

Valognes est une ville très-bien bâtie, près des ruines de l'ancienne et considérable cité de *Logne*, prise et saccagée par les Romains. Après sa destruction, les habitants se retirèrent à quelques centaines de pas de là, au bas de la colline, dans un vallon habité par des potiers, où se réunissent plusieurs ruisseaux, dont l'un traverse la principale rue de Valognes, appelée rue de *Poterie*. Ils s'établirent dans ce lieu commode et agréable, qu'on nommait Val de Logne, et, par abréviation, Val-Logne, d'où Valognes. La place du château, que traverse la grande route de Cherbourg, est sur l'emplacement d'un ancien château fort qui a soutenu plusieurs sièges. Guillaume le Bâtard y résidait souvent. En 1340, Édouard III y coucha, et fit piller et brûler la ville. Dix ans après, Valognes et le Cotentin furent cédés au roi de Navarre par un traité conclu dans cette ville même. L'alliance de ce prince avec les Anglais garantit quelque temps Valognes des suites de la guerre; mais, après sa victoire à Cocherel, du Guesclin vint en faire le siége, et s'en empara. Quand du Guesclin fut pris à Auray, par le traité de Guérande, Valognes et le Cotentin furent rendus au roi de Navarre. En 1386, Valognes repassa sous la domination française. Les Anglais s'en emparèrent en 1418. Enfin les protestants vinrent l'assiéger en 1562. Montgommery, en 1574, lui livra, pendant vingt-quatre jours, des attaques inutiles. Un nouveau siége eut lieu durant les guerres de la Fronde, en 1649. Quarante ans après, les fortifications furent démolies par ordre de Louis XIV.

Avant la révolution, il n'y avait pas de ville, dans la généralité de Caen, où tant de gentilshommes fissent leur demeure. On y comptait plus de cent familles de noblesse distinguée, qui y répandaient l'abondance et en faisaient la magnificence par le nombre des équipages et les fêtes qu'ils y donnaient tour à tour. Il y régnait l'activité d'une grande ville. A cette activité ont succédé le silence et l'inaction. L'herbe croît dans quelques rues. Ses fabriques de draps ont disparu. Elle fait peu de commerce, et a peu de branches d'industrie : on y fabrique des chapeaux solides pour les hommes de la campagne, et des dentelles estimées qui ont obtenu des médailles aux expositions. Le nombre des ouvrières employées à la dentelle est d'environ cent cinquante, dont une cinquantaine à l'hospice et cent au bureau de charité.

Valognes avait un couvent de Cordeliers, fondé au XVe siècle; un couvent de Capucins, fondé vers 1630; une abbaye de bénédictins de Notre-Dame de Protection; un Hôtel-Dieu, fondé en 1498; et un séminaire, fondé en 1654. Ce dernier édifice est d'une beauté remarquable. Il sert au-

---

1. Le 7 mars 1833, la mer se retira tellement qu'elle laissa à sec l'endroit où plusieurs vaisseaux de Tourville furent coulés par l'escadre anglaise, en 1692. On retira environ 15,000 boulets et deux canons. Ces débris sous-marins excitèrent l'intérêt de la Société linnéenne de Normandie, qui les fit examiner par un commissaire pendant la grande marée du 5 avril 1835.

jourd'hui de collége, et la bibliothèque publique est dans une des deux ailes. Cette bibliothèque a quatre-vingt-huit manuscrits de peu d'importance, et plus de quinze mille volumes imprimés. L'histoire et la théologie sont les deux parties sur lesquelles elle offre le plus de bons ouvrages.

Parmi les hommes distingués nés à Valognes, on compte : Landry, poëte français du XIIe siècle ; Jean de Clamorgam, auteur, dans le XVIe, d'ouvrages sur la chasse et la navigation ; l'abbé de Flamanville, évêque de Perpignan, mort en odeur de sainteté ; Louis Froland, jurisconsulte, dont les publications sont au nombre de sept volumes in-4 ; Guillaume Mauquest de la Motte, célèbre chirurgien ; le Tourneur, traducteur d'Ossian, de Shakspeare, etc. ; Vicq-d'Azir, membre de l'Académie des sciences, successeur de Buffon à l'Académie française.

A 14 l. de Saint-Lô, 84 l. de Paris.

FIN DU DÉPARTEMENT DE LA MANCHE.

IMPRIMERIE DE FIRMIN DIDOT FRÈRES ET Cie,
RUE JACOB, N° 56.

Guide Pittoresque
DU
VOYAGEUR EN FRANCE.

ROUTE DE PARIS A CHERBOURG,
TRAVERSANT LES DÉPARTEMENTS
DE SEINE-ET-OISE, DE L'EURE, DU CALVADOS ET DE LA MANCHE.

DÉPARTEMENT DU CALVADOS.

Itinéraire de Paris à Cherbourg,
PAR ÉVREUX ET CAEN, 89 LIEUES.

	lieues.			lieues.
De Paris à Courbevoie......⬜..	2	Lizieux.............⬜....⬜..	3 1/2
Saint Germain en Laye..⬜....⬜..	3 1/2	Estréez.................⬜..	4
Poissy.............⬜...	1	Moult................⬜..	3 1/2
Triel..............⬜....⬜..	2	Vimont..................⬜..	1
Meulan...........⬜....⬜..	2	Caen.................⬜....⬜..	3
Mantes...........⬜....⬜..	4	Bretteville.............⬜....⬜..	3
Rosny............⬜..	1 1/2	Bayeux..............⬜....⬜..	4
Bonnières........⬜....⬜..	1 1/2	Vaubadon.............⬜..	3
Pacy-sur-Eure....⬜....⬜..	4	Saint-Lô.,.........⬜....⬜..	5
Évreux..........⬜....⬜..	4	Saint-Jean de Daye.........⬜..	3 1/2
La Commanderie....⬜....⬜..	4 1/2	Carentan...............⬜..	3
La Rivière Thibouville...⬜....⬜..	4	Sainte-Mère-Église......⬜....⬜..	3
Le Marché-Neuf.......⬜..	3	Valognes...........⬜....⬜..	4
L'Hôtellerie.............⬜..	3 1/2	Cherbourg...........⬜....⬜..	5

ASPECT DU PAYS QUE PARCOURT LE VOYAGEUR
DE PARIS A VAUBADON.

On sort de Paris par les Champs-Élysées en passant près du magnifique arc de triomphe de l'Étoile, d'où l'on jouit d'une superbe vue sur les plus beaux monuments de Paris. Un peu après on découvre à droite la plaine de Saint-Denis, la vallée de Montmorency, et on longe à gauche le bois de Boulogne. A Neuilly, on passe la Seine sur un pont magnifique, d'où l'on découvre les îles bocagères dépendant de la belle habitation du roi des Français, habitation que de grands arbres cachent à la vue, mais dont on devine la position en apercevant la sentinelle placée au bord de la rivière. A l'Étoile, où est établi le relais dit de Courbevoie, on tourne à gauche en passant au pied du mont Valérien, et peu après on descend à Nanterre. De cet endroit, deux routes conduisent à Saint-Germain en Laye dont on aperçoit le château dans le lointain : la première passe dans Nanterre, à Chatou, au Pecq, et abrège de trois quarts de lieue ; la seconde passe près de la belle caserne de Ruel, et longe le parc de Malmaison. Au delà du parc, un chemin étroit gravit la colline en passant devant la jolie maison de campagne de la Jonchère, qui a compté parmi ses propriétaires le général Bertrand, le prince Eugène Beauharnais, et le fameux fournisseur Ouvrard. La route suit la rive gauche de la Seine, bordée de ce même côté par un riant coteau sur lequel sont bâties un grand nombre de belles maisons de campagne, dominées par le joli pavillon et par les belles terrasses de Lucienne, dont le site enchanteur, sur une saillie du coteau, a peu d'égal en France. La Chaussée est un village remarquable par les restes de la maison de Gabrielle d'Estrées, et Bougival par les maisons de campagne qui s'élèvent en amphithéâtre sur le sinueux penchant de la colline. A port Marly, village qui domine un bel aqueduc de dix-huit cents pieds de long sur soixante-dix de hauteur au-dessus du sol, on voit les restes de la fameuse machine de Marly, remplacée aujourd'hui par une pompe à feu, qui élève l'eau jusque dans l'aqueduc, au moyen de deux conduites inclinées, posées sur un glacis bordé de gazon et ombragé par un double rang de peupliers. Au pied de la côte, on quitte le bord de la rivière en tournant à gauche, et l'on joint la route de Versailles. Une fort belle vue se développe à droite à mesure qu'on gravit cette belle côte; la route est tracée en pente douce sur le flanc de la colline, et bordée de trottoirs. L'entrée de Saint-Germain est marquée par une petite place où aboutit la route du Pecq. On doit s'arrêter quelques heures dans cette ville pour jeter un coup d'œil sur la masse imposante du château, et surtout pour jouir de la vue unique qu'offre sa magnifique terrasse, longue de 2,400 mètres, large de 30, couverte d'un long tapis de pelouse, bordée dans toute sa longueur, à gauche par la forêt, à droite par un rideau de vignes qui, s'inclinant vers la vallée, va confondre sa verdure avec celle des prairies qu'arrose la Seine.

En sortant de Saint-Germain on entre dans la forêt, qui se prolonge de ce côté jusqu'à une demi-lieue de Poissy, où l'on passe la Seine sur un pont remarquable par sa longueur et par la belle vue qu'offrent les bords de la rivière. Triel est un très-long village, bâti dans la plus agréable situation; de Triel à Meulan, la route côtoie la rive gauche de la Seine; au milieu de la distance est le village de Vaux, bâti dans une belle situation, entre la Seine et les collines qui la bordent. Au delà, le voyageur parcourt une espèce de terrasse presque continuelle, dominée par de charmants coteaux, et dominant elle-même la vallée toujours riante de la Seine. On traverse par une large et belle rue la jolie ville de Meulan. Au sortir de cette ville, le paysage devient de plus en plus beau; on continue à longer la rive gauche du fleuve, qu'on n'aperçoit que rarement, et à droite les coteaux qui bordent la vallée jusqu'au bourg de Limay, regardé comme le faubourg de la ville de Mantes, à laquelle il est joint par deux ponts jetés sur les deux bras de la Seine. Le voyageur continue à suivre sans le voir le cours du fleuve, dont il a quitté la rive droite pour la rive gauche, et dont il se rapproche en arrivant à Rosny, village remarquable par un beau château, jadis propriété de madame la duchesse de Berry. Une lieue plus loin, on traverse le village de Rolleboise, remarquable par sa belle situation et par ses caves taillées dans le roc, et, à trois quarts de lieue au delà, celui de Bonnières, où l'on quitte la route de Rouen pour suivre celle de Caen. Près du village de Chaignolles on passe du département de Seine-et-Oise dans celui de l'Eure. Une descente peu rapide conduit près du château d'Aigleville, près duquel commence une vallée qui s'étend jusqu'à Pacy-sur-Eure, dont les environs abondent en fossiles de tout genre. Un grand nombre de villages et de hameaux se succèdent ensuite presque sans interruption jusqu'aux portes d'Évreux.

En sortant de cette ville, on laisse à droite le château de Navarre. On passe à Parville, à Saint-Melain la campagne, en laissant à droite les châteaux de Graveron et Semerville. La Commanderie est un hameau où est établi le relais; près de là, la plaine est parsemée de bosquets. Après Escardanville, on laisse à gauche le château de Fumechon; on passe à Périers, à Fuguerolles et à la Rivière Thibouville, hameaux composés de maisons éparses sur les bords de la Rille. Le Marché-Neuf est un autre hameau non loin duquel on voit à droite le château de Lamberville. Près du village de Duranville se montrent à gauche le château de Bellemare, et à droite celui de Folleville. Au relais de l'Hôtellerie on passe du département de l'Eure dans celui du Calvados. Quelques hameaux bordent ensuite les deux côtés de la route qui conduit à Lizieux, où on traverse la Touques. En sortant de cette ville, on traverse encore plusieurs hameaux avant d'arriver à Saint-Laurent du Mont, où l'on gravit une côte assez roide, d'où l'on aperçoit Estrées en Auge, bâti au milieu de vertes prairies qui se prolongent jusqu'aux environs du relais de Moult. A cette prairie succèdent des plaines fertiles peuplées de beaux villages que l'on traverse ou qu'on longe à droite et à gauche avant d'arriver à Caen. Au delà de cette ville on franchit plusieurs côtes qui conduisent dans de belles vallées. Au relais de Bretteville on passe le ruisseau de Gronde. Au Vieux-Pont on traverse la Seule, une lieue et demie avant d'arriver à Bayeux, ville où l'on entre par le faubourg de Saint-Exupère. On entre, en quittant cette ville, dans une plaine élevée; au village de Sables on passe la Dromme, et peu après on entre dans le bois de Trouquay, dont on traverse environ une lieue d'étendue avant d'arriver au relais de Vaubadon. Au sortir de ce village on entre dans la forêt de Cerisy, à l'issue de laquelle on passe du département du Calvados dans celui de la Manche.

PETIT ATLAS NATIONAL DES DÉPARTEMENS DE LA FRANCE.

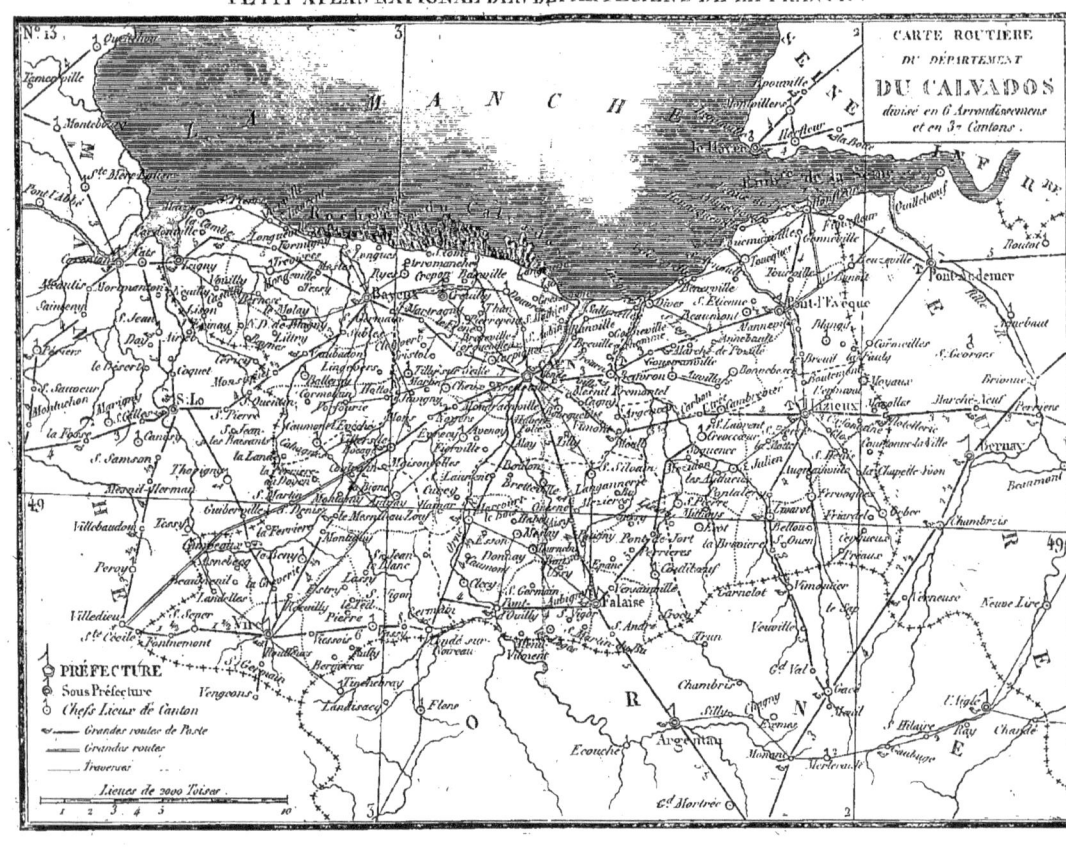

Paris, Firmin Didot frères, Rue Jacob, N° 24.
et L. Hachette, Libraire, Rue Pierre-Sarrazin, N° 12.

DÉPARTEMENT DU CALVADOS.

APERÇU STATISTIQUE.

Le département du Calvados est formé du pays d'Auge, du Bessin, de la campagne de Caen, qui dépendaient de la basse Normandie, et d'une partie du Lieuvain, qui appartenait à la haute Normandie. Il tire son nom d'un rocher d'environ cinq lieues d'étendue, situé dans la Manche, à peu de distance de ses côtes, entre l'embouchure de la Seule et celle de la Vire. Ses bornes sont : au nord, la Manche ; à l'est, le département de l'Eure ; au sud, ceux de l'Orne et de la Manche : ce dernier département le borne encore à l'ouest.

La partie méridionale du territoire de ce département est entrecoupée de collines qui se rattachent à la chaîne formant la ligne de partage d'eau entre la Seine et la Loire. Il n'y existe point de montagnes proprement dites ; car on ne peut donner ce nom à des collines dont les plus hautes sommités n'excèdent pas généralement de 75 mètres le niveau des plaines environnantes. Les plus élevées de ces collines se trouvent dans l'arrondissement de Vire ; leur point culminant est le mont Pinçon, dont l'élévation est de 233 mètres. L'aspect du département est singulièrement pittoresque : à côté des plaines de la campagne de Caen, le pays d'Auge et le Lieuvain offrent une perspective continuelle de collines et de vallées, où l'œil se repose avec complaisance sur de magnifiques herbages, source inépuisable de richesse, qui n'exigent ni soins ni cultures. Les vallées sont la partie la plus riche du Calvados ; les principales sont celles de l'Aure inférieure, de Corbon et de Pont-l'Évêque : dans leurs gras pâturages paissent des vaches qui donnent les beurres si renommés de Trévières et d'Isigny, et des bœufs achetés dans les départements du Finistère, des Côtes-du-Nord, de la Sarthe, de la Mayenne et de la Vendée, pour être revendus aux marchés de Beaumont et de Poissy ; c'est là aussi qu'on élève les beaux chevaux de race normande. Le littoral du Bessin offre une longue suite de prairies non moins fertiles, qui se terminent au sud-ouest par les riants coteaux du Bocage. Dans l'arrondissement de Bayeux, les propriétés sont généralement entourées de fossés plantés, et de haies épaisses qui donnent à cette belle contrée l'aspect le plus varié. L'arrondissement de Pont-l'Évêque présente une suite continuelle de vallées fertiles et de collines verdoyantes.

Les côtes du département du Calvados ont environ vingt-cinq lieues de développement depuis Honfleur jusqu'à l'embouchure de la Vire ; elles sont défendues par des bancs de sable de la Dives à la Seulles, et par des falaises et des terres élevées entre cette rivière et la Vire. Les côtes sont très-peu sinueuses ; leur accès est généralement difficile, à cause des rochers à fleur d'eau qui les bordent, et des amas de galets amenés par le mouvement de la mer. On y compte neuf ports : Honfleur, Trouville, Touques, Dives, Sallenelles, Caen, Courseulles, Port en Bessin et Isigny. Sur les rochers on pêche beaucoup de poisson, de homards et de coquillages : environ deux cents parcs, pratiqués à l'embouchure de la Seulles, reçoivent annuellement jusqu'à vingt-cinq millions d'huitres, pêchées dans la rade de Cancale.

Le climat du département est en général très-variable. L'air y est plus humide que sec, plus froid que tempéré, mais pur et sain, à l'exception de quelques parties de la contrée occidentale du canton d'Isigny, et de certaines parties des vallées d'Aure, de la Dives et de la Touques.

Le département du Calvados a pour chef-lieu Caen. Il est divisé en 6 arrondissements, et en 37 cantons, renfermant 809 communes. — Superficie, 288 lieues carrées. — Population, 424,248 habitants.

Minéralogie. Argent natif en grains dans les ardoisières de Curcy. Minerai de fer non exploité. Exploitation de houille à Littry. Carrières de marbre, grès, pierre de taille, grès à paver, argile, terre à foulon, marne, tourbe, ardoise.

Sources minérales à Roques, Brucourt, Touffréville.

Productions. Froment de très-bonne qualité et toutes espèces de céréales, quantité de légumes secs, pommes de terre, melons, chanvre, lin, colza, navets ou rabettes, absinthe ;

pastel, gaude, pruniers, merisiers, noyers. Culture en grand des fleurs. — Point de vin, environ 1,400,000 hectolitres de cidre. — Éducation en grand de chevaux, bêtes à cornes, moutons mérinos, métis et du pays; porcs, abeilles, volaille renommée. — Bêtes fauves et petit gibier (faisans, coqs de bruyère, perdrix rouges). — Poisson de mer et d'eau douce, huîtres de Cancale et autres coquillages. — Plantes marines sur la côte. — Mine d'antimoine non exploitée. Carrières de marbres, grès, pierres de taille, grès à paver, argile, terre à foulon, marne, tourbe, houille.

INDUSTRIE. Manufactures de toiles cretonnes, de bonneteries, de dentelles, de tulles en fil et de blondes de soie, de tulles de coton, de draps, flanelles, frocs et autres lainages. — Fabriques de couvertures, chapeaux, papiers, acides minéraux, coutellerie, quincaillerie, cuirs, huiles, plomb de chasse. Blanchisseries de toiles; tanneries et teintureries.

COMMERCE de chevaux excellents, de bestiaux gras, beurre estimé, volailles fines, cidre, miel, oignons de fleurs, eaux-de-vie de cidre, biscuits pour la marine, fromages façon de Hollande, salaisons, graines de trèfle, chanvre, fer, dentelles et toiles, pierres de taille, bois, houille, etc. — Commerce d'exportation considérable avec les différentes puissances maritimes de l'Europe et les États-Unis d'Amérique. Les importations se font en fer, laine, coton et denrées coloniales.

VILLES, BOURGS, VILLAGES, CHATEAUX ET MONUMENTS REMARQUABLES;
CURIOSITÉS NATURELLES ET SITES PITTORESQUES.

ARRONDISSEMENT DE CAEN.

ARGENCE. Bourg situé dans une contrée fertile, sur la petite rivière de Muance, à 4 l. de Caen. Pop. 1,574 hab. — Commerce de grains et de miel. — Marché considérable pour les grains tous les jeudis.

BERNIERES-SUR-MER. Village situé à 4 l. 1/4 de Caen. Pop. 1,482 hab. On y remarque une des plus belles et des plus vastes églises du département; la construction de la tour parait être du XIVe siècle. Beau parc aux huîtres.

BOURGUEBUS. Bourg situé à 2 l. 1/4 de Caen. Pop. 280 hab.

BRETTEVILLE-L'ORGUEUILLEUSE. Bourg situé à 3 l. de Caen. Pop. 850 hab.

Ce village possède une église paroissiale dont la construction date du XIVe siècle. La halle est une des plus considérables du département par les qualités de céréales qu'on y apporte, non-seulement des environs, mais encore de l'arrondissement de Bayeux, et même du département de la Manche.

CAEN. Grande et belle ville. Chef-lieu du département et de deux cantons. Cour royale d'où ressortissent les départements du Calvados, de la Manche et de l'Orne. Tribunaux de première instance et de commerce. Chambre et bourse de commerce. Conseil des prud'hommes. Vice-consulats étrangers. Académie des sciences, belles-lettres et arts. Académie universitaire. Collége royal. Société de médecine. École d'hydrographie de troisième classe. Société médicale, d'agriculture et de commerce. Institution des sourds-muets. Syndicat maritime. Chef-lieu de la quatorzième division militaire. ✉ ☞ Pop. 39,140 hab.

Caen n'est pas une ville fort ancienne, et cependant on ne peut fixer avec certitude l'époque de sa fondation. On croit qu'elle a remplacé une cité dont les débris se retrouvent au village de Vieux, que les Romains avaient décorée de nombreux édifices, et qu'ils nommaient *Civitas Viducassium*. C'était la capitale du pays: elle fut entièrement détruite par les Saxons, dans les invasions du IIIe et du VIe siècle; plus tard la nouvelle ville se forma des débris de l'ancienne, et occupa d'abord l'emplacement du château actuel. Son premier nom fut *Cathem* ou *Cathom* (en saxon, demeure de guerre). En 912, lors de la cession de la Neustrie aux Normands, par Charles le Simple, Caen était déjà une cité grande et importante. Sous les ducs normands, et surtout sous Guillaume le Conquérant, son accroissement fut rapide; ce dernier prince et Mathilde, son épouse, contribuèrent à l'embellir. Ils y élevèrent les deux plus beaux édifices de la ville, l'abbaye de Saint-Étienne, dite l'Abbaye aux Hommes, et celle de la Trinité, dite l'Abbaye aux Dames. Guillaume commença la construction du château; Henri Ier, d'Angleterre, le termina; Louis XII et François Ier le réparèrent et l'agrandirent.

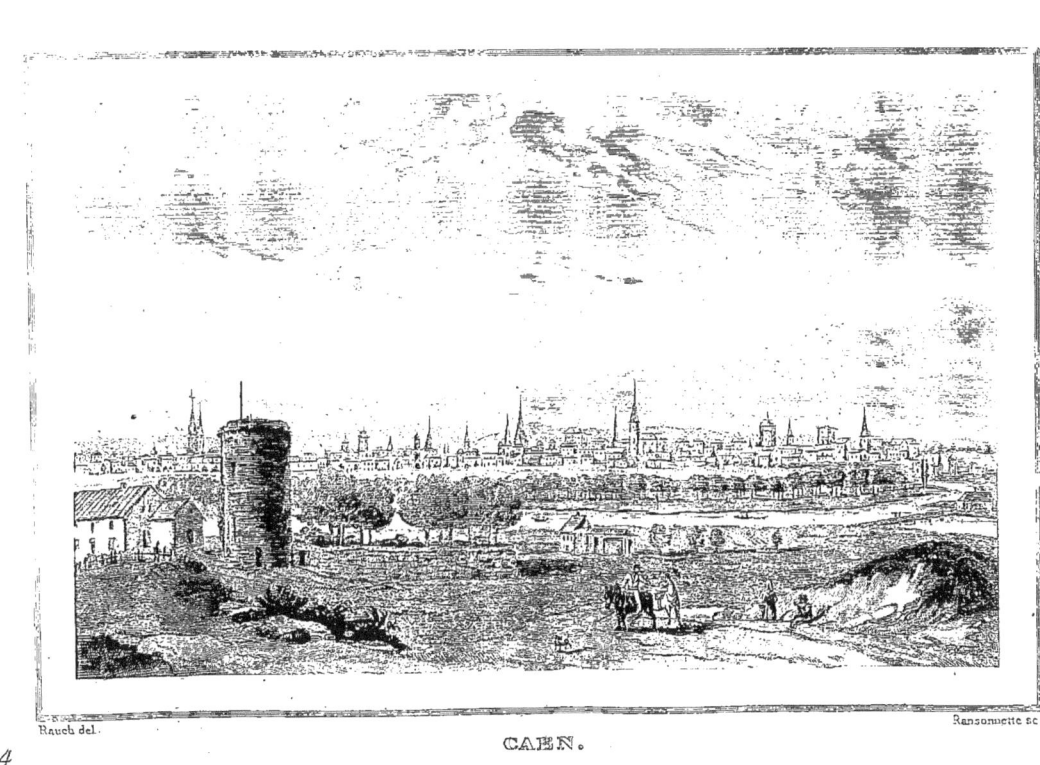

Rauch del. Ransonnette sc.

CAEN.

Caen était devenu la capitale de la basse Normandie, honneur qui lui attira plus d'une fois les malheurs de la guerre. En 1346, Édouard III, d'Angleterre, l'assiégea ; les habitants, commandés par Raoul, comte d'Eu, et par Jean de Melun, firent une sortie et furent battus ; ils rendirent la ville par capitulation ; mais quand les Anglais y furent entrés, le combat recommença dans les rues. Édouard, furieux, livra la ville au pillage, massacra une partie de la population, et enleva un butin immense. En 1417, les Anglais prirent Caen une seconde fois, et s'y maintinrent jusqu'en 1450, époque où le brave Dunois leur enleva cette ville d'assaut et força à capituler le duc de Sommerset, qui s'était retiré dans le château avec 4,000 Anglais.

Caen est situé à 3 l. de la mer, dans un beau vallon, entre deux vastes prairies bordées de collines, où se trouvent les carrières de ces belles pierres dont la ville est bâtie, et qui ont aussi été employées à la construction de Westminster et de divers autres édifices de Londres. La ville décrit un demi-cercle, qui embrasse une prairie arrosée par les bras nombreux de l'Odon. Au milieu de la courbe extérieure s'élève le château.

On est frappé de la régularité des rues de Caen, de la belle construction de ses monuments, ainsi que de la propreté générale de la ville. Les deux plus grandes rues sont celles de Saint-Jean et de Saint-Pierre ; elles forment un angle droit et traversent la presque totalité de la ville, où passe aussi un canal qui vient de l'Odon et qui active de nombreuses usines. Le port formé par le lit de l'Orne et par celui de l'Odon sert au cabotage ; il est peu important à cause des dangers que présente l'entrée de l'Orne, obstruée par de nombreux bancs de sable, et la presque impossibilité de remonter la rivière au-dessus de la ville ; cependant la haute mer y amène des bateaux de 150 à 200 tonneaux, et il rend de grands services aux débouchés des produits de la ville. Ce port est renfermé dans de beaux quais qui ont été commencés en 1787, et qui viennent d'être terminés.

Église cathédrale. Cet édifice, l'un des plus beaux de la Normandie, est l'ancienne église abbatiale de Saint-Étienne. Sa construction appartient à différentes époques : le portail, dont on admire avec raison la majesté et l'élévation des tours, la nef, une partie de la croisée et la base de la tour qui la surmonte, datent de la construction de l'église primitive (de 1066 à 1070). Le chevet, remarquable par son bel aspect, a entièrement été reconstruit vers le commencement du XIIIe siècle. L'intérieur offre aussi plusieurs différences de style : la nef, les bas-côtés et la croisée sont du XIe siècle ; de vastes galeries, dont les ouvertures sont ornées de balustrades, règnent sur toute l'étendue des bas-côtés. Le chœur, quoique d'une époque différente, se lie agréablement avec la nef ; il est terminé par un sanctuaire de forme circulaire, fermé d grilles et entouré de onze chapelles régulièrement construites.

Le grand bâtiment de l'abbaye dite l'Abbaye aux Hommes, fut commencé en 1704, et achevé en 1726. Les bâtiments du monastère se trouvant en dehors des remparts de la ville, le roi Jean autorisa les moines, en 1354, à le mettre en état de défense et à faire élever des fortifications dont on voit encore les restes du côté de la prairie, fortifications qui n'empêchèrent pas Henri IV de s'en emparer. Les protestants saccagèrent la plupart des bâtiments de ce monastère en 1562, et renversèrent le tombeau élevé dans l'église à la mémoire de Guillaume le Conquérant ; le prieur J. de Baillache lui fit élever un second mausolée qui subsista jusqu'en 1742, époque à laquelle les restes du Conquérant furent transportés dans l'intérieur de l'abbaye : ce troisième monument, renversé en 1793, fut rétabli sept ans après par le général Dugua, préfet du Calvados. — Les bâtiments de l'abbaye sont maintenant occupés par le collège royal.

L'église de la Trinité est l'église abbatiale de l'abbaye de ce nom, fondée vers 1066, par Mathilde, fille de Baudouin, comte de Flandre, et épouse de Guillaume le Conquérant. Le plan de cet édifice, en forme de croix latine, est régulier ; la sévérité des lignes et les belles proportions du portail, les ornements des cintres de ce portail et ceux des murs latéraux de la nef, les mascarons ou corbeaux à figures chimériques qui couronnent le haut de ces murs, et l'abside ou chevet, sont à l'extérieur les parties qui méritent le plus d'attention. Dans l'intérieur, la nef offre une sorte de magnificence remarquable dans la disposition et l'élégance des galeries qui terminent les travées. Le chœur est peu spacieux. Le sanctuaire, élevé sur plusieurs rangs de degrés, est décoré d'un péristyle à double étage de forme demi-circulaire, et surmonté d'une coupole peinte à fresque. Cette partie principale de l'église est d'un aspect noble et majestueux, et se distingue de tout ce qui est connu en ce genre par un caractère particulier. Sous le sanctuaire est une crypte ou chapelle souterraine, dont la voûte est soutenue sur trente-quatre colonnes d'environ huit pieds d'élévation et très-rapprochées, dont seize sont isolées.

Pendant longtemps un mausolée magnifique, élevé au milieu du chœur, offrait l'image de l'épouse du Conquérant, et indiquait le lieu de sa sépulture ; les protestants le détruisirent en 1562. Le cercueil et quelques fragments du corps furent recueillis par l'abbesse Anne de Montmorency, et replacés dans le tombeau où ils avaient reposé pendant cinq siècles. Un nouveau mausolée, érigé en 1708, par les soins de l'abbesse de Tessé, fut détruit de nouveau en 1793. Enfin, les cendres de cette princesse, retrouvées en 1809 dans le même cercueil, furent replacées en 1819 sous un troisième monument érigé par les soins de M. le comte de Montlivaut.

Les bâtiments de l'abbaye désignée ordinairement sous le nom de l'Abbaye aux Dames, ont été convertis en hospice en 1823.

ÉGLISE SAINT-PIERRE. La fondation de cet édifice est attribuée à saint Régnobert. L'architecture de l'église actuelle est de plusieurs siècles et irrégulière ; mais elle présente plusieurs parties fort remarquables, et mérite d'être considérée comme une des plus belles églises de Caen. La tour, toute en pierre, terminée en pyramide, est un chef-d'œuvre de hardiesse et d'élégance : elle fut bâtie en 1308, ainsi qu'une partie de la nef et les trois portails, dont l'un forme l'entrée de la nef centrale. Cette tour repose en arcade sur quatre piliers dont la légèreté est loin de laisser supposer l'énorme poids qu'ils supportent. Au dehors, elle est environnée de huit tourelles, d'où la flèche s'élance majestueusement dans les airs. A l'intérieur, elle est vide jusqu'à la base de la croix, et formée de pierres de quatre doigts d'épaisseur, liées en dedans par des crampons de fer. Cinq siècles n'ont pu apporter la moindre atteinte à ce monument, dont la solidité égale l'élégance et la hardiesse. Le grand portail ne fut terminé qu'en 1384 ; son aspect est irrégulier, mais pittoresque. Le chevet et le rond-point sont regardés avec raison comme un chef-d'œuvre de bon goût, de délicatesse et d'élégance ; c'est un des morceaux les plus curieux et les plus parfaits qui aient signalé la renaissance des arts, et il en existe fort peu en France, qui puissent lui être comparés. L'intérieur des chapelles de ce rond-point n'est pas moins magnifique que l'extérieur : on remarque surtout l'étonnante construction des voûtes, chargées de nervures et de pendentifs de la plus grand légèreté.

ÉGLISE SAINT-JEAN. Cette église fut commencée dans le XIVe siècle : le portail, la première tour et la nef sont de cette époque ; le chœur et la croisée sont du commencement du XVe siècle. L'intérieur présente quelques belles parties et un ensemble assez majestueux ; on y retrouve plusieurs fragments de riches vitraux, et deux belles statues représentant, l'une saint Jean-Baptiste, et l'autre saint Jean l'évangéliste.

ÉGLISE SAINT-NICOLAS. Cette église, qui depuis longtemps ne sert plus au culte, et qu'on a transformée en écurie militaire et en magasin à fourrages, est peut-être le seul monument de la Normandie qui présente dans toute sa pureté, sans mélange d'ornements étrangers, et sans altérations modernes, le type de l'architecture française du XIe siècle. C'était dans son enceinte que se rendaient au XIIe siècle les jugements apostoliques en matière œcuménique, par les délégués des papes.

NOUVELLE ÉGLISE NOTRE-DAME. Le nom de Notre-Dame a été donné récemment à l'église que les jésuites firent construire en 1684. Elle est entièrement bâtie dans le goût italien : le portail, la nef et le chœur sont d'une élégance remarquable. L'ange qui paraît planer au-dessus de l'autel est particulièrement digne d'attention.

L'HÔTEL DE LA PRÉFECTURE est un grand et bel édifice de style italien, dont la façade est décorée de six colonnes ; il est entouré de jardins et voisin du joli cours Caffarelli.

LE CHATEAU, dont une grande partie a survécu aux siècles, est le reste le plus remarquable de l'ancienne splendeur militaire de la ville de Caen ; il fut bâti par Guillaume le Conquérant vers la fin du XIe siècle, sur les débris de fortifications plus anciennes. Ce château fut augmenté ou réparé sous plusieurs rois de France, et notamment sous François Ier. Le donjon fut démoli en 1793.

LE PALAIS DE JUSTICE, construit de 1784 à 1787, est un bel édifice situé sur la place Fontette, d'où il domine les prairies. Il est entouré d'une belle colonnade et d'un péristyle ; mais l'intérieur est mesquin, exigu et mal distribué : on y voit cependant une grande salle où se tiennent les audiences solennelles de la cour royale et celles de la cour d'assises.

PROMENADES PUBLIQUES Les promenades publiques de Caen l'emportent sur la plupart de celles des autres villes du royaume, soit par leur étendue, soit par l'agrément

EGLISE ST PIERRE A CAEN.

ANCIEN HÔTEL DE VILLE DE CAEN.

des paysages qui les environnent. Le Cours, qui suit, depuis le pont d'Amour jusqu'à l'Orne, une ligne parallèle au canal du duc Robert, fut planté en 1676; celui qui remonte le cours de l'Orne jusqu'à Montaigu, est de l'année 1691.

L'Orne donne à la promenade du grand Cours un attrait particulier. Soit qu'on la remonte, soit qu'on la descende, soit qu'on se repose sous ses ombrages, il est impossible qu'on n'oublie pas les heures à la vue de ces ondes qui s'échappent en cascade de la chaussée de Montaigu, s'étendent ensuite en nappe transparente, et vont disparaître sous les arches légères du pont de Vaucelles. Le coteau qui s'élève en amphithéâtre avec ses maisons et ses jardins pittoresques; Montaigu avec son moulin, sa fabrique et ses saules pleureurs; les prairies avec leurs troupeaux; ces casernes où retentit le bruit des armes; le pont sans cesse traversé par une population empressée; et au delà, ces nombreux navires déployant dans les airs des pavillons étrangers au milieu desquels brille le pavillon national: cet ensemble de scènes touchantes, nobles et variées, se prête merveilleusement à toutes les illusions de la poésie et de la peinture.

La promenade du petit Cours est liée avec la place Fontette par une suite de plantations plus récentes, qui laissent à droite le boulevard avec sa ceinture de marronniers d'Inde, la place et les jardins de la préfecture. Ailleurs sont des allées de tilleuls qui se dirigent de la place Saint-Martin vers la rue de Geôle. On en trouve plusieurs autres dans le faubourg Saint-Gilles. Les plantations faites récemment sur le quai Vendeuvre, de chaque côté du canal, ont puissamment contribué à l'embellissement de ce quartier. Mais des promenades qui rivalisent avec les deux premiers Cours sont celles qui ont été plantées au commencement de ce siècle, sur les deux rives du nouveau canal de l'Orne, et qui s'étendent jusqu'au bac de Mondeville. On les désigne sous le nom de Cours Caffarelli, en mémoire du préfet qui administrait alors le département.

On remarque encore à Caen: l'hôtel Valois, édifice orné de statues et de beaux morceaux d'architecture, construit en 1538, et où se tiennent la bourse et le tribunal de commerce; la bibliothèque publique, renfermant 25,000 volumes; le musée; le cabinet d'histoire naturelle; le jardin de botanique, qui contient plus de 3,000 espèces de plantes indigènes et exotiques; le collège royal; l'Hôtel-Dieu; etc., etc., etc.

Caen est la patrie de Malherbe, regardé comme le père de la poésie française; du poëte Segrais, de Malfilâtre; du lieutenant général Decaen, etc., etc.

INDUSTRIE. Fabriques considérables de bonneterie et de dentelles, de draps, casimirs, flanelles, toiles fines, linge de table, tissus de coton, futaines à poils, droguets, gants angora et de fourrure, blondes, chapeaux de paille, plomb de chasse, porcelaine, faïence, papiers peints, coutellerie, huiles, etc.; filatures de coton; blanchisseries de cire; teintureries; brasseries; tanneries et corroieries; construction de navires.

COMMERCE de grains, vins, eaux-de-vie, cidre, graine de trèfle, chanvre, bestiaux, chevaux de prix, volailles, beurre, poisson, salaisons; fer, acier, quincaillerie, meules et pierres de taille tirées des carrières environnantes. — Entrepôt de sel. — Les exportations se font par le petit port situé sous les murs de la ville, et qui peut recevoir à marée haute seulement des bâtiments de 200 tonneaux.

A 28 l. de Rouen, 55 l. de Paris.—*Hôtels* d'Angleterre, de la Victoire, d'Espagne, du Louvre, de France, du Commerce, etc.

CHEUX. Bourg situé à 2 l. 3/4 de Caen. Pop. 1,100 hab. On y voit une église dont la construction paraît remonter au XIVe siècle. — *Commerce* considérable de grains.

COURSEULLES-SUR-MER. Village maritime, situé à l'embouchure de la Seulles dans la Manche qui y forme un petit port, à 4 l. de Caen. Pop. 1,445 hab.

Un établissement de bains de mer a été fondé récemment dans l'île de Plaisance, à Courseulles-sur-Mer. Il se compose: 1º de salles de bains chauds et froids d'eau de mer et d'eau douce, où sont placés des lits; ces salles sont couvertes d'une belle plateforme d'où l'on voit monter et descendre la mer, et les mouvements du port de Courseulles.

2º De petites voitures commodes, destinées pour aller dans la mer et la rivière, à la hauteur qu'on le désire, sur un sable très-doux, et s'y habiller.

3º D'un petit bateau voilé, sans serrage ni bordage, autres que quelques faibles branches de fer, destiné à prendre des bains dans une grande retenue d'eau de mer, presque tiède en été, d'un demi-quart de lieue de longueur, et quatre pieds de profondeur. Un enfant de 10 à 12 ans peut seul faire naviguer ce bateau, qui opère dans sa course le même effet que les vagues de la mer; des rideaux transparents procurent aux baigneurs l'agrément de voir le public sans être vus eux-mêmes.

4° De tentes destinées à être placées sur le rivage de la mer et sur le lit de la rivière, pour s'y déshabiller et s'y habiller : un maître de natation donne des leçons aux nageurs et accompagne les baigneurs qui le désirent.

On trouve dans cet établissement des promenades sur les digues, plantées de tamarin, fleurissant deux fois dans l'été, longeant la rivière de Seulles qui sépare l'établissement d'avec le rivage de la mer ; des bois, parterres, bosquets, tonnelles, ornés de statues, et dans lesquels on peut se faire servir ; un monticule situé au milieu des bois, du sommet duquel on plane sur la mer, jusqu'au Havre, et sur de riantes et vastes campagnes ; de superbes parcs remplis d'eau de mer, apprivisionnés d'huîtres blanches et vertes, de poissons de diverses espèces, de crevettes ou salicoques, de homards et autres coquillages vivants, que l'on peut pêcher à la main et avec le filet ; des jeux champêtres, à l'instar de Tivoli, etc.

Une jolie voiture part tous les matins à 7 heures de Caen, pour Courseulles et l'île de Plaisance, en passant par les beaux hameaux de la Délivrande, Langrune, Saint-Aubin et Bernières, qui longent le rivage de la mer.

Commerce considérable d'huîtres. — *Fabriques* de blondes et de dentelles — *Hôtel de France.*

CREUILLY. Bourg situé sur la rive droite de la Seulles, à 4 l. de Caen. Pop. 1,023 hab. Il est bien bâti et domine un vallon fort agréable. Le château de Creuilly est un monument remarquable de l'architecture du moyen âge. Il était fortifié et susceptible d'une bonne défense — *Fabriques* de tulle et de dentelles.

DÉLIVRANDE (la). *Voyez* DOUVRES.

DOUVRES. Bourg situé à 3 l. de Caen. ✉ (à la Délivrande). Pop. 1,652 hab.

C'était jadis le chef-lieu d'une de sept baronnies qui formaient la Marche épiscopale des évêques de Bayeux. L'église paroissiale appartient à plusieurs époques : la nef est romane, et la tour de transition.

Le hameau de LA DÉLIVRANDE, dépendance de la commune de Douvres, est célèbre par sa chapelle dont on attribue la fondation à saint Régnobert qui vivait dans le VIIe siècle. Les Normands l'ayant détruite dans le XIe, elle fut reconstruite en 1050, par Baudouin, seigneur de Devonshire. Cette chapelle, où le bigot Louis XI fit ses dévotions en 1473, est le but de pèlerinages très-fréquentés pendant le printemps et l'été. — *Fabrique* de tulle, blondes et dentelles.

ESCOVILLE. Village situé à 2 l. de Caen. Pop. 332 hab. — *Fabrique* de dentelles.

ÉVRECY. Bourg situé à 3 l. de Caen. Pop. 839 hab. — *Fabrique* d'huile.

Évrecy possédait jadis un des principaux monastères du diocèse, fondé vers le VIIe siècle. C'était dans le XIe, le siége d'une châtellenie qui fut érigée en vicomté dans le XIVe. Édouard III, roi d'Angleterre, incendia ce bourg en 1346. Un autre incendie le consuma presque entièrement en 1811 ; mais il fut reconstruit par la munificence de l'empereur Napoléon, qui accorda cent mille francs pour aider à le rebâtir.

FRESNE-CAMILLY (le). Village situé à 3 l. 1/4 de Caen. Pop. 700 hab. L'église paroissiale de ce village est un édifice remarquable, qui a conservé dans toute son intégrité le type architectural des différents âges auxquels elle appartient ; les galeries, les portes et le grand arc de la nef sont du XIe siècle ; les deux tiers du chœur, construits dans le goût de l'architecture à ogives de la fin du XIIe siècle, peuvent servir de modèle en ce genre ; mais la première fenêtre du chœur et la chapelle qui se trouve au-dessous de la tour, paraissent plus anciennes que la nef.

IFS. Village situé à 1 l. 1/4 de Caen. Pop. 750 hab. La tour de l'église de ce village est fort belle et paraît appartenir au XIIIe siècle.

LANGRUNE-SUR-MER. Bourg situé sur la Manche où il a un établissement de bains de mer, à 4 l. de Caen. Pop. 2,275 hab.

Langrune est un bourg fort ancien dont il est fait mention dans les chartes du moyen âge sous le nom de *Langrun*, *Langronia*. L'église paroissiale est remarquable par ses fenêtres en lancettes, et par sa corniche à dents de scie ; c'est un édifice du XIIIe siècle, surmonté d'une tour qui paraît être du XIVe siècle.

LUC-SUR-MER. Village situé au bord de la mer, à 3 l. 1/4 de Caen. Pop. 1,960 hab. — Établissement de bains de mer dans une belle exposition. — *Commerce* de salaisons. Pêche du hareng.

NORREY. Village situé à 3 l. de Caen. Pop. 350 hab. On y voit une belle église paroissiale, dont le chœur et la tour sont particulièrement remarquables par leur élégance.

OUISTREHAM. Village situé à l'embouchure de l'Orne, à 3 l. de Caen. Pop. 1,150

CHÂTEAU DE FONTAINE HENRI.

hab. Deux fanaux y sont établis; l'un dans le clocher de l'église paroissiale, à 28 mètres au-dessus du niveau de la mer, et l'autre sur une dune élevée auprès de la redoute qui porte le nom de la commune. — Pêche du hareng.

SALLENELLES. Village situé près de l'embouchure de l'Orne dans la Manche, à 3 l. 1/4 de Caen. Pop. 357 hab. — Construction de navires.

TILLY-SUR-SEULLES. Bourg situé à la jonction de plusieurs routes, près de la rive droite de la Seulles. ✉ Pop. 1,030 h. On y voit un château remarquable par son étendue et par le charmant paysage qui l'environne. — *Fabriques* de dentelles. Tanneries et clouteries.

TROARN. Bourg situé sur le penchant d'un coteau au pied duquel coule la Muance et la Dives, à 3 l. de Caen. ✉ ☞ Pop. 892 hab. On y remarque les restes d'une abbaye de bénédictins, fondée vers le XIe siècle. — *Commerce* considérable de beurre, volailles, poisson d'eau douce, fromages, dentelles, cidre, que l'on exporte à Rouen et au Havre. La halle et le marché de Troan, qui se tiennent le samedi, sont très-fréquentés.

VARAVILLE. Village situé à 5 l. de Caen. Pop. 254 hab. Il est célèbre par la victoire que Guillaume le Bâtard y remporta sur les troupes de Henri Ier, roi de France. — *Fabriques* de fromages.

VIEUX. Village situé à 2 l. 1/2 de Caen. Pop. 550 hab. — Carrière de marbre.

Vieux, *Vedioca*, *Veocæ*, est remarquable par les souvenirs historiques qui s'y rattachent. C'est une opinion généralement admise qu'il existait autrefois dans l'emplacement de cette commune une ville considérable qui devint la capitale des *Viducasses*.

VILLERS-BOCAGE. Petite ville située à 5 l. 1/2 de Caen. ✉ Pop. 1,178 hab. Il y avait autrefois deux églises paroissiales et une forteresse mentionnée dans les anciens actes sous le nom de Tour de Villers. Édouard III, en 1346, et Henri V en 1417, s'en emparèrent et y mirent garnison. Jeanne Bacon y fonda en 1366 le prieuré hospitalier de Sainte-Élisabeth, dont l'hospice subsiste encore. — *Commerce* considérable d'œufs pour l'Angleterre, et de bestiaux. Foires et marchés très-fréquentés.

ARRONDISSEMENT DE BAYEUX.

BALLEROY. Bourg situé à 4 l. 1/2 de Bayeux. ✉ Pop. 1,267 hab. Il est bâti dans une situation pittoresque, sur le penchant d'un coteau qui s'élève sur la droite de la Dromme, et remarquable par un magnifique château, construit sur les dessins de Mansard, au milieu de bois plantés avec goût. — *Fabriques* de dentelles et de blondes. — *Commerce* considérable de bestiaux.

BAYEUX. Très-ancienne ville. Chef-lieu de sous-préfecture. Évêché. Tribunaux de première instance et de commerce, chambre consultative des manufactures. Collége communal. ✉ ☞ Pop. 10,303 hab.

L'origine de cette ville, comme celle de la plupart des villes de la Normandie, se perd dans la nuit des temps. L'opinion la plus accréditée est que sa fondation est antérieure à la conquête de César. Sous la domination romaine elle fut désignée sous le nom de *civitas Bajocassium*, d'où l'on a fait *Baex*, *Baièves*, *Baiex*, et enfin Bayeux. Les Romains avaient fait de cette ville une station militaire qu'ils décorèrent d'édifices. Les Saxons dévastèrent la ville romaine, et de ses ruines formèrent une ville nouvelle qui, après s'être soumise aux Francs, devint la proie des Normands en 884 et en 890. Elle fut brûlée par accident vers l'année 1046. Sous Guillaume le Bâtard, Bayeux devint le partage du frère utérin de ce prince, du fameux Odon, célèbre par la part qu'il eut à la conquête de l'Angleterre. Henri Ier, fils de Guillaume, s'en empara et la livra aux flammes en 1106. Philippe de Navarre, frère de Charles le Mauvais, la prit et la réduisit en cendres en 1356. Bayeux se rendit aux Anglais en 1450, trente-trois jours après la bataille de Formigny. Les protestants s'emparèrent de cette ville et saccagèrent ses édifices religieux en 1562 et en 1563. La Moricière la prit pour la Ligue en 1589, et la rendit l'année suivante au duc de Montpensier.

Cette ville est située dans une plaine fertile, riche en excellents pâturages, à trois lieues de la mer. Elle est en général bien bâtie, et se compose de la cité et de quatre faubourgs. Toutefois la plupart de ses constructions sont encore de style vieux et triste, et à l'exception d'une seule rue qui traverse la ville dans toute sa longueur, presque toutes les autres sont étroites et mal percées. Les places publiques sont assez vastes, bien plantées, mais irrégulières.

L'ÉGLISE CATHÉDRALE est une grande et

majestueuse basilique de style gothique, dont l'origine n'est pas postérieure aux temps de la domination des Saxons. On croit que l'incendie de 1106 détruisit en partie cet édifice : ce qui paraît certain, c'est que les arcades de la nef sont tout ce qui reste des constructions du XIe siècle. L'architecture de cette nef, quoique fort belle, ne l'est pas à beaucoup près autant que celle du chœur, dont rien n'égale l'élégante perfection : on remarque dans cette dernière partie de l'église, qui est entièrement séparée de l'autre, de magnifiques statues en chêne, sculptées dans le XVIe siècle. Le portail serait fort beau s'il était moins écrasé ; il est surmonté de deux pyramides élevées de 230 pieds ; celle du nord a été bâtie avec l'église ; celle du sud est de 1424. Au-dessus du chœur s'élève une tour octogone de 224 pieds, qui se termine par une lanterne pyramidale que supportent huit élégants piliers : la construction de cette tour date de 1714. Sous le chœur et sous une partie du sanctuaire se trouve une crypte, supportée par huit colonnes massives, surmontées de chapiteaux grossiers : les murs de cette chapelle souterraine ont été peints à fresque dans le XVe siècle. L'intérieur de l'église est décoré de plusieurs tableaux de Restout, qui ne sont pas sans mérite.

L'ÉGLISE SAINT-EXUPÈRE, située hors de la ville, passe pour la plus ancienne de Bayeux. Il ne reste toutefois de sa construction primitive que le corps carré de la tour, sur lequel on a élevé une pyramide de mauvais goût. Cette église, démolie en partie pendant la révolution, a été rebâtie sous le Consulat.

L'ÉGLISE SAINT-PATRICE appartient en grande partie au XVIIIe siècle. Le chœur fut relevé en entier en 1747. La tour, qui est d'une architecture élégante, date du milieu du XVIe siècle.

On remarque encore à Bayeux l'hôtel de ville, où se trouve la fameuse tapisserie de la reine Mathilde, broderie intéressante sous le rapport historique des costumes du temps, qui retrace sur une toile de lin parfaitement conservée, de 19 pouces de haut sur 214 pieds de long, les événements de l'expédition de Guillaume le Conquérant ; le palais épiscopal, dont la galerie est ornée de la collection des portraits de tous les évêques de Bayeux ; le collège ; la bibliothèque publique, renfermant 7 à 8,000 volumes ; l'Hôtel-Dieu, l'hôpital général, etc.

Patrie du peintre Robert.

Fabriques de dentelles renommées, tulles de fil, blondes, calicots, percales. Manufacture de porcelaine dont les produits sont estimés. Tanneries. — *Commerce* de chevaux, bestiaux, volailles, beurre, cidre, pommes de terre, dentelles, toiles, houille, porcelaine, etc.

A 7 l. de Caen, 8 l. de Saint-Lô, 75 l. de Paris. — *Hôtels* de Luxembourg, Grand Hôtel Boissard.

CAUMONT. Village situé sur une colline d'où l'Aure supérieur tire sa source, à 6 l. 1/4 de Bayeux. Pop. 841 hab. On y jouit d'une fort belle vue sur la mer et sur les clochers de la ville de Coutances. — *Commerce* de volailles.

FORMIGNY. Bourg situé à 4 l. de Bayeux. Pop. 500 hab. Il est célèbre par la bataille que le connétable de Richemont y gagna le 15 avril 1450, sur les Anglais ; bataille dont la perte força ces insulaires à évacuer entièrement la Normandie.

ISIGNY. Petite ville maritime, située à 9 l. 3/4 de Bayeux. Tribunal de commerce. ✉ Pop. 2,192 hab.

Cette ville est bâtie dans une belle situation, au fond d'un golfe formé par la Manche, à l'embouchure de la Vire et de l'Aure inférieure, avec un port qui reçoit des navires de 100 à 120 tonneaux, et d'un tirant d'eau de trois mètres. On remarque à une demi-lieue le pont du Vay sur la Vire ; il est construit en granit et a cinq arches de six mètres chacune, avec des portes de flot. — *Commerce* considérable de bon cidre et d'excellent beurre, de salaisons, jambons, graine de trèfle, cire jaune, plume et duvet d'oies, bestiaux, moutons, charbon de terre, etc. Marché considérable tous les mercredis. — *Hôtels* de l'Aigle d'or, de la Grappe de raisin.

LITTRY. Bourg considérable, situé à 3 l. 1/2 de Bayeux. Pop. 2,128 hab.

Ce bourg doit son importance à des mines de houille, découvertes en 1741, et exploitées depuis cette époque. La mine de Littry se compose de deux bassins : le premier à la forme d'un ellipsoïde dont le grand diamètre est d'environ 1,000 mètres, et le petit de 760 ; l'exploitation s'y fait par quatre puits dont le plus profond a 122 mètres. La longueur du second bassin n'est guère que de 40 mètres ; l'exploitation s'y fait par trois puits.

MARIGNY. Village situé à 1 l. 1/2 de Bayeux. Pop. 357 hab. — Exploitation des carrières de pierre de taille.

PORT EN BESSIN. Village maritime, situé presque en face des rochers du Calva-

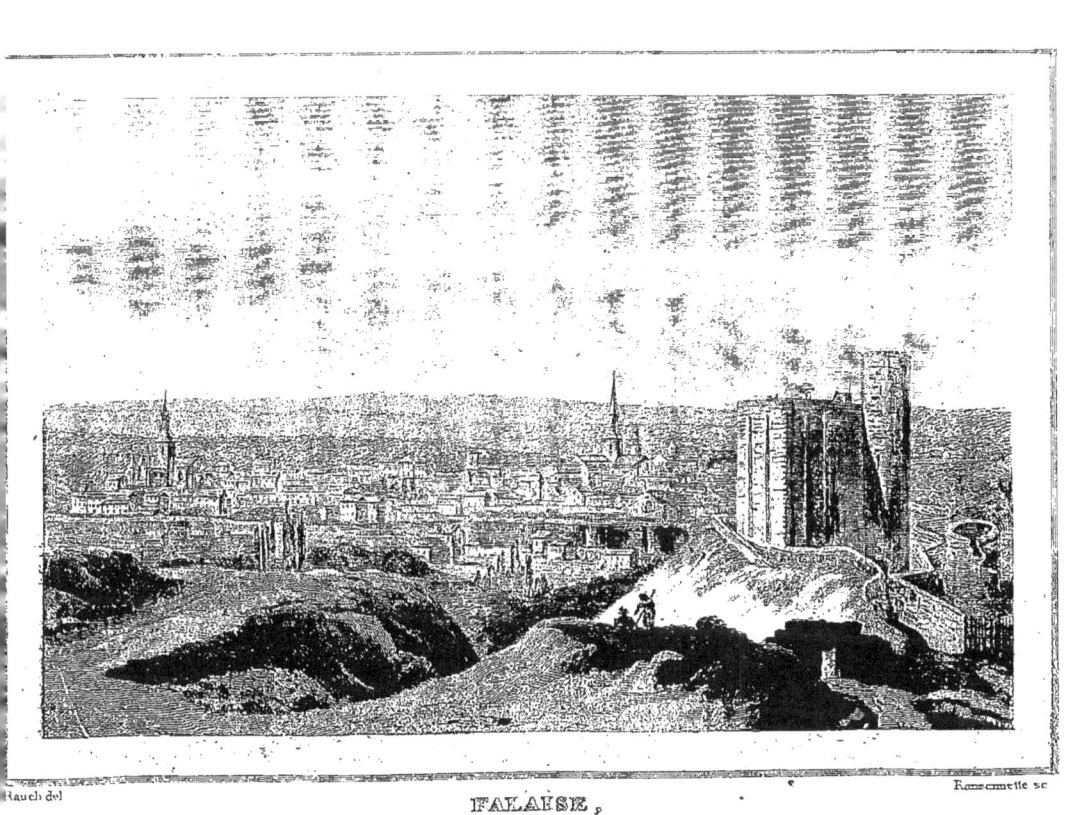

FALAISE.

dos, à l'embouchure de la Dromme, où il a un petit port de cabotage, à 2 l. 1/2 de Bayeux. Pop. 630 habitants, presque tous marins. — Pêche du poisson frais.

On remarque aux environs, sur la route de Bayeux, les restes d'un camp romain, dont un des retranchements porte dans le pays le nom de Cavalier.

RYES. Bourg situé sur le ruisseau de Provence, à 1 l. 3/4 de Bayeux. Pop. 531 h.

TRÉVIÈRES. Bourg situé dans un territoire fertile, sur l'Aure, près de la riche vallée de ce nom, à 4 l. de Bayeux. Pop. 1,019 hab. — *Commerce* de beurre salé, suif, bestiaux, veaux, etc. Fort marché au beurre tous les vendredis.

ARRONDISSEMENT DE FALAISE.

BRETTEVILLE-SUR-LAIZE. Bourg situé entre deux collines, à l'entrée de la forêt de Ciuglais, à 5 l. 1/2 de Falaise. Pop. 876 hab. On remarque aux environs les ruines d'un ancien château fort, nommé dans le pays la Motte de Rouvrou. — Tanneries et corroieries.

COULIBŒUF. Bourg situé à 2 l. 1/2 de Falaise. Pop. 142 hab. —*Fabriques* de toiles.

COURCY. Village situé à 4 l. de Falaise. Pop. 400 hab. On y remarque les restes imposants d'un ancien château fort, qui, malgré son état de dégradation, est ce que l'arrondissement possède de plus remarquable et de plus entier en ce genre, après le château de Falaise.

DAMBLAINVILLE. Village situé à 1 l. 3/4 de Falaise. Pop. 464 hab. —Filature de laine.

FALAISE. Ville ancienne, chef-lieu de sous-préfecture et de deux cantons. Tribunaux de première instance et de commerce. Collége communal. ✉ ☞ Pop. 9,581 hab.

Falaise est une ancienne ville dont on ignore l'époque de la fondation. Suivant la chronique de Normandie, Falaise était déjà un lieu remarquable en 949, soit comme ville, soit comme château. Robert Wace et Guillaume de Jumiége citent cette ville pour la première fois à l'occasion des démêlés de Richard III, duc de Normandie, avec son frère Robert le Libéral, duc d'Exmes, en 1027. Le château était dès lors une forteresse importante, où Guillaume, si célèbre depuis par la conquête de l'Angleterre, reçut le jour; il fut souvent assiégé, résista à tous les efforts qu'on fit pour s'en emparer, ou du moins ne se rendit que par capitulation, et fut le centre de la plupart des opérations militaires, jusqu'à l'époque de la réunion de la Normandie à la couronne par Philippe-Auguste. En 1204, le roi assiégea Falaise, qui se rendit par capitulation. Henri V, roi d'Angleterre, s'en empara après un siége de quatre mois, le 2 janvier 1418; mais le château ne capitula qu'un mois après Charles VII la prit par capitulation en 1450.

Cette ville eut beaucoup à souffrir pendant les guerres de religion : les calvinistes la prirent au mois de mai 1562, et la rendirent vers la fin de la même année; Coligny la reprit en 1563. Les années 1568 et 1574 y virent tour à tour Montgommery et Matignon. En 1585, Falaise embrassa le parti de la Ligue, qui y domina jusqu'en 1590, époque où elle fut assiégée et prise par Henri IV, qui en fit démanteler les fortifications.

La ville de Falaise est bâtie sur un sol inégal et se divise en trois quartiers distincts: la partie haute où se trouve le faubourg de Guibray; la partie moyenne, ou la ville proprement dite, et la partie basse qui comprend les faubourgs du Val d'Ante et de Saint-Laurent. — La vieille ville, où l'on pénétrait autrefois par six portes, est presque entièrement enceinte de murailles, restes de ses anciennes fortifications, ou élevées pour soutenir des terrasses : on y compte quatre places principales décorées de fontaines, dont la construction remonte à plus d'un siècle. — Le faubourg de Guibray occupe les hauteurs qui dominent la ville à l'est; il est célèbre depuis plusieurs siècles par la foire qui s'y tient tous les ans au mois d'août, dans un espace étendu en forme de parallélogramme allongé, percé de rues parallèles, qui aboutissent à deux rues principales : ce faubourg, si animé, si bruyant pendant le mois d'août, est calme et silencieux pendant le reste de l'année. — Le Val d'Ante n'est à proprement parler qu'un village, composé de plusieurs hameaux ; mais les accidents de son site escarpé et rocailleux, les terrasses de la ville qui le dominent au midi, avec leurs maisons à tourelles, le plateau des bruyères qui s'élève au nord, ses rues ou plutôt ses sentiers tortueux, le ruisseau d'Ante qui, de réservoir en réservoir et de cascade en cascade, ne s'écoule qu'après avoir mis en mouvement une foule d'usines, rendent ce quartier singulièrement pittoresque et animé. Si l'on ajoute aux agréments de cette position les hautes murailles qui s'élèvent à l'occident du vallon, comme pour en défendre l'entrée, on conviendra que peu de lieux l'emportent en beautés sur le Val d'Ante, et que les regards du poëte et du peintre s'arrêteront toujours avec délices sur cet agreste et riant paysage. — Le quartier Saint-Laurent est situé au nord de Falaise; il se compose de plusieurs hameaux, dont le plus remarquable, celui de Vâton, est éloigné d'un quart de lieue. L'Ante traverse dans toute sa longueur ce faubourg où l'on descend de la ville par la porte le Comte : l'église est assise sur un rocher au milieu du hameau qui porte le nom de Saint-Laurent. Ce quartier, qui n'est guère moins pittoresque que le Val d'Ante, renferme plusieurs manufactures. — La chaîne des rochers de Noron, brusquement scindée par le faible ruisseau de l'Ante, se relève tout à coup en escarpements formidables, sur lesquels est assis le château, comme l'aire d'un aigle au sommet d'une montagne. Les pans brisés de ses étroites murailles, ses fenêtres étroites et à plein cintre, ses angles échancrés, sa tour bâtie par les Anglais, rappellent ce moyen âge si original, si barbare et si aventureux. L'espace renfermé dans l'enceinte du château est d'environ un hectare et demi. Ses remparts ont depuis 15 jusqu'à 40 pieds d'élévation. Sa position était forte: un précipice le défendait au nord et à l'ouest; au midi un vaste étang baignait le pied de ses tours; un large fossé le séparait de la ville. La tour et une partie du donjon ont résisté jusqu'à présent aux outrages du temps, de la guerre et de la cupidité. L'architecture de ce donjon paraît devoir remonter aux premiers temps de la domination des Normands : les fenêtres de l'étage supérieur sont évidemment de cette époque reculée. On montre dans l'épaisseur des murs une étroite enceinte où naquit Guillaume le Conquérant; non loin de là, une autre pièce pratiquée également dans l'épaisseur du mur, rappelle la captivité d'Arthur, assassiné à Rouen par Jean sans Terre en 1202. La tour, séparée du donjon par un mur de 15 pieds d'épaisseur, est élevée de 111 pieds au-dessus du sol. — Les bâtiments du collége communal occupent aujourd'hui une partie de cette forteresse.

On remarque encore à Falaise les églises Saint-Laurent, Saint-Gervais et de Guibray; l'hôtel de ville, bel édifice élevé sur la place Trinité en 1785; l'hôpital général; l'Hôtel-Dieu; la bibliothèque publique, renfermant 4,000 volumes.

INDUSTRIE ET COMMERCE. Fabriques de bonneterie en coton, dentelles, tulles brodés, siamoises. Filatures de coton. Tanneries et mégisseries. Papeterie. Teintureries renommées. — Commerce de bonneterie, coton filé, laines, mérinos, chevaux de luxe et de trait, etc.

La foire de Guibray, célèbre dans toute l'Europe, et qui paraît remonter à la domination des Normands, commence le 10 août pour les chevaux, et le 15 pour les autres branches de commerce; elle finit le 25 : on évalue à quinze millions la somme des affaires qui s'y font aujourd'hui, quoiqu'elle ait beaucoup perdu de son importance. Vers la fin du XVIe siècle, de Bras et Belleforest la mentionnaient comme *renommée par toutes les Gaules et Germanie* : la Bretagne, la Lorraine, l'Anjou, la Flandre la peuplaient de leurs marchands.

A 10 l. de Caen, 54 l. de Paris. — *Hôtels* de France, du Grand cerf.

HARCOURT-THURY. *Voy.* THURY-HARCOURT.

MAGNY-LA-CAMPAGNE. Village situé à 4 l. 1/4 de Falaise. Pop. 561 hab. — *Fabriques* de canevas.

SILVAIN (SAINT-). Village situé à 5 l. de Falaise. Pop. 877 hab. C'était autrefois le siége d'une vicomté. L'église paroissiale paraît être du XIIIe siècle. Aux environs on voit les vestiges d'un monument romain qui fut désigné plus tard sous le nom de Saint-Pierre d'Exvilliers. — *Fabrique* considérable de caparaçons, carnassières, sangles et licols, qui occupe plus de 500 ouvriers. — *Commerce* de bestiaux.

THURY-HARCOURT. Bourg situé à 5 l. de Falaise. ✉ ☞ Pop. 1,005 hab.

Ce bourg, désigné sous le nom de Thury dans nos vieux historiens, prit le nom d'Harcourt en 1700, époque de son érection en duché en faveur de Henri de Harcourt. On y voit un des plus beaux châteaux de la Normandie.

ARRONDISSEMENT DE LISIEUX.

CHAPELLE YVON (la). Village situé à 3 l. 1/2 de Lisieux. Pop. 535 hab. — Filature hydraulique de coton.

CRÈVECŒUR. Bourg situé à 4 l. 1/4 de Lisieux. Pop. 245 hab. — *Commerce* de volailles estimées.

CROISANVILLE. Village situé à 5 l. 3/4 de Lisieux. Pop. 245 hab. — *Fabriques* de dentelles. Filature hydraulique de coton.

FERVAQUES. Bourg situé sur la Touques, à 3 l. 1/2 de Lisieux. Pop. 1,146 hab. On y voit un château bâti par Guillaume de Hautemer, maréchal de Fervaques. — *Fabriques* de frocs et étoffes de laine. Tanneries.

LISIEUX. Ancienne et jolie ville. Chef-lieu de sous-préfecture et de deux cantons. Tribunaux de première instance et de commerce. Chambre consultative des manufactures. Collège communal. Petit séminaire. ✉ ☞ Pop. 10,257 hab.

Lisieux est baigné à l'ouest par la Touques. Au delà de cette rivière est situé le faubourg de Saint-Desir (ainsi nommé d'une abbaye voisine), au milieu duquel se termine une gorge formée par le revers de la côte d'Ouest et par une côte dont le revers fait partie d'une troisième gorge qui porte le nom de Saint-Clair. A l'ouverture de ces deux gorges est bâti Lisieux. Sur les sommets des deux côtes, et dans l'espace qui les sépare, on a découvert en 1769 les ruines de l'antique capitale des *Lexovii*, qui couvraient un espace quatre fois plus étendu que la ville actuelle. Dans le IVe siècle, les Saxons s'emparèrent de la ville antique qu'ils détruisirent de fond en comble, et fondèrent avec une partie de ses débris la ville moderne. Quatre siècles plus tard, les Normands pillèrent cette ville et s'y établirent. En 1130, dans une incursion des Bretons, elle fut presque détruite par les flammes; Philippe-Auguste la prit en 1203, les Anglais en 1415, Charles VII les en chassa en 1448, les ligueurs s'en emparèrent en 1571, et enfin Henri IV s'en rendit maître en 1588. Lisieux était une place forte et une ville épiscopale dont l'évêque prenait le titre de comte et réunissait la puissance temporelle et spirituelle.

La ville de Lisieux occupe le fond d'une charmante vallée qu'embellissent et fertilisent les eaux de l'Orbec et de la Touques. Ses environs verdoyants sont ornés de jolies maisons de campagne, de potagers et de jardins. La ville n'a qu'une belle et grande rue que suit la route de Caen à Évreux; les autres rues sont étroites ou tortueuses, formées de maisons hautes, la plupart bâties en bois, vieilles et tristes.

La cathédrale est le plus bel édifice de Lisieux; elle est située à l'angle d'une place spacieuse. C'est un édifice du XIIe siècle et du bon style gothique; la jolie chapelle de la Vierge, d'une construction plus récente, est un monument expiatoire élevé par Pierre Cauchon, d'abord évêque de Beauvais, puis de Lisieux, et l'un des bourreaux de l'héroïque Jeanne d'Arc. — Le *palais épiscopal* est un beau bâtiment, les jardins en sont superbes. — La salle de spectacle est jolie. Les cours sur les anciens boulevards offrent d'agréables promenades. Aux alentours de la ville sont d'autres promenades d'où l'on jouit d'une vue délicieuse.

Fabriques de toiles cretonnes, draps, frocs, flanelles, molletons, couvertures tissues en fil et en poil de bœuf, rubans de fil. Filatures de laine et de coton. Blanchisserie de toiles. Teintureries. Tanneries. Papeteries. Moulin à frise et à foulon.—*Commerce* de grains, fruits, cidre, chanvre, lin, bestiaux, etc.

A 11 l. 1/2 de Caen, 55 l. de Paris. — *Hôtels* de France, d'Espagne, de la Rose, de la Levrette, de la Belle fontaine.

LIVAROT. Bourg situé dans une belle et fertile contrée, à 4 l. 1/4 de Lisieux. ✉ ☞ Pop. 1,162 hab. On y remarque les ruines d'un ancien château qui a été possédé par Charles le Mauvais, roi de Navarre.—*Commerce* de beurre et de fromages estimés.

MEZIDON. Bourg situé à 6 l. de Lisieux. Pop. 490 hab. — Filature de lin.

ORBEC. Petite ville située dans une vallée fertile, sur la rivière de son nom, à 5 l. 1/4 de Lisieux. ✉ Pop. 3,209 hab. — *Fabr.* de frocs et d'étoffes légères de laine.

PIERRE-SUR-DIVES (SAINT-). Joli bourg, situé à 6 l. 1/4 de Lisieux. ☞ Pop. 1,711 hab. — *Commerce* de grains et de bestiaux. Marchés très-fréquentés. Tanneries.

ARRONDISSEMENT DE PONT-L'ÉVÊQUE.

BEAUMONT. Bourg situé à 1 l. 1/2 de Pont-l'Évêque. Pop. 892 hab. C'est la patrie du célèbre académicien Laplace. — Marché considérable pour les bestiaux.

BEUVRON EN AUGE. Village situé à 5 l. de Pont-l'Évêque. Pop. 478 hab. — *Fabriques* de tulle.

BLANGY. Bourg situé à 2 l. de Pont-l'Évêque. ✉ Pop. 947 hab. C'était autrefois un bourg fort considérable, qui a été successivement détruit par deux incendies.

BRUCOURT. Village situé à 4 l. 1/2 de Pont-l'Évêque. Pop. 200 hab. Il s'y trouve des eaux minérales ferrugineuses, qui passent dans le pays pour être très-bonnes dans les maladies chroniques et dans les maladies de la peau. L'eau de Brucourt est froide; elle contient, selon M. Deschamps, qui en a fait l'analyse, de l'acide carbonique, de l'oxyde de fer, du muriate et du sulfate de soude, du sulfate et du carbonate de chaux. Cette source minérale est assez fréquentée pendant la belle saison; on associe à la boisson les bains de mer, dont le village de Brucourt est peu éloigné.

CAMBREMER. Bourg situé à 4 l. 3/4 de Pont-l'Évêque. Pop. 1,252 hab.

DIVES. Bourg situé sur l'Océan, à l'embouchure de la Dives, à 5 l. 1/2 de Pont-l'Évêque. ✉ Pop. 589 hab.

Dives possède un port presque ignoré aujourd'hui, qui reçut en 1066 la flotte de Guillaume le Bâtard, prête à sortir pour la conquête de l'Angleterre. Cinquante mille hommes plantèrent leurs drapeaux sur ce rivage d'où l'œil découvre à peine maintenant quelques barques de pêcheurs, cinglant à l'ouest vers les dunes de Sallevelles, ou à l'est vers le petit port de Trouville.

DOZULÉ. Bourg situé à 4 l. 3/4 de Pont-l'Évêque. ✉ ⚘ Pop. 729 hab. — Marchés très fréquentés tous les mardis.

GONNEVILLE-SUR-DIVES. Village situé à 3 l. 1/4 de Pont-l'Évêque. Pop. 581 hab. — Scierie de planches.

HONFLEUR. Ville maritime avec tribunal et bourse de commerce. École d'hydrographie de quatrième classe, vice-consulats étrangers. ✉ ⚘ Pop. 8,888 hab. — *Établissement de la marée du port*, 9 heures.

L'origine et la fondation de Honfleur ne présentent aucune certitude; on sait seulement que, vers la fin du Xe siècle, Guillaume le Conquérant y passa quelques jours, peu de temps avant sa mort. En 1346, Édouard III, roi d'Angleterre, s'empara de cette ville et la mit au pillage; les indignes traitements qu'il fit subir aux habitants leur laissèrent toujours le désir de s'en venger, et ils en trouvèrent l'occasion sous Charles VI : les Anglais, réunis aux Allemands et aux Flamands, s'étant présentés avec une flotte nombreuse devant Honfleur, les habitants de cette ville réunis aux Dieppois les abordèrent avec courage, quoique fort inférieurs en nombre; beaucoup de vaisseaux ennemis furent coulés à fond, et leur amiral Hugues Spencer fut fait prisonnier. Sous le règne de Charles VII, Honfleur tomba au pouvoir du roi d'Angleterre, Henri VI, qui laissa pendant dix années garnison dans cette ville, que le célèbre comte de Dunois lui enleva. Vers la fin du XVIe siècle, cette ville se vit alternativement la victime de tous les partis. Henri IV y entra par capitulation en 1590, à la suite d'un siège très-meurtrier. Un capitaine du nom de Goyon, parvint peu de temps après à reprendre la place, qu'il conserva jusqu'au 5 juin 1594, époque où il fut obligé de capituler.

La ville de Honfleur est située au débouché d'une vallée, au pied d'une haute colline, sur la rive gauche de la Seine et à l'embouchure de cette rivière dans la Manche, où elle a un port assez fréquenté. L'entrée de ce port n'est pas le côté brillant de Honfleur; la ville paraît triste et mal bâtie, et ce n'est qu'en la parcourant avec détail que l'on trouve, pour racheter des rues étroites, sales et mal aérées, quelques habitations situées d'une manière agréable, et une arrivée par la route de Caen dont beaucoup de villes importantes se vanteraient à juste titre. Les édifices publics sont curieux par les bizarreries de leur vieille architecture. La plupart des rues sont étroites et tortueuses, et les différents quartiers de la ville sont agglomérés sans aucune symétrie. Le port consiste en deux bassins construits depuis peu, dans lesquels la mer s'élève de 9 à 10 pieds; il est spacieux, et sa situation le rendrait très-important sans les vases qui l'encombrent et la difficulté de son abord.

A environ un quart de lieue de Honfleur, sur une colline qui domine la ville presque à pic, s'élève la chapelle de Notre-Dame de Grâce, qui a pris son nom d'une chapelle dédiée à la Vierge. Cette colline offre un admirable point de vue maritime et des promenades agréables sous des arbres touffus et sur des gazons magnifiques; à la faveur de leurs ombrages solitaires, on peut jouir de l'air pur des montagnes et du majestueux spectacle de la mer.

Fabriques de dentelles, de biscuits de mer, d'acides minéraux. Raffineries de sucre. *Machine* à fabriquer les tonneaux (à Troussebourg). Tanneries. Corderies. Construction de navires. — *Commerce* de grains, cidre, melons, salaisons, harengs saurés et salés. Entrepôt réel et fictif de denrées coloniales. Armements pour la pêche de la morue, de la baleine et du veau marin.

A 12 l. de Caen, 3 l. du Havre, 4 l. de Pont-l'Évêque, 48 l. de Paris. — *Hôtels* des Armes de France, du Cheval blanc, des Victoires.

PONT-L'ÉVÊQUE. Petite ville. Chef-lieu de sous-préfecture. Tribunal de première instance. ✉ ⚘ Pop. 2,118 hab.

Pont-l'Évêque est situé dans une spacieuse et verdoyante vallée arrosée par plu-

HONFLEUR.

CHATEAU DE COURCY.

sieurs cours d'eaux, à la jonction de la Touques, de la Calonne et d'un gros ruisseau qui débouche sur la rive gauche; la ville s'étend sur la rive droite et est coupée par plusieurs bras de ces rivières; elle doit son nom à son vieux pont sur la Touques. Aucune des constructions de l'ancienne ville n'est digne de remarque, mais celles de la ville moderne sont de bon goût; on y remarque surtout le palais de justice et la prison. C'est dans cette ville, jadis importante, que Guillaume assembla les états où fut résolue la fameuse expédition contre l'Angleterre.

Fabriques de dentelles. — *Commerce* de cidre, fromage, beurre, eau-de-vie, bestiaux, bois, etc.

A 10 l. de Caen, 50 l. de Paris.

TOUQUES. Bourg situé à 2 l. 1/4 de Pont-l'Évêque. ✉ Pop. 1,122 hab. Il est bâti sur la rive droite de la Touques, près de son embouchure dans la Manche, où il a un port assez fréquenté par de petits bâtiments. — *Commerce* de grains, cidre, bois et bestiaux.

TROUVILLE. Village situé à l'embouchure de la Touques dans la Manche, où il a un petit port, à 3 l. de Pont-l'Évêque. Pop. 1,400 hab.

ARRONDISSEMENT DE VIRE.

AUNAY. Bourg situé sur l'Odon, à 7 l. de Vire. ✉ Pop. 1,984 hab. — *Fabriques* de calicots, basins, mousselinettes. Filatures hydrauliques de coton. — *Commerce* considérable de moutons et de suif.

BENY-BOCAGE. Bourg situé à 2 l. 1/2 de Vire. Pop. 830 hab. — *Commerce* de bestiaux.

CAMPEAUX. Village situé à 3 l. de Vire. Pop. 827 hab. — *Fabriques* importantes de cordes, ficelles, cordeaux, etc.

CONDE-SUR-NOIREAU. Petite ville très-commerçante, située dans une contrée peu fertile, au confluent du Noireau et de la Druance. Tribunal de commerce. ✉ ⚜ Pop. 5,562 hab.

Cette ville doit son origine à un ancien château fort, dont la construction est attribuée aux Romains. Elle tomba, en 1418, au pouvoir des Anglais, sur lesquels les troupes de Charles VII la reprirent en 1449. Ce fut une des premières qui embrassèrent la réforme: les protestants y tinrent des assemblées dès les premières années du XVIe siècle. En 1674, ils y tinrent un synode provincial.

Les vieilles églises Saint-Sauveur et Saint-Martin sont les seuls édifices publics remarquables. Il existe dans le chœur de celle de Saint-Martin de beaux vitraux, qui représentent la Passion de Jésus-Christ. Le château, qui existait encore au milieu du XVIIIe siècle, était considérable: il avait quatre portes, dont deux étaient situées auprès du pont qui traverse la Druance. Le style de presque toutes les constructions de cette ville est vieux, lourd et fort simple; cependant diverses améliorations commencent à varier un aspect jusqu'ici très-monotone.

Fabriques de toiles de coton, siamoises, draperies, coutellerie. Filatures de coton. Clouteries. Tanneries et Teintureries. — *Commerce* de lin, fil, chevaux, bestiaux, miel, coutellerie, etc.

PLESSIS-GRIMOULT (le). Bourg situé à 7 l. de Vire. Pop. 900 hab. On y remarque une église romane, un château et une ancienne abbaye. On doit visiter aux environs le mont Pinçon, station géodésique et panorama unique.

SEVER (SAINT-). Bourg situé à 2 l. 3/4 de Vire. ✉ ⚜ Pop. 1,653 hab. — *Fabriques* de draps et de chaudronnerie.

VASSY. Bourg situé à 4 l. de Vire. Pop. 3,243 hab. Il fut presque entièrement détruit par un incendie en 1803. On y voit un château remarquable par son heureuse situation sur un coteau d'où l'on domine un horizon immense.

VIRE. Ville ancienne. Chef-lieu de sous-préfecture. Tribunaux de première instance et de commerce. Chambre consultative des manufactures. Conseil des prud'hommes. Collège communal. ✉ ⚜ Pop. 8,043 hab.

Vire ne fut d'abord qu'un château dont la fondation remonte à une époque très-reculée; sa situation sur une espèce de promontoire, le rendait très-fort. Pendant les premières invasions des Normands, les habitants des lieux voisins vinrent chercher un abri près de ses murs, et quand la conquête fut achevée, un grand nombre des réfugiés construisirent des habitations autour du château, qui les avait protégés, et fondèrent ainsi la ville. En 1285, ils la ceignirent de fortes murailles; elle devint si considérable, et son château était si important, qu'Édouard III la demanda pour la rançon du roi Jean. Henri Ier, d'Angleterre, fit réparer et agrandir le château. La ville fut ensuite prise et reprise tour à tour par les Bretons, par les Français et par les Anglais : ces derniers la gardèrent longtemps; mais après la perte de la bataille de Formigny, en 1540, ils en furent enfin chassés. Dans le XIVe siècle, Charles V, mécontent des habitants de Coutances, qui ne cessaient d'ourdir des trames avec les Anglais, les en punit en chassant de la ville une partie de la population; ces exilés vinrent s'établir à Vire et y introduisirent la fabrication des étoffes de laine, qui a été pour la ville une source de richesse. En 1568, les calvinistes, commandés par Montgommery, s'emparèrent de Vire, massacrèrent une grande partie des habitants, pendirent les prêtres, dévastèrent et brûlèrent les églises. Plus tard, la ville embrassa le parti de la Ligue; l'armée royale vint l'assiéger, la prit et la pilla, sans que les ligueurs, retirés dans le château, pussent s'y opposer ; ce dernier désastre eut lieu en 1590; le château se rendit bientôt après. La paix permit à Vire de réparer ses désastres. La fabrication des draps y ramena promptement l'abondance et le commerce. Les fortifications ont été démantelées comme inutiles. Le château est tombé en ruine, et ses débris ont servi à embellir la ville par des constructions nouvelles et élégantes. Aujourd'hui Vire, séjour de l'industrie, n'a plus d'autre appareil militaire que deux pacifiques pièces de canon fondues avec les chandeliers des nombreuses corporations qui entravaient autrefois la liberté du commerce. Il reste, du château, des débris encore curieux ; une partie de son site est occupé par l'hôtel de ville et par une promenade plantée d'arbres.

La ville de Vire est jolie et pittoresque; elle s'élève sur un rocher coupé presque à pic d'un côté, sur la rive droite de la rivière, et domine tous les environs; à ce promontoire s'appuient les deux principales vallées qui forment les Vaux de Vire. Au haut de la colline s'élève l'hospice des enfants trouvés; au bas, on remarque l'hospice général. Le coteau de gauche porte l'hôtel de la sous-préfecture, et est couronné de plusieurs grandes et belles maisons; l'aspect et le site de ces constructions forment un fort beau tableau. Le cours de la Vire, autour de la ville, est très-sinueux; c'est à cette rivière qui tourne, ou, dans le langage du pays, vire ainsi, que la ville doit probablement son nom; ses vallées, les Vaux de Vire, ont donné le leur aux chansons gaillardes d'Olivier Basselin, joyeux troubadour normand, qui, non moins bon patriote que bon chansonnier, fut tué, en 1417, en combattant les Anglais. Peu de villes offrent des environs plus accidentés, plus frais et plus variés. Les femmes de Vire sont généralement remarquables par leur fraîcheur, par une figure charmante, et par l'éclat piquant et tranché de leur costume.

On remarque à Vire, la bibliothèque publique, contenant 7,000 volumes; l'hôpital Saint-Louis, autrefois couvent des Ursulines ; l'Hôtel-Dieu, fondé par les ducs de Normandie ; la tour de l'Horloge, édifice de la renaissance ; la halle; de belles et nombreuses fontaines publiques; l'église Notre-Dame, bel édifice gothique, où l'on voit de bonnes peintures dans la chapelle du Rosaire.

Vire est la patrie d'Olivier Basselin; de Gasselin, astronome du XVIe siècle; de Sonnet Courval, poëte satirique; de Pierre Polinière, restaurateur de la physique en France; du poëte Osselin, etc., etc., etc.

Fabriques de serges, toiles fines, cardes, feutres pour papeteries. Manufactures importantes de draps pour l'habillement des troupes : longtemps stationnaire, la fabrique de Vire ne date, sous le rapport de l'art, que de 1812 ; régénérée depuis cette époque par l'introduction successive de tous les perfectionnements de la mécanique et de la chimie moderne, elle ne craint aujourd'hui aucune concurrence dans la sphère de sa fabrication. Nombreuses filatures hydrauliques de laine. Belles papeteries. — *Commerce* de grains, vins, eau-de-vie, lin, quincaillerie, fer, draps, toiles et papiers.

A 13 l. de Caen, 67 l. de Paris. — *Hôtel* du Cheval blanc.

FIN DU DÉPARTEMENT DU CALVADOS.

IMPRIMERIE DE FIRMIN DIDOT FRÈRES ET Cie,
RUE JACOB, n° 56

Guide Pittoresque

DU

VOYAGEUR EN FRANCE.

ROUTE DE PARIS A BREST,

TRAVERSANT LES DÉPARTEMENTS

DE SEINE-ET-OISE, D'EURE-ET-LOIR, DE L'ORNE, DE LA MAYENNE, D'ILLE-ET-VILAINE, DES CÔTES-DU-NORD, DU FINISTÈRE, ET COMMUNIQUANT AVEC LE DÉPARTEMENT DE LA SARTHE ET AVEC CELUI DU MORBIHAN.

DÉPARTEMENT D'EURE-ET-LOIR.

Itinéraire de Paris à Brest

PAR DREUX, ALENÇON, MAYENNE, LAVAL, RENNES, SAINT-BRIEUX, MORLAIX ET BREST, 150 LIEUES 1/2.

	lieues.		lieues.
De Paris à Sèvres	2 1/2	La Gravelle	5
Versailles	2	Vitré	4
Pontchartrain	5	Chateaubourg	4
La Queue	3	Noyal	3
Houdan	3	Rennes	3
Marolles	2	Pacé	3
Dreux	3	Bédé	3
Nonancourt	3 1/2	Montauban	3
Tillières-sur-Avre	3	Broons	5
Verneuil	2 1/2	Langouedre	3
Saint-Maurice	4	Lamballe	4
Mortagne	5 1/2	Saint-Brieux	5
Le Mesle	4	Châtelandren	4
Menil-Broust	2 1/2	Guimgamp	3
Alençon	3	Belle-Isle-en-Terre	5
Saint-Denis	3	Poutou	4 1/2
Prez-en-Pail	3	Morlaix	4
Le Ribay	4	Laudivisiau	5
Mayenne	4 1/2	Landernau	4
Martigné	4	Brest	5
Laval	4		

Itinéraire de Paris à Angers,

PAR CHARTRES ET LE MANS, 73 LIEUES 1/2.

	lieues.		lieues.
De Paris à Versailles	4 1/2	La Ferté-Bernard	5
Trappes	2	Connéré	4 1/2
Coignières	2	Saint-Mars	2 1/2
Rambouillet	3 1/2	Le Mans	3 1/2
Épernon	3	Guécélard	4
Maintenon	2	Foulletourte	2
Chartres	4 1/2	La Flèche	5
Courville	4 1/2	Durtal	3
Champrond	3	Suette	4
Montlandon	1	Angers	5
Nogent-le-Rotrou	5		

Communication de Rennes à Vannes, 27 l. 1/2.

	lieues.		lieues.
De Rennes à Pont-Péan	3 1/2	Rédon	3
Lohéac	4	Petit-Molac	6
Rénac	4 1/2	Vannes	6 1/2

ASPECT DU PAYS QUE PARCOURT LE VOYAGEUR

DE PARIS A SAINT-MAURICE, PAR VERSAILLES ET DREUX.

La route la plus fréquentée de Paris à Versailles côtoie la rive droite de la Seine en laissant du même côté, d'abord les Champs-Élysées, ensuite les deux villages de Chaillot et de Passy, l'un avant, l'autre après la barrière. Tous les deux règnent en amphithéâtre sur la route, qu'ils bordent agréablement, tantôt des façades de leurs maisons, tantôt de leurs jardins en amphithéâtre. A l'entrée du premier, s'élève la pompe à feu qui alimente les fontaines de Paris; à sa sortie on voit l'emplacement du palais projeté pour le roi de Rome; en face est le pont d'Iéna, qui conduit au Champ de Mars et à l'École militaire. A la suite du village de Passy est celui d'Auteuil, séparé de la route par des vergers et des bosquets, et attenant au bois de Boulogne. Un peu plus loin, on passe au hameau du Point-du-Jour, en laissant à droite, l'avenue de Saint-Cloud, dont on voit, à une lieue de distance, le parc et le château, sur la colline qui se prolonge jusqu'à Sèvres, où vient se terminer le parc; sur la gauche apparaissent le château de Meudon, et les restes de celui de Bellevue. On franchit la Seine, avant d'entrer à Sèvres, sur un fort beau pont en pierres de taille de construction récente, et l'on traverse la longue rue de ce bourg, en longeant, à gauche, l'immense édifice de la célèbre manufacture de porcelaine. A la sortie de Sèvres, la route devient variée et pittoresque jusqu'aux environs de Versailles, où l'on arrive par une magnifique avenue, qui conduit directement en face du château.

Au sortir de cette ville, on suit la route de Bordeaux et de Nantes jusqu'au village de Trappes, où on la laisse en face pour tourner à droite et entrer peu après dans le bois de Pontchartrain, qui se prolonge jusqu'au château de ce nom : dans le lointain, on voit sur la gauche les ruines du château de Maurepas; sur la droite, on aperçoit le bourg de Néauphle-le-Château, qui s'élève d'une manière pittoresque sur une butte où l'on remarque un télégraphe. En avançant, on laisse sur la droite le château et le village de Néauphle-le-Vieux, et, à gauche, la route qui conduit à Montfort-l'Amaury : la Queue, où est établi le relais, est un hameau peu considérable où l'on voit un joli château. Trois lieues plus loin est la petite ville de Houdan, où l'on entre après avoir traversé la Vesgres sur un pont de pierre. En sortant de cette ville, la route traverse un pays très-fertile en grains : un peu avant le village de Gommainville, on passe du département de Seine-et-Oise dans celui d'Eure-et-Loir; le relais de Marolles est placé dans un hameau qui dépend du village de Broué, bâti sur un plateau voisin d'où l'on domine une grande étendue

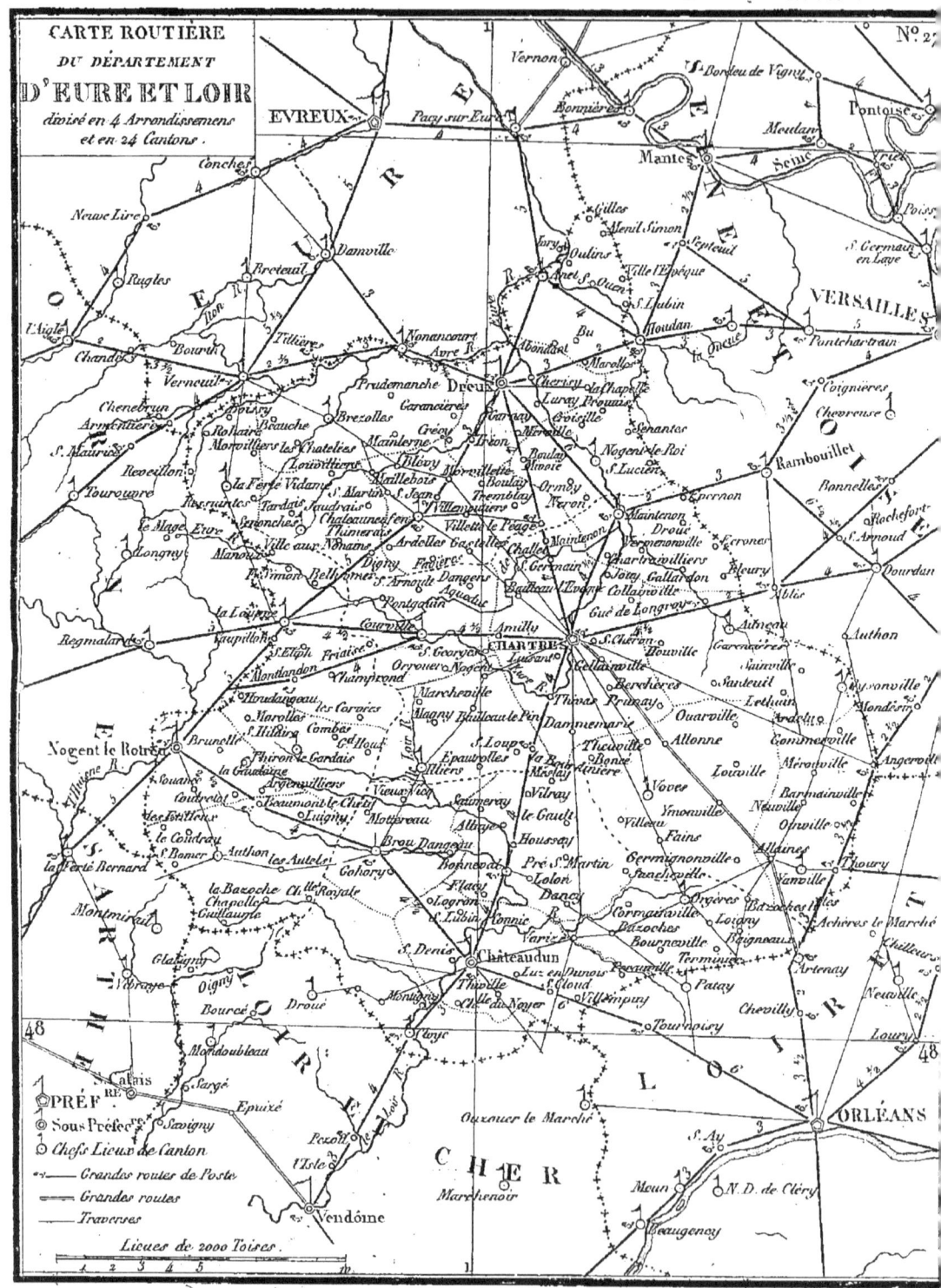

de pays. Un quart de lieue après ce relais, cesse le pavé sur lequel on a roulé depuis Paris : sur la droite, on aperçoit le village d'Abondant, qu'embellit un joli château ; plus loin, on remarque la ferme de la Mésangère, une des plus belles et des mieux entretenues qu'il y ait en France. On traverse ensuite le charmant village de Cherisy, au sortir duquel on passe l'Eure sur un assez beau pont ; on rase les murs de l'ancien château de Coudeville, d'où l'on jouit d'une fort belle vue sur la ville de Dreux et sur le riant paysage qui l'environne.

Le pays que parcourt la route en quittant Dreux continue à être fertile. A une demi-lieue de cette ville, on traverse une partie du bois d'You, à la sortie duquel se présente un pays frais et boisé. A Saint-Remy, village remarquable par ses fonderies et par sa belle filature de coton, on traverse l'Avre et l'on passe du département d'Eure-et-Loir dans celui de l'Eure. Nonancourt, où l'on arrive ensuite après avoir parcouru une partie de la fraîche et fertile vallée de l'Avre, est une petite ville vivifiée par plusieurs manufactures. En en sortant, on s'éloigne de l'Avre pour gagner une plaine plantée de pommiers, qui se prolonge jusqu'à Tillières, village dominé par un ancien château et remarquable par ses forges et ses fabriques de clous. A une lieue de distance on voit, sur la gauche, le château du Grand-Courteille, magnifique propriété dont les beaux jardins anglais renferment des bassins et des canaux alimentés par une belle machine hydraulique. On rejoint ensuite la vallée de l'Avre, qui offre une continuité de riants paysages jusqu'à Verneuil. En sortant de cette ville, on laisse, à droite, la route de l'Aigle, et l'on parcourt un pays moins cultivé en froment qu'en seigle, orge et avoine, et plus couvert de landes et de bois que de champs. On passe l'Avre peu après Armentières, village à droite duquel on voit le bourg et le château de Chennebrun, et un quart de lieue plus loin on franchit la limite qui sépare le département de l'Eure de celui de l'Orne.

DÉPARTEMENT D'EURE-ET-LOIR.

APERÇU STATISTIQUE.

Le département d'Eure-et-Loir est formé d'une partie de l'Orléanais, de la Beauce et du Perche ; il dépendait jadis des généralités d'Orléans, d'Alençon et de Paris, et des diocèses de Chartres, Orléans et Blois. Il tire son nom des deux principales rivières qui le traversent, savoir : l'Eure dans sa partie septentrionale, en prenant sa direction de l'ouest à l'est, et remontant vers le nord ; et le Loir, dans sa partie méridionale, en se dirigeant du nord au sud. Ses bornes sont : au nord, les départements de l'Eure et de Seine-et-Oise ; au sud, ceux de Loir-et-Cher et du Loiret ; à l'ouest, ceux de l'Orne et de la Sarthe, et à l'est, ceux de Seine-et-Oise et du Loiret. Le climat de ce département est doux et tempéré, et l'air y est presque partout vif et pur ; en automne seulement, les communes rurales sont annuellement envahies par des fièvres intermittentes, dont la cause peut généralement être attribuée aux eaux stagnantes qui séjournent dans chaque village, et pour ainsi dire dans chaque métairie. La température y est peu sujette à des variations brusques et fréquentes, comme dans les lieux qui avoisinent la mer ; les hivers y sont généralement secs et froids, et les étés y sont rarement d'une chaleur insupportable. — Les pluies ne tombent pas régulièrement, mais elles sont assez fréquentes ; le nombre moyen des jours de pluie est de 120 à 150, dans l'espace d'une année. Celui des jours de brouillards est de 20 à 40. Celui des jours de neige, de 8 à 20. Celui des jours de grêle, de 4 à 12. La quantité d'eau de pluie, de neige, etc., qui tombe année commune, est de 18 à 20 pouces, à peu près comme à Paris. — Les brouillards ne paraissent guère que sur la fin d'octobre, dans les deux mois suivants, et dans les temps de dégel. Ils sont ordinairement assez épais, et disparaissent dans les vingt-quatre heures ; rarement on les voit durer plus de trois à quatre jours. Ils portent quelquefois avec eux une odeur forte et désagréable, et agissent d'une manière très-marquée sur l'économie animale ; ils nuisent beaucoup à la transpiration, et donnent naissance à des maladies qui prennent leur source dans la diminution ou la cessation totale de cette fonction importante. — Les vents dominants sont ceux de l'ouest et de l'est ; le vent d'est est en été le plus doux de tous ; le vent du sud est presque toujours le signal de la pluie ou des orages, comme celui du nord indique presque toujours le froid. Quelquefois le vent de l'ouest y souffle avec une telle violence, qu'il amène des oiseaux maritimes jusqu'au milieu des plaines de la Beauce. Les paysans appellent ce vent le vent de galerne, comme ils nomment solaire le vent du midi.

Une grande partie du département d'Eure-et-Loir présente à l'œil de vastes plaines, où, en général, la pente du terrain est peu sensible; le reste offre un sol plus exhaussé, entrecoupé de vallées et de coteaux. Les points les plus élevés sont : Châteaudun, Beaumont-le-Chartif, au sud-ouest de Chartres; le Tremblay-le-Vicomte, au nord-nord-ouest; Saint-Laurent-de-la-Gatine, au nord-nord-est, et Baillau-l'Évêque, au nord-ouest. Prunay-le-Gillon, au milieu des plaines vers le sud-est, se trouve aussi fort élevé ; la ville de Chartres, qui ne l'est guère moins, est à 159 mètres 788 millimètres (82 toises) au-dessus du niveau de la mer. Les couches superficielles du sol, plus ou moins épaisses, sont communément composées de terre argileuse, grisâtre, jaunâtre et noirâtre, mêlée de sable, mais en petite quantité. Dans certains cantons, ce sont des terres argileuses et graveleuses; dans d'autres, on ne trouve qu'une faible portion de terre franche, mêlée de beaucoup de fragments grossiers de silex : ailleurs, on rencontre des terres calcaires, mêlées d'argile et de sable. Enfin, il y a quelques cantons où les terres sont sablonneuses, arides et manquant de fonds. De toutes les terres végétales, les meilleures sont les argileuses, mêlées de sable, et que l'on appelle terres franches ou terres fortes : après celles-ci viennent les terres calcaires, mêlées d'argiles et de sable, appelées terres blanches ou légères. Ces deux espèces, surtout la première, sont les plus généralement répandues dans le département. Les coteaux peu communs dans ce qu'on appelle la Beauce, et très-multipliés dans la partie du ci-devant Perche, sont revêtus à l'extérieur de quelques pouces de terre végétale ; mais le noyau est formé tantôt de marne et de silex, tantôt de sable rougeâtre et de silex, ou de grison.

Ce département, l'un des plus agricoles et des mieux cultivés de la France, présente, sur la presque totalité de son étendue, un sol fertile et abondant en céréales de toute espèce. Il se compose de plaines immenses, qui, lorsqu'elles sont couvertes de récoltes et agitées par le vent, représentent assez l'image des ondulations de la mer ; ses collines, peu élevées, sont assez généralement couvertes de bois ou de vignes; quelques bruyères incultes, quelques landes, jetées çà et là et comme par hasard, ne servent qu'à faire ressortir encore davantage les immenses progrès de l'agriculture. De nombreuses prairies artificielles, des prés fertiles sur les bords des rivières, et notamment sur les rives de l'Eure et du Loir, viennent compléter ce tableau, le plus vivant de l'industrie agricole.

Depuis quelques années, un nouveau genre de culture s'est propagé dans le département d'Eure-et-Loir. Des troupeaux immenses de moutons espagnols, ou de races croisées, bondissent dans ses plaines, à l'époque où jadis elles demeuraient abandonnées et désertes ; et les foires de laines de Chartres et de Châteaudun, la dernière surtout qui a pris un accroissement considérable, en doublant, par des marchés avantageux, les produits des agriculteurs, fournissent aux premières fabriques de France des toisons qui se convertissent en draps les plus fins et les plus estimés. L'engrais qui résulte de ce bétail nombreux vient encore échauffer la terre et doubler ses produits. Depuis l'introduction des troupeaux de bêtes à laine dans les fermes d'Eure-et-Loir, les jachères ont presque disparu entièrement, les revenus du propriétaire et l'aisance du fermier ont augmenté d'un tiers. L'essor est donné, et sans doute il ne s'arrêtera pas.

Dans les communes qui font partie de l'ancien Perche, ou qui avoisinent la Normandie et le Maine, à la culture des céréales vient se joindre encore celle des pommiers, qui fournissent un cidre plus léger que celui de la première de ces provinces, mais qui n'en est que plus sain et plus agréable. Là, chaque héritage est entouré d'une double haie, cerné par un rang d'arbres qui y sont quelquefois plantés en quinconce; alors le champ s'appelle un verger; presque toujours il est clos par une porte faite avec des branches d'arbre et nommée dans le pays échalier, de sa ressemblance avec une échelle. La récolte des blés, comme la vendange des pommes, est pour chaque métairie le signal du plaisir, et dans leur grosse joie, Percherons et Beaucerons témoignent au jour de la *grosse gerbe* le bonheur qu'ils éprouvent de voir leur existence et leurs engagements encore assurés pour une année.

L'arrondissement de Chartres, presque entièrement formé de l'ancien pays chartrain, contient les terres labourables les plus fertiles et fournit les blés les plus estimés. Les rives de l'Eure sont garnies de nombreuses usines, qui le convertissent en farine et alimentent la halle de Paris. Le marché de Chartres, qui se tient le samedi de chaque semaine, est, comme marché de blés, l'un des plus forts de France. Toutes les affaires s'y font au comptant, et chaque cultivateur ou propriétaire y convertit en argent les denrées qu'il a recueillies ou reçues en fermage, et qui font la portion la plus importante de ses bénéfices ou de ses revenus. Le marché de Chartres sert de régulateur et comme de tarif à tous les autres marchés du département, et suivant que le prix du blé subit une variation ascendante ou descendante, cette variation se fait nécessairement sentir dans les autres places. Le marché le plus important de l'arrondissement de Chartres, après celui du chef-lieu, est, sans contredit, celui de Gallardon; tous les autres n'ont qu'une importance relative. L'arrondissement de Chartres doit sa prospérité bien plus à la fertilité de son sol, qu'à sa proximité de Paris. Néanmoins cette dernière considération y entre bien pour quelque chose. De nombreuses voitures publiques, en facilitant le transport des commerçants, simplifient et hâtent chaque jour les opérations de commerce. Les denrées de tout genre, qui se consomment à Paris, absorbent le superflu et presque le nécessaire aux contrées limitrophes, et y répandent beaucoup d'argent. L'arrondissement de Chartres est placé dans le rayon de ces avantages, et l'industrie de ses habitants trouve chaque jour un moyen de les augmenter. Blés, farines, grains de tout genre, volaille, gibier, poisson, etc., tout se rend chaque jour à Paris, et chaque jour l'argent des ventes se reverse dans l'arrondissement, et notamment dans la ville de Chartres.

Moins heureusement placé, parce qu'il est plus éloigné du centre des affaires, l'arrondissement de Châteaudun a cependant de nombreux avantages. Comme celui de Chartres, il se compose en grande partie de plaines très-fertiles. Trois de ses cantons, ceux du chef-lieu, de Bonneval et d'Orgères, produisent du froment de première qualité; et les rives du Loir sont couvertes d'usines magnifiques qui alimentent aussi la halle de Paris. Cette amélioration dans le commerce des céréales et des farines est d'une époque fort récente. Avant la révolution il n'existait pas un seul moulin qui, pour se servir de l'expression du pays, *fît le blanc*. Aujourd'hui le nombre en augmente tous les jours, et pour leur beauté et l'excellence des mécaniques, ils peuvent rivaliser avec ce qu'il y a de mieux à Étampes, Chartres et Corbeil. L'arrondissement de Châteaudun est presque entièrement composé de hameaux, du comté de Dunois; et demi-Beauce, demi-Perche, il offre les avantages réunis des deux genres de pays. Dans la partie formée de cette ancienne contrée, la terre est beaucoup moins fertile en céréales; mais aussi elle produit d'excellent cidre et est couverte de bois et de prairies. La ville de Châteaudun elle-même est entourée de coteaux couverts de vignes dont les vins, quoiqu'ils ne supportent pas le transport, peuvent se comparer avec certains crus estimés de Beaugency. Le gibier y est abondant, la volaille excellente; il faut encore ajouter le poisson du Loir, surtout les carpes et les écrevisses; comme dans l'arrondissement de Chartres; ces denrées sont journellement transportées à Paris. Le premier des marchés pour le blé est celui de Châteaudun; pour le gibier et la volaille celui de Courtalin, petite ville qui doit son existence et sa prospérité à la constante sollicitude de l'illustre maison de Montmorency; pour les bestiaux, et notamment les veaux, celui de Brou, qui est presque un petit Poissy. L'arrondissement de Châteaudun, considéré physiquement, est en partie hors du bassin de la Seine, et rentre dans le bassin de la Loire; une chaîne de collines plus ou moins élevées, composée presque partout de silex et de craie, sert de démarcation au plateau de la Beauce; cette chaîne, qui règne le long des rives du Loir, s'étend, pour l'arrondissement, un peu au-dessus de Cloyes.

L'arrondissement de Dreux est de tout le département d'Eure-et-Loir le plus industriel et le plus commerçant. Plus rapproché qu'aucun autre de la Normandie, il doit cet avantage à l'influence de cette province, qu'on peut, avec tant de raison, appeler le Manchester de la France; on y trouve plusieurs fabriques importantes, en tête desquelles il est juste de signaler celles de MM. Didot et Waddington.

Le dernier de tous les arrondissements du département d'Eure-et-Loir, pour la population et l'industrie, soit agricole, soit manufacturière, est sans contredit celui de Nogent-le-Rotrou. Formé presque intégralement de l'ancien Perche, son territoire resserré entre les plaines fertiles de la Beauce et les vallées commerçantes de la Normandie, et, comme écrasé par elles, est moins fertile que celui des autres arrondissements. Cependant, ainsi que toutes les autres contrées de la France, cet arrondissement, qui contient beaucoup de prairies, a pris son essor et s'est jeté, avec un succès presque incroyable, dans un genre d'industrie dont les résultats pourront devenir immenses pour l'État et pour le pays en particulier. Nous voulons parler de l'amélioration incontestable apportée dans la race croisée des chevaux, connus dans le commerce sous le nom de Percherons. Il n'en est point de plus propres au service de la poste et des voitures publiques: si leurs formes n'ont ni la finesse, ni l'élégance des races pures normandes ou limousines, ils sont en revanche solidement constitués, d'une vigueur et d'une ardeur peu communes. On les retrouve aujourd'hui à toutes les extrémités de la France, et les maîtres de poste en font l'ornement de leurs écuries. Les foires principales où se vendent ces chevaux, se tiennent à Chassant, hameau du canton d'Authon, près la croix du Perche, et à la Bazoche-au-Perche-Gouet, chef-lieu de canton de l'arrondissement de Nogent-le-Rotrou. C'est de tout le département d'Eure-et-Loir l'arrondissement le plus couvert et le plus boisé; chaque morceau de terre y est entouré de haies, fermé par des échaliers, et très-souvent planté d'arbres. Les métairies, plus connues sous le nom de bordages, y sont peu considérables; mais, en revanche les étangs y sont nombreux et forment une partie des revenus, soit qu'ils proviennent de leur pêche, qui a lieu tous les trois ans, soit que, mis à sec et en culture, ils produisent pendant les trois années suivantes des grains de différentes natures.

Les villages auxquels assez communément on donne le nom de bourg, se composent habituellement de trente à cinquante feux. Dans chaque village on trouve toujours un maréchal, un charron et une espèce de factotum qui supplée, par son industrie, à tous les autres états dont les produits sont nécessaires aux besoins habituels de la vie; cet individu est souvent à la fois sacristain, maître d'école, armurier, horloger, perruquier, etc., et le bouchon de bruyères, garni de foin et de pommes, qui pend au-dessus de sa porte, indique aux amateurs qu'on trouve chez lui du vin, du cidre, etc.

Presque tous les villages et hameaux de la Beauce sont construits en bauge, couverts en chaume et en paille, à cause de la rareté de la tuile. Ils sont éloignés les uns des autres, mais on les aperçoit de fort loin. Ceux du Perche sont plus communément bâtis en terre et en pierre, couverts en tuile ou en bardeau, quelquefois en bruyères. Les villages sont aussi fort éloignés les uns des autres, et très-peu peuplés; mais les hameaux y sont multipliés à l'infini : on en rencontre, pour ainsi dire, à chaque pas. A la vérité, ils ne sont souvent composés que de quelques maisons, d'une ferme, d'un simple bordage, et quelquefois des plus chétives bicoques.

Ces habitations isolées, et placées tantôt au milieu d'un verger, tantôt sur le bord d'une verte prairie, souvent sur le revers d'une colline, quelquefois au fond d'un vallon où serpente une eau claire et limpide; ces rustiques manoirs, qu'on n'aperçoit qu'à travers les arbres, les bois et les haies, offrent au printemps les tableaux les plus piquants, les plus pittoresques par la variété des nuances, l'éclat et la fraîcheur des épaisses feuilles, des touffes de fleurs qui les accompagnent et les environnent de toutes parts.

Aussi n'abandonne-t-on qu'à regret ces contrées fleuries et ombragées, pour traverser les monotones et ennuyeuses plaines de la Beauce, privées d'eau et de mouvement, où le voyageur, sans cesse exposé à l'ardeur du soleil, trouve à peine un ormeau, un buisson, à l'ombre duquel il puisse se reposer.

Les métairies de la Beauce, surtout dans l'arrondissement de Chartres, sont souvent couvertes en ardoises. Elles se composent d'une habitation assez mesquine pour le fermier, d'écuries pour les chevaux de labour, à deux par charrue; d'étables pour les vaches et autres bêtes à cornes, de bergerie pour les troupeaux de bêtes à laine, de granges pour resserrer les récoltes de tout genre, qui se tassent encore en meules, à quelque distance des granges lorsqu'elles sont insuffisantes, de poulaillers, qui, outre les volailles ordinaires, contiennent d'innombrables troupeaux d'oies et quelquefois de dindons, de toits à porcs, etc. Tous ces bâtiments entourent ordinairement une cour qui sert en même temps de fosse à fumier.

La seule rivière un peu considérable qui traverse la partie septentrionale du département, est l'Eure, qui s'y grossit de l'Avre, de la Blaise et de la Vesgre : la Conie, le Loir et l'Huisne, qui reçoivent un grand nombre de ruisseaux, l'arrosent au sud-ouest; la partie du sud-est est presque entièrement privée de cours d'eau.

L'Eure prend sa source dans le département de l'Orne, arrondissement de Mortagne, entre Neuilly et la Lande. Elle entre dans le département d'Eure-et-Loir, au-dessous de Senonches, coule du nord-ouest au sud, passe à Pontgouin, Courville, Saint-Georges, Fontenay, Thivars, Vert, d'où se dirigeant du sud au nord, traverse Chartres, Saint-Piat, Mévoisins, Maintenon, Lormaye, Nogent-le-Roi, Villemeux, Charpont, Éclusettes, Cherizy, Montreuil, sert de limite aux départements de l'Eure et d'Eure-et-Loir, continue son cours par Saussay, Yvry, Pacy, Louviers, et se jette dans la Seine-aux-Damps, près de Pont-de-l'Arche, après un cours d'environ 45 lieues. L'étendue qu'elle parcourt dans le département est d'environ 186,000 mètres.

L'Eure est navigable depuis Saint-Georges jusqu'à son embouchure, sur une longueur de 92,252 mètres. Les objets de transport consistent surtout en sel, bois de chauffage et de construction, destinés particulièrement pour Rouen. Ses affluents sont : La Loupe, l'Oisème, la Voise, la Blaise, l'Avre, la Vesgre et l'Iton. La navigation de l'Eure avait anciennement lieu jusqu'à Fermaincourt, près Dreux. Elle a même existé un certain temps jusqu'à Nogent-le-Roi, et il ne s'agissait plus que de la porter jusqu'à Chartres. La plupart des travaux faits pour y parvenir existent encore ; il ne s'agirait que de les rétablir. Le chemin de halage, formé des terrains acquis par l'État, n'existait que d'un côté de la rivière : il avait onze pieds de large. Peut-être eût-il été plus à propos d'acquérir les terrains des deux rives, afin d'y établir le halage des deux côtés de la rivière ; ce qui aurait beaucoup facilité la navigation, et procuré (en exhaussant ces halages en forme de digues latérales) un encaissement à la rivière d'Eure, qui est naturellement maigre, et dont le lit peu profond est trop large dans certains endroits, et trop étroit dans d'autres.

Toutes les portes marinières, depuis Chartres jusqu'à la Seine, subsistent encore, quoique fort endommagées : elles ont toutes les dimensions convenables pour la navigation. On en compte cinquante-cinq tant en maçonnerie qu'en bois ; celles qui se trouvent entre Chartres et Nogent-le-Roi, sont en maçonnerie et en assez bon état. Au-dessous de Nogent jusqu'à la Seine, elles sont presque toutes en bois : il y a en outre quatre écluses à sec à Maintenon et au-dessous, qui peuvent être facilement réparées.—En 1808, on a ouvert, près de la ville de Louviers, et à travers les prairies de la Vilette, un petit canal de dérivation de la rivière d'Eure, et l'on a construit sur ce canal une écluse de 5 mètres de largeur. Ces travaux ont eu pour objet de faire disparaître les difficultés que la navigation de la rivière éprouvait en cet endroit. — Un bureau pour la perception des droits de navigation est établi sur la Seine, à Pont-de-l'Arche. L'octroi se perçoit à ce bureau, 1° pour la navigation remontant de Rouen à Pont-de-l'Arche; 2° pour la navigation descendant de Mantes à Pont-de-l'Arche; 3° pour les bateaux venant de l'Eure à Pont-de-l'Arche. La perception s'y fait conformément au tarif qui suit, savoir : de Rouen à Pont-de-l'Arche, chaque bateau foncet et autres de 30 mètres de longueur, chargé, paye, par mètre de longueur, 2 fr. Chaque bateau chargé, de 32 à 48 mètres de longueur, paye, par mètre de longueur, 2 fr. 25 c. Chaque bateau chargé, de 50 à 64 mètres de longueur, paye, par mètre de longueur, 2 fr. 50 c. Les flettes chargées, par mètre de longueur, 50 cent. Les galiotes payent par voyage, 3 fr. De Mantes à Pont-de-l'Arche, les bateaux de toute grandeur payent, par mètre de longueur, 1 fr. Chaque toue chargée de charbon de terre, paye, en totalité, 6 fr. Chaque toue chargée de vin, paye, en totalité, 20 fr. Chaque bateau foncet et autre, chargé de vin, paye, en totalité, 40 fr. Chaque train de bois de charpente, sciage, charronnage et de bois à brûler, paye 6 fr. Chaque batelet paye 1 fr. Les trains et bateaux venant de l'Eure payent le même droit que ceux venant de Mantes. Les bateaux non chargés payent le tiers.

L'Avre prend sa source dans l'arrondissement d'Évreux, département de l'Eure. Elle se forme de plusieurs ruisseaux qui se réunissent près de Verneuil, et se grossit des eaux d'un grand nombre de fontaines considérables qui rendent les siennes limpides et salubres. Depuis Nillet jusqu'à son embouchure dans l'Eure, près du hameau de Motet, cette rivière sert de limite aux départements d'Eure-et-Loir et de l'Eure. Elle reçoit les ruisseaux de Çuternay, de Lamblore, de Reuil, et la petite rivière de la Meuvette. — Cette rivière est profonde, et coule sur un lit de sable et de gravier. Dans son cours, qui est d'environ 20 lieues, elle passe à Verneuil, Teron, Tillières, la Mulotière, Dompierre, Nonancourt, Saint-Lubin, Saint Remi, Vert, et se jette dans l'Eure, au-dessous de Montreuil.

La Blaise prend sa source dans le canton de Senonches, arrondissement de Dreux. Elle sort de l'étang de Dompierre-sur-Blévy, alimenté par les ruisseaux de Terdez et de Saint-; elle coule du sud-ouest au nord-est, passe à Dampierre, Maillebois, Blévy, Fontaine-les-Ribouts, Saulnières, Crécy, Aulnay, Vernouillet, Tréon, Garnay, Dreux, et se jette dans l'Eure par deux embouchures, entre Cherizy et Fermaincourt. Dans son cours, qui est d'environ 10 lieues, elle reçoit les ruisseaux de Saint-Germain-de-Lezeou, de Vernouillet, de Bléras, et des Teinturiers; et se divise en plusieurs bras, sur l'un desquels on voit une machine hydraulique, qui servait à faire monter l'eau dans le château de Crecy, démoli pendant la révolution.

La Vesgre prend sa source dans la commune de Saint-Léger-aux-Bois, arrondissement et canton de Rambouillet, département de Seine-et-Oise. Elle passe à Houdan, entre dans le département d'Eure-et-Loir, au Gué-de-Membrai, se dirige du sud au nord-ouest, arrose Saint-Lubin de la Haye, Berchères, Boncourt, Oulins, et se jette dans l'Eure, à peu de distance d'Yvry, après un cours d'environ 7 lieues. L'étendue qu'elle parcourt dans le département d'Eure-et-Loir est d'environ 18,000 mètres. Les eaux de cette rivière sont claires et limpides, et si peu considérables dans certains endroits, qu'on peut facilement la passer à gué.

La Conie est formée de la réunion de deux ruisseaux, dont l'un, qui porte le nom de Conie-Palue, sort du bois de Fayot, à l'est de Viabon, canton de Voves, arrondissement de Chartres; il passe à Fontenay, Courbehaye, et Notteville, où, à quelque distance, il se réunit à l'autre ruisseau, nommé simplement Conie. Ce dernier prend sa source dans le département du Loiret, au sud-ouest de Patay; il entre peu après dans le département d'Eure-et-Loir, passe à Péronville et à Varize, où, un peu au-dessous, les deux bras se réunissent. La Conie se dirige alors de l'est à l'ouest, passe à Molitard, Moléans, Donnemain, et se jette dans le Loir, près de Marboué, après un cours d'environ 7 lieues. — Le cours de la Conie est on ne peut pas plus irrégulier: une grande partie ne présente qu'un vaste marécage couvert de roseaux (la rouche du pays), et rempli de fondrières dont le nombre et la profondeur sont inconnus. Le lit de cette rivière n'est sensible à l'œil que lorsque ces fondrières regorgent. Ses eaux sont constamment hautes, lorsque les autres rivières sont basses, *et vice versa*. Elle a éprouvé depuis peu un desséchement absolu. Il y avait quatorze ans que le même phénomène n'était arrivé. Jamais il ne s'écoule plus de quatorze ans entre un desséchement et celui qui doit le suivre; et jamais, selon les anciens du pays, il ne s'en écoule moins de dix. C'est en juillet qu'elle perd ses eaux; elle ne les retrouve qu'en octobre. On dit qu'anciennement les étrangers qui spéculaient sur les grains de la Beauce, venaient au printemps vérifier l'état des eaux de la Conie, et se retiraient avec la certitude d'une année sèche ou humide, *ou marquée par des alternatives de sécheresse ou d'humidité*. Sur cette observation, qui, dit-on, ne *les* trompait jamais, ils réglaient le taux de leurs acquisitions. On débite beaucoup d'autres contes sur la Conie, aux eaux de laquelle le vulgaire attribue différents effets merveilleux. Les pronostics, les présages que le peuple cherche à tirer de l'affluence ou de la disparition de ces eaux, tiennent à d'antiques préjugés qui se reportent au temps des anciens Celtes et Gaulois, qui admettaient le culte des eaux.

Le Loir prend naissance dans la commune de Saint-Éman, canton d'Illiers, arrondissement de Chartres. Il avait à la fois sa source dans le bois du Loir, commune des Corvées, canton de la Loupe, et était alimenté par les étangs de Villebon, de Cernay, des Châteliers, etc.; mais aujourd'hui ces étangs étant en partie desséchés, la source du Loir ne remonte pas au delà de la commune de Saint-Éman, où se trouvent plusieurs fontaines. Cette rivière, qui tient le second rang parmi celles du département, coule d'abord du nord au sud, passe à Illiers, Saint-Avit, Saumeray, Alluyes, Bonneval, Saint-Martin-en-Peou, Saint-Maur, Marboué, Châteaudun, d'où elle se dirige au sud-ouest, arrose Douy, Montigny, Cloyes, au-dessous duquel elle entre dans le département de Loir-et-Cher, passe à Morée, Freteval, Vendôme, Montoire, quitte ce département, coule dans celui de la Sarthe, arrose Poncé, la Chartre, Château-du-Loir, le Lude, la Flèche, entre dans le département de Maine-et-Loire, passe à Duretal, Seiches, et se jette dans la Sarthe, au-dessous de Briolay, après un cours d'environ 55 lieues. Ses principaux affluents dans le département d'Eure-et-Loir sont la Thironne, le Foussard, l'Ozanne, la Conie et l'Hyère.

Le Loir commence à être flottable à Poncé, au confluent de la Braye, et navigable à Coëmont, près du château du Loir (Sarthe). La longueur de la partie flottable est de 28,000 mètres, et celle de la partie navigable est de 113,894 mètres. La navigation du Loir est susceptible d'être portée jusqu'au-dessus de Bonneval. Cette rivière a cela d'avantageux qu'elle est toujours abondamment pourvue dans toutes les saisons de l'année, même dans les plus grandes sécheresses, et qu'elle n'est jamais ou presque jamais prise par les glaces. Il y a sur la rivière du Loir 40 portes marinières, dont 39 en bois, et une en maçonnerie, construite à Pont-l'Évêque. Leur largeur varie de 4 mètres 50 centimètres à 5 mètres. La navigation n'a jamais remonté au delà de Château-du-Loir : le plus souvent même elle ne remonte que jusqu'à la Flèche, où le halage se fait à la corde, avec des hommes; et le chemin n'est autre chose qu'un sentier d'une demi-toise de large. Mais le plus grand avantage de cette navigation résulterait de l'exécution du projet de jonction du Loir avec l'Eure.

L'Huisne prend sa source à Saint-Hilaire-de-Souzay, près de la forêt de Belesme, arrondissement de Mortagne, département de l'Orne. Elle tire son cours de l'ouest à l'est, arrose Mauves, Regmalard, d'où, coulant du nord au sud, elle entre, au-dessous de Condé, dans le département d'Eure-et-Loir, passe à Nogent-le-Rotrou, tourne au sud-ouest, rentre dans le département de l'Orne, d'où elle sort bientôt pour entrer dans celui de la Sarthe, où elle arrose une belle et fertile vallée, passe à la Ferté-Bernard, Conére, Montfort, Yvré, Pont-Lieue, et se jette dans la Sarthe à un quart de lieue au-dessous du Mans. Son cours dans le département d'Eure-et-Loir est d'environ 12,000 mètres.

Le département d'Eure-et-Loir a pour chef-lieu Chartres. Il est divisé en 4 arrondissements et en 24 cantons, renfermant 455 communes. — Superficie, 305 lieues carrées.— Population 278,820 habitants.

Minéralogie. Minerai de fer exploité à Senonches, à Digny, à Torsay, à Boissy-le-Sec, et dans quelques autres endroits. Carrières de pierres de taille à Berchères, Praville, Vert; de pierre tendre très-blanche à Marboué, Montigny-Ganelon; de grès très-dur à Barjouville, Gellainville, Nogent-le-Phaye, Sours, Morancez; de très-beaux poudingues à Ymeray, Levainville, Gué-de-Vaise; de beaux grès blancs et gris aux environs d'Épernon; de grès psammites près de Thirou; de gypse à Dammemarie, à Theuville. Belles pétrifications aux environs de Dreux, de Courville, de Villebon, de Champrond, de Montlaudon, de la Loupe, etc. Marne très-abondante à Senonches, à Fermaincourt, à Fouville, à Breuil, près de Dreux, et dans beaucoup d'autres communes. Argile à briques et à poterie aux environs de Chartres, de Nogent-le-Phaye, près des fermes d'Orchevilliers, etc. La tourbe est exploitée dans les communes de Senonches, de Béville-le-Comte, de la Loupe, d'Anet, de Saussay, d'Oulins et de Rouvres.

Sources minérales près de Chartres et dans le parc de la Ferté-Vidame.

Productions. Céréales de toute espèce et en grande abondance, qui forment la principale branche de commerce du département, et dont une grande partie est convertie en farine pour l'approvisionnement de Paris (la Beauce seule exporte, année commune, 1,200,000 hectolitres de blé). Légumes secs, oignons, excellents navets, gaude, garance, chardon à bonnetier, lin, chanvre. Belles prairies naturelles dans les vallées de la Blaise, de l'Avre, de l'Yère, que l'on est dans l'usage d'arroser au moyen d'une infinité de canaux d'irrigation pratiqués avec beaucoup d'art. Prairies artificielles très-multipliées. Beaucoup de fruits à cidre dans le Perche, où les chemins, les haies, les pièces de terre sont plantés d'arbres fruitiers : presque tous les propriétaires de cette partie du département récoltent suffisamment de quoi faire leur provision de cidre (la récolte annuelle est évaluée à 175,000 hectolitres). — 3,318 hectares de vignes produisant, année moyenne, 200,000 hectolitres de vins médiocres, qui se consomment dans le pays. — 44,735 hectares de forêts. — Élèves de chevaux dans le Perche. Quantité de bêtes à cornes. Nombreux troupeaux de moutons. Beaucoup de porcs. Éducation assez soignée des abeilles dans la Beauce. Élève en grand de la volaille. — Gibier très-abondant (lièvres, lapins, perdrix rouges et grises, pluviers, vanneaux), etc. — Bon poisson de rivière (carpes, brochets, truites, écrevisses).

Industrie. Le département d'Eure-et-Loir, essentiellement agricole, n'offre pas beaucoup de manufactures; mais il s'y trouve un grand nombre de moulins à farine et autres usines, plusieurs forges, fonderies, hauts fourneaux. On y compte 408 moulins à eau à farine, dont beaucoup sont à deux roues, et 284 moulins à vent, aussi à farine; 21 moulins à tan; 19 moulins à foulon; 6 moulins à papier; 5 filatures de coton; 4 usines pour la fonte et la fabrication du fer; des moulins à trèfle et à cidre. Des fabriques d'étamines existent depuis long-temps à Nogent-le-Rotrou, à Authon, à la Bazoches-Gouet, à Souancé, à Charbonnière, à Saint-Lubin-des-cinq-Fonts et autres communes de l'arrondissement de Nogent. Celles de Nogent sont l'unique branche d'industrie de cette ville et des environs. On fabrique à Illiers et à Pont-Gouin, arrondissement communal de Chartres, et à Brou, arrondissement de Châteaudun, des serges blanches sur étaim; on y fait aussi une étoffe appelée tourangelle, des étoffes beges, des sempiternes imitant les étoffes communes de Reims. La commune de Mainterne, canton de Brezolles, arrondissement de Dreux, offre une fabrique de belle flanelle blanche, qui consomme par an dix milliers de laine. Il se fait aussi des flanelles et des frocs à Saint-Lubin-des-Joncherets, mais d'une qualité très-commune. Il n'est guère de communes où il ne se trouve des fabricants de toile : on en compte 726 dans le département; les tisserands sont plus multipliés dans les arrondissements de Dreux et de Nogent-le-Rotrou que dans les deux autres.

On fabrique aussi dans le département, et notamment dans l'arrondissement de Dreux, des couvertures de laine en belle qualité et en qualité commune, particulièrement dans les communes de Laons, d'Escorpain, de Boulay-Thierry, de Puiseux, etc. La fabrique de Laons surtout est des plus considérables : on y compte 35 fabricants; il s'y emploie annuellement jusqu'à 140 milliers de laine. Une partie de ces couvertures est achetée par les marchands auvergnats; le reste se vend à Dreux, à Chartres, à Paris, à Rouen, à Orléans, et aux foires de Guibray et de Caen. Quelques fabriques de couvertures communes sont encore établies à Châteaudun et dans quelques autres endroits.

Il existe depuis long-temps à Chartres et dans différents cantons de cet arrondissement, notamment dans ceux d'Auneau, de Janville, d'Orgères et de Voves, une fabrique assez considérable de bonneterie, qui consomme une grande partie des laines du cru du pays. On y emploie aussi, surtout en temps de paix, des laines d'Espagne, du Levant, d'Italie et d'Allemagne, dont les dépôts principaux sont à Marseille, Lyon, Orléans et Rouen. On trouve aussi dans le même arrondissement quelques fabriques de bas de laine à l'aiguille, de gants, de chaussettes et de chaussons. Elle occupe utilement, pendant une grande partie de l'année, et particulièrement durant l'hiver, les vieillards, les femmes et les enfants.

Indépendamment des articles dont on vient de parler, il en est un autre qui ne laisse pas d'être avantageux : c'est celui des bonnets gasquets, façon de Tunis, espèce de calotte que les Turcs mettent sous leur turban, et dont on a adopté l'usage en France depuis quelques années. Ces bonnets sont tricotés avec les laines de Beauce ou avec les laines étrangères, mais plus particulièrement avec celles d'Espagne. Depuis un temps immémorial, il s'en fait dans la Beauce une très-grande quantité. Les fabricants les livrent en écru à Orléans, où ils sont apprêtés et teints en rouge imitant l'écarlate, et en d'autres couleurs. Les toques, ainsi apprêtées et teintes, se vendent aux négociants de Marseille. De là elles passent à Tunis, à Smyrne, à Constantinople et en différentes autres villes de la côte de Barbarie et de l'empire ottoman. Paris en fait aujourd'hui une grande consommation. — On compte dans le département 42 tanneries, 2 corroieries et 15 mégisseries. Elles se trouvent dans les communes de Chartres, Illiers, Courville, Épernon, Dreux, Châteaudun, Cloye, Courtalain, Brou et Bonneval. Les tanneries de Chartres sont les plus considérables. Dans plusieurs communes, et notamment à Chartres et dans les environs, on fabrique différents articles de poterie grossière. Il y a aussi des briqueteries et des tuileries.

Commerce. Les grains sont la principale branche de commerce du département d'Eure-et-Loir. La majeure partie des blés qui s'y récoltent est achetée pour l'approvisionnement de Paris. On en exporte aussi à Orléans, où ils remontent ou descendent la Loire, suivant les besoins des départements riverains; les départements de l'Orne, de la Sarthe et autres, qui n'en recueillent pas suffisamment pour leur consommation, en enlèvent aussi une grande partie. Nous avons dit ailleurs que la ville de Chartres était le centre de ce commerce. Après le commerce des grains, celui des laines est le plus important. Il s'en fait des achats considérables pour les fabriques d'Orléans, de Beauvais, de Bernay, d'Amiens. Il en passe aussi beaucoup à Verneuil, département de l'Eure, à Montoire, Saint-Calais, Montdoubleau, Château-Regnault, et quelques autres villes et bourgs des départements d'Indre-et-Loire, de Loir-et-Cher et de la Sarthe; le reste se consomme dans le pays; elles sont presque toutes du cru du département : on les distingue en laine de Beauce et en laine du Perche. Les premières sont beaucoup plus abondantes, et s'emploient, en général, pour les grosses étoffes, les couvertures et la bonneterie; les secondes, d'une qualité supérieure, servent à la fabrication des étamines, des serges, et autres

CHÂTEAU D'AUNEAU.

étoffes plus légères. Cependant les étaims et les chaines de presque toutes les étoffes se font avec les hautes laines de Beauce, parce qu'elles sont plus longues et plus fortes. Il s'en file beaucoup à Chartres et dans son arrondissement. Les serges fines et communes, les serges drapées, les droguets, les étamines, les couvertures, les bonnets gasquets, les bas, gants, chaussettes et chaussons de laine à l'aiguille. Les produits des tanneries et des papeteries sont aussi des objets d'exportation assez considérables pour le département, qui reçoit en échange des vins, des eaux-de-vie, des bois, des fûts, des laines fines, des draps fins et communs, des épiceries, des denrées coloniales, etc., etc.

VILLES, BOURGS, VILLAGES, CHATEAUX ET MONUMENTS REMARQUABLES, CURIOSITÉS NATURELLES ET SITES PITTORESQUES.

ARRONDISSEMENT DE CHARTRES.

ALLONNES. Village situé à 4 l. de Chartres. Pop. 416 hab. — *Fabriques* de bas, bonnets, chaussons et gants de laine.

AMILLY. Village situé à 1 l. 1/4 de Chartres. Pop. 365 hab. On remarque près de ce village, dans la plaine qui s'étend dans la direction de Courville à Chartres, des chemins souterrains de deux et trois lieues d'étendue, recouverts de terre végétale, et dont la voûte, qui est brisée en quelques endroits, permet d'en visiter l'intérieur. Ces chemins ont environ 5 pieds et demi de hauteur sous voûte, sur 2 pieds et demi de large; de distance en distance, se trouvent des espèces de retraite de 8 à 10 pieds carrés, où il est probable que se retiraient les personnes parcourant ces voies souterraines, qui n'auraient pu se croiser dans des chemins si étroits.

AUNEAU. Bourg situé sur l'Aunay, près de son confluent avec la Voise, à 5 l. de Chartres. Pop. 1,616 hab.

Auneau est un assez ancien bourg dont le duc de Joyeuse était seigneur au XVIe siècle, et où il se livra plusieurs combats entre les protestants et les troupes de Henri III. Il était autrefois entouré de murs et défendu par un château fort. Le duc de Guise s'en empara et y massacra ou fit prisonniers plus de deux mille reîtres, que les protestants avaient à leur solde. Il ne reste plus de l'ancien château qu'une simple habitation adossée à une tour fort haute et bien conservée, qui domine tous les environs, et sous laquelle se trouve une cave renfermant un moulin à bras qui servait à moudre le blé pour les assiégés.

Auneau est connu par un pèlerinage fort ancien que l'on désigne sous le nom de Saint-Maur; il commence le 23 juin et se continue les vendredis et les dimanches jusqu'à l'ouverture de la moisson. Plus de 6,000 individus s'y rendent annuellement, et ne manquent pas de visiter une fontaine, aux eaux de laquelle on attribue la vertu de guérir plusieurs maladies.

Fabriques de bas et de chaussons de laine.

BOUGLAINVAL. Village situé à 3 l. de Chartres. Pop. 407 hab. On voit sur son territoire un fort beau château, et dans les environs les restes du canal de Maintenon.

BRÉTIGNY. Village situé à 2 l. de Chartres, célèbre par le traité de paix conclu entre la France et l'Angleterre le 8 mai 1360, en vertu duquel le roi Jean II, fait prisonnier à la bataille de Poitiers, obtint la liberté après quatre ans de captivité.

Les conférences qui précédèrent ce traité commencèrent le 1er mai 1360. La France y était représentée par Jean de Dormans, chancelier de Normandie, élu évêque de Beauvais, Charles de Montmorency, le comte de Tancarville et le maréchal Boucicault; l'Angleterre, par le duc de Lancastre, les comtes de Northampton, de Warwick et de Stafford; le pape, par l'abbé de Cluny, le général des dominicains, et Haynes de Genève, seigneur d'Anthon. Les Anglais, après avoir demandé la couronne même de France, insistèrent du moins sur la restitution de toutes les provinces qui avaient autrefois appartenu aux Plantagenets, et entre autres de la Normandie, de l'Anjou, du Maine et de la Touraine. Tout à coup Édouard leur fit dire d'abandonner cette prétention, et d'accepter les offres des Français, assurant que dans un orage il venait de faire vœu à Notre-Dame de Chartres, de rendre la paix au monde. En conséquence, le traité de Brétigny fut signé le 8 mai. Par ce traité, Édouard III renonçait à ses prétentions sur la couronne de France, tandis qu'en retour le duché d'Aquitaine, que ses prédécesseurs avaient tenu en fief de la France, était érigé pour lui en souveraineté indépendante, à laquelle étaient annexés le Poitou, la Saintonge, l'Aunis, l'Agénois, le Périgord, le Limousin, le Quercy, le Bigorre, la vallée de Gaure, l'Angoumois et le Rouergue. Les comtes de Foix, d'Armagnac, de l'Ile-Jourdain et de Périgord, les vicomtes de Carmaing, de Limoges, et les autres seigneurs qui possédaient des fiefs dans l'étendue des pays cédés, devaient transporter leur hommage du roi de France au roi d'Angleterre. Un petit territoire autour de Calais, composé des comtés de Ponthieu et de Guines, et de la vicomté de Montreuil, était en même temps cédé en toute souveraineté au roi d'Angleterre; le roi de France devant renoncer expressément à tout droit sur toutes ces provinces, à tout ressort et toute souveraineté, et le roi d'Angleterre devant les posséder comme voisin, et non comme feudataire. A ces conditions, la paix devait être rétablie entre les deux royaumes; quant à la rançon du roi Jean, elle devait être payée en argent et non en terres; elle fut fixée à trois millions d'écus d'or, dont six cent mille seraient payés sous quatre mois, avant que le roi de France pût sortir de Calais, et quatre cent mille écus chaque année pendant les six années suivantes; pour ces payements successifs, Jean devait laisser au choix d'Édouard un certain nombre d'otages, pris entre les plus nobles seigneurs et les plus riches bourgeois de son royaume. Quant aux droits de Jean de Montfort et de Charles de Blois sur la Bretagne, il fut convenu que les deux rois les régleraient d'après la justice, mais seulement dans la nouvelle conférence qu'ils promettaient d'avoir à Calais au bout de quatre mois, époque fixée pour le premier payement de la rançon du roi Jean.

Le traité fut juré à Paris le 10 mai par le régent, et le 16 mai à Louviers en Normandie, par le prince de Galles.

Les principaux otages livrés par la France pour la rançon de son roi et pour l'accomplissement du traité de Brétigny, furent le duc d'Orléans, frère du roi; les second et troisième fils du roi, qu'il créa, à cette occasion, ducs d'Anjou et de Berri; le duc de Bourbon; les comtes d'Alençon, de Saint-Pol, de Harcourt, d'Auvergne (comte dauphin), de Porcien, de Bresnes; les sires Jean d'Étampes, Gui de Blois, de Coucy, de Ligny, de Montmorency, de Royes de Préaux, de la Tour-d'Auvergne, et plusieurs autres; enfin, quatre bourgeois de Paris, et deux bourgeois de chacune des dix-huit premières villes du royaume.

CHARTRES. Grande et très-ancienne ville. Chef-lieu du département. Tribunaux de première instance et de commerce. Société d'agriculture. Collége communal. Évêché. ✉ ☞ Pop. 14,439 hab.

Chartres est une ville d'une haute antiquité dont l'origine remonte aux siècles les plus reculés. Avant la conquête des Gaules par les Romains, elle était le siége principal de la religion des druides, et la capitale des *Carnutes* ou *Carnuti*, peuples puissants de la Gaule celtique. Les Romains exécutèrent pour son utilité et sa défense des travaux importants dont on trouve à peine quelques vestiges : sous leur domination, succéda au culte des druides le culte des dieux du Capitole, qui cédèrent la place au christianisme vers la fin du IVe siècle. De la puissance romaine, Chartres passa sous la puissance immédiate des rois francs. Vers l'an 600, Thierry II, roi d'Orléans et de Bourgogne, assiégea cette ville, qui était très-fortifiée, et ne parvint à s'en rendre maître qu'après avoir rompu l'aqueduc et détourné l'eau qui servait aux besoins des habitants. Les Normands la prirent, la brûlèrent et la détruisirent en 858 et en 872. Un de leurs chefs, le fameux Rollon, l'assiégea sans succès en 911. Dans les sanglants combats des Armagnacs et des Bourguignons, Chartres fut pris par ces derniers et passa sous la domination anglaise, dont cette ville ne parvint à s'affranchir qu'en 1432, où Dunois la surprit et s'en rendit maître. Attaquée sans succès par les protestants en 1568, elle fut prise en 1591 par Henri IV, qui s'y fit sacrer trois ans après. C'est dans sa cathédrale que saint Bernard prêcha la première croisade, en 1445.

Si le paganisme eut ses saturnales, les catholiques eurent leurs fêtes des ânes, leurs fêtes des fous et bien d'autres de ce genre, dignes de rivaliser avec la première. Rouen vit souiller sa cathédrale, le jour de Noël, par une fête des ânes. Chartres, qui relevait directement du saint-siége, avait autorisé celle du *Papi-fol*, ou Pape des fous. Elle

CHARTRES.

avait lieu pendant les quatre premiers jours de l'année. Les chantres élisaient tous les ans, parmi eux, un pape et ses cardinaux ; car l'un n'allait pas sans les autres. Le clergé qui les accompagnait était tout aussi respectable que ses chefs. Ce cortége grotesque officiait dans la cathédrale, et de la manière la plus indécente. Toute espèce de désordre y était permis : chacun semblait n'avoir pour but que de s'y faire remarquer, en mettant le comble à l'extravagance. On parcourait ensuite les rues de la ville et les places publiques, avec les mêmes habits et sous les mêmes déguisements. On insultait et on mettait à contribution tous ceux que l'on rencontrait. En 1504, la guerre, la peste et la famine désolèrent le pays chartrain, comme le reste de la France. Ces fléaux ayant fait rentrer en eux-mêmes les chanoines de Chartres, ils supprimèrent cette fête scandaleuse.

Vers la fin du XIe siècle, la ville de Chartres fut défendue par une enceinte de fortifications qui subsistent encore en entier. A cette époque l'art de fortifier les places avait pris une extension remarquable. Cet art prit naissance en France vers la fin du VIIIe siècle [1] ; les premières forteresses ne furent alors que des tours isolées, élevées sur un tertre factice ; on y ajouta ensuite une cour enceinte d'une haute muraille ; peu après on défendit l'extrémité de cette cour opposée à la tour, par une seconde tour. L'art se perfectionnant en raison de la multiplicité des guerres occasionées par l'abus du système féodal, on augmenta et on renforça l'enceinte de la cour ; on en fit un rempart flanqué de nouvelles tours surmontées elles-mêmes de tourelles, et on construisit dans l'intérieur divers bâtiments de servitude. La grosse tour primitive fut toujours conservée sous le nom de donjon, et fut, par sa force et sa hauteur, le lieu de refuge ou dernière ressource des assiégés. L'art des ouvrages avancés était à peine connu au XIIe siècle, en sorte que les assiégeants parvenaient de suite au corps de la place. On a été à même de faire cette remarque dans plusieurs villes anciennes, et notamment à Chartres. Cependant cette ville passait pour forte même long-temps après l'invention de l'artillerie. Ses fortifications consistaient en une enceinte de murailles fort élevées, appuyée sur un terre-plain de plusieurs toises de largeur, et flanquée de grosses tours rondes, le tout bâti en blocaille, à l'exception des ouvrages des portes, qui sont en pierres de taille. Ces portes sont au nombre de sept, savoir : les portes Drouaise, de Saint-Jean, Châtelet, des Épars, Saint-Michel, Morard et Guillaume. La dernière a quelque chose d'imposant par son apparence guerrière : elle est flanquée de deux grosses tours unies par une courtine et couronnée d'une galerie saillante à créneaux et machicoulis ; cette porte est voûtée en ogive. On remarque encore sous la voûte la coulisse de la herse et l'ouverture qui donnait passage à l'assommoir ; on voit aussi celle par où passaient les flèches du pont-levis.

Cette ville est située sur la croupe d'une montagne, au pied de laquelle coule la rivière d'Eure qui baigne une partie de ses remparts. Elle est mal bâtie, ses rues sont étroites, mal percées, et dans la partie appelée la basse ville, tellement escarpées qu'elles sont inaccessibles aux voitures ; on y trouve cependant quelques quartiers agréables et plusieurs places publiques, notamment celle dite des Épars, qui est d'une grandeur démesurée. La plupart des maisons sont construites en pans de bois et présentent le pignon saillant sur les rues ; toutefois il en existe un certain nombre d'assez bien bâties et commodément distribuées. La ville est en grande partie ceinte de murs et de fossés, environnés de vieux remparts, couronnés de buttes, plantés d'arbres, qui offrent des promenades agréables. La partie basse est arrosée par deux bras formés par l'Eure, et dont l'un coule en dedans et l'autre en dehors des remparts : ils se réunissent ensuite et dirigent leur cours au milieu d'un bassin fertile où ils font mouvoir de nombreux moulins, et côtoient une vaste prairie qui, dans la belle saison, forme une promenade délicieuse.

L'Église cathédrale de Chartres est l'un des temples les plus vastes et les plus imposants que l'architecture ait produits dans le moyen âge. Elle occupe l'emplacement d'une ancienne basilique dont on ignore la forme et l'étendue, qui subit le sort commun à la plupart des édifices religieux de cet âge ; elle fut incendiée vers l'année 858 par les Normands, qui entrèrent dans la ville sous le prétexte d'y recevoir le baptême et de rendre les honneurs de la sépulture à Hastings, leur chef, qu'ils

---

[1]. Il est démontré qu'avant cette époque il n'y avait en France ni villes ni châteaux fortifiés de murailles et de tours.

supposèrent mort, et mirent tout à feu et à sang. Cette basilique fut réparée par l'évêque Gislebert, et incendiée de nouveau en 962 ou 973, pendant la guerre entre Thibault le Tricheur, comte de Chartres, et Richard, duc de Normandie. Enfin, en l'année 1020, le 7 septembre, veille de la Nativité de la Vierge, un incendie dont on ignore la cause, et qu'on présume avoir été occasionné par le feu du ciel, embrasa en très-peu de temps presque toute la ville, sans épargner la cathédrale : il y a apparence qu'alors elle n'était construite qu'en bois. Ce troisième incendie arriva sous l'épiscopat de Fulbert. Le premier soin de ce prélat fut d'écrire au roi de France, aux autres souverains de l'Europe, aux princes et seigneurs du royaume, pour les engager à coopérer par leurs bienfaits à la reconstruction de la ville et de son église. Il commença par donner l'exemple, en employant trois années de ses revenus et de ceux de la mense capitulaire. La grande réputation dont Fulbert jouissait à la cour de France, et même dans l'Europe chrétienne, ainsi que la dévotion particulière que tous les peuples avaient pour l'église de Chartres, permirent à ce prélat et à ses successeurs d'exécuter sur un plan aussi vaste un édifice qui, par son ordonnance et la difficulté du travail des pierres que l'on y a employées, a dû coûter des sommes immenses.

Un grand nombre de personnages de la plus haute distinction, tant de la France que des pays étrangers, contribuèrent au rétablissement de cette église. Les rois de France, d'Angleterre, de Danemark; le comte Eudes de Chartres; Richard, duc de Normandie; Guillaume, duc d'Aquitaine, et beaucoup d'autres seigneurs, fournirent des sommes considérables. A leur exemple les bourgeois, les marchands, les artisans de la ville, enfin tous les habitants du pays chartrain et des lieux circonvoisins, y contribuèrent suivant leurs moyens : ceux-ci par leur cotisation, ceux-là par leurs travaux manuels, ou par des fournitures de matériaux et de vivres pour les ouvriers. Jean Cormier, médecin du roi Henri Ier, voulant signaler sa piété et son amour pour la ville de Chartres, lieu de sa naissance, fit bâtir à ses dépens, vers l'année 1060, le portail méridional, à l'exception du porche formant péristyle au devant, dont la construction paraît être du milieu du XIIe siècle. La princesse Mahaut, veuve de Guillaume le Bâtard, duc de Normandie, vers 1088, fit couvrir en plomb le principal corps de l'édifice, c'est-à-dire le chœur, la croisée et une partie de la nef. L'entrée de la nef, le grand portail, et les deux clochers, auxquels on travaillait depuis long-temps, ne furent achevés qu'en 1145.

Le projet avait été de construire les deux clochers sur le même dessin; mais soit que les fonds aient manqué, ou qu'il soit survenu quelque autre obstacle, il n'y eut d'achevé que celui qui est à droite, appelé le Clocher Vieux. En 1395, la pointe de ce clocher, fatiguée par l'injure du temps, et menaçant ruine, fut démolie d'environ 20 pieds au-dessous de la pomme, et reconstruite à neuf. En 1396, on y ajouta des cercles de fer, et depuis cette époque, cette superbe pyramide a constamment résisté aux intempéries jusqu'en 1754, époque à laquelle on y a fait quelques réparations.

L'autre clocher ne fut construit en pierre et de même structure que jusqu'à une certaine hauteur : ce qui lui donna la forme d'une tour carrée, sur laquelle on éleva une flèche en charpente et couverte en plomb. Mais le 26 juillet 1506, vers les six heures du soir, le tonnerre, en tombant, embrasa toute la charpente, et fondit avec le plomb les six cloches qui y étaient suspendues. Le feu, qui dura jusqu'au lendemain midi, était si violent qu'il consuma et calcina une partie de la tour ou de la plate-forme, construite en pierre de Berchères. Il aurait infailliblement embrasé les combles de l'église, si l'on n'eût promptement démoli la partie de charpente et de couverture qui avoisinait le clocher. Cet accident détermina le chapitre de cette église, aidé des secours de plusieurs princes, seigneurs et particuliers, à faire reconstruire en pierre cette pyramide. Le roi Louis XII donna 2000 livres pour cette réparation, en 1509; l'évêque René d'Illiers y employa aussi une somme considérable. Jean Texier, dit de Beauce, habitant de Chartres, est l'architecte qui a dirigé et fait exécuter les travaux de cette belle pyramide justement admirée des connaisseurs, tant par son élévation que par la hardiesse et la délicatesse de sa structure; elle fut commencée en 1507, et totalement terminée en 1514.

La construction de la cathédrale de Chartres s'est prolongée pendant près de cent trente ans; elle fut dédiée à la Vierge, le 17 octobre 1260, par Pierre de Maincy, 76e évêque de Chartres.

Cette église est bâtie en pierre dure et bien appareillée, d'une construction solide. La disposition générale du plan est noble et

PORTE GUILLAUME A CHARTRES.

grande, et les proportions en sont heureuses : ses dehors offrent un aspect imposant ; le caractère mâle et sévère de la masse de son architecture (sans y comprendre les constructions postérieures), indique le premier âge du style improprement appelé gothique.

La façade principale, dont la largeur totale est de 150 pieds, présente deux grosses tours carrées surmontées des deux hautes pyramides octogones, séparées par un intervalle de 50 pieds. Cette façade est divisée en trois portions égales par trois grandes portes précédées d'un perron de cinq marches et pratiquées sous des voussures ogives chargées de figures et d'ornements ; les figures sont, pour la plupart, des statues conservées de l'ancienne église, et offrent en effet tous les caractères qui distinguent les statues du temps de la première race, c'est-à-dire qu'elles sont allongées démesurément, que leur visage est aplati, que leurs bras sont très-courts, les draperies chargées d'une multitude de plis brisés sans art et sans but marqué, et leurs têtes entourées du limbe au cercle lumineux, dont on environnait autrefois la tête des saints, des rois ou des héros. Du reste, toutes les statues qui ornent ces trois portiques sont aussi intéressantes pour l'histoire de l'art, que pour celle du costume français dans le XIe et XIIe siècles ; elles sont vêtues de longues tuniques, recouvertes par une espèce de manteau, qui, quelquefois ouvert sur le devant, laisse apercevoir de riches ceintures et de très-belles étoffes gaufrées. On doit surtout remarquer la forme variée des couronnes, ainsi que les longues tresses de cheveux (dont quelques-unes sont enveloppées de rubans), que portent la plupart des reines et des princesses comme un signe caractéristique de la liberté et de la puissance de la noblesse, suivant l'usage observé sous la première, la deuxième et le commencement de la troisième race des rois de France. La plupart de ces statues, confiées aux sculpteurs les plus habiles, ont été exécutées avec une si grande perfection pour le temps, qu'on doit les distinguer par la dignité du style, comme les plus intéressantes parmi celles qui décorent les portiques des monuments du moyen âge. Il en est de même des colonnes décorées d'entrelacs et de rinceaux, d'ornements d'un très-bon goût, qui séparent les statues de ces trois portiques. Enfin, toutes ces sculptures sont tellement empreintes du caractère oriental, que l'on serait tenté de croire qu'elles furent exécutées par des artistes grecs. Les chapiteaux et couronnements qui surmontent les colonnes et les statues de ces portiques, ainsi que le pourtour des chambranles, sont décorés d'une suite de petits bas-reliefs, représentant, pour la plupart, les mystères du Nouveau-Testament. Ces petites figures sont d'une exécution très-soignée.

Au-dessus de ces portiques sont trois grandes fenêtres en verre peint, plus haut une superbe rose, et au-dessus de la rose une galerie qui fait communiquer d'un clocher à l'autre. Là sont placées dans des niches quinze grandes statues : celles des bienfaiteurs de l'église, sans doute ; elles sont d'un assez mauvais style, même pour le moyen âge. Dans le grand pignon qui surmonte la façade, et qui est lui-même surmonté d'une image prétendue de Saint-Aventin, premier évêque de Chartres, est représenté le triomphe de la Vierge.

Les parties latérales ne sont pas d'un moindre intérêt que la façade de l'église ; celle du côté du midi présente un vaste porche à trois portiques ; on y monte par un perron composé de dix-sept marches, et soutenu par des massifs ou pieds-droits, sur lesquels on voit un grand nombre de figures et des colonnes dont presque tous les fûts sont d'une seule pierre. Les portiques sont surmontés de pignons et d'une suite de statues placées dans des niches, avec les couronnements ordinaires à ce genre d'architecture. Dans le fond sont trois portails en ogive, d'une belle proportion et décorés de riches ornements. Au-dessus du porche, et sur une même ligne, on compte cinq fenêtres au-dessus desquelles est placée la grande rose. C'est dans le grand pignon dont cette partie est surmontée qu'on a représenté le triomphe de la Vierge cité plus haut ; les angles de ce pignon sont flanqués de deux tourelles octogones terminées pyramidalement ; on va d'une tourelle à l'autre par une galerie bordée d'une balustrade en pierre.

La partie latérale de l'église du côté du nord offre à peu près le même aspect que celui du midi : même grandeur dans la distribution, même richesse dans les statues et les ornements. Les deux porches paraissent avoir été bâtis à la même époque, c'est-à-dire vers le milieu du XIIe siècle.

La couverture du grand comble, autour duquel on peut circuler par le moyen d'une galerie en pierre, est toute en plomb. La charpente, remarquable par sa construction, et nommée vulgairement la Forêt, sans doute pour exprimer l'immense quantité de bois qui la compose, a de hauteur, depuis la voûte jusqu'au faîtage, 44 pieds; le rond-point est couronné par un ange en plomb doré, de grandeur naturelle, qui tourne sur pivot de manière à servir de girouette. A l'angle méridional de l'église, et sur le contre-fort du Clocher Vieux, est un cadran vertical en pierre, daté de 1578, que soutient un ange inhérent au corps de l'église; mais il faut remarquer que la sculpture de l'ange est parfaitement semblable à celle des trois portails de la façade, et que cet ange porte sur une base dont l'existence paraît coïncider avec celle du clocher; plus bas on voit une figure singulière : c'est celle d'un âne qui se présente aussi en saillie et qui paraît jouer de la harpe; il est désigné dans le pays sous le nom de l'*âne qui vielle*, et non l'âne qui veille, comme le dit Doyen, en ajoutant que ce morceau de sculpture n'offre d'intéressant que l'idée bizarre et ridicule de faire veiller un âne à la porte d'une église cathédrale. Peut-être pourrait-on y voir avec Gilbert un monument des extravagances de la fête de l'âne, célébrée dans plusieurs églises de France dès le XIe siècle.

Le Clocher Vieux étonne par sa masse énorme, sa masse pyramidale et ses belles proportions. Vers le haut de cette pyramide, et près d'une ouverture, il existe une échelle en fer par laquelle on monte à la croix, qui est entée dans un globe de cuivre doré, et surmontée d'un croissant de même matière, qui y fut posé en 1681. L'ordonnance mâle de ce clocher se distingue spécialement par l'heureux accord des lignes, parfaitement en harmonie avec la sévérité du style de l'église. Ce clocher est percé sur chaque face de plusieurs fenêtres ogives, dont les plus élevées sont surmontées de frontons aigus, et accompagnées d'obélisques qui flanquent les angles de la tour.

Le second clocher, dit le Clocher Neuf, commande l'admiration, tant par la hardiesse de sa sculpture que par la richesse et la délicatesse de ses ornements. Il est divisé en plusieurs étages voûtés en pierre. On peut circuler autour de ce clocher par une galerie dont la balustrade à jour forme une riche ceinture horizontale, qui surmonte quatre grandes fenêtres à frontons aigus, percées sur chacune des faces de la tour. Sur les piliers angulaires de la tour s'élèvent quatre obélisques d'une structure élégante et hardie qui se rattachent au corps du clocher, par de légers arcs-boutants dont l'extrados est orné de jolies découpures. Sur chacun de ces obélisques, et à une certaine hauteur, sont groupées des statues représentant les douze apôtres avec leurs attributs. Cette partie du clocher offre, sur chaque face, une grande fenêtre, surmontée d'un pignon de style arabesque travaillé à jour. Sur le pignon du côté de la place du parvis, se voit une grande statue en pierre, représentant Dieu le père, tenant d'une main un livre, et de l'autre un globe surmonté d'une croix en fer, symbole de sa souveraine puissance. Autour du socle sur lequel est placée cette statue, on lit l'inscription suivante en caractères gothiques :

Jehan de Beauce
qui a faict ce clocher,
m'a faict faire,
1513.

C'est dans cette partie du clocher que l'architecte Jean de Beauce a cru devoir étaler un grand luxe d'ornements : ce sont des ceps de vigne découpés à jour, qui suivent les contours des arcs ogives, ainsi que des entrelacs et des rinceaux du meilleur goût. De la galerie qui vient d'être décrite, on monte un escalier pratiqué dans une tourelle à jour, hors-d'œuvre, et l'on arrive dans une chambre de forme octogone et voûtée en pierre, dans laquelle sont deux lits et une cheminée. Cette chambre sert à loger deux hommes qui sont gagés par la ville, pour veiller nuit et jour aux incendies. De cette chambre on monte au dernier étage du clocher : c'est une lanterne de forme octogone, percée de deux fenêtres sur chaque pan, dans laquelle est suspendue la cloche de l'horloge, vulgairement appelée la Cloche du guet, parce qu'elle sert de tocsin pour les incendies. On y voit la salamandre, devise de François Ier, sous le règne duquel elle a été fondue. C'est de ce dernier étage du clocher que l'on jouit d'une vue admirable sur les vastes et fertiles plaines de la Beauce. Au-dessus de cette lanterne s'élève une haute pyramide en pierre de forme octogone, dont les arêtes sont enrichies d'ornements en saillie : elle est surmontée d'une croix de fer de 8 pieds de hauteur sur 5 pieds de largeur, entée dans un vase de bronze de 5 pieds 6 pouces de hauteur, sur 2 pieds 6 pouces de diamètre.

L'intérieur de l'église est digne d'admiration ; la première chose qui frappe en entrant, c'est l'harmonie des proportions; elle semble ajouter quelque chose d'auguste à la majesté du lieu, où les jours sont d'ailleurs tellement ménagés, que tout y prend une teinte sévère, peut-être même un peu sombre, mais qui convient très-bien à la destination de l'édifice. Ce caractère tient sans doute, jusqu'à un certain point, aux édifices gothiques; mais il paraît être plus particulier à l'église de Chartres qu'à tout autre. Serait-ce à cause de ses vitraux dont les brillantes couleurs laissent à peine pénétrer le jour? Cependant ces vitraux, frappés par le soleil, produisent les plus beaux effets : lorsqu'on porte les yeux sur les roses de la croisée, on se croit transporté dans un de ces palais enchantés, ouvrages des imaginations poétiques. Tout l'édifice a, de longueur dans œuvre, 396 pieds, sur 101 pieds de largeur d'un mur à l'autre, et 106 pieds de hauteur sous la clef de la voûte. La largeur de la nef, depuis la porte principale jusqu'au milieu du premier pilier du chœur, est de 224 pieds d'un pilier à l'autre. Les bas-côtés ont chacun 20 pieds de largeur sur 48 de hauteur; ces bas-côtés sont doubles autour du chœur. La croisée a de longueur, d'une porte à l'autre, 195 pieds sur 36 pieds de largeur; elle est accompagnée de deux bas-côtés. Au-dessus des grands vitraux de la nef et du chœur, règne dans l'épaisseur du mur une galerie, au moyen de laquelle on peut faire intérieurement le tour de l'église.

Au rond-point du chœur, et derrière le maître-autel, est placé un groupe de marbre blanc de 18 à 19 pieds de haut. L'Assomption de la vierge Marie en est le sujet; trois anges la soutiennent et dirigent leur vol vers le ciel. Cette composition est fort belle; les figures ont près de 9 pieds de proportion, et sont liées entre elles par des masses de nuages habilement disposées.

On voit au milieu de la nef un labyrinthe exécuté en pierre bleue de Senlis; les Chartrains l'appellent communément la Lieue; il a 768 pieds de développement depuis l'entrée jusqu'au centre. On nomme labyrinthe un compartiment de pavé, formé de plates-bandes, droites et courbes, de pierres de différentes couleurs qui, par la variété de leurs contours, imitent le plan des labyrinthes : les chrétiens ont emprunté des anciens, et surtout des Égyptiens, l'usage d'en orner le pavé des basiliques.

Les grands vitraux de la nef, de la croisée, du chœur, des bas-côtés et des chapelles, sont ornés de figures représentant plusieurs saints personnages, un grand nombre de sujets de l'Ancien et du Nouveau Testament, et des tableaux sur lesquels sont figurées les corporations d'arts et métiers qui ont contribué, soit par leurs cotisations ou par des travaux manuels, à la construction de ce superbe édifice. Dans les parties circulaires en forme de rose, qui surmontent les pans de vitres de la partie supérieure de l'église, sont représentés des rois, des ducs, des comtes, des barons, armés de pied en cap, ayant chacun leur écu chargé d'armoiries, et montés sur des chevaux richement harnachés et caparaçonnés; tous ces personnages sont pour la plupart des bienfaiteurs de cette église.

Le sujet représenté dans les interstices de la grande rose au-dessus de la porte royale, est le Jugement dernier; dans la rosette du centre, est placé sur un nuage le Père éternel. Les douze médaillons enchâssés dans les intervalles des compartiments de la rose, présentent les douze apôtres. Douze autres médaillons offrent des personnages de diverses conditions, attendant de la Divinité l'arrêt de leur destin.

La grande rose placée au-dessus du portail du côté du septentrion, est divisée en plusieurs compartiments dont les intervalles sont garnis de vitres peintes. Dans la rosette du centre se voit la sainte Vierge debout, tenant son fils. Les panneaux enchâssés entre les compartiments présentent douze rois de l'Ancien Testament; douze bannières de France, et les douze petits prophètes.

La grande rose placée au-dessus du portail méridional est divisée en plusieurs compartiments très-délicatement découpés, et dont les interstices sont garnis de vitraux peints. Dans le centre de la rose, est représenté le Sauveur du monde assis sur un trône et donnant la bénédiction de la main droite. Les intervalles des compartiments en pierre sont ornés, dans leur circonférence, des figures suivantes : 1° huit anges, et les quatre animaux, symboles mystiques des quatre évangélistes; 2° les vingt-quatre vieillards de l'Apocalypse; 3° douze bannières aux armes de Dreux.

Les sujets représentés sur la totalité de ces vitraux, remarquables par l'éclat et la variété des tons, par l'effet pittoresque de leur composition, transportent l'imagination aux temps de la chevalerie, et en font l'un des plus riches ornements de ce temple. Toutes ces peintures sur verre, très-intéressantes sous le rapport de l'histoire de l'art, de nos modes et de nos usages, se ressentent de la barbarie de dessin qui régnait dans le XIIIe siècle. La plupart des figures sont au simple trait sur une teinte plate avec quelques hachures, mais sans aucune de ces dégra-

72e et 73e Livraisons. (Eure-et-Loir.)

dations de tons que l'on remarque dans les peintures sur verre des siècles suivants, et qui, en indiquant les progrès de cet art, donnent du relief aux figures et aux autres objets de quelque nature que ce soit.

La clôture du chœur est un ouvrage digne de l'admiration des connaisseurs, tant par la richesse de son architecture que par la composition et l'heureux choix des ornements, le fini et la belle exécution des figures. Les principaux traits de la vie de la sainte Vierge, ainsi que ceux de la vie de Jésus-Christ, y sont représentés en figures d'une très-belle proportion. Le tout est surmonté d'une multitude de pyramides et de découpures à jour, du style gothique le plus riche et le plus élégant, et qu'on peut comparer, pour la délicatesse du travail, à ces ouvrages d'orfévrerie appelés filigranes.

Les pilastres qui séparent chaque trait d'histoire, ainsi que les murs qui servent de base aux groupes et de clôture au chœur, sont décorés d'une immense quantité d'arabesques du meilleur goût et d'une composition variée; de petites niches, de très-jolis dais gothiques, de colonnes richement ornées et surmontées de statues d'évêques et de médaillons, dans lesquels sont en demi-relief, les bustes de plusieurs empereurs romains et autres grands personnages.

Le grand autel, placé au milieu du sanctuaire, est en marbre bleu turquin, enrichi d'ornements en bronze doré en or moulu: sa forme est celle d'un tombeau antique.

Au-dessous de cette église, il en est une autre dite l'Église sous terre, dans laquelle on descend par cinq escaliers différents. Elle se compose de deux longues nefs pratiquées sous chacun des bas-côtés de l'église haute. Les voûtes sont en arête; dans la partie qui correspond au pourtour du chœur de l'église haute, on a élevé treize chapelles, entre autres celle de la Vierge, où les fidèles vinrent de tout temps en pèlerinage faire des dévotions et déposer des *ex-voto* et des offrandes; près de l'autel est un ancien puits, nommé dans le pays le Puits des saints forts, parce que, dit Roulliard, du temps de l'empereur Claude, grand persécuteur des chrétiens, le gouverneur de Chartres, après en avoir fait passer plusieurs au fil de l'épée, fit jeter leurs corps dans ce puits. Il existe encore sous les quatre bas-côtés de la croisée quatre grandes caves voûtées, et sous le sanctuaire un grand caveau, où sont cinq autres petits caveaux pratiqués dans l'épaisseur et dans les fondements des piliers du rond-point. A gauche du grand caveau en est un aussi, dans lequel se trouve un grand trou où l'on cachait la sainte châsse dans les temps de guerre; sous le bas-côté du chœur, à gauche, se voit encore un caveau dans lequel est une basse-fosse, puis un autre où l'on voit une grande cave de pierre, destinée sans doute à conserver les viandes; enfin, près de là est un dernier caveau appelé le Chenil, où l'on renfermait, pendant le jour, les chiens destinés à la garde de l'église pendant la nuit.

On remarque encore à Chartres: l'ancienne église de Saint-André, dont les dimensions sont très-hardies; l'hôtel de la préfecture, dont les bâtiments, les jardins et les terrasses offrent un séjour agréable; la maison commune, solidement et régulièrement bâtie, près de la place d'armes ou des halles; le ci-devant monastère de Saint-Père, dont la construction était à peine achevée lors de la suppression des communautés religieuses; la maison dite de Saint-Jean, occupée jadis par des chanoines réguliers, et maintenant convertie en un atelier pour les indigents; le petit séminaire, où sont établis le tribunal civil et la caserne de la gendarmerie; le tribunal criminel, joignant les prisons; l'hôtel-Dieu, dans le cloître de Notre-Dame; l'hôpital général, situé au faubourg Saint-Brice, dans l'enclos de Saint-Martin-au-Val, sur les bords de l'Eure; le cabinet d'histoire naturelle; la bibliothèque publique, renfermant 40,000 volumes imprimés et 800 manuscrits: on y conserve le verre de Charlemagne, anciennement déposé dans l'abbaye de la Madelaine de Châteaudun, à qui cet empereur en avait fait cadeau.

Sur une des places de la ville, qui porte le nom de Marceau, s'élève une pyramide érigée en l'honneur de ce général. On y lit les inscriptions suivantes:

A LA MÉMOIRE DE MARCEAU.

IL NAQUIT A CHARTRES
LE 1er MARS M D CC LXIX.
SOLDAT A SEIZE ANS,
GÉNÉRAL A VINGT-TROIS,
IL MOURUT A VINGT-SEPT.

BLESSÉ MORTELLEMENT
A HOESTBACK,
IL EXPIRA A ALTENKIRKEN,
LE 3e JOUR COMPLÉMENTAIRE AN IV.
LES GÉNÉRAUX AUTRICHIENS
RENVOYÈRENT SON CORPS
A L'ARMÉE FRANÇAISE
ET LUI RENDIRENT LES HONNEURS FUNÈBRES
DANS LEUR CAMP.

ÉRIGÉ EN 1801;
RESTAURÉ EN 1821.

Cette dernière inscription a remplacé, sous la restauration, une autre inscription portant que Marceau avait détruit les rebelles au Mans, à Laval, dans la Vendée. Le musée de Chartres renferme un tableau de Bouchot, représentant les funérailles de Marceau.

Chartres a vu naître plusieurs hommes célèbres. Les principaux sont : Guillaume de Saintes, évêque d'Évreux, l'un des plus fougueux ligueurs; Philippe Desportes, connu par des vers pleins de grâce, qui contribuèrent à épurer notre langue; Mathurin Régnier, poëte satirique, qui se distingua éminemment de tous les écrivains de son siècle par le peu de mauvais goût qui se trouve dans ses œuvres; P. Nicolle, l'un des écrivains les plus distingués de Port-Royal; André Félibien, auquel on doit plusieurs ouvrages sur les arts; Michel Félibien, collaborateur de l'historien de Paris dom Lobineau; Allinval, auteur comique, qui mourut à l'hôpital en 1753; B. Fleury, mort doyen de la Comédie française; J. Dussaulx, traducteur de Juvénal, membre de l'Académie des inscriptions et de la Convention nationale; Petion de Villeneuve, avocat, député aux États généraux, maire de Paris et membre de la Convention nationale; le général Marceau, que ses belles actions firent élever au grade de général de division à 24 ans; Delacroix-Frainville et Chauveau-Lagarde, avocats, etc., etc.

INDUSTRIE ET COMMERCE. Fabriques de bonneterie à l'aiguille, draps communs. Tanneries et mégisseries.

Il se tient à Chartres les mardi, jeudi et samedi de chaque semaine, des marchés très-considérables de grains. Ces marchés sont les plus forts de la France; il n'est pas rare de voir vendre dans un seul jour jusqu'à six mille quintaux de blé et plus, outre celui qui se vend sur échantillon, et qui se livre dans les greniers. Tous les grains qui s'exposent sur le carreau des halles s'achètent au comptant : c'est un usage qui subsiste de temps immémorial; avantage qui ne se rencontre pas dans les autres marchés : aussi ceux de Chartres sont-ils constamment bien approvisionnés. Celui du samedi est le plus considérable, et celui du mardi le plus faible. La bonne tenue de ces marchés, la police qui les surveille avec soin, la fidélité dans les livraisons, et les payements que les cultivateurs et marchands sont assurés d'y trouver, les attirent de tous les points du département et de ceux environnants. Il y règne un tel ordre et tant d'activité, qu'en trois quarts d'heure, une heure dans les temps au plus, tout ce qui se trouve exposé sur la place est vendu. Le mesurage et les livraisons sont toujours terminés et les payements faits dans le jour. Jamais de confusion, jamais de mécompte : s'il s'en trouvait, ne fût-ce que de la plus petite mesure, le marchand en serait sur-le-champ indemnisé par les agents du marché, car presque tout s'y fait par des préposés assermentés et responsables.

A 14 l. d'Orléans, 29 l. 1/2 du Mans, 21 l. 1/2 de Paris. — *Hôtels* de France, de l'Écritoire, du Grand-Monarque.

CHATENAY. Village situé à 3 l. 3/4 de Chartres. Pop. 365 hab. —*Fabrique* de bonneterie en laine drapée. Tuilerie.

CHUISNES. Village situé sur l'Eure, à 5 l. 1/4 de Chartres. Pop. 631 hab. Il existait jadis dans ce lieu un prieuré dont l'église, sous le vocable de saint Santin, était fort belle. Cette église, qui paraît avoir été bâtie vers le XIe ou le XIIe siècle, est aujourd'hui abandonnée.

CORANCEZ. Village situé à 2 l. 1/4 de Chartres. Pop. 304 hab. Sur les confins de la commune de Corancez et de Morez, se trouvent des restes de monuments druidiques, consistant en plusieurs gros blocs de grès ou ladères disséminés, sans ordre, dans un champ inculte, et simplement posés par terre. On en compte plus de cent dans un espace de 60 toises carrées; leurs figures bizarres, leur surface hérissée d'aspérités, rongée par le temps, et dont la teinte grise contraste d'une manière frappante avec la verdure du gazon qui les entoure, donnent à leur ensemble un aspect singulier.

A peu de distance du village, on voit les restes d'un dolmen mutilé, et un peu plus loin une pierre plate isolée, enfoncée verticalement en terre; elle a 6 pieds de long sur 3 de hauteur.

COURVILLE. Petite ville située sur le penchant d'un coteau et sur la rive droite de l'Eure, à 4 l. 1/2 de Chartres. ✉ ☞ Pop. 4,445 hab.

Courville est la patrie du chansonnier Favart. On remarque aux environs le magnifique château de Villebon, l'un des mieux conservés du royaume. *Voy.* VILLEBON. — *Commerce* de chevaux et de bestiaux.

DOMMERVILLE. Village situé à 10 l. 1/4 de Chartres. Pop. 253 hab. On y voit un beau château de construction moderne.

ÉPERNON. Petite ville située à 6 l. 1/2 de Chartres. ✉ ☞ Pop. 1,559 hab.

Épernon était autrefois une place forte, entourée de murs et ceinte de fossés, à l'exception de la partie septentrionale, qui était défendue par un château fort, construit, à ce que l'on présume, sous le règne de Hugues-Capet, et dont les Anglais s'emparèrent sous Charles VI; ils s'y établirent et s'y défendirent long-temps; lorsqu'ils en furent chassés, ils le détruisirent en partie. Ce château n'offre aujourd'hui que des ruines d'un aspect assez pittoresque.

Le premier nom d'Épernon fut Autrist. On lisait autrefois sur l'une de ses portes:

Autrist fut jadis mon nom
A présent on me nomme Espierremont.

Sous le titre de baronnie, Épernon avait fait partie du canton d'Évreux. En 1581, Henri III l'avait érigé en duché-pairie en faveur de Nogaret. Le duché passa dans la famille de Goth de Rouillac, puis dans la maison d'Antin; mais alors la pairie était éteinte. Enfin, les descendants du maréchal de Noailles étaient, avant la révolution, propriétaires de la terre et de la seigneurie d'Épernon.

Cette ville est dans une charmante situation, au pied et sur le penchant d'une colline qui domine un vallon agréable, sur la petite rivière de Guesle. Elle est assez bien bâtie, et possède un joli château, situé au milieu de fertiles prairies arrosées par plusieurs ruisseaux. L'ensemble de la ville et du paysage environnant offre un beau coup d'œil, lorsqu'on y arrive du côté de Rambouillet. L'une de ses églises, assez mesquine d'ailleurs, a un plafond peint de diverses couleurs, où l'on remarque, chose assez étrange, de nombreux croissants surmontés de cassolettes.

Fabriques de cuirs. Lavoirs de laine. — *Commerce* de farines, légumes, chevaux et bestiaux.

FRESNAY L'EVÊQUE. Village situé à 9 l. de Chartres. Pop. 930 hab. On y voit une grange tellement spacieuse, qu'elle pourrait, dit-on, contenir une grande partie de la récolte de la commune.

GALLARDON. Petite ville située sur le penchant d'une colline, à 4 l. 1/2 de Chartres. ✉ Pop. 1,496 hab.

Gallardon est une ville assez ancienne qui possédait, vers la fin du Xe siècle, un château détruit par le roi Robert, et reconstruit en 1020 par le vicomte de Châteaudun. C'était jadis une place forte, qui eut beaucoup à souffrir des guerres intérieures qui ensanglantèrent la France. Prise par le duc de Bourgogne en 1417, elle fut reprise sur les Anglais quatre ans après par les troupes de Charles VII; elle retomba de nouveau au pouvoir des Anglais, qui en furent chassés par Dunois en 1443. Il ne reste plus de ses anciennes fortifications qu'une vieille tour, que l'on aperçoit de très-loin, et une ancienne porte remarquable par sa construction.

Commerce de grains, farines, légumes, bestiaux, veaux et moutons pour l'approvisionnement de Paris. Marchés considérables tous les mercredis.

GAUDREVILLE. Village situé à 9 l. 1/2 de Chartres. Pop. 68 hab. On y voit les restes d'une tour qui faisait autrefois partie d'un château fort.

GELLAINVILLE. Village situé à 1 l. de Chartres. Pop. 286 hab.

On doit visiter, près de Gellainville, un cromlech ou cercle de pierre, composé de douze blocs de grès brut, posés sur le sol, et disposés en forme d'ellipse, dont le grand diamètre serait de 65 pieds. Sur un des plus gros blocs, on voit une croix plantée par des prêtres chrétiens, sans doute dans l'intention de sanctifier cette enceinte druidique, et de faire oublier au peuple sa destination primitive.

GOMMERVILLE. Village situé à 4 l. 1/2 de Chartres. Pop. 550 hab. — Le château d'Amouville est une dépendance de cette commune. — *Fabrique* de bonneterie en laine.

ILLIERS. Petite ville située sur la rive gauche du Loir, à 6 l. 1/4 de Chartres. ✉ ☙ Pop. 2,937 hab. — *Fabriques* de draps façon d'Elbeuf et de Louviers, couvertures de laine, bonneterie en laine à l'aiguille. Tanneries, mégisseries. Tuilerie et briqueteries. — *Commerce* de bestiaux, de moutons et de laine.

JANVILLE. Petite et ancienne ville, située à 10 l. 1/4 de Chartres. Pop. 1,011 h. Elle était jadis défendue par un mur d'enceinte flanqué d'une tour énorme dont il ne reste plus que la base, et entourée d'un large et profond fossé. C'est la patrie du poète Collardeau. — *Fabriques* considérables de bonneterie et de bas tricot, qui emploient plus de 3,000 femmes et enfants de la commune et des environs.

LÈVES. Village situé à une demi-lieue de Chartres. Pop. 1,131 hab.

On remarque dans une forêt dépendante de cette commune une éminence entourée de fossés, que l'on nomme Montagne des Lieues. Près de là est une profonde et vaste caverne, creusée dans la partie orientale de

MAINTENON.

la colline, où l'on présume que les druides enseignaient la science occulte de leurs mystères religieux. A quelques pas de l'entrée de cette caverne, est une fontaine. Elle consiste en une butte ou monticule de terre, en forme de cône tronqué ; sa circonférence est de 413 pieds ; celle du plateau, qui la termine au sommet, de 120 pieds, et sa hauteur perpendiculaire de 30 pieds. Elle est couverte d'arbustes et de fossés qui l'environnent, et ont 8 pieds de profondeur.

Dans la vallée voisine existent encore beaucoup de grottes creusées dans le roc ou dans le tuf. Suivant les traditions du pays, elles étaient la demeure des druides de ce sanctuaire, alors très-célèbre. Ces grottes servent aujourd'hui de celliers aux nombreux vignerons du canton.

MAINTENON. Jolie petite ville, située à 4 l. 1/2 de Chartres. ⊠ ☞ Pop. 1,690 h.

Cette ville est agréable par sa situation dans une belle vallée, au confluent de l'Eure et de la Voise. Elle est bien bâtie, bien percée, et remarquable par un magnifique château bâti sous Philippe-Auguste, et rebâti en partie par Jean Cottereau, trésorier des finances sous Louis XI et sous Charles VII. Devenu la propriété de la veuve de Scarron, ce château fut embelli par les soins de son royal amant ; il appartient aujourd'hui à M. de Noailles, qui l'a fait complètement restaurer. La chapelle, dans laquelle quelques auteurs assurent que Louis XIV épousa Mme de Maintenon, renferme des vitraux dont les couleurs ont tout l'éclat des peintures du XVe siècle ; ils représentent les principaux traits de l'histoire de la Passion. Dans le corps-de-logis principal est l'appartement de la marquise : la chambre où elle couchait a reçu un ameublement moderne ; mais au-dessus de la cheminée est conservé son portrait peint par Mignard, où elle est vêtue d'un manteau de velours bleu doublé d'hermine : il ne manque à ce manteau que les fleurs de lis pour lui donner le signe distinctif de la royauté.

Les murs du château sont baignés par les eaux de la Voise et de l'Eure, qui, parcourant en tous sens de nombreux canaux, entretiennent dans le jardin et dans le parc une fraîcheur des plus agréables. Ce parc est très-grand et bien entretenu : on y compte cinquante ponts jetés sur les eaux des deux rivières.

Non loin du château se remarquent les imposantes ruines de l'aqueduc de Maintenon, commencé en 1684 pour conduire les eaux de la rivière d'Eure à Versailles. Un canal qui, dans ses sinuosités, parcourt un espace de 22,470 toises, fut creusé depuis Pont-Gouin jusqu'à cet aqueduc ; la largeur de ce canal, y compris les trottoirs et les talus, est de 105 pieds, et l'eau aurait coulé dans un lit de 15 pieds de large et d'environ 10 pieds de profondeur ; mais comme il était nécessaire de conserver une pente uniforme dans tout le cours du canal, on se vit obligé, dans les parties basses, d'élever les terres jusqu'au niveau, dans certains endroits, de plus de 30 pieds, et sur une longueur de plus de mille toises. Indépendamment de différents puits et de conduits en fonte que cette entreprise nécessitait, il fut pratiqué depuis Pont-Gouin jusqu'à Maintenon plus de trente ponts ou arches. Les diverses constructions que l'aqueduc nécessitait se composaient de cinq divisions principales : celle qui occupe le fond de la vallée de Maintenon, dans une longueur de plus de 501 toises, est la plus remarquable : elle devait se composer d'une triple rangée d'arcades construites les unes au-dessus des autres. La première rangée, la seule qui ait été construite, est composée de 47 arcades de 40 pieds d'ouverture et de 78 pieds d'élévation sous voûtes ; les piles, armées de contre-forts qui séparent ces arcades, ont 24 pieds d'épaisseur et sont élevées à *fruit* d'un pouce par toise d'élévation dans les deux façades de l'aqueduc, et les contre-forts ont 3 pouces de fruit par toise de hauteur en leurs têtes, et sont élevés à plomb en leurs faces, ainsi que les piles. La hauteur totale du premier étage est de 91 pieds 6 pouces. On ne peut mieux donner une idée de ces travaux qu'en faisant observer qu'on y employa pendant plusieurs années jusqu'à 60,000 hommes de troupes, indépendamment des ouvriers et des terrassiers du pays. Cet ouvrage colossal, qui semblait devoir durer éternellement, fut démoli en grande partie soixante-cinq ans plus tard pour la reconstruction du château de Crécy : ainsi, ce que Louis XIV avait fait en 1685 pour Mme de Maintenon, Louis XV le détruisit en 1750 pour Mme de Pompadour. Voilà à quoi tenaient à cette époque la vie et la fortune du peuple !

A une demi-lieue au-dessus de Maintenon, près du hameau de Champgé, sur la côte occidentale de la vallée de l'Eure, est un camp romain de forme demi-circulaire, dont les larges fossés de clôture et les levées sont encore aujourd'hui très-apparents, et dont la corde, ou le diamètre qui regarde la vallée, est formée par une longue et large terrasse. Précisément au-dessous de cette terrasse, sur une langue de terre peu élevée au-dessus de l'Eure, quoique assez cependant pour être à l'abri des débordements de cette rivière, sont plusieurs monuments druidiques de la plus énorme dimension.

La chapelle Saint-Mamers, située à un quart de lieue de la ville, est l'objet d'un pèlerinage qui attire chaque année, le lundi de Pâques, un grand concours d'habitants des environs.

Maintenon est la patrie de Collin d'Harleville, auteur dramatique, mort le 24 février 1806.

MERVILLIERS. Village situé à 10 l. de Chartres. Pop. 132 hab.

On remarque à Mervilliers, au-dessus de la porte latérale de l'église, dont l'architecture est un gothique d'un fort beau style, un bas-relief encastré dans une ogive, où l'on voit qu'il a été rapporté et ajouté tant bien que mal. Les figures qu'il représente sont d'environ un pied de proportion et d'une exécution grossière. Au milieu, on voit un prince assis sur une espèce de trône, et vêtu d'une tunique et d'un manteau; il tient un sceptre à la main gauche, mais n'a pas de couronne sur la tête; de sa main droite, qui est étendue, il parait recevoir quelque chose que lui présente un chevalier à genoux, armé de pied en cap d'un haubert avec ses chausses de mailles. Derrière ce chevalier, on aperçoit son cheval que son écuyer tient d'une main, tandis que de l'autre il porte l'épée de son maître. A la gauche est un ecclésiastique revêtu de ses habits sacerdotaux: il parait bénir le présent qu'offre le chevalier, et on voit près de lui un autel sur lequel est un bénitier. Derrière l'autel est une figure plus petite que les autres et qui représente un homme assis écrivant sur une feuille qui, se déroulant en forme de cartouche, va entourer tout le pourtour spacieux du bas-relief, et est chargée d'une longue inscription en caractères majuscules gothiques évidemment du XIe siècle.

Près de Mervilliers, au milieu d'un champ, est un dolmen incliné appelé Pierre de Mesnil. Deux pierres verticales supportent sa plate-forme, longue de 7 pieds 3 pouces, large de 6 pieds 8 pouces et épaisse de 3 pieds: elle est percée de part en part d'un trou assez large, qui parait avoir été pratiqué à dessein. A peu de distance de ce dolmen se voient les restes d'un autre beaucoup plus grand, mais dont on a enlevé les pierres supérieures; il ne reste plus maintenant que les piliers verticaux, au nombre de six, disposés sur un carré long de 24 pieds.

MEVOISIN. Village situé sur l'Eure, à 4 l. 1/2 de Chartres. Pop. 344 hab.

A peu de distance de ce village, on voit sur le haut d'une petite colline un dolmen bien conservé, consistant en une table horizontale de pierre brute et de figure à peu près carrée, ayant 7 pieds de côté; elle est supportée sur deux autres pierres brutes: la hauteur de ce dolmen n'est que de 4 pieds et demi.

MONTAINVILLE. Village situé à 5 l. de Chartres. Pop. 523 hab.

A deux ou trois cents pas ouest de Montainville, il existe un dolmen incliné, formé de deux gros ladères plats, longs de 8 à 9 pieds et larges de 5 à 6. Les deux pierres dont la table est composée sont portées sur des appuis et offrent une grotte autour de laquelle sont réunies 7 ou 8 grosses pierres.

MORANCEZ. Village situé sur un coteau, près de l'Eure, à 1 l. 1/4 de Chartres. Pop. 500 hab.

Ce village renferme une église d'une haute ancienneté. Le plan de cet édifice est un carré long; il n'y a ni bas-côtés ni chapelles latérales; la façade, en pierres de taille, est appuyée de quatre contre-forts, entre lesquels se voient deux petites fenêtres cintrées, et une espèce d'avance tenant lieu de porche, sous lequel est le portail. Ce portail, absolument dans le style d'architecture appelé, par convention, gothique-lombard, consiste en trois arceaux concentriques et à plein cintre, ornés chacun d'une moulure, et de cet ornement en zigzag si commun dans les édifices antérieurs au XIIe siècle; ces arceaux sont supportés par des colonnes engagées, dont les chapiteaux sont décorés d'ornements fort simples. L'un de ces chapiteaux, le premier à gauche du portail, diffère de tous les autres; on n'y voit autre chose que la figure très-grossièrement exécutée d'un quadrupède dont il serait difficile de déterminer l'espèce. Tout porte à croire que cette église date au moins du Xe siècle.

Dans le petit bois de Rigolles, près de Morancez, on remarque un dolmen incliné assez bien conservé, et semblable à celui de Saint-Piat. (*Voy.* ce mot.) Au milieu de ce bois on découvre l'ouvrage le plus extraordinaire qu'ait jamais enfanté l'industrie des Celtes. C'est un espace considérable, couvert d'énormes pierres posées à plat sur le sol, et arrangées presque symétriquement à côté l'une de l'autre, de manière à présenter l'aspect d'un immense pavé; celui-ci a réellement l'air d'un ouvrage de géants; les plus petites pierres qui le composent ont au moins 12 pieds de surface; quelques-unes ont 25 à 30 pieds de long sur 15 de large et 5 d'épaisseur.

OISONVILLE. Village situé à 9 l. de Chartres. Pop. 554 hab. On voit sur son territoire un fort beau château.—*Fabrique* de bonneterie en laine drapée.

PIAT (SAINT-). Village situé sur l'Eure, à 3 l. 1/4 de Chartres. Pop. 852 hab.

A Changé, commune de Saint-Piat, le long du chemin qui conduit à Maintenon, on voit un peulvan d'environ 12 pieds de haut; sa cime, qui a été cassée, se trouve à côté. Sur le même chemin est un autel circulaire de 15 pieds de diamètre, formé de deux énormes pierres, appuyées en dehors sur d'autres pierres moins hautes, ce qui présente deux plans inclinés en regard, formant une espèce de berceau au milieu. La position de ces deux pierres est telle que les victimes, quelle que fût leur grosseur, pouvaient y être placées et facilement égorgées.

Non loin de là, toujours sur le même chemin, se voit un dolmen incliné, formé par une énorme pierre de 17 pieds de long sur 5 à 8 pieds de large: l'un des bouts de cette pierre est posé sur deux bornes élevées à 5 ou 6 pieds de terre; l'autre pose sur la terre. Ce monument forme une espèce de toit sous lequel plusieurs personnes peuvent se mettre à couvert sans se baisser. Ces trois monuments sont placés à une distance d'environ 40 toises l'un de l'autre.

PONT-GOUIN. Bourg situé près de l'Eure, à 6 l. de Chartres. Pop. 1,337 hab. C'est près de ce bourg que se trouvait la prise d'eau de l'aqueduc de Maintenon, destiné à conduire les eaux de l'Eure à Versailles.

A peu de distance de Pont-Gouin, au-delà d'un moulin à tan, situé sur la rivière d'Eure, il existe une fontaine près de laquelle on remarque, à la surface du terrain, une quantité de gros blocs de poudingue siliceux, qui, par leur position, semblent avoir formé trois enceintes. Ces pierres ont dû être apportées là, car on n'en connaît pas de la même nature dans les environs. La source et le petit vallon dans lequel elle coule se nomment la fontaine et la vallée de la Diablerie.

PRUNAY-LE-GILLON. Village situé à 3 l. de Chartres. Pop. 1,282 hab.

PUISET (le). Village situé à 11 l. de Chartres. Pop. 650 hab. On y remarque les restes du fameux château de Puiset, si renommé jadis par la puissance de ses seigneurs, et par les guerres si longues dont il a été l'objet. Il a fallu, pour le réduire, toutes les forces de Louis le Gros et trois années de combats. Outre les débris de son château, le village de Puiset possède une église du Xe siècle, qui mérite l'attention de l'observateur.

THOURY. Village situé à 14 l. de Chartres. ✉ ☛ Pop. 1,357 hab. On y voit les restes d'un ancien château fort, détruit à la même époque que celui de Puiset.—Raffinerie de sucre de betteraves.

VERT-LES-CHARTRES. Village situé à 1 l. 3/4 de Chartres. Pop. 780 hab.

A peu de distance de Vert, près du bois des Régoles, est un mallus bien conservé, formé de pierres plus dures que le grès, que l'on nommait ladères, et dont la ville de Chartres est entièrement pavée. Non loin de là est un peulvan de 7 pieds et demi de haut, et un peu plus loin, un grand nombre de très-grandes pierres plates, ayant de 8 à 15 pieds de surface. Ces pierres occupent sur le terrain un espace d'environ 50 toises carrées: on présume que ce sont les ruines de plusieurs dolmens environnés d'un cercle de pierre ou cromlech.

Les communes de Vert, de Morancez et de Corancez, toutes trois contiguës, sont celles de tout le pays chartrain sur lesquelles les monuments celtiques paraissent comme concentrés et réunis en plus grand nombre.

VOVES. Bourg situé à 5 l. 1/2 de Chartres. Pop. 1,256 hab. — *Fabriques* de bas, bonnets, gants et chaussons de laine à l'aiguille.

YMONVILLE-LA-GRANDE. Village situé à 7 l. 1/2 de Chartres. Pop. 845 hab.

Près de ce village existe un dolmen incliné, bien conservé, et appelé la Pierre levée. Sa table, de forme à peu près carrée, a 6 pieds de long sur 5 pieds 4 pouces de large; elle est soulevée à l'une de ses extrémités par deux pierres verticales qui la supportent à 3 pieds du sol.

ARRONDISSEMENT DE CHATEAUDUN.

ALLUYES. Petite ville très-ancienne, située sur la rive gauche du Loir, à 5 l. 1/2 de Châteaudun. Pop. 783 hab.

Cette ville était la capitale d'une des cinq baronnies du Perche-Gouet. Grégoire de Tours, dans ses Annales (chap. 44) rapporte que Chilpéric, poursuivi par Sigebert et Gontran, se retrancha dans le Perche, à Alluyes, où il fit la paix.

Alluyes était autrefois défendu par un château fort qui ne consiste plus qu'en une tour assez élevée, joignant un grand bâtiment flanqué de deux tours beaucoup moins élevées que la première. La tour d'Alluyes, monument admirable pour sa construction hardie, est sans fondements et simplement posée sur le sol, où elle brave encore aujourd'hui les ravages du temps. Cette tour domine, par sa hauteur, tout le plat pays. Sa position, ainsi que celle du château, offrirent à l'état militaire des avantages tellement sentis, que, vers la fin du XIVe siècle et le commencement du XVe, elle fut, ainsi que le pays, long-temps occupée par les Anglais, qui avaient un camp à l'ouest du bourg : toutes les lignes de ce camp sont encore parfaitement conservées, et le centre est marqué par une éminence sur laquelle il y a un assez beau puits.

A l'ouest de cette ville, sur la rive droite du Loir, on aperçoit un peulvan ou pierre fichée, de la hauteur de 7 à 8 pieds; sa forme est pyramidale et se termine en pointe. A cinquante pas de ce monument, on trouve un énorme ladère d'environ 10 ou 11 pieds de diamètre sur 2 d'épaisseur.

Au nord et à trois cents pas d'Alluyes, est un terrain à peu près inculte, planté de bois, ceint de fossés formant un parallélogramme rectangle de 250 pas de longueur sur 70 de largeur, portant le nom de Garenne des Clopiers. Cette enceinte, qui semble plutôt plantée de rocs que de bois, offre quelque chose de sauvage; les monuments celtiques dont elle est parsemée sont aujourd'hui de véritables ruines, car les ladères qui les composent n'ont pu se soustraire à la main destructrice du temps; plusieurs sont comme calcinés et tombent en lambeaux. On y remarque encore cependant quatre peulvans et un dolmen de 11 pieds de long sur 8 de large, offrant un plan incliné vers le couchant.

AVIT (SAINT-). Village situé à 7 l. de Châteaudun. Pop. 566 hab.

Près de cette commune, à cent pas de la rive gauche du Loir, on remarque un dolmen composé de très-grosses pierres brutes, dont les trois principales ont 9 à 10 pieds de longueur sur 6 à 7 de largeur, et environ 2 pieds d'épaisseur : elles ne forment qu'un seul monument, situé sur un terrain en culture et un peu exhaussé.

BONNEVAL. Jolie petite ville, située à 4 l. de Châteaudun. ✉ ☞ Pop. 2,432 h.

Bonneval était autrefois une place importante par sa position, close de murs et de fossés, et flanquée de tours. Louis le Gros l'assiégea, la prit et la fit raser en 1135. Henri V, roi d'Angleterre, la fit détruire presque entièrement lorsqu'il assiégeait Orléans. Elle a été rebâtie par les rois successeurs de Charles VII.

On voit à Bonneval les bâtiments d'une abbaye de l'ordre de Saint-Benoît, fondée, suivant quelques auteurs, par Charles le Chauve, en 841, et suivant d'autres, par Foulques. L'église paroissiale est surmontée d'une flèche très-haute et remarquable; on y voit deux tableaux qui ne sont pas sans mérite, provenant de l'ancienne abbaye.

Le 1er mai, bien avant le lever du soleil, dans chaque village des environs de Bonneval, les jeunes garçons sont dans l'usage d'aller couper dans les bois voisins des branches d'arbres garnies de feuillages; ensuite ils viennent en placer à chaque maison un nombre égal à celui des filles qui y existent. Quand il n'y a que des enfants, elles sont petites, et lorsqu'il y a des filles à marier, elles sont ordinairement plus grandes et plus remarquables.

A un quart de lieue à l'est de Bonneval, sur le chemin qui conduit à Moriers, on trouve sur la droite un dolmen incliné, long de 10 pieds et large de 6.

Non loin de la route de Bonneval à Chartres, on remarque le CHATEAU DES COUDREAUX, ancienne habitation du maréchal Ney. C'est un édifice moderne, construit vers la fin du siècle dernier, à l'exception des tours, qui datent d'une autre époque. Il appartient aujourd'hui au général Reille.

Fabriques de flanelles, couvertures de laine, calicots, toiles peintes. Filatures de laine et de coton. Moulin à foulon. Tanne-

CHÂTEAUDUN.

CHÂTEAU DE MONTIGNY GANELON.

ries considérables. — *Commerce* de grains, farines, laines et bestiaux.

BROU. Petite ville située sur l'Ozanne, à 5 l. de Châteaudun. Pop. 2,263 hab.

Cette ville doit son agrandissement à Florimont Vooerlet, secrétaire d'État sous Henri II. On remarque, dans les environs, les restes du château de Frazé, et dans quelques parties de son territoire des marnières dont la profondeur est considérable. — *Fabriques* de rots ou peignes mobiles pour tisser, de serges, étamines, toiles. Tuilerie.

CHÂTEAUDUN. Jolie ville, chef-lieu de sous-préfecture. Tribunal de première instance. Société d'agriculture. Collége communal. ✉ ✆ Pop. 6,461 hab.

Châteaudun est une ville fort ancienne, qui porta le nom de Ville-Claire jusqu'au temps de Gontran ou de Sigebert, roi d'Orléans. Dès la fin du Ve siècle, cette ville fut érigée en évêché, qui fut supprimé par décision du concile tenu à Paris en 573. Il y avait, avant la révolution, une abbaye royale de l'ordre de Saint-Augustin, sous le titre de Sainte-Marie Madelaine, dont on attribue la fondation à Charlemagne.

La ville de Châteaudun fut presque entièrement détruite par un incendie en 1723. Louis XV en fit relever les premières façades et exempta les habitants de taille pendant vingt ans. Depuis cet incendie, Châteaudun est devenu une des villes les plus régulières : ses rues, tirées au cordeau, aboutissent à une grande place parfaitement carrée, d'où l'on voit toute la ville.

Les plus habiles peintres ont reproduit plusieurs fois les coteaux pittoresques qui bornent cette ville du côté du nord. Deux chaînes de montagnes, à gauche et à droite du Loir, laissent au milieu une vallée fertile, d'une demi-lieue de largeur; la ville s'élève à près de 400 pieds en l'air; le Loir, qui coule au pied, se divise en deux bras, et roule paisiblement dans son lit étroit une eau argentine qui semble quitter à regret la montagne d'où elle filtre par cent crevasses invisibles. Au printemps, des jardins d'un côté; de l'autre, de riches prairies laissent le spectateur immobile promener ses regards sur un tapis de verdure liséré de fleurs; des vignes rampantes couvrent la cime des rochers à pic, plantés de bois qui ombragent çà et là des réservoirs d'une eau pure; bois, prés, vallons, montagnes, gazons, jardins, vergers, se trouvent confondus dans un magnifique désordre.

Le château est remarquable par la hardiesse de sa construction; les deux escaliers sont surtout d'une grande légèreté. La grosse tour qui l'accompagne fut construite en 935 par Thibault le Tricheur, dit le Vieux; le reste des bâtiments est du XVe siècle. Cette tour tient au château et mérite d'être visitée : on voit dans l'intérieur la salle d'armes, et la chapelle pour la garnison; à l'extérieur, se trouve une inscription indiquant ses dimensions et la date de sa construction. Du château on jouit d'une vue magnifique sur le beau bassin où coule le Loir, et sur le moulin bâti au pied du roc sur lequel la ville est construite.

Les environs de Châteaudun ont été le théâtre d'un massacre épouvantable de troupes auxiliaires, connues sous le nom de Brabançons, Cotereaux, etc. En 1181, Henri, abbé de Clairvaux, qu'Alexandre III avait élevé au cardinalat et à l'évêché d'Albano, arriva en Languedoc avec la mission de convertir les Albigeois : au lieu de tenter ce que pourrait faire la prédication, il se mit à la tête d'une troupe de fanatiques, et entra dans les domaines du vicomte de Béziers, annonçant qu'il voulait y exterminer tous les hérétiques. Ce fut en quelque sorte le commencement de ces croisades de Français contre Français, qui inondèrent plus tard cette province par des torrents de sang. La guerre et l'anarchie universelle avaient multiplié dans le même pays les bandes de Brabançons, de Routiers ou de Cotereaux, qui tantôt se mettaient à la solde de quiconque faisait la guerre, et tantôt exerçaient le brigandage pour leur propre compte : aussi l'abbé de Sainte-Geneviève, envoyé à cette époque en mission dans le pays, écrivait-il, « qu'il se trouvait « dans un danger continuel, par les courses « des voleurs, des Cotereaux, des Basques « et des Aragonais,..... qu'il ne rencon- « trait partout que des villes consumées par « le feu, et des maisons ruinées, et que « l'image de la mort était sans cesse « présente à ses yeux. » Il était dans la nature des choses que ces bandes de soldats d'aventure s'augmentassent sans cesse au milieu des guerres civiles, parce que chacun, sacrifiant l'intérêt de l'avenir à celui du moment, préférait aux milices féodales ces aventuriers incapables de crainte comme de remords. La France entière était ruinée par leurs brigandages, qu'aucun gouvernement ne songeait à faire cesser. Mais les peuples que leurs rois abandonnaient ne s'abandonnèrent pas eux-mêmes : un pauvre homme, nommé Durand, charpentier en Auvergne, crut avoir vu une apparition de la Vierge, qui l'exhortait à prêcher une ligue pour la défense de la paix, et pour la répression des Brabançons et de tous les brigands. L'évêque de Puy-en-Velay, avec douze citoyens de la même ville, se joignit à lui pour établir les règles de la société des Pacificateurs, ou Capuchons; on leur donnait ce dernier nom à cause d'un capuchon de toile qui leur couvrait la tête, et leur servait d'uniforme. Ils se reconnaissaient encore à une petite image de la Vierge, en plomb ou en étain, qui pendait à leur poitrine. D'ailleurs, en entrant dans cette société, ils ne se reconnaissaient ni à leur ordre ni à leur habit, ils ne se liaient par aucun vœu d'obéissance ou de pauvreté, et ne s'abstenaient point de mariage; ils se promettaient seulement de travailler de toutes leurs forces à maintenir la paix, et d'accourir à la première sommation, pour repousser virilement, ou punir toute injure. Cette société, en même temps si courageuse et si sage, paraît s'être formée en 1182; elle se renforça bientôt par de nombreuses affiliations; elle s'était accoutumée aux armes, et le 20 juillet 1183, elle enveloppa, près de Châteaudun, un corps de plus de sept mille de ces soldats d'aventure, dont il n'échappa pas un seul. On fit honneur en partie de cette expédition à Philippe-Auguste, parce qu'il joignit quelques soldats à la société des capuchons; les prêtres s'en firent également un mérite, et en effet, s'ils ne combattirent pas, ils contribuèrent du moins à rendre les vainqueurs impitoyables : ils se firent livrer les prisonniers qui n'avaient pas été égorgés dans la première fureur du combat, et parmi lesquels se trouvaient quinze cents femmes de mauvaise vie; ils les firent torturer, puis brûler à petit feu, comme hérétiques.

Châteaudun possède une petite bibliothèque publique, renfermant 5,000 volumes. C'est la patrie de Jean Toutain, habile orfévre, inventeur de la peinture en émail.

Fabriques de couvertures de laine. Tanneries importantes.

A 12 l. de Chartres, 33 l. de Paris. — *Hôtels* André, Raimond, Ricois.

CLOYES. Petite ville bâtie dans une situation agréable, sur le Loir, à 3 l. de Châteaudun. ✉ ☞ Pop. 1,984 hab. — *Fabrique* de sucre de betteraves.

COURTALIN. Bourg situé sur l'Yères, à 4 l. 1/2 de Châteaudun. Pop. 578 hab. On y voit de vastes halles où se tiennent des marchés assez considérables.

Courtalin possède un beau château construit par G. Devangour, vers le milieu du XVe siècle, et appartenant aujourd'hui à la famille de Montmorency.

GERMAIN-LES-ALLUYES (SAINT-). Village situé près du Loir, à 4 l. 1/4 de Châteaudun. On remarque dans cette commune, à environ cent pas du moulin de Baudouin, près du Loir, un dolmen incliné vers le nord; la pierre qui le forme est longue de 12 pieds, large de 8 à 9 à sa base. Non loin de là, sur le bord du chemin qui conduit au Houssay, se voit un dolmen circulaire et horizontal, dont il ne reste en place qu'une pierre formant la moitié de la table, longue de 10 pieds, large de 6, sur environ 2 pieds d'épaisseur. Dans les environs, sur les bords de la rivière, sont plusieurs peulvans ou pierres fichées.

MARBOUE. Village situé à 1 l. 1/2 de Châteaudun. Pop. 830 hab. En 1834, on a trouvé dans ses environs une mosaïque dont la partie supérieure représente deux génies ailés tenant un médaillon sur lequel se trouve une inscription romaine.

MAUR SUR LOIR (SAINT-). Village situé sur la rive gauche du Loir, à 3 l. 1/2 de Châteaudun. Pop. 510 hab. Le village de Saint-Maur est bâti au pied d'un coteau, dans un de ces sites pittoresques qui se rencontrent assez fréquemment sur les bords du Loir. Il paraît assez ancien et l'on vient en pèlerinage à son église, dans l'espoir d'obtenir la guérison de quelques maladies.

A environ un quart de lieue de ce village, au bas de la colline, on aperçoit un de ces sanctuaires fameux, qui, sans doute, jouissait autrefois d'une grande réputation. Il est remarquable par quatre monuments celtiques bien caractérisés, savoir : deux vastes dolmens circulaires, un peulvan de 16 pieds de long sur 6 de large et 2 d'épaisseur, et un autre monument formé de deux plans inclinés en regard : l'un est une pierre de 12 pieds de long sur 8 de large, couchée sur le côté de sa plus grande dimension, relevée, mais soutenue par deux espèces de bornes à 3 pieds et demi de terre; l'autre pierre, soutenue également par deux bornes, a une hauteur d'environ 4 pieds, n'a que 7 pieds et demi de long sur 6 pieds et demi de large, et avait été rallongée à son extrémité.

MESLAY-LE-VIDAME. Village situé à 7 l. 1/2 de Châteaudun. Pop. 575 hab. On voit dans le parc dépendant du château de Meslay un cadran solaire fort curieux.

MONTEMAIN. Village situé à 5 l. de Châteaudun. Dans une prairie de cette commune, on trouve un dolmen incliné, dont

RESTES DU CHATEAU D'ANET.

CHÂTEAU DE COURTALIN,

le plan regarde le sud-ouest. C'est un ladère d'une forme peu régulière, et qui porte environ 8 pieds de long sur 7 de large et 2 d'épaisseur : il est soutenu par deux appuis en pierre de même espèce.

ORGÈRES. Village situé à 8 l. de Châteaudun. Pop. 380 hab.

Le département d'Eure-et-Loir et du Loiret ont été désolés, pendant long-temps, par une troupe de brigands connue sous le nom de bande d'Orgères. Après des poursuites sans relâche, on parvint à s'emparer des coupables. Deux ans furent employés à l'instruction de cette mémorable affaire, que termina un arrêt du 28 juillet 1800. Sur 82 accusés présents, 22 furent acquittés, 5 condamnés à l'emprisonnement, 21 à la réclusion, 11 aux fers, et 23 à mort, dont 4 femmes.

SANCHEVILLE. Village situé à 7 l. de Châteaudun. Pop. 1,010 hab.—Filature de laine.

SAUMERAY. Village situé à 5 l. 1/4 de Châteaudun. Pop. 685 hab. On voit à peu de distance de ce village un dolmen en partie détruit.

TRIZAY-LEZ-BONNEVAL. Village situé à 3 l. 3/4 de Châteaudun. Pop. 257 h.

Au sud-est de Trizay, sur les bords de l'Ozanne et bien au-dessus de son confluent avec le Loir, on voit dans une prairie un de ces monuments gigantesques qui offre le *nec plus ultrà* des forces humaines : c'est un dolmen ou autel presque circulaire, dont la table, d'une seule pièce, a 42 pieds de circonférence et 3 pieds d'épaisseur : elle est posée sur les extrémités angulaires de sept pierres plates, placées assez près les unes des autres pour former l'enceinte circulaire qu'elles décrivent.

ARRONDISSEMENT DE DREUX.

ABONDANT. Village situé à 2 l. de Dreux. Pop. 1,140 hab. On y voit un beau château avec un parc de 100 arpents, dans lequel sont de belles allées de haute futaie qui touchent à la forêt de Dreux. — *Fabriques* de poterie. Exploitation des carrières de terre à porcelaine.

ANET. Joli bourg, situé à 3 l. 3/4 de Dreux. ⊠ ⚒ Pop. 1,416 hab.

Anet était une ancienne châtellenie que Charles de Lorraine, grand-veneur de France et petit-fils de Diane de Poitiers, fit ériger en principauté; mais les lettres patentes, délivrées à ce sujet au mois de février 1583, n'étant point revêtues de toutes les formalités requises, on ne put obtenir leur entérinement. Le premier seigneur d'Anet dont il soit question dans l'histoire, Robert, vivait en 1063. En 1131 et 1157, il est question d'un Simon d'Anet. « L'an 1195, au mois de novembre, dit l'historien de Chartres, les religieux de Saint-Père de Chartres donnèrent leurs moulins d'Anet à bail, au roi Philippe-Auguste, moyennant 6 livres parisis de cens par an, payables le jour de Saint-Remi, et faute de payement, 5 sous d'amende par chaque jour suivant. L'acte est daté d'Anet et scellé du grand sceau du roi. Dans cette convention, on voit un roi qui connaît et respecte la propriété; il fait plus, il devient le censitaire de ses sujets, et se soumet à une peine envers eux s'il manque à son engagement. Bel exemple pour faire exécuter les lois!! »

La première origine du château d'Anet est fort ancienne. Une charte de 1169 fait mention d'un seigneur de ce bourg; et dans les premières années du XIXe siècle, on y voyait encore des vestiges de son ancienne demeure. En 1318, cette propriété appartenait à Philippe, comte d'Évreux, frère de Philippe le Bel. Charles le Mauvais, comte d'Évreux et roi de Navarre, y fit construire, en 1340, un château fortifié de tours. Ces fortifications furent détruites par les ordres du roi de France Charles V, qui confisqua, à son profit, la châtellenie d'Anet. Charles VII, voulant récompenser Pierre de Brézé, qui avait chassé les Anglais de la Normandie, en 1444, lui donna la terre et le château d'Anet. En 1514, Louis de Brézé, son petit-fils, grand sénéchal de Normandie, épousa en secondes noces Diane de Poitiers, fille de Jean de Poitiers, seigneur de Saint-Vallier. Diane était née en 1499; elle avait quinze ans à l'époque de son mariage. Neuf ans après, son père étant entré dans une conspiration formée contre François Ier, fut condamné à mort. Diane vint se jeter aux pieds du roi et obtint sa grâce. On a prétendu que le galant François Ier n'avait point accordé à cette jeune et belle femme une faveur purement gratuite. Toutefois, plusieurs auteurs justifient François Ier de cette inculpation. Louis de Brézé mourut en 1531. Diane, sa veuve, se retira dans son château d'Anet. Sa beauté, ses grâces et son esprit séduisirent Henri II, qui en devint passionnément amoureux. Henri avait dix-huit ans et Diane quarante; malgré cette grande disproportion d'âge, elle conserva, pendant vingt ans, tous ses droits sur le cœur de son royal amant. En 1552, Henri chargea son architecte, Philibert Delorme, de construire à Anet un château digne de la dame de ses pensées. Tout ce que l'art et la galanterie peuvent imaginer de noble et de gracieux, Delorme le fit entrer dans son plan : et il produisit un monument grand dans son ensemble, précieux dans ses détails, riant par sa position, et pittoresque par la variété des mouvements qu'il sut donner à son architecture.

La première révolution, qui a détruit tant de monuments, n'en a laissé que des débris; une aile, ou principal corps de bâtiment, a été restaurée, et deux beaux parcs de 250 arpents en dépendent encore. Une vieille habitation, ancien couvent de cordeliers, située entre ces parcs, a servi à diverses fabriques; cette solitude champêtre conviendrait à quelque grand établissement national.

On voyait à la porte d'entrée du château un pont de pierre, autrefois pont-levis, jeté sur un large fossé : cette porte était garnie de meurtrières destinées à la défense du château; ornée des chiffres DH de Diane et Henri, de trophées de chasse ; un bas-relief en bronze représentait une Diane colossale couchée sur des peaux d'animaux, environnée de lions, de biches et de loups ; le bras passé autour du cou d'un cerf ; au-dessus du portail on voyait un autre cerf et quatre chiens, également en bronze; ce cerf avait une jambe mobile qui frappait les heures, et les chiens aboyaient par un mécanisme ingénieux aux demi-heures; un cadran marquait les heures, les mois, les signes du zodiaque et l'âge de la lune. La cour était ornée de trente-six colonnes et de fontaines, et renfermait une chapelle en forme de rotonde très-remarquable qui subsiste encore (*voy. la gravure*). Les plafonds et les murailles des riches appartements qu'on admirait, étaient revêtus de marbres, de glaces, et de belles peintures représentant les muses, des chasses, les travaux de l'agriculture et de la guerre. Dans une salle de 60 pieds de long sur 30 de large, on voyait d'immenses tableaux des campagnes du duc de Vendôme, et lui-même à cheval, de grandeur naturelle. — Près du château était la chapelle de Diane, renfermant son tombeau, mausolée en marbre noir soutenu par quatre sphinx en marbre blanc, surmonté de la statue de cette femme célèbre par sa beauté, et de génies portant ses armes ; son corps fut, après deux siècles, arraché de cet asile de la mort. On remarquait encore dans ce palais de riants bosquets, de vastes prairies, de nombreux canaux, l'Ile dite d'Amour, une belle cascade, un petit boulingrin destiné à renfermer des bêtes fauves; près de là une pelouse de 10 arpents servant de promenade publique; enfin, de sombres et antiques avenues de marronniers, détruits en 1793, tel était Anet il y a quarante ans.

Anet a été possédé par divers princes et plusieurs rois depuis 1169 : Philippe V, les comtes d'Évreux, Charles V et Charles VI, Diane de Poitiers, les ducs de Vendôme, la duchesse du Maine, Louis XV, et enfin le duc de Penthièvre, prince dont les vertus et la bienfaisance n'ont pu s'effacer du souvenir des habitants d'Anet.

Anet est situé au milieu d'une jolie vallée : au midi règne un coteau couvert de vignes et couronné de bois; au nord une côte plus escarpée, qui, jusqu'à la révolution, était restée inculte, mais qui offre aujourd'hui de belles moissons; à l'est, on voit au loin un charmant paysage; au milieu de ce tableau, deux villages, dont un, Saussay, avec sa papeterie; plus loin, les ruines pittoresques du château de Sorel, placé sur l'angle de la montagne; on remarque en même temps de belles prairies et de jolies îles. L'Eure baigne et fertilise ce riant vallon, trop peu connu des voyageurs qui vont au loin chercher de beaux aspects et de frais paysages; à 16 lieues de Paris, placé pour ainsi dire au milieu des bois, non loin de la forêt d'Évreux, aux sites romantiques et solitaires, Anet offre aux étrangers un air pur, et ils viennent s'y fixer pour y mener une vie douce et tranquille ; ils aiment à parcourir la magnifique forêt de Dreux ; à visiter le pavillon, autrefois rendez-vous des chasses royales; et dans les environs, les vieilles ruines de la Robelière; le château d'Abondant ; la plaine d'Ivry, la colonne élevée à la mémoire de Henri IV, vainqueur de Mayenne, que l'orage de 1793 avait renversée, et que Napoléon, qui se plaisait à honorer toutes les gloires de la France, a rééfidiée. A une lieue d'Anet, dans une prairie du village d'Ivry, on trouve une source d'eau minérale ferrugineuse qui n'attend peut-être qu'un nouveau Fourcroy pour obtenir de la célébrité.

La vallée, qui offre de beaux sites et de frais paysages, fut souvent visitée par les artistes et les voyageurs; un jeune peintre,

M. Leblanc, a retracé dans un tableau, qui fait partie de la galerie d'Orléans, l'ancien château à l'entrée duquel Diane distribua des aumônes. Chaulieu et Florian ont habité cette vallée, qui vit encore, en 1808, un jeune poëte, Rossolin, y terminer son premier ouvrage; depuis la chute de l'empire, M. Lestevenon, vieillard hollandais aussi distingué par sa vaste érudition que par son esprit et son amabilité, que la diplomatie et les révolutions avaient éloigné de sa patrie, vint chercher un abri contre les réactions dans la solitude de ces bois. M. Lemarquant, ex-commissaire des guerres, fils du seul historien qu'ait eu Anet, vint y passer aussi les dernières années de sa vie, et retrouver sur sa terre natale le repos et le bonheur que procure l'étude.

BÉROU-LA-MULOTIÈRE. Village situé sur l'Avre, à 5 l. 3/4 de Dreux. Pop. 420 hab. — Forges. Papeterie.

BLEVY. Village situé à 4 l. 1/2 de Dreux. Pop. 151 hab.

BOISSY-LE-SEC. Village situé à 9 l. 1/4 de Dreux. Pop. 488 hab.

Ce bourg possède un château flanqué de tourelles, bâti en 1339, où l'on remarque une vaste et profonde citerne, d'autant plus précieuse que la haute plaine de Boissy est éloignée des rivières, et ne renferme aucune source d'eau vive, mais seulement des mares, et des puits de 200 pieds de profondeur presque toujours à sec à la fin de l'été.

BRÉZOLLES. Bourg situé à 5 l. 1/2 de Dreux. ✉ Pop. 950 hab. — *Commerce* de bestiaux. Foire très-forte le 30 novembre.

BU. Bourg situé à 3 l. de Dreux. Pop. 1,550 hab. C'était jadis une ville forte, chef-lieu d'un comté. On y voit encore les ruines d'un château fort dont il reste une vieille tour assez bien conservée. — Marchés très-fréquentés les dimanche et mardi de chaque semaine.

CHATEAUNEUF-EN-THIMERAIS. Jolie petite ville située à 5 l. de Dreux. ✉ ⚜ Pop. 1,231 hab.

Cette ville est assez bien bâtie, dans une plaine fertile, près d'une belle forêt. Dans l'intérieur de l'hôtel-de-ville, on voit sur l'une des poutres la représentation des armoiries données à Châteaudun en 1595 par Henri IV.

Patrie de Dreux Duradier.

DAMPIERRE-SUR-AVRE. Village situé à 4 l. de Dreux. Pop. 327 hab. — *Fabrique* de poterie de terre. Papeterie.

DAMPIERRE-SUR-BLEVY. Village situé sur la Blaise, à 5 l. 1/2 de Dreux. Pop. 301 hab. — Hauts fourneaux, forges, fonderie et laminoirs.

DREUX. Jolie et très-ancienne ville. Chef-lieu de sous-préfecture. Tribunal de première instance et de commerce. Collége communal. ✉ ⚜ Pop. 6,249 hab.

Dreux est une des plus anciennes villes de France. Son origine est fort incertaine: quelques auteurs la font remonter à un certain Dryus, roi des Gaulois, dont ils pensent qu'elle tire son nom; mais la véritable étymologie du nom de Dreux est *Durocassis*, d'un peuple appelé *Durocasses*, dont cette ville était la capitale. Dans les capitulaires de Charles le Chauve, au IXe siècle, ce pays est encore nommé *pagus Durcassinus*; ce mot éprouva ensuite des variations, on en fit Drocès, et enfin Dreux.

L'origine de cette ville est inconnue; dès l'année 1031, il existait un comté de Dreux, et l'on y battait monnaie avant cette époque. Les Anglais s'emparèrent de la ville de Dreux et l'incendièrent en 1188. En 1562, les catholiques et les calvinistes livrèrent, dans les environs de cette ville, l'une des batailles les plus sanglantes dont l'histoire des guerres civiles ait conservé le souvenir; c'est dans la plaine qui s'étend entre les rivières de Blaise et d'Eure qu'eut lieu cette fameuse journée de Dreux. L'armée des catholiques était commandée par le connétable de Montmorency; celle des calvinistes par le prince de Condé et par l'amiral Coligny. Gabriel de Montmorency y laissa la vie, et le prince de Condé fut fait prisonnier. En 1593, Henri IV prit Dreux d'assaut, après un siège de dix-huit jours, remarquable par l'opiniâtre résistance des assiégés: la misère avait fait périr une partie des habitants, repoussés également et par la garnison et par les assaillants; Henri IV eut pitié de leur détresse, et leur donna à chacun un écu, avec la liberté de se retirer où ils voudraient. Les murailles ne furent pas relevées, et la ville perdit dès lors son importance politique.

La ville de Dreux est entourée en partie par la Blaise, qui s'y divise en plusieurs bras, et se jette, un peu plus loin, dans l'Eure. Elle est assez bien bâtie, et dominée par un coteau que couronnent les ruines de l'ancienne forteresse des comtes de Dreux. Du côté du nord, on voit les restes d'une énorme tour en briques, sur laquelle on a établi un télégraphe: c'était, dit-on, le donjon. Dans la première cour se trouvent les ruines d'une chapelle bâtie en 1142, consistant en chapiteaux dont les sculptures sont curieuses. Au milieu des anciennes murailles de cette forteresse, le roi Louis-Philippe, lorsqu'il n'était encore que duc d'Orléans, a fait élever une chapelle dans le style grec, destinée à renfermer les dépouilles mortelles de sa famille.

L'église paroissiale de Dreux offre deux genres d'architecture appartenant à des époques différentes; les colonnes écrasées de la partie basse, ses voûtes et ses arcades en ogive, sont du XIIIe siècle; mais le clocher et le haut de l'édifice ont été refaits dans le XVIe siècle. C'est aussi de cette dernière époque que date l'hôtel-de-ville, bâtiment carré fort élevé et d'assez mauvais goût; il offre un mélange de style gothique et d'architecture grecque adoptée à l'époque de la renaissance. Dans l'intérieur, on voit une voûte et une cheminée curieuse, et dans les greniers, une cloche fondue sous Charles IX, représentant sur la frise la procession des Flambarts.

Dreux est la patrie de Rotrou, dont on voit le tombeau dans l'église Saint-Pierre; de Clément Metezeau, architecte de la fameuse digue de la Rochelle; de Philidor, compositeur de musique et fameux joueur d'échec; du général Sénarmont, mort sous les murs de Cadix.

Fabriques de serges, tricots, bonneterie en laine. Tanneries. Teintureries. Fonderie de casseroles et vases en fonte. — *Commerce* de bestiaux.

A 8 l. 1/4 de Chartres, 20 l. 1/2 de Paris. — *Hôtels* du Paradis, du Sauvage.

FERTÉ-VIDAME (la). Village situé à 9 l. 1/4 de Dreux. Pop. 772 hab.

Ce village possède une fontaine d'eau minérale acidule ferrugineuse. Les eaux de la source, qui a été mise à découvert au-dessous du niveau du lit de la rivière, tombent dans une cuvette de marbre blanc, ce qui permet de distinguer la quantité de résidu ferrugineux qu'elle dépose.

Il résulte de l'analyse des eaux de cette source, publiée dans l'Annuaire d'Eure-et-Loir de 1820, qu'elles contiennent par pinte :
Muriate de chaux, un demi-grain ;
Sulfate de manganèse, un quart de grain ;
Muriate de chaux, cinq huitièmes ;
Carbonate de chaux, cinq huitièmes ;
Muriate de magnésie, un huitième ;
Fer oxidé, un demi-grain.

FRAZÉ. *Voy.* Brou.

LAHONS. Village situé à 3 l. 1/2 de Dreux. Pop. 859 hab. — Manufacture importante de couvertures de laine.

LUBIN-DES-JONCHERETS (SAINT-). Village situé sur l'Avre, à 3 l. 1/4 de Dreux. Pop. 1,532 hab. On y voit un assez beau château entouré d'eau. — Filature et fabrique de tissus de coton.

NOGENT-LE-ROI. Petite ville située à 4 l. de Dreux. ✉ Pop. 1,303 hab.

Cette ville est située dans une vallée agréable, sur la rive gauche de l'Eure. Le château et la terre de Nogent-le-Roi avaient titre de comté. On remarquait autrefois sur la rive droite de l'Eure l'abbaye de Coulombs, fondée en 1028. Dans le chœur de l'église on lisait l'épitaphe de Jacques Brézé, comte de Maulevrier et seigneur de Nogent-le-Roi, et celle de Charlotte de France, son épouse, fille naturelle de Charles VII et d'Agnès Sorel; son mari l'ayant surprise dans une situation non équivoque, lui passa son épée au travers du corps, en 1477. Pour le punir, le roi lui ôta le comté de Maulevrier et le comté de Nogent-le-Roi, qui, par la suite, fut rendu à ses enfants.

Patrie de Loyseau, savant jurisconsulte.

Commerce considérable de grains et de farines.

REMY-SUR-AVRE (SAINT-). Village avec un beau château, situé près de l'Avre, à 2 l. 1/2 de Dreux. Pop. 1,044 hab. — *Fabrique* de calicots. Belle filature de coton, l'une des premières établie en France. Fonderie de deuxième fusion de métaux, et ateliers de construction de machines hydrauliques et de métiers pour filature et tissage de coton.

ROUVRES. Village situé à 3 l. 3/4 de Dreux. Pop. 1,004 hab. Rouvres fut jadis un lieu considérable, où les rois de la seconde race avaient un palais ou château dans lequel mourut une des filles de Charles le Chauve. Là aussi, selon la tradition, fut la demeure des grands pontifes des druides dans les Gaules.

RUEIL. Village situé à 7 l. 1/2 de Dreux. Pop. 350 hab. — Laminoir, tréfilerie et fonderie de cuivre.

SAUSSAY. Village situé à 3 l. 3/4 de Dreux. Pop. 323 hab. — Belle papeterie.

SENANTES. Village situé à 4 l. 1/2 de Dreux. Pop. 278 hab.

Senantes passe pour avoir renfermé un des principaux collèges des druides. Des historiens pensent que ce collège était celui dont parle César dans le liv. VI de ses Commentaires, où il dit que le principal collège des druides était sur les confins du pays, *in finibus Carnitium*. Il paraît certain que Senantes fut un endroit assez important : on y a découvert plusieurs restes d'antiquités, briques romaines, pavés de marbre blanc,

TOUR DE BOISRUFFIN.

RESTES DU CHÂTEAU DE NOGENT LE ROTROU.

CHATEAU DE FRAZÉ.

beaucoup de médailles et un pavé en mosaïque.

SENONCHES. Village situé près de la source de la Blaise, à 8 l. de Dreux. Pop. 1,980 hab. — *Fabriques* de machines à vapeur. Hauts fourneaux, forges et fonderie. — *Commerce* de bois, charbon, chaux renommée pour les constructions hydrauliques, ucevaux et bestiaux.

ARRONDISSEMENT DE NOGENT-LE-ROTROU.

AUTHON. Petite ville située à 4 l. 1/4 de Nogent-le-Rotrou. Pop. 1,312 hab. — *Fabriques* de serges, droguets et étamines.

BEAUMONT-LE-CHARTIF. Village situé à 4 l. 1/4 de Nogent-le-Rotrou. ✉ Pop. 645 hab. — *Fabriques* de faïence et de poterie commune.

CHAMPROND-EN-GATINE. Village situé à 6 l. de Nogent-le-Rotrou. ✉ Pop. 371 hab. — Aux environs, forges, mines de fer et tourbières.

COUDRECEAU. Village situé à 2 l. 1/2 de Nogent-le-Rotrou. Pop. 779 hab. — *Fabrique* considérable de poterie.

LOUPE (la). Bourg situé à 6 l. de Nogent-le-Rotrou. ✉ Pop. 1,030 hab. — *Commerce* de chevaux, bœufs et moutons.

MONTLANDON. Village situé à 5 l. de Nogent-le-Rotrou. ✉ Pop. 530 hab. Il était autrefois défendu par un château fort dont il existe encore une vieille tour en ruine.

NOGENT-LE-ROTROU. Petite ville. Chef-lieu de sous-préfecture. Tribunal de première instance. Chambre consultative des manufactures. Collége communal. ✉ Pop. 6,825 hab.

On prétend que Nogent était anciennement bâti sur une montagne voisine, et qu'elle s'appelait alors Nogent-le-Châtel ; que cette ville fut détruite par les Normands, et que Rotrou Ier, comte du Perche, la fit rééditier.

En 1428, le comte de Salisbury s'empara de Nogent-le-Rotrou. Peu de temps après, les Français reprirent cette place, d'où ils incommodaient beaucoup le comte de Warvick, qui faisait le siège d'Orléans. Le comte de Salisbury vint de nouveau pour s'emparer de la place. La Pallière, capitaine du château, ayant trop différé de demander à capituler, ne put obtenir aucune condition. La place fut emportée d'assaut, la garnison pendue, et le château brûlé. Dans la suite, les Français reprirent cette ville, qui servit long-temps de retraite à ceux d'entre eux attachés à Charles VII.

Bry de la Clergerie, historien du Perche, attribue la construction du château actuel à Geoffroi Ier, fils de Rotrou, vicomte de Châteaudun et seigneur de Mortagne. Il prétend qu'il le fit bâtir en 1030, sur les débris d'une ancienne forteresse élevée par les Romains. Geoffroi le nomma château Saint-Jean, nom qu'il a conservé. Ce même seigneur, dit M. Thomas dans ses Recherches historiques sur Nogent-le-Rotrou, donna aux quatre grosses tours dont il était flanqué et dont on voit encore des débris remarquables, les noms de Moudoucet, Brunelles, Buton et la Chaise, du nom des seigneurs qui étaient obligés de venir les garder en temps de guerre : une cinquième tour, qui subsiste encore, reçut le nom de Saint-George.

Cette ville est agréablement située dans une vallée riante arrosée par la rivière de l'Huisne, au pied d'un coteau escarpé sur le flanc duquel s'élève un gothique château, ancienne demeure du vertueux Sully. Elle est généralement bien bâtie, très-longue et bien percée. A l'entrée de la ville on remarque une belle cascade formée par les eaux de la petite rivière d'Arcise, laquelle fait tourner trois moulins avec une étonnante rapidité. Dans l'intérieur, on trouve une belle prairie carrée environnée de maisons et bordée d'une promenade agréable que forme une longue allée sablée et bien ombragée.

On remarque, près du mur de l'hôpital, fondé par Rotrou III, en 1598, le tombeau élevé à la mémoire de Sully, ministre né pour la gloire d'un grand roi et le bonheur des Français. Il est représenté, ainsi que son épouse, en marbre, à genoux devant les tables de la loi, et on y lit l'inscription suivante :

Cy gît le corps de très-haut, très-puissant, monseigneur Maximilien de Béthune, marquis de Rosny, lequel, depuis l'âge de quatorze ans, courut toutes les fortunes du roi Henri le Grand, entre lesquelles est cette mémorable bataille d'Ivry, qui adjugeoit la couronne au victorieux, où il gagna par sa valeur la cornette blanche, et prit en icelle plusieurs prisonniers de marque. Il fut par lui honoré, et en reconnoissance de ses vertus et mérite, des dignités de duc et pair et maréchal de France, de gouverneur de Haut et Bas-Poitou, des charges de grand-maître de l'artillerie, en laquelle comme portant les foudres de Jupiter, il prit et remporta la forteresse de Montmeillan, que l'on estimoit imprenable, et plusieurs places de la Savoie; et de surintendant des finances, qu'il administra seul avec une prudente économie; et continua ses fidèles services jusqu'au malheureux jour que le César des Français perdit la vie par la main parricide d'un de ses sujets; après la mort duquel il se retira chez soi, où il passa le reste de sa vie dans une douce et paisible tranquillité; et mourut au château de Villebon, le 22 décembre 1641, âgé de 82 ans. Son corps est ici, à Nogent-le-Rotrou, dit de Béthune; et très-haute et très-illustre dame madame Rachel de Cochefilet, son épouse, qui mourut à Paris, à l'âge de 97 ans, en 1659.

A l'époque de la révolution, on tenta de détruire ce monument; les cendres qu'il renfermait furent dispersées; mais le tombeau a été conservé.

On a voulu plusieurs fois changer le nom de Nogent-le-Rotrou. Henri Ier, comte de Condé, obtint des lettres d'érection en duché-pairie, sous le nom d'Enghien-le-François. Le petit-fils de Béthune, duc de Sully, obtint, en 1652, des lettres de duché non pairie sous le titre de Nogent-le-Béthune. Mais le public a constamment refusé d'adopter ces dénominations.

Nogent possède trois églises: Notre-Dame, anciennement chapelle de l'hôpital, vulgairement nommée l'Aumône; Saint-Hilaire, bâtie à diverses reprises; Saint-Laurent, construite dans le XIe siècle, et connue dans les premiers temps sous le nom de Chapelle de la Madelaine. On y compte aussi trois hôpitaux.

Patrie de Remi Belleau, poëte célèbre du XVIe siècle, que Ronsard appelait le peintre de la nature. On a de lui une excellente traduction d'Anacréon, et plusieurs autres ouvrages.

Fabriques de serges, droguets, étamines. Filatures de coton, nombreuses tanneries, teintureries, moulins à tan.—*Commerce* de toiles, chanvre, fourrage, graine de trèfle; bestiaux, etc.

A 13 l. de Chartres, 15 l. 1/2 du Mans, 35 l. de Paris. — *Hôtels* du Soleil d'or, du Dauphin, Saint-Jacques.

THIRON-GARDAIS. Bourg situé sur la Théroune, à 4 l. de Nogent-le-Rotrou. Pop. 678 hab.—*Fabriques* de draperies. Tuilerie.

VILLEBON. Village situé à 9 l. de Nogent-le-Rotrou. Pop. 1,590 hab.

On voit dans ce village un château remarquable par sa belle conservation, où mourut le duc de Sully. Ce château fut bâti jusqu'au premier étage par Jean d'Estouteville, seigneur de Torcy et d'Estoutremont. Sully le fit ensuite reconstruire sur le modèle de la Bastille, dont il était gouverneur, mais avec plus de magnificence. La façade offre trois corps-de-logis entre les tours, qui sont au nombre de quatre de ce côté, et de trois sur le côté opposé. De larges fossés, avec ponts-levis, entourent cet édifice, dont quelques appartements de l'intérieur sont encore meublés comme ils l'étaient du temps de Sully. Derrière le château est une chapelle où l'on voit la tribune royale, revêtue de velours brodé en argent et garnie d'un prie-Dieu et des chaises en tapisserie à l'usage de Henri IV. Dans une galerie basse se trouve le cabinet construit par la duchesse de Sully pour y placer la statue du duc après sa mort. Cette pièce est digne de fixer l'attention des amis des arts. Sully y est représenté armé de pied en cap, une couronne de laurier sur la tête, couvert du manteau ducal.

Le château de Villebon renferme un cabinet d'histoire naturelle et une galerie d'antiquités, où l'on voit des cuirasses, des armures, des boucliers de plusieurs chevaliers tués à la bataille d'Ivry.

FIN DU DÉPARTEMENT D'EURE-ET-LOIR.

IMPRIMERIE DE FIRMIN DIDOT FRÈRES,
RUE JACOB, N° 24.

CHÂTEAU DE VILLEBON.

Guide Pittoresque

DU

VOYAGEUR EN FRANCE.

ROUTE DE PARIS A BREST,

TRAVERSANT LES DÉPARTEMENTS

DE SEINE-ET-OISE, D'EURE-ET-LOIR, DE L'ORNE, DE LA MAYENNE, D'ILLE-ET-VILAINE, DES CÔTES-DU-NORD, DU FINISTÈRE, ET COMMUNIQUANT AVEC LE DÉPARTEMENT DE LA SARTHE ET AVEC CELUI DU MORBIHAN.

DÉPARTEMENT DE L'ORNE.

Itinéraire de Paris à Brest,

PAR DREUX, ALENÇON, MAYENNE, LAVAL, RENNES, SAINT-BRIEUX, MORLAIX ET BREST, 150 LIEUES 1/2.

	lieues.		Heues.
De Paris à Sèvres	2 1/2	La Gravelle	5
Versailles	2	Vitré	4
Pontchartrain	5	Châteaubourg	4
La Queue	3	Noyal	3
Houdan	3	Rennes	3
Marolles	2	Pacé	3
Dreux	3	Bédé	3
Nonancourt	3 1/2	Montauban	3
Tillières-sur-Avre	3	Broons	5
Verneuil	2 1/2	Langoueдre	3
Saint-Maurice	4	Lamballe	4
Mortagne	5 1/2	Saint-Brieux	5
Le Mesle	4	Châtelaudren	4
Menil-Broust	2 1/2	Guingamp	3
Alençon	3	Belle Isle-en-Terre	5
Saint-Denis	3	Pontou	4 1/2
Prez-en-Pail	3	Morlaix	5
Le Ribay	4	Laudivisiau	5
Mayenne	4 1/2	Landernau	4
Martigné	4	Brest	5
Laval	4		

Itinéraire de Paris à Angers

PAR CHARTRES ET LE MANS, 73 LIEUES 1/2.

	lieues.			lieues.
De Paris à Versailles	4 1/2		La Ferté-Bernard	5
Trappes	2		Connerre	4 1/2
Coignières	2		Saint-Mars	2 1/2
Rambouillet	3 1/2		Le Mans	3 1/2
Épernon	3		Guécelard	4
Maintenon	2		Foulletourte	2
Chartres	4 1/2		La Flèche	5
Courville	4 1/2		Durtal	3
Champrond	3		Suette	4
Montlandon	1		Angers	6
Nogent-le-Rotrou	5			

Communication de Rennes à Vannes, 27 l. 1/2.

	lieues.			lieues.
De Rennes à Pont-Péan	3 1/2		Rédon	3
Lohéac	4		Petit-Mulac	6
Rénac	4 1/2		Vannes	6 1/2

ASPECT DU PAYS QUE PARCOURT LE VOYAGEUR

DE SAINT-MAURICE A LACELLE.

Le premier village que l'on rencontre après avoir passé du département de l'Eure dans celui de l'Orne, est celui de Saint-Maurice; il est formé d'environ cinquante maisons, pour la plupart bien bâties en briques ou en pierres, et rangées des deux côtés de la route. Le pays que l'on parcourt devient montueux et est peu intéressant. A une lieue et demie de distance, on passe à Sainte-Anne, hameau situé dans un vallon solitaire et sauvage; plus loin, à droite, est le village de Tourouvre, remarquable par sa verrerie et par son château; et un peu plus loin encore, du même côté, la forge et fenderie de Baudonai, située à mi-chemin de Saint-Maurice à la Trappe de Mortagne. Après plusieurs montées et descentes à travers un pays monotone, on arrive à la descente de la Jarretière, qui conduit au pied de la colline sur laquelle est située la ville de Mortagne. En sortant de cette ville, on entre dans une plaine aride, qui s'améliore peu à peu en approchant de Boecé, après lequel on aperçoit de riches prairies qui vont joindre celles baignées par la Sarthe. Le Mesle est un assez joli bourg, traversé dans sa longueur par la grande route, et dans sa largeur par la Sarthe, qu'on y passe sur un large pont en pierre. Le pays continue à être montueux, varié, frais et ombragé; pendant une lieue, on longe la forêt du Menil-Broust, qui touche au village de ce nom par une magnifique futaie. Le pays montueux et ombragé cesse à une lieue au-delà de ce village, et à ce pays succède une plaine aussi fertile que monotone, au milieu de laquelle est bâtie la ville d'Alençon. Au-delà de cette ville, la plaine, d'abord dénuée d'arbres, est ensuite ombragée de pommiers. A peu de distance, à gauche, une colline boisée borne l'horizon; à droite s'élève la butte boisée de Chaumont, remarquable par son isolement, sa forme arrondie et sa hauteur. Saint-Denis, où est placé le relais, renferme deux forges et une fabrique de faïence commune. Une demi-lieue plus loin, on voit sur la gauche la montagne de Sainte-Anne, célèbre par une chapelle où l'on vient de fort loin en pèlerinage, pendant la première quinzaine qui suit le 27 juillet. Une rampe courte et assez roide à gravir, à laquelle succède un pays légèrement montueux, conduit au village de Lacelle, remarquable par un joli château. Un peu plus loin, on franchit la Mayenne, qui sépare le département de ce nom de celui de l'Orne.

PETIT ATLAS NATIONAL DES DÉPARTEMENS DE LA FRANCE.

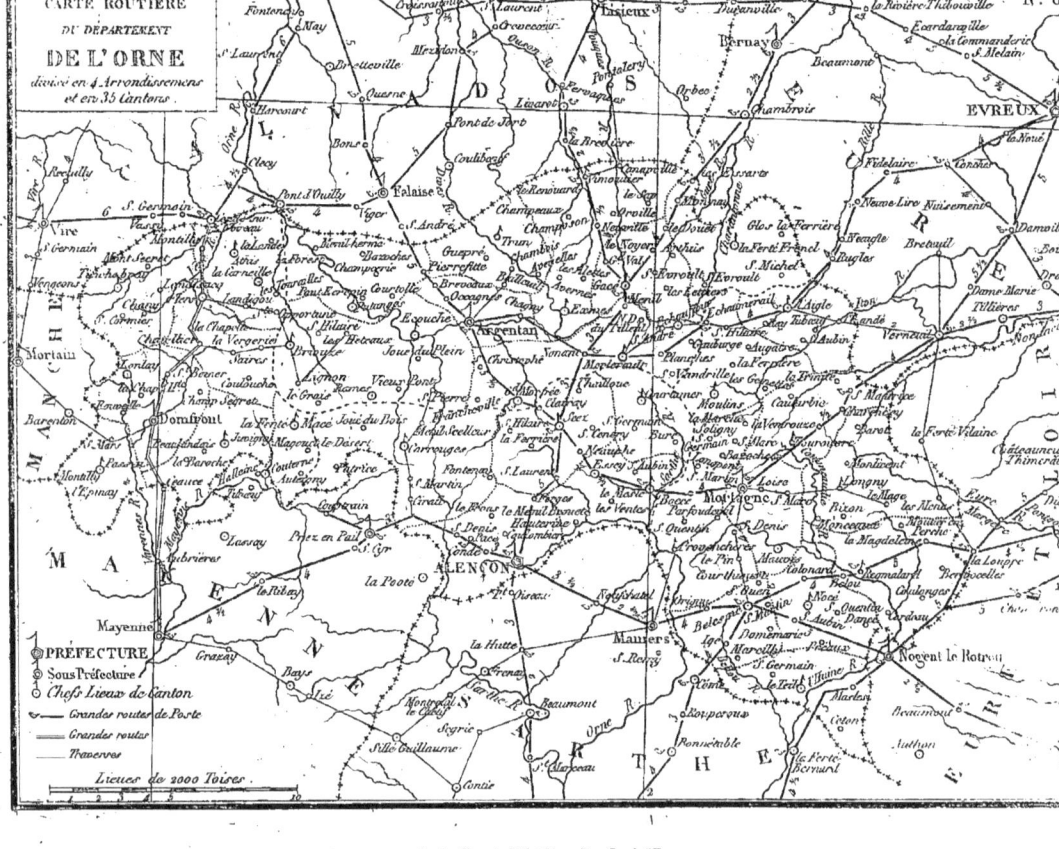

DÉPARTEMENT DE L'ORNE.

APERÇU STATISTIQUE.

Le département de l'Orne est formé de la partie méridionale de la ci-devant province de Normandie, du Perche septentrional et de l'ex-duché d'Alençon. Son nom lui vient de la rivière de l'Orne, qui y prend sa source presque au centre, le traverse de l'est au nord-ouest, et va se jeter dans l'Océan dans le département du Calvados. Ses bornes sont : au nord, le département du Calvados; au nord-est, celui de l'Eure; à l'est, celui d'Eure-et-Loir; au sud-est, celui de la Sarthe; au sud-ouest, celui de la Mayenne; à l'ouest, celui de la Manche.

Le département de l'Orne est traversé dans toute sa longueur, de l'est à l'ouest, par une chaîne de petites montagnes, pour la plupart couronnées de forêts et de bois épais, dont les points culminants n'ont pas plus de 600 mètres au-dessus du niveau de l'Océan. Partout son territoire est entrecoupé par des chaînes de petits coteaux qui donnent naissance à une multitude de vallées verdoyantes que sillonnent de grandes rivières ou leurs affluents : telles sont les vallées de la Touques, de la Rille, de la Don, de la Thouanne, de l'Orne, et les belles vallées de la Sarthe et de l'Huisne. On y compte 269 étangs dont la superficie est de 1,178 hectares. La surface du département offre les divisions suivantes, indiquées par le cadastre :

Le sol est généralement fertile, bien cultivé, et présente l'aspect le plus varié. Toutefois, dans certaines parties, à des plaines fertiles succèdent des landes et des terres incultes, et tous les terrains ne donnent pas lieu à des cultures aussi riches les unes que les autres. En général, les récoltes de céréales sont insuffisantes pour la consommation des habitants. Sept rivières principales et 911 affluents arrosent ses innombrables vallées, et le long de leur cours s'étendent ces riches pâturages qui font de la Normandie l'entrepôt général des boucheries de Paris et de Rouen.

Le climat du département de l'Orne est en général tempéré; cependant il est extrêmement vif et sec dans les environs de Mortagne, d'Argentan et dans la ville de Domfront. Dans les hivers rigoureux, le thermomètre marque jusqu'à — 18° R. et de — 4 à — 8° dans les hivers ordinaires. La chaleur ordinaire de l'été est de + 20 à + 25°; quelquefois, mais assez rarement, elle est de + 25 à + 30°. Le nombre des jours pluvieux est de 95 à 100; la quantité d'eau qui tombe annuellement est de 22 pouces 4 lignes. — Les saisons suivent généralement une marche assez régulière. Le printemps est le temps le plus redouté à cause des vents alisés, des gelées blanches ou des pluies continuelles, qui détruisent assez souvent les espérances du cultivateur. L'été offre une température assez douce en juillet, très-forte en août, et se termine avec des orages en septembre. Vers le 15 octobre commencent les pluies d'automne, auxquelles succèdent les gelées blanches et les frimas jusqu'à la fin de novembre. Enfin, en décembre et janvier l'on voit une continuité de brouillards, de pluie et de neige.

Les vents dominants sont ceux du sud-ouest, du nord-ouest et du nord. Les vents d'ouest et de nord-ouest soufflent constamment en octobre et janvier; ceux du nord et nord-ouest pendant les huit autres mois de l'année. Les vents alisés venant de l'est, se font sentir dans le courant de mai, et sont funestes à la végétation, et surtout à la floraison des arbres à fruit.

Le département de l'Orne a pour chef-lieu Alençon. Il est divisé en 4 arrondissements et en 36 cantons, renfermant 534 communes. — Superficie, 319 lieues carrées. — Population, 441,881 habitants.

Minéralogie. Minerai de fer très-abondant, particulièrement à la Ferrière-Bouchard et dans d'autres localités de l'arrondissement de Domfront. Carrières de marbre, granit, porphyre, pierre de taille, marne, schiste ampélite ou pierre noire des charpentiers. C'est dans les carrières de Pont-Percé qu'on trouve le quartz enfumé, auquel, après une taille soignée, on donne le nom de diamant d'Alençon. Belles carrières de kaolin et de pétunzé à Pont-Percé, Saint-Germain, Condé, Maupertuis. Terres vitrioliques à la Ferrière-Bechet et à Valframbert.

Sources minérales dans la forêt de Bellême, à Saint-Sulpice, Bagnolles, Saint-Mard,

Embley, Irai, Moulins-la-Marche, Ferté-Fresnel, Saint-Évrault, Saint-Germain du Corbeil.

Productions. Céréales de toute espèce en quantité souvent insuffisante pour les besoins; beaucoup d'avoine; légumes secs en abondance, pommes de terre. Lin et chanvre. Le vin dans ce département est remplacé par le cidre qui forme, comme dans toute la Normandie, la boisson habituelle (environ 2 936,780 poiriers ou pommiers, donnant annuellement plus de 2,651,592 hectolitres de cidre). — 89,942 hectares de forêts (arbres verts et feuillus). — Engrais d'une grande quantité de bœufs, tirés maigres du département de la Sarthe, de la Mayenne, du Poitou, de la Saintonge et du Berri. — Élève en grand d'une superbe race de chevaux normands (*voyez ci-après* le Pin-au-Haras, page 8). Beaucoup de moutons et de porcs. — Éducation des abeilles et de la volaille, notamment des oies, dont la plume forme un objet assez considérable de commerce.

Industrie. Fabriques d'acier cémenté, d'épingles, aiguilles à coudre et à tricoter. Toiles de lin et de chanvre. Dentelles, fil et chaine de lin, lacets, coutils de coton et de fil. Tissus de crin. Forges, hauts fourneaux. Tréfileries pour l'acier, le cuivre et le fer, laminoirs. Belles blanchisseries de toiles. Filatures de laine et de coton. Faïenceries. Verreries. Papeteries. Raffineries de sucre de betteraves. Tanneries et corroieries. — Émigration annuelle d'environ 8.000 ouvriers qui vont porter, pendant six mois, leur industrie à Paris, dans les grandes villes et dans les campagnes des départements voisins.

Commerce de grains, graine de trèfle, cidre, lin, fil, toiles, cire, miel, chevaux, bœufs gras, porcs, volailles, plumes d'oies, merrain, bois de chauffage et de charpente, etc.

**VILLES, BOURGS, VILLAGES, CHATEAUX ET MONUMENTS REMARQUABLES;
CURIOSITÉS NATURELLES ET SITES PITTORESQUES.**

ARRONDISSEMENT D'ALENÇON.

ALENÇON. Jolie ville. Chef-lieu du département. Tribunaux de première instance et de commerce. Chambre de commerce. Conseil de prud'hommes. Collège communal. ✉ ☞ Pop. 14,019 hab.

Alençon n'est pas une ville ancienne. Au IXe siècle, ce n'était encore qu'un bourg, qui fut cédé aux Normands par Charles le Simple. En 1026, Guillaume de Belesme y fit construire un château au confluent de la Sarthe et de la Briante, où il fut assiégé l'année suivante par Robert, duc de Normandie. Geoffroi Martel, comte d'Anjou, s'empara de cette ville, qui fut reprise en 1048 par Guillaume le Conquérant. Henri II, roi d'Angleterre, la prit en 1135 : c'était une place forte très-importante, qui eut depuis lors des comtes particuliers, vassaux, comme le reste de la Normandie, du roi d'Angleterre. Le dernier de ces comtes, Robert IV, étant mort sans postérité, Alix, sa sœur et son héritière, céda à Philippe-Auguste Alençon et ses dépendances, qui firent partie du domaine de la couronne jusqu'en 1268, que Louis IX la donna pour apanage à Pierre, son cinquième fils. A la mort de ce prince, Alençon revint à la couronne et fut donné, par Philippe le Bel, à Charles de Valois, son frère. Le comté d'Alençon fut, à cette époque, érigé en comté-pairie.

Dans le XIVe siècle, Alençon eut beaucoup à souffrir des ravages des grandes compagnies. On fut obligé de raser les faubourgs, le prieuré de Saint-Ysiges et l'Hôtel-Dieu de Montsort, afin d'empêcher l'ennemi de s'y fortifier. Le pays, gouverné ensuite par des princes bons et aimés de leurs sujets, jouit pendant un demi-siècle d'une grande prospérité et d'un complet repos. - Vers la fin du XIVe siècle, Alençon fut érigé en duché, par Charles VI, roi de France. Henri V, roi d'Angleterre, s'en empara en 1417 et en fit don au duc de Bedfort, son frère. En 1421, les Français reprirent la ville, qui retomba au pouvoir des Anglais en 1428, puis revint à Charles VII en 1440; mais les Anglais y rentrèrent en 1444; enfin, en 1450, ils en furent définitivement chassés. Le duché d'Alençon fut réuni à la couronne en 1525. En 1559, la ville devint le douaire de Catherine de Médicis, mère de Charles IX; elle renfermait alors un grand nombre de calvinistes, et eut beaucoup à souffrir des querelles religieuses. Les protestants, étant en majorité, pillèrent les églises et dévastèrent les couvents; néanmoins, lorsque arriva la Saint-Barthélemy, le brave Matignon, chef des catholiques, vint à bout d'empêcher toute sanglante représaille et sauva la vie aux protestants. Les ligueurs s'empa-

...e une partie du château. En 1605, il engagea cette ville au duc de Wirtemberg, auquel il devait des sommes considérables ; Marie de Médicis, sa veuve, remboursa cet engagement et fut subrogée aux droits du duc. A sa mort, Alençon échut à Gaston d'Orléans, puis après avoir formé, en 1660, le douaire de la veuve de ce prince, passa par mariage au duc de Guise.—Les guerres religieuses avaient continué à désoler la ville ; pendant le XVII siècle, les prédications des pasteurs protestants et les réfutations des prêtres catholiques y furent souvent l'occasion de graves désordres. La révocation de l'édit de Nantes, en 1681, porta aux calvinistes un coup terrible, et fut signalée à Alençon par des atrocités épouvantables.

La ville d'Alençon est située dans une grande et fertile plaine entourée de forêts, au confluent de la Sarthe et de la Briante ; elle est grande, bien bâtie, et entourée de cinq faubourgs très-agréables. Les rues sont généralement larges, bien pavées, propres et assez bien percées. La principale de ses places publiques, sur laquelle s'élèvent l'hôtel de ville et le palais de justice, communique à une magnifique promenade plantée de beaux arbres, qui a beaucoup de ressemblance avec le bois et la grande allée du jardin du Luxembourg à Paris.

La cathédrale, sous l'invocation de Notre-Dame, est un édifice gothique dont la construction fut commencée en 1553 ; le portail, remarquable par ses sculptures, ne fut achevé qu'en 1617 ; la nef date du XVIe siècle, et est décorée d'ornements gothiques très-riches ; elle a 96 pieds de longueur, 30 de largeur et 60 de hauteur. De chaque côté cinq arcades à ogives y soutiennent des galeries à jour, au-dessus desquelles sont cinq grandes croisées à vitraux coloriés. L'église a la forme d'une croix latine. L'autel, placé sous la première arcade du chœur, est fort beau ; il est décoré d'une assomption en marbre blanc, et surmonté d'un baldaquin en cuivre, soutenu par quatre colonnes de marbre blanc. Malheureusement le chœur qui, au milieu du XVIIIe siècle, avait été entièrement détruit par un incendie, a été reconstruit sans aucunes sculptures, et cette nudité présente un contraste avec la richesse du reste de l'édifice. On remarque aussi la chaire, qui date du XVIe siècle, et à laquelle on arrive par un escalier pratiqué dans le pilier auquel elle

...ois une flèche de 145 pieds d'élévation, qui a été renversée par la foudre en 1744. On y voyait les tombeaux des anciens ducs d'Alençon, détruits lors de la révolution.

L'hôtel de la préfecture, autrefois l'intendance, est un bel édifice en briques, construit par Froment de la Benardière et augmenté par la duchesse de Guise.

L'hôtel de ville a été construit en 1783, sur l'emplacement de l'ancien château, dont il reste encore trois vieilles tours couronnées de créneaux parfaitement conservées, qui servent aujourd'hui de prison.

La bibliothèque publique, renfermant environ 8,000 volumes, est placée dans la partie supérieure de l'église du collège.

On remarque encore à Alençon : le palais de justice, de construction moderne ; l'hôpital général et l'hospice des aliénés ; la halle aux grains, rotonde massive à peu près semblable, mais beaucoup moins gracieuse que celle de Paris ; la halle aux toiles ; la poissonnerie ; l'abattoir public ; l'église de Montsort, construite dans le VIIIe siècle ; la salle de spectacle ; l'hippodrome, destiné aux courses de chevaux de premier ordre pour vingt-un départements, etc., etc.

Alençon est la patrie de Joseph Odolant-Desnos, auteur de mémoires historiques sur la ville d'Alençon ; de Dufriche-Valazé, député à la Convention nationale, auteur d'un traité estimé sur les lois pénales : proscrit au 31 mai, il refusa de s'évader, fut condamné à mort, et se perça le cœur avec un poignard qu'il tenait caché sous ses vêtements, et tomba mort devant ses juges ; du folliculaire Hébert, rédacteur du journal intitulé le *Père Duchesne*, mort sur l'échafaud révolutionnaire en 1793 ; des lieutenants généraux Bonnet et Ernouf ; du célèbre Des Genettes, médecin en chef de l'armée d'Égypte ; du naturaliste Labillardière, etc.

INDUSTRIE. *Fabriques* de toiles, calicots, mousselines, étoffes de laine, bougran, broderies, gants. Filatures de coton. Tanneries. Brasseries. Vinaigreries. — *Commerce* de grains, cidre, toiles dites d'Alençon, fils, chaînes, plumes et duvet d'oies, chevaux de belle race, bestiaux gras, etc. C'est à la foire du 3 février que viennent tous les chevaux de race du département ; les plus beaux se vendent dans les écuries sans paraître en foire dès le 25 janvier.

A 12 l. du Mans, 47 l. 1/2 de Paris. — *Hôtels* d'Angleterre, de la Poste, du Maure, du Grand-Cerf, du Petit-Dauphin, de Bretagne, du Louvre.

çon. Pop. 396 h. On y voit un o
où résidait habituellement feu M. Rœderer.

CARROUGES. Village situé à 6 l. d'Alençon. ✉ Pop. 2,289 hab. On y voit un beau château, construit dans le XIVe siècle par la famille de Carrouges, considérablement augmenté dans le siècle suivant par le sénéchal de Normandie, Jean de Blosset, et restauré depuis par M. Leveneur et ses successeurs : c'est un des plus beaux restes de la puissance féodale.

Exploitation des mines de fer qui se trouvent aux environs. Forges et haut fourneau. — Commerce d'excellents moutons.

CÉNERY-LE-GÉREY (SAINT-). Village situé sur la rive droite de la Sarthe, à 3 l. d'Alençon. Pop. 340 hab.

Ce village, aujourd'hui peu important, était autrefois une ville forte défendue par un château célèbre dans les fastes de la Normandie. Elle doit son origine et son nom à un solitaire italien, qui s'y retira au milieu du VIIe siècle.

Saint-Cénery soutint plusieurs sièges; ses barons prirent part à tous les exploits des Normands contre les Italiens et les Grecs, à la conquête de l'Angleterre, aux guerres entre les Français, les Normands et les Anglais. En 1434, le château et la ville furent assiégés par le comte d'Arundel, qui avait avec lui 15,000 hommes et 20 pièces de canon; il s'empara de Saint-Cénery, détruisit la ville et le château de fond en comble. On voit encore à Saint-Cénery l'église de l'ancienne collégiale, qui seule a résisté aux efforts du temps et des révolutions; c'est un édifice du VIIe siècle, dont l'architecture et les ornements sont grossiers, mais empreints d'un caractère vraiment religieux; la tour, d'une construction moins massive, paraît être du XIe siècle. — Mines de fer exploitées.

CERCUEIL. Village situé à 5 l. d'Alençon. Pop. 393 hab.

On remarque sur le territoire de cette commune, près du hameau de Blanche-Lande, un ouvrage de castramétation qui porte le nom de camp du Chatellier. Ce camp a la forme d'une ellipse dont le grand axe a 432 mètres, et le petit 280 mètres, avec un léger aplatissement du grand côté de l'ellipse qui regarde le nord. Son rempart a 99 pieds de base, 39 pieds d'élévation vers l'ouest, et 30 pieds vers l'est, avec une largeur sur le rempart de 15 à 16 pieds, le tout construit en terre et en pierres placées sans ordre et renfermant une enceinte de 1,248 mètres de circonférence. On présume qu'il évai ,
de camps plus imposants.

CHAMP DE LA PIERRE. Village situé à 7 l. d'Alençon. Pop. 217 hab. — Forges et haut fourneau.

CONDÉ-SUR-SARTHE. Village situé à 1 l. d'Alençon. Pop. 656 hab. C'est sur le territoire de cette commune que se trouve la carrière de Pont-Percé, qui renferme de beaux cristaux de quartz enfumé, connus sous le nom de diamants d'Alençon.

COURTOMER. Petite ville située à 10 l. d'Alençon. Pop. 1,264 hab. On y voit un magnifique château moderne, construit sur le plan de l'hôtel des Monnaies de Paris.

DENIS-SUR-SARTHON (SAINT-). Village situé à 3 l. d'Alençon. ✉ Pop. 509 h.

Près de ce village, on voit la butte remarquable de Chaumont, où l'on allait autrefois en pèlerinage, mais on n'y va plus aujourd'hui qu'en promenade le premier dimanche de mai. Cette butte fixe les regards par son isolement, sa forme arrondie et sa hauteur assez considérable pour cette partie de la France (environ 360 mètres). Elle est couverte de bois qui font partie de la forêt d'Écouves, comme la butte fait partie elle-même d'une chaîne de montagnes qui règne du côté du nord. — Haut fourneau, forges et faïencerie.

ESSEY. Bourg situé à 5 l. 1/2 d'Alençon. Pop. 721 hab.

Ce bourg occupe l'emplacement de l'ancienne cité des Essuins, qui acquit une grande importance après la conquête des Gaules par Jules-César, et qui fut détruite par les Saxons peu de temps avant l'époque où ils fondèrent la ville de Seez. Elle avait un château fortifié où résidaient les ducs d'Alençon une partie de l'année. Les Anglais s'en emparèrent en 1418, et en furent chassés par le duc d'Alençon en 1449.

Le château de Matignon, bâti par M. Rœderer avec les matériaux provenant de l'ancien château de Lourai, est une dépendance de cette commune.

GERMAIN DU CORBIS. Village situé à 3/4 de l. d'Alençon. Pop. 445 hab. On y trouve une source d'eau minérale.

LOURAI. Village situé à 1 l. 1/4 d'Alençon. Pop. 593 hab.

On remarquait autrefois à Lourai un château construit au XIVe siècle, détruit par les Anglais, rétabli vers 1591, et augmenté par Louis de Matignon, qui sauva les protestants d'Alençon du massacre de la Saint-

CHÂTEAU DE RABODANGE.

CHÂTEAU DE CARROUGES.

Barthélemy. Devenu la propriété de la famille Colbert, ce château passa ensuite à M. Mercier, qui depuis peu d'années l'a fait reconstruire dans le goût moderne.

MÊLE-SUR-SARTHE (le). Joli bourg situé sur la Sarthe, à 6 l. 1/2 d'Alençon. ✉ ☛ Pop. 809 hab. Il est traversé dans sa longueur par la grande route, qui forme son unique rue, et dans sa largeur par la Sarthe, qu'on y passe sur un large pont en pierre.—*Commerce* de grains et de bestiaux.

PATRICE - DU - DÉSERT (SAINT-). Village situé à 6 l. 3/4 d'Alençon. Pop. 830 hab.—Forges considérables, dites de Cossé. Verrerie dite du Gaz.

PONT-PERCÉ. *Voy.* CONDÉ-SUR-SARTHE.

SEEZ. Ancienne ville située à 6 l. 1/4 d'Alençon. Évêché, grand et petit séminaire. Société d'agriculture. Collége communal. ✉ ☛ Pop. 5,049 hab.

Cette ville est assez bien bâtie, sur l'Orne, et traversée dans sa longueur par la route d'Alençon à Caen. C'était, suivant la notice des Gaules, une cité considérable, nommée *Civitas Sagiorum*; elle était entourée de murailles et possédait deux forteresses. Comme toutes les villes de la Neustrie, elle eut beaucoup à souffrir des ravages des Normands, qui la détruisirent vers la fin du IXe siècle et la rebâtirent plus tard, lorsqu'ils embrassèrent le christianisme. Louis le Jeune et son frère, le comte de Dreux, la prirent et la brûlèrent; mais la ville fut rebâtie de nouveau. En 1174, les Anglais l'assiégèrent vainement: plus heureux en 1353, ils la pillèrent et en rasèrent les fortifications. Rebâtie une troisième fois, elle eut à souffrir de nouveaux désastres dans les guerres civiles du XVIe et du XVIIe siècle. Une superbe église qu'elle renfermait fut brûlée par les protestants aux ordres de l'amiral Coligny. La cathédrale actuelle est une construction du XIIe siècle, d'une architecture remarquable, décorée de beaux marbres, de sculptures délicatement travaillées et de quelques bons tableaux. Le palais épiscopal, bel édifice élevé au milieu du siècle dernier, renferme, entre autres tableaux, les portraits de tous les évêques de Seez morts avant la révolution.

Seez est la patrie de Conté, l'un des savants les plus distingués de l'expédition d'Égypte; de Curaudeau, à qui les arts industriels doivent plusieurs perfectionnements utiles.

Fabriques de tissus croisés et de circassiennes.

TANVILLE. Village situé à 4 l. d'Alençon. Pop. 598 hab.—Verrerie.

ARRONDISSEMENT D'ARGENTAN.

ARGENTAN. Jolie ville. Chef-lieu de sous-préfecture. Tribunaux de première instance et de commerce. Collége communal. ✉ ☛ Pop. 6,147 hab.

Suivant Bourgon, Argentan est l'ancienne *Aragenuæ* des Romains. Plus tard, elle fit partie du duché d'Alençon et avait un château fort dont il ne reste plus que de faibles ruines servant aujourd'hui de prétoire et de maison d'arrêt. Ce fut, dit-on, dans ce château que le duc de Normandie, roi d'Angleterre sous le nom de Henri II, reçut, en 1168, les légats du pape, venus pour terminer les différends qui existaient entre ce monarque et Thomas Becket, archevêque de Cantorbery.

Cette ville est agréablement située sur une hauteur qui domine une vaste et fertile plaine bornée à l'est par la forêt d'Argentan. Elle est traversée par l'Orne, bien bâtie, propre, bien percée, et entourée de remparts qui offrent une promenade charmante.

Fabriques de toiles. Blanchisserie de toiles. Tanneries et corroieries. — *Commerce* de grains, cuirs, bestiaux, volailles, et de fromages qui jouissent d'une réputation méritée.

A 9 l. 1/2 d'Alençon, 50 l. de Paris. — *Hôtels* Dévary, des Trois Maures, du Pont de France.

BAILLEUL. Village situé à 1 l. 1/2 d'Argentan. Pop. 960 hab.

On voit près du village de BRERES, dépendant de la commune de Bailleul, des restes de fortifications qui paraissent avoir appartenu au château de Fourches, bâti par Robert II de Bellesme, pour s'opposer aux incursions des seigneurs d'Exmes.

BRIOUZE. Bourg situé à 3 l. 3/4 d'Argentan. Pop. 1,493 hab. C'était autrefois une petite ville érigée en vicomté par Henri IV, et réunie à la vicomté de Falaise en 1780. — *Fabriques* de toiles. Tanneries.

BOUCÉ. Village situé à 3 l. d'Argentan. Pop. 1,533 hab.—Haut fourneau. Forges et fenderie.

CHAMBOIS. Village situé à 3 l. d'Argentan. Pop. 677 hab. On y remarque un ancien château dont la façade est percée de 38 croisées.

ÉCOUCHÉ. Petite ville située sur la rive gauche de l'Orne, à 2 l. d'Argentan. Pop. 1,388 hab.—*Fabriques* de frocs, siamoises.

Filature de coton. Tanneries et moulin à tan.

ÉVROULT-N.-D.-DU-BOIS (SAINT-). Village situé près de la Charentonne, à 9 l. 3/4 d'Argentan. Pop. 789 hab.

On remarquait autrefois sur le territoire de cette commune l'abbaye de Saint-Évroult, fondée, ou au moins rétablie par saint Évroult en 560. Cette abbaye, ruinée et rebâtie a différentes époques, fut le berceau d'Orderic Vital et de plusieurs savants distingués. Près de ses murs se trouve une fontaine minérale ferrugineuse froide, autrefois très-renommée, et dans les eaux de laquelle on plongeait à différentes reprises les malades pour les guérir.—Forges et mines de fer.

EXMES. Petite ville située sur la rive droite de la Dive, à 3 l. d'Argentan. Pop. 675 hab.

Exmes était autrefois le chef-lieu de l'Hyémois, pays assez étendu, qui fut plus tard érigé en comté. Quelques auteurs placent en cet endroit la cité des Oximiens dont parle César dans ses Commentaires (liv. 3, chap. 11), que d'autres écrivains ont cru retrouver dans le Finistère. Quoi qu'il en soit, Exmes était, dès le IIIe siècle, une place importante que renversèrent les Saxons; Henri Ier, roi d'Angleterre et duc de Normandie, la rétablit; le feu la consuma en 1136; le fameux Dunois l'enleva aux Anglais. On voit encore les ruines de l'ancien château d'Exmes, regardé comme un ouvrage romain. — Tanneries.

FERTÉ-FRESNEL (la). Bourg situé à 10 l. d'Argentan. Pop. 479 hab. Ce bourg possède une source d'eau minérale ferrugineuse acidule. On y voit les restes d'un ancien château rasé par Guillaume le Conquérant.

GACE. Petite ville située à 6 l. d'Argentan. ✉ ☞ Pop. 1,470 hab.

Cette ville était autrefois assez importante. On y voit les ruines d'un vieux château qui appartint dans l'origine à Raoul, seigneur de Gacé, connétable de Normandie, et où naquit le maréchal de Matignon.—*Fabriques* de toiles cretonnes. Blanchisseries de toiles. Tanneries.— *Commerce* de bestiaux.

GLOS-LA-FERRIÈRE. Bourg situé à 10 l. d'Argentan. Pop. 1,263 hab. C'était autrefois une place forte qui commandait les environs, et que Duguesclin prit et fit démanteler vers la fin du XIVe siècle : on y voit encore des portes et quelques débris de fortifications. — *Fabrique* très-active de quincaillerie, pointes de Paris pour les cordonniers, agrafes, etc. Tréfilerie.

HONORINE-LA-GUILLAUME (Ste-). Bourg situé à 7 l. d'Argentan. Pop. 1,305 hab. — Exploitation des carrières de granit de la plus grande dureté, pour socles, trottoirs, etc.

MERLERAULT (le). Bourg situé dans une riche et fertile contrée, à 6 l. d'Argentan. Pop. 1,423 habitants. C'est la patrie de M. Pouqueville, de l'Académie française, auteur de plusieurs ouvrages estimés.

MORTRÉE. Petite ville située à 3 l. 1/2 d'Argentan. ✉ Pop. 1,590 hab.—*Fabriques* de toiles.

Le CHATEAU D'O est une dépendance de la commune de Mortrée. Ce château, l'un des plus remarquables du département, et dont la tradition attribue la construction à la célèbre Isabeau de Bavière, qui, après l'expulsion des Anglais, y fut pendant quelque temps retenue prisonnière, est un édifice gothique, décoré de magnifiques sculptures; il est bâti sur pilotis au milieu d'un bassin très-profond rempli d'eaux vives; il passait pour très-fort, et soutint plusieurs sièges. Louis XIII érigea ce château en marquisat en 1616; il devint, en 1647, la propriété de la famille Montaigu, qui le posséda jusqu'à la révolution. Vendu nationalement à cette époque, il a eu divers maîtres, et est heureusement tombé aux mains d'un propriétaire homme de goût, qui l'a fait réparer et embellir.

NONANT. Village situé à 4 l. 1/2 d'Argentan. ✉ ☞ Pop. 860 hab. C'est la patrie du peintre Landon, ancien conservateur des tableaux du Musée.—Verrerie à bouteilles. —*Commerce* considérable de bestiaux et de chevaux.

PIN-AU-HARAS (le). Village situé à 3 l. d'Argentan. Pop. 312 hab.

Ce village possède un magnifique haras, fondé par Louis XIV en 1714 et achevé sous la minorité de Louis XV. Un joli château, habité par les administrateurs, occupe le centre de ce bel établissement d'utilité publique. Les écuries sont distribuées à droite et à gauche, sur un plan parallèle et symétrique. Trois larges avenues, percées dans l'épaisseur d'un bois voisin, en marquent majestueusement l'entrée. Du côté opposé, on domine une vaste étendue de pays, au milieu de laquelle on distingue les clochers de la cathédrale de Séez; plus près, l'œil se repose sur de gras pâturages, souvent peuplés par les élèves du haras. Près du haras se trouve la bergerie de la Bruyère, où a été tracé l'hippodrome destiné aux courses. Le Pin est le chef-lieu du 2e arrondissement de concours pour les courses de chevaux, qui comprend dix départements : Calvados, Eure, Eure-et-Loir, Manche, Nord, Orne, Pas-de-Calais, Sarthe, Seine-Inférieure, Somme.

La race normande comprend deux variétés de chevaux : l'une, connue sous le nom de chevaux carrossiers, est composée de tous ceux du Merlerault et de Nouant, ainsi que de ceux de la plaine de Bernay ; l'autre, désignée sous le nom de chevaux de selle de la plaine d'Alençon, est formée de tous les chevaux élevés à trois lieues aux environs de cette ville. Ce sont les plus beaux de la race normande, les plus vigoureux, les plus recherchés ; aussi, à qualités égales, se vendent-ils toujours plus cher que ceux de la race carrossière.

Le haras du Pin entretient 100 étalons, dont 50 sont réservés spécialement pour les remontes du département de l'Orne, dans lequel on a réparti 37 de ces étalons.

PUTANGES. Bourg situé à 4 l. 1/2 d'Argentan. Pop. 675 hab.—*Fabriques* de toiles. Tannerie.

RANES. Bourg situé à 4 l. 1/2 d'Argentan. Pop. 2,453 hab.

Ranes est un bourg fort ancien où l'on voit un château gothique assez remarquable par sa construction. — L'histoire rapporte qu'un combat à outrance eut lieu à Ranes en 1432, entre trente Français et trente Anglais : ces derniers furent défaits et obligés de prendre la fuite.— *Fabrique* d'outils aratoires. Forges et haut fourneau.

RI. Village situé à 2 l. 1/4 d'Argentan. Pop. 368 hab.—Patrie de Mézeray.

TRUN. Bourg situé sur la Dive, à 3 l. d'Argentan. Pop. 1,514 hab.

VIMOUTIERS. Petite ville située au milieu des bois et des montagnes, sur la Vée, à 7 l. 1/2 d'Argentan. Tribunal de commerce. Chambre consultative des manufactures. ✉ ⚘ Pop. 3,990 hab.

Cette ville portait autrefois le nom de *Vimonasterium*. Alain de Bretagne y mourut en 1040, lorsqu'il assiégeait le château de Montgommery.

Vimoutiers est le centre d'une fabrique importante de toiles cretonnes, qui occupe environ 5,000 métiers, répartis dans les 80 ou 100 communes des environs de la ville. Le terme moyen des ventes annuelles faites sur la halle de Vimoutiers est de :

120 pièces 6/4 à 500 f.	60,000
640 pièces 5/4 à 450 f.	288,000
9,400 pièces 4/4 à 150 f.	1,410,000
4,000 pièces 7/8 à 200 f.	800,000
1,120 pièces 3/4 à 250 f.	280,000
2,120 pièces 2/3 à 200 f.	424,000

Total : 17,400 représ. une val. de 3,262,000

Ces toiles, si renommées par la beauté de l'œil de leur grain, sont toutes fabriquées avec du fil de lin pur, et ont une longueur de 90 à 95 aunes.

Belles blanchisseries de toiles. Tanneries et corroieries. — *Commerce* de toiles blanches et écrues.

ARRONDISSEMENT DE DOMFRONT.

ATHIS. Bourg situé à 7 l. de Domfront. Pop. 4,300 hab.— *Fabriques* de reps et de casimir.

BAGNOLES. Joli petit village, dépendant de la commune de Tessé. Il est situé au fond d'un vallon solitaire et pittoresque, près d'un lac environné de promenades charmantes, et renommé par ses bains d'eaux salines thermales [1].

Selon quelques vieux manuscrits, la découverte des eaux thermales de Bagnoles est due à un événement fort singulier : un vieux cheval, atteint d'une maladie cutanée, et tout couvert de plaies, fut abandonné par un propriétaire des environs, dans les taillis des Roches Noires. Deux mois après, cet homme, passant au bout de la vallée, aperçut un cheval qu'il crut être le sien. Ce cheval vint à lui au trot et s'approcha familièrement : il était gras, avait la robe nette et était parfaitement guéri. Le maître, voulant connaître la cause d'une guérison aussi étonnante, fit épier tous les mouvements de cet animal, et bientôt on le vit se rouler dans les boues garnies d'herbes vertes en tout temps. En y trempant la main, on les trouva d'une chaleur assez élevée. Enfin, on nettoya ce marais, et l'on découvrit des sources d'eau chaude aussi limpides qu'abondantes.

La source thermale de Bagnoles jaillit au pied d'immenses roches tranchées et culbutées, dans une jolie vallée à côté du petit hameau qui lui a donné son nom. Au moment où elle s'échappe de la base de la montagne, la source entre dans une gorge de 140 ou 150 mètres de largeur, formée par l'écartement de deux énormes rochers

---

[1]. Notice adressée par M. Le Machois, propriétaire et fondateur du bel établissement des bains de Bagnoles.

qui se prolongent parallèlement de l'ouest à l'est; au fond de cette étroite colline, coule sur un lit de cailloux et à travers des quartiers de roc vif, la petite rivière de Vée; arrêtée à son entrée dans le ravin pour les besoins d'une fonderie établie au hameau, elle y forme un lac assez étendu dont la vue est délicieuse. De là poursuivant son cours au-devant de l'établissement thermal, où elle reçoit le trop plein des réservoirs et les eaux des baignoires, elle longe la base de la côte, sur laquelle elle découpe plusieurs îlots, arrose, en s'éloignant, une multitude de prairies, et finit par se jeter dans la Mayenne à Couterne.

Les rives de la Vée, revêtues de murs d'appui, sablées et plantées, offrent des promenades d'autant plus agréables qu'elles contrastent fortement avec l'aspect imposant et sauvage des hautes roches qui bornent l'horizon au nord et au sud; le bloc immense, situé au-devant de l'établissement thermal, s'élève brusquement à une hauteur prodigieuse sous la forme assez régulière d'une montagne aride et nue. Son abaissement graduel vers le sud offre la perspective d'une campagne vaste et bien cultivée, à l'observateur placé à l'opposite sur le rocher septentrional. Celui-ci est coupé à pic; il ferme l'enclos de l'établissement comme un mur en ruine dont les matériaux poussés hors de leur aplomb menaceraient d'un éboulement.

Une foule d'effets pittoresques naissent de la conformation de ces rochers. Les uns s'élancent vers les cieux comme des pyramides déliées; d'autres forment des môles en terrasse; d'autres figurent des grottes ou des voûtes appuyées sur des supports disproportionnés et menaçants. Dans le bas on a dessiné des jardins dans les deux genres; et sur tous les versants sont tracés des allées, des sentiers, des repos ornés de plantations qui ont réussi à merveille. En suivant ces promenades commodes, et en découvrant à chaque pas des points de vue ravissants, on arrive sans peine jusqu'au point culminant du plateau, d'où l'œil plonge sur un horizon presque sans bornes, qui présente une multitude d'accidents curieux et de cultures agréablement diversifiées.

Les eaux de Bagnoles étaient tombées dans une sorte d'oubli lorsque M. Le Machois les remit en vogue en y faisant construire un bel établissement, dont il a rendu le séjour aussi agréable que salutaire. Le gouvernement y a établi, en 1823, un hôpital militaire, au moyen d'un marché passé avec le propriétaire des bains, qui s'est chargé de recevoir annuellement un certain nombre de militaires, moyennant une rétribution.

Considéré sous les rapports de sa construction et de sa destination, l'établissement thermal de Bagnoles est bien conçu et a été bien exécuté. A l'extérieur, il est régulier et de bon goût; la distribution intérieure commode et bien appropriée à son but; la conduite des eaux, la disposition des cabinets particuliers, la forme des baignoires, la distribution des logements, peuvent être proposées comme modèles dans ce genre de construction.

La température de la source de Bagnoles est de 22 degrés Réaumur, près de 26 degrés du thermomètre centigrade; la quantité d'eau qu'elle fournit n'a pas été évaluée avec précision, mais elle est abondante et suffit aux besoins de l'établissement.

La Vée, qui sépare les deux communes de Terré-la-Madelaine et de Couterne, passant au milieu de l'établissement, Bagnoles est situé sur ces deux communes. Les logements des baigneurs, la fontaine et la chapelle sont sur la première de ces deux communes; la salle à manger, les cuisines, l'hôpital militaire, les écuries sur l'autre. Outre les belles promenades dont nous avons parlé, on trouve à Bagnoles d'immenses salles de réunion, de jeu de billard, et de musique; des chaloupes à voile et à rames; un tir, des jeux d'exercice et de salon. Les baigneurs peuvent jouir du plaisir de la chasse au tir et à courre, et de la pêche, soit à la ligne, soit au filet. On s'y procure des chevaux pour visiter les lieux pittoresques des environs. Tout semble concourir à jeter de l'intérêt sur ce bel établissement, l'un des thermes les plus à proximité de la capitale et de tous les départements de l'ouest, ainsi que des côtes de la Manche et de l'Océan jusqu'à Nantes.

Les environs de Bagnoles sont remplis d'antiquités et de ruines pittoresques. Les buts de promenades les plus agréables sont les châteaux de la Bermoudière et de Couterne, les forges de la Varennes et de Cossé, la chapelle Saint-Orler, et la tour de Bonvouloir, espèce de phare élevé au milieu de la forêt d'Andeinne (*voy. la gravure*).

SAISON DES EAUX. La saison des eaux commence vers le 15 mai et se prolonge jusqu'au 30 septembre. Le nombre des baigneurs varie selon le temps et la beauté de la saison; cependant chaque année tous les logements nombreux et somptueux sont rem-

CHÂTEAU DE DOMFRONT.

MANOIR DE BONVOULOIR.

plis par les étrangers qu'attirent la beauté du pays et l'efficacité des eaux.

PRIX DU LOGEMENT ET DE LA DÉPENSE JOURNALIÈRE. Le prix du logement varie depuis un franc par jour jusqu'à six. La nourriture à la première table est de 4 fr., et de 2 fr 20 c. à la seconde.

TARIF DU PRIX DES EAUX, BAINS ET DOUCHES. Bain d'une heure, 1 fr. 20 c. Douches, 50 c. Eau ferrugineuse de Courtomer, 40 c. Eau ferrugineuse de Bagnoles, 0.

Les eaux ont été analysées par MM. Vauquelin et Thierry au mois d'octobre 1813.

PROPRIÉTÉS PHYSIQUES. La température est chaude, la saveur de l'eau légèrement acide; elle répand une odeur d'hydrogène sulfuré, et semble bouillonner, à cause du dégagement des bulles d'air qui viennent crever à sa surface. L'eau de la fontaine présente un bouillonnement continuel.

PROPRIÉTÉS CHIMIQUES. Le gaz acide carbonique se dégage constamment des eaux de Bagnoles; leur odeur dénote la présence d'un principe sulfureux. On y reconnaît du muriate de soude, ainsi qu'une portion de sulfate de chaux et de muriate de magnésie. Le limon de la fontaine contient du soufre et du fer.

PROPRIÉTÉS MÉDICINALES. Les eaux de Bagnoles sont tout à la fois toniques et purgatives; elles excitent l'appétit, donnent plus d'activité au système de la digestion, augmentent les sécrétions, et surtout les urines et la transpiration.

On les recommande dans les maladies cutanées rebelles ou invétérées, les rhumatismes chroniques, les catarrhes pulmonaires chroniques, les affections goutteuses qui se fixent sur l'estomac et sur les intestins, les ulcères atoniques, les anciennes plaies d'armes à feu, les ankiloses, toutes les maladies de peau. Elles sont nuisibles aux personnes atteintes d'hémoptysie.—Les bains d'eau de Bagnoles procurent à la peau une douceur et une souplesse remarquable.

MODE D'ADMINISTRATION. On donne les eaux en bains et en douches ascendantes et descendantes; on en boit aussi depuis un litre jusqu'à trois; on applique des cataplasmes avec les boues. On les administre en bains dans des cabinets bien disposés, ainsi que dans le bassin commun.

Bagnoles est situé à 5 l. de Domfront, 11 l. d'Alençon, 60 l. de Paris.

BEAUCHÊNE. Village situé à 1 l. 1/2 de Domfront. Pop. 1,244 hab.—*Commerce* de clous.

CARNEILLE (la). Bourg situé à 7 l. 1/2 de Domfront. Pop. 1,502 hab.—*Commerce* de bestiaux.

CHAMPSECRET. Village situé à 1 l. 1/2 de Domfront. Pop. 4,240 hab. — *Fabrique* importante de boissellerie, comme cuillers, jattes, moules de boutons, etc., que l'on exporte dans la Bretagne, le Maine, l'Anjou et jusqu'à Paris. Hauts fourneaux, forges et fonderie (inactifs en ce moment).

CHANU. Village situé à 5 l. de Domfront. Pop. 2,662 hab.—*Fabriques* de clous.

CHAPELLE-BICHE (la). Village situé à 6 l. 1/4 de Domfront. Pop. 1,019 hab. — *Fabriques* de clous.

CHAPELLE-MOCHE (la). Village situé à 4 l. 1/4 de Domfront. Pop. 2,819 hab. — *Commerce* de lin.

CORNIER-DES-LANDES (SAINT-). Village situé à 5 l. de Domfront. Population 2,132 hab.—*Fabrique* de clous.

COULONCHE (la). Village situé à 5 l. de Domfront. Pop. 1,805 hab. — *Fabriques* de toiles et de coutils.

COUTERNE. Bourg situé à 5 l. de Domfront. ✉ ☞ Pop. 1,642 h. — *Fabr.* de toiles, coutils, rubans de fil.—*Commerce* de lin.

DOMFRONT. Petite ville. Chef-lieu de sous-préfecture. Tribunal de première instance. Collége communal. ✉ ☞ P. 1,873 h.

Suivant la tradition, Domfront tire son origine du solitaire Front, qui vint prêcher l'Évangile dans le pays de Passais, et se fixa sur le rocher où la ville était bâtie vers l'an 540; ceux des habitants qu'il convertit au christianisme construisirent d'abord quelques chaumières, défrichèrent les bois environnants, et jetèrent les fondements de la ville actuelle. Guillaume Ier, seigneur de Bellesme, fit bâtir en 1011, sur la cime du rocher où elle est assise, un château de forme carrée, défendu par quatre grosses tours, et environné de profonds fossés taillés dans le roc. La principale issue de ce château était au midi: deux portes en fer et une claie en fermaient l'entrée. Pour mettre les habitants de Domfront à l'abri des incursions des peuples voisins, Guillaume de Bellesme fit entourer, en 1014, ce rocher de gros murs, flanqués de distance en distance par des tours couronnées de parapets, dont les vestiges qui restent peuvent donner une idée. Suivant un procès verbal de l'état des fortifications, dressé en 1562, la ville était ceinte de vingt-quatre tours: on y entrait par quatre portes, couvertes de bastions; dans l'intérieur, on voyait des souterrains d'une grande beauté, et plusieurs belles citernes. Guillaume de Bellesme faisait ordinairement sa résidence dans son château de Domfront; il y mourut vers l'an 1030 ou 1031, et fut enterré dans l'église Notre-Dame-sur l'Eau, qu'il avait fait bâtir; on y voit son tombeau élevé en tuf dans la chapelle Sainte-Anne. A cette époque, Domfront était déjà une place considérable.

En 1048, Geoffroi Martel, comte d'Anjou, assiégea Domfront et s'en rendit maître. Guillaume le Conquérant, duc de Normandie, ayant résolu de reprendre cette place, l'entoura de troupes, fit élever quatre forts pour en fermer toutes les issues, marcha sur Alençon, qu'il prit d'assaut, et s'empara ensuite de Domfront par ruse. En 1089, Rotrou, comte de Mortagne, tenta, sans succès, de prendre cette ville. En 1091, les habitants de Domfront, lors du gouvernement de Robert de Montgommery, livrèrent leur ville à Henri, jeune fils de Guillaume le Conquérant, qui en augmenta beaucoup les fortifications, en fit sa place d'armes et y résidait souvent. Après l'assassinat d'Arthur, duc de Bretagne, par Jean-sans-terre, Philippe-Auguste, indigné de ce crime, fit confisquer et réunir à la couronne toutes les propriétés que Jean possédait en France, et fit assiéger Domfront par Rainaud, comte de Boulogne, qui s'en empara. Philippe-Auguste assiégea de nouveau Domfront en 1211, prit cette place et la donna en apanage à son second fils, Philippe le Rude, qui la fit fortifier en 1228. Robert, comte d'Artois, prit cette ville en 1341. Philippe de Navarre l'attaqua à la tête d'un corps considérable de troupes et s'en rendit maître pour le compte des Anglais, qui la conservèrent jusqu'en 1360. Le duc de Bourgogne l'assiégea en 1412; la ville se rendit après quelques assauts, mais le château, qui était bien fortifié et bien approvisionné, résista à toutes les attaques. Henri V, roi d'Angleterre, assiégea Domfront en 1417, et prit cette ville par capitulation, le 12 juillet 1418, après une vigoureuse résistance de la part des habitants. Charles de Culant et le sire de Blainville la reprirent en 1450. Les protestants la surprirent, la pillèrent, y mirent le feu et brûlèrent l'église Notre-Dame en 1568.

L'infortuné comte de Montgommery, que Catherine de Médicis poursuivait depuis qu'il avait blessé Henri II, en 1559, fut assiégé dans Domfront, le 9 mars 1574, par le comte de Matignon, à qui la reine avait donné ordre de le lui livrer mort ou vif. Montgommery fit une sortie dès le soir même, et une seconde le 12, l'une et l'autre sans succès. Pendant la durée de ce siége mémorable, la journée du 23 fut la plus terrible et la plus désastreuse : l'artillerie porta l'incendie, la mort, la désolation dans la ville et la ruinèrent; Montgommery, forcé de l'abandonner, se retira dans le château, où il se défendit en homme déterminé, avec le petit nombre de braves qui lui étaient restés attachés. Matignon fit aussitôt établir une batterie de cinq pièces de grosse artillerie, qui foudroya le château, et y fit une brèche de 45 pieds; deux fois les assiégeants montèrent à la brèche, deux fois, vivement repoussés, ils lâchèrent pied, reculèrent, et après cinq heures d'un combat opiniâtre, furent obligés de se retirer, après une perte considérable. Le nombre des assiégeants augmentant tous les jours et les assiégés se trouvant réduits à quinze ou seize, Montgommery, manquant de tout, se rendit le 26, et eut la tête tranchée à Paris un mois après.

Jean de la Ferrière, baron de Vernie, surprit Domfront au mois d'avril 1589, et fit déclarer cette ville, malgré elle, pour la Ligue. Les derniers jours de décembre de la même année, Henri IV fit sommer la place d'ouvrir ses portes. Les habitants, divisés d'opinion, prirent les armes les uns contre les autres: la Vernie sortit du château pour soutenir les ligueurs; les partisans de Henri IV, quoique moins nombreux, chargèrent avec tant de vivacité, qu'un grand nombre de leurs adversaires furent tués. La Vernie y reçut une blessure mortelle; les habitants se saisirent de sa personne, en avertirent le roi, qui leur envoya un secours de deux cents cavaliers et accorda une amnistie générale.

Le pays des environs de Domfront est coupé de forêts, de coteaux, de bruyères et de marais; le sol est en général peu productif, et divisé par une infinité de haies et de fossés plantés d'arbres fruitiers. La ville est bâtie dans une situation pittoresque, sur un rocher escarpé coupé à pic du côté du couchant, et au bas duquel coule la petite rivière de Varennes. L'intérieur est triste; les rues sont étroites, tortueuses, escarpées et bordées de maisons mal bâties; au bas du rocher se trouve l'église Notre-Dame, l'un des plus anciens édifices du département, que malheureusement on laisse tomber en ruine. L'air y est pur, mais trop vif pour les poitrines délicates; l'eau y est rare et de mauvaise qualité.

Fabriques de toiles, coutils, droguets, serges et autres étoffes. — Aux environs, forges, verreries et papeteries. — *Commerce* de toiles.

CHÂTEAU DE FLERS.

A 15 l. d'Alençon, 63 l. de Paris.—*Hôtels* de Normandie, des Marchands.

FERTÉ-MACÉ (la). Petite ville située à 5 l. de Domfront. ✉ Pop. 4,613 hab. — *Fabriques* de coutils, toiles de coton, siamoises, rubans de fil, coton et fil dits retors, peignes et tabatières de buis. Distilleries d'eau-de-vie. Tanneries. Teintureries. Tuilerie — *Commerce* de lin, fil, toiles, miel, etc.

FLERS. Bourg situé à 5 l. de Domfront. ✉ ☞ Pop. 4,386 hab.

Flers était anciennement une baronnie, qui fut érigée en comté en 1598, et en marquisat en 1696. C'est aujourd'hui un bourg important, centre de la fabrication des coutils, qui emploie 3,000 ouvriers, et dont il se vend 1,000 à 1,200 pièces par semaine. On y voit les restes d'un fort beau château, détruit en partie vers la fin du siecle dernier. — *Fabriques* de toiles, coutils, basins, reps, amidon, etc.

FRESNES. Village situé à 5 l. 1/2 de Domfront. Pop. 2,070 hab.—Teintureries.

GERVAIS - DE - MESSEY (SAINT-). Village situé à 3 l. de Domfront. Populat. 1,518 hab.

JUVIGNY-SOUS-ANDAINE. Bourg situé à 2 l. 3/4 de Domfront. Pop. 1,970 h.

LANDE - PATRY (la). Village situé à 5 l. de Domfront. Pop. 2,066 hab.—*Fabriques* de toiles. Clouteries.

MESSEY. *Voyez* SAINT-GERVAIS-DE-MESSEY.

MONTSECRET. Bourg situé à 5 l. de Domfront. Pop. 1,243 hab.—Tanneries.

PASSAIS. Village situé à 3 l. 1/2 de Domfront. Pop. 2,199 hab.

PIERRE - D'ENTREMONT (SAINT-). Village situé à 5 l. de Domfront. Population 1,255 hab. — *Fabriques* de tiretaines et de coutils.

SAUVAGÈRE (la). Village situé à 5 l. de Domfront. Pop. 2,177 hab.— *Fabriques* de toiles et de coutils.

TINCHEBRAY. Petite ville située sur la rive gauche de l'une des sources du Noireau, à 7 l. 1/4 de Domfront. Tribunal de commerce. Chambre consultative des manufactures. ✉ 1 op. 3,413 hab.

Cette ville doit son origine à un château fort ruiné depuis long-temps, et célèbre dans l'histoire de Normandie par la bataille que le duc Robert perdit sous ses murs en 1106 contre son frère Henri, roi d'Angleterre.

Fabriques très-actives de clouterie et de quincaillerie, outils, ustensiles de cuisine en fer, étoffes de fil, de laine et de coton. Papeteries. Tanneries et mégisseries.

VARENNES-EN-CHAMP-SECRET. Village situé à 1 l. 1/2 de Domfront.—Forges.

ARRONDISSEMENT DE MORTAGNE.

BAZOCHES-SUR-HOÊNE. Village situé à 2 l. 1/2 de Mortagne. Pop. 1,615 hab.

BELLESME. Petite ville située à 3 l. 3/4 de Mortagne. ✉ ☞ Pop. 3,413 hab.

Bellesme était anciennement la capitale du Perche, qualité qu'elle disputait à Mortagne en 1725. Sa situation avantageuse en faisait une des plus fortes places de France. Henri Ier, roi d'Angleterre, la prit en 1114. Saint Louis s'en empara après quinze jours d'attaques réitérées, en 1228. Les Bourguignons s'en rendirent maîtres en 1413. Les Anglais la prirent de nouveau en 1424, et la conservèrent jusqu'en 1449, époque où elle fut reprise par Jean II, duc d'Alençon.

Cette ville est assez bien bâtie, sur une hauteur qui domine tous les environs, près de la belle forêt de Bellesme; ses rues sont droites, propres et bien pavées. On y remarque une promenade en forme de boulevard, dont la situation aérée offre un effet agréable.

A une demi lieue de Bellesme, dans la forêt de ce nom, on trouve deux sources d'eaux minérales froides, connues sous le nom de la Herse. Ces eaux, quoique estimées dans le pays, sont cependant peu fréquentées. Elles furent découvertes en 1607 par René Courtin, qui fit des essais sur la qualité des eaux de la fontaine de la Herse, située dans une commune nommée le Vieux-Bellesme, à 1 l. 1/4 de la ville de ce nom. D'après l'analyse qui a été faite des eaux de cette fontaine, on est porté à croire qu'elles doivent être rangées dans la classe des eaux sulfureuses.

La fontaine de la Herse est construite de six pierres calcaires; elle n'a que 6 décimètres 9 cent. de largeur, sur une longueur de 1 mètre 3 cent. Sa profondeur est de 5 décimètres. Sur une des pierres les plus élevées qui l'entourent, on lit : *Aphrodisium ;* une seconde pierre porte l'inscription suivante :

DIIS INFERIS
VENERI
MARTI ET
MERCVRIO
SACRVM.

On a élagué circulairement les arbres qui ombragent la source, de manière à en faire le centre d'une espèce de tonnelle en rotonde, entourée de bancs gazonnés et pareillement circulaires, qui offrent aux buveurs des siéges frais et rustiques; on ne peut mieux adaptés à la nature du lieu.

Le *Thesaurus linguæ latinæ* de Robert Étienne rend le mot *Aphrodisium* par temple consacré à Vénus, et l'on est porté à croire que cette déesse eut autrefois un temple dans la forêt de Bellesme, auprès de la fontaine de la Herse. Ce temple, principalement destiné à Vénus, comme l'indique la première inscription, et son nom placé le premier dans la seconde, fut aussi consacré à Mars et à Mercure.

Fabriques de tissus de coton, toiles cretonnes, linge de table, canevas. Filatures de coton. Papeterie.— *Commerce* de graines de trèfle, merrain, toiles, chevaux et bestiaux.

BELLOU-SUR-HUISNE. Village situé à 4 l. 1/2 de Mortagne. Pop. 937 hab. — *Fabrique* de sucre de betteraves. Papeterie.

CERONNE. Village situé à 1 l. 1/4 de Mortagne. Pop. 738 hab. On voit sur son territoire les ruines curieuses de la ville antique de Mont-Cacone, situées sur une colline exposée au levant. Des fouilles faites sur son emplacement ont fait découvrir des fondations de bâtiments, des voûtes, des débris de poterie et de briques, diverses monnaies de cuivre portant presque toutes d'un côté l'empreinte d'une tête ornée d'une couronne rayonnante, et de l'autre un soldat armé d'une lance. La colline voisine contient un grand nombre de tombeaux d'un grès très-fin, où l'on découvre quelques ossements et plusieurs médailles dont on n'a pu déchiffrer l'empreinte.

CHANDAI. Village situé à 7 l. de Mortagne. ✉ Pop. 914 hab.—Tréfilerie.

IRAI. Village situé à 4 l. 1/2 de Mortagne. Pop. 794 hab. On y trouve une source d'eau minérale.

L'AIGLE. Jolie ville, située sur la Rille, à 6 l. 3/4 de Mortagne. Tribunal de commerce. Chambre consultative des manufactures. ✉ ✆ Pop. 5,412 hab.

La ville de L'Aigle fut fondée au commencement du XIe siècle, par Fulbert de Beina. Suivant Orderic Vital, son nom *Aquila* ou *Castrum Aquilense* vient de ce que, lorsqu'on la bâtissait, un aigle vint placer son nid sur les constructions commencées, ce qui engagea les habitants à donner à leur ville le nom de cet oiseau, dont on voit une image colossale, aux ailes étendues, au sommet de la grande tour de l'église principale.

L'Aigle eut d'abord pour origine un château fort considérable où, en 1354, Charles d'Espagne, connétable de France, fut assassiné par les ordres de Charles le Mauvais, roi de Navarre. Cette ville a soutenu plusieurs siéges. Les Français la prirent sur les Anglais en 1118. Le vicomte de Dreux, chef des protestants, s'en empara en 1563.

L'Aigle est dans une situation agréable, sur le penchant de deux coteaux, près d'une belle forêt; elle est traversée par la Rille, qui l'entoure en partie, et elle conserve encore quelques restes de murailles et de fossés. C'est une ville bien bâtie propre, et qui tend à s'embellir tous les jours; on n'y voit point de monuments publics remarquables, mais on y trouve de belles constructions particulières et des manufactures dignes de fixer l'attention.

L'église principale, dédiée à saint Martin, est une construction assez vaste de plusieurs époques. La petite tour en pierres grises peut remonter à la fondation de la ville; elle aura échappé par sa construction aux saccagements survenus dans les premiers siècles. La nef est du XIIIe siècle, le côté latéral gauche est du XVe, celui de droite du XVIe; quelques-uns des vitraux sont assez curieux; la châsse de saint Hubert, le crucifiement et les autres sujets que l'on voit à gauche, sont les plus grossiers et les plus anciens; les miracles de saint Porcien, à droite, sont de 1550 à peu près. La grosse tour est un bel ouvrage du XVe siècle; la cloche principale pèse 4,000, et date de 1498.

L'église de Saint-Barthélemy, dans le faubourg, est romane brute, avec un portail de transition; elle date de 1115; le chevet du chœur est arrondi en abside. L'église de Saint-Jean est gothique, de plusieurs époques et peu remarquable: celle de l'hôpital est moderne et du XVIIe siècle.

Le château, placé au centre de la ville, offre une masse peu gracieuse, élevée, dit-on, sur les dessins de Mansard; il est bâti en briques comme toutes les maisons du pays; à l'entour sont d'immenses tilleuls qui font l'étonnement et l'admiration des voyageurs: sur le devant vers l'est, sont de beaux jardins et une large terrasse, d'où la vue s'étend au loin sur le vallon de la Rille: là autrefois étaient le vieux donjon et la forteresse. Aujourd'hui, la position de ce château sur la place principale et dans le quartier le plus habité nuit beaucoup au développement de la ville et empêchera toujours

MAUVES.

qu'elle ne s'accroisse d'une manière agréable. Elle s'étend en longueur sur les routes, mais son centre n'est point compacte et rempli; des hauteurs, vers l'ouest, elle présente la forme d'un aigle étendu, ou plutôt d'un X très-allongé.

L'hôtel de ville a été placé dans les bâtiments de l'ancien hôpital : c'est un édifice peu remarquable, malgré les restaurations que l'on y a faites depuis quelques années; on a réuni dans son enceinte les salles d'audience et la caserne de gendarmerie.

La ville de l'Aigle est la patrie du compositeur de musique Catel, mort à Paris en 1830.

L'Aigle se distingue par son industrie entre toutes les villes environnantes. Il s'y fait un commerce immense de clouterie, de quincaillerie, d'épingles, d'aiguilles, de fils de carde et de laiton que l'on prépare dans le pays. Plus de dix mille ouvriers sont occupés à ces diverses branches d'industrie dans les nombreux ateliers de la ville et dans ceux établis à plusieurs lieues aux environs. On compte qu'il ne se fait guère moins de six millions d'affaires par année dans toutes ces parties.

Sur la Rille et l'Iton, le commerce de l'Aigle a fait élever six usines de fil de carde, une douzaine de clouteries mues par l'eau, une grande manufacture d'aiguilles, une fabrique de chaudrons de cuivre, une fabrique de vis à bois, etc.; il existe de plus dans la ville, outre les ateliers nombreux des épingliers, une manufacture d'aiguilles, des clouteries mues par les chevaux, une manufacture de rubans, une filature de laine, pouvant occuper jusqu'à cinq cents ouvriers; cinq à six tanneries, etc., etc. Tout le monde travaille dans ces établissements, les hommes, les enfants et les femmes; les salaires sont proportionnés à la force, à la capacité de l'ouvrier, et aussi au plus ou moins de prospérité du commerce de la ville; dans les jours heureux, l'homme fort peut gagner 3 f., la femme 1 f. 50 c. ou 2 fr., et l'enfant 75 c.

La fabrique d'épingles de l'Aigle, qui était déjà considérable sous Louis XIV, est la plus importante de France. C'est dans cette fabrique qu'on peut acquérir la certitude des avantages que présente le principe économique de la division du travail.

Hôtels de la Croix de fer, du Maure, de l'Aigle d'or.

LANGIS-LEZ-MORTAGNE. Village situé à 1/4 de l. de Mortagne. Pop. 605 hab. Cette commune est citée par les jardins enchanteurs de Prulay, illustrés par les vers de l'abbé Delille.

MALETABLE. Village situé à 3 l. de Mortagne. Pop. 373 hab.—Tréfilerie.

MARCHAINVILLE. Village situé à 5 l. de Mortagne. Pop. 690 hab. On voit aux environs une grande quantité de fragments de laves, qui porteraient à croire que cette contrée a subi l'action de feux souterrains.

MARD-DE-COULONGE (SAINT-). Village situé à 1 l. 1/4 de Mortagne. Populat. 1,300 hab. On y trouve une source d'eau minérale.

MORTAGNE. Jolie ville. Chef-lieu de sous-préfecture. Tribunal de première instance. Collége communal. ✉ ⚖ Populat. 5,158 hab.

Cette ville est bâtie dans une forte position, au sommet et sur le pen haut oriental d'un coteau au pied duquel sont des sources qui donnent naissance au ruisseau de la Chippe. Dans l'origine, elle était environnée de doubles fossés, et défendue par deux châteaux forts, l'un situé au levant sur une élévation artificielle, l'autre, entouré de hautes murailles, placé au milieu de la ville; les murs qui la ceignirent naguère, et dont on voit des restes, n'ont été construits qu'en 1614.

Mortagne a de tout temps prétendu au titre de capitale du Perche, que lui disputait Bellesme. C'était autrefois une place importante, qui fut plusieurs fois prise et ruinée. Robert, roi de France, s'en empara en 997; Charles V la fit démanteler en 1378; elle tomba au pouvoir des Anglais en 1424, mais Jean II, duc d'Alençon, auquel elle appartenait, la leur reprit en 1449 et en fit rétablir les fortifications; les calvinistes la livrèrent aux flammes en 1588. Cette ville fut le théâtre d'un combat sanglant, en 1590, entre les ligueurs et les troupes de Henri IV; pendant les guerres de la Ligue, elle fut, dans l'espace de trois ans et demi, prise, reprise et pillée vingt-deux fois par les deux partis.

La position de Mortagne, sur le sommet et le penchant d'une colline, donne à cette ville des rues escarpées, d'autres en pente douce, et d'autres parfaitement horizontales; mais la plupart d'entre elles sont larges, assez régulières, bordées de maisons propres, bien bâties et ornées de beaux magasins. La grande rue, que suit la route de Brest, s'élève par des rampes et des tournants fort bien ménagés jusque sur la partie la plus haute, où elle traverse la place d'armes, la plus grande et la plus belle de Mortagne.

Cette ville possède plusieurs édifices publics convenablement distribués, un palais de justice, des prisons vastes et saines, de belles halles, et plusieurs fontaines de construction récente, alimentées par une machine à vapeur de la force de cinq chevaux, qui élève l'eau du fond de la vallée.

L'église paroissiale, de construction gothique, est principalement remarquable par les culs-de-lampe richement sculptés qui décorent la voûte de sa nef.

Mortagne est la patrie du comte de Puisaye, qui réorganisa la chouanerie dans la Bretagne, et auquel on doit des mémoires intéressants sur les guerres de la Vendée.

Manufactures de faïence. Centre d'une fabrique considérable de toiles fortes et légères pour les colonies, pour l'entoilage des draps, etc. Tanneries.—*Commerce* de toiles, seigle, orge, avoine, légumes secs, chanvre, moutons, excellents porcs, etc.

Dans un grand nombre de communes de l'arrondissement de Mortagne, les femmes mariées se consacrent volontiers aux fonctions de nourrices, sur les lieux ou à leur domicile.

A 9 l. 1/2 d'Alençon, 38 l. de Paris. — *Hôtels* de l'Ancre, des Trois lions.

MOULINS-LA-MARCHE. Petite ville située à 4 l. de Mortagne. ✉ Pop. 1,031 h. C'était autrefois une place forte entourée de murailles et défendue par un château dont il ne reste d'autres vestiges que la Motte, ou élévation de terre sur laquelle était placé le donjon. Ce château fut pris par les Français en 1052, et repris par les Normands l'année suivante. En 1116, le roi Henri d'Angleterre réunit définitivement Moulins au duché de Normandie, et en fit réparer les fortifications. Philippe-Auguste, après la conquête de la Normandie en 1204, laissa la jouissance de Moulins à Thomas, comte du Perche, jusqu'en 1217, qu'il en prit possession. La ville fut ensuite réunie au duché d'Alençon, dont elle n'a plus été séparée, et dont elle a partagé toutes les vicissitudes.

On trouve aux environs une source d'eau minérale ferrugineuse, dite source Dubreuil. — *Commerce* de bestiaux.

NOCÉ. Village situé à 3 l. 3/4 de Mortagne. Pop. 1,375 hab.

PERVENCHÈRES. Bourg situé à 7 l. 1/2 de Mortagne. Pop. 935 hab.

PRÉAUX. Village situé à 5 l. 1/2 de Mortagne. Pop. 1,603 hab. On remarque depuis la Butte-du-Sablon, vis-à-vis de Préaux, sur les hauteurs qui s'étendent jusqu'aux bords de l'Huisne, entre Bellesme et la Ferté-Bernard (Sarthe), une ligne de camps munis de grandes redoutes et encore entourés de fossés, qu'on nomme dans le pays *Châteaux de César.*

RAI-SUR-RILLE. Village situé sur la rive droite de la Rille, à 9 l. de Mortagne. Pop. 658 hab.—Tréfilerie.

RANDONNAI. Village situé sur l'Avre, à 4 l. de Mortagne. Pop 673 hab. — Haut fourneau, forges et fenderie.

REMALARD. Bourg situé sur l'Huisne, à 4 l. 1/2 de Mortagne. ✉ ☞ Pop. 1,830 hab. On remarque aux environs les ruines des anciens châteaux forts de Villeroy et de Riveray.

SOLIGNI-LA-TRAPPE. Village situé dans un pays boisé et marécageux, près des sources de l'Iton, à 2 l. 1/2 de Mortagne. Pop. 866 hab.

On remarque sur son territoire les restes de l'abbaye de la Trappe, fondée en 1140, par Rotrou II, comte du Perche, sous le titre de Maison-Dieu-Notre-Dame de la Trappe, qui devint célèbre dans le XVIIe siècle, par la réforme et la règle sévère qu'y introduisit en 1666 l'abbé de Rancé. L'abbaye de la Trappe dépendait de l'ordre de Cîteaux; elle fut supprimée en 1790 par un décret de l'Assemblée nationale.

SULPICE-DE-NULLY (SAINT-). Village situé à 1 l. Mortagne. On y trouve une source d'eau minérale ferrugineuse, dont les eaux paroissent avoir les mêmes propriétés que celles de Forges.

SULPICE-SUR-RILLE (SAINT-). Village situé sur la rive gauche de la Rille, à 7 l. de Mortagne. Pop. 1267 hab. — Tréfilerie.

THEIL (le). Bourg situé près de la rive droite de l'Huisne, à 7 l. de Mortagne, Pop. 870. — Papeterie.

TOUROUVRE. Bourg situé à 2 l. 1/2 de Mortagne. Pop. 1950 hab. C'était autrefois une place assez importante, défendue par un château fort dont il ne reste que des ruines. On trouve sur son territoire le hameau de Mézières, qui occupe l'emplacement de l'ancienne ville de ce nom que plusieurs auteurs supposent avoir été détruite par une éruption volcanique. — Verrerie en verre blanc et gobeleterie.

TRAPPE (la). *Voy.* SOLIGNI.

VICTOR-DE-RÉNO (SAINT-). Village situé à 2 l. de Mortagne. Pop. 1339 hab. — Papeterie.

IMPRIMERIE DE FIRMIN DIDOT FRÈRES,
RUE JACOB, N° 24.

Guide Pittoresque

DU

VOYAGEUR EN FRANCE.

ROUTE DE PARIS A BREST,

TRAVERSANT LES DÉPARTEMENTS

DE SEINE-ET-OISE, D'EURE-ET-LOIR, DE L'ORNE, DE LA MAYENNE, D'ILLE-ET-VILAINE, DES CÔTES-DU-NORD, DU FINISTÉRE, ET COMMUNIQUANT AVEC LE DÉPARTEMENT DE LA SARTHE ET AVEC CELUI DU MORBIHAN.

DÉPARTEMENT DE LA MAYENNE.

Itinéraire de Paris à Brest,

PAR DREUX, ALENÇON, MAYENNE, LAVAL, RENNES, SAINT-BRIEUC, MORLAIX ET BREST, 150 LIEUES 1/2.

	lieues.		lieues
De Paris à Sèvres	2 1/2	La Gravelle	5
Versailles	2	Vitré	4
Pontchartrain	5	Châteaubourg	4
La Queue	3	Noyal	3
Houdan	3	Rennes	3
Marolles	2	Pacé	3
Dreux	3	Bédé	3
Nonancourt	3 1/2	Montauban	3
Tillières-sur-Avre	3	Broons	6
Verneuil	2 1/2	Languèdre	3
Saint-Maurice	4	Lamballe	4
Mortagne	5 1/2	Saint-Brieuc	5
Le Mesle	4	Châtelandren	4
Menil-Broust	2 1/2	Guingamp	3
Alençon	3	Belle-Isle-en-Terre	5
Saint-Denis	3	Poutou	4 1/2
Prez-en-Pail	3	Morlaix	4
Le Ribay	4	Laudivisiau	5
Mayenne	4 1/2	Landernau	4
Martigné	4	Brest	5
Laval	4		

75ᵉ *Livraison*. (MAYENNE.)

Itinéraire de Paris à Angers,

PAR CHARTRES ET LE MANS, 73 LIEUES 1/2.

	lieues.			lieues.
De Paris à Versailles	4 1/2		La Ferté-Bernard	5
Trappes	2		Connere	4 1/2
Coignières	2		Saint-Mars	2 1/2
Rambouillet	3 1/2		Le Mans	3 1/2
Épernon	3		Guécéard	4
Maintenon	2		Foulletourte	2
Chartres	4 1/2		La Flèche	5
Courville	4 1/2		Durtal	3
Champroud	3		Suette	4
Montlandon	1		Angers	5
Nogent-le-Rotrou	5			

Communication de Rennes à Vannes, 27 l. 1/2.

	lieues.			lieues.
De Rennes à Pont-Péan	3 1/2		Rédon	3
Lohéac	4		Petit-Molac	6
Pénac	4 1/2		Vannes	6 1/2

ASPECT DU PAYS QUE PARCOURT LE VOYAGEUR

DE LACELLE A LA GRAVELLE.

Après avoir passé la Mayenne au-dessous de Lacelle, la route suit d'abord une belle vallée et parcourt ensuite un pays montueux et généralement peu fertile. On traverse les hameaux de Rocheret, du Tronchet, et le bourg de Prez-en-Pail, où est établi le relais. Au delà du bourg, le pays que l'on parcourt n'offre d'autre intérêt que la perspective étendue qu'on découvre au bout d'une lieue, en sortant du village de Saint-Cyr-en-Pail : un peu avant d'arriver à Javron, on laisse sur la gauche la belle carrière d'ardoise du Chatemoux. Cette partie du département offre une suite de collines arrondies et couvertes de bruyères, qui se prolongent jusqu'au village du Ribay, formé de vingt-cinq à trente maisons bien bâties en pierres de taille, qui bordent la grande route. La contrée continue à être montueuse, et le voyageur s'élève insensiblement au sommet d'un vaste plateau d'où il découvre un immense horizon qui s'étend à perte de vue : sur la gauche, on aperçoit un vaste étang qui alimente les forges d'Aron ; en face apparaît la ville de Mayenne, où l'on arrive après avoir traversé une vaste étendue de landes et de médiocres terres cultivées en seigle ou en sarrasin.

En sortant de cette ville, la route côtoie, sans qu'on puisse l'apercevoir, la rive gauche de la Mayenne. La contrée est toujours montueuse et le pays peu fertile. Le village de Moutay, près duquel on voit, à droite, les restes d'un ancien camp, est bâti dans une profonde vallée, entre deux côtes rapides, au confluent de la Mayenne et de l'Aron. La route devient moins monotone, le sol s'améliore et la plaine se couvre de fermes, en approchant du relais de Martigné ; après ce relais, la fertilité va toujours en croissant à mesure que l'on approche du riche territoire de Laval. En quittant cette ville, on laisse à droite la route d'Ernée, et l'on entre dans une plaine sablonneuse, mais fertile, entrecoupée de haies vives, de fossés et de talus en terre qui limitent les propriétés. Au bout d'une lieue, on passe le Vicoin sur un beau pont de pierre. On traverse ensuite un bout de la forêt de Concise ; on entre plus loin dans celle de Lacroix-Vaneur, puis on arrive par une descente rapide au relais de la Gravelle ; une demi-lieue au delà de ce relais, on longe la forêt de Pertre, et l'on passe du département de la Mayenne dans celui d'Ille-et-Vilaine.

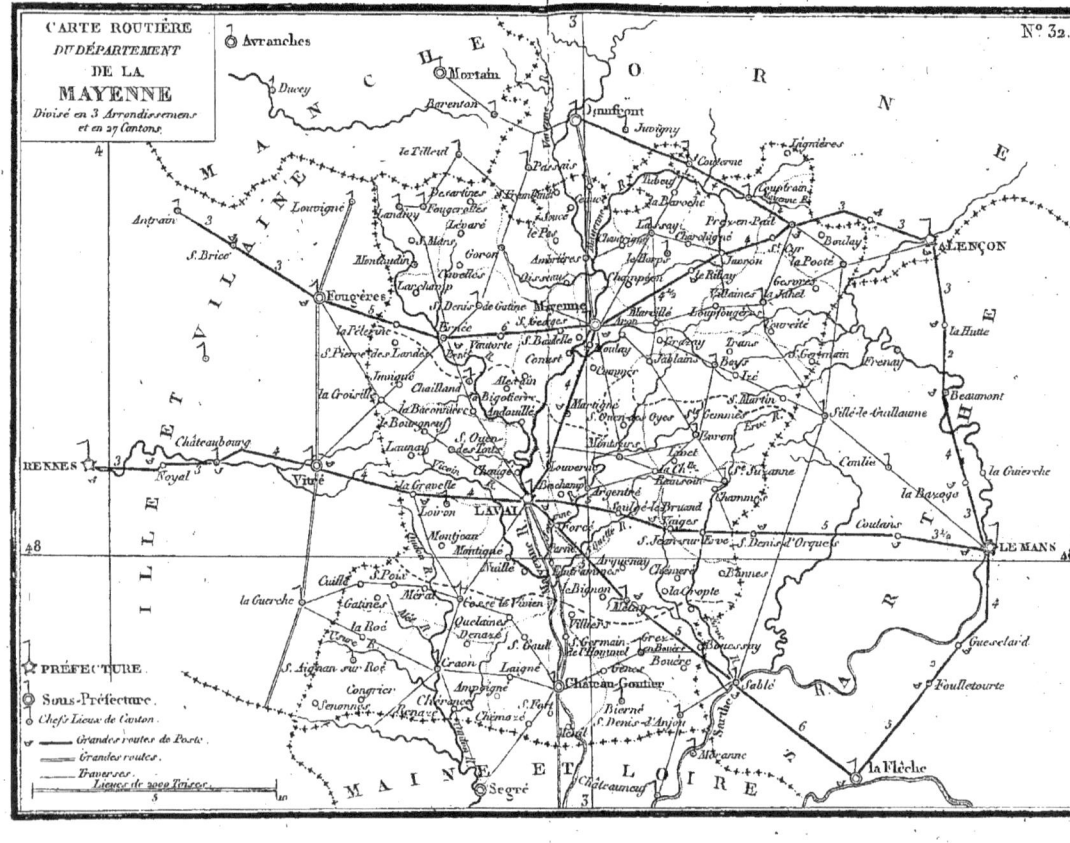

DÉPARTEMENT DE LA MAYENNE

APERÇU STATISTIQUE.

Le département de la Mayenne est formé du ci-devant bas Maine et d'une petite partie de l'Anjou : il tire son nom de sa principale rivière qui le traverse dans sa longueur du nord au sud, après avoir côtoyé une partie de sa lisière septentrionale, tantôt au delà, tantôt en deçà de la limite, qui aurait été bien mieux déterminée par son cours. Ses limites sont : au nord, les départements de la Manche et de l'Orne ; à l'est, celui de la Sarthe ; au sud, celui de Maine-et-Loire ; à l'ouest, celui d'Ille-et-Vilaine.

Le territoire de ce département est inégal, parsemé de coteaux, coupé en plusieurs endroits par des vallées et des ravins. On n'y voit pas de montagnes proprement dites, mais il s'y trouve une chaîne de collines assez élevées. Le sol n'est pas également productif dans toutes ses parties : l'arrondissement de Château-Gontier produit en grande quantité des céréales de toute espèce ; le territoire de Laval ne lui cède pas en fertilité, mais le reste de cet arrondissement rentre dans la classe des terres ordinaires ; l'arrondissement de Mayenne tout entier offre une terre ingrate et rebelle dont les produits ne suffisent pas aux besoins des habitants. Les prairies naturelles y sont rares, et cependant on y nourrit, par le secours des jachères, une grande quantité de bestiaux qui font la principale richesse du cultivateur. Le lin et le chanvre y sont l'objet d'une grande culture, ainsi que les arbres fruitiers.

Un grand nombre de rivières et de ruisseaux sillonnent le département en tous sens, et le rendent dans certaines parties difficile à parcourir. Les chemins de traverse, étroits et bordés de haies vives des deux côtés, tantôt rocailleux et escarpés, tantôt pleins de boues et de fondrières, sont impraticables pendant les trois quarts de l'année ; dans les grandes pluies, l'eau y coule à torrents, ce qui, en plusieurs endroits, les a tellement creusés, que souvent le fond du chemin est au-dessous du sol des champs voisins. Toutes les haies sont formées d'un fossé profond et d'un talus en terre que couvrent de grands arbres ; aussi la campagne, vue dans son ensemble et à une certaine distance, ressemble-t-elle à une vaste forêt ; les arbres dont les haies sont couvertes semblent se toucher.

Dans le bas Maine, les maisons des cultivateurs sont disséminées dans les champs, au milieu des haies épaisses qui environnent et séparent les propriétés ; aussi, excepté les jours des grands travaux, le temps des foins et de la moisson, chaque ménage reste isolé : le paysan, père de famille, entouré de sa femme, de ses enfants, de ses domestiques et de ses troupeaux, dirige tout à sa volonté, sans avoir à craindre la critique ou la curiosité du voisinage. Sa ferme lui fournit d'ailleurs à peu près tout ce qui est nécessaire à la vie ; il ne va presque rien chercher au dehors ; il a le grain que produit son champ, les légumes de son jardin, le cidre de ses pommiers ; il nourrit des vaches, des cochons, des poules, qui lui fournissent le lait, le beurre, le lard, les œufs. Sa femme et ses filles filent, pour ses vêtements, la laine de ses brebis et le lin qu'il a recueilli.... Vivant ainsi presque toujours seul, n'ayant point avec les autres hommes de ces relations journalières qui modifient et adoucissent le caractère, le paysan bas manceau montre, dans toutes ses manières, une véritable sauvagerie. Il tient obstinément à ses usages, et prend d'avance en aversion tout ce qui est inusité. Son premier abord ne prévient pas en sa faveur : mais il ne faut pas croire que ces habitudes d'une existence isolée et indépendante aient endurci son cœur. Il est soumis à de vives croyances religieuses, et si sa piété dégénère parfois en superstition, il faut reconnaître aussi qu'elle se manifeste plus fréquemment par la charité. On trouverait difficilement, dans aucun pays, des hommes plus bienfaisants et plus hospitaliers.

Les fermes du bas Maine portent le nom de métairies ou de closeries, suivant leur grandeur et leur produit. La grandeur des métairies est à peu près de dix à vingt hectares de terres labourables, et de trois à neuf hectares de prés. Les closeries n'ont tout au plus que le tiers de l'étendue des métairies. Les terres de chaque ferme sont partagées en plusieurs divisions, séparées et fermées par des haies; et dans ces clôtures, les bestiaux paissent en liberté sans être gardés, même la nuit. La grandeur des champs et des prés varie depuis cinquante jusqu'à trois cents ares; les champs sont destinés à produire du grain et labourés à la charrue. Le métayer qui élève des bœufs et des chevaux fait non-seulement les labours de sa métairie, mais aussi presque toujours ceux d'une closerie voisine, qui, à cause de son peu d'étendue, ne peut nourrir que quelques vaches; le closier acquitte, par des journées de son travail, le payement du labourage de ses champs; il devient ainsi un auxiliaire pour le métayer, avec lequel il est lié par cette réciprocité de services.

Le climat est sain, mais la température est généralement froide et humide. Elle est plus âpre dans le nord du département, qui est la partie la plus élevée; au sud, la chaleur est plus forte et la végétation plus précoce. Les vents dominants sont ceux du sud, du sud-ouest, du nord et du nord-ouest.

Le département de la Mayenne a pour chef-lieu Laval. Il est divisé en 3 arrondissements et en 27 cantons, renfermant 277 communes. — Superficie, 270 lieues carrées. — Population, 352,586 habitants.

Minéralogie. Mines de fer exploitées, produisant des fers de médiocre qualité. Carrières de marbre, granit, grès, pierres de taille, pierre à chaux, ardoise de bonne qualité. Exploitation de houille aux environs de Laval. Sable blanc pour verrerie, etc.

Sources minérales à Château-Gontier, Bourgneuf, la Beissière, Martigné, Sainte-Suzanne, Lassay, Montandin.

Productions. Peu de froment, très-beau seigle, orge, avoine, sarrasin, châtaignes, lin, chanvre, fruits à noyaux, fruits à cidre, produisant annuellement 310,604 hectolitres de cidre. — 780 hectares de vignes, qui donnent environ 12,000 hectolitres de vins de mauvaise qualité. — 31,729 hectares de forêts (arbres verts et feuillus). — Chevaux de petite espèce, mais forts et vigoureux. — Beaucoup de bestiaux, de vaches qui donnent de très-bon beurre; nombreux troupeaux de moutons dont la toison est estimée; porcs. — Éducation de la volaille; éducation en grand des abeilles. — Gibier très-abondant (perdrix rouges et grises). — Excellent poisson de rivières et d'étangs (truites de la Mayenne, carpes, brochets, anguilles; beaucoup d'écrevisses).

Industrie. Manufactures de toiles à voiles, de toiles de Laval et de Mayenne. Fabriques de calicots, mouchoirs, siamoises, linge de table, serges, étamines, fils et chaînes de lin. Filatures de coton; belles blanchisseries de toiles; 8 hauts fourneaux et 10 feux d'affinerie; papeteries.

Commerce de grains, vin, cidre, eaux-de-vie, fruits, miel et cire estimés, volailles, laines, marbres, pierres de taille, ardoises, fer, bois, toiles et fil de lin, etc.

ÉGLISE D'AVESNIÈRES.

PAPETERIE DE SAINTE APOLONIE.
à Entrange

VILLES, BOURGS, VILLAGES, CHATEAUX ET MONUMENTS REMARQUABLES;
CURIOSITÉS NATURELLES ET SITES PITTORESQUES.

ARRONDISSEMENT DE LAVAL.

AHUILLÉ. Bourg situé à 2 l. 1/2 de Laval. Pop. 1,408 hab.—Fours à chaux.

ARGENTRÉ. Bourg fort agréablement situé, sur le penchant d'une colline, près de la rivière de Jouanne, que l'on traverse près de là sur un beau pont d'une seule arche. A 2 l. 1/2 de Laval. Pop. 1,591 h.

Ce bourg, remarquable par son site aéré, par son clocher à flèche aiguë, est important par ses carrières de marbre noir et de marbre de diverses couleurs exploitées, qui alimentent les ateliers des marbriers de Laval : parmi ces carrières, on distingue celles de marbre noir jaspé de blanc, de marbre noir mêlé de bleu et de blanc, celles de petit-gris, etc.

AVENIÈRES. Village situé près de Laval, dont il peut être considéré comme un faubourg. Pop. 2,800 hab. On y voit une jolie église gothique dont la construction date de l'an 1040. — Fours à chaux.

BACONNIÈRE (la). Village situé à 4 l. 1/4 de Laval. Pop. 1,916 hab. — Fours à chaux.

BERTHEVIN (SAINT-). Bourg situé à 1 l. de Laval. Pop. 1,984 hab.

Ce bourg est bâti sur la rive gauche du Vicoin, dans un vallon pittoresque bordé de collines alternativement hérissées de rochers énormes, ou tapissées de vigoureux châtaigniers. Dans la partie la plus escarpée du coteau de la rive gauche, on conserve avec une religieuse vénération ce qu'on appelle la chaire de Saint-Berthevin, espèce de siège ou de niche taillée dans le roc. La tradition du pays rapporte que c'est de cet endroit que saint Berthevin prêcha la foi aux habitants de cette contrée. En ce cas, il devait avoir une voix bien forte et ses auditeurs de bonnes oreilles, car au-dessous de cette chaire règne un escarpement de près de 300 pieds de hauteur, et c'est au bord de la rivière qui coule au pied, que devait être placé le public. — Carrières de marbre. Fours à chaux.

BONCHAMP. Village situé sur une hauteur et remarquable par son clocher pyramidal, à 1 l. 1/2 de Laval. Pop. 1,167 hab. — Exploitation des carrières de très-beau marbre petit-gris.

BOURG-HERSENT. Village situé à peu de distance de Laval. C'est la patrie du célèbre Ambroise Paré, chirurgien des rois Henri II, François II, Charles IX et Henri III, qui jeta pour ainsi dire les fondements de son art en France. On sait que Charles IX le sauva du massacre de la Saint-Barthélemy en l'enfermant dans sa chambre.

BOURGNEUF-LA-FORÊT. Village situé à 5 l. de Laval. Pop. 1,929 hab. On y trouve une source d'eau minérale. — Fours à chaux.

CHAILLAND. Bourg situé à 5 l. de Laval. Pop. 2,443 hab. — Exploitation de houilles. Forges. Haut fourneau. Fours à chaux.

CHANGÉ. Bourg situé à 1 l. de Laval. Pop. 2,004 hab. — Fours à chaux.

CHÉMERÉ-LE-ROI. Bourg situé à 7 l. 1/2 de Laval. Pop. 1,172 hab. — Fours à chaux.

ENTRASMES. Village fort agréablement situé, près de la rive gauche de la Mayenne, à 2 l. de Laval. Pop. 1,100 hab.

Ce village avait autrefois le titre de baronnie et possédait un ancien château fort dans lequel Salomon, duc de Bretagne, rendit hommage à Charles le Chauve en 861, et se reconnut vassal du roi de France.

ÉVRON. Petite ville située à 8 l. 3/4 de Laval. ✉ Pop. 3,750 hab.

Évron est une ville fort ancienne, qui doit son origine à une abbaye de bénédictins fondée dans le VIIe siècle, par Hadouin, comte du Mans. Les majestueux bâtiments de ce monastère existent encore en entier; ils sont affectés à un établissement de bienfaisance connu sous le nom d'institution des sœurs de la Chapelle-au-Riboul, où l'on forme des élèves destinées à être réparties dans toutes les communes du département, pour concourir, sous la direction des bureaux de bienfaisance, à la distribution des secours et à l'instruction des enfants pauvres. L'église conventuelle est une des plus belles de la contrée.

Cette ville, quoique éloignée des grandes routes, presque inabordable en hiver à cause des boues qui en encombrent les avenues et des eaux qui les inondent, est cependant très-commerçante. Elle possède une jolie halle, où il se tient toutes les semaines un marché considérable et bien approvisionné en grains, volailles, gibier, et autres produits de son territoire, regardé comme un des plus riches du département.

Fabriques de toiles, linge de table. — *Commerce* de grains, toiles, laines, vins et eaux-de-vie.

GRAVELLE (la). Bourg situé à 5 l. de Laval. ☞ Pop. 450 hab. Il est connu dans l'histoire par la défaite des Anglais en 1424.

JEAN-D'ÈVRE (SAINT-). Village situé sur l'Eure, à 7 l. de Laval.

On remarque à 2 lieues sud de ce village, sur la rivière d'Erve, les ruines de l'ancienne capitale des Erviens (*Arvii*). Les curieux qui ont exploré ces ruines les ont reconnues dans une grande quantité de vieilles fondations qui éloignent la charrue de ce terrain, toujours inculte, et nommé encore la Cité : on y trouve plusieurs débris d'antiquités, ce qui, joint à la dénomination du lieu, a déterminé l'opinion de d'Anville, à qui l'on doit la découverte de cette cité gauloise, inconnue avant lui.

Directement au-dessous, sont les grottes de Sauge, vulgairement connues sous le nom de Caves à Margot. Ces grottes sont creusées dans deux rochers énormes, entre lesquels passe la rivière d'Erve; elles offrent plusieurs salles de différentes grandeurs, décorées de belles concrétions. Les plus vastes ont 60 pieds de diamètre : les voûtes en sont formées par des rochers dont quelques-uns semblent être sur le point de tomber. Il y en a qui, comme des colonnes naturelles, s'élèvent de la terre jusqu'à la voûte. En quelques endroits, le sol des grottes est formé d'énormes blocs de rochers offrant des fentes et des fissures dont une sonde de 100 pieds n'a pas rencontré le fond; dans d'autres salles, c'est un banc de terre argileuse assez molle et sur laquelle on distingue les traces de quelques animaux qui cherchent un refuge dans ces souterrains : on y trouve de distance en distance des flaques d'eaux limpides, mais peu profondes. Les Caves à Margot n'offrent pas d'écho; la voix n'y est répercutée que d'une manière très-sourde; elles sont d'ailleurs encore peu connues, n'ayant été qu'imparfaitement explorées.

LAVAL. Ancienne ville. Chef-lieu du département. Tribunaux de première instance et de commerce. Société d'agriculture. Collège communal. ✉ ☞ Pop. 16,401 h.

Laval paraît devoir son origine à un antique château bâti dans le VIIIe siècle pour arrêter les courses des Bretons. Cette forteresse fut détruite par les Danois ou par les Normands, et rebâtie en 840 par Guyon, troisième fils de Guy-Valla, comte du Maine. Plusieurs habitations s'étant groupées autour du château formèrent en peu de temps une petite ville, que Guyon fit entourer de murailles et de tours. Au XIIe siècle, Laval devint le chef-lieu d'une baronnie, à laquelle fut attaché le surnom de Guy, par le pape Pascal II, vers l'an 1101, en faveur de Guy IV, baron de Laval, et de ses des-

GRANDE RUE DE LAVAL.

GROTTE DE SAUGES.

cendants, pour les services qu'il avait rendus à la chrétienté dans la terre sainte, sous Godefroy de Bouillon; privilége qui fut confirmé par lettres patentes du roi de France Philippe Ier. Sous Charles VII, cette baronnie devint un comté, qui fut érigé en duché par Louis XI, en 1481. Dans le XVe siècle, Laval était une ville importante; l'Anglais Talbot la prit en 1466, mais elle fut reprise par les Français l'année suivante.

Laval est une ville bâtie dans une situation pittoresque, sur la pente d'un coteau au pied duquel coule la Mayenne. On y arrive, du côté de la ville de ce nom, par un beau faubourg qui forme, en population et en étendue, environ un tiers de la ville, avec laquelle il communique par un beau pont en pierre de taille. Au pied de l'amphithéâtre, dont la ville occupe le centre, coule la Mayenne, bordée des deux côtés par des maisons irrégulièrement bâties, les unes en saillie, les autres en retraite : quelques terrasses, quelques petits jardins, quelques bouquets d'arbres et quelques tapis de verdure, s'entremêlent à ces habitations, et concourent à former deux rives extrêmement confuses, qui ne sont agréables que par leur variété, mais belles pour la peinture; aussi ce point de vue a-t-il été souvent dessiné. Sous le pont, la rivière s'étend en nappe; plus haut et plus bas elle se précipite tout entière en arcade par des chaussées de moulins, dont l'inégale structure répond à l'inégalité des deux rives de la Mayenne. Les méandres que décrit cette rivière sont interrompus, à gauche, par l'église gothique d'Avenières, dont le clocher pyramidal couronne heureusement la perspective; à droite la vue est bornée par le monticule pittoresque de Bel-Air, sur lequel s'élève une charmante habitation, bâtie dans une situation des plus délicieuses : son enclos embrasse à la fois le sommet et le pied, le flanc et les escarpements de la colline; le plateau est occupé par la maison et ses jardins, par des plantations et des allées; le bas, par d'autres allées et par un vaste tapis de prairies qui s'étendent le long de la rivière, et qui se développent en tous sens au milieu des rochers, des mousses,

des grottes et des fontaines, en un mot de tout ce que la nature a de plus frais et de plus romantique. Après le jardin de Bel-Air, les étrangers voient avec intérêt ceux de la Perine, dont les terrasses fixent agréablement les regards lorsqu'on passe sur le pont.

La ville est ceinte d'un cordon de murailles fortifiées dont quelques parties sont assez bien conservées. Elle est généralement mal bâtie, et ne présente qu'un entassement de vieilles maisons, séparées par deux rues aussi noires qu'escarpées, aussi étroites que tortueuses. Une de ces rues se prolonge sous des maisons voûtées; une autre, également couverte, est percée en galerie, et l'on ne peut rien voir de plus triste et de plus malpropre que cette singulière rue. La rue qui s'ouvre vis-à-vis du pont gravit directement et si rapidement la colline, qu'on la croirait inaccessible aux voitures, si l'on ne voyait rouler sur son pavé de marbre, des chariots traînés à pas lents par des chevaux et des bœufs; une rue large, bien bâtie et d'un accès beaucoup plus facile, conduit de la partie haute de la ville dans le faubourg de Bretagne. La plupart des maisons qui bordent ces rues, sont construites en bois et remarquables par leur ancienneté; il en est qui n'ont pas moins de six à sept cents ans d'existence, et qui ne sont point encore dégradées : elles étonnent les curieux et les voyageurs par les poutres d'une longueur et d'une grosseur peu communes que l'on y remarque. La tradition veut que ces poutres proviennent des chênes que l'on a abattus sur la place même où les maisons sont construites; ce qui paraît d'autant plus probable, que l'on concevrait difficilement comment on aurait pu transporter d'un lieu plus éloigné ces énormes masses de bois.

Au milieu du triste groupe de bâtiments qui composent la ville, s'élève sur le bord de la Mayenne un énorme et antique château, surmonté d'une haute tour ronde qui en forme le donjon. Cette ancienne demeure, d'abord des ducs de Laval, ensuite des ducs de la Trimouille, et aujourd'hui celle des détenus, mérite d'être visitée intérieurement : on y voit une grande cour envant de préau, de vastes pièces converties en cachots, une chapelle souterraine, une tour remarquable par sa magnifique charpente, et une immense salle qui était destinée aux délibérations des vassaux, quand il plaisait au seigneur suzerain de les convoquer.—A côté de cette ancienne demeure féodale, s'élève un édifice d'une construction plus récente et d'un meilleur effet; c'était la galerie du château, qui a été convertie en palais de justice. Cet édifice présente une jolie cour plantée d'arbres, et une charmante façade, dont l'architecture et les sculptures sont de l'époque de la renaissance; l'intérieur offre d'assez belles salles d'audience d'où l'on jouit d'une fort belle vue.

L'église de la Trinité, que l'on croit avoir été construite sur l'emplacement d'un temple de Jupiter, offre plusieurs détails d'architecture gothique qui méritent d'être remarqués. Celle des Cordeliers est plus intéressante, par sa voûte en bois entièrement peinte, ainsi que par ses trente-six colonnes en marbre rouge et en marbre noir, dont douze, plus grandes que les autres, décorent le maître-autel. L'église de Saint-Vénérand se distingue par un portail qui offre l'association bizarre d'un haut et assez majestueux portique moderne, reposant sur des impostes et des jambages gothiques. L'église d'Avénières n'appartient pas à la ville; les maisons qui l'entourent forment une commune séparée, quoique leur proximité semble en faire un faubourg; elle a été bâtie en 1040.

On remarque encore à Laval deux hospices fort bien tenus, dont la fondation primitive paraît remonter à l'an 900 ou 924; la bibliothèque publique, renfermant 10,000 volumes; une belle et vaste halle aux toiles; le collége, etc., etc.

Laval a vu naître plusieurs hommes distingués dans les sciences et les lettres, parmi lesquels on distingue Guillaume Bigot, savant médecin, que Jules Scaliger et Gabriel Naudé appellent le premier philosophe de leur temps; David Rivault, sieur de Fleurance, fameux mathématicien, précepteur du roi Louis XIII; le médecin Daniel Tauvri, etc. Quelques auteurs mentionnent aussi Ambroise Paré, qui est né à Bourg-Hersent, village des environs de Laval.

C'est dans les environs de Laval qu'a pris naissance la chouannerie : quatre villageois, les frères Chouans, en furent les créateurs et les premiers chefs. Ils vivaient avec leur mère et deux sœurs dans leur petite propriété, au bourg de Saint-Ouen-des-Toits. Jean, l'un d'eux, fut nommé capitaine d'une compagnie de la garde nationale en 1789; le 15 août 1792, il fit manquer le tirage pour lequel on avait réuni quatre paroisses à Bourgneuf, en déclarant qu'il verserait jusqu'à la dernière goutte de son sang pour le roi, mais qu'il ne partirait pas pour la nation. Vers la fin de septembre 1792, son frère François et lui réunirent des gens de différentes paroisses, et tombèrent sur la garde nationale de Laval, qu'ils mirent en déroute; condamnés à mort pour ce fait, ils se cachèrent et se réunirent ensuite au prince de Talmont avec une centaine d'hommes, et combattirent sous ses ordres jusqu'à la déroute du Mans. Jean et François moururent des suites de leurs blessures. Pierre, l'aîné de tous, et René, le plus jeune, s'étaient réunis à leurs frères. Pierre fut pris les armes à la main et périt sur l'échafaud à Laval; René vivait encore il y a quelques années.

Les environs de Laval ont été le théâtre d'une bataille sanglante, en octobre 1793. Après le passage de la Loire à Varades par les Vendéens, la Roche-Jacquelin s'avança sur Château-Gontier, dont il s'empara, après un combat de quelques heures, le 21 octobre. Le 22, il se porta sur Laval. Ses tirailleurs, munis de deux pièces de canon, s'avançaient les premiers; les bagages marchaient au centre : on s'approcha dans cet ordre de Laval, que le général Talmont désignait aux royalistes comme le foyer d'une nouvelle Vendée. Ceux ci se rallièrent à Antrain. Laval était agité de troubles; on sonne le tocsin, le canon d'alarme est tiré; on appelle du secours de tous les districts voisins. Laval fournit trois bataillons et trois canons; ils sont renforcés des volontaires d'Ernée, de Craon et de Mayenne; des vedettes sont postées sur toutes les routes; cinq à six mille hommes se réunissent armés

PORTE BEUCHERESSE
à Laval.

SITE DE PORTRINGHARD,
près de —

MOULIN DE BELLAGÉ.

CHATEAU ET VIEUX PONT DE LAVAL.

85.

Mayenne.

de fourches et d'instruments aratoires ; la générale bat, les avant-postes sont toute la nuit sur le qui-vive. Au point du jour, l'armée vendéenne présente une masse imposante. A huit heures du matin, après avoir forcé les avant-postes, les royalistes pénètrent en même temps sur plusieurs points, et repoussent les républicains, qui opposaient cependant une vigoureuse résistance; mais l'adjudant général Letourneur détermine la déroute en se sauvant à cheval au travers de ses soldats, qui se laissèrent tous entraîner par cet exemple. Laval fut pris; on fusillait les républicains, dont cinq à six cents se dévouèrent en vain. La perte des royalistes fut peu sensible; ils n'en furent pas moins irrités par la mort de la Guerinière, frappé aux côtés de la Roche-Jacquelin, et ne firent aucune espèce de quartier aux vaincus. Quelques-uns furent toutefois épargnés, grâce à Mme de Montfranc, qui leur accorda un asile et obtint leur salut du général Lescure près d'expirer.

L'armée républicaine, décrivant un long cercle dans sa marche à deux colonnes, s'écartait depuis cinq jours de l'armée royale. Le défaut de vivres, et surtout sa faiblesse, mettaient la petite troupe du général Aulanier hors d'état de rien entreprendre. Sans l'espérance de se recruter, qui les attira à Laval, les Vendéens pouvaient aller se joindre aux chouans en Bretagne. Les têtes des colonnes républicaines étaient cependant, dès le 24, à Château-Gontier ; à leur approche, les royalistes délibérèrent s'ils iraient à leur rencontre ou s'ils poursuivraient leur route vers la Bretagne : la majorité décida de marcher à l'ennemi. Westermann, avec l'avant-garde des républicains, s'avançait déjà sur Laval, le croyant évacué. Ses quatre mille hommes étaient à trois lieues de l'armée qui devait les protéger; il avait même négligé de se joindre au général Aulanier, qu'il pouvait rencontrer sûrement entre Segré et Candé. Il marcha donc pendant une partie de la nuit; mais à peine arrivé dans la lande de la Croix-de-Bataille, à trois quarts de lieue de la ville, il fut attaqué à l'improviste par les Vendéens postés en embuscade au même endroit. Une vive fusillade fut également soutenue par l'infanterie mayençaise, qui, loin d'en être ébranlée, y riposta courageusement. Après deux heures de combat, criblés par les royalistes et sur le point d'être tournés par Stofflet, les républicains firent leur retraite en bon ordre, et établirent leur bivouac à une lieue du champ de bataille. Cet engagement très-meurtrier fut bientôt suivi d'une bataille. Le général Léchelle se montra le lendemain à la tête de vingt-cinq mille hommes prêts à attaquer. Il devait marcher droit à Laval, tandis que l'une des deux colonnes des généraux Chambertin et Aulanier devait couper la retraite aux Vendéens, et l'autre attaquer Laval par Cossé. Ces deux attaques furent sans succès : le général Chambertin manqua de précision ; le général Aulanier fut prévenu trop tard. Avant d'arriver à Laval, on devait franchir un point dominé par deux hauteurs au delà d'Autrance. Westermann et Danican s'y portèrent avec trois cents hommes ; mais le général Léchelle, qui avait établi ses forces deux lieues en arrière, leur fit abandonner cette position. Dès ce moment, Westermann regarda la perte de la bataille comme certaine; il y fit lui-même les cents diables, comme disaient ses grenadiers; au fort de l'action, il était partout : canonnier, il chassait les Vendéens des hauteurs dont ils s'étaient rendus maîtres ; cavalier, on le voyait à leur poursuite; fantassin, il les chargeait à la baïonnette. Averti par ses espions que les républicains se disposaient à une affaire générale, la Roche-Jacquelin voulut animer ses troupes, qu'il se hâta de rassembler; il parcourait les rangs, faisant porter avec lui Lescure, dont la présence enflamma le courage des Vendéens, qui, à l'aspect de ce chef mourant, demandèrent la bataille à grands cris. Il faut, leur disait-il, effacer aujourd'hui la honte des combats précédents : il ne s'agit pas seulement de vous défendre, de sauver la vie de vos femmes, de vos enfants; votre cause est celle de tous les royalistes de France, c'est celle de Dieu, c'est celle de la foi de nos pères ; marchons à la victoire ; les Bretons nous tendent les bras, ils nous aideront à reconquérir nos foyers : mais il faut d'abord vaincre, une défaite serait irréparable. Aussitôt les royalistes se rendent maîtres des hauteurs que Westermann venait de quitter à regret; et à la portée de canon, ils firent feu à mitraille d'après les ordres de Bernard de Marigny, sur les Mayençais qui formaient l'avant-garde des républicains, et qui leur opposèrent le plus grand courage. L'armée du général Léchelle était toute resserrée sur une seule colonne, et le terrain l'empêchait de la déployer davantage dans l'espace qu'il lui fallait parcourir : il avait l'intention d'attaquer le premier. L'ennemi le prévint, il crut pouvoir alors diviser sa colonne au moment où elle était assaillie brusquement; mais aucun de ces mouvements ne réussit, tant à cause de sa mauvaise position, que par le défaut de combinaison et d'ensemble. L'avant-garde républicaine était ébranlée; les tirailleurs vendéens se jetaient sur elle par pelotons et faisaient tout plier : son désordre se communiqua bientôt à toute l'armée. Le général Blosse, qui le même jour était arrivé de Château-Gontier avec sa division pour soutenir les républicains, ne put prévenir la retraite dans laquelle il fut entraîné. Après de longs et inutiles efforts pour arrêter la colonne gauche, le général Léchelle se vit forcé de toutes parts, et ne fit, en rétrogradant, que préparer un plus beau triomphe à l'armée vendéenne.

On se battait depuis cinq heures aux environs de Château-Gontier : le major général Stofflet, se glissant à la chute du jour avec ses tirailleurs d'élite derrière les colonnes des républicains, les attaqua en flanc, ne faisant feu qu'à quarante pas, et les enfonça à l'arme blanche. Ce mouvement est décisif, le désordre devient à son comble; les combattants, confondus pêle-mêle, se munissent aux mêmes caissons; bientôt ils ne se servent plus que des baïonnettes et se massacrent sans se distinguer; le champ de bataille est jonché de morts; des régiments entiers sont coupés et faits prisonniers par les Vendéens, malgré la plus vive résistance; accablés par le nombre, les Mayençais ne peuvent ni se rallier, ni opérer leur retraite en bon ordre : chacun cherche son salut dans la fuite; plusieurs périssent dans la Mayenne, trois cents se sauvent à la nage et se réfugient sur Craon. Un corps entier jette ses armes : Schetou, chef secondaire des chouans, fait cerner les prisonniers dans un vallon et les fait tous fusiller; barbarie atroce dont le droit de représailles ne peut excuser l'horreur. Les fuyards se jettent sur Château-Gontier où ils croyaient trouver un asile; mais malgré les distances, le canon et les retranchements, les vainqueurs les eurent bientôt atteints. Le général Baupuy soutint long-temps leurs efforts sur les ponts de Château-Gontier, où il avait rallié quelques Mayençais : frappé d'un coup de feu dans la poitrine, on le vit tomber en s'écriant : « Je n'ai pu vaincre pour la république, je « meurs pour elle ! » Éloigné du champ de bataille, il fait porter sa chemise toute sanglante à ses grenadiers, qui redoublent d'efforts à cette vue et font des prodiges de valeur; mais n'étant pas soutenus, ils cèdent enfin au grand nombre des assaillants et abandonnent ce dernier poste. Les républicains éprouvèrent une perte immense en hommes, bagages et artillerie; quinze mille d'entre eux, qui s'étaient réfugiés derrière les murs d'Angers, purent à peine achever de se réorganiser dans l'espace de douze jours. Le général Léchelle ne put survivre à ce grand désastre : en butte aux insultes de ses propres soldats, et aux menaces de Merlin de Thionville, il mourut peu après à Nantes de honte et de douleur. Il avait obtenu, quelque temps avant cette malheureuse affaire, trois brillantes victoires sur les Vendéens, mais la défaite de Laval les avait effacées.

Laval a des fabriques importantes de toiles, qui sont une source de prospérité pour le pays. L'origine de cette industrie est due à un des anciens seigneurs de cette ville, qui, ayant épousé Béatrix de Flandre, attira des ouvriers flamands à Laval, et ses vassaux apprirent d'eux la fabrication des toiles, qu'ils ont beaucoup perfectionnée depuis. La halle aux toiles reçoit tous les samedis les produits des divers fabricants, soit de la ville, soit de la campagne. Le fil est aussi un objet considérable de commerce; il se vend à la même halle, où l'on dit qu'il se fait dans certains marchés pour plus de cinq mille francs d'affaires, tant en fil qu'en toiles.

Fabriques considérables de toiles dites de Laval, de fils et chaines de lin, de calicots, linge de table, basins, siamoises, mouchoirs, étamines, serges, flanelles, savon vert. Nombreuses blanchisseries de toiles. Tanneries et teintureries.

Commerce de graine de trèfle, vins, eaux-de-vie, fils et chaines de lin, bois, fer, marbre. — Marchés considérables pour les toiles tous les samedis. — Entrepôt du commerce de fil de lin fabriqué dans les cantons environnants.

A 8 l. de Mayenne, 17 l. du Mans, 70 l. de Paris. — *Hôtels* de la Tête noire, de Cœur royal, du Louvre, du Dauphin.

LOIRON. Village situé à 3 l. 3/4 de Laval. Pop. 1,376 hab. — *Commerce* de bestiaux.

LOUVERNÉ. Bourg situé à 2 l. de Laval. Pop. 1,268 hab. — Fours à chaux.

MARTIGNÉ. Bourg situé dans un territoire fertile, à 4 l. de Mayenne. ☛ Pop. 2,250 hab. On y trouve une source d'eau minérale.

MESLAY. Bourg situé à 5 l. de Laval. ☛ Pop. 1,506 h. — *Fabriques* d'étamines. Tanneries.

MONCOR. Village situé sur l'Erve, commune de Chammes. — Forges.

MONTSURS. Bourg situé à 5 l. de Laval. Pop. 1,405 hab. — *Fabriques* importantes de toiles. — *Commerce* de graines, toiles et bestiaux.

NOTRE-DAME-D'AVENIÈRES. *Voy.* AVENIÈRES.

OUEN-DES-TOITS (SAINT-). Bourg situé sur un ruisseau affluent de la Mayenne, à 3 l. 1/2 de Laval. Pop. 1,700 hab.

PORT-BRILLET. Village dépendant de la commune d'Olivet, situé au milieu des bois, dans un joli vallon sur le Vicoin, à 3 l. 1/2 de Laval. — Forges.

SOULGÉ-LE-BRUANT. Village situé à 4 l. 1/4 de Laval. Pop. 833 hab.— Fours à chaux.

SUZANNE (SAINTE-). Petite ville située à 9 l. 1/2 de Laval. Pop. 1,619 hab.

Cette ville est bâtie sur un monticule que l'on aperçoit à une assez grande distance, au pied duquel coule l'Erve; c'était autrefois une place forte, qui a souvent été prise et reprise dans les guerres de la Bretagne; en 1073, elle soutint un siége contre Guillaume le Conquérant, et fut prise, après avoir été vaillamment défendue par Hubert II, comte de Beaumont; elle fut encore assiégée et prise en 1424, par le comte de Salisbury.

Sainte-Suzanne se recommande à l'attention des curieux par son site aéré et son vaste horizon, par les restes de son vieux château, et par ses vieux remparts plus ruinés encore, dont une partie offre un phénomène extraordinaire : ils sont évidemment vitrifiés et presque en tout point semblables aux célèbres forts vitrifiés de l'Écosse. C'est dans la partie du sud-est, qui a conservé le nom de poterne, qu'on observe cette singulière construction. Du même côté, l'horizon de la ville s'étend à perte de vue; il n'est borné que dans un seul aspect par les escarpements qui dominent le vallon où serpente la petite rivière d'Erve, qui arrose de riches prairies et fait mouvoir neuf papeteries.

Près de Sainte-Suzanne, on remarque six à sept menhirs rangés en ligne circulaire, à des distances différentes, mais avec une espèce de symétrie.

VAIGES. Bourg situé dans un territoire fertile, sur la rivière de son nom, à 6 l. de Laval. ☛ Pop. 1,500 hab. — Exploitation de houille. Carrières de marbre. — *Commerce* de grains, lin, fil, toiles, etc.

ARRONDISSEMENT DE CHATEAU-GONTIER.

AIGNAN-SUR-ROÉ (SAINT-). Village situé à 8 l. 3/4 de Château-Gontier. Pop. 552 hab.

BALLÉE. Bourg situé à 6 l. de Château-Gontier. Pop. 900 hab.

BIERNÉ. Bourg situé à 3 l. de Château-Gontier. Pop. 1,021 hab.

BOISSIÈRE (la). Village situé à 5 l. de Château-Gontier. Pop. 250 h. On y trouve une source d'eau minérale.

BOUSSAY. Village situé à 11 l. de Château-Gontier. Pop. 495 hab.—Exploitation des carrières et scieries de marbre.

CHATEAU - GONTIER. Petite ville. Chef-lieu de sous-préfecture. Tribunal de première instance. Société d'agriculture. Collége communal. ✉ ☞ Pop. 6,143 hab.

Cette ville doit son origine à un château fort, construit au commencement du XIe siècle par Foulque Néra, comte d'Anjou, et démoli par ordre de Louis XIII. Le lieu où Foulque établit son château portait le nom de *Basilica* (Bazoche); le comte d'Anjou lui donna le nom de Gontier, chevalier auquel il en confiait la garde. Il s'y est tenu cinq conciles provinciaux en 1231, 1254, 1269, 1336 et 1448 : l'archevêque de Tours, Jubel de Mayenne, présida le concile de 1336.

Château-Gontier était entouré de fortifications, mais il ne paraît pas que cette ville ait été assiégée dans les guerres du XIVe et du XVe siècle. Louis XI y a fait sa résidence pendant quelques mois. Les Vendéens la prirent le 21 octobre 1793, et l'évacuèrent peu de temps après.

Château-Gontier est agréablement situé au milieu d'une riante campagne; c'est une ville mal percée, mais assez bien bâtie, sur la Mayenne, que l'on y passe sur un pont de pierre, qui la sépare de son principal faubourg. Elle possède une jolie promenade d'où l'on jouit d'une vue délicieuse sur le bassin de la Mayenne, dont les rives sont bordées de noyers, de vergers, de prairies, et dominées par des escarpements ombragés qui produisent un effet très-pittoresque. Il ne reste de l'ancien château qu'un pan de mur qui fait partie d'une maison particulière, et qui a environ 9 pieds d'épaisseur. Le site que ce château occupait est devenu une place, sous laquelle la tradition prétend qu'il existe d'anciens souterrains qui s'étendent jusqu'à la rivière.—On trouve aux environs une source d'eau minérale.

Fabriques de toiles, serges, étamines. Blanchisseries de toiles et de fil. Tanneries. —*Commerce* de graine de trèfle, toiles, fils, fers, bois, vins, etc.

A 7 l. de Laval, 69 l. de Paris. — *Hôtels* de la Boule d'or, des Trois trompettes.

CHEMAZÉ. Bourg situé à 1 l. 1/2 de Château-Gontier. Pop. 1,835 h. On y voit un fort joli château, dont on attribue la construction à la reine Anne.

COSSÉ-LE-VIVIEN. Bourg situé à 5 l. 1/2 de Château-Gontier. Pop. 3,728 hab.

CRAON. Petite ville agréablement située sur la rive gauche de l'Oudon, à 4 l. de Château-Gontier. ✉ Pop. 3,610 hab.

Craon est une ville ancienne que quelques auteurs prétendent être le *Cronium* dont il est question dans Grégoire de Tours. Il paraît plus probable qu'elle doit son origine à une forteresse construite en 846, et défendue d'un côté par l'Oudon et de l'autre par des murs élevés dont il reste encore quelques vestiges. Cette ville devint le siège d'une baronnie dont le seigneur se qualifiait de premier baron d'Anjou; c'était une place importante, qui a été assiégée plusieurs fois dans les guerres civiles et religieuses : le siège le plus célèbre est celui qu'elle soutint contre le prince de Conti en 1592.

Cette ville possède un beau château moderne, construit quelque temps avant la révolution de 1789, sur l'emplacement de l'ancienne forteresse. Il se compose d'un bâtiment principal flanqué de deux pavillons détachés, et domine la route de Craon à Laval.

Patrie de Volney.

Fabriques de grosses étoffes de laine. — *Commerce* de grains, lin, fil, etc.

GREZ-EN-BOUÈRE. Bourg situé à 3 l. 3/4 de Château-Gontier. Pop. 1,338 hab.

RENAZÉ. Village situé à 2 l. de Château-Gontier. Pop. 958 hab.—Exploitation des carrières d'ardoises très-abondantes.

ARRONDISSEMENT DE MAYENNE.

AMBRIÈRES. Jolie petite ville située sur la Mayenne, à 2 l. 1/2 de Mayenne. Pop. 2,399 hab.

Ambrières est une ville ancienne dont Guillaume le Conquérant, alors duc de Normandie, s'empara en 1069. Après s'en être rendu maître, Guillaume y fit bâtir un château qui, par sa position sur la rive droite de la Mayenne, fit d'Ambrières une place importante, comme frontière du Maine et avant-poste du côté de la Normandie.— Un détachement d'Anglais fut défait sous les murs d'Ambrières en 1450. La ville est bien bâtie, propre, fort agréable, et possède de belles halles élevées sur l'emplacement de l'ancien château, dont il reste à peine quelques vestiges.—*Fabriques* de calicots.

ARON. Village situé sur un étang dont les eaux font mouvoir des forges considérables, à 1 l. de Mayenne. Pop. 1,530 hab.

AVERTON. Village situé à 8 lieues de Mayenne. Pop. 1,214 hab. — Papeterie.

BAIS. Bourg situé à 4 l. de Mayenne. Pop. 2,354 hab. Il a été entièrement brûlé par les Vendéens en 1799.

CALAIS-DU-DÉSERT (SAINT-). Bourg situé à 8 l. 1/2 de Mayenne. Pop. 1,350 h.

COUPTRAIN. Bourg situé à 8 l. 1/2 de Mayenne. Pop. 538 hab.

ERNÉE. Jolie petite ville, très-agréablement située, sur la rivière de son nom, à 6 l. de Mayenne. ✉ ☞ Pop. 5,467 hab.

Cette ville doit son origine et son nom à une chapelle bâtie sur le tombeau d'un missionnaire qui vint prêcher la religion catholique dans cette contrée au VIIe siècle. Elle était autrefois défendue par un château fort détruit depuis longtemps, et dont les matériaux ont servi à la construction de l'église paroissiale. L'armée vendéenne s'en empara en 1793.

Ernée est une ville bien bâtie, formée de rues larges, droites, et bordées de maisons d'une belle apparence. Près de la ville, sur le coteau qui s'élève au-dessus de la rivière, on remarque la façade du château de Panard, édifice moderne d'une belle construction.

Patrie de Desbois de la Chesnaie, auteur du Dictionnaire de la Noblesse; de l'abbé Fauchet, décapité à Paris comme complice de Charlotte Corday.

Fabriques de toiles et de fil écru. Forges et mines de fer dans les environs. — *Commerce* de vins, eaux-de-vie, fil, toiles, etc. — *Hôtels* de la Poste, du Cheval blanc.

GEORGES (SAINT-). Village situé à 1 l. de Mayenne. Pop. 900 hab.—*Fabriques* de calicots et filature importante de coton (à FONTAINE-DANIEL).

GORRON. Petite ville située sur le Colmont, à 5 l. de Mayenne. Pop. 2,228 hab.

Cette ville doit son nom et son origine à un ancien château des seigneurs de Mayenne, construit pour la défense de la frontière du Maine. Guillaume le Conquérant la prit en 1069. Geoffroi le Bel, comte de Touraine, d'Anjou et du Maine, la rendit en 1137 à Juhel de Mayenne, à condition qu'il l'aiderait à recouvrer l'Angleterre et la Normandie. Le château a été presque entièrement détruit, et remplacé par une halle.

L'ancien CHATEAU DE BAILLEUL, que l'on remarque dans les environs, est une dépendance de cette commune.

HORPS (le). Bourg situé à 4 l. de Mayenne. Pop. 1,645 hab.

JAVRON. Bourg situé à 6 l. de Mayenne. Pop. 1,950 hab. On remarque aux environs, entre Javron et Saint-Cyr-en-Pail, la belle carrière d'ardoises de Chatemoux.

JUBLAINS. Bourg situé à 2 l. 1/2 de Mayenne. Pop. 1,800 hab.

Ce bourg occupe l'emplacement de la principale ville des *Diablintes*, à laquelle les Romains avaient donné le nom de *Nœodunum*, et à peu de distance de laquelle ils avaient établi un camp ou un castellum, improprement appelé Camp de César. La ville de Nœodunum a existé, sous quelque autre nom sans doute, longtemps avant l'établissement des Romains dans cette contrée, et a dû exister assez longtemps encore après la chute de leur domination dans les Gaules. Cette ville dut à la munificence de Tite, empereur romain, un colysée et un temple à la Fortune, dont on a retrouvé des vestiges : on y a découvert aussi beaucoup de médailles, de belles mosaïques, des vases de construction romaine de différentes formes, des débris de colonnes et de statues, etc. Une très-ancienne fontaine, située près du bourg, porte le nom de Fontaine-des-Caves, et quelques restes d'anciennes voûtes ont fait présumer qu'on avait construit près de là des bains publics : quelques personnes même avaient supposé que le nom de Jublains pouvait être venu, par corruption, de *Julii balnea*, bains de Jules César ; mais l'établissement du camp dont nous avons parlé est d'une date postérieure à Jules César, et il est plus naturel de chercher dans le mot Diablintes l'étymologie de celui de Jublains, que l'on retrouve au surplus écrit *Jublent* dans de très-anciens actes. On croit que l'ancienne ville de Nœodunum a été détruite par les Normands vers l'an 867.

Le camp, ou plutôt le fort antique de Jublains, offre une enceinte carrée, de 320 pieds de chaque face, formée de murailles hautes de 12 pieds et larges de 9, construites en pierres liées avec du ciment. Les pierres qui parent leurs faces extérieures sont des parallélipipèdes rectangles égaux entre eux ; on y remarque de 3 en 3 pieds un cordon formé de deux rangées de briques superposées. Aux quatre angles du carré sont placées des tours : d'autres tours garnissent, au nord, à l'est et à l'ouest, les intervalles compris d'un angle à l'autre. Du côté du midi, le terrain est en pente. On n'y trouve qu'une seule tour de forme carrée. L'enceinte n'offre aucun vestige de porte ; on y entre maintenant par une brèche pratiquée dans la muraille. A environ 50 pieds de distance de cette muraille et au centre du castellum, se trouvent les débris d'une autre fortification carrée de dimensions moitié moindres, et dont les décombres sont presque cachés par un bois taillis : cette forteresse centrale paraît avoir eu de l'analogie avec les donjons des châteaux du moyen âge. Du castellum de Jublains, la vue s'étend au loin au sud et au sud-est. On distingue la petite ville de Sainte-Suzanne, éloignée de 3 lieues, et les environs de la cité des Arviens (*Vagoritum*). Une voie romaine partait de Jublains, et était couverte par une fortification, nommée la Haie-de-Terre, aujourd'hui en grande partie détruite ; elle conduisait à un camp dont les traces existent encore au confluent de la rivière d'Aron et de la Mayenne, et au milieu duquel est situé le bourg de Moulay.

A trois quarts de lieue de Jublains, sur la route d'Aron, on remarque dans un terrain aride et inculte un énorme piédestal de granit de 6 pieds de largeur sur 9 pieds de hauteur, qu'on appelle la Chaire du Diable. Suivant M. Rallier, ce n'est autre chose qu'une pointe naturelle de rocher qui a été disposée assez grossièrement pour servir de piédestal à une croix. Toutefois, il ne serait pas impossible que cette pierre eût très-anciennement servi de support à quelque attribut du paganisme, ou plutôt à quelque objet consacré à un culte que l'on détestait comme hétérodoxe.

LANDIVY. Bourg situé dans un pays couvert et abondant en pâturages, à 10 l. de Mayenne. Pop. 1,911 hab.

LASSAY. Petite ville située sur un ruisseau, à 10 l. de Mayenne. Pop. 2,807 hab. On y voit une halle dont la charpente est d'une hardiesse remarquable.

Cette ville doit son nom et son origine à un ancien château, qui avait autrefois le titre de marquisat, et dont la construction remonte à l'an 825. Ce château, le mieux conservé de toutes les vieilles forteresses qui existent dans le département, offre une masse considérable de tours et de murs crénelés, épais, mais peu élevés : on y entre par un pont-levis flanqué de deux fortes tours. Dans l'épaisseur des murailles ont été ménagées des pièces mal éclairées, qui servaient autrefois d'habitations. Le château de Lassay était une forteresse importante, qui a joué un grand rôle dans les guerres qui ont désolé le pays. Il a été attaqué et pris par Guillaume le Conquérant, en 1054. Sous le règne de Charles VI, les Anglais s'en emparèrent et en firent une place d'armes, d'où ils sortaient pour aller piller les maisons, et où ils se réfugiaient quand ils étaient trop vivement poursuivis. Ambroise de Loré les y assiégea, et, après une vive résistance, les obligea à capituler, et délivra ainsi le pays de leurs déprédations.

Commerce de grains, lin, chanvre, fromages, volailles et bestiaux.

MARTIN-DE-CONNÉE (SAINT-). Village situé sur l'Orthe, à 6 l. de Mayenne. Pop. 1,975 hab.—Forges (à Orthes).

MAYENNE. Ville ancienne. Chef-lieu de sous-préfecture. Tribunaux de première instance et de commerce. Chambre consultative des manufactures. Collège communal. ✉ ☞ Pop. 9,797 hab.

L'origine de Mayenne est peu connue : son histoire certaine ne remonte pas au delà du IXe siècle. C'était autrefois une place importante, défendue par des fortifications considérables, et par un château fort qui passait pour imprenable.

Cette ville a soutenu plusieurs sièges : le plus remarquable est celui de 1424, où elle eut à se défendre contre l'armée anglaise commandée par le comte de Salisbury ; ce siège dura trois mois ; la ville soutint quatre assauts, et ne se rendit qu'après avoir obtenu une capitulation honorable.

Mayenne a porté primitivement le nom de Mayenne-la-Juhel, nom de celui de ses seigneurs qui fit bâtir le château. C'était une baronnie, appartenant à la maison de Lorraine et de Guise, que François Ier érigea en marquisat en 1544 ; Charles IX l'érigea en duché-pairie en faveur de Charles de Lorraine, qui prit le nom de Mayenne, et devint ensuite chef de la Ligue.

Cette ville est irrégulièrement bâtie, sur le penchant de deux coteaux qui bordent les rives de la Mayenne. Le quartier de la rive droite, le plus élevé des deux, est la ville proprement dite ; celui de la rive gauche n'est qu'un faubourg, mais ce faubourg renferme à lui seul un tiers de la population totale. La grande route de Brest en rase l'extrémité, et laisse la ville à droite pour continuer sa direction en face. Le voyageur en poste n'y entre que pour relayer, s'il se dirige sur Laval, mais il traverse la ville dans toute sa longueur s'il suit la direction de Fougères, qui l'oblige à subir toutes les difficultés et les aspérités de ce trajet, c'est-à-dire à descendre la rue extrêmement escarpée qui conduit au pont jeté sur la Mayenne, et à gravir la rampe plus difficile encore qui conduit au haut de la ville. C'est un spectacle curieux pour un étranger que l'ascension des charrettes chargées du bas de la côte à son sommet : en été on attelle jusqu'à huit chevaux et quatre bœufs à une seule voiture ; en hiver, on est quelquefois obligé d'atteler jusqu'à trente bêtes, tant bœufs que chevaux.

Les rues de Mayenne sont généralement mal percées et bordées de vieilles maisons dont l'aspect a quelque chose de bizarre ; on y trouve des habitations de construction moderne, mais qui n'ont rien de remarquable. Dans la partie élevée de la ville, on voit une vaste place publique décorée d'une assez jolie fontaine ; un des côtés est occupé par la façade d'un hôtel de ville moderne, derrière lequel est une autre place presque aussi grande que la première. Sur la rive droite de la Mayenne, s'élève le vieux château des seigneurs de Mayenne, qui domine le pont d'une manière pittoresque; il est séparé d'un bâtiment qui en dépendait autrefois, et qui sert aujourd'hui de halle aux toiles, par une terrasse plantée d'arbres dont on a fait une promenade publique. La ville proprement dite n'a qu'une église paroissiale fort petite, dont la nef est assez jolie. Le faubourg possède une paroisse particulière, dédiée à saint Martin.

Fabriques de toiles de lin, coutils, mouchoirs, calicots. Filatures de coton. Blanchisseries de toiles. Teintureries. — *Commerce* considérable de toiles, fils et chaînes de lin, mouchoirs, chemises, pantalons confectionnés pour les colonies, etc.

A 8 l. de Laval, 62 l. de Paris. — *Hôtels* de la Belle étoile, de Saint-Michel, de la Juiverie, de la Tête noire.

MONTANDIN. Village situé à 7 l. de Mayenne. Pop. 800 hab. On y trouve une source d'eau minérale.

MOULAY. Bourg situé au fond d'un vallon, entre deux côtes rapides, à 1 l. de Mayenne. Pop. 600 hab. On remarque aux environs des restes de fortifications qu'on croit avoir appartenu à un camp anglais.

PÈLERINE (la). Bourg situé sur une montagne élevée, à 8 l. 1/2 de Mayenne. Pop. 400 hab. On y jouit d'une vue fort étendue qui se prolonge bien au delà de Fougères, ville qui, dans le lointain, paraît être au milieu des bois.

PREZ-EN-PAIL. Bourg situé à 9 l. de Mayenne. ✉ ⚘ Pop. 3,344 hab. — *Commerce* considérable de bestiaux.

VILAINE-LA-JUHEL. Jolie petite ville, située à 7 l. de Mayenne. Pop. 2,483 hab. Elle doit son origine à un château fort construit dans le IXe siècle, et dont il ne reste plus aucun vestige. — *Fabriques* d'étoffes de laine.

FIN DU DÉPARTEMENT DE LA MAYENNE.

IMPRIMERIE DE FIRMIN DIDOT FRÈRES,
RUE JACOB, N° 24.

Guide Pittoresque
DU
VOYAGEUR EN FRANCE.

ROUTE DE PARIS A BREST,

TRAVERSANT LES DÉPARTEMENTS

DE SEINE-ET-OISE, D'EURE-ET-LOIR, DE L'ORNE, DE LA MAYENNE, D'ILLE-ET-VILAINE, DES CÔTES-DU-NORD, DU FINISTÈRE, ET COMMUNIQUANT AVEC LE DÉPARTEMENT DE LA SARTHE ET AVEC CELUI DU MORBIHAN.

DÉPARTEMENT D'ILLE-ET-VILAINE.

Itinéraire de Paris à Brest,

PAR DREUX, ALENÇON, MAYENNE, LAVAL, RENNES, SAINT-BRIEUC, MORLAIX ET BREST, 150 LIEUES 1/2.

	lieues.		lieues.
De Paris à Sèvres	2 1/2	La Gravelle	5
Versailles	2	Vitré	4
Pontchartrain	5	Châteaubourg	4
La Queue	3	Noyal	3
Houdan	3	Rennes	3
Marolles	2	Pacé	3
Dreux	3	Bédé	3
Nonancourt	3 1/2	Montauban	3
Tillières-sur-Avre	3	Broons	5
Verneuil	2 1/2	Langouèdre	3
Saint-Maurice	4	Lamballe	4
Mortagne	5 1/2	Saint-Brieuc	5
Le Mesle	4	Châtelandren	4
Menil-Broust	2 1/2	Guingamp	3
Alençon	3	Belle-Isle-en-Terre	5
Saint-Denis	3	Pontou	4 1/2
Prez-en-Pail	3	Morlaix	4
Le Ribay	4	Laudivisiau	5
Mayenne	4 1/2	Landernau	4
Martigné	4	Brest	5
Laval	4		

Itinéraire de Paris à Angers,

PAR CHARTRES ET LE MANS, 73 LIEUES 1/2.

	lieues.		lieues.
De Paris à Versailles	4 1/2	La Ferté-Bernard	5
Trappes	2	Connéré	4 1/2
Coignières	2	Saint-Mars	2 1/2
Rambouillet	3 1/2	Le Mans	3 1/2
Épernon	3	Guécelard	4
Maintenon	2	Foulletourte	2
Chartres	4 1/2	La Flèche	5
Courville	4 1/2	Durtal	3
Champroud	3	Snette	4
Montlandon	1	Angers	5
Nogent-le-Rotrou	5		

Communication de Rennes à Vannes, 27 l. 1/2.

	lieues.		lieues.
De Rennes à Pont-Péan	3 1/2	Rédon	3
Lohéac	4	Petit-Molac	6
Rénac	4 1/2	Vannes	6 1/2

ASPECT DU PAYS QUE PARCOURT LE VOYAGEUR,

DE LA GRAVELLE A QUEDILLAC.

La contrée que parcourt la route à son entrée dans le département d'Ille-et-Vilaine est en général très-montueuse, mais le pays est agréable et varié de culture. Au hameau de Paintourteau, on jouit d'une fort jolie vue sur le bel étang de ce nom, qui alimente un des bras de la Vilaine; la chaussée de la route forme la digue qui en retient les eaux, dont l'écoulement s'opère au moyen d'une vanne qui fournit l'eau à un moulin. Dans le lointain, on aperçoit Vitré, ville triste et mal bâtie, d'où l'on sort par un faubourg encore plus triste et plus mal bâti; ce faubourg offre une montée assez rude et une descente rapide qui aboutit à la Vilaine, que l'on passe sur un pont de pierre. On côtoie la rive gauche de cette rivière, en traversant plusieurs villages, jusqu'à Châteaubourg, où l'on franchit de nouveau son lit sur un beau pont. Au bout d'une demi-lieue, on longe, au bord et à droite de la route, une carrière d'ardoises, que l'on exploite à ciel ouvert à plus de cent pieds de profondeur. Après le relais de Noyal, la route s'élève et domine l'horizon, le pays s'embellit, et la culture, qui devient de plus en plus soignée, annonce que l'on approche de la ville de Rennes.

On passe la Vilaine en sortant de cette ville, en laissant à droite le bassin du canal d'Ille-et-Rance, à gauche la route de Vannes, et un peu plus loin celle de Lorient. Plusieurs montées et descentes conduisent au relais de Pacé, et ensuite à celui de Bedé. Le pays, quoique toujours montueux, est un peu moins accidenté jusqu'à Montauban. Après ce village, on monte et l'on descend encore plusieurs côtes assez roides; mais le sol devient plus uni et la contrée plus fertile après avoir dépassé le hameau de Vatelicot. En avançant, on traverse un grand nombre de hameaux, puis, après avoir franchi une petite côte, une descente peu rapide conduit au village de Quedillac, au delà duquel est une borne qui forme la limite des départements d'Ille-et-Vilaine et des Côtes-du-Nord.

PETIT ATLAS NATIONAL DES DÉPARTEMENS DE LA FRANCE.

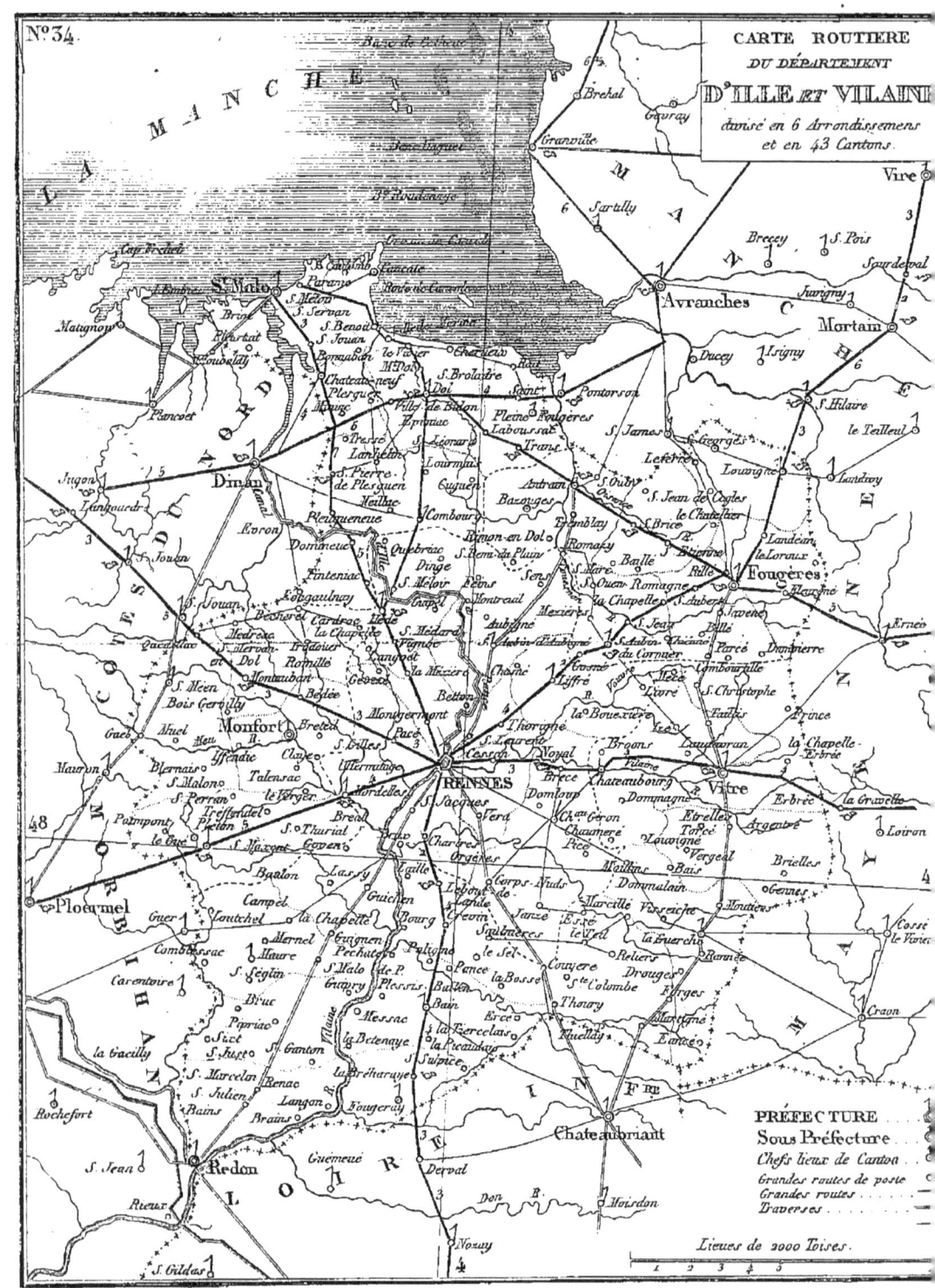

Paris. Firmin Didot frères, Rue Jacob, N.º 24.
et L. Hachette, Libraire, Rue Pierre-Sarrazin, N.º 12.

DÉPARTEMENT D'ILLE-ET-VILAINE.

APERÇU STATISTIQUE.

Le département d'Ille-et-Vilaine est formé d'une partie de la ci-devant province de Bretagne, et tire son nom de l'Ille et de la Vilaine, qui le coupent en deux sens différents et se réunissent à Rennes. Ses bornes sont : au nord, la Manche ; à l'est, le département de la Mayenne ; au sud, celui de la Loire-Inférieure ; à l'ouest, ceux du Morbihan et des Côtes-du-Nord.

Situé entre deux mers, ce département jouit d'une température généralement humide, et les grands froids, ainsi que les chaleurs excessives, y sont rares. Les hivers y sont plutôt pluvieux que rigoureux, et cela dérive naturellement de ce que les vents qui y règnent sont le plus souvent l'ouest, le nord-ouest et le sud-ouest. Les vents du nord et ceux d'est y amènent le beau temps, et ceux du sud généralement la pluie. Du reste, les orages y sont peu fréquents, et n'ont pas, dans ce pays plat, le caractère effrayant qu'ils présentent dans les pays de montagnes.

La surface du département d'Ille-et-Vilaine est généralement inégale, entrecoupée de collines et de coteaux, de landes, de bruyères, de forêts, de plaines peu fertiles et de marais productifs. Une chaîne de montagnes peu élevées, qui se rattache à la grande chaîne des Alpes, le traverse dans sa partie septentrionale. La moitié seulement est en culture ; le reste est couvert de forêts et de landes, vastes plaines revêtues d'une seule bruyère et d'un ajonc bâtard nommé pétrole. Tout le pays présente un vaste plateau de granit recouvert de couches de schiste ; la terre végétale n'a presque partout que quelques pouces d'épaisseur, de manière que le sol est à peine médiocre, et que la végétation ne s'y soutient qu'à la faveur de l'humidité de l'atmosphère. Une couche d'argile assez profonde domine dans quelques cantons.

Ce département renferme un grand nombre d'étangs considérables : on y remarque les étangs de Hedé et de Montreuil, arrondissement de Rennes ; ceux de Paimpont, de la Tour, de Perronay et de Chaillou, arrondissement de Montfort ; ceux de Châtillon, de Paintourteau, de la Guerche, de Martigné et de Marcillé-Robert, arrondissement de Vitré ; ceux de Châteauneuf, de Combourg, de Québriac, de Rollin, arrondissement de Saint-Malo ; ceux de Billé, de Saint-Aubin-du-Cormier et de Lande-Marelle, dans l'arrondissement de Fougères. Celui-ci, situé dans la commune de Parigné, a cela de remarquable qu'il est couvert d'une croûte d'herbages qui forme comme une île flottante, sur laquelle vont paître les bestiaux. — Les marais les plus considérables sont ceux de Dol, dans l'arrondissement de Saint-Malo. Ils ont été formés par un envahissement de la mer, au commencement du VIIIe siècle. Les eaux se retirèrent par degrés, et laissèrent à découvert un terrain considérable qui devint susceptible de culture, et se couvrit bientôt d'habitations ; mais en 1606 et en 1630, la mer inonda de nouveau une partie de ce terrain, qu'on n'a pu reconquérir, et elle détruisit de fond en comble les communes de Sainte-Anne et de Paluel. C'est depuis ce malheureux événement que les digues de Dol ont été construites. Sous leur protection, et au moyen de nombreux canaux, on a desséché une grande partie de ces marais.

Le sol produit toutes les espèces de céréales, à l'exception du maïs et du millet ; le froment, le méteil, le seigle, l'orge, l'avoine et le sarrasin, sont les espèces que l'on cultive en plus grande quantité. Le froment, qui était rare en Bretagne il y a un siècle, est cultivé dans les meilleurs terrains du département, particulièrement dans les arrondissements de Montfort, de Rennes et de Saint-Malo ; dans la partie de cet arrondissement qui porte le nom de Marais-de-Dol, le froment est d'une excellente qualité, et c'est presque la seule culture à laquelle se livrent les habitants. Dans certaines terres, on le sème jusqu'à trois années de suite, et ce n'est que la quatrième qu'on livre la terre au repos ou à une culture qui épuise moins le sol. Le territoire de l'arrondissement de Saint-Malo est un des plus fertiles du département ; il produit du blé en assez grande quantité. Celui de la Guerche donne aussi d'abondantes récoltes de seigle, d'orge et d'avoine ; mais on observe que les blés y réussissent mal dans les années pluvieuses, surtout vers l'automne.

Le seigle est semé, comme partout ailleurs, dans des terrains médiocres; l'arrondissement de Redon est celui où on en cultive le plus. Ce grain est presque uniquement employé à la confection du pain des laboureurs; les plus riches le mélangent avec le froment. Le méteil est assez généralement répandu; il rend un peu plus que le seigle et se trouve en plus grande quantité dans les lieux où ce dernier est cultivé. L'orge réussit très-bien; l'avoine est abondante et d'une bonne qualité. Dans le commerce on donne une préférence marquée à celles de Fougères et de Châteaugiron. L'on sait que les gruaux de Fougères sont très-estimés à Paris, où on les emploie comme aliment pour les malades, de préférence à ceux d'autres endroits. Le sarrasin se cultive généralement dans tous les cantons; la raison en est que le sol maigre, argileux et de peu de consistance du département, convient parfaitement à la culture de cette plante, qui, loin de fatiguer la terre, peut être semée au contraire pour la préparer à recevoir le blé. Comme il supplée à l'infériorité des autres récoltes, il y a des cantons où l'on préfère sa culture à toute autre, peut-être aussi parce que ce grain est plus abondant, qu'il exige moins de travail et de dépenses. Les produits de cette culture égalent seuls ceux du blé et du seigle réunis.

Le sol de quelques cantons de l'arrondissement de Saint-Malo est très-propre à la culture du tabac, qui occupe une partie de la population des campagnes.

La culture du chanvre et du lin est très-importante dans le département d'Ille-et-Vilaine : elle alimente un assez grand nombre de manufactures de toiles de ménage, de toiles à voiles et de cordages pour la marine. La culture du chanvre est répandue dans toutes les communes, mais plus spécialement dans les arrondissements de Fougères et de Vitré, dans les cantons de la Guerche, Janzé et Châteaugiron. La culture du lin l'emporte sur celle du chanvre dans les arrondissements de Montfort et de Saint-Malo. La plus grande partie du lin que l'on récolte est mise en œuvre dans le pays et convertie en toiles fines et en fils retors, qu'on appelle fil de Bretagne : les lins se vendent quelquefois en filasse, comme ceux que les Malouins achètent pour faire des toiles. La graine de lin est elle-même un objet de commerce important.

Les prairies naturelles sont riches sur les bords des nombreuses rivières qui sillonnent le territoire du département; partout ailleurs elles sont maigres et pauvres. Les pâturages sont excellents dans les vallées; on y nourrit beaucoup de bestiaux, principalement des vaches, dont le lait donne du beurre très-estimé, qui passe pour le meilleur et le plus délicat de la France. Les prairies artificielles sont peu multipliées; c'est en vain que quelques cantons ont essayé la culture de la luzerne et du sainfoin, les terres sont trop fortes pour cette culture; presque partout on a préféré le trèfle.

Le pommier et le poirier sont cultivés avec succès dans toute l'étendue du département, et procurent une boisson aussi saine qu'agréable, connue sous le nom de cidre et de poiré. Le pommier est de tous les arbres à fruit le plus répandu. Chaque champ est traversé dans toute sa longueur de plusieurs rangs symétriques de pommiers plantés à 18 ou 20 pieds de distance. Le cidre qu'ils produisent est désigné sous deux noms : premier cidre et cidre de garde. Le premier est un cidre fait à la hâte avec les pommes de première floraison. Il est généralement aqueux et faible. Le cidre dit de garde est celui qui est fait à loisir avec les fruits bien mûrs et à l'époque de leur fermentation; il est plus alcoolique, plus fort et moins susceptible de tourner à l'aigre que le premier. Ce cidre est le meilleur de la France, et peut à la rigueur se conserver deux ans. Le canton de Dol produit un cidre très-estimé, qui supporte le transport par mer et même qui s'y bonifie.

Le territoire est presque entièrement consacré à la petite culture. Une ferme de 30 hectares est regardée comme très-considérable. Le tiers environ des terres est partagé en fermes ou métairies de 15 à 30 hectares; le reste divisé en petites closeries de quelques hectares, exploitées souvent par les propriétaires, et séparées par des haies vives entremêlées de bouquets de bois ou de vergers qui présentent un aspect agréable. Cette grande division peut nuire aux progrès de l'agriculture : sous d'autres rapports, on est fondé à faire remarquer que celui qui ne possède qu'une petite quantité de terre, y donne généralement plus de soins que celui qui en a une plus étendue à sa disposition. La mauvaise qualité du sol exige d'ailleurs tant de peines et de travaux, qu'il faut, pour le cultiver, un grand nombre de bras. Placé dans une ferme du prix de 2 à 300 fr., le villageois prend une femme, achète quelques bestiaux et élève une nombreuse famille. Si donc la population d'un État contribue à sa richesse, ce qui n'est pas prouvé, on pourra en tirer un nouvel argument en faveur de cette grande division des propriétés, qui peut-être a contribué à rendre la Bretagne une des provinces les plus peuplées de la France.

Les habitants d'Ille-et-Vilaine ont, en général, les passions fortes ; ils sont francs, braves, hospitaliers, constants dans leurs affections, et fidèles observateurs de leur parole ; mais on leur reproche d'être entêtés, et ils pourraient être plus industrieux. Les gens de la campagne restent toujours fort attachés au sol natal, et, à toutes les époques, on a vu rarement les Bretons chercher les faveurs de la cour. Cette classe d'hommes manque d'instruction, et par conséquent est fort superstitieuse. Les habitants du marais de Dol passent pour les plus grossiers ; l'atmosphère épaisse et malsaine qui les entoure influe tout à la fois sur leur physique et sur leur moral.

Dans la plupart des communes du département, la pierre à bâtir manque, et l'habitant a pour tout refuge des maisons qui, à l'exception de quelques pieds de fondation, ne sont formées jusqu'au toit que de terre battue ; au-dessous du rez-de-chaussée il n'y a point de cave, au-dessus est un grenier planchéié où il conserve sa moisson. Une porte conduit à la basse-cour, une au cellier, une autre à l'étable ; au devant est généralement une cour infecte dans laquelle se vautrent quelques porcs qui, tués à l'approche de l'hiver, servent à la nourriture de la famille, et où l'on élève quelques poules pour vendre à la ville les jours de marché.

L'ameublement d'une ferme bretonne est simple : une grande table règne dans le milieu de l'appartement ; elle est creuse dans l'intérieur, et sert à ramasser les choses essentielles aux repas, telles que cuillers en bois, écuelles, couteaux ; à l'entour sont des bancs à pieds inégaux, sur lesquels on passe de temps en temps une couenne de lard pour leur donner un brillant auquel on tient beaucoup. Une dalle couverte de quelques seaux, un bahut où l'on enferme les œufs, le beurre et le laitage, enfin quelques chaises en paille et des lits très-élevés, se groupent autour d'un foyer où brille dans l'hiver un feu de bois sec provenant de la dépouille des haies fourrées qui limitent chaque champ.

Le département d'Ille-et-Vilaine a pour chef-lieu Rennes. Il est divisé en 6 arrondissements et en 43 cantons, renfermant 349 communes. — Superficie, 347 lieues carrées. — Population, 547,052 habitants.

Géologie. Deux formations se partagent le sol du département d'Ille-et-Vilaine, savoir : la formation dite primitive, et celle appelée intermédiaire ou de transition ; cette dernière est de beaucoup supérieure à l'autre par son étendue superficielle.—Les terrains primitifs couvrent la presque totalité de l'arrondissement de Saint-Malo et la portion septentrionale de celui de Fougères. — Le reste du département, c'est-à-dire les trois quarts environ, offrent des roches qui appartiennent à la formation intermédiaire. Dans les terrains primitifs, c'est le granit qui domine. On y trouve aussi des masses subordonnées d'eurite, d'eurite porphyroïde, de quartz blanc, souvent hyalin, et dont, par parenthèse, on se sert pour la fabrication du verre dans les verreries du département. On doit citer aussi quelques bandes peu importantes de gneiss et de schiste micacé qui existent intercalées dans les granits de l'arrondissement de Saint-Malo. Ces gneiss passent dans les environs de Fougères aux schistes mâchifères, qui paraissent établir la transition des roches schisteuses, qu'on considère jusqu'ici comme primitives, aux terrains intermédiaires proprement dits.

Les terrains de transition, dans toute la portion du département qu'ils recouvrent, c'est-à-dire dans les quatre arrondissements de Rennes, Vitré, Montfort et Redon, sont presque uniquement composés de deux natures de roches : le schiste argileux et le quartzite. Mais chacune de ces deux roches présente une foule de variétés qui passent insensiblement de l'une à l'autre. Ainsi, par exemple, le schiste argileux passe du phyllade terreux au schiste micacé ; et le quartzite, qui présente en général une structure grenue, passe jusqu'au quartz tout à fait compacte.

Sur quelques points du département, se montrent des couches de calcaire appartenant au terrain intermédiaire. Mais cette formation du calcaire de transition, si développée dans un département voisin (celui de la Mayenne), ne présente dans l'Ille-et-Vilaine que trois ou quatre lambeaux isolés qui se montrent dans les communes d'Izé, de Gahard, de Chevaigné, où on les exploite comme pierre à chaux.

Le département n'offre point de traces de la période géologique dite secondaire ; mais il montre quelques représentants de l'époque tertiaire. Ce sont quelques petits bassins calcaires, situés dans les communes de Brutz, Saint-Grégoire, Gahard. Le premier de ces dépôts tertiaires offre une étendue de près de deux lieues de long sur une demi-lieue de large : on y rencontre plusieurs couches bien distinctes, dont les fossiles nombreux indiquent l'alternance de la double sédimentation marine et d'eau douce. Dans les deux autres bassins, beaucoup plus circonscrits que celui de Brutz, on trouve des débris de coquilles marines et de polypiers. C'est une sorte de falun dont l'époque de formation est probablement plus récente que celle du premier bassin.

Pour compléter cet aperçu des formations géologiques du département, il convient de citer le dépôt alluvial de galets et de sables, immédiatement placé au-dessous de la terre végétale, et qui recouvre une grande partie des couches du terrain de transition.

Ce dépôt, qui s'étend sur presque toute la Bretagne, et varie d'épaisseur et de nature dans ses parties constituantes, appartient probablement au diluvium. C'est au milieu de ces galets qu'on rencontre le quartz jaspe roulé, connu en bijouterie sous le nom de caillou de Rennes.

MINÉRALOGIE. Les substances minérales exploitées dans le département, ou susceptibles de l'être, sont : 1° le schiste ardoise : cette roche donne lieu à un assez grand nombre d'exploitations à ciel ouvert, qui sont presque toutes situées dans l'arrondissement de Redon ou dans celui de Rennes; 2° le schiste ampéliteux, exploité comme pierre noire des charpentiers, à Poligné ; 3° le quartz blanc compacte, exploité dans l'arrondissement de Fougères pour les verreries ; 4° le plomb sulfuré argentifère (galène), et le zinc sulfuré (blende), formant un filon puissant à Pontpéan (commune de Brutz), lequel a été exploité autrefois et va l'être de nouveau; 5° le cuivre sulfuré se trouve dans les environs de Romary; 6° le minerai de fer se trouve en couches plus ou moins considérables, exploitées pour les usines à fer du département, dans plusieurs communes : les principaux gîtes sont dans les communes de Pléchatel, Paimpont, Liffré, Dourdain ; 7° la chaux carbonatée, qui s'exploite sur plusieurs points pour en faire de la chaux ; 8° enfin, il y a un assez grand nombre de carrières de granit, dont quelques-unes donnent une très-belle pierre de taille pour les constructions publiques et privées.

SOURCES MINÉRALES à Saint-Servan, Guichen, Fougères, Montfort, Becherel, le Teil, etc.

PRODUCTIONS. Céréales en quantité suffisante pour les besoins des habitants. Pommes de terre. Tabac excellent. Fruits à cidre. Lin et chanvre cultivés en grand.—138 hectares de vignes, produisant des vins médiocres consommés sur les lieux. — 37,188 hectares de forêts (chênes, hêtres, bouleaux, châtaigniers). — Deux races distinctes de chevaux : l'une, dite race bretonne, est la moins nombreuse; l'autre, indigène, petite, faible, consommant peu, et quatre fois plus nombreuse, occupe les contrées des landes. Une autre espèce indigène, dite chevaux de charbonniers, se trouve en grand nombre dans les forêts et sur les landes de Redon et de Montfort. — Bêtes à cornes; moutons; chèvres en grande quantité. — Éducation des bestiaux, notamment des vaches, dont le lait donne d'excellent beurre, surtout celui connu sous le nom de la Prévalaye, et des fromages façon de Gruyère estimés; des porcs, presque tous de couleur blanche et de la grande espèce; des abeilles; de la volaille (poulardes dites de Rennes renommées). — Grand et menu gibier (sangliers, lièvres, lapins, perdrix, cailles, bécasses et oiseaux de passage). — Poisson de mer, de rivière et d'étang (huîtres estimées pêchées dans la baie de Cancale; soles délicates de Cherrueix; homards, turbots, raies, écrevisses).

INDUSTRIE. Tanneries très-importantes, produisant annuellement 600,000 kilogr. Toiles à voiles à fils simples et blanchis, façon de Russie; toiles à voiles supérieures et rurales; toiles de chanvre; toiles d'emballage et de cargaison ; toiles de ménage. Cet art est l'un des plus considérables de l'industrie du département : les trois manufactures de Rennes et celle de Châteaugiron fournissent maintenant des toiles à voiles supérieures en qualité et en beauté aux plus belles toiles étrangères. La culture plus soignée du chanvre, depuis plusieurs années, a été le résultat de notre avancement dans cette branche. Quelques encouragements pourraient élever la culture du chanvre et la fabrication des toiles à une prospérité qui se répandrait immédiatement sur tout le pays.

Voici l'importance annuelle de la fabrication et du commerce des toiles dans le département :

Fabriques rurales	2,565 métiers.	—	23,040 ouvriers.	—	2,468,000 mètres.	—	Valeur de	2,283,500 frs.
" Rennes	220 "	—	2,155 "	—	396,000 "	—	"	511,500 "
	2,785 "	—	25,195 "	—	2,864,000 "	—	"	2,795,000 "

Les toiles à voiles rurales sont la principale industrie de 55 à 60 communes des arrondissements de Rennes et de Vitré. Les toiles en grande laize pour les usages domestiques et les fournitures militaires et de marine se fabriquent principalement dans l'arrondissement de Fougères. — Fabriques de chapellerie fine et commune, fil de lin et à coudre, tulles brodés, bonneterie en fil, biscuits pour la marine, cordages, hameçons, lignes et filets de pêche, veaux corroyés propres à être maroquinés. Manufacture de faïence façon de Rouen, et de poterie de terre. Blanchisseries de cire et de toiles. Amidonneries. Filatures de laine, de coton et de lin. Distilleries d'eau-de-vie. Verreries. Papeteries. Forges et hauts fourneaux. Construction de navires, etc., etc., etc.

COMMERCE de grains, gruau dit de Fougères, beurre excellent, fromage façon de Gruyère, miel pour la Hollande, marrons pour l'Angleterre, tabac, huîtres renommées, porc salé. Toiles à voiles, toiles de lin et de chanvre, fils blancs et écrus, bas de fil et de laine, peaux de veaux, cuirs, bois de chauffage, merrain. Exploitation des marais salants. Entrepôt de sel et de denrées coloniales. Armements pour la pêche de la morue à Terre-Neuve et la pêche de la baleine dans les mers du Nord. Armements importants pour les deux Indes et les colonies. Grand et petit cabotage.

VILLES, BOURGS, VILLAGES, CHATEAUX ET MONUMENTS REMARQUABLES;
CURIOSITÉS NATURELLES ET SITES PITTORESQUES.

ARRONDISSEMENT DE RENNES.

ACIGNE. Village situé sur la rive droite de la Vilaine, qui y arrose de belles prairies, à 3 l. 1/4 de Rennes. Pop. 2,306 hab. On y voit les ruines d'un château qui existait en 1239.

AMANLIS. Village situé à 3 l. 1/4 de Rennes. Pop. 2,801 hab. C'est la résidence habituelle de M. de Corbière, ancien ministre, sous l'administration duquel a été construite l'église de la commune d'Amanlis.

AUBIN-D'AUBIGNÉ (SAINT-). Village situé à 4 l. 1/2 de Rennes. Pop. 1,302 hab.

BOUEXIÈRE (la). Village situé près de la Veuvre, à 5 l. de Rennes. Pop. 2,016 h. — Forges, hauts fourneaux et atelier de fonte moulée.

BRUZ. Village situé à 2 l. 3/4 de Rennes. Pop. 2,280 hab.

La commune de Bruz, qui a pour limite à l'ouest et au sud-ouest la Vilaine, offre plusieurs sites admirables, tels que le site des Rochers-de-Cahot, sur la Vilaine, à un quart de lieue au-dessous de Pontrian; un peu plus bas, les sites du Boël et du Bois, qui exercent journellement les crayons et les pinceaux des artistes.

Cette commune possède de riches carrières de pierres propres à faire de la chaux. On y trouve la mine de plomb argentifère de Pontpéan, dont l'exploitation, abandonnée depuis long-temps, vient d'être reprise par une société. Au nord de cette mine existe une source, appelée la Fontaine de Boutoir, qui est sans contredit la plus curieuse et la plus forte du pays. Aux époques où les eaux sont extrêmement rares dans le pays, cette source ne perd rien de sa force, et le volume d'eau qu'elle fait jaillir avec beaucoup de force suffirait pour faire tourner un moulin. Les eaux en sont excellentes et parfaitement limpides.

CESSON. Village agréablement situé sur la rive droite de la Vilaine, qui commence en cet endroit à être navigable au moyen de plusieurs écluses. A 1 l. 1/2 de Rennes. Pop. 2,366 hab.

On remarque aux environs de Cesson, sur la droite de la grande route de Paris, les buttes élevées de Brais et de Prince-Roche, d'où l'on jouit d'une vue admirable sur le cours de la Vilaine. Au nord-est, on découvre le joli village d'Aigué, la forêt de Rennes, le château et les bois d'Ecures; à l'ouest on aperçoit Rennes; au nord on domine le village de Cesson, les prairies que baigne la Vilaine, et plusieurs jolies maisons de campagne.

CHATEAUGIRON. Petite ville située à 4 l. de Rennes. Pop. 1,453 hab. Elle était autrefois fortifiée; le comte de Soissons fut battu sous ses murs et fait prisonnier en 1590 par le duc de Mercœur.

Châteaugiron avait autrefois titre de baronnie. L'éminence sur laquelle cette ville est bâtie forme le sommet d'un plateau qui suit la direction du cours de la petite rivière d'Yaigue, dont les eaux alimentent pendant l'hiver le moulin que l'on trouve à l'entrée de la ville. Le château, de construction assez récente, donne d'un côté sur la ville, de l'autre sur la campagne; on remarque au nord une tour fort élevée, qui domine tout le pays. — *Commerce* de toiles et de fil assez important, alimenté par les habitants des communes circonvoisines, qui tous cultivent le chanvre et le travaillent; car dans presque toutes les fermes on trouve une pièce de la maison destinée à recevoir le métier que l'on emploie l'hiver à tisser les toiles qui proviennent du chanvre cultivé dans la belle saison.

CHAVAGNE. Village situé à 2 l. 1/2 de Rennes. Pop. 731 hab.

Ce village possède une source d'eau minérale ferrugineuse acidule. On voit dans le cimetière deux ormes magnifiques, plantés, dit-on, par ordre de Sully en 1598. — Filature de laine.

CORPS-NUDS-LES-TROIS-MARIES. Bourg situé à 4 l. 1/4 de Rennes. Populat. 2,370 h. On y voit une église dont la construction paraît remonter à une époque reculée.

HÉDÉ. Jolie petite ville bâtie dans une situation pittoresque, sur un étang. ✉ ⚭ Pop. 824 hab.

Cette ville doit probablement son origine à un ancien château fort dont on voit encore de fort belles ruines. On y arrive du côté de Rennes par une chaussée en terre fort élevée d'où l'on domine, à droite, un vaste étang, et à gauche, une belle vallée au fond de laquelle coule un ruisseau qui met en mouvement sept moulins. Elle est bien bâtie en pierres, et formée de maisons ayant presque toutes un joli jardin; au milieu est une place publique sablée et plantée de tilleuls où se croisent les routes de Dol et de Saint-Malo. On y trouve trois fontaines publiques, et une fontaine d'eau minérale ferrugineuse fréquentée en été par quinze à vingt personnes.— L'église paroissiale est un ancien édifice composé d'une nef fort élevée sans ornements extérieurs, si ce n'est quelques pilastres qui soutiennent le mur du côté du sud.

Le château d'Hédé, dont on ignore l'époque de la construction, était autrefois une des plus fortes places de la Bretagne. Le duc Conan le prit en 1155, ainsi que celui de Montmuran. Henri II, roi d'Angleterre et duc de Normandie, l'assiégea et le prit par capitulation en 1168; Henri IV en ordonna la démolition en 1599. Il ne reste plus de ce château que les murs d'enceinte construits solidement en granit, et un pan de muraille d'environ 60 pieds d'élévation; le pied est baigné par une rigole creusée dans le granit et destinée à alimenter le canal d'Ille-et-Rance. Du plateau de cet édifice, qui domine de plus de cent pieds le terrain environnant, on jouit d'une fort belle vue sur de riches cultures, sur huit ou neuf villages dont on aperçoit les clochers, et sur plusieurs châteaux, parmi lesquels se distingue celui de Montmuran; dans le lointain, on découvre la ville de Dinan, éloignée de 7 à 8 lieues. — *Commerce* de chevaux, bestiaux, beurre, volailles, etc.

HERMITAGE (l'). Village situé sur un plateau, à 2 l. 3/4 de Rennes. Pop. 480 h. On y remarque les ruines du château de Méjusseaume, berceau de la famille de Coëtlogon, et le vieux château de Robeil, où l'on conserve un coffre gothique, qui appartenu, dit-on, à Henri IV.

JANZÉ. Bourg situé à 6 l. 1/4 de Rennes. Pop. 4,051 hab. — *Fabriques* de toiles à voiles.— Éducation en grand de la volaille.

LIFFRÉ. Village situé à 4 l. 1/4 de Rennes. ⚭ Pop. 2,549 hab.

MORDELLES. Village situé sur la rive gauche du Meu, qu'on y passe sur un pont d'une seule arche, d'une construction hardie. A 3 l. 3/4 de Rennes. ⚭ Pop. 2,687 h. On y trouve une source d'eau minérale, à peu de distance du moulin de Cramou.

NOYAL-SUR-VILAINE. Joli bourg agréablement situé près de la rive gauche de la Vilaine. A 3 l. de Rennes. ⚭ Pop. 3,432 hab.

POMPÉAN. *Voy.* Bruz.

QUÉBRIAC. Village situé à 7 l. 1/2 de Rennes. Pop. 1,438 hab.

On remarque dans cette commune, sur la route de Dinan à Vannes, un monument des Romains très-bien conservé.

Ce sont quatre pierres en forme d'étoile, dont l'une est percée pour laisser couler la liqueur des libations que les païens faisaient en l'honneur des morts.

On y lit cette inscription:

IMP. CÆS.
AVONIO VICTORINO
P. F. P. J. S. C. O.
L. E. V. C.

qu'on peut interpréter ainsi:

Imperatori Cæsari, Avonio Victorino, pio, felici, principi, invicto, senatus-consulto, legatus ejus, vovet, consecrat. — Ce

RENNES.

Victorinus était un grand capitaine que Posthume, tyran des Gaules, associa à l'empire vers l'an 265.

RENNES. Grande et très-ancienne ville. Chef-lieu du département, d'un arrondissement et de quatre cantons. Cour royale à laquelle ressortissent les tribunaux des départements des Côtes-du-Nord, du Finistère, d'Ille-et-Vilaine, de la Loire-Inférieure et du Morbihan. Tribunaux de première instance et de commerce. Chef-lieu de la 13e division militaire. Direction d'artillerie et arsenal de construction. Faculté de droit. Académie. Collége royal. Société et école de peinture. École secondaire de médecine. Évêché. ✉ ☞ Pop. 29,680 hab.

Rennes est une ancienne ville des Gaules, dont les itinéraires font mention sous le nom de *Condate*. C'était autrefois la capitale des *Redones*, peuple de l'Armorique. Sous les Romains elle faisait partie de la troisième Lyonnaise, dont Tours était la capitale. Après la chute de l'empire romain, les Bretons s'en emparèrent et formèrent, par la suite, un État indépendant, sous le régime des ducs de Bretagne. Plus tard, les longues discussions des évêques, les prétentions ridicules des rois français de la seconde race sur ce pays, et les droits de souveraineté que les ducs de Normandie voulurent s'arroger long-temps sur les ducs de Bretagne, occupent l'histoire pendant plusieurs siècles. D'erreurs en erreurs, et souvent de crimes en crimes, ces ducs gouvernèrent depuis 458, à peu près, jusqu'en 1491, où Anne de Bretagne épousa Charles VIII.

Pendant les guerres qui agitèrent la Bretagne avant qu'elle fût devenue province française, Rennes soutint plusieurs siéges : Charles le Chauve tenta, sans succès, de la prendre en 843; Pasquiten, compétiteur de Gurvand à la souveraineté de la Bretagne, l'assiégea en 874; et Conan le Petit, assisté de troupes anglaises, en 1155; ce dernier prince, d'abord repoussé, alla chercher de nouveaux secours et réussit dans son entreprise. Au commencement de la guerre qui éclata entre Jean de Montfort et Charles de Blois, Rennes fut successivement prise et reprise par ces deux rivaux. Les Anglais se présentèrent vainement devant ses murs en 1342. Le duc de Lancastre, allié de Montfort, ne fut pas plus heureux en 1356 : à la suite de plusieurs actions sanglantes, Duguesclin, qui y commandait, l'obligea d'en lever le siége, neuf mois après l'avoir entrepris.—En 1487, la Trimouille, général des armées de Charles VIII, vainqueur à Saint-Aubin-du-Cormier, fit sommer la ville de se rendre, avec menace de punition telle qu'il en serait mémoire et exemple à tout jamais; la réponse énergique des habitants l'intimida, et il décampa. En 1491, Charles VIII assiégea cette cité, mais le mariage de ce monarque avec la duchesse Anne rendit à la Bretagne une partie de sa tranquillité.

Les Bretons, réunis à la France, conservèrent plusieurs formes de leur régime, entre autres les assemblées de leurs états à époques fixes, simulacre de souveraineté populaire qui, dans le fond, n'ajoutait rien peut-être au bonheur de la nation, mais qui était la cendre glacée qui couvait l'étincelle des révolutions. Après l'assassinat du duc et du cardinal de Guise, ordonné par Henri III, les principales villes de France, à l'instigation de la Ligue, se soulevèrent contre le roi. La Bretagne imita cet exemple, à l'exception de Rennes, que le parlement retint dans l'obéissance; mais Nantes, Saint-Malo, Brest, et surtout les villes de l'ouest, catholiques jusqu'au fanatisme, se déclarèrent ouvertement pour la Ligue. Le duc de Mercœur, voulant faire valoir sur cette province des droits qu'il prétendait tenir de sa femme, fille du duc de Penthièvre, se mit à la tête des ligueurs. Après s'être emparé du château de Nantes, qui lui fut livré par trahison, il résolut aussitôt de s'emparer de Rennes. Il ne craignait dans cette ville que le parlement, et dans le parlement il appréhendait surtout son premier président, Claude de Faucon, sieur de Ris. Ce magistrat revenait en ce moment de Paris; Mercœur le fait enlever et conduire au château de Nantes. Le parlement envoie des députés au duc; mais grâce à l'entretien qu'ils eurent avec lui, de bons royalistes qu'ils étaient à leur départ de Rennes, ils y revinrent ligueurs. La sagesse du parlement prévit tous les troubles qui allaient éclater dans la ville, et chercha vainement à les prévenir par la fermeté de ses mesures. Le duc trouva moyen d'exciter des désordres parmi les habitants. Une procession, manœuvre déjà pratiquée avec succès contre les protestants, devint l'occasion d'une querelle entre les deux partis. On s'échauffa, on se menaça, les rues furent barricadées, et l'on allait en venir aux mains, quand le duc de Mercœur, qui s'était transporté à Redon pour observer et saisir l'instant favorable, parut subitement devant Rennes, et, malgré les instances du parlement, y fit entrer ses troupes. Enhardi par ce premier succès, il déclara hautement que tout ce qui s'était passé à Rennes avait eu lieu par ses ordres. Il remplaça le gouverneur de la ville par une de ses créatures; et, s'étant rendu au parlement, où déjà il comptait de nombreux partisans, il fit prononcer un arrêt qui le rendait maître de la convocation du ban et de l'arrière-ban de la noblesse. Il s'imagina dès lors que Rennes était en son pouvoir, et partit pour s'emparer de Fougères, qui lui fut livré à prix d'argent. Mais il apprit en même temps qu'une révolution venait de lui enlever la capitale du pays, sa plus précieuse conquête. Gui de Bréguigny, sénéchal de Rennes, avait parcouru la ville aux cris de *vive le roi!* et les ligueurs effrayés s'étaient soumis. Le parti royaliste avait repris son autorité, et un arrêt ordonnait au duc de cesser les hostilités et de licencier ses troupes. Le parlement aurait voulu s'arrêter là, content d'avoir ressaisi le pouvoir; mais l'effervescence était au comble, et il fut entraîné par le mouvement populaire. Un second arrêt déclara le duc de Mercœur rebelle au roi, décréta de prise de corps tous ses partisans, et ordonna de saisir le temporel des évêques et des prêtres ligueurs. Une médaille fut frappée en l'honneur du sénéchal de Bréguigny, regardé comme le sauveur de la Bretagne.

La nouvelle de l'assassinat de Henri III fut apportée à Rennes par le sénéchal de Fougères; mais le parlement, qui crut cette nouvelle fausse, arrêta le sénéchal et le fit pendre. Le duc de Mercœur, par représailles, fit pendre de son côté le juge de Laval, qu'il détenait prisonnier. Cependant l'assassinat du roi se confirma, et le parlement ne sut trop d'abord à quel parti s'arrêter. Il ne balança plus dès qu'il eut reçu du prince de Navarre la promesse que la religion catholique serait conservée. Il prêta serment à cette condition, et il arrêta que le nouveau roi serait supplié d'embrasser cette même religion catholique; cette résolution fut le coup le plus terrible qu'on pût porter à la Ligue.

Henri IV, voulant pacifier la Bretagne, et pensant que sa présence y était, à cet effet, indispensable, vint à Rennes en 1598. Sa présence eut bientôt dissipé le vieux levain de la Ligue. Il laissa aux états des instructions paternelles qui lui concilièrent tous les cœurs; il abolit les impôts dont il crut pouvoir se passer, et, sur la demande des états, il fit détruire plusieurs châteaux qui étaient de véritables repaires de brigands.

Rennes est une ville d'un aspect agréable, située sur la croupe et au pied d'une colline, dans une plaine vaste et fertile, sur le canal d'Ille-et-Rance, au confluent de l'Ille et de la Vilaine. Elle se divise naturellement en haute et basse ville, sans néanmoins que la différence du terrain et les légères ondulations du sol puissent légitimer, jusqu'à un certain point, cette distinction. La première, assise sur une hauteur bordant la rive droite de la Vilaine, est la plus considérable; elle est régulièrement bâtie, les bâtiments en sont superbes, les places publiques vastes et magnifiques, les rues larges, spacieuses, propres et tirées au cordeau. Un fort beau poudingue servait autrefois au pavage des rues, et s'appelait caillou de Rennes; les pierres de grès l'ont entièrement remplacé dans la haute ville; mais dans la basse on retrouve encore de ces anciennes pierres qui, polies, sont fort remarquables : on ignore presque maintenant d'où elles se tiraient autrefois. La ville basse est fort mal pavée et les rues en sont malpropres. La Vilaine, dont quelques bras baignent cette partie de la ville, y a favorisé l'établissement de beaucoup de tanneries et parchemineries, et l'une des rues y est consacrée exclusivement à l'abattage des bestiaux destinés à la boucherie.

Un incendie terrible consuma une grande partie de la ville de Rennes en 1720. Cet incendie, dont on ne peut indiquer la cause, fut allumé, dit-on, par le régiment d'Auvergne. Huit cent cinquante maisons, devenues la proie des flammes, ne laissèrent d'autres vestiges de leur existence que des cendres, et beaucoup d'autres furent endommagées. Jamais incendie ne s'annonça sous une forme plus épouvantable. Dans un très-court espace de temps il embrasa toutes les maisons dans une étendue de plus de vingt-une mille six cents toises, et s'il avait été rapide dans ses progrès, il se montra longtemps indomptable dans sa furie. Il dura depuis le 22 décembre jusqu'au 29 du même mois, et il n'est point d'exemple d'une persévérance semblable. Les édifices les plus solides furent obligés de céder à sa violence, et la fameuse tour de l'Horloge, dont la vétusté bravait encore les siècles, et dont on faisait remonter l'origine à un temple des faux dieux, s'écroula calcinée au bout de trois jours. La cloche que renfermait cette tour tomba dès le second jour de l'incendie, et la violence du feu en fit fuser la fonte, dont les morceaux se retrouvèrent ensuite sous les cendres.

RENNES,
Vue prise du Mail.

Ce malheur, irréparable pour la génération qui en fut victime, produisit un bien pour les générations suivantes. La ville détruite renaquit de ses cendres; en la rebâtissant on s'astreignit à des plans réguliers; les rues furent tracées plus larges et les maisons plus solidement et plus élégamment construites, et sur les immenses débris de cette ville, détruite jusqu'en ses fondements, s'éleva la ville neuve dont on admire aujourd'hui la majesté. La couleur grise de la pierre que l'on a employée pour la bâtisse donne une teinte sérieuse aux bâtiments, et semble nuire à l'enjouement; tant il est vrai que les affections de l'âme reflètent le coloris des objets extérieurs ! Aussi, malgré ses larges et belles rues, malgré ses hautes et belles maisons, le quartier neuf n'est-il guère plus gai que les vieux quartiers, avec lesquels il s'entremêle et se confond en certaines parties. Bien plus, l'ensemble de la ville a on ne sait quoi de morne et d'attristant qui n'échappe pas à l'attention des voyageurs, par l'effet qu'ils en éprouvent eux-mêmes quand ils y séjournent. L'élévation des façades, qui ont toutes au moins trois étages, sans compter les entresols et les mansardes, et la couleur sombre des pierres de grès ou de granit dont elles sont construites, ne contribuent pas peu sans doute à produire cette impression. Le même ton de tristesse règne dans les maisons, dont la distribution intérieure n'est pas, en général, plus gracieuse que commode.

Rennes manque de marchés couverts : c'est dans les rues Château-Renault, de l'Horloge et du Champ-Jacquet, qu'a lieu, trois fois par semaine, le marché aux légumes. Des deux côtés de la rue stationnent les paysans des environs ou des faubourgs qui apportent en foule les produits de leurs jardins. Le lait, le beurre, et dans le printemps les fleurs décorent leurs corbeilles.

Les monuments et édifices remarquables sont en petit nombre à Rennes; les principaux sont :

La porte Mordelaise. Dans la partie ouest de la ville règnent, sur une étendue assez considérable, les débris des murs qui en formaient autrefois l'enceinte. A la moitié environ se trouve la seule porte de la ville qui subsiste ; c'est la porte Mordelaise, anciennement appelée porte Royale, regardée aussi comme la plus ancienne. On y remarque une inscription romaine presque effacée, qui prouve que sous l'empereur Gordien, Rennes comptait déjà au rang des cités de la Gaule. Il faut voir cette inscription non sur l'indéchiffrable pierre, mais dans les divers auteurs qui la rapportent :

IMP. CÆS. ANTONIO
GORDIANO. PIO FEL. AUG. P. M. T.
P. COS. O. R. IE CIVITAS REDONIS.

On ignore de quel monument elle a été tirée : les maçons l'ayant employée comme une pierre de taille ordinaire, l'inscription se trouve renversée, ce qui, joint à ce qu'elle est d'ailleurs très-oblitérée, la rend d'autant plus difficile à lire.

C'était par cette porte que les ducs de Bretagne faisaient leur entrée à Rennes, mais avant d'y passer ils juraient de conserver la foi catholique, de protéger l'église de Bretagne, de la défendre, etc., de gouverner sagement le peuple et de lui rendre exactement la justice. On le conduisait ensuite à l'église, où rien ne lui était épargné, grand'messes, vêpres, complies, hymnes, pendant deux jours entiers. Au deuxième jour, on le ceignait de l'épée ducale et du cercle d'or. Le duc jurait ensuite de gouverner justement ; enfin la cérémonie était terminée par le *Te Deum* et la messe du Saint-Esprit.

La cathédrale de Rennes, métropole des églises bretonnes, a été fondée, bâtie et augmentée par les anciens rois, comtes et ducs de Bretagne. C'était là qu'après avoir veillé toute une nuit devant l'autel et prêté le serment d'usage, ils recevaient des mains de l'évêque la couronne et l'épée, et prenaient possession de leur souveraineté.

Charles de Blois fit bâtir une grande partie de la cathédrale en 1345.

En 1490, la duchesse Anne, reine de France, à la sollicitation d'Yves Mayeuc, évêque de Rennes, jeta les fondements des tours et du portail qui subsistent aujourd'hui. L'ouvrage fut interrompu jusqu'en 1541. Depuis, les états, le parlement et la communauté de ville ont fait les frais de l'édifice.

En 1700, le chapitre demanda au roi qu'il fût permis de démolir l'église qui menaçait ruine. Un arrêt du conseil, de 1702, ordonna la démolition, qui ne fut point exécutée faute de fonds.

Un autre arrêt du conseil, du 2 juin 1754, ordonna de nouveau la démolition, dont la direction fut attribuée à l'intendant, par arrêt de 1755.

L'entière démolition de la cathédrale fut achevée en 1756. Suivant un relevé fait par l'ingénieur Abeille, en 1750, l'église avait, depuis les tours, 38 toises ou 228 pieds de long, sur 18 toises ou 108 pieds de large, non compris la saillie qui formait l'avant-corps de chaque bout de la grande croisée.

La nouvelle cathédrale est construite vis-à-vis de la vieille porte Mordelaise, à côté des bâtiments de l'école d'artillerie. Le portail, surmonté de deux tours régulières et décoré de cinq rangs de colonnes exécutées sans goût et sans aucun fini, est lourd et sans majesté; sa hauteur est de plus de 120 pieds. Les colonnes du rez-de-chaussée sont d'ordre toscan; celles du premier étage sont d'ordre ionique; celles du deuxième, d'ordre corinthien, et enfin celles des troisième et quatrième étages sont d'ordre composite. Entre les deux tours existe au rez-de-chaussée la porte d'entrée, dont le sommet se termine par une voûte plate qui fait l'admiration des hommes de l'art. Au-dessus, et dans la hauteur des premier et deuxième étages, est une vaste fenêtre terminée en rond, qui répond à la voûte hardie construite en ogive qui, dans le projet primitif, devait régner dans toute la longueur de l'église, et qui est coupée vers le milieu par la voûte actuelle, construite en charpente recouverte de plâtre, décorée de caissons dans toutes ses parties. Le chœur, de forme demi circulaire, est aussi décoré de caissons d'un bel effet.

L'intérieur, construit dans la forme d'une croix grecque, se termine par une rotonde que soutiennent trente-trois colonnes d'ordre ionique, de 9 pieds de circonférence, séparées du mur par une distance de 12 à 15 pieds. Cette colonnade se prolonge dans toute la partie basse de l'église; les bas-côtés sont remplis par dix petites chapelles. Deux plus grandes, avec quatre colonnes pareilles à celles de la nef, existent à chaque extrémité latérale de la croix. En un mot, l'exécution intérieure de ce bâtiment rappelle en petit celle du Panthéon de Paris. Il est cependant à regretter que le plâtre ou le moellon aient, dans cette construction, remplacé le granit du projet primitif; le monument n'est pas achevé, et déjà les colonnes subissent l'effet de l'humidité du climat qui les noircit, et qui ne tardera pas à altérer la blancheur du plâtre. Du reste, ce bâtiment promet d'être un des plus beaux de Rennes.

L'ÉGLISE SAINT-PIERRE, aujourd'hui cathédrale provisoire, fut autrefois l'abbaye de Saint-Mélaine, occupée par des religieux de l'ordre de Saint-Benoît. Cette construction remonte à la plus haute antiquité; la tour seule, refaite dans sa façade, ainsi que la partie gauche du cloître, en 1646, sont d'une construction plus moderne. L'église n'a pour toute voûte qu'un plafond de planches et ne présente rien de la dignité que l'on est en droit d'exiger dans une cathédrale. Les anciens cloîtres sont affectés à un hospice pour les vieillards infirmes; le palais abbatial sert aujourd'hui d'évêché.

L'ÉGLISE SAINT-SAUVEUR est une des plus jolies de Rennes. Un mauvais tableau y représente la Vierge préservant de l'incendie la place des Lices, qui ne fut pas atteinte par le feu. C'est une offrande faite par les habitants du quartier épargné. Un beau baldaquin, supporté par quatre colonnes de marbre de Saint-Berthevin, forme, avec une belle chaire en fer, tout ce que l'intérieur a de curieux.

L'ÉGLISE TOUSSAINT, fondée par les premiers comtes de Rennes, a été consumée par les flammes. Sur son emplacement, et sur la place qui porte son nom, est construite la halle aux blés.

LA NOUVELLE ÉGLISE TOUSSAINT fut fondée en 1624, époque à laquelle la communauté de ville appela à Rennes les pères jésuites. Pour les encourager à se fixer dans ses murs, elle leur donna le collége dit de Saint-Thomas, avec les maisons, jardins et dépendances; plus 3,000 livres de rente (somme énorme si l'on pense à la valeur de l'argent dans ce temps, où le déjeuner de Fête-Dieu de toute la communauté de ville coûtait 21 livres 11 sous); enfin, elle réunit à leur collége quatre prieurés et fit bâtir leur église à ses frais : c'est aujourd'hui une église paroissiale. Ce collége était très-prospère; l'on y a compté jusqu'à 4,000 élèves.

LA CHAPELLE SAINTE-ANNE, située vis-à-vis de l'ancien couvent de Bonne-Nouvelle et derrière la paroisse Saint-Aubin, à laquelle elle était accolée, fut jadis l'hospice de la ville, et la place qui porte aujourd'hui son nom, était le cimetière public. En 1358, lors de la fondation de l'Hôtel-Dieu, dit Saint-Yves, la communauté de ville fit ériger Sainte-Anne en prieuré, en y annexant des droits et revenus, réservant le titre de prieur aux fils ou aux petits-fils d'un de ses échevins. Dans les cérémonies publiques ce prieur marchait au côté droit du maire, et ses bedeaux et acolytes portaient la livrée de la ville. Supprimée à l'époque de la révolution, et vendue comme domaine national, elle sert depuis ce temps de magasin de fer.

Les églises de SAINT-GERMAIN, SAINT-

Étienne et Saint-Aubin, n'ont rien de bien remarquable.

L'Abbaye Saint-Georges, monastère de l'ordre de Saint-Benoît, fut fondée en 1020, par Alain, duc de Bretagne ; Adèle, sa sœur, en fut la première abbesse. Le titre de comtesse de Tinténiac était attaché à la dignité abbatiale, et les nonnes de ce couvent devaient être nobles. Il est constant que l'église de cette abbaye, qui était en même temps une paroisse de la ville, était bâtie sur les ruines d'un ancien temple. La tour, qui a subsisté jusqu'en 1816, était évidemment un des restes de ce temple attribué au culte d'Isis ou de Cérès, on ne peut dire lequel ; tout ce que l'on sait, c'est que l'architecture de ce monument était égyptienne, ce qui avait donné lieu à la version suivante : le voisinage des druides établis dans la forêt de Rennes fit avancer à quelques auteurs qu'ils étaient en rapport avec les prêtres d'Isis, et communiquaient à l'aide de vastes souterrains. Cette version est très-commune dans le pays, et plusieurs contes de genre ont été débités sur la forêt de la Hardouinaye, et sur celle de Paimpont ; toujours est-il certain que ces souterrains n'ont été vus de personne. De toute la fondation primitive, il ne reste que le vieux cloître. Madeleine de la Fayette fit rebâtir, en 1663, le vaste et beau bâtiment qui est actuellement occupé par un régiment d'artillerie à cheval. Il offre un aspect imposant, et peut être regardé comme un des beaux monuments de la ville.

La caserne de Kergus. Cet établissement, qui est dans la rue Saint-Thomas actuelle, est d'une construction récente et régulière, et avait été élevé, après l'incendie, aux frais de la province de Bretagne, pour servir de maison d'éducation aux gentilshommes pauvres, conformément aux lettres patentes du roi données en 1748. A cette maison était attachée la maison de campagne dite Lorette, qui, rachetée dernièrement par l'État, est destinée à l'établissement des poudrières départementale et de l'arsenal. Cette campagne est située à l'une des encoignures de la promenade du Champ de Mars.

La maison de l'Enfant Jésus, rue d'Antrain. Cette maison, occupée actuellement par une congrégation de femmes, sous le nom de Dames de l'Adoration, avait été fondée par les états en 1778, dans le but d'y recueillir les demoiselles nobles dénuées de fortune. On y a récemment réuni, par un pont en bois jeté sur le chemin qui descend au moulin Saint-Martin, l'ancien presbytère de ce nom, et cet établissement est destiné à donner asile à trente jeunes personnes pauvres, qui y seront élevées aux frais des dames de la Maternité.

L'Hôtel de Ville est une construction moderne qui date de l'incendie de 1720. La façade de cet édifice, bâti sur une jolie place séparée seulement par une rue de la belle place aux Arbres, est d'un style pur et gracieux ; il a été bâti sur les dessins de Gabriel. Le milieu forme un fer à cheval, dont les deux extrémités ressortent en larges pavillons. Celui du midi, où l'on s'introduit par un vestibule décoré de quatre belles colonnes de marbre de Saint-Berthevin, est occupé par les diverses salles de la mairie, au nombre desquelles en est une très-vaste et assez belle, destinée aux fêtes publiques. Le pavillon du nord est consacré aux tribunaux de première instance et de justice de paix. Au-dessus a été placée la bibliothèque publique de la ville. Dans les salles basses de ce côté, l'école de dessin et d'architecture occupe un local exigu.

Au milieu de l'édifice s'élève avec grâce l'élégante tour de l'horloge, dont la partie inférieure renferme une niche au fond de laquelle on voyait autrefois une statue pédestre en bronze, de Louis XV. A droite et à gauche étaient deux autres statues également en bronze, l'une représentant la Santé, l'autre la Bretagne. Le premier étage de cette tour est décoré d'un ordre dorique, dont les colonnes sont accouplées et élevées sur un soubassement. Cet ordre est couronné par un fronton ; son entablement se raccorde avec les corniches des deux pavillons et des parties circulaires. Au-dessus est un attique en forme de piédestal, portant cette tour, qui est ornée d'un ordre corinthien avec des arcades, et qui est couronnée par une campanille avec un petit dôme surmonté par une aiguille. L'hôtel de ville et la tour de l'horloge qui joint ces deux pavillons forment ensemble un corps d'édifice dont la façade a 65 mètres de longueur sur 25 de profondeur.

Avant l'incendie, l'horloge publique existait derrière la chapelle Saint-James. Elle avait été établie en 1468, et la cloche, fondue à l'endroit où est actuellement la fontaine du Champ-Jacquet, fut manquée trois fois, elle ne réussit qu'à la quatrième. Elle se brisa en 1483 et fut refondue pour le prix de 333 livres ; on y avait employé 39,263 livres de cuivre et 437 livres d'étain, ce qui ne serait pas tout à fait dans le rapport nécessaire. Cette cloche se fendit encore, fut refaite, et enfin fondue lors de l'incendie de 1720. Elle avait 8 pieds de diamètre, 6 de hauteur, et son épaisseur à la lèvre était de 8 pouces.

Le Palais. Cet édifice, situé sur une belle place quadrangulaire, offre, avec le style sévère de l'ordre toscan, la solidité qui le caractérise. On peut lui reprocher un défaut de proportion entre la hauteur insuffisante de la façade, qui n'a qu'un étage, et la prodigieuse hauteur du comble, dont l'arête ne s'élève pas moins au-dessus de la corniche, que la corniche au-dessus du sol. Cette façade a 144 pieds de long et se compose de onze croisées, savoir : une seule dans le pavillon du milieu, trois dans chacun des deux pavillons latéraux, et deux dans chaque intervalle.

Dans l'intérieur est une cour avec un puits au milieu ; une galerie voûtée règne autour de cette cour. Cette galerie est répétée au premier étage, où sont les salles de ce vaste palais.

On s'introduit dans ce temple de la justice par un spacieux vestibule, au-dessus duquel règne une vaste salle des pas perdus. Rien de plus sombre et de plus claustral que les corridors qui conduisent dans les diverses salles d'audience, décorées de peintures de Jouvenet et de ses élèves, et de jolies arabesques dignes du pinceau de Raphaël. On admire surtout celui des tableaux qui représente le Mensonge démasqué.

Cet édifice est consacré en même temps à l'étude et à l'application des lois : l'école de droit s'y trouve réunie à la cour royale, ainsi que le tribunal de commerce.

Places publiques. On compte à Rennes onze places publiques, qui sont la place Sainte-Anne, la place des Lices, la place du Calvaire, la place Saint-Sauveur, la place Saint-Michel, la place du Champ-Jacquet, la place de la Mission, la place du Pré-Botté, la place de l'Hôtel de Ville, la place du Palais et la place aux Arbres. Ces deux dernières sont les plus remarquables.

La place du Palais forme un parallélogramme de 110 mètres de long sur 80 de large, un peu incliné du côté du sud ; le palais en occupe entièrement le haut côté ; les trois autres côtés sont bordés de maisons élégamment bâties en pierres de taille, et décorées de beaux pilastres corinthiens. Un nouveau percé a fait tomber l'ancienne église des Cordeliers, qui déparait cette place, maintenant une des plus belles de France, et sur laquelle s'élevait autrefois la statue équestre de Louis XIV, fondue en bronze. L'exécution en avait été arrêtée par les états, et leur décision, confirmée par arrêt du conseil d'État du 1er février 1724, fut exécutée. La première pierre du piédestal fut posée le 5 mai 1726. Sur deux plaques en cuivre on avait tracé l'historique de cette fondation. Cette statue fut détruite pendant la révolution, et le métal servit à fondre des monnaies pour la république. Il est actuellement question de rétablir ce monument ; mais quelques citoyens ont émis le vœu que tout en élevant une statue à Louis XIV, on fît tourner cette dépense au profit de la ville, en en faisant en même temps une fontaine jaillissante.

La place aux Arbres, plantée de tilleuls, a moins d'étendue et de régularité que celle du Palais, avec laquelle elle se joint par un de ses angles. Elle offre dans l'intérieur de la ville une promenade agréable, d'où l'on jouit d'une fort belle vue sur la façade de l'hôtel de ville.

Après les édifices que nous venons de décrire, et les deux places dont nous venons de parler, il ne reste plus à Rennes aucune autre place ni aucun autre édifice public à citer. On y voit peu de beaux hôtels : les plus remarquables sont celui de l'intendance actuellement occupé par la préfecture, et l'hôtel Blossac, situé dans la rue du Four-du-Chapitre. Au bout de cette rue, sur la petite place du Calvaire, on examine avec plaisir la jolie rotonde de l'église de ce nom, abandonnée à un commissionnaire de roulage, qui en a fait son magasin. Cette église serait d'autant plus précieuse à conserver, que sa forme ronde, peu commune en France, est, comme l'Assomption de Paris, et comme toutes celles du même genre, une imitation du Panthéon de Rome.

Promenades. La ville de Rennes se glorifie à bon droit de ses promenades. Les principales sont le Thabor, le Mail, le Champ de Mars et la Motte.

Le Thabor est formé d'une partie de l'ancien jardin des bénédictins de Saint-Mélaine. L'entrée de cette promenade était autrefois dans la rue de Fougères, sur les derrières du palais épiscopal. La ville ayant concédé ce terrain à l'évêché, une nouvelle entrée fut pratiquée dans la ruelle dite de la Palestine ; enfin, depuis peu de temps, une dernière et belle entrée a été exécutée. Une place a été faite en face de la cathédrale provisoire ; à la gauche est l'évêché, à la droite la préfecture et ses jardins ; enfin, dans le fond, l'église et l'entrée de la promenade. Une vaste esplanade qui domine la ville, et de laquelle la vue s'étend à une distance de plusieurs lieues, se présente dès l'entrée ; une grande pelouse de verdure est au milieu, et au centre s'élève, sur un bloc de granit, la statue de Duguesclin ; à l'extérieur de cette esplanade se développe une rampe par laquelle on monte à la partie supérieure du Thabor. De ces vastes allées, formées d'arbres dont quelques-uns comptent des siècles d'existence, l'œil se repose avec plaisir dans la vallée que baigne la Vilaine, ou devine dans le lointain les châteaux de Laillé, Cucé, etc. L'on descend dans l'allée des promeneurs à la mode, et l'on aperçoit la longue grille qui sépare l'enceinte publique du Thabor, du jardin des plantes, vaste établissement, riche surtout sous le rapport scientifique, et qui était jadis le jardin que l'évêque avait arraché aux moines de Saint-Mélaine. (Voy. Abbaye Saint-Mélaine.) La position de cette promenade, son grand développement, en font une des choses les plus remarquables de Rennes.

A l'extrémité opposée de la ville, une longue jetée s'avance entre deux canaux jusqu'au confluent de l'Ille et de la Vilaine : c'est le Mail. Quatre rangs d'arbres le couvrent dans toute sa longueur, qui est d'environ 5 ou 600 mètres ; des deux côtés sont de vertes prairies, et à l'extrémité l'on découvre sur l'autre bord de l'Ille le monument de Saint-Cyr, actuellement occupé par une congrégation de femmes. La promenade du Mail n'est pas ce qu'elle pourrait être ; en effet, les canaux qui l'entourent et dont l'eau circule à peine, se dessèchent en été et infectent l'air ; l'hiver, une autre cause s'oppose à la fréquentation de cette promenade, c'est le froid excessif qu'il y fait, car rien ne l'abrite et ne la garantit du vent. On y entrait autrefois par une autre petite promenade que l'on nommait Avant-Mail, et qui maintenant a disparu en partie pour faire place au pont et à l'écluse d'entrée du canal d'Ille-et-Rance dans la rivière de Vilaine.

En face de la grille qui sert d'entrée au Mail, s'élève sur un haut piédestal, dont les panneaux en marbre sont chargés d'inscriptions latines et chrétiennes, une croix de bois qui semble sortir d'un globe de bronze, entourée du serpent fatal, auteur des maux de l'humanité : c'est la croix de la mission plantée en 1817. Il est rare de passer sur l'espèce de carrefour ou de place dont ce monument religieux occupe le centre, sans y voir agenouillées quelques personnes du peuple, le plus souvent des femmes, priant et se prosternant publiquement, quelques-unes avec l'apparence d'une véritable piété, d'autres avec l'affectation d'une piété qui n'est qu'apparente.

Le Champ de Mars, appelé aussi Champ de Foire, était, avant 1789, le Champ de Montmorin. La ville l'acheta pour en faire un champ de foire, mais la révolution ayant éclaté, l'on voulut avoir à l'imitation de Paris un Champ de Mars, et ce lieu fut témoin de la première fédération rennaise ; c'est actuellement une vaste esplanade qui, dans sa partie inférieure, présente une surface d'environ 50,000 mètres carrés. Une allée, élevée de quelques pieds au-dessus du sol, règne dans toute la partie latérale ouest et conduit à l'éminence qui règne dans toute la longueur du Champ de Mars ; cette élévation est couverte d'arbres, et le côté qu'elle présente à l'esplanade est couvert d'une épaisse verdure et descend en une pente assez rapide et coupée d'allées, jusqu'à la partie inférieure du sol. Cette promenade n'était autrefois qu'un champ de foire irrégulier dans sa forme, entrecoupé de mares d'eau croupissante et interrompu dans sa longueur par un chemin qui conduisait à un puits construit à l'extrémité sud, et qui alimentait la ville en grande partie. Ce n'est que depuis 10 ou 12 ans que cette promenade a été assainie, régularisée et embellie. Elle sert aux évolutions des troupes de la garnison et touche les anciens murs de la dernière enceinte de la ville.

Après ces principales promenades viennent les murs qui sont la troisième enceinte de la ville, autour de laquelle circulent les eaux d'un trop plein de la Vilaine. Ces murs sont plantés d'arbres dans toute leur longueur et généralement fréquentés par les promeneurs. Cette promenade offre un désagrément bien remarquable, c'est la présence de deux poudrières qui sont à une distance l'une de l'autre d'environ 150 mètres, et situées au centre d'un cercle qui pourrait comprendre les casernes, le collège, la maison de détention et l'école chrétienne des frères ignorantins. Une mesure sage vient d'être prise pour faire transporter ailleurs avant peu ces poudrières.

La Motte est une promenade située en face de l'entrée de la préfecture, et venant par un escalier aboutir à l'extrémité de la rue Charles X, nouvellement percée.

Enfin, la place aux Arbres, située vis-à-vis de celle de l'hôtel de ville, est plantée de tilleuls. C'est sur cette promenade que se tient le marché aux fleurs.

Le Jardin des plantes est ouvert au public les mardis, jeudis et samedis, depuis trois heures jusqu'au coucher du soleil, et tous les jours aux étudiants et amateurs munis d'une carte du professeur. La moitié de ce jardin est occupée par les plantes de l'école botanique, et l'autre par une pépinière d'arbres fruitiers et d'arbres d'ornement.

Bibliothèque publique. La ville n'avait pas autrefois de bibliothèque publique ; il n'y avait que celle des avocats, qui contenait environ 5,000 volumes, et que s'étaient plu à enrichir MM. de Miniac et Robin-d'Estréans, doyen du parlement de Bretagne. Devenue publique lors de la révolution, on y réunit les livres de nombreuses bibliothèques. Depuis une quinzaine d'années on a reconnu qu'un grand nombre de livres y existaient en double ou en triple, on en a vendu, et on en a donné au collège de la ville. Actuellement le nombre des volumes que renferme cette bibliothèque s'élève à plus de 31,000. Une commission a été créée, qui s'est activement occupée de la mise en ordre des ouvrages et de l'impression du catalogue, qui a été achevé en 1828. On y trouve un grand nombre d'ouvrages précieux et divers manuscrits rares. Il est peut-être à regretter que les livres de sciences y soient en assez petit nombre ; on y compte près de 2,000 ouvrages sur la théologie, et 1,800 sur la jurisprudence.

Cette bibliothèque est journellement fréquentée par plus de deux cents personnes. Grâce à la munificence du gouvernement et de l'administration municipale, elle a reçu de grandes augmentations. On s'est procuré les meilleurs commentateurs du droit romain et du droit français ; toutes les bonnes éditions des classiques grecs et latins ; les ouvrages les plus estimés sur les beaux-arts, etc.

Le Musée de tableaux est situé dans l'ancienne chapelle de l'école de droit, près de l'église de Toussaint.

Cette précieuse collection de tableaux des grands maîtres des écoles française, italienne et flamande, est reléguée dans un local étroit, bas, humide, mal éclairé et hors de toute proportion avec la quantité d'objets d'art qu'il renferme. Les tableaux y sont entassés pêle-mêle, sans goût et sans choix ; de telle sorte que les plus curieux se trouvent placés dans l'ombre ou à une si grande élévation qu'il est presque impossible de les examiner et d'apprécier leur mérite.

On y remarque des Van Dick, des Guerchin, des Paul Véronèse, des Gérard delle Notti, des Jordan, des Lebrun, des Rubens, une noce de Cana, par Jean Cousin, et un tableau, dont le sujet est la Mort, peint par le bon roi René, prince aimable qui se consolait de la perte d'un royaume par la culture des beaux-arts ; ce tableau, d'une exécution très-médiocre, est curieux par son ancienneté et par la rareté des ouvrages qui nous restent de ce peintre-roi, regardé, à juste titre, comme le modèle des bons princes.

Instruction publique. Rennes possède une académie universitaire qui comprend dans son arrondissement les départements des Côtes-du-Nord, du Finistère, d'Ille-et-Vilaine, de la Loire-Inférieure et du Morbihan.

La faculté de droit de l'université de Nantes a été transférée à Rennes en 1836. Cette faculté compte au nombre de ses professeurs deux jurisconsultes également célèbres, MM. Carré et Toullier, dont les ouvrages sur le code civil et la procédure semblent être devenus partie intégrante de la loi, et font autorité dans le barreau de Paris et de tous les tribunaux du royaume. Parmi les nombreux établissements destinés à propager l'instruction, on doit mettre en première ligne le collège royal, dirigé par des professeurs du plus grand mérite.

Rennes possède une école des beaux-arts où l'on enseigne les éléments du dessin, de la peinture et de la sculpture, pour la figure et pour l'ornement, dans tous les genres, notamment pour ce qui concerne la menuiserie, la serrurerie, la décoration des appartements, les plâtriers et tapissiers. L'école se tient dans deux salles séparées : l'une, située dans la tour de l'horloge, est spécialement destinée à l'étude du dessin d'ornement et des premiers éléments de la figure ; l'autre, dans l'édifice contigu à l'hôtel de ville, est affectée à l'étude de la bosse, de la nature, de la peinture et de la sculpture. Il y a un modèle vivant pendant toute l'année. Il y a en outre un cours gratuit d'architecture pratique et de dessin linéaire.

Rennes possède encore une école royale d'artillerie et une école royale d'équitation.

Hôpitaux. On compte à Rennes cinq hôpitaux : l'hôpital général, l'hôpital Saint-Yves, l'hôpital Saint-Méen, l'hôpital des incurables et l'hôpital militaire. Indépendamment des secours à domicile, ces hospices donnent souvent asile à 1,200 individus.

Arsenal. On confond généralement sous

le nom d'arsenal la caserne d'artillerie, l'arsenal et les bâtiments de la direction. La caserne est un vaste bâtiment qui servait jadis d'hôpital pour les enfants trouvés; il se compose d'un corps de logis et de deux ailes très-vastes. A l'extrémité de l'une d'elles a été construite une façade ou pavillon d'environ 100 pieds de long, sur le fronton duquel on lit qu'il fut fondé par M. de la Bourdonnaye, pour servir d'asile à six pauvres prêtres. Derrière l'aile droite se trouve le petit polygone de l'école, qui vient joindre les vastes jardins de l'arsenal, où l'on emploie annuellement de 150 à 180 ouvriers, et qui seul fournit aux besoins des côtes depuis Cherbourg jusqu'à la Rochelle. Le polygone de l'école où se fait le tir au boulet est situé à une demi-lieue de la ville, dans l'ancienne lande de la Courouse, qui s'étend jusqu'au château de la Prévalaye.

Rennes est la patrie d'un grand nombre d'hommes célèbres, dont les principaux sont: La Bletterie, historien, l'un des traducteurs de Tacite, né en 1696, mort en 1772; on lui doit aussi l'histoire de l'empereur Julien, et la vie de l'empereur Jovien. G. L. J. Carré, professeur à l'école de droit de Rennes, savant jurisconsulte, auteur de plusieurs ouvrages sur le droit très-estimés. Chapellier, avocat, l'un des orateurs les plus distingués de l'Assemblée constituante, décapité à Paris, le 3 floréal an II (22 avril 1794). M. Corbière, ex-ministre de l'intérieur. D'Argentré, jurisconsulte. Duguesclin, connétable de France, homme vertueux et grand guerrier, aussi respecté des étrangers qu'il était aimé de ses soldats, mort devant Châteauneuf-de-Randon : la France entière le pleura et donna des marques publiques de sa douleur; son corps fut reçu dans toutes les villes par où il passa avec les mêmes honneurs qu'on rend aux rois; les princes assistèrent à ses funérailles. M. Duplessis de Grénédan, ex-conseiller au parlement de Rennes, membre de la chambre des députés. M. Duval (Amaury), savant archéologue, membre de l'Institut. M. Duval (Alexandre), célèbre auteur dramatique, membre de l'Institut, connu par ses nombreux succès au théâtre. M. Elleviou, acteur inimitable de l'opéra-comique. Gerbier, célèbre avocat du barreau de Paris. Gilles de Retz, maréchal de France, surnommé Barbe-Bleue, que ses crimes et ses cruautés avaient rendu un objet d'horreur et d'effroi dans toute la province, brûlé vif à Nantes en 1440. Ginguené, littérateur distingué, né en 1748, mort membre de l'Institut en 1816. Hévin, jurisconsulte et littérateur, né en 1621, mort en 1692. M. Kératry, homme de lettres et savant publiciste, ancien député du département du Finistère. La Chalotais, célèbre procureur général au parlement de Bretagne, né en 1701, mort le 14 juillet 1785 : magistrat aussi intègre qu'éloquent et courageux; il se signala dans l'affaire de l'expulsion des jésuites, publia un compte-rendu de cette société, divers mémoires, et un Essai sur l'éducation nationale. Il est encore plus connu par son énergique fermeté qui lui attira une longue disgrâce, son emprisonnement, son procès et le jugement qui l'acquitta. Lanjuinais, l'un des membres les plus estimables de la Convention nationale, ex-président de la chambre des représentants, pair de France, mort à Paris le 17 janvier 1827. M. Legraverend, jurisconsulte, connu par ses travaux sur la législation criminelle. Lobineau, bénédictin, auteur d'une Histoire de Bretagne assez estimée, mort en 1727. Poulain de Saint-Foix, historien, connu par ses Essais historiques sur Paris. Poulain-Duparc, célèbre jurisconsulte, auteur de plusieurs ouvrages de droit. J. B. Robinet, homme de lettres, auteur inconnu du fameux Système de la nature, attribué au baron d'Holbach. M. Toullier, célèbre jurisconsulte, auteur du Droit français, ouvrage traduit en italien et en anglais, qui jouit d'une réputation justement méritée. R. J. Tournemine, jésuite, savant philologue, né en 1661, mort en 1736.

INDUSTRIE. Manufactures de toiles à voiles supérieures, pour la marine royale et le commerce. Fabriques de fils retors que l'on teint en toute sorte de couleurs, de filets de pêche, pipes de terre, colle forte, faïence façon de Rouen, amidon, cartes à jouer, images communes. Filatures de lin. Blanchisseries de cire. Tanneries. Brasseries. Papeteries.

COMMERCE de fils retors, toiles de toute espèce, beurre, grains, vins, cidre, miel, cire, lin, bois de construction, bestiaux.

A 17 l. de Saint-Malo, 28 l. de Nantes, 83 l. de Paris. — *Hôtels* de France, de la Corne de cerf, du Commerce, de l'Europe, de la Grand'Maison.

THORIGNÉ. Village situé à 2 l. 1/4 de Rennes. Pop. 515 hab. On remarque à peu de distance, sur les bords de la Vilaine, le vieux manoir de Tizé, qui protégeait son enceinte. Ce fut le séjour de Bertrand d'Argentré, banni de Rennes en 1589, parce qu'on avait trouvé sur sa table le rôle de la

Ligue; c'est là qu'il mourut de chagrin le 13 février 1590, à l'âge de 71 ans. Le manoir de Tizé est un mélange d'anciennes et de nouvelles constructions. La partie ancienne, le frontispice, l'escalier et sa jolie guirlande datent de 1314.

ARRONDISSEMENT DE FOUGÈRES.

ANTRAIN. Petite ville située sur la rive droite du Couesnon, qui commence en cet endroit à être navigable, à 6 l. 1/2 de Nantes. ✉ ☞ Pop. 1,742 hab. C'était autrefois une place forte défendue par un château construit par les ducs de Bretagne. En 1793, l'armée républicaine, après avoir attaqué sans succès la ville de Dol, se réfugia à Antrain, où une partie de son arrière-garde fut taillée en pièces par les Vendéens. — *Fabriques* de serges, grosses étoffes de laine, boissellerie, sabots de hêtre. Tanneries.

AUBIN-DU-CORMIER (SAINT-). Petite ville située sur une colline escarpée, près de la forêt de son nom, à 4 l. 3/4 de Fougères. ✉ ☞ Pop. 1,729 hab.

Cette ville doit son origine à un château fort construit en 1223 par Pierre de Dreux, duc de Bretagne. Sa position élevée lui procure un air très-vif et un horizon très-étendu. Elle a été assiégée et prise sur les Bretons par les Français, dans la guerre que termina glorieusement pour ces derniers la célèbre bataille de Saint-Aubin, gagnée par le vicomte de la Trimouille, général en chef de Charles VIII à l'âge de 18 ans, contre le duc de Bretagne François II, le prince d'Orange, et le duc d'Orléans (depuis Louis XII). Ces deux princes y furent faits prisonniers. Il ne reste plus de son gothique château que quelques pans de murs et une tour très-élevée, qui signale au loin cette ancienne demeure ducale, habitée passagèrement par la duchesse Anne. A côté de cette ruine pittoresque, est une chaîne d'énormes rochers, plus pittoresques encore. Un chemin âpre et tortueux parcourt, dans sa longueur, leur crête escarpée. Tout à côté on voit un bel étang, ancienne dépendance du château. *Fabriques* de cuirs et de poterie de terre commune. Éducation des abeilles. — *Commerce* considérable de beurre frais, de toiles, étoffes communes, miel, cire, sel, gibier, sarrasin, instruments aratoires, etc.

BAZOUGES-LA-PÉROUSE. Village situé à 8 l. 3/4 de Fougères. Pop. 4,500 h. —Verrerie à la BALUE.

BRICE-EN-COGLAIS (SAINT-). Bourg situé sur la rive gauche de l'Oisance, à 3 l. 3/4 de Fougères. Pop. 1,404 hab. — *Fabrique* de papier commun. Tanneries.—*Commerce* de beurre frais.

CHAUVIGNÉ. Village situé à 5 l. 3/4 de Fougères. Pop. 971 hab. On y trouve une source d'eau minérale et des carrières de beau granit. — Papeterie.

CHRISTOPHE-DE-VALAINS (SAINT-). Village situé sur la rive gauche de la Minette, à 5 l. 1/4 de Fougères. Pop. 286 h. — Papeteries.

FOUGÈRES. Jolie ville. Chef-lieu de sous-préfecture et de deux cantons. Tribunal de première instance. Collège communal. ✉ ☞ Pop. 7,677 hab.

L'origine de cette ville est inconnue, et se perd, comme tant d'autres, dans la nuit des temps. C'était jadis une ville très-forte et l'une des clefs de la Bretagne, avant la réunion de cette province à la couronne. Henri II, roi d'Angleterre, s'empara de Fougères en 1166, et c'est alors que fut détruit l'ancien château, à la place duquel Raoul de Fougères fit construire celui dont on voit encore les restes. En 1173, le même Henri II s'empara de nouveau de la ville et du château de Fougères. Jean sans Terre la prit en 1202. Bertrand Duguesclin, chargé par Charles V de pacifier la Bretagne, entra en 1372 dans cette province, et se rendit maître de plusieurs places, du nombre desquelles était Fougères. Dans la nuit du 23 au 24 mars 1448, sous le règne de Charles VII, les Anglais s'emparèrent de cette ville par surprise, et cet événement est remarquable dans notre histoire, parce qu'il devint le signal d'une guerre dont le résultat fut la reprise de la Normandie et de toutes les provinces usurpées sur la France. Le 25 juillet 1488, le duc de la Trimouille, commandant de l'armée de Charles VIII, s'empara de Fougères après neuf jours de siège; cette conquête fut le prélude de la bataille de Saint-Aubin du Cormier (voyez ce nom). Le 28 mars 1588, le duc de Mercœur, qui tenait encore pour la Ligue, se rendit maître de Fougères, qu'il ne rendit qu'en 1598. Le château est tout ce qui reste aujourd'hui des anciennes fortifications : le magnifique donjon, bâti en 1383 par le connétable de Clisson, qui en faisait la principale force, fut démoli vers 1630. Avant la

CHÂTEAU DE S^T MARC-SUR-COUESNON.

CHÂTEAU DE FONTAINES.

RUINES DU CHÂTEAU DE ST AUBIN DU CORMIER.

SITE ET CHÂTEAU DE L'ANCIEN MARIGNY.

de la Pylaie del. 1810.   Skelton

FOUGÈRES.

Ille et Vilaine

révolution, Fougères était un gouvernement de place avec titre de baronnie, siège d'une justice royale, d'une maîtrise des eaux et forêts. Le château formait un gouvernement particulier. Outre deux églises paroissiales, il y avait une abbaye de chanoines réguliers de Saint-Augustin, fondée en 1163. Cette ville envoyait un député aux états de Bretagne.

Fougères est une ville très-agréablement située, à l'intersection de cinq grandes routes, sur une hauteur qui lui procure un air sain et un fort bel horizon. Elle est régulièrement bâtie, les rues en sont larges, bien percées et bordées de maisons agréables; mais on n'y trouve aucune place remarquable. Derrière l'église paroissiale est une promenade en terrasse, d'où l'on jouit d'une vue charmante sur un riant et frais vallon arrosé par le Nauçon, petite rivière dont les eaux, aussi vives que limpides, vivifient une jolie prairie, ombragée de bouquets d'arbres, et qui, au bout d'un quart de lieue, va se perdre dans le Couesnon. Des pentes sinueuses, les unes adoucies, les autres escarpées, toutes ombragées et verdoyantes comme le vallon même; des maisons rustiques, disséminées dans ce joli paysage, et le château bâti par Raoul de Fougères, dont les vieux remparts et les gothiques tours subsistent encore, forment un ensemble agréable et romantique. Le vallon entoure en grande partie Fougères, et devait en rendre l'accès difficile pour quiconque arrivait, soit de Rennes, soit de Saint-Malo. Le château était d'une faible défense pour la ville, puisque, ne commandant qu'au faubourg, il était commandé lui-même par la partie haute de la ville, ainsi que par les éminences environnantes. C'est au fond du vallon que se réunissent les routes de Rennes et de Saint-Malo, par une descente naguère très-rapide, suivie d'une montée plus rapide encore. Une forte levée, exécutée depuis quelques années, franchit aujourd'hui la gorge profonde où s'enfonçait l'ancienne route.

Fougères a éprouvé dans le siècle dernier quatre incendies; celui de 1751 fut le plus désastreux. C'est aujourd'hui l'une des villes les mieux bâties du département, comme elle en est aussi l'une des plus industrieuses.

Patrie de René Pommereul, littérateur, général de division, ancien préfet, directeur de l'imprimerie et de la librairie, auteur d'un mémoire fort remarquable, d'après lequel le gouvernement établit les bases du système de l'administration des eaux et forêts, et de l'article de Fougères, dans le Dictionnaire de Bretagne d'Ogée, article qui offre de savantes recherches sur cette contrée; de M. Rallier, député à la Convention nationale, membre de plusieurs assemblées législatives, auteur d'ouvrages dramatiques et de divers articles sur les antiquités de la Bretagne; du comte Gaston de la Riboissière, lieutenant général, inspecteur de l'artillerie de la garde impériale; du comte Gaston de la Riboissière, fils du précédent, membre de la Chambre des députés; de A. J. M. Bachelot de la Pylaie, naturaliste voyageur et antiquaire, membre et correspondant de diverses académies et sociétés savantes, auteur de la Flore de Terre-Neuve, d'un traité des algues, du premier manuel de conchyliologie, et de divers mémoires sur les antiquités de la France occidentale; né le 25 mai 1786 : il a donné généreusement au muséum national de Paris les belles collections en histoire naturelle qu'il avait composées dans de nombreux voyages entrepris à ses frais.

Manufactures très-importantes de toiles à voiles, de toiles de chanvre et d'emballage, qui s'exportent de Saint-Malo et de Marseille pour l'Espagne et les colonies d'Amérique; de rubans de fil, flanelles grossières, broderies de dentelle, chapeaux, etc. Teintureries renommées, principalement pour les flanelles écarlates. Briqueteries. Amidonnerie. Tanneries importantes. Moulins à tan. Papeteries.—Belles verreries dans les environs.

Commerce de grains, gruau d'avoine renommé, beurre, miel, toiles, papiers, cuirs, chevaux, bestiaux, etc. Dépôt de sangsues.

A 11 l. de Rennes, 73 l. de Paris.—*Hôtels* Saint-Jacques, des Voyageurs.

HILAIRE-DES-LANDES (SAINT-). Village situé à 3 l. 1/2 de Fougères. Pop. 1,789 hab. — Tanneries.

LANDÉAN. Village situé à 2 l. de Fougères. Pop. 1,845 hab.

Aux environs de ce village, dans la forêt de Fougères, à 850 mètres en deçà de l'église de Landéan, on remarque un vaste souterrain connu depuis un temps très-éloigné sous le nom de Celliers-de-Landéan. M. Rallier, qui a exploré et décrit ce souterrain, a reconnu qu'il consiste en une seule cavité voûtée en plein cintre, et ayant 46 pieds 5 pouces de longueur, sur 19 pieds 5 pouces de largeur et 13 pieds de hauteur sous clef. Ce souterrain ne communique à aucun autre; l'on pouvait y descendre par un grand escalier et par un escalier plus petit, dont les rampes, en partie voûtées, se croisaient à angle droit et aboutissaient à un même pilier. Les portes étaient disposées de manière à ce qu'on pût les barricader en dedans avec beaucoup de solidité, et pour se ménager après cela les moyens de sortir du souterrain, on avait pratiqué au sommet de la voûte un petit soupirail qu'il était facile de masquer. — Le fond du souterrain avait été taillé en pente, et à son extrémité la plus basse on avait pratiqué un puisard où se rassemblaient les eaux de filtration. Au-dessus de ce fond en pente, régnait un plancher en madriers supporté par des poutres, qui étaient elles-mêmes supportées par des sommiers d'inégale épaisseur.

Ce souterrain existait en 1173, époque où Henri II, roi d'Angleterre, fit attaquer Raoul II, baron de Fougères, dont il avait fait raser le château en 1166; et tout porte à croire que c'est pour suppléer à ce château, qui lui avait servi jusqu'alors de place de sûreté, que Raoul II fit creuser dans la forêt de Fougères ce souterrain, pour y cacher ses effets les plus précieux. En 1173, Raoul, surpris par l'approche inopinée des troupes de Henri II, crut avoir au moins le temps de sauver ses trésors les plus précieux, qu'il dirigea vers le souterrain de Landéan; mais ce convoi fut surpris en route et attaqué par l'armée de Henri, qui s'en empara et y fit un riche butin.

LOUVIGNÉ-DU-DÉSERT. Bourg situé à 4 l. 1/4 de Fougères. ♂ Pop. 3,349 h.

Il y avait jadis dans ce bourg une maison de templiers dont quelques bâtiments encore existants faisaient partie; l'église est devenue l'église paroissiale, et quoiqu'une partie ait été reconstruite dans un genre plus moderne, on y reconnaît encore de beaux restes d'architecture gothique.

OUEN-DE-LA-ROUERIE (SAINT-). Village situé à 6 l. 1/2 de Fougères. Pop. 2,076 hab.

TREMBLAY. Village situé sur l'Oisance, à 7 l. de Fougères. P. 2,118 h. — P. de Bertin, anatomiste distingué; du botan. Desfontaine.

ARRONDISSEMENT DE SAINT-MALO.

BOUSSAC (la). Village situé à 9 l. de Saint-Malo. Pop. 2,679 hab.

On remarque sur le territoire de cette commune la chapelle de Brouallan, édifice du XIe siècle, situé sur une élévation qui domine une grande étendue de pays, et d'où l'on découvre plusieurs sites admirables. Cet édifice est d'architecture gothique, entièrement construit en granit taillé et sculpté avec le plus grand soin. Il a 83 pieds de long sur 39 de large et 50 d'élévation; la tour, surmontée d'un couronnement fort curieux, est élevée de 65 pieds.

La chapelle de Brouallan a été mutilée dans plusieurs de ses parties; on y remarque cependant encore une belle rose en vitraux de couleur, placée au-dessus de l'entrée principale; les murs latéraux ont conservé quelques restes de peintures à fresque représentant des chevaliers et des armures, et les sculptures qui ont été préservées de la destruction, sont d'un dessin très-correct.

BRIAC (SAINT-). Bourg situé à peu de distance de l'Océan, près de l'embouchure du Frémur, à 3 l. 3/4 de St-Malo. P. 2,439 h.

L'église de ce bourg fut élevée dans le XIVe siècle, lors d'une abondante pêche de maquereaux. La reconnaissance des pêcheurs les porta à en faire représenter de tous côtés sur les murs, sur la voûte, et même dans le bénitier, où on les voit à la nage.

CANCALE. Petite ville maritime, située à 3 l. 3/4 de Saint-Malo. Pop. 4,880 hab.

Cette ville est bâtie sur une hauteur près de la côte occidentale d'une baie très-étendue et d'un accès facile, où les vaisseaux peuvent mouiller en toute sûreté par sept ou huit brasses d'eau. Elle se divise en deux bourgades, dont l'une se nomme la Houle-de-Cancale, et l'autre le bourg ou la ville. Cette dernière est dans une situation riante, sur une hauteur d'où l'on jouit d'un horizon immense. Elle est assez bien bâtie et remarquable par une jolie église dédiée à saint Méen, qui en fut le fondateur.

La Houle est considérée comme le port de Cancale. C'est un groupe de maisons, peuplé de 1,500 habitants, et c'est là qu'abordent et que résident les pêcheurs. Elle est bâtie dans une position délicieuse; la mer vient battre ses quais; devant elle s'ouvre la vaste baie de Cancale, au fond de laquelle on aperçoit le mont Saint-Michel et les côtes de Normandie. Plusieurs îles rompent l'uniformité de ce tableau, et le fort des Rimains, situé à quelque distance au milieu des eaux, protége ses parages contre les attaques de l'ennemi. Par derrière, la vue est bornée, car la côte forme une espèce d'amphithéâtre; mais lorsqu'on jette les yeux sur les riches campagnes, sur les habitations charmantes dont elles sont couvertes, on ne regrette plus d'avoir un horizon resserré. Sur la gauche on aperçoit la pointe de Cancale, extrêmement élevée au-dessus des eaux. Cette partie de la côte, à

CHÂTEAU DE COMBOURG

Lieu de naissance de M. de Chateaubriand.

raison de sa forme, a reçu le nom de Groin. On y pêche d'excellent poisson et des huîtres avidement recherchées et qui méritent si bien la haute réputation qu'elles ont acquise; les bancs sont à quelque distance en mer. Au lever de l'aurore, on jouit à la Houle d'une perspective délicieuse, et trois fois par semaine, cette vue est animée par plus de quarante bateaux pêcheurs qui attendent sur la grève que le reflux les emporte en pleine mer. Le flot arrive, aussitôt les voiles sont ouvertes au vent qui entraîne au large toutes les embarcations, dont bientôt on n'aperçoit plus que la couleur des voiles; le soir, tous ces bateaux rentrent au port avec une pêche abondante. A l'époque où la pêche des huîtres est permise, les travaux des pêcheurs durent nuit et jour, et l'on travaille avec activité à remplir les parcs qui fournissent les villes de la Bretagne, Paris, et même l'Angleterre.

Le 4 juin 1758, quinze mille Anglais, commandés par lord Marlborough, débarquèrent au port de Cancale, défendu seulement par la milice garde-côte. De là ils se portèrent à Saint-Servan, où ils brûlèrent tous les vaisseaux qui étaient dans la rade et sur les chantiers de construction, ainsi que les arsenaux, les bois de construction, et les corderies de la marine marchande. Après avoir inutilement sommé Saint-Malo de se rendre, ils se rembarquèrent dans les journées du 11 et du 12 juin.

La baie de Cancale, située entre la pointe de ce nom et celle de Grandville, est vaste et abondante en toute espèce de poisson, dont les habitants font un commerce considérable, ainsi que d'huîtres excellentes que l'on transporte à Étretat, village du département de la Seine-Inférieure, où se trouve un fort beau parc pratiqué dans le roc même, et où les huîtres acquièrent une qualité supérieure à celles des autres huîtres de la côte; après y être restées quelque temps, on les exporte pour Paris ou pour l'Angleterre.

CHATEAUNEUF. Petite et très-ancienne ville, située sur le ruisseau d'Auzon, à 3 l. 1/4 de Saint-Malo. ✉ ⚜ Pop. 694 hab.

Châteauneuf était jadis une place forte, qui fut prise et reprise plusieurs fois pendant les guerres de Bretagne. On voit un fort hexagone, construit sous terre en 1777, d'après les plans de Vauban. Ce fort protége la côte nord-ouest du département d'Ille-et-Vilaine. On ne le voit pas de la route, attendu qu'il ne s'élève pas au-dessus du sol qui l'environne; il est entièrement caché par le glacis qui défend l'abord du fossé. Il y a toujours une garnison. On a pratiqué sous ses bastions des casemates où peuvent loger 600 hommes. Le magasin à poudre, voûté à l'épreuve de la bombe, est fort vaste et bâti avec la plus grande solidité.

Cette ville était autrefois défendue par un château fort construit en 1117. Dans les guerres de la Ligue, ce château, qui tenait pour le duc de Mercœur, fut pris par les troupes royales le 26 mars 1592, et repris peu de temps après par Mercœur, qui en fit démolir le donjon et transporter l'artillerie à Saint-Malo. Henri IV le fit démanteler en 1594. Il reste encore de cet antique édifice des ruines imposantes enclavées dans le parc d'un château moderne qui domine Châteauneuf, et dont les jardins descendent jusque sur la grande route; ces ruines forment assurément une des plus belles fabriques de jardins paysagers qui existent en France.

CHERRUEIX. Bourg situé près de l'Océan, à 6 l. 1/4 de Saint-Malo. Pop. 1,917 h. On y remarque des pêcheries importantes.

COMBOURG. Gros bourg situé près d'un bel étang, sur le ruisseau de Linon, à 1 l. de Saint-Malo. ✉ ⚜ Pop. 4,774 hab. On y remarque un ancien château flanqué de quatre tourelles et bien conservé, dont s'empara Conan, duc de Bretagne, en 1065.

Près de Combourg était l'abbaye de Saint-Méen, en grande partie détruite.

Patrie de M. de Châteaubriand.

Fabr. considérables de toiles. Tanneries.

COULOMB (SAINT-). Village situé à 2 l. 1/2 de Saint-Malo. Pop. 2,209 hab.

Cette commune est située sur le bord de la mer. Le territoire, parsemé de coteaux qui se déroulent jusque sur la plage, est généralement pittoresque et couvert d'une riche culture. On y remarque, sur un rocher situé à quelque distance de la mer, les ruines du château de Guarplic, bâti en 1160. Dans cette même commune existaient aussi les ruines du Plessis-Bertrau, place forte qui appartenait au célèbre Duguesclin, et qui a successivement été possédée par les Châteaubriand et les Châteauneuf.

DOL. Ville ancienne, située à 5 l. 1/2 de Saint-Malo. ✉ ⚜ Pop. 3,939 hab.

La fondation de Dol remonte à une époque très-éloignée. Au commencement du VIe siècle, cette ville était le siège d'un évêché, qu'Hoël le Grand, roi de l'Armorique, fit ériger en archevêché, afin de soustraire les évêques de l'Armorique à la soumission qu'ils devaient au métropolitain de Tours.

Dol était autrefois une place très-forte et

l'un des boulevards de la Bretagne contre les attaques des Normands. Elle a été prise et reprise plusieurs fois. Les Normands s'en emparèrent en 994, et la réduisirent en cendres après l'avoir pillée de fond en comble. Cette ville eut des souverains particuliers, qui prirent le titre de comte ; Rivallon, le premier que l'on connaisse, vivait en 1030, et son dernier descendant mâle fut Jean V, dont la fille épousa un sire de Châteaugiron : il est probable qu'elle ne lui apporta que de vains droits, puisqu'à cette même époque les évêques s'intitulaient déjà comtes de la cité de Dol. En 1587, cette ville fut prise par Gilbert, duc de Montpensier, pour le compte du roi de France, qui en garda la possession. Pendant les troubles de la Ligue, elle fut assiégée plusieurs fois, et vaillamment défendue, à cette même époque, par son évêque, Charles de l'Épinai, qui soutenait le parti royal. En 1758, les Anglais, descendus à Cancale, s'avancèrent jusqu'à Dol, où ils entrèrent sans éprouver de résistance.

En 1793, après la malheureuse expédition de l'armée vendéenne sur Grandville, une partie de cette armée se réfugia à Dol, où peu de temps après elle fut assiégée par les républicains. Les royalistes défendirent cette ville avec courage. Après un combat acharné, qui dura plus de quinze heures, l'armée républicaine fut forcée à la retraite, et poursuivie jusqu'à Antrain, où les Vendéens massacrèrent une partie de son arrière-garde.

Cette ville est située à l'intersection de plusieurs grandes routes, au milieu de marais desséchés extrêmement fertiles. Elle est bâtie sur une hauteur qui domine la partie des marais qui n'est pas boisée, et s'aperçoit d'assez loin. De vieux murs et de larges fossés, restes de ses anciennes fortifications, l'environnent de toutes parts. Des promenades charmantes ont été établies récemment sur les glacis de ses remparts.

Dol est une ville triste et mal bâtie : la plupart des maisons offrent même une construction bizarre; le premier étage se détache du rez-de-chaussée et s'avance sur la rue, où il forme une saillie de six à huit pieds, soutenue par des piliers. Cependant beaucoup de constructions modernes se font remarquer à côté de ces anciens manoirs, et tout porte à croire qu'avant une cinquantaine d'années cette ville présentera un aspect agréable. La Grande-Rue, qui est presque la seule à laquelle on puisse donner ce nom, est spacieuse et bordée de maisons construites sur une ligne assez régulière.

Dol est une ville très-malsaine, à cause des marais qui l'avoisinent. Ces marais, formés par l'envahissement de la mer, sont bordés de l'est à l'ouest par des digues destinées à les défendre contre la fureur des flots : ce sont des jetées de terre fortifiées du côté de la Manche par des enrochements à pierres perdues, et dont la hauteur est en général de 10 mètres. Le territoire de cette ville est très-fertile en blé, tabac, chanvre, lin, fruits, et principalement en pommes donnant du cidre délicieux, qui supporte le transport par mer. Les pâturages nourrissent des moutons estimés pour la délicatesse de leur chair.

L'ancienne cathédrale de Dol est une des plus belles églises de la Bretagne. Elle est très-vaste; sa nef est élevée, et il y a de la légèreté, de la hardiesse dans l'ensemble de son architecture gothique. Les piliers sont remarquables ; quatre petites colonnes séparées les flanquent et s'élèvent jusqu'à leur sommet. Cette église est presque nue; elle a été entièrement dépouillée pendant la révolution. On regrette surtout une fort belle grille qui entourait le chœur et que l'on a détruite pour en fabriquer des piques. Les dévastateurs n'ont oublié que quelques tombeaux d'évêques, entre autres celui de saint Samson, premier titulaire de ce diocèse. Les tours de cet édifice sont très-élevées, et l'on y jouit d'une vue étendue. L'une d'elles n'a pas été terminée; elle a au plus cent pieds d'élévation. Cette église est construite avec une grande solidité et bien conservée.

A un kilomètre et demi de la ville de Dol, à droite de la route départementale de Hédé à Dol, on voit un monument gaulois, druidique ou romain, auquel on donne dans le pays le nom de Pierre du Champ dolent. Cette pierre était autrefois de forme ovale ; mais cette forme a beaucoup changé, et on a pu remarquer que les plus grands changements ont eu lieu depuis 15 à 20 ans. Elle s'élève de 30 pieds au-dessus du sol, et sa base inférieure est à 15 pieds au-dessous, ce qui lui donne en tout 45 pieds de hauteur; sa circonférence était autrefois de 30 à 32 pieds; aujourd'hui, elle n'en a pas plus de 27 à 28, et il s'en détache fréquemment depuis plusieurs années d'assez nombreux fragments. Cette pierre doit, selon toutes les apparences, avoir été extraite et apportée du rocher du Mont-Dol; c'est la même espèce de granit, et elle n'est point de la nature des pierres dites *pierres de fer*, comme nous l'avons mal à-propos indiqué dans notre description du département d'Ille-et-Vi-

SAINT-MALO.

laine, publiée en 1829; elle n'en a même pas l'apparence. Il est d'ailleurs certain que cette qualité de pierre ne peut s'extraire en aussi gros blocs que celle qui est appelée la Pierre du Champ dolent. La pierre de fer est assez commune dans les carrières qui avoisinent Dol: on s'en sert pour les grandes routes, mais jamais on n'en a vu un bloc qui pût être comparé à la vingtième partie du monument dont il s'agit. Des fouilles ont été faites il y a environ 30 ans au pied de ce monument; on inclina la pierre afin de tâcher de trouver quelque indication de son origine. Ces fouilles étaient dirigées par M. Revers, célèbre antiquaire, né à Dol. On y trouva une petite médaille, grande comme un centime, à l'image d'Adrien. M. Revers cuba la pierre, et trouva que, selon son calcul, elle devait peser alors deux cent onze mille livres. Ce fut alors qu'on put se convaincre qu'elle n'avait que 15 pieds en terre, et qu'elle était à peu près la même à la base et au sommet. On n'a aucune espèce de certitude sur son origine; mais tout porte à croire que c'est un monument romain: ce qui le ferait supposer avec plus de certitude, c'est la voie romaine de Pontarson à Carseul, qui passait à deux champs de distance.

Commerce de grains, cidre excellent, chanvre, tabac, lin, bestiaux, etc. — Extraction de tourbe.

ÉPINIAC. Village situé à 8 l. 1/4 de Saint-Malo. Pop. 2,076 hab. On remarque aux environs le vieux château des Ormes, ancienne propriété des évêques de Dol.

MALO (SAINT-). Ville forte et maritime, chef-lieu de sous-préfecture et de canton; tribunaux de première instance et de commerce; chambre consultative des manufactures et de commerce; direction des douanes; école d'hydrographie de première classe; consulats étrangers; société d'agriculture; place de guerre de troisième classe. Bureau et relais de poste. Pop. 9,981 hab. (Établissement de la marée du port, 6 heures.)

Saint-Malo est bâti sur l'île d'Aron, qui ne tient au continent que par une chaussée baignée deux fois le jour par les eaux de la mer. Cette chaussée, nommée le Sillon, est extrêmement forte et défendue par des ouvrages avancés, ainsi que par d'immenses troncs d'arbres fichés sur la grève pour amortir la violence des flots.

Le port de Saint-Malo, formé par une espèce de goulet compris entre une pointe de rochers qu'on nomme le Nay et un commencement de jetée qui part de la ville et qu'on nomme l'Éperon, est vaste, sûr, commode et très-important sous les rapports nautiques et commerciaux. Il est très-fréquenté, mais d'un accès difficile, à cause des nombreux récifs qui en défendent en quelque sorte l'entrée; c'est sans contredit un des plus beaux et des plus sûrs de France. On y construit parfaitement, et les bâtiments qui sortent de ses chantiers sont regardés comme d'excellents voiliers.

C'est un port de marée, et les vaisseaux y restent à sec à basse mer. Comme ce port est dans le fond d'un golfe étroit, la mer s'y engouffre avec rapidité, et dans les grandes marées le flot s'y élève à quarante-cinq pieds au-dessus du niveau de la basse mer. Les plus gros vaisseaux peuvent entrer dans le port s'ils sont d'une forme et d'un échantillon qui leur permettent d'échouer.

Dans la session de 1836, les Chambres ont adopté le projet de construction d'un bassin à flot dans l'anse qui sépare les villes de Saint-Malo et de Saint-Servan. Ce bassin aura 132 hectares de superficie, et s'étendra entre les deux villes sur toute la grève que la mer recouvre aujourd'hui; il communiquera avec l'avant-port par une écluse à sas assez grande pour contenir au moins cinq frégates à la fois, et assez large entre les bajoyers pour donner accès aux bâtiments à vapeur de la plus grande dimension, et aux vaisseaux de 80 canons.

À l'ouest de Saint-Malo se trouve la rade; elle est au dehors de l'embouchure de la rivière de Rance, et protégée par sept forts, dont les principaux sont le Fort-Royal, celui de la Conchée, le Grand et le Petit-Bay, l'île d'Harbourg, celle de Césambre, etc., etc. Le plus remarquable de ces forts est la Conchée, ouvrage du célèbre Vauban. Cette citadelle, car on peut lui donner ce nom, est à deux lieues en mer; elle est élevée sur un rocher presque inaccessible, où l'on ne peut aborder que d'un côté, et est garnie d'une bonne artillerie: on y voit des pièces de 36 et de 48. Elle a été attaquée inutilement plusieurs fois par les Anglais, qui s'en emparèrent cependant le 26 octobre 1693, lorsqu'ils bombardèrent Saint-Malo.

L'île de Césambre se trouve, comme la Conchée, à peu près à 2 lieues en mer. Elle a un petit port formé d'immenses pierres, réunies par des moines, qui y avaient jadis un couvent. On voit encore quelques ruines de leur abbaye. On y voit aussi les restes de l'ancienne chapelle et de la cellule de saint Brandan, qui s'y établit, avec saint Malo, dans le VIIe siècle. Cette cel-

Iule était située près d'une masse de rochers qui élèvent au-dessus de l'île une cime sourcilleuse. Il paraît qu'un torrent les a divisés jadis, ou qu'ils ont été désunis par la fureur des flots. On monte jusqu'au sommet, d'où l'on peut examiner la profondeur du ravin et les horreurs de ce précipice. Cette île n'est occupée aujourd'hui que par un poste de douaniers. Les Anglais s'en emparèrent en 1693, après s'être rendus maîtres de la Conchée.

La Rance renferme deux ports, le Saint-Père et le Solidor, séparés par une tour qui servait autrefois à défendre la navigation de la rivière.

On voit à Saint-Malo quelques fontaines alimentées par des sources qui se trouvent au delà de Saint-Servan. Les aqueducs passent sous la mer à travers la grève.

La ville de Saint-Malo doit son origine à l'ancienne cité d'Aleth, située dans le lieu où est actuellement Saint-Servan. Chassés de la terre ferme par les incursions des Normands, quelques Bretons cherchèrent, comme les Lombards en Italie, un asile sur des rochers. Ils voulaient être libres, et crurent l'être lorsqu'ils ne dépendirent plus que de la mer et d'eux-mêmes. Toujours armés pour se défendre, soit du côté de l'Océan, soit du côté de la terre, les Malouins contractèrent de bonne heure des habitudes hardies et téméraires, qui les portèrent à entreprendre des courses lointaines et nombreuses; ils se distinguèrent en tout temps par des sentiments généreux.

Sous le règne de Charles V, Duguesclin s'empara de Saint-Malo. En 1376, le duc de Lancastre et une flotte anglaise assiégèrent sans succès cette ville, qui fut défendue avec courage par les habitants, commandés par l'intrépide Jean Morte.

A l'époque de la Ligue, les Malouins ne voulurent d'abord admettre dans leur enceinte aucune troupe à la solde des partis divers qui désolaient la France. Bientôt ils finirent par ne plus vouloir de maître jusqu'au jour où les états-généraux du royaume, légalement assemblés, auraient choisi un roi catholique.

Il y avait long-temps que les habitants de Saint-Malo vivaient en mauvaise intelligence avec leur gouverneur. On le soupçonnait de vouloir livrer la place au parti royaliste, et l'on savait qu'il gardait au château de grandes richesses, qu'il avait acquises par la faveur du roi Charles IX. On en voulait donc tout à la fois à l'homme et à son argent, et l'on résolut de se rendre maître de l'un et de l'autre. L'entreprise présentait de grandes difficultés. Il s'agissait d'escalader un château bien fortifié, défendu par une garnison nombreuse et par des murailles inaccessibles. L'intrépidité des Malouins et leur adresse, cultivée par l'habitude des manœuvres nautiques, surmontèrent tous les obstacles. Cinquante-cinq d'entre eux escaladèrent nuitamment le château au moyen d'une échelle de corde attachée à une couleuvrine qui débordait le rempart élevé de plus de 100 pieds, et parvinrent, après avoir couru les plus grands dangers, à s'introduire dans la forteresse; ils attaquent la garnison surprise, qui pourtant se défend avec fureur; mais au même instant la ville entière se soulève et se précipite vers le château. Les portes sont ouvertes par ceux du dedans à ces auxiliaires qui s'y jettent en foule : la place est emportée, comme deux siècles plus tard devait l'être la bastille. Le gouverneur périt dans cette attaque extraordinaire, et ses richesses devinrent la proie des assiégeants.

On assure que cette entreprise d'une population naturellement fière et indépendante avait eu pour objet de secouer toute espèce d'autorité étrangère, et d'établir dans cette petite cité un gouvernement républicain. Ce qu'il y a de certain, c'est qu'après leur victoire, ils gardèrent eux-mêmes la ville et le château, s'emparèrent des deniers royaux, firent la guerre de leur chef aux voisins qui les incommodaient, envoyèrent ou refusèrent des secours aux ligueurs, suivant qu'ils le jugèrent à propos, continuèrent de commercer avec les nations étrangères, et se régirent, en un mot, par des formes démocratiques jusqu'en 1594 qu'ils se décidèrent à reconnaître l'autorité de Henri IV; ils le servirent avec fidélité, et marchèrent, au nombre de huit cents hommes, contre la ville de Dinan, place d'armes de la Ligue, dont ils se rendirent maîtres.

Les Malouins sont très-braves et leur marine a rendu de grands services à l'État. Plusieurs fois leurs corsaires ont ruiné le commerce anglais : en 1627, ils équipèrent, à leurs frais, une flotte de 25 à 30 vaisseaux, qui contribua beaucoup à réduire la Rochelle. Quelque temps après ils s'emparèrent de l'île de Fer. Dans la même année, sous la conduite de Duguay-Trouin, ils attaquèrent et prirent Rio-Janeiro, brûlèrent dans son port 60 vaisseaux marchands, 3 vaisseaux de guerre, 2 frégates, et firent éprouver aux Portugais une perte de 20 millions. En 1663, les négociants de Saint-Malo, outrés, ainsi que tous leurs compatriotes, de la demande que le congrès de Gertruidemberg faisait au monarque français, d'employer ses troupes pour forcer Philippe V à abandonner l'Espagne où le testament de Charles II l'avait appelé, réunirent les profits qu'ils venaient de faire dans le commerce des colonies espagnoles en Amérique, et apportèrent au roi trente-deux millions en or, lorsque les finances étaient épuisées par une longue suite d'événements malheureux. Ces trente-deux millions, distribués à temps dans les hôtels des monnaies, ranimèrent la guerre et tous les payements. La maison de Bourbon, qui règne en France, en Espagne et à Naples, n'oubliera jamais l'agitation où elle se vit dans cette circonstance, ni l'heureux moyen de soutenir ses droits qu'elle trouva au moment critique dans le désintéressement de ces estimables négociants.

Pour se venger des pertes que les Malouins causaient journellement au commerce de l'Angleterre, les Anglais formèrent le projet de détruire Saint-Malo. Ils parurent devant ses murailles, au mois de novembre 1693, avec une flotte nombreuse.

Après s'être emparés du fort de la Conchée, ils commencèrent contre la ville un bombardement terrible qui néanmoins ne produisit pas tout l'effet qu'ils en espéraient : une machine infernale qui, placée sur un vaisseau, arrivait à pleine voile sur la ville, fut détournée par un coup de vent, et jetée sur un rocher, où elle échoua : son explosion fit périr celui qui l'avait inventée, ainsi que quarante hommes dont il était accompagné. Il y avait douze tonneaux de poudre pour pousser cet artifice, qui fit un bruit si effroyable que la terre aux environs en trembla, des pierres des cheminées tombèrent à près de deux lieues de Saint-Malo; les maisons furent découvertes, les vitres cassées; les mâts et débris de cette machine remplirent les rues de la ville; mais là se borna l'effet de cette infernale invention.

Vers le milieu de juillet de l'année 1695, la ville de Saint-Malo essuya un second bombardement par les Anglais et les Hollandais. On aperçut leur flotte le 14 juillet : elle était composée de 70 voiles, dont 30 vaisseaux de guerre de 70 à 80 canons; 20 à 25 galiotes à bombes et le reste en frégates et en flûtes. Les ennemis mouillèrent en ligne au nord de la Conchée, qu'ils canonnèrent et bombardèrent toute l'après-midi, et ne tuèrent qu'un seul homme. Le 15 au matin, ils bombardèrent la ville avec la plus grande vigueur : leur feu continua onze heures sans intervalle, et ils jetèrent au moins 1,600 bombes, dont il en tomba 8 à 900 sur la ville. Les forts et remparts répondaient avec la même vivacité; c'était un feu continuel de part et d'autre. Il y eut 7 maisons brûlées et 800 endommagées; dix personnes tuées : le bon ordre empêcha les progrès du feu. Le 16, les ennemis continuèrent à canonner et bombarder la Conchée, qui leur répondait au mieux : ils détachèrent deux brûlots, dont un échoua; l'autre s'attacha au fort, et brûla quelques baraques avec des munitions de guerre. On ne sait pas précisément quel dommage eurent les ennemis; mais leur retraite précipitée, dans le temps qu'ils pouvaient désoler la ville, en continuant de la bombarder, a fait croire qu'ils avaient beaucoup souffert.

En l'année 1758, les Anglais firent deux descentes dans les environs de Saint-Malo; leur flotte avait paru le 4 juin à la vue de cette ville; elle était composée de 114 à 115 voiles. Les troupes ayant été mises à terre à Cancale, se répandirent le lendemain et les jours suivants dans les campagnes, qu'elles pillèrent; environ 2,000 hommes s'avancèrent jusqu'à Saint-Servan, où ils mirent le feu à 80 vaisseaux, brûlèrent les corderies, les galleteries et plusieurs autres magasins où les habitants de Saint-Malo tenaient les différentes choses propres aux armements. Ayant intercepté les lettres d'un courrier, dont une annonçait l'arrivée d'un secours considérable, ils se rembarquèrent précipitamment et appareillèrent le 17.

Le port de Saint-Malo fut autrefois affecté au commerce de la mer du Sud. Les habitants qui se livrèrent à ce commerce acquirent en peu de temps des richesses immenses, et c'est de là que se sont formées ces fortunes considérables qui, avant de se disséminer, ont imprimé à cette ville maritime un caractère d'opulence qu'elle porte encore. Sous Louis XIV, elle parvint au plus haut point de splendeur. C'est le berceau de la Compagnie des Indes. On compte encore à Saint-Malo un grand nombre d'armateurs qui font des expéditions pour les colonies et des armements pour les pêches lointaines. Les négociants de cette place jouissent à juste titre d'une grande réputation de probité. Ses marins sont en général intelligents, durs à la fatigue et regardés comme d'excellents hommes de mer.

Les murs de Saint-Malo sont d'une extrême force et d'une grande beauté. Ils ont été construits sur les dessins du célèbre Vauban, qui eût voulu cependant transporter toutes les habitations à Saint-Servan, et ne laisser à Saint-Malo qu'une citadelle qui aurait été imprenable. Ces murs sont élevés sur le roc, flanqués de tours et de bastions, et garnis d'une nombreuse artillerie. Ils sont très-larges, pavés en grandes pierres plates, et forment une belle promenade d'où l'on jouit d'une vue magnifique et extrêmement étendue. D'un côté on aperçoit la campagne, Saint-Servan et le port; sur un autre point, la rade et les rivages baignés par la Rance; vers le nord, la pleine mer et les forts avancés. L'œil peut de là se porter très-loin, et plusieurs personnes assurent que l'on voit jusqu'à Jersey. Tous les aspects sont variés et offrent des tableaux différents. Cependant, si le spectacle que l'on a sous les yeux est sublime lorsque la mer est pleine, qu'elle vient battre les murs et lancer l'écume de ses vagues jusque sur les curieux qui bordent les remparts, il est en revanche bien triste lorsqu'elle est retirée, qu'on ne l'aperçoit plus qu'au loin, que les bâtiments sont à sec, et que l'œil ne se repose que sur une plage abandonnée. Ces murs sont, au reste, la seule promenade de la ville. L'été on ne peut les fréquenter que le soir, car la chaleur y est étouffante. On ne peut aussi les aborder lorsqu'il fait du vent, attendu qu'il souffle d'une telle force à Saint-Malo que dans la plupart des maisons on est obligé d'avoir de doubles fenêtres.

Plusieurs rues de la ville sont bien bâties, et on y voit des hôtels magnifiques appartenant à des négociants qui ont fait de grandes fortunes dans le commerce et surtout à l'aide de leurs corsaires. La ville est jolie, et cependant le séjour en est peu agréable. La cathédrale est dans le genre gothique.

Le château, bâtiment de forme carrée, flanqué de quatre grosses tours à chacun de ses angles, fait partie des fortifications. Quoique très-ancien, il a mérité d'être conservé dans le nouveau plan. Il fut élevé par les ordres de la reine Anne; on dit qu'elle y enferma quelques chanoines à l'occasion de démêlés qu'elle eut avec eux et avec l'évêque qui avait lancé ses excommunications sur l'entrepreneur et les ouvriers. Ces démêlés eurent pour cause divers droits de régale, que la princesse réclamait et qu'elle exigea avec une grande fermeté. Ce fut alors qu'elle fit élever une tour, sur laquelle on lisait cette inscription: *Qui qu'en grogne, ainsi sera: c'est mon plaisir.* Cette partie des fortifications a retenu le nom de Quiqu'en-Grogne. On remarque aussi la tour appelée la Générale, par laquelle des Malouins s'introduisirent dans le château pendant la Ligue. On remarque encore le donjon, dans les murs duquel on plaça, en 1376, des boulets enlevés aux Anglais qui, sous les ordres du duc de Lancastre, avaient livré de rudes assauts à la ville et avaient été repoussés par la valeur des habitants. Enfin, on montre, sur la cour de devant, la tour où le procureur général la Chalotais, si célèbre par ses talents distingués et l'honorable fermeté qu'il déploya dans ses malheurs, fut renfermé ainsi que son fils. C'est dans les cachots de Saint-Malo que la Chalotais écrivit avec un cure-dent ce mémoire célèbre à l'occasion duquel Voltaire a dit: « Malheur à toute âme sensible qui « ne sent pas le frémissement de la fièvre « en le lisant!... Son cure-dent grave pour « l'immortalité. »

L'enceinte de Saint-Malo est ouverte par les portes Saint-Vincent et Saint-Thomas, toutes les deux attenantes au château, l'une à droite et l'autre à gauche; par la grande porte située à l'extrémité du bastion Saint-Vincent, du côté de la ville qui regarde le levant, et par la porte de Dinan, construite au milieu du côté de Saint-Malo qui regarde le midi. On ne peut arriver de terre à cette ville que par la chaussée. Il y a, près de la grande porte, un château d'eau qui fournit de l'eau aux fontaines de la ville. On y compte environ 80 rues. Saint-Malo a un quai fort étendu en face de la porte de Dinan, entre le bastion Saint-Philippe et celui de Saint-Louis. Il y en a deux autres au levant de la ville; l'un s'étend depuis le bastion Saint-Louis jusqu'à la grande porte, et l'autre, plus large que les deux premiers, commence à quelque distance de la bourse et s'étend jusqu'à la porte Saint-Vincent. A la pointe du bastion Saint-Louis, on a construit un éperon qui s'avance dans la mer.

Depuis quelques années les bains de mer attirent à Saint-Malo beaucoup d'étrangers durant la belle saison; à l'instar de Dieppe et Grandville, on a commencé à confectionner dans cette ville de petites maisonnettes portatives ou roulantes qui stationnent sur la plage et servent à mettre la toilette des dames à l'abri de toute importunité. On se dispose à opérer dans le service de ces bains pour le prochain été toute la perfection dont il paraît susceptible. Sous le rapport hygiénique, les bains de mer de Saint-Malo méritent d'ailleurs une juste préférence; une grève vaste et unie, formée du sable le plus fin et disposée en pente douce, éloigne jusqu'à l'apparence du danger. Une eau toujours limpide, et dans une agitation continuelle sans être incommode, offre à toute heure la précieuse facilité du bain à la lame. En un mot, il n'existe pas de localité où sous le double rapport de l'utilité et de l'agrement les étrangers puissent aujourd'hui rencontrer mieux, dans ce genre, que les bains de mer de Saint-Malo.

Saint-Malo est la patrie de Duguay-Trouin, intrépide marin et grand capitaine, né en 1673, mort à Paris en 1736; Jacques Cartier, voyageur et chorographe, qui découvrit le Canada en 1534; Maupertuis, mathématicien, astronome et voyageur, né en 1698, mort à Bâle en 1759; la Bourdonnaye, négociant et guerrier, vainqueur des Anglais à Madras, né en 1699, mort en 1754; l'abbé Trublet, auteur de quelques ouvrages, aujourd'hui tout à fait oubliés; la Mettrie, homme de lettres et médecin, né en 1709, mort à Berlin en 1751; M. Broussais, l'un des plus célèbres médecins de notre époque, né en 1772; M. l'abbé de la Mennais, auteur de plusieurs ouvrages de religion.

Fabriques de bonneterie, filets de pêche, fils à voiles, poulies, cordages, savon. Manufacture d'hameçons perfectionnés. Corderies pour la marine. Construction de navires. — Manufacture royale des tabacs. — *Commerce* de grains, fruits, vins, eaux-de-vie, salaisons, tabac excellent, sel de Guerande, toiles de Bretagne pour l'Espagne, denrées et produits des manufactures du pays, cidre, miel, beurre, cire, huitres, poisson.

Importation de denrées coloniales; des épiceries et autres productions de l'Inde et de la Chine; de lin, de chanvre, et de graines de lin et de chanvre du nord.—Entrepôt de denrées coloniales. — Entrepôt de sel.

Armements considérables pour l'île de Bourbon, les Indes orientales et occidentales, l'Afrique et le Sénégal. Armements pour la pêche de la morue, de la baleine et du maquereau. Grand et petit cabotage. La récapitulation des navires armés à Saint-Malo peut se classer ainsi :

P. les Indes orientales (de 150 à 400 ton.). 10
P. les Amériques et les Antilles (id.).... 15
P. la pêche de la morue (id.) 70
Pour la pêche de la baleine (de 4 à 500). 2
Pour le grand cabotage (de 60 à 300).. 40
Pour le petit cabotage (de 20 à 60).... 70
Total. 207

A 17 l. 1/2 de Rennes, 1/2 l. N. de Saint-Servan, 91 l. O. de Paris. — *Hôtels* de France, des Voyageurs, Franklin, de la Paix : ces hôtels sont justement renommés pour la bonne chère et la modération des prix.

MONT-DOL. Bourg situé à 6 l. de Saint-Malo. Pop. 1,854 hab.

C'est à Château-Richeux que commencent les digues de Dol qui s'étendent depuis Château-Richeux jusqu'au pas au Bœuf, en Ras-sur-Couenon, c'est-à-dire sur un espace d'environ 26 à 27 kilomètres. Ces digues ont été faites dans l'intention de préserver les propriétés contenues dans un certain rayon, que l'on appelle enclave, des inondations qui pourraient avoir lieu à certaines époques de l'année et lors de quelques fortes marées. Elles sont la propriété et l'ouvrage de tous ceux qui possèdent dans l'enclave, lesquels ont été autorisés par le gouvernement à se réunir en association et à former un petit état à part relativement à l'administration, et aux règlements qu'ils jugeraient à propos de faire dans l'intérêt de tous. Les marais enclavés s'étendent depuis Châteauneuf jusqu'auprès de Pontorson. Dol se trouve être le point central, et l'assemblée des digues s'y réunit une fois par an, à l'effet de voter le budget de l'année, d'accepter ou de rejeter l'exécution des travaux proposés dans l'intérêt général.

Les marais de Dol sont très-fertiles et l'air n'y est pas aussi malsain qu'autrefois. On l'a rendu plus salubre en faisant des dessèchements, des saignées dans les terres, en conduisant les eaux dans les rivières qui se jettent dans la mer, et en plantant sur les fossés une quantité considérable d'arbustes et d'arbres blancs. Ces marais sont un empiétement de l'homme sur les eaux de la mer, que l'on est parvenu à contenir dans les limites qu'on lui a imposées ; il semble que, comme le Créateur, on lui a dit : « Tu viendras jusque-là, tu ne passeras pas plus loin, et tu briseras ici l'orgueil de tes flots. » Faisons des vœux pour qu'elle ne franchisse point les bornes qu'on lui a données. Quels affreux dégâts ne commettrait-elle pas ! L'on ne peut y arrêter sa pensée, tellement l'idée seule en épouvante. Tous les jours, en fouillant dans les marais de Dol, on trouve des arbres renversés, qui ont conservé leur forme, leur écorce, quelquefois même leurs feuilles ; tous les jours on trouve des coquillages mêlés à la terre végétale. Le territoire est très-fertile partout où l'on a pu dessécher ; c'est sans contredit le plus productif et le mieux cultivé du département; toutes les terres sont propres au froment, que l'on sème trois années de suite; la quatrième année est consacrée au repos ou à la culture du sainfoin. Dans les parties encore marécageuses, la terre produit, d'elle-même et sans culture, de grands roseaux qui servent aux habitants pour couvrir leurs maisons, et qui donnent aux champs l'apparence de plantations de cannes à sucre.

On remarque sur la digue deux très-beaux ponts, celui de Blanc-Essai, construit en 1778, et celui d'Angoulême, qui a été achevé en 1817. L'on a pratiqué sous les voûtes de ces ponts des portes faites de manière à ce que la mer, en arrivant, les ferme et oppose ainsi à elle-même un obstacle qu'elle ne peut franchir; lorsqu'elle est retirée, la force de l'eau douce, retenue derrière, les oblige de s'ouvrir et de lui livrer un passage sur la grève.

Le Mont-Dol domine le marais, et s'élève à une hauteur considérable; il a environ une demi-lieue de tour à la base, et formait une île pendant que dura l'invasion de la mer. C'était, dit-on, un lieu consacré chez les Gaulois, où l'on voyait un collége de druides et un temple pour les sacrifices.

On jouit sur le Mont-Dol d'un bel horizon; on aperçoit Dol, la Normandie, les environs de Rennes, le mont Saint-Michel et une immense étendue de mer. Sur le point le plus élevé est placé le télégraphe, qui domine un rocher à pic d'une hauteur effrayante.

Ce bourg ne se compose que de quelques maisons réunies, mais son territoire est considérable : çà et là on y trouve des villages plus importants que le bourg dont ils dépendent, et plusieurs riches habitations disséminées sur cette partie fertile du département.

PIERRE-DE-PLESGUEN (SAINT-) Bourg situé à 6 l. 3/4 de Saint-Malo. ✉ Pop. 2,086 hab.

PLEINE-FOUGÈRES. Bourg situé à 10 l. 3/4 de Saint-Malo. Pop. 3,084.

PLEURTUIT. Bourg situé à 2 l. de Saint-Malo. Pop. 8,352.

SERVAN (SAINT-). Jolie ville maritime située près de la mer, à l'embouchure et sur la rive droite de la Rance, vis-à-vis de Saint-Malo, dont elle n'est séparée que par un large bras de mer à sec à toutes les marées. ✉ ✉ Pop. 9,975 hab.

Saint-Servan était connu des Romains, qui en avaient fait une garnison pour leurs troupes, et lui avaient donné le nom d'Aleth, (rocher perdu dans la rivière.) De tous les ouvrages du peuple-roi il ne reste aujourd'hui que quelques fragments de murailles dont les pierres sont liées par un ciment indestructible. Ces ruines sont près de la mer, vis-à-vis de la tour Solidor.

Saint-Servan est la partie continentale d'une ville dont Saint-Malo est la partie insulaire. La première a pendant long-temps été regardée comme un faubourg de la seconde, et le 1er mai 1755, elles furent réunies pour ne faire qu'une communauté, jouir des mêmes avantages, et payer les mêmes charges. Elles forment aujourd'hui deux communes distinctes. Saint-Servan est séparé de Saint-Malo par une rivière très-étroite, que l'on traverse en voiture en moins de dix minutes lorsque la mer est retirée, ce qu'elle fait deux fois dans vingt-quatre heures; quand la marée est haute, elle recouvre de trente à quarante pieds d'eau la grève que, quelques heures auparavant, on avait traversée à pied sec; le passage s'opère alors dans de petits canots. Lorsqu'on aura achevé la construction du bassin à flot dont nous avons parlé à l'article St-Malo, cette ville sera jointe à Saint-Servan par une chaussée pleine ou barrage de 26 m. 50 c. de largeur, qui rendra le trajet plus court, la communication constante et beaucoup plus rapide entre les deux villes.

De Saint-Servan la vue du port de Saint-Malo est très-agréable; on aperçoit à l'ancre tous les bâtiments marchands qui y sont venus relâcher, et on voit voguer à la voile de tous les côtés cette foule de petites embarcations qui font le service des deux villes. La société en est quelquefois singulièrement composée; mais comme le passage ne se paie que cinq centimes et ne dure pas plus de cinq ou six minutes, on rit des inconvénients momentanés auxquels on est exposé. Ce spectacle a bien plus d'agrément encore lorsque la mer est pleine vers les sept heures du soir : les compagnies qui traversent sont alors extrêmement nombreuses, et l'on aperçoit des sociétés entières qui vont passer leur soirée, soit à Saint-Malo, soit à Saint-Servan; des ouvriers qui reviennent des chantiers; des employés des administrations qui rentrent à leur domicile, etc.

La tour SOLIDOR est une fortification isolée fondée en 1382 par Guillaume le Conquérant. Cet édifice, qui a été réparé plusieurs fois depuis cette époque, mais toujours sous sa première forme, est d'une construction très-solide et bien entendue. Il a 54 pieds de haut, non compris le parapet qui le couronne, et qui est porté sur des encorbellements de pierres de taille; son élévation est divisée en 4 étages, y compris celui du

CHÂTEAU DE VITRÉ.

mâchicoulis et le rez-de-chaussée ; et sa forme, figurée en as de trèfle, n'offre dans la réalité qu'une liasse de trois tours, une grosse et deux petites, jointes ensemble par un petit carré dont le dedans n'a que 16 pieds de face : du reste il est entièrement isolé, partie par la mer qui vient battre au pied, et partie par deux coupures dans le roc, sur lesquelles sont établis deux ponts : son interposition sur une langue de terre allongée forme la séparation du port de Solidor d'avec celui de Saint-Père, qui est proprement l'ancien port d'Aleth. Comme cette tour a été construite avant qu'on fît usage de l'artillerie, elle est à peu près inutile comme forteresse. En 1576, Henri III eut l'intention de la faire démolir; mais M. de Bouillé, alors gouverneur de Saint-Malo, ne voulut point commencer cette démolition avant d'avoir reçu de la cour un second ordre qui ne lui fut pas expédié. En 1756 cette tour tombant presque en ruine, a été rétablie à peu près dans l'état où elle est maintenant.

Le port Solidor est très-commode et très-sûr : on y construit de grands navires et même des frégates. Après la malheureuse bataille de la Hogue, en 1692, des vaisseaux de ligne s'y réfugièrent sans accident.

La ville de Saint-Servan est bien bâtie, et le séjour en est très-agréable. Presque toutes les habitations ont de jolis jardins, et les campagnes des environs sont charmantes. Les Anglais y affluent et s'y établissent pour de longues années : ils forment plus du tiers de la population.

Les environs de Saint-Servan sont on ne peut plus agréables et méritent d'être vus. Le Vaugarni, situé sur la rive droite de la Rance à un quart de lieue de la ville, dans une position charmante, est surtout fréquemment visité par les amis des plaisirs et des arts ; c'est dans une dépendance de cette belle propriété, appartenant au maire de Saint-Malo, que se réunit une fois par semaine dans la belle saison l'élite de la société malouine et servanaise pour former ces bals si frais, si délicieux, connus aujourd'hui, bien au delà du département, sous la dénomination de *Société des eaux du Vaugarni*. On y trouve des eaux minérales qui font oublier depuis quelques années leurs rivales de Dinan, et sont devenues le rendez-vous des étrangers qui visitent cette partie du département.

En 1758, Saint-Servan fut occupé par les Anglais, sous les ordres de Marlborough, qui voulait s'emparer de Saint-Malo, et qui renonça à ce projet après avoir brûlé tous les bâtiments qui se trouvaient dans les ports, ainsi que les corderies, qui ont été reconstruites et méritent d'être vues.

Fabriques de biscuits pour la marine. Brasseries. Corderies importantes. Construction de navires. — *Commerce* de vins, eaux-de-vie, biscuits de mer. — Armements pour les Indes et l'Amérique; pêche de la morue. Cabotage.

SULIAC (SAINT-). Bourg situé à 2 l. 1/2 de Saint-Malo. Pop. 1,753 hab.

Ce bourg est bâti sur la rive droite et à 2 l. de l'embouchure de la Rance, qui forme vis-à-vis une vaste plaine liquide dont les bords offrent les plus charmants points de vue. Du sommet de l'une des collines qui le dominent, l'œil se promène avec délice sur le plus charmant paysage : au nord, on découvre la mer, Saint-Malo et la baie de Cancale ; à l'ouest on aperçoit Dol ; au nord la vue se prolonge jusqu'à Dinan. — On trouve aux environs une fontaine d'eau minérale froide.

TINTÉNIAC. Bourg situé sur le canal d'Ille-et-Rance, à 10 l. de Saint-Malo. Pop. 2,164 hab. L'église paroissiale est ancienne et remarquable par sa construction. — *Commerce* de grains, beurre, volailles, etc.

ARRONDISSEMENT DE MONTFORT.

BÉCHEREL. Petite ville située dans un pays fertile en lins recherchés pour la fabrication des fils retors, à 4 l. 3/4 de Montfort. ✉ Pop. 802.

Cette ville est bâtie sur le sommet d'une colline qui passe pour le point le plus élevé de toute la Bretagne : on y jouit d'un horizon immense, sur un riche pays, dont les sites variés et pittoresques étonnent et charment tout à la fois. De cet endroit, on découvre les landes d'Évran, si fameuses dans l'histoire de la Bretagne ; la ville de Dinan, qui en est à une distance de 4 lieues ; plusieurs autres villes et un grand nombre de bourgs, de villages et de hameaux qui se groupent autour de ce plateau élevé.

Bécherel était jadis une ville fortifiée, dont l'origine remonte au commencement du XIIe siècle. Henri II, roi d'Angleterre, la prit en 1138, lors de la guerre qu'il fit à Eudon, comte de Vannes, dont il avait déshonoré la fille. Ce roi s'en empara de nouveau en

1167. En 1183, elle fut brûlée par Geoffroy II, fils du monarque anglais. Ce fut sous ses murs qu'en 1341 on se servit pour la première fois du canon en Bretagne. Charles de Blois l'assiégea sans succès en 1363. Les Bretons s'en emparèrent en 1374, après un an de la plus vigoureuse résistance.

Les murs de Bécherel furent abattus en 1490. Il n'en reste plus qu'une vieille porte sur laquelle on ne voit ni inscription ni millésime. L'église est petite et obscure : elle a été réparée en 1664, et il est vraisemblable qu'elle formait autrefois la chapelle du château : on voit à l'extérieur un chevalier armé de toutes pièces. Sur l'un des côtés est une petite porte décorée d'ornements d'une architecture très-ancienne. Dans l'intérieur se trouvent deux piliers décorés de la même manière, et un grand bénitier couvert de figures relevées en bosse.

Près de Bécherel se trouve le château de Caradeuc, érigé en marquisat sous Louis XV, en faveur du procureur général la Chalotais. On remarque aussi dans son voisinage l'endroit où, en 1382, Duguesclin se vit attaqué par un corps de troupes anglaises, forcé de céder au nombre et de remettre son épée au chef des ennemis.— Aux environs, on trouve une source d'eau minérale ferrugineuse, que les médecins prescrivent comme tonique.

A peu de distance de Bécherel, sur la terre du Plessis, on voit un châtaignier extraordinaire : à un mètre d'élévation, il a 9 mètres de tour (près de 28 pieds), et ses racines, qui sortent de terre, lui donneraient une circonférence plus étendue si on le mesurait au niveau du sol.

Fabriques de fils retors. Filatures de lin. — *Commerce* important de fil fin, grains, lin, beurre et bestiaux.

BÉDÉE. Bourg situé à 1 l. 1/4 de Montfort. ☞ Pop. 2,586 hab).

IFFENDIC. Village situé sur un coteau, près du Meu, à 1 l. 1/2 de Montfort. Pop, 4,292 hab.

IFFS (les). Village situé à 5 l. de Montfort. Pop. 467 hab. On y remarque le château de Montmuran où Duguesclin fut fait chevalier en 1354, et une jolie église gothique bien conservée, qui paraît avoir été construite au XIIe siècle.

MAXENT (SAINT-). Village situé à 5 l. de Montfort. Pop. 1,774 hab). — *Commerce* de fil.

MÉEN (SAINT-). Petite ville située dans une contrée fertile, près de la forêt de son nom, à 5 l. de Montfort. Pop. 1,913 hab.

On y remarque une belle halle et plusieurs fontaines publiques.

Cette ville doit son origine à un monastère fondé dans le VIe siècle par Conan Méen, connu depuis sous le nom de saint Méen, et rebâti vers 799, sous le règne de Charlemagne. L'église de ce monastère est un ancien édifice, réédifié en 1008, mais exécuté sans goût, sans plan suivi, et à différentes époques, si l'on en juge par les parties qui n'ont pas été achevées, par l'incohérence et la disproportion de celles qui existent. Cette église devait être immense avant qu'on en eût démoli au moins la moitié il y a 60 ou 70 ans. Le tombeau de saint Méen, trois piliers d'un beau gothique qui se trouvent dans le chœur, et les deux bassins de fonts baptismaux, qui sont d'un seul bloc de granit, méritent de fixer l'attention par le fini du travail et la beauté des matériaux avec lesquels ils sont construits.

MONTAUBAN. Petite ville située à 2 l. 1/4 de Montfort. ✉ ☞ Pop. 2,626 hab.

MONTFORT-SUR-MEU. Autrefois Mons-Fortis, puis Montfort-de-Gaël, Montfort-la-Canne, Montfort-la-Montagne. Petite ville très-ancienne. Chef-lieu de sous-préfecture. Tribunal de première instance. Collège communal. ✉ Pop. 1,715 hab.

Cette ville est située sur un coteau élevé, au confluent du Meu et du Chailloux. Elle est close de remparts flanqués de plusieurs tours et environnée d'un large fossé. Sa population est aujourd'hui peu considérable, mais les vestiges d'une vaste enceinte, que l'on aperçoit à l'ouest, au nord et à l'orient de la ville, font présumer qu'elle a dû en contenir jadis huit ou dix fois davantage.

L'époque à laquelle remonte la fondation de Montfort ne saurait être connue que par des conjectures tirées de l'inspection de quelques vieux restes d'architecture militaire. Les ruines d'un petit capitole, des fragments d'architecture et de constructions romaines que l'on remarque dans une tour angulaire qui est au sud-ouest de la ville, dans quelques unes des autres tours, au parement du rempart septentrional, au jambage oriental de la porte de Coulon, à la façade d'une maison proche la tour de l'Horloge, et des restes de thermes encore existants, que l'on voit sur la rivière de Chailloux, portent à croire que Montfort a été bâti par les Romains.

Suivant la chronique britanique, il paraît que Montfort fut saccagé et détruit en 1091. Sous le règne de Charles V, Duguesclin, envoyé en Bretagne pour confisquer cette province, sous prétexte que le duc avait fait alliance avec les Anglais, mit le siége devant cette place, qui ne se rendit que lorsque ses fortifications fort endommagées ne lui permirent plus de tenir. Après sa reddition, le roi y mit garnison et fit travailler par corvée à la réédification des murailles. Pendant que tous les vilains d'alentour étaient occupés aux travaux des fortifications, une jeune fille, qui était venue apporter à son père sa nourriture journalière, fut enlevée par le capitaine commandant le château et placée dans la grande tour qui sert actuellement de prison. Peu après, le bruit se répandit que s'étant mise sous l'invocation de saint Nicolas pour échapper à son ravisseur, cette jeune fille avait été transformée en canne, par l'intercession de ce saint, et qu'elle s'était envolée dans l'étang qui, actuellement desséché, forme les prairies situées sur le bord de la rivière du Chailloux. Cette histoire fut, dit-on, la cause d'un miracle annuel qui rendit longtemps fameuse la petite ville de Montfort, laquelle en retint le surnom de la Canne.

Montfort envoyait un député aux états de Bretagne. Près de cette ville, sur la même rivière, il y avait une abbaye commendataire de l'ordre de Saint-Augustin, fondée en 1152, et occupée aujourd'hui par des religieuses bénédictines.

On trouve à Montfort une source d'eau minérale ferrugineuse, imprégnée d'un acide vitriolique, que les médecins prescrivent comme tonique. A l'orient de la ville sont les restes d'anciens thermes consistant en deux bassins contigus, dont l'un a été défoncé pour agrandir le jardin dans lequel il se trouve.

Aux environs, sur le bord oriental du ruisseau de la commune de Saint-Malo, on voit les ruines du tombeau du célèbre enchanteur Merlin. Il est situé sur le haut de la montagne, à l'entrée de la forêt de Brescilien (quartier de Coïbois), et consiste en deux dolmen placés à une portée de fusil l'un de l'autre, dont il ne reste plus que deux tas de pierres gigantesques. Au-dessous et sur le versant de la montagne, vers le ruisseau, est la fameuse fontaine de Jouvence, entourée de pierres colossales et d'une plantation de chênes; cette fontaine a été fort dégradée; ce qu'elle offre aujourd'hui de plus remarquable, est un petit escalier tournant taillé dans le roc pour y descendre du sommet de la montagne. Un peu plus loin, vers l'ouest, est le château de Compère, ou de la fée Morien, qui offre des ruines extrêmement pittoresques; et plus loin encore, la merveilleuse fontaine de Baranton, surmontée du perron de Merlin, où les romanciers supposent qu'il devait y avoir une coupe merveilleuse dont ce grand enchanteur se serait servi pour opérer des sortiléges.

Dans la forêt de Montfort, située à peu de distance et au midi de la ville, on remarque un chêne d'une grosseur considérable, dont l'origine se perd dans la nuit des temps et rappelle des souvenirs de la plus haute antiquité. Il a sept brasses de circonférence et une hauteur proportionnée : on l'appelle le Chêne-au-Vendeur, parce que c'était sous son ombrage qu'on se réunissait pour les adjudications des coupes de bois qui avaient lieu dans la forêt de Montfort. Des actes authentiques ne permettent pas de douter que cet arbre a vu au moins six siècles.

Les alentours de Montfort sont fort agréables, aussi les visite-t-on souvent. On dirige principalement ses promenades vers l'abbaye, vers les bois et avenues du château du Tregail, sur la route d'Iffendic, vers les anciens thermes, ou vers le Chêne-au-Vendeur.

Filatures de lin, blanchisseries de toiles et de fil. Tannerie importante et l'une des plus belles du département. — *Commerce* considérable d'excellent beurre, de suif, chanvre, bois, toiles, étoffes communes, bestiaux, instruments aratoires, etc.

A 5 l. 3/4 de Rennes, 88 l. de Paris.

NOUAYE (la). Village situé à 1 l. de Montfort. P. 215 h. On y remarque une jolie petite église, entièrement construite en granit, dont l'architecture est fort remarquable.

PAIMPONT. Village situé dans la forêt de son nom, sur un étang où la rivière d'Aff prend sa source, à 5 l. 1/2 de Montfort. Pop. 3,305 hab.

La forêt de Paimpont, la plus considérable de toutes celles de l'ancienne Bretagne, est située partie dans le département d'Ille-et-Vilaine et partie dans le département du Morbihan (arrondissement de Ploermel): elle contient 10,200 hectares, et renferme dans son intérieur de grandes plaines peu fertiles, de nombreux étangs et plusieurs établissements d'industrie. Cette forêt n'est autre que l'ancienne et célèbre forêt de Brescilien ou Brocéliande, mais qui alors était d'une bien plus grande étendue. C'est là que coulait la fameuse fontaine de Baraton, dont les eaux, répandues sur le perron de l'enchanteur Merlin, excitaient les tempêtes; c'est là où était le val périlleux, ou val des faux amours, parce que tout amant volage qui s'y engageait n'en pouvait sortir; cette mystérieuse forêt est, en un mot, toute conforme à la forêt enchantée de la Jérusalem délivrée. *Voy.* Montfort.

Fabrique considérable de fil blanc et écru. Blanchisseries de fil et de toiles. Forges et hauts fourneaux. Les forges de Paimpont sont les plus considérables de toute la Bretagne. Cet établissement se compose de deux hauts fourneaux et d'une grosse forge établie d'après le système anglais, ayant trois affineries, une chaufferie et deux marteaux, une grande fonderie, un tour pour tourner, forer et polir les métaux; une ancienne fenderie, un martinet, un laminoir double propre à forger et à étirer les fers en barres, fendre toute espèce de verges et fabriquer des tôles.

PERN (SAINT-). Village situé à 4 l. 3/4 de Montfort. Pop. 897 hab.—*Commerce* de bestiaux.

On y remarque le château de Ligourges, ancien manoir, autrefois la demeure de Bertrand de Saint-Pern, parrain de Duguesclin.

L'église paroissiale a eu pour fondateur dans le Ve siècle, saint Patern, sous l'invocation duquel elle est encore. Dans le chœur on voit des deux côtés les tombeaux des Saint-Pern, anciens seigneurs du lieu; l'un d'eux cependant ne voulut pas y être déposé. René de Saint-Pern, mort en 1656, fut, par son ordre et par un acte d'humilité chrétienne, enterré à la porte de l'église, voulant, disait-il, « que celui qui pendant « sa vie d'un moment avait pu fouler quel- « ques-uns des habitants ses vassaux, fût « longtemps foulé par eux..... qu'il ne fût « pas possible d'entrer dans l'église où si « longtemps il avait occupé la première place « sans poser le pied sur sa tombe: invitant « ainsi ceux de ses descendants qui pour- « raient se laisser aller à l'orgueil ou à l'in- « justice à penser à la brièveté de la vie, à « l'égalité de la mort, à l'abaissement du « tombeau !.... »

PLÉLAN-LE-GRAND. Bourg situé dans une contrée triste et sauvage, à 5 l. de Montfort. P. 3,305 h.—*Fabriques* considérables de fil blanc et écru. Blanchisserie de fil.

ROMILLÉ. Bourg situé à 2 l. 3/4 de Montfort. Pop. 2,451 hab. C'était autrefois une petite ville défendue par un château fort, qui paraît avoir été bâtie sur l'emplacement d'un temple antique.

ARRONDISSEMENT DE REDON.

BAIN. Bourg situé à 8 l. de Redon. ⊠ Pop. 3,490 h.—*Fabr.* de serges. Tanneries.

BAULON. Bourg situé près d'un étang, à 10 l. 3/4 de Redon. Pop. 1,416 hab.

BOURG-DES-COMPTES. Bourg agréablement situé près de la rive gauche de la Vilaine, à 10 l. 3/4 de Redon. Pop. 1714 h.

Ce bourg est renommé par la beauté et la variété de ses paysages, où serpentent un grand nombre de ruisseaux dont les bords sont on ne peut plus pittoresques. C'est le Clisson des environs de Rennes; aussi est-il très-fréquenté dans la belle saison par les habitants de cette ville : on cite surtout les vues du tertre, de la Roche-du-Canibet, et des vallées de la Caherai.

Le château du Boschet, dont les magnifiques jardins sont dus aux dessins du célèbre le Nôtre, est une dépendance de cette commune. La chapelle passe pour la plus belle de la Bretagne.

Exploitation de carrières de grès à aiguiser, et de carrières d'ardoises de bonne qualité. Construction de bateaux.

ERCÉ-EN-LAMÉE. Village situé à 12 l. 1/2 de Redon. Pop. 3,188 hab. On remarquait autrefois trois châteaux fortifiés sur son territoire : le château de Salles, entièrement détruit; le château du Plessis, en forme de redoute carrée dont il ne reste que les douves; le château de Saint-Eustache, qui était flanqué de sept grosses tours et défendu par plusieurs ouvrages avancés. Ce dernier château est renommé par une chapelle où viennent en pèlerinage les habitants de 7 à 8 lieues à la ronde.

FOUGERAY. Petite ville située à 7 l. 3/4 de Redon. Pop. 5,502 hab.

Le château de Fougeray, dont il ne reste plus qu'une grosse tour remarquable par la hauteur, l'épaisseur et la solidité de ses murs, était jadis une place très-forte, qui fut prise sur les Anglais par Duguesclin en 1356. Un joli château moderne a été construit près de cette tour il y a une soixantaine d'années.

GOVEN. Village situé au milieu des landes, sur une hauteur, à 12 l. de Redon. Pop. 2,068 hab. Belle filature hydraulique de laine (au moulin de Bury).

GUICHEN. Village situé sur un coteau, à 11 l. 1/4 de Redon. P. 3,495 h. On y trouve une source d'eau minérale ferrugineuse acidule.

GUIGNEN. Village situé sur une hauteur, dans un pays fertile, à 9 l. 1/2 de Redon. Pop. 2,742 hab.

GUIPRY. Village situé à 6 l. 1/4 de Redon. Pop. 3,212 hab. Il est sur la rive droite de la Vilaine, où il a un port vis-à-vis de Messac. — *Commerce* de vins, étoffes communes, bestiaux, etc.

MALO-DE-PHILY (SAINT-). Village situé dans une contrée pittoresque, sur la rive droite de la Vilaine, à 10 l. de Redon. Pop. 826 hab. On y remarque la chapelle de Mont-Serrat, dédiée à la Vierge, qui est l'objet d'un pèlerinage très-fréquenté le 8 septembre de chaque année; il est difficile de voir quelque chose de plus curieux que la situation de cette chapelle, bâtie entre deux énormes rochers. Les châteaux de Drianais et des Gaudinelais sont une dépendance de cette commune.

MAURE. Village situé à 7 l. de Redon. Pop. 4,282 hab. On y voit un ancien château qui a été pris par les troupes de Henri IV en 1597.

MESSAC. Village situé à 7 l. 3/4 de Redon. Pop. 2,375 h. Il est sur la Vilaine, où il a un port vis-à-vis de celui de Guipry. —*Commerce* de vins, salaisons, et bestiaux.

PIPRIAC. Village situé à 5 l. 3/4 de Redon. Pop. 2,845 hab.

PLÉCHATEL. Village situé sur un coteau, près du confluent de la Bruc et de la Vilaine. Pop. 2,261 hab. On remarque dans le cimetière de ce village une croix en granit dont les sculptures gothiques sont fort curieuses et remontent à une haute antiquité. On y voit aussi un rocher escarpé, nommé le rocher d'Uzel, dont la pointe s'élance en aiguille à une grande hauteur.

REDON. Jolie ville. Chef-lieu de sous-préfecture. Tribunal de première instance. Collège communal. ✉ Pop. 4,504 hab.

Cette ville doit son origine à un monastère fondé vers l'an 832, par Convoion, archidiacre de Vannes. Ce monastère, qui devint célèbre dans toute l'Europe, et qui rivalisait de richesse avec les plus fastueuses abbayes, fut pillé et ruiné par les Normands en 869, mais il fut rétabli quelques années après. En 1588, Redon fut entouré de murailles qui mirent cette ville en état de soutenir siège contre le duc de Mercœur; ces murailles ont été en grande partie détruites. Redon fut érigé en évêché en 1449, mais la mort du duc François Ier vint empêcher l'installation de ce siège. François II reporta sur Redon l'affection de son prédécesseur; il y convoqua les états en 1460, 1461 et 1475; ils s'y tinrent de nouveau en 1612.

Redon est situé au pied d'une montagne sur la Vilaine, où cette ville a un port très-fréquenté, dans lequel la marée monte à une hauteur de 8 à 10 pieds. Sans être vaste, ce port est assez grand, très-sûr, et garni de beaux quais; il peut contenir 60 à 80 bâtiments. Quatre à cinq cents navires de 40 à 150 tonneaux y entrent annuellement, venant de Brest, Saint-Malo, Bayonne, Bordeaux, etc. C'est même le seul port de Bretagne où viennent aborder en temps de guerre les bâtiments de ces deux dernières villes; de là les marchandises remontent à Rennes par la Vilaine, rendue navigable au moyen de quatorze écluses, mais seulement pendant environ dix mois de l'année. Chaque jour cette ville voit ses relations s'accroître, et le canal de Nantes à Brest, dont les travaux se poursuivent avec activité, ne peut qu'augmenter l'importance de ses relations commerciales. Redon envoie de petits navires en Amérique et au banc de Terre-Neuve, et dans la guerre continentale il en est sorti plusieurs corsaires.

Redon est une ville généralement bien bâtie. On y voit plusieurs beaux hôtels, une jolie fontaine publique, et une belle promenade plantée de quatre rangs d'arbres, dont la vue est délicieuse. L'église de l'ancienne abbaye, maintenant l'église paroissiale, est un fort bel édifice dont le rond-point passe pour un chef-d'œuvre d'architecture; les bâtiments du monastère ont été affectés à un collège, qui est un des mieux tenus du département.

Le château de Beaumont, d'une construction fort ancienne, est une dépendance de la commune de Redon; il est composé de parties très-irrégulières et assez modernes, à l'exception de trois tours qui paraissent remonter à une époque éloignée. On voit à peu de distance une cavité très-profonde, connue dans le pays sous le nom d'Abîme de Briangant, où, suivant la tradition, « les « anciens possesseurs du château de Beau-« mont, lesquels étoient grands détrousseurs « de passants sur la grande route de Redon « à Rennes, jetoient les corps de ceux qu'ils « avoient occis. »

Fabriques de serges. Exploitation de carrières d'ardoises. Construction de navires de 50, 60, 80 et jusqu'à 3 et 400 tonneaux, pour le grand et le petit cabotage.— *Commerce* de grains, vins de Bordeaux, eaux-de-vie, denrées coloniales, sel, beurre, 6 à 800 barriques de miel pour la Hollande, 9 à 10,000 kilogr. de cire, marrons pour l'Angleterre, bois de construction, chanvre, lin, toiles à voiles et de ménage, cuirs, crin, plumes, merrain, feuillard, mâtures, planches, résine, goudron, ardoises, fer, plomb, etc. Commerce considérable d'importation et d'exportation.

A 16 l. 1/4 de Rennes, 98 l. 1/2 de Paris. — *Hôtel* du Lion d'or.

RENAC. Village très-ancien, situé dans un territoire agréable et fertile, à 2 l. 1/4 de Redon. Pop. 1,363 hab. — *Fabrique* de fromage façon Gruyère.

SEL (le). Village situé à 12 l. 1/2 de Redon. Pop. 638 hab.

ARRONDISSEMENT DE VITRÉ.

ARGENTRÉ. Bourg situé dans un territoire très-fertile en chanvre, à 2 l. 1/2 de Vitré. Pop. 1,867 hab. On y voit une église fort jolie, remarquable par la régularité de son architecture. Préparation du chanvre. Blanchisseries du fil.

CHATEAUBOURG. Bourg situé sur une éminence, dans un pays couvert et abondant en excellents pâturages, sur la rive droite de la Vilaine, que l'on passe sur un pont de pierres. A 4 l. de Vitré. Pop. 1,296 hab.

A une demi-lieue de Châteaubourg, sur la route de ce bourg à Rennes, on trouve une carrière d'ardoise en qualité médiocre, que l'on exploite à ciel ouvert, à plus de cent pieds de profondeur. L'aspect de cette prodigieuse excavation, qui ressemble à un abîme situé au bord et à droite de la route, n'est pas un coup d'œil sans intérêt pour les voyageurs. — *Commerce* de toiles, étoffes communes, vins, etc.

ESSÉ. Village situé à 7 l. de Vitré. Pop. 1,705 hab.

A peu de distance de ce village, au milieu d'un champ qui dépend de la métairie de Rouvray, on voit un des monuments celtiques les plus curieux de la France, qui porte le nom de la Roche-aux-Fées. Il est composé de 43 pierres, dont 34, assez larges et d'une médiocre épaisseur, sont fichées debout en terre, et supportent huit pierres beaucoup plus grosses qui s'appuient sur leur extrémité. La forme de ce monument est à peu près celle d'un carré long, situé du sud-est au nord-ouest, et coupé par une cloison transversale. Sa plus grande longueur est de 19 mètres; sa plus grande largeur de 4 mètres; sa hauteur au-dessus du sol est aussi de 4 mètres.

Ce monument paraît avoir été consacré aux cérémonies du culte druidique. Sa situation sur les limites de quatre peuples différents, les Redones, les Namnètes, les Andes et les Arviens, a fait même supposer qu'il était tout à la fois politique et religieux. La conformité de noms qui s'attache dans toute la Bretagne à ces sortes de monuments, a dû faire penser qu'ils avaient une origine commune. Un antiquaire breton a cru que c'était sur ces rochers que les prêtresses du culte druidique rendaient leurs oracles, et que cette vieille tradition a fait appeler Fées, et par suite Roches-aux-Fées leurs monuments. Une autre observation vient s'ajouter à celle-ci, c'est que l'on rencontre toujours ces restes de la religion druidique aux bords d'une forêt ou d'un bois, dont quelques-uns conservent en langue bretonne le nom de Bois de la Prêtresse (Cort-Bregen). Le champ qui renferme la Roche-aux-Fées faisait autrefois partie de la forêt du Teil, dont il est encore peu éloigné. On trouve, dans la même forêt, une pierre levée, ou Menhir, d'environ deux mètres de hauteur sur une largeur moindre de moitié.

GUERCHE (la). Petite ville située à 6 l. 1/2 de Vitré. Pop. 4,219 hab.

Cette ville est située dans une contrée agréable, près de la forêt qui porte son nom, au milieu d'un pays fertile où l'on récolte abondamment des grains de toute espèce, d'excellentes châtaignes, beaucoup de lin et de chanvre très-recherchés, et du cidre de bonne qualité. La forêt de la Guerche abonde en excellent gibier, et les pâturages des alentours nourrissent quantité de bestiaux.

Fabriques de toiles fines et communes. Tanneries. Huileries. — *Commerce* considérable d'excellent beurre, grains, lin, chanvres recherchés, huile de noix, châtaignes, bestiaux, moutons, etc.

MARTIGNE-FER-CHAUD. Bourg situé à 9 l. 1/4 de Vitré. Pop. 3,696 hab. Il est près d'un grand étang formé par une des branches de la Bruc, au bord duquel on remarque les ruines d'un ancien château fort. On y trouve une source d'eau minérale ferrugineuse.

Les forges de Martigné sont placées auprès du bourg de ce nom : elles se composent d'un haut fourneau, de deux afûneries, d'une fonderie et de deux martinets.

RETIERS. Bourg situé à 10 l. 1/4 de Vitré. Pop. 3,036 hab.

On remarque dans cette commune une pierre levée, ou Menhir, d'une énorme grandeur. C'est un carré long et aplati qui a dix pieds d'élévation sur 8 pieds de large et environ 5 d'épaisseur. Cette pierre a été tellement mutilée, que quelques-uns de ses débris approchent de son volume actuel.

VITRÉ. Ville ancienne. Chef-lieu de sous-préfecture et de deux cantons. Tribunal de première instance. ✉ ☞ Population 8,850 hab.

Vitré est dans une situation agréable, sur la Cantache. C'était jadis une ville très-forte avec titre de baronnie et gouvernement de place. La baronnie de Vitré était l'une des plus anciennes de la ci-devant Haute-Bretagne, et ses barons avaient le droit de présider l'ordre de la noblesse lorsqu'elle s'assemblait aux états. La tradition rapporte qu'il existait autrefois dans cet endroit deux temples consacrés à Pan et à Cérès.

Cette ville, dominée par un clocher élevé et par un ancien château, se présente assez bien aux yeux du voyageur. Elle est ceinte de remparts gothiques, flanqués de tours rondes bâties en pierres de taille, dont les assises égales sont entrecoupées de distance en distance d'une bande de pierre d'ardoise; la construction de ces tours, percées d'arceaux cintrés et couronnés de mâchicoulis, paraît appartenir aux temps féodaux. C'est une ville assez grande, mais triste, malpropre et très-mal percée. L'intérieur, où l'on ne pénètre, en arrivant de Laval, que par une porte gothique qui ressemble assez bien au guichet d'une prison, offre à peine quelques maisons de construction moderne, toutes les autres sont anciennes et très-mal bâties : elles sont cependant presque toutes couvertes en ardoises; mais ici, cette toiture, loin d'offrir à la vue cet azur brillant et uniforme qui contribue tant à l'élégance des édifices, n'offre qu'une couleur sombre ou incertaine, l'ardoise de la Bretagne étant sujette à une espèce de rouille que lui impriment les lichens dont elle est presque toujours couverte. Entre deux tours des remparts, on remarque la maison jadis habitée par Mme de Sévigné : elle occupe une partie de l'emplacement des anciens murs de la ville, dont les fossés sont devenus des jardins agréables. Un peu plus loin, à l'extrémité occidentale de la ville, on voit les restes encore imposants du château des ducs de la Trimouille, que le temps achève de démolir.

Vitré est dédommagé de la tristesse de son intérieur par les beautés du paysage qui l'entoure. Des fenêtres de quelques-unes de ses maisons, on découvre la plus riante perspective : celle dont on jouit de l'ancien et noir couvent des bénédictins, devenu aujourd'hui le siége de la sous-préfecture, du tribunal civil et de la mairie, est une des plus remarquables.

L'église de Notre-Dame est un édifice gothique de moyenne grandeur, aussi bien bâti que bien conservé. Elle se fait remarquer en dehors par une chaire en pierre, d'où l'on prêchait le peuple rassemblé dans le parvis : monument curieux des usages du moyen âge, et unique en son genre. Dans l'intérieur est un assez beau maître-autel. Dans une des chapelles, on voit avec curiosité une collection de trente-deux petits tableaux peints sur émail, qui n'ont d'autre mérite que leur ancienneté.

Cette ville n'a pas de promenade proprement dite ; deux parcs de châteaux en tiennent lieu ; l'un d'eux, au sud de la ville, à trois ou quatre cents toises de distance, est une propriété de l'hospice; l'autre, à cinq ou six cents toises des murs de la ville, appartient à la famille de Tressan. On trouve aussi, vers le nord, une terrasse qui longe le pied des remparts, d'où l'on jouit d'une assez belle vue sur le bassin de la Vilaine.

L'histoire de Vitré est peu connue : cependant son château, ses tours, ses créneaux, ses remparts et ses fossés annoncent que c'était jadis une place importante, qui a dû soutenir plusieurs siéges. Le seul dont les historiens fassent mention est celui qu'elle soutint contre le duc de Mercœur en 1588. Les habitants, qui avaient embrassé le calvinisme, défendirent leur ville avec courage, et le duc fut forcé d'en lever le siége.

Dans l'arrondissement de Vitré, et même dans une grande partie de celui de Rennes, les habitants des campagnes se revêtent, en hiver, du sayon de peau de chèvre, espèce de veste longue qui descend jusqu'à moitié des cuisses, et offre un abri commode contre la rigueur des saisons. Ces vêtements sont confectionnés en partie par les bourreliers de Vitré, dont les étalages offrent, les jours de marché, une grande quantité de ces vestes, qui figurent au milieu des bâts et des harnais. La première fois que des hommes ainsi vêtus s'offrent aux regards, il est permis de douter si ce sont des sauvages que l'on aperçoit, ou bien les animaux mêmes dont ils portent les dépouilles. Ces vestes, qu'un censeur rigide pourrait nous reprocher d'appeler des vêtements, vu qu'elles ne servent que de surtout et comme de spencer, sont portées jusqu'à extinction totale et deviennent de vrais haillons à force d'avoir vieilli sur le dos de ceux qui les portent. Couvert de ce vêtement, coiffé d'un bonnet gras et rouge ou d'un chapeau rond à large bord, en usage dans presque toute la Bretagne, le paysan de ces contrées, avec ses cheveux longs qui lui cachent une partie de la figure, sa haute stature et son air de gravité qui l'abandonne rarement, est un être tout particulier, digne sous beaucoup de rapports de fixer l'attention de l'observateur. Les foires et les marchés, d'ordinaire très-fréquentés, offrent surtout un assemblage bizarre d'individus, qui diffèrent essentiellement par leur costume et par leur physionomie, des autres habitants de la France.

Les Rochers. A une demi-lieue vers le sud de Vitré, est le château des Rochers, qui fut long-temps le séjour de Mme de Sévigné. La première chose qui se présente aux approches de ce château, est le beau parc qui se dérobe aux regards ; la seconde en arrivant, est le beau bâtiment des écuries, qu'on est porté à prendre pour le château même à son élégante construction. Le château se montre ensuite à gauche, fort bien entretenu, et rajeuni par un crépi blanc ; il s'élève avec noblesse, même avec une sorte de grâce, malgré sa gothicité, entre une vaste cour et de vastes jardins. Sa hauteur est d'autant plus frappante, que le bâtiment est d'ailleurs peu considérable dans les autres dimensions ; il est même très-ramassé. Le principal objet de curiosité qui attire les voyageurs au château des Rochers, est le portrait de Mme de Sévigné, attribué à Mignard ; il est dans toute sa fraîcheur : on le croirait peint de la veille, tant les couleurs en sont parfaitement conservées, et d'autant plus qu'on y remarque presque la toilette et les costumes actuels : c'est une coiffure grecque, un fichu de gaze fort décolleté, comme de nos jours, un manteau jeté, à long plis, sur les épaules.

On montre encore, dans le même château, le cabinet vert où Mme de Sévigné reçut, d'après une de ses lettres, la gouvernante de Bretagne. Un crépi, revêtu d'une couche de blanc, cache aujourd'hui la peinture qui en faisait l'ornement au temps de Mme de Sévigné. On voit aussi, dans la même partie du château, sa chambre à coucher, accompagnée d'un second cabinet sans cheminée, où elle se retirait souvent pour écrire. La chapelle est une jolie rotonde octogone qui s'élève isolément à gauche de la grille du jardin. Cette grille sépare le château de la chapelle ; c'est, avec le cabinet, le grand et bel escalier en granit qui conduit aux divers étages, tout ce qu'il y a de parfaitement conservé du temps de cette femme illustre ; on cherche en vain son mobilier, son secrétaire, son lit ; tout a été renouvelé. La tour gothique, qui forme la caisse de l'escalier, est le donjon du château. Les jardins sont grands, bien tenus, et offrent des fleurs et quelques plantes rares, deux orangeries et un beau lavoir.

Près des Rochers, au pied d'un joli coteau boisé, on trouve une fontaine d'eau minérale qui jouit d'une assez grande réputation.

Vitré est la patrie de : P. Landais, trésorier du duc de Bretagne François II, pendu à Nantes en 1485 ; de Bertrand d'Argentré, auteur d'une histoire de la Bretagne ; de Garougeot, chirurgien distingué, auteur de plusieurs ouvrages sur la chirurgie et sur l'anatomie ; de J.-B.-R. Poupée-Desportes, voyageur, médecin et naturaliste, mort à Saint-Domingue en 1748 ; de N. Savary, voyageur et antiquaire, auteur d'une traduction du Koran, des Lettres sur l'Égypte, des Lettres sur la Grèce, etc.

Fabriques très-importantes de bonneterie en fil, serges, flanelles, chapeaux, boissellerie, tonneaux. Distilleries d'eau-de-vie. Tanneries renommées.—Manufactures de toiles à voiles.

Commerce de vins, eaux-de-vie, cire, miel, toiles, bonneterie, cuirs, abeilles, cantharides que l'on trouve dans les environs, bestiaux.

A 9 l. de Rennes, 79 l. de Paris.

FIN DU DÉPARTEMENT D'ILLE-ET-VILAINE.

IMPRIMERIE DE FIRMIN DIDOT FRÈRES,
RUE JACOB, N° 24.

Peint par Nanteuil.   Gravé sur acier par Hopwood.

Madame de Sévigné.

Guide Pittoresque
DU
VOYAGEUR EN FRANCE.

ROUTE DE PARIS A BREST,

TRAVERSANT LES DÉPARTEMENTS

DE SEINE-ET-OISE, D'EURE-ET-LOIR, DE L'ORNE, DE LA MAYENNE, D'ILLE-ET-VILAINE, DES CÔTES-DU-NORD, DU FINISTÈRE, ET COMMUNIQUANT AVEC LE DÉPARTEMENT DE LA SARTHE ET AVEC CELUI DU MORBIHAN.

DÉPARTEMENT DES COTES-DU-NORD.

Itinéraire de Paris à Brest,

PAR DREUX, ALENÇON, MAYENNE, LAVAL, RENNES, SAINT-BRIEUC, MORLAIX ET BREST, 150 LIEUES 1/2.

	lieues.		lieues.
De Paris à Sèvres	2 1/2	La Gravelle	5
Versailles	2	Vitré	4
Pontchartrain	5	Châteaubourg	4
La Queue	3	Noyal	3
Houdan	3	Rennes	3
Marolles	2	Pacé	3
Dreux	3	Bédé	3
Nonancourt	3 1/2	Montauban	3
Tillières-sur-Avre	3	Broons	5
Verneuil	2 1/2	Langouèdre	3
Saint-Maurice	4	Lamballe	4
Mortagne	5 1/2	Saint-Brieuc	5
Le Mesle	4	Châtelaudren	4
Menil-Broust	2 1/2	Guingamp	3
Alençon	3	Belle-Isle en Terre	5
Saint-Denis	3	Pontou	4 1/2
Prez-en-Pail	3	Morlaix	4
Le Ribay	4	Landivisiau	5
Mayenne	4 1/2	Landernau	4
Martigné	4	Brest	5
Laval	4		

Itinéraire de Paris à Angers,

PAR CHARTRES ET LE MANS, 73 LIEUES 1/2.

	lieues.			lieues.
De Paris à Versailles	4 1/2		La Ferté-Bernard	5
Trappes	2		Connéré	4 1/2
Coignières	2		Saint-Mars	2 1/2
Rambouillet	3 1/2		Le Mans	3 1/2
Épernon	3		Guécélard	4
Maintenon	2		Foulletourte	2
Chartres	4 1/2		La Flèche	5
Courville	4 1/2		Durtal	3
Champrond	3		Suette	4
Montlandon	1		Angers	5
Nogent-le-Rotrou	5			

Communication de Rennes à Vannes, 27 l. 1/2.

	lieues.			lieues.
De Rennes à Pont-Péan	3 1/2		Rédon	3
Lohéac	4		Petit-Molac	6
Rénac	4 1/2		Vannes	6 1/2

ASPECT DU PAYS QUE PARCOURT LE VOYAGEUR,

DE QUÉDILLAC A PENONROS.

De Quédillac une descente conduit au village de la Chapelle Blanche, où l'on traverse la Rance; un peu plus loin est le village de Saint-Jouan de l'Isle, situé à l'embranchement de la route de Ploermel à Saint-Malo. On traverse ensuite plusieurs hameaux avant d'arriver à celui de la Noé, d'où une descente rapide et une côte rude conduisent à Broons, bourg bâti sur une hauteur, que l'on descend immédiatement pour arriver à une belle vallée où l'on voit le château de la Motte-Broons, lieu de naissance de Duguesclin. La route offre plusieurs montées et descentes, et parcourt un pays fertile qui se prolonge jusqu'au relais de Langouèdre, au delà duquel on gravit une pénible côte d'où l'on aperçoit le château de la Villeneuve. Le pays devient moins montueux et offre de belles plaines, des bruyères et de jolies vallées. Au hameau du Val on passe le Gouessant, que l'on traverse de nouveau avant d'arriver à Lamballe. En sortant de cette ville, on suit la route de Lorient pendant un quart de lieue, puis l'on tourne à droite et l'on entre dans un pays riche et fertile, peuplé de villages et de hameaux. On passe l'Orne à Yffiniac; peu après, on franchit une côte d'où l'on aperçoit la mer; à une lieue plus loin on découvre la ville de Saint-Brieuc. De cette ville à Châtelaudren et de Châtelaudren à Guingamp le pays est constamment entrecoupé de plaines, de coteaux, de vallons, souvent fertiles et toujours d'une grande variété. On sort de Guingamp par le faubourg Saint-Michel où l'on passe le Trieux. Après plusieurs montées et descentes on arrive au relais de Belle-Ile en Terre, où l'on traverse le Guier; au delà de cette rivière se présente une chaine de montagnes dont le village de Plounevez-Moédec occupe le sommet. Une belle route bien alignée conduit de ce dernier endroit à Plounerin, d'où l'on descend dans un vallon dont la vue est assez étendue. Au hameau de Lislan, la route fait un coude et longe à gauche un grand étang, à l'extrémité duquel est situé le hameau de Penoros, où est placée une borne qui sépare le département des Côtes-du-Nord de celui du Finistère.

PETIT ATLAS NATIONAL DES DÉPARTEMENS DE LA FRANCE.

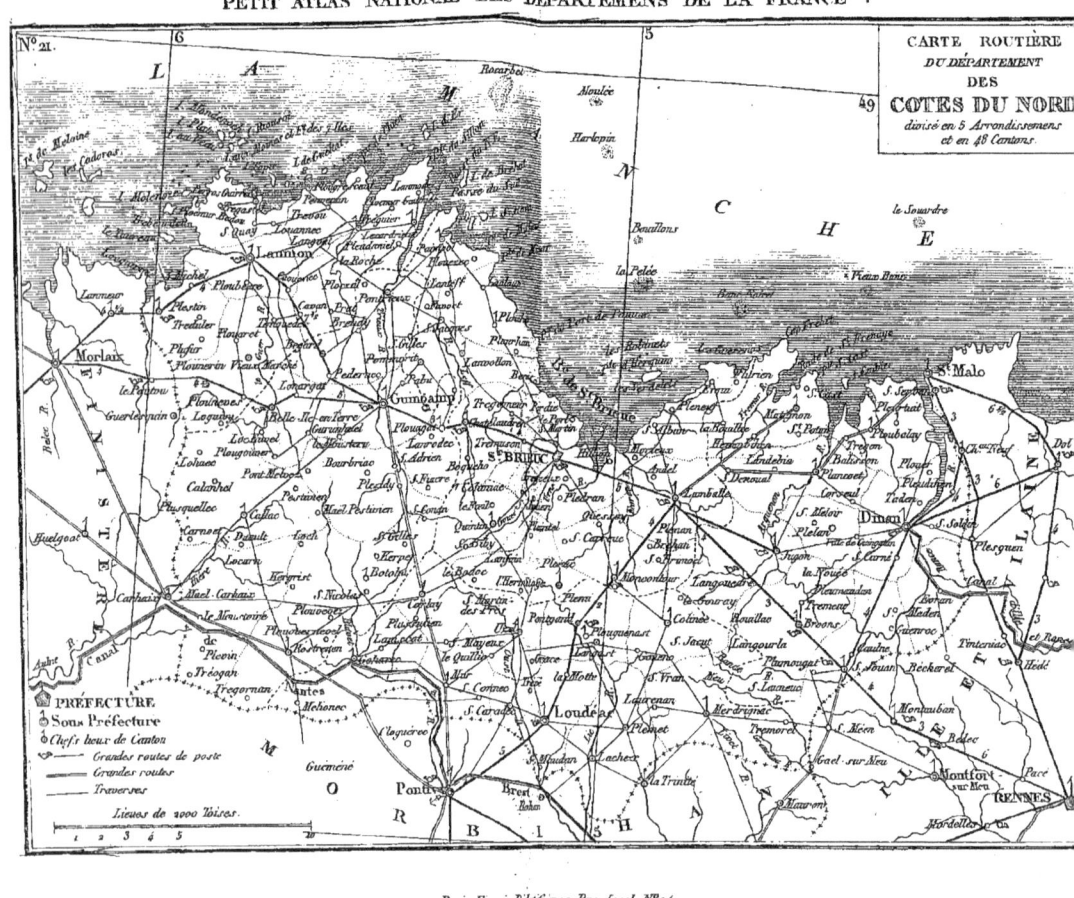

Paris, Firmin Didot frères, Rue Jacob, No. 24.
et L. Hachette, Libraire Rue Pierre Sarrazin, No. 12.

DÉPARTEMENT DES COTES-DU-NORD.

APERÇU STATISTIQUE.

Le département des Côtes-du-Nord est formé du diocèse de Saint-Brieuc et d'une partie de celui de Saint-Malo (comprenant l'arrondissement de Dinan), qui appartenaient à la Moyenne-Bretagne; de la presque totalité du diocèse de Tréguier et d'une petite partie de celui de Quimper, qui dépendaient de la Basse-Bretagne. Il tire son nom de sa position maritime sur le canal de la Manche, qui baigne toute sa partie septentrionale. — Ses bornes sont: au nord, la Manche; à l'est, le département d'Ille-et-Vilaine; au sud, celui du Morbihan; à l'ouest, celui du Finistère.

Ce département est traversé de l'est à l'ouest par la chaîne du Menez ou des Montagnes Noires, dont le point culminant est le Menez haut, qui a environ 340 mètres au-dessus du niveau de la mer. Cette chaîne forme dans les Côtes-du-Nord une ligne de partage des eaux, qui se jettent au nord dans la Manche, et au sud dans l'Océan; elle se ramifie en un grand nombre de contre-forts, dont les sommets presque arrondis sillonnent tout le pays, et se succèdent sur une largeur de six ou sept lieues. Sur quelques points, ces coteaux sont nus et donnent naissance à de petits vallons et à des plaines d'une grande fertilité, qui dédommage de la stérilité de leurs sommets.

Le sol des Côtes-du-Nord est donc fort inégal. Il renferme peu de plaines; mais l'on y trouve beaucoup de vallées entrecoupées de ruisseaux et de petites rivières, et de nombreux coteaux, au pied desquels se groupent des villes, des bourgs et plus de deux cents communes.

Le territoire se divise naturellement en deux grandes régions: l'une, qui suit les sinuosités du rivage de la mer, s'étend dans l'intérieur jusqu'à trois lieues de distance des côtes, est riche, industrieuse, peuplée et civilisée; l'autre, qui embrasse le surplus du département, naguère inculte et sauvage dans quelques parties, est en voie de progrès et de civilisation. La première région, engraissée par le goëmon et autres plantes marines [1], offre des terres excellentes et bien cultivées; dans la seconde, la superficie du terrain est une couche de terre à bruyère ou de landes peu profonde, d'ailleurs assez fertile. Les côtes, déchirées par un grand nombre de baies et creusées par l'embouchure de plusieurs rivières, présentent un développement d'environ 245,000 mètres. Elles sont généralement escarpées, et défendues par des roches et des falaises granitiques, au pied desquelles se trouvent dans certaines localités de grandes surfaces de sable que l'Océan découvre à la marée basse. Les plages sont composées tantôt de sables fermes et solides, comme dans le golfe de Saint-Brieuc, tantôt de sables mouvants, et qui offrent des dangers réels, comme la grève de Yaudet, près de Lannion. On trouve sur les côtes du nord plusieurs ports de mer, dont les principaux sont le Legué (port de Saint-Brieuc), Binic, Pontrieux (Saint-Quay), Paimpol et Tréguier. — La partie la plus septentrionale et occidentale des côtes présente un grand nombre d'îles, dont les plus remarquables sont celle de Saint-Riom de Bréhat et le groupe dit des Sept-Iles.

Depuis un temps immémorial il existe des salines sur les grèves d'Hillion, d'Yffiniac et de Langueux. Hillion compte sept salines, Yffiniac deux, et Langueux quarante-sept.

---

[1]. Le goëmon, cet engrais si fécond, si puissant et si riche, ne s'obtient qu'avec les plus grands dangers; tantôt on voit sombrer tout à coup les bateaux trop chargés montés par des bateliers ivres ou en trop petit nombre; quelquefois on amasse d'énormes tas de goëmon autour d'un tonneau. Ces drômes ou traîneaux sont conduits par deux ou plusieurs hommes armés de perches, qui s'y placent comme sur un radeau; mais les liens qui tiennent la plante assujettie viennent-ils à se délier, tout périt à l'instant.

D'autres fois, malgré les plus violents efforts, les traîneaux sont jetés contre les rochers, et les individus qui les dirigent sont mis en pièces. (*Habasque, Notions sur le littoral des Côtes-du-Nord*, T. I, p. 68.)

Toutes les salines ne sont pas à la fois en activité ; dans le courant de 1831, trente-une salines ont fabriqué 157,496 kilogr. de sel, qui, à raison de 30 francs par cent, ont produit une somme de 47,249 francs.

Le climat des Côtes-du-Nord est en général triste, humide ; le ciel y est gris, sombre ; l'air vif et bon. La neige tombe peu sur le littoral et n'y dure pas longtemps. La grêle n'y cause pas de grands ravages ; mais les pluies y sont fréquentes. L'été n'y a pas de chaleurs excessives, ni l'hiver de froid trop rigoureux. Le printemps s'annonce seulement par la pousse des feuilles et par de plus longs jours. L'automne est généralement beau, notamment pendant les mois de septembre et d'octobre. — Le maximum d'élévation du thermomètre a été en juillet 1832 de + 28° 25, et le minimum en janvier de — 6° 25. Le pression moyenne de l'atmosphère soutient à Saint-Brieuc une colonne de mercure de 75788 : le maximum de l'année 1832, en mars, a été de 76824 ; le minimum, en décembre, de 73338. — Les vents dominants sont ceux du sud-ouest, de l'est et du nord-ouest.

Des rivières du département, la Rance et le Blavet sont seuls navigables en tout temps. Quelques autres le deviennent au bord de la mer à l'aide du flux seulement, et cessent de l'être à marée basse. Les principales sont : le Guer, le Guindy, le Jaudy, le Trieux, le Leff, le Gouet, l'Évron, le Gouessan, l'Arguenon et la Rance, qui coulent tous du sud au nord, et qui ont tout leur cours dans le département ; l'Aven, le Blavet, l'Oust, le Lié et le Meu ont seulement leur source dans le département et se dirigent du nord au sud. On évalue la longueur de la partie navigable des rivières à environ 41,000 mètres. — Le département est en outre traversé par deux canaux : l'un, celui du Blavet, fait partie de la grande communication de Nantes à Brest ; l'autre, celui d'Ille-et-Rance, dont l'ouverture a eu lieu en 1832, réunit les deux versants de la Bretagne et a 80,796 mètres de développement.

Le département des Côtes-du-Nord compte quatre arrondissements maritimes ; mais deux seulement d'entre eux (celui de Lannion et celui de Dinan) prennent part à la grande pêche, celle des maquereaux, du lieu, du congre, de la julienne. Le maquereau se pêche dans les mois de juin et de juillet. Le lieu se prend pendant toute l'année ; mais la pêche en est plus abondante à l'automne et au printemps que dans les autres saisons. Le congre est pêché pendant les trois mois d'août, de septembre et d'octobre. Ces poissons se salent, se sèchent, et sont expédiés à la destination de Granville, pour de là être transportés en barils, tant à Paris que dans les autres villes du royaume. La grande et petite pêche produisent au département environ six cent mille francs par an ; l'arrondissement de Lannion est celui où la pêche a lieu le plus en grand.

Le département des Côtes-du-Nord possède quelques restes de voies romaines, plusieurs monuments druidiques, et divers édifices du moyen âge. Si l'on y ajoute des bois silencieux, des bruyères retentissantes, des arbres mystérieux, des fontaines sacrées, des rives solitaires, des rochers bizarres, de belles cultures, un pays accidenté, des souvenirs historiques, de la chevalerie et de la féerie, de gothiques donjons, d'élégants clochers, des castels en ruine, des horizons lointains, des plantes curieuses, des minéraux non exploités, un peuple simple et une langue primitive, on sera forcé de convenir que ce département vaut la peine d'être visité, étudié, et que le voyageur va souvent chercher au loin ce qu'il pourrait trouver à sa porte : un grand spectacle et des émotions fortes.

MOEURS ET USAGES. Les habitants des Côtes-du-Nord, particulièrement ceux de la Basse-Bretagne [1], forment dans les campagnes quatre classes bien distinctes : celle des journaliers et ouvriers, celle des fermiers, celle des convenanciers ou propriétaires fermiers, et celle des propriétaires. La classe des convenanciers et celle des propriétaires, quoique ressemblant aux autres classes dans des points généraux, en diffèrent essentiellement sous beaucoup de rapports ; des sentiments plus élevés, plus généreux, que leur donnent des habitudes d'ordre et une éducation un peu moins négligée, les distinguent éminemment des journaliers et des fermiers. Cependant les habitudes des uns diffèrent peu de

---

1. L'arrondissement de Dinan et une petite partie de celui de Saint-Brieuc font partie de la Moyenne-Bretagne, où les mœurs, usages et coutumes, diffèrent essentiellement de ceux des Bas-Bretons proprement dits.

celles des autres ; le paysan le plus riche se prive volontairement des douceurs de la vie, ou, pour parler plus exactement, il ne les connaît pas. Celui qui a dix, douze ou quinze mille francs de rente, vit comme celui qui n'a rien, c'est-à-dire qu'il mange de la viande deux ou trois fois la semaine, et le reste du temps de la bouillie, du far, des crêpes, de la galette, du pain de seigle ou d'orge, point de légumes frais, jamais de poisson, si ce n'est quelques livres de morue dans le carême. Les vêtements de l'homme riche diffèrent toutefois de ceux du pauvre, en ce que le premier est habillé en étoffe, tandis que le second l'est toujours en toile, hiver comme été ; une autre différence est que l'homme riche porte des souliers pendant quatre mois de l'année, tandis que le pauvre ne quitte jamais ses sabots, à moins que ce ne soit pour aller pieds nus. — Le paysan bas-breton est crédule et superstitieux. Pour lui le cri de la frésaie, de la corneille, de l'orfraie, est un sinistre présage. Il croit aux fées qui descendent se chauffer au foyer du laboureur, qui dansent au clair de la lune ou méditent sur les rives des mers ; il s'entretient en frémissant d'apparitions, d'intersignes, de sorciers, de sabbats, de revenants, d'esprits folets, de lavandières de nuits, de loups-garous, de mauvais vents, de chariot de la mort, etc. Les Bas-Bretons sont francs, brusques, quoique froids et indolents : leur entêtement fait proverbe. Ils sont bons soldats, excellents marins, mais peu industrieux. Une chose digne de remarque, c'est que, de retour dans ses foyers après dix, quinze, vingt ans de service, le Breton reprend ses habitudes premières, et néglige même jusqu'aux soins de la propreté. Les habitants de l'ancienne Armorique ne manquent pas d'imagination ; leur langage fortement accentué est plein de figures et d'images ; et la multitude de gestes, l'espèce de pantomime dont ils accompagnent leurs discours, y donnent encore un nouveau degré d'énergie. La stature des hommes est courte, leur taille épaisse, leur chevelure noire, leur barbe touffue, leurs épaules larges, et leur regard assuré. Leurs passions sont impétueuses, et l'usage des liqueurs fortes, qu'ils poussent jusqu'à l'excès, les rend d'une violence extrême. En général, le Bas-Breton est charitable, loyal, grave, hospitalier. Sous son humble toit, l'étranger reçoit un bon accueil, et la place d'honneur lui est réservée. Le pauvre même a toujours accès à son foyer, et quand il arrive à la ferme à l'heure du repas, il est rare qu'on ne le fasse pas asseoir à la table du laboureur, où il dîne mêlé aux gens de la maison, avec lesquels il fume ensuite et dont il se fait écouter avec intérêt, parce qu'il redit dans une ferme ce qu'il a appris dans l'autre, et qu'il a toujours soin de recueillir dans sa course vagabonde quelques nouvelles politiques dont le cultivateur est singulièrement avide ; curiosité qui s'explique quand on sait que les fermes sont éparpillées dans la campagne, et non groupées en villages. Ces fermes sont généralement couvertes en chaume : en avant du bâtiment principal est un cloaque infect où l'on fait pourrir des ajoncs et des pailles dont on veut faire des engrais. L'étable est au bas de l'habitation : dans les maisons riches elle en est séparée par un mur de refend, et une porte sert à communiquer de l'une à l'autre ; dans les fermes moins considérables les bestiaux ne sont séparés de leurs maîtres que par une sorte de cloison à hauteur d'appui, et dans les chaumières proprement dites ils ne le sont pas du tout ; de sorte qu'on peut dire littéralement que, hommes et bêtes, tout est pêle-mêle, mais cela n'arrive ordinairement que chez les gens fort pauvres. Les grandes fermes sont tenues avec beaucoup de propreté ; les meubles y sont fréquemment cirés : les lits ne sont pas commodes, parce que ce sont des espèces d'armoires où l'on étouffe ; au pied est toujours un banc creux. Sur un porte-vaisselle sont rangés des écuelles de bois ou en terre grossière, quelques assiettes de faïence, un porte-cuillers et des bassines bien écurées. Des deux côtés de l'âtre sont deux murettes qui servent de sièges : à la cheminée sont appendus une énorme crémaillère, des trépieds et une poêle à crêpes : c'est autour de ce foyer que le laboureur et ses enfants passent la plupart des longues soirées d'hiver, à la lueur d'une chandelle de résine que supporte un morceau de bois enfumé, scellé dans un des coins de la cheminée. Auprès de l'unique ouverture de la maison est une table, le long de laquelle règnent deux bancs, presque toujours mal assujettis, et sur la table est un pain et un couteau en forme de faucille, recouvert d'une nappe et d'un rond de paille nattée destinés à garantir ce pain de la fumée et surtout des mouches que le voisinage des étables attire par nuées dans la saison des chaleurs. Une pendule en bois ; une niche dans laquelle est communément une vierge en faïence que l'on pare de fleurs les jours de fête, et à côté ou collées contre les lits deux ou trois images de sainte Anne, de sainte Geneviève de Brabant, complètent l'ameublement.

Les *pardons* sont des assemblées où la jeunesse des deux sexes ne manque jamais de se rendre, pour s'y amuser : on y joue aux quilles, aux dés, à quelques autres jeux de hasard ; on y casse des noix, on y mange du pain blanc et des gâteaux, et surtout on y danse, plaisir que le Bas-Breton aime avec passion ; les jeunes hommes et les jeunes filles flânent ou se témoignent publiquement leur amour, en se regardant tendrement et en fouillant dans les poches les uns des autres. Rarement l'amour préside à l'union conjugale ; et pourvu que les fortunes soient égales, tout le reste est oublié, qualités du cœur et de l'esprit, conformité d'humeur, agréments personnels : rien, en un mot, de ce qui fait le charme de la vie n'y est l'objet d'aucune considération. Les jeunes filles jouissent de la plus grande liberté ; elles courent le jour et la nuit avec les jeunes gens, sans qu'il en résulte aucun désordre apparent. Dans les campagnes les femmes ne tiennent qu'une sorte de rang secondaire : elles servent leur mari à table et ne lui parlent jamais qu'avec respect ; dans les familles peu aisées, elles travaillent aux champs et se livrent aux travaux les plus pénibles.

Le département des Côtes-du-Nord a pour chef-lieu Saint-Brieuc. Il est divisé en 5 arrondissements et en 48 cantons, renfermant 375 communes. — Superficie, 377 lieues carrées. — Population, 598,872 habitants.

MINÉRALOGIE. Mines de fer et de plomb. Plombagine. Sables magnifiques. Carrières de marbre, de granit d'une grande beauté, d'ardoises assez bonnes, ocre jaune et rouge, kaolin, serpentine verte, améthyste, grès réfractaire, argile blanche et plastique propre à la poterie, etc., etc.

SOURCES MINÉRALES à Dinan, Saint-Brieuc, Paimpol, Tréguier, Lannion.

PRODUCTIONS. Froment, menus grains, maïs, en quantité plus que suffisante pour les besoins des habitants. Beurre, miel. Bons pâturages. Lin et chanvre cultivés en grand. Point de vignes. Récoltes annuelles de 500,000 hectolitres de cidre excellent. — 32,209 hectares de forêts (arbres verts et feuillus). Chevaux forts très-estimés. Bêtes à laine. Grand et menu gibier (chevreuils, renards, blaireaux, sangliers, hermines, lapins très-multipliés, oiseaux de mer et aquatiques de toute espèce). — Bon poisson de mer et d'eau douce, etc., etc.

INDUSTRIE ET COMMERCE. Fabriques de toiles dites de Quintin ou de Bretagne, de Dinan dites de Combourg, et de toiles à voiles. On fait remonter au XVe siècle l'établissement de cette industrie dans le pays, et on en fait honneur à une baronne de Quintin, dame flamande, qui aurait fait venir de son pays des fileuses, et fait semer du lin et du chanvre. D'après des documents officiels publiés en 1834, par l'Annuaire dinanais, la fabrication des toiles dans le seul arrondissement de Loudéac occuperait environ 4,000 métiers, mis en action par 4,000 tisserands, et produisant annuellement 2,000,000 d'aunes de toile d'une valeur de 4,000,000 francs. L'Annuaire des Côtes-du-Nord de 1836 évalue à 8,539 le nombre des métiers, produisant annuellement 5,572,000 aunes de toiles. Les toiles de Bretagne sont recherchées principalement pour le commerce avec l'Amérique du Sud.—Le département renferme 4 hauts fourneaux pour gueuses et mouleries; 6 forges; un grand nombre de tanneries, des papeteries, des filatures de laine, des fabriques d'étoffes communes, des manufactures de souliers de troupes et de pacotille, des fabriques de sucre de betterave, un assez grand nombre de marais salants, plusieurs exploitations d'ardoises, des fabriques de poterie et de faïencerie, etc. — Armements pour la pêche de la morue au banc de Terre-Neuve. Cabotage.

L'exportation des grains, des bestiaux, des chevaux, des suifs, du beurre salé, de la cire et du miel, produits principaux de l'industrie agricole, donne lieu à un commerce étendu.

VILLES, BOURGS, VILLAGES, CHATEAUX ET MONUMENTS REMARQUABLES;

CURIOSITÉS NATURELLES ET SITES PITTORESQUES.

ARRONDISSEMENT DE SAINT-BRIEUC.

BEAUPORT. *Voyez* PLOUEZEC.

BINIC. Joli bourg maritime, situé au bord de l'Océan où il a un petit port, à 3 l. de Saint-Brieuc. Bureau de douanes. Syndicat maritime. Pop. 1,828 hab.

Binic faisait autrefois partie d'Étables. Il est formé d'une centaine de maisons bien bâties, au pied d'une montagne demi-circulaire, dont la base est baignée par la mer. On y remarque plusieurs rues bien pavées, quatre fontaines publiques, une petite place, une église bâtie il y a quelques années aux frais des habitants, et une école d'enseignement mutuel où l'on enseigne gratuitement les éléments des mathématiques, du dessin linéaire et de la géographie, connaissances indispensables aux enfants destinés à embrasser l'état de leurs pères, qui sont presque tous marins. La promenade la plus fréquentée est le large quai, le long duquel on a construit depuis quinze à seize ans plusieurs beaux magasins, et à l'extrémité orientale duquel se trouve le môle, qui fait la sûreté du mouillage. Un beau pont en bois de quatorze travées, avec culées en pierres, jeté sur la rivière d'Ic, réunit les communes de Pordic et de Binic.

Il monte dans le port de Binic de six à sept mètres d'eau dans les syzygies, et deux mètres et demi dans les quadratures. Cette profondeur d'eau rend ce port l'un des plus commodes de la Bretagne pour toutes les expéditions maritimes; il reçoit annuellement cent cinquante ou cent soixante bâtiments de toute grandeur. Sur ce nombre, 29 appartiennent au port de Binic, dont 18 ou 20 jaugeant de 120 à 300 tonneaux sont expédiés chaque année pour Terre-Neuve; le reste fait le grand et le petit cabotage.

BRÉHAT (île de). Cette île est séparée de la côte de Plonbazlanec par un bras de mer de 1,700 mètres de large. Elle est environnée d'une infinité d'îlots et de gros rochers, entre lesquels les bateaux mêmes ont de la peine à passer : la communication entre cette île et le continent est fort dangereuse, et quelquefois il arrive que les habitants sont plusieurs jours sans pouvoir communiquer avec la terre.

L'île de Bréhat a cinq quarts de lieue de long sur trois quarts de lieue de large. Les deux tiers en sont cultivés : des rochers et des terres vagues occupent le surplus. La population est de 1,559 habitants, disséminés sur des habitations éparses. L'île n'a pas de fontaine, et l'on n'y boit que de l'eau de pluie, qui est presque toujours saumâtre. Le climat est venteux, variable et froid; cependant le myrte et le figuier y réussissent parfaitement; le froment, l'orge et les pommes de terre y viennent bien, mais l'impétuosité des vents nuit à la végétation.

Cette île est remarquable par la propreté de ses habitants; et la probité y est si générale que rarement on ferme les portes à clef. C'est une place de guerre de quatrième classe, et une pépinière de marins intelligents et d'excellents capitaines. En temps de guerre maritime tous les hommes en état de porter les armes y sont au service de l'État, et il ne reste dans l'île que les femmes, les vieillards et les enfants, chargés d'ensemencer et de ramasser la récolte. Au milieu de l'île se trouve un point fort élevé, d'où l'on domine tout le pourtour, et où se trouve un corps de garde ainsi qu'un moulin à vent. Il y a en outre sept autres corps de garde, qui sont ceux de Guéréva, de l'île Lagodec, de l'île Rœgius, de Kérien, de l'anse de Goë, de Rhonai et de Saint-Samson; et douze batteries armées de vingt-quatre bouches à feu.

Bréhat a trois havres : le port Clos au sud, le port de la Corderie à l'ouest, et le port de la Chambre à l'est : à mer haute il y a dans ce dernier port seize brasses d'eau, et il en reste huit à mer basse; le chenal du sud et le chenal de l'est conduisent à ces ports et se joignent à l'embouchure du Trieux. L'île de Bréhat est le seul point de la côte entre Brest et Saint-Malo où les frégates puissent entrer, et c'est le lieu où relâchent en temps de guerre les convois et les caboteurs qui entrent dans la Manche ou qui en sortent. C'est aussi la station de tous les Corsaires, depuis Brest jusqu'à Granville.

BRIEUC (SAINT-). Jolie ville maritime. Chef-lieu du département et de deux cantons. Tribunaux de première instance et de commerce. Chambre de commerce. Société d'agriculture. École d'hydrographie de quatrième classe. Évêché. Collége communal. Séminaire diocésain. ✉ ⚜ Popul. 10,420 hab.

La ville de Saint-Brieuc doit son origine à un monastère fondé vers le Ve siècle au milieu d'un bois, par le saint dont elle porte le nom. Les anciens rois de la Bretagne comblèrent de leurs dons ce monastère naissant, et Childebert, roi de France, fut aussi un de ses bienfaiteurs. Depuis ces temps jusqu'au milieu du IXe siècle, l'histoire ne transmet aucun renseignement sur le monastère de Saint-Brieuc. A cette époque, une ville déjà populeuse s'était formée dans les environs, et fut alors érigée en évêché par Nominoé, roi de Bretagne.

L'histoire de Saint-Brieuc est peu féconde en faits susceptibles d'intéresser d'autres personnes que les habitants de cette ville. Sous les ducs de Bretagne elle présente quelques fondations pieuses, une lutte presque continuelle du peuple contre le clergé, et le clergé s'opposant quelquefois à la puissance ducale. Dans les guerres si fréquentes qui désolèrent la Bretagne avant la réunion, cette ville dépourvue de fortifications fut envahie par les ennemis. Presque dès son origine elle devint la conquête des Normands, qui furent vaincus sous ses murs, en 937, par Alain Barbe-Torte. Le *Chronicon Briocense* parle assez longuement de la prise et du pillage de Saint-Brieuc par Clisson, pendant la guerre qu'il fit en 1394 à Jean IV: la cathédrale avait été fortifiée par le duc, le connétable s'en empara et y établit son quartier général. Quelque temps après, le duc se présenta devant la place, sans oser en faire de nouveau le siége. En 1592, la ville fut prise et pillée par les lansquenets; les chouans y entrèrent en 1799, et en furent chassés par les habitants.

Saint-Brieuc est une ville agréablement située, dans un fond environné de montagnes, sur le Gouet et près de son embouchure dans l'Océan. Les restes de ses murs ont disparu en 1788, et sur leur emplacement on a formé une jolie promenade plantée de tilleuls joignant une autre promenade terminée par une terrasse où se trouve une rotonde d'où l'on découvre d'un côté la mer, et de l'autre la baie de Saint-Brieuc. De même que la plupart des villes anciennes, celle-ci est mal bâtie et mal percée; un grand nombre de ses maisons sont construites en bois, et quelques-unes d'entre elles présentent une saillie telle que les habitants des deux côtés opposés pourraient s'y donner la main. On y voit sept fontaines publiques et deux ponts; celui de Gouet, construit en 1806, et le pont de Gouedic, formé de trois arches très-hardies, construit en 1744. Près de la ville est une fontaine d'eau minérale ferrugineuse.

Le port de Saint-Brieuc, qu'on nomme le Legué, est situé à un quart de lieue de la ville, avec laquelle il sera bientôt réuni si l'on continue de construire dans l'espace intermédiaire comme on le fait depuis quelque temps. Ce port est très-sûr, d'un abord facile, bordé de fort beaux quais, cales, vastes magasins et chantiers de construction; il assèche à toutes les marées, et la mer s'en éloigne d'environ une lieue et demie; mais pendant huit jours sur quinze elle monte de 19 à 20 pieds, ce qui la rend navigable pour des navires de 400 tonneaux.

On arrive de Saint-Brieuc au Legué par deux chemins, l'un court et bien entretenu, mais roide et d'une montée difficile; l'autre plus long, large, et d'une pente douce. Le village consiste en cent et quelques maisons fort jolies, et embellies pour la plupart de jardins; il est assis au pied de deux coteaux qui mettent le port à l'abri des vents du nord et de l'est. Sur une pointe de terre qui forme l'entrée du port, s'élèvent les restes de la tour de Cesson, entourée d'un double fossé creusé dans le roc; c'était autrefois une des meilleures places de la province. Bâtie en 1395, pour défendre l'entrée du Gouet, elle fut prise et reprise plusieurs fois pendant les guerres de la Ligue, et démolie en 1598 par ordre de Henri IV. Cette tour se trouve à 225 pieds au-dessus du niveau de la mer; elle est vue de 6 lieues en mer, et sert aux marins de point de reconnaissance. On y jouit d'une vue magnifique.

Au-dessous des falaises que dominent les restes de l'antique tour de Cesson, est une grève immense, d'un beau sable, unie et ferme, que la mer recouvre à toutes les marées, et qui chaque année pendant trois jours sert d'hippodrome pour les courses de chevaux. Les coteaux forment un amphithéâtre naturel où afflue un grand nombre de spectateurs: des tentes élégantes surmontées du pavillon national et brillantes de

VUE DU LEGUÉ
près de St Brieuc

la parure des plus jolies femmes, se dressent sur la grève où bondissent des chevaux vigoureux ; à l'horizon la mer déploie avec majesté ses eaux scintillantes des rayons du soleil ; sur les coteaux les yeux se reposent agréablement sur une fraîche verdure bigarrée des fleurs jaunes du genêt et des couleurs variées qu'offre le costume des curieux groupés le long des falaises : tel est le spectacle enchanteur qu'offrent dans la première quinzaine de juillet les courses de Saint-Brieuc, instituées pour les cinq départements des Côtes-du-Nord, du Finistère, de la Loire-Inférieure, d'Ille-et-Vilaine et du Morbihan.

La CATHÉDRALE de Saint-Brieuc, dont la construction remonte au milieu du XIIIe siècle, est un édifice lourd, vilain, surmonté d'un clocher peu élevé, et remarquable seulement par sa masse imposante. Cette église est encaissée, et pour y parvenir il faut descendre dix marches : on y voit plusieurs chapelles distinguées chacune par quelque dévotion particulière, et dont la plus remarquable est celle de la Vierge. De chaque côté du temple sont six labes ou tombeaux pratiqués dans la muraille. Derrière le chœur est le tombeau de l'évêque Caffarelly, et non loin de là la tombe de saint Guillaume, monument en pierre grossièrement sculpté, représentant le saint étendu sur le dos, revêtu d'une chape à l'antique, ayant la mitre en tête et la crosse à la main. Le chœur est vaste et beau, mais il est masqué par l'autel.

L'ÉGLISE SAINT-MICHEL date de 1470, et n'offre rien de remarquable.

L'ÉGLISE SAINT-GUILLAUME est un vilain édifice dont on fait remonter la construction à l'année 940. Elle sert aujourd'hui d'écurie.

On remarque encore à Saint-Brieuc l'hôtel de ville, construit vers le milieu du XVIIIe siècle ; l'hôtel de la préfecture, bel édifice de construction récente ; l'hôpital général ; la statue du connétable Duguesclin, élevée sur la place qui porte son nom ; la bibliothèque publique, renfermant 24,000 volumes, etc., etc., etc.

Fabriques de tiretaine, draps, molletons, chapelets, boutons d'or, liqueurs. Filatures de coton. Brasseries. Papeteries. Tanneries. — *Commerce* de grains, lin, chanvre, légumes, suif, beurre, miel, bestiaux. Armements pour les colonies et pour la pêche de la morue au banc de Terre-Neuve. Cabotage.

A 16 l. de Saint-Malo, 26 l. de Rennes, 115 l. de Paris. — *Hôtels* de la Croix rouge, de la Croix blanche, du Chapeau rouge.

CESSON. *Voyez* SAINT-BRIEUC.

CHATELAUDREN. Jolie petite ville, située à 5 l. de Saint-Brieuc. ✉ ☞ Pop. 964 hab.

Cette ville doit son nom à Audren, quatrième roi de Bretagne, et au noble châtel qu'il y fit construire en 444. Ce fut une des places que Clisson se vit contraint de livrer à Jean IV, duc de Bretagne, pour sortir du château de l'Hermine où traîtreusement le duc l'avait fait prisonnier.

Resserrée par les douves de l'ancien château, cette ville ne s'étend point à la campagne ; elle est bien bâtie, formée de rues propres, assez larges, et possède une jolie halle entourée de maisons agréables. Sur les ruines de l'ancien château, rasé par ordre de Jean V, pour punir les Penthièvres de leur trahison, a été établie en 1808 une promenade elliptique, dont la situation, entre la ville qu'elle domine et l'étang qui en bat les murs, est de l'effet le plus gracieux. On voit aux environs un grand nombre de châteaux et de maisons de campagne.

Fabriques de chapeaux. Clouteries. Tanneries. — *Commerce* de grains, fruits, légumes, miel, cire, beurre, cuirs, suif, chiffons pour papeterie, etc.

COETMIEUX. Village situé à 4 l. de Saint-Brieuc. Pop. 563 hab. Il se compose d'une vingtaine de maisons fort éloignées les unes des autres, parmi lesquelles se trouve le moulin des Ponts-Neufs, construit sur une belle chaussée de 128 pieds de long sur 45 de large.

ERMITAGE (l'). Village situé à 5 l. 1/2 de Saint-Brieuc. Pop. 1,190 hab. — *Fabriques* de toiles de Bretagne. Haut fourneau. Fours à chaux.

ERQUY. Village situé à 7 l. de Saint-Brieuc. Pop. 1,951 hab. Il occupe l'emplacement de l'antique Rhéginea, port romain jadis important.

ÉTABLES. Bourg situé au bord de la mer, à 3 l. 3/4 de Saint-Brieuc. Pop. 3,004 hab. Il possède une belle église surmontée d'un clocher d'une forme élégante, terminé par un dôme doré. — Pêche du poisson frais.

HILLION. Village situé au bord de l'Océan, à 2 l. de Saint-Brieuc. Pop. 2,518 hab. On voit aux environs le château de Bonabry, précédé d'une belle allée de chênes qui conduit de ce château au village d'Hillion.

LAMBALLE. Jolie ville, située sur le

Gouessant, à 6 l. de Saint-Brieuc. ✉ ⚹
Pop. 4,390 hab.

Lamballe est une ville fort ancienne, considérée par quelques auteurs comme l'ancienne capitale des Ambiliates, dont parle César. En 1084, un monastère y fut construit par Geoffroy Ier, comte de Penthièvre, sur une montagne qu'on nommait la vieille Lamballe, cité armoricaine qui paraît avoir été détruite au IXe siècle par les Normands. Lamballe devint ensuite le chef-lieu du comté de Penthièvre. On y construisit un château fort, à l'abri duquel, après la destruction de la vieille ville, se forma la ville nouvelle, qui fut bientôt entourée de murailles, devint une place forte, et fut souvent assiégée. Lors du siège de 1591, Lanoue, Bras de Fer, y fut tué en faisant une reconnaissance. Dans le XVIe siècle, la ville fut plusieurs fois prise, reprise et pillée. En 1626, le seigneur de Penthièvre, ayant pris parti contre le cardinal Richelieu, ce ministre tout-puissant fit détruire le château de Lamballe, qui était flanqué de quatorze tours et très-fort pour ce temps. Pris, repris, démoli et rebâti en différents temps, ce château appartient aujourd'hui au roi des Français, et a été visité en 1834 par le duc de Joinville.

Lamballe est située sur le penchant d'un coteau que domine l'église Notre-Dame, et au-dessous duquel se trouvent les faubourgs traversés par la grande route de Paris à Brest. C'est une petite ville assez jolie, riche et industrieuse, qui s'embellit tous les jours. On y remarque une agréable promenade plantée d'arbres verts et feuillus, établie sur l'emplacement de l'ancien château, dont la chapelle a été conservée. Placée sur le point le plus élevé de la ville, cette chapelle, aujourd'hui l'église Notre-Dame, présente une masse imposante : une partie de l'église porte la date de 1545, mais il est évident que cette partie de l'édifice fut seule conservée ; l'architecture de deux portes prouve qu'elle a été construite dans le Xe ou dans le XIe siècle.

Le havre de Dahouet, situé à 3 l. de Lamballe, peut être considéré comme le port de cette ville.

Fabriques de serges et autres étoffes de laine. Tanneries. Filatures de laine.—*Commerce* considérable de miel, cire, blé, cuirs, poterie, chevaux et bestiaux.

LANLEFF. Village situé sur le Leff, à 7 l. 1/2 de Saint-Brieuc. Pop. 501 hab.

Ce village possède un monument antique connu sous le nom de temple de Lanleff, qui excite depuis des siècles la curiosité des savants. C'est une double tour ronde, construite en granit et en tuffeau, dont on suppose que la hauteur a dû être de 45 pieds, et qui sert de vestibule à une vieille église, dans laquelle on descend par plusieurs marches. Cette tour, ou plutôt ces tours, sont formées par une double enceinte de murailles, l'une intérieure, l'autre extérieure, dont la première renferme un espace circulaire de 30 pieds de diamètre ; la seconde est à 9 pieds de la première, et lui est concentrique. Au milieu de la plus petite enceinte s'élève un if majestueux auquel on donne trois cents ans d'existence, dont la cime sert de dôme au monument. L'enceinte intérieure est percée de douze arcades voûtées en plein cintre, décorées de pilastres et d'une largeur inégale ; douze colonnes de grandeurs diverses sont adossées à la muraille, une entre chaque arcade ; les plus petites, au nombre de huit, ont 8 pieds et quelques pouces de haut, y compris les chapiteaux et les soubassements ; les quatre plus grandes sont hautes de 15 pieds, sans chapiteaux, et placées aux quatre points cardinaux. L'enceinte extérieure, située à 9 pieds de l'autre, présente aussi douze colonnes qui paraissent avoir soutenu une voûte à clef. Il ne reste qu'un tiers de cette voûte ; c'est la partie située du côté de l'église. Deux arcades voisines de la porte, fermées par une maçonnerie, forment aujourd'hui la sacristie ; une autre sert à soutenir l'escalier du clocher ; enfin une quatrième a été convertie en chapelle. Entre les colonnes qui soutiennent la voûte et en face des grandes arcades sont douze fenêtres décorées de colonnes et construites comme les meurtrières des anciennes fortifications. Au-dessus de chaque couple d'arcades se trouve une grande ouverture cintrée par en haut. L'enceinte du temple a été couverte ; on aperçoit encore les traces de l'endroit où le toit s'appuyait ; il n'y avait qu'une seule porte d'entrée, voûtée en plein cintre et large de 10 pieds sur 13 de hauteur ; elle est située du côté de l'orient. — L'église est construite en granit rouge et gris, qui a de l'analogie avec le poudding siliceux. L'intérieur du monument a été garni d'un pavé ; on en trouve quelques fragments entre les arcades et l'enceinte extérieure. La maçonnerie est par assises régulières jusqu'au-dessus des arcades ; le reste est composé de pierres de dimensions différentes. L'architecture est un mélange grossier d'ordre toscan et d'ordre gothique ; les ornements des chapiteaux et

TEMPLE DE LANLEFF.

les socles des colonnes ne sont ni de la même forme ni de la même grandeur. Les chapiteaux représentent des pommes de pin; ils sont surmontés d'un listel et d'une volute peu saillants, représentant par le profil diverses têtes de bélier. On remarque, sur les chapiteaux des colonnes qui soutiennent le plein cintre de l'arcade intérieure qui fait face à la porte, deux bas-reliefs : l'un, sur la colonne du côté du midi, représentant deux béliers superposés; l'autre, sur la colonne du nord, offrant un cercle rayonnant, image grossière du soleil.

Les savants bretons sont loin d'être d'accord sur le monument de Lanleff : les uns y voient un ancien temple armoricain, les autres une construction romaine consacrée au culte du soleil, quelques-uns un ancien hôpital pour les pèlerins revenant de la terre sainte, ceux-ci une église bâtie par les templiers, ceux-là un baptistère des chrétiens primitifs.

LANLOUP. Village situé près d'un riant vallon, où l'on arrive par une promenade agréable, à 7 l. de Saint-Brieuc. Pop. 552 hab. Il se compose d'une cinquantaine de maisons groupées autour d'une église gothique que précède un petit porche où sont grossièrement sculptés en pierre les douze apôtres. Sur la hauteur qui le domine s'élève l'antique manoir de Lanloup.

LANVOLLON. Bourg situé à 6 l. de Saint-Brieuc. Pop. 1,462 hab. — *Commerce* de fil.

LEGUÉ (le). *Voyez* SAINT-BRIEUC.

MONCONTOUR. Petite ville située à 6 l. 1/2 de Saint-Brieuc. ⊠ ☞ Pop. 1,670 hab. —*Fabriques* de toiles à moulin et d'emballage. — *Commerce* de fil, toiles de Bretagne, beurre, etc.

PAIMPOL. Jolie petite ville maritime, située sur l'Océan, à 10 l. de Saint-Brieuc. Tribunal de commerce. École de navigation de quatrième classe. ⊠ Pop. 2,108 hab. *Établissement de la marée du port, six heures.*

Paimpol est une ville assez ancienne, qui existait dès le XIVᵉ siècle, et était alors défendue par un château fort dont on voit encore quelques vestiges. Ce château était en 1370 la propriété de Charles de Halgoët; en 1590, il appartenait ainsi que la ville au comte de Vertus, et fut occupé par les Anglais, auxiliaires des troupes royales dans la guerre contre le duc de Mercœur, auxquelles la ville avait été donnée comme place de sûreté. En 1595, la ville fut reprise par les Ligueurs commandés par le cruel Guy Eder de Beaumanoir, sieur de Fontenelle et noble brigand, qui la saccagea, la brûla en partie, et massacra un grand nombre d'habitants.

Cette ville est bâtie sur le penchant d'une colline schisteuse de 180 pieds d'élévation au-dessus des hautes mers, entourée de trois côtés par la mer, et ne communique avec la terre que par un pont que les flots recouvrent dans les grandes marées. Elle possède deux ports naturels placés dans une position avantageuse, et regardés comme les plus sûrs et les plus commodes qui existent entre Saint-Malo et Morlaix. Les quais sont larges et bordés de belles maisons, et offrent une belle cale de construction. La place publique, où aboutit la rue de l'Église, est assez spacieuse, et entourée de jolis habitations d'inégale grandeur. L'air y est pur, le climat tempéré et agréable. Il y existe deux lavoirs publics; mais l'eau qu'on y boit se tire des puits ou vient de quelques sources environnantes : la mer pénétrant dans la seule fontaine publique que possède la ville en rend l'eau saumâtre. L'église, sous l'invocation de Notre-Dame de Bon Secours, est propre et convenablement ornée.

On trouve aux environs plusieurs jolies maisons de campagne et une source d'eau minérale ferrugineuse.

Fabriques de cordages. Filature de coton. Brasseries. Tanneries. Raffinerie de sel. — *Commerce* de blé, chanvre, graine de lin, lin, miel, cire, beurre, salaisons, oiseaux de mer, bois du Nord. Pêche du maquereau. Armements pour la pêche de la morue au banc de Terre-Neuve. Armements au long cours; grand et petit cabotage.

PLÉNEUF. Village situé près du havre de Dahouet, qui peut recevoir des navires de 200 tonneaux; à 6 l. 1/2 de Saint-Brieuc. Pop. 1,759 hab. — *Commerce* de grains. Armements pour le grand cabotage.

PLÉRIN. Village situé à une demi-lieue de Saint-Brieuc. Pop. 4,896 hab. De beaux villages sont disséminés sur toutes les parties de cette commune, où l'on remarque quatre chapelles dont l'une domine le pont du Gouet : elle est dans une situation pittoresque, au milieu d'un bosquet, et c'est le but d'un pèlerinage renommé. Celle de Saint-Éloy est le but d'un autre pèlerinage où l'on conduit, le jour de la Saint-Jean, tous les beaux chevaux des communes qui avoisinent Plérin : on les orne de fleurs, et au retour chaque jeune cultivateur ramène en croupe sur sa bête la jeune fille qu'il aime.

PLŒUC. Bourg situé à 6 l. de Saint-Brieuc. Pop. 5,433 hab. — *Commerce* de fil, beurre et bestiaux.

On voit entre Plemy et Plœuc le beau château et l'immense forêt de Lorges.

PLOUBAZLANEC. Village situé à 11 l. de Saint-Brieuc. Pop. 3,074 hab. On remarque aux environs les restes du vieux château de Kertanouarn.

PLOUEZEC. Village situé à 8 l. 1/2 de Saint-Brieuc. Pop. 4,138 hab. Non loin de là sont les restes de l'abbaye de Beaufort, fondée vers 1202, et que M. de la Mennais avait formé le projet de restaurer, pour y fonder une imprimerie.

PLOUHA. Joli bourg situé à 6 l. 1/4 de Saint-Brieuc. Pop. 5,041 hab. Il est bâti sur une élévation à l'intersection de sept chemins qui y forment autant de rues. L'église paroissiale est ancienne, assez vaste, fort propre et bien décorée; elle est bâtie au milieu d'un vaste cimetière planté de beaux cèdres, et surmontée d'un clocher de 270 pieds d'élévation. Près du bord de la mer, on voit la chapelle de Sainte-Eugénie, en grande vénération dans le pays, et où afflue un grand nombre de pèlerins dans le mois de mai, le jour de l'assemblée. — *Commerce* considérable de fil. — *Hôtel* des Voyageurs.

PORTRIEUX. *Voyez* SAINT-QUAY.

QUAY (SAINT-). Village situé à 4 l. de Saint-Brieuc. Pop. 2,000 hab. De cette commune dépend le bourg maritime de PORTRIEUX, situé sur l'Océan, où il a un beau port défendu par une jetée d'un beau travail et précédé d'une rade étendue. Il monte dans ce port 33 pieds d'eau à l'époque des nouvelles et des pleines lunes, et il conserve 15 à 18 pieds dans les plus basses eaux, profondeur qui donne aux plus grands navires de commerce la facilité d'entrer et de sortir pendant quatre heures à chaque marée. La rade est le rendez-vous de tous les bâtiments qui vont à la pêche de la morue; c'est de ce point qu'ils appareillent, du 15 avril au 15 mai, aux acclamations d'une multitude de curieux souvent accourus de plusieurs lieues pour assister à leur départ. — Armements pour la pêche de la morue.

QUINTIN. Petite ville, agréablement située sur le Gouet, à 10 l. de Saint-Brieuc. Tribunal de commerce. Chambre consultative des manufactures. ✉ Pop. 4,293 hab. Elle est bâtie dans un beau vallon et possède un joli château construit sur les ruines d'une antique forteresse, dont les voûtes sont dans un bel état de conservation. — *Manufactures* importantes de belles toiles dites de Bretagne ou de Quintin. Hauts fourneaux. Forges. Papeterie. — *Commerce* considérable de toiles qui s'exportent dans toutes les parties du globe, de cire jaune, miel, cuirs, veaux en vert, grosse chapellerie, bestiaux, etc. — *Hôtels* de l'Écu, de la Grand'-Maison.

TRÉVENEUCH. Village situé à 4 l. 1/2 de Saint-Brieuc. Pop. 700 hab. L'église paroissiale renferme un assez beau tombeau de M. Chrétien de Tréveneuch. Non loin de là on voit le joli château de Pomorio.

VIEUX BOURG QUINTIN. Village situé à 5 l. 1/2 de Saint-Brieuc. Pop. 1,574 hab. On remarque sur son territoire le château de Beaumanoir, où naquit le sieur de Fontenelle, l'un des plus cruels brigands qui aient désolé la Bretagne.

YVIAS. Village situé à 8 lieues de Saint-Brieuc. Pop. 2,176 hab. On y voit les restes du château de Correc, détruit sous le règne de François Ier.

ARRONDISSEMENT DE DINAN.

AUBIN (SAINT-). *Voyez* PLÉDÉLIAT.

BROONS. Bourg situé à 6 l. 1/4 de Dinan. ✉ ⚘ Pop. 2,455 hab. On y voit les vestiges du château de Lamotte-Broons, où est né Bertrand Duguesclin; cet antique édifice, autrefois très-vaste et bien fortifié, a été détruit à une époque qu'il est assez difficile de préciser; on croit que ce fut pendant les guerres de la Ligue, puisqu'il existait encore au commencement du XVIe siècle. Le conseil général du département des Côtes-du-Nord a fait élever récemment sur ces ruines, qui bordent la grande route, un monument à la mémoire du Duguesclin.

CAST (SAINT-). Village situé près de l'Océan, à 7 l. de Dinan. Pop. 1,481 hab. On y remarque un château construit dans une belle position, vers le commencement du XVIIIe siècle.

Le village de Saint-Cast est célèbre par la victoire de son nom, remportée sur les Anglais en 1758. Aucun événement n'a produit en Bretagne autant d'enthousiasme, aucun n'y est plus populaire, aucun n'a laissé autant de souvenirs, aucun peut-être n'a été si souvent raconté que la bataille de Saint-Cast.

Le 4 septembre, une flotte anglaise composée de cent neuf voiles vint mouiller dans la baie de Saint-Brieuc, et y débarqua sans obstacle huit à dix mille hommes, dont deux cents dragons à cheval. Le 5, les Anglais poussèrent des reconnaissances jusqu'à la pointe de Dinan; le 6 et le 7, ils ne firent aucun mouvement; le 8, ils levèrent leurs tentes et allèrent camper à Saint-Jacut; le 9 au matin, ils passèrent le Guildo, et vinrent camper entre Saint-Jeguhel et le bois du Val.

Le duc d'Aiguillon, prévenu de la descente des Anglais, s'était porté dès le 8 sur Lamballe, et avait mis Dinan à l'abri d'un coup de main. Le soir du même jour il occupa Plancoet avec deux escadrons de Marbœuf et huit cents gardes-côtes; en même temps M. d'Aubigny entrait à Plouer avec le régiment de Brie, le premier bataillon des volontaires étrangers, le bataillon de Marmande, trois bataillons des gardes-côtes et deux escadrons de Marbœuf. M. de Polignac avança de Pluerluis avec un fort détachement; M. de Bion, lieutenant-colonel du régiment Boulonnais, sortit de Saint-Malo avec un détachement de 500 hommes, pour se porter à la gauche des ennemis. Dans la nuit du 9, M. de Saint-Peru fut détaché avec 600 hommes pour occuper Saint-Pôtan et éclairer la marche des ennemis.

Le 10, à quatre heures du matin, les Anglais établirent leur camp à Matignon. Le duc d'Aiguillon les tourna sur leur gauche, tandis que M. d'Aubigny arrivait sur leur droite avec sa division. Le 11, à six heures du matin, les ennemis commencèrent leur retraite et travaillèrent au rembarquement de leurs troupes dans l'anse de Saint-Cast. Sur-le-champ les troupes françaises se mirent en marche, et arrivèrent en courant sur les hauteurs de Saint-Cast. Malgré le feu continuel de l'artillerie et de la mousqueterie des vaisseaux, l'arrière-garde des Anglais fut culbutée, les retranchements furent emportés à la baïonnette, ce qui épouvanta l'ennemi et lui fit prendre la fuite. Les soldats cherchaient à se sauver, soit en gagnant la pointe de l'anse où étaient les chaloupes, soient en se jetant à la mer pour se rendre aux vaisseaux à la nage. De trois mille Anglais qui étaient à terre aucun ne regagna les vaisseaux; mille à douze cents périrent dans l'eau, et le reste, dont trente officiers de marque, furent faits prisonniers. Quatorze compagnies de grenadiers de cent hommes chacune, et deux bataillons des gardes à pied du roi d'Angleterre, l'élite des troupes de cette nation, furent défaits dans ce combat où les troupes françaises donnèrent des preuves de la plus grande valeur, et où la noblesse bretonne signala son zèle pour la défense de la patrie.

CAULNES. Village situé à 5 l. de Dinan. Pop. 1,897 hab. — Exploitation de carrières d'ardoises.

CHAPELLE BLANCHE (la). Village situé à 5 l. 1/2 de Dinan. Pop. 475 hab. — Exploitation de carrières d'ardoises.

CORSEUL. Village très-ancien, situé à 2 l. 1/2 de Dinan. Pop. 4,180 hab.

Corseul occupe une partie de l'emplacement de l'ancienne capitale des Curiosolites, et c'est de son nom aussi qu'est dérivé celui de ce peuple. Les Romains y bâtirent un temple et remplacèrent le nom de cette ville par celui de *Fanum Martis*; mais les Curiosolites ayant secoué le joug des Romains dans le Ve siècle, leur premier acte de liberté fut de rendre à leur capitale son nom celtique, qu'elle a toujours conservé depuis, à quelque variation près. Corseul est de tous les lieux de la Bretagne celui où l'on retrouve le plus de monuments d'antique architecture: l'on en a tiré un nombre considérable de vieilles tuiles pour faire tout le ciment qui a servi à la construction des murs de Saint-Malo; et pour peu que l'on creuse à cinq ou six pieds dans un espace d'environ une lieue carrée, l'on y découvre des fondements d'édifices d'une forme et d'une solidité extraordinaires. Parmi les restes d'antiquités encore existants on remarque, à un quart de lieue de Corseul, les ruines du temple de Mars, dont l'élévation est encore de plus de trente pieds, non compris la partie qui est cachée par les décombres amoncelés au pied; plusieurs restes de voies romaines; l'inscription placée dans l'église paroissiale, connue de tous ceux qui ont visité Corseul, monument touchant de la piété filiale de C. H. Januarius, à la mémoire de sa mère, qui abandonna ses biens et le doux climat de l'Italie, pour suivre son fils malheureux sous le ciel brumeux de l'Armorique; les restes du château de Montafilan, d'une étendue immense, et dont le milieu de la cour est occupé par un puits très-large, très-profond et revêtu intérieurement de belles pierres de taille. Dans les fouilles que l'on a faites depuis un siècle on a trouvé un grand nombre de médailles romaines représentant la suite des empereurs et de principaux personnages de l'empire jusqu'à Constantin III; plusieurs médailles gothiques et quelques médailles grecques; une statue en bronze d'Harpocrate d'une bonne exécution; des vases, des bustes, des petites statues, etc., etc., etc.

DINAN. Très-ancienne ville, chef-lieu de sous-préfecture et de deux cantons. Tribunal de première instance. Société d'agriculture, de commerce et d'industrie. Collège communal. Petit séminaire. ✉ ☙ Pop. 8,044 hab.

Dinan est une ville ancienne dont les historiens ne font connaître ni le fondateur ni l'époque de la fondation. L'on a cru longtemps que c'était l'ancienne capitale des *Diablintes*, dont il est question dans les Commentaires de César; mais il est reconnu aujourd'hui qu'elle est sur le territoire des *Curiosolites*, dont la cité principale était au village de Corseul. La position de Dinan et ses fortifications en ont fait pendant longtemps une place importante, qui fut assiégée, prise et reprise plusieurs fois. Duguesclin s'en empara en 1373, et Olivier de Clisson en 1379. Duguesclin la défendit vaillamment contre le duc de Lancastre, qui l'assiégea en 1389. Henri III la livra, en 1585, au duc de Mercœur, chef de la Ligue en Bretagne, qui transporta à Dinan le siège du présidial de Rennes et y fit battre monnaie; mais les habitants, fatigués de sa domination, se rendirent en 1598 au maréchal de Brissac.

La ville de Dinan est bâtie dans une situation des plus pittoresques, sur une montagne escarpée, qui s'élève à 180 pieds au-dessus de la rive gauche de la Rance, où elle a un port qui communique au moyen du flux avec celui de Saint-Malo et où des navires de 70 à 90 tonneaux peuvent entrer à marée haute. Elle est ceinte de murailles d'une hauteur et d'une largeur extraordinaires, et était jadis défendue par un château fort dont une partie existe encore et sert de prison. Des boulevards bien plantés entourent ces antiques murailles, aujourd'hui couvertes de jardins d'où l'on jouit d'une vue admirable.

Des plantations variées, des eaux courantes, quelques étangs, des prairies, des vallons, coupent et embellissent les environs de Dinan. Au nord, de jolies maisons de campagne, la Colinais, Carheil, offrent des bois, des bosquets agréables. Près de la Tremblais, à une lieue de Dinan, loin des carrières où l'on retire des pierres analogues, un bloc de granit, incliné à l'orient, de 6 à 8 pieds de diamètre, dans une longueur de plus de 30 pieds, rappelle le culte et la puissance des druides. L'antiquaire parcourt avec intérêt les ruines de la capitale des Curiosolites, Corseul; mais une émotion plus douce, plus généralement sentie, est celle que l'on éprouve lorsque, vers le milieu de la grande avenue de la Garaye, on répète le chant de la reconnaissance, ce chant qu'aimaient à faire entendre les malheureux, avec lesquels le possesseur de cette terre, fils du gouverneur de Dinan, partagea son asile: *la bienfaisance rend immortel*.

Du promontoire, connu depuis un temps immémorial sous le nom de Parnasse, et qui, sans être dans les murs de Dinan fait partie de la ville, on découvre au nord, la cité, ses principales tours, les jardins et les bâtiments de trois beaux monastères: quatre clochers élancés s'élèvent sur ce fond, que recouvrent en partie les ormes du coteau: au levant, les regards se fixent tour à tour sur la Rance serpentant au milieu des prairies que trois ou quatre fois par an la mer recouvre et féconde; sur le bourg de Lanvallay; sur de jolies maisons de campagne; sur des vergers, des jardins, des rochers, des taillis, des pelouses escarpées servant de pâture à de nombreux troupeaux. Le point le plus élevé de la Bretagne, Bécherel, borne la vue au midi. Au-dessous, le Chêne-Ferron, agréablement situé sur le canal d'Ille-et-Rance, où l'on arrive entre des coteaux coupés par des chemins sinueux ombragés de charmilles, offre un lieu de réunion d'autant plus agréable qu'un excellent écho y donne de l'harmonie au son des instruments et des voix qu'il répète. Sur un troisième plan, on voit en partie écroulées les voûtes en pierre de l'église d'un vaste monastère; le bourg de Léhon, ses tours, ou plutôt son château, bâti sur les ruines d'une forteresse que les Romains élevèrent pour s'assurer le cours de la Rance. Les terres des Granges, de Léchat, qui sont au couchant, ainsi que le Saint-Esprit, village remarquable par ses ruines et son antiquité, par l'étendue et la beauté de son horizon, font partie de ce panorama, au centre duquel on respire les douces émanations du serpolet et de plusieurs autres plantes aromatiques. Des arbres, des arbustes groupés agréablement, y reçoivent et réfléchissent les premiers rayons du soleil; et le chant des oiseaux s'unissant alors au bruit des cascades et des moulins, porte dans l'âme ces douces, pures et profondes émo-

IIme VUE DE DINAN.

tions qu'en vain on essayerait de transmettre, et que ne procurent jamais dans les cités, dans les jardins paysagers, de chétives imitations de la belle nature.

A Dinan, et dans les campagnes qui l'entourent, de beaux figuiers attestent une douce température : on n'y voit point de fonds marécageux ; des arbres élevés y brisent les vents et préviennent les orages. Offrant ainsi tous les agréments des pays de montagnes, sans faire éprouver leurs rigueurs, ces lieux que les poëtes aiment à chanter, et que les peintres se plaisent à reproduire, parurent fixer les vainqueurs du monde. Aux chants guerriers, au bruit des armes, ont succédé les jeux, les concerts, les danses, les parties de mer et les promenades champêtres.

Une communication facile est ouverte à Saint-Malo avec Dinan et plusieurs communes qui bordent la Rance, qui a son embouchure à Saint-Servan. Les petits bâtiments de cabotage profitent de la marée pour remonter jusqu'à Dinan, et chaque jour partent de cette ville un bateau à vapeur et des barques, qui font dans une même journée le voyage d'aller et retour. Ces bateaux ayant pour tout gréage un mât avec une large voile, repartent de Dinan à l'instant où la marée se retire, et quelquefois, aidés du courant et du vent, ils font un trajet de 5 lieues en une heure un quart ou une heure et demie. Si le vent refuse son secours, dix hommes s'abaissant et s'élevant sur leurs larges avirons, s'occupent avec activité à hâter leur arrivée au port, où ils vaquent à leurs affaires avant l'heure où la marée montante les force à revenir à Dinan.

Rien n'est plus pittoresque que le paysage qui borde le cours de la Rance : l'œil se promène avec délices sur les sites variés et gracieux qui côtoient la rivière. Tantôt c'est une colline couverte de bois qui vient se dérouler jusqu'à la rive; tantôt un rocher s'élève à pic et fait frémir celui qui en mesure l'élévation. Ici c'est une maison de campagne située au sommet d'une roche escarpée ; là une riche plaine captive l'œil de celui qui, pour la première fois, jouit d'un spectacle aussi ravissant que nouveau. La rivière s'élargit, et la vaste plaine de Saint-Suliac est sillonnée par la barque dont les passagers songent alors à se livrer à la gaîté. Là, comme sous le tropique, les matelots se plaisent à baptiser ceux qui n'ont pas encore fait le trajet. A quelques signes de convention, le novice ne tarde pas à se déceler à l'œil habitué du matelot. Tantôt c'est un homme que les cris de l'équipage avertissent du danger qu'il court sur une roche vacillante, tantôt les statues d'un jardin sont traitées de nonnes trop curieuses qui accourent pour voir les bateaux; et celui qui se laisse prendre au piége est baptisé s'il ne consent à donner, pour éviter la cérémonie, quelque monnaie qui se partage entre les rameurs. A chaque instant partent du rivage des petites barques, remplies de deux ou trois individus qui viennent aborder les grands bateaux pour continuer avec eux le trajet. L'on frémit en voyant ces frêles embarcations s'élever au milieu des lames écumantes, et lorsqu'elles gagnent le bord on s'étonne qu'elles aient évité un danger qui semble immense à celui qui ne connaît pas encore l'intrépidité des hommes et même des femmes du pays.

Dinan, comme toutes les villes qui remontent à une haute antiquité, est généralement mal bâtie. On y trouve de ces rues tortueuses, sombres et étroites, bordées de maisons en bois, où la vie, privée d'air et de lumière, s'écoule pâle et décolorée. Plusieurs quartiers offrent cependant quelques rues larges et droites, où l'air circule avec facilité, et dont les maisons construites en granit ou blanchies répandent un air d'aisance et de propreté. Dans son enceinte se trouvent une place publique spacieuse et régulière et plusieurs établissements publics. A l'extrémité de la rue de l'École, s'élève la porte Saint-Malo, d'une architecture lourde, et dont le sommet présente des constructions modernes, élevées en 1815. Plus loin est la tour de Jerzual, dont l'ouverture en ogive et l'air de vétusté portent à croire qu'elle est une des plus anciennes de la ville. Non loin du château, est la porte Saint-Louis, bâtie en 1620, et la plus moderne des quatre portes de la ville, dont la plus remarquable est la porte de Brest flanquée de deux tours recouvertes d'un toit aigu.

LE CHATEAU DE DINAN, énorme donjon bâti vers l'an 1300, se compose de deux tours qui s'élèvent majestueusement à la partie méridionale de la ville, dont il est séparé par deux profonds fossés, sur l'un desquels existe un pont de pierre d'une construction assez hardie ; sur le second, beaucoup moins large que le premier, était jeté un pont-levis, remplacé aujourd'hui par un pont en bois. Du côté de la campagne, ce château offre un aspect qui ne manque ni de grandeur ni de légèreté; il a servi autrefois de demeure aux ducs de Bretagne, qui venaient souvent passer à Dinan une partie de la belle saison, et l'on y montre un fauteuil qui a appartenu, dit-on, à la duchesse Anne.

L'HÔTEL DE VILLE est aujourd'hui placé dans les bâtiments originairement fondés pour servir d'hospice à la ville ; en 1832, une bibliothèque publique a été établie dans la salle des séances du conseil. On remarque aussi une très-belle salle de bal dans laquelle les portraits de Duclos et de la Garaye ont été placés en 1833. L'administration municipale compte y placer bientôt les portraits des autres personnages distingués de la ville et de l'arrondissement.

LE TRIBUNAL est remarquable par son péristyle orné de deux belles colonnes de granit d'un seul bloc, et de 4 m. 60 c. de hauteur sur 1 m. 73 c. de circonférence.

PLACE DUGUESCLIN. L'emplacement qui servit de champ clos à Duguesclin, en 1359, pour le combat qu'il livra au chevalier anglais Cantorbie, a été nivelé et planté en 1806, par les soins de M. Charles Néel, alors maire, et forme aujourd'hui cette jolie place, l'un des plus beaux ornements de Dinan. A son extrémité méridionale on a inauguré en 1823 la statue de Duguesclin que couronnent de beaux tilleuls. — Ce n'est qu'en 1832 que la place du Champ, où se tient le marché, a été nivelée, sablée et entourée de bornes et de chaînes.

L'HOSPICE est un des beaux établissements de la ville, parfaitement tenu : il a été transféré en 1816 dans les bâtiments de l'ancienne communauté de Sainte-Catherine, fondée en 1615. Cet établissement possède les plus anciennes archives de la ville.

CIMETIÈRE. Depuis le 1er janvier 1834, Dinan possède un beau cimetière placé hors ville ; son étendue permet de concéder des portions de terrain aux familles qui désirent construire des tombeaux. On en remarque déjà plusieurs établis dans le courant de la première année.

L'ÉGLISE SAINT-SAUVEUR est un bel édifice gothique surmonté d'un clocher aux formes pures et élégantes, dont on ne se lasse pas d'admirer la grâce et la légèreté. Le chevet offre de légères galeries à balustrades découpées comme de la dentelle, des pyramides ornées de sculptures délicatement creusées dans le granit. L'intérieur de l'église n'offre de bien remarquable que le monument sépulcral de l'illustre Duguesclin, qui jugea la ville de Dinan digne de posséder son cœur. On sait que ce guerrier mourut le 13 juillet 1380, au siège du château de Randan. Son corps fut inhumé à Saint-Denis dans les tombeaux des rois de France, récompense que méritaient bien les services du héros breton, et son cœur, conformément à ses dernières volontés, fut placé à Dinan, dans l'église des Dominicains, auprès de Tiphaine Raguenel, sa première femme. Cette église ayant été détruite, le cœur du connétable fut transféré dans l'église de Saint-Sauveur. Une simple épitaphe annonce que le cœur de l'un de ces hommes qui font la destinée des nations gît sous le marbre qui le couvre et le dérobe à tous les yeux. L'on n'y lit point une énumération fastueuse des titres et des vertus du héros, ne suffit-il pas de le nommer pour rappeler à l'esprit des idées de gloire et d'honneur, pour réveiller le souvenir impérissable des services signalés que ce grand homme a rendus à notre patrie ? *Ci-gît le cœur de messire Bertrand Duguesclin, en son vivant connétable de France, qui trépassa, etc.; dont le corps repose avec celui des rois à Saint-Denis en France.* Telle est l'inscription que l'on aperçoit sur une table de marbre qui n'est pas détachée du mur de l'église et qui présente une forme pyramidale. On voit en haut une urne funéraire, et sur un blason deux aigles dans le genre des armes d'Autriche, ainsi que les portait la maison Duguesclin.

L'ÉGLISE SAINT-MALO fut commencée en 1489. C'est un édifice inachevé, et le chœur, dont l'exécution est complète, peut seul donner une idée de ce qu'aurait été cette église si on y eût mis la dernière main. Comme celui de Saint-Sauveur, l'extérieur du chœur présente une grande quantité de sculptures et d'ornements d'une forme et d'un caractère singulier : ces légères pyramides, ces arcs-boutants décorés de cannelures et creusés pour servir de conduits à ces gouttières qui s'allongent au delà des murs sous les formes les plus capricieuses et les plus bizarres, ces fenêtres en ogive dont les vitraux peints de cent couleurs différentes ne laissent pénétrer dans l'église qu'une lumière douteuse, tout concourt à rendre le chœur de l'église de Saint-Malo le plus beau morceau d'architecture que possède Dinan.

On remarque encore à Dinan la tour de l'Horloge, qui supporte une flèche pyramidale d'un bel effet; une belle et vaste salle découverte ; le petit séminaire ; le collège; et aux environs, au village de Saint-Esprit, un beau monument de sculpture, représen-

2e VUE DE DINAN.

tant le Père éternel soutenant dans ses bras la croix sur laquelle son fils est attaché.

Tel est Dinan, la ville aux sites poétiques,
Aux coteaux escarpés, aux vallons romantiques;
Qui, gracieuse, élevé, au milieu des vergers,
Ses remparts tout couverts de jardins et d'ombrage,
Son château crénelé, monument d'un autre âge,
Et les dômes de ses clochers.

Eaux minérales de Dinan [1].

A peu de distance de Dinan, dans le fond d'un vallon profond et pittoresque, on trouve entre deux riants coteaux des sources d'eaux minérales froides et ferrugineuses, qui jouissent depuis un temps immémorial d'une réputation justement méritée.

La plus fréquentée des sources de Dinan est une propriété communale, dont les eaux, toujours abondantes, sont délivrées sans frais. Prises aux repas, elles peuvent être utiles dans toutes les saisons; et, pendant les beaux jours, on en boit le matin ordinairement de 6 à 12 verres à la fontaine, qui se trouve à un quart de lieue de la ville. Les fonds que le gouvernement et la commune consacrent à l'entretien de cette source, la seule qui, dans l'ouest de la France, fixe l'attention des étrangers, sont, depuis quelques années, employés à planter et aplanir le chemin du vallon qui la produit. Les bâtiments qui en dépendent, les arbres, les bosquets qui l'entourent, sont très-soignés; de nouvelles salles ont été préparées dans la ville, et les jeunes gens, par les souscriptions qu'ils ont ouvertes, manifestent l'intention de multiplier les réunions d'usage.

J. Duhamel, F. Fannois, Monnet, Chiffoliau, ont écrit sur ces eaux; les auteurs de presque tous les traités des eaux minérales de France en ont parlé avec éloge. Paris et beaucoup d'autres villes du royaume, les îles anglaises, y fournissent un grand nombre d'étrangers, qui sont généralement enchantés des bons effets qu'elles procurent, et qui sont également satisfaits de l'esprit de société et de l'affabilité des habitants de Dinan. La position de cette ville, ses promenades charmantes, les sites pittoresques qui l'entourent, et l'air pur qu'on y respire, en font un séjour délicieux. Les étrangers y trouvent souvent avec la santé, l'oubli des peines morales. Mais des résultats bien plus décisifs, bien plus importants que ceux que l'on a obtenus jusqu'ici, ne tarderaient pas à être observés, si toutes les actions des malades secondaient les effets salutaires que l'on doit attendre des eaux, s'ils trouvaient aisément à Dinan, comme ils trouvent dans les institutions sanitaires que des médecins dirigent dans la plupart des grandes villes, tout ce qui peut concourir à la guérison de leurs maladies.

Saison des eaux. On peut faire usage en tout temps des eaux minérales de Dinan, lorsqu'on les boit aux repas, en les coupant avec du vin; mais les étrangers, pour les prendre sur les lieux, doivent préférer la fin du printemps, ou la saison de l'été.

Propriétés physiques et chimiques. Une pellicule légèrement gluante, d'un jaune irisé, recouvre la surface de l'eau, et concourt, en se précipitant, à former un dépôt assez abondant d'une matière jaune, filamenteuse, d'un aspect mucilagineux, demi-transparent, et grasse au toucher. Cette eau, toujours assez abondante, ne l'est pas beaucoup plus pendant les grandes pluies que pendant les grandes sécheresses. Elle n'est pas sensiblement colorée.

Quoiqu'elle ait un goût ferrugineux très-sensible, elle n'est pas désagréable pour l'usage de la boisson. Son odeur, hydro-carbonée, hydro-sulfurée, n'est très-remarquable que dans la fontaine, lorsqu'elle a été quelques jours sans être nettoyée. La température en est à peu près la même dans toute la saison: du mois de janvier au mois de juillet, elle n'a varié que de trois degrés (de 10 degrés à 13 degrés).

L'eau de Dinan rougit la teinture de tournesol, verdit un peu le sirop de violette. L'eau de chaux y forme un précipité blanc. La potasse et l'ammoniaque y déterminent un léger nuage jaune, qui se précipite lentement. L'acide sulfurique lui conserve, lui rend sa transparence. L'hydrocyanate de chaux lui donne de suite une couleur bleu de Prusse, dont la nuance devient plus foncée par l'addition de l'acide sulfurique et de l'acide nitrique; le nitrate d'argent la trouble, et forme un précipité noirâtre après avoir rendu sa surface d'un bleu violet. L'hydrochlorate de baryte la trouble très-peu, et le précipité est à peine sensible. L'acétite de plomb y forme un précipité blanchâtre. La noix de galle la rougit tellement, qu'après quelques heures elle paraît noire. L'oxalate acidule de potasse y produit un précipité blanc peu considérable. L'oxalate d'ammoniaque détermine un précipité également blanchâtre.

---

[1]. Cet article est extrait en grande partie des mémoires que M. le docteur Bigeon, médecin des épidémies et inspecteur des eaux minérales de Dinan, a eu l'obligeance de mettre à notre disposition.

L'évaporation a donné un résidu dans lequel les principes salins se trouvaient dans les proportions suivantes :

Hydrochlorate de chaux	54 p.
id. de soude	44
id. de magnésie	33
Carbonate de chaux	37
Sulfate de chaux	20
Silice	3
Oxyde de fer (carbonate acidule)	30

Ce résultat est conforme à celui qu'a obtenu M. Boullay, pharmacien à Paris. MM. Monnet et Delaunay reconnurent dans ces mêmes eaux, en 1769, du fer et des sels qu'ils désignèrent sous les noms de terre absorbante et de sel marin. En 1786, M. Chifoliau, dans une analyse qu'il en fit, y constata encore la présence du fer, du muriate calcaire, de la sélénite et de la terre calcaire.

PROPRIÉTÉS MÉDICINALES. Les eaux minérales de Dinan sont ferrugineuses, salines et légèrement gazeuses. Elles ajoutent aux principes qui vivifient nos fluides ; elles activent la circulation, et peuvent ainsi s'opposer aux congestions viscérales, rendre plus abondantes, plus régulières, toutes les sécrétions, débarrasser le sang des éléments morbifiques, de la bile, des sérosités, des glaires.

Elles doivent aux muriates calcaires de soude et de magnésie leurs propriétés fondantes et apéritives : le carbonate calcaire les rend absorbantes ; le fer s'y trouve dissous par l'acide carbonique ; et ce tonique puissant, ainsi combiné, lorsqu'il est étendu dans une grande quantité d'eau chargée d'une substance onctueuse, végéto-animale, détermine rarement la surexcitation des organes digestifs : contenant moins de sélénite que les eaux communes, elles sont plus propres à aider la dissolution des aliments. Enfin, il serait difficile de trouver une combinaison plus appropriée au traitement de la plupart des affections du système lymphatique, des maladies de la peau, des voies urinaires, des organes de la digestion et de la reproduction.

Dans ses mémoires, M. Bigeon indique l'usage de ces eaux et la manière d'aider leurs salutaires effets chez les individus dont les premières voies sont fort affaiblies ; il les interdit aux personnes tourmentées de diarrhée continuelle, de coliques constantes ou de vomissements répétés, accidents qui annoncent une sensibilité particulière et habituelle, une irritation inflammatoire, un engorgement de l'estomac.

M. Bigeon rattache à cinq chefs les effets des eaux de Dinan sur notre économie : 1° Elles accélèrent la circulation et tendent à déterminer un mouvement dépuratoire. 2° Elles stimulent et fortifient les tissus membraneux et glanduleux ; et c'est de cette manière, dit-il, qu'elles s'opposent aux catarrhes et à quelques autres affections pulmonaires qui reconnaissent pour cause des tubercules indolents, une affection scrofuleuse, un extrême relâchement du tissu des poumons. Elles seraient nuisibles aux personnes qui ont éprouvé des hémoptysies, si ce n'est lorsque cette hémorrhagie a été évidemment déterminée par le défaut de cohésion entre les principes qui constituent les fluides, ou par la faiblesse des vaisseaux. Leur administration, même dans ces cas, exige la plus grande prudence. 3° L'expérience justifie la réputation que possèdent ces eaux, de redonner la faculté virile, en rendant aux organes de la reproduction l'aptitude qui leur est propre. 4° Les voies urinaires leur permettent toujours un écoulement prompt et facile ; elles facilitent même le cours des urines. Si toutefois, après les avoir prises, le ventre se distend, les jambes s'infiltrent, il convient de donner quelques apéritifs. Au reste, en considérant la variété des altérations qu'éprouvent les reins, la vessie et les autres organes excréteurs de l'urine, l'on conçoit qu'il doit être de fréquentes exceptions à ces règles générales ; et M. Bigeon cite le traité *des maladies de la vessie*, etc., par le docteur Nauche, comme un ouvrage où l'on peut puiser des notions exactes et précises sur la connaissance et le traitement de ces affections diverses. 5° La transpiration, la plus abondante de toutes les évacuations, est aussi la plus favorable aux crises que prépare la nature. Celle qui succède à l'usage des eaux de Dinan, quoique abondante, est à peine sensible, limpide et régulière ; elle s'évapore facilement, et elle n'affaiblit point, parce qu'elle n'enlève à nos humeurs que des principes nuisibles ou peu propres à la nutrition ; tandis que les sueurs provoquées par l'action trop vive des stimulants ou par l'usage des boissons chaudes et relâchantes sont visqueuses et peu durables, souvent partielles, colliquatives, et alors toujours suivies d'une grande faiblesse qui dispose à de nouvelles congestions.

On sait que lorsque les fonctions de la peau sont rétablies, les affections de cet organe se guérissent. D'autres lésions dont celles-ci peuvent n'être que les symptômes, des obstructions, des fièvres, par exemple, vainement traitées par les remèdes ordinaires, cèdent aussi à l'action de ces eaux; mais leurs effets salutaires ne se font pas toujours sentir à l'instant; il faut insister sur leur usage plusieurs semaines, et quelquefois bien plus longtemps encore; des symptômes fébriles ne commandent point impérieusement d'en cesser l'usage; ils sont les avant-coureurs ordinaires de la crise, et peuvent présager une heureuse solution.

MODE D'ADMINISTRATION. On boit l'eau minérale de Dinan depuis la dose de trois ou quatre verres jusqu'à deux ou trois litres. Cette eau peut être transportée à des distances assez éloignées, si, puisée à la source, elle est contenue dans des bouteilles exactement fermées [1].

BIOGRAPHIE. Dinan est la patrie de plusieurs hommes justement distingués, parmi lesquels nous citerons: Charles Duclos-Pinot, né le 12 février 1704, mort en 1772, historiographe de France, secrétaire perpétuel de l'Académie française, auteur des Considérations sur les mœurs, de l'Histoire de Louis XI, et de plusieurs autres ouvrages. Honoré de l'amitié des premiers écrivains du XVIIIe siècle, il occupe une place brillante au milieu d'eux. — Busson (Julien), né le 11 mai 1717, mort en 1751, médecin, l'un des collaborateurs du Dictionnaire de médecine traduit de l'anglais par Diderot, Eidous et Toussaint. — Janin (Nicolas), religieux bénédictin, né le 28 janvier 1712, mort en 1782, auteur de plusieurs ouvrages théologiques, qui tous ont été traduits en allemand, et plusieurs en italien. — La Germondaie (François Henri), savant jurisconsulte, avocat au parlement de Bretagne, auteur d'un ouvrage intitulé Gouvernement des Paroisses, décédé à Rennes, le 12 février 1797, âgé de 60 ans. — Pierre le Hardi, fils de Nicolas le Hardi et d'Élisabeth de la Haye, né à Dinan le 10 février 1758, médecin distingué, député du Morbihan à la Convention; le procès-verbal de sa nomination porte qu'il a été choisi à l'unanimité comme *le plus homme de bien*. Il vota et périt avec les Girondins, dont il partageait les convictions politiques. — Thingant (François Marie Anne Joseph), né le 29 avril 1761, mort le 16 août 1827, couronné en 1811 par la société centrale d'agriculture de la Seine-Inférieure, auteur d'une nouvelle intitulée *Le Capucin* et de plusieurs mémoires sur l'agriculture. Il était au moment de publier plusieurs ouvrages, quand une mort presque subite vint mettre un terme à ses travaux. — Bertrand de Saint-Pern, parrain de Duguesclin et l'un des compagnons d'armes de ce héros. Bertrand de Saint-Pern fut du nombre de ceux qui sous la conduite de Duguesclin attaquèrent et défirent la division anglaise qui, au mois d'avril 1354, voulait cerner le château de Monmuran pour faire prisonniers les Bretons de distinction qui s'y trouvaient alors réunis. Il se distingua particulièrement à la défense de Rennes, assiégé en 1356 par le duc de Lancastre. Ce vaillant Dinanais se précipita dans le souterrain qu'avaient fait creuser les Anglais pour surprendre la ville, les mit en fuite et détruisit leur ouvrage. Pour récompenser sa valeur, la ville de Rennes fit fondre une pièce d'artillerie à laquelle on donna son nom.

INDUSTRIE. Manufactures de toiles à voiles, de tissus de fil, coton et laine, de flanelles, de souliers de pacotille. Nombreuses tanneries. Fabriques de poterie de terre et de faïence commune. Fabrique de sucre de betteraves. Raffineries de sel. — *Commerce*. Dinan est aujourd'hui une ville d'entrepôt; son commerce maritime a pris beaucoup plus d'activité et d'extension depuis l'ouverture du canal d'Ille-et-Rance. Les principaux objets d'exportation consistent en bois et planches de toute espèce, grains, graines de lin et de trèfle, beurre, cidre, bestiaux, cuirs, toiles et flanelles dites de Dinan, etc. L'importation consiste en ardoises, plâtre, pierres meulières, sel, bois du nord, etc.

A 14 l. de Saint-Brieuc, 7 l. de Saint-Malo, 95 l. de Paris. — *Hôtels* du Commerce, des Messageries générales, du Cheval blanc.

ÉVRAN. Bourg situé sur le canal d'Ille-et-Rance, à 2 l. 1/2 de Dinan. Pop. 4,056 hab. C'est la patrie du célèbre Beaumanoir qui vainquit les Anglais au combat des Trente, en 1351, et de cet autre Beaumanoir qui soutint à Nantes un combat judiciaire contre Tournemine, en 1386. Le

---

[1]. On doit consulter sur les eaux de Dinan: Recherches sur les propriétés physiques, chimiques et médicales des eaux de Dinan, par M. Bigeon. 1812.

L'utilité de la médecine démontrée par les faits. Par le même; in-8°, 1818.

Des systématiques et de leurs adeptes. Par le même; in-8°, 1824.

château de Beaumanoir, situé à peu de distance du bourg, est un assez joli édifice moderne, qui n'offre plus aucune trace d'antiquité remarquable.

Entre Évran et Bécherel se trouve la lande où fut conclu, le 12 juillet 1363, un traité entre Charles de Blois et Jean de Montfort, pour partager la Bretagne, traité qui fut rompu peu de temps après.

GARAYE (château de la). *Voy.* TADEN.

GUILDO (le). Bourg maritime, situé au fond de la baie de son nom, à l'embouchure de l'Aguenon dans l'Océan, où il a un port très-sûr. A 4 l. 1/2 de Dinan.

GUITTÉ. Village situé à 4 l. de Dinan. Pop. 1,050 h. Carrière d'ardoises exploitée.

HÉLEN (SAINT-). Village situé à 2 l. 1/2 de Dinan. Pop. 1,620 hab.

On remarque sur le territoire de cette commune les ruines du château de Coëtquen, qui a fourni le sujet d'une nouvelle fort intéressante, insérée dans l'Annuaire dinanais de 1836 [1].

JOUAN DE L'ILE (SAINT-). Petite ville située sur une hauteur au pied de laquelle coule la Rance, à 6 l. 1/4 de Dinan. Pop. 650 hab. Elle doit son nom à un ancien château qui existait au sud dans une île formée par la Rance. Saint-Jouan ne forme pour ainsi dire qu'une seule rue, traversée par la route de Rennes à Brest. — *Fabriques* de clous. Tannerie. Belle papeterie mécanique, d'après le système anglais, établie en 1825 sur le bord de la Rance, par M. de Saint-Pern-Couëllan. Exploitation d'ardoises.

JUGON. Petite ville située sur l'Arguenon, à 6 l. de Dinan. ✉ ☛ Pop. 508 hab. Cette ville passe pour n'avoir été bâtie qu'en 1109; mais il y avait antérieurement à côté, sur le sommet d'une montagne, un château dont aucun historien ne fait connaître l'origine; on sait seulement que cette place était très-forte, tant par sa situation que par ses ouvrages de défense, au point qu'elle était l'objet du proverbe *Qui a la Bretagne sans Jugon, a chape sans chaperon*. Ce château fut démoli en 1420, par ordre du duc de Bretagne, Jean V.

LEHON. Village situé à l'extrémité d'un des faubourgs de Dinan. Pop. 552 hab.

Ce village doit son origine à un monastère fondé en 850, par Nominoé, roi de Bretagne. Près de l'église abbatiale de cet ancien couvent, existe une chapelle gothique, bien conservée, connue sous le nom de chapelle des Beaumanoirs, où l'on voit les débris des tombeaux de cette illustre famille au nombre desquels est celui du fameux Beaumanoir qui vainquit les Anglais au combat des Trente.

Sur une hauteur qui domine le village, apparaissent les vieilles tours couronnées de lierre de l'ancien château de Lehon, qui, après avoir été assiégé, pris, démoli et reconstruit plusieurs fois, est aujourd'hui dans un état complet de dégradation dont l'aspect toutefois est éminemment pittoresque (*voy. la gravure*). On jouit de sa plate-forme d'un coup d'œil ravissant sur le charmant paysage qui borde le cours de la Rance, sur les rochers escarpés qui dominent certaines parties de cette rivière, et sur les ruines antiques de l'église et du monastère de Lehon.

MATIGNON. Petite ville située à 7 l. de Dinan. Pop. 1,172 hab. — *Commerce* de grains.

PLANCOET. Village à 5 l. de Dinan. ✉ Pop. 785 hab. Il est sur l'Arguenon, et il a un port où il se fait des chargements de grains, cire, bois, beurre, miel, etc. — *Fabriques* d'étoffes de fil et de laine. Tannerie et corroieries.

PLÉDÉLIAC. Village situé à 7 l. de Dinan. Pop. 2,120 hab. On remarque sur son territoire les bâtiments de l'abbaye de Saint-Aubin, monastère de l'ordre de Citeaux, fondé en 1137, et dont les bâtiments sont aujourd'hui affectés à un hospice pour les aliénés. L'église, dont le vaisseau peut avoir 150 pieds de longueur, est assez bien conservée; mais malheureusement on a fait disparaître récemment les superbes vitraux qui représentaient des sujets intéressants de l'histoire de Bretagne.

PLÉLAN. Village situé à 5 l. de Dinan. Pop. 1,050 hab.

PLOUBALAY. Village situé sur le bord de la mer, à 5 l. de Dinan. Pop. 2,409 hab. — *Commerce* de grains et de vins.

PLOUER. Bourg situé près de la rive gauche de la Rance, à 2 l. 1/2 de Dinan. Pop. 3,600 hab. Le port Saint-Hubert, situé à peu de distance, est considéré comme

---

[1] L'Annuaire dinanais, fondé en 1832 par M. le comte de Saint-Pern-Couëllan, alors qu'il était maire de Dinan, est une des publications départementales les mieux conçues, les plus curieuses et les mieux rédigées; il serait fort à désirer que dans chaque département, et même dans les principaux arrondissements, on s'occupât d'un travail du même genre, dans lequel viendraient naturellement se grouper les faits historiques les plus remarquables et les documents propres à établir une bonne statistique de la France.

CHÂTEAU DE LA GARAYE.

Côtes du Nord.

CHÂTEAU DE LEHON.

le port de Plouer ; c'est par les bateaux qui en partent qu'il communique avec Saint-Servan et Saint-Malo. — *Commerce* de bois et de cidre.

TADEN. Village situé à une l. de Dinan. Pop. 1,320 hab.

Le château de la Garaye, situé au milieu d'un massif de beaux arbres, fait partie de la commune de Taden. Ce château, célèbre dans la contrée par les fêtes splendides qui y rassemblaient presque constamment la plus brillante société, plus célèbre encore par la généreuse philanthropie dont le comte de la Garaye et son épouse y prodiguèrent les preuves, est maintenant tout à fait ruiné, et n'offre plus que des pans de murailles, en partie couvertes de lierre, et d'un aspect très-pittoresque. On voit dans le cimetière de la commune de Taden le tombeau de ces deux bienfaiteurs de l'humanité, qui voulurent y être inhumés au milieu des pauvres, et non dans le tombeau de leur famille à Dinan.

ARRONDISSEMENT DE GUIMGAMP.

BÉGARD. Bourg situé à 3 l. de Guimgamp. Pop. 3,768 hab. On croit qu'il doit son origine à une abbaye de l'ordre de Citeaux, fondée en cet endroit dans le XIIIe siècle.

BELLE-ILE EN TERRE. Petite ville située sur la rive gauche du Guer, à 5 l. de Guimgamp. ✉ ☞ Pop. 1,079 hab. — Forges et hauts fourneaux. Papeterie. Aux environs, mine de plomb non exploitée.

BOTHOA. Bourg situé à 7 l. de Guimgamp. Pop. 2,558 hab.

BOURBRIAC. Bourg situé à 2 l. de Guimgamp. Pop. 3,613 hab.

CALLAC. Bourg situé à 7 l. de Guimgamp. Pop. 2,616 hab.

GUIMGAMP. Petite ville. Chef-lieu de sous-préfecture. Tribunal de première instance. Société d'agriculture. ✉ ☞ Pop. 6,100 hab.

Guimgamp était jadis une des villes les plus considérables du duché de Penthièvre. Elle est située sur le Trieux, au milieu de vastes et belles prairies, et était autrefois entourée de murailles, dont une partie existe encore. Une grande rue la traverse d'un bout à l'autre, et dans le milieu est l'église paroissiale, surmontée d'un clocher à flèche et d'une tour carrée recouverte d'une espèce de dôme. Sur la place publique est une fort belle halle devant laquelle est une jolie fontaine. L'intérieur de la ville offre plusieurs belles constructions, et les environs d'agréables promenades.

Fabriques de toiles, fils retors, chapeaux communs. Tanneries.—*Commerce* de grains, fil, toiles, cuirs, fer, vins, eau-de-vie, etc.

A 7 l. de Saint-Brieuc, 116 de Paris. — *Hôtels* des Voyageurs, de Bretagne, du Croissant.

MAEL-CARHAIX. Village situé à 11 l. 1/2 de Guimgamp. Pop. 2,013 hab.

PLOUAGAT. Village situé à 2 l. 1/2 de Guimgamp. Pop. 2,241 hab.

PONTRIEUX. Petite ville située au centre de plusieurs routes, sur le Trieux, qui est navigable depuis cet endroit jusqu'à la mer. A 4 l. de Guimgamp. ✉ P. 1,647 h.

Pontrieux est une ville ancienne, bâtie au pied d'un vieux château nommé Châteaulin, dont il ne reste plus que quelques vestiges. Elle a soutenu plusieurs sièges, et a été prise à différentes époques par les Anglais. Sous le règne de Conan IV, Hervé, vicomte de Léon, et Guiomark son fils, étant tombés dans une embuscade que leur avait dressée le vicomte du Faou, furent enfermés à Châteaulin ; mais Hamon, évêque de Léon, ayant pris la place d'assaut, se saisit du vicomte et de ses complices, les enferma à Daoulas, où il les laissa périr de faim et de soif. Dans le XVe siècle, la ville fut prise et saccagée par Pierre de Rohan, qui fit démolir Châteaulin.

Cette ville est en général assez bien bâtie, assez bien percée, et divisée en deux quartiers par le Trieux que des maisons bordent des deux côtés, et sur lequel est un pont qui facilite les communications d'un quartier à l'autre. Elle possède une assez belle place et une jolie promenade plantée de tilleuls et entourée de murs. Le port, où il monte douze pieds d'eau dans les grandes marées, est à une portée de fusil de la ville ; c'est le point où débarquent toutes les marchandises destinées pour Guimgamp. Il possède vingt-six bateaux et quatre navires.

Patrie de M. le Brigant, auteur des Origines de la langue celtique et de plusieurs autres ouvrages d'érudition.

Commerce de sel, vin, beurre, graines de trèfle, eau-de-vie, fruits secs, savon, chaux, brai, goudron, charbon de terre, fer, planches, etc., etc.

ROSTRÉNEN. Bourg situé à 10 l. de Guingamp. ✉ Pop. 1,141 hab. — Commerce considérable de bestiaux que l'on élève dans les environs.

ARRONDISSEMENT DE LANNION.

BUHULIEN. Village situé à une demi-lieue de Lannion. Pop. 1,024 hab. Papeterie.

COZ-YAUDET. *Voy.* PLOULECH.

LANNION. Petite ville. Chef-lieu de sous-préfecture. Tribunal de première instance. Société d'agriculture. Collége communal. ✉ ☞ Pop. 5,371 hab.

Lannion était autrefois le chef-lieu d'un comté. Elle était alors fortifiée, et fut prise par trahison par les Anglais, en 1346 ; la ville fut saccagée, une partie des habitants fut rançonnée, et l'autre égorgée.

Cette ville est dans une situation avantageuse pour le commerce, sur le Leguer, où elle a un port peu éloigné de l'Océan et d'un accès facile. La ville proprement dite est triste, mal bâtie, formée de rues étroites et escarpées ; elle possède deux petites places, deux fontaines, un collége, une caserne et deux hôpitaux. L'église paroissiale est un édifice dont la construction remonte au XIIe siècle.

Le port de Lannion est bordé d'un quai large et spacieux ; d'un côté il est bordé de maisons, de l'autre se trouve l'hôpital ; à l'extrémité du quai est une jolie promenade d'où la vue s'étend sur une belle campagne. Le gisement de ce port est ouest-sud-ouest, et la hauteur de ses eaux est de quatre brasses et demie à mer haute ; à mer basse il n'y reste que l'eau de la rivière.

Lannion possède une source d'eau minérale ferrugineuse froide, dont les eaux sont employées avec succès principalement pour la maladie de la vessie. Dugay-Trouin leur a dû le rétablissement de sa santé, et le duc d'Aiguillon en fit usage avec succès en 1760. Cependant, bien que l'on ressente chaque jour les salutaires effets de ces eaux, il n'y a encore aucun établissement, et les buveurs sont réduits à aller eux-mêmes puiser l'eau dont ils ont besoin.

Fabriques de toiles, de chapeaux. Papeteries. Corderies. Blanchisseries de cire. Tanneries.—*Commerce* important de grains, chanvre, graines de chanvre et de lin, lin, fil, beurre, graisse, suif, bestiaux, vins de Bordeaux, cidre, sapin du Nord, denrées coloniales, etc.

A 14 l. de Saint-Brieuc, 123 l. de Paris.

LEXOBIE. *Voy.* PLOULECH.

LÉZARDRIEUX. Bourg situé à 8 l. de Lannion. Pop. 2,192 hab.

MICHEL-EN-GRÈVE (SAINT-). Bourg situé sur l'Océan, à 2 l. 1/2 de Lannion. Pop. 432 hab.

PENVENAN. Village situé à 4 l. 1/2 de Lannion. Pop. 2,210 hab. Il est près de l'Océan, où se trouve une grande baie qui forme un port assez sûr où les navires d'échouage peuvent entrer par toutes les aires de vents.

PERROS-GUIREC. Village situé sur l'Océan, à 2 l. 1/2 de Lannion. P. 2,251 h.

Ce village possède un hâvre bon et sûr, même pour les bâtiments de guerre, puisqu'on en peut sortir de haute ou de basse mer et par tous les vents. Le port assèche à toutes les marées ; c'est un grand atterrage où abordent des navires de 150 tonneaux. La rade est couverte du côté du nord-ouest par l'île Thomé, sur laquelle on trouve un bon mouillage pour les frégates ; c'est un lieu de relâche fréquenté pendant la guerre. — *Commerce* de grains et de chanvre.

PLESTIN. Joli bourg, situé sur une élévation, à 4 l. 1/2 de Lannion. ☞ Pop. 5,040 hab. La principale rue est droite et formée de maisons bien bâties. L'église est un édifice gothique où l'on voit le tombeau de saint Efflam.

Plestin a un petit havre, nommé le Toul-an-Hery, situé à une demi-lieue du bourg, avec lequel il communique par une fort belle route : l'abord n'est pas facile, à cause d'un rocher presque imperceptible qui se trouve à l'entrée. Le havre de Toul-an Hery paraît avoir eu jadis quelque importance ; il est de tradition qu'il a pendant longtemps servi d'entrepôt pour diverses villes du Finistère et des Côtes-du-Nord, ainsi que le prouvent les vastes magasins attenants à chaque maison. — *Commerce* de grains, bois, fer, charbon de terre, etc.

PLEUBIAN. Village situé sur l'Océan, à 8 l. de Lannion. Pop. 4,300 hab.

A l'extrémité de cette commune se trouve la pointe de Talbert, nommée dans le pays le Sillon, banc de cailloutage et de sable, large de 80 à 100 pieds, et qui s'étend à près de deux lieues en mer. Ce banc, que les eaux ne recouvrent jamais en entier, est borné à son extrémité par d'énormes rochers, et abonde en plantes marines : de loin, son aspect est tout à fait pittoresque, notamment lorsque le soleil dore de ses rayons la surface calme et limpide des ondes, et plus encore lorsque le ciel est chargé de nuages, et que les flots impétueux de la mer viennent battre le pied de ses rochers.

PLOUARET. Village situé à 3 l. 1/2 de Lannion. Pop. 4,915 hab.

PLOUBEZRE. Village situé à trois quarts de lieue de Lannion. Pop. 3,582 hab. — Papeterie.

PLOULECH. Village situé à trois quarts de lieue de Lannion. Pop. 1,180 hab.

De cette commune dépend le village de Coz-Yaudet, où l'on remarque les ruines de l'antique Lexobie, détruite, à ce que l'on croit, en 786 par un lieutenant de Charlemagne, et dont il ne reste plus que quelques vestiges, tels qu'un autel druidique, une fontaine d'une forme singulière, l'entrée d'un souterrain, etc.

PLOUNEVEZ-MOEDIC. Village situé à 5 l. de Lannion. Pop. 2,877 hab. — Papeterie.

PLUFUR. Bourg situé à 4 l. 1/2 de Lannion. Pop. 1,300 hab. On y trouve une mine de plombagine pour la fabrication des crayons.

ROCHE-DERRIEN (la). Petite ville située à 4 l. de Lannion. Pop. 1,344 hab.

Cette ville doit son origine à Derrien, fils d'un comte de Penthièvre, qui y bâtit en 1070 un château entouré de murailles et de fossés. La Roche tient une grande place dans les romans de chevalerie, et il en est fréquemment question dans Amadis des Gaules, sous la désignation de Roche-Périon, nom d'un célèbre chevalier de la table ronde, père d'Amadis.

La Roche-Derrien était une place très-fortifiée, dont le comte de Northampton s'empara en 1345, et y fit un riche butin. Charles de Blois investit cette place en 1347, et fut fait prisonnier sous ses murs, malgré des prodiges de valeur et après avoir reçu dix-huit blessures. Le duc de Bretagne reprit cette place en 1394, et en fit démolir le château, dont il ne reste plus que quelques vestiges.

SEPT-ILES (les). Groupe d'îles, situé dans la Manche, au nord du havre de Perros-Guirec, entre Bréhat et Morlaix. Ce groupe d'îles peu distantes les unes des autres n'offre que des mouillages peu sûrs ; les principales sont : l'île aux Moines, l'île Bonneau, l'île Rouzic, l'île Coslan, l'île Melbane, l'île Cerf et l'île Plate. L'île aux Moines possède un fort de sept batteries et des logements pour une petite garnison ; il existe aussi une batterie sur l'île Bonneau. Ces îles sont totalement dépourvues d'habitants.

TRÉGUIER. Petite ville maritime, située sur le Trieux, où elle a un port sûr et commode, à 5 l. de Lannion. ⊠ Pop. 3,178 hab. — *Établissement de la marée du port*, 5 heures 30 minutes.

Tréguier doit son origine à un monastère bâti au VIe siècle, dans la presqu'île de Trécor, sur l'emplacement duquel une cathédrale fut élevée en 848. Cette ville fut pillée et ses églises dévastées en 1346. Du temps de la Ligue, elle resta fidèle au roi, et fut ravagée en 1589 par le duc de Mercœur ; ses environs furent encore pillés et dévastés en 1591 et en 1592.

La ville de Tréguier est bâtie en amphithéâtre sur un coteau qui fait face à la mer. Quelques-unes de ses rues sont propres, bien pavées, et formées de maisons bien bâties. On y remarque une jolie promenade plantée d'arbres ; un beau quai orné aussi de plantations d'arbres ; une belle place centrale, décorée d'une fontaine publique ; une belle halle en pierre, de forme octogone ; l'hôpital ; la cathédrale, bel édifice gothique surmonté d'un clocher percé à jour et décoré de belles sculptures, etc., etc., etc.

Le port est éloigné de près de deux lieues de l'embouchure du Trieux. Il est très-avantageusement placé, et susceptible de devenir le plus important du département. La marée s'y élève de 18 à 24 pieds à basse mer, et y monte de 30 à 32 pieds dans les grandes marées. La rade reçoit des navires de tout tonnage.

Fabriques d'huile de lin. Armements pour la pêche du maquereau et de la morue. — *Commerce* de graines de trèfle, avoine, chanvre, suif, maquereaux salés, beurre, lin, fil, etc. — *Hôtel* de France.

ARRONDISSEMENT DE LOUDÉAC.

CHÈZE (la). *Voy.* Lachèze.

COLINÉE. Village situé à 6 l. 3/4 de Loudéac. Pop. 551 hab.

CORLAY. Petite ville située à 8 l. de Loudéac. Pop. 1,389 hab. C'était autrefois une place assez importante que le trop célèbre Beaumanoir, dit Fontenelle, saccagea en 1591. Le château, dans les dépendances duquel on a placé un dépôt d'étalons, fait partie du domaine privé du roi des Français.

GOAREC. Village situé à 9 l. de Loudéac. Pop. 806 hab.

LACHÈZE. Bourg situé à 2 l. 1/4 de Loudéac. Pop. 405 hab. On y remarque le château du Gué-de-l'Ile, bâti dans le XVe siècle, et dont la charpente offre la forme d'un vaisseau renversé.

LAUNEUC (SAINT-). Village situé à 6 l. de Loudéac. Pop. 560 hab. On y remarque le château de la Hardouinais, où périt d'une manière tragique, en 1450, le prince Gilles de Bretagne.

LOUDÉAC. Petite ville. Chef-lieu de sous-préfecture. Tribunal de première instance. Chambre consultative des manufactures. Société d'agriculture. Collège communal. ✉ ☞ Pop. 6,736 hab.

Dans le Xe siècle, Loudéac n'était qu'un rendez-vous de chasse désigné sous le nom de *Loupiat*. Les documents authentiques qui en font mention sous le nom de Loudéac ne datent que du XIIe siècle. Ses environs offrent sur une éminence des traces de fortifications, en forme de camp retranché, qui remontent au temps de la Ligue.

Loudéac est le centre d'une fabrication très-étendue de toiles dites de Bretagne. On y remarque une belle église paroissiale surmontée d'un clocher fort élevé, et un marché couvert pour la vente des toiles.

Fabriques de toiles. Forges et martinets. Papeteries. — *Commerce* de toiles, cidre, ardoises, etc.

A 11 l. de Saint-Brieuc, 109 l. de Paris. — *Hôtel* de la Croix blanche.

MERLEAC. Village situé à 4 l. 1/2 de Loudéac. Pop. 2,650 hab. C'est sur son territoire que se trouve la chapelle de Saint-Léon, édifice du XVe siècle, où l'on voit de curieux vitraux.

MERDRIGNAC. Bourg situé à 6 l. 3/4 de Loudéac. Pop. 2,855 hab. — Forges.

MOTTE (la). Village situé à 1 l. 3/4 de Loudéac. Pop. 3,198 hab. — *Fabriques* de fil de lin.

PERRET. Village situé à 14 l. de Loudéac. Pop. 829 hab. — Forges et hauts fourneaux.

PLEMET. Village situé à 3 l. de Loudéac. Pop. 3,013 hab. — Forges et hauts fourneaux.

PLESSALA. Village situé à 4 l. 1/2 de Loudéac. Pop. 3,300 hab. — Papeterie.

PLOUGUENAST. Village situé à 3 l. 1/2 de Loudéac. Pop. 3,659 hab.

UZEL. Petite ville, située sur une hauteur, près de la rivière d'Oust, à 3 l. 1/2 de Loudéac. Chambre consultative des manufactures. ✉ Pop. 2,044 hab.

Cette ville est assez bien bâtie, et formée de rues bien percées qui aboutissent à une vaste place. On y remarque trois halles, une promenade plantée de deux rangs d'ormes, et les vestiges d'un château qui est aujourd'hui dans un état complet de dégradation. — *Commerce* important de toiles dites de Bretagne, et de fil fabriqué dans les environs.

FIN DU DÉPARTEMENT DES CÔTES-DU-NORD.

Guide Pittoresque

DU

VOYAGEUR EN FRANCE.

ROUTE DE PARIS A BREST,

TRAVERSANT LES DÉPARTEMENTS

DE SEINE-ET-OISE, D'EURE-ET-LOIR, DE L'ORNE, DE LA MAYENNE, D'ILLE-ET-VILAINE, DES CÔTES-DU-NORD, DU FINISTÈRE, ET COMMUNIQUANT AVEC LE DÉPARTEMENT DE LA SARTHE ET AVEC CELUI DU MORBIHAN.

DÉPARTEMENT DU FINISTÈRE.

Itinéraire de Paris à Brest,

PAR DREUX, ALENÇON, MAYENNE, LAVAL, RENNES, SAINT-BRIEUC, MORLAIX ET BREST, 150 LIEUES 1/2.

	lieues.		lieues.
De Paris à Sèvres	2 1/2	La Gravelle	5
Versailles	2	Vitré	4
Pontchartrain	5	Châteaubourg	4
La Queue	3	Noyal	3
Houdan	3	Rennes	3
Marolles	2	Pacé	3
Dreux	3	Bédé	3
Nonancourt	3 1/2	Montauban	3
Tillières-sur-Avre	3	Broons	5
Verneuil	2 1/2	Langouèdre	3
Saint-Maurice	4	Lamballe	4
Mortagne	6 1/2	Saint-Brieuc	5
Le Mesle	4	Châtelaudren	4
Menil-Broust	2 1/2	Guingamp	3
Alençon	3	Belle-Isle-en-Terre	5
Saint-Denis	3	Pontou	4 1/2
Prez-en-Pail	3	Morlaix	4
Le Ribay	4	Landivisiau	5
Mayenne	4 1/2	Landernau	4
Martigné	4	Brest	5
Laval	4		

79ᵉ et 80ᵉ *Livraisons.* (FINISTÈRE.)

Itinéraire de Paris à Angers,

PAR CHARTRES ET LE MANS, 73 LIEUES 1/2.

	lieues.			lieues.
De Paris à Versailles	4 1/2		La Ferté-Bernard	5
Trappes	2		Connéré	4 1/2
Coignières	2		Saint-Mars	2 1/2
Rambouillet	3 1/2		Le Mans	3 1/2
Épernon	3		Guécelard	4
Maintenon	2		Foulletourte	2
Chartres	4 1/2		La Flèche	5
Courville	4 1/2		Durtal	3
Champroud	3		Suette	4
Montlandon	1		Angers	5
Nogent-le-Rotrou	5			

Communication de Rennes à Vannes, 27 l. 1/2.

	lieues.			lieues.
De Rennes à Pont-Péan	3 1/2		Rédon	3
Lohéac	4		Petit-Molac	6
Rénac	4 1/2		Vannes	6 1/2

ASPECT DU PAYS QUE PARCOURT LE VOYAGEUR

DE PENONROS A BREST.

Après Penonros, la route se dirige à travers des plaines de bruyères, en passant par les hameaux de Moysan et de Pennanech. Au-dessous de ce dernier hameau, on descend dans un vallon et l'on voit, à gauche, le village du Pontou, où est établi le relais. La route fait plusieurs coudes et gravit un plateau dont le sommet est occupé par le hameau de Luzouly ; au delà de celui de Keznevès, on rase plusieurs maisons éparses, et l'on franchit plusieurs petites gorges très-fertiles qui se prolongent vers les hameaux de Kerafors et Kervezenec ; là reparaissent les plaines de bruyères, qui s'étendent jusqu'aux environs de Morlaix. Plusieurs pentes et montées traversant un pays uniforme, en grande partie couvert de bruyères, conduisent de Morlaix à Landivisiau ; au sortir de cette ville, on prend la nouvelle route qui passe par Keryven, la Roche-Maurice et Creastilas ; de ce dernier endroit, l'on jouit d'une belle vue sur Landerneau. En sortant de cette jolie ville, on passe devant le château de Pont-Palu, et l'on traverse une suite de hameaux presque contigus les uns aux autres, qui se succèdent sans interruption jusqu'à celui de Messadon, d'où l'on descend à Brest en jouissant de la belle perspective qu'offre cette ville maritime.

DÉPARTEMENT DU FINISTÈRE.

APERÇU STATISTIQUE.

Le département du Finistère est formé de la majeure partie de la basse Bretagne, et tire son nom de sa situation très-avancée dans l'Océan, ainsi que d'une petite chapelle située sur la pointe Saint-Matthieu, appelée *Notre-Dame fin de terre*. Il est borné au nord, par le canal de la Manche ; à l'est, par les départements du Morbihan et des Côtes-du-Nord ; au sud et à l'ouest, par l'Océan. Sa plus grande largeur, de l'est à l'ouest, est de 30 lieues ; et sa plus grande longueur, du nord au sud, de 25 lieues.

PETIT ATLAS NATIONAL DES DÉPARTEMENS DE LA FRANCE.

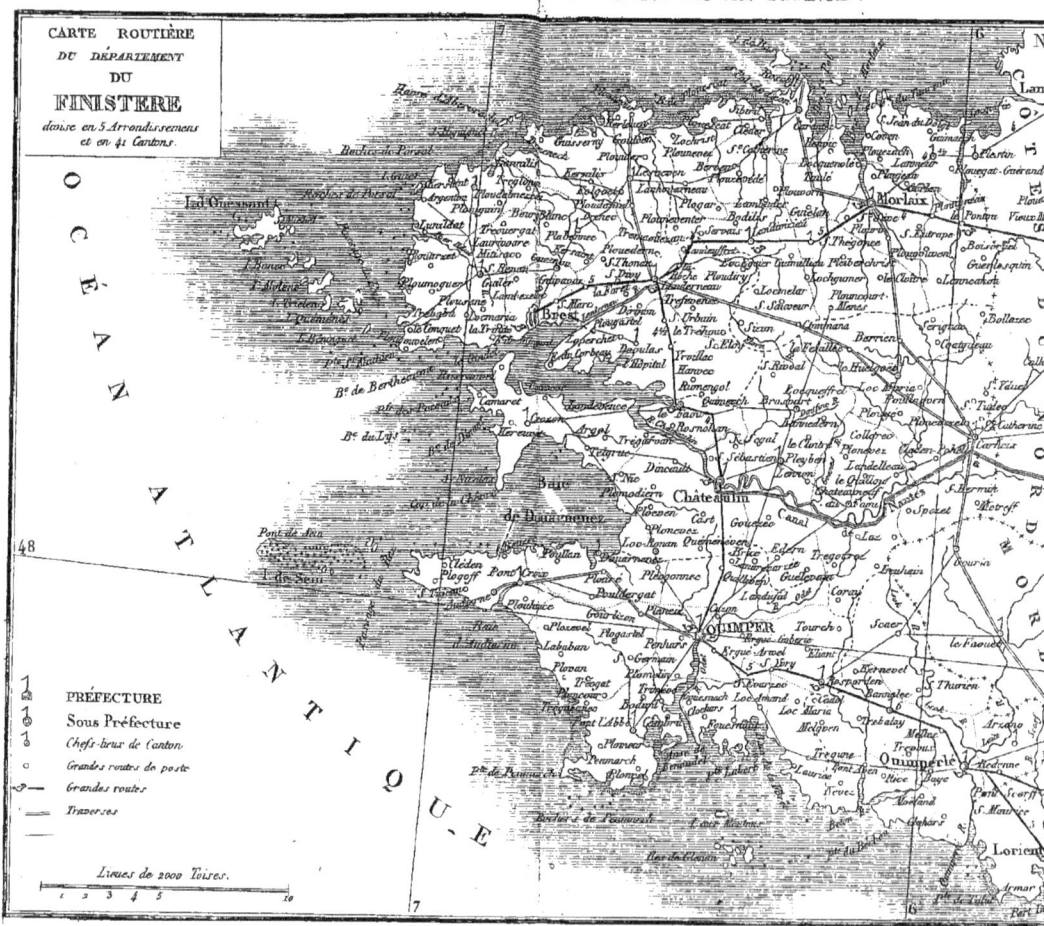

DÉPARTEMENT DU FINISTÈRE.

Situé à l'extrémité la plus occidentale de la France, le département du Finistère présente une presqu'île qui s'avance au milieu de l'Océan. Ses côtes sont hérissées dans presque toute leur étendue de masses de granit qui, pour la plupart, sont d'une hauteur considérable, et que la nature semble y avoir placées pour préserver le pays de la fureur des flots, beaucoup plus impétueux dans cette partie que sur tout autre point des côtes de France. Deux chaînes de montagnes assez élevées couvrent sa partie septentrionale; l'une, qui porte le nom de montagne d'Arré, se dirige d'abord vers l'ouest-nord-ouest, ensuite vers l'ouest-sud-ouest, et se termine par le Faou dans la rade de Brest; elle a 14 lieues de longueur, et est élevée de 286 mètres (147 toises) au-dessus de la mer. La seconde chaîne, connue sous le nom de Montagnes noires, s'étend depuis Rostrenen (département des Côtes-du-Nord) jusqu'aux environs de Crozon, dans une direction à peu près est-ouest, et sur une longueur de 18 à 20 lieues. Son extrémité forme la langue de terre qui s'avance entre la rade de Brest et celle de Douarnenez. Elle est élevée d'environ 250 mètres au-dessus du niveau de la mer.

Le département du Finistère étant en général très-montueux, est par cela même d'un aspect très-varié. Les côtes sont admirablement cultivées, et ce qui le prouve, c'est que ce département, avec moins de deux tiers de son territoire (car les landes, les grèves et les marais forment un grand tiers du Finistère), nourrit sa population, une des plus nombreuses des départements de la France, et exporte encore chaque année une grande masse de produits agricoles. C'est donc une erreur grossière de croire l'agriculture arriérée dans le Finistère; les terres en rapport sont cultivées parfaitement, mais beaucoup qui pourraient l'être restent en friche, parce que les laboureurs manquent de capitaux.

Le morcellement exagéré des propriétés est aussi un obstacle à ce qu'il s'opère d'heureux changements dans l'agriculture. Les fermes ne sont souvent que de 300 à 500 fr. Celles de 1200 ou de 1500 fr. sont plus rares; elles sont aussi mieux cultivées, et les fermiers en sont plus à l'aise. Si toutes étaient ramenées à ce taux, l'agriculture du Finistère prendrait dans quelques années une immense extension. Dans l'intérieur, le pays est plus aride; les paysans moins riches et moins éclairés ne s'adonnent guère qu'à l'éducation des bestiaux. Au total, le département du Finistère est un des plus pittoresques de la France, par la variété de ses aspects et les accidents de son terrain. Il est arrosé par 300 ruisseaux, qui coulent dans autant de vallées, et qui sont susceptibles de servir de moteurs à des usines. Le Finistère *a 150 lieues de côtes*, 8 ports principaux [1], quatre grandes baies [2], huit grandes rades [3], onze grandes anses [4], et environ 50 criques ouvertes au cabotage et au long cours. En tout, environ 80 lieux d'embarquement!... Le même département compte huit îles habitées [5], et vingt-neuf péninsules.

L'arrondissement de Brest, le plus populeux, le plus riche et le plus éclairé, est généralement bien cultivé. La fertilité du canton de Plogastel-Daoulas est prodigieuse; les fraises y sont cultivées, pour ainsi dire, en prairies, et couvrent un terrain considérable; tous les légumes y viennent abondamment.

Les côtes de cet arrondissement, et principalement la rade de Brest, offrent un spectacle qu'aucune expression ne peut rendre. Les rives de l'Élorne, rivière qui traverse le canton de Landerneau, sont couvertes de sites les plus pittoresques. Cette rivière est presque entièrement bordée de prairies. On y faisait autrefois la pêche du saumon dont la valeur s'élevait, dit-on, à près d'un million; on n'en pêche pas maintenant chaque année pour 50 mille francs.

L'arrondissement de Brest compte un assez grand nombre de corderies, quelques poteries et trois moulins à papier. Le principal commerce de cet arrondissement consiste, 1° en denrées agricoles, telles que blé, miel, cire, lin, beurre, suif, chevaux, bœufs et vaches; 2° en produits industriels, comme cuirs, toiles, pêche de sardines, papiers,

---

1 Brest, Morlaix, Landerneau, Roscoff, Paimpoul, Quimper, Port-Launay, Quimperlé.
2 Laforêt, Audierne, la baie des Trépassés, la baie de Douarnenez.
3 Les rades de Brest, Berthaume, de Port-Liogau, d'Abrewrach, de Laber-Benoît, des Blancs Sablons, de Cancarneau, de Morlaix.
4 Celles de Bénodet, de Saint-Yves, de Poultras, de Kerguillier, de Dinan, de Toull-Inguet, de Conquet, du Port-Babu, d'Illieu, de Goulven, de Porsmoquer.
5 Ouessant, Molen, Sein, Batz, Étrudy, Sieck, Chevalier, les Glenans.

poteries. — Les paysans y jouissent d'une certaine aisance, et ont puisé dans la fréquentation des marins un ton d'indépendance, et en même temps de railleuse causticité.

L'arrondissement de Morlaix, le plus remarquable après celui de Brest, se divise en deux parties bien distinctes, le pays de Léon et celui de Tréguier. Le pays de Léon est le plus fertile de toute la Bretagne. Les cultivateurs y sont intelligents, mais retenus dans l'ignorance par l'influence du clergé : le canton de Saint-Pol surtout a gardé un air de féodalité et de monacale servitude, qui fait peine à voir. — La partie dite de Tréguier est plus avancée sous le rapport moral ; mais les terres y sont moins fertiles, la mer moins proche, et par conséquent l'aisance plus rare.

Morlaix faisait autrefois un commerce considérable de blé, de beurre, de suif, de cire, de miel, de papier, de cuirs et de toiles (Landerneau s'est emparé de cette dernière branche). Mais l'état de souffrance dans lequel notre système commercial jette toutes nos villes marchandes s'est violemment fait sentir à Morlaix. Le commerce des cuirs, des papiers, de la toile, y est devenu nul; celui du suif a considérablement diminué. Toutes ces exportations avaient lieu pour l'Espagne et le Portugal qui sont désormais deux pays morts. On y embarque encore une assez grande quantité de blé, de beurre, de miel et de cire. Il y a dans cet arrondissement une raffinerie de sucre, plusieurs moulins à huile, une manufacture de draps fins (à Morlaix), la belle manufacture royale de tabac de cette dernière ville, dix-neuf papeteries, une fabrique de noir animal, une brasserie : au total, cet arrondissement était celui qui paraissait disposé à faire les plus grands pas dans l'industrie ; mais l'anéantissement du commerce de Morlaix a tout arrêté, tout détruit.

L'arrondissement de Quimper, infiniment moins remarquable que les deux que nous venons de citer, renferme à peu près les mêmes éléments de prospérité, mais moins développés. Ses ports sont plus rares, ses terres moins fertiles, sa civilisation moins avancée. Le canton de Pont-l'Abbé peut néanmoins se comparer aux meilleurs cantons du Léonais. Il y a dans cet arrondissement plusieurs poteries, deux papeteries et une fabrique de chapeaux. La pêche de la sardine s'y fait en grand.

L'arrondissement de Quimperlé offre un joli pays, assez bien cultivé ; il est surtout enchanteur aux environs de Quimperlé, où la jonction de l'Ellé et de l'Isole forment un véritable paradis terrestre. Cet arrondissement est principalement couvert de bois. La terre y est en général légère. La culture des pommes de terre, ignorée il y a douze ou quinze ans dans cet arrondissement, y a pris, comme dans le reste du Finistère, un accroissement immense. On y compte trois papeteries, et une scierie hydraulique construite depuis peu.

L'arrondissement de Châteaulin est d'une étendue considérable, dépeuplé, sans lumières, sans culture, sans bonheur ; c'est la plaie du Finistère. La culture y est très-peu variée, et ne consiste guère qu'en blé noir, orge, en trèfle pour les chevaux que l'on y élève en quantité, et qui y sont excellents. Cette population est presque entièrement composée de pasteurs. Leurs landes immenses sont couvertes de moutons, de petits chevaux, de petits bœufs et de petites vaches, race bretonne, animaux sobres et robustes qui composent la seule richesse de leurs maîtres. Les terres sont pourtant excellentes dans quelques endroits, et principalement près de Carhaix ; mais le manque de capitaux et d'instruction, le voisinage de la mine du Poullaouen dans laquelle se trouve un travail assuré, empêchent les habitants de se livrer à la culture. Il en résulte que, si l'année frappe un seul genre de moisson (le blé noir, par exemple, et ce produit est, on le sait, prodigieusement casuel), la disette devient affreuse, et la population de cet arrondissement, chassée par la faim, déborde sur les riches territoires du Léonais, où la variété des cultures ne permet jamais à la disette d'approcher. — Ce fut ce qui arriva en 1815. Les habitants de l'arrondissement de Châteaulin ont généralement une mauvaise réputation. La misère, le fanatisme, et surtout les dernières guerres civiles, ont altéré leur caractère qui était naturellement gai, et même empreint d'une couleur poétique très-prononcée. C'est dans la Cornouaille, dont cet arrondissement, de même que celui de Quimper, faisait partie, que se sont conservés les chants et les airs populaires de l'ancienne Bretagne. M. E. Souvestre travaille à recueillir ces restes précieux d'un passé dont les traces s'effacent de plus en plus chaque jour [1].

---

[1] On sait que l'Armorique a été le berceau de la musique et de la poésie du moyen âge. Les lais bretons, que les bardes de ce pays chantaient en s'accompagnant de la harpe ou de la rote, avaient

Le climat est généralement sain, quoique humide. Les vents de mer balayent les brouillards, et sèchent en peu de temps les inondations qui suivent quelquefois les ouragans, et qui pourraient devenir malfaisantes. — Le climat de certaines localités, sur la côte, présente un phénomène remarquable : à Roscoff, par exemple, les légumes les plus délicats, tels que asperges, choux-fleurs, artichauts, viennent parfaitement en plein champ, et ne souffrent jamais de la température. La neige ne séjourne jamais sur les langues de terre, et les gelées y sont assez rares. On voit dans le jardin d'un particulier un aloès en pleine terre, qui a pris un accroissement tel qu'on le croirait dans son sol natal ; en un mot, cette commune est pour la fertilité un véritable El dorado. Le journal de terre y est loué depuis 90 jusqu'à 150 et même 200 fr.

Les vents sont généralement violents sur les côtes ; mais ils viennent par bourrasques, et varient souvent jusqu'à trois et quatre fois par jour. Les anfractuosités et les sinuosités des baies, dans lesquelles s'engouffrent des rafales de mer, produisent ces vents rapides, mais changeants et de peu de durée. Les vents de l'ouest et du sud amènent inévitablement des pluies ; les vents du nord, des giboulées et des neiges ; les vents d'est sont les plus sains.

Les pluies sont tellement fréquentes à Brest, où les vents, qui se précipitent dans le goulet, chassent tous les brouillards de mer, qu'il n'est pas rare d'y voir, dans une journée, douze ou quinze *abats d'eau*, dans l'intervalle desquels le soleil brille avec éclat. — Quant aux orages, ils sont assez communs, surtout aux approches des équinoxes. Les côtes du Finistère, hérissées de récifs, présentent alors un spectacle sublime, mais horrible. La grève de Penmarch est surtout d'une effroyable beauté dans ce moment. Les vagues, qui se précipitent sur ses rochers, font entendre leur bruit jusqu'à cinq et six lieues dans les terres. La côte, à perte de vue, ne présente qu'une immense montagne blanche, mouvante et tumultueuse, au milieu de laquelle retentit quelquefois le canon de détresse d'un vaisseau en perdition.

MŒURS ET USAGES. Les mœurs et les usages des Finistériens changent presque à chaque commune. Ils ont conservé dans leur caractère toutes les qualités et tous les défauts que l'on reconnaissait aux habitants de la province. Ce n'est plus que là, et dans une partie des Côtes-du-Nord, que l'on retrouve le type du vieux Breton, à volonté ferme, mais têtu, plein d'humanité et de courage dans les circonstances ordinaires, mais vindicatif jusqu'à la férocité dans le premier mouvement de colère. Les paysans sont religieux, fanatiques même, surtout dans l'intérieur des terres. Ils sont attachés à la routine, et tiennent à leur langue comme à la vie. Aussi presque aucun d'eux ne parle français, quoique beaucoup le comprennent. La vie du Finistérien est dure et pleine de privations. Dans l'arrondissement de Brest et de Morlaix, la nourriture des cultivateurs se compose de bouillie d'avoine et de blé noir, de pain d'orge ou de méteil, et de soupe au lard. Les paysans aisés font des crêpes le samedi. Il est remarquable que ce mets, extrêmement délicat dans le pays de Tréguier, est sans saveur et d'une dureté qui le fait ressembler à du parchemin dans tout le pays de Léon. Tous les bas Bretons mangent au même plat, maîtres et valets ; mais nul ne touche à ce qui est sur la table avant que le maître de la maison y ait porté la main ; après lui viennent ses enfants mâles et les valets de ferme ; les femmes les suivent, en commençant par l'épouse du chef de la famille. Cette primatie des hommes a lieu dans tous les usages de la vie : à l'église, aux processions, les femmes les suivent toujours. Protecteurs nés d'un sexe faible, cette protection est payée aux Armoricains par un respect, une soumission sans bornes, auxquels s'assujettissent dès l'enfance les femmes de ces campagnes.

Dans les deux arrondissements précités, les cultivateurs ne boivent que de l'eau. Seulement les samedis, lorsqu'ils se rendent aux marchés, ils se dédommagent fréquemment

---

acquis une telle célébrité, que Marie de France, Chrétien de Troyes, Geoffroy de Monmouth, les traduisirent, et acquirent par cette seule traduction une réputation immense. La mythologie du moyen âge, si éminemment poétique, si tendre, si mystérieuse, est née sur le sol breton ; c'est l'imagination des bardes armoricains qui créa ces terribles mystères de l'île de Sein et de la forêt de Brocéliande (près Quintin), les aventures miraculeuses d'Arthur et des chevaliers de la Table ronde ; enfin tout ce monde de fées, de lutins et d'enchanteurs, où les poëtes ont puisé plus tard les merveilles de leurs conceptions.

des privations de la semaine, en s'enivrant avec du vin et surtout avec de l'eau-de-vie. Dans les arrondissements de Quimper, Châteaulin et Quimperlé, les paysans boivent du cidre qu'ils recueillent sur leurs fermes. Celui de Quimper et de Quimperlé est agréable; celui de Châteaulin est médiocre.

Dans ce département l'habitation des laboureurs est à peu près partout la même : presque toujours elle est située dans un fond, près d'un courtil. Un appentis couvert de chaume conserve les charrues et les instruments de labourage; une aire découverte sert à battre les grains. On n'y voit point de granges; les blés battus se déposent dans les greniers de la maison principale, ou se conservent en mulon. Autour des bâtiments règnent des vergers enchanteurs, des champs et des prairies toujours entourées de fossés couverts de chênes ou de frênes, d'épines blanches, de ronces ou de genêts; on ne voit point de paysages plus riants, plus variés, plus pittoresques. Tous les fossés sont tapissés de violettes, de perce-neige, de roses, de jacinthes sauvages, de mille fleurs de couleurs les plus vives, d'une incroyable variété; l'air en est parfumé, l'œil en est enchanté. Mais au milieu de ces sites délicieux vivent des individus malpropres, grossiers et sauvages; leur cabute sans jour est pleine de fumée; une claie légère la partage : le maître du ménage, sa femme, ses enfants et ses petits-enfants occupent une de ces parties; l'autre contient les bœufs, les vaches, tous les animaux de la ferme. Ces maisons n'ont pas trente pieds de long sur quinze de profondeur; une seule fenêtre de dix-huit pouces de hauteur leur donne un rayon de lumière; il éclaire un bahut sur lequel une énorme masse de pain de seigle est ordinairement posée sur une toile grossière; deux bancs, ou plutôt deux coffrets, sont établis le long du bahut qui leur sert de table à manger. Des deux côtés d'une vaste cheminée, sont placées de grandes armoires sans battants, à deux étages, dont la séparation n'est formée que par quelques planches où sont les lits dans lesquels les pères, les mères, les femmes et les enfants entrent couchés, car la hauteur de ces étages n'est quelquefois que de deux pieds; ils dorment sur la balle d'avoine ou de seigle, sans matelas, sans lit de plumes, sans draps; beaucoup d'entre eux ne sont couverts que d'une espèce de sac de balle; très-peu se servent de couverture de laine; quelques-uns en possèdent de ballen, espèce d'étoffe tissue de gros fil d'étoupe. Ils emploient aussi quelquefois des couvertures de poil : si par hasard ils ont des draps, à peine atteignent-ils les deux extrémités du lit. Le reste de leurs meubles est composé d'écuelles d'une terre commune, de quelques assiettes d'étain, d'un vaisselier, d'une platine à faire les crêpes, de chaudrons, d'une poêle et de quelques pots à lait. On n'a pas besoin d'avertir que cette peinture générale d'une habitation de campagne en Bretagne doit être soumise à quelques exceptions : il y a des maisons champêtres où tous les meubles, où tous les ustensiles sont d'une propreté enchanteresse, lavés, nettoyés, cirés; mais ces maisons sont rares, et sont toujours sans air, étroites et privées de lumière. Jamais le parquet n'est carrelé, ni boisé, ni pavé; la terre inégale en sert; on pourrait se casser la jambe dans les trous profonds qui s'y forment : les enfants s'y blessent, s'estropient fort souvent; ces hommes sont incorrigibles. Imaginez la malpropreté, l'odeur, l'humidité, la boue, qui règnent dans ces demeures souterraines, l'eau de fumier qui souvent en défend l'entrée, qui presque toujours y pénètre. Si l'on ajoute la malpropreté d'individus qui ne se baignent, qui ne se lavent jamais; ces cheveux plats et longs, cette barbe épaisse, ces figures chargées de raies crasseuses, les courts gilets, les culottes énormes, les petits boutons, les guêtres, les sabots qui forment leur habillement, on aura l'idée d'un paysan breton. Mais il ne faut pas juger de ces gens sur l'apparence; ils sont en général hospitaliers, intelligents et fins; ils ont une raison solide, calculent avec justesse, et chez eux l'imagination domine.

Les costumes sont tellement variés, qu'il n'est guère possible d'en donner une idée exacte. On a remarqué à des *pardons* (assemblées en l'honneur du saint d'une paroisse), jusqu'à quarante costumes différents, et dont chacun représentait une commune. Parmi les habillements des paysans finistériens on peut pourtant citer les suivants : 1° celui des habitants du canton de Saint-Trégonnec (arrondissement de Brest), qui est exactement l'habit à la Louis XIV, avec de larges culottes bouffantes et plissées, des bas noirs, des souliers à boucles, un chapeau de feutre exactement pareil aux chapeaux de femmes appelés *galettes*, et sur ce chapeau une chenille de velours bariolée de mille couleurs. Ils ajoutent à ce costume, riche et pittoresque, une large ceinture, faite le plus ordinairement avec une étoffe de coton rayé, rouge ou bleue. 2° Le costume des habitants de Quimper, qui rappelle celui des anciens ducs de Bretagne. Ils portent le plus souvent des habits roux ou violets, piqués sur tous les revers, et bordés de galons d'une couleur plus tendre. Leurs culottes sont de la même teinte que l'habit et également bordées, mais moins bouffantes et moins plissées que celles des environs de Saint-Trégonnec. Leurs longs cheveux épars retombent sur leurs épaules. Quelques-uns font écrire sur le côté de leur habit, en laine rouge, la date de l'année où cet habit a été fait. Entre Quimper et Quimperlé, les femmes ont un costume qui rappelle beaucoup celui des paysannes suisses. C'est aussi une jupe rouge et courte, un corset entr'ouvert et un bavolet blanc. Dans toute cette partie du Finistère, les femmes sont d'une beauté renommée dans le département.

Les croyances et les superstitions particulières aux Finistériens sont si nombreuses qu'il faudrait un ouvrage entier pour les faire connaître. Ils croient aux intersignes, aux apparitions. Le cri de la fresaie, perchée sur le toit d'une maison, annonce la mort dans cette maison. Pendant la nuit, on entend souvent le bruit d'une charrette qu'ils nomment *carriguel an ancon, la charrette de la mort,* et qui est, comme le chant de la fresaie, d'un funeste présage. Le diable vient aux carrefours des chemins, et c'est sans doute, par une suite de cette croyance, que des croix ont été placées dans le Finistère, partout où trois chemins se réunissent, afin de chasser l'esprit malin. Les Finistériens ont aussi leurs follets qu'ils appellent *teus* ; c'est un esprit malicieux plutôt que méchant qui conduit les ivrognes dans les mares d'eau et les fossés. Mais c'est surtout sur les côtes, où l'imagination des Bretons paraît plus portée aux rêveries poétiques, que les merveilleuses croyances sont multipliées : près des écueils de Penmarch, les mugissements des vagues contre les récifs sont pour les paysans les cris des noyés demandant des prières. Les fontaines placées près des chapelles ont presque toutes quelques vertus : les unes guérissent des douleurs et des rhumatismes, et, pour jouir de cet avantage, des hommes, des femmes, suant d'une longue course, viennent s'y plonger. D'autres préservent des maladies les enfants en bas âge que l'on y trempe à certaines époques. Il est aussi quelques fontaines qui ont des propriétés aussi merveilleuses, mais d'un autre genre. Près de Morlaix, par exemple, sur le chemin de Locquenolé, au haut d'une garenne, se trouve, près des ruines d'une chapelle, une fontaine dans laquelle les jeunes filles viennent jeter les épingles de leur mouchoir. Si l'épingle tombe au fond la tête la première (ce qui est le plus fréquent), la jeune fille ne peut encore espérer un mari ; mais si, par un heureux hasard, que les paysans appellent le *sort,* l'épingle tombe la pointe en avant, c'est un présage assuré de mariage dans l'année.

Les habitudes des paysans, elles sont simples ; ils se lèvent à la pointe du jour, et se couchent fort tard, en hiver surtout. A cette époque les veillées sont prolongées par les histoires que le *conteur* ordinaire répète, et que les voisines viennent écouter en filant. Le dimanche, les paysans se rendent, quels que soient la saison et l'éloignement, à la messe et aux vêpres de la paroisse. Naguère on dansait ensuite jusqu'au soir ; mais presque partout les prêtres ont fait disparaître cet usage.

Les Bretons sont braves et courageux ; avec de la douceur, on en fait facilement de bons soldats et des marins intrépides. Un matelot breton, ce premier matelot du monde, est un individu que rien n'étonne, que rien n'effraye, que rien ne fatigue ; il part avec une culotte longue, deux gilets, deux chemises et deux mouchoirs, et parcourt les climats brûlants de l'Amérique, les mers glacées de la Norwége, sans qu'une plainte, un mot, fasse connaître que l'inclémence des saisons affecte son tempérament et son caractère héroïque. Un coup de vent l'arrache à son hamac, à la douce chaleur qu'il éprouvait ; il s'élance sur les haubans, sur les vergues glacées, au milieu des neiges, du vent et d'une grêle déchirante ; c'est là que, décrivant un arc dans les airs, en obéissant au roulis du navire, il est tantôt au ciel et tantôt dans la vague, sans quitter la corde qu'il tient, l'épissure qu'il fait, le ris qu'il est à prendre : si l'ennemi foudroie son navire, les cordages, les mâts, ses compagnons tombent autour de lui, sans qu'il s'émeuve, sans qu'il quitte un instant l'occupation délicate qui demande toute l'adresse et le calme d'esprit d'un atelier. S'il meurt, c'est avec la tranquillité que la philosophie ne peut donner, que l'habitude des dangers peut seule communiquer à l'homme. Dans sa famille, il est gai, généreux, prodigue, insouciant ; il est fidèle à sa patrie. Ce matelot est le plus estimable et le plus étonnant des hommes. Nous ne dirons rien de sa sobriété, de la force avec laquelle il supporte la soif et la faim, comme nous tairons les excès de tous genres auxquels il cède malheureusement avec une facilité trop grande, mais qui sont peut-être un besoin, après les privations de tout genre qu'une longue campagne détermine

DÉPARTEMENT DU FINISTÈRE.

Le département du Finistère a pour chef-lieu Quimper, Il est divisé en 5 arrondissements et 43 cantons, renfermant 281 communes. — Superficie, 345 lieues carrées. — Population, 524,396 h.

MINÉRALOGIE. Le département est riche en productions métalliques. On y trouve des mines de fer, de houille, de zinc, de bismuth; les mines de plomb argentifère de Poullaouen et de Huelgoat sont regardées comme les plus importantes en ce genre que possède la France. Carrières de granit, de porphyre, de serpentine, de quartz, de marbres de diverses qualités, de belles pierres de taille; carrières d'ardoises abondantes et d'excellente qualité, à Pleybes, Châteaulin, Saint-Sigal. Argile à faïence, kaolin, pierres à aiguiser les faux.

SOURCES MINÉRALES ferrugineuses, froides, à Morlaix, Bresal, Kerhoual, Carnavilly, etc.

PRODUCTIONS. Froment, seigle, peu de méteil; beaucoup d'orge, d'avoine et de sarrasin; quantité de pommes de terre et de légumes secs, qui forment presque la seule nourriture des paysans. Culture en grand des panais, des navets, des choux et des oignons. Beaucoup de lin, peu de chanvre, tabac, fruits à cidre, donnant annuellement environ 70,000 hect. Point de vignes. — 13,980 hect. de forêts (arbres verts et feuillus.) — Peu de prairies naturelles, genêts, joncs marins pour fourrage, varech pour engrais. — Élève en grand des chevaux de trait, et de doubles bidets réputés infatigables (10 ou 12,000 annuellement sortent du département, et représentent une valeur de plus d'un million). — Bêtes à cornes de petite taille, mais robustes; belle race de porcs. — Grand et petit gibier (daims, cerfs, sangliers, perdrix rouges renommées, etc.). — Poisson de mer et d'eau douce (anguilles, truites, saumons, langoustes, congres, huitres, sardines. La pêche de la sardine occupe chaque année dans le Finistère 4,400 marins, et elle emploie 880 chaloupes; son produit en sardines et en huile est évalué, année moyenne, à 2 millions; elle consomme par an de 10 à 12,000 barils de rogues (frai de morue), pour servir d'appât, que l'on tire de la Norwége, et dont la plus grande partie est expédiée au port de Quimper, comme étant le point le plus central. — Éducation des abeilles.

INDUSTRIE. Manufactures de toiles à voiles, de toiles blanches, rousses et à carreaux. Fabriques de soude de varech, savon vert, huile de lin, chandelles. Corderies, faïenceries, papeteries, tanneries considérables, raffineries de sucre, grande exploitation de plomb et de litharge. — Manufacture royale des tabacs qui occupe 500 ouvriers. — Construction de navires marchands.

COMMERCE de blé, cire, miel, suif, chandelles, huile de lin, vins, eaux-de-vie, bière, fromage de Hollande, beurre, sel, tabac, toiles, papier, plomb; grand commerce de sardines et de poissons secs et salés; entrepôt réel et fictif de toutes espèces de marchandises. Importations de denrées coloniales.

VILLES, BOURGS, VILLAGES, CHATEAUX ET MONUMENTS REMARQUABLES;

CURIOSITÉS NATURELLES ET SITES PITTORESQUES.

ARRONDISSEMENT DE QUIMPER.

AUDIERNE. Petite ville maritime, bâtie dans une situation pittoresque, au fond de la baie de son nom, et à l'embouchure de la rivière de Goyen, à 9 l. de Quimper. Pop. 1,333 hab. — Etablissement de la marée du port, 2 heures 15 minutes. — Cette ville possède un petit port, un bon havre, et fait un commerce assez considérable de poissons secs et salés.

La baie d'Audierne s'étend, du nord-ouest au sud-est, sur une longueur d'environ 10 lieues, et forme un arc dont l'extrémité

FORT DE CONCARNEAU.

AUDIERNE.

est la pointe du Raz et la pointe de Penmarck ; la côte est hérissée sur plusieurs points de rochers énormes, et bordée, sur une longueur d'environ trois lieues, d'une levée de cailloux roulés et de sables. Malheur au navigateur qu'un vent affale sur cette côte ; sans une saute de vent, ordinairement très-rare, les navires sont dans l'impossibilité de se relever, et périssent inévitablement.

BRIEC. Petit bourg situé à 3 l. 3/4 de Quimper. Pop. 4,481 hab.

CONCARNEAU. Petite et forte ville maritime, située à 5 l. de Quimper. ✉ Pop. 1,843 hab. — Établissement de la marée du port, 3 heures.

Kunc fut l'ancien nom de Concarneau, dont l'origine est inconnue. En 1373, le connétable du Guesclin s'en empara et fit passer la garnison au fil de l'épée. En 1489, le vicomte de Rohan assiégea cette ville qui ne tarda pas à capituler. Le 17 janvier 1576, elle fut surprise par trente gentilshommes du pays, qui professaient la religion réformée, ligués avec les protestants de la Rochelle. Deux heures après, elle fut investie par huit mille hommes ; on eût eu peine à les forcer sans Charles le Bois, marchand de Quimper, qui poignarda dans son lit le sieur de Kermahouet, saisit les clefs qu'il avait autour des bras, et fut ouvrir les portes de la ville. Les calvinistes furent tous égorgés. La ville fut donnée au duc de Mercœur, en 1585.

Cette ville est bâtie à l'entrée d'un havre profond qui donne sur la baie de la Forêt, sur un îlot qui n'a que quatre cents pas de longueur sur cent vingt de large. Elle est environnée de murs épais, en pierres de taille, garnis d'un parapet saillant, avec des machicoulis, et flanqués de tours de distance en distance, et, à mer basse, on peut en approcher du côté de l'ouest ; on s'y rend en traversant le chenal de l'est au moyen d'un bac, souvent entraîné par les courants. Dans l'intérieur de la ville, on remarque plusieurs maisons de construction ancienne, et les ruines d'une église gothique. Le faubourg est plus considérable que la ville, et généralement mieux bâti.

Le port à cent toises de large et deux cent soixante de long ; le mouillage en est bon, mais difficile pour les navigateurs étrangers, à cause des roches de Penro, qui ne sont couvertes que de quatre à cinq pieds d'eau dans la pleine mer ; la plus élevée, qu'on appelle Roche plate, est la plus dangereuse. Ce port peut contenir trois cents barques et quelques bâtiments de cinq à six cents tonneaux ; les grosses frégates ne pourraient mouiller qu'au-dessus de la roche de Penro.

Le commerce de Concarneau occupe environ trois cents bâtiments à la pêche de la sardine ; on en prend, année commune, de douze à quinze mille barils, et jusqu'à trente mille dans les années abondantes, sans y comprendre sept à huit mille barils de sardines anchoisées. Les chasse-marées de la côte de Vannes en enlèvent une égale quantité pour les porter à Nantes, à la Rochelle, à Bordeaux ; des chevaux en transportent aussi dans l'intérieur des terres : c'est une manne inappréciable qui procure une nourriture abondante aux habitants les plus pauvres de la campagne. Dans le printemps, on fait aussi, sur cette côte, la pêche du merlan, qu'on prend la nuit à la ligne.

DOUARNENEZ. Petite ville maritime, située au fond et sur le bord septentrional de la vaste baie de son nom, à 5 l. de Quimper. Pop. 2,687 hab. Elle possède un petit port, où l'on arme annuellement 500 chaloupes pour la pêche de la sardine, dont il se fait un commerce considérable : le produit de cette pêche s'élève quelquefois à 35,000 barils de 150 livres pesant, et à 15 ou 16 mille barils d'huile.

Rien de ce qui peut rendre une ville saine, commode, ne se trouve à Douarnenez, mais rien de plus grand, de plus beau que la baie au fond de laquelle elle est bâtie. On compte six lieues et demie de l'embouchure de la baie à son extrémité la plus enfoncée dans les terres aux sables de Riz. La plus grande profondeur de cette belle nappe d'eau est de vingt-sept à trente brasses ; la largeur de son embouchure, du bord de la Chèvre à Luguené, est de deux lieues et demie. Une suite de rochers, partant de la pointe de la Chèvre, s'approche à près d'une lieue de Luguené : au milieu du chenal on trouve trente brasses de profondeur. Les terres voisines de l'embouchure sont les plus élevées de la côte : elles ont cent quarante pieds de hauteur. Du milieu de la baie, la vue s'étend sur un amphithéâtre dont les hauteurs les plus considérables sont celles de Menès-Cum et de la Motte. Cette côte, en général, est couverte de petits hameaux, composés de deux, trois ou quatre maisonnettes : on en compte jusqu'à douze cents. Morgat, à une demi-lieue de Crozon, est formé de vingt maisons, et d'une centaine de magasins pour les sardines, appartenant à des cultivateurs qui pêchent quand ils ont terminé leurs travaux. Comme ces rives sont coupées à pic, il est très-difficile de s'y procurer du goëmon; aussi, les terres qui cernent la baie de Douarnenez sont-elles, en général, arides, mais néanmoins très-peuplées. La rade pourrait contenir des bâtiments de toute grandeur, ancrés sur un fond de sable; mais on ne peut en sortir que par les vents d'est et de nord-est, et, dans l'hiver, elle n'est pas sûre pour de gros bâtiments.

L'île Tristan, qui a environ un quart de lieue de circuit, et sur laquelle est établie une batterie de deux canons de douze, n'est qu'à quelques portées de fusil de Douarnenez; deux gardiens y demeurent en hiver. On y voit une maison et des magasins de sardines, et l'on peut s'y rendre à pied sec quand la marée est basse. Du sommet de l'île, on a la vue des côtes, de la baie des Rivières, de Tréboul et de Poul-David, du joli clocher de Plouacé, d'une multitude d'anses, de rochers, de montagnes qui varient d'aspect à chaque pas que l'on fait sur l'île.

FOUESNANT. Village situé non loin de la mer, à 3 l. 3/4 de Quimper. P. 3,120 h.

GLENANS (les). Groupe de petites îles situées près de la côte méridionale du département, à 3 l. 1/2 de la pointe de Trévignor, à 4 l. 1/2 du fond de la rade de la Forêt et de la pointe de Penmarck. Ces îles, environnées d'écueils très-dangereux, sont au nombre de neuf; les autres ne sont que des rochers.

L'île la plus voisine de Concarneau en est à quatre lieues, et s'appelle Penfret; sa circonférence est de trois quarts de lieue, sa longueur d'un quart de lieue, et sa plus grande largeur de quatre à cinq cents pas; au milieu est un puits d'eau douce. On y compte quatre anses : la meilleure est celle de Porniqueul, dont le mouillage est bon, sur un fond d'herbe et de vase. Les bateaux y sont en sûreté dans les beaux temps, mais elle est dangereuse dans les coups de vent. L'île Guyotée est à quatre cents pas de Penfret; on peut y mettre des bestiaux : elle n'a point d'anse où les bateaux puissent être à l'abri des orages. L'île Guimenet a cent cinquante pas de circonférence; elle est à douze cents pas de Guyotée, et n'est d'aucun rapport. L'île du Lock est une des plus grandes des Glenans; elle contient un étang de deux cents pas de long sur cent cinquante de large, dont les eaux sont saumâtres. Sa circonférence est d'une demi-lieue : elle est située dans l'est-sud-ouest de l'île de Penfret. L'île Drenec a tout au plus quatre cents pas de long.

L'île Saint-Nicolas n'est séparée de la précédente que par un espace de deux cent cinquante pas. Sa circonférence est d'une demi-lieue, elle a quatre cents pas dans sa plus grande largeur; on y trouve encore quelques vestiges d'habitations, entr'autres un puits d'eau douce assez bonne. Cette île sert de mouillage et de lieu de repos à tous les pêcheurs des Glenans; elle peut être cultivée; les terres porteraient de beaux grains et d'excellents légumes. L'île de la Cigogne sépare les Glenans en deux parties égales, et les domine : on l'appelle la Chambre ou le Havre. Le lieu du mouillage peut avoir huit cents pas de long sur quatre cents de large; le fort construit sur cette île bat toutes les entrées de la passe du nord, qu'on nomme Minangroëse, celle de l'est, appelée Pennamine, la passe de l'ouest, dite Beguellech, toutes celles enfin qui permettraient à des corsaires d'aborder cet archipel et de s'en emparer.

PENMARCK. village situé près de l'extrémité de la pointe de ce nom, à 7 l. 1/2 de Quimper. Pop. 1,500 hab. Il y a un phare de premier ordre à feu tournant. Long. O. 6° 39″. Lat. 47° 48′ 45″.

La pointe de Penmarck est un composé de rocs sauvages battus par les tempêtes, et d'un aspect singulièrement remarquable. « Tout ce que j'ai vu dans de longs voyages, « dit Cambry, la mer se brisant sur les ro- « chers d'Aitarelle, les côtes de fer à Saint- « Domingue, les longues lames du détroit « de Gibraltar, la Méditerranée près d'A- « malfi, rien ne m'a donné l'idée de l'O- « céan frappant les rochers de Penmarck « pendant la tempête. Ces rochers noirs et « séparés se prolongent jusqu'aux bornes de « l'horizon; d'épais nuages de vapeurs rou- « lent en tourbillons; le ciel et la mer se « confondent. Vous n'apercevez, dans un « sombre brouillard, que d'énormes globes « d'écume, qui s'élèvent, se brisent et bon- « dissent dans les airs avec un bruit épou- « vantable; on croit sentir trembler la terre, « et l'on en est machinalement tenté de fuir; « un étourdissement, une frayeur, un sai- « sissement inexplicable s'emparent de tou- « tes les facultés de l'âme; les flots amon- « celés menacent de tout engloutir, et l'on « n'est rassuré qu'en les voyant glisser sur « le rivage et mourir à vos pieds, soumis « aux lois immuables de la nature ».

La torche de Penmarck est un rocher séparé de la terre par un espace nommé le Saut du Moine, où la mer se précipite avec fureur. On lui prête le bruit qui retentit au

PONT-CROIX.

Rauch del．　　　　　　　　　　　　　　　　Chavane

QUIMPER．

Finistère

loin dans la campagne, quoiqu'il soit produit par les nombreux obstacles que l'Océan trouve sur ces côtes.

PLOGOFF. Village situé près de la pointe du Raz, à 12 l. 1/2 de Quimper. Pop. 1,264 hab.

De la pointe du Raz, élevée de trois cents pieds au-dessus de l'Océan, on voit avec effroi la mer saper les fondements du roc dépouillé, où les vagues, poussées par un vent de nord-ouest, se déploient avec une force, une puissance qu'il est impossible de calculer. Le plus intrépide matelot ne passe jamais sans implorer la pitié du Très-Haut devant la baie des Trépassés, dont le nom lui rappelle les milliers d'hommes qu'elle a dévorés et qu'elle engloutit tous les jours. La vue de la pointe du Raz est sublime, surtout au coucher du soleil; l'île de Sein, le prolongement des rochers qui la défendent, et se perdent à l'horizon à plus de sept lieues de distance; la pointe de la Chèvre, élevée et d'un blanc éblouissant; la côte de Brest près du Conquet; Ouessant; le bassin d'Audierne; la pointe de Penmarck, et la mer immense, agitée par les vents du soir, forment un spectacle sans bornes qui ne se lie qu'avec le ciel, l'univers et l'éternité.

On nomme l'enfer à Plogoff, un abîme où la mer s'engouffre avec un bruit épouvantable; les rochers du fond y sont de couleur rouge : le jeu des vapeurs et de l'écume les fait paraître en mouvement.

PLOUGASTEL-SAINT-GERMAIN. Bourg situé à 3 l. 1/2 de Quimper. Pop. 1,120 hab.

PONT-CROIX, bourg situé sur la rivière de son nom, à 7 l. 3/4 de Quimper. Petit séminaire. ✉ Pop. 1,698 hab.

Ce bourg est généralement mal bâti, sur le penchant d'une colline qui s'abaisse jusqu'au bord de la rivière, où il a un port qui reçoit des navires de trente ou quarante tonneaux. Un pont de cent quinze pas le joint au petit village de Kéridreuf, dont l'origine est fort ancienne.

On y remarque l'église paroissiale, surmontée d'un clocher à flèche fort élégant et d'une construction hardie.

A Port-ar-Hautic, situé à peu de distance de Pont-Croix, existe une source minérale dont les eaux sont efficaces pour le traitement de diverses maladies.

PONT-L'ABBÉ. Petite ville maritime, située au fond d'une anse où elle a un petit port très-fréquenté, à 4 l. de Quimper. Pop. 2,787 hab.

On remarque, en face du pont de cette ville, les restes d'un vaste et ancien château, construit en grandes pierres de taille, dont une des tours sert aujourd'ui d'hôtel de ville; et, sur les bords de la mer, les bâtiments d'un ancien couvent de carmes.

Les environs de Pont-l'Abbé sont d'une incroyable fertilité; outre le froment qu'on y recueille en abondance, le pays abonde en orge, avoine et sarrasin; on voit de très-belles prairies qui, malheureusement, sont très-négligées. Les fruits de toute espèce, tels que les cerises, pêches, abricots, figues, etc., y sont délicieux et très-communs; les jardins sont couverts de choux, d'oignons, de haricots, d'asperges, de melons, d'artichauts, de panais, et, pour obtenir ces riches productions, il ne faut qu'effleurer la terre; les fruits et les légumes de ce canton devancent d'un mois la maturité de ceux du canton de Quimper, qui n'est éloigné que de trois lieues.

A une demi-lieue de Pont-l'Abbé est l'île Chevalier, sur laquelle on trouve une ruine assez considérable : c'était, dit-on, un des châteaux du bon roi Grallon; elle a plus d'une lieue de circonférence, et est extrêmement féconde. On y compte une douzaine de petits villages.

QUIMPER ou **QUIMPER-CORENTIN.** Ville maritime, chef-lieu du département. Tribunal de première instance, chambre consultative des manufactures. Société d'agriculture. Évêché. Collége communal. ✉ ⚘ Pop. 9,860 hab.

Quimper est une ville ancienne qui reçut, dans le Ve siècle, le nom de Quimper-Corentin, en l'honneur de son premier évêque. Elle était primitivement la capitale du royaume de Cornouailles-Armorique, dont le premier souverain connu fut le fameux roi Grallon. Jusqu'au XIIIe siècle, Quimper n'eut point de clôture; ses premières fortifications furent faites en 1209, mais elles furent démolies peu de temps après, sur les représentations de l'évêque. Pierre de Dreux, l'un des plus grands capitaines de son siècle, la fit entourer d'une muraille terrassée, revêtue en pierres de taille, et flanquée de grosses tours bordées dans tout leur contour, ainsi que les remparts, d'un parapet saillant avec des mâchicoulis; une grande partie de ces fortifications existent encore. Cette ville fut assiégée et prise plusieurs fois; en 1344, Charles de Blois l'emporta d'assaut après un combat de six heures, et fit un horrible massacre des habitants; le comte de Montfort tenta, sans succès, de la reprendre l'année suivante. Pendant les guerres de la ligue, elle prit parti contre Henri IV, fut assiégée par le maréchal d'Aumont, et ne se rendit qu'après une vigoureuse résistance.

Quimper est une ville généralement mal bâtie, mais fort agréablement située sur le penchant d'une montagne, au confluent de l'Odet et de l'Eir, avec un port où remontent des navires de 300 tonneaux. La partie la plus ancienne, ou la cité, est bâtie en amphithéâtre et entourée de murs flanqués de tours ; la partie moderne offre plusieurs belles constructions particulières. A peu de distance de la ville, s'élève sur la gauche une masse de rochers de six cents pieds de hauteur, couverte de bois et de bruyères ; de son sommet on suit le cours de la rivière ; l'œil s'arrête sur de beaux lointains, sur des montagnes ornées de chênes, de sapins et de peupliers. Le quai, dont les maisons antiques frappent par leur forme gothique, leur irrégularité ; la promenade du Pitiny, les Capucins, le collége, l'hôpital, la maison commune, et surtout la masse et les tours de la cathédrale, sont les objets marquants au milieu de l'amas de maisons, sans ordre, qui forme la ville de Quimper. Les environs sont embellis par une multitude de maisons de campagne.

La cathédrale de Quimper est un très-beau monument d'architecture gothique du XVe siècle. Elle fut bâtie alors sur les ruines d'une bien plus ancienne, par les soins de l'évêque Bertrand de Rosmadec, qui en posa la première pierre le 26 juillet 1424. C'est la plus vaste des quatre cathédrales de la basse Bretagne (Tréguier, Vannes, Saint-Pol de Léon et Quimper), et ses détails d'ornements sont admirables. Le grand portail de la façade est pratiqué entre deux hautes tours, et consiste en trois arcades ogives, décorées autrefois de nombreuses statues. Un portail latéral donne sur la rue Sainte-Catherine, et est remarquable par ses belles proportions et par la délicatesse des ornements dont il est décoré : on y voit beaucoup d'écussons d'anciennes familles bretonnes. L'intérieur de l'édifice renfermait autrefois plusieurs anciens tombeaux qui ont été détruits ; derrière le chœur, on voit deux obélisques érigés sur les sépultures de deux évêques, MM. Coëtlogon et de Ploeuc.

L'église Saint-Matthieu est un édifice de la fin du XVe siècle, d'une architecture lourde et sans grâces ; l'intérieur n'offre rien de remarquable.

A l'extrémité d'une belle et longue promenade, qui borde la rive gauche de l'Odet, est le prieuré de Locmaria, dont l'église offre des constructions de différentes époques. Les plus anciennes (le rond-point et une partie des bas côtés) sont d'architecture gothique-lombard, qui a précédé la gothique à ogives : on présume que ces parties datent de l'an 900 à 1000.

Un peu plus loin que l'église de Locmaria, on voit sur une hauteur le manoir de Poulquinan, qui passe pour avoir été la résidence favorite du roi Grallon. Dans son état actuel, ce manoir ne présente qu'un édifice du XVIe siècle. On voit toutefois, en dedans de la principale porte d'entrée, dans la cour, du côté gauche, quelques massifs de vieux murs beaucoup plus anciens.

Un peu au-dessus de Quimper, et sous de grands sapins qui bordent les rives de l'Odet, on voit un château du XVe siècle, appelé le château de la Forêt.

On remarque encore à Quimper l'hôpital militaire, bâti dans une situation avantageuse, sur un tertre d'où l'on jouit d'une fort belle vue ; le collège, vaste bâtiment qui appartint aux jésuites jusqu'au moment de leur expulsion ; la salle de spectacle, les bains publics, les promenades, etc., etc.

Patrie de Fréron.

Fabriques de faïence et de poterie de terre. Belles pépinières. Tanneries. Brasseries. Construction de navires. Pêche de la sardine. — *Commerce* de grains, vins, eau-de-vie, cire, miel, beurre, suif, poissons secs et salés, fer, laines, chanvre, lin, toiles, chevaux et bestiaux. — Entrepôt des fabriques environnantes.

A 19 l. 1/2 de Brest, 16 l. de Lorient, 27 l. de Vannes, 132 l. de Paris.

RAZ (pointe du). *Voy.* Plogoff.

ROSPORDEN. Petite ville située sur l'Aven, à 5 l. de Quimper. ⊠ ☞ Pop. 927 hab.

SEIN (ILE DE). Cette île est située à une lieue du continent, dont elle n'est séparée que par le passage du Raz.

L'île de Sein est le prolongement de la pointe du Raz, dont autrefois elle faisait partie sans doute ; elle court de l'est à l'ouest. On compte une lieue un quart de distance entre la pointe de Sein et la grande terre ; l'île a trois quarts de lieue de long sur un quart de lieue de large ; la chaussée de la pointe de l'ouest s'étend à cinq lieues ; la partie la plus élevée est celle du nord, elle a trente pieds au-dessus du niveau de la mer ; dans les hautes marées

ILE DE SEIN.

ÉGLISE DE LA MÈRE DIEU
près Quimper.

les terres sont submergées ; en mars, surtout, dans la partie que l'on cultive. Ces terres sont entièrement dépouillées, on n'y voit pas une ronce ; quelques fougères, quelques bouquets de landes, sont les seules productions naturelles de l'île. Le curé soigne un seul pied d'arbre ; mais dès qu'il surpasse son mur, il est coupé, brûlé par le vent du sud-ouest. Tous les hommes y sont pêcheurs; les femmes cultivent la terre à la main, et leurs maris ignorent quelquefois la place de leurs propriétés.

On ne doit chercher dans cette île ni fleurs, ni fruits, ni cette multitude d'oiseaux faits pour animer la nature. Il y règne d'affreuses tempêtes, une humidité continuelle, une éternelle mélancolie. Les brouillards, les frimas s'y promènent habituellement en tourbillons, comme les sables dans l'Afrique. La vie s'y prolonge communément jusqu'à soixante-dix et soixante-quatorze ans. Les maladies chroniques y sont inconnues; du vin, une nourriture plus délicate, une poule bouillie, sont les seuls remèdes qu'on y connaisse; la médecine n'a pas encore pénétré dans cette demeure de la sobriété, de la sagesse et de la pauvreté.

Les habitants de l'île de Sein n'aiment point que les étrangers viennent s'établir dans leur île; ils sont d'ailleurs hospitaliers, vous reçoivent à bras ouverts, se disputent la possession de ceux qui viennent les visiter. Tous volent au secours des naufragés : à quelque heure de la nuit que le canon fasse un signal d'alarme, les pilotes sont à bord, bravant les vents, le froid, la grêle, la tempête et la mort : tout le monde est sur le rivage. Le malheureux qui se sauve à la nage est recueilli dans le meilleur lit du ménage ; il est soigné, chauffé, nourri ; ses effets ne sont point volés, on les respecte avec un sentiment de piété inconnue sur les côtes de la grande terre. Ils sauvèrent le magnifique vaisseau de soixante-quatorze, de l'escadre de Dorvilliers. Le 9 nivôse an III, ils rendirent le même service au lougre l'*Écureuil;* une multitude de bâtiments, d'une moindre importance, doivent leur salut à ces bons, à ces honnêtes, à ces respectables pêcheurs.

Il résulte d'un travail de M. Castera, inséré dans les Annales maritimes, que « de 1763 à 1817, les habitants de Sein ont sauvé, d'une perte certaine, un vaisseau de ligne, une frégate, deux corvettes, un lougre, trois embarcations de commerce, parmi lesquelles se trouvait un transport ramenant 500 hommes de troupes françaises des colonies; cinq équipages entiers de bâtiments de guerre ou de commerce, et, de plus, 819 hommes, dont 300 faisaient partie de ceux qui montaient le *Séduisant,* navire brisé sur le Tevenée, le plus redoutable des écueils de la terrible chaussée de Sein. Ils auraient sauvé jusqu'au dernier matelot du *Séduisant,* si la tempête, devenue encore plus terrible, n'avait pas rendu la mer absolument impraticable. Pendant onze jours, durant lesquels toute communication fut interdite avec la terre, les habitants de Sein partagèrent fraternellement avec leurs hôtes nombreux leurs habitations et leurs vivres, en sorte que si la tempête se fût prolongée davantage, naufragés et habitants, tous seraient morts de faim ».

Touché de leur état, de leur misère, le duc d'Aiguillon leur offrit une habitation commode sur le continent, tous les secours, les avances dont ils auraient besoin pour s'y fixer ; ce fut en vain : l'idée de quitter leurs rochers leur fit verser des larmes ; ils demandèrent à genoux qu'on ne les arrachât point à leur misère, aux sables qui les avaient vus naître. Le duc attendri fit faire une jetée dans la partie du sud ; elle s'étend du sud-est au nord-ouest, préserve les champs cultivés et les maisons des eaux qui les inondaient autrefois. Cette digue a près d'un quart de lieue de long et quatre pieds d'élévation.

Il est difficile de rien voir de plus effrayant que le passage entre le Raz et l'île de Sein ; la moindre erreur, une fausse manœuvre précipitent à jamais dans des gouffres, sur des rochers, sans aucun espoir de salut. La passe n'a que trois quarts de lieue entre Chat et la Vielle ; on y trouve trente-six brasses d'eau.

L'île de Sein était connue dès la plus haute antiquité. « L'île de Sein, dit Pomponius Me« la [1], est sur la côte des Osismiens ; ce qui la
« distingue particulièrement, c'est l'oracle
« d'une divinité gauloise. Les prêtresses de ce
« dieu gardent une perpétuelle virginité; elles
« sont au nombre de neuf. Les Gaulois les
« nomment Cènes ; ils croient qu'animées
« d'un génie particulier, elles peuvent, par
« leurs vers, exciter des tempêtes et dans les
« airs et sur la mer ; prendre la forme de
« toute espèce d'animaux, guérir les maladies
« les plus invétérées, prédire l'avenir. Elles
« n'exercent leur art que pour les naviga« teurs qui se mettent en marche dans le
« seul but de les consulter ». Sans doute,

---

[1] L. III, De situ orbis, c. 6.

au retour de leurs longs voyages, les navigateurs reconnaissants comblaient de présents ces prêtresses. L'île de Sein alors n'était pas une plage dépouillée de toute verdure; des femmes servies par des esclaves habitaient sur ces rochers, qui s'avancent à cinq lieues dans la mer. Alors les rivages qui s'étendent de la pointe de Penmarck au Raz étaient couverts de villes considérables, comme la tradition, les souvenirs de la ville d'Is, les ruines de Douarnenez, les ruines immenses de Penmarck, les ruines de la pointe de la Chèvre, celles de Riz, etc., le démontrent à tout homme impartial.

TRÉGUNC. Village situé à 7 l. 3/4 de Quimper. Popul. 3,029 hab. On remarque près de ce village, sur le bord de la route qui conduit à Pont-Aven, une pierre brute d'un volume considérable, placée en équilibre, et comme suspendue sur la pointe d'une autre pierre adhérente au sol. Malgré sa masse et son poids, la pierre supérieure peut être mise en mouvement par un léger effort d'un seul homme.

ARRONDISSEMENT DE BREST.

BERTHAUME (FORT). *Voy.* PLOUGONVELIN.

BEUZIT. *Voy.* LANDERNEAU.

BRELÈS. Village situé à 5 l. de Brest. Pop. 926 hab. On y remarquait naguère les ruines du plus antique édifice de toute la Bretagne, celles de Castel-Mériadec, bâti, suivant les traditions locales, par Conan-Mériadec, qui l'habitait de préférence à toutes ses autres résidences. Ces antiques vestiges ont été détruits depuis peu, et on en a employé les pierres à la construction d'un moulin.

BREST. Grande et forte ville maritime. Chef-lieu de sous-préfecture et de trois cantons. Préfecture maritime. Place de guerre de première classe. École de navigation de deuxième classe. École spéciale du génie maritime. Consulats étrangers. Tribunaux de première instance et de commerce. École de médecine, de chirurgie et de pharmacie. Société d'agriculture. École de maistrance. ✉ ☯ Pop. 29,860 hab.— Établissement de la marée du port, 3 heures 33 minutes et demie.

Quelques écrivains ont cru que Brest était le *Brivates Portus* des anciens, ou le *Gesocribates* des Romains; mais aucun vestige du séjour ou du passage des Romains à Brest, aucun titre, aucune autorité ne peut justifier cette prétention. Quelques auteurs prétendent, sans pouvoir alléguer aucune preuve, que ce fut Conan-Mériadec qui bâtit le château de Brest. L'historien le Baud dit, avec aussi peu de fondement, que Brest était l'ancienne cité d'Occismor; ce qui est démenti par toutes les légendes, par tous les documents historiques authentiques. La vérité est que l'histoire ne fait aucune mention bien constatée de Brest avant l'an 1240; des légendes fort anciennes ne permettent cependant pas de douter qu'il n'y eût un château fort en ce lieu, à une époque bien antérieure. L'excellence de la rade et l'utilité du port de Brest excitèrent l'envie des Normands, des Anglais et des Espagnols, qui s'efforcèrent, à diverses reprises, de se rendre maîtres du château. En 1240, Hervé, vicomte de Léon, céda la forteresse de Brest à Jean Ier, duc de Bretagne. En 1341, Charles de Blois mit le siège devant cette place, qui avait pour gouverneur Garnier de Clisson; après un premier assaut infructueux, Clisson fait une sortie, à la tête de quarante hommes, et tue plusieurs ennemis. Montfort accourt, et repousse Clisson jusqu'à la porte du château, dont, par mégarde, les assiégés avaient baissé la herse. Leur brave commandant soutint seul le combat, adossé à la porte, et fit des prodiges de valeur. Ses gens s'aperçurent bientôt du danger où il se trouvait. Ils relevèrent la herse pour le faire rentrer dans la place; mais Clisson avait été tellement criblé de blessures qu'il en mourut le surlendemain. Ce funeste événement jeta la consternation dans le château qui se rendit à Montfort. En 1372, Jean IV, duc de Bretagne, abandonna aux Anglais la ville et le château de Brest, à la charge par eux de les défendre et conserver pendant la guerre, et de les lui rendre à la paix. L'année suivante, du Guesclin et Olivier de Clisson tentèrent inutilement de reprendre cette place, qui toutefois fut remise en la possession du duc de Bretagne, en 1376, après la mort d'Édouard III, roi d'Angleterre. La guerre ayant éclaté de nouveau entre la France et la Bretagne, Jean IV confia derechef la défense de Brest à une garnison anglaise, qui y entra le 15 juin 1378, et qui refusa de rendre cette ville lorsque la paix fut conclue entre le roi de France et le duc de Bretagne. Les

BREST.

POINTE ET FORT BERTHAUME
qui forme à l'Est le goulet de Brest.

Français, unis aux Bretons, l'assiégèrent sans succès en 1382 et en 1386. Toutefois, en 1397, le roi Richard II consentit à la restituer au duc de Bretagne, moyennant une forte rançon. Dans le siècle suivant, les Anglais essayèrent souvent de reprendre cette ville. En 1489, les Français, sous la conduite du vicomte de Rohan, s'en emparèrent. Trois ans après, la paix fut conclue entre la France et la Bretagne, et, par le mariage de Charles VIII et d'Anne de Bretagne, Brest demeura à la France. Pendant la ligue, cette ville prit parti pour Henri IV, et lui demeura fidèle; ce fut alors contre les Espagnols qu'elle eut à se défendre. En 1591, don Juan d'Aquila effectua un débarquement près de la ville, et construisit un fort sur la presqu'île de Quelern, où les Espagnols furent bientôt assiégés eux-mêmes; ils résistèrent à plusieurs attaques, mais un dernier assaut emporta leurs retranchements, et ils y furent presque tous massacrés. En 1597, l'Espagne, résolue à venger cet échec, arma une flottille considérable qui arriva devant Brest, où elle fut atteinte par une tempête affreuse; une partie des vaisseaux coula à fond; les autres furent brisés sur les écueils qui hérissent les côtes voisines. Un siècle s'écoula sans nouvelles agressions. En 1694, une flotte anglaise de trente-cinq vaisseaux, portant 10,000 soldats, arriva devant Brest, et débarqua des troupes dans l'anse de Poldu; mais la garnison, les paysans des environs et leurs femmes même, attaquèrent les ennemis et les mirent en déroute. Pendant le combat, la marée ayant laissé les chaloupes à sec, les Anglais ne purent se rembarquer; ils furent tous tués ou faits prisonniers.

Jusqu'en 1630, la ville de Brest reçut peu d'accroissement; elle était petite, ne possédait aucun établissement maritime, et n'avait d'autre édifice religieux que la vieille église du château. Elle commença à s'agrandir, et le faubourg de Recouvrance fut fondé vers 1670. En 1680, le maréchal de Vauban fit construire une enceinte de fortifications; Recouvrance fut alors joint à la ville qui continua de s'accroître. En 1773, la première enceinte ne suffisant plus, une seconde fut construite, et la ville atteignit bientôt la population et l'importance dont elle jouit aujourd'hui.

La ville de Brest est située sur le bord septentrional d'une superbe rade, formée par l'Océan, à peu de distance de l'embouchure de la rivière de l'Élorn et sur les deux rives de celle de Penfeld, qui divise la ville en deux parties, l'une à droite, connue sous le nom de Recouvrance, et l'autre sur la rive gauche, plus spécialement désignée sous le nom de Brest. Cette ville s'élève au pied et sur le penchant d'un coteau très-escarpé; elle a environ une lieue de circonférence, et se divise naturellement en haute et basse ville. La ville haute se régularise et s'embellit autant que le permettent ses rues montueuses; elle est régulièrement percée et offre plusieurs beaux édifices; mais les quartiers supérieurs sont si escarpés que quelques-uns ne communiquent que par des escaliers avec la ville basse, dont plusieurs maisons ont le cinquième étage au niveau des jardins. La ville basse est belle et propre dans la partie qui avoisine le port, mais plusieurs quartiers sont mal bâtis, tristes et malpropres. Le quartier de Recouvrance est composé de quelques belles rues et d'un plus grand nombre de fort laides, formées de maisons dont le style et l'aspect contrastent avec le quartier de Brest. La ville est ceinte de remparts garnis d'arbres qui forment des promenades agréables; la vue y est en général très-bornée du côté des terres, mais elle est superbe du côté de la rade.

RADE. La rade de Brest est regardée comme une des plus belles du monde. Constantinople et Rio-Janeiro en offrent, il est vrai, de plus spacieuses, mais il n'en est aucune de plus sûre, tant sous le rapport de la bonté des mouillages que sous celui de l'excellence des abris. Exactement close dans toutes ses parties, une seule issue, dite le *Goulet*, sert de passage, et le peu de largeur de cette passe, divisée par les rochers, les formidables fortifications dont la côte est hérissée, interdisent l'entrée aux forces ennemies, et rendent Brest presque inexpugnable du côté de la mer. Depuis cette entrée, jusqu'à l'embouchure de la rivière de l'Élorn, le diamètre est d'environ deux lieues et demie; la largeur varie en raison des divers golfes qu'elle contient et de l'inégalité de sa forme; de Brest à la côte de Lanvoc, on compte trois lieues. Cette rade, qui peut être considérée comme un ensemble de plusieurs rades, présente, y compris ses anses et ses baies, une surface de près de quinze lieues carrées de superficie, dont plus du tiers offre des abris et des mouillages excellents, tels que la baie de Roscanvel, celle du Fret, et cette superbe embouchure de la rivière du Faou, qui s'ouvre entre l'île Ronde et le fort de Lanvéoc, et s'étend jusqu'à une lieue et demie dans la rivière, au promontoire du Bendi, surface équivalente à deux mille toises en carré, dans laquelle on trouve huit à quinze brasses d'eau, fond de vase bien net, ou de madrépores.

PORT. Le port de Brest est assez grand pour contenir plus de cinquante vaisseaux, frégates et autres bâtiments de guerre, tous à flot et garantis des vents par les hauteurs environnantes. Des batteries formidables en défendent toutes les parties. A gauche de l'entrée, on trouve d'abord une batterie à fleur d'eau, nommée Fer à cheval, qui sert d'avant-garde, et est parfaitement armée : on y remarque des fours à rougir les boulets et un parc considérable de boulets ramés. Ce poste, bien fortifié, est couronné d'un beau rempart, auquel on gravit par une rampe, et qui est armé de vingt-quatre pièces de 48 en bronze. Derrière cette belle fortification, et tout à fait sur la sommité du roc, se trouvent les batteries du polygone et de très-beaux magasins d'artillerie, ainsi qu'un magasin à poudre qui fournit aux approvisionnements des escadres, et qui sert de dépôt pour les poudres des bâtiments armés qui entrent dans le port. Au-dessus de cette montagne règne un superbe quai, en amphithéâtre, bordé de magnifiques édifices. Si l'on parcourt ce quai, à partir de la batterie du Fer à cheval, on rencontre un parc à boulets, ensuite le parc aux vivres, qui contient d'immenses magasins servant d'ateliers de salaisons, des magasins de comestibles renfermant tous les vivres propres aux approvisionnements des flottes, etc. Là, sont aussi d'énormes tas de fagots pour le chauffage des fours, et de bois de corde pour l'approvisionnement des cuisines des bords. Après les ateliers de salaisons, on rencontre un superbe magasin, actuellement en construction, et dont l'emplacement a été miné dans le roc, ainsi que ceux de tous les édifices du port. Enfin le parc aux vivres se termine par les boulangeries, d'une belle construction et à l'épreuve du feu, dont tous les étages sont parfaitement voûtés. Ces édifices contiennent vingt-quatre fours, des bluteries, des salles à grains, enfin tout ce qui est nécessaire à une grande manutention. Sur le quai s'élève une fontaine, qui distribue dans l'intérieur de l'eau à chaque four par un robinet privatif.

Une fort belle grille ferme le parc sur le quai de la ville, et clôt ainsi de ce côté ce superbe vestibule du port, barré, dans toute sa largeur, par la chaîne, assemblage de radeaux et de chaînes énormes en fer, qui ne laisse qu'une petite passe, fermée et soigneusement gardée la nuit.

A droite de l'entrée, et vis-à-vis le Fer à cheval et le parc aux vivres, domine majestueusement le château de Brest, avec ses tours et ses remparts élevés, aussi remarquable par sa force et sa situation que par les souvenirs historiques qui s'y rattachent. Cette forteresse, célèbre dans les fastes de la Bretagne, et dont les Français, les Américains, les Anglais se sont disputé la possession pendant tant d'années, est bâtie sur un rocher fort escarpé. Sa forme actuelle est celle d'un trapèze. Cinq tours énormes, liées par des courtines et par un chemin de ronde, sont couronnées de plates-formes d'une très grande solidité, sur lesquelles des embrasures et des parapets sont destinés à recevoir des pièces de canon de gros calibre. Cependant l'extrême hauteur de ces tours fait présumer facilement que ces batteries aériennes ne pourraient être pointées à un angle assez aigu pour servir à la défense du port. Les batteries du pied de la citadelle, celle particulièrement dite batterie couverte, sont autrement efficaces. Les trois tours qui regardent la rade ont chacune un nom particulier. Celle du milieu porte le nom de *César*, quoiqu'il soit bien démontré que ce conquérant ne vint jamais à Brest; son aspect seul atteste son ancienne origine, et des vestiges encore existants prouvent qu'elle fut construite avant l'invention de la poudre. Cette tour offre un très-vaste local, des caves souterraines et parfaitement voûtées; elle est couverte d'une très-belle et très-solide plate-forme. A gauche de la tour de *César*, vis-à-vis la chaîne, est celle appelée de *Brest*; elle forme un massif de la plus grande beauté, revêtu de pierres de taille liées entre elles avec un art remarquable. A droite et du côté de la rade, est la tour des *Français*, également couronnée d'une plate-forme et d'une batterie dont les feux se croisent avec ceux de la batterie royale. Au pied de cette tour, et en longeant la courtine qui la sépare de la tour de la *Madelaine* et du front des ouvrages donnant sur la ville de Brest, se trouve la grève de Postrein, où l'on remarque un chantier de construction de navires de commerce et quelques fours à chaux. La tour de *Brest* est liée par une courtine d'une hauteur extraordinaire à une autre tour beaucoup plus élevée encore, qui termine le grand côté du trapèze sur le front de la ville. Les murailles sont d'une très-belle construction; les arrêtes des angles, les cordons surtout sont fort bien confectionnés, et ont été mis dans l'état actuel par Vauban lui-même. La tour restaurée porte le nom de Donjon ; elle servait anciennement de demeure aux ducs de Bretagne. La distribution intérieure porte toute l'empreinte du siècle où elle fut construite (1550). C'est un dédale inextricable de chambres, de salles, d'avenues, de souterrains, où la féodalité et son affreux despotisme semblent régner encore, tant les cachots de tous les genres, les réduits de tortures rappellent à l'imagination affligée les souvenirs de ces temps d'ignorance et de barbarie. La profondeur du plus grand nombre, taillés dans le roc, et leur obscurité, inspirent un sentiment d'horreur que l'on voudrait vainement repousser, quand surtout on arrive à celui connu sous le nom d'*oubliettes*, cachot ou plutôt sépulcre fort resserré, qui n'a d'autre ouverture qu'une sorte de cheminée fort étroite de trente pieds de profondeur. Outre ces quatre tours, déjà décrites, il en existe trois autres ; deux flanquent la porte du château, du côté de la ville, dont elles sont séparées par des remparts, des fossés très-profonds, et une demi-lune. Dans ces tours se trouvent les prisons. L'intérieur de ces fortifications renferme une très-belle place d'armes, l'arsenal de l'artillerie de terre, de très-beaux magasins et des casernes, dont une, nouvellement construite, est supérieurement distribuée et d'un bel ensemble.

MACHINE A MATER. C'est un énorme massif en pierres de taille, dont la face, baignée par les eaux, forme un angle rentrant avec la surface de l'eau, et permet, par cette situation, aux plus gros navires de s'approcher à une distance convenable. Cette disposition diminue d'autant la pente et l'inclinaison de la machine elle-même, laquelle consiste en trois mâts énormes, de plus de deux cents pieds de longueur, liés entre eux par de solides traverses, et profondément implantés dans le massif élevé lui-même de vingt pieds au-dessus du niveau du quai. L'ouverture de l'angle obtus de ces mâts, avec le niveau de la plate-forme, est de cent vingt degrés ; et pour suppléer à ce que cette inclinaison peut retirer de force à la mâture, un grand mât se trouve planté perpendiculairement au pied des trois autres, auxquels il est lié par des mâtereaux horizontaux. Cet ensemble d'appareil est retenu encore au massif et aux rochers du château par des chaînes et des haubans énormes qui se rident (roidissent) par de très-grosses caliornes.

BASSIN DE CONSTRUCTION. C'est un magnifique établissement construit en même granit dont sont bâtis tous les quais et édifices de la marine. Il est garni, à son pourtour extérieur, d'un canal couvert, avec des jours de distance en distance. Ce canal s'emplit à volonté, et l'eau qui s'amasse dans des auges de pierre ou de fonte sert aux pompes de précaution ou d'incendie dont on entoure les bâtiments lors de leur chauffage. De chaque côté du bassin, et dans l'épaisseur des massifs, sont pratiquées des espèces de chambres, où sont placées des pompes à chapelets pour l'épuisement des eaux qui s'écoulent par des coursiers latéraux ; le bassin est fermé par un bâteau-porte, que l'on enlève à volonté, et que l'on fixe au moyen de coulisses et d'apparaux convenables. Il pourrait servir à la construction comme aux radoubs, mais le défaut d'espace pour les travaux des charpentiers l'a fait destiner uniquement au dernier emploi.

Au fond de cette belle forme, on remarque un édifice superbe, jadis destiné à l'école des gardes de la marine, mais occupé maintenant par les ateliers de la ferblanterie, de la serrurerie, et par l'imprimerie du port. Tout le long du côté nord règne une suite d'édifices uniformes, n'ayant qu'un simple entresol à fenêtres cintrées ; le bas contient la chaudronnerie et quelques magasins de détail ; au-dessus sont placés l'atelier des boussoles et les salles de la bibliothèque de la marine. Cette bibliothèque est assez belle, et contient de bons livres ; mais on désirerait la voir placée dans un autre local moins bruyant et plus spacieux. Cette suite de bâtiments est terminée par un des pavillons du magasin général, qui règne parallèlement au chenal. Dans ce pavillon se trouvent les bureaux du contrôle et des mouvements du port. Derrière on aperçoit la tour du parc, de forme carrée, et dont les quatre faces, tournées aux quatre points cardinaux, offrent les cadrans d'une excellente horloge. Cette tour est surmontée d'une balustrade en fer et d'un mât de pavillon.

MAGASIN GÉNÉRAL. C'est un vaste édifice d'une distribution simple, mais bien entendue, dont les salles contiennent tous les objets d'approvisionnement qui ne se délivrent pas dans les ateliers mêmes ou dans les différentes directions. Les inventaires actuels portent à plusieurs millions la valeur des objets renfermés et classés dans ce riche dépôt. La façade ne manque ni de grâce ni de majesté. La porte, fermée par une grille, est belle, et est surmontée d'un fronton bien sculpté, représentant l'écusson de France, environné de tous les attributs de la marine. Une cour extrêmement spacieuse, d'une forme triangulaire, comprend tout l'espace derrière les édifices du pourtour du bassin et la longueur du magasin général. Cette cour a été creusée aux dépens du roc élevé qui la domine, et sur lequel se trouve un magnifique jardin. Vis-à-vis du magasin général se développe un quai très-spacieux, qui forme même une sorte de place d'armes, sur la quelle M. Cafarelli, préfet maritime, fit élever en l'an XII une élégante fontaine, surmontée d'une magnifique statue en marbre, représentant Amphitrite.

Plus loin, le quai est surchargé de chantiers, sur lesquels sont posés une innombrable quantité de pièces de canon pour l'armement des vaisseaux. Ces chantiers se prolongent fort loin, jusqu'à l'extrémité des magasins Keravel, grands édifices d'une architecture sévère, qui occupent un front considérable du quai. Aux deux extrémités de chacun, se trouvent des pavillons pour les bureaux. Les corps des bâtiments, parfaitement voûtés en briques, contiennent un nombre considérable de magasins particuliers, destinés à recevoir chacun le gréement d'un vaisseau. Dans les étages se trouvent la voilerie, la garniture, et leurs divers magasins. C'est vis-à-vis de ces édifices que se font les armements des vaisseaux, qui trouvent là, pour ainsi dire, sous la main, le gréement, la voilure, les canons et le lest.

CORDERIE. Après ce front, d'une très-grande étendue, et pour l'emplacement duquel on a escarpé le roc jusque dans la mer, se trouvent les corderies, placées l'une au-dessus de l'autre dans la pente et aux dépens même du rocher. Ces ateliers sont d'une longueur immense, et présentent, avec le bagne et le quartier de la marine, qui les dominent en amphithéâtre, le plus beau coup d'œil qu'il soit possible d'envisager. Les corderies contiennent chacune un corps de bâtiment, des ailes et des pavillons aux extrémités; elles ont trois étages et des mansardes, ce qui fait huit cent de plus de mille pas de longueur sur une belle largeur.

Vis-à-vis les corderies, se trouve un quai superbe, qui sert à déposer les ancres destinées aux bâtiments, et dont le nombre est considérable. A l'extrémité des corderies, et au détour de l'angle que forme en cet endroit le chenal, on trouve les magasins des brais et goudrons, sous lesquels on a pratiqué un escalier en pierre pour gravir jusqu'à la corderie haute. Plus loin, on aperçoit un corps de garde, au-dessous de l'extrémité des remparts de la ville, du côté de Brest; un beau parc au lest, et un superbe réservoir d'eau excellente, qui, au moyen de six énormes tuyaux, sert à l'approvisionnement des navires.

ARSENAL. Une grille assez belle et un poste militaire annoncent, du côté de Recouvrance, l'entrée de l'arsenal. Elle en porte le nom spécial, parce qu'effectivement là se trouve l'arsenal de l'artillerie, avec un parc qui règne tout le long du quai, et qui contient des canons et des caronades de toutes les espèces, ainsi que des mortiers et des obusiers. Vis-à-vis le parc sont les ateliers de la direction d'artillerie, superbes édifices avec de très-belles voûtes et de très-beaux étages. Dans le bas sont les chantiers du charronnage, ceux des affûts, l'armurerie, la fonderie, où tous les travaux s'exécutent d'après les procédés les plus modernes et les plus ingénieux.

ANCIEN MAGASIN GÉNÉRAL. En sortant du parc, on remarque un vieil édifice dont l'architecture porte le type du siècle où il fut construit; c'est l'ancien magasin général que fit bâtir le cardinal de Richelieu, le seul des établissements de cette époque qui subsiste encore dans le port. Il a eu plusieurs destinations consécutives; il a même servi pour les magasins particuliers des vaisseaux. Maintenant c'est l'atelier de la clouterie, où l'on confectionne tous les ouvrages de ce genre qui ne peuvent être livrés par les fournisseurs, tels que les clous de lisses et ceux à maillettes. En quittant ces ateliers, on trouve un grand dépôt de charbon de terre. Derrière, on gravit, par une rampe large, mais rapide, jusqu'à la sommité des rochers, sur le plateau desquels on voit une très-belle place, au milieu de laquelle s'élève, en château d'eau, une fontaine de très-bon style. Elle est entourée de vastes édifices en hangars, d'une laide apparence, qui servent actuellement de caserne au dépôt des équipages de ligne.

BASSINS DE CONSTRUCTION. En face d'une anse large et profonde, entourée de beaux magasins et de superbes ateliers, existent quatre superbes formes ou bassins de construction, tels qu'il ne s'en trouve nulle part dans le monde; ils sont placés deux au bout l'un de l'autre, et communiquent entre eux par des portes; les deux rangées sont parallèles et séparées par un très-beau môle, qui règne dans toute la longueur. Ces bassins s'ouvrent et se ferment au moyen de bâteaux portes à leur communication avec la mer, et les eaux entrent de l'un dans l'autre par des portes battantes et busquées. Ils ont été creusés dans le roc. Le plus nouveau, celui de l'ouest, confectionné en l'an XII, sous l'administration de M. Cafarelli, a été entièrement piqué au marteau dans le roc vif, et n'a point été revêtu, excepté seulement dans quelques parties où le rocher se trouvait friable. Autour des bassins règne un très-grand pourtour, où des charpentiers travaillent constamment aux pièces qui doivent servir à la construction ou aux radoubs des bâtiments. On y remarque aussi une machine à amollir et courber les bordages par le moyen de la vapeur. Au fond de l'anse, la prison de Pontanion présente un très-beau front, des rampes, des escaliers et des portes dans le style moderne de ces établissements. Sous Pontanion, et dans l'épaisseur du terre-plein qui lui sert de façade, est une porte voûtée qui conduit à un très-grand enclos contenant jadis des forges. Aujourd'hui la direction des ponts et chaussées de la marine y a réuni tous ses divers ateliers particuliers disséminés dans le port. C'est un fort bel arsenal dans l'arsenal lui-même; on y trouve des forges, la serrurerie, la menuiserie, la vitrerie, la marbrerie, enfin toutes sortes de chantiers avec leurs magasins. Le côté du nord de l'anse est entièrement occupé par les grandes forges, où l'on confectionne les gros ouvrages en fer, tels que les raccommodages des ancres, les grosses chaînes, etc. Cet établissement est constamment en pleine activité.

ÉTABLISSEMENTS DIVERS. En rentrant dans l'alignement du chenal principal, on voit le superbe atelier de la menuiserie. Vis-à-vis, deux cales de construction, opposées l'une à l'autre, reçoivent des vaisseaux du premier rang. L'une d'elles est couverte d'une superbe charpente et d'une toiture à la Philibert-Delorme, supportée par des piliers en granit et des cintres en bois. Cette couverture est d'une légèreté extrême. Immédiatement au-dessous de la menuiserie, sur la côte fort élevée qui la domine, est un vaste plateau, sur lequel est bâti l'ancien couvent des capucins, converti en école de canonnage depuis la révolution. Les édifices ont été appropriés à cette destination. On y voit une tourmente, batterie figurée comme à bord des vaisseaux, plusieurs batteries de terre, des plates-formes à mortiers, enfin tout ce qui constitue une école d'artillerie bien montée; l'église elle-même est transformée en caserne, et reçoit les ouvriers d'artillerie. Une belle et vaste place d'armes, de grands jardins, un bois fort agréable, embellissent cet établissement, que vient d'envahir encore le dépôt des équipages de ligne depuis la funeste suppression des compagnies d'apprentis canonniers. De cet endroit, on jouit de la plus belle vue du port. A gauche, on aperçoit une grande partie de la rade, le château, l'entrée du port, toute la ligne des quais que nous avons décrits, le chenal et ses nombreux vaisseaux; en face surtout, les corderies et le bagne, surmontés par l'hôpital nouveau, le quartier de la marine ainsi que la ville, qui s'élèvent en amphithéâtre, présentent un des plus beaux aspects qu'il soit possible d'imaginer. — Continuant, à partir de la menuiserie, on aperçoit divers magasins; l'atelier des avirons et celui de la sculpture où l'on confectionne toutes les figures et les ornements des vaisseaux. Ensuite se trouve l'atelier de peinture. Plus loin sont des hangars où l'on confectionne les hunes et les gouvernails. Auprès, sont les forges où se travaillent les cordes des mâts et les ferrures des gouvernails. Au pied du bois des Capucins s'ouvre un assez large terrain, sur lequel on a pratiqué plusieurs cales de radoub et de construction pour les frégates et les bâtiments légers. Près du chantier se trouve une seconde étuve pour amollir les bordages, et, plus loin, un très-vaste hangar sert pour la construction des canots et autres petites embarcations. Au-dessus, et sur le plateau du rocher, règne un assez grand espace, qui, planté en arbres verts depuis une vingtaine d'années, présente des bois d'une jolie venue. Plus loin se trouve le poste dit de la *tour blanche*, qui terminait autrefois la ligne des remparts du côté de Recouvrance. Au pied, on voit une très-belle forme neuve, creusée dans le roc, jusque dans la mer, et dont les pierres de revêtement ont été prises dans la côte elle-même, en élargissant le quai.

LE BAGNE. Le bagne est un vaste édifice consacré au logement des forçats. C'est un bâtiment de cent trente toises de longueur, où l'on remarque trois pavillons, un au centre et deux aux extrémités: celui du centre, destiné au logement des officiers, partage le bagne en quatre salles, dans chacune desquelles on peut loger cinq cents hommes; les deux pavillons des extrémités sont destinés au logement des bas officiers commis à la garde de cette prison. Chaque salle a ses commodités particulières, consistant en latrines, fontaines, cuisines et tavernes; et chacune d'elles est coupée en deux par un mur de quatre pieds d'épaisseur qui passe par le milieu de la largeur.

Indépendamment des salles, règne, le long de la cour, un grand édifice qui sert d'hôpital spécial pour les forçats. Les salles y sont parfaitement tenues, comme tout ce qui tient au service de santé de la marine, et les malades y ont les mêmes lits, y reçoivent les mêmes soins que les militaires. Au delà de l'hôpital, et dans une cour séparée, se trouve une manufacture de toiles, établissement vraiment philanthropique, qui met à la disposition des commissaires les moyens de récompenser la bonne conduite et de faire naître l'encouragement, en appliquant à ce travail moins pénible les condamnés qui se comportent le mieux, ainsi que les vieillards. Une autre cour spacieuse contient les casernes des chiourmes.

Au-dessus du bagne, s'élève une superbe esplanade, d'une très-grande étendue, cernée de murs et de grilles. C'est un parallélogramme, dont un des grands côtés est occupé par une caserne d'un magnifique aspect. L'édifice présente un très-beau front, et se compose d'un corps principal, sur le sommet duquel se trouve l'observatoire, et de deux ailes fort étendues, terminées par deux beaux pavillons. Derrière, règne une cour spacieuse, où se trouvent les cuisines, les fontaines et les lavoirs. La distribution intérieure ne répond pas, assure-t-on, à l'extérieur, qui est vraiment d'un fort beau coup d'œil. Une grande place, pour les exercices, est bordée par une très-belle allée d'ormeaux. Sur un des côtés on voit une tourmente ou batterie de mer, où l'on exerçait les canonniers aux manœuvres des bords, et sur l'autre côté se trouve une batterie de remparts, avec les pièces et les mortiers nécessaires aux exercices.

On remarque encore à Brest : le cours d'Ajot, d'où l'on jouit de la vue de toute la rade; la bibliothèque de la marine, renfermant 20,000 volumes, le cabinet d'histoire naturelle, le jardin des plantes, l'observatoire de la marine, les hôpitaux, la salle de spectacle, dont la façade est d'un bel effet, l'hôtel de ville, l'église de Saint-Louis, etc.

Brest est la patrie de Lamothe-Piquet, de Kersaint et de d'Orvilliers.

Fabriques de cordages, chapeaux vernis. Tanneries. Construction de navires. Armement pour la pêche de la sardine, du maquereau et de la morue. — *Commerce* de grains, vins, bière, eau-de-vie, poisson frais et salé. Entrepôt fictif. Entrepôt de sel.

A 9 l. de Quimper, 143 de Paris. — *Hôtels* de France, de Provence, du Grand monarque, de la Tour d'argent, du Grand Turc.

CONQUET (le). Jolie petite ville maritime située à 5 l. de Brest. Pop. 1,273 hab. — Établissement de la marée du port, 3 heures 32 minutes.

Cette ville est généralement bien bâtie, sur le bord de l'Océan où elle a une rade sûre, et un port, défendu par un fort, qui peut recevoir environ soixante bâtiments de 100 tonneaux. Le Conquet est une place fort ancienne dont le port était autrefois très-commerçant et très-fréquenté; elle était peuplée de marins, de marchands et d'armateurs, et avait dès le XVe siècle une véritable importance. Les Anglais la dévastèrent en 1597; peu de maisons échappèrent à leurs ravages, et celles qui furent conservées se distinguent facilement par le style gothique de leur architecture.

A une demi-lieue sud du Conquet se trouve le cap de Saint-Matthieu, pointe la plus occidentale de la France, sur laquelle est un phare à feu tournant à éclipses. Sur cette pointe escarpée, minée par les flots impétueux du vaste océan Atlantique, se trouvent les ruines importantes de l'antique abbaye de Saint-Matthieu, célèbre dans les annales de la Bretagne, et dont les rochers escarpés sur lesquels elle est bâtie sont continuellement battus par les flots d'une mer orageuse. Il ne reste plus, de la construction primitive de cette abbaye, fondée au commencement du VIIe siècle, que la façade de son portail; elle est fort simple et sans aucune décoration de sculpture. La grande porte offre une triple arcade à plein cintre, dont les voussoirs sont petits, nombreux et serrés, comme dans tous les édifices antérieurs à l'introduction du gothique à ogives. Au-dessus est la fenêtre principale, absolument du même style, ainsi que deux autres fenêtres plus petites dont elle est accompagnée. Le reste de l'église porte le caractère de l'architecture du XIIIe siècle, et ses ruines présentent un aspect fort pittoresque.

Un spectacle imposant, immense et sublime se déploie aux yeux de l'observateur, de l'extrémité du cap de Saint-Matthieu. De ce point extrême du globe, les regards plongent dans l'immensité de l'Océan, dont le vaste horizon limite seul la perspective. A gauche, dans l'extrême lointain, on découvre la pointe allongée du Raz de Sein et ses funèbres écueils; à droite on voit les ro-

LANDERNEAU.

chers menaçants du dangereux passage du Four; en face, une chaîne d'écueils non moins redoutables s'étend entre cette chaîne d'îles, prolongement antique du continent, que la main puissante du temps et les efforts continuels des flots de l'Océan en ont facilement séparé.

Commerce de poissons frais et salés. Raffinerie de soude.

DAOULAS. Bourg situé à l'embouchure d'une petite rivière qui se jette dans la baie de Châteaulin, à 5 l. de Brest. Pop. 459 hab. On y remarque les ruines d'une abbaye, célèbre dans les chroniques bretonnes, fondée au VIe siècle par un seigneur du Faou, et réédifiée presque en entier dans le XVe. Parmi les restes précieux de l'édifice primitif qui existent encore, est une façade à pignon avec un portail à trois arcades à plein cintre; au-dessus sont trois longues fenêtres cintrées, dont celle du milieu surpasse les deux autres en hauteur et est pratiquée entre deux contre-forts.

FORÊT (la). Village situé près de la rive droite de l'Élorn, à 3 l. 1/2 de Brest. Pop. 468 hab.

A peu de distance de ce village et à la sortie de la forêt de Landerneau, on trouve les ruines du château de Joyeuse Garde, fameux dans les chroniques de la Table ronde, où habitaient Lancelot du Lac et charmante Yseult. Quelques pans de murailles, des fondements à fleur de terre, le pied des tours et la circonvallation des fossés, permettent encore aujourd'hui de reconnaître le plan entier de ce château, dont la réédification paraît remonter au XIIe siècle, à l'exception d'un souterrain d'environ cinquante toises d'étendue, voûté à plein cintre et sans piliers. La grande porte est encore debout; c'est une arcade en ogive dont les ruines, couvertes d'arbustes et de guirlandes, sont d'un effet très-pittoresque.

GOUESNON. Gros village fort ancien, situé à 2 l. de Brest. Pop. 1,525 hab. Il est bâti sur un terrain élevé qui domine tous les environs, et occupe l'emplacement d'une ancienne forteresse dont les anciens titres font mention sous le nom de bastille de Gouesnon. L'église paroissiale est grande et assez belle; c'est un édifice gothique, commencé au XVIe siècle et achevé dans le siècle suivant. Aux environs existe une petite chapelle qui renferme une pierre percée, regardée comme un monument du culte druidique; non loin de là s'élèvent, au-dessus d'un massif d'arbres, les hautes cheminées du château ruiné de Meslan, dont la principale façade est fort ancienne; le portail est défendu par une galerie à créneaux et mâchicoulis, flanquée de deux tours munies des mêmes défenses.

HOPITAL-CONFRONT (l'). Village situé à l'extrémité d'un petit bras de mer qui communique à la baie de Châteaulin, à 6 l. de Brest. Pop. 567 hab. Il doit son nom à une commanderie de templiers, dont on voit encore l'église, décorée extérieurement d'ornements gothiques exécutés avec beaucoup de délicatesse et chargée d'écussons des commandeurs titulaires de ce lieu; l'intérieur est entièrement dégradé et ne présente rien de remarquable.

KERNILIS. Village situé à 5 l. de Brest. Pop. 682 hab. On y remarque les ruines pittoresques du château de Carman, consistant en quelques pans de murailles, avec de longues cheminées, en une grosse tour ronde revêtue en pierres de taille et surmontée des restes d'une tourelle.

LANDERNEAU. Petite ville maritime, située à 5 l. de Brest. ✉ ☞ Pop. 4,903 hab.

Landerneau était autrefois fortifié. Jean IV, duc de Bretagne, s'en empara en 1374 et passa au fil de l'épée la garnison française qui la défendait. Guy-Éder, dit Fontenelle, la prit et la pilla en 1592.

Cette ville est située à l'embouchure de l'Élorn, qui y forme un joli port, entouré de collines fort hautes et fort escarpées sur la rive gauche de la rivière, mais qui s'abaissent graduellement sur la rive droite et forment une plaine assez étendue dans laquelle la partie la plus considérable de la ville est bâtie. La ville haute renferme beaucoup de maisons fort anciennes; une des plus remarquables porte la date de 1518, et est bâtie sur le pont qui traverse l'Élorn. Trois fontaines fournissent de l'eau aux divers quartiers; celle de Ploudiry est en forme d'obélisque et verse ses eaux dans une cuvette demi-circulaire d'un beau travail.

L'aspect de Landerneau est extrêmement agréable. Des eaux claires et limpides descendent de tous côtés des montagnes et vont se perdre dans le port après avoir traversé les rues. Le port peut recevoir des bâtiments de 3 à 400 tonneaux. Les quais sont vastes, commodes, bien revêtus, bien pavés, et se prolongent au delà d'une jolie promenade; les cales sont larges et d'un abord facile. De jolies maisons bordent le port et lui donnent un air de vie, de mouvement qui se lie agréablement avec celui qu'offrent les bâtiments flottants dans le chenal. De la promenade, plantée de deux rangs d'arbres et bordée d'un parapet en granit, on jouit d'une vue étendue sur les sinuosités de la rivière, bornée d'un côté par les beaux coteaux de Kerlaran et par la forêt, et de l'autre par le couvent et l'allée du Calvaire. L'hôpital succursal de la marine est un grand et bel établissement qui occupe les bâtiments de l'ancien couvent des Ursulines.

On doit visiter, à un quart de lieue de Landerneau, la chapelle de Beuzit qui renferme le tombeau d'Olivier de la Pallue, décoré dans son contour d'arcades gothiques remplies d'écussons armoriés. Sur le dessus est la statue, soigneusement exécutée, d'Olivier de la Pallue, représenté couché, les mains jointes, les pieds posés sur un lion, et revêtu de l'armure du XVIe siècle; son épée nue est posée à côté de lui.

Manufactures importantes de cuirs et de toiles à carreaux. Blanchisserie de toiles et de cire.—*Commerce* important de toiles de toutes sortes, toiles à carreaux, toiles à voiles, fils blancs et écrus, chemises, pantalons, guêtres pour fournitures militaires, cuirs tannés et corroyés, goudron, suif, graisse, miel, cire, chandelles estimées, fromages de Hollande, grains, chevaux, etc., etc., etc. —*Hôtels* de l'Univers, des Voyageurs, de la Grande Maison.

LANDUNVEZ. Village situé au bord de l'Océan, à 6 l. de Brest. Pop. 1,555 hab. On remarque vis-à-vis de ce village un rocher de deux cents pieds d'élévation nommé le Four, qui n'est jamais recouvert par les eaux de la mer, et que l'on regarde comme le point de séparation de l'Océan et de la Manche. Aux environs sont les vastes souterrains d'un château où naquit, dit-on, le fameux Tanneguy du Châtel.

LANNILIS. Bourg situé dans un pays pittoresque arrosé par la rivière d'Aber-Benouhic, à 5 l. de Brest. Pop. 3,179 hab.

Lannilis était déjà considérable dès le XVIe siècle. On y voit une église dont la construction remonte à cette époque, qui renferme le tombeau de François du Com, seigneur de Kérangart; il est représenté couché, armé de toutes pièces, les mains jointes, et les pieds appuyés sur un lion qui tient un os dans ses pattes de devant. A gauche de la statue est placée une épée, et à la droite une dague. Sa tête est nue et paraît reposer sur une sorte de suaire que deux figures d'anges tiennent étendu.

A une demi-lieue de Lannilis, on voit, sur le penchant d'une colline dominant une vallée couverte de bois, les ruines de la chapelle gothique de Saint-Tariec, dont les vitraux offrent les écussons de plusieurs seigneurs de la province. L'intérieur renferme le tombeau d'Olivier Richard, docteur en théologie; c'est un sarcophage dont l'entablement, orné de sculpture imitant un feuillage, est supporté par des pilastres engagés, entre lesquels sont plusieurs petites figures de moines, gothiquement sculptées, dans l'attitude de la prière et de la douleur. Au milieu d'elles est un ange soutenant un écusson aux armes d'Olivier, représenté couché sur le dessus du tombeau et revêtu de ses habits sacerdotaux. Son bonnet carré est posé à côté de sa tête, de chaque côté de laquelle on voit une figure d'ange à genoux; ses pieds sont appuyés sur un cerf couché.

LESNEVEN. Petite et ancienne ville située sur une hauteur au milieu d'une plaine fertile, à 6 l. 1/4 de Brest. ✉ Pop. 2,404 hab.

La fondation de cette ville paraît remonter au VIe siècle, époque où Éven, comte de Léon, célèbre par sa vaillance, en fit son séjour habituel et lui donna son nom. Depuis, cette ville fut une place forte qui soutint plusieurs sièges. Le duc Jean IV la prit en 1374 et en fit passer les habitants au fil de l'épée.

Lesneven possède un hospice renfermant treize salles où peuvent être soignés plus de cent malades. — *Commerce* considérable de grains.

On trouve aux environs de cette ville une chapelle gothique, dite chapelle de la Fontaine blanche, dans laquelle on voit un bas-relief fort curieux, dont le sujet représente l'accouchement de la Vierge, où Dieu le père est représenté faisant les fonctions de sage-femme.

A un quart de lieue de Lesneven, on remarque l'église célèbre de Notre-Dame du Folgoat, l'un des plus beaux édifices gothiques du département. Cette église, monument de la piété et de la magnificence des ducs de Bretagne, date du commencement du XVe siècle, et fut longtemps l'objet d'un pèlerinage où l'on accourait de diverses parties de la France. La façade est ornée de deux clochers, dont l'un, d'un très-beau style gothique, est surmonté d'une flèche très-élevée. Le portail était autrefois décoré de la statue équestre du duc Jean IV, fondateur de cet édifice. Au côté droit de l'église est un autre portail remarquable par l'élégance de ses proportions et la délicatesse de ses détails de sculpture; on y voit encore les statues des douze apôtres.

On doit visiter aussi, à une lieue de Lesneven, le château de Penmarck, édifice gothique bien conservé, consistant en un corps de logis avec deux ailes, percé de nombreuses fenêtres décorées dans le goût du XIVe siècle, ainsi que la grande porte d'entrée. Derrière le corps de logis principal est un pavillon carré auquel est adossée une tourelle ronde qui surmonte tout l'édifice; l'extrémité de l'aile droite est flanquée d'une forte tour ronde ayant une galerie crénelée et des mâchicoulis; cette tour est recouverte d'un toit surmonté d'un beffroi.

LOCMARIA. Village situé à 3 l. de Brest. Pop. 1,154, hab. On y remarque les ruines pittoresques d'une église gothique dont les arceaux, la nef et les piliers sont couverts de lierre.

MOLÈNE (île de). Cette île, située à 1 l. 1/2 en mer et à 7 l. de Brest, a environ une lieue de tour. Elle renferme une commune peuplée de 337 habitants, presque tous hardis pêcheurs et excellents pilotes.

OUESSANT (île d'). L'île d'Ouessant est située à 5 l. 1/2 de la côte et à 12 l. de Brest. Elle a 7 lieues de circuit et environ 18 lieues carrées; son territoire est en général très-fertile, et abonde en prairies excellentes où l'on élève beaucoup de chevaux et de moutons. A l'exception de quelques anses d'un accès difficile, la côte présente partout des falaises escarpées et inaccessibles; on y trouve cependant un petit port fréquenté par les pêcheurs. La population de cette île est de 2,032 habitants, pour la plupart pilotes et pêcheurs. Indépendamment du village de Saint-Michel, qui en est le chef-lieu, elle renferme plusieurs hameaux, un château fort et un phare de premier ordre à feu fixe, qui sert à faire connaître l'entrée de Brest et à indiquer la route qu'il faut faire pour s'y engager, en se dirigeant sur le phare de la pointe Saint-Matthieu.

L'amiral Thévenard a découvert dans l'île d'Ouessant les vestiges d'un édifice considérable que la tradition du pays désigne comme un temple druidique. Ces ruines, situées sur un terrain plat, à cinquante pas de la mer, consistent en un carré long, dirigé du nord-est au sud-est, et formé de murailles de cinq pieds d'épaisseur; le grand côté a 300 pieds de long et le petit 150.

L'île d'Ouessant est entourée d'îles moins grandes qui portent son nom, et rendent la navigation très-dangereuse dans ces parages. En 1778, les Français, commandés par d'Orvilliers, et les Anglais par Keppel, livrèrent, dans les eaux d'Ouessant, un combat naval sanglant dont le succès fut indécis.

Pêche et commerce de sardines.—Long. O. 7° 23′ 21″. Lat. 48° 28′ 8″.

PLABENNEC. Bourg situé sur une élévation d'où l'on découvre un horizon très-étendu, à 6 l. 1/4 de Brest. Pop. 3,831 hab. On remarque aux environs de ce bourg, dans une lande cernée de tous côtés par un taillis épais, un cimetière celtique composé de près de six cents pierres disposées sans ordre sur toute l'étendue de cette lande. A un quart de lieue de ce bourg on voit, sur le bord de la grande route qui conduit à Gouesnon, une fontaine ombragée par de vieux hêtres de l'aspect le plus romantique, dont le bassin est environné des pierres renversées d'un dolmen. Un vieux houx, qui croît parmi ces masses de pierres couvertes de mousse et de lierre, rappelle la fontaine de la Dame blanche du roman du *Monastère* de Walter Scott.

PLOUARZEL. Village situé à 5 l. de Brest. Pop. 2,207 hab. On voit aux environs le château de Kerveachtou, construit du temps de Louis XIII, dans une situation des plus pittoresques sur un étang environné de bois de haute futaie.

Le territoire de la commune de Plouarzel renferme le plus grand de tous les menhirs du Finistère; c'est une superbe aiguille de granit brut haute de près de quarante pieds et plantée sur une colline regardée comme le point le plus élevé du bas Léon. — Exploitation de carrières de granit.

PLOUDALMEZEAU. Gros bourg situé à 5 l. de Brest. Pop. 3,025 hab. On y voit plusieurs maisons fort anciennes.

PLOUDIRY. Village situé à 7 l. 1/2 de Brest. Pop. 1,497 hab. — Papeterie. Foire importante pour la vente des chevaux au mois de juillet, à la MARTYRE, dépendance de Ploudiry.

PLOUGASTEL-DAOULAS. Bourg situé dans un fertile territoire, à 6 l. 1/4 de Brest. Pop. 5,515 hab. On voit dans le cimetière de ce bourg une croix remarquable par le grand nombre de petites statues dont elle est surchargée, et qui représentent les scènes principales de la Passion de Jésus-Christ.

La commune de Plougastel occupe toute la presqu'île qui sépare la rade de Brest de la baie de Châteaulin. A la pointe de Plougastel sont les forts de l'Armorique et du Corbiau, d'où l'on voit l'île Longue, la pointe Espagnole, le fort Quelern et la rade de Brest dans toute son étendue. Au sud on aperçoit la montagne de Ménès-Com, qui passe pour avoir été une demeure des druides. — *Fabriques* de toiles.

PLOUGONVELIN. Village situé près de la pointe de Saint-Matthieu, à 4 l. de Brest. Pop. 1,445 hab. On remarque aux environs, sur le bord septentrional de la baie de Brest, le rocher de Berthaume, élevé de deux cents pieds au-dessus de la mer, et séparé de la côte par un espace d'environ cent cinquante pieds. Ce rocher est couronné par un château fort où l'on ne peut arriver que dans un chaland qui glisse sur deux câbles suiffés, et que fait mouvoir un va et vient. (*Voy.* la gravure).

PLOUGUERNEAU. Village situé à 6 l. de Brest. Pop. 5,546 hab.

Ce village occupe l'emplacement de l'ancienne cité de Tollente, célèbre dans les vieilles chroniques et dans les antiques légendes bretonnes, et détruite par les Normands en 875.

PLOUGUIN. Village situé à 3 l. 3/4 de Brest. Pop. 2,252 hab. L'église paroissiale de ce village, édifice bâti au commencement du XVe siècle, renferme le tombeau de saint Jaona, l'un des premiers évêques de Léon. C'est un sarcophage en pierre de Kersanton, orné dans son pourtour d'arcades gothiques soutenues par de petites colonnes engagées, et environné d'une grille en fer à hauteur d'appui, d'un travail très-ancien. Sur le dessus est la statue du saint représenté en costume épiscopal, la mitre en tête et la crosse en main ; deux petits anges sont couchés de chaque côté de sa tête ; sur le bord du retable on lit l'inscription suivante en caractères gothiques :

D. Jaona epus Leons fuit hic sepultus

PLOUMOGUER. Village fort ancien situé à 4 l. 3/4 de Brest. Pop. 1,795 hab. Ce village existait, dit-on, du temps du roi Grallon, le Saturne, l'Ogygès, le Codrus de la Bretagne : tout ce qui s'est passé dans les temps reculés de l'Armorique est mis sous le nom de ce prince, qui, suivant les chroniques, vivait au commencement du Ve siècle.

PLOUNÉOUR-TREZ. Village situé au fond d'une anse que forme l'Océan, à 3 l. de Brest. Pop. 3,000 hab. L'église paroissiale de ce village est fort belle et surmontée d'un clocher d'une hauteur remarquable. Aux environs, on voit un dolmen gigantesque et plusieurs autres monuments druidiques du même genre, plus ou moins bien conservés.

PLOURIN. Village situé à 4 l. de Brest. Pop. 4,485 hab. On remarque aux environs le vaste château de Kergroadez, dont les bâtiments offrent un mélange assez incohérent de l'architecture du XVIe siècle unie à celle du siècle de Louis XIII. La façade présente une galerie à mâchicoulis et meurtrières, flanquée de deux pavillons carrés à combles élevés et aigus ; les angles opposés sont terminés par deux tours, dont l'une est en forme de coupole, l'autre a une plate-forme avec un parapet à mâchicoulis, et est surmontée d'une tourelle terminée en coupole. L'intérieur du château offre des appartements très-vastes et des escaliers magnifiques.

QUÉLERNE. *Voy.* Roscanvel.

RENAN (SAINT-). Petite ville située à 3 l. 3/4 de Brest. Pop. 1,074 hab.

Cette ville, malgré son titre, n'a jamais été murée et n'a possédé aucune espèce de fortifications. Après l'extinction des juridictions féodales, elle devint le siège de la justice royale du bas Léon, qui fut transféré à Brest en 1681.

On doit visiter, à une lieue de Saint-Renan, dans une vallée marécageuse, le château pittoresque de Pont-ar-Chastel, très-antique forteresse isolée au milieu des étangs, dont les ruines, toutes couvertes de broussailles, laissent apercevoir encore une enceinte carrée flanquée aux quatre angles de deux tours rondes et de deux autres tours carrées.

ROCHE-MORICE (la). Village situé à 6 l. de Brest. Pop. 771 hab. On y remarque les ruines importantes et pittoresques de l'ancien château de la Roche-Morice, qui s'élève sur la crête d'un roc escarpé, et que sa position inaccessible, sa grandeur, l'épaisseur de ses murailles rendirent une place importante.

RUMENGOL. Village situé à 7 l. de

Brest. Pop. 422 hab. On y remarque l'église paroissiale, dédiée à la Vierge, et l'une des plus célèbres Notre-Dame de toute la Bretagne, où se rendent quatre fois par an des pèlerins de toutes les parties de la province, pour invoquer l'intercession de la mère du Sauveur. Cette église, dont la construction date de 1536, est grande, assez belle, et décorée intérieurement de sculptures dorées d'assez mauvais goût; le clocher est élevé, travaillé à jour, d'un style élégant et hardi.

ARRONDISSEMENT DE CHATEAULIN.

CAMARET. Village situé sur l'Océan à l'extrémité d'une presqu'île qui s'avance entre la rade de Brest au nord et la baie de Douarnenez au sud; des bâtiments de toute espèce peuvent mouiller devant Camaret, mais il ne peut entrer dans le port que des barques. A 10 l. 1/4 de Châteaulin. Pop. 1,003.—Pêche et commerce de sardines.

On voit aux environs de Camaret, à la pointe de Toull-Inguet, le monument celtique le plus remarquable de toute la Bretagne après celui de Carnac; M. le vice-amiral Thévenard en donne la description suivante : « La côte de Toull-Inguet est escarpée vers la mer; le terrain, sur une longueur de 500 toises, est uni et aride, et décline vers le sud en pente douce, comme un glacis de fortifications. Il s'y trouvent des masses informes de rochers d'une seule pièce, de 10 à 15 pieds de base, sur autant de hauteur, qui sont placées à la file, dans la direction est et ouest, et à la distance d'environ 40 pieds les unes des autres. Chacune de ces masses, de formes inégales et irrégulières, peut être évaluée à 1,500 pieds cubes, et son poids à environ 200 mille livres. Elles sont au nombre de soixante, et forment une rangée d'environ 1,800 pieds de longueur. Sur cette ligne principale tombent perpendiculairement, séparées l'une de l'autre par une distance d'environ 150 toises, deux autres lignes parallèles, composées chacune de 12 masses rupétiennes semblables à celles qui forment la grande file. Ces deux rangées secondaires courent droit au nord. » Ce monument singulier a plus de régularité, malgré les blocs frustes et informes qui le composent, que celui de Carnac.

CARHAIX. Petite ville fort ancienne située dans un pays fertile, près de la rive gauche de la petite rivière d'Illiers, à 12 l. 3/4 de Châteaulin. ⊠ Pop. 1,939 hab.

Carhaix, Keraës, ou Ker-Ahès, est un des points sur lesquels l'érudition bretonne s'est le plus essayée. On a prétendu que cette ville tenait son nom de la princesse Ahès, fille de Conan Mériadec, ou du roi Grallon, qui la fit bâtir et l'enrichit de deux beaux chemins, dont l'un allait à Brest et l'autre à Nantes. On en voit encore des fragments nommés, en langue du pays, *hent Ahès* (chemin d'Ahès). On a pris Kéraës pour le Kéris des anciens, pour la ville d'Is, mais, suivant Corzet, il paraît qu'Aétius en est le fondateur. Albert le Grand dit qu'en 878 les Normands, joints aux Danois, ruinèrent Carhaix. En 1197, Richard II, roi d'Angleterre, fut défait par les barons de la Bretagne, près de cette ville, qui était alors une place très-forte. En 1341, elle se rendit au comte de Montfort. Charles de Blois la prit en 1342, et en rétablit les fortifications. Le comte de Northampton, chef des Anglais, du parti de Montfort, s'en empara en l'an 1345. Reprise par les Français, les Anglais s'en rendirent maîtres une seconde fois après la fameuse journée de la Roche-Derien, en 1347. Bertrand du Guesclin s'en rendit maître en 1363, après six semaines d'une vigoureuse résistance. Du temps de la ligue, un parti de royalistes, commandé par le capitaine Duliscoët, la surprit deux heures avant le jour, en 1590. Carhaix ne put résister, en 1592, à la fureur de Guy de Fontenelle, aidé des troupes espagnoles, qui marchaient sous les ordres du duc de Mercœur; Duliscoët s'en ressaisit deux ans après.

On devait ambitionner la possession de Carhaix, placé sur une montagne élevée, dont l'accès est facile à défendre. Cette ville est le centre du Finistère, d'une partie des terres de Vannes et de Saint-Brieuc, de ce qu'on nommait la basse Bretagne. Le duc d'Aiguillon, la jugeant propre à recevoir le camp d'observation qu'il voulait établir à l'extrémité de la France, fit ouvrir ou perfectionner les six grandes routes qui s'y rendent, et conduisent à Brest, à Quimper, à Châteaulin, à Vannes, à Saint-Brieuc et à Morlaix. Ces chemins sont ferrés, et peuvent aisément porter une très-forte artillerie.

Carhaix est une ville généralement mal bâtie et mal percée. On y remarque l'église paroissiale qui paraît être une construction du VI° siècle.

Patrie de la Tour d'Auvergne.

Commerce de draperies et de toiles.

CHATEAULIN. Petite et ancienne ville. Chef-lieu de sous-préfecture. Tribunal de première instance. Société d'agriculture. ✉ ☞ Pop. 2,783 hab.

Cette ville est située dans un vallon pittoresque entouré de montagnes schisteuses, sur la rivière d'Aulne qui la divise en deux parties et y forme un petit port, où remontent des barques de 60 à 80 tonneaux. Elle est généralement mal bâtie, mais ses alentours sont riants et pittoresques : la digue qui barre la rivière, une belle prairie plantée de peupliers et de chênes, et parsemée de plusieurs groupes de rochers qui s'élèvent au-dessus de ses beaux tapis verts, donnent à son paysage un aspect séduisant. Sur le sommet d'une colline élevée qui domine la rivière, et au pied de laquelle passe la route de Quimper, on voit les ruines de l'ancien château des seigneurs de Châteaulin : les fossés et les pans de murs d'une triple enceinte prouvent quelle a dû être jadis la force de cette place, que sa situation avantageuse devait rendre presque imprenable. Le donjon, dont on voit encore la base, était un édifice carré, flanqué à chaque angle d'une tour ronde, dont une existe encore en partie. Toutes les constructions sont en pierres brutes et n'ont pas de revêtement en pierres de taille, ce qui indique une époque fort ancienne. Ce château fut bâti en effet vers l'an 1000 par Budic, comte de Cornouailles.

On trouve aux environs de Châteaulin une source d'eau minérale ferrugineuse froide, et deux sources intermittentes.

Commerce de bestiaux, poissons, beurre, fer, plomb, ardoises, etc. Pêche du saumon et de sardines.

A 6 l. de Quimper, 13 l. 1/2 de Brest, 135 l. de Paris.

CHATEAUNEUF DU FAON. Petite ville fort agréablement située, à 6 l. 1/4 de Châteaulin. Pop. 2,506 hab.

Cette ville est bâtie dans une position riante, sur un coteau bien abrité des vents de nord-ouest, au pied duquel coule l'Aulne, qui serpente à travers de riches prairies, et fait mouvoir plusieurs moulins. Il est difficile de trouver rien de plus frais et de plus pittoresque que les paysages situés sur cette rivière, dont les rives sont bordés de prairies, de bosquets, de chaumières, de jolis parcs et de petits jardins. Dans le lointain apparaît le vieux château de Trévaré, au delà duquel se montrent de noirs rochers, surmontés par les masses ondulées de la forêt de Laz-les-Couronnes.

CROZON. Bourg maritime, situé sur le bord septentrional de la baie de Douarnenez, où il a un petit port; à 7 l. 3/4 de Châteaulin. Pop. 8,034 hab.

On remarque sur la côte de Crozon un grand nombre de grottes de quarante pieds de haut sur quatre-vingts pieds de large; elles sont profondes, et le jour n'y pénètre qu'avec peine. Les oiseaux aquatiques, tels que les cormorans, les goëlands et les mauves y habitent. Lorsque les pêcheurs s'en approchent en chaloupe, ils sortent en poussant des cris aigus; les pêcheurs entrent alors, recherchent leurs nids et saisissent les œufs et les petits. Dans l'hiver et pendant les orages, la mer se précipite dans ces grottes avec fracas et en bouillonnant; mais dans les jours calmes de l'été, les habitants du pays s'y mettent quelquefois à l'abri de la chaleur. Une des grottes, celle de la pointe de la Chèvre, se nomme en breton *queo charivari*, la cave du charivari, à cause des cris discordants des oiseaux qui l'habitent. — Pêche de la sardine.

FAOU (le). Petite ville située dans une riante et fertile contrée, au fond de la rade de Brest, où elle a un petit port. ✉ ☞ Pop. 877 hab.

Le Faou est une ville ancienne, où l'on voit beaucoup de vieilles maisons bâties en colombage, avec des corniches en bois chargées de sculptures grotesques, bizarres et même souvent obscènes. Elle était jadis défendue par un château fort, dont il ne reste plus aucun vestige. — *Commerce* de bestiaux.

HUELGOAT. Bourg situé à 9 l. de Châteaulin. Pop. 1,037 hab. Il possède une mine de plomb argentifère exploitée, dont nous parlons ci-après, à l'article POULLAOUEN.

LANDEVENNEC. Village situé à 6 l. 1/4 de Châteaulin. Pop. 722 hab. Il doit son origine à l'abbaye de son nom, fondée, dit-on, vers la fin du IV° siècle par le roi Grallon, qui s'y retira après la destruction de la cité d'Is, et y fut enterré.

LANVÉOC. Village situé sur le bord

LE FAOU.

BOURG ET GROTTE DE CROZON.

De la Pylaie del.   Schroeder

CHÂTEAULIN.

éridional de la rade de Brest où il a deux etits ports, à 7 l. de Châteaulin.

On peut exécuter par terre un curieux oyage de Lauvéoc jusqu'au Faou, sans uitter la côte, et jusqu'au pont Launay par a rivière d'Aulne. Dans cet espace les asects se multiplient avec une incroyable ariété : on voit au nord les revers de Plouastel dominés par de vastes rochers couverts e terres de rapport; leur culture, la mulitude de petits jardins placés entre de rands plateaux, les sinuosités des anses, a culture diversifiée de chaque site, les aux limpides, les rochers avancés qui semblent suspendus dans les airs, et au pied desquels sont placés des jardins et des vergers, offrent des aspects réellement enchanteurs.

LOC-RONAN. Bourg situé à 3 l. 3/4 de Châteaulin. Pop. 797 hab. — Manufacture de toiles à voiles et de toiles à sacs.

LOQUEFFRET. Village situé à 6 l. 1/4 de Châteaulin. Pop. 1,861 hab. On voit sur son territoire la belle cascade de Saint-Darbot, de 200 pieds de chute sur une longeur de 600 pieds et une largeur de 60; elle coule sur une montagne de granit couverte de chênes, de hêtres et de sorbiers. Non loin de là sont les ruines pittoresques du château de Rusquer.

PLEYBEN. Village situé à 2 l. 1/2 de Châteaulin. Pop. 4,508 hab.

POULLAOUEN. Village renommé par ses mines de plomb argentifère, situé à 10 l. de Châteaulin. Pop. 3,544 hab.

La mine de Poullaouen comprend deux exploitations distinctes, l'une à Poullaouen et l'autre près d'Huelgoat. La mine d'Huelgoat est ouverte sur un filon de galène qui traverse des roches de transition, et dont l'exploitation, commencée il y a environ trois siècles, atteint une profondeur de deux cents mètres. Le filon de Poullaouen, découvert en 1741, se présentait d'abord avec une grande puissance, mais il s'est considérablement appauvri et divisé à mesure qu'on a creusé, ce qui n'a pourtant point arrêté les travaux. On retire annuellement 7,500,000 kilog. de minerai brut, que l'on soumet à diverses opérations, afin d'en dégager le sulfure de plomb qui se trouve toujours mélangé et disséminé dans la gangue du filon. On en obtient environ 660,000 kilog. de minerai propre à la fonte. 330 ouvriers sont employés journellement aux travaux de la mine de Poullaouen, indépendamment de ceux qui travaillent à la fonderie. La mine d'Huelgoat donne environ 4,600,000 kilog. de minerai brut, que l'on réduit à 370,000 kilog. de minerai bon pour la fonte; elle occupe à peu près 280 ouvriers. Les minerais de Poullaouen et d'Huelgoat, mélangés, sont fondus dans quatre fourneaux à réverbère; on en retire annuellement environ 500,000 kilog. de plomb et 700 d'argent. La fonderie exige une centaine d'ouvriers; et si l'on ajoute ceux des ateliers accessoires pour les forges, la charpenterie, etc., on voit que les deux mines occupent plus de 800 individus.

De belles machines ont été construites récemment dans ces mines pour l'épuisement des eaux. Le système d'épuisement se compose de deux machines à colonne d'eau à simple effet, qui élèvent par minute 3 mètres cubes 58 centièmes d'eau à une hauteur de 230 mètres, au moyen d'une force motrice représentée dans la même unité de temps, par 21 m. cubes d'eau tombant de 60 m. de hauteur; en d'autres termes, cette force motrice, exprimée en chevaux (la force d'un cheval étant égale à celle qui élève un poids de 75 kilogr. à 1 m. de hauteur par seconde), est de 280 chevaux, et l'effet utile de l'appareil complet, de 181 chevaux. — Ces machines sont les seules de ce genre qui aient été construites en France. L'appareil moteur, se trouvant à une grande distance des pompes foulantes, il était surtout indispensable, pour réunir ces deux parties principales, de pourvoir à l'équilibre de tiges très-longues, très-rigides, et dès lors très-pesantes. Les difficultés ont été vaincues, et ces grandes et belles machines ont réalisé toutes les prévisions de la science : la régularité, la douceur de leurs mouvements et l'absence complète du bruit ont provoqué un juste tribut d'admiration des ingénieurs des divers pays qui les ont examinées.

ROSCANVEL. Village situé près de l'extrémité de la presqu'île de Quélerne, à 10 l. 1/4 de Châteaulin. Pop. 865 hab.

La presqu'île de Quélerne sépare la baie de Camaret de la rade de Brest. Pendant les guerres de la Ligue, les Espagnols occupèrent longtemps ce promontoire, où ils se fortifièrent et nuisirent considérablement aux côtes des environs qu'ils ravageaient. Le souvenir d'un séjour aussi dangereux fit entreprendre de fortifier l'isthme par des lignes d'un développement de 1,800 toises, appuyées, par leur gauche, sur le rivage de la baie du Fret, et, par leur droite, sur celle de Camaret. En 1620, le maréchal de

Vauban, se trouvant à Brest pour l'établissement des fortifications de la ville, fit aussi construire un ouvrage à la gorge de la presqu'île, dans le but de s'opposer à tout débarquement qui serait tenté, soit dans l'anse du Pouldu, soit dans la baie de Camaret, et surtout d'empêcher l'ennemi de pénétrer dans la partie de la presqu'île qui forme le promontoire du Goulet, appelé Pointe espagnole, où se trouvent les batteries qui défendent de ce côté l'entrée de la rade. — L'expérience prouva l'insuffisance de cet ouvrage. En effet, en 1694, une flotte anglaise vint opérer une descente précisément dans l'anse du Pouldu; l'ennemi débarqua sans souffrir des batteries des lignes de Quélerne, parce que les accidents du terrain empêchaient l'effet des pièces. On fit donc démolir les premières lignes, et leurs matériaux servirent, en 1776, construire le front actuellement existant, et formé de trois bastions réguliers, trois courtines, deux demi-lunes, un redan, quatre places d'armes, et de chemins couverts; les escarpes et contre-escarpes sont revêtues en maçonnerie. Ce point, que l'on peut considérer militairement comme la clef de la rade de Brest, comporte un armement de cinquante à soixante bouches à feu et une garnison de quinze à dix-huit cents hommes. Le génie militaire y a construit une caserne qui peut loger douze cents hommes.

ARRONDISSEMENT DE MORLAIX.

BATZ ou BAS (île de). Cette île est située dans la Manche, près de la côte septentrionale du département, à une demi-lieue de Roscoff, et à 7 l. de Morlaix. Elle a une lieue de long sur trois quarts de lieue de large, et est entourée de brisants qui en rendent l'abord très-difficile à mer basse. L'extrémité la plus au sud de l'île se nomme la pointe Gléguer; c'est la plus voisine de Roscoff. La pointe du sud-ouest s'appelle le Bec de Gréou; le port au sud, anse de l'église. L'est est montueux; mais la plus grande élévation n'excède pas soixante pieds au-dessus du niveau de la mer : on ne peut voir de rochers plus bizarrement groupés, plus anguleux et plus brisés que ceux de cette partie de l'île; celle du nord-ouest n'offre qu'une plaine grande et bien cultivée, mais presque au niveau de la mer.

Il y a trois villages dans l'île de Batz : Porsénéoc, joliment bâti; Carn; et Goualen au nord. Quatre batteries, deux forts, l'un à l'est, et l'autre à l'ouest, forment sa défense. On compte environ cent cinquante maisons dans l'île, où l'on ne voit de remarquable que la fontaine de Saint-Pol, couverte de quinze ou vingt pieds d'eau à toutes les marées. C'est cependant la seule fontaine de l'île.

L'île de Batz ne produit pas un arbre; quelques fougères, des mousses, de l'ortie, du mouron, une espèce de giroflée de Mahon, sont les seules végétations produites sans culture. Les terres y sont médiocres et sablonneuses; on est souvent forcé de rétablir trois fois la semence dans une même saison; la violence du vent la découvre et l'enlève. On y cultive beaucoup d'orge, peu de froment, peu de seigle, des choux, des navets, des pommes de terre; les fruits n'y réussissent pas, malgré les soins qu'on s'est donnés pour en obtenir. Chaque ménage est obligé d'acheter sa provision d'avoine, quelque froment et du blé noir. La volaille, le bétail qu'il vend, la façon qu'il gagne sur les lins qu'on lui fournit, servent à lui procurer ces denrées. Les hommes sont tous marins, les femmes travaillent la terre.

De la butte du Moulin, point le plus élevé de l'île de Batz, on jouit d'une vue magnifique et fort étendue. On aperçoit à l'est les Sept Iles à la distance de huit lieues; au sud-est le château du Taureau, les côtes de Plouganou, de Saint-Jean du Doigt; en remontant à l'est, la côte de Tréguier; au sud, Roscoff, Saint-Pol de Léon, la côte de Santec; plus loin les montagnes d'Arrès; au sud-ouest, l'immense chaîne de rochers qui défend les côtes, et quelques clochers épars dans la campagne. Les flots se déploient en écume sur les brisants qui se prolongent au loin dans la mer; les monts lointains, les caps, les promontoires, le bruit sourd et majestueux des vagues, l'air traversé par le vol des goëlands, le tonnerre qui retentit dans la profonde grotte du Serpent, le silence de la nature dans l'intervalle du flux et du reflux, l'étrange cri de tant d'oiseaux de mer, produisent une émotion difficile à décrire.

Le canal de l'île est une excellente relâche pour tous les convois de la Manche : ils n'y craignent que le vent d'ouest ; et s'il devient trop fort, ils peuvent se sauver dans la baie de Morlaix, susceptible de recevoir de très-grands vaisseaux, mais dont la passe est fort étroite. Les vents d'est et d'ouest sont les plus favorables pour entrer dans ce canal, ou pour en sortir ; ceux qui règnent le plus habituellement dans ces parages, courent du sud-ouest jusqu'au nord-ouest et sont très-redoutés.

Tous les habitants de l'île de Batz ne forment, pour ainsi dire, qu'une seule famille ; ils sont très-attachés à leur patrie, malgré son âpreté, malgré les vents et les tempêtes habituelles qui la désolent. Ils y sont seuls, mais ils y sont maîtres, et y vivent en liberté. Ce peuple était républicain avant la révolution : on ne trouve chez lui ni gens de loi, ni prêtres, ni médecins ; jamais l'égalité ne fut ailleurs aussi complète : les propriétés, bien connues, n'y causent point de procès ; chaque famille possède une ou deux vaches, cultive en paix son champ, soigne ses animaux, arrache aux flots le goëmon sur la côte, l'étend, le sèche, l'amulone, l'emploie. On ne doit chercher ici ni la beauté, ni les grâces, enfants de climats plus heureux. Le plus beau teint s'y noircirait, la peau la plus lisse y serait ridée, sillonnée par la sécheresse de l'air, par la violence des vents, par les travaux de la journée, par les travaux plus rudes de la nuit : imaginez, après la fatigue des champs, du labourage, quel est l'état d'une femme obligée, dans les nuits d'hiver, au milieu des tempêtes et des fureurs de l'océan, dans une obscurité profonde, sur un rocher glissant, tantôt dans l'eau jusqu'à la moitié du corps, tantôt suspendue sur l'abîme, de saisir avec un rateau le goëmon que la mer apporte. Ses nuits paisibles sont celles où, fatiguée des ouvrages du jour, elle file dans les veillées jusqu'à deux heures après minuit pour se procurer à grands frais le plus mesquin, le plus strict nécessaire. Les contes amusants des veillées bourguignonnes, de la Champagne, ou de la Touraine ; l'amour, qui délasse de tout ; la musique, le chant, aucun de ces plaisirs versés sur la nature pour soulager les malheureux humains du fardeau de leur existence, n'a lieu sur ces rochers sauvages. Les rêves de l'imagination, la poésie qui, dans les contrées les plus sauvages des pôles, console les humains de l'absence du soleil, n'existent point dans cette île sans fleur, sans rossignol et sans verdure. Qui croirait cependant ? des êtres qui semblent y végéter ne peuvent se résoudre à l'abandonner. La présence du bien ne les y fixe pas, mais ils y tiennent par l'absence de tout ennui, de tout chagrin, de toute ambition, enfin de toutes les peines morales qui nous tourmentent dans le monde.

BERVEN. *Voy.* PLOUZÉVÉDÉ.

CLÉDER. Bourg situé à 6 l. de Morlaix. Pop. 4,515 hab.

On remarque sur le territoire de cette commune les vastes ruines du château de Kergournadec'h, et non loin de là les ruines pittoresques de l'antique chapelle de Saint-Jean Kerhan, dont le caveau renferme le tombeau d'un chevalier représenté couché et armé de toutes pièces.

GUICLAN. Village situé à 3 l. de Morlaix. Pop. 3,448 hab. On voit aux environs les ruines du château de Penc'hoat, l'une des plus anciennes forteresses du Finistère.

JEAN DU DOIGT (SAINT-). Village situé au bord de la mer, à 3 lieues de Morlaix. Pop. 1,402 hab.

Le site de ce village est riant, agréable et borné : la mer, pressée par deux montagnes, forme une anse où peuvent aborder les bateaux, et les flots viennent mourir sur des prairies coupées d'ormeaux et de sapins ; des haies d'épine blanche et de rosiers sauvages entourent quelques vergers, soutiennent des toits de chaume, et coupent agréablement ce délicieux paysage. Au milieu de la colline, dont la pente est presque insensible, s'élèvent des bâtiments renfermant une fontaine consacrée à saint Jean, dont l'eau passe pour avoir la vertu de guérir toutes les maladies, et est sans cesse entourée de femmes et d'enfants, d'hommes à barbe grise, qui se lavent les mains, les yeux, les genoux, etc. Toutes les parties du corps, que la douleur attaque, reçoivent, dit-on, du soulagement par l'emploi de cette eau admirable ; elle charme l'ennui, dissipe les chagrins : le moly des anciens, le serpent d'Esculape, tous les secrets de l'île de Cos, produisaient jadis moins d'effet ; et dans les temps modernes, l'Averne à Rome, Saint-Jacques de Compostelle, le tombeau de Mahomet et Notre-Dame de Lorette font gagner moins d'indulgences aux fidèles qui les visitent.

L'église, dont l'architecture gothique est un chef-d'œuvre de délicatesse et de légèreté, est surmontée d'un joli clocher couvert en plomb ; les colonnes très-élevées qui supportent le comble de l'édifice, sont évidées, et n'ont pas deux pieds de diamètre.

LANDIVISIAU. Jolie petite ville située sur une colline d'où l'on jouit d'un horizon fort étendu, à 5 l. de Morlaix. ✉ ☞ Pop. 2,853 hab.

Landivisiau est une ville bien bâtie, bien percée et bien pavée. On y remarque une belle église paroissiale surmontée d'un clocher à flèche d'une architecture élégante et hardie; vu de loin, et sous certains aspects, les pilastres légers qui le soutiennent disparaissent à l'œil, et il semble en quelque sorte suspendu dans les airs. Partout dans le Finistère, et particulièrement dans la partie qui formait l'ancien évêché de Léon, on rencontre des clochers du même genre : à quelque différence près, tous sont du plus joli effet et se dessinent dans la perspective de la manière la plus pittoresque; quelques-uns étonnent par l'extrême hardiesse de leur construction.

A gauche de l'église, sur une grande place, s'élève une halle neuve qui fait le contraste le plus frappant avec tous les édifices de même destination répandus dans la Bretagne.

LANHOUHARNEAU. Village fort ancien situé à 8 l. de Morlaix. Pop. 1,134 hab.

Aux environs on remarque les pignons, les hautes cheminées et les tours féodales du château de Kerjean-Coatanscours, construit avec magnificence sous le règne de Louis XIII.

LANMEUR. Petite ville située à 3 l. de Morlaix. Pop. 2,648 hab.

Lanmeur est une ville fort ancienne qui portait autrefois le nom de Ker-Feunteun, et qui était le siège d'une justice royale; on y voit plusieurs maisons remarquables par leur ancienneté. La principale église, dédiée à saint Mélair, est un édifice de la fin du Xe ou du commencement du XIe siècle, bâti sur une crypte ou église souterraine, dont les voûtes basses, les arcades surbaissées et à plein cintre, soutenues par de lourds piliers, indiquent les premiers siècles du christianisme. Cette crypte renferme une fontaine révérée dont les eaux sont reçues dans un bassin de forme circulaire.

On voit encore à Lanmeur une autre église fort intéressante par son antiquité, c'est celle du prieuré de Notre-Dame de Kernitroun, édifice bâti vers le milieu du XIe siècle, et parfaitement conservé.

LOCHRIST. *Voy.* Plounevez-Lochrist.

MORLAIX. Ancienne et jolie ville maritime. Chef-lieu de sous-préfecture. Tribunaux de première instance et de commerce. Société d'agriculture. École d'hydrographie de quatrième classe. ✉ ☞ Pop. 9,596 hab.—Établissement de la marée du port, 5 heures 15 minutes.

Si l'on en croit Conrad, archevêque de Salisbury, écrivain du XIIe siècle, Morlaix fut d'abord nommé Julia; Drennalus, disciple de Joseph d'Arimathie, à son retour de l'île de Bretagne, passa par Morlaix en l'an 73 de J. C., et en convertit les habitants; ce lieu se nommait alors *Saliocan* ou *Hanterallen*. En 382, Flavius Maximus Clémens, marchant à la conquête des Gaules, aborda au port de Saliocan, et logea au manoir de l'Armorique, qui, en 1637, appartenait à la maison de Goazriant. En 498, Hoël second maria sa fille, la princesse Aliénor de Bretagne, au vicomte de Léon, et lui donna la ville et le château de Morlaix, que ses descendants possédèrent jusqu'en l'année 1177. Dans la suite, les princes de Léon et les ducs de Bretagne se disputèrent la possession de cette ville; les derniers appelèrent dans leur pays les Anglais, qui furent chassés par du Guesclin. En 1374, les Anglais reparaissent, s'emparent de Morlaix, font pendre cinquante chefs et laissent huit cents hommes en garnison dans cette ville; mais ne pouvant supporter leur insolence, les bourgeois se soulèvent, introduisent les Français dans leurs murs, et les Anglais sont exterminés. Morlaix fut rendu au duc de Bretagne, en 1381, par le traité de Guérande. En 1521, cinquante navires anglais abordèrent dans la baie de Dourdu, à une lieue et demie de Morlaix, y effectuèrent une descente, surprirent la ville, et y mirent le feu en quatre endroits différents; une partie de ces insulaires se retirèrent sur leurs vaisseaux, chargés de butin, mais les autres furent surpris et taillés en pièces par le seigneur de Laval. Ce désastre attira l'attention de François Ier, et, afin d'éviter le renouvellement de pareilles tentatives, il fit ériger, en 1525, sur un rocher au milieu de la rade, une forteresse, appelée le château du Taureau. Cette ville fut en proie aux fureurs de la guerre civile pendant les troubles de la Ligue, et ne reconnut l'autorité de Henri IV qu'en 1594.

La ville de Morlaix est fort agréablement située, au pied de deux collines et au confluent des rivières de Jarleau et de Kerlent, qui, s'unissant aux eaux de la mer, y forment un joli port.

On y descend par une rampe excessivement rapide, quoique l'on se soit efforcé d'en diminuer la pente par plusieurs contours, et que l'on ait creusé même le chemin dans le roc; un parapet garantit des chutes que pourraient faire les voitures dans un vallon très-profond qui la borde. On arrive alors sur les quais, où le voyageur est agréablement surpris d'apercevoir tout à coup un des plus jolis ports de France. L'escarpement des deux collines, les jardins en terrasse dont elles sont embellies, ne font que ressortir davantage la beauté des quais et des maisons qui les bordent : rien n'est plus surprenant que ce passage subit d'une route agreste et mélancolique à ce beau port et à cette ville d'un aspect si gai et si pittoresque à la fois.

Cette partie de la ville est même vraiment belle : les quais sont bien revêtus, bien pavés, les maisons modernes et fort bien bâties. Le chenal, quoique étroit, porte un grand nombre de bâtiments de commerce du plus grand tonnage, qui remontent jusqu'à la principale place, sous laquelle passent, à travers de superbes voûtes, les eaux réunies des deux rivières. Sur la rive droite du chenal on aperçoit une suite de maisons avec des porches très-avancés et fort bas, qui servent de promenades : elles se nomment les Lances. Les maisons que supportent ces porches sont assez élevées, d'une construction ancienne et singulière; l'intérieur surtout a quelque chose de remarquable ; ce sont des chambres plus ou moins grandes, distribuées à chaque étage autour d'une énorme cage d'escalier carrée, éclairée par un grand châssis vitré enchâssé dans le toit. On monte aux autres appartements par des escaliers très-étroits, pris aux dépens de l'épaisseur des murs, et à chaque étage règne une tribune qui donne à tout l'enceinte l'apparence d'une salle de spectacle ; ces tribunes sont garnies de colonnes ornées de sculptures en bois fort singulières.

Le cours de la rivière et le port séparent la ville en deux quartiers : le côté de Léon et le côté de Tréguier. La place principale est vaste, entourée de très-belles maisons modernes du côté de Léon ; mais du côté de Tréguier presque toutes les maisons sont antiques et sans alignement. Au milieu de cette place on remarque le vaste bâtiment de l'hôtel de ville, construit sous le règne de Louis XIII, occupé aujourd'hui par les bureaux de la marine, par ceux de la sous-préfecture, par le tribunal de première instance, et par une belle bibliothèque publique, qui renferme des éditions du XVe et du XVIe siècle, ainsi que de précieux manuscrits.

Les anciens quartiers n'offrent qu'un amas confus et mal distribué de maisons mal bâties, de rues malpropres et mal pavées, qui garnissent les flancs des deux montagnes. Le quartier Saint-Martin, bâti sur la partie la plus élevée de la ville, est d'un très-bel effet : on y gravit péniblement par de nombreux escaliers, mais on est dédommagé de cette fatigue par l'aspect d'une fort jolie église moderne, entourée de beaux jardins, et par le beau coup d'œil dont on jouit de cette élévation.

L'église de Saint-Matthieu peut être considérée comme un assez beau monument gothique. Le clocher est particulièrement remarquable, et se mêle, de la manière la plus agréable, à tous les jolis paysages qui tapissent le fond de la ville, et que forment les jardins, les pavillons et les accidents d'arbres et de rochers groupés sur les hauteurs de la manière la plus pittoresque. L'église Saint-Mélaine est un édifice du XVe siècle, mais pesant et de mauvais goût. Les quais, en redescendant vers le port, sont bordés de belles maisons. Sur la côte de Léon on voit un très-bel édifice moderne avec de grandes cours et de superbes ateliers ; c'est la manufacture de tabac qui occupe trois à quatre cents ouvriers. Près de la fontaine dite des Anglais, commence le cours Beaumont, promenade plantée par le sous-préfet de ce nom : elle se prolonge près d'une demi-lieue le long du port, et est d'autant plus agréable que l'on y jouit de la vue des eaux du port et du charmant aspect qu'offrent les bois, les jardins, les prairies, et les jolies maisons de campagne qui bordent ses deux rives. Le port de Morlaix est très-commerçant; la mer y monte deux fois par jour, à douze pieds dans les marées ordinaires, et jusqu'à vingt dans les grandes marées; des navires de trois ou quatre cents tonneaux peuvent y charger et décharger pour ainsi dire à la porte des magasins. — *Patrie* du général Moreau.

Fabriques de toiles, d'huiles, de chandelles. Manufacture royale des tabacs. — *Commerce* considérable de beurre, grains, graines oléagineuses, suif, miel, cire jaune de qualité supérieure, cuirs, bœufs, porcs, moutons, chevaux, toiles de toute espèce, fils blancs et écrus, papiers, lin, chanvre, vins, eau-de-vie.— Entrepôt réel et fictif de toute espèce de marchandises venant de l'étranger.

A 25 l. 1/2 de Quimper, 14 l. de Brest, 129 l. 1/2 de Paris.—*Hôtels* de France, de Paris.

PENPOULL. *Voy.* SAINT-POL DE LÉON.

PLOUESCAT. Bourg situé à 7 l. de Morlaix. Pop. 3,017 hab. Aux environs, entre le bourg et la mer, on voit un menhir de 14 pieds de haut, non loin duquel se trouve un autre monument de ce genre dont la hauteur est de 21 pieds.

On doit voir encore, à une lieue de Plouescat, le château de Kerlivré, un des plus remarquables du Finistère.

PLOUGOULM. Village situé à 5 l. de Morlaix. Pop. 2,346 hab. On y remarque le manoir de Kérauteret, consistant principalement en une haute tour en pierres de taille, flanquée d'une tourelle, dans laquelle on voit une vaste chambre qui formait autrefois l'appartement de la dame du manoir; ses murs épais et nus, son unique fenêtre, son sol pavé de pierres, le rendent bien différent des élégants boudoirs de nos dames de châteaux d'aujourd'hui.

PLOUNEVEZ-LOCHRIST. Village situé à 8 l. de Morlaix. Pop. 4,347 hab.

LOCHRIST, dépendance de la commune de Plounevez, est un ancien village situé au bord de la mer et dominant un vallon assez profond dans lequel coule une petite rivière. On y voit une église gothique, construite vers le XIIe siècle sur l'emplacement d'une église plus ancienne; le clocher et le portail existent encore en entier, mais le reste a été refait dans des temps plus modernes. Ce clocher, en forme de tour carrée, à laquelle est adossée une tour ronde, servant de cage d'escalier, est surmonté d'une flèche octogone en pierre de proportions massives et écrasées. Dans le chœur se trouve une tombe plate fort curieuse, où l'on voit, gravée en creux de la manière la plus barbare, la figure d'un chevalier du XIIIe siècle armé de pied en cap. Non loin de là on remarque une de ces anciennes cuves de pierre, qui, dans les premiers temps du christianisme, servaient aux baptêmes par immersion; elle est entièrement circulaire et ornée dans son contour extérieur d'arcades allongées grossièrement sculptées.

Au-dessous de l'église, et au pied de la colline sur laquelle elle est bâtie, est une fontaine sacrée, sur laquelle est une antique chapelle dont les ruines, couvertes de lierre, offrent l'aspect le plus pittoresque.

PLOUVORN. Village situé à 5 l. de Morlaix. Pop. 3,182 hab. On remarque à peu de distance l'église de la commanderie des templiers de Lambader, vaste et bel édifice d'architecture gothique. Le clocher est très-beau; c'est une tour carrée ornée en haut d'une balustrade légère et surmontée d'une flèche, en pierres de taille, très-élevée, de forme prismatique hexagonale, flanquée de quatre clochetons, et travaillée à jour. Dans l'intérieur la boiserie gothique, découpée à jour qui sépare la nef du chœur, est digne d'être admirée pour l'élégance, la légereté et la multiplicité des détails. Les vitraux sont postérieurs à l'édifice et bien conservés.

PLOUZÉVÉDÉ. Village situé à 6 l. 1/4 de Morlaix. Pop. 1,896 hab.

BERVEN, dépendance de la commune de Plouzévédé, est un village que de vagues traditions désignent comme ayant été jadis un lieu consacré au culte de Phallus. On remarque en effet, en dehors de l'abside de l'église, édifice moderne surmonté d'un beau clocher, deux vieilles statues dont le style barbare dénote qu'elles datent de l'enfance de l'art et qu'elles ont été rapportées après coup dans l'édifice actuel : elles représentent l'une une femme et l'autre un homme absolument nus et occupés d'une action des plus indécentes. Les parties sexuelles de l'un et de l'autre sont exprimées de la manière la plus prononcée, surtout celles de l'homme, auxquelles on a donné la dimension la plus prodigieuse. Il n'y a pas de doute que ces statues ne proviennent d'un monument consacré au culte priapique, ainsi que l'indique la tradition qui s'est transmise jusqu'à nos jours.

POL DE LÉON (SAINT-). Ancienne et jolie ville, située à peu de distance de la mer qui forme un petit port, à 5 l. de Morlaix. ✉ Pop. 6,692 hab.—Établissement de la marée du port, 5 heures 15 minutes.

Cette ville doit son origine à un ancien château, nommé Castel-Pol, bâti sur la hauteur qui la domine du côté du chemin de Roscoff, et dont il ne reste plus aucun vestige. Les plus anciens titres qui en fassent mention ne remontent pas avant le VIe siècle, mais une foule de traditions bretonnes, remontant à des temps bien antérieurs au christianisme, font mention de cette ville. Dès l'an 645 c'était déjà une cité importante, où les chefs de la Bretagne se réunirent pour tenir une assemblée solennelle des états de la province.

La ville de Saint-Pol de Léon est très-agréablement située sur la croupe d'une colline qui s'abaisse jusqu'à la mer. Elle est généralement mal bâtie, mais propre et bien pavée; on y trouve un grand nombre de maisons particulières fort anciennes, remarquables par leur architecture gothique, dont la construction remonte au XIVe et au XV siècle; la plupart sont construites en pierres de taille, précédées d'une petite cour, et donnent sur un jardin. Presque toutes les autres maisons sont bâties en bois croisé, dont les interstices sont remplis de mortier.

La cathédrale est un édifice du commencement du XVe siècle, bâti sur un plan régulier, mais dont le style se ressent de la décadence du gothique arabe; rien n'y est léger, élégant ni hardi. Les arcades des bas côtés sont basses, la nef est peu élevée; les deux clochers qui surmontent le portail manquent de légèreté. Au côté méridional est cependant une rosace remarquable par son travail délicat et par la grandeur de ses dimensions. L'intérieur renferme un sarcophage massif décoré d'ornements du style le plus barbare, qui passe pour être le tombeau du roi Conan Méridec. On y voit aussi un baptistère, ou cuve de pierre grossièrement taillée, de forme circulaire, qui servait au baptême par immersion dans les premiers siècles de l'Église. Les boiseries du chœur et des stalles sont remarquables par la délicatesse de leurs sculptures gothiques. Au pied du maître-autel est une grande tombe en marbre noir chargée d'inscriptions, qui indique l'emplacement de la sépulture de saint Léon. Derrière le chœur, du côté de l'épitre, on voit le monument en marbre blanc de F. Visdelon, évêque de Léon, mort en 1671; il est représenté à demi couché et revêtu de son costume épiscopal. Un des objets les plus singuliers que renferme cette cathédale, est une figure à trois faces, emblème de la Trinité, que l'on voit peinte près du cul-de-lampe d'une voûte du bas côté, vis-à-vis du chœur et du côté de l'épitre; cette figure, d'un dessin grossier, est environnée d'un cartouche sur lequel sont tracés en caractères gothiques les mots

Ma Douc.

L'édifice le plus remarquable de Saint-Pol est, sans contredit, l'église de Kreizker (du milieu de la ville, en celtique), construite avec magnificence vers la fin du XIVe siècle par le duc Jean IV, sur l'emplacement d'une chapelle érigée en ce lieu dans le VIe siècle par saint Kirech. L'arcade ogive qui forme l'entrée principale est d'une forme admirable et enrichie d'ornements très-délicats. Le clocher est le plus bel ouvrage de ce genre que l'on connaisse en France; c'est une tour carrée très-élevée, dont la masse, dissimulée par de longues fenêtres en ogive, est surmontée par une corniche et par une balustrade élégante, d'où s'élance une flèche travaillée à jour et flanquée de quatre clochetons d'une admirable légèreté. Ce clocher a 370 pieds de hauteur totale; la beauté de ses proportions, l'élégance de ses formes, frappèrent le maréchal de Vauban, qui le regarda comme l'édifice le plus hardi qu'il eût jamais vu. Toute la masse, tout le poids de ce clocher, entièrement construit en granit, ne portent en effet que sur quatre piliers de neuf pieds et demi de diamètre, taillés en forme de faisceaux de petites colonnes. L'intérieur de l'église n'offre rien d'intéressant, mais la grande rosace est admirable par la délicatesse du travail.

PENPOULL, situé sur le bord de la mer, à un quart de lieue de Saint-Pol de Léon, est à proprement parler le port de la ville. C'était jadis une place opulente où il se faisait un grand commerce : toutes les maisons, d'une architecture fort ancienne, sont remarquables par leur apparence, par leur grandeur et par le genre de leur construction; plusieurs sont fortifiées, et on voit au portail de quelques-unes des meurtrières, pour placer de l'artillerie. Le port de Penpoull assèche à toutes les marées, et la mer se retire à trois quarts de lieue des habitations; il peut contenir une soixantaine de barques et quelques bâtiments de 130 à 140 tonneaux qui approchent à 90 brasses du rivage. La vue dont on jouit de Penpoull est admirable et des plus étendues : sur la côte s'élève avec majesté la ville de Saint-Pol dominée par ses grands bâtiments et par ses hauts clochers; toute la baie de Morlaix se présente aux regards avec ses rochers de formes variées, le château du Taureau dont les remparts semblent sortir du fond des ondes, l'île Callot surmontée de sa chapelle gothique; dans le lointain, l'horizon est borné par le village de Carantec, les côtes de Plouezoch et de Saint-Jean du Doigt.

Entre Penpouîl et Saint-Pol de Léon on remarque le manoir de Gourveau, vieil édifice de la fin de XVI° siècle, et le château moderne de la Villeneuve. A une demi-lieue de la ville, vers le sud, est le manoir de Kerangouez, bel édifice gothique du XIV° siècle.

Fabriques de toiles.—*Commerce* de chanvre, lin, fil, toiles, papiers, cire, miel, chevaux et bestiaux. Pêche du poisson frais.

PONTHOU (le). Village situé à 2 l. 1/2 de Morlaix. Pop. 409 hab.

ROSCOFF. Petite ville maritime, située sur la Manche, à 6 l. de Morlaix. Pop. 3,332 hab.

Roscoff est une ville ancienne dont l'origine est inconnue. Elle fut saccagée, brûlée et entièrement détruite en 1374, et ne se rétablit qu'en 1404. A cette époque, le célèbre amiral Penhout y rassembla l'armée navale avec laquelle il battit celle des Anglais à la hauteur de Saint-Matthieu. En 1500, les habitants ne trouvant plus assez de profondeur dans l'anse de l'ouest, presque comblée par les sables, se transportèrent sur la rive de l'est. Le port offre un bassin naturel qui s'étend vis-à-vis de l'île de Batz, entre la pointe de l'île Verte et le fort Bloscon; l'abri y serait peu sûr sans une belle jetée qui garantit des vents du large et rompt la violence du ressac. Ce port peut recevoir des navires de 200 tonneaux; dans les grandes marées il y a 22 pieds d'eau au bas de la jetée, mais il assèche entièrement à mer basse. La ville est bâtie sur le sable, et presque entièrement composée de maisons et de magasins.

Commerce de salaisons, bois du nord, eau-de-vie, genièvre, tabac. Entrepôt spécial de genièvre, de rhum et de thé venant de l'étranger. Cabotage très-actif.

SIBIRIL. Village situé à 5 l. de Morlaix. Pop. 1,240 hab.

On remarque dans l'église paroissiale de ce village, rebâtie dans des temps modernes, le tombeau de Jean de Kerouseré, sarcophage en pierre de Kersanton, surmonté de la statue de ce seigneur, représenté couché, dans le costume d'un chevalier du XV° siècle, armé de toutes pièces.

Non loin de Sibiril, au bout d'une longue avenue de vieux chênes qui descend vers la mer, est le château de Kerouseré, édifice de forme carrée, flanqué de trois tours rondes à créneaux et mâchicoulis. Ce château fut pris par les ligueurs après une vigoureuse résistance et démantelé en 1590; mais il fut rétabli, à peu près dans l'état où on le voit aujourd'hui, après le couronnement de Henri IV.

SIZUN. Bourg situé à 6 l. de Morlaix. Pop. 3,638 hab.

TAULÉ. Village situé à 2 l. 1/4 de Morlaix. Pop. 2,572 hab. Papeterie.

THÉGONNECH. Bourg situé à 3 l. de Morlaix. Pop. 3,648 hab.

Ce bourg est le chef-lieu d'une commune assez riche, où il se fabrique beaucoup de toiles, et où l'on trouve aussi quelques tanneries. Il est remarquable par l'élégante architecture de son église, construite en beau granit très-bien travaillé, et dont les ornements ainsi que le clocher sont d'un style vraiment plus élégant, plus gracieux que dans nul autre de ces monuments répandus en si grande quantité sur la surface du département. On y remarque surtout une espèce d'arc de triomphe à voûtes surbaissées, dont l'entablement supporte de singulières sculptures représentant diverses scènes de la Passion; les figures sont en pierre de Kersanton, et annoncent plus de patience que d'art de la part de ceux qui les ont exécutées : on y remarque surtout des naïvetés qui pourraient scandaliser peut-être des personnes d'une trop grande susceptibilité, mais qui accusent l'innocence des mœurs de ce canton.

ARRONDISSEMENT DE QUIMPERLÉ.

ARZANO. Village situé à 2 l. de Quimperlé. Pop. 1,875 hab.

BAUMALEC. Bourg situé à 3 l. de Quimperlé. Pop. 4,184 hab.

CLOHARS-CARNOET. Village situé à 2 l. de Quimperlé. Pop. 2,795 hab.

On remarque aux environs de ce village, sur la rive droite de la Laita, les ruines imposantes de l'antique château de Carnoet, couvertes de grands arbres, de ronces, d'épines et de plantes de toute nature.

MELGEVEN. Village situé à 5 l. 1/2 de Quimperlé. Pop. 2,029 hab. — Papeteries.

NEVEZ. Village situé à 5 l. de Quim-

QUIMPERLÉ.

perlé. Pop. 1,487 hab. On remarque aux environs les ruines du château de Poulguen, et les restes de l'antique château du Hénau, dont une des tours, fort bien travaillée, s'élève sur un roc à vingt-cinq pieds au-dessus du rivage.

NIZON. Village situé à 4 l. 1/2 de Quimperlé. Pop. 1,122 hab. On voit aux environs les ruines curieuses du beau château de Rustéphan, bâti par un fils des rois de Bretagne. La façade a 100 pieds d'étendue; la salle principale a 40 pieds de long, 24 de large, et 20 pieds d'élévation. L'angle droit de ce château est couvert d'un énorme lierre qui donne à ces ruines un aspect des plus pittoresques.

PONTAVEN. Bourg maritime, situé sur un bras de mer à 4 l. de Quimperlé. Pop. 823 hab.

Ce bourg, bâti dans une situation tout à fait pittoresque, à un quart de lieue dans les terres, est, pour ainsi dire, placé dans l'eau, sur des rochers, au pied de deux monts élevés, sur lesquels sont semés d'énormes blocs arrondis de granit qui semblent prêts à se détacher, et qui servent de pignons à des chaumières. Ces blocs, descendus des montagnes, gênent le cours de la rivière qui bondit contre les obstacles qu'ils présentent, et servent d'appui à des moulins où l'on communique par des ponts de bois. Les coteaux d'alentour sont habités, bien boisés, d'un aspect extraordinaire, et singulièrement variés.

Des bâtiments de cinquante à soixante-dix tonneaux peuvent se rendre tout chargés jusqu'à l'espèce de quai pratiqué par les habitants de Pontaven; les bâtiments d'un plus fort tonnage mouillent à l'embouchure de la rivière qui forme une rade foraine assez close pour qu'ils y soient en sûreté.

QUIMPERLÉ. Petite ville. Chef-lieu de sous-préfecture. Tribunal de première instance. Société d'agriculture. Collége communal. ✉ ⚓ Pop. 5,275 hab.

Il est fait mention de Quimperlé dans une chronique intitulée : *Chronicon kimperligense in Britannia ab anno 842 ad annum 1280.* Antérieurement à l'année 842, il existait des ponts nécessaires pour la communication du pays des Venètes et de la Cornouaille. Plusieurs historiens disent que l'endroit occupé par la ville de Quimperlé l'était jadis par un bois druidique, et l'on cite comme un collége de druides l'église souterraine de l'abbaye de Sainte-Croix. On parle aussi d'un ancien monastère fondé par un des rois bretons de Cambrie, nommé Guithiern, qui avait quitté sa couronne pour se retirer à Quimperlé, où se voit encore son tombeau.

Quimperlé se nomma d'abord Avantôt; en 1029, Alain Caignard et Orscaud, évêques de Cornouailles, rétablirent le couvent de Sainte-Croix de l'ordre de Saint-Benoît, où fut enterré le comte de Montfort en 1345. En 1342, après la levée du siége d'Hennebon par Charles de Blois, Louis d'Espagne entra dans la rivière de Quimperlé suivi d'une flotte considérable; il débarqua près de six mille hommes qui furent détruits par Gauthier de Manny. Quimperlé, fut pris en 1373 par Olivier de Clisson. Cette cité, qui tenait pour le duc de Mercœur, fut attaquée par les troupes du roi en 1500; on en fit sauter les portes; la ville et l'abbaye furent pillées. Les murailles furent démolies en 1680, et les matériaux servirent à la construction des quais.

La ville de Quimperlé est entourée de montagnes élevées; la partie de Saint-Michel dominée par une église gothique, par le couvent des ursulines et par le couvent des capucins, couverte de maisons, de jardins et de vergers, offre l'aspect le plus riant; c'est un mélange heureux d'architecture, de cerisiers, de pommiers, de longs peupliers balancés par les vents, et de clochers se détachant sur la voûte azurée du ciel. Au pied de cette montagne, les deux rivières de l'Isole et de l'Ellé se réunissent et forment un joli port où remontent des bâtiments de cinquante tonneaux, qui pénètrent dans l'intérieur de la ville et déchargent leurs marchandises sur un quai, large, très-commode, bordé de magasins et de jolies maisons.

Fabriques de sabots. Tanneries. Papeteries. — *Commerce* de grains, légumes secs, bestiaux, cuirs, papiers, etc.

RIEC. Village situé à 3 l. de Quimperlé. Pop. 2,750 hab. — *Commerce* de grains.

SCAER. Bourg situé près de la rive droite de l'Isole, à 5 l. de Quimperlé. Pop, 3,676 hab.

A quatre cents pas de ce bourg, est la belle fontaine de Sainte-Candide, qui coule sur un fond de schistes et se divise en deux branches : une d'elles arrose des prairies et va se perdre dans l'Isole; l'autre coule dans un conduit de quatre pieds de largeur sur quatre à cinq de profondeur, passe à côté du cimetière, remplit une cuve de granit de quatre pieds quatre pouces de large sur vingt et un pouces et demi de profondeur, et se perd dans l'Isole.

Le bassin de cette fontaine a soixante pieds de longueur, seize pieds de large, et sept de profondeur, et conserve constamment la même quantité d'eau; lorsqu'on le met à sec, ce qui s'exécute facilement, on voit sortir en bouillonnant, du fond schisteux de la fontaine, une cinquantaine de sources qui jaillissent à trois ou quatre pouces, et remplissent en vingt-quatre heures le bassin et les canaux.

On doit monter au clocher de Scaer, pour jouir d'une des vues les plus étendues de la Bretagne. Les terres qui l'entourent s'élèvent en amphithéâtre, et forment une chaîne de montagnes couvertes de bois : au nord, l'horizon se termine par les montagnes de Las; au nord-est par les montagnes Noires; la montagne de Sainte-Barbe à l'est, se confond avec les nuages, plutôt par sa distance que par son élévation. Les autres points de vue sont moins étendus, mais toujours riches de verdure : la forêt de Cascadec apparait au sud-est, celle de Coatloch se montre au sud-ouest, et laisse voir les ruines d'un antique château.

FIN DU DÉPARTEMENT DU FINISTÈRE.

IMPRIMERIE DE FIRMIN DIDOT FRÈRES ET Cie,
RUE JACOB, N° 24.

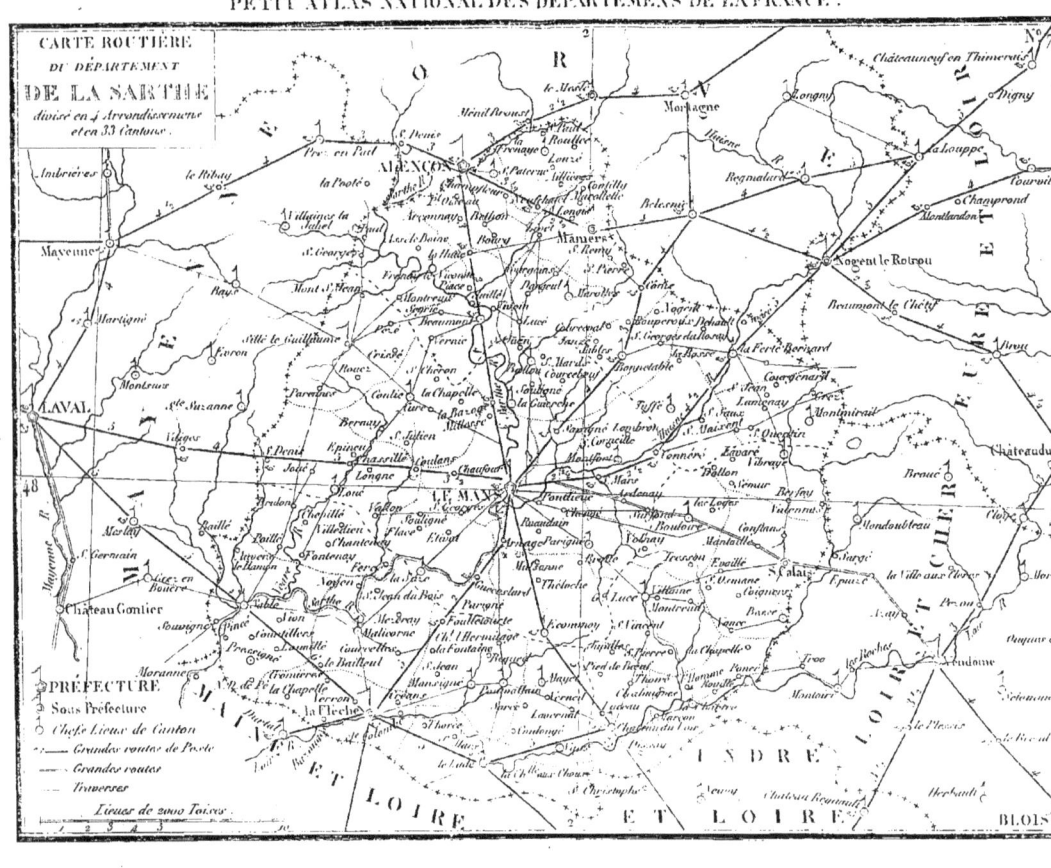

Guide Pittoresque

DU

VOYAGEUR EN FRANCE,

ROUTE DE PARIS A BREST,

TRAVERSANT LES DÉPARTEMENTS

DE SEINE-ET-OISE, D'EURE-ET-LOIR, DE L'ORNE, DE LA MAYENNE, D'ILLE-ET-VILAINE, DES CÔTES-DU-NORD, DU FINISTÈRE, ET COMMUNIQUANT AVEC LE DÉPARTEMENT DE LA SARTHE ET AVEC CELUI DU MORBIHAN.

DÉPARTEMENT DE LA SARTHE.

Itinéraire de Paris à Brest,

PAR DREUX, ALENÇON, MAYENNE, LAVAL, RENNES, SAINT-BRIEUC, MORLAIX ET BREST, 150 LIEUES 1/2.

	lieues.		lieues.
De Paris à Sèvres	2 1/2	La Gravelle	5
Versailles	2	Vitré	4
Pontchartrain	5	Châteaubourg	4
La Queue	3	Noyal	3
Houdan	3	Rennes	3
Marolles	2	Pacé	3
Dreux	3	Bédé	3
Nonancourt	3 1/2	Montauban	3
Tillières-sur-Avre	3	Broons	5
Verneuil	2 1/2	Langouèdre	3
Saint-Maurice	4	Lamballe	4
Mortagne	5 1/2	Saint-Brieuc	5
Le Mesle	4	Châtelaudren	4
Menil-Broust	2 1/2	Guingamp	3
Alençon	3	Belle-Isle-en-Terre	5
Saint-Denis	3	Pontou	4 1/2
Prez-en-Pail	3	Morlaix	4
Le Ribay	4	Landivisiau	5
Mayenne	4 1/2	Landernau	4
Martigné	4	Brest	5
Laval	4		

81ᵉ *Livraison.* (SARTHE.)

Itinéraire de Paris à Angers,

PAR CHARTRES ET LE MANS, 73 LIEUES 1/2.

	lieues.		lieues.
De Paris à Versailles	4 1/2	La Ferté-Bernard	5
Trappes	2	Connéré	4 1/2
Coignières	2	Saint-Mars	2 1/2
Rambouillet	3 1/2	Le Mans	3 1/2
Épernon	3	Guécélard	4
Maintenon	2	Foulletourte	2
Chartres	4 1/2	La Flèche	5
Courville	4 1/2	Durtal	3
Champrond	3	Suette	4
Montlandon	1	Angers	5
Nogent-le-Rotrou	5		

Communication de Rennes à Vannes, 27 l. 1/2.

	lieues.		lieues.
De Rennes à Pont-Péan	3 1/2	Rédon	3
Lohéac	4	Petit-Molac	6
Rénac	4 1/2	Vannes	6 1/2

ASPECT DU PAYS QUE PARCOURT LE VOYAGEUR,

DE PARIS A ANGERS.

La route de Paris à Angers passe par Sèvres, Versailles et Trapes, où elle quitte la route de Paris à Brest, décrite dans la livraison d'Eure-et-Loir (page 2). Avant le relais de Laignières la route est bordée de pommiers à cidre et ensuite de beaux ormes. Un peu au delà du village de Paray on pénètre dans les bois de Rambouillet, et après avoir longé le parc pendant un peu de temps, on entre dans la ville de ce nom qu'une rue large, longue et tortueuse, traverse presque en entier. Sur cette rue donne une belle grille ouverte en face le château, qui se présente agréablement au milieu d'un parc bien distribué. Au sortir de la ville on rentre dans la forêt ; on parcourt une contrée sablonneuse qui s'améliore un peu vers les confins du département de Seine-et-Oise, que l'on quitte pour entrer dans celui d'Eure-et-Loir, près de la jolie petite ville d'Épernon, située dans un riant vallon au pied d'une colline escarpée. Un charmant paysage apparait au sortir de cette ville et se prolonge jusqu'aux environs de Maintenon, ville remarquable par son château et par les restes de l'aqueduc qui porte son nom. On entre ensuite dans les riches et uniformes plaines de la Beauce, et l'on a en perspective les clochers de la ville de Chartres, où l'on entre par le long et triste faubourg de Bourgneuf, presque entièrement composé de maisons couvertes en chaume. En sortant de Chartres on retrouve les plaines de la Beauce, dont la fertilité diminue en approchant de Courville, où l'on voit encore quelques vestiges d'un château qu'habita Sully. Les plaines expirent aux environs de Montlandon, village dominé par les ruines pittoresques d'une antique forteresse. A ces plaines succède une contrée montagneuse, dont le sol est presque toujours boisé et peu fertile. La ville de Nogent-le-Rotrou se présente agréablement dans un vallon arrosé par la rivière d'Arcisse ; en la quittant, on aperçoit sur la gauche un monticule couronné par les restes du château de Sully, et l'on gravit ensuite une côte, qui règne sur la riante vallée de l'Huisne et sépare le département d'Eure-et-Loir de celui de l'Orne, que l'on quitte presque aussitôt pour entrer dans celui de la Sarthe. De cet endroit, on jouit d'une belle vue sur le charmant paysage qui environne la petite ville de la Ferté-Bernard. La route côtoie la jolie vallée de l'Huisne, qui offre de belles échappées de vue sur les riches prairies qui en tapissent le fond et sur les frais coteaux qui la bordent. On doit s'arrêter à Connéré pour visiter aux environs, près de la route qui conduite à la verrerie de la Pierre, un des plus beaux dolmens qui existent en France. On continue à côtoyer sur la droite le vallon de l'Huisne, au delà duquel on découvre à une petite distance, d'abord le joli bourg du Pont de Gennes, et ensuite la petite ville de Montfort-le-Rotrou, bâtie sur le penchant d'une colline couronnée par la masse imposante d'un antique château. La route parcourt ensuite une contrée sablonneuse offrant quelques belles plantations de pins, auxquels succèdent des châtaigneraies ou des plantations de pommiers. Le pays devient plus fertile, la campagne plus riante au delà de Saint-Mars la Bruyère et surtout aux environs du Mans. On sort de cette ville par la plus belle de ses avenues, entre deux allées de platanes alternant avec des peupliers d'Italie qui se prolongent jusqu'au village de Pontlieu, où l'on traverse l'Huisne : en face du pont jeté sur cette rivière, s'ouvre une large étoile où se joignent les routes de Nantes, de Tours et de Vendôme. La première entre dans des plaines sablonneuses où l'on remarque de belles plantations de pins et quelques rares champs de seigle et de sarrasin. Après avoir dépassé Guécélard et Foultourte, la contrée devient plus fertile, notamment aux approches du village de Château-Sénéchal, au delà duquel apparaissent la riante et riche vallée du Loir et la jolie ville de la Flèche. En partant de cette ville, on laisse à droite la route de Laval par Sablé, pour suivre le cours du Loir, dont les eaux forment de longs circuits sur la gauche. Un quart de lieue après Bazouges, on voit à gauche, au bout d'une magnifique avenue, le beau château de la Barbée. Une demi-lieue plus loin, on passe du département de la Sarthe dans celui de Maine-et-Loire, et à la même distance on aperçoit les tours imposantes du château de Duretal, petite ville où l'on passe le Loir sur un pont de cinq arches en pierres de taille. On côtoie encore pendant quelque temps cette rivière, qui s'éloigne sur la droite à plus de deux lieues et se rapproche bientôt pour venir baigner les restes du château du Verger, et ensuite le bourg de Seiches, dont dépend le joli hameau de Suette, où est établi le relais. La route parcourt ensuite une vaste plaine couverte de hameaux et de fermes; sur la gauche on voit au bout d'une longue avenue la maison de campagne de Chalerie; peu après on traverse le village de Pellouaille, et une lieue et demie plus loin on aperçoit le château gothique d'Éventard, situé à une lieue d'Angers. Près de la barrière de cette ville, on longe à droite de vastes carrières d'ardoises exploitées à ciel ouvert.

DÉPARTEMENT DE LA SARTHE.

APERÇU STATISTIQUE.

Le département de la Sarthe est formé en grande partie du Haut-Maine et d'une petite portion de l'Anjou; il tire son nom de la Sarthe, qui y coule du nord au sud jusqu'au-dessus du Mans, d'où cette rivière se dirige ensuite à l'ouest. Ses bornes sont : au nord, le département de l'Orne; à l'est, ceux d'Eure-et-Loir et de Loir-et-Cher; au sud, ceux d'Indre-et-Loire et de Maine-et-Loire; à l'ouest, celui de la Mayenne.

Le territoire de ce département se compose de plaines assez fertiles, de coteaux couverts de vignes qui donnent des vins de médiocre qualité, de forêts assez étendues, et d'agréables vallées coupées par une foule de petites rivières et de ruisseaux qui y produisent une grande fertilité. Une forte portion du territoire est encore occupée par des landes incultes, mais susceptibles d'être rendues fertiles, qui s'étendent entre les rivières de Sarthe, de l'Huisne, de la Braye et du Loir. La pratique des clôtures y est presque générale et paraît être en usage de toute antiquité, ce qui porte à croire que le système agricole du pays était anciennement de s'adonner moins à la récolte des grains qu'à l'éducation des bestiaux. Il y a peu de prairies, et cependant on y élève beaucoup de gros et de menu bétail, notamment des porcs et une grande quantité de moutons; la volaille y est excellente, et il s'en fait un commerce considérable.

Le climat est sain et tempéré, quoique doux et humide; l'air est plus vif dans la partie méridionale que dans le nord du département. La disposition très-variée des collines ne donne lieu à aucun vent dominant.

Productions. Toutes les céréales en quantité suffisante pour la consommation des habitants, maïs, sarrasin, légumes de toutes espèces, melons, citrouilles, marrons, chanvre, fruits abondants, belles prairies naturelles, mais peu étendues; nombreuses prairies artificielles. — 10,453 hectares de vignes, produisant annuellement 160,000 hectolitres de vins médiocres. — 47,416 hectares de forêts (arbres verts et feuillus). — Beaucoup de fruits à cidre produisant chaque année environ 224,000 hectolitres de cidre.— Beaucoup de gibier (renards, lièvres, lapins, cicognes, perdrix rouges et grises). — Bon poisson d'eau douce (truites, écrevisses). — Chevaux de petite taille; peu de mulets.— Quantité de bêtes à cornes, moutons mérinos, porcs.— Élève en grand de la volaille.— Éducation en grand des abeilles.

Minéralogie. Les richesses métalliques du département se bornent à quelques mines de fer d'une exploitation facile, les unes limoneuses (et ce sont les plus abondantes), les autres hématiques et hépatiques. Dans les environs de quelques-unes de ces mines on trouve des oxydes applicables aux arts, de l'ocre jaune et de l'ocre rouge. On rencontre dans des couches de sable, près de Ponthibaut, du grès ferrifère tubulé, dont les tubes ont de 11 à 18 pouces de diamètre sur une longueur de 1 à 3 pieds. De belles carrières de grès, de marbre, d'ardoise, de pierre meulière, de pierre calcaire, de tuffeau, de marne, d'argile (où l'on rencontre de la terre de Sienne et d'ombre), et une mine d'anthracite, complètent à peu près la liste des richesses minérales exploitées dans le département. On y a trouvé aussi du kaolin, de l'ambre fossile, du cristal de roche, du grenat, etc. Depuis quelques années on a exploité de la tourbe dans quelques landes marécageuses.

Sources minérales dans plusieurs communes. Source d'eau salée à la Suze.

Industrie. Manufactures de toiles à voiles, toiles jaunes, écrues et de couleurs pour les colonies. Fabriques d'étamines à pavillon, étoffes communes, couvertures, calicots, siamoises, mouchoirs, gants de peau, bougie renommée. Nombreuses blanchisseries de toiles; papeteries; tanneries; forges.

Commerce de fer, charbon de terre, marbre, chaux, verre, papiers, cuirs, plumes d'oie, toiles communes et d'emballage, grains, vin, sel, marrons, cire, miel, bougies, noix, fruits, graines de trèfle et de luzerne, bestiaux, porcs gras, volailles renommées, etc.

VILLES, BOURGS, VILLAGES, CHATEAUX ET MONUMENTS REMARQUABLES;
CURIOSITÉS NATURELLES ET SITES PITTORESQUES.

ARRONDISSEMENT DU MANS.

ALLONES. Village situé à 1 l. 1/4 du Mans. Pop. 725 hab. Aux environs, sur une éminence qui domine la rive droite de la Sarthe, on voit les restes d'un ancien château fort nommé la Tour aux Fées, qui paraît être de construction romaine. Plusieurs objets d'antiquité ont été trouvés en cet endroit, entre autres plus de 400 médailles romaines dont le catalogue a été publié dans l'Annuaire de la Sarthe de l'an X.

BALLON. Petite ville située sur la rive gauche de l'Orne, à 5 l. 3/4 du Mans. Pop. 4,078 hab. Elle est bâtie sur une colline élevée, et se compose d'une rue principale assez longue traversée par quelques petites rues latérales. On y voit les restes d'un ancien château fort, qui ne consistent plus qu'en une assez grosse tour accompagnée de tourelles dont la construction paraît postérieure au règne de Philippe-Auguste. — Fabriques de toiles recherchées et d'étamines. Blanchisseries de fil.

BREIL (le). Village situé à 5 l. 1/4 du Mans. Pop. 1,710 hab. — Fabriques de toiles. Blanchisseries de fil.

CHALLES. Village situé à 5 l. 1/4 du Mans. — Papeterie.

CHAMPAGNÉ. Village situé sur la rive gauche de l'Huisne, qu'on y passe sur un pont de treize arches, à 2 l. 1/2 du Mans. Pop. 845 hab.

CHASSILLÉ. Village situé au bas d'une éminence, sur la rive droite de la Vègre, à 5 l. 3/4 du Mans. Pop. 582 hab. Il était autrefois défendu par un château fort, dont l'emplacement est occupé par une jolie habitation qu'embellissent de charmants jardins. L'église paroissiale a la forme des basiliques de la primitive église et est ornée de beaux tableaux provenant de la chapelle de l'ancien évêché du Mans.

Chasillé a été le théâtre de plusieurs combats sanglants pendant les guerres de la chouannerie. — Briqueteries et fours à chaux.

CHEMIRÉ-EN-CHARNIE. Village situé à 9 l. du Mans. Pop. 949 hab. — Forges et haut fourneau.

CHEMIRÉ-LE-GAUDIN. Village situé dans un fond sur la rive droite du Renom, qu'on y passe sur un pont de pierre fort ancien; à 2 l. du Mans. ✉ Pop. 1,680 h. On y remarque le château de Bellefille, près duquel on trouve une source d'eau saline qui a beaucoup d'analogie avec celle de la Suze.

CONLIE. Bourg situé à 6 l. 1/4 du Mans. Pop. 1,664 hab.

Ce bourg renferme une prison solidement bâtie, et se compose d'une grande et belle place entourée d'assez jolies maisons et vers le milieu de laquelle est construite la halle. — *Fabriques* de toiles de ménage et de canevas. Blanchisseries de toiles. Tanneries.

CONNÉRÉ. Bourg situé à 8 l. du Mans. ✉ ⚘ Pop. 1,500 hab.

Ce bourg est bâti sur la rive droite de l'Huisne qui l'environne en partie ; il est clos de bons murs entourés de fossés remplis d'eau vive, et avait autrefois le titre de ville. On y voit une belle église paroissiale de construction gothique, surmontée d'un clocher pyramidal quadrangulaire. — *Fabriques* de toiles communes et de canevas. Tanneries.

A une demi-lieue de ce bourg, on voit, près de la route qui mène à la verrerie de la Pierre, un dolmen remarquable par ses proportions. Ce monument, auquel on ne peut donner une existence moindre que 2,000 ans, est considéré comme un ancien autel ou table de sacrifices des druides. Il consiste en 6 dalles de grès épaisses de 2 pieds : la plus grande, qui a environ 20 pas de long sur 8 de large, est placée horizontalement en forme de table sur les cinq autres posées sur champ. L'ensemble de cette brute construction a quelque chose de l'âpreté sauvage et vigoureuse qui caractérise l'enfance des peuples. La caverne sombre qui règne au-dessous fait naître des conjectures plus ou moins hasardées sur sa mystérieuse destination.

COULANS. Bourg situé à 4 l. 1/4 du Mans. ✉ ⚘ Pop. 1,891 hab. — *Fabriques* de toiles. Papeterie.

ÉCOMMOY. Joli bourg situé dans une contrée sablonneuse, mais assez fertile, à 6 l. du Mans. ✉ ⚘ Pop. 3,499 hab. Il est généralement bien bâti, et consiste en plusieurs rues qui aboutissent à une place dont la halle occupe le centre. L'église paroissiale est un bel édifice gothique, orné d'une statue équestre de saint Martin, et surmonté d'un clocher pyramidal élevé sur une grosse tour carrée. — *Fabriques* de toiles communes. Blanchisseries de fil. Manufactures de faïence, tuileries et four à chaux.

FILLÉ et **GUÉCÉLARD.** Jolie commune composée de deux paroisses, située sur la rive droite de la Sarthe, à 3 l. 1/4 du Mans. Pop. 1,174 hab. On y remarque le château de Buffe, dont la Sarthe baigne les murailles, et vis-à-vis, le château de Groschenay, bâtiment régulier flanqué de quatre tourelles rondes à chacun de ses angles, et précédé de beaux jardins dans le genre paysager.

JAMES-SUR-SARTHE (SAINTE-). Village situé sur la rive droite de la Sarthe, à 4 l. 1/2 du Mans. Pop. 842 hab. — Forges et haut fourneau.

LOUÉ. Bourg situé sur la Vègre, à 7 l. 3/4 du Mans. Pop. 1,765 hab. On y remarque le château de Coulaines, édifice du XVe siècle entouré de fossés, où l'on entre par un pont-levis. — *Fabriques* de toiles communes. Papeterie. Ateliers de marbrerie. Briqueteries et fours à chaux.

MANS (le). Grande et très-ancienne ville. Chef-lieu du département et de trois cantons. Tribunaux de première instance et de commerce. Chambre consultative des manufactures. Société royale d'agriculture, sciences et arts. Société de médecine. Collège communal. Cours gratuits d'accouchements et école royale de dessin. Évêché érigé dans le IIIe siècle. ✉ ⚘ Pop. 19,852 hab.

Le Mans est une ancienne ville des Gaules, fondée dans le IIe siècle par les Romains, qui en firent une place importante et l'entourèrent d'une muraille que l'on voit encore presque entière dans la partie nord-nord-est, sur une longueur de quatre à cinq cents mètres, et dont il reste encore trois tours rondes bien conservées. Les Armoriques, après avoir secoué le joug romain, s'emparèrent de cette ville en 486. Clovis la prit en 510. Thierry, roi de Bourgogne, s'en rendit maître en 598, et Clotaire II s'en empara la même année. Les Bretons et les Normands la prirent et la saccagèrent en 818, 844, 849, 865 et 866. Les Normands s'en emparèrent en 905 et en furent chassés par Louis d'Outremer en 937. Les comtes d'Anjou s'en rendirent maîtres à plusieurs reprises en 1036, 1051,

1060 et 1062. Guillaume le Conquérant la prit jusqu'à quatre fois, en 1063, 1064 et 1076. Hélie de la Flèche la prit en 1088, en fut dépossédé par Geoffroy de Mayenne la même année, la reprit en 1096, en fut chassé par Guillaume le Roux en 1098, la reprit une troisième fois en 1099, en fut dépossédé la même année et y rentra en 1100. Philippe-Auguste et Richard Cœur de Lion la prirent sur Henri II, roi d'Angleterre en 1189. Jean sans Terre la reprit en 1199 et l'abandonna de nouveau à Philippe-Auguste en 1200. Les Anglais la reprirent en 1424 et en furent chassés définitivement en 1448. Le Mans ayant embrassé le parti de la Ligue, Henri IV assiégea cette ville en personne et la prit par capitulation en 1589. Pendant les troubles de la Fronde, les partisans du prince de Condé tentèrent en vain de s'en emparer. — Le 10 décembre 1793, eut lieu sous les murs du Mans la fameuse bataille qui porta le dernier coup à la cause des Vendéens insurgés : après un terrible engagement qui dura depuis quatre heures du soir jusqu'au lendemain matin, les républicains commandés par Marceau entrèrent dans la ville, s'emparèrent des canons qui avaient causé la mort de tant de braves, et firent un carnage affreux des insurgés. — Le 15 octobre 1797, la ville du Mans fut assaillie à l'improviste par les chouans, qui, après avoir pillé les caisses publiques et les maisons particulières, l'évacuèrent le 17.

La ville du Mans est dans une situation agréable, sur la croupe et sur le penchant d'un coteau au pied duquel coule la Sarthe, que l'on y passe sur trois ponts : le premier, nommé le pont Ysoir, sépare le quartier de Gourdaine de celui du Pré ; le second, appelé pont Perrin ou de Saint-Jean, conduit au quartier de ce nom ; le troisième est le pont Napoléon, où passe la route de Paris, qui aboutit sur la place des Halles. La partie de la ville située sur les bords de la Sarthe est très-mal bâtie ; les rues en sont étroites, tortueuses et impraticables aux voitures. Mais la ville haute, sans être régulière, est belle, spacieuse et bien bâtie ; toutes les maisons sont construites en pierres de taille et couvertes en ardoises. Le quartier neuf est surtout agréable ; la place des Halles, où sont la plupart des auberges et où aboutissent les principales rues, est très-vaste et assez belle. Deux promenades publiques concourent à l'agrément de la ville : celle des Jacobins offre un vaste parallélogramme rectangle en gazon, entouré d'une double rangée de tilleuls et environné de terrasses où l'on monte par des escaliers ; celle du Greffier longe la rive gauche de la Sarthe, et a pour perspective les fertiles et verdoyantes prairies qui bordent la rive opposée, et le riche coteau où se font remarquer les belles maisons de campagne de la Futaye, du Buisson et de château Gaillard.

La cathédrale du Mans est un bel édifice gothique, construit sur l'emplacement d'une maison convertie en église par saint Julien dans le IIIe siècle. Saint Innocent, premier successeur de Julien, agrandit cette église, dont il restait fort peu de chose à la fin du VIIIe siècle. L'évêque Fracon Ier la rétablit de 772 à 792, et saint Alderick y fit de grandes augmentations de 862 à 876. A peine les travaux étaient-ils achevés qu'ils furent exposés à la dévastation des Normands, dont les ravages ne furent réparés que par l'évêque Maynard, de 940 à 960. L'évêque Vulgrin entreprit la reconstruction de cette cathédrale de 1055 à 1064 ; mais le peu de solidité des fondations força son successeur Arnaud de les recommencer. Les fondements des bras de la croix et des tours furent jetés en 1055 ; à partir de 1081 les travaux furent poussés avec activité, le toit fut posé, les ailes terminées, et les croisées décorées de superbes vitraux coloriés. Un violent incendie causé par la foudre consuma une partie de cette basilique et de la ville en 1126. Philippe-Auguste ayant permis d'étendre la cathédrale au delà des murailles de la ville, l'évêque et les chanoines firent construire, de 1216 à 1291, la chapelle de N. D. du chevet à l'extrémité orientale des bas côtés du chœur, et de nombreux arcs-boutants destinés à augmenter la solidité de cette chapelle et de tous les bas côtés. L'évêque Geoffroy d'Assé travailla de 1274 à 1277 à l'augmentation de l'édifice, et laissa de l'argent pour exhausser et voûter une croisée. De 1398 à 1434 Adam Chastelain fit achever la croisée du bras septentrional de la croix, avec les croisées et la rose où sont encore les beaux vitraux dont nous parlerons ci-après. On peut fixer à cette époque l'entier achèvement de cette église, dont la construction dura près de quatre siècles. — Dans son état actuel, ce monument, d'une apparence si simple vu de loin du côté du nord, et d'un aspect si élégant vu du côté du sud, à l'est et au nord-est, occupe une superficie d'environ 500 mètres. La nef forme avec ses bas côtés, qui en sont séparés par deux rangs de colonnes massives, un parallélogramme régulier de 174 pieds de long sur 3o de large. Le chœur est entouré de bas côtés circulaires divisés par un rang de colonnes : onze chapelles en occupent le pourtour. La longueur totale de l'édifice dans œuvre, à partir du grand portail jusqu'au fond de la chapelle du chevet, est de 390 pieds; sa hauteur, du pavé du chœur jusqu'au sommet de la voûte, est de 102 pieds. La hauteur du sommet de la tour est de 199 pieds au-dessus du pavé, et de 3o3 pieds au-dessus du niveau des eaux de la Sarthe. — La partie la plus ancienne de cette cathédrale est le pignon occidental, et la tour située à l'angle droit de la nef. La grosse tour, de forme carrée, est soutenue dans toute sa hauteur par d'énormes contre-forts ornés de niches dans lesquelles sont placées des statues de reines, de comtesses du Maine, de religieux, etc. : la porte de cette tour et la croisée qui la surmonte paraissent être de la fin du XIIe siècle. La rose du bras méridional de la croix est remarquable par la richesse et l'élégance de ses découpures et par la beauté de ses vitraux. L'intérieur de la nef offre des colonnes engagées dans des pilastres, en forme de contre-forts soutenant les murs des bas côtés, dont les chapiteaux offrent des figures monstrueuses ou grotesques de harpies, de tigres, de serpents, de griffons, etc. A la corniche extérieure qui règne tout autour de cette nef, existe, en place de modillons, une multitude de mascarons représentant des têtes monstrueuses ou grotesques de diables ou d'animaux. Les colonnes qui séparent la nef des bas côtés sont surmontées d'arcades en ogive qui paraissent d'une construction postérieure à celle des colonnes, puisque le plein cintre qui y existait d'abord s'y laisse encore apercevoir. Le chœur, d'une construction postérieure à celle de la nef, offre dans les piliers et leurs arcades, les galeries et les croisées, l'emploi du style gothique le plus élégant : celui de l'église de Beauvais est, dit-on, le seul en France qui lui soit supérieur ; il est entouré à l'extérieur de trois rangs de galeries placées à distance les unes des autres, qui permettent de circuler tout autour. Cette partie de l'église est entourée d'une grande quantité d'arcs-boutants dont on admire l'élégante légèreté.

L'église de la Couture est un édifice dont la construction date du milieu du XIIIe siècle, et réunit les deux styles roman et gothique. Le portail occidental est orné de figures de saints, placées dans des niches. Au-dessus, et sur le linteau, est sculptée une représentation du jugement dernier. Le pignon occidental, où se trouve le portail, est flanqué de deux énormes tours carrées, avec balustrades et galeries, surmontées de toits pyramidaux d'un style lourd. A l'intérieur, l'entrée de la nef est formée par une arcade à plein cintre, qui correspond avec celles des côtés au nombre de trois de forme semi-ogive. Les pendentifs de la voûte de la crypte, ou chapelle souterraine placée au-dessous du chœur, sont supportés par six colonnes grêles à chapiteaux du genre roman primitif.

L'église Saint-Julien du Pré est l'un des plus anciens et des plus intéressants monuments en ce genre que possède la ville du Mans. Construite, à ce que l'on présume, dans le milieu du XIe siècle, elle présente la forme d'une croix latine. Le portail occidental, cintré, est orné de colonnes grêles adossées, et surmonté d'une fenêtre légèrement ogive. Les croisées, longues, étroites et cintrées, sont surmontées d'un cordon de modillons. L'intérieur offre également partout l'emploi du style roman dans ses piliers et fûts de colonnes à chapiteaux sans entablements, avec des figures de monstres et d'animaux imaginaires ; par ses arceaux voûtés supportés par des mascarons et des marmousets ; par ses niches à plein cintre régnant tout le long de la partie inférieure des murs des bas côtés.

On remarque encore au Mans l'Hôtel de la préfecture. — La bibliothèque publique renfermant 45,000 volumes imprimés, dont plusieurs ouvrages du XVe siècle, et 5oo manuscrits historiques, remarquables par la beauté de leur exécution et leur belle conservation, parmi lesquels se trouvent une *vraie chronique de Messire Bertrand Du Glaieguin*, du XIVe siècle, une bible du XVe siècle, riche en miniatures, et plusieurs manuscrits chinois. Cette bibliothèque occupe deux vastes salles et un grand cabinet au second étage de la préfecture. La bibliothèque du séminaire, riche de 15,000 volumes ; celles de l'évêché, du tribunal civil, de la préfecture. — Le musée occupe trois grandes galeries et un salon de la préfecture : on y voit une collection des productions naturelles du département, des armures du moyen âge, diverses antiquités romaines, de beaux vitraux coloriés, et plusieurs tableaux du Guide, d'Albert Durer, de Teniers, de Van Dyck, de Vander Meulen, de l'Albane, un beau portrait en cuivre émaillé de Geoffroy Plantagenet, un soleil couchant de M. Jolivard aîné, etc., etc. — Sur la principale place, s'élève une halle de forme circulaire, qui a remplacé en 1822 une vaste halle en bois dont la construction remontait à l'année 1568.

Le Mans est le lieu de naissance de plusieurs hommes célèbres, parmi lesquels nous citerons la Croix du Maine, connu par sa Bibliothèque française; le comte de Tressan; Veron de Forbonnais, etc., etc., etc.

Fabriques de toiles, grosses étoffes de laines, bougie, dentelles, savon vert, bonneterie et couvertures de laine. Ateliers de marbrerie. Blanchisseries de toiles et de cire. Filatures de laine. Papeterie. Tanneries, corroieries et mégisseries.— *Commerce* considérable de toiles, fil, vieux linge, fer, sel, vins, eau-de-vie, marrons, noix, maïs, haricots, huiles, plumes, cire jaune et blanche, bestiaux, porcs, moutons, volaille estimée, etc. Centre du commerce de grains, de trèfle et de luzerne.

A 12 l. d'Alençon, 20 l. de Tours, 50 l. 1/2 de Paris. — *Hôtels* du Dauphin, de la Boule d'or, du Croissant.

MARIGNE. Village situé à 6 l. 1/4 du Mans. Pop. 2,104 hab. On y remarque l'église paroissiale, ayant deux bas côtés séparés de la nef par des arcades semi-ogives, qui s'appuient sur de fortes colonnes rondes à chapiteaux ornés de palmes et d'arabesques : au fond et au-dessus intérieur de la porte occidentale on voit un groupe de treize figures représentant Jésus-Christ au milieu des apôtres.

MARS DE LA BRIÈRE (SAINTE-). Bourg situé à 3 l. 1/2 du Mans. ⚥ Pop. 1,483 hab. — Papeterie.

MONTFORT-LE-ROTROU. Petite ville située sur un coteau qui domine le cours de l'Huisne, à 4 l. 3/4 du Mans. Pop. 1,192 hab. Elle est bâtie près du village de Pont-de-Gesnes, qui en forme comme un faubourg; elle se compose d'une assez jolie rue très-escarpée qui se termine par une place peu régulière ornée de plantations d'ormes, sur laquelle sont construites des halles. Sur le sommet du coteau s'élève un château de forme carrée en briques, remarquable par sa situation, par le bon goût de sa distribution et de son ameublement; il est accompagné de jolis jardins et d'un bois terminé par une allée d'arbres qui conduit à l'ancien manoir de Saussay. — *Fabriques* de toiles. Blanchisseries de fil. — *Commerce* de toiles, fil, chanvre, grains, légumes secs, marrons, noix estimées, etc.

MONT-SAINT-JEAN. Village situé à 9 l. du Mans. Pop. 1,100 hab. On y voit une assez grande église, surmontée d'un clocher à flèche fort élevé, dont l'intérieur renferme une table en marbre noir sur laquelle est incrustée l'épitaphe du marquis de Dreux-Brezé, décédé à Paris en 1829.

PARIGNE-L'ÉVÊQUE. Bourg situé sur la pente d'un coteau, à 4 l. 3/4 du Mans. ✉ Pop. 3,189 hab. L'église paroissiale de ce bourg est un assez bel édifice ayant deux bas côtés séparés de la nef par des arcades semi-ogives, supportées par des colonnes rondes à chapiteaux ornés de chérubins et de figures d'animaux. On remarque sur son territoire le château de Châtons, flanqué de deux pavillons, entouré de douves remplies d'eaux vives et embelli de beaux jardins où se trouve une orangerie.

PONTLIEUE. Village situé sur l'Huisne, à une demi-lieue du Mans, dont il est séparé par une magnifique avenue formée d'une double allée de platanes alternant avec des peupliers d'Italie. Il se compose de deux lignes de maisons assez belles formant une large rue qui s'étend jusqu'à un beau pont de trois arches, construit en 1772, en remplacement d'un ancien pont placé au milieu d'îles bocagères d'un effet admirable. (*Voy. la gravure.*) — Belles blanchisseries de toiles et de fil.

SILLÉ-LE-GUILLAUME. Bourg situé près des sources de la Vègre, à 9 l. 1/4 du Mans. ✉ Pop. 2,696 hab. Il est bâti dans une contrée pittoresque hérissée de rochers, près d'une belle forêt. C'était autrefois une place forte, qui fut prise par les Anglais en 1412 et en 1432. — *Fabriques* de toiles fines. Tanneries. — *Commerce* de chanvre, fil, toiles, laines, plumes, cire, miel, grains, graine de trèfle, gibier, volailles et bestiaux.

SUZE (la). Petite ville située dans un territoire sablonneux, sur la rive gauche de la Sarthe, que l'on y passe sur un beau pont, à 5 l. 1/4 du Mans. Pop. 1,895 hab. On y voit les ruines d'un ancien château. — *Fabriques* de bougies, poteries de terre. Tanneries. Tuileries.

VALLON. Village situé à 6 l. du Mans. Pop. 1,844 hab. — *Fabriques* de grosses étoffes de laine.

4. CHÂTEAU DE COURTANVAUX,
Habitation de M. le Comte Anatole de Montesquiou.

VIEUX PONT DE PONTLIEUE.

CHÂTEAU DE COURTANVAUX,
Habitation de M. le Comte Anatole de Montesquiou.

VIEUX PONT DE PONTLIEUE.

ARRONDISSEMENT DE SAINT-CALAIS.

BEAUMONT-LA-CHARTRE. Bourg situé à 7 l. 1/4 de Saint-Calais. Pop. 884 h.

BESSÉ. Bourg situé sur la rive droite de la Braye, à 2 l. 3/4 de Saint-Calais. Pop. 2,472 hab. — *Fabriques* de siamoise. Manufacture de bougie. Papeterie.

Le château de Courtenvaux, habitation de M. le comte Anatole de Montesquiou, est une dépendance de cette commune. Il est adossé à une colline boisée et présente une masse imposante où des constructions de différents siècles se trouvent bizarrement réunies. L'intérieur renferme une belle galerie de portraits.

BOULOIRE. Petite ville située sur la Tortue, à 4 l. de Saint-Calais. Pop. 2,081 hab.

Cette ville est bâtie sur le penchant d'un coteau et remarquable par un antique château qui était jadis considérable. Un incendie la détruisit en 1681, à l'exception du château et des murs de l'église paroissiale. — *Fabriques* et *commerce* de toiles communes.

CALAIS (SAINT-). Petite ville. Chef-lieu de sous-préfecture. Tribunal de première instance. Collège communal. ✉ Pop. 3,638 hab.

Cette ville est située dans un bassin peu fertile, entouré de landes et de forêts, sur la petite rivière de l'Anille. Elle a porté primitivement le nom d'Anille ou d'Anisole; ce ne fut que vers 515 qu'elle prit le nom de saint Calais, qui y avait bâti un monastère. On y remarque deux jolies promenades, une assez grande place et une belle église paroissiale de construction gothique.

Fabriques de forges, étamines, toiles. Tanneries. Corroieries. Tuileries et briqueteries. — *Commerce* de grains, graines de trèfle, vins, bois, volailles et bestiaux.

CHARTRE-SUR-LE-LOIR (la). Petite ville située à 7 l. 1/4 de Saint-Calais. ✉ Pop. 1,628 hab.

Cette ville est située en longueur entre le Loir et un coteau très-escarpé qui s'élève à plus de 60 pieds au-dessus des maisons, et où sont creusées plusieurs habitations souterraines. On y voit les restes d'un ancien château jadis très-fort, démantelé par ordre de Henri IV.

CHATEAU-DU-LOIR. Petite ville située à 10 l. 1/2 de Saint-Calais. ✉ ⚜ Pop. 3,056 hab.

Cette ville est placée sur le penchant d'un coteau qui domine la délicieuse vallée du Loir. Autrefois ce n'était qu'un château fort, célèbre dans l'histoire pour avoir soutenu un siège de sept ans. Construit sur un rocher isolé et entouré d'eau, ce château avait été séparé de main d'homme d'un coteau au pied duquel coulent à droite et à gauche deux ruisseaux, dont le plus considérable est appelé le Lyre. Un rocher tendre et calcaire, comme celui qui règne le long du Loir depuis Vendôme, couronnait les tours et les murailles du fort; mais ce rocher et ce fort ont disparu en même temps : on les a fait sauter, et de leurs ruines on a comblé le fossé. Une jolie place plantée d'arbres, qui forme aujourd'hui une promenade agréable, a remplacé les retranchements du fort, le rocher escarpé et les créneaux gothiques au milieu desquels on ne respirait que la guerre et les combats. Un autre rocher, qui s'élevait à côté de celui qu'on a fait disparaître, domine la grande place et presque toute la ville. On y a construit une habitation singulière, dont la cour et les cuisines sont à 100 pieds au-dessous du comble. Cette habitation, qui paraît avoir été détachée du roc, est double en quelque sorte au moyen d'une rampe creusée dans le tuf qui conduit à un second bâtiment dont le rez-de-chaussée forme le deuxième étage du premier. Cette belle propriété est surtout remarquable par ses jardins qu'on a osé placer sur un fragment de rocher, et qui sont pratiqués en terrasses ascendantes et circulaires. Ces espèces de labyrinthes isolés à 200 pieds au-dessus de la ville semblent dans l'éloignement ne tenir à rien et être suspendus dans les airs. Du point le plus élevé de ce rocher, ombragé par les arbres les plus rares, on a sous ses pieds la ville entière, ainsi que les trois vallons qui y aboutissent, et l'on embrasse d'un coup d'œil la vallée du Loir, une des plus belles et des plus riches de la France.

La ville de Château-du-Loir se compose d'une rue principale tirée au cordeau, ornée de jolies boutiques, de belles maisons bourgeoises et de jardins en terrasses. Cette rue traverse la ville en entier et est divisée par une place carrée servant de promenade; le surplus consiste en plusieurs rues montueuses, étroites, mal percées et assez mal bâties; en petites places où se trouvent l'hôtel de ville, la halle, l'hôpital, etc. L'église Saint-Guingalois, la seule des deux anciennes églises paroissiales qui existe actuellement, est un édifice d'une belle construction, à arcades intérieures cintrées du côté droit, et semi-ogives à gauche, à ouvertures également de différents styles; on y remarque un bel autel à la romaine en marbre, et un groupe aussi en marbre, placé au fond du chœur, représentant le Christ mort, couché sur les genoux de sa mère.

Vers le commencement du XIe siècle la ville de Château-du-Loir soutint, ainsi que nous l'avons dit plus haut, un siége de sept ans contre Geoffroy Martel, comte d'Anjou. En 1075, le château fut assiégé de nouveau et pris par Foulques Réchin. En 1181, Philippe-Auguste s'empara de Château-du-Loir sur Henri II, roi d'Angleterre, et le rendit à Richard Cœur de Lion. Cette place, qui tenait pour la Ligue, se soumit à Henri IV en 1589. Un incendie consuma le tiers des habitations en 1798, et en 1800 une inondation dévasta tout le territoire environnant.

A un quart de lieue de Château-du-Loir se trouvent le hameau de Courtamon et le pont qui traverse le Loir. De cet endroit l'œil se repose avec plaisir sur le beau vallon où serpente le Loir : de nombreuses maisons de campagne, le point de vue de Château-du-Loir; plus loin, le village de Dissai, bâti au pied d'un coteau dont le sommet est couronné par le château gothique de Courcillon; plus vers la droite, d'autres châteaux et d'autres villages, disséminés dans un pays fertile, offrent un tableau réellement enchanteur.

Industrie. Château-du-Loir est le centre d'une fabrique de toiles renommées par leur bonne qualité, qui occupe environ 800 métiers dans 40 communes des environs. Filature de coton. Tanneries. — *Commerce* de grains, chanvre, lin, gibier, volailles, bestiaux, vins estimés du territoire. Commerce considérable de marrons, dont il s'exporte chaque année pour près de 200,000 fr.

COUDRECIEUX. Village situé à 3 l. 1/2 de Saint-Calais. Pop. 1,422 hab. —Verrerie.

COURTENVAUX (château de). *V.* Bessé.

ÉVAILLÉ. Village situé à 2 l. de Saint-Calais. Pop. 861 hab. On y voit une église du style roman, dont les colonnes à chapiteaux à palmes et à feuillages variés supportent des arcades à plein cintre.

GRAND-LUCÉ (le). *Voyez* Lucé-le-Grand.

HOMME (l'). Village situé à 7 l. de Saint-Calais. Pop. 1,118 hab. — Papeterie.

LUCÉ-LE-GRAND. Jolie petite ville située à 6 l. 1/4 de Saint-Calais. P. 2,372 h.

Cette ville a été construite sur un plan régulier depuis qu'elle fut incendiée en 1781 : elle se compose d'une place carrée coupée à angles droits par quatre rues principales auxquelles communiquent plusieurs autres petites rues. On y voit un château moderne construit sur l'emplacement d'une ancienne forteresse et accompagné d'un beau parc clos de murs — *Fabriques* de toiles et de canevas.

PONCÉ. Joli village situé sur la rive droite du Loir, le long duquel se prolonge la principale rue, à 4 l. 3/4 de Saint-Calais. ✉ Pop. 627 hab. — Papeterie.

A peu de distance de ce village, sur le sommet d'un coteau qui domine la rive droite du Loir, on remarque les vestiges d'un fort bâti, dit-on, par Jules-César. Sous cette tour on trouve un escalier souterrain qui conduisait jadis à une grotte célèbre dans le pays. Elle dépend du château de Poncé, jadis *pons Cæsaris*. Il ne reste plus rien de ce pont, mais on voit encore dans le village un ancien temple de construction romaine, qu'on a transformé en écurie.

La grotte et les rochers de Poncé méritent de fixer l'attention du voyageur. Du milieu de cette grotte naturelle jaillit une source d'eau vive; le lierre grimpant en tapisse l'entrée; le lilas et mille autres arbustes agréables forment des bosquets autour, et des jardins en terrasses s'étendent depuis le château jusqu'à la grotte. Le point le plus élevé de ces rochers, où l'on ne parvient que par un chemin tournant et difficile, est appelé la butte Saint-Étienne; mais on est dédommagé des fatigues que cause cette ascension par la vue la plus étendue et la plus délicieuse de tout le pays.

VIBRAYE. Petite ville située près d'une belle forêt, à 4 l. 3/4 de Saint-Calais. Pop. 3,037 hab. — Tannerie.

ARRONDISSEMENT DE LA FLÈCHE.

ASNIÈRES. Village situé sur la rive droite de la Vègre, que l'on y passe sur un pont de pierre, à 1 l. 3/4 de la Flèche. Pop. 649 h.

AUBIGNÉ. Bourg situé à 5 l. 1/2 de la Flèche. Pop. 1,954 hab. Aux environs, près du château de Bossé, situé sur une

LA FLÈCHE.

ARRONDISSEMENT DE LA FLÈCHE.

hauteur qui domine le cours du ruisseau de Gravelle, on voit un dolmen formé de deux pierres ayant ensemble 14 pieds de long, supportées par huit ou neuf autres pierres élevées seulement à trois pieds hors de terre. Non loin de ce monument est un dolmen incliné dont la table a 10 à 11 pieds de long sur 6 à 7 pieds de large.

AUVERS-LE-HAMON. Village situé à 7 l. de la Flèche. Pop. 2,170 hab. Pendant la guerre civile qui désola si longtemps les départements de l'Ouest, Auvers a été le théâtre de plusieurs combats acharnés entre les insurgés et les républicains. — *Fabriques* de toiles. Fours à chaux. Exploitation d'anthracite.

AVOISE. Bourg situé au confluent de la Sarthe et de la petite rivière de Deuxfonts, à 9 l. 1/2 de la Flèche. Pop. 1,526 hab. On remarque sur son territoire les ruines du château fort de Pescheseul, où l'on voit des restes de peintures à fresque qui décoraient un appartement réservé à Charles IX, qui pendant plusieurs années vint jouir à Pescheseul des plaisirs de la chasse.

BAILLEUL (le). Bourg situé à 3 l. de la Flèche. Pop. 1,067 hab. On y voit une église curieuse du XIe siècle.

BAZOUGES. Joli village situé à 1 l. 3/4 de la Flèche. Pop. 1,823 hab. L'église, fondée en 1008, est une des plus intéressantes du département : on y remarque surtout la porte occidentale, à plein cintre avec des moulures en zigzags; des colonnes à chapiteaux représentant des oiseaux, des feuillages et des têtes grotesques; une chaire en pierre appartenant à la masse du pilier auquel elle est adossée, et la belle tour du clocher.

Le château, situé sur la rive droite du Loir, au sud-est du village, est l'un des mieux conservés du pays; il offre encore des tours à créneaux, des tourelles en guérites, la place de la herse et du pont-levis, et des fossés qu'il était facile de remplir d'eau.

BRULON. Bourg situé sur un monticule très-élevé, à 7 l. de la Flèche. Pop. 1,526 hab. Il était autrefois défendu par un château qui fut brûlé par les chouans en 1793. On a découvert dans les ruines de ce château des souterrains qui renfermaient plus de 150 tombeaux formés chacun d'une seule pierre et remplis d'ossements humains d'une grande proportion.

CHENU. Village situé à 6 l. de la Flèche. Pop. 1,145 hab. Il possède une belle église paroissiale du style roman, qui se compose du chœur, d'une nef et de deux bas côtés dont les arcades sont à plein cintre. Le fond du tabernacle est orné d'un beau tableau représentant une adoration des mages, attribué à Mignard.

Aux environs, près du ruisseau de l'Ardillère, on trouve un dolmen composé d'une pierre de 12 à 15 pieds de long sur 9 dans sa plus grande largeur, supportée par quatre pierres posées de champ et élevées à 3 pieds au-dessus du sol. Non loin de là, on voit les traces d'un ancien camp qu'on croit un ouvrage des Romains.

COURCELLES. Joli village situé sur une éminence d'où la vue s'étend fort loin, près de la forêt de Vadré, à 3 l. de la Flèche. Pop. 900 hab. Près de la forêt, on voit un antique château remarquable par l'étendue de ses bâtiments, par ses belles avenues et par les belles plantations qui l'environnent. A peu de distance de ce château est l'ancien manoir des Vieilles-Courcelles.

CREUX. Village dépendant de la commune de Saint-Denis d'Orques. On y trouve une source d'eau minérale ferrugineuse.

FLÈCHE (la). Jolie ville, chef-lieu de sous-préfecture. Tribunal de première instance. ✉ ☞ Pop. 6,421 hab.

Dès le Xe siècle, la Flèche était une des principales villes de l'Anjou. Dans le XIVe siècle elle tomba dans une extrême décadence dont elle ne se releva que sur la fin du XVIe, par la munificence de Henri IV. Foulques le Réchin la prit d'assaut vers l'an 1090. Le connétable de Richemont s'en empara en 1426. Les Vendéens y entrèrent en 1793, et les chouans firent d'inutiles efforts pour s'en emparer en 1799.

Cette ville est dans une belle situation, sur la rive droite du Loir, au milieu d'un vallon charmant, environné de coteaux couverts de vignes et de bocages qui offrent un aspect agréable. Elle est généralement bien bâtie; les rues en sont larges, propres, bien percées; elle est ornée de fontaines alimentées par un aqueduc de plus de 500 toises de longueur. Au milieu du Loir, qui sépare la ville de ses faubourgs, on voit les restes d'un château fort construit vers la fin du Xe siècle ou au commencement du XIe. Ce château passait pour une des plus formidables forteresses de l'Anjou; il soutint plusieurs sièges sans avoir jamais été pris. Sur une partie de son emplacement on voyait naguère le beau château de la Varenne, démoli il y a une vingtaine d'années. A l'extrémité occidentale du port formé par le Loir, et le long du cours de cette rivière, s'étend une belle promenade plantée de plusieurs rangs d'ormes, d'où l'on jouit d'une vue charmante sur de riantes prairies et sur la jolie maison de Doussay, construite au sommet de la chaîne de collines qui domine le vallon du Loir.

L'édifice le plus remarquable de la Flèche est l'ancien collége des jésuites fondé par Henri IV en 1603, et affecté aujourd'hui à un collége royal militaire. Il consiste en quatre corps de bâtiments renfermant cinq grandes cours, et ayant vue au nord sur un parc magnifique entouré de murs élevés. Attenant à la troisième cour est l'église du collége, un des plus jolis édifices en ce genre; elle est accompagnée de tribunes avec balustrades dans la longueur de la nef et autour du sanctuaire, et a beaucoup d'analogie avec la belle chapelle du château de Versailles. La bibliothèque, décorée de plusieurs tableaux estimés, renferme environ 20,000 volumes, au nombre desquels sont les meilleurs ouvrages des auteurs qui ont illustré le siècle de Louis XIV, la plupart des savantes productions des auteurs hébreux, grecs et latins, une collection choisie des Pères de l'Église, beaucoup de livres de droit et quelques ouvrages modernes.

On remarque encore à la Flèche l'église Saint-Thomas, édifice de construction romane très-massive; l'hôtel de ville, bâtiment d'assez bon goût, sur le fronton duquel est sculpté un trophée d'armes; le palais de justice; l'hôpital, etc., etc.

Fabriques de toiles, bonneteries, gants, bougies, colle forte. Blanchisseries de cire. Tanneries. — *Commerce* de grains, vins, huile de noix, fruits cuits, cuirs, volailles et bestiaux.

A 11 l. du Mans, 61 l. 1/2 de Paris. — *Hôtels* des Voyageurs, de l'Étoile, du Lion d'or.

FONTAINE-SAINT-MARTIN. Village situé à 4 l. de la Flèche. Pop. 919 hab. Il doit son nom à une fontaine décorée d'un petit portique à colonnes de marbre, dont l'eau est extrêmement transparente et laisse voir dans le fond la pierre d'où elle sort.

LUDE (le). Jolie petite ville, située sur la rive gauche du Loir, à 5 l. 1/2 de la Flèche. ✉ ☞ Pop. 3,250 hab.

Le Lude est une ville assez bien bâtie, mais formée de rues étroites et mal percées, où l'on remarque l'hôtel de ville, l'hôpital et quelques maisons ornées d'arabesques et de médaillons sculptés d'assez bon goût. Le château, situé près de l'église paroissiale, est sans contredit un des plus beaux de cette partie de la France : sa hauteur majestueuse, sa construction partie gothique et partie moderne, les énormes tours rondes qui ressortent de ses angles, lui donnent un aspect imposant auquel ajoute encore sa situation avantageuse sur le bord du coteau qui domine le Loir. — *Fabriques* de toiles et d'étoffes de laine. Tanneries.—*Commerce* de grains, noix, marrons, chanvre, fil, bœufs, porcs, volailles, etc.

MALICORNE. Jolie petite ville, agréablement située sur la rive gauche de la Sarthe, à 3 l. 3/4 de la Flèche. Pop. 1,094 hab. Elle est précédée de belles avenues, et possède un château de construction moderne, auquel est joint un joli parc. L'ancien château, dont il ne reste aucun vestige, fut pris vers 1368 par les Anglais; Jean II d'Alençon et Ambroise de Loré le reprirent d'assaut en 1425 et firent pendre tous les soldats français qui se trouvèrent faire partie de la garnison. — *Fabriques* de grosses étoffes de laine, toiles communes, faïence estimée et poterie de terre.

MAREIL. Bourg situé à 6 l. 1/2 de la Flèche. Pop. 504 hab. On y remarque le CHATEAU DE L'ISLE, construit dans une anse formée par la rivière de Vègre. — *Fabr.* de toiles. Exploitation de carrières de marbre.

MAYET. Joli bourg, situé à 7 l. 3/4 de la Flèche. Pop. 3,519 hab. On y remarque le château de son nom, flanqué au nord d'une grosse tour, et à peu de distance le château de la Roche-Mayet, pavillon carré surmonté d'une tour hexagone servant d'escalier. — *Fabriques* de toiles à voiles, cadis, droguets et couvertures de laine.

NOYEN. Gros bourg situé sur la rive droite de la Sarthe, que l'on y passe sur un bac, à 2 l. 1/2 de la Flèche. Pop. 2,403 hab. On y remarque l'église paroissiale de Saint-Germain, bel édifice gothique; l'ancienne église Notre-Dame, de style roman, à arcades à plein cintre ornées de zigzags, aujourd'hui convertie en halle; et une fontaine d'eau minérale ferrugineuse, située près le lieu dit de la Chevalerie. — *Fabriques* de toiles. Fours à chaux.

PARCÉ. Jolie petite ville, située sur la rive gauche de la Sarthe, à 5 l. 1/2 de la Flèche. Pop. 2,226 hab. — *Fabriques* de toiles. Tanneries. Fours à chaux et à tuiles.

PESCHESEUL. *Voy.* AVOISE.

PIRMIL. Joli village situé sur le penchant d'un coteau, à 5 l. 1/2 de la Flèche. Pop. 1,041 hab. Il possède une belle église gothique, entièrement voûtée en pierre, dont les piliers sont accompagnés d'un assez grand nombre de colonnes engagées et de pilastres à chapiteaux ornés de sculptures élégantes : les colonnes de deux des piliers

CHÂTEAU DU LUDE.

du bas de la nef supportent chacune deux statues de saints taillées dans la voûte à la naissance des cintres.

PONT-VALLAIN. Bourg situé à 5 l. 3/4 de la Flèche. Pop. 1,939 hab.

En 1369, Bertrand Duguesclin, Olivier de Clisson, et plusieurs autres capitaines bretons, manceaux, etc., défirent sous les murs de Pont-Vallain les Anglais commandés par Thomas de Grantson, qui y fut fait prisonnier ainsi que plusieurs capitaines anglais. Duguesclin fit enterrer ses morts sur le lieu où se décida la bataille. Une modeste croix en bois, entretenue par la piété et le patriotisme, fut longtemps le seul monument placé sur la tombe des braves. En 1828, cette croix tombant de vétusté, le propriétaire du château de Cherbon, M. Dubignon d'Angers, sur les terres duquel elle se trouvait, la fit remplacer par un obélisque en pierre, où est gravée cette inscription : « Ici, après le combat de Pont-Val-« lain, en novembre 1370, Bertrand du « Guesclin, de glorieuse mémoire, fit reposer « les fidèles Bretons. Un ormeau voisin, « sous lequel on éleva une cabane pour les « blessés, une croix plantée sur les morts, « ont donné à ce lieu le nom d'*Ormeau* et « de *Croix-Brete*. »

PRÉCIGNÉ. Bourg situé à 6 l. de la Flèche. Pop. 2,465 hab. — *Fabriques* de grosses draperies.

SABLÉ. Petite et ancienne ville, située sur la rive gauche de la Sarthe, à 7 l. 1/2 de la Flèche. ✉ ☞ Pop. 3,999 hab.

Sablé était autrefois une des plus fortes places du Maine, et telle était son importance que pour en éviter le siége Geoffroy le Bel, comte d'Anjou, prit le parti d'élever sur la rivière une forteresse destinée à contenir la garnison de Sablé. Elle se rendit à Henri IV, qui l'avait assiégée en personne, en 1589. Sablé est la patrie du savant Ménage, et c'est dans cette ville que fut signé le traité qui assura la Bretagne à la France, par le mariage de Charles VIII avec l'héritière de cette province.

Cette ville est bâtie dans une situation fort agréable sur le sommet d'une colline couronnée par un magnifique château qui s'élève à pic sur le cours de la Sarthe : construit par Mansard pour un frère du grand Colbert, ce château présente une façade imposante, et domine au loin la ville et la campagne. La Sarthe divise la ville en deux parties inégales, réunies par un pont en marbre noir du haut duquel on jouit d'une fort belle vue sur le château, sur les belles prairies arrosées par la Sarthe, sur les jolis coteaux que baigne cette rivière et sur le boulevard demi-circulaire élevé en terrasse sur ses bords.

A une lieue de Sablé, sur le point le plus élevé d'un coteau d'où l'on jouit d'un des plus beaux aspects qu'offre cette partie de la France, s'élevait l'antique prieuré de Solesme, fondé en l'année 1010, et dont il ne reste aujourd'hui que l'église ; c'est un bel édifice construit vers la fin du XIIe siècle ou au commencement du XIIIe, renfermant deux morceaux d'architecture à plusieurs étages ornés de plus de 50 statues de grandeur naturelle, et adossés aux murs des deux chapelles formant les extrémités de la croisée.

L'église de Solesme occupe le côté nord de l'ancien prieuré, vaste et bel édifice reconstruit en 1722 : sa forme est celle d'une croix latine ayant 33 mètres de longueur dans œuvre, sur 14 de large à la croisée ; elle n'a qu'une seule nef sans collatéraux. Au centre de la croisée sont les deux chapelles dont nous parlerons ci-après. Le chœur offre un autel à la romaine et des stalles bien conservées d'une forme très-élégante, disposées sur deux rangs au nombre de vingt-quatre de chaque côté, et offrant chacune sur le dossier une tête en bas-relief très-saillant avec un nom au-dessous. — La chapelle de droite de la croisée a été construite vers la fin de 1496, et offre un mélange curieux d'architecture gothique et du style de la renaissance. On y remarque sur le côté droit l'entrée d'un petit caveau qui renferme le tombeau prétendu de Geoffroy de Sablé. En face de l'entrée de ce caveau on voit sur le mur un bas-relief encadré en pierre blanche, qui représente le massacre des innocents et rappelle la grande composition de Raphaël. Sur le troisième côté, faisant face au chœur, se trouve dans un enfoncement du mur, un des monuments désignés sous le nom de Saints de Solesme, qui représente Jésus-Christ déposé dans le sépulcre ; c'est un vaste bas-relief de toute la hauteur de la chapelle, 30 à 36 pieds, et de 15 à 18 de large. La partie supérieure présente, au milieu de beaucoup d'ornements du style qu'on est convenu d'appeler gothique, deux niches élégantes séparées par une croix de grande dimension, où le Christ ne se retrouve plus, et sous lesquelles sont placées deux figures de saint et de docteur : des frises de chardon d'une extrême délicatesse décorent ce morceau, qui est d'une conservation parfaite. La partie inférieure offre un renfoncement de 12 pieds environ de profondeur, figurant un sépulcre, et dont la voûte très-surbaissée présente un bandeau chargé de plusieurs rangs de feuillages et de découpures à jour parfaitement conservés : les nervures de la voûte intérieure se confondent gracieusement en un beau cul-de-lampe, au-dessous duquel, dans le sépulcre, sont réunies quatorze figures en pierre blanche du pays, représentant Jésus-Christ dans son linceul, la Vierge avec les disciples et les saintes femmes, Nicodème et Joseph d'Arimathie, etc. Il y a beaucoup de mérite dans l'exécution de ces diverses figures : celle de la Madeleine est surtout remarquable par sa pose aussi naturelle que vraie, et par l'agencement heureux des draperies. — La chapelle de gauche de la croisée a été construite en l'an 1553 ; les statues qui la décorent passent pour être de Germain Pilon le père ; le style est entièrement celui de la renaissance, et n'offre que des arcades à plein cintre, des ordres grecs dans toute leur pureté, des frises et des entablements de la plus grande richesse. Cette chapelle présente trois monumens distincts, encastrés dans les murs qui en forment les trois côtés. Celui du côté droit se compose, dans la partie supérieure, d'une gloire représentant l'assomption de la Vierge, soutenue par deux anges qui la couronnent ; aux deux côtés sont des statues portant les mots : *humilitas* et *fides* ; plus bas est figuré un animal à sept têtes hideuses, qui doit être la bête de l'Apocalypse : un ange parait la montrer, et au-dessous d'elle on lit cette inscription : *Quando morietur et peribit nomen ejus?* Un étage séparé du précédent par une frise élégante offre trois arcades très-surbaissées, d'inégale largeur, présentant les quatre statues des Vertus théologales avec leurs noms. Enfin tout à fait dans la partie inférieure et dans une niche enfoncée, est un ensemble de quatorze figures représentant la Vierge priant à l'agonie, soutenue par l'apôtre saint Pierre recevant la communion des mains de Jésus-Christ. Tout cet ensemble offre de grandes beautés ; la figure de la Vierge et celle de saint Pierre sont surtout fort remarquables. Le monument adossé au côté gauche de la chapelle n'a qu'un seul étage : il offre un groupe remarquable représentant Jésus enfant enseignant au milieu des docteurs. Ce morceau qui occupe le milieu de la chapelle est formé de trois étages distincts : celui d'en haut, qui simule un arc de triomphe à trois arcades, montre des figures agenouillées qu'il est difficile de caractériser ; l'étage inférieur présente dans des niches demi-cylindriques quatre bustes de saints ou de docteurs : dans l'étage au-dessous sont deux figures en pied représentant saint Thomas et saint Denis. Enfin, dans la partie tout à fait au niveau du sol, et dans un enfoncement qui peut avoir 10 à 12 pieds de profondeur, on a représenté par un groupe de quinze figures, la mort de la Vierge, qui se trouve ainsi servir de pendant au sépulcre de Jesus-Christ, placé dans la chapelle située en face, de l'autre côté du chœur. Ce groupe de quatorze figures de grandeur naturelle est regardé comme le plus beau de tous ceux qui décorent l'église de Solesme. La figure de la Vierge est vraiment admirable, et rappelle fort bien l'Atala de Girodet ; elle est enveloppée à demi d'un linceul dont les coins sont portés par des apôtres et par un moine bénédictin que l'on dit représenter J. Bougler, prieur de Solesme, à qui l'on doit la construction des deux chapelles qu'on a coutume de désigner sous le nom de Saints de Solesme.

ARRONDISSEMENT DE MAMERS.

ASSÉ-LE-RIBOUL. Village situé à 8 l. 1/2 de Mamers. Pop. 1,464 hab. On y remarque le château d'Assé, détruit en partie, mais où l'on voit des murs assez considérables et fort élevés ; le genre de son architecture parait indiquer qu'il fut construit vers le XIe ou le XIIe siècle.

BEAUMONT-SUR-SARTHE ou LE VICOMTE. Petite ville située à 6 l. 1/2 de Mamers. ⊠ ☞ Pop. 2,381 hab.

La ville de Beaumont, placée entre la Normandie et la capitale de Maine, fut souvent exposée aux ravages de la guerre. Geoffroy d'Anjou la prit et la brûla entièrement en 1135. Le comte Arthur de Richemont la prit d'assaut en 1412. Les Anglais s'en emparèrent en 1417 ; Ambroise de Loré la leur reprit la même année ; mais les Anglais s'en rendirent maîtres de nouveau en 1433. Les calvinistes la prirent, la pillèrent et y mirent le feu en 1562. La ville se soumit à Henri IV en 1589, après la prise du Mans par ce monarque.

Cette ville est bâtie en amphithéâtre sur le penchant d'un coteau, au bas duquel coule la Sarthe que l'on y passe sur deux ponts. Elle est généralement mal bâtie, et n'offre guère que des rues tortueuses et très-es-

CHÂTEAU DE BONNETABLE.

CHÂTEAU DE VERDELLE.

17. CHÂTEAU DE VENEVELLES,
Habitation des Comtes de Venevelles.

carpées. On y remarque les restes d'un ancien château fort qui sert actuellement de prison.

Près de la ville est un des plus beaux tumulus qui existent en France, formant un cône tronqué, autour duquel on a dessiné un sentier en spirale conduisant au sommet, qui est planté d'arbres, d'arbrisseaux, orné d'un parterre de fleurs et de sièges en gazon entretenus avec soin.

Fabriques de toiles de chanvre, couvertures de laine. Filatures de laine et de coton. Tannerie. — *Commerce* de grains, graine de trèfle, chanvre, fil, miel, cire, volailles et bestiaux.

BLÈVES. Bourg situé à 3 l. de Mamers. Pop. 239 hab. C'était autrefois une forteresse importante, élevée par Robert II. On y voit un manoir nommé la Cour-Potin, à tourelle hexagone à meurtrières, à croisées cintrées accompagnées de colonnes engagées, du style roman et fort curieux sous ce rapport.

BONNETABLE. Ville ancienne, située à 5 l. 3/4 de Mamers. ✉ ⚭ Pop. 5,803 h.

Cette ville, située dans une contrée très-fertile, se compose de deux rues principales et parallèles, dont une sert de passage à la grande route; le reste de la ville ne consiste qu'en petites rues de communication, pour la plupart étroites et escarpées. On y remarque de grandes et belles halles et un château gothique flanqué sur le devant de quatre tours rondes, de deux sur le derrière, avec créneaux et machicoulis. Ce château, dont la construction remonte à 1479, est un des plus lourds monuments de la féodalité et l'un des mieux conservés ; il n'a qu'un étage, et sa hauteur n'est pas proportionnée à son étendue. Au milieu s'élève un belvédère qui présente l'apparence d'un petit clocher. Dans l'intérieur on voit une salle remarquable par ses sculptures en bois, où sont placés plusieurs portraits des seigneurs de Bonnetable.

Fabriques de grosses étoffes de laine, siamoises, mouchoirs, blouses en toile, poterie de terre commune. Filatures de laine. Tanneries. — *Commerce* de grains, fruits, chanvre, fil, graine de trèfle, chevaux, porcs gras, etc.

CHAMPROND. Village situé sur la Braye, à 12 l. de Mamers. Pop. 192 hab. Forges et haut fourneau (à CORMARIN).

CONTILLY. Village situé à 1 l. 1/4 de Mamers. Pop. 646 hab. On voit à peu de distance de ce village un ancien camp appelé Château ou Mont de la Nue, ceint d'un large et profond fossé, entouré de parapets et flanqué de deux petites redoutes en terre.

FERTÉ-BERNARD (la). Ville ancienne située dans une contrée fertile sur l'Huisne, à 8 l. 1/4 de Mamers. ✉ ⚭ Pop. 2,535 h.

L'origine de cette ville est inconnue. Dès le XIe siècle c'était une place importante qu'Herbert Ier, comte du Maine, prit par composition vers 1036. Philippe-Auguste, aidé du duc de Guyenne et de Richard Cœur de Lion, la prit en 1189, et cette conquête fut mise au rang des plus belles actions de ce monarque. Le comte de Salisbury, général anglais, la prit par capitulation en 1424, après quatre mois de siège. Ambroise de Loré la reprit en 1425. Les Anglais y entrèrent quelque temps après et la rendirent en 1449. Le prince de Conti l'assiégea pour Henri IV en 1590, et la prit un mois après son investissement.

Cette ville est close de bons murs et de fossés dans lesquels coulent les eaux de l'Huisne. On y entre par une porte à arcade cintrée, formant un pavillon carré qui renferme une petite bibliothèque publique, d'où part une rue qui se termine par une place ornée d'une fontaine en forme d'obélisque entourée d'un bassin octogone. Sur cette place, s'élève une jolie église gothique, construite vers le milieu du XVIe siècle : elle a 176 pieds de long sur 70 entre les croisées ; la voûte du chœur a 76 pieds d'élévation, celle de la nef 50, et celles des bas côtés et des chapelles environ 25. Cette église renferme des sculptures précieuses, et l'on admire les hardis culs-de-lampe des voûtes. — L'hôtel de ville est un bâtiment en forme de pavillon carré, flanqué de deux tours rondes qui servent de prisons. — Il ne reste plus de l'ancien château qu'une petite tourelle, un colombier, la chapelle et les anciens communs du manoir féodal. — Une promenade appelée le Mail longe la partie septentrionale de la ville, sur le bord de l'Huisne.

Fabriques de toiles, tissus de fil et de coton. Blanchisseries de toiles, de fil et de cire. Teintureries. Tanneries. Tuilerie. Moulin à tan et à trèfle. — *Commerce* de grains, chanvre, graine de trèfle, fromages, bestiaux, cuirs, toiles jaunes, écrues et de couleur pour les colonies, etc. — *Hôtel* du Chapeau rouge.

FRESNAY. Petite ville située sur la rive gauche de la Sarthe, à 8 l. de Mamers. ✉ Pop. 2,840 hab.

Cette ville, à laquelle on donne le nom de Fresnay-le-Vicomte et de Fresnay-sur-Sarthe, est une ancienne place forte que

Guillaume le Conquérant assiégea et prit jusqu'à quatre fois. Les Anglais s'en rendirent maîtres en 1356, et la rendirent en vertu du traité de Bretigny. Henri V, roi d'Angleterre, la prit en 1417, la perdit la même année, et la recouvra peu de temps après. Charles VII assiégea cette place et la prit par capitulation en 1450. Après l'assassinat de Henri III, Reicé de Saint-Denis s'empara de Fresnay par surprise, et conserva cette place à Henri IV.

La ville est bâtie sur la pente d'un coteau qui domine la rive gauche de la Sarthe, que l'on passe sur un pont par lequel elle communique à une espèce de faubourg. Elle est généralement mal bâtie et mal percée ; mais elle offre néanmoins de l'agrément par son site pittoresque. On y remarque les restes de l'ancien château élevé à pic sur le bord de la Sarthe, consistant en une porte d'entrée défendue par deux tours rondes ; l'hôtel de ville, petit édifice d'assez bon style ; l'église paroissiale, l'un des plus beaux édifices du style roman que possède le département. — *Fabriques* de toiles fines et de linge de table. Blanchisseries de toiles. — *Commerce* de grains, toiles et bestiaux.

MAMERS. Ville ancienne. Chef-lieu de sous-préfecture. Tribunaux de première instance et de commerce. Conseil de prud'hommes. Collége communal. ✉ ☙ P. 5,822 h.

L'origine de cette ville est inconnue. La tradition veut qu'elle ait été bâtie sur l'emplacement d'un temple de Mars, détruit vers le milieu du VIIe siècle. Dans le moyen âge, c'était une des plus fortes places de la contrée, défendue par un château et par plusieurs forts. Dans le XIe siècle elle soutint un siége contre le comte Royer de Montgommery ; quelque temps après, les Normands la prirent et l'entourèrent d'une nouvelle ligne de fortifications dont il ne reste que peu de vestiges. Les Anglais la prirent en 1359, et la restituèrent par le traité de Bretigny. En 1404 elle se rendit au connétable de Saint-Pol. Les Anglais s'en emparèrent en 1417. Le comte de Salisbury en fit raser les fortifications en 1428.

Cette ville s'est beaucoup embellie depuis la révolution. Elle est précédée de belles avenues, et consiste en deux belles places publiques auxquelles aboutissent plusieurs rues formées de maisons bien bâties. On y remarque l'église paroissiale, joli édifice gothique restauré à la moderne en 1831.

Fabriques de toiles de chanvre, calicots, cotonnades, bonneterie en laine, boutons de nacre. Blanchisserie de cire. Tanneries. Brasseries.

A 12 l. du Mans. 44 l. de Paris.

MAROLLES-LES-BRAUX. Bourg situé à 3 l. 1/2 de Mamers. Pop. 2,172 hab.

MONTIGNY. Bourg situé à 4 l. 1/4 de Mamers. Pop. 135 hab.

MONTMIRAIL. Petite ville située à 12 l. 1/4 de Mamers. Pop. 912 hab.

Montmirail était jadis une place très-forte où Louis le Jeune et Henri II, roi d'Angleterre, eurent une conférence et conclurent la paix en 1169. Philippe-Auguste s'empara de cette forteresse et la fit raser en 1194. Charles VII, lorsqu'il n'était encore que dauphin, l'assiégea et la prit par capitulation en 1421.

Cette ville est bâtie sur une colline élevée, dont le sommet est couronné par un château en partie de construction moderne, flanqué au centre d'un donjon octogone, et sur deux de ses côtés d'une tour ronde et d'une autre tour de forme hexagone. — *Fabriques* de toiles.

NOUANS. Village situé à 5 l. de Mamers. Pop. 1,019 hab. On y remarque un assez beau château flanqué au sud-ouest par une tour hexagone, renfermant un bel escalier et surmontée d'une plate-forme d'où l'on jouit d'une fort belle vue.

PATER (SAINT-). Bourg situé à 6 l. de Mamers. Pop. 476 hab.

SOUGÉ-LE-GANELON. Bourg situé sur la rive gauche de la Sarthe, à 8 l. 3/4 de Mamers. Pop. 1,536 hab. — Forges et haut fourneau.

TUFFE. Bourg situé à 8 l. 1/2 de Mamers. Pop. 1,822 hab. — *Fabriques* de toiles. Manufactures de faïence et de poterie de terre. — *Commerce* de chanvre.

FIN DU DÉPARTEMENT DE LA SARTHE.

Guide Pittoresque

DU

VOYAGEUR EN FRANCE.

ROUTE DE PARIS A BREST,

TRAVERSANT LES DÉPARTEMENTS

DE SEINE-ET-OISE, D'EURE-ET-LOIR, DE L'ORNE, DE LA MAYENNE, D'ILLE-ET-VILAINE, DES CÔTES-DU-NORD, DU FINISTÈRE, ET COMMUNIQUANT AVEC LE DÉPARTEMENT DE LA SARTHE ET AVEC CELUI DU MORBIHAN.

DÉPARTEMENT DU MORBIHAN.

Itinéraire de Paris à Brest,

PAR DREUX, ALENÇON, MAYENNE, LAVAL, RENNES, SAINT-BRIEUC, MORLAIX ET BREST, 150 LIEUES 1/2.

	lieues.		lieues.
De Paris à Sèvres	2 1/2	La Gravelle	5
Versailles	2	Vitré	4
Pontchartrain	5	Châteaubourg	4
La Queue	3	Noyal	3
Houdan	3	Rennes	3
Marolles	2	Pacé	3
Dreux	3	Bédé	3
Nonancourt	3 1/2	Montauban	3
Tillières-sur-Avre	3	Broons	5
Verneuil	2 1/2	Langouèdre	3
Saint-Maurice	4	Lamballe	4
Mortagne	5 1/2	Saint-Brieuc	5
Le Mesle	4	Châtelandren	4
Menil-Broust	2 1/2	Guingamp	3
Alençon	3	Belle-Ile en Terre	5
Saint-Denis	3	Pontou	4 1/2
Prez-en-Pail	3	Morlaix	4
Le Ribay	4	Landivisian	5
Mayenne	4 1/2	Landernau	4
Martigné	4	Brest	5
Laval	4		

Itinéraire de Paris à Angers,

PAR CHARTRES ET LE MANS, 73 LIEUES 1/2.

	lieues.		lieues.
De Paris à Versailles	4 1/2	La Ferté-Bernard	5
Trappes	2	Connéré	4 1/2
Coignières	2	Saint-Mars	2 1/2
Rambouillet	3 1/2	Le Mans	3 1/2
Épernon	3	Guécélard	4
Maintenon	2	Foulletourte	2
Chartres	4 1/2	La Flèche	5
Courville	4 1/2	Durtal	3
Champrond	3	Suette	4
Montlandon	1	Angers	5
Nogent-le-Rotrou	5		

Communication de Rennes à Vannes, 27 l. 1/2.

	lieues.		lieues.
De Rennes à Pont-Péan	3 1/2	Rédon	3
Lohéac	4	Petit-Molac	6
Rénac	4 1/2	Vannes	6 1/2

ASPECT DU PAYS QUE PARCOURT LE VOYAGEUR

DE RENNES A VANNES.

En sortant de Rennes on passe le canal d'Ille-et-Rance, on traverse l'Ille, et, laissant à droite la route de Brest, on descend dans une vallée où on longe pendant quelque temps le cours de la Vilaine. Le pays est en général très-fertile, et les hameaux sont fort multipliés jusqu'à deux lieues au delà du relais de Mordelles, où l'on traverse le Meu. Après avoir dépassé la ferme de la Victoire, on rase des landes, puis on aperçoit à gauche l'avenue du château de Breil-Houssoux. On passe de suite deux petites gorges avec arches. Plus loin sont des étangs auxquels succèdent plusieurs hameaux, deux autres gorges avec arches, et du côté de la forêt de Paimpont une vaste plaine de landes. En sortant du bourg de Plélan, on descend dans une plaine où l'on côtoie des étangs. Un peu plus loin on passe l'Aff, rivière qui sépare le département d'Ille-et-Vilaine de celui du Morbihan. On parcourt ensuite pendant environ quatre lieues un pays monotone, coupé de landes, de gorges et de bas-fonds auxquels succèdent une belle plaine qui se prolonge jusqu'au delà de Ploërmel. En sortant de cette ville, on traverse plusieurs hameaux avant d'arriver au Roc Saint-André, où l'on passe l'Oust. La route parcourt une vallée assez agréable et un pays plus varié. Après les hameaux de Trégorentin et la Villegerne, une descente conduit dans une grande vallée, d'où l'on monte sur une montagne escarpée qu'on franchit, pour la descendre ensuite et monter une autre côte dont le versant opposé s'abaisse sur une vaste plaine de landes dans laquelle on entre après avoir passé la rivière de la Claye. Au pont Guilmet, on passe l'Artz, et une demi-lieue plus loin on traverse Elven et on côtoie les murs du parc du château de ce nom. En face du hameau de Kermorvan, on aperçoit à droite le château de la Boissière. Plus loin, on laisse à gauche la route de Vannes à Redon, et l'on voit dans une agréable situation le château de Talhost. Le pays devient plus agréable après Kergalvo, au delà duquel on franchit une montagne, en rasant à droite les hameaux de Renven et de Tréalvé; on descend ensuite dans une contrée variée, et, après avoir longé à droite un grand étang, on jouit d'une belle vue sur la ville de Vannes.

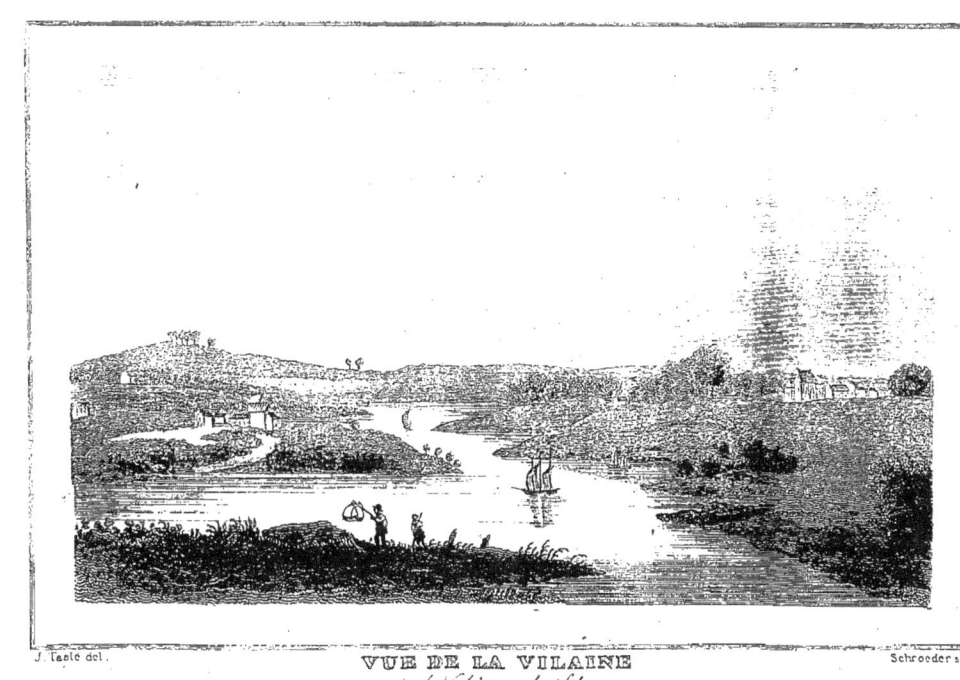

VUE DE LA VILAINE
près du Château de Sitz

DÉPARTEMENT DU MORBIHAN.

APERÇU STATISTIQUE.

Le département du Morbihan est formé d'une partie de la Basse-Bretagne et tire son nom d'un golfe que forment au midi les eaux de l'Océan au-dessus de l'embouchure de la Loire, golfe que l'on nomme *Mor bihan*, de deux mots celtiques qui signifient petite mer. César, dans ses commentaires, désigne le Morbihan sous le nom de *Mare conclusum*. — Ses bornes sont : au nord, le département des Côtes-du-Nord ; à l'est, ceux d'Ille-et-Vilaine et de la Loire-Inférieure ; au sud, l'Océan ; à l'ouest, le département du Finistère.

Le territoire de ce département est fortement accidenté. La partie septentrionale est couverte de collines assez élevées, qui, en s'abaissant sensiblement vers le sud, offrent, dans le voisinage de la mer, des plaines vastes et fertiles. Les crêtes de ces hautes collines sont couvertes de landes et d'arides bruyères, qui font ressortir avec avantage la fraîcheur et la richesse des vallées qu'elles dominent. Les plus hautes collines sont situées au nord de Gourin, dans l'arrondissement de Pontivy ; leur hauteur moyenne n'est guère que de 90 mètres au-dessus du niveau de la mer.

Les côtes, exposées à l'action continue d'une mer active, sont déchirées par un grand nombre de baies, de rades et de ports. La presqu'île de Quiberon, dont la pointe s'avance à trois lieues dans l'Océan et qui ne tient au continent que par un isthme excessivement étroit, forme l'un des côtés d'une baie profonde qui pourrait abriter des flottes entières. Le Morbihan est un vaste golfe, peu profond, mais de plusieurs lieues d'étendue, formé par la côte de Vannes et les presqu'îles de Rhuis et de Crach. Des îles nombreuses avoisinent la terre, dont sans doute elles ont fait partie autrefois ; les principales sont : Belle-Ile, Groix, Houat et Hœdic, dans l'Océan ; l'Ile-aux-Moines et l'île d'Arz, dans le Morbihan. Le département possède plusieurs ports maritimes, dont les principaux sont Lorient, Port-Louis, Auray et Vannes. La grande quantité de baies et de petits ports répandus sur les côtes facilitent un assez fort commerce maritime, tant avec les départements littoraux qu'avec l'étranger. — Le département est arrosé par un grand nombre de ruisseaux et par plusieurs rivières, dont quelques-unes navigables sur une petite partie de leur cours ; telles sont le Blavet, le Scorff, l'Odet, l'Auray, l'Aff, l'Oust et la Vilaine. La longueur navigable de toutes ces rivières est d'environ 120,000 mètres. Deux canaux existent aussi dans le département ; l'un est le canal du Blavet, qui, en suivant cette rivière, remonte d'Hennebont à Pontivy, et dont la longueur totale est de 59,818 mètres. L'autre traverse le département du sud-est au nord-ouest : c'est le canal de Nantes à Brest qui, lorsqu'il sera terminé, aura une longueur totale de 369,537 mètres.

Dans la majeure partie du département, la couche de terre végétale qui recouvre le sol a peu de profondeur, et varie de nature selon les cantons ; tantôt elle est siliceuse et tantôt schisteuse ; sur les côtes elle est argileuse et beaucoup plus fertile. Environ la moitié de la superficie du territoire est cultivée en céréales, l'autre moitié est couverte de landes, de bruyères, ou occupée par les bois, les rivières, les étangs et les marais.

La température est douce, mais les brouillards et la fréquence des vents du sud-ouest, la rendent quelquefois malsaine. Dans les communes du littoral, elle varie jusqu'à trois fois par jour en automne et dans le printemps, ce qui cause des rhumes, des catarrhes, et par suite des phthisies pulmonaires. L'abondance des eaux, qui offre dans une grande quantité d'étangs et de marais une surface étendue à l'action du calorique, occasionne une évaporation considérable de miasmes délétères ; aussi les fièvres intermittentes sont-elles presque endémiques dans le Morbihan. La galle, compagne de la malpropreté, est de même inhérente aux communes qui composent les cantons de Gourin et du Faouet, arrondissement de Pontivy. Naguère, dans ces localités, l'état psorique était celui de l'enfant au berceau et du vieillard au lit de mort. Cette maladie dégoûtante arrêtait souvent le développement des forces de l'adulte ; aussi les hommes de ces cantons sont-ils en générâl plus petits et plus faibles que ceux des autres parties du département. En 1832, M. le préfet Lorois entreprit une tâche immense regardée jusqu'alors comme impossible : celle d'extirper la gale dans les cantons infectés. Secondé par le conseil général qui alloua des fonds, appuyé par les exhortations des ecclésiastiques, le traitement a commencé avec le plus grand succès. En 1832, 1833, 1834, plus de 6,000 malades ont été radicalement guéris, et le résultat des soins médicaux s'est déjà fait tellement sentir, que le conseil de révision, dans sa tournée de 1834, n'a trouvé aucun galeux dans le canton de Gourin, et n'en a signalé que trois dans celui du Faouet, lorsque, les années précédentes, près des trois quarts des jeunes soldats étaient couverts de pustules psoriques.

Le département du Morbihan a pour chef-lieu Vannes. Il est divisé en 4 arrondissements et en 37 cantons, renfermant 228 communes. — Superficie, 360 lieues carrées. — Population 433,522 habitants.

MOEURS, USAGES ET COUTUMES. Les habitants du Morbihan sont partagés en deux classes distinctes : les Bretons et les Gallos. Les premiers parlent l'idiome breton, idiome pauvre, que l'on croit avec raison être la langue que parlaient les Celtes, qui est divisée en quatre principaux dialectes : ceux de Vannes, de Quimper, de Saint-Pol de Léon et de Saint-Brieuc; les habitants de chacun de ces cantons prétendent que celui dont ils se servent est le moins embarrassé et le plus énergique. La langue bretonne était jadis celle de toute l'Armorique. Maintenant elle est bornée aux communes du nord-ouest du département, et l'instruction élémentaire que le gouvernement s'efforce de répandre dans les campagnes finira, dans peu d'années, par anéantir entièrement cet ancien idiome. — Les Gallos, ainsi nommés par corruption du latin Galli (Français), parlent une sorte de patois aisé à comprendre, et dans lequel on retrouve une grande quantité des mots de l'ancien français, comme *deviser* (causer), *meshuy* (désormais), *chommer* (rester inactif), etc., etc.

Il existe dans le caractère des Bretons et des Gallos une aussi grande différence que dans leur langage. Les premiers sont en général laborieux, vifs, constants, bons agriculteurs, essayant volontiers les nouvelles méthodes de culture. Les Gallos, au contraire, sont paresseux, lents, faciles à rebuter, et attachés aux habitudes routinières de leurs devanciers. Il est ensuite des qualités et des vices qui sont communs aux uns et aux autres. Ils sont tous braves, hospitaliers, charitables, mais fanatiques; superstitieux, défiants et soupçonneux pour les habitants des villes et les étrangers, adonnés outre mesure à l'usage du vin, du cidre et des liqueurs fortes, et d'une saleté on ne peut plus dégoûtante. Il faut cependant excepter de ce dernier reproche les habitants des communes littorales; leurs relations fréquentes avec les étrangers ont poli leurs mœurs, et les recherches de la propreté ne leur sont pas tout à fait inconnues.

On trouve une grande similitude entre le caractère du paysan morbihannais et celui des Celtes, ses ancêtres, de ceux dont Suidas disait : Hi sunt illi qui *terr i ben* (casse sa tête) vocem vobis in prælio emittunt......... et comas jactant. Voilà ceux qui, dans la mêlée, vocifèrent le mot *terr i ben* .... et secouent leur chevelure. Les Morbihannais marchent toujours armés de bâtons dont l'un des bouts est très-gros. C'est sur la tête de leurs adversaires qu'ils dirigent leurs coups. Ils portent tous de longs cheveux.

Les Celtes étaient hospitaliers : jamais le voyageur attardé n'a frappé en vain à la porte de la chaumière de l'Armorique. Jamais un asile ne lui a été refusé. Quant à la charité des habitants, elle est inépuisable, et l'indigent qui se présente chez eux y reçoit presque toujours la bouillie ou la galette nécessaire à son repas du moment.

La vie des Morbihannais est laborieuse, leurs amusements rares; ils se bornent à aller aux foires du voisinage, et à y boire jusqu'à l'ivresse. Le seul jour où ils font de grandes dépenses, est celui où ils marient leurs enfants; aussi tâchent-ils d'en marier plusieurs à la fois. Rien n'est alors épargné, et l'on voit souvent à ces noces de campagne deux à trois cents convives, et un pareil nombre de mendiants qui y affluent de tous les côtés, certains qu'ils sont de faire un bon repas.

Il est des paroisses où la mariée ne doit quitter la maison paternelle, fût-elle à trois pas de la demeure conjugale, qu'en versant des larmes abondantes ; d'autres, où les filles de la noce l'enlèvent la première nuit aux caresses de son époux, et la cachent si bien qu'il ne peut la trouver que le lendemain. Dans certains endroits, il existe une coutume qui a quelque chose de patriarcal, et qui tend à resserrer les liens d'affection qui unissent les mariés aux gens de la noce. Chacun de ces derniers doit leur apporter son présent. L'un donne un agneau, l'autre une pièce de toile; celui-ci un instrument aratoire, celle-là une quenouille garnie. Tous enfin concourent, chacun selon ses facultés, à doter le jeune ménage, qui se trouve ainsi muni, de prime abord, des objets de première nécessité.

Les Celtes étaient soumis à leurs druides, et leur fanatisme était sans bornes. Les paysans du Morbihan ont pour leurs recteurs (on appelle ainsi les curés en Bretagne) un respect profond, une confiance exclusive. La chouannerie n'a subsisté aussi longtemps dans ces contrées que parce que les prêtres le voulaient ainsi. A leur voix, le Breton quittait sa chaumière, et courait assassiner les soldats du gouvernement, bien certain d'acquérir *sa part du paradis* s'il venait à succomber dans cette lutte contre ceux qu'on lui dépeignait comme les ennemis de Dieu.

Les Celtes n'étaient pas plus superstitieux que leurs successeurs. Il n'est pas une paroisse dans le Morbihan qui n'ait sa légende, son revenant, son loup-garou, ses miracles. Ici l'on montre l'empreinte du pied d'un saint sur une pierre; là, un peuple de nains, velus et noirs, doués de féerie et que l'on nomme *Poulpiquets*, viennent tourmenter pendant la nuit les craintifs habitants d'un hameau. Plus loin vous rencontrez un mendiant doué du pouvoir de fascination appelé *Goal avel* (mauvais vent). Dans la chapelle de Saint-Laurent près de Vannes, en offrant au saint une poignée de clous, sans les compter, on guérit des furoncles inflammatoires, vulgairement nommés *clous*. Près de celle de la Clarté, il est une fontaine où l'on obtient la guérison des yeux malades, en les y baignant pendant que l'on récite les prières consacrées. A Locminé, saint Colomban guérit les fous; à Carnac, saint Corneille guérit les bêtes à cornes, etc., etc.

Né sous un ciel nébuleux, sur un sol granitique heurté par les flots toujours mugissants d'une mer semée d'écueils, familier dès son enfance avec les orages et les tempêtes, ne vivant qu'au sein de sa famille, sans relations intimes avec ses voisins aussi isolés que lui, le paysan morbihannais ne peut être doué que de ce tempérament mélancolique sujet à de si profondes impressions. De là, cette ténacité invincible pour ses habitudes monotones, et cet amour, ou plutôt cette passion insurmontable qu'il conserve pour les lieux où il a reçu le jour, passion qui le poursuit partout où l'entraîne le sort, et le conduit rapidement au tombeau, du moment qu'il a perdu l'espoir de revoir le foyer paternel. L'ancienne compagnie des Indes, et après elle la marine royale, pour conserver les marins si précieux que leur fournissait la province, avaient toujours le soin d'embarquer sur chaque vaisseau expédié des ports de la Bretagne un joueur de bignou, largement rétribué, et dont les seules fonctions se bornaient à faire danser l'équipage. Par suite de cette sage précaution, l'État n'eut plus à regretter la perte énorme de marins qu'occasionnaient continuellement les voyages de long cours.

La plupart des villages, honorés du titre de bourgs, ne fussent-ils composés que de six chaumières, n'ont de communications avec les autres hameaux de leur ressort que par des sentiers ou ravins sinueux, et si étroits qu'une charrette en occupe souvent toute la largeur. Ces routes sont, pour la plupart, encaissées par deux rangs de fossés de quatre à six pieds d'élévation. La crête de ces levées de terre est garnie de broussailles ou d'arbres mutilés par des émondes septennales qui n'en font plus alors que des troncs hideux ou des souches dont les branches renaissantes ne tardent pas à former au-dessus du chemin une voûte horizontale extrêmement incommode et même dangereuse pour les gens à cheval.

Dans les campagnes, presque toujours avant de pouvoir gagner une habitation, il faut franchir dans toute son étendue un enclos qui sert de cour et d'aire à battre, et qui, jonché de pailles, de feuillage, ou d'herbes marines souillées de vase, forme un cloaque auquel sont ajoutées à chaque instant les vidanges de toute espèce délayées par les écoulements des îlots de fumier d'écurie élevés en face de chaque porte. En entrant dans l'une des chaumières, on aperçoit d'abord, à main droite, l'écurie, où les bestiaux, pressés les uns contre les autres, ruminent sur un fumier épais d'un ou de deux pieds, qu'on laisse fermenter plusieurs mois avant de l'enlever, et qu'on amoncelle auprès de la maison. Une simple cloison de planches, au milieu de laquelle est pratiquée une porte de communication, sépare l'étable de l'appartement du maître, dont le sol raboteux n'est pas même revêtu d'un simple pavé. Tout l'intérieur de cette pièce ne reçoit la lumière, et seulement du côté de la façade, que par le vide formé dans la partie supérieure des deux volets d'une lucarne, haute de deux à trois pieds, et grillée par des barreaux de fer. Au fond de cet asile ténébreux, est une cheminée large d'une toise sur autant d'élévation. Le foyer, exhaussé d'un pied, est flanqué à droite et à gauche d'un tronçon d'arbre servant de siége. Ce n'est que lorsque les hommes se sont couchés après avoir rempli la chambre d'un nuage épais de fumée de tabac, que la maîtresse et les autres femmes s'approchent de l'âtre où fument les restes d'un fagot de pin ou les cendres de quelques bouses de vaches desséchées. Là, d'abord mornes et silencieuses, mais devenues bientôt bavardes aux premiers ronflements du despote domestique, elles filent pendant l'hiver et bien avant dans la nuit, leurs quenouilles, à la triste lueur d'une longue chandelle de résine suspendue par un fer dans l'un des angles de la cheminée. La grande distance d'un village à l'autre ne permet pas ces réunions nombreuses qui, dans les autres pays, rendent les longues veillées si agréables aux jeunes gens, malgré la terreur que leur inspirent les histoires tragiques de voleurs, et celles encore plus épouvantables de fantômes enchaînés, dont les lamentables relations n'appartiennent exclusivement qu'aux bonnes grand'mères qui les certifient, et, à leur défaut, aux vieilles tantes revêches, ne tolérant aucune doute.

L'ameublement de ces humbles gîtes répond à leur triste aspect extérieur. Il consiste en plusieurs larges caisses, soutenues à deux pieds de terre par quatre pilastres qui se prolongent à peu de distance du plafond. Elles sont accolées aux murs, et sculptées ainsi que leurs étais et la corniche qui couronne la façade. Pour parvenir à la couche qu'elles contiennent, un grand coffre placé au-devant de chacun de ces lits, sert à la fois de vestiaire et de marchepied. Cette couche se compose d'une paillasse épaisse de deux à trois pieds, et d'un large sac rempli de paille d'avoine, suppléant les matelas et les moelleux lits de plumes des paysans de l'Artois et de l'Alsace. Le tout est recouvert de deux gros draps de fil et d'étoupe de chanvre, d'une couverture, et voilé par deux petits rideaux de serge. Point d'autres siéges ordinairement que ces coffres, et deux autres qui servent de bancs et d'office pour la table permanente, fixée en face de l'unique lucarne. Une armoire, tenant lieu de laiterie, un buffet orné de quelques plats séculaires d'étain ou de grosse faïence, sont le complément des meubles les plus précieux. Quant aux ornements de luxe, ils se bornent à quelques images fortement coloriées et bientôt enfumées, du prix de cinq à dix centimes. Quoi! pas un trumeau, ni même le plus petit miroir à l'usage des jeunes filles! — Pardonnez-moi, il n'est pas jusqu'à la plus effroyable servante qui ne tienne sous clef dans son coffre sa psyché de douze sous, et ne l'en tire les jours de fête, pour s'assurer, avant de se rendre à la grand'messe, qu'il ne manque rien à la sévère étiquette de son bavolet. Mais la plus jolie Bretonne, en employant aussi quelques heures à sa toilette dominicale, s'inquiète fort peu de la fraîcheur de son teint et de l'éclat plus ou moins vif de ses yeux, puisqu'aucun paysan n'y fera attention. Ce qui lui importe le plus, c'est que la jeune fille agenouillée auprès d'elle ou accroupie sur ses talons pendant tout l'office, ne découvre un faux pli dans sa coiffure, ou une épingle maladroitement placée; ce qui suffirait pour fournir matière, le jour suivant, au bavardage des laitières de sa connaissance, pendant tout le trajet de leurs villages à la ville.

En hiver avant le jour, et l'été après trois heures de travail, les paysans déjeunent avec des tranches de bouillie froide de sarrasin, humectées de lait caillé bouillant. Ils dînent à midi d'une autre bouillie d'avoine ou de millet trempé dans du lait aigri, mais froid. Le dessert consiste en un morceau de pain sec de seigle. Dans les plus longs jours, ils font un troisième repas vers les quatre heures, et dont une beurrée fait tous les frais. La boisson, dans ces diverses réfections, est fournie par la fontaine la plus voisine. On sert pour le souper une soupe au lard salé, à laquelle on ajoute encore un peu de vieux oing, pour lui donner plus de saveur, et quelques choux; cette soupe se fait le dimanche pour les cinq premiers jours de la semaine. Le cultivateur un peu à l'aise fait succéder à ce potage une cruche de cidre et une portion de lard bouilli dont chaque convive reçoit à peu près une once. Même régime pour les jours d'abstinence de viandes, remplacées par un ragoût de pommes de terre. Il en est ainsi pendant tout le carême rigoureusement observé, sauf les libations bachiques au cabaret, qui ne peuvent manquer d'avoir lieu, durant un si long intervalle chez des gens qui ne concluent rien sans le nectar breton, qu'ils n'estiment que lorsqu'il a acquis toute l'âcreté du vin de Brie.

Le paysan salue presque toujours le premier les personnes qu'il rencontre, en leur souhaitant le bonjour avant midi, et le bonsoir dès qu'il juge que le soleil est parvenu au méridien. S'il parle à quelque inconnu de sa classe plus âgé que lui, il lui donne le titre respectueux de parrain, celui de cousin s'il est à peu près de son âge, et le nomme affectueusement son filleul, s'il le juge de beaucoup plus jeune que lui. Quant aux autres campagnards de sa connaissance, il ne les appelle jamais que par leurs prénoms. Tous ont une idée innée des convenances qui les porte à soumettre leur ton, leurs gestes et leurs expressions au respect ou aux simples égards qu'ils croient devoir à l'âge, au sexe ou à l'opinion qu'ils ont de la personne à laquelle ils s'adressent. Ce n'est jamais qu'avec répugnance et lorsque la nécessité les y contraint, qu'ils s'énoncent en français; leur conversation est alors timide, leur maintien embarrassé et leur attention toujours distraite par la crainte de ne point être compris, ou de provoquer, par un mot impropre, ce rire moqueur que redoute tant leur amour-propre excessif. Voulez-vous les mettre promptement à l'aise, au risque de prolonger d'une heure un entretien qui n'exigerait que quelques minutes, adressez-leur la parole dans leur idiome : ce ne seront plus alors les mêmes personnages; leurs traits soucieux s'épanouiront de plaisir, leurs accents deviendront plus vifs et plus sonores, en même temps que leurs bras, jusqu'alors immobiles, s'agiteront en imitant assez exactement toutes les évolutions rapides de ceux d'un télégraphe. Ils sont tellement passionnés pour leur langage rude et sauvage, qu'il suffit de s'en servir, même ridiculement, pour être toujours bien accueilli par eux. On parvient par ce moyen, à les persuader bien plus facilement et à obtenir d'eux des conditions bien plus avantageuses dans toutes les transactions.

MINÉRALOGIE. Minerai de fer oxydé terreux exploité à ciel ouvert ou en petites galeries, qui alimente plusieurs hauts fourneaux; traces de mines de plomb à Saint-Maudé, près de Baud, et de mines d'étain près du Roc Saint-André. Belles carrières de granit, quartz, pierres de taille, ardoise, cristal de roche, terre à poterie, sable, etc.

SOURCES MINÉRALES FERRUGINEUSES au château de Pargo, près de Vannes, et à Loyal, près de Ploermel.

PRODUCTIONS. Céréales de toute espèce en quantités plus que suffisantes pour la consommation des habitants (on récolte annuellement plus de trois millions d'hectolitres de grains, dont un tiers est livré à l'exportation). Sarrasin, millet, lentilles, navets, lin, chanvre; quantité de fruits, donnant annuellement 240,000 hectolitres de cidre; peu de vin, et médiocre. — Bêtes fauves et menu gibier (oiseaux aquatiques). — Poisson de mer et d'eau douce (harengs, sardines, aloses, brochets). — Chevaux, moutons. — Beaucoup d'abeilles, dont le miel est recherché.

INDUSTRIE. Manufactures de toiles de Bretagne. Fabriques de draps communs, étoffes de laine, fil de chanvre, pain de seigle pour le commerce; porcelaine; filatures de coton; 87 tanneries; 7 papeteries. Construction de navires à Lorient, Auray, Vannes, Belle-Ile, Étet, Quiberon et la Roche-Bernard. Pêche de la sardine et du poisson frais. La sardine est un objet de commerce considérable dans le Morbihan; quand l'année est bonne et la pêche abondante, le produit ordinaire est de 200,000 milliers, dont 60,000 milliers sont embarillés, salés et expédiés dans l'intérieur, et 140,000 milliers consommés en vert dans le pays ou les départements circonvoisins. Cette pêche occupe 500 bateaux et environ 3,000 personnes employées à la pêche, à la préparation et à la vente des produits, qui s'élève année moyenne à 1,500,000 fr. Exploitation des marais salants, qui occupent 2,500 à 3,000 paladiers ou sauniers, et produisent annuellement 200,000 myriagrammes de sel.

COMMERCE de grains, eaux-de-vie, cidre, fruits, beurre, suif, sel, miel, cire, rhubarbe, chanvre, bestiaux, poisson salé, toiles, fils, cuirs, peaux, fers, papiers communs, huile de poisson. — Entrepôts réels et fictifs. — Cabotage.

VILLES, BOURGS, VILLAGES, CHATEAUX ET MONUMENTS REMARQUABLES; CURIOSITÉS NATURELLES ET SITES PITTORESQUES.

ARRONDISSEMENT DE VANNES.

ALLAIRE. Village situé à 12 l. de Vannes. Pop. 2,029 hab.

ARTZ (ÎLE D'), située dans le Morbihan, à 2 l. 1/2 S.-O. de Vannes. Pop. 1,082 habitants, presque tous marins. Les femmes seules cultivent la terre, qui produit du froment, un peu de mil, de lin et de chanvre, et une grande quantité de pommes de terre. L'île possède aussi quelques vignobles, mais ne produit ni bois, ni ajoncs, ni broussailles. Les pauvres gens y sont réduits à brûler du goëmon et des plantes marines.

Artz renfermait autrefois un grand nombre de monuments celtiques; ils ont été détruits en partie; cependant on y voit un cromlech, plusieurs dolmens et un menhir.

ARZON. Village situé à l'extrémité de la presqu'île de Rhuis et à l'entrée du Morbihan, où se trouve un petit port pour les vaisseaux marchands, nommé Port-Navalo. Son territoire est riche en monuments druidiques: on y voit deux barrows nommés le grand et le petit Mont (*voy.* SARZEAU).

AVÉE (SAINTE-). Village situé à 2 l. de Vannes. Pop. 1,400 hab.

Aux environs de ce village, sur le plateau d'une éminence qui domine sur de profondes vallées, et d'où les yeux embrassent un immense horizon, on remarque au midi de la chapelle de Mangoër-Lorian, une enceinte en forme d'ellipse, formée de murs en pierres brutes dont la hauteur a six à sept pieds d'élévation dans certains endroits. On regarde cette antiquité comme un camp romain; mais M. Mahé pense que c'est une enceinte sacrée des Celtes, où l'on pratiquait quelque cérémonie religieuse.

BILLIERS. Village situé à peu de distance de la mer, à 7 l. de Vannes. Pop. 896 habitants, presque tous pêcheurs.

Sur le chemin qui conduit de ce village à l'Océan, on voit l'ancienne abbaye de Prières, fondée en 1250 par le duc de Bretagne Jean Ier. — *Commerce* de poisson frais et de coquillages. Marais salants.

CARENTOIR. Bourg situé à 12 l. de Vannes. Pop. 5,487 hab. Son nom est formé de *Caër en toër*, en breton maison du couvent.

ELVEN. Bourg situé sur la route de Rennes, à 4 l. de Vannes (☞ au Pont-Guillemet). Pop. 3,815 hab.

Le territoire de cette commune renferme plusieurs antiquités celtiques: on y voit un cromlech ou cercle druidique, deux beaux dolmens et plusieurs menhirs. Mais le monument le plus remarquable est, sans contredit, le château d'Elven, un des plus beaux restes d'antiquités du moyen âge que possède la Bretagne (*voy. la gravure*). M. de Freminville, dans ses Antiquités de la Bretagne, ouvrage où nous avons puisé la plupart des descriptions et des faits historiques concernant les endroits remarquables des départements du Finistère et du Morbihan,[1] attribue la construction du château d'Elven à Eudon de Malestroit, qui le fit ériger en 1256, sur le plan et le même modèle qu'un château fort qu'il avait pris d'assaut en Palestine.

A TRÉDION, commune d'Elven, haut fourneau et moulerie. Papeterie.

GACILLY (la). Petite ville située sur la rive droite de l'Aff, à 12 l. de Vannes. Pop. 1,274 hab. — *Fabriques* de chapeaux. Tanneries.

GILDAS-DE-RHUIS (SAINT-). Village situé près de l'Océan, à 7 l. de Vannes. Pop. 1,300 hab.

Saint-Gildas doit son origine à un monastère fondé en 520 par Gildas le Sage. Abailard fut abbé de ce monastère en 1125; on sait que ses moines ayant voulu d'abord l'empoisonner et ensuite l'assassiner, il fut obligé de résigner ses fonctions et d'abandonner le pays. Les ruines de l'abbaye de

---

[1]. Antiquités de la Bretagne, *Morbihan* in-8°. 1834; *Finistère*, in-8°. 1832.

CHÂTEAU DE SUCINIO.

TOUR D'ELVEN.

Saint-Gildas offrent dans leurs détails d'intéressants modèles de l'architecture gothique lombarde.

Le château de Sucinio, antique forteresse située au fond de l'anse qui porte son nom, est une dépendance de la commune de Saint-Gildas. Ce château fut bâti vers l'an 1260, par le duc de Bretagne Jean le Roux. Il est flanqué de six tours rondes, surmontées de hautes cheminées. L'ensemble de cet édifice, quoique aujourd'hui fort dégradé, présente encore une masse imposante (*voy. la gravure*).

En 1380, les Espagnols ayant fait une descente dans la presqu'île, furent défaits et forcés de se rembarquer par Jean de Malestroit, qui commandait alors le château de Sucinio. Trente-quatre ans avant cette époque, il avait été pris par Jean de Montfort, et repris par Charles de Blois, son compétiteur au duché de Bretagne. Les ducs de cette province y ont fait souvent leur demeure, et la duchesse Anne surtout l'affectionnait extrêmement.

GRAND-CHAMP. Bourg situé sur une hauteur, à 4 l. de Vannes. Pop. 4,354 hab. Il possède une église paroissiale surmontée d'un clocher fort élevé, qui a formé le sommet d'un des triangles de Cassini. On voit plusieurs dolmens dans les environs.

GRAND-MONT. *Voy.* Sarzeau.

ILE-AUX-MOINES (l'). Elle est située dans le golfe du Morbihan, à 2 l. 3/4 S.-O. de Vannes. Pop. 1,538 h.—Cette île doit son nom à un ancien monastère dont on voit encore quelques ruines. Le terrain y est fort inégal, entrecoupé de coteaux et de vallons, mais il est cultivé avec beaucoup de soin. Outre des plantations de céréales, de lin et de chanvre, on y voit quelques vignobles qui produisent des vins blancs passables. L'île ne renferme ni chevaux, ni moutons; on y trouve seulement des vaches en assez grand nombre. Les hommes étant presque tous marins, ce sont les femmes qui cultivent les terres; elles labourent et sèment, employant la charrue attelée de deux bœufs.

On remarque dans l'île un beau dolmen double que les habitants nomment l'*Autel du sacrifice*. On y a aussi découvert plusieurs tombeaux de pierre grossièrement taillée, et qui renfermaient, outre des fragments de statues imparfaitement exécutées, plusieurs lames de cuivre et de silex.

LIMERZEL. Village situé à 8 l. 1/2 de Vannes. Pop. 1,400 hab.

On remarque vers le nord, à un quart de lieue de Limerzel, deux rangées de tombelles contiguës, à forme demi-sphérique, dont la principale a la forme d'un cône tronqué et environ douze pieds d'élévation.

MARZAN. Village situé à 9 l. de Vannes. Pop. 1,700 hab. On remarque aux environs, sur une hauteur flanquée de rochers, une enceinte en forme d'ellipse, entourée de levées de terre de quatre ou cinq pieds de hauteur, et ceinte d'un fossé. M. Mahé pense que ce dut être un témènes, où les Celtiques se réunissaient pour honorer les dieux.

MUZILLAC. Petite ville située à 12 l. de Vannes. ✉ ☞ Pop. 2,000 hab. — *Fabriques* de chapeaux communs.

NIVILLAC. Village situé à 11 l. de Vannes. Pop. 2,700 hab. — Forges et haut fourneau.

NOLF (SAINT-). Village situé à 2 l. de Vannes. Pop. 1,124 hab. On voit aux environs deux tombeaux celtiques. — Moulin à foulon.

PLEUDREN. Village situé à 4 l. de Vannes. Pop. 2,336 hab.

On voit sur le territoire de cette commune, à peu de distance du grand chemin de Josselin, un menhir de près de 20 pieds d'élévation.

PLŒREN. Village situé à 2 l. 1/2 de Vannes. Pop. 1,100 hab.

C'est dans cette commune qu'était le château du Garro, situé dans une lande sur une hauteur qu'un marais protége de plusieurs côtés. La porte de la cour existe encore, ainsi qu'une haute tour carrée sans créneaux. Non loin de ce vieux manoir, on voit la chapelle de Bethléem, dont on ignore l'époque de la fondation.

PLUHERLIN. Village situé à 8 l. de Vannes. Pop. 1,700 hab.

On remarque sur le territoire de cette commune une plaine qu'on nomme la lande de Haut-Brambien, qui peut avoir une demi-lieue en tous sens, et qui est parsemée de pierres énormes dont le nombre s'élève à plus de 2,000. Presque toutes ces pierres sont gisantes sur la terre et sans alignement; peu de blocs ont moins de douze pieds, souvent dix-huit et vingt-quatre, et on en voit un qui couvre au moins trente pieds de terrain de sa longueur, et dix de sa largeur.

QUESTAMBERT. Petite ville située à 6 l. 1/4 de Vannes. Pop. 3,592 hab.

Cette ville est ancienne et généralement mal bâtie. En 888, Alain, comte de Vannes, remporta sous ses murs une victoire signalée sur 15 à 16,000 Normands, dont il s'échappa à peine 6 ou 700. — Grand commerce de beurre. Tanneries.

ROCHE-BERNARD (la). Petite ville maritime, située à 10 l. de Vannes. ✉ ☞ Pop. 1,258 hab.

Cette ville est bâtie à quatre lieues de l'embouchure de la Vilaine, que l'on y passe sur un pont suspendu remarquable par la hardiesse de sa construction; il a 540 pieds de long, et 100 pieds de hauteur au-dessus des plus hautes marées. Elle possède un port très-fréquenté par de petits bâtiments de commerce, qui peuvent même remonter la Vilaine jusqu'à Nédor. — *Établissement de la marée du port*, 4 heures 30 minutes. — Construction de navires.

ROCHEFORT. Petite ville située à 9 l. de Vannes. Pop. 707 hab. Elle est bâtie dans une situation pittoresque, près d'immenses collines arides et schisteuses qui la dominent au nord, et forme un contraste piquant avec les riants bocages, les vertes prairies et les riches guérets qui l'environnent de tous les autres côtés. — Exploitations importantes de belles carrières d'ardoises.

SARZEAU. Petite ville, agréablement située dans la presqu'île de Rhuis, à 6 l. de Vannes. Pop. 6,126 hab.

On remarque aux environs de cette ville plusieurs monuments druidiques, et les châteaux de Klévénan et de Sucinio (*voyez* Saint-Gildas). De la tour de l'église paroissiale on jouit d'une vue magnifique: on découvre tout le Morbihan avec ses îles nombreuses; dans la haute mer, on aperçoit Belle-Ile, l'entrée de la Vilaine, les îles d'Houat, Hœdic, et une immense étendue de mer.

Sarzeau est la patrie de le Sage.

A une forte lieue de Sarzeau, près du village de Tumiac, on voit le plus grand tumulus qui existe en France. Ses proportions sont si étonnantes qu'on lui a donné le nom de Grand-Mont; il a cent pieds de hauteur et trois cents pieds de circonférence à sa base; sa forme est celle d'un cône, et il est couvert dans toute sa hauteur d'un gazon serré. Cette tombelle s'aperçoit de très-loin en mer, et sert de point de reconnaissance aux bâtiments caboteurs.

SURZUR. Village situé à 5 l. de Vannes. Pop. 2,299 hab. — *Fabriques de draps*.

THEIX. Joli village, situé sur une hauteur, sur la route de Nantes à Vannes, à 2 l. de cette dernière ville. Pop. 2,577 h.

VANNES. Ville maritime, chef-lieu du département et de deux cantons. Tribunaux de première instance et de commerce. Société d'agriculture. Évêché établi vers la fin du IV siècle. Collège communal. École d'hydrographie de quatrième classe. Séminaire diocésain. ✉ ☞ Pop. 10,393 hab. *Établissement de la marée du port*, 1 heure 52 minutes.

Vannes est une ville fort ancienne; mais c'est une erreur de croire que la cité actuelle est la même que celle qu'assiégèrent les troupes romaines, et qui leur opposa une si longue résistance. M. de Fréminville a prouvé, selon nous, d'une manière péremptoire, que l'oppidum gaulois assiégé du temps de César se trouvait où existe aujourd'hui Locmariaker. L'histoire de cette ville se trouve liée à l'histoire de la Bretagne. Ce fut dans la forêt voisine de cette ville, au château de Coëtlon, qu'en 840, après la mort de Louis le Débonnaire, les évêques et les seigneurs du pays, réunis par Nominoé, nommèrent roi ce gouverneur de la Bretagne. Vannes fut ravagée par les Normands en 847 et en 865. Vannes fut le théâtre d'événements importants, à l'époque où les comtes de Blois et de Montfort se disputèrent la souveraineté de la Bretagne. Assiégée plusieurs fois, cette ville fut prise, reprise et souvent dévastée. Elle eut aussi beaucoup à souffrir pendant les guerres de la Ligue; c'était alors une cité importante par son port, son commerce et ses fortifications, qui rivalisait avec Rennes et Nantes. Pendant soixante t onze ans, elle fut le siège d'un parlement créé par le duc François II. Les états de Bretagne s'y rassemblèrent en 1532, et y signèrent la fameuse requête qui détermina la réunion de la Bretagne à la France.

Vannes, autrefois parfaitement fortifiée, avait six portes; il en reste cinq encore. Les tours qui défendaient la porte du Levant, ont longtemps servi de prisons. La *tour du Connétable*, seul débris existant de l'ancien château de l'Hermine, bâti en 1387 par le duc de Bretagne Jean IV, a servi aussi de prison pour les femmes. Son nom vient de ce que le fameux Clisson y fut attiré par trahison, et emprisonné pendant quelque temps: le duc Jean avait même donné l'ordre de le mettre à mort, mais le commandant du château, le brave Baslaven, se contenta de dire au prince que ses or-

VANNES.

LA ROCHE-BERNARD.

dres étaient exécutés. Peu de jours après, le duc repentant fut heureux d'apprendre que le connétable vivait encore; il récompensa noblement le gentilhomme qui avait eu le courage de lui désobéir, mais il ne fut pas aussi généreux envers Clisson, qu'il ne mit en liberté que moyennant une forte rançon.

La ville de Vannes est située à l'extrémité du golfe du Morbihan, à cinq lieues de l'Océan, sur le sommet et le versant méridional d'une colline et à la jonction de deux ruisseaux qui ont leur source à peu de distance; deux quartiers dont les maisons sont construites sur pilotis, s'étendent dans la vallée. Vannes se présente à l'extérieur sous un aspect assez pittoresque, mais l'intérieur, à l'exception d'une seule rue nouvellement alignée, n'offre que des ruelles sombres, malpropres, mal pavées, bordées de laides et hautes maisons et de sales échoppes. On y trouve pourtant quelques places publiques dont la principale est aujourd'hui plantée d'arbres.

Cette ville possède un petit port bordé d'assez beaux quais, mais qui ne peut recevoir que des bâtiments d'un faible tonnage, et dont l'entrée est obstruée par des vases. Un des côtés est planté d'arbres qui forment une jolie promenade, l'autre est en partie occupé par des chantiers de construction : les constructeurs de Vannes sont renommés pour la coupe des chasse-marées.

La cathédrale est l'édifice le plus remarquable; l'extérieur n'a rien de digne d'attention; une flèche assez lourde a remplacé l'aiguille hardie et élancée qui le dominait autrefois et qui fut détruite par la foudre en 1824. L'époque de la fondation de cet édifice n'est pas connue d'une manière certaine : on croit généralement que saint Patern, premier évêque de Vannes, en jeta les fondations au commencement du VIe siècle. Elle fut brûlée dans le XIe siècle par les Normands, réédifiée depuis, et était de nouveau en ruine à la fin du XVe siècle, lorsqu'elle fut rebâtie telle qu'on la voit aujourd'hui. L'intérieur, dépourvu de bas-côtés, a cependant de la grandeur et de la majesté; la voûte, belle et hardie, repose, non sur des pilastres, mais sur des murs latéraux. A l'entrée du chœur s'élèvent deux énormes piliers surmontés de vases de fleurs, et à la base desquels sont deux autels supportant de belles statues en marbre blanc. — Les tombeaux de saint Vincent Ferrier et de l'évêque Bertin décorent cette église. Le premier est remarquable par la simplicité sévère du style, et le second par une belle statue qui ne laisse rien à désirer pour le fini du travail. On y voit aussi deux tableaux de grande dimension, représentant l'un la *résurrection de Lazare*, et l'autre une *prédication de saint Vincent de Paul*.

L'ancien *château de la Motte*, dont la construction remonte au delà du VIe siècle, et qui, rebâti entièrement dans le XIIIe, et réédifié en partie vers 1720, a longtemps servi de palais épiscopal, est aujourd'hui l'hôtel de la préfecture. Le couvent des Carmes déchaussés est devenu le palais épiscopal. — Vannes possédait autrefois un grand nombre de monastères qui ont reçu une nouvelle destination : la manutention des vivres occupe les Carmélites; la troupe de ligne loge aux Visitandines, et la gendarmerie aux Jacobins. Un ancien couvent renferme l'institution du Père éternel, fondée pour l'éducation des filles pauvres, par mesdames de Molé et de Lamoignon; on y élève 60 jeunes personnes, et on y donne l'éducation première à un grand nombre de jeunes filles externes. — La salle haute de la halle de Vannes a servi en 1532 aux états de Bretagne, et dans le XVIIe siècle, en 1675, aux audiences du parlement de Rennes, qui, transféré à Vannes à la suite d'une émeute, y resta pendant 14 ans. Cette salle a depuis été transformée en salle de spectacle.

Vannes possède un collège, 3 hôpitaux bien tenus : l'hôpital général consacré aux enfants trouvés, aux orphelins et aux aliénés; l'hospice des incurables, et l'hospice civil et militaire; plusieurs promenades, parmi lesquelles on distingue le cours de la Garenne; une belle bibliothèque publique, riche de 8,000 volumes, et qu'on doit aux soins intelligents de la Société polymathique. Depuis quelques années une prison neuve a été construite en dehors des murs.

Industrie. Fabriques de gros draps, toiles de fil et de coton, dentelles. Fonderies de fer. Tanneries. Papeterie. Brasseries. Chantiers de construction. Exploitation des marais salants. — *Commerce* de grains, chanvre, miel, cire, beurre, sel, suif, cidre, vins de Bordeaux.

A 26 l. de Nantes, 25 l. 1/2 de Rennes, 108 l. de Paris. — *Hôtels* de France, du Commerce, du Dauphin, de la Croix verte.

ARRONDISSEMENT DE LORIENT.

ARDVEN. Village situé à 5 l. 1/2 de Lorient. Pop. 2,500 hab. On remarque aux environs six dolmens bien conservés, supportés les uns par quatre, les autres par cinq ou six piliers.

AURAY. Jolie petite ville maritime, située à 9 l. de Lorient. Collége communal. ✉ ☞ Pop. 3,734 hab. — *Établissement de la marée du port, 3 heures 45 minutes.*

Auray date d'une époque fort reculée ; une tradition rapportée par le Baud en attribue la fondation au célèbre roi Artus, qui vivait dans le VIe siècle; mais ceci n'est pas constaté. Le premier acte authentique qui en fasse mention, est un titre de 1069 ; ce n'était alors qu'une chétive bourgade fréquentée seulement à cause de son port, et à laquelle son commerce fit prendre de l'accroissement. La ville ne fut jamais entourée de murailles ; elle était seulement défendue par un fort château qui fut démoli en 1558, et dont les pierres furent employées à la construction du fort de Belle-Ile en Mer.

La ville d'Auray est bâtie sur une colline élevée qui prend naissance au bord de la mer et se termine par un vaste plateau où se trouve une promenade bien ombragée : elle est petite, fort agréable, et possède une petite place publique et un très-joli hôtel de ville. Derrière la partie haute de la ville, on remarque l'église du Saint-Esprit, vaste édifice d'architecture gothique-arabe, où l'on entre par un porche autrefois orné de statues; les grandes fenêtres sont des ogives à quatre divisions, surmontées de fleurons à jour d'un travail fort délicat ; entre chaque fenêtre un contre-fort allant du pied de l'édifice jusqu'au comble. Cette église doit dater de la fin du XIIIe siècle. Aux environs est la chapelle isolée de Sainte-Anne d'Auray, qui attire une grande affluence de pèlerins à certaines époques de l'année.

Le port d'Auray, formé par l'embouchure de la rivière de ce nom dans le Morbihan, est excellent et peut recevoir des navires d'un fort tonnage ; le quai est beau et bien entretenu ; on y voit plusieurs chantiers de construction toujours en activité.

Fabriques de dentelles. Filature de coton. Tuileries. Briqueteries. Pêche de la sardine. Construction de navires. — *Commerce* de grains, fruits, beurre, miel, cuirs, chevaux et bestiaux. Grand et petit cabotage très-actif. — *Hôtels* des Pavillons, du Lion d'or.

BELLE-ILE EN MER (île de). Ile formant un canton composé de 4 communes, le Palais, Bangor, Locmarin et Sauzon. Le Palais est le chef-lieu de l'île et du canton.

Cette île, environnée de rochers, est située dans l'océan Atlantique, à 4 l. S.-O. de Quiberon et à 10 lieues de Lorient et de Vannes. Elle a quatre lieues de long sur deux dans sa plus grande largeur, et environ dix lieues de circonférence ; son territoire est fertile et agréable ; il produit de très-beau froment, et abonde en pâturages excellents, où l'on élève annuellement sept à huit cents chevaux de trait de la plus belle espèce bretonne. Cette île a successivement porté le nom de l'Ile de Guedel, et celui de Belle-Ile qu'on lui a sans doute donné à cause de la douceur et de l'égalité de son climat, et de la fertilité de son territoire.

Dans le Xe siècle, Belle-Ile appartenait à un comte de Cornouailles qui en fit présent à l'abbaye de Quimperlé. Dans le XVIe siècle, les moines de Quimperlé représentèrent au roi que Belle-Ile était un embarras dans leurs mains, parce qu'en temps de guerre l'ennemi y trouvait un accès facile et s'y retranchait ; ils demandèrent l'autorisation de l'échanger : cet échange eut lieu avec le maréchal de Retz, favori de Charles IX, gouverneur et amiral de Bretagne, qui fit construire dans l'île une forteresse et bâtir un grand nombre de maisons. Henri IV érigea Belle-Ile en un marquisat-pairie qui fut acheté en 1658 par Fouquet. Ce fameux surintendant des finances employa des sommes considérables à la construction d'un port, de magasins publics et d'édifices de toute nature ; il fut disgracié en 1661, et Louis XIV fit aussitôt prendre possession du château. L'île et la seigneurie restèrent néanmoins la propriété de madame Fouquet, dont le petit-fils eut le titre de marquis de Belle-Ile. En 1718, le duc d'Orléans, régent du royaume, voulant réunir Belle-Ile à la couronne, l'échangea contre le comté de Gisors, de Longueil, et d'autres seigneuries. Cet échange donna lieu à plusieurs procès et à de longues discussions.

Le Palais, chef-lieu de l'île, doit son nom à l'ancien château du marquis de Belle-Ile. On y voit une église paroissiale bien bâtie et de beaux magasins; la citadelle est respectable et classée encore parmi les places de guerre. Les Anglais l'ont souvent attaquée : en 1761, ils s'en rendirent maîtres après un long siège; mais à la paix de 1763, ils la restituèrent à la France. En 1795, lors de l'expédition de Quiberon, ils essayèrent vainement de s'en emparer.

Belle-Ile possède des sources d'eau excellente. On remarque à une demi-lieue de Palais le réservoir de Port-Larron, construit par Vauban pour servir à l'approvisionnement des vaisseaux de la marine royale.

Le gouvernement vient de faire construire à Belle-Ile un phare, dont le feu placé à 156 pieds de hauteur, et tournant de minute en minute, sera aperçu à une grande distance par les navigateurs; il est placé dans la commune de Bangor, non loin du port de Goulphare. Ce magnifique ouvrage est de forme ronde et entièrement construit en granit taillé en plein sur toutes les faces; sa lanterne est un ouvrage achevé. — Le gouvernement vient aussi d'ordonner la création d'un port à Sauzon, réclamé depuis longtemps par le commerce.

Le territoire de l'île renferme plusieurs monuments druidiques. Elle possède deux ports d'échouage et un excellent mouillage. Cent cinquante chaloupes sont employées annuellement à la pêche sur les côtes, qui sont très-poissonneuses.

BELZ. Village situé à peu de distance de l'Océan. Pop. 1,427 hab. Cette commune renferme l'île de Saint-Cado, célèbre par le séjour qu'y fit le saint du même nom.

BRECH. Village situé à 8 l. 1/2 de Lorient. Pop. 2,400 hab.

En 1364, le 29 septembre, Jean de Montfort défit près de ce village Charles de Blois, son compétiteur au duché de Bretagne. La victoire fut complète; Charles de Blois y perdit la vie et du Guesclin fut fait prisonnier. En 1382, Jean de Montfort fonda au lieu même où se donna la bataille, une chapelle en l'honneur de saint Michel, et y plaça des chanoines. Ce monastère fut donné aux chartreux en 1480; aujourd'hui il appartient aux sœurs de la Sagesse, qui y ont fondé une école de sourdes-muettes.

On remarque encore sur le territoire de cette commune, un monument élevé aux émigrés tués à Quiberon, ou fusillés après leur défaite, non loin de la Chartreuse, sur le bord de la rivière d'Auray. Il se compose de deux parties : le monument proprement dit, et la chapelle expiatoire.

Le monument est placé dans une chapelle attenant à l'église de la Chartreuse. Le sarcophage offre sur le devant les bustes de MM. de Sombreuil et de Soulanges; sur le derrière ceux de MM. d'Hervilly et de Talhouet. Deux bas-reliefs représentent les faits les plus remarquables. Les noms de neuf cent cinquante-deux victimes de la défaite de Quiberon sont inscrits sur trois des faces du mausolée. Deux autres bas-reliefs sont placés dans la chapelle même. On pénètre dans l'édifice par un portique formé de colonnes doriques, sur le fronton duquel est cette inscription :

GALLIA MOERENS POSUIT.

La chapelle expiatoire est élevée non loin de là, sur le bord de la rivière; c'est un temple d'une architecture grecque, dont le fronton est supporté par quatre colonnes doriques avec cette inscription :

IN MEMORIA ÆTERNA ERUNT JUSTI.

Au village de Herlano, dépendance de Brech, on a tenté d'élever, avant la révolution de 1830, à la mémoire de Georges Cadoudal, né à Brech, un monument qui est resté inachevé.

CARNAC ou **KARNAC**. Bourg situé sur une hauteur, près la mer, à 7 l. 1/2 de Lorient. Pop. 1,820 hab.

A un quart de lieue de ce bourg, se trouve l'un des monuments celtiques les plus remarquables qui existent en France. Il est situé dans une vaste lande, et consiste en plus de douze cents énormes pierres brutes, rangées en ligne droite sur onze files parallèles, et s'étendant du sud-est au nord-ouest, sur une longueur de 763 toises, et une largeur de 47 toises. A l'extrémité nord-ouest de ces files, est un demi-cercle formé de pierres semblables. La majeure partie des pierres qui composent le bizarre monument de Carnac, sont de véritables menhirs ou pierres plantées verticalement en terre, pour la plupart la pointe en bas, et dont les hauteurs varient autant que les formes. Les plus élevées ont 18 à 20 pieds de haut, beaucoup en ont de 10 à 12, et quelques-unes seulement 4 à 5; d'autres enfin sont de gros blocs simplement posés sur le sol.

Rien ne présente un spectacle plus étrange, plus singulier, plus grand, que l'assemblage de ce monument aussi grossier que gigantesque. Le nombre de ces pierres, leurs figures bizarres, l'élévation de leurs grises sommités, allongées et mousseuses, qui se dessinent d'une manière tranchante sur la noire bruyère dont la plaine est couverte, enfin la silencieuse solitude qui les environne, tout frappe, tout étonne l'imagination, tout pénètre l'âme d'une vénération mélancolique pour ces antiques témoins des événements qui signalèrent tant de siècles accumulés sur leurs têtes.

L'église paroissiale de Carnac est le but annuel d'un célèbre pèlerinage, où l'on accourt de très-loin, pour préserver les bestiaux des maladies contagieuses !... La beauté de cette église, bâtie en pierres de taille et décorée de peintures, indique l'abondance des offrandes. Deux bœufs, réduits au quart de la proportion naturelle, sont sculptés au-dessus de la grande porte et au devant de la niche du saint.

CRACH. Village situé à 10 l. 1/2 de Lorient. Pop. 1,800 hab. On voit aux environs un fort beau dolmen très-bien conservé.

ERDVEN. *Voy.* ARDVEN.

GROIX (ILE DE). Elle est située dans l'océan Atlantique, en face de l'embouchure du Blavet. Cette île est grande, haute, et se voit de très-loin; son point culminant a environ 120 pieds au-dessus du niveau de la mer. Ses côtes méridionales sont belles, et sur plusieurs points de sa circonférence on pourrait former des ports de refuge.

Le sol de l'île est un rocher recouvert par une mince couche de terre, mais néanmoins assez fertile dans les parties orientale et septentrionale; le reste ne présente que des landes. Les productions de la partie cultivée consistent en très-beau froment et en lentilles très-estimées. Les habitants sont presque tous marins, et renommés pour leur intrépidité; la pêche est leur principale occupation.

On remarque dans l'île de Groix plusieurs cavernes, parmi lesquelles on cite le trou d'Enfer, le trou du Tonnerre, la grotte aux Moutons, et la grotte aux Pigeons. Population 2,600 hab. *Établissement de la marée*, 3 *heures* 30 *minutes;* la mer monte de 15 pieds. Phare à feu fixe.

HENNEBONT. Jolie petite ville maritime, située à 2 l. de Lorient. ✉ ☞ Pop. 4,477 hab.

Cette ville est bâtie à l'intersection de six grandes routes, sur le flanc d'une colline qui domine la rivière du Blavet, où elle a un port qui peut recevoir des navires de moyenne grandeur. Avant l'établissement de Saint-Louis, elle faisait un commerce assez étendu et était bien fortifiée; on voit encore des restes de ses murailles bordées d'un parapet à mâchicoulis, s'étendant le long du quai de la rive gauche du Blavet. Hennebont s'élève sur deux coteaux et se divise en trois parties : la ville vieille, la ville murée, et la ville neuve. On y remarque plusieurs maisons d'architecture gothique, qui dénotent des constructions du XIVe et du XVe siècle. Cette ville était défendue par un château qui la dominait, et dont il ne reste que la porte de forme ogive, pratiquée dans une courtine joignant deux fortes tours qui servent aujourd'hui de prisons. Les dehors de cette cité sont on ne peut plus agréables.

Au XIVe siècle, Hennebont fut le théâtre de plusieurs opérations militaires. Les partisans de Charles de Montfort s'en emparèrent en 1341. Cette même année elle fut assiégée par Charles de Blois; mais Jeanne de Montfort, qui commandait la place, soutint courageusement plusieurs assauts, et le força de lever le siège. Charles de Blois tenta encore inutilement de s'en emparer en 1342. Du Guesclin la prit en 1375, et passa la garnison anglaise qui la défendait au fil de l'épée.

On remarque à Hennebont plusieurs belles constructions particulières. L'église principale, d'architecture gothique, date du milieu du XIVe siècle. Près des promenades, est une source minérale que l'on croit sulfureuse, et à une demi-lieue de là une source d'eau minérale acidule froide.

A quelque distance de la ville, en remontant le Blavet, on voit les restes du monastère de Notre-Dame de la Joie, couvent de filles de l'ordre de Cîteaux, fondé en 1252, dont les bâtiments sont aujourd'hui affectés à des forges et fonderies.

Fabriques de cuirs. Construction de navires. — *Commerce* de grains, vin, cire, miel, cidre, suif, chanvre, peaux vertes, fer, etc. Le marché aux grains d'Hennebont est un des régulateurs du prix des grains pour l'importation et l'exportation.

LANDEVANT. Village situé à 6 l. de Lorient. ☞ Pop. 1,500 hab. — Éducation de chevaux.

LORIENT.

LANGUIDIC. Bourg situé à 4 l. 1/2 de Lorient. Pop. 6,064 hab.

LOCMARIAKER. Village situé près de l'Océan où il a un port qui peut recevoir des bâtiments de toute grandeur, à 12 l. 1/2 de Lorient. Pop. 2,268 hab.
Locmariaker, aujourd'hui chétif village, occupe l'emplacement de *Darioricum*, métropole de la belliqueuse peuplade des Vénètes. On y voit les restes d'un cirque, les débris d'une voie romaine, et de nombreux monuments druidiques; parmi ces derniers, le plus remarquable est un grand dolmen, dont la surface intérieure offre des caractères inconnus sculptés en creux, qui ont près d'un pied de longueur. Non loin de là est un menhir colossal de 63 pieds de longueur, brisé en six parties.

LORIENT. Grande et belle ville maritime. Chef-lieu de sous-préfecture. Place de guerre de 3ᵉ classe. Préfecture maritime. Tribunaux de première instance et de commerce. Chambre et Bourse de commerce. École d'hydrographie de 2ᵉ classe. Collége communal. Comité d'agriculture. Direction des douanes. ✉ ☞ Pop. 18,322 hab. *Établissement de la marée du port*, 3 heures 30 minutes.

Au commencement du XVIIᵉ siècle, Lorient n'était qu'un village peu considérable, qui fut donné en 1666 à la Compagnie des Indes, dont les armements se faisaient alors au Havre. En 1728, cette Compagnie y établit sa place d'armes et son magasin général, et c'est de cette époque que date la construction des magasins, des quais, des cales, qui servent encore au service de l'arsenal. En 1733, le commerce y ayant attiré une nombreuse population, on fixa l'alignement des rues, le plan de la ville fut approuvé, elle eut un maire et des officiers municipaux nommés par le roi. Lorient comptait, en 1738, 14,000 habitants; dans la même année on pava les rues et les quais, et on établit des octrois. En 1741, Lorient obtint l'autorisation de s'entourer de murs qui furent aussitôt commencés. Ces fortifications ne tardèrent pas à lui être utiles, car, en 1746, les Anglais, commandés par le général Saint-Clair, firent une descente dans la baie de Pouldu à deux lieues de Lorient, et s'avancèrent vers la place, dans l'espoir de la surprendre. Au lieu de brusquer un assaut qui, probablement aurait eu pour eux un favorable résultat, ils perdirent un temps précieux à former un camp, à parlementer et à lancer quelques projectiles qui n'occasionnèrent que de légers dommages. On voit encore aujourd'hui incrusté dans la façade de la chapelle des Congréganistes un boulet que l'on conserve comme un trophée de ce siège. Abandonnés à eux-mêmes, et effrayés des sommations menaçantes de l'ennemi, les habitants étaient néanmoins disposés à se rendre, lorsque le comte de Tinteniac amena un secours de quelques centaines d'hommes. Admis au conseil, où l'on traitait avec le parlementaire anglais, ce brave Breton déchira le projet de capitulation, répondit sur sa tête du salut de la ville, s'empara de la garde des portes, et ordonna de battre la générale sur les remparts et dans tous les quartiers. Les assiégeants, craignant d'être attaqués par des forces supérieures, se rembarquèrent avec une telle précipitation, qu'ils firent sauter leurs poudres, et abandonnèrent quatre canons et un mortier, dont le roi fit présent aux habitants de Lorient. En 1763, la ville continua à s'embellir et à s'organiser; des écriteaux indiquèrent le nom des rues. En 1764, une école gratuite de dessin y fut créée. En 1770, la Compagnie des Indes étant dissoute, le commerce fut déclaré libre, et l'intendant de la marine de Brest vint à Lorient prendre possession, pour le roi, du port, des vaisseaux et des magasins qui appartenaient à la Compagnie. L'école d'hydrographie fut instituée en 1771. En 1779, on ouvrit la salle de spectacle. En 1783, la ville fut éclairée par des réverbères; les quais et la place de la Comédie furent plantés d'arbres. En 1784, Lorient fut déclaré port franc, et dans la même année on y autorisa l'établissement d'une bourse. En l'an IV (1796), un bagne y fut formé; il est aujourd'hui consacré aux militaires condamnés pour insubordination.

Cette ville est située sur l'Océan, au fond de la baie de Saint-Louis, à l'embouchure de la rivière de Scorf; elle est grande, très-bien bâtie, et entourée de fortifications. Les rues sont spacieuses, larges, bien pavées, tirées au cordeau, et bordées de maisons d'une architecture agréable; les places publiques sont vastes et régulières; les promenades très-agréables. Le port est grand, sûr et très-commode; il est entouré de bâtiments magnifiques, bordé de beaux quais où les plus gros navires peuvent faire leurs chargements, et précédé d'une superbe rade où peuvent mouiller en sûreté les plus fortes escadres; ce port peut être considéré comme un des premiers chantiers du royaume, par la quantité de cales qu'il renferme et où l'on peut construire à la fois trente vaisseaux de guerre. On remarque dans le port l'hôtel de la préfecture maritime; la salle des ventes; le parc d'artillerie; la machine à mâter; la poulierie mue par une machine à vapeur, qui fait aussi mouvoir de grandes forges et alimente une fonderie; la cale couverte; le bassin de construction où se trouvent plusieurs cales découvertes pour les vaisseaux, les frégates et les corvettes; la tour des signaux, haute de 37 mètres 1/2, située sur une petite montagne au sud du port: cette tour sert à la fois de phare, de girouette pour reconnaître les aires du vent, et d'observatoire; de son sommet, et d'un seul coup d'œil, on découvre entièrement le plan du port, ses arsenaux, ses vaisseaux, ses chantiers et ses beaux jardins. Les magasins de la marine sont grands et vastes. Les divers bâtiments qu'avait fait construire l'ancienne Compagnie des Indes, ont été convertis en une caserne pour les marins. Les casernes de l'artillerie sont remarquables, et peuvent contenir 1,800 hommes.

La place Royale, plantée de plusieurs rangs de tilleuls, offre de jolies constructions; la place du marché est décorée d'une colonne en granit, élevée en 1833 à la mémoire de l'intrépide Bisson; elle a 8 mètres de hauteur, et est surmontée de la statue en bronze du jeune héros. Le quartier le plus beau est celui du quai, dont les maisons sont construites sur un plan uniforme; quatre rangées d'ormes y donnent un ombrage agréable, à l'abri duquel on peut jouir de la vue de la rade et du port. C'est sur le quai, près de cette promenade, que les navires caboteurs viennent décharger leurs marchandises; on y remarque une belle fontaine dont la cuvette ou citerne contient 1,200 barriques d'eau. La salle de spectacle est jolie, mais petite. L'église paroissiale offre dans son architecture une bizarrerie qui étonne; cet édifice devait le disputer en grandiose à nos plus belles basiliques; on lui avait donné d'immenses proportions; mais après trente ans de travail, désespérant de le terminer, on prit la singulière résolution d'en démolir une partie pour finir le reste. L'hôtel de ville est mal situé, mais bien distribué; on y remarque surtout la salle où se font les mariages: elle a la forme d'un prétoire antique et est d'une décoration simple et élégante. Les boucheries de Lorient méritent d'être citées à cause de leur extrême propreté. Les faubourgs de la ville sont également assez bien bâtis; le plus considérable est celui de Kerentreich du côté de Vannes; on avait commencé à y construire un pont sur le Scorf, mais après plusieurs années, et lorsque toutes les pierres granitiques qui devaient composer ce pont étaient déjà taillées, on a été obligé de renoncer à sa construction, de crainte, en brisant le cours des eaux de la rivière, de contribuer à envaser le port.

A une demi-lieue de Lorient se trouve un vaste polygone pour les exercices de l'artillerie et le tir des bouches à feu. Au milieu de la rade est l'île Saint-Michel, sur laquelle on a construit il y a peu d'années un vaste lazaret, d'où l'on découvre un panorama magnifique.

Patrie de Cambry et de plusieurs hommes distingués dans les armées et dans la marine.

Fabriques de chapeaux. Pêche de la sardine. — *Commerce* de vins, eau-de-vie, cire, miel, beurre, etc.

A 16 l. de Vannes. 140 l. de Paris. — *Hôtels* de France, des Étrangers, de la Croix verte, du Lion d'or, du Commerce.

PALAIS (le). Bourg maritime, situé dans l'île de Belle-Ile en Mer dont il est le chef-lieu, à 14 l. de Lorient. Pop. 3,300 hab. Il est bâti au bord de l'Océan, où il a un petit port défendu par un fort et un bon mouillage. *Voy.* BELLE-ILE.

PLOEMEUR. Bourg situé à une l. de Lorient. Pop. 6,029 hab.

PLOUAY. Village situé à l'embranchement de trois grandes routes, à 6 l. de Lorient. Pop. 3,816 hab. — Marchés importants.

PLUVIGNER. Bourg situé à 8 l. de Lorient. Pop. 4,534 hab. — Haut-fourneau, forges, fonderies de boulets, de bombes et autres projectiles. Moulin à tan. Verrerie (à Lauvaux).

PONT-SCORF. Gros bourg, bâti dans une charmante situation, sur la rivière de Scorf qui lui a donné son nom, à 3 l. de Lorient. Pop. 1,668 hab. Il est divisé en haut et bas Pont-Scorf. — *Fabriques* de pain de seigle renommé. Belles tanneries. Moulin à tan. Pêche du saumon.

PORT-LOUIS. Ville forte et maritime, située à l'entrée de la rade de Lorient, à 1 l. de cette ville. ✉ ☞ Pop. 2,591 hab.

Avant 1590, cette ville n'était encore qu'un village connu sous le nom de Blavet. A cette époque, le duc de Mercœur s'en étant emparé, le livra aux Espagnols ses

CHÂTEAU DE JOSSELIN,

alliés, lesquels transformèrent le village en une ville fortifiée, qu'ils furent toutefois obligés de céder à la France en vertu du traité de Vervins ; ils se disposaient à ne la quitter qu'après en avoir détruit les fortifications, lorsque Henri IV leur offrit 200,000 écus pour qu'ils lui abandonnassent la ville en bon état. Néanmoins Blavet tombait en ruine, lorsqu'en 1616 Louis XIII se décida à faire reconstruire la ville un peu au-dessous du lieu qu'elle occupait, plus à l'entrée de la rade et sur l'emplacement du petit village de Locperan. Les débris de la ville ruinée servirent de matériaux pour la construction de la ville nouvelle, qui prit le nom de *Port-Louis* ; ce ne fut toutefois que sous Louis XIV que s'élevèrent les fortifications qui existent aujourd'hui et dont la citadelle est le complément.

En 1663 seulement, Port-Louis reçut le titre de ville. En 1732, la Compagnie des Indes eut un moment le projet d'abandonner Lorient pour former ses établissements principaux à Port-Louis ; mais elle y renonça promptement, et cette petite place ne sortit pas de sa médiocrité ; ce fut néanmoins pendant longtemps un gouvernement particulier assez important. En 1793, par décret de la Convention, la ville prit le nom de *Port-Liberté*, qu'elle conserva pendant dix ou douze ans. Napoléon lui rendit celui de son fondateur.

Port-Louis est une ville petite et généralement mal bâtie ; ses rues sont étroites et sinueuses. L'église paroissiale est un édifice de construction assez élégante. Les casernes sont belles et bien situées ; la citadelle est très-forte, entourée d'eau : son approche est défendue par des rochers d'autant plus dangereux qu'ils sont cachés sous l'eau. L'intérieur renferme des casernes pour les soldats, des pavillons pour les officiers, de vastes souterrains, des casemates bien abritées, un arsenal, un magasin à poudre, et des citernes qui peuvent contenir toute l'eau nécessaire à la garnison. Le port est assez vaste pour contenir plusieurs vaisseaux de guerre, et un assez grand nombre de vaisseaux marchands : la tenue y est bonne, mais l'entrée en est assez difficile.

QUIBERON. Bourg maritime, situé à l'extrémité de la presqu'île de son nom, à 10 l. de Lorient. Pop. 2,752 hab.

La presqu'île de Quiberon a 2 l. 1/2 de long du nord au sud, et 1 l. dans sa plus grande largeur ; elle tient à la terre ferme du côté du nord par une langue de terre de 60 mètres de largeur, basse et inondée dans les grandes marées, à l'exception d'une partie protégée par une falaise. Cette presqu'île ferme à l'ouest une vaste baie, défendue par des batteries et par le fort Penthièvre, où l'on peut mouiller par toutes les profondeurs, mais dont l'entrée est dangereuse. Quoique sablonneuse, elle est assez fertile, et renferme vingt-sept villages et hameaux.

Les Anglais y débarquèrent en 1746, lors de leur tentative contre Lorient, mais ils en furent promptement chassés. On sait quelle y fut, en 1795, la défaite de l'armée des émigrés, commandés par Puisaye et Sombreuil. (*Voy.* Brech.)

ARRONDISSEMENT DE PLOERMEL.

GUER. Petite ville située à 6 l. 1/2 de Ploermel. Pop. 3,488 hab. Elle doit son origine à un ermitage où vivait saint Malo en 541, sur l'emplacement duquel fut construit une église.

Au château de Coetbo, commune de Guer, la Société des connaissances utiles a fondé un établissement sous le nom d'Institut agricole de Coetbo. C'est à la fois une école d'agriculture, une fabrique d'instruments aratoires perfectionnés, et une ferme-modèle. On voit aux environs un peulvan de 12 pieds de hauteur.

GUILLAC. Village situé à 1 l. 1/2 de Ploermel. Pop. 1,400 hab.

JEAN DE BREVELAY (SAINT-). Bourg situé à 7 l. de Ploermel. Pop. 2,129 hab. On remarque aux environs, sur la lande de Lanvaux et non loin de la chapelle de Kerdranguen, plus de 120 pierres de différentes longueurs dispersées sans ordre, les unes verticales, les autres gisantes, qui couvrent les deux sommités principales de cette lande.

JOSSELIN. Petite ville située à 3 l. de Ploermel. ✉ ⚜ Pop. 2,654 hab. — *Hôtels* de la Poste, de la Croix d'or.

Cette ville est bâtie dans une situation agréable, sur la rivière d'Oust. On y voit l'un des plus beaux châteaux qui existent dans le département. C'était jadis une forteresse de la plus haute importance, et dont l'histoire est liée intimement à celle de la Bretagne. Henri II, roi d'Angleterre, prit et rasa ce château en 1162 ; les ligueurs s'en emparèrent en 1589, après une longue résistance. Olivier de Clisson le fit réparer, et y mourut en 1407. Cette belle habitation est aujourd'hui la propriété de M. le comte de Royan, qui vient de la faire réparer avec beaucoup de soin.

Fabriques de draps.

LANOUÉE. Village situé à 4 l. 3/4 de Ploermel. Pop. 3,200 hab. Forges.

MALESTROIT. Petite ville située sur l'Oust, à 4 l. de Ploermel. Pop. 1,781 hab.

Cette ville fut fermée de murailles en 1463. Le duc de Mercœur la prit trois fois : en 1589, il en fit raser les fortifications, qui furent aussitôt rétablies ; en 1591, il s'en empara et les fit démolir de nouveau ; on la fortifia une troisième fois, ce qui n'empêcha pas qu'elle ne retombât en son pouvoir en 1592. — *Fabriques* de draps. — *Commerce* de cire et de miel.

MAURON. Petite ville située à 5 l. de Ploermel. Pop. 4,229 hab. En 1352, il se donna sous ses murs un combat sanglant, où le maréchal d'Offemont, qui soutenait la cause de Charles de Blois, fut tué sur la place par Tanneguy Duchâtel.

NÉANT. Village situé à 2 l. 3/4 de Ploermel. Pop. 1,500 hab.—Carrières d'ardoises.

PLOERMEL. Petite ville. Chef-lieu de sous-préfecture. Tribunal de première instance. Collège communal. Comité d'agriculture. ✉ ⚓ Pop. 4,851 hab.

Cette cité est ancienne, et l'on croit qu'elle était considérable dès le Xe siècle. Le premier fait qui s'y rattache ne date cependant que de 1222. Amauri De Craon, baron de Bretagne, se révolte contre son duc, Pierre de Dreux. Il est fait prisonnier, et, pour sa rançon, il abandonne Ploermel à son souverain. Charles VIII s'en empare en 1487, et la livre au pillage. L'année suivante, le duc François II la reprit et en fit démolir les fortifications. Il paraît qu'on ne tarda pas à les rétablir, car en 1591, après une résistance longue et opiniâtre, la ville et le château furent pris d'assaut par les troupes de Henri IV. Ploermel tenait pour le duc de Mercœur. Le gouverneur fut pendu, la garnison passée au fil de l'épée, la ville livrée au pillage, et ses principaux édifices furent détruits. Ces désastres ont du moins servi à l'embellissement de la ville ; ses rues sont généralement larges, propres, et bordées de maisons bien bâties ; elle possède deux places publiques et un vaste champ de foire. L'hospice, construit au milieu du siècle dernier, est un beau bâtiment situé sur un monticule exposé au midi. L'air de Ploermel a toujours passé pour très-sain ; on y envoyait, il y a cinquante ans, les soldats des garnisons de Lorient, de Port-Louis et de Belle-Ile, attaqués de maladies de poitrine, et on dit qu'ils y guérissaient généralement. Le tribunal est un bel édifice, commode et bien distribué. L'église paroissiale date du XIIe siècle ; elle est basse et lourde, appuyée sur quinze arcades voûtées. Sa tour, qui a servi à la triangulation des cartes de Cassini, est soutenue par quatre gros piliers. Cette église est décorée de beaux vitraux ; on y remarque les tombeaux, surmontés des statues en marbre blanc, des ducs Jean II et Jean III, en habits de guerre : ces tombeaux se trouvaient avant la révolution dans l'église des religieux du Mont-Carmel, établie à Ploermel par le duc Jean II.—Le couvent des Ursulines possédait une église qui existe encore et qui est fort belle ; le retable est décoré de colonnes de marbre et d'un beau tableau de la Présentation de la Vierge.

Commerce d'étoffes de laine, fil de chanvre, toiles, lin, laines, miel, fer, bestiaux, etc.

A 10 l. 1/2 de Vannes, 98 l. de Paris.—*Hôtels* du Commerce, du Lion d'or.

PLUMELEC. Village situé à 6 l. de Ploermel. Pop. 2,600 hab.

On voit sur le territoire de cette commune, non loin du village de Trévausan, un vaste monument composé de sillons de terre, qui de l'intérieur paraissent avoir trois ou quatre pieds de hauteur et sont flanqués de fossés ayant en certains endroits 15 pieds de profondeur. M. Mahé regarde cette enceinte comme un téménos. — En face de cette espèce de camp, s'élève sur un monticule une tombelle surmontée d'un cromlech couvert d'une table d'environ 14 pieds de longueur, posée sur cinq pierres verticales.

ROC-SAINT-ANDRÉ (le). Village situé sur l'Oust, qu'on y passe sur un beau pont, à 2 l. de Ploermel. ⚓ Pop. 690 hab.

ROHAN. Petite ville située sur l'Oust, à 8 l. de Ploermel. Pop. 550 hab. C'était dans le moyen âge une ville très-forte, que les Anglais prirent et incendièrent après l'a-

TOMBEAU DE CLISSON

voir livrée au pillage, en 1345. Henri IV l'érigea en duché-pairie en 1603, en faveur de Henri de Rohan, un des chefs du parti protestant. — *Fabriques* de toiles.

SERENT. Gros bourg, situé dans un fond, à 4 l. de Ploermel. Pop. 2,800 hab.

TRINITÉ (la). Bourg situé sur une hauteur, à 6 l. de Ploermel. Pop. 585 hab.

ARRONDISSEMENT DE PONTIVY.

BAUD. Petite ville située dans un vallon, à l'intersection de trois grandes routes, à 6 l. de Pontivy. ⚘ Pop. 5,120 hab.

On remarque près de cette ville, sur le bord du chemin, une petite chapelle fort ancienne, érigée au bord d'une fontaine, et au sanctuaire de laquelle on parvient par une longue galerie couverte, soutenue par des arceaux gothiques. Cette chapelle est dédiée à Notre-Dame de la Clarette.

Sur un monticule près de Baud, et sur l'emplacement de l'antique château de Quinipili, dont il ne reste plus que des murs de clôture et la grande porte de la cour, on voit sur un piédestal la célèbre Vénus armoricaine, connue sous le nom de Vénus de Quinipili. La hauteur de cette statue est de six pieds, et la dureté du granit dans lequel on l'a taillée en a rendu l'exécution très-imparfaite sous le rapport de l'art. Elle représente une femme nue, debout, ayant autour du cou une espèce d'étole qui tombe par devant jusqu'au bas du corps. Autour de sa tête est une bandelette croisée par derrière, et sur le devant de laquelle est sculpté très-distinctement en relief et en grandes lettres le mot IIT. Les bras, extrêmement grêles dans leurs proportions, sont pliés, et les mains posées sur le ventre l'une au-dessus de l'autre. Tout le travail de ce monument se ressent de l'état de barbarie dans lequel l'art était plongé à l'époque où il fut exécuté; le corps est beaucoup trop gros, les seins ne sont pas assez marqués, les yeux à peine indiqués, à fleur de tête, le nez plat; un coup de ciseau donné en travers, indique la bouche; de simples traits roides et sans dessin marquent les doigts des mains et des pieds. — Cette statue était originairement placée dans un temple dont on voit encore quelques vestiges sur la montagne de Castennec, et elle était l'objet d'un culte que lui rendirent assidûment les paysans bretons jusqu'à la fin du XVIIe siècle. Charles de Romadec, évêque de Vannes, pour faire cesser les pratiques superstitieuses dont elle était l'objet, la fit transporter dans la cour du château de Quinipili, où on la voit encore.

BERNÉ. Village situé à 9 l. 1/4 de Pontivy. Pop. 1,850 hab. — Hauts fourneaux, forges, verrerie de verre blanc pour cristallerie et verre à vitres (au CHATEAU de PONT-KALIC).

CLÉGUEREC. Bourg situé à 2 l. 1/4 de Pontivy. Pop. 3,700 hab.

FAOUET (le). Petite ville située à 9 l. de Pontivy. Pop. 2,662 hab.

Cette ville est bâtie sur une hauteur, à l'intersection de quatre grandes routes, qui aboutissent aux quatre angles d'une place sur laquelle est une jolie halle et une petite promenade. A peu de distance de la ville est la chapelle de Sainte-Barbe, renommée par les nombreux pèlerinages qui s'y font chaque année; la situation de cette chapelle et sa construction pittoresque méritent l'attention des voyageurs. — *Fabriques* de bleu de Prusse. Papeteries.— *Commerce* de beurre, cire, miel, chanvre, papiers communs, suif, bestiaux, etc.

GOURIN. Petite ville située sur une hauteur, à 12 l. 1/4 de Pontivy. Pop. 3,440 hab. On voit aux environs plusieurs monuments druidiques. — *Fabriques* de chapeaux communs.

GUÉMENÉ. Petite ville située dans un vallon, à 3 l. 3/4 de Pontivy. Pop. 1,482 hab. On y voit les restes d'un château autrefois très-fort, dont les fortifications furent démolies après les guerres de la Ligue. Guémené est la patrie de l'intrépide Bisson, à la mémoire duquel un monument a été élevé sur la place publique de Lorient. — *Fabriques* de chapeaux communs. Tanneries importantes.

LANGONNET. Village situé sur le ruisseau de la Laita, à 9 l. de Pontivy. Pop. 2,350 hab. Conon y fonda en 1137 une abbaye de l'ordre de Citeaux, où l'on a placé en 1807 un dépôt d'étalons.

LOCMINÉ. Petite ville située à 5 l. 3/4 de Pontivy. ✉ ⚘ Pop. 1,579 hab. On voit dans son voisinage, devant la porte d'une maison particulière, deux statues provenant de la démolition du château de Quinipili, qui ont acquis une certaine célébrité par les dissertations auxquelles elles ont donné lieu.

NOYAL-PONTIVY. Village situé à 1 l. 1/4 de Pontivy. Pop. 8,151 hab. On voit sur le territoire de cette commune un menhir de 15 pieds d'élévation sur 5 ou 6 pieds de large.

PONTIVY. Ville ancienne, chef-lieu de sous-préfecture. Tribunal de première instance. Collége royal. ✉ ⚘ Pop. 5,936 hab.

Les vestiges qui restent des murs de cette ville, où l'on pénétrait par quatre portes principales, prouvent qu'elle était jadis très-forte; cependant l'histoire en fait rarement mention. En 660, il n'y existait encore qu'un monastère où mourut saint Josse, frère de Judicaël, roi de Bretagne. Le vieux château des ducs de Rohan, seul monument que possède Pontivy, concourut avec le monastère à former la ville; ruiné dans les guerres civiles de Bretagne, ce château fut rebâti en 1485.

Pontivy, placée sur la rive gauche du Blavet et point central de toute la Bretagne, avait fixé l'attention de Napoléon. Il autorisa, sur la demande des habitants, son changement de nom en celui de Napoléonville, qu'elle a perdu à la restauration, et y ordonna d'immenses travaux. La chute de l'empereur les fit cesser et enleva à cette cité des espérances bien fondées d'agrandissement et de prospérité. La nouvelle ville, qui est un prolongement de l'ancienne, ne renferme que quelques rues larges et tirées au cordeau, une sous-préfecture non achevée, une prison, une caserne pour la cavalerie, avec un très-beau champ de manœuvres et une jolie promenade.

Pontivy est une ville très-commerçante. Ses foires ont une grande importance. Elle exporte des grains, des toiles, du fil, des cuirs, du beurre, des chevaux et des bestiaux. Le canal du Blavet, qui est maintenant navigable et qui conduit de Pontivy à Lorient, va augmenter ses exportations en les rendant plus faciles.

Cette ville possède quatre tanneries qui fabriquent, année commune, de 10 à 12,000 grands cuirs et de 12 à 15,000 petits, d'une valeur de 240 à 250,000 francs.

Elle a aussi deux fabriques de chapeaux communs. Plusieurs carrières de beau granit sont ouvertes dans cette commune.

A 12 l. de Vannes, 110 l. de Paris. — *Hôtels* des Voyageurs, de la Grande maison.

PRIZIAC. Village situé à 9 l. 1/2 de Pontivy. Pop. 2,181 hab. — Papeteries.

FIN DU DÉPARTEMENT DU MORBIHAN.

Guide Pittoresque

DU

VOYAGEUR EN FRANCE.

DÉPARTEMENT DES DEUX-SÈVRES.

APERÇU STATISTIQUE.

Le département des Deux-Sèvres est formé du ci-devant bas Poitou, et tire son nom des deux rivières de Sèvres qui y prennent leurs sources, et l'arrosent, l'une au sud de l'est à l'ouest (la Sèvre Niortaise), l'autre à l'ouest du sud au nord (la Sèvre Nantaise). — Ses bornes sont : au nord, le département de Maine-et-Loire ; à l'est, celui de la Vienne ; au sud, celui de la Charente ; au sud-ouest, celui de la Charente-Inférieure ; à l'ouest, celui de la Vendée.

Le sol de ce département est extrêmement varié dans la forme de sa surface et dans la nature des différentes sortes de terrains dont il se compose. Il présente des plaines vastes et uniformes, c'est ce qu'on nomme la *Plaine*; ailleurs il offre un pays montueux, hérissé de rochers, coupé de vallées profondes et couvert de bocages, que l'on désigne sous le nom de *Gatine*. On y remarque une chaîne principale de collines assez élevées qui se rattachent aux Cévennes, et qui traverse à peu près toute l'étendue du département, du sud-est au nord-ouest. Cette chaîne forme deux bassins principaux ; l'un incliné au sud-ouest, dont les eaux s'écoulent immédiatement dans l'Océan par la Sèvre Niortaise, et l'autre, incliné au nord-est, dont les eaux se portent dans la Loire par le Thouet. Elle se dirige assez uniformément et sans interruption, jusque vers le milieu, jetant seulement des branches latérales qui se sous-divisent à leur tour, et des vallées où coulent des rivières et des ruisseaux ; s'étend ensuite en largeur, et forme, dans la partie septentrionale qu'elle occupe presque entièrement, un vaste plateau traversé par un nombre prodigieux de coteaux et de ravins, dont les eaux vont se décharger dans la Loire, tant par la Sèvre Nantaise que par l'Argenton, qui va lui-même se joindre au Thouet. En quelques endroits, cette chaîne offre des collines médiocrement élevées ; sur quelques points elle présente des monts assez notables, qui s'élèvent de 125 à 130 mètres au-dessus du niveau de la mer. De ces différentes hauteurs partent une multitude de rivières et de petits ruisseaux, au nombre de plus de trois cents, qui ont tous leur lit dans une vallée plus ou moins profonde, plus ou moins allongée. Celles de ces vallées qui traversent les bassins, sont généralement larges et formées par de doubles branches d'une assez grande élévation, qui se rattachent à la colline principale ; celles que l'on voit sur le plateau, et qui sont beaucoup plus nombreuses, sont, au contraire, étroites et fort profondes ; la double rangée de rochers

Livraison. (DEUX-SÈVRES.)

qui les forment, a dans toute son étendue une élévation considérable, et ces rochers, presque partout nus, entassés et comme suspendus les uns au-dessus des autres, offrent des scènes très-pittoresques. Le département ne renferme point de lacs, mais on rencontre dans la partie septentrionale un grand nombre d'étangs. La partie méridionale présente des marais sur les bords de la Sèvre et sur ceux du Mignon, dont la superficie est évaluée à 10,034 hectares.

La température est loin d'être uniforme sur tous les points du département : les froids sont plus vifs et plus longs, les chaleurs de plus courte durée dans le Bocage que dans la Plaine. Dans cette dernière partie, le thermomètre de Réaumur ne descend, année commune, qu'à 3 ou 4 degrés au-dessous du point de congélation : on l'a vu même deux fois en douze ans n'aller que jusqu'à — 2° (en 1791 et en l'an VI); une fois seulement il est arrivé à — 10 1/2 (le 3 pluviôse an III). Le Bocage, au contraire, ressent des froids presque aussi longs et aussi piquants que ceux qu'on éprouve à Paris. Il y a moins de différence dans le degré de chaleur; mais elle ne dure pas aussi longtemps dans la Gatine que dans la Plaine, et elle y est tempérée par des brouillards très-fréquents et très-épais. Les vents d'est-nord-est, du sud et du sud-ouest, sont ceux qui règnent le plus fréquemment à Niort et dans les environs; les vents d'ouest-nord-ouest et d'est-sud-est dominent à Saint-Maixent, l'un en hiver et l'autre dans les beaux jours d'été; à Melle, ce sont les vents du nord-est qui soufflent en été, et ceux du sud-ouest en hiver; les vents du nord en été, et du nord-ouest en hiver, se font communément sentir aux environs de Parthenay; Thouars est sujet, vers les équinoxes, à des vents d'ouest-sud-ouest, et vers les solstices à ceux de nord-nord-ouest. — La quantité d'eau qui tombe annuellement peut être évaluée à 22 pouces.

Le département des Deux-Sèvres a pour chef-lieu Niort. Il est divisé en 4 arrondissements et en 31 cantons, renfermant 356 communes. — Superficie, 320 lieues carrées. — Population, 304,850 hab.

MINÉRALOGIE. Mines de fer à la Piératte, à Verrière, à Gaubreté, à la Chap. Mine d'antimoine non exploitée près de Saint-Martin de Fouilloux. Dans le département de la Vendée on exploite une mine de houille récemment découverte, qui s'étend sous celui des Deux-Sèvres. Carrière de marbre *viande hachée*, qui reçoit un poli éclatant, mais qui est défectueux par les veines de spath calcaire cristallisé, près de la Gaconière. Nombreuses carrières de pierres à bâtir. Beaux cristaux de quartz colorés en rouge, en vert et en violet, près de Celles. Cailloux transparents près de Châtillon. Calcédoines aux environs de Niort. Fossiles très-multipliés dans tous les terrains calcaires. Pierres meulières. Silex pyromaque. Grès à paver. Terres salpêtrées. Marne, etc.

SOURCES D'EAUX MINÉRALES à Billazay, à Saint-Léger de Montbrun, à Caunay, à Absie, etc.

PRODUCTIONS. Toutes les céréales, sarrasin, maïs, millet, légumes secs en abondance, fruits à pepins et à noyaux, noix, amandes, châtaignes, houblon, du chanvre. — 20,893 hectares de vignes, produisant annuellement environ 350,000 hectolitres de vins, dont environ 160,000 sont consommés sur les lieux; le reste est converti en eaux-de-vie, qui se fabriquent principalement dans la partie sud-ouest de l'arrondissement de Niort, dans quelques vignobles de Thouars, et un peu dans le sud-est de l'arrondissement de Melle.— 39,139 hectares de forêts (arbres feuillus et arbres verts).— Chevaux médiocres. Belle race de mules et de mulets : on compte dans le département un grand nombre de haras pour la propagation des mulets, regardés comme les meilleurs et les plus beaux de l'Europe. C'est de là que proviennent ces mules si recherchées en Espagne, où elles servent de monture de luxe et de bêtes de trait pour les équipages les plus somptueux, ces

PETIT ATLAS NATIONAL DES DEPARTEMENS DE LA FRANCE

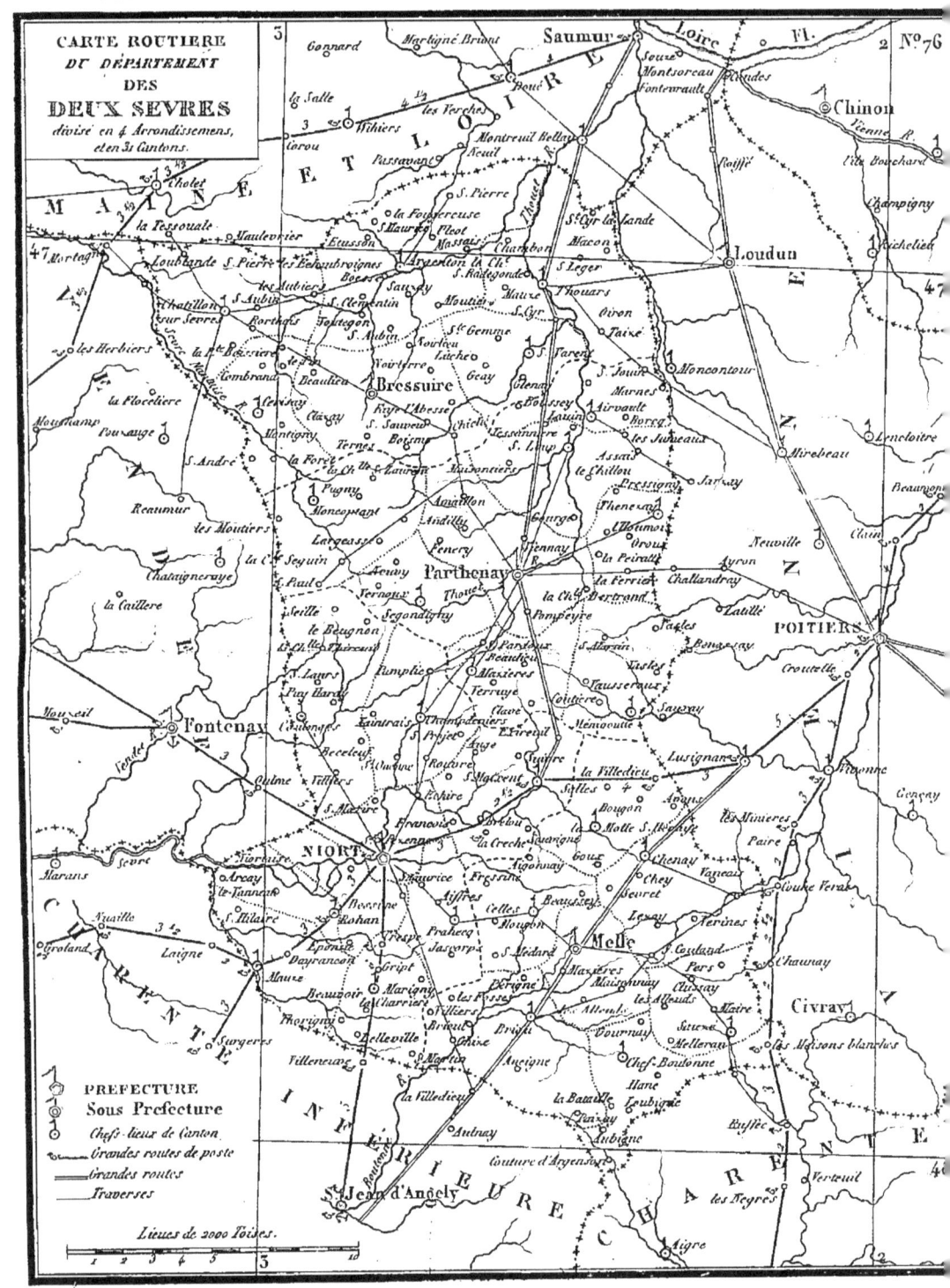

Paris, Firmin Didot frères, Rue Jacob, N.º 24.
et L. Hachette, Libraire, Rue Pierre Sarrazin, N.º 12.

mulets de charge, à l'aide desquels on franchit avec sécurité les montagnes escarpées des Alpes et des Pyrénées. C'est encore de là qu'on tire ces mulets connus sous le nom de mulets d'Auvergne et Provençaux, qui parcourent les grandes routes de France, en traînant des voitures prodigieuses par leurs charges. Vingt mille juments sont destinées aux baudets dans les trois départements des Deux-Sèvres, de la Vienne et de la Vendée; cinq cents baudets sont destinés à la reproduction, et sont répartis dans cent huit établissements. Ces animaux, si précieux pour le midi des Deux-Sèvres, lui procurent un avantage auquel, sous le rapport du commerce, nul autre n'est comparable, celui d'être soldé en argent. On a évalué cette importation d'argent à 7 ou 800 mille francs, qui restent en entier dans le département. — Bêtes à cornes très-multipliées et très-belles, qui sont de trois espèces : les bœufs gâtinaux, les bœufs bourets et ceux du marais. Les bœufs sont, pour les Deux-Sèvres, une branche importante de commerce. Les bœufs gras se vendent pour l'approvisionnement de Paris, et les bœufs maigres aux herbagers normands, qui viennent les acheter aux marchés de Beauvoir et autres. — Les bêtes à laine offrent encore une très-grande source de richesse, parce que leur éducation y est facile, peu coûteuse et répandue dans presque tous les cantons. — Beaucoup de porcs. Quantité de volailles (oies, canards et dindons). — Grand et menu gibier. — Bon poisson de rivière et d'étang.

INDUSTRIE. Fabriques de toiles, étoffes de coton, mouchoirs, étoffes grossières et solides, pinchinats, serges, flanelles, bonneterie de laine, ganterie de peau renommée; peaux chamoisées; chapellerie, coutellerie, boissellerie, peignes de corne, cuirs, souliers, confitures. Filature de coton; forges; hauts fourneaux; poteries, tuileries, fours à chaux; nombreuses chamoiseries; belles papeteries.

COMMERCE de grains, graines de trèfle et de luzerne, moutarde, vins de Bordeaux, eaux-de-vie, bois, fers, faïence; mules et mulets; chevaux, étalons, bestiaux gras et maigres, etc.

VILLES, BOURGS, VILLAGES, CHATEAUX ET MONUMENTS REMARQUABLES; CURIOSITÉS NATURELLES ET SITES PITTORESQUES.

ARRONDISSEMENT DE NIORT.

AIFFRES. Village situé à 1 l. 1/4 de Niort. Pop. 550 hab. Près de ce village, il existe au milieu d'une prairie un puits, nommé Fosse de Poix, qui ne tarit jamais en été, et qui pendant tout l'hiver lance des torrents d'eau qui inonde tous les environs, et dans laquelle se trouvent en abondance des anguilles et plusieurs autres poissons.

BEAUVOIR-SUR-NIORT. Bourg situé dans un territoire fertile en excellents vins blancs, à 2 l. 1/2 de Niort. Pop. 491 hab.

BRELOUX. Village situé sur la Sèvre Niortaise, que l'on y passe sur un pont d'une seule arche, de 21 pieds de largeur, à 2 l. 1/2 de Niort. Pop. 2,000 hab. On y voit les vestiges d'un château qui était entouré par la Sèvre, et qui paraît avoir été très-fort.

CHAMPDENIERS. Petite ville située à 4 l. de Niort. Pop. 1,380 hab.

Cette ville est bâtie dans une position

agréable, sur une colline entourée de prairies, au pied de laquelle coulent de belles eaux vives et la rivière de l'Égrai. On y voit un vaste champ de foire, de belles halles et une jolie église. — *Fabriques* de chapeaux. Tanneries. Tuileries. — *Commerce* d'entrepôt des denrées de la Gatine et des départements voisins. Foires considérables pour la vente des denrées et des bestiaux ; c'est à ces foires que l'Espagne, la Navarre, le midi de la France, l'Auvergne et le Dauphiné viennent acheter une grande partie des mules et des mulets dont ils ont besoin.

CHERVEUX. Village situé à 3 l. de Niort. Pop. 1,300 hab. On y voit un ancien château fort remarquable par sa belle situation, par la régularité et la hardiesse de son architecture. Il a été fort endommagé dans les anciennes guerres civiles, ainsi qu'une partie de l'église, qui était aussi très-remarquable.

COULONGES-SUR-L'AUTIZE. Petite ville agréablement située dans un territoire fertile, arrosé par les eaux de plusieurs fontaines, à 5 l. de Niort. Pop. 1,845 hab. On y voit les plus belles halles du département. — *Fabriques* de serges, droguets, grosses étoffes de laine dites borlanges. Tanneries. — *Commerce* de vins estimés de son territoire, de bestiaux, cuirs, chapeaux. Entrepôt de bois de charpente, de merrain, de vins de Saintonge, de laines, etc.

DEYRANÇON. Village situé à 4 l. 1/2 de Niort. Pop. 1,000 hab. On trouve aux environs une fontaine d'eau minérale froide que l'on croit acidule.

ÉCHIRÉ. Bourg situé à 1 l. 1/2 de Niort. Pop. 1,400 hab.

On remarque à peu de distance de ce bourg les ruines imposantes du château de Salbar, dont il reste encore plusieurs tours à moitié écroulées. Cette forteresse fut élevée vers le milieu du IXe siècle, par un seigneur nommé Cesbron Chabot, dans le dessein de s'opposer aux incursions des Normands, qui, dans ces temps de barbarie, remontaient la Sèvre, pillaient et dévastaient tout ce qu'ils rencontraient sur les deux rives, et emmenaient en esclavage enfants, femmes et vieillards. Le château Salbar fut détruit durant les guerres de religion de la fin du XVIe siècle.

La commune d'Échiré possède encore dans ses environs un petit château de peu d'importance par lui-même, mais digne de mémoire à cause d'une femme qui l'a habité, et qui, après avoir, dans ce lieu même, gardé les dindons, a fini par monter presque sur un trône et partager une couche royale. Mademoiselle d'Aubigné résida longtemps au château de Mursay, chez sa tante, et souvent elle vint se désaltérer, en remplissant les ignobles fonctions dont elle était chargée, au bord d'une fontaine limpide, sur laquelle on a bâti depuis le logis pittoresque de la Guillemeaudrie. Elle était alors bonne protestante; quelques années après elle se fit catholique, et se ligua avec les ennemis de ses anciens coreligionnaires pour les persécuter et les forcer à s'expatrier.

FORS. Village situé à 2 l. 1/4 de Niort. Pop. 800 hab. On y voyait naguère un magnifique château, que François Ier, étant duc d'Angoulême, avait fait bâtir pour Anne Poussart, sa maîtresse. Il ne reste plus de ce beau monument que deux tours en ruine.

FRONTENAY. Bourg situé à 3 l. 3/4 de Niort. Pop. 2,201 hab. C'était autrefois une ville forte que Louis VIII prit et fit raser dans le XIIIe siècle. — *Commerce* de laine et de bestiaux.

GERMOND. Village situé à 3 l. de Niort. Pop. 700 hab. C'était autrefois un bourg fortifié, environné de hautes murailles flanquées de tours.

MAIXENT (SAINT-). Ville ancienne, fort agréablement située sur la rive droite de la Sèvre Niortaise, à 4 l. 1/2 de Niort. Collége communal. ✉ ☞ Pop. 4,329 hab.

L'origine de cette ville remonte au milieu du Ve siècle. Agapit, abbé de Saint-Hilaire de Poitiers, ayant été contraint d'abandonner son monastère que les Goths avaient détruit, vint, vers 459, chercher un asile

LE PUITS D'ENFER.

CHÂTEAU DE SALBAR.

dans une vaste forêt du nom de Vauclair, dont la forêt actuelle de l'Hermitain n'est qu'une petite partie. Par ses soins et par ceux de quelques moines qui l'avaient accompagné, des cellules furent construites et un oratoire fut édifié à l'endroit même où est actuellement l'église Saint-Saturnin. Ces pieux solitaires y vivaient paisiblement, lorsqu'un religieux d'Agde, nommé Adjutor, fuyant la persécution que ses talents lui avaient attirée dans sa patrie, vint se réfugier auprès d'Agapit, et prit le nom de Maixent. Les vertus de ce nouveau cénobite engagèrent bientôt Agapit à se démettre en sa faveur du gouvernement de son abbaye. En 507, Clovis accorda au monastère les bois et le terrain qui l'avoisinaient, où bientôt les habitants des environs bâtirent plusieurs maisons dont plus tard se forma la ville de Saint-Maixent.

Cette ville est bâtie sur le penchant d'une colline, et baignée par la Sèvre Niortaise, qui n'est point navigable à cette hauteur. Elle est généralement très-mal construite; mais les promenades sont charmantes; la campagne environnante est de la plus grande richesse; les bords de la Sèvre sont couverts de peupliers et offrent des points de vue délicieux. La ville est entourée de vieilles murailles, et a soutenu plusieurs sièges; elle a surtout beaucoup souffert dans les guerres de religion, et plus récemment dans les guerres de la Vendée. Le monastère des anciens bénédictins qui avaient remplacé les moines d'Agapit, est maintenant occupé par un collége qui était naguère un séminaire. C'est un vaste et spacieux édifice où l'on voit encore de beaux morceaux de sculpture, et deux églises, l'une sur l'autre.

A un quart de lieue de Saint-Maixent, près d'un endroit appelé la Ceuille, sur la grande route qui conduit de cette ville à Poitiers, à gauche, on admire le coteau du *Puy d'Enfer*, d'où jaillit une nappe d'eau, qui tombe du milieu des rochers, par une infinité de cascades, dans un vaste gouffre, pour ressortir et former un ruisseau qui va se perdre dans la Sèvre un peu au-dessus de Saint-Maixent.

Fabriques importantes de serges, de bonneterie en laine, étoffes communes. Filature de laine. — Depôt royal d'étalons. — *Commerce* considérable de mules et de mulets, de chevaux étalons, de grains, moutarde, laines, etc.

Patrie de dom Rivet, savant bénédictin; de Garan-Coulon, sénateur et membre de l'Institut.

MAUZÉ-SUR-LE-MIGNON. Petite ville situé sur la rive droite du Mignon, à 4 l. 1/2 de Niort. ✉ ☞ Pop. 1,797 hab. Elle était autrefois défendue par un château fort, sous les murs duquel périt Othon de Provence, en 1030.

NIORT. Grande et belle ville. Chef-lieu du département et de deux cantons. Tribunaux de première instance et de commerce. Chambre consultative des arts et manufactures. Conseil de prud'hommes. Société d'agriculture, sciences et arts. Société philharmonique. Collége communal. ✉ ☞ Pop. 18,175 hab.

L'origine du nom de cette ville, qui paraît celtique, ou peut-être provenir de deux mots dano-anglo-saxons *New-York*, que l'on traduit par nouvel ouvrage, *ville nouvelle*, d'où la corruption des siècles avait fait *Niort*, se perd dans la nuit des temps. Elle était déjà considérable sous les rois de la seconde race; car elle donnait le nom de *Pagus niortensis*, à une division territoriale de la province du Poitou. Besly, dans son Histoire des comtes de Poitou, cite un acte passé au IXe siècle, par-devant un notaire de Niort. Le château et le fort Foucault paraissent aussi avoir été primitivement construits vers cette époque, pour arrêter les incursions des Normands, qui alors remontaient la Sèvre, presque jusqu'à sa source, pour piller, voler et enlever les habitants des deux rives. Le même Besly [1], parle d'un comte du Poitou, Guillaume IX, qui, en 1086, fonda à Niort un monastère d'un genre fort singulier, dans lequel on ne recevait que les femmes les plus débauchées, et les mieux disposées à rendre service au public. On croit que c'est dans ce même local que fut établi dans la suite le couvent des frères capucins. (Les couvents du genre

---

1. D'après *Malmesbury* (de g. reg. ang.).

dé celui de Guillaume IX se sont depuis singulièrement multipliés à Niort, et dans ce moment on en compte jusqu'à cinq.) En 1104, le château et le fort Foucault, placé vis-à-vis, furent brûlés; mais en 1158, l'un et l'autre furent reconstruits, ainsi que le moulin du château, pour le service de la place, par les soins de Henri II, roi d'Angleterre, qui, en 1152, avait épousé Aliénor ou Éléonore, duchesse d'Aquitaine et comtesse de Poitou, que venait de répudier le trop susceptible Louis VII, roi de France. En 1203, la duchesse Aliénor y établit sa résidence.

Niort a été assiégé onze fois : en 1223, en 1230, en 1345, en 1355, en 1371, en 1373, en 1558, en 1559[1], en 1576, en 1588, et en 1689. En 1285, sous Philippe le Hardi, le port de Niort fut déclaré franc. Niort tomba en 1360, sous le roi Jean II, dans la puissance des Anglais, en exécution du traité de Brétigny; mais il fut repris, en 1371, par le connétable du Guesclin, aidé de la bravoure des Niortais. En 1377, on creusa un nouveau port; c'est le canal actuel de navigation. En 1393, construction d'un hôtel de ville. En 1455, établissement des trois foires franches de Niort. En 1461, lettres patentes délivrées par Louis XI, qui accorda les privilèges de la noblesse au maire, aux douze échevins, et aux douze conseillers qui faisaient partie du corps de ville, pour en jouir à perpétuité eux et leurs descendants. En 1484, 1498, 1548, etc., confirmation de ces mêmes privilèges par Charles VIII, Louis XII, Henri II, et plusieurs de leurs successeurs. En 1565, lettres patentes délivrées par Charles IX, pour l'établissement d'une cour ou juridiction consulaire. En 1602, maladie contagieuse, qui fait périr une partie des habitants de Niort. En 1461, concession par le pape, aux maire, échevins, conseillers, pairs et bourgeois de Niort, du singulier privilège d'être ensevelis dans l'habit et ceints du cordon des frères cordeliers. Le 28 novembre 1635, naissance de Françoise d'Aubigné, plus connue sous le nom de marquise de Maintenon, dans la prison de Niort, dite la Conciergerie, où son père était détenu pour crime de fausse monnaie. Cette prison, qui n'était pas alors celle qui existe maintenant, avait une sortie sur la halle et l'autre dans la rue du Soleil; elle est actuellement habitée par divers particuliers, et connue sous le nom de Passage de Candie, ancienne dénomination d'une auberge qui avait succédé à la prison.

Cette ville est la cinquième de France qui eut primitivement une municipalité. Ses chartes sont de 1222. Elle était protégée par un château formé de deux grosses tours hautes de trente-cinq mètres et demi, et réunies par un massif. Ce château ou donjon subsiste encore, et sert de maison d'arrêt; mais l'enceinte du château et les murs très-élevés qui entouraient la ville ont été détruits, ainsi que les fossés très-profonds dont elle était ceinte; ils ont été remplacés depuis la révolution par des rues bien alignées, et par des maisons bâties avec goût et élégance.

La ville de Niort est située sur le penchant de deux collines au pied desquelles coule la Sèvre Niortaise, et possède d'agréables promenades. On y arrive par de belles routes plantées d'arbres magnifiques : les environs offrent des sites charmants, notamment les rives du ruisseau de Lambon, dont les eaux viennent se perdre dans la Sèvre. Cette ville, autrefois mal bâtie, est devenue, par les divers travaux qu'on y a exécutés depuis plusieurs années, une des cités les plus agréables du Poitou. On y voit deux églises paroissiales, dont l'une, qui passe pour être un ouvrage des Anglais, est d'une très-belle architecture gothique : la flèche a 88 pieds d'élévation; l'hôtel de ville était l'ancien palais d'Éléonore d'Aquitaine; il y avait une école d'horticulture, vaste et bien entretenue, réunie au jardin de botanique, mais elle n'existe plus. On y remarque des bains publics; de

---

1. C'est au siége de Niort, en 1559, que la comtesse du Lude, présente au dernier assaut, accablait des reproches les plus amers les capitaines qui reculaient, et promettait au contraire aux plus braves, pour prix de la victoire, les plus jolies filles de Niort, qui, à cette époque comme à présent, y étaient en assez grand nombre

CHÂTEAU DE NIORT.

BASSIN DU VIVIER.

NIORT.

belles casernes; une fort jolie galerie vitrée qui porte le nom de passage du Commerce; la salle de spectacle; l'hôpital; les halles, dont l'alignement est symétrique; la belle fontaine du Vivier, dont les eaux sont distribuées dans tous les quartiers de la ville par un grand nombre de fontaines publiques; la place de la Brèche; la terrasse de Saint-Gelais; l'hospice civil et militaire, édifice vaste et bien aéré qui peut contenir 3 à 400 malades; l'hôtel de la nouvelle préfecfecture; le palais de justice; le cabinet d'histoire naturelle; la bibliothèque publique, renfermant 20,000 volumes remarquables par la beauté des éditions, le choix des ouvrages et la rareté des manuscrits. Cet établissement s'est augmenté en 1816 de 2,000 volumes légués par M. Frigard; de 3,000 volumes donnés par le docteur Guillemeau en 1823; d'un exemplaire de la Calcographie de Piranesi, donné par le général Dufresse; du grand ouvrage sur l'Égypte, et de plusieurs autres ouvrages accordés par le ministère de l'intérieur. Le local de la bibliothèque a 72 pieds de long sur 30 pieds de large, et 28 pieds de hauteur; il est surmonté d'une vaste galerie circulaire, qui renferme des objets d'histoire naturelle, des instruments de physique, etc.

Patrie de Mme de Maintenon; de Beausobre, auteur de l'Histoire du manichéisme; de Fontanes, littérateur distingué.

INDUSTRIE. Niort possède un grand nombre de chamoiseries, où la préparation des peaux se fait mieux que dans les fabriques anglaises; perfectionnement qu'elle doit aux travaux et à la savante industrie d'un de ses meilleurs citoyens, M. Main, décédé à Niort, en 1821; des tanneries; des papeteries; une amidonnerie; des manufactures de draps appelés pinchinats; une filature de laine; des brasseries; des moulins à huile. On fait à Niort un très-grand commerce de laine non filée, d'épicerie, de chapeaux communs, de clous, de peignes de bois et de corne, de sel, de plants d'oignons et d'artichauts (deux objets dont on vend chaque année pour plus de six cent mille francs), de dégras, de grains, de cuirs-laines, de peaux, de culottes et de gants de daim, de moutons remaillés et de chevreaux, de merrain, de vin, de bière, de chevaux, de mules, etc., etc.; l'angélique confite de Niort passe pour la meilleure et la plus délicate de la France.

A 16 l. 1/2 de la Rochelle, 19 l. de Poitiers, 108 l. de Paris. — *Hôtels* de France, de l'Aigle d'or, du Grand cerf, du Raisin de Bourgogne.

PRAHECQ. Bourg situé à 2 l. 1/2 de Niort. Pop. 980 hab.

ARRONDISSEMENT DE BRESSUIRE.

ARGENTON-LE-CHATEAU. Petite ville située à 5 l. de Bressuire. Pop. 566 hab.

On fait remonter l'origine de cette ville bien avant 1400, époque à peu près certaine de son érection en baronnie; elle était entourée de murs flanqués de tours, ceinte de fossés, et pouvait être considérée comme une forteresse avant l'usage du canon. On y remarquait, avant la révolution, un antique château qui a été entièrement détruit, ainsi que la ville, dans la guerre de la Vendée. Ce château se divisait en deux parties; la plus ancienne remontait à une époque aussi reculée que celle de la ville même; l'autre partie avait été bâtie par Philippe de Commines.

Argenton est une petite ville située dans un territoire fertile en vins estimés, sur une colline d'assez difficile accès, au confluent de l'Ouère et de l'Argenton. Elle a été longtemps à se reconstruire, par suite d'une circonstance assez singulière. On avait remarqué que le sol des habitations était d'une terre noire propre à engraisser les champs, et il s'en faisait un commerce lucratif. Les habitants, loin de songer à rebâtir leurs maisons, faisaient tous les jours de nouvelles ruines, arrachant leurs planchers, bouleversant les caves, les cours et les jardins, pour enlever cette terre précieuse, dont la couche avait quelquefois quatre à cinq pieds d'épaisseur ; ce fut pendant plusieurs années la seule industrie de ce malheureux pays.

Fabriques de serges, étamines, cadis. — *Commerce* de chanvre, vins et bois.

BILAZAY. Village situé à 8 l. de Bressuire. Pop. 200 hab.

On trouve à peu de distance de ce village cinq sources d'eau minérale très-abondantes, même dans les plus grandes sécheresses. Ces sources répandent une odeur de gaz hydrogène sulfuré très-prononcée. Dans l'analyse incomplète qui a été faite de ces eaux en 1774, MM. Mitouart et Linacier ont trouvé qu'elles contenaient du gaz hydrogène sulfuré, du sulfate de soude, du muriate de soude et un muriate terreux.

Les eaux de Bilazay s'emploient en boisson avec succès dans les maladies cutanées, à la dose de deux verres jusqu'à six. Les effets sont d'autant plus efficaces que l'on joint à l'usage de la boisson celui des bains.

BRESSUIRE. Petite ville. Chef-lieu de sous-préfecture. Tribunal de première instance. Société et conseil d'agriculture. Petit séminaire. ✉ Pop. 1,475 hab.

Quelques écrivains pensent que Bressuire est l'ancienne *Segora* mentionnée dans l'Itinéraire d'Antonin. Guyard de Berville, dans son Histoire de du Guesclin, dit qu'en 1371, époque où les Anglais en étaient maîtres, cette ville était considérable par le nombre et la richesse de ses habitants, par la bonté de ses fortifications, et surtout par son château : elle avait un gouverneur, une garnison, et du Guesclin fut obligé d'en faire le siége dans toutes les formes ; il la prit d'assaut et passa la garnison au fil de l'épée ; le château capitula ; la ville fut pillée par le soldat, qui y fit un riche butin. Avant la révolution, les guerres de religion, des causes générales de dépopulation, et plusieurs banqueroutes éprouvées par ses principaux fabricants, avaient déjà réduit cette ville à un grand état de décadence. L'enceinte de ses murs, qui ne servait plus qu'à assurer la perception de l'octroi, attestait bien encore son ancienne importance ; mais sur plusieurs points, des jardins, des prés, des champs avaient remplacé les habitations. La guerre de la Vendée a consommé sa ruine ; elle fut alors entièrement réduite en cendres, à l'exception d'une seule maison et de l'église. On pense que l'établissement des routes stratégiques lui sera très-profitable.

Cette ville, située dans une contrée agreste, est bâtie sur une colline au bas de laquelle serpente la petite rivière de l'Argenton. On y remarque une fort belle église entièrement construite en granit, et surmontée d'une belle tour de 170 pieds d'élévation, en forme de clocher.

Fabriques de tiretaines, flanelles, serges rasées et drapées, basins, siamoises, mouchoirs façon cholet. Tanneries.—*Commerce* de grains et de bestiaux.

A 17 l. de Niort, 95 l. de Paris.

CERIZAY. Bourg situé à 2 l. 1/2 de Bressuire. Pop. 1,009 hab. — *Fabriques* de toiles. Tuileries.

CHATILLON-SUR-SÈVRES ou **MAULÉON.** Petite ville située sur le penchant d'une colline, sur un des affluents de la Sèvre Nantaise, qui fertilise de nombreux pâturages, à 6 l. 1/4 de Bressuire. ✉ Pop. 955 hab.

Cette ville existait du temps des Romains sous le nom de Mauléon (*Mons Leonis*) ; elle a conservé ce nom jusqu'en 1737, époque à laquelle le duc de Châtillon en fit l'acquisition, lui donna son nom, et la fit ériger en duché-pairie. Châtillon fut entièrement détruit et rasé dans les anciennes guerres de religion. Il était entouré de murs et défendu par un château dont on aperçoit encore les traces. La ville nouvelle, qui renfermait un siége des traites et gabelles, et une riche abbaye de genovéfains, souffrit de grands désastres pendant la guerre de la Vendée, parce qu'elle fut le quartier général et le siége du gouvernement des insurgés. Elle fut prise et reprise, puis brûlée, et il n'y resta debout que trois maisons ; elle a été depuis réédifiée. L'ancienne église

FORT FOUCAULT.

de l'abbaye est aujourd'hui l'église paroissiale. — *Commerce* de moutons.

FORÊT-SUR-SÈVRE (la). Bourg situé sur la Sèvre Nantaise, à 4 l. de Bressuire. Pop. 550 hab. On y remarquait avant la révolution un château, bâti par Duplessis Mornay, et remarquable par sa situation dans une île de la Sèvre Nantaise, par son étendue et par ses antiques fortifications. Ce château, où l'on voyait le tombeau du fondateur, qui avait été entièrement détruit dans la guerre de la Vendée, a été restauré en partie il y a quelques années par M. de Maguillé (membre de la Chambre des pairs sous Charles X), et appartient aujourd'hui à M. de la Rochejacquelin.

JOUIN DE MILLY (SAINT-). Village situé à 5 l. de Bressuire. Pop. 400 hab. — *Fabriques* de toiles de fil. Usine hydraulique de construction récente, pour nettoyer la graine de trèfle (au CHATEAU DE VAUDORÉ).

NOIRLIEU. Village situé à 3 l. de Bressuire. Pop. 330 hab. On y voit un ancien château remarquable par son bel état de conservation.

NOIRTERRE. Village situé à 2 l. de Bressuire. Pop. 800 hab. On y remarque les ruines d'un château entièrement construit en granit, dont les murs élevés et découverts résistent depuis plusieurs siècles à l'action destructive du temps.

OIRON. Bourg situé à 2 l. 1/2 de Bressuire. Pop. 850 hab.

Ce bourg renferme un hospice qui sert d'asile à des vieillards des deux sexes et à des enfants indigents. On y remarque un superbe château, bâti par Louis XIV pour Mme de Montespan. Des restes de plafonds or et azur, et quelques peintures assez bonnes, donnent une idée de son ancienne magnificence : une vaste galerie peinte à fresque représentait les principaux traits de l'Iliade. Ce château a été remis en état par M. le baron Fournier de Boisereau, gendre de M. d'Argenson. La terrasse domine la fameuse plaine où fut livrée la bataille de Montcoutour.

THOUARS. Très-ancienne ville, située à 7 l. de Bressuire. Collége communal. ✉ ☞ Population 2,575 hab.

L'origine de cette ville se perd dans la nuit des siècles. Antérieurement à la conquête des Gaules par Jules César, dans le temps que les Pictones étaient gouvernés par des rois de leur nation, Thouars était une place extrêmement forte, connue alors sous le nom de Childoac. Sous le règne de Tibère, cette ville prit le nom latin de la rivière qui l'arrose, *Tuedae arx*, dont on a fait par corruption Thouars. Depuis la conquête des Gaules par les Francs, il n'en est fait mention dans les chroniques qu'en 759, où cette ville fut emportée d'assaut, saccagée, brûlée et rasée par Pepin le Bref. Il paraît que ce n'était pas alors une ville très-considérable, puisque Éginard, auteur contemporain, la nomme dans ses annales *Castellum Thoarcis*. Quoi qu'il en soit, elle ne tarda pas à sortir de ses ruines, et à réparer ses pertes. Charles le Chauve la donna avec le titre de duc à un célèbre capitaine nommé Éble, dont un fils du nom de Arnoul, s'établit à Thouars en 885, et fit fortifier la ville. Au XIIIe siècle, les rois d'Angleterre, dont les vicomtes de Thouars étaient les vassaux, y bâtirent un palais et deux tours : l'une, appelée tour au Prévôt, pour le logement de leurs gardes et la sûreté de leurs personnes ; l'autre, nommée tour du prince de Galles (aujourd'hui tour Grénetière), pour être occupée par leurs enfants et les principaux officiers de leur maison. En 1372, le connétable du Guesclin, après s'être emparé de Saint-Maixent, de Melle, etc., vint mettre le siège devant Thouars avec une armée de plus de quarante mille hommes. Le siége dura plusieurs mois On fut longtemps à combler les fossés de la place, dont les moindres avaient plus de cent pieds de largeur, et plus de trente de profondeur. Deux assauts n'ayant produit aucun résultat, le connétable fit venir de Poitiers six pièces de canon pour foudroyer les remparts ; mais cette artillerie servit moins qu'une machine de guerre, que l'on appelait Truie, au moyen de laquelle on faisait jouer des balistes qui lançaient des pierres énormes sur les remparts, et qui protégeait des hommes armés de pics et de leviers avec lesquels ils sapaient les murailles sans avoir rien à craindre des assiégés. Avant de donner un dernier assaut, le connétable fit faire au gouverneur une dernière sommation, et celui-ci, après avoir consulté son conseil, se décida à capituler aux conditions suivantes; 1° qu'il y aurait une suspension d'armes jusqu'à la Saint-Michel; 2° que si ce jour-là, le roi d'Angleterre en personne ou l'un des princes ses fils ne se présentaient avec des forces suffisantes pour en faire lever le siége, le gouverneur livrerait la place au connétable. La ville n'ayant point été secourue, du Guesclin se présenta sous ses murs la veille de la Saint-Michel de l'année 1372; le lendemain, les portes de Thouars lui furent ouvertes, et il y fit une entrée triomphale.

La ville de Thouars fut érigée en duché en 1563, et en duché-pairie en 1595. Quelques années avant, les protestants s'étaient beaucoup multipliés dans cette ville, où ils bravaient, à couvert de la protection du duc, les édits rigoureux dont ils étaient frappés ailleurs; la duchesse, excitée par de fougueux prédicants, persécuta tous les monastères d'hommes et de filles, chassa de Thouars les dominicains, et brûla une partie du couvent des cordeliers, sous le prétexte que ces moines l'avaient indiscrètement lorgnée de leurs cellules, au moment où elle allait se mettre au bain; plusieurs églises furent aussi brûlées ou démolies par ses ordres.

Thouars était autrefois une ville trois fois plus peuplée qu'elle ne l'est aujourd'hui : le décroissement de sa population eut pour cause la révocation de l'édit de Nantes, en 1685. Cette ville avait alors des fabriques considérables de serges et d'étamines, auxquelles étaient occupées beaucoup de familles protestantes, qui furent porter dans les pays étrangers leur industrie et leurs capitaux. Depuis cette émigration, les fabriques ont considérablement décliné.

Thouars a été le théâtre d'un combat sanglant dans les guerres de la Vendée. Le 5 mai 1793, Quétineau, général républicain, ayant six mille hommes sous son commandement, reçut l'ordre d'occuper Thouars. Le gué de la Vrine fut gardé par quatre cents volontaires de la Vienne. Les troupes de Quétineau présentaient déjà leur front de bataille à une portée de canon des murs de Thouars, lorsque vers les six heures du matin, les Vendéens firent une première attaque sur trois divers points; Bonchamp, à la tête de sa cavalerie, passa le gué à la nage, et sabra le petit nombre de républicains qui gardaient ce point. Le passage du gué au pouvoir de Bonchamp, ce dernier se porta en forces sur Thouars, tandis que Larochejacquelin, tout en attaquant le Pont-Neuf, tenait l'armée des républicains en échec; le Pont-Neuf n'ayant pas été coupé, fut forcé. Quétineau, faisant ses dispositions pour combattre, s'avance. Le feu commence d'abord avec vivacité; la fortune parut pendant quelques instants fort indécise; mais les Vendéens élargissent leur front, déploient leurs ailes, et, se formant en demi-cercle, débordent les républicains qui s'ébranlent de toutes parts, et commencent leur retraite. Quétineau, au lieu d'ordonner la retraite sous Loudun et Poitiers, entreprend de défendre la ville.

Les Marseillais, outrés de la conduite de ce général, ne voulurent point partager sa défaite, et firent serment de se défendre jusqu'à la dernière goutte de leur sang; en même temps, ils se forment en bataillon carré, et se précipitent dans les rangs des Vendéens, la baïonnette en avant. Trois fois le drapeau blanc allait être arboré sur les remparts de Thouars, trois fois ces braves républicains du midi de la France l'arrachent, et le foulent aux pieds; mais l'avantage du nombre fit obtenir aux Vendéens une victoire complète. Tous les Marseillais périrent dans cette action mémorable, et y périrent glorieusement. Les Vendéens, sentant de quelle importance il était de s'emparer immédiatement de Thouars, montent à l'assaut, escaladent les murs, et y arborent leur drapeau. Quétineau se rendit à discrétion.

En 1823, le général Berton se rendit maître de cette ville avec treize hommes déterminés, y rallia ses partisans, et se dirigea de là sur Saumur, où l'on sait qu'échouèrent ses projets.

La ville de Thouars est située sur le penchant d'une colline dont le sommet est de niveau avec la plaine, et dont l'extrémité touche au rocher qui couvrait l'ancienne Childoac et le dominait, ce qui donne à cette ville la forme d'un amphithéâtre. Le Thouet, en se courbant en arc vers le sud et l'ouest, l'entoure dans plus de la moitié de son étendue, et lui sert ainsi de fortification naturelle. Tout ce qui n'est pas entouré par la rivière est fortifié de murs bâtis dans le XIIIe siècle, flanqués de grosses tours à la distance de 15 mètres les unes des autres. Presque partout les murs ont 9 mètres de hauteur et 2 de largeur; ils sont bâtis de moellons choisis et piqués; quelques tours même sont construites en pierre de taille : quatre cents ans de vétusté et les siéges que ces murailles ont éprouvées, leur ont à peine fait éprouver quelques dégradations. Thouars était autrefois entouré d'un double fossé coupé en talus, au milieu duquel était une fausse braie, que l'on a comblée avant 1789. La ville avait six portes : la plus remarquable était la porte au Prévôt ou de Poitiers; elle est composée de deux tours adossées l'une à l'autre, et ayant chacune 120 pieds de hauteur et 24 de diamètre. Si l'on ajoute à ces fortifications un château presque inabordable, revêtu de tout ce que l'art pouvait alors ajouter à l'avantage de la situation, on concevra facilement qu'avant l'usage du canon Thouars devait être la plus forte place du Poitou. Des nombreux édifices que possédait cette ville, il ne reste plus que le château et quelques débris de l'abbaye de Saint-Jean.

Le CHATEAU DE THOUARS est situé sur un rocher de granit, élevé de plus de 100 pieds au-dessus du niveau des eaux de la rivière du Thouet. Il fut bâti en 1635, par Marie de la Tour d'Auvergne, épouse de Henri de la Trémouille, duc de Thouars, sur le plan que Philibert de Lorme avait donné à Marie de Médicis, pour bâtir le palais des Tuileries. Ce château est composé d'un grand corps de logis surmonté d'un dôme, et de quatre pavillons formant une seule ligne de 120 mètres de longueur sur 27 de largeur. Le Thouet l'environne à l'est, au sud et à l'ouest. Quatre terrasses, formant autant de jardins en amphithéâtre placés au-dessus les uns des autres, offrent un aspect pittoresque : sur la plus élevée se trouve le parterre, composé de terres rapportées sur un roc originairement aigu et escarpé. Chacune de ces terrasses est revêtue d'un mur en talus et pourvue d'un escalier. — La façade du château est à l'ouest : elle est précédée d'une cour carrée à portiques voûtés, surmontés d'une terrasse bordée de balustrades. L'escalier qui conduit aux appartements du premier étage, est couvert d'un donjon bordé de balustrades, qui forme aussi une coupole intérieure; les appuis et les rampes sont de marbre jaspé. Cet escalier est très-bien éclairé; il avait beaucoup de rapport avec celui du palais des Tuileries avant les restaurations qu'on y a faites récemment. Les appartements sont très-vastes et bien distribués. Les offices, placées sous le rez-de-chaussée et taillées dans le roc, sont vastes, bien éclairées; on y voit deux puits intarissables creusés dans le rocher.—Au nord du château est une grande et belle chapelle, qui offre la rare singularité de quatre chapelles superposées les unes au-dessus des autres. La plus basse est taillée dans le granit et servait de sépulture aux ducs de Thouars; la seconde formait l'église paroissiale de Notre-Dame du Château; la troisième portait le nom de chapelle de la Vraie Croix; la quatrième, la plus vaste et la plus belle, est la chapelle ducale qui avait été érigée en chapitre : elle est bâtie dans le genre gothique, très-régulière et bien éclairée; la principale porte, d'une sculpture hardie et délicate, était autrefois ornée de figures en relief d'assez bon goût, qui ont été mutilées.

Le château de Thouars, regardé à juste titre comme un des plus beaux de l'Europe, a coûté à Marie de la Tour, d'après les comptes et mémoires qui sont restés aux archives, douze cent mille livres de l'époque, non compris les remblais, les transports et une partie de la main-d'œuvre, qui ont été faits par des corvées gratuites : on estime qu'une somme de douze millions ne suffirait pas aujourd'hui pour faire faire de pareils travaux. M. Drouyneau de Brie, dans ses mémoires historiques manuscrits, prétend qu'une jalousie de Marie de la Tour contre le cardinal de Richelieu, donna lieu à la construction du château de Thouars. Voici comment l'auteur s'exprime à ce sujet : « Le cardinal de Richelieu, qui n'était pas encore premier ministre, mais qui n'était guère moins puissant que s'il eût été revêtu de cette dignité, eut envie d'avoir une terre titrée, et visait celle de Thouars, se flattant de pouvoir l'acheter; toutefois il ne s'était encore ouvert à personne, parce qu'ayant de grandes idées d'embellissement, il était bien aise de savoir si le lieu y était propre. Ayant envoyé des gens pour l'examiner et lui en apporter le plan, ils furent pris sur le fait et menés à la duchesse. Marie de la Tour, femme d'esprit, mais de la dernière hauteur, ayant appris le sujet de leur voyage, fut vivement piquée contre le cardinal, et, pour s'en venger, fit jeter les fondements du château dans l'endroit même qui avait été marqué par les émissaires de Richelieu. Elle n'en fit d'abord achever qu'un pavillon ; depuis elle le fit reprendre et perfectionner autant qu'elle le put de son vivant. »

Ce beau château a conservé jusqu'à ce jour ses nobles proportions ; mais il a perdu son éclat et une partie de sa beauté. La serre, où l'on conservait deux cents pieds de grands orangers, qui ont été sacrifiés pendant les temps orageux de la première révolution, n'offre plus que des ruines; des fortifications, élevées en 1815, pour défendre la ville contre les Vendéens, ont puissamment contribué à la dégradation de cet immense édifice, qui appartient aujourd'hui à la commune de Thouars, à laquelle il a été aliéné par les héritiers du duc de la Trémouille, à la charge de voter annuellement une somme suffisante pour l'entretien des bâtiments.

Fabriques de droguets, de coutellerie; toiles, chapeaux. Tanneries. — *Commerce* de grains, eaux-de-vie, chevaux, mulets et bestiaux.

VARENT (SAINT-). Village situé à 7 l. 1/2 de Bressuire. Pop. 1,626 hab. — *Commerce* de vins.

ARRONDISSEMENT DE MELLE.

ARDILLEUX. Village situé à 3 l. 1/2 de Melle. Pop. 260 hab. On y remarque aux environs, dans les bois de Trapaut, les restes d'un château entouré de douves, que l'on croit du VIIIe siècle. On voit aussi sur son territoire les ruines d'un autre château, connu sous le nom de la Mothe-Tuffaut, placé entre deux collines et dominant principalement Chefboutonne, Ardilleux et les lieux d'alentour.

BRIOUX. Bourg situé à 2 l. 1/2 de Melle. Pop. 1,000 hab. Il est marqué dans l'itinéraire d'Antonin et sur les cartes de d'Anville, sous le nom de *Brigiosum*, sur la route de *Mediolanum* à *Limonum*. On y a trouvé plusieurs restes d'antiquités, non loin de deux chemins que l'on croit de construction romaine. — *Fabriques* de tuiles. — *Commerce* de grains, de mulets, chevaux et bestiaux.

CAUNAY. Village situé à 4 l. 1/2 de Melle. Pop. 580 hab. On trouve sur son territoire, au hameau de Fontadan, une source d'eau minérale ferrugineuse froide, dont les eaux sont employées avec succès dans diverses maladies. Ces eaux sont très-fréquentées par les habitants des communes environnantes, et même par ceux des départements voisins.

CELLES. Bourg situé à 3 l. 3/4 de Melle. Pop. 1,461 hab. — Carrière de quartz disposé en groupes considérables ; il en est de laiteux, de demi transparent et d'autres, auxquels l'oxyde de fer a donné différentes teintes rouges, vertes, violettes, etc.

Il y avait à Celles, avant la révolution, une riche abbaye de genovéfains, dont M. de Talleyrand fut le dernier abbé. Les bâtiments, qui sont aujourd'hui la propriété d'un particulier, sont d'une architecture assez remarquable.

ARRONDISSEMENT DE MELLE.

CHEFBOUTONNE. Bourg situé à la source de la Boutonne, qui lui donne son nom, à 4 l. de Melle. ✉ Pop. 2,079 hab. C'est un bourg très-ancien, mentionné dans les Commentaires de César, et défendu autrefois par un château fort. — *Fabriques* de serges et de droguets. Faïencerie.— *Commerce* de grains, laines et bestiaux.

CHIZÉ. Petite ville située près de la belle forêt de son nom, sur la rive droite de la Boutonne, à 4 l. 1/2 de Melle. Pop. 700 hab. C'était autrefois une place forte qui a soutenu un siége contre les Anglais, et ensuite contre Henri IV. On voit aux environs un vieux château en ruine. — *Fabriques* de sabots et de boissellerie. — *Commerce* de bois, charbons et bestiaux.

LEZAY. Bourg situé à 2 l. 1/2 de Melle. Pop. 2,342 h. On remarquait aux environs trois anciens châteaux : celui de Lezay, qui en est à une demi-lieue; celui des Marais, à cent pas du bourg, et celui de Boissec, qui en est à trois quarts de lieue. Ces deux derniers ont été détruits. — *Commerce* de bestiaux de toute espèce.

MELLE. Petite ville ancienne. Chef-lieu de sous-préfecture. Tribunal de première instance. Collége communal. ✉ Popul. 2,512 hab.

Melle passe pour la plus ancienne ville du département. On y a battu monnaie sous Charles le Chauve; des fouilles faites il y a une soixantaine d'années, ont procuré plusieurs monnaies de ce prince et des médailles romaines. En 1600 il y avait à Melle six cents maisons, et on n'en compte guère aujourd'hui que 350. Cette diminution vient des persécutions exercées contre les protestants; tout le pays de Melle, ayant embrassé la réforme, souffrit beaucoup des guerres de religion et de la révocation de l'édit de Nantes.

Cette ville est située sur une colline escarpée, au pied de laquelle coule la petite rivière de la Béronne. L'air y est très-sain et même un peu vif pour les poitrines délicates. Elle est en général fort mal bâtie, mais l'aspect en est agréable; les environs sont riants, pittoresques, et les promenades charmantes. Le sol des alentours est remarquable par sa fécondité; tout y vient heureusement, à l'exception de la vigne.

On voit près de Melle une tour remarquable, désignée sous le nom de Mellezéard (citadelle de Melle). Aux environs on trouve la fontaine sulfureuse de Fontadan, dont les eaux jouissent d'une assez grande réputation pour la guérison des maladies cutanées.

Melle est la patrie de M. Auguis, littérateur distingué et savant érudit, membre de la chambre des députés, où il défend depuis six années, avec une persévérance digne d'éloges, les droits du peuple et les libertés publiques.

Fabriques de serges, grosses étoffes de laine d'un bon usage. Tanneries. Papeterie. —*Commerce* considérable de grains, graines de trèfle, laine, bestiaux. C'est particulièrement dans l'arrondissement de Melle qu'on élève des mulets de belle race, regardés comme les meilleurs de l'Europe.

A 7 l. de Niort, 15 l. 1/2 de Poitiers.

MOTTE-SAINT-HERAYE (la). Bourg très-ancien, situé à 3 l. 1/2 de Melle. ✉ Pop. 2,676 hab.

Ce bourg, fondé par saint Heraye, ministre du roi Théodebert, dans les premiers siècles de la monarchie française, est bâti dans une situation fort agréable, sur la rive droite de la Sèvre Niortaise, à une lieue de la source de cette rivière. On y voit un des plus beaux châteaux du département, rebâti sur l'emplacement d'un antique manoir, il y a environ deux cents ans, par M. de Parabère, gouverneur général de la province. Le château de la Motte est flanqué de tourelles, et ceint de fossés alimentés par les eaux de la Sèvre; on y entre par des portes à ponts-levis. C'était sous l'empire la propriété du général Murat, qui l'habitait assez souvent; lorsqu'il fut nommé roi de Naples, Napoléon donna le château de la Motte au général Mouton, qui en est encore propriétaire.

Par son testament du 15 janvier 1816, M. Charles Benjamin Chameau a légué à la commune de la Motte-Saint-Heraye, son pays natal, la somme de 60,000 fr., dont l'intérêt annuel est destiné à la dotation de trois jeunes filles vertueuses; ces trois mariages se célèbrent ordinairement le premier lundi du mois de septembre, et le jour est fêté avec appareil par les habitants. L'administration municipale fait tous les frais du banquet des rosières, ainsi que du bal dont elles font l'ouverture. Les premiers fonctionnaires publics de l'arrondissement assistent à cette charmante solennité, ainsi qu'un concours nombreux de dames élégantes et de cavaliers. Le testateur est décédé célibataire à Paris le 10 décembre 1816. On peut dire qu'on lui est redevable de la plus belle institution en ce genre que l'on connaisse en France; institution qui inspire les sentiments les plus nobles en récompensant la plus fragile des vertus.

Le bourg de la Motte-Saint-Heraye est important par ses foires et ses marchés, où les Normands viennent acheter des bestiaux pour l'approvisionnement de Paris, et où les Espagnols et les Piémontais viennent faire des acquisitions de mulets. — *Fabriques* d'étoffes grossières. Tanneries. Nombreux moulins à farine, dite de minot, pour l'approvisionnement de Rochefort et de la Rochelle.

SAUSSÉ-VAUSSAIS. Village situé à 6 l. 1/4 de Melle. ⊠ Pop. 1,629 hab. — *Fabriques* de toiles et de grosses étoffes de laine. Tuileries.

ARRONDISSEMENT DE PARTHENAY.

ABSIE (l'). Village situé à 8 l. de Parthenay. Pop. 550 hab.

Ce village possédait autrefois une abbaye de bénédictins, dont l'église fort bien bâtie sert aujourd'hui d'église paroissiale. On y trouve une source d'eau minérale ferrugineuse froide. — *Fabriques* de grosses étoffes de laine.

AIRVAULT. Jolie petite ville, située fort agréablement entre une plaine fertile en blé et de beaux coteaux couverts de vignes, à 5 l. de Parthenay. ⊠ Pop. 1,925 hab.

Cette ville est généralement bien bâtie, sur la rive droite du Thouet. Au milieu de la principale rue est une fontaine qui, à peu de distance de la ville, fait tourner un moulin; le canal qui y conduit l'eau passe par-dessous la ville, et forme dans chaque maison un bassin propre et commode.

On remarque à Airvault une église paroissiale d'architecture gothique, dont la tour élevée sur quatre piliers est d'une grande légèreté; les ruines d'un ancien château, détruit par l'amiral Coligny après la bataille de Moncontour, et les débris d'un monastère, brûlé dans les guerres de religion.

Fabriques d'étoffes de laine, de toiles de chanvre et de lin. — *Commerce* de grains, vins, eau-de-vie, lin, chanvre, etc.

CHAPELLE-SAINT-LAURENT (la). Village situé à 5 l. de Parthenay. Pop. 500 hab.

On voit à peu de distance de ce village, près du vieux château des Mothes, un antique monument en terre, que les antiquaires prétendent être un tombeau gaulois ou un ancien autel de ces temps reculés. Il est entouré d'un fossé circulaire revêtu de glacis, beaucoup plus étroit au côté de l'est que dans tout le reste de son pourtour; inégalité qui ne paraît point être un accident causé par le temps, mais, au contraire, dater de l'origine du monticule. Le château des Mothes, voisin du monument, a appartenu à Philippe de Commines.

LOUP (SAINT-). Petite ville située à 5 l. de Parthenay. Pop. 1,799 hab.

On voit à Saint-Loup un assez beau château, bâti sous Louis XIII, par le cardinal de Sourdis, qui lui avait donné la forme d'une H, en l'honneur d'une Henriette, sa cousine et sa maîtresse. Le prélat en avait orné l'escalier de peintures tellement érotiques, que la pudeur des propriétaires qui lui ont succédé n'a pu les supporter. Ce domaine a appartenu à un homme bienfaisant, qui donnait 300 livres à quiconque venait s'établir à Saint-Loup avec un métier quelconque. Cette générosité y attira plusieurs ouvriers en draperie, et l'on voit encore dans quelques maisons de fort bons tapis, fabriqués à Saint-Loup. Après la mort de ce bon citoyen, l'industrie cessa d'être encouragée, et il ne resta plus que quelques métiers, employés aujourd'hui à fabriquer des tapis grossiers. — Tanneries.

Saint-Loup est le lieu de naissance du père de Voltaire. C'est un séjour fort agréable; les habitants passent pour avoir hérité d'une partie de l'esprit d'Arouët.

MAZIÈRES EN GATINE. Bourg situé à 2 l. 1/2 de Parthenay. Pop. 782 hab. — *Commerce* de chevaux, mulets et bestiaux.

MÉNIGOUTE. Bourg situé à 3 l. 3/4 de Parthenay. Pop. 911 hab. — *Fabriques* de poterie de terre. Moulin à foulon. — *Commerce* de bestiaux.

MONCOUTANT. Bourg situé dans un territoire fertile en lin estimé, à 6 l. 3/4 de Parthenay. Pop. 1,822 hab. C'est le centre d'une fabrique considérable de breluches (étoffe de laine sur fil), qui s'expédient pour Guibray, Caen, le Mans, Tours, etc. — *Fabriques* de toiles et de fil fin. Éducation des bestiaux. — *Commerce* de grosses draperies, graine de trèfle, chevaux et bestiaux.

PARTHENAY. Ancienne ville, chef-lieu de sous-préfecture. Tribunal de première instance. Collége communal. ✉ ☞ Pop. 4,024 hab.

Parthenay est une ville ancienne dont l'origine est inconnue : on sait seulement qu'elle était autrefois très-forte, qu'elle était entourée de doubles fossés et de triples murailles, et qu'elle a soutenu glorieusement plusieurs siéges, notamment en 1486, époque où elle se rendit à Charles VIII, qui en fit détruire les fortifications. C'était anciennement la capitale de la Gatine (1).

Parthenay souffrit considérablement dans la guerre de la Vendée. Le 20 juin 1793, Westermann, qui dans la Belgique s'était distingué par son audace, fut envoyé au mois de juin avec sa légion dans la Vendée. Un corps des royalistes, fort de six mille hommes, se rassembla à Parthenay, sous les ordres de Lescure: Westermann s'y porte le 20 juin, par une marche forcée. À deux heures du matin il égorge les avant-postes à la tête de douze cents hommes; il pénètre avec son infanterie dans cette petite ville, dont il a enfoncé les portes à coups de canon; ses soldats y entrent au pas de charge et exterminent tout ce qui ose leur résister. Un prêtre vendéen allait mettre le feu à un canon, il est abattu par le sabre d'un républicain. Lescure surpris résiste faiblement; abandonné de ses soldats, il ne doit son salut qu'à l'obscurité qui le dérobe aux coups des vainqueurs. Westermann, n'osant pas s'engager dans ce pays insurgé, reprend la route de Saint-Maixent. Lescure rentre à Parthenay, et préserve cette ville des flammes auxquelles voulaient la livrer les soldats, pour punir les habitants d'avoir favorisé Westermann. Ce général, dont la troupe s'était grossie des renforts qu'il avait

---

1. Le nom de Gatine est celtique, et vient, suivant Bullet, de *Gast* ou *Gastin*, qui signifie mauvais. Valois ne s'éloigne pas de cette idée lorsqu'il tire l'origine du mot Gatine de la langue des Germains que les Francs introduisirent dans les Gaules : « Ces peuples, dit-il, donnèrent partout le nom de Gatine aux pays qui étaient hérissés de forêts, de rochers, de montagnes; en un mot aux pays incultes, solitaires, déserts, stériles. » Et il le prouve par un grand nombre d'anciens monuments. Tous ces attributs conviennent parfaitement à la Gatine du Poitou, dont la terre est mauvaise et le pays encore assez inculte, quoiqu'il le soit beaucoup moins qu'autrefois. Les Romains tracèrent en Poitou plusieurs voies militaires : il y en avait une qui traversait la Gatine et allait joindre vers Mauléon celle de Poitiers à Nantes. Il s'en trouve encore des traces qui prouvent qu'elle suivait l'alignement des lieux suivants : 1° au Pigné du Parc; 2° au Gué de Primont; 3° à Maisonneuve; 4° au bourg de Montreuil-Bonnin; 5° à la fontaine de la Chapelle; 6° le long de la Garenne de la Chapelle; 7° aux environs de la fontaine de Fleury; 8° au bourg de Forges. Ce chemin est connu dans le pays sous le nom de chemin Ferré ou chemin d'Enfer; il est détruit en plusieurs endroits; ailleurs le pavé s'est conservé et est même couvert de gazon.

trouves à Saint-Maixent, se présente de nouveau devant Parthenay, d'où Lescure fuit à son approche. Westermann, qui avait fait observer la plus exacte discipline à ses soldats, écrit au gouvernement : « Ma légion ne sera pas accusée d'avoir enlevé une obole aux habitants de Parthenay. »

Parthenay est située près du Thouet, dans une contrée entrecoupée de montagnes et de forêts, sur une colline qui la divise en haute et basse ville. C'est une ville en général fort mal bâtie, où l'on remarque les restes d'un ancien château, entouré de fossés et de contrescarpes, et flanqué de cinq tours; la porte Saint-Jacques, construction ogivale du XIIe siècle, surmontée de créneaux et flanquée de deux tours elliptiques de vingt mètres de hauteur; l'église Saint-Jean, bâtie dans le IXe siècle; d'anciennes prisons très-fortes, élevées de 70 pieds au-dessus du Thouet, et dont font partie les tours de l'horloge; l'hôpital; l'hôtel de ville; le palais de justice, etc.

Fabriques de draps, serges, droguets. Nombreuses tanneries et corroieries. — *Commerce* de grains, laines et bestiaux.

A 10 l. de Niort, 12 l. de Poitiers, 90 l. de Paris.

PEIRATTE (la). Bourg situé à 2 l. de Parthenay. Pop. 900 hab. — Forges et haut fourneau.

SECONDIGNY EN GATINE. Bourg situé à la source du Thouet, à 2 l. 1/2 de Parthenay. Pop. 1,581 hab. — *Fabriques* d'étoffes de laine.

THENEZAY. Bourg situé à 3 l. 3/4 de Parthenay. Pop. 2,049 hab. — *Fabriques* d'étoffes de laine.

FIN DU DÉPARTEMENT DES DEUX-SÈVRES.

IMPRIMERIE DE FIRMIN DIDOT FRÈRES ET Cie,
RUE JACOB, N° 56

Guide Pittoresque
DU
VOYAGEUR EN FRANCE.

DÉPARTEMENT DE LA VENDÉE.

APERÇU STATISTIQUE.

Le département de la Vendée est formé du ci-devant bas Poitou, et tire son nom de la rivière de la Vendée, qui y prend sa source et le traverse du nord-est au sud-est. Ses bornes sont : au nord-ouest, le département de la Loire-Inférieure; au nord-est, celui de Maine-et-Loire; à l'est, celui des Deux-Sèvres; au sud-est, celui de la Charente-Inférieure; au sud-ouest et à l'ouest, l'Océan.

Le territoire de ce département est très-varié, et peut-être n'y a-t-il pas dans toute la France un seul département dont le sol présente autant de diversité dans sa nature et dans ses produits : il se divise en quatre parties bien distinctes et séparées : le Bocage, la Plaine, le Marais et les Iles.

Le Bocage forme un peu plus de la moitié du département, dont il occupe la partie septentrionale depuis la Sèvre nantaise et les limites du département des Deux-Sèvres jusqu'au marais occidental et à l'Océan; il tire son nom de la grande quantité de bois dont il est couvert, et qui lui donne l'aspect d'un bois continu : on y voit cependant peu de grandes forêts, mais chaque champ, chaque prairie est entourée d'une haie vive qui s'appuie sur des arbres plantés irrégulièrement et fort rapprochés, dont le tronc est un peu élevé; tous les cinq ans on coupe leurs branchages et on laisse une tige de douze ou quinze pieds. Ces enceintes ne renfermant jamais un grand espace, le terrain est fort divisé et généralement peu fertile en grains. Dans quelques parties se trouvent des landes étendues de grands genêts ou d'ajoncs épineux; toutes les vallées, et même les dernières pentes des coteaux, sont couvertes de prairies. Vue d'un point élevé, la contrée paraît toute verte; seulement, au temps des moissons, des carreaux jaunes se montrent de distance en distance entre les haies. Quelquefois les arbres laissent voir le toit aplati et couvert de tuiles rouges de quelques bâtiments, ou la pointe d'un clocher qui s'élève au-dessus des branches. Presque toujours cet horizon de verdure est très-borné; quelquefois il s'étend à trois ou quatre lieues.

La partie la plus orientale du Bocage est hérissée de collines qui se divisent en deux chaînes principales : la première, dont le noyau est un granit assez dur, a sa direction du sud-est au nord-est; elle commence aux environs de Montournais, occupe presque toute la superficie du canton de Pouzauges, la partie orientale de celui des Herbiers, tout le canton de Mortagne, et les parties orientales et septentrionales de celui de Montaigu, où elle va se perdre dans le département de la Loire-Inférieure; ses points les plus élevés sont la montagne des Alouettes, celles de Saint-Michel-Mont-Mercure, de Pouzauges et de Montournais. La seconde chaîne de collines, séparée de la première par un vallon d'une demi-lieue de largeur, commence à Saint-Pierre du Chemin, point le plus élevé, et se dirige du nord-est au sud-ouest en s'abaissant insensiblement vers la rivière de la Vendée : elle occupe tout le canton de la Châtaigneraie. — Ces collines donnent naissance à des vallées étroites et peu profondes, où coulent de petits ruisseaux dans des directions variées. Les chemins sont tous comme creusés entre deux haies; ils sont étroits, et quelquefois les arbres, joignant leurs branches, les couvrent d'une espèce de berceau; ils sont bourbeux et impraticables en hiver, et raboteux en été. Souvent, lorsqu'ils suivent le penchant d'une colline, ils servent en même temps de lit à un ruisseau; ailleurs ils sont taillés dans le rocher, et gravissent les hauteurs par des degrés irréguliers. Tous ces chemins offrent un aspect du même genre : au bout de chaque champ se voit un carrefour qui laisse le voyageur dans l'incertitude sur la direction qu'il doit prendre, et que rien ne peut lui indiquer: les habitants eux-mêmes s'égarent fréquemment lorsqu'ils veulent aller à deux ou trois lieues de leur séjour. — Dans les contrées voisines de la plaine, les chemins ont plus de largeur, mais, établis sur une glaise molle et qui retient les eaux pluviales, fréquentés par les bœufs dont le pas régulier y creuse à des intervalles égaux des espèces de trous ou des sillons transversaux, appelés *chapelets*, ils sont, pendant les deux tiers de l'année, entièrement impraticables aux piétons et aux voitures, et dangereux même pour les cavaliers. Les paysans qui voyagent à pied, grimpent sur les talus et suivent des sentiers pratiqués derrière les haies, escaladent à chaque instant les barrières ou échaliers qui séparent les champs, et traversent comme des sangliers les parties les moins fourrées des clôtures.— Il est facile de concevoir quelle teinte sombre et mélancolique donne sur tout le pays la multitude d'arbres qui y croissent : le voyageur, enseveli pour ainsi dire dans les chemins étroits et profonds où la lumière du soleil a de la peine à pénétrer, se croirait perdu au milieu des déserts, si le chant lourd et monotone du laboureur, et les traces de culture qu'il aperçoit de temps en temps, ne l'avertissaient quelquefois qu'il n'est pas entièrement séquestré de la société des hommes. Toutefois, cet aspect lugubre est égayé par la variété des teintes du feuillage des arbres, par les fleurs des genêts et des ajoncs qui couvrent une partie des champs consacrés aux pâturages, et par celle des arbustes qu'elle a prodigués dans les buissons, par les riches aspects que présente souvent la partie montueuse, et enfin par le spectacle de l'industrie active et productive des cultivateurs. En un mot, le Bocage, malgré ses landes stériles, malgré ses chemins fangeux, qui pendant la moitié de l'année rendent les communications fort pénibles, est sans contredit la partie la plus agréable du département.

La Plaine est la langue de terre comprise entre le Bocage et la limite méridionale du département. Sa superficie est d'environ trente-sept lieues carrées; sa largeur généralement de deux lieues, sur une longueur d'environ treize lieues : elle se termine brusquement sur la rive droite du ruisseau de Troussepoil, et s'incline à droite pour aller joindre la mer, dont elle longe la côte en se rétrécissant insensiblement. Le banc de pierre calcaire qui en forme le noyau, les coquillages entiers que l'on rencontre disséminés sur la surface ou incrustés à de grandes profondeurs, annoncent qu'elle est le produit des atterrissements successifs qui remplirent ce vaste golfe où l'Océan avait séjourné. Quoique le nom de Plaine semble indiquer que tout le territoire compris sous cette dénomination soit assez uni, sa surface offre pourtant des inégalités assez sensibles.

Le Marais. On appelle Marais toute la partie des côtes occidentale et méridionale du département qui fut autrefois couverte par la mer, et dont la superficie totale est de soixante-dix lieues carrées. Ce territoire se divise en trois parties distinctes : le Marais desséché, le Marais mouillé et les Marais salants.

Les Marais desséchés l'ont été au moyen d'un canal de ceinture et d'une digue, nommée digue des Hollandais, qui a permis de retenir les eaux supérieures et de leur assigner un cours, en établissant sept canaux principaux qui, pendant les grandes eaux, servent aux dessèchements, et pendant les sécheresses aux irrigations. Les digues qui les bordent servent de chemins; les tertres sont couverts de beaux villages, et les terres desséchées ont été converties en belles prairies ou en terres labourables; ce pays est riche en bestiaux et en grains; il est couvert de fermes bien bâties qui en égayent la surface. Ces digues ou ceintures reçoivent, par le moyen de vannes établies dans leur épaisseur, les eaux qui sont jugées nécessaires par le maître des digues pour l'irrigation des canaux de l'intérieur. Ces canaux se communiquent et servent, les uns à conduire à la mer le superflu des eaux pluviales, les autres à les répandre dans les fossés dont les propriétés particulières sont environnées. Les grands canaux de desséchement ont environ 9 mètres de largeur; ils sont garantis du flux de la mer au moyen d'écluses à portes busquées, de trois à quatre mètres de largeur entre les bajoyers.

On désigne sous le nom de Marais mouillé la partie du marais située hors des ceintures. Les endroits les moins bas de cette partie sont ensevelis sous les eaux depuis la mi-octo-

bre jusqu'à la mi-juin, et quelquefois plus tard ; les bas-fonds ne dessèchent jamais. Pour en tirer parti, on les a coupés de canaux innombrables qui se communiquent tous, et ne sont séparés les uns des autres que par des terriers de quatre à cinq mètres de largeur, rechargés en couronne du produit de l'excavation. Les terriers, extrêmement fertiles, sont tous plantés en saules, en frênes, en aubiers, en peupliers, et quelquefois en chênes : l'émonde de ces arbres, qui ne se brûle pas sur les lieux, s'exporte en fagots à la Rochelle et à l'île de Ré ; les troncs, appelés *cosses de marais*, très-recherchés dans la Plaine, produisent un feu brillant et inextinguible. Dans les parties les plus basses, au milieu des plantes marécageuses de toute espèce que la nature y a prodiguées, des espaces assez considérables se trouvent occupés par le roseau (*Arundo phragmites*), qui sert à chauffer le four où l'on cuit le pain, à couvrir les cabanes des Huttiers et les servitudes de quelques fermes, et à fasciner les digues. — Les habitants de ce pittoresque séjour semblent, au premier coup d'œil, les plus malheureux des hommes. Leurs chaumières de branchages et de boue sont couvertes de roseaux. Le même toit recèle le père, la mère, presque toujours une nombreuse suite d'enfants, une ou deux vaches, quelques brebis et les chiens; et tous ces êtres n'ont souvent, pour prendre leurs ébats, qu'une langue de terre de vingt-cinq à trente pas. Ignorés du reste du monde, ils vivent, au fond de leurs labyrinthes inaccessibles, du produit de leur pêche et du lait de leurs vaches, dont ils vont chercher la nourriture en bateau dans les canaux environnants. Le silence de ces déserts marécageux, qui n'est interrompu que par le cri de quelques oiseaux aquatiques; l'ombre mystérieuse que répandent sur les canaux les branches enlacées des arbres; la pâleur et l'air misérable des habitants; cette lisière étroite qui semble mettre entre eux et les autres hommes un intervalle immense; la teinte sombre du paysage, tout inspire au premier aspect un sentiment pénible de mélancolie et d'horreur dont il est difficile de se défendre. Mais en pénétrant dans l'intérieur, la fraîcheur des berceaux, les sinuosités de ces promenades liquides, les variétés innombrables d'oiseaux qu'on rencontre à chaque pas et qu'on ne rencontre que là, font succéder à ce premier sentiment un recueillement qui a aussi ses charmes.

Le sol des Marais salants est divisé de quart de lieue en quart de lieue par des *étiers* ou canaux parallèles, de douze pieds de large sur six de profondeur, qui reçoivent à la marée montante les eaux de la mer et les conduisent dans les aires où le sel se forme. Ces étiers sont garnis d'écluses pour laisser écouler les eaux à la marée basse, ou les retenir à volonté. Les aires salines restent constamment couvertes de six à huit pouces d'eau salée. Elles sont entourées de *bossis* ou digues assez élevées pour être livrées à l'agriculture; ces bossis servent, après la récolte, de chaussées pour le passage des piétons. Le sel se forme pendant l'été dans les aires par l'évaporation spontanée des eaux de la mer à la chaleur du soleil. Le nombre d'œillets ou aires des marais salants actuellement en rapport dans le département, y compris ceux de l'île de Noirmoutiers, est d'environ soixante-quinze mille.

Les Iles sont au nombre de quatre : l'île de Bouin, l'île Dieu, l'île de Noirmoutiers et l'île du Pilier. Nous en donnerons la description dans la topographie de l'arrondissement des Sables-d'Olonne.

Météorologie. La température du département de la Vendée varie suivant les localités : le froid est plus vif et plus long dans les cantons montueux, surtout dans ceux exposés au nord. La chaleur est plus ardente et plus longue dans la Plaine et dans le Marais. Dans le Bocage, la chaleur est tempérée par l'ombre des arbres qui le couvrent; aussi la maturité des grains et des fruits y est-elle plus tardive. Les alternatives du chaud et du froid sont très-fréquentes et très-brusques sur les côtes; après avoir éprouvé une chaleur brûlante depuis neuf heures du matin jusqu'à trois heures de l'après-midi, la température du soir est souvent assez froide pour faire désirer du feu, ou du moins des vêtements plus chauds. Sur les bords de la mer, l'air est très-pur, mais humide; dans le Bocage il est pur et assez sec. L'air du Marais est en général chargé de vapeurs humides et malsaines qui s'élèvent des fossés et des canaux, et qui entraînent avec elles les émanations délétères des plantes, des insectes et des reptiles qui périssent et se décomposent dans les eaux. — Les vents sont très-variables et peu fixes; rarement ils soufflent huit jours de suite du même côté. Les vents dominants sont ceux du nord et du sud; ce dernier est le plus fréquent.

Mœurs et usages. « L'habitant du Bocage est, ainsi que celui de la Plaine, dit M. Labretonnière [1], d'une constitution saine et robuste ; sa nourriture habituelle est le pain de seigle, la bouillie de mil ou de blé noir ; quelquefois un peu de lard, des légumes, des fruits, du beurre, du lait et du fromage. Sa boisson est l'eau de fontaine, rarement le vin, si ce n'est au cabaret qu'il est enclin à fréquenter, sans être cependant adonné à l'ivrognerie. Il est généralement sobre et économe, laborieux, tenace, opiniâtre même, et néanmoins ami du plaisir ; le goût de la danse est un de ceux qui chez lui dominent tous les autres. Son caractère est généralement doux, officieux et hospitalier ; ses mœurs sont simples et patriarcales. Religieux observateur de sa parole, il tient avec la même exactitude les engagements verbaux et ceux écrits. Ignorant à l'excès, et conséquemment crédule, il n'en est pas moins doué d'une certaine mobilité d'imagination qui le rend propre à recevoir des impressions fortes : de là son goût pour les histoires extravagantes de loups-garous, de revenants, et pour tout ce qui tient au merveilleux. Il y a peu de veillées, en hiver, où des contes de cette nature ne soient débités avec emphase et recueillis avec avidité ; mais rien n'égale l'intrépide charlatanisme de certains conteurs, si ce n'est la stupidité de ceux qui les écoutent. Ces conteurs passent pour des êtres privilégiés de la nature, doués du pouvoir de deviner le passé, de lire dans l'avenir, de guérir les hommes et les animaux malades, de retrouver les effets perdus, d'exciter l'amour ou la haine entre deux amants, etc., etc. Ce qui paraît inconcevable, c'est que les âneries journalières de ces prétendus sorciers ne guérissent pas le peuple de sa crédulité. Ils jouissent au contraire d'une considération marquée dans les réunions de famille ; et, après le diable et le curé du lieu, un sorcier est pour le paysan du Bocage l'être le plus respecté et le plus redouté. — Avec l'apparence de la plus saine et de la plus robuste constitution, une haute stature, des épaules larges et des muscles prononcés, l'habitant du Marais n'est en général ni aussi fort, ni aussi vigoureux que celui du Bocage. Ses occupations habituelles sont le labourage, la récolte et l'entretien des fossés. Ce dernier travail, d'une nécessité indispensable, occupe la plus grande partie de l'année, et peut être compté au nombre des causes principales qui altèrent la santé du Maraichain. Sa nourriture est le pain d'orge mêlé de froment, des légumes, des viandes salées, du lait caillé, et quelques fruits qui lui viennent du Bocage. Comme le pays ne produit pas de raisins, la boisson habituelle du Maraichain est l'eau des canaux et des fossés, autre cause grave de ses maladies. Ce régime n'est cependant pas général, et il est peu de pays où les contrastes soient aussi frappants que dans le Marais. Les cultivateurs-propriétaires ou les gros fermiers, connus sous la désignation de Cabaniers, mènent une vie bien différente de celle du pauvre agriculteur ; ils se nourrissent de pain blanc de la meilleure qualité ; leurs celliers sont toujours remplis de bons vins de la Plaine, de Saintonge ou de Bordeaux. Quelques-uns sont servis en argenterie, et si un étranger vient les visiter, ils ont toujours un beau canard ou quelque autre volaille grasse à lui offrir. Leurs maisons, appelées cabanes, sont bâties au rez-de-chaussée, afin que le vent, dont aucun arbre n'amortit l'impétuosité, ait moins de prise sur elles. L'intérieur est tenu avec propreté ; les meubles sont simples, mais solides et bien conditionnés. Les lits sont remarquables par leur hauteur prodigieuse et leur mollesse. Les deux ou trois habits que le cabanier endosse l'un sur l'autre, sont de bonne étoffe et souvent de drap fin. Le linge blanc de la cabanière, le gros cœur d'or qu'elle porte au cou, les chaînes d'argent qui pendent à sa ceinture, la propreté de ses vêtements, le dur éclat de leurs couleurs tranchantes où le rouge vif domine, sont les indices de l'opulence de la maison, qui s'annonce au dehors par un train analogue : autant de maîtres, autant de juments bien étoffées, bien rebondies, autant de gros et lourds valets aussi bien montés que les maîtres. A l'exception de ces cabaniers, que leur commerce oblige à de fréquents déplacements, les habitants du Marais, privés de toutes communications avec les villes, sont généralement grossiers, incivils, et passent pour n'avoir qu'une intelligence médiocre. Leur vie doit paraître triste et misérable ; cependant ces digues isolées, ces demeures presque cachées sous les eaux, renferment une population heureuse de son sort. La cabane de roseaux du Maraichain, quoique ouverte à tous les vents, n'est pas sans charme à ses yeux. Les vaches, qu'il nourrit presque sans frais, lui fournissent du beurre et du laitage ; ses filets lui procurent en quelques heures plus de poisson qu'il n'en peut man-

---

1. Statistique du département de la Vendée.

ger dans une semaine ; avec son long fusil il fait, pendant l'hiver, une guerre lucrative aux nombreux palmipèdes qui couvrent le Marais ; le fumier de ses bestiaux et les plantes aquatiques qui croissent autour de sa cabane, lui fournissent un combustible suffisant pour le défendre contre la rigueur du froid. Pendant la belle saison, une multitude de canards couvre les fossés et les canaux voisins ; ils s'y nourrissent facilement, et le cabanier n'a eu d'autre soin à prendre que celui de les faire éclore. Ses champs lui offrent d'abondantes récoltes : il voit le froment, l'orge, le chanvre et le lin croître sous ses yeux et lui présenter de nouveaux moyens d'existence et de nouvelles matières à des spéculations avantageuses. Point de procès, point d'ambition, point d'orgueil, point d'attache trop vive aux biens de la terre ; son seul désir, c'est de rendre heureux tout ce qui l'entoure. Sa paroisse et les villages voisins, voilà tout ce qu'il connaît de la France. Content de son état, il ne cherche point à en sortir ; il n'a nul besoin de la protection des autorités, nulle envie d'obtenir la bienveillance du riche ; il est roi dans sa cabane. Tel vieillard des rives de la Sèvre meurt dans ces retraites inaccessibles et mystérieuses sans avoir jamais vu de plaine, de montagne, de grande ville; sans avoir connu aucun de ces spectacles que l'industrie humaine et la nature offrent ailleurs à l'admiration. Le Marais, les digues, les canaux et les fossés, les barques qui s'y croisent sous des berceaux de verdure, les déserts marécageux où l'on n'entend que le seul gazouillement des oiseaux, et, de loin en loin, le chant cadencé d'un yoleur, ont été son univers. »

Les Huttiers, nom qu'on donne aux habitants des marais mouillés, conduisent avec une adresse remarquable leur léger batelet. Un spectacle réellement récréatif pour l'étranger observateur, c'est d'être témoin de leurs promenades par un beau jour. Plusieurs familles s'embarquent dans une petite flotte de batelets qui, placés à une égale distance, vont tous avec une égale vitesse ; de manière que, rangés deux à deux, ils ne ressemblent pas mal de loin à plusieurs piétons qui se promèneraient coude à coude. C'est ainsi que les Huttiers vont aux noces de leurs parents, vont faire leurs visites, et vont le dimanche entendre la messe au village, qui ordinairement est placé sur un terrain qui domine le reste du Marais.

« Il existe encore dans les marais de la Vendée, dit M. Dufour [1], une autre race d'hommes connus sous le nom de Colliberts, dont le domicile habituel avec toute leur famille est dans des bateaux. C'est une race vagabonde et presque sauvage, que l'on croit être les descendants des anciens *Agesinates Combolectri*, chassés de leur territoire par les Scythes Théiphaliens, et dispersés plus tard par les Normands. Ces malheureux, que les autres habitants ne regardent qu'avec une espèce de mépris superstitieux, s'adonnent principalement à la pêche, dont les produits suffisent à leur nourriture et à leurs besoins. On les regarde comme des espèces de Crétins ; mais on peut être sale, dégoûtant même dans ses vêtements, paraître idiot, hébété dans toutes ses actions, avoir le regard effaré, sans être Crétin. Tout porte à croire que leur maladie principale tient au manque d'éducation, à leur genre de vie et à la privation de communications avec les autres hommes. Les Colliberts se tiennent principalement vers les embouchures du Lay et de la Sèvre niortaise ; il ne faut pas les confondre avec les Huttiers des marais, quoiqu'on leur donne parfois ce dernier nom. Les Colliberts ne s'allient qu'entre eux forment une race particulière qui diminue chaque jour, et finira inévitablement par s'éteindre. Il est remarquable que pendant les temps féodaux ces malheureux n'ont jamais été soumis à la servitude réelle qui pesait sur les autres paysans. Ils avaient la liberté de quitter, sans l'autorisation des seigneurs, les lieux où ils étaient nés ; on les appelait alors *homines conditionales ;* cependant la plupart d'entre eux, afin de mieux assurer leur liberté, se mettaient sous la protection de quelques abbayes auxquelles ils se chargeaient de fournir le poisson nécessaire à la table des religieux. »

Le département de la Vendée a pour chef-lieu Bourbon-Vendée. Il est divisé en 3 arrondissements et en 30 cantons, renfermant 294 communes. — Superficie, 362 lieues carrées. — Population, 330,350 habitants.

MINÉRALOGIE. Minerai de fer peu abondant. Antimoine sulfuré à la Rancée. Mine de plomb argentifère aux environs des Sables. Indices de mines de houille près de la Châtaigneraie, de Vouvant et de Chantonnay. Carrières de granit et de pierres de taille ; de

---

[1]. L'Ancien et le Nouveau Poitou, par M. Dufour.

pierre meulière d'excellente qualité aux environs de Fontenay. Petrosilex. Cristal de roche. Kaolin aux environs de la Chaise. Argile à faïence et à poterie. Marne, etc.

SOURCES D'EAU MINÉRALE ferrugineuse à Venansault, à la Gilardière, près de Roche-servière, à Réaumur, à la Ramée, au Pouet, à Fontenay, etc.

PRODUCTIONS. Céréales en quantité plus que suffisante pour les besoins des habitants. Très-bons légumes, haricots blancs, fèves de marais cultivées en grand, lin, chanvre excellent et en quantité, fruits à noyau, châtaignes, cerises, noix. Belles prairies naturelles; choux verts pour fourrage. — 17,700 hectares de vignes, produisant annuellement environ 265,000 hectolitres de vin, presque tous blancs et de qualité médiocre, qui se consomment dans le pays. — 21,387 hectares de forêts (arbres verts et feuillus). — Chevaux de petite taille sains et robustes. Nombreux troupeaux de bêtes à cornes de taille moyenne. Moutons mérinos et du pays. — Gibier abondant (sangliers, lièvres, cailles, râles de genêts, perdrix rouges d'une grosseur énorme et d'un goût délicat, vanneaux, etc., etc.). — Bon poisson de mer et d'eau douce (brochets, perches, carpes, sardines, coquillages, etc., etc.)

INDUSTRIE. Fabriques de toiles de ménage, draps communs, grosse poterie qui s'exporte au loin, soude de varech. Papeteries. Brasseries. Tanneries. Exploitation des marais salants. Pêche de la sardine.

COMMERCE de grains, graines et légumes de toute espèce, vins de Bordeaux et d'Aunis, denrées du Midi, sel, charbon de bois, bois à brûler, merrain, cerceaux, feuillard, chevaux, mules, bestiaux, etc.

VILLES, BOURGS, VILLAGES, CHATEAUX ET MONUMENTS REMARQUABLES; CURIOSITÉS NATURELLES ET SITES PITTORESQUES.

ARRONDISSEMENT DE BOURBON-VENDÉE.

BOURBON-VENDÉE. Jadis LA ROCHE-SUR-YON, puis NAPOLÉON-VILLE. Jolie petite ville. Chef-lieu du département. Tribunal de première instance. Société d'agriculture. Collége communal. ✉ ☜ Pop. 3,904 hab.

Cette ville occupe l'emplacement de l'antique Roche-sur-Yon, château immense dont la fondation a dû être antérieure aux croisades et remonter aux premiers siècles de la monarchie; il s'élevait sur une roche coupée à pic vers la rivière, et dont le sommet forme un grand plateau que deux ravins isolent latéralement. Vers le milieu du XIVe siècle, ce château appartenait à Louis II, comte d'Anjou; par la trahison de Jean Blondeau, son gouverneur, il tomba au pouvoir du Prince Noir; quatre ans après, en 1373, il fut repris par Olivier Clisson. La Roche-sur-Yon devint ensuite une des nombreuses possessions de la maison de la Trémouille, puis passa à la maison de Bourbon, et fut érigée en principauté. Pendant les guerres de religion, le château fut souvent pris, et souffrit diverses dégradations; il fut enfin totalement démantelé sous le règne de Charles IX ou sous celui de Louis XIII. En 1793, les républicains se cantonnèrent dans ces débris, et achevèrent de les renverser; ce qui en restait, vaste amas de ruines informes, a été employé en grande partie aux édifices de la ville nouvelle; les derniers vestiges viennent de disparaître par la construction de la grande caserne qui, non encore terminée, occupe avantageusement l'emplacement de l'ancienne forteresse. Le vieux bourg remplit le ravin entre la caserne et la ville, et forme un petit quartier assez triste. En 1805, le site de la Roche-sur-Yon fut choisi pour chef-lieu du département de la Vendée par Napoléon, qui consacra trois millions pour l'édification des grandes constructions, d'édifices indispensables à un chef-lieu de préfecture. La Roche-sur-Yon prit alors le nom de Napoléon-Ville, qu'elle conserva jusqu'en 1815, où elle prit celui qu'elle porte encore, malgré trois réclamations successives du département.

Bourbon-Vendée est située agréablement sur une colline, dont la petite rivière d'Yon baigne le pied. Au centre et sur le haut du plateau, se trouve la place Royale, carré long, spacieux, bordé de plusieurs rangées d'arbres, entouré de monuments publics et de beaux hôtels où aboutissent la plupart des rues de la ville, ainsi que trois grandes routes qui se croisent au centre. Les rues de la ville sont larges et alignées, propres et formées de jolies maisons; cependant tout n'est encore que commencé, tout manque d'ensemble, et plusieurs rues ne sont guère que tracées : elles abondent en cafés et en auberges, mais les établissements industriels y sont rares.

L'église paroissiale offre une façade élevée sur plusieurs degrés, décorée d'un péristyle formé de six colonnes doriques et d'un fronton; de chaque côté est un joli clocher, trop petit pour la masse générale, et peu en harmonie avec le style grec du monument. Les trois nefs sont divisées par six colonnes corinthiennes, dont les chapiteaux sont d'un travail exquis; deux autres supportent le porche intérieur; la voûte est à plein cintre et couverte de caissons peints. Les bénitiers, les fonts baptismaux, le maître-autel, sont en marbre blanc, et le tabernacle resplendit de dorures; enfin, l'édifice, construit en pierre de taille, est vaste et majestueux. — Sur la même place est la Mairie, bâtiment à l'italienne, d'un travail élégant; édifice de style grec décoré d'un péristyle. Derrière l'église, au sud-ouest, sur une promenade plantée de peupliers, se trouve la halle, bâtiment carré, entouré d'un péristyle élevé sur plusieurs degrés. L'un des angles de cette promenade est occupé par le théâtre. La Préfecture est un grand édifice carré dont une des façades donne sur la place de ce nom et se déploie sur une cour fermée par une grille en fer; l'autre façade a vue sur le jardin.

On remarque encore à Bourbon-Vendée : la bibliothèque publique, renfermant 5,000 volumes; l'hôpital; la grande caserne, vaste et bel édifice formant trois corps de bâtiments à quatre étages, environnant une cour carrée, dont le quatrième côté borde la crête du roc, qui porte le plateau.

A 16 l. de Nantes, 20 l. de la Rochelle, 104 l. 1/2 de Paris. — *Hôtels* de l'Europe, des Étrangers, des Trois-Pigeons, des Voyageurs, du Pélican.

CHANTONNAY. Bourg situé à 7 l. 1/4 de Bourbon-Vendée. Pop. 2,532 hab.

CUGAND. Village à 14 l. de Bourbon-Vendée. Pop. 1943 hab. — *Fabriques* de draps. Filature hydraulique de laine. Papeterie.

ESSARTS (les). Petite ville située à 4 l. 1/2 de Bourbon-Vendée. ✉ Pop. 2,192 h.

Cette petite ville est mal bâtie, mal pavée, mais les restes de son antique château et le paysage qui, tout autour, se dessine en amphithéâtre, sont on ne peut plus pittoresques.

Les lierres, les ronces tapissent les vieux pans de murailles où restent encore suspendus les entablements des cheminées; les pierres larges et polies qui servaient de sièges aux deux côtés des fenêtres; les grandes croix de granit qui supportent les vitraux, et tous les restes du principal corps de logis font remonter l'imagination à l'époque où dans ces salles, dans ces tourelles, on devisait de prouesses et d'amour. Cependant, si des masses de plantes grimpantes tapissent aujourd'hui les débris de ces salles où les seigneurs de Vivonne venaient reposer leurs fronts victorieux, il en est autrement des fortifications qui sont encore assez bien conservées. Les ruines du château annoncent une construction du XIIe siècle; l'architecture sarrasine de la vieille tour carrée au pied de laquelle passe la grande route, ainsi que celle de la principale porte d'entrée qui garde encore l'empreinte du pont-levis, ses mâchicoulis et ses hautes murailles, décèlent évidemment une construction du XIe siècle. Il paraît qu'au commencement du XIVe siècle la maison de maître n'existait pas encore, ou que du moins elle n'était qu'un simple manoir propre à servir de prison. Les Essarts appartenaient alors à Marguerite de Penthièvre, fille d'Olivier de Clisson, qui choisit ce château pour y renfermer les jeunes ducs de Bretagne, dont elle s'était rendue maîtresse par la plus insigne trahison. Sous la Ligue, Henri IV séjourna au château des Essarts, d'où il partit pour aller combattre le duc de Mercœur. Ce château fut incendié en 1793, après avoir été le théâtre d'un combat sanglant.

FONTENELLES. *Voy.* **VENANSAULT.**

FULGENT (SAINT-). Bourg situé à 4 l. 1/4 de Bourbon-Vendée. ✉ Pop. 1,345 h.

HERBIERS (les). Petite ville située à 10 l. de Bourbon-Vendée. ✉ ☞ Pop. 2,826 hab.

Cette ville, si intéressante par sa position et ses paysages pittoresques, a dû jadis être une place importante. Sa fondation même paraît remonter jusqu'aux derniers temps de la république romaine. Elle fut dévastée en 850 par les Normands, et plus tard par Bougon, duc d'Aquitaine. Sous la domination anglaise, les Herbiers, ceints de fortifications, figuraient au nombre des places fortes du pays; sous Louis XIII, les restes de ses murailles furent abattus. Pendant la guerre vendéenne, une partie de ses habitants embrassa la cause royale; l'autre s'efforça, mais vainement, de garder la neutralité : la ville fut, comme tout le reste du pays, dévastée, et en partie incendiée; mais elle a depuis tellement réparé ses désastres, qu'il en reste à peine des traces.

La ville des Herbiers semble sortir d'un bouquet de fleurs. On y descend par une pente douce et facile que forme la grande route en serpentant sur le flanc de la montagne. Cet endroit mérite son nom : placé dans un site délicieux, il semble avoir voulu se dérober à tous les regards en se cachant parmi des flots de verdure, qui l'entourent, le dominent, et quand, au printemps, toutes les haies sont en fleur, que tous les prés sont émaillés, que, du milieu de ces champs et de ces grands bois s'exhale une brise embaumée, si la main du génie de l'architecture avait jeté, isolé dans un coin de cette vaste corbeille, quelque temple antique soutenu de colonnes blanches d'ordre corinthien, on se croirait transporté dans un de ces beaux paysages grecs décrits par l'auteur des Martyrs.

Cette ville est bâtie assez régulièrement et annonce un lieu commerçant; tout y respire un air d'aisance qu'on ne trouve guère dans les autres villes de la Vendée; peu ou presque point de ruines; elles ont toutes disparu. Un lac, un étang baignait autrefois les maisons situées au midi; il a été réduit à deux ruisseaux, et remplacé par une suite de jardins presque tous plantés avec goût. Cette petite ville a deux paroisses, une population d'environ 3,000 âmes, huit à dix rues bien pavées. Ce serait une des plus jolies du département, si l'administration, qui sacrifie beaucoup à Bourbon-Vendée, daignait y seconder l'érection de quelques monuments publics, tels que des fontaines ou des promenades.

Une quantité de châteaux environnent la ville; mais ils sont en ruine, et n'offrent tous que l'image de la destruction et l'empreinte de l'incendie.

Au nord des Herbiers s'élève le mont des Alouettes, point culminant de la chaîne de collines qui traverse toute la Vendée; son élévation absolue est d'environ 300 mètres. Les duchesses d'Angoulême et de Berri, qui le visitèrent à l'époque de leur passage dans la Vendée, ont fait élever sur son sommet une charmante chapelle gothique, que la révolution de juillet a empêché de terminer; elle est construite en granit, et le travail en est excellent : la façade est ornée de deux jolis clochers; seize colonnes carrées, que surmontent autant de flèches octogones, entourent l'édifice. Placé sur ce sommet, l'observateur voit à ses pieds le Bocage tout entier; sa vue s'étend même fort au delà; il reconnaît, en descendant vers le plat pays, les différents étages des collines vendéennes, sillonnées par une infinité de ravins, parsemées de landes sauvages, d'épaisses forêts, d'inextricables taillis de genêts gigantesques. La multiplicité des haies et des fossés fait de ce terrain un véritable labyrinthe. Vu du mont des Alouettes, il ressemble à un tapis onduleux, coloré de verts de toutes les nuances. Deux cônes, au sud-est, presque aussi hauts que le mont des Alouettes, sont le mont Mercure, ainsi nommé d'un temple romain qui en occupait le sommet, et le mont de Pouzauges. Sur les pentes inférieures et dans la plaine on reconnaît la petite ville des Herbiers, qui semble comme baignée dans une mer de feuillage. Enfin, aux bornes d'un immense horizon, l'œil remarque d'un côté la flèche aiguë de Luçon, et de l'autre, les tours massives de Nantes.

LUCS (les). Village situé à 6 l. de Bourbon-Vendée. Pop. 2,300 hab.

Cette commune est formée de deux villages désignés sous les noms de Grand et de Petit-Luc. Entre ces villages se trouve une multitude de pierres grisâtres qui, au premier coup d'œil, paraissent être les débris d'une antique cité. Tous les champs, tous les chemins sont hérissés d'énormes pierres en forme de menhir ou de dolmen. Les coteaux, où des fragments de granit restés debout comme des colonnes qui auraient été rongées par les siècles et ne conserveraient plus l'empreinte du ciseau, présentent à la vue étonnée, tantôt des scènes de ruines, des temples, des tombeaux; tantôt rappellent ces hauts lieux dévastés où s'élevaient les colonnes informes des temples d'Irmensul. Ici tout est obscur, tout est vague, et c'est en vain qu'on interroge les feuillets de l'histoire sur les annales de ces pierres; les faits qui s'y rattachent, mystérieux comme l'avenir, se voilent de toute l'obscurité des âges, et n'ont laissé que le souvenir de leur nom de *Bois consacrés*. Les innombrables débris qui jonchent les vallées et dominent les coteaux sont muets : pas la moindre inscription, pas le plus léger vestige; les conjectures restent seules à l'antiquaire. Les vastes landes qui environnent les Lucs dénotent seulement, par les sillons innombrables que l'œil observateur y reconnaît de toutes parts, que dans le moyen âge toutes ces plaines, aujourd'hui infertiles, étaient alors cultivées, et que de riches moissons y roulaient en longues ondulations l'or flottant de leurs épis.

MORTAGNE.

Il ne reste plus rien aujourd'hui de cette abondance, mais c'est ici que l'admirateur de la belle nature doit venir promener ses rêveries. Un peintre a-t-il besoin de ces aspects romantiques où les eaux, les rochers et les bois se confondent, tantôt groupés en pyramides sur la cime des monts, tantôt courbés en berceaux mystérieux sur l'onde écumante qui se brise dans les vallées profondes? qu'il vienne s'asseoir au milieu de ces rochers pendants, au fond de ces vallées ombragées, auprès de ces chutes d'eau, et une foule d'effets plus pittoresques les uns que les autres, d'études heureuses et charmantes, viendront soudain se disputer le droit d'occuper ses pinceaux.

MALLIÈVRE. Village situé à 10 l. de Bourbon-Vendée. Pop. 300 hab.

Bâti en amphithéâtre sur un coteau que la Sèvre nantaise baigne au midi, Mallièvre fut jadis une ville importante par sa situation. La grande voie romaine de Poitiers à Nantes traversait l'enceinte de ses murailles et franchissait la Sèvre sur un pont qui a été reconstruit récemment. Vers l'an 400, les légions d'Honorius y construisirent la forteresse dont on voit les ruines, et qui consistent en deux tourelles à moitié détruites. Les murs de l'enceinte, au midi et au nord, ainsi que la porte d'entrée, sont évidemment de construction beaucoup plus moderne et remontent tout au plus à Charlemagne. Au reste, le tout ensemble recouvert de terre, de ronces, de jardins et de vieux chênes, n'offre plus au curieux qu'un monceau de décombres dont le faîte est cultivé. Mallièvre n'est plus aujourd'hui qu'un chétif village où la nature offre un mélange gracieux de ruines éparses au milieu des bois, des rochers et des eaux.

On doit visiter à une lieue de Mallièvre, les ruines pittoresques du château du Puy-du-Fou, détruit en 1793. On reconnaît dans ces ruines l'architecture de la renaissance. La principale porte d'entrée est au fond d'un péristyle quadrangulaire, formé par des colonnes cannelées d'ordre ionique. Au-dessus du fronton règne une balustrade qui entoure une terrasse autrefois couverte d'orangers, où maintenant les enfants du métayer cultivent quelques légumes. A l'aile gauche se trouve un autre portique que devancent quatre colonnes semblables à celles du péristyle; la terrasse qu'elles supportent est en ruine : toutes ces colonnes sont unies par des cintres pleins, et les pilastres qui ornent la façade du corps de logis sont décorés de niches où jadis étaient placés des bustes et des statues. Toutes les voûtes sont sculptées en rosaces, et celle de l'escalier, qui conduit aux cuisines souterraines, est encore si bien conservée, qu'on dirait qu'elle vient d'être achevée. — Au fond d'un cellier immense, que l'on visite à la lueur des flambeaux, est un bassin carré de cinq à six pieds de profondeur entouré de siéges en granit qui ont la forme de fauteuils antiques, devant lesquels sont de petites tables de pierre; une lampe énorme est suspendue à la voûte par un anneau en fer. On présume que cet étrange réduit était consacré aux orgies bachiques des seigneurs châtelains.

MAREUIL. Bourg situé sur le Lay, qui y est navigable, à 5 l. 1/2 de Bourbon-Vendée. ✉ ⚒ Pop. 1,289 hab.

MONTAIGU. Petite ville située au bord de la Maine, sur un coteau assez élevé, à 8 l. 1/2 de Bourbon-Vendée. ✉ ⚒ Pop. 1,310 hab.

La position de Montaigu passait pour très-forte pendant les troubles civils du XVIe siècle. Cette ville fut assiégée plusieurs fois, et résista presque toujours aux attaques dont elle fut l'objet; mais elle a été moins heureuse dans la guerre de la Vendée. Prise et reprise par les deux partis, plusieurs de ses habitants furent massacrés et les deux tiers des maisons devinrent la proie des flammes. — Distilleries d'eau-de-vie.

MORTAGNE. Petite ville située sur la rive droite de la Sèvre, à 9 l. de Bourbon-Vendée. ✉ ⚒ Pop. 1404 hab.

Mortagne passe pour être l'antique *Segora* où résidait un proconsul romain. Les Anglais s'en emparèrent dans le XIe siècle, et y construisirent une forteresse qu'ils perdirent et qu'ils reprirent plusieurs fois, et dont ils furent chassés en 1373, par Olivier de Clisson. Cet ville fut souvent prise et reprise dans les guerres de religion et dans la guerre de la Vendée.

Assise en amphithéâtre sur une chaîne de coteaux que baigne la Sèvre nantaise, elle n'offre par elle-même rien de curieux. Ses maisons mal bâties sont entremêlées de décombres, qui lui donnent l'air délabré; ses rues inégales, pavées d'un caillou large et poli, sont irrégulières et étroites. Il y avait autrefois un couvent de bénédictins, qui passait pour le plus riche de la contrée; ses ruines annoncent une construction élégante et moderne. A l'aspect de ses fenêtres dont les ruines ont été défigurées par l'incendie, à la vue de leur hauteur gigantesque et de la couleur noire que les flammes y ont empreinte, les peintres croient y retrouver un souvenir du Colisée de Rome. Mais le temps ne les a pas encore revêtues de décorations de mousse et de végétaux.

Le château, également en ruine, offre les restes d'une architecture gothique : les souvenirs des temps chevaleresques se retracent sur quelques décombres : une salle assez bien conservée, des escaliers tournants et voûtés, des pilastres noircis par le temps, d'antiques armoiries à demi effacées, de vastes et profonds souterrains, des restes de vieilles fortifications peuvent attirer un moment l'antiquaire; mais de ces fenêtres dont l'encadrement subsiste encore, le paysagiste découvre des vues délicieuses, qui rappellent les Alpes et le Piémont.

La route de Mortagne aux Herbiers se déroule sur les coteaux qui, se succédant l'un à l'autre, découvrent à chaque pas une vue nouvelle. Partout des prés ombragés, des champs bien cultivés, des maisons couvertes d'une tuile rouge qui se fait apercevoir de loin en loin à travers les arbres. Souvent on rencontre ces nombreux et beaux troupeaux qui donnent des laines rivales de celles de Ségovie et connues sous le nom de laines de Mortagne; de vastes champs de lin à la fleur bleue étalent de tous côtés leurs immenses nappes d'azur; on les prendrait de loin pour le miroir des lacs réfléchissant un ciel pur.

Deux chaînes de rochers parallèles forment entre leurs rocs à pic une vallée profonde où serpente la Sèvre. Une belle route taillée à mi-côte dans le flanc de la montagne descend de la ville par une pente douce jusqu'à la rivière, remonte ensuite sur le flanc de la montagne opposée, la côtoie, s'arrête sur une petite esplanade plantée de peupliers, entr'ouvre les rochers et disparaît. — La vue que l'on découvre de dessus le pont est ravissante : la Sèvre sort au loin de derrière les rochers, roule ses eaux sur une surface unie, baigne plusieurs petites îles au-dessous desquelles cette rivière traverse des quartiers de rocs noircis, écume, bouillonne, puis tout à coup réunit ses eaux en un vaste bassin, tombe de cascades en cascades, et vient s'engloutir avec fracas sous les arches immobiles du pont.

Fabriques de papiers peints. Tanneries. — *Commerce* de toiles, cuirs, chevaux, moutons recherchés. *Hôtels* de la Poste, du Cheval blanc.

POIRÉ (le). Bourg situé à 3 l. de Bourbon-Vendée. Pop. 3,724 hab.

ROCHESERVIÈRE. Village situé à 7 l. 1/4 de Bourbon-Vendée. ✉ Pop. 1,568 hab.

TIFFAUGES. Petite ville agréablement située, au confluent de la Crume et de la Sèvre nantaise, à 13 l. de Bourbon-Vendée. ✉ Pop. 847 hab. — Papeterie.

Tiffauges doit son origine à un *castrum* établi par Jules César sur un vaste plateau entouré de tous côtés par des précipices, et où Agrippa établit son quartier général vers l'an 716 de Rome. Conan Mériadec, premier roi breton s'empara de cette forteresse, autour de laquelle se forma dans le Ve siècle une ville qui devint la capitale des Teyphaliens. Cette ville fut détruite par les Normands dans le IXe siècle, ainsi que l'antique forteresse romaine, sur l'emplacement de laquelle les vicomtes de Thouars firent construire au XIIe siècle un des plus forts châteaux de la province. Dans le siècle suivant, les seigneurs de Tiffauges construisirent à l'ouest de la seconde enceinte des fortifications une magnifique habitation dont on admire encore aujourd'hui les ruines. Sous la Ligue, le château de Tiffauges, qui tenait pour le roi, fut livré au duc de Mercœur par l'infidèle Champigny. Sous Louis XIII, ce château, qui avait été longtemps un rempart protecteur pour les réformés, fut démantelé par ordre du cardinal de Richelieu.

Tiffauges est un des lieux les plus pittoresques de la pittoresque Vendée. Son site est digne d'admiration, et les ruines de son antique forteresse méritent de fixer l'attention; elles sont situées au nord, sur une élévation qui sépare les hauteurs de la ville des rives de la Sèvre et de la Crume, et embrassent une vaste étendue. La porte d'entrée conserve encore ses mâchicoulis et ses créneaux. Elle présente en face de la route un portail arqué en cintre plein et surmonté d'une muraille de plus de douze pieds d'épaisseur. Au levant, cette même muraille flanquée de tourelles se dessine en arc au dessus d'une prodigieuse élévation de terre et de rochers. La route qui passe au bas est dans cet endroit tellement resserrée entre cette élévation et les rochers où Tiffauges est bâti, que l'on se croirait transporté dans les ravins du Jura ou des Alpes, au pied de l'un de ces châteaux décrits par l'Arioste. En entrant dans les ruines on trouve la première enceinte remplie de décombres : le corps de bâtiment qui la sépare de la seconde cour, annonce une construction bien plus moderne que celle des murailles et des tourelles de la porte d'entrée dont on peut faire remonter la date au temps de saint Louis ou de ses successeurs. Le nom de Barbe-Bleue, imprimé sur ces ruines et

CHATEAU DE TIFFAUGES.

VALLÉE DE TIFFAUGES.

resté dans la tradition, annoncerait que vers le XVIe siècle, ces remparts ont appartenu au trop fameux Gilles de Retz, infâme assassin dont le nom inspire encore l'horreur, après quatre cents ans, et répand dans ces lieux un tel effroi, que le villageois n'oserait y pénétrer à la nuit tombante.—La seconde enceinte offre plus d'intérêt : elle s'étend depuis les douves qui baignent les édifices dont nous avons parlé jusqu'aux servitudes rurales, bâties tout nouvellement sur l'emplacement des murs qui séparaient cette seconde enceinte de la troisième. A l'ouest se trouvent les ruines du corps de bâtiment qu'habitait le seigneur du lieu ; incendié pendant les guerres de religion du XVIe siècle, il ne reste plus aujourd'hui que les pignons des murs intérieurs, dont les angles aigus s'élèvent au milieu des débris que couvrent les ronces. Du salon, la vue devait être d'une imposante majesté : elle donnait sur la vallée profonde et spacieuse qu'arrose la Crume. A l'est de cette esplanade se trouvait la chapelle du château, construite sur une ancienne chapelle souterraine dont les colonnes trop faibles, s'étant affaissées il y a quelques années, ont entraîné la chute de la chapelle supérieure. — La troisième enceinte est fermée au nord par des fortifications qui rappellent le siècle du beau gothique secondaire, c'est-à-dire la fin du XIVe siècle. En y entrant, on trouve à droite une salle voûtée bien conservée : elle est décorée par de légers piliers, et sa voûte est coupée dans toute sa longueur par une aiguille dans laquelle l'ogive vient se perdre presque inaperçue. La fenêtre est profonde, et, comme dans la majeure partie des châteaux de ce pays, on y trouve de chaque côté deux larges pierres triangulaires servant de sièges. L'escalier voûté et tournant que l'on rencontre à gauche de la porte d'entrée est tellement obscur, qu'il y règne une nuit profonde en plein midi ; il conduit d'abord à une pièce située sous celle dont on a parlé : cette seconde salle, qu'on dit avoir été la cuisine, est souterraine du côté de la cour, mais du côté du nord elle se trouve encore à plus de cent pieds au-dessus des rives étroites de la Crume, qui se brise dans un précipice au pied de la tour. En continuant à descendre l'escalier, on arrive à une poterne qui donne sur la Crume, au pied de la tour où sont renfermés les logements que l'on vient de visiter. De là l'œil tourne autour de cette masse de granit dont la teinte rougeâtre se dessine majestueusement sur les teintes grises et vertes du paysage environnant. La fraî-

cheur et la jeunesse qui colorent cette tour en imposent tellement à l'imagination qu'on la prendrait pour un ouvrage de nos jours, tant les formes en sont belles et régulières. En remontant l'escalier tournant, on arrive sur la plate-forme, au-dessous de laquelle règne un corridor voûté, demi-circulaire, construit en beau granit. Un banc massif occupe le côté droit et prend la moitié de cet étroit corridor ; l'autre moitié est percée à jour en forme de meurtrières. Au bout de ce corridor une poterne conduit sur la plate-forme de la tour, et là, au milieu d'une perspective immense, peut-être même unique par son inconcevable beauté, la vue embrasse toute l'étendue des ruines.

VENANSAULT. Bourg situé à 1 l. 1/2 de Bourbon-Vendée. Pop. 1,627 hab.

Le village de FONTENETTES est une dépendance de la commune de Venansault. Il doit son origine à une abbaye d'augustins, fondée en 1210, par Guillaume de Talmont et par son épouse Béatrix de Machecoul. Il ne reste plus aujourd'hui que des ruines de ce monastère, dont l'église renferme le tombeau du seigneur de Talmont, de sa femme, et de leur fille Jeanne de Thouars ; il est en marbre et représente Talmont et Béatrix couchés sur leur mausolée, ayant leur fille assise à leurs pieds. Cette sculpture gothique brunie par le temps, qui depuis six cents ans repose dans cette vieille enceinte, se marie bien aux arceaux poudreux qui la recouvrent. — Les ruines de l'abbaye des Fontenettes offrent un aspect particulier : quand on visite ces vieilles voûtes, on se croit transporté dans un de ces lieux regardés par les romanciers comme propice aux apparitions : cet autel en ruine, ces fenêtres en ogive aux vitraux brisés, ce tombeau gothique, ces escaliers tournants et sans rampes aboutissant à de longs et ténébreux corridors, le silence profond et l'aspect délabré de la nef, tout ici rappelle à l'imagination le siècle des esprits et des revenants ; on dirait que les Levis et les Anne Radcliffe sont venus y rêver leurs effrayantes descriptions.

Au milieu des ruines du cloître est une fontaine d'eau minérale ferrugineuse froide, dont l'onde limpide sort goutte à goutte des fentes d'un rocher et va se rendre dans un bassin carré d'environ huit pieds de profondeur. L'eau de cette fontaine est regardée comme efficace dans les cas d'atonie des viscères digestifs, d'engorgements limphatiques et dans les maladies de la peau : on l'emploie en boisson à la dose de quelques verres.

ARRONDISSEMENT DE FONTENAY-LE-COMTE.

CHAILLÉ-LES-MARAIS. Bourg situé au milieu des marais, à 12 l. 1/2 de Fontenay-le-Comte. ✉ Pop. 2,084 hab.

CHATAIGNERAYE (la). Petite ville située au milieu d'une contrée fertile, près du ruisseau de Loing, à 5 l. 1/4 de Fontenay. ✉ Pop. 1,437 hab.

FONTENAY-LE-COMTE. Ville agréablement située, sur la rive gauche de la Vendée, qui commence en cet endroit à être navigable. Chef-lieu de sous préfecture. Tribunal de première instance. Collège communal. ✉ ☞ Pop. 7,504 hab.

Cette ville n'était autrefois qu'un hameau habité par des pêcheurs, lorsque la mer couvrait une partie de la plaine. Elle était anciennement fermée de murailles flanquées de tours, et protégée par un château fondé par les comtes de Poitiers qui y faisaient leur résidence, et dont il ne reste plus que quelques vestiges. Dans le cours des troubles civils qui désolèrent la France pendant la moitié du XVIe siècle, cette ville fut le théâtre de plusieurs événements militaires : Pluviant, chef d'un parti de protestants, la prit en 1568, par capitulation, ce qui ne l'empêcha pas d'en massacrer la garnison et une partie des habitants. La Noue l'assiégea en 1570, et elle se rendit à Soubise. En 1574, le duc de Montpensier la prit par trahison et renchérit encore sur les cruautés des protestants. Le dernier siège qu'elle eut à soutenir fut celui de 1587, commandé par Henri IV en personne. Le cardinal de Bourbon, dont la ligue avait voulu faire un fantôme de roi, sous le nom de Charles X, est mort à Fontenay en 1590; on voit encore ses armoiries sur les murs du sanctuaire de l'église Saint-Nicolas, où il fut enterré.

On présume que Fontenay doit son nom à une fontaine abondante d'eau minérale ferrugineuse, ornée d'une inscription latine qui l'annonce comme la source des beaux esprits :

PULCHRORUM INGENIORUM
FONS ET SCATURIGO.

Cette inscription, tribut payé par la vénération publique à des noms célèbres, rappelle que Fontenay fut le berceau de quelques hommes à la mémoire desquels on peut la consacrer, tels que le mathématicien Viette, le jurisconsulte Tiraqueau, le poète latin Nicolas Rapin, etc.

La ville de Fontenay est bâtie partie dans un vallon, et partie en amphithéâtre, sur un coteau de la rive droite de la Vendée. Le coup d'œil qu'elle présente au levant est riant, pittoresque, et d'une richesse imposante. A l'exception de quelques maisons construites avec assez de goût dans ces dernières années, la ville est assez mal bâtie ; les rues en sont étroites, mal percées, mal pavées et malpropres. On y remarque l'hôtel de la sous-préfecture ; le collège ; les casernes ; les hôpitaux.

L'église Notre-Dame, dont la reconstruction date de l'année 1600, est un bel édifice surmonté d'une flèche admirable en pierre de taille, de trois cents pieds de hauteur ; c'est une pyramide à l'axe hexagonal, qui pose sur une tour carrée à plusieurs étages en retraite les uns sur les autres, et terminés par des plates-formes qui règnent au pourtour de l'édifice. Le jeu des courbes paraboliques qui font contre-fort d'étage en étage, est savant et pittoresque. Toutes les nervures sont ornées de feuilles d'acanthe à grandes volutes, et les faces triangulaires, ainsi que les balustrades des galeries, le sont de divers enjolivements du goût de l'époque où la flèche fut construite.

Fabriques de draps communs et de toiles. Exportation par le port de Gros Noyers, jusqu'à Marans, de bois de construction, bois à brûler, merrain, cordes, feuillard, charbon de bois. Importation par le même port de vins de Bordeaux et d'Aunis, et de denrées du Midi dont Fontenay est l'entrepôt.

A 14 l. 1/2 de Bourbon-Vendée, 12 l. de la Rochelle, 8 l. de Niort, 112 l. de Paris. — *Hôtels* du Chapeau rouge, de France, de la Coupe d'or.

HERMENAULT (l'). Bourg situé à 2 l. 1/2 de Fontenay-le-Comte. Pop. 909 hab.

HERMINE (SAINTE-). Bourg situé à 5 l. 1/2 de Fontenay-le-Comte. ✉ Pop. 1,825 hab.

HILAIRE-SUR-AUTISE (SAINT-) ou **HILAIRE-DES-LOGES (SAINT-).** Village situé sur l'Autise à 2 l. 3/4 de Fontenay-le-Comte. Pop. 2,570 hab.

LUÇON. Petite ville située à 14 l. 3/4 de Fontenay-le-Comte. Évêché. ✉ ☞ Pop. 3,786 hab.

Cette ville doit son origine à un très-an-

RUINES DE LA CATHÉDRALE DE MAILLEZAIS.

FONTENAY LE COMTE.

cien monastère fondé par saint Philibert, ruiné par les Normands, et rebâti par Èbles, évêque de Limoges. Le comte Gui, époux d'Aldéarde, fille de Robert, duc de Bourgogne, commença à bâtir la ville vers l'an 1068, et brûla l'abbaye, qui fut réparée avant l'an 1091; l'église fut dédiée en 1121. Jean XXII érigea cette abbaye en évêché, par une bulle du 13 août 1317. Luçon fut dévasté à plusieurs reprises dans les guerres de religion du XVIe siècle; en 1568 un des chanoines de l'abbaye se fortifia dans la cathédrale, ou, après avoir soutenu un long siége contre les protestants, il fut massacré avec la garnison qui s'était retirée dans l'église. Le cardinal de Richelieu fut nommé évêque de Luçon en 1606, à l'âge de vingt-deux ans, et se démit de cette dignité en 1624.

La ville de Luçon est située au bord des marais, à l'extrémité du canal de son nom, qui traverse les marais desséchés de Fraissy, de Saint-Michel-en-l'Herm, et se jette dans la mer à l'anse d'Aiguillon. C'est une ville assez grande, mais triste, mal percée, malpropre et entourée de marais qui en rendent l'air malsain; ses maisons sont vastes, commodes, d'un aspect assez agréable, et ont presque toutes une cour et un jardin. Le seul édifice qu'on y remarque est la cathédrale, grande église gothique à trois nefs spacieuses, surmontée d'un beau clocher à flèche travaillé à jour, qui n'a pas moins de 200 pieds d'élévation.

Commerce. Le canal de Luçon, navigable par allèges de 50 à 60 tonneaux qui remontent jusque dans le port, favorise l'exportation des riches produits de la plaine, consistant principalement en grains, fèves, bois de construction, merrain, cercles, feuillard, grosse poterie, vins d'Aunis, de Saintonge, de Bordeaux, et autres produits du Midi.

MAILLEZAIS. Petite ville située à 4 l. 3/4 de Fontenay-le-Comte, Pop. 1,202 hab.

Maillezais était anciennement un lieu solitaire environné de bois, où les comtes de Poitiers avaient fait bâtir un château où ils venaient prendre le plaisir de la chasse, et sur l'emplacement duquel Guillaume le Grand fonda, vers l'an 1010, un monastère en l'honneur de Saint-Pierre et de Saint-Paul.

En 1317, le pape Jean XXII érigea l'abbaye de Maillezais en évêché, dont le siége épiscopal fut transféré à la Rochelle sous le règne de Louis XIV.

Maillezais est une petite ville assez triste, bâtie dans l'île qui porte son nom, formée par l'Autise et la Sèvre niortaise. Sa situation au milieu d'un marais qui la rend inaccessible, en fit un point militaire très-important pendant les troubles du XVIe siècle. Le célèbre Théodore Agrippa d'Aubigné, aïeul de madame de Maintenon, en fut longtemps gouverneur.

MICHEL-EN-L'HERM (SAINT-). Bourg maritime, situé à 10 l. de Fontenay-le-Comte. Pop. 2,295 hab.

Ce bourg doit son origine à une abbaye de bénédictins, fondée vers l'an 680, par Ansoald, évêque de Poitiers. Il est à peu de distance de l'Océan, sur le canal de Fontenelle qui débouche dans le golfe d'Aiguillon, et possède un petit port où entrent des navires de 30 à 40 tonneaux. Près des côtes on remarque des dunes de trente pieds de haut et de plus d'une lieue d'étendue, formées d'immenses amas d'huîtres fossiles.

— *Commerce* de grains et de fèves.

MICHEL-MONT-MERCURE (SAINT-). Bourg situé à 11 l. de Fontenay-le-Comte. Pop. 1,250 hab.

Aux environs de ce bourg, sur le bord d'une vaste et belle forêt, on remarque les majestueuses ruines de l'abbaye de la Grainetière, qui eut pour origine un oratoire fondé en 1130 par Guillaume de Concampo, et érigé en abbaye en 1420. La nef de l'église et ses murs latéraux sont détruits, mais une coupole d'une légèreté et d'une hauteur admirables, appuyée sur quatre faisceaux de colonnes, s'élève sur l'embranchement des ailes latérales du sanctuaire, et s'ouvrant en arc immense, offre l'aspect d'un énorme portique, au-dessus duquel un clocher de forme octogone monte dans les airs avec une gracieuse majesté. Le chœur est orné de colonnes admirables de légèreté. — Les bâtiments de l'abbaye sont au midi, adossés au mur de la chapelle, et forment un vaste carré. Un seul côté du cloître qui régnait autour de la cour intérieure existe encore; c'est une galerie soutenue par une longue ligne de petites colonnes réunies deux à deux et ornées de chapiteaux. Un des angles est occupé par une vieille tour crénelée qui est encore habitable; c'était la demeure de l'abbé. — Un escalier étroit et tournant est pratiqué dans les piliers mêmes de l'église; on y voit quatre cachots, dont la profondeur fait frémir, ménagés habilement dans chacun des angles de la maçonnerie qui supporte la voûte de la coupole; ils peuvent avoir quatre pieds carrés et descendaient au-dessous du pavé de la nef : on y a trouvé des ossements humains ; l'un, entre autres, qui paraissait être l'os d'une jambe, était entouré d'un anneau de fer vermoulu !...

POUZAUGES-LA-VILLE. Jolie petite ville située en amphithéâtre sur la pente de la montagne de son nom, à 9 l. de Fontenay-le-Comte. ✉ Pop. 2,141 hab.

L'histoire est muette sur Pouzauges. Tout ce qu'on peut conjecturer à son égard, c'est qu'elle dut subir les mêmes variations politiques que les autres villes de la république Theyphalienne dont elle faisait partie; qu'elle fut comme elle la proie de la féodalité, et qu'elle prit part à toutes les guerres qui agitèrent cette belle contrée.

Cette ville domine de riantes collines, de riches campagnes, et jouit de magnifiques perspectives. Elle possède une église construite dans le XVIe siècle, surmontée d'un élégant clocher dont on admire la légèreté, et un temple protestant de construction moderne.

Au-dessus de Pouzauges s'élève, à environ 300 mètres, un des trois points culminants de la chaîne de montagnes qui s'étend dans la Vendée: c'est un cône couronné d'un bois de haute futaie, qui, bien qu'à 20 lieues de la mer, sert de point de reconnaissance aux navigateurs : on jouit, de son sommet, d'un panorama fort intéressant et d'une immense étendue. On remarque dans ce bois, qu'on nomme bois de la Folie, un chêne énorme dont le tronc se divise en trois grands arbres ; une source d'eau vive jaillit au pied du tronc, et formé une fontaine autour de ces arbres vénérables et fraternels. Entre le bois et la ville, la croupe d'une colline porte les ruines, considérables encore, d'une ancienne forteresse carrée de 80 pieds de haut, ayant une tourelle à chaque angle et sur chaque face; une ligne de tours, des murs énormes, et un profond fossé entourent cette forteresse. L'intérieur offre de nombreuses salles plus ou moins encombrées, et quelques voûtes souterraines où l'on pénètre au moyen d'échelles.

RÉAUMUR. Bourg situé sur le Lay, à 7 l. 3/4 de Fontenay-le-Comte. Pop. 700 hab. On y remarque un ancien château près duquel coule une source d'eau minérale ferrugineuse.

ARRONDISSEMENT DES SABLES D'OLONNE.

AVRILLÉ. Village situé à 6 l. 3/4 des Sables d'Olonne. Pop. 750 hab. On voit dans ses environs un grand nombre de pierres levées qui paraissent avoir fait partie d'un vaste monument druidique.

BARRE-DE-MONT (la). Petit port de mer situé sur le canal de son nom, à peu de distance de Beauvoir. Pop. 400 hab. — Commerce de grains et de sel.

BEAUVOIR ou **BEAUVOIR-SUR-MER.** Petite ville située à 15 l. des Sables d'Olonne. ✉ Pop. 2,356 hab.

Cette ville, jadis baignée par la mer, en est aujourd'hui éloignée d'une lieue. Elle est avantageusement située pour les expéditions maritimes, vis-à-vis de l'île de Noirmoutiers, sur le canal de Cahouette, où elle a un port qui reçoit des barques de 60 à 80 tonneaux.

Beauvoir était autrefois fortifié et défendu par un château fort. Henri IV, n'étant encore que roi de Navarre, l'assiégea en 1588 et faillit y être tué : tombé dans une embuscade, il reçut presque à bout portant, sans en être atteint, le feu d'un détachement ennemi; mais plusieurs des seigneurs de sa suite furent tués ou blessés.

Commerce de sel, grains, bois de chauffage et de construction.

BOUIN (ILE DE). Cette île, située au fond de la baie de Bourgneuf, n'est séparée du continent au sud et à l'est que par un canal très-étroit nommé le Dain, qui, se rétrécissant de jour en jour, a fini par donner la possibilité de joindre l'île au continent au moyen d'une chaussée. Ce n'était dans l'origine qu'un rocher calcaire peu étendu, dont la circonférence est maintenant d'environ six lieues. Le sol y est de bonne qualité, les pâturages excellents, et les marais salants très-productifs. Quatre grands canaux traversent l'île et y facilitent l'écoulement des eaux; celui de Grand-Champ, situé à peu près au centre, est le seul qui puisse recevoir des barques de 30 à 40 tonneaux.

Il y a dans l'île un village dont la population est de 2,500 hab.

Commerce d'exportation de grains, sels, chevaux et bestiaux. Importation de vins et de denrées du Midi pour les besoins de l'île.

CHALLANS. Bourg situé au milieu des marais, entre les canaux du Perrier et de l'Étier, à 11 l. 1/2 des Sables d'Olonne. ✉ Pop. 3,288 hab.

DIEU (ILE) OU ISLE D'YEU. Elle est située à 3 l. de la côte et à 12 l. 1/4 des Sables d'Olonne. ✉ Pop. 2,160 hab.

RUINES DE L'ABBAYE DE LA GRENETHÈRE.

L'île Dieu est un rocher de granit de trois lieues de superficie. La côte de l'ouest est escarpée, inaccessible, formée de rochers profondément enracinés dans la mer et d'environ 40 pieds d'élévation au-dessus de sa surface; ces masses énormes frappent l'œil par la singularité de leurs formes, leurs contours, leurs enfoncements, leurs saillies, et offrent en plusieurs endroits des aspects vraiment pittoresques. Au centre de cette côte est un château ruiné de forme quadrangulaire et flanqué de tours, bâti sur un énorme rocher séparé de la côte voisine par un fossé profond que la mer remplit et laisse à sec deux fois par jour. — La côte de l'est, au contraire, est basse, sablonneuse, et peu au-dessus du niveau des eaux de la mer. Les bancs de rochers peu élevés, que la mer recouvre à chaque marée, se prolongent dans une direction perpendiculaire au rivage, et le divisent en plusieurs anses qui permettent un abordage facile aux chaloupes ainsi qu'aux autres petits bâtiments.

L'île entière n'est qu'un vaste rocher recouvert d'une couche plus ou moins épaisse de terre végétale, qui va toujours en diminuant à mesure qu'on approche des hauteurs, où le roc se montre à découvert. La moitié seulement de l'île est consacrée à la culture; l'autre moitié est couverte de bruyères. Les femmes travaillent à la terre; les hommes sont presque tous marins et vivent du produit de leur pêche. A l'exception de quelques bêtes à cornes et d'un petit nombre de brebis, on n'élève point de bestiaux dans l'île, faute de pâturages.

Le port principal, situé au centre de la côte de l'est, est abrité par des rochers et par des môles en maçonnerie. Les violents coups de mer qu'il reçoit par son entrée septentrionale, font éprouver aux bâtiments un tangage très-fatigant. Cependant, comme aux marées de vives eaux la mer y monte de 15 à 18 pieds, il offre aux barques affalées par le gros temps ou poursuivies par l'ennemi un secours très-avantageux. — *Établissement de la marée du port, 3 heures. Phare visible jusqu'à la distance de 7 l.*

GILLES-SUR-VIE (SAINT). Bourg maritime situé à 7 l. 1/2 des Sables d'Olonne. ✉ Pop. 1,016 hab. Il est bâti au confluent de la Vie et du Jaunay, et près de leur embouchure dans l'Océan, où il a un port qui reçoit des barques de 60 à 80 tonneaux. — Construction de navires et de bateaux. Pêche de la sardine. *Commerce* de grains, vins, eau-de-vie, sel, etc.

JEAN-DE-MONT (SAINT-). Bourg situé à 10 l. des Sables d'Olonne. Pop. 3,600 h.

MORIC. Petit port situé à l'embouchure du Lay. Pop. 350 hab. On y remarque une digue modèle construite à l'instar des polders hollandais. Exportation de grains, fèves, haricots, bois de construction et à brûler, merrain, cercles, feuillard, charbon de bois, grosse poterie, etc.

MOTHE-ACHARD (la). Bourg situé à 4 l. 1/4 des Sables d'Olonne. ✉ ⚒ Pop. 529 h.

MOUTIERS-LES-MAUXFAITS. Bourg situé à 6 l. 3/4 des Sables d'Olonne. Pop. 540 h.

NOIRMOUTIERS (île de). Cette île, située à la pointe nord-est du département, ferme au sud la baie de Bourgneuf. Elle a environ trois lieues et demie de superficie, et a l'avantage de n'être séparée du continent que par un bras de mer de 2,000 toises, qui est guéable à marée basse pour les chevaux et les voitures. Sa forme est très-irrégulière; du sud-est au nord-ouest sa plus grande longueur est de près de quatre lieues; sa largeur moyenne est tout au plus d'une demi-lieue, depuis la Fosse jusqu'au village de la Guérinière, situé à peu près à la moitié de sa longueur, mais en avançant ensuite vers le nord-ouest; sa plus grande largeur est à peu près de cinq quarts de lieue : une vaste baie qui s'enfonce vers le centre du sud-est au nord-ouest, contribue encore à son irrégularité. Sa population est de 7,011 habitants, dont 2,400 environ peuplent la ville de Noirmoutiers; le surplus est disséminé dans les nombreux villages qui bordent la côte presque d'une extrémité à l'autre. Les hommes sont forts, robustes et d'une taille élevée; les femmes livrées aux travaux sont également grandes et d'un teint basané; tandis que celles de la ville ont beaucoup de fraîcheur.

Un cinquième seulement de l'étendue du territoire de cette île est affecté à la culture des grains; le reste est occupé par des marais salants, des prairies, des canaux, des chemins et des landes stériles. De l'est au nord, l'île est enveloppée par une ceinture de sables mouvants; la côte nord-ouest, ouest et sud-ouest est parsemée de dunes plus ou moins élevées, d'un sable fin que les vents enlèvent et mêlent à la terre végétale de l'intérieur. Ces dunes séparent les deux plaines qui constituent toute la partie productive de l'île. La première, située dans la portion orientale, se nomme la Barbâtre; elle contient 500 hectares et est garantie dans toute son étendue nord-ouest par des digues en pierre; son sol, jadis envahi par la mer, est une vase desséchée de 4 à 5 pieds de profondeur. L'autre plaine, qui provient aussi des atterrissements de la mer, contient les marais salants.

L'île de Noirmoutiers est un des cantons les plus fertiles de la France; jamais la terre ne s'y repose, les habitants trouvant dans les plantes marines, dont la côte est couverte, un engrais qui perpétue sa fécondité: on y trouve aussi d'excellents pâturages, où l'on élève une grande quantité de bestiaux. Malgré tous ces avantages, l'île offre le coup d'œil le plus monotone, on n'y trouve aucune source d'eau vive, et à peine quelques arbres à l'ombre desquels le cultivateur puisse se mettre à l'abri de l'ardeur du soleil.

La ville de Noirmoutiers est assez régulièrement bâtie, et remarquable par la propreté intérieure de ses habitations. Sur la principale place s'élève un ancien château surmonté d'une plate-forme flanquée aux quatre angles de quatre tourelles régulières; de ce point élevé, on jouit d'une vue admirable sur l'île entière, sur l'Océan et sur toutes les côtes voisines. Le port peut recevoir des bâtiments de 50 à 60 tonneaux; il est précédé de l'excellente rade du Bois de la Chaise, qui peut recevoir de grands navires en relâche ou en chargement. — *Établissement de la marée du port*, 3 h. 30 min.

Le principal commerce de l'île comprend les grains, les fèves, le sel et la soude. La récolte des grains s'élève annuellement à 1,000 ou 1,200 charges du poids de 1,200 kil.; celle des fèves à 500 k.; celle des sels à 1,000 ou 1,200 charges du poids de 3,250 k.; la fabrication de la soude est de 500 à 600,000 k. — *Commerce* de froment, fèves de marais, soude de varech, sels. Pêche d'huîtres pour la France et l'Angleterre.

PALLUAU. Bourg situé à 9 l. 1/4 des Sables d'Olonne. Pop. 571 hab.

PILIER (île du). Cette île est un rocher nu, très-escarpé, éloigné d'une lieue un quart au nord-ouest de l'île de Noirmoutiers. Sa position vis-à-vis de l'embouchure de la Loire, a déterminé depuis longtemps le gouvernement à placer une vigie dont les signaux peuvent tenir en garde contre les ennemis, qui infestent nos côtes en temps de guerre. Le gardien de la vigie est le seul habitant de l'île, qui sert de refuge aux matelots que la tempête jette de temps en temps sur cette côte sauvage.

SABLES D'OLONNE (les). Ville maritime. Chef-lieu de sous-préfecture. Tribunal de première instance. École d'hydrographie de quatrième classe. Collége communal. Pop. 4,906 hab. — *Établissement de la marée du port*, 3 heures 15 minutes.

Cette ville, dont on attribue la fondation à une colonie de Basques ou d'Espagnols, n'est pas fort ancienne; elle fut assiégée et prise par les calvinistes commandés par Lanoue, en 1570. Elle forme une presqu'île, qui ne tient au continent que du côté de l'est; elle consiste en trois ou quatre rues presque parallèles entre elles et à la direction de la côte; les rues sont fort longues, assez bien pavées et toujours propres, parce que le pavé est établi sur le sable de mer. On n'y compte qu'un ou deux édifices publics, et fort peu de maisons particulières dignes d'être remarquées; mais la ville est très-intéressante par son port et par les travaux maritimes qu'on y a exécutés. — La partie méridionale est située en amphithéâtre sur un coteau peu élevé, tandis que la partie septentrionale est presque au niveau de la mer. Le quartier de la Chaume, établi sur un rocher dont le plan est assez uni, forme un faubourg séparé de la ville par le canal du port.

Le port des Sables peut recevoir des navires de 150 à 200 tonneaux. Il est extrêmement important pour les bâtiments affalés à la côte par les gros temps ou poursuivis par les corsaires en temps de guerre. L'entrée est défendue par des batteries, et la ville par quelques ouvrages qui peuvent la mettre à l'abri d'un coup de main.

La plupart des Sablois sont marins ou pêcheurs. Les femmes des marins sont extrêmement laborieuses et infatigables; en général, elles joignent à une taille élégante et simple des traits gracieux et piquants, que relève un costume remarquable par son goût bizarre et par son extrême propreté.

Commerce considérable de grains, sel, vins de Bordeaux et du Midi, brai, goudron, bestiaux, poisson frais et salé. Armement pour la pêche de la morue au banc de Terre-Neuve. Pêche de la sardine et de toute sorte de poissons et de coquillages.

A 8 l. 1/2 de Bourbon-Vendée, 113 de Paris. — *Hôtels* de France, du Cheval blanc.

TALMONT. Bourg situé près de vastes marais salants; à 3 l. 1/4 des Sables d'Olonne. Pop. 600 hab. Patrie de M. Alquier.

IMPRIMERIE DE FIRMIN DIDOT FRÈRES,
RUE JACOB, N° 56.

www.ingramcontent.com/pod-product-compliance
Lightning Source LLC
Chambersburg PA
CBHW061958300426
44117CB00010B/1390